Über dieses Buch

»Was hier von nominierter und anonymer Hand ausgebreitet wird, will Spaß machen, wendet sich an die lesende Fähigkeit zum Vergnügen: Tue das geneigte Publikum dem editorischen Unternehmen bitte nicht den Ernst an, ihm seine gute Laune anzukreiden.« So schreibt der Herausgeber Dieter Lattmann in seinem Vorwort zu diesem Buch. Bevor der Leser der Einladung zum Schmökern und Schmunzeln folgt, sollte er sich jedoch mit Aufbau und Anordnung des umfangreichen Anekdotenmaterials in diesem Band vertraut machen lassen.
In vier große Themenbereiche ist die Sammlung eingeteilt: Pointenreich erzählen die Anekdoten Vergnügliches und Charakteristisches, Hintergründiges und Nachdenkenswertes von Kunst und Künstlern, Literatur und Autoren, aus Politik und Staat, Bildung und Wissenschaft. Jeder der vier Teile ist alphabetisch nach der jeweiligen Hauptperson, von der die Anekdote handelt, geordnet. Ein Namenregister macht es leicht herauszufinden, wie welche prominente, berühmte oder auch berüchtigte, historische oder zeitgenössische Gestalt »anekdotisch« charakterisiert wird.
Daß manche Anekdote treffend erfunden ist und ihr keine »wahre Begebenheit« zugrunde liegt, ist dabei ganz unerheblich. Wichtig ist nur, daß sie wahr sein könnte. Denn: »Unter Umständen hat die beschreibende Wahrheit, die einer Anekdote innewohnen kann, der Realität eine Menge voraus.«
Zum guten Schluß und zur richtigen Einstimmung eine Anekdote, die in das Buch nicht aufgenommen werden konnte, weil sie um keinen Preis in einen der vier Themenbereiche passen mochte. Und ob sie wahr ist oder nur hübsch erfunden, das zu entscheiden, sei einem jeden Leser überlassen:
Adam, der erste Mensch
Als Adam und Eva noch im Paradies lebten, stellte sie ihm häufig die Frage: »Liebst du mich?«
Anfangs bejahte er kräftig, später sagte er nur noch gelangweilt: »Wen sonst?«

Der Herausgeber

Der Herausgeber Dieter Lattmann, geboren 1926, ist Autor zweier Romane, »Ein Mann mit Familie« und »Schachpartie«, zweier Essaybände, eines Weltreisebuchs »Mit einem deutschen Paß« und Mitverfasser des Werkes »Die Literatur der Bundesrepublik Deutschland seit 1945«. Zuletzt erschien ein Erfahrungsbericht über die Arbeit als Abgeordneter im Deutschen Bundestag: »Die Einsamkeit des Politikers«.

DAS ANEKDOTENBUCH

— * —

Rund viertausend Anekdoten von
Adenauer bis Zatopek

Herausgegeben von Dieter Lattmann
unter Mitarbeit
von Siegrid Radszuweit

Fischer Taschenbuch Verlag

Konzeption: Helmut Kindler

Originalausgabe
Fischer Taschenbuch Verlag
August 1979
Umschlagentwurf: Jan Buchholz/Reni Hinsch
Typographie: Manfred Walch
Fischer Taschenbuch Verlag GmbH, Frankfurt am Main

Gesamtherstellung: Clausen & Bosse, Leck
Printed in Germany
1680-ISBN-3-596-22445-4

INHALT

EINGANG INS ANEKDOTENBUCH

Um die Wahrheit zu sagen: ich kann mich für die Wahrheit nicht verbürgen – das ist die mehr oder weniger geheime Überschrift, die wohl jeder Anekdotenherausgeber seiner Auswahl aus dem Treibhaus der Überlieferung und der eigenen Fundgrube voranschicken muß. Keine Literaturgattung bleibt so im Fragwürdigen und besitzt, im Glücksfall, doch so sehr ihre übertragene Genauigkeit wie die Anekdote. Daß ihre Kontur vom Witz, vom Volksmund, von kleinen Histörchen und Bonmots niemals haarscharf zu trennen ist, gehört zu ihrer Eigenart.

Was hier von nominierter und anonymer Hand ausgebreitet wird, will Spaß machen, wendet sich an die lesende Fähigkeit zum Vergnügen: Tue das geneigte Publikum dem editorischen Unternehmen bitte nicht den Ernst an, ihm seine gute Laune anzukreiden.

Der als Herausgeber zeichnet wurde nicht als Anekdotenerzähler geboren. Er will gern eingestehen, wie er zum Sammeln kam, fast wie besagte Jungfrau zum Kind. Also, da war ein Verleger mit einer großen Idee. Er liebte lexikalische Werke von außerordentlicher Dimension. Eines Tages fiel ihm ein, man könne dem Literaturlexikon, dem Tierlexikon und anderen Giganten seines Verlagshauses getrost ein Anekdotenlexikon anfügen.

Ich war in jenen Tagen ein eben nach Literatengebrauch – wenn auch kaum noch in der rauhen Wirklichkeit – als jung geltender Autor, der seinen zweiten Roman schrieb und eine Auftragsarbeit zum Überleben nur zu gut gebrauchen konnte. So wurde es meine Aufgabe, einen Anekdotenfundus, den der Verlag Helmut Kindlers erworben hatte, in geduldiger Arbeit zu hüten und zu mehren.

Jahr und Tag operierte ich, so schien es, in einer Marktlücke. Der Auftrag entpuppte sich als so umfänglich, meine anderen Pflichten blieben so zahlreich, daß viel Zeit verstrich und das Vorhaben im Verlag beinahe in Vergessenheit geriet. Jedenfalls verselbständigte sich meine Arbeit mit, an und unter den Anekdoten. Ein Student, den ich anheuerte, pendelte viele Monate zwischen den Münchner Bibliotheken und meinem Schwabinger Arbeitsrefugium – immer wie ein Wünschelrutengänger von A bis Z auf der Suche nach neuen Perlen. Als an die 10000 Anekdoten die Karteikästen füllten, ergab ein Markttest, daß die für erspäht gehaltene Lükke sich als Fata Morgana erwies. In den frühen siebziger Jahren waren mittlerweile so viele große und kleine Anekdotensammlungen erschienen, daß ich fürs erste auf meiner Sammlung sitzenblieb wie ein Zuckerbäcker auf seiner Ware mitten im Schlaraffenland.

Jedoch Anekdoten sind so leicht nicht vergänglich. Meiner mittlerweile stattlichen Kollektion machte es nichts aus, daß ihr potentieller Herausgeber jetzt selbst einen Daseinslauf begann, der etwas Anekdotisches an sich hatte. Es war die Zeit, von der Dieter E. Zimmer in der ›Zeit‹ über die neue Organisation der Schriftsteller schrieb: »Die diffuse Rebellionsstimmung – hier nimmt sie nun konkrete Züge an. Wo Schriftsteller heute von Novellen reden, ist keine Literaturgattung, sondern eine sozialpolitische Paragraphengattung gemeint. Sie holen auf.« Es war ein Sog. Ich wurde zum Sprecher dieser Motion, schließlich gar Politiker im Hauptberuf.

Oft, wenn ich nun aus Bonn oder dem Allgäuer Wahlkreis in meine Münchner Schriftstellerklause hereinschneite, schauten mich die langen grünen Manuskriptkästen der unvollendeten Anekdotenkartei mit roten, blauen und gelben Reitern wie ein verlassener Rohbau an. War ich nicht ein Fliegender Holländer zwischen zwei Welten?

Eine Buchmesse nach der anderen ging ins Land. Sachte versickerte die Anekdoteninflation und machte neuen Bedürfnissen Platz. Schließlich fand sich der Fischer Taschenbuch Verlag bereit, die Sammlung in gestraffter Substanz herauszubringen.

Was mich betraf, so geriet ich dadurch in die Klemme. Denn die Manuskriptkartei war enorm gewachsen, doch geläutert oder gar druckreif war sie mitnichten. Nun gebe mal einer als Parlamentarier ohne Beistand – wenn auch im Kondensationsverfahren – eine solche Veröffentlichung heraus! Siegrid Radszuweit ist deswegen dafür zu danken, daß sie sich an die Arbeit machte. Kurz: Viel bescheidener wurde jetzt mit dem Anekdotenvorrat gehandelt, wurde ausgewählt und verworfen, umgeformt und ergänzt.

Ob das Ergebnis – das ›Anekdotenbuch‹, das Sie in der Hand haben – sich sehen lassen kann, haben die Leser zu beurteilen. Wir haben nach einem Dezennium des Sammlertriebs und der Unterbrechungen mit einem, so hoffen wir, realistischen Finale nach Kräften das Unsere getan.

Kein Anekdotenherausgeber wird auf die Herleitung ganz verzichten können, die auf die etymologische Bedeutung verweist. Im Altgriechischen heißt *an-ekdoton* soviel wie das (aus bestimmten Gründen) ›Nicht-Herausgegebene‹. Zugrunde liegt, wie der Kundige weiß, das historische Ereignis der »Anekdota«, der *Geheimgeschichte*, die Prokopios aus Caesarea im 6. Jahrhundert neben seiner offiziellen Geschichtsschreibung der kriegerischen Ära des Kaisers Justitian (527-565) gewidmet hat. Während die Lesart der Lobeshymnen öffentlich die Runde machte, blühte der beißende Spott der ›Anekdota‹ im Verborgenen. Kein Zweifel, was für die Mitwelt und Nachwelt mehr Aufschluß über kaiserliche Sitten, militärische Grausamkeiten und erotisches Raffinement ergab.

Zunächst also ist die Anekdote eine überlieferte Darstellung, die in meist kurzen Episoden eine historische Person oder Situation charakterisiert.

Diese Kennzeichnung galt, so weit man sieht, über mehr als ein Jahrtausend. Noch im 18. Jahrhundert, in der Blütezeit der Anekdote und in ihrer Wahlheimat Frankreich galten als Anekdoten zumeist die ›Petites Histoires‹, treffend erfundene oder gefundene wahre Begebenheiten, die der Pointe nicht bedurften. Die Usance und demnach bald auch die allgemeine Erwartung, eine Anekdote müsse in einer Pointe gipfeln, die ihr eigentliches Kriterium ausmacht, ist zeitlich erst ein Nebenprodukt der Aufklärung.

Seitdem auch haben sich anekdotensüchtige Sammler in mehrerer Herren Länder darauf verstanden, das Fundament für jene imaginäre Bibliothek zu schaffen, die heute den vieltausendbändigen, freilich an keinem Ort vollständig versammelten Anekdotenschatz der Welt ausmacht.

N. O. Scarpi, der vielleicht kenntnisreichste unter den Anekdotengenießern und -sammlern in unserer Gegenwart – man hat ihn den ›König der Anekdote‹ genannt –, berichtet mehrfach, daß die Bibliographie von Bienstock und Curnonsky schon 1910 nicht weniger als 658 Werke mit Anekdoten umfaßt. Seine eigene Sammlung zählt etwa 150000 Anekdoten in Hunderten von Büchern, etwa ein Zehntel davon in der lebenslänglich zusammengetragenen Kartothek. Ganz zu schweigen von jenem eher schon sagenhaften amerikanischen Professor, der freilich die Grenze zum Witz, Bonmot und Histörchen uferlos anlegte und es auf diese Weise fertigbrachte, der Bibliothek von San Francisco – angeblich – eines Tages eine Sammlung heiterer Werke in 12000 Bänden zu vermachen.

Man sieht, schon die terra cognita der Anekdote ist uferlos. Wie mag es sich erst mit der terra incognita verhalten? Jedenfalls eröffnet das Niemandsland der Anekdote jede Gelegenheit zum geistigen Versteckspiel, ja zum Mundraub. Zu allen Zeiten hat ein Anekdotensammler vom anderen abgeschrieben, hat umgedichtet, Unglaubliches wie Glaubliches hinzuerfunden und mit Zuschreibungen des Erlesenen quer durch die Jahrhunderte hantiert.

Im übrigen soll man getrost davon ausgehen, daß Bonmots, die in Anekdoten geschichtlichen Personen in den Mund gelegt werden, in der Regel nicht oder nicht so auch tatsächlich gesprochen worden sind. Wichtiger als die Originaltreue (heute würde man sagen: O-Ton) ist die kennzeichnende Qualität der Anekdote. Ob sie wahr sein könnte, das besagt mehr als der Quellenbeweis, der ohnehin im Rückblick auf die Vergangenheit immer fragwürdig bliebe.

Was aber geschieht mit der Gegenwart, mit leibhaftigen Zeitgenossen und ihrem Anspruch auf unverfälschte Identität? Nun, da es sich fast immer um sogenannte öffentliche Personen handelt, sind sie Kummer gewohnt. Was wird nicht alles über sie in die Welt gesetzt! Zitate und Dementis jagen einander erfolglos quer durch elektronische Medien und Blätterwald. Es muß nicht Bosheit sein, wenn man mit einem Zitat in die Irre geht. Insgesamt kann man nur bitten: Laßt Großmut walten, ver-

derbt uns das Spiel nicht, macht betroffenenfalls gewährende Miene zu diesem Spiel, das niemals misanthropisch gemeint ist, vielmehr wohlgelaunt. Der Kadi, bei allen Geistern der Überlieferung, wäre ein Störenfried und Spielverderber.
Anekdoten sind Unzitate. N. O. Scarpi meint: »Anekdoten sind Freiwild und müssen es bleiben.« Wer möchte sich ihm nicht anschließen? In der Tat befindet man sich als Anekdotensammler auf einem urheberrechtlich kaum einmal verifizierbaren Gelände, auf dem sich von der Einbildungskraft übers Jägerlatein bis zu responsiblem Wirklichkeitssinn das Unterschiedlichste miteinander verbindet. Eben dies ist dem Wesen der Anekdote gemäß, das ist weder eine Sache der Pedanterie noch der Leichtfertigkeit. Da die Urheberschaft immer in Zweifel zu ziehen ist, da obendrein die Legenden wie das Legendäre sich schriftlich und mündlich verselbständigen wie Gerüchte, kann auch der Herausgeber dieser Sammlung notwendigenfalls nur die Hemdbrust entblößen und jemanden, der sich trotz allem durch das Spiel ernstlich betroffen sähe, im vornherein um Pardon bitten. Ist das nicht eine brauchbare Regel für ein solches Unterfangen?
Unter Umständen hat die beschreibende Wahrheit, die einer Anekdote innewohnen kann, der Realität eine Menge voraus. Außerdem gibt es, denke ich, keinen Anekdotensammler, der als Herausgeber nicht seinen Nachfolgern spitzbübisch die eine oder andere Falle stellt. Das ist nicht anders als unter Gebrauchtwagenhändlern.
Meine Damen und Herren, die Sie das ›Anekdotenbuch‹ zur Hand nehmen, treten Sie ein, spielen Sie mit. Und lassen Sie mich schließen mit einer von unzähligen selbsterlebten Anekdoten, die mir aus meiner Kindheit wieder ins Gedächtnis kam, als ich unter die Sammler ging:
Mein Onkel, ein Berliner Kinderarzt, nahm regelmäßig während des Frühstücks eigenhändig die Anrufe seiner Patienten entgegen und verabredete die nachfolgenden Hausbesuche. Eines Morgens, als es wieder läutete, lauschte er kurz in den Hörer, aus dem eine zeternde Stimme klang. Das war 1936, zur Zeit der Olympischen Spiele. Hitler stand auf dem Höhepunkt seiner Macht. Am anderen Ende der Leitung flötete es: »Ich habe mich verwählt.« Mein Onkel sagte freundlich: »Das haben wir alle.«

München, Februar 1979 Dieter Lattmann

KUNST
UND KÜNSTLER

— * —

ABBA, MARTA
(um 1900) ital. Schauspielerin

—*—

Die Abba gab in Nizza ein Gastspiel und erklärte ihren dortigen Freunden, sie wolle zu einem Kostümfest als Wahrheit gehn.
»Als Wahrheit? Die Wahrheit ist doch nackt!«
»Wollt ihr wirklich behaupten«, meinte sie, »daß sie nicht immer ein wenig verkleidet ist?«

ACKERMANN, KONRAD
(1712-1771) Schauspieler

—*—

Ackermann lebte schon den ganzen Tag in der Rolle, die er abends zu spielen hatte. Spielte er den ›Eingebildeten Kranken‹, so rührte er keinen Wein und keinen Tabak an. Und als er den ›Geizigen‹ spielte und ein Kollege ihn um eine Prise Tabak bat, schrie er ihn an:
»Glauben Sie, daß ich meinen Tabak gestohlen habe? Wenn Sie schnupfen wollen, so kaufen Sie sich selber welchen!«

ADALBERT, MAX
(20. Jh.) Komiker

—*—

Adalbert ruft Pallenberg an.
»Hier der größte Schauspieler Deutschlands«, meldet sich Pallenberg.
»Dann bin ich falsch verbunden«, antwortet Adalbert und legt auf.

ALBERS, HANS
(1892-1960) Schauspieler

—*—

Albers besuchte in München Fritz Kortner, der erkrankt war.
»Wie geht es Ihnen?«
Kortner: »Gestern abend 38,8 – heute nacht 40,2 – heute morgen 40,5.«
Albers: »Bei 41 würde ich verkaufen.«

Mit einem Bekannten kam Hans Albers bei einem Glas Wein ins Philosophieren. Sie sprachen über das Fortleben nach dem Tode.
Der Bekannte spöttelte: »Sie kommen niemals wieder auf die Welt. Sie haben es hier so gut gehabt, daß Buddha verzichten wird, Sie wieder in

einer anderen Form einem so angenehmen Leben auszusetzen. Sie hatten genug. Seien Sie zufrieden und bescheiden!«
Da wurde Hans Albers ganz plötzlich nachdenklich und berlinerte: »Mensch, ick gloobe . . . ick komme wieder . . . ick will wiederkommen . . . und jenau als Filmmann will ick wiederkommen . . .«

Der Vater des bekannten Schauspielers war Metzger. Eines Tages trat ein Kunde in sein Geschäft und verlangte ein viertel Pfund Wurst. Vater Albers nahm eine Wurst und setzte an, das gewünschte Quantum abzuschneiden. Da sagte der Kunde: »Ihr Sohn hatte ja gestern im Theater einen riesigen Erfolg!«
Albers sen. hörte erfreut die Kunde und beschloß, dem Kunden etwas mehr abzuschneiden.
Der aber fuhr fort: »Die Zeitungen sind voller Lob über Ihren Sohn, ich bin der selben Meinung.« Vater Albers legte noch ein Stück von der Wurst zu.
Als er aber hörte: »Ich bin der Meinung, daß Ihr Sohn über kurz oder lang einer der berühmtesten Schauspieler sein wird«, bedankte sich der glückliche Vater: »Ihr Wort in Gottes Ohr.« Und schenkte dem verdutzten Kunden die ganze Wurst.

Ein junger Schauspieler sprach bei Albers vor. Darauf gab ihm der blonde Mime den Rat: »Mein Sohn, du hast das Zeug zu einem guten Schauspieler, also sei recht fleißig, damit du es nicht wirst.«

ALBERT, EUGEN D'

(1864-1932) Pianist und Komponist

— * —

d'Albert kam mit seiner vierten Frau nach Wien. An einem Abend lud der gefeierte Virtuose alles zu sich ein, was im musikalischen Wien Rang und Namen hatte. Die Eingeladenen fühlten sich geehrt und strömten herbei, nur Brahms blieb aus. d'Albert mußte sich erzählen lassen, Brahms habe seinen Freunden gegenüber geäußert:
»Das ist doch nicht die letzte Ehe d'Alberts, diese vierte Frau brauche ich gar nicht erst kennenzulernen – ich überspringe sie.«

Tatsächlich hat es d'Albert auf sieben Ehen gebracht. Zu seinen Frauen gehörte auch die Carreño, eine der bewundertsten Pianistinnen ihrer Zeit. Böse Zungen erzählten sich, sie sei einmal zu d'Albert ins Studierzimmer gestürzt und habe gerufen:
»Eugen, hilf mir, deine Kinder und meine Kinder verhauen unsere Kinder.«

ALBERTI, CARL
(19. Jh.) Schauspieler

— * —

Albertis Direktor an einem Theater in Kurland suchte ein zugkräftiges Stück, und Alberti schlug ihm die ›Räuber‹ vor, doch Schiller war damals verboten. Da meinte Alberti:
»Spielen wir doch den ›Don Carlos‹ und ändern wir den Titel und den Namen des Autors!«
Das gefiel dem Direktor, und so spielte man ›Vater und Sohn‹ von Charlotte Birch-Pfeiffer. Aber der Marquis Posa durfte nicht sagen: »Sire, geben Sie Gedankenfreiheit!«, sondern nun hieß es:
»Sire, geben Sie Gewerbefreiheit!«

ALMIRANTE, LUIGI
(um 1900) ital. Schauspieler

— * —

Bei einer Gesellschaft rühmte eine Dame die Tugenden ihres Dienstmädchens:
»Eine wahre Perle. Sie geht abends nicht aus, weder tanzen noch ins Kino, trägt ihr Geld auf die Sparkasse, macht nie den Mund auf, wenn sie nicht gefragt wird . . .«
Da unterbricht sie der Schauspieler Almirante:
»Könnte ich sie nicht kennenlernen?«
»Das fehlte noch! Sie würden sie mir ausspannen!«
»Ja, allerdings, ich möchte um ihre Hand bitten!«

APELLES
(4. Jh. v. Chr.) griech. Maler

— * —

Alexander der Große hatte sich von Apelles malen lassen, fand das Bild aber nicht ähnlich. Während Apelles ihn zu überzeugen versuchte, kam eines von Alexanders Pferden vorbei, sah das Bild und wieherte freudig.
»Dein Pferd«, sagte Apelles, »versteht mehr von Kunst als du!«

Ein Maler zeigt Apelles ein Bild der Venus, die er reich gekleidet und mit Schmuck behängt hatte.
»Da du deine Venus nicht schön machen konntest«, sagte Apelles, »hast du sie wenigstens reich gemacht.«

Apelles zeigte sein letztes Bild. Da riet ihm ein Schuster, etwas an dem Kothurn zu ändern. Apelles fand die Kritik richtig und befolgte den Rat.

Da wurde der Schuster kühner und wollte auch etwas an dem Bein aussetzen. Doch Apelles erklärte:
»Genug! Oberhalb des Schuhs hat ein Schuster nichts zu suchen!«

ARMSTRONG, LOUIS
(1902-1975) amerik. Jazzmusiker

— * —

Als Armstrong bei Papst Johannes XXII. in Audienz empfangen wurde, fragte der Heilige Vater den Jazzmusiker, ob er Kinder habe. Armstrong, immerhin schon eine gute Strecke über den 50. Geburtstag hinaus, lachte und sagte:
»Nein, aber well, Daddy, was nicht ist, kann noch werden.«

ARNAL
(19. Jh.) frz. Schauspieler

— * —

Arnal hatte keine sehr hohe Meinung von der Urteilsfähigkeit des Publikums. Er wettete, daß er einen völlig sinnlosen Vierzeiler deklamieren und damit großen Erfolg haben werde. Und so trat er am Ende einer längeren Tirade an die Rampe und schmetterte:
»Der Heldenmut ist niemals ganz allein,
und das ist das schönste von allen Losen.
Frankreich wird immer Frankreich sein
und die Franzosen immer die Franzosen!«
Kaum hatte er geendet, als ein Sturm von Begeisterung ausbrach, und dann mußte er seine Verse wiederholen.

ARNOULD, SOPHIE
(1744-1802) frz. Schauspielerin und Sängerin

— * —

Sophie Arnould sagte zu einer Kollegin, die nicht als unzugänglich galt:
»Heute habe ich einen Mann kennengelernt, der etwas für Sie wäre.«
»Wirklich?« fragte die Kollegin gespannt.
»Ja«, meinte die Arnould. »Er lebt und atmet.«
Eine jener Damen, die »ihre Zeit auf Kosten ihrer Ehre verbringen«, beklagte sich bei Sophie Arnould, man habe sie eine Hure genannt.
»Was willst du, mein Kind«, sagte Sophie. »Man muß sich zu trösten wissen. Die Leute sind heutzutage alle so grob, daß sie die Dinge beim richtigen Namen nennen.«

Im Jahre 1793 schrieb ein Erlaß allen Bürgern und Bürgerinnen vor, an ihre Türe eine Tafel mit Namen, Vornamen, Beruf und Alter anzubringen. Sophie Arnould, die 1944 geboren war, schrieb auf die Tafel:
»Arnould, Madeleine Sophie, dreiundvierzig Jahre alt, Sängerin.«
Ein übereifriger, aber nicht sehr galanter Kontrolleur sagte:
»Aber ich bitte Sie! Sie wollen dreiundvierzig sein? Man würde Ihnen bestimmt fünfzig geben!«
Worauf die Arnould erwiderte:
»Vielleicht gibt man sie mir – aber ich nehme sie nicht an.«

Nach der Vorstellung von ›Figaros Hochzeit‹ sagte jemand zu Sophie Arnould:
»Das ist ein Stück, das sich nicht halten wird.«
»Nein«, erwiderte Sophie Arnould. »Es wird vierzigmal hintereinander durchfallen.«

»Die meisten Frauen«, sagte Sophie Arnould, »weihen sich dem lieben Gott, wenn der Teufel sie nicht mehr will.«

Von ihrer Beziehung zu dem Grafen Laurageais sagte Sophie Arnould:
»Er hat mir zwei Millionen Küsse gegeben und mich vier Millionen Tränen vergießen lassen.«

Als die Du Barry in Frankreich herrschte, gingen der Graf Laurageais und alle seine Freunde zur Opposition über. Im Hause der Arnould trafen sie sich und hielten recht scharfe Reden. Die Polizei erfuhr davon, und der Polizeiminister Sartine ließ die Arnould kommen.
»Wer war gestern abend bei Ihnen zum Essen?«
»Ich erinnere mich nicht.«
»Aber Sie haben Gäste bei sich empfangen!«
»Natürlich.«
»Und wer war das?«
»Ich habe Ihnen bereits gesagt, daß ich mich nicht erinnere.«
»Ich möchte doch glauben«, meinte Sartine spöttisch, »daß eine Frau wie Sie sich an solche Dinge erinnern sollte.«
»Ja, gewiß«, entgegnete Sophie Arnould. »Aber vor einem Mann wie Sie bin ich keine Frau wie ich.«

Man warf der Arnould vor, daß sie sich, nach so vielen vornehmen Herren, mit einem einfachen Architekten begnügte.
»Was wollt ihr?« fragte sie. »Man hat so viel getan, um meinen Ruf zu Fall zu bringen, daß ich jetzt einen Architekten brauche, der ihn wieder aufbauen soll.«

Sophie Arnould sah, wie zwei schlechte Schauspieler sich um die Gunst der Tänzerin Guémard bemühten, die recht niedlich, aber sehr mager war.
»Sie kommen mir vor«, sagte die Arnould, »wie zwei Hunde, die sich um einen Knochen balgen.«

Im Bois de Boulogne fand ein sehr mondänes Duell zwischen zwei vornehmen Herren statt, und alles, was in Paris zur ›Großen Welt‹ gehörte, war dabei, so auch Sophie Arnould. Das Duell nahm einen völlig unblutigen Verlauf.
»Großartig, so ein Duell«, sagte sie. »Aber ein nächstes Mal komme ich nicht mehr, auch wenn Sie mir garantieren, daß die Gegner einander totstechen.«

Sophie Arnould war sehr schön und viel umworben. Ihr erster Anbeter war etwa achtzig Jahre alt, verlangte ihre Hand und bot ihr dafür eine Rente von vierzigtausend Ecus. Sie wies ihn ab.
»Was«, sagte ihre Mutter, »du weißt wohl nicht, was vierzigtausend Ecus bedeuten?«
»Nein«, erwiderte Sophie, »aber ich weiß, was achtzig Jahre bedeuten.«

Ein als sehr träge bekannter Mann suchte einen Beruf, bei dem man mit wenig Arbeit viel Geld verdienen könnte.
»Da müssen Sie ein betrogener Ehemann werden«, empfahl Sophie Arnould. »Das ist ein Beruf, bei dem nur die Frau viel zu tun hat.«

Bei einer Vorstellung von Lemières Drama ›Wilhelm Tell‹ war der Zuschauerraum ziemlich leer. Da sagte die Arnould:
»Im allgemeinen heißt es: Kein Geld, keine Schweizer. Heute abend aber gibt es mehr Schweizer als Geld!«

Eine Schauspielerin erscheint mitten im Winter in einem Kleid, das mit frischen Blumen über und über geschmückt ist.
»Mein Gott«, sagt die Arnould, »Sie sehen ja aus wie ein Treibhaus!«

Man fragte die Tochter der Arnould, wie alt ihre Mutter sei.
»Ich weiß es nicht, Sie wird jedes Jahr um ein Jahr jünger. Wenn das so weiter geht, bin *ich* bald ihre Mutter.«

Als der Abbé Terray bei Mademoiselle Arnould mit einem Muff erschien, sagte sie:
»Wozu braucht er einen Muff? Er hat doch die Hände in unsern Taschen!«
Der Abbé war nämlich Finanzminister.

ARP, HANS

(1887-1966) dt.-frz. Maler, Bildhauer und Schriftsteller

— * —

Besuchern in seinem Atelier in Meudon erzählte Arp vom Tod seiner Frau: 1943 habe er sie eines Morgens tot im Bett vorgefunden mit einer Kohlenoxydvergiftung; der kleine Kanonenofen im Zimmer war die Ursache.

Diesen traurigen Bericht ergänzte er: »Und wir haben alles versucht, sie wieder zum Leben zu bringen. Es war umsonst. Nicht einmal die Musik von Bach hat sie wieder aufgeweckt . . .«

AUBER, DANIEL-FRANÇOIS

(1782-1871) Komponist

— * —

Eine Sängerin fehlte auf der Probe, ohne sich entschuldigen zu lassen. Die Probe war beinahe zu Ende, als ein Bote erschien und meldete:

»Mademoiselle S. bedauert sehr, aber sie kann nicht singen.«

»Hat sie das endlich auch bemerkt?« meinte Auber.

In einer Gesellschaft sang ein Tenor mit recht verbrauchter Stimme die Arie des Joseph aus Méhuls Oper ›Joseph und seine Brüder‹. Als er zu der Stelle kam:

»Eine Grube war daneben
Da hinein versenkt man mich,
Ach, ich denke dran mit Beben,
Sie war feucht und schauerlich . . .«

beugte Auber, der witzige Komponist des ›Fra Diavolo‹, sich zu seinem Nachbarn und flüsterte:

»Joseph ist entschieden zu lange in der Grube geblieben!«

Als Auber Kapellmeister war, bat er den Direktor, einen vierten Flötisten zu engagieren.

»Das ist völlig überflüssig«, erwiderte der Direktor. »Wir werden die drei ein wenig besser bezahlen und sie bitten, ein wenig lauter zu spielen.«

Im Jahre 1869 fand die Premiere von Aubers Oper ›Der erste glückliche Tag‹ statt und wurde ein großer Erfolg. Man umdrängte den beinahe neunzigjährigen Meister, und ein Freund sagte:

»Jetzt brauchen Sie keine Angst mehr zu haben, Meister. Das Alter, in dem man stirbt, haben Sie längst hinter sich!«

AZNAVOUR, CHARLES

(20. Jh.) frz. Chansonier

— * —

Aznavour, der bisher dreimal verheiratet war und dreimal geschieden wurde, verglich sein Ehe-Debakel mit den Erfahrungen seiner Branche: »Eine schlechte Ehe ist wie eine nicht verkaufte Schallplatte.«

BACH, FRIEDEMANN

(1710-1784) Sohn von J. S. Bach, berühmter Organist

— * —

Friedemann war Organist in Halle. Er war bekannt für seine Zerstreutheit und leistete sich im Dienst manchen Lapsus. Seine Wirtsleute erzählten, es komme nicht selten vor, daß er, von ihnen an seine Kantoratspflicht erinnert, vom Klavier aufstehe, zur Kirche gehe, zu einer Tür hinein, zur anderen wieder hinaus und dann nach Hause ans Klavier, um die unterbrochene Phantasie fortzusetzen.

Friedemann Bach war am ersten Osterfeiertag schon frühzeitig in der Kirche. Er hatte sich in eine Kirchenbank gesetzt und wartete, bis sich die Gemeinde versammelt hatte. Dabei vergaß er aber vollkommen, daß er eigentlich spielen sollte. Als nun die Glocken ausgeläutet hatten und das Präludium angehen sollte, blieb die Orgel stumm. Man drehte die Köpfe nach dem Chor, man winkte, man wunderte sich. Friedemann Bach schüttelte den Kopf:
»Na, soll mich's doch wundern«, sagte er vor sich hin, »wer heute Orgel spielen wird.«

BACH, JOHANN SEBASTIAN

(1685-1750) Kantor, Komponist

— * —

Eine der bewegendsten Bach-Anekdoten findet sich bei Kleist: »Bach, als seine Frau starb, sollte zum Begräbnis Anstalten machen. Der arme Mann war aber gewohnt, alles durch seine Frau besorgen zu lassen; dergestalt, daß, da ein alter Bedienter kam und ihm für Trauerflor, den er einkaufen wollte, Geld abforderte, er unter stillen Tränen, den Kopf auf einen Tisch gestützt, antwortete: »Sagt's meiner Frau.«

J. S. Bach kam auf einer Reise nach Altenburg. Es war Sonntag. Er begab sich in die Kirche, um seinen Schüler Krebs Orgel spielen zu hören. Unter den Bürgern fühlte sich Bach unerkannt. Krebs jedoch hatte ihn sofort bemerkt und spielte sogleich eine Fuge b. a. c. h. und führte sie meisterhaft durch.

Bach pflegte zu sagen: »Ich habe nur einen einzigen Krebs in meinem Bache gefangen.«

Von Beethoven soll der Ausspruch stammen: »Meer müßte er heißen, nicht Bach.«

BACH, JOHANN CHRISTIAN
(1735-1782) Sohn Johann Sebastians

— * —

Ein Freund machte Johann Christian Bach einen Vorwurf daraus, daß er nur leichte Tonstücke flüchtig hinschreibe und das Geld, das er damit verdiente, leichtfertig vergeude, statt wie sein älterer Bruder Carl Philipp Emanuel große Werke zu vollenden; da erklärte Johann Christian: »Mein Bruder lebt, um zu komponieren, und ich komponiere, um zu leben.«

BACKHAUS, WILHELM
(1884-1969) Klaviervirtuose

— * —

Methodenstreit über die verschiedensten Klaviertechniken gehört wohl zum Brot der Pianistentrabanten. Als man nun Backhaus nach ›seiner‹ Methode fragte, gab er die verblüffende Antwort:
»Auf die Gefahr hin, daß Sie mir nicht glauben, muß ich sagen, daß ich in der Methodenfrage der Klaviertechnik wirklich nicht Bescheid weiß.«

Von Backhaus wird ein Geschichtchen erzählt, das allerdings nicht authentisch sein muß.
Als er in einer amerikanischen Stadt ein Konzert gab, begann ein Kind zu schreien. Backhaus spielte sein Stück zu Ende, bat dann aber den Impresario, das Kind aus dem Saal schaffen zu lassen. Da protestierten die Eltern wütend, und die Mutter rief:
»Was das für Geschichten sind! Dieser Mr. Backhaus kann kein so großer Künstler sein. Meine Schwester spielt auch Klavier, und ihr ist es ganz egal, ob das Kind schreit oder nicht!«

BAKST
Pseudonym für Leo Nikolajewitsch Rosenberg
(1866-1924) Maler des russischen Balletts

— * —

»Chagall«, sagte Bakst, »ist mein Lieblingsschüler, weil er meine Lehren aufmerksam anhört, dann seinen Pinsel nimmt und etwas ganz anderes malt.«

BARBIERI-NINI, MARIANNA
(1820-1887) Sängerin

— * —

Die Barbieri-Nini, der Verdi die Hauptrollen einiger seiner Opern anvertraute, war außerordentlich häßlich, so häßlich, daß es geradezu sprichwörtlich war. Einmal ging sie auf einen Maskenball, und da sie sehr schön gewachsen war, fand sie etliche Verehrer, von denen einer hartnäckig darauf bestand, sie müsse ihre Maske lüften. Die Sängerin wehrte sich:
»Nein, nein! Wenn Sie mein Gesicht sehen, werden Sie allzu sehr enttäuscht sein!«
Doch der Verehrer erwiderte stürmisch:
»Bestimmt nicht! Nicht einmal, wenn Sie die Barbieri-Nini wären!«
»Die bin ich auch«, sagte die Sängerin und hob die Maske.

BARDOT, BRIGITTE
(geb. 28. 9. 1934) frz. Filmschauspielerin

— * —

Als Journalisten die Bardot mit der Frage bedrängten, wie weit es zuträfe, daß ihre Ehe mit Gunter Sachs zumindest abgekühlt sei, antwortete sie:
»Mein Mann Gunter und ich haben einander aus den Augen verloren. Er ist eine Stadtratte, und ich bin eine Feldratte.«

Gewöhnt, im Mittelpunkt des Boulevardinteresses zu stehen, sagte die Bardot vor Journalisten: »Es ist möglich, das über uninteressante Menschen geklatscht wird, aber es ist unmöglich, daß über interessante Menschen nicht geklatscht wird.«
Fragte einer boshaft: »Zu welcher Sorte zählen Sie sich?«
Die Bardot schaute ihn mit einem ihrer verführerischsten Blicke an und meinte: »Das zu beurteilen, überlasse ich Ihrem männlichen Verstand.«

Im Fragekreuzfeuer über die Sexwelle sagte die Sexbombe Bardot auch: »Wenn man den Aufklärern glauben soll, ist sexuelle Liebe eine Art Turnen mit innerer Anteilnahme.«

Nach dem aufsehenerregenden Selbstmordversuch mit Schlaftabletten machte man dem Apotheker in Saint-Tropez heftige Vorwürfe, der als labil bekannten Schauspielerin so viele Schlaftabletten verkauft zu haben. Verteidigte sich der Apotheker: »Das sagt man so leicht. Stellt euch mal während der Saison hinter meine Theke. Alle paar Minuten kommt eine herein, nichts an, viel Haare, Riesenmund, woher soll ich denn wissen, wann es sich da um die echte Bardot handelt?«

BARLACHIA

(16. Jh.) ital. Komiker

— * —

In Florenz wirkte ein berühmter Komiker namens Barlachia. Als er nach langer Krankheit zum ersten Mal wieder ausging, begegnete er dem Herzog Cosimo de' Medici, der ihn sehr schätzte.
»Was? Du lebst noch?« fragte der Herzog.
»Ja, allerdings«, erwiderte der Komiker. »In der andern Welt wollte man mich nicht haben, weil ich zu arm bin.«
Der Herzog, immerhin ein Medicäer, verstand den Wink und schenkte dem Komiker ein Landgut.

BARLOG, BOLESLAW

(geb. 28. 3. 1906) Regisseur

— * —

Ein junger Schauspieler sprach bei Barlog vor. Er sprach und sprach und sprach, und als sich Barlog ablehnend verhielt, flehte und flehte er. Schließlich gab der gutmütige Barlog nach: »Also gut, ich will Sie als Statist engagieren . . . Röcheln Sie mir mal bitte etwas vor!«

BARNAY, LUDWIG

(1842-1924) Theaterdirektor, Schauspieler

— * —

Barnay, Leiter des ›Berliner Theaters‹, berühmt besonders als einer der bedeutendsten Hamlet-Darsteller seiner Zeit, hielt sich zum Gastspiel in Breslau auf. Nach einer Vorstellung traf er den Breslauer Kollegen, der sonst den Hamlet spielte, und jener tat überrascht: »Was machen Sie denn hier bei uns in der Stadt?«
Barnay sagte nur: »Furore«, und ließ den anderen stehen.

BARNUM, PHINEAS TAYLOR

gen. König des Humbugs
(1810-1891) amerik. Unternehmer, Schausteller und Zirkusdirektor

— * —

Der große Barnum reiste durch das Land. Eine seiner größten Sehenswürdigkeiten waren die siamesischen Zwillinge. Auch ein braver Dorfpriester kommt mit seiner Tochter das Wunder besichtigen. Wo die Zwillinge geboren seien?
»In Siam«, erwiderte Mr. Barnum höchstselbst.
»Und sie sind Brüder?«
»Ja, das bestimmt!«

Da wendet der Besucher sich zu seiner Tochter:
»Denk bloß, Mary! Wie gütig doch die Vorsehung waltet! Sie hat den beiden erlaubt, Brüder zu sein, denn sie wollte nicht, daß zwei Fremde für das ganze Leben aneinandergebunden sein sollten!«

Der spätere Zirkusbesitzer Barnum war als Junge bei einem Drogisten in der Lehre. Er sagte, es seien keine verlorenen Jahre gewesen, denn hier habe er das menschliche Herz und dessen Schwächen kennengelernt. So erzählt er, daß eines Tages ein Herr zu ihm sagte: »Hast du Wasser in den Rum getan, den wir als rein verkaufen?«
»Ja, Herr.«
»Und Zichorie in den Kaffee?«
»Ja, Herr.«
»Und Sand in den Zucker?«
»Ja, Herr.«
»So«, erklärte sein Chef, »dann kannst du jetzt mit mir in die Kirche gehn!«

Ein Mann in New York kaufte ein Billett für Barnums Raritätenschau und fragte, ob er auch Herrn Barnum selbst sehen könne. Er wird zu Barnum geführt, betrachtet ihn von allen Seiten und wendet sich dann dem Ausgang zu. Der Angestellte eilt ihm nach. Es gebe ja noch eine Menge zu besichtigen – Riesen, Zwerge, Löwen, Tiger.
»Ich weiß, ich weiß«, sagte der Mann, »aber jetzt habe ich Barnum selber gesehen, und das allein ist schon den Preis des Billetts wert.«

Jedesmal wenn Barnum mit seinem Zirkus nach New York kam, führte er den ganzen Zug von Mitwirkenden durch die Hauptstraßen der Stadt. Ein armer kleiner Junge, der in einer Nebenstraße wohnte, wurde einige Tage vor dem großen Ereignis krank und hatte den Zug nicht mitansehen können. Da schrieb er einen Brief an Barnum, und Barnum, bei dem Gutherzigkeit und Reklame oft eine seltsame Mischung eingingen, ließ seine sämtlichen zwei- und vierbeinigen Künstler durch die Nebenstraße marschieren, so daß der kleine Junge nicht um seine Freude kam.

BARON, MICHEL

(1653-1729) frz. Schauspieler

— * —

Michel Baron war in Fontainebleau und verlor beim Spiel eine Menge Geld. Ein Hofherr wunderte sich darüber, daß Baron noch lachen konnte, aber der Schauspieler erklärte:
»Wir Komiker verlieren unser Geld lachend, weil wir es auch lachend verdienen.«

Der Schauspieler Baron, der wohl mit Adligen, aber auch mit Molière befreundet war, hatte, wenn er mit einer Geliebten brechen wollte, ein System erfunden. Er ging zu ihr und sagte mit tragischem Ton:
»Madame, ich weiß alles!«
Und jedesmal sah er sie erblassen.
Dann schritt er verachtungsvoll von dannen, als wolle er die Geschichte ihres Fehltritts nicht anhören.

BARRAULT, JEAN-LOUIS

(geb. 8. 9. 1910) frz. Regisseur und Schauspieler

— * —

Antoine Dubois, Lebensmittelgroßhändler, wird Jean-Louis Barrault vorgestellt.
»Was spielen Sie derzeit?« fragt er ihn.
»Hamlet.«
»Hamlet?« sagt Dubois. »Na, ihr Pariser seid ja schön im Rückstand! Fünf Jahre ist's her, daß ich die Komödie in Aurillac gesehen habe!«

BARROUX, LUCIEN

(20. Jh.) frz. Filmschauspieler

— * —

Barroux sieht, wie auf der Straße ein Mann auf ihn zukommt.
»Guten Tag, André! Wie geht's? Seit Jahrzehnten habe ich dich nicht mehr gesehen!«
Barroux setzt höflich auseinander, er sei nicht André, und damit hat die Begegnung ein jähes Ende.
Einige Tage später trifft Barroux denselben Mann, der sich abermals auf ihn stürzt.
»Du, André, stell dir vor – ein paar Tage ist's her, da habe ich einen Mann gesehen, der dir zum Verwechseln ähnlich war. Und da habe ich ihn angesprochen. Aber ich habe meinen Irrtum gleich bemerkt. Der Kerl hat doch gar zu dumm ausgesehen!«

BARRYMORE, JOHN

(1882-1942) amerik. Schauspieler

— * —

Barrymore war am Morgen des großen Erdbebens in San Francisco. Er wurde aus dem Bett geschleudert und rollte durch das Zimmer. Schließlich rettete er sich in eine Badewanne und blieb den ganzen Tag darin. Als er sich am nächsten Tag auf die Straße wagte, hielt ein Soldat mit aufgepflanztem Bajonett ihn an, und Barrymore mußte zwei Tage lang Schutt

wegräumen. Als er das in New York im Klub erzählte, sagte der Schriftsteller Augustus Thomas:
»Es hat eines Erdbebens bedurft, damit John ein Bad genommen, und der amerikanischen Armee, damit er etwas gearbeitet hat.«

Barrymore fragte den großen Regisseur Stanislawski, wie er seine Schauspieler auswähle.
»Das will ich Ihnen sagen«, erwiderte Stanislawski, nahm eine Nadel und sagte: »Gehen Sie ins Nebenzimmer!«
Barrymore ging, wurde gleich zurückgerufen, und Stanislawski sagte: »Suchen Sie jetzt die Nadel!«
Der Russe beobachtete, wie Barrymore die Gläser vom Tisch nahm, jeden Teller umdrehte, das Tischtuch abtastete, eine Ecke aufhob, und, siehe, da war die Nadel.
Stanislawski applaudierte. »Ausgezeichnet! Sie sind engagiert! Ich kann den richtigen Schauspieler daran erkennen, wie er eine Nadel sucht. Wenn er im Zimmer herumstreicht, Posen annimmt, als dächte er angestrengt nach, an den lächerlichsten Orten sucht und dauernd übertreibt, dann taugt er nicht für mich.«

Barrymore wollte seine Jacht ›Infanta‹ taufen lassen. Seine Frau war damals Dolores Costello. Er reichte ihr eine große Champagnerflasche und zeigte ihr, wie sie die Flasche am Bug zerbrechen sollte.
»Sie ist so schwer«, klagte sie. »Das werde ich nie fertig bringen!«
»Nur zu!« ermutigte er sie. »Stell dir vor, daß ich es wäre!«
Und nachher erzählte Barrymore:
»Sie hat mir beinahe das Schiff leck geschlagen!«

Ein Reporter fragte Barrymore, ob das Theaterspielen ihm noch immer so viel Freude bereite.
»Hören Sie, mein Sohn«, erwiderte Barrymore, »ich bin fünfundsiebzig. Da macht einem nichts mehr so viel Freude wie früher.«

BARTÓK, BELA

(1881-1945) ungar. Komponist

—*—

1936 stellten die Nazis in Düsseldorf eine Ausstellung »Entartete Musik« zusammen. Bartóks Werke fehlten in ihr. Als der Komponist von diesem Versäumnis erfuhr, setzte er sich an seinen Arbeitstisch und schrieb einen Protestbrief an das Ribbentrop-Ministerium, in dem er diese Unterlassung scharf beanstandete . . .

BASSERMANN, ALBERT

(1867-1952) Schauspieler

— * —

In jungen Jahren spielte Bassermann in Meiningen. Schon damals bemühte er sich um einen naturalistischen Stil. Als Bauernbursche kratzte er sich mit der Gabel hinterm Ohr. Der Regisseur Grube war außer sich: »Sie sind hier nicht in einem Mannheimer Wirtshaus, Bassermann, sondern im Hoftheater!«
Da rief der ›Bauernjunge‹ zurück: »Was meene Se, Grubsche, wie wohl wär mas, wenn ich im Mannhemer Wertshaus säß statt jetzt im Hoftheater, wo ma faschte muß!«

Bassermann besuchte ein Bauerntheater, dessen Hauptdarsteller ein wakkerer Dorfschuster war, der aber ganz wunderbar spielte. Nach der Aufführung ging Bassermann hinter die Bühne und sagte zu dem Schauspieler:
»Seien Sie mir gegrüßt, lieber Kollege.«
»Ah, so, Sie san a a Schuster?«

Als 1919 im Berliner Staatstheater die schon legendäre ›Wilhem Tell‹-Inszenierung mit viel Krach und Protest über die Bühne ging, trat Bassermann vor den Vorhang und schrie: »Werft doch die bezahlten Lümmel hinaus!«
Hinter der Bühne sagte er dann zu Fritz Kortner: »Merkwürdig, bei solchen Anlässen funktioniert sie.« Er meinte damit seine Stimme, die ansonsten immer ein wenig heiser klang.

Als Anfänger spielte er bei einem kleinen Theater in ›Wilhelm Tell‹ den Attinghaus. Nach dem Fallen des Vorhangs stürzte der Direktor wütend auf Bassermann zu und schrie:
»Mensch, wie können Sie sich nur erlauben, in der Sterbeszene so impertinent zu lächeln.«
Bassermann: »Na, Herr Direktor, bei der Gage, die Sie zahlen, ist ja der Tod eine wahre Erlösung.«

BAUER, HARRY

(20. Jh.) Schauspieler der Comédie-Française

— * —

Ein junger Debutant an der Comédie glaubte, er müsse ununterbrochen donnern. Eines Morgens trifft er den hervorragenden Kollegen Harry Bauer, der sich für ihn interessiert hatte.
»Monsieur Bauer«, brüllte er, »die Schauspieler behaupten, daß ich mich gar nicht meiner natürlichen Stimme bediene.«

»Nun, fangen Sie einmal damit an, daß Sie mir ›guten Tag‹ sagen«, empfahl sanft der große Künstler.
»Ja, das ist wahr«, meinte respektvoll der junge Mann. Guten Tag Monsieur Bauer.«
»Sehen Sie«, sagte Bauer. »Das ist Ihre richtige Stimme!«

BAUMEISTER, WILLI
(1889-1955) Maler

—*—

Baumeister, einst Hauptrepräsentant der deutschen gegenstandslosen Malerei, wurde oft gefragt, was seine Bilder eigentlich bedeuten sollten. Einem der Frager gab er die verblüffende Antwort: »In jedem absoluten Bilde muß es spuken.«

Ein Besucher war auf dem Weg zu Baumeisters Atelier, als ihm eine Schülerin des Professors über den Weg lief. Der Besucher wunderte sich über die etwas auffällige Kleidung der jungen Dame, auch darüber, daß die Halbmöndchen an ihren Fingern mit den verschiedensten Farben getönt waren, außerdem waren nur sieben Finger bemalt, drei Halbmonde verblieben im tristen Naturzustand. Sie erklärte auch gleich ihre Aufmachung:
»Baumeister ist sehr nett. Wenn er Geld verdient hat, macht er schon mal einen Wettbewerb für uns, und dabei können wir etwas verdienen. Heute ist eine Entscheidung, und deshalb habe ich mich so aufgeputzt, denn ich weiß, daß er so etwas gerne mag. Er freut sich immer so, wenn wir abstrakt malen, und das können wir doch. In zehn Minuten ein Bild!«
»Warum tragen Sie denn nur sieben Fingermöndchen farbig und nicht zehn«, erkundigte sich der Besucher schüchtern.
»Ach, das ist wegen der Asymmetrie. Symmetrie hat er nicht gern!«

BAYER, FRANZ RUDOLF
(19. Jh.) Schauspieler

—*—

Bayer lebte sich lange vor den Vorstellungen in seine Rollen ein. Als er sich auf den Wallenstein vorbereitete und seine Frau ihm am Tag vor der Premiere Linsen vorsetzte, herrschte er sie empört an: »Ist das ein Essen für einen Herzog von Friedland?!«

BECKER, MARIA
(geb. 28. 1. 1924) Schauspielerin

— * —

Als Fritz Kortner Besetzungsschwierigkeiten bei seiner Schiller-Inszenierung ›Die Räuber‹ hatte, seufzte er: »Wenn Maria Becker etwas weiblicher wäre, könnte sie den Karl Moor spielen.«

Den etwas herben Stil der Schauspielerin glossierte Fritz Kortner einmal gutgelaunt: »Es gibt nur noch einen jugendlichen Helden in Deutschland – das ist Maria Becker!«

BECKMANN, FRIEDRICH
(1803-1866) Theaterkomiker

— * —

Beckmann hatte einmal einen Theaterkritiker beleidigt – welcher Schauspieler hätte das, zumindest in Gedanken, nicht schon getan? – und wurde verurteilt, den Kritiker in dessen Wohnung und vor Zeugen um Entschuldigung zu bitten. Zur festgesetzten Stunde wartete der Kritiker im Kreise seiner Zeugen und brauchte gar nicht lange zu warten, da läutete es. Beckmann steckte den Kopf durch die halbgeöffnete Tür und fragte:
»Wohnt hier der Kaufmann Schulze?«
Der Kritiker antwortete etwas befremdet:
»Nein, der wohnt hier nicht.«
»Ach, dann bitte ich um Entschuldigung«, sagte Beckmann und verschwand.

BEECHAM, SIR THOMAS
(1879-1961) engl. Dirigent

— * —

Während einer Wagner-Oper störte Beecham das ständige Schwatzen zweier distinguierter Damen in der ersten Reihe.
Gerade hörte er wieder, wie die eine fragte: »Wer ist der kleine Sänger da?«
Da drehte sich Sir Thomas um, und indem er weiterdirigierte, fragte er laut ins Theater hinein: »Wer sind diese alten Schrauben?«

»Es kann sein«, sagte Thomas Beecham, »daß die Engländer die Musik lieben; aber vor allem lieben sie den Lärm, den sie macht.«

Als unter Beechams Leitung in London die ›Salome‹ aufgeführt werden sollte, forderte der von Amts wegen sittenstrenge Lord Chamberlain mehrere Umdispositionen, vor allem aber Änderungen im Text. Mühsam

paukten die Sänger die neuen Texte, vergaßen aber während der Premiere das Gelernte und sangen einfach im Original, also in deutscher Sprache weiter.
Als nach der Aufführung Lord Chamberlain auf die Bühne gestürmt kam, fürchtete Beecham schon das Schlimmste. Aber das Gegenteil traf ein. Der Lord würdigte extra die befolgten Modifikationen des Textes. Da man Deutsch gesungen hatte, war ihm entgangen, daß das so verruchte Original aufgeführt worden war.

BEETHOVEN, LUDWIG VAN
(1770-1827) Komponist

— * —

Beethoven kam noch als Knabe nach Wien, wo Mozart herrschte. Einige Freunde und Bewunderer des jüngsten Musikers aus Bonn versuchten eine Begegnung zwischen dem berühmten Meister und dem hoffnungsvollen Anfänger zustande zu bringen. Das gelang ihnen auch, aber mozart, dem man beständig Wunderkinder zur Prüfung vorführte, war mißtrauisch und verärgert. Beethoven setzte sich ans Klavier und improvisierte.
»Gar nicht schlecht«, dachte Mozart, »aber man soll mir nicht erzählen, daß das eine Improvisation ist. Es handelt sich offenbar um eine falsche Improvisation, um ein Stück, das mit Gott weiß wieviel Mühe komponiert und auswendig gelernt wurde!« Das sagte er nicht ausdrücklich, ließ es aber deutlich merken.
Der kleine Beethoven begriff und bat Mozart, ihm selber ein Thema zu geben. Damit war Mozart einverstanden. Beethoven improvisierte daraufhin mit solcher Fülle und Kraft, mit so außerordentlichem Formensinn, daß Mozart ganz perplex war und schließlich ausrief:
»Gebt acht auf den, der wird noch von sich reden machen!«

Als Kind nahm Beethoven täglich Violinstunden. Manchmal spielte er aber auch ohne Noten. So traf ihn eines Tages sein Vater und schrie:
»Was fällt dir denn ein, so ohne Sinn und Zweck herumzufiedeln!«
»Gefällt dir die Musik vielleicht nicht?« fragte der Knabe.
»Das sage ich nicht. Aber bevor du anfängst, aus deinem Kopf zu spielen, gehört noch einiges dazu. Studier nur fleißig Geige und Klavier, sieh zu, daß du genau spielst, was in den Noten steht, und wenn dir das gelungen ist, dann erst magst du spielen, was dir selber einfällt.«

Während eines Konzertes in einem öffentlichen Wiener Park gehen Beethoven und Cramer, der später berühmte Pianist, durch die Alleen und lauschen Mozarts Klavierkonzert in c-moll. Bei einer Stelle bleibt Beethoven stehen hält auch seinen Gefährten an und lenkt dessen Aufmerk-

samkeit auf jenes Motiv, das sich gegen Ende immer herrlicher offenbart. In heller Begeisterung ruft er:
»Cramer, etwas Ähnliches werden wir nie zustande bringen!«

In Wien wurde die Oper ›Leonore‹ des italienischen Komponisten Ferdinando Paër aufgeführt. Beethoven sagte zu ihm recht ungeniert:
»Ihre Oper gefällt mir wahrhaftig. Ich habe Lust bekommen, sie in Musik zu setzen.«
Und daraus wurde eines Tages der ›Fidelio‹!

Fidelio war ursprünglich in drei Akten geschrieben, hatte sich aber bei der Aufführung als zu lang erwiesen, und alle zuständigen und wohlmeinenden Bekannten erklärten, die ersten zwei Akte müßten zusammengezogen werden. Die Freunde versammelten sich im Hause des Fürsten Lichnowsky, um die Frage mit Beethoven zu erörtern, der aber sein Werk hartnäckig verteidigte.
»Nicht eine Note«, schrie er. »Ich streiche keine einzige Note!«
Daraufhin kniete die Prinzessin, eine hochgebildete alte Dame, die Beethoven gut gesinnt war, vor ihm nieder und flehte ihn im Namen seiner vor kurzem verstorbenen Mutter an, er möge doch die Kürzung vornehmen. Beethoven war gerührt, schluchzte und sagte endlich:
»Ich werde es tun, ich werde es tun.«

Als Beethoven die Neunte Symphonie zum erstenmal dirigierte, waren die Musiker in ihrem Urteil wenig wohlwollend.
Das Publikum aber war in heller Begeisterung und bereitete dem Künstler herzliche Ovationen. Doch Beethoven wandte dem Publikum den Rücken, und schon begann man das als Zeichen seiner Verachtung auszulegen. Da begriff die Sängerin Caroline Unger, daß der taube Komponist den Jubel des Publikums überhaupt nicht hörte. Sie näherte sich ihm, ergriff ihn bei den Schultern und zwang ihn, sich mit dem Gesicht dem Publikum zuzuwenden. Erst jetzt merkte Beethoven, welch einen Triumph er errungen hatte, und war tief bewegt.

Als Napoleon noch Erster Konsul war, hegte Beethoven größte Bewunderung für ihn. Er hatte damals die dritte Symphonie komponiert und ihr den Titel ›Bonaparte‹ gegeben. Es war sein Schüler Ries, der ihm die Nachricht brachte, daß Napoleon zum Kaiser ausgerufen worden war. Da wurde Beethoven wütend und schrie:
»So ist auch er nur ein gewöhnlicher Mensch! Jetzt wird er beginnen, alle Menschenrechte mit Füßen zu treten, wird nur seinen Ehrgeiz befriedigen, sich über alle anderen erheben wollen und ein Tyrann werden!«
Dann trat er an den Tisch, riß die Titelseite der dritten Symphonie ab,

zerfetzte sie, warf sie auf den Boden und stampfte darauf. Und nun erst erhielt die Symphonie den Titel, der ihr bleiben sollte – ›Eroica‹.

Zu einem jungen Mann, der sein Schüler werden wollte und ihm ein Stück vorspielte, sagte Beethoven:
»Sie werden noch lange spielen müssen, bevor Sie einsehen, daß Sie nichts können.«

Wenn Beethoven von Mozart kühl aufgenommen worden war, so behandelte er selbst als berühmter Musiker einen zwölfjährigen Knaben nicht anders, einen Schüler Czernys, der ihn Beethoven vorstellen wollte. Vergebens gab der Knabe Beweise einer für sein Alter wahrhaft erstaunlichen Fertigkeit, vergebens improvisierte er und spielte ein Beethoven-Konzert mit unglaublicher Sicherheit und genau nach den Anweisungen des Komponisten. Beethoven wollte nicht an Wunderkinder glauben und blieb mißtrauisch.
Czerny und andere Freunde bewogen ihn schließlich, ein öffentliches Konzert des Wunderknaben zu besuchen, und hier erkannte Beethoven, daß es sich tatsächlich um eine Offenbarung handelte. Er stürzte auf das Podium, umarmte und küßte den jungen Menschen. Das Wunderkind war Franz Liszt.

Eines Tages traf Spohr nach langer Abwesenheit Beethoven wieder im Kaffeehaus und fragte ihn, ob er leidend gewesen sei.
»Ich nicht«, erwiderte Beethoven, »aber meine Schuhe. Und da ich nur ein einziges Paar besitze, mußte ich zu Hause bleiben.«

Als Beethoven in Karlsbad mit Goethe zusammentraf, unternahmen sie eine Spazierfahrt. Die Leute, die den Wagen mit den beiden großen Männern vorbeifahren sahen, blieben stehen und grüßten ehrfürchtig.
»Es ist doch langweilig«, sagte Goethe, »so berühmt zu sein. Alle Leute grüßen mich.«
»Eure Exzellenz brauchen sich nichts daraus zu machen«, bemerkte Beethoven, »vielleicht bin ich es, den die Leute grüßen.«

Beethoven will eines Tages im Gasthaus zum Schwan zu Mittag essen. Er setzt sich, klopft auf den Tisch nach dem Kellner, der aber nicht kommt. Beethoven zieht sein Notenheft aus der Tasche und beginnt zu notieren. Der Kellner kommt, fragt, was gewünscht wird, aber jetzt hört der Meister nicht. Der Kellner, der ihn kennt, entfernt sich, will später wiederkommen. Beethoven versinkt immer tiefer in seine Arbeit, endlich fährt er auf, klopft energisch: »Zahlen!« und ist ganz überrascht, als er hört: »Sie haben doch noch gar nichts bestellt!«

Als Beethoven gestorben war, säumten Tausende den Weg, den sein Leichenzug nahm, die bedeutendsten Persönlichkeiten der Stadt gingen hinter dem Sarg, und man hatte auch Soldaten ausrücken lassen.
Ein Fremder, der über dieses prächtige Begräbnis staunte, erkundigte sich bei einer alten Frau, wer denn dieser General gewesen sei, den man so feierlich bestatte. Die alte Frau sah ihn verdutzt an, dann lächelte sie und sagte:
»Sie müssen von weither kommen, daß Sie das nicht wissen! Ein General der Musik ist gestorben!«

BEGAS, REINHOLD

(1831-1911) Bildhauer

— * —

Der körperlich große Bildhauer Begas sagte einmal im Sommer zu dem körperlich kleinen Maler Menzel:
»Sagen Sie mal, ist es bei Ihnen da unten auch so heiß?«

BELAFONTE, HARRY

(geb. 1. 3. 1927) amerik. Sänger und Schauspieler

— * —

Belafonte, der meist mit der U-Bahn fährt, obwohl er sich einen »Star-Wagen« leisten könnte, schrieb einmal unter eine Reklametafel, die den Frauen die Erhaltung schöner weißer Hände zusicherte:
»Und was, wenn sie Negerinnen sind und schwarze Hände haben?«

BELLING, RUDOLF

(1886-1972) Bildhauer

— * —

Eines Tages bekam Belling unverhofft den Besuch eines Steuerbeamten.
»Ich muß mich erkundigen, ob Sie künstlerisch arbeiten. Wenn Sie Porträts machen, sind Sie freier Bildhauer, wenn Sie Karyatiden herstellen, sind Sie Handwerker«, belehrte der Mann vom Amt den Mann der Musen.
Belling deutete auf die nächstbeste Plastik und sagte: »Hindenburgbüste.« Verwirrt verabschiedete sich die Steuer.

Bellings berühmte expressionistische Plastik ›Dreiklang‹ wurde 1924 in Berlin aufgestellt. Es fand sich ein Käufer.
»Ich möchte die Plastik in Holz haben, was wird das kosten?«
»Na, sagen wir mal pro Klang 1000 Mark«, antwortete der Bildhauer ruhig.

Schon als Student arbeitete Belling eigenwillig. Sein Professor Breuer sagte ihm einmal: »Was Sie machen, ist sehr interessant, aber wenn Direktor Anton von Werner kommt, decken Sie bitte Ihre Plastik zu.«

BELLINI, VINCENZO

(1801-1835) ital. Komponist

—*—

Bellini wurde einmal in das Kloster San Marino bei Palermo geführt, um dort die berühmte Orgel zu hören. Man stellte ihm den Organisten Christophoro Licalsi als Orgelbauer vor.
Licalsi wurde gebeten zu spielen, wählte ›Friede deiner schönen Seele‹ von Bellini, und es gab nachher allgemeinen Beifall. Nur Bellini sagte:
»Sehr schön gespielt, aber Sie haben nicht sehr gut gewählt.«
»Was? Wissen Sie denn nicht, daß das von Bellini war?«
»Und wenn es vom lieben Gott selbst gewesen wäre, mir hat es nicht gefallen.«
Licalsi geriet in Wut, schimpfte, nannte den anderen einen Esel und schlug die Türe zu.
Da setzte Bellini sich an die Orgel und begann das Gebet der Norma. Licalsi hörte, blieb stehen und kehrte um. Als er erfuhr, wen er einen Esel genannt hatte, fiel er vor Bellini auf die Knie und bat ihn um Verzeihung.

Bellini war in Paris auf der Höhe seines Ruhmes, und die Damen stritten sich um seine Gunst. Er zog allen anderen Häusern den Salon der Prinzessin Belgioioso vor, wo er auch Heinrich Heine kennenlernte. Heine erkannte rasch die außerordentliche Naivität des Musikers und machte ihn häufig zur Zielscheibe seiner nicht immer guten Scherze.
Unter anderem war Bellini auch furchtbar abergläubisch. Heine, der das wußte, trat eines Abends mit düsterer Miene auf ihn zu:
»Ja, freuen Sie sich nur des Lebens, genießen Sie Ihre Jugend«, sagte er mit hohler Stimme, »denn Ihr außerordentliches Genie verurteilt Sie dazu, jung zu sterben wie Mozart, wie Raphael . . .«
»Um Himmels willen«, rief Bellini erschrocken, »schicken Sie ihn weg, Prinzessin, schicken Sie ihn weg!«
»Übrigens«, begann Heine von neuem, wie um ihn zu trösten, »vielleicht ist Ihr Genie gar nicht so groß. Ich habe ja noch nie eine Note von Ihnen gehört . . . hoffentlich ist Ihr Ruf ein wenig übertrieben.«
Aber Bellini fand an diesen Späßen kein Vergnügen und wollte nichts mehr von Heine wissen; die Prinzessin lud die beiden, um sie zu versöhnen, einige Tage später zu Tisch. Doch Bellini erschien nicht.
»Er hat Angst vor Heines bösem Blick«, bemerkte einer der Gäste. Aber

da kam die Botschaft, Bellini sei krank, und vier Tage später war der große Musiker tot.
»Ich habe es ihm ja vorausgesagt«, meinte Heine wenig gemütvoll.

BELMONDO, JEAN-PAUL
(geb. 9. 4. 1933) frz. Filmschauspieler

—*—

Durch seine Popularität ist Jean-Paul Belmondo nachgerade verpflichtet, hin und wieder etwas Geistreiches, insbesondere in bezug auf Frauen, zu sagen. Manchmal gelingt ihm das in der Tat, so etwa mit der Äußerung:
»Frauen, die sich zu schnell erobern lassen, organisieren später den Widerstand im Untergrund.«

BERG, ARMIN
(20. Jh.) Wiener Jargonkomiker

—*—

Armin Berg, dessen ›Lied vom Überzieher‹ jedem Kenner unvergeßlich bleibt, gestand, daß er einmal im Leben Lampenfieber gehabt habe. Er war notgedrungen nach Amerika ausgewandert und wurde von der Kommission gefragt, wann er in Amerika angekommen sei. Statt zu sagen »am 12. August 1942« irrte er sich und sagte:
»Am 12. August 1492.«
Da meinte ein Mitglied der Kommission:
»Wären Sie um zwei Monate länger in Europa geblieben, so hätten Sie mit Columbus fahren können.«

BERGER, ERNA
(geb. 19. 10. 1900) Sängerin

—*—

Zauberflöten-Probe in Berlin. Leo Blech bespricht sich mit Erna Berger. Man einigt sich, daß sie als Königin der Nacht in der zweiten Arie nicht auf das hohe C hinaufgehen sollte, wie sie es bisher gemacht hatte, denn das stand nicht in Mozarts Partitur. Während der Aufführung kam es dann zu ein paar aufregenden Zwischenfällen und Erna Berger vergaß die Absprache mit dem Dirigenten und sang nach alter Gewohnheit ihr hohes C. Am nächsten Tag bekam sie ein Brieflein:
»Meine Verehrteste, Sie müssen ja einen großen Respekt vor Ihrem Kapellmeister haben, daß Sie nicht einmal respektieren, was er Ihnen, mit meiner gütigen Erlaubnis, ausdrücklich gesagt hat. Ich bitt Sie schön, singen's das nächste Mal kein hohes C. Sonst muß i mi im Grabe drehn, wie man so sagt, und es liegt sich net gut aufm Bauch. Ihr Mozart.«

Während einer Probe, Erna Berger stellte in ›Hanneles Himmelfahrt‹ ein armes Mädchen dar, markierte sie nur.
Der Regisseur ermahnte sie: »Fräulein Berger, Sie müssen da aber ein bißchen wimmern und richtig ängstlich sein!«
Keck antwortete das Fräulein Berger: »Ja, das kann ich aber nicht in der Probe machen, da genier ich mich vor den Kollegen. Am Abend wimmere ich dann!«

BERLIOZ, HECTOR
(1803-1869) Komponist

— * —

Berlioz kletterte einmal mit Mendelssohn in den Katakomben herum und vergnügte sich damit, gotteslästerliche Reden zu führen, über die der fromme Mendelssohn sehr entrüstet war, In seiner Erregung achtete er nicht auf den Weg, fiel von einer Leiter hinunter und verletzte sich schmerzhaft. Da lachte Berlioz:
»So sieht die himmlische Gerechtigkeit aus! Ich lästere, und Sie fallen von der Leiter!«

Ein junger Musiker suchte Hector Berlioz auf, um ihm eine seiner Kompositionen vorzuspielen und das Urteil des Meisters zu vernehmen. Als er fertig war, sagte Berlioz:
»Ich will ganz offen sprechen. Sie haben gar keine Begabung für die Musik. Das sage ich Ihnen lieber gleich, damit Sie noch einen andern Beruf ergreifen können.«
Man kann sich ausmalen, in welcher Stimmung der junge Mann aufstand und sich verabschiedete, aber Berlioz machte keine Miene, ihm auch nur ein Wort des Trostes zu sagen.
Doch als der junge Komponist auf der Straße war, rief ihm Berlioz vom Fenster aus nach:
»Ich habe mein Urteil nicht geändert, aber mein Gewissen gebietet mir, daß ich noch ein Wort hinzufüge – zu meiner Zeit haben die Meister mir genau dasselbe gesagt, was ich Ihnen gesagt habe.«

Berlioz, der ewigen Anfeindungen müde, komponierte eine ›Enfance du Christ‹ und ließ sie als Werk eines unbekannten Komponisten Ducré aufführen. Es war ein ungeheurer Erfolg, und die Kritik war begeistert.
»Welche Schlichtheit! Welcher Stil!« hieß es. »Wie überlegen ist doch diese Musik der Musik von Berlioz!«

In einer römischen Kirche hörte Berlioz ein geistliches Konzert, das der französische Gesandte zum Namenstag des Königs mit den besten Sängern der Stadt veranstaltete. Am meisten amüsierte sich Berlioz über ei-

nen dicken Sänger, der einen mächtigen Backenbart trug und die Soli in der Sopranlage sang.
»Das ist doch ein Wunder«, sagte er lachend zu einem Nachbarn, »ein Kastrat mit so einem Bart!«
Eine italienische Dame drehte sich entrüstet um:
»Kastrat? Das ist mein Mann, Sie Esel!«

In seinen letzten Jahren fand Berlioz endlich größere Anerkennung, und ein Freund rief begeistert:
»Sie kommen, sie kommen!«
Worauf Berlioz lächelnd erwiderte: »Ja, sie kommen, und ich gehe.«

Auf seinem Sterbebett sagte Berlioz:
»Jetzt wird man endlich meine Musik spielen!«

BERNHARDT, SARAH
(1844-1923) frz. Schauspielerin

— * —

Als Sarah Bernhardt in Chicago gastieren sollte, verfluchte der Erzbischof der Hochkirche sie von der Kanzel herab so gründlich, daß ihr Manager ihm schrieb:
»Exzellenz, wenn ich mit einer Attraktion in eine Stadt komme, gebe ich vierhundert Dollar für Reklame aus. Da Sie bereits die halbe Reklame gemacht haben, lege ich diesem Brief 200 Dollar für Ihre Armen bei.«

Eine kleine Schauspielerin wunderte sich darüber, daß Sarah Bernhardt noch Lampenfieber hatte.
»Warte nur, mein Kind«, sagte Sarah. »Du wirst schon sehen. Das Lampenfieber kommt mit dem Talent.«

Sarah Bernhardts Magerkeit war die Quelle zahlloser Witze.
Als eine sittenstrenge Dame sie mahnte: »Gehen Sie in sich!« soll ihr Sarah geantwortet haben:
»Ich kann nicht. Es ist kein Platz da!«

Auf einer Tournée durch die Vereinigten Staaten empfing Sarah Bernhardt den jungen Journalisten Sam Davis. Er interviewte sie für den ›Examiner‹ in San Francisco, für den ›Appeal‹ in Carson und für die ›Associated Press‹. Sarah Bernhardt fand den Journalisten so charmant, daß sie ihm beim Abschied einen Kuß auf jede Wange und einen dritten auf den Mund gab.
»Die rechte Wange für den ›Examiner‹, die linke für den ›Appeal‹, die Lippen, junger Mann, für Sie selber«, erklärte sie.

Davis war keineswegs aus der Fassung gebracht, sondern erwiderte: »Sie vergessen, daß ich noch die ›Associated Press‹ vertrete, die mehr als dreihundertachtzig Zeitungen bedient!«

Prinz Edward von Wales besuchte einmal in Paris Sarah Bernhardt in ihrer Garderobe, behielt aber den Hut auf.
»Königliche Hoheit«, sagte sie, »die Krone behält man auf dem Kopf, aber den Hut nimmt man ab!«

Sarah Bernhardt spielte in einer Kleinstadt in Amerika vor einem primitiven, geräuschvollen Publikum die Kameliendame.
»Wenn man mich ärgert«, sagte sie, »sterbe ich im zweiten Akt!«

»Alle Männer verlangen von uns Frauen das gleiche«, sagte Sarah Bernhardt. »Aber wir Frauen verlangen von den Männern etwas Besonderes.«

Als Sarah Bernhardt in Rußland gastierte, mußte ein Extrazug ihre Bewunderer hinbringen. Sie wollte vor dem Zaren Alexander III. ihren schönsten Hofknicks machen, doch das erlaubte er nicht.
»Nein, Madame, ich bin es, der sich vor Ihnen beugen muß!«

Sarah Bernhardt spielte zur Zeit der alten Queen in London die Kleopatra. Damals auf der Höhe ihres Könnens, legte sie eine wilde Leidenschaft in ihre Rolle. Als der Vorhang unter donnerndem Beifall niederging, sagte eine alte Dame im Zuschauerraum zu ihrer Nachbarin:
»Das unterscheidet sich doch sehr von dem Familienleben unserer lieben Königin!«

Sarah Bernhardt kreierte eine Komödie ›Daniel‹ von Louis Verneuil, dem Gatten ihrer Enkelin. Ihr Partner sollte der ausgezeichnete Schauspieler Tarride sein. Doch als sie erfuhr, daß er fünfzig Jahre alt war, rief sie:
»Unmöglich! Er würde ja aussehen wie mein Vater!«
Sie selbst war damals sechsundsiebzig.

Als Sarah Bernhardt in Rio de Janeiro gastierte, wurde sie von der dortigen französischen Kolonie begrüßt, deren Präsident sagte:
»Madame, ich bin außerordentlich glücklich, Ihnen sagen zu dürfen, wie sehr Ihre Anwesenheit in unserer Mitte uns freut. Es ist ein wenig das Vaterland, das in Ihrer Person vor uns tritt. Wir haben Ihnen begeistert Beifall geklatscht und hoffen, daß Sie uns bald wieder mit Ihrem Besuch beglücken werden, denn Sie sind wie gute französische Weine, die mit dem Alter immer besser werden.«

BERNHEIM, GEORGES

(20. Jh.) Kunsthändler in Paris

— * —

Ein Kunde kaufte bei Georges Bernheim ein kubistisches Bild. Vorsichtig fragte er:
»Wenn es meiner Frau nicht gefällt, darf ich es zurückbringen?«
»Selbstverständlich«, sagte Bernheim und ließ eine Rechnung über zehntausend Francs ausstellen.
Einige Tage später kam der Kunde mit dem Bild zurück.
»Meine Frau kann sich an das Bild nicht gewöhnen. Nehmen Sie es zurück?«
»Ja, natürlich.«
Und Bernheim wies seinen Kassier an, dem Kunden zwölftausend Francs auszuzahlen.
»Aber ich habe doch nur zehntausend dafür gegeben!«
»Gewiß, aber seither sind diese Bilder im Preis gestiegen.«
Daraufhin behielt der Kunde sein Bild.

BERNINI, GIOVANNI LORENZO

(1598-1680) ital. Bildhauer und Architekt

— * —

Monsignor Montoia ließ von dem jungen Bernini eine Büste machen, die außerordentlich ähnlich geraten war. Als Papst Urban VIII. mit etlichen Kardinälen die Büste besichtigen kam, wies er auf Montoia und sagte: »Das ist Montoias Büste.« Dann wies er auf die Büste und sagte: »Und das ist Montoia selber!«

BERNSTEIN, LEONARD

(geb. 25. 8. 1918) amerik. Dirigent und Komponist

— * —

Als man Bernstein einmal vorhielt, sein Auswendig-Dirigieren sei mehr oder weniger eine Show für das Publikum und verhindere eher die genaue Wiedergabe der Musik, als daß sie damit gefördert würde, entgegnete er schlagfertig:
»Besser die Partitur im Kopf als den Kopf in der Partitur.«

BERRY, JULES

(20. Jh.) Pariser Schauspieler

— * —

Jules Berry verdiente sehr viel Geld, hatte aber niemals einen Franc. Er ließ sich vier Wochen von einem befreundeten Zahnarzt behandeln.

Nach Abschluß der Behandlung sagt er zum Arzt:
»Und jetzt wollen wir über die finanzielle Frage sprechen.«
Der Arzt kennt Berry und lächelt.
»Aber das eilt doch nicht so.«
»Doch, doch, es eilt mir sehr!« versichert Berry.
»Schön, wenn du absolut willst«, meint der Arzt, »sprechen wir über die finanzielle Frage.«
»Ich wußte, daß du mich nicht im Stich lassen würdest!« Berry atmet erleichtert auf. »Kannst du mir tausend Francs leihen?«

BIANCOLELLI, gen. DOMINIQUE

(17. Jh.) ital. Komiker

— * —

Dominique spielte zur Zeit Ludwigs XIV. in Paris. Als er einmal beim König zur Tafel geladen war, blickte er verlangend auf zwei Rebhühner, die auf einer goldenen Schüssel lagen. Der König bemerkte es und sagte zu einem Diener:
»Gib Dominique die Schüssel!«
»Wie, Sire?« rief der Schauspieler. »Samt den Rebhühnern?«
Und der König, einmal in guter Laune, sagte:
»Samt den Rebhühnern!«

Biancolelli war unter Ludwig XIV. mit seiner Truppe in Paris. Einmal ging der König incognito zu einer Vorstellung. Beim Ausgang traf er Dominique und sagte zu ihm:
»Mein lieber Dominique, das war aber eine miserable Komödie!«
»Um Gottes willen, sprechen Sie leiser«, erwiderte der Komiker. »Wenn der König Sie hört, ist er imstande und entläßt mich und meine ganze Truppe.«

BING, SIR RUDOLF

(geb. 9. 1. 1902) Direktor der Metropolitan Opera

— * —

Im Ensemble der ›Met‹ herrschte Erkältung. Da ließ Direktor Bing hinter den Kulissen Verhaltensmaßregeln anschlagen. Und die letzte lautete:
»Die Mitglieder sind gebeten, das Küssen auf das unbedingt notwendige Mindestmaß herabzusetzen.«

BIRGEL, WILLY
(1891-1973) Schauspieler

—*—

Als Birgel am Mannheimer Nationaltheater engagiert war, stand eine Probe zu Faust II mit den berühmten Gästen Kayßler und Wegener auf dem Morgenprogramm. Birgel hatte mit Freunden eine fröhliche Nacht hinter sich und holte ein wenig Schlaf in der Trambahn nach. Er verschlief aber seine Station, fuhr bis zur Endstation und hätte auch auf der Rückfahrt den Paradeplatz verpaßt, wenn sich der Schaffner seiner nicht erbarmt hätte:
»Ja, Herr Birgel, müsse Sie denn net probiere?«

Bei einem Autounfall wurde Birgel leicht verletzt. Nach drei Wochen sah ein Freund ihn immer noch am Stock hinken. »War's denn so schlimm?« fragte er. »Was sagt denn dein Arzt? Allmählich müßte es doch wieder ohne Krücke gehen.«
»Mein Arzt erlaubt mir das schon lange«, antwortete Birgel. »Aber mein Anwalt rät mir das Gegenteil.«

BIZET, GEORGES
(1838-1875) Komponist

—*—

Als der junge Georges Bizet den Rompreis erhalten hatte und nach Italien fuhr, ließ er sich von Carafa, Professor am Pariser Konservatorium, einen Empfehlungsbrief an Mercadante mitgeben, den Patriarchen der italienischen Opernkomponisten. Mercadante wohnte in Neapel, und im Spätsommer 1859 machte Bizet von Rom aus einen Ausflug nach Neapel. Aber da gab es viel Neues zu sehen und zu hören! Bizet bummelte, unterhielt sich, und erst ganz zuletzt, als sein Urlaub schon ablief, fällt ihm der Patriarch Mercadante ein. Doch er verschiebt den Besuch von Tag zu Tag, und schließlich kehrt er nach Rom zurück, ohne Mercadante gesehen zu haben. Auf der Heimfahrt wird er neugierig, will wissen, wie eine gute Empfehlung aussieht, und öffnet den Brief. Da liest er denn:
»Mein alter Freund,
ich empfehle dir angelegentlichst den Überbringer, Herrn Bizet, einen Preisträger unseres Instituts, ein reizender junger Mensch, aufrichtig, sympathisch, aber, unter uns gesagt, ohne einen Sou Talent.
Dein ergebener Michele Carafa.«

Im Hause des Komponisten Halévy hatte Liszt eine seiner schwierigsten Kompositionen gespielt. Und dann sagte er:
»Dieses Stück ist tatsächlich so schwer, daß ich nur zwei Pianisten kenne, die es spielen können – Hans von Bülow und ich.«

Da setzte sich, ohne ein Wort zu sagen, der junge Georges Bizet an den Flügel und spielte aus dem Gedächtnis das Stück.
»Ich habe mich geirrt«, bekannte Liszt. »Wir sind nicht zu zweit, wir sind zu dritt. Und Sie spielen es vielleicht am brillantesten!«

BLAKE, WILLIAM
(1757-1827) engl. Maler, Graphiker und Dichter

— * —

Zu dem Maler William Blake kam einmal ein Mann und bat ihn um Arbeit:
»Ich habe eine Frau und acht Kinder!«
»Und was können Sie sonst?« fragte Blake.

BLASEL, KARL
(um 1900) Wiener Komiker

— * —

Karl Blasel spielte noch als hoher Achtziger jeden Abend seine Rolle. Einmal allerdings ließ ihn sein Gedächtnis im Stich, und er wußte plötzlich kein Wort seines Textes mehr. Da sang er eben statt der Worte des Couplets entschlossen:
»Trallala, trallala!«
An sich war der geistige Unterschied zwischen dem Original und Blasels ›Trallala‹ wahrscheinlich nicht sehr groß; aber in den Kulissen standen Regisseur, Inspizient und Kollegen, waren entsetzt und wollten ihn trösten. Doch als Blasel von der Szene abging, bemerkte er die bestürzten Mienen gar nicht, sondern sagte stolz:
»Also, was sagt ihr zu meiner Geistesgegenwart? Wann mir jetzt so das Trallala net eingfalln wär!«

BLECH, LEO
(1871-1958) Dirigent und Komponist

— * —

Leo Blech lebte während des Zweiten Weltkriegs als Emigrant in Schweden. Als er 1946 nach Berlin zurückkehrte, war er rasch wieder ein gefeierter Dirigent. Nach einem rauschenden Erfolg mit einer ›Carmen‹-Inszenierung standen junge Mädchen am Bühnenausgang Schlange und wollten jede ein Autogramm.
Blech blickte in die Runde und sagte: »Ach, meine lieben jungen Damen, Sie kommen fünfzig Jahre zu spät. Ihre Großmütter hätten sich in Ihrem Alter die Zeit nehmen sollen, so zu mir zu kommen!«

Als Fricsay in Berlin Generalmusikdirektor war, kam Blech wieder in die ehemalige Reichshauptstadt. In einer Privatwohnung traf der fast Achtzigjährige auf seinen jungen ungarischen Nachfolger.
Blech sagte: »Lieber Herr Kollege, ich bin zwar schon zwei Jahre in Berlin, aber ich habe noch nie eine Aufführung von Ihnen gehört. Und ich werde Sie auch nicht mehr hören!«
Ängstlich fragte Fricsay: »Warum?«
Lächelte Blech: »Sie haben einen guten Ruf. Sind Sie weniger gut, als Ihre Position es erfordert, die ja mal die meine war, so ärgere ich mich. Sind Sie so gut wie Ihr Ruf, würde ich vielleicht neidisch werden. Ärgern würde ich mich auf jeden Fall. Wozu soll ich Sie also anhören?«

BÖCKLIN, ARNOLD
(1827-1901) Maler

— * —

Wie Gottfried Keller, so war auch Böcklin ein großer Schweiger. Beide gehörten in Zürich einem Stammtisch an, der berühmt war für das Gegenteil von Redseligkeit. Eines Tages führte Böcklin dort einen Neffen ein. Der junge Mann saß mäuschenstill in der Runde und sprach nur dem Wein zu. Einmal aber rutschten ihm doch ein paar Sätze heraus. Die Stammtischbrüder wiegten die Köpfe. Abschließend nahm Keller den Maler beiseite. Böcklin mußte sich sagen lassen: »Den Schwätzer da bringst du aber besser nicht wieder mit.«

Böcklin und Keller saßen beim Wein. An ihrem Nebentisch debattierten aufgeregt ein paar junge Literaten. Gerade schrie einer: »Schiller? Laßt mich mit Schiller in Ruhe, dem größten Phrasenheld unserer Literatur, ein Idealgötze, Humanitätsdusler, ein Moraltrompeter, ein Schwadroneur . . .« Weiter kam er nicht, denn Keller war aufgesprungen und hatte ihm eine kräftige Ohrfeige gegeben und gesagt: »Ehrfurcht, Musjöh!« Zufrieden nippte Böcklin an seinem Glas und brummte, als Keller noch erregt an seinen Tisch zurückkehrte: »Gut so!«

Wenn er in München war, hielt sich Böcklin auffallend oft in der Pinakothek auf. Als ihn sein Freund Hans Thoma einmal nach dem Grund fragte, sagte er: »Ich gehe deshalb so gern in die Alte Pinakothek, weil das in München so ziemlich der einzige Ort ist, wo man nicht immerzu Maler trifft.«

BÖHM, KARL

(geb. 28. 8. 1894) Dirigent

— * —

Als Karl Böhm 1934 Operndirektor in Dresden wurde, sprach er gleich bei seiner ersten Probe mit seinem Orchester in unverfälschtem österreichischem Dialekt. Damit brachte er aber die sächsischen Musiker nicht aus der Fassung, denn sie waren von Ernst von Schuch her schon mit diesem Idiom vertraut und bekannten aufatmend:
»Na, beim Dialekt brauchen wir wenigstens nicht umzulernen.«

BOIELDIEU, FRANÇOIS

(1775-1834) frz. Komponist

— * —

Am Tag nach dem großen Erfolg der ›Weißen Dame‹ schmeichelten seine Verehrer dem Komponisten, und einer sagte:
»Meister, Sie sind noch über Rossini!«
»Wem sagen Sie das?« erwiderte Boieldieu lächelnd. »Wir wohnen im selben Haus, er im zweiten und ich im dritten Stock.«

BOLDINI, GIOVANNI

(1842-1930) ital. Maler

— * —

Boldini erzählte seinen Freunden:
»Unter meinen seltsamsten Erinnerungen ist eine unvergeßliche Nacht, die ich mit Adelina Patti verbracht habe.«
Die Freunde sahen ihn und einander verdutzt an, doch Boldini fuhr lächelnd fort:
»Ja, ich war damals Gast bei Verdi in Santa Agata. Nun, und Verdi hatte eine Schwäche. Über seine Musik durfte man sagen, was man wollte, kein Wort aber gegen seinen Kaffee. An jenem Abend braute der Meister einen herrlichen Mokka, den alle Gäste kosten mußten – auch ich. Aber ich vertrage abends keinen Kaffee, und so war auch diesmal die Wirkung katastrophal. Die ganze Nacht lag ich wach. Doch meinem Bett gegenüber hing ein wunderschönes Bild der Adelina Patti, das ich bis zum Morgen angesehen habe. Und das ist die unvergeßliche Nacht, die ich mit ihr verbracht habe.«

BONN, FERDINAND

(um 1900) Schauspieler

— * —

Bonn spielte einmal am Münchner Hoftheater den Franz Moor. Nun fand er Schillers Vorschrift, nach der Franz Moor sich mit einer Hut-

schnur erdrosseln solle, doch etwas gar zu unrealistisch. Er ließ sich einen starken Gürtel anfertigen mit einem Ring, der am Rücken durch das Hemd ragte. Dann sprang er in seiner letzten Szene auf einen Tisch, schlang eine Vorhangschnur um den Hals und stieß den Tisch mit dem Fuß weg. Vorher hatte er allerdings den Ring an einem Haken am Fensterkreuz befestigt. Aber das Publikum sah den bösen Franz tatsächlich in der Luft baumeln und sprang entsetzt von den Plätzen. Und der Intendant, Baron Perfall, stürzte totenblaß aus seiner Loge und rief:
»Jetzt hat der verrückte Kerl sich wirklich aufgehängt!«

BOOTH, EDWIN
(1833-1893) amerik. Schauspieler

— * —

Zu jener Zeit erachteten es die meisten Geistlichen in Amerika als Sünde, ins Theater zu gehn. Ein Geistlicher wollte den großen Schauspieler dennoch sehen und schrieb ihm, ob er, der Priester, nicht durch eine Seitentüre eingelassen werden könne, wo er von niemandem erblickt würde. Darauf erwiderte ihm Booth:
»Mein Theater hat keine Türe, durch die Gott nicht sehen könnte.«

BORBONI, PAOLA
(um 1900) ital. Schauspielerin

— * —

Paola Borboni gestand: »Einem einzigen Mann ist es gelungen, mich leiden zu machen.«
»Und wer war das?«
»Mein Zahnarzt.«

BOSCO, BARTOLOMMEO
(1793-1863) Taschenspieler

— * —

Als Bosco in Hamburg war, wollte er sich ein Publikum für die Abendveranstaltung zusammenwerben. Er ging auf den Gänsemarkt, kaufte zwei Eier, schlug sie auf und fischte je ein Goldstück heraus. Die Marktfrau riß die Augen auf. Als Bosco den Trick bei zwei weiteren Eiern erfolgreich wiederholte, weigerte sich die Verkäuferin, noch Eier abzugeben, sie schlug ihrer Ware eigenhändig die Köpfe ab, aber da waren nur Eiweiß und Eigelb in der Schale. Die Standfrau konnte nun gar nichts mehr begreifen, doch zur Entschädigung bezahlte ihr der Zauberer alle Eier. Das Publikum applaudierte ihm.

BRAHM, DR. OTTO
(um 1900) Theaterdirektor

— * —

»Mit den Stücken geht es seltsam zu«, sagte Brahm. »Der Autor schreibt das eine, die Schauspieler spielen ein anderes, und das Publikum versteht ein drittes.«

BRAHMS, JOHANNES
(1833-1897) Symphoniker

— * —

Brahms war ein sehr starker Raucher, aber er rauchte nicht nur die guten, teuren Zigaretten, sondern auch die billigen, die in Österreich ›Sport‹ hießen. Als der junge Musiker Erich J. Wolff ihm vorspielen durfte, lobte Brahms ihn sehr; dann fragte er, ob Wolff rauche, und der junge Mann bejahte das.
»Da sollen Sie was Gutes bekommen«, sagte Brahms und reichte ihm eine ägyptische Zigarette mit Goldmundstück.
Wolff bedankte sich und steckte die Zigarette in seine Brieftasche.
»Wollen Sie sie nicht gleich hier rauchen?«
»O nein«, sagte er. »Die rauche ich nicht. Die hebe ich mir zur Erinnerung auf. Man bekommt nicht jeden Tag eine Zigarette von Brahms!«
»Dann geben Sie sie nur wieder her«, meinte Brahms. »Als Erinnerung genügt auch eine ›Sport‹.«

Bülow setzte sich für Brahms mit allen Kräften ein. Einmal dirigierte er dessen Erste Symphonie. Keine Hand rührte sich. Da wandte er sich um und sagte zum Publikum:
»Meine Damen und Herren, ich habe diese Symphonie auch nicht beim ersten Hören verstanden, ich mußte sie zweimal spielen, um sie zu genießen, und nun erlauben Sie mir, daß ich sie Ihnen auch noch einmal vorspiele.«
So wurde die ganze Symphonie noch ein zweites Mal gespielt, und nachher gab es großen Applaus. Aber ein Zuhörer meinte:
»Die Leute applaudierten nur, damit er sie ihnen am Ende nicht noch ein drittes Mal vorspielt.«

»Wie stellen Sie es nur an«, fragte eine Tischnachbarin Johannes Brahms, »daß Sie immer so tiefgefühlte Musik schreiben?«
»Sehr einfach«, erwiderte Brahms. »Die Verleger wollen sie so haben.«

Brahms ging sehr viel ins Theater, versäumte namentlich keine Operette von Johann Strauß. Als jemand ihn um ein Autogramm bat, schrieb er die ersten Takte der ›Schönen blauen Donau‹ nieder und darunter:
»Von Johannes – leider nicht Brahms.«

Hugo Wolf, der mit Brahms auf schlechtem Fuß stand, schrieb einmal eine außerordentlich lobende Kritik über eines von Brahms Werken.
»Man kann sich heute auf keinen Menschen mehr verlassen«, meinte Brahms, »jetzt fängt auch der schon an, mich zu loben!«

Brahms war im Grunde das Modell eines Familienvaters, hatte aber nie geheiratet. Als ihn jemand darüber befragte, erwiderte er:
»Was wollen Sie? Zur Zeit, da ich heiraten wollte und konnte, wurden meine Werke ausgepfiffen. Ich war von ihrer Qualität fest überzeugt, und wenn ich abends in mein einsames Zimmer zurückkehrte, habe ich mich nicht so sehr gedemütigt gefühlt. Wenn ich aber eine Frau gehabt hätte – wie hätte ich nach so vielen Niederlagen vor sie hintreten sollen, ich hätte ihr sagen müssen: ›Es war wieder ein Durchfall.‹ Und das hätte ich kaum ertragen. Und wenn die Arme mich hätte trösten wollen, so wäre das noch schlimmer gewesen. Ich hätte eine wahre Hölle erlebt. Und darum habe ich keine Frau genommen.«

Eine nicht sehr begabte Sängerin wollte Brahms ein Kompliment machen und fragte ihn, welche seiner Lieder er ihr zu singen empfehle.
Darauf erwiderte Brahms: »Meine posthumen.«

Gegen Ende seines Lebens vertraute Brahms einem Freund an:
»Kürzlich habe ich etwas begonnen, aber nichts wollte mir gelingen. Da meinte ich, nun sei ich doch wohl zu alt, und beschloß energisch, nichts mehr zu schreiben. Ich fand, ich hätte doch genug geleistet, jetzt könnte ich mir ein sorgenfreies Alter leisten und es in Frieden genießen. Und das machte mich so glücklich, so zufrieden, so froh, daß das Schreiben mit einem Mal wieder wunderbar ging.«

Wenn der Komponist abends von seinem Stammtisch aufstand, pflegte er sich mit den Worten zu verabschieden: »Sollte ich durch Zufall vergessen haben, einen der Anwesenden zu beleidigen, so bitte ich, mich zu entschuldigen.«

BRANDL, JOHANN

(19. Jh.) Wiener Kapellmeister

— * —

Brandl glaubte, Offenbachs Operetten mit seinen Einlagen bereichern zu müssen. Als Offenbach in Wien war, sagte er:
»Wenn ich im Hotel abends meine Schuhe vor die Türe stelle, finde ich am nächsten Tag sicher Einlagen von Brandl darin.«

BRAQUE, GEORGES
(1882-1963) frz. Maler

— * —

Als Braque in Picassos Atelier ›Les Demoiselles d'Avignon‹ sah, das später als erstes Bild des Kubismus galt, meinte er: »Das kommt mir vor, als ob jemand Petroleum getrunken hätte, um Feuer zu speien!«

BRIDGE, PETER
(um 1900) engl. Organist

— * —

Der bekannte Organist Bridge war mit seinem Freund, dem Schriftsteller Player, in Rußland. Nachdem sie Moskau besucht hatten, wollten sie nach Petersburg fahren, wo Bridge gleichfalls ein Konzert geben sollte. Es war spät geworden, und sie mußten einen Wagen nehmen, um zur Bahn zu fahren. Doch wie dem Kutscher beibringen, was sie wollten, da beide zusammen kein Wort Russisch verstanden? Da kam ihnen eine Idee. Der eine machte den Lärm einer Lokomotive nach, und der andere pfiff, was er nur konnte. Der Kutscher lauschte und lud sie mit einer Geste ein, seinen Wagen zu besteigen.
»War das nicht ein rettender Einfall?« sagte Bridge. Und zehn Minuten später hielt der Wagen vor dem Irrenhaus.

BRITTEN, BENJAMIN
(geb. 22. 11. 1913) engl. Komponist

— * —

Benjamin Britten gilt, seine Umwelt bezeugt das, als ein ungewöhnlich freundlicher und zurückhaltender Mann. Nur gegenüber Kritik an seiner Arbeit ist er außerordentlich empfindlich. Einmal traf ihn ein Freund an, wie er aus Zorn über einen Verriß allerlei Gegenstände in seinem Zimmer durcheinanderwarf. Der Freund reichte ihm schweigend auch das Tintenfaß. Da mußte Britten lachen, lenkte ein und sagte:
»Nein, das hat schon Luther gemacht. Ich bin kein Epigone.«

Der Komponist hatte furchtbare Zahnschmerzen. Es war aber an einem Wochenende, so daß er keinen Arzt aufsuchen konnte.
Meinte ein Bekannter vertraulich: »In so einer Situation umarme ich meine Frau, dann vergehen die Schmerzen für eine Weile.«
»Sehr gut«, meinte Britten. »Ist Ihre Frau jetzt zu Hause?«
Der Bekannte, der Brittens besondere Neigung kannte, konterte: »Aber, aber, wer wird denn gleich konvertieren!«

BROHAN, AUGUSTINE

(1807-1888) frz. Schauspielerin

— * —

Dumas fils war in der Garderobe Augustine Brohans und rauchte. Sie fand, er rauche zu viel.
»Mein Vater«, sagte er, »raucht ununterbrochen und ist sechzig Jahre alt.«
»Wenn er nicht rauchen würde«, erwiderte die Brohan, »wäre er bestimmt schon siebzig!«

Ein junger Notar aus der Provinz verliebte sich in die Schauspielerin Augustine Brohan und wollte sie heiraten.
»Sie werden sehen, daß ich Sie glücklich machen kann!« versicherte er.
Augustine Brohan sah ihn nachdenklich an und sagte:
»Wenn Sie wüßten, wie viele mir das schon versprochen haben, und wie wenige ihr Wort halten konnten!«

In einer Gesellschaft zeigte man Augustine Brohan einen sehr mittelmäßigen Arzt.
»Den müssen Sie kennenlernen! Wenn Sie wüßten, wie leicht er das Leben nimmt!«
»Ja«, meinte Mademoiselle Brohan, »das Leben der andern.«

Augustine Brohan hatte schon mit achtzehn Jahren viel Erfolg. Einmal besuchte sie der Maschall Canrobert in ihrer Garderobe. Sie sah bekümmert drein.
»Was ist denn?« fragte der Marschall.
»Nun«, erwiderte die Brohan, »wir haben heute eine Premiere, und da habe ich Angst.
»Angst«, erwiderte der Marschall, »was ist das für ein Wort?«
Da rief die Brohan ihrer Garderobiere zu:
»Rosine, bringen Sie Seiner Exzellenz, dem Herrn Marschall, ein Wörterbuch!«

Augustine Brohan wurde einmal von ihrem Liebhaber in den Armen eines andern Mannes ertappt. Nachher hatte sie nichtsdestoweniger die Stirne, alles in Abrede zu stellen.
»Ich habe es doch mit eigenen Augen gesehen!« schrie der Liebhaber wütend.
»Du liebst mich nicht mehr«, entgegnete Augustine schluchzend. »Sonst würdest du mir eher glauben als deinen Augen!«

BROHAN, MADELEINE

(1833-1900) frz. Schauspielerin

— * —

»Die Schweigsamen«, sagte die Schauspielerin Madeleine Brohan, die Tochter Augustines, »sind nicht unbedingt tiefe Denker. Es gibt Schränke, die fest verriegelt und dennoch leer sind.«

Die Schauspielerin Madeleine Brohan ging in den späteren Jahren ihres Lebens immer sehr bescheiden gekleidet. Als jemand sich darüber wunderte, sagte sie:
»In meinen Jahren zieht man sich nicht mehr an; man deckt sich zu.«

In ihren letzten Lebensjahren wohnte Madeleine Brohan in einer Wohnung im fünften Stock. Eines Tages besuchte sie ein alter Freund und kam völlig atemlos oben an.
»Warum wohnen Sie eigentlich so hoch?«
»Ja, mein lieber Freund«, erwiderte sie, »nur auf diese Art kann ich die Herzen der Männer noch schneller schlagen lassen.«

Die Schauspielerin Brohan war ein wenig verschwenderisch. Ihr Mann fand, sie sollte doch Ordnung in ihren Ausgaben halten und schenkte ihr ein Haushaltbuch. Am Abend des ersten Tages ließ er sich zeigen, was sie eingetragen hatte. Er las:
»Einem Bettler gegeben Fr. 5,–, Brot um die Spatzen zu füttern Fr. 0,50. Diverse Ausgaben Fr. 1000,–«

BRUCKNER, ANTON

(1824-1896) Komponist

— * —

Bruckners Neigung zu gewissen Nachempfindungen Wagnerscher Kompositionen war sprichwörtlich, und er machte auch manchmal selber kein Hehl daraus. Als er einmal einem Freund ein neues Klavierstück vortrug, verzog der das Gesicht.
»Wagnerlt's zu arg?« fragte Bruckner.
Der Freund nickte.
Nach zwei Stunden hatte Bruckner dasselbe Thema abgeändert und vertrat die Ansicht: »So, jetzt wagnerlt's nimmer.«

Bruckners Freunde hatten es einmal fertig gebracht, den Chef eines großen deutschen Musikverlags in ein Konzert zu lotsen, wo eine Symphonie Bruckners gespielt wurde. Sie erhofften sich davon eine nützliche Verbindung für den Komponisten. Nach der Aufführung wird Bruckner dem Verleger vorgestellt.

»Sehr schön, mein lieber Herr Bruckner«, meint der Verleger herablassend. »Aber die Form, das Organische – ich habe wirklich nichts davon verstanden.«
»Ja, wissen S'«, erwidert Bruckner zutraulich, »dös kommt schon vor. I will mi ja durchaus net mit'm Beethoven vergleichen; aber den ham's amal aa net verstanden, dö Ochs'n.«

Bruckner war sehr schüchtern, besonders in Frauengesellschaft. Einmal saß er neben einer Dame und sprach kein Wort. Endlich sagt seine Nachbarin:
»Ihretwegen habe ich mich besonders schön angezogen, Herr Bruckner, und jetzt sagen Sie kein Wort!«
Darauf erwidert er erschrocken und durchaus nicht in der Absicht, einen Scherz zu machen:
»Mein Gott, von mir aus hätten S' sich gar nix anziehen müssen!«

Das Scherzo seiner vierten Symphonie kommentierte Bruckner einmal für Kenner seiner Musik in einer höchst merkwürdigen Weise, indem er die einzelnen Passagen auf dem Klavier vorspielte:
»Also, das stellt eine Jagd dar, da kommt a Hirsch gerannt – da kommt a Reh. Jetzt setzen sich die Jager nieder. Jetzt packen's den kalten Kalbsbraten aus.«

Bruckner sprang mit seinen Schülern oft sehr unwirsch um. Einmal hatte er dauernd etwas auszusetzen, schimpfte und brüllte gar, bis dem Mißhandelten aus lauter Verzweiflung ein recht seltsames Argument einfiel, sich dem Zorn des Meisters zu entziehen:
»Aber Herr Professor, wie können Sie nur so mit mir schreien, mit einem verheirateten Menschen?«
Darauf war Bruckner ganz verlegen: »So, verheiratet sans, dös hab i ja gar nit gwußt. Warum hams dös denn nit eher gesagt?«
Und nach einer ganzen Weile fügt er höflichst hinzu: »Und wie geht's denn der gnädigen Frau Gemahlin?«

BRUEGEL, PIETER DER ÄLTERE
(um 1525-1569) niederländ. Maler

—*—

Der Meister hatte die Angewohnheit, während der Arbeiten im Atelier seine Schüler von Zeit zu Zeit dadurch zu erschrecken, daß er in eine Ekke ging, wo eine dicke Kette am Boden lag, und mit den Eisengliedern rasselte. Auf die Frage, warum er das mache, antwortete er: »Sie sollen das Unheimliche in der Welt begreifen.«

Bruegels Stärke waren Landschaften und Stilleben. Als ein Kunde bei ihm ein Bild bestellte, malte Bruegel eine Landschaft und darin eine romantische Kirche. Doch weit und breit war kein Mensch zu sehen.
»Ja, aber, Meister Bruegel«, sagte der Kunde, »Ihr habt doch die Menschen vergessen!«
»Nein, nein, ich habe sie nicht vergessen«, erwiderte der Maler. »Sie sind in der Kirche.«
»Schön«, meinte der Kunde, »dann hole ich mir das Bild, wenn die Leute aus der Kirche kommen.«

BRUNELLESCHI, FILIPPO

(1376-1446) ital. Baumeister und Bildhauer

— * —

Mit dem Bau der gewaltigen Kuppel des Florentiner Domes gaben sich die Stadträte viel Mühe. Künstler aus aller Herren Länder wurden nach Florenz geladen und angehört. Brunelleschis Pläne erwiesen sich als die brauchbarsten. Damals soll auch der bekannte Streit mit dem Ei stattgefunden haben. Brunelleschi schlug den fremden Baumeistern vor, es solle der die Kuppel bauen, der es fertigbrächte, auf einer Marmortafel ein Ei aufzustellen. Alle versuchten das, aber keinem gelang es.
Da nahm Filippo das Ei, gab der Spitze einen derben Druck, und schon stand es.
Selbstverständlich protestierten die anderen: »Das hätten wir auch gekonnt«, doch Brunelleschi antwortete: »Ihr würdet auch wissen, wie die Kuppel zu wölben sei, wenn ihr meine Zeichnungen und mein Modell gesehen hättet.« So bekam der Florentiner den Zuschlag zum Bau.
(Diese Anekdote, die eigentlich Kolumbus zugeschrieben wird, um 1565 in Benzonis ›Historia del monde nuovo‹, wird in der Tat 1480 schon mit dem Namen Brunelleschi verknüpft, vielleicht ein Beweis dafür, daß auch schon damals die Anekdote ziemlich ›vogelfrei‹ war und daß man sie damals wie heute dann anwandte, wenn sie am Platze war.)

BUDRY, PAUL

(18. Jh.) frz. Maler

— * —

Als der Maler Paul Budry die Fresken in der Pariser Oper malte, sah ein Feuerwehrmann ihm zu und sagte zu einem Kollegen:
»Wenn das Zeug brennt, wird's einen scheußlichen Rauch geben!«

BÜLOW, HANS VON
(1830-1894) Dirigent

— * —

Ein Herr spricht Bülow auf der Straße an:
»Mein lieber Bülow«, sagt er herzlich, »ich wette, daß Sie mich nicht erkennen!«
Bülow mustert ihn.
»Sie haben die Wette gewonnen«, erwidert er und geht weiter.

Bei einer Probe ermahnte Hans von Bülow den Chor:
»Wollen Sie, bitte, nicht gestikulieren wie Kannibalen! Wir spielen die Hugenotten und nicht die Hottentotten!«

Auf der dunklen Treppe des Münchner Opernhauses stieß Hans von Bülow unversehens mit einem Fremden zusammen.
»Esel!« schrie der.
Bülow zog den Hut und sagte höflich: »Von Bülow.«

Bei einem Konzert unterbrach sich Bülow mitten in einem Stück und ließ den Flügel auf die andere Seite des Podiums schieben. Nachher fragte ihn der Impresario, was ihm eigentlich eingefallen sei.
»Mir gegenüber«, sagte Bülow, »saß eine Dame, die sich dauernd gefächelt hat. Nun konnte ich unmöglich im Sechsachteltakt spielen, denn sie hat sich im Zweivierteltakt gefächelt.«

1892 gab Hans von Bülow das letzte Konzert mit seiner Berliner Philharmonie. Es war das Jahr, wo Kaiser Wilhelm II. an die Macht gekommen war und mit ein paar rüden Reden wider die Sozialisten, gegen die moderne Kunst und die bürgerliche Intelligenz Aufsehen erregt hatte. Das Konzert war ein riesiger Erfolg, die Ovationen wollten nicht enden. Bülow hob die Hand und bat um Stille. Dann sagte er:
»Seine Majestät haben in diesen Tagen geruht zu sagen, daß es für die Nörgler das beste wäre, den deutschen Staub von ihren Pantoffeln zu schütteln, um sich den elenden und jammervollen Zuständen des Vaterlandes aufs Schnellste zu entziehen. Ich tue es hiermit und verabschiede mich von Ihnen!«
Er zog ein seidenes Tuch aus der Manschette, staubte damit seine Lackschuhe ab und verließ das Podium.

Der Dirigent war mißtrauisch gegenüber den musikalischen Wunderkindern und prämierten Eintagsfliegen. Diese Kategorie Künstler brachte er einmal auf den Nenner:
»Je Preiser gekrönt, desto durcher gefallen.«

Man machte den Dirigenten einmal auf einen gefürchteten Musikkritiker aufmerksam, der allerdings eine Schwäche hatte: er nahm Schmiergelder an, jedoch versicherte man, die jeweiligen Summen seien nicht hoch.
»Na ja, dann ist es ja nicht so schlimm«, beruhigte Bülow die Besorgten, »wenn er so kleine Beträge nimmt, grenzt das ja schon an Unbestechlichkeit.«

Bülow wurde aufgefordert, in einer großen deutschen Stadt neben einem andern, wenig bedeutenden, aber sehr neidischen Kapellmeister die Konzerte zu dirigieren. Als er seinen Kollegen besuchte, sagte der wütend:
»Aber wir brauchen doch keinen zweiten Kapellmeister!«
»Nein«, erwiderte Bülow kühl, »ihr braucht einen ersten!«

Hans von Bülows Witz war ziemlich gefürchtet. Hier ein harmloses Beispiel:
Ein Musiker spielt Bülow seine Kompositionen vor. Während des Spiels reißt Bülow ein Fenster auf. Der Musiker stockt.
»Spielen Sie ruhig weiter«, sagt Bülow, »es ist nur wegen meines Nachbarn. Der Kerl ärgert mich täglich mit seinem Lärm, und ich wollte ihm schon längst eins auswischen.«

Hans von Bülow sitzt im Salon eines Hotels; eine Dame bearbeitet das Klavier. Nach einer Weile dreht sie sich um:
»Sind Sie vielleicht musikalisch?«
»Jawohl, gnädige Frau«, erwidert Bülow, »aber das macht nichts, spielen Sie ruhig weiter!«

BUSCH, FRITZ
(1890-1951) Dirigent

— * —

Machte sich im Orchester eine gewisse Müdigkeit spürbar oder spielten ihm die Musiker zu routiniert, klopfte Busch ab und mahnte sie:
»Spielt doch nicht so verheiratet, meine Herren!«

Während der Generalprobe zu Wolf-Ferraris ›Sly‹ in Dresden fielen mehrere Goldstücke aus Pappe, die über den erwachenden Sly geworfen werden, ins Orchester. Ermunterte Busch seine Musikanten:
»Morgen sind sie echt.«

BUSONI, FERRUCIO

(1866-1924) ital. Klaviervirtuose und Komponist

— * —

Busoni forderte die absolute Freiheit des Melodischen in der Musik, warnte aber immer davor, diese Freiheit mit Formlosigkeit zu verwechseln, denn:
»Wenn ein Arzt zum Genuß des Weines rät, so will er nicht, daß der Patient ein Säufer werde.«

Busoni war als Lehrer sehr streng, sein Bestreben, in der Kunst zur Vollendung zu gelangen, hatte, wie ein Schüler von ihm berichtete, beinahe etwas Unmenschliches an sich. Einmal dozierte er seinen Schülern:
»Es nützt nichts, rund um sich her zu sehen und nach dem Nachbar zu schauen. Man muß nach dem Höchsten blicken und die eigene Arbeit daran messen. Wenn wir dieses Höchste auch niemals erreichen können, so können wir doch wenigstens durch unsere Bemühungen die Distanz verringern.«

BUXBAUM, ERNST

(20. Jh.) Wiener Philharmoniker

— * —

Ein Gentleman-Dirigent hatte sich für einige Zeit in Wien niedergelassen und war eifrigst und schließlich auch mit Erfolg bemüht, einmal ein Orchesterkonzert zu dirigieren. Bei der Generalprobe bat er die seinem Können gegenüber ein wenig skeptischen Musiker um besondere Aufmerksamkeit; es sei ihm an einer vollendeten Aufführung sehr viel gelegen – auch aus dem Grunde, weil seine Mutter sich vor einigen Tagen in Afrika nach Europa eingeschifft habe und das Konzert sicher am Radio verfolgen werde.
Als es dann am Abend zum ersten Schmiß kam, flüsterte der Cellist Buxbaum:
»Mütterchen kotzt schon!«

CAFARELLI

(17. Jh.) berühmter Kastrat

— * —

Cafarelli gab einmal ein Konzert am Wiener Hof. Ein Herr machte eine spöttische Bemerkung über ihn. Da sagte seine Nachbarin:
»Was würden Sie dafür geben, wenn Sie so singen könnten!«
Wozu der Herr meinte: »Nicht halb so viel, wie er dafür gegeben hat.«

CALVAERT, DIONYS
(1540–1619) fläm. Maler

— * —

Der flämische Maler Calvaert war außerordentlich schüchtern. Als er in Rom war, wollte der Papst ihn kennenlernen, empfing ihn und fragte ihn schließlich: »Meister, gibt es keine Gunst, die Ihr von mir erbitten wollt?«
Calvaert hatte sich die ganze Zeit sehr unbehaglich gefühlt und erwiderte: »Doch, Eure Heiligkeit; die Gunst, mich zurückziehen zu dürfen.«

CANOVA, ANTONIO
(1757–1822) ital. Bildhauer

— * —

Der Bildhauer Canova hatte Pauline, eine Schwester Napoleons, nackt auf einem Ruhebett gemalt.
Natürlich fragte man sie, ob es ihr nicht unangenehm gewesen sei, so unbekleidet Modell zu stehen. Doch die Fürstin Borghese erstaunte sich nur: »Aber warum denn? Das Atelier war doch immer geheizt.«

Der Bildhauer Canova war verlobt, doch kurz vor der Hochzeit machten ihn Freunde darauf aufmerksam, daß seine Braut es mit einem andern jungen Mann halte. Im Zimmer der Braut standen einige große Körbe, und in einem davon versteckte sich Canova. Und wirklich, ein junger Mann kletterte durch das Fenster, und die schönste Liebesszene begann.
»Was nützt das alles«, klagte der junge Mann, »wenn du doch Canova heiratest!«
»Ich heirate ihn nur, weil mein Vater es will«, erwiderte die Braut. »Aber ich liebe nur dich.«
Da stieg Canova aus seinem Korb. Der junge Mann floh durch das Fenster, die Braut bat um Verzeihung, aber Canova blieb hart.
»Jetzt habe ich nur noch eine einzige Braut«, sagte er. »Meine Kunst!«

CARAVAGGIO, MICHELANGELO DA
(1573-1610) ital. Maler

— * —

Caravaggios Leben verdüsterten ständige, im Zorn verübte Taten. So kam er 1604 vor Gericht, weil er einem Kellner des Gasthauses »Zum Mohren« sein Gericht plus Teller ins Gesicht geworfen hatte. Das kam so:
Caravaggio hatte Artischocken bestellt. Der Koch hatte vier Artischokken in Butter, vier in Öl gesotten. Als der später klagende Kellner die Artischocken servierte, wollte Caravaggio wissen, welche in Butter und

welche mit Öl vorbereitet seien. Der Kellner, schon vorher durch das anmaßende Gebaren des Gastes verstimmt, antwortete nur: »Riechen Sie daran, dann werden Sie es wissen!«

CARDINALE, CLAUDIA

(geb. 15. 4. 1939) ital. Filmschauspielerin

— * —

Claudia Cardinale, die bekanntlich die Tatsache ihrer Verheiratung der Öffentlichkeit längere Zeit vorenthalten hatte, wurde von Journalisten ›entlarvt‹. Als man sie befragte, warum sie mit ihrer Ehe so geheimnisvoll getan habe, erklärte sie:
»Die Ehe funktioniert am besten, wenn beide Partner ein bißchen unverheiratet bleiben.«

CARESTINI

(18. Jh.) Kastrat, berühmter Sänger

— * —

Carestini sang mit außerordentlichem Erfolg. Ein junges Mädchen meinte in aller Unschuld:
»Ja, er hat eine schöne Stimme; aber ich habe doch den Eindruck, daß ihm etwas fehlt.«

CAROW, ERICH

(20. Jh.) Schauspieler

— * —

Carow hatte mit viel Erfolg seine ›Lachbühne‹ gegründet. Einmal nahm er einen Sketch eines unbekannten jungen Autors an, ohne zu ahnen, daß der Verfasser von nun an sein Erstlingswerk auf Schritt und Tritt begleiten würde. Keine Probe, ohne daß der Autor anwesend gewesen wäre und sich ständig einmischte. Carow ließ das lächelnd geschehen, denn seine Schauspieler waren durchwegs alterprobte Routiniers, denen die Ratschläge des Autors wenig ausmachten. Einmal aber, als der Autor wieder einem Schauspieler zeigen wollte, wie der eine Stelle spielen sollte, eilte Carow herbei und zog den Autor beiseite.
»Dem dürfen Sie nichts vormachen«, flüsterte er. »Das ist ein Anfänger. Der macht es am Ende nach!«

Carow war einmal beim Rennen in Karlshorst. Im Gedränge flüstert eine Stimme ihm zu:
»Sagen Se mal, wolln Se eene janz fabelhafte Schlipsnadel koofen? Echte Brillanten! Eene janz seltene Jelegenheit!«

Carow musterte den Sprecher, einen Herrn von zweifelhafter Eleganz, und schüttelte den Kopf. Doch der Mann ließ nicht locker.
»Det jiebt's einmal, det kommt nicht wieder! Se werns bereuen, wenn Se die Nadel nich koofen. Mindestens zweehundert wert! Für fuffzich können Se det Ding ham. Jemacht?«
Carow wurde weich.
»Na, zeigen Sie mir mal die Nadel!«
»Ick hab se nich bei mir, aber ich kann se Ihnen zeijen.«
»Wieso?«
»Na, kieken Se mal da links den kleenen, dicken Knallkopp im jrauen Anzug. Sehn se die Nadel, die er trägt? Det is se!«

CARUSO, ENRICO

(1873-1921) ital. Tenor

— * —

Caruso hatte irgendwo in Texas eine Panne. Während der Chauffeur den Schaden repariert, tritt der Sänger in das nächste Bauernhaus. Er kommt mit dem Farmer ins Gespräch und sagt schließlich stolz-bescheiden:
»Ich bin nämlich Caruso.«
»Was«, ruft der Farmer strahlend. »Sie sind Caruso? Frau, Kinder! Kommt her! In unserer Stube sitzt der große Robinson Caruso!«

Caruso hatte auf der Durchreise in Sondrio einen größern Betrag bei der Post zu holen. Er zeigt eine Legitimation, aber der Beamte schüttelt bedenklich den Kopf.
»Sie müssen verstehn . . . es handelt sich um keine Kleinigkeit . . . ich soll Ihnen 3200 Lire auszahlen. Sind Sie wirklich der große Tenor Caruso?«
Woraufhin Caruso ›Ka donna é mobile‹ anstimmt. Man umdrängt ihn, man applaudiert ihm, der Beamte zahlt ihm das Geld aus und sagt:
»Ich habe natürlich sehr gut gewußt, daß Sie wirklich Caruso sind; aber so eine Gelegenheit, Sie zu hören, konnte ich mir doch nicht entgehn lassen.«

Caruso erhielt in Berlin ein Honorar von zehntausend Mark für den Abend.
»Die Zahl zehn gefällt mir«, sagte er. »Als ich in Neapel meine Karriere begann, habe ich für den Abend zehn Lire bekommen.«

CASALS, PABLO

(1876-1973) span. Cellist

— * —

1895 reiste Casals mit einem Stipendium nach Brüssel. Der Professor für Celli empfing ihn mit ein paar ironischen Bemerkungen, war dann aber doch vom Spiel des Spaniers begeistert und wollte ihn in die Akademie aufnehmen. Doch Casals lehnte ab:
»Nein, machen Sie sich keine Mühe. Sie haben mich schlecht empfangen. Sie sind kein Künstler.«

Casals wurde gefragt, was er von der Modernisierung alter Musik halte, die in Mode gekommen war.
»Das ist ein Unfug«, sagte er. »Man gibt einem stilechten Rokokosekretär ja auch keine Füße aus Plastik und keine Nylonplatte.«

Als Casals mit achtzig Jahren die einundzwanzigjährige Maria Montanez, seine Schülerin, heiratete, zweifelten viele daran, daß diese Ehe glücklich sein werde. Doch Casals erklärte:
»Man kann Schnee auf dem Dach und Feuer im Kamin haben.«
Und am Hochzeitsabend sagte er zu dem Geistlichen, der ihn getraut hatte:
»Achtzig Jahre habe ich gebraucht, um zu ergründen, welches das Alter der wahren Jugend ist. Jetzt weiß ich's – achtzig Jahre!«

CERF, CARL FRIEDRICH

(1771-1845) Gründer des ersten Berliner Theaters

— * —

Cerf empfing Fürstlichkeiten am Eingang und geleitete sie zu ihrer Loge. Einmal war Prinz Karl von Preußen erschienen, und Cerf begrüßte ihn untertänigst. Ein junger Bengel rief ziemlich laut:
»Oller Schafskopp!«
Worauf Cerf dem Prinzen versicherte:
»Königliche Hoheit, er hat mir gemeint!«

Friedrich Wilhelm III. ging manchmal in das Königsstädtische Theater, und als er sich zu weit vorwagte, um das Publikum zu betrachten, sagte Cerf:
»Bitte, Majestät, nicht den Kopf so weit vorzustrecken, die Schweinigels auf der Galerie spucken gern herunter!«

CERRITO, FANNY
(1821-1860) ital. Tänzerin

— * —

Fanny Cerrito wurde von ihren Anbetern die ›vierte Grazie‹ genannt. Ein südamerikanischer Impresario kam eigens nach Europa, um die Cerrito zu engagieren. Sie hatte zwar allerei lockende Angebote – London, Wien, Mailand –, aber der Amerikaner drängte so sehr und wußte so gewichtige Argumente in die Waagschale zu legen, daß die Cerrito schon schwankte. Sein höchster Trumpf war:
»Wir nehmen die größte Rücksicht auf die europäischen Künstler, wir tun alles, damit sie sich nur recht behaglich fühlen, ja, wir haben sogar einen eigenen Friedhof für sie anlegen lassen, auf dem schon mehr als fünfhundert begraben sind.«
Da verzichtete die Cerrito.

Die Cerrito feierte in Madrid Triumphe. Am Karfreitag wollte sie mit ihrem Landsmann, dem Maler Valentini, der Fußwaschung im königlichen Palast beiwohnen. Doch die Zeremonie hatte schon begonnen, und man verweigerte ihnen den Eintritt. Da hob der jähzornige Valentini den Stock gegen den Türsteher, der die Wache rief und die beiden Italiener kurzerhand einsperren ließ. Später wurde der Vorfall dem König gemeldet, der sofort anordnete, daß die beiden Gefangenen in Freiheit gesetzt werden sollten. Er empfing die Tänzerin, die sich bei ihm bedanken wollte, mit den Worten:
»Wie soll ein Kerkermeister eine Gefangene hüten, die schweben kann!«

CÉZANNE, PAUL
(1839-1906) frz. Maler

— * —

Cézanne sprach mit dem Kunsthändler Vollard über ein Bild von Delacroix, auf dem auch Rosen in einer Vase zu sehen sind. Als sie wieder zusammenkamen, berichtete Vollard, er habe in den Tagebüchern Delacroix' nachgesehen. Die Rosen seien nur zufällig dagewesen. Da schlug Cézanne wütend auf den Tisch und rief:
»In der Kunst gibt es keinen Zufall!«

Cézanne wurde von seiner Familie nicht sehr ernst genommen. Als sein Vater starb, wollte Cézanne ein letztes Bild von ihm malen; da sagte seine Schwester:
»Verzeih, aber das ist nicht die rechte Stunde für Scherze. Wenn wir ein Bild von unserm Vater haben wollen, dann müssen wir doch einen richtigen Maler kommen lassen.«

Eines Tages begegnet Renoir seinem Freund Cézanne, der ein Bild unter dem Arm trägt. Es waren ›Les baigneuses‹.
»Wohin gehst du?« fragt Renoir.
»Ich habe keinen Sou in der Tasche und suche jemanden, der mir ein Bild abkauft.«
Kurz darauf trifft Renoir abermals Cézanne, diesmal ohne Bild.
»Ich bin zufrieden«, sagte Cézanne, »ich habe endlich jemanden gefunden, dem das Bild gefällt.«
»Und was hast du dafür gekriegt?« fragt Renoir.
Da erzählt Cézanne, er sei dem Musiker Cabaner begegnet, und der habe das Bild so schön gefunden, daß er es ihm schenkte.

Cézanne brauchte sehr lange Zeit für ein Porträt. Mehr als hundertmal mußte der Kunsthändler Vollard ihm sitzen, und das war keine Kleinigkeit, denn Cézanne war gegen seine Modelle unerbittlich.
»Man muß still halten wie ein Gegenstand«, sagte er.
Nun, einmal war Vollard so erschöpft, daß er von seinem Stuhl fiel, der wiederum auf einem Podium stand.
»Stehen Sie rasch auf und setzen Sie sich wieder, wo Sie hingehören«, sagte Cézanne. »Wenn ich eine Vase oder einen Blumenstrauß auf den Sessel gestellt hätte – die wären nicht hinuntergefallen!«

Cézanne wollte schon als Knabe Maler werden; sein Vater versuchte, ihn davon abzubringen.
»Mein Sohn«, sagte er, »mit Genie stirbt man vor Hunger. Man braucht viel Geld, um zu leben.«
Die Mutter aber hatte Vertrauen in die Zukunft ihres Sohnes.
»Ihr müßt doch verstehen«, sagte sie. »Heißt er nicht Paul wie Veronese und wie Rubens?«

Geheimrat Wilhelm von Bode, lange Jahre der Beherrscher des deutschen Kunstlebens, wurde einmal zum Besuch einer Cézanne-Ausstellung eingeladen. Da meinte er: »Muß ich mir denn wirklich all das unreife Obst ansehen?!«

CHAGALL, MARC

(geb. 1889) russ.-jüd. Maler und Graphiker

— * —

»Meine Mutter«, erzählt Chagall, »die mit fünfundvierzig gestorben ist, war sehr reizend, von einer lächelnden Schönheit. Sie kam ins Zimmer, als ich in ein Schulheft zeichnete. Sie war vollkommen ungebildet, aber sie sagte zu mir:
›Ja, du hast vielleicht Talent.‹ Dann fügte sie allerdings hinzu: ›Du könntest Photograph werden, das wäre gescheiter!‹«

Man sprach über die Entwicklung der Malerei von Generation zu Generation und über die Rolle wegweisender Figuren, da sagte Chagall:
»Es ist das Schicksal der Wegweiser, daß sie den Fortschritt nicht mitmachen können.«

CHAM, Pseudonym für Amédée de Noé
(1819-1879) frz. Karikaturist

— * —

Ein Marseiller rühmte vor Cham den Luxus seiner Behausung: »Der Plafond meines Eßzimmers ist so hoch, daß man in einer Kirche zu sein glaubt.«
»Nein, so nobel ist das bei mir nicht«, meinte Cham. »Bei mir ist der Plafond des Eßzimmers so niedrig, daß wir nur Seezungen essen können.«

CHAPLIN, CHARLES SPENCER
(1889-1977) engl.-amerik. Filmschauspieler, Autor, Regisseur, Produzent

— * —

Man saß in Hollywood beisammen und sprach über den wachsenden Bedarf an Regisseuren für Film und Bühne. Zu den Anwesenden gehörte Bertolt Brecht, der zu keinem Zeitpunkt an Minderwertigkeitskomplexen litt. Von ihm wurde später berichtet, er habe gesagt:
»Es gibt gegenwärtig nur zwei Regisseure auf der Welt, die in Betracht kommen. Der andere ist Chaplin.«

Bei einem Fest in Hollywood, als Chaplins Geburtstag gefeiert wurde, unterhielt er die Gäste damit, daß er alle möglichen Menschen nachahmte, Männer, Frauen, Kinder, seinen Chauffeur, seinen japanischen Diener, seine Sekretärinnen. Schließlich sang er aus voller Brust eine Arie aus einer italienischen Oper.
»Ja, aber, Charlie«, sagte ein Freund, »wir haben doch gar nicht gewußt, daß Sie schön singen können!«
»Ich kann überhaupt nicht singen«, erwiderte Chaplin. »Ich habe nur Caruso nachgemacht.«

Während einer Verhandlung versuchte Chaplin eine Fliege totzuschlagen, die dauernd um seinen Kopf summte; es gelang ihm nicht. Er ließ sich eine Klatsche bringen; die Konferenz ging weiter, er saß mit der Klatsche erwartungsvoll da. Dreimal schwang er sie, dreimal ging der Schlag daneben. Endlich setzt sich die Fliege auf den Tisch vor ihn. Langsam, vorsichtig hebt Chaplin die Klatsche, unentrinnbar lauert der Tod auf sie. Da plötzlich senkt er die Klatsche und läßt die Fliege entwischen.

»Ja, aber um Himmels willen!« ruft ein Teilnehmer an der Verhandlung. »Warum haben Sie sie nicht erschlagen?«
»Es war nicht dieselbe Fliege«, erklärt Chaplin.

Chaplin begegnete Einstein. Im Verlauf der Unterhaltung sagte der Gelehrte:
»Was ich an Ihrer Kunst am meisten bewundere, ist die Universalität. Jeder Mensch auf der Welt begreift sie.«
»Das ist schon wahr«, erwiderte Charlie. »Aber, sehen Sie, Professor, Ihr Ruhm ist noch viel erstaunlicher. Die ganze Welt bewundert Sie, und kein Mensch begreift Sie!«

Während des Zweiten Weltkriegs war Chaplin von Sowjetrußland außerordentlich angetan. Als er wieder einmal die Bevölkerung der UdSSR pries, fragte ihn ein amerikanischer Journalist:
»Haben Sie sich eigentlich je mit dem Kommunismus beschäftigt?«
»Nein«, bekannte Chaplin. »Ich bin kein Theoretiker. Was mich überzeugt, das ist der Opfermut der Sowjets.«
»Und befürchten Sie nicht, Sowjetrußland könne nach einem gewonnenen Krieg für Amerika bedrohlich werden?«
Chaplin prophezeite: »Die UdSSR wird nach dem Krieg so viel mit sich zu tun haben, daß ihr für die übrige Welt nicht viel Zeit bleiben wird.«

CHERUBINI, MARIA LUIGI
(1760-1842) ital. Komponist

— * —

Bei einer Begegnung warf Napoleon Cherubini vor, seine Musik sei zu geräuschvoll.
»Ich verstehe«, meinte Cherubini, »Sie vertragen nur eine Musik, die Sie nicht daran hindert, an die Staatsangelegenheiten zu denken.«

CHEVALIER, MAURICE
(1889-1972) frz. Chansonsänger und Filmschauspieler

— * —

Einem Freund, dem aufgefallen war, daß Chevalier in letzter Zeit nicht mehr so häufig in Begleitung hübscher Frauen zu sehen war, gestand der Chansonnier:
»Ach, weißt du, wenn man erst einmal in den Siebzigern ist, ißt man besser, schläft tiefer, fühlt sich frischer als früher. Scheinbar ist es doch besser für einen Mann, Frauen öfter im Kopf zu haben als im Arm.«

Im ›Casino de Paris‹ wurde eine neue Revue gegeben. Chevalier, damals 78jährig, betrachtete hingerissen die Mädchen. Er seufzte: »Ach, wäre ich bloß zwanzig Jahre älter!«
»Du meinst jünger«, verbesserte ihn ein Freund, der mit am Tisch saß.
»O nein«, sagte Chevalier, »älter!«

»Nun, mein lieber Maurice«, sagte ein Freund scherzend zu Chevalier, »ich höre, daß es mit der Liebe bei dir so ziemlich vorbei ist.«
»So?« erwiderte Chevalier. »Hat sich vielleicht eine Dame aus deiner Familie beklagt?«

Chevalier nahm den Nachtschnellzug nach Marseille, wo er am nächsten Tag sein Gastspiel beginnen sollte. Er war sehr müde und wollte schlafen. Doch ihm gegenüber maß eine junge Dame ihn aus den schönsten Augen der Welt. Das hielt Chevalier natürlich wach. Endlich sagte er: »Mademoiselle, machen Sie, bitte, die Augen zu, damit ich schlafen kann!«

Der alterslose Charmeur aus Paris verirrte sich bei einem Gastspiel in die Garderobe der Ballettratten, die kreischend ein paar Kleidungsstücke zusammenrafften. Maurice besänftigte ihre Erregung:
»Du calme, mesdames, Sie machen aus Ihrer jugendlichen Schönheit ein Geheimnis, ich aus meinem Alter. Wer hat es da wohl schwerer, die Wahrheit zu verschleiern?«

CHOPIN, FRÉDÉRIC
(1810-1849) Komponist

— * —

In Nohant, dem Besitz George Sands, war abends eine größere Gesellschaft versammelt, auch Liszt war da. Er setzte sich ans Klavier und spielte ein Nocturno von Chopin, allerdings auf seine Art mit den verschiedensten improvisierten Verzierungen und Ausschmückungen. Als er geendet hatte, trat Chopin auf ihn zu und sagte:
»Mein Lieber, wenn du mir die Ehre erweist, meine Kompositionen zu spielen, dann spiel sie, bitte, wie ich sie geschrieben habe. Einzig und allein Chopin hat das Recht, an Chopins Werken etwas zu ändern.«

Der Bruch mit George Sand war Chopins größter Schmerz. Er konnte ihn nie verwinden. Eines Abends war er bei dem Maler Delacroix, der ihm erzählte, George Sand schreibe an ihren Erinnerungen.
»Unmöglich«, rief Chopin traurig. »Diese Frau kann niemals Erinnerungen schreiben, denn in ihrem ganzen Leben hat sie nichts getan als vergessen.«

CLAIRON, LÉVIS

(1723-1802) frz. Schauspielerin

— * —

Die Schauspielerin Clairon genoß im Privatleben nicht eben den besten Ruf. Einmal hatte sie sich geweigert, mit einem Schauspieler aufzutreten, der ihr Mißfallen erregt hatte. Sie wurde dafür zu einem Monat Gefängnis verurteilt, und ein Sergeant erschien bei ihr, um sie zu holen.
»Der König kann über meine Freiheit verfügen«, rief sie aus, »über mein Hab und Gut, selbst über mein Leben; aber über meine Ehre nicht!«
»Da haben Sie recht«, erwiderte der Sergeant, der sichtlich ein Kenner war, »denn wo nichts ist, hat der König sein Recht verloren.«

CLAIRVAL

(18. Jh.) frz. Schauspieler

— * —

Clairval beklagte sich bei seinem Kollegen Gaillard:
»Ich bin in großer Verlegenheit. Monsieur de Choise-Stainville hat mir hundert Stockschläge verheißen, wenn ich noch einmal bei seiner Frau erscheine; Madame de Choise-Stainville hat mir zweihundert Stockschläge in Aussicht gestellt, wenn ich nicht mehr zu ihr komme.«
»Gehorchen Sie der Frau«, riet Gaillard. »Da sind immerhin hundert Stockschläge zu gewinnen.«

CLARKE, GEORGE

(20. Jh.) Negersänger

— * —

Clarke steht als Zeuge vor Gericht. Der Anwalt der Gegenpartei verhört ihn:
»Sie singen in Lokalen?«
»Ja, Sir.«
»Ist das nicht ein recht minderwertiger Beruf?«
»Das weiß ich nicht, Sir«, erwidert Clarke. »Aber ich schätze ihn um so viel höher ein als den meines Vaters, daß ich sehr stolz darauf bin.«
»Was ist denn Ihr Vater?«
»Advokat, Sir.«

COLLIER, WILLIE

(20. Jh.) amerik. Schauspieler

— * —

Collier reiste mit seiner Truppe durch den Mittleren Westen; der Erfolg war nicht überwältigend. Als er eines Abends vor der Vorstellung durch das Loch im Vorhang spähte, fragte ihn ein Kollege:

»Na, Willie, wie sieht's aus?«
»Ein paar Leute sind schon da«, erwiderte Collier. »Aber wir hier oben sind noch immer in der Majorität.«

COOPER, GARY
(1901-1961) amerik. Filmschauspieler

— * —

Gary Cooper geht durch den Speisewagen. Da hört er, wie eine Dame ihrem Mann zuflüstert:
»Hast du den gesehen? Sieht er nicht frappant Gary Cooper ähnlich?«
Gary Cooper dreht sich um und lächelt. Da meint die Dame:
»Er hat sich sichtlich geschmeichelt gefühlt.«

Nachdem Gary Cooper einen Film für Goldwyn beendet hatte, übte ein anderer Produzent, Hunt Stromberg, die Option aus, die er auf Cooper besaß. Goldwyn rief Stromberg an und sagte gereizt:
»Nicht daß ich es Ihnen verüble, daß Sie Cooper nehmen. Aber Sie hätten es immerhin auf höflichere Art tun können. Sie hätten mich wenigstens anrufen mögen und sagen: ›Sam, ich brauche Cooper, wenn es Sie in Ihren Plänen nicht stört.‹ Und dann hätte ich eben gesagt: ›Ja, es stört mich!‹«

COQUELIN, CONSTANT
(1841-1909) frz. Schauspieler

— * —

Als der große Coquelin in Konstantinopel war, lud ihn Vanderbilt auf seine Jacht ein, und Coquelin rezitierte vor den Gästen des Milliardärs drei Monologe.
»Sie haben uns sechsmal zu Tränen gerührt«, sagte Vanderbilt nachher, »und jede solche Rührung ist mindestens hundert Dollar wert. Darum gebe ich Ihnen sechshundert Dollar. Dann aber haben Sie uns gewiß zwölfmal zum Lachen gebracht, und ein Lachen ist mit zweihundert Dollar bestimmt nicht zu hoch bezahlt; das macht also zweitausendvierhundert Dollar. Alles in allem gebe ich Ihnen somit dreitausend Dollar. Einverstanden?«

CORELLI, ARCANGELO
(1653-1713) ital. Komponist

— * —

Arcangelo Corelli, nicht nur bedeutender Komponist, sondern auch großer Geiger, sollte in einem Privathaus ein Konzert geben. Er hatte schon

begonnen, doch einige Gäste plauderten ruhig weiter. Da unterbrach sich Corelli und sagte:
»Verzeihung, aber ich fürchte, daß ich die Unterhaltung störe!«

CORINTH, LOVIS
(1858-1925) Maler und Graphiker

— * —

Ein Photoreporter besuchte Corinth und machte zahlreiche Aufnahmen von dessen Atelier. Schließlich fragte er den Maler:
»Wie würden Sie Ihr Programm charakterisieren?«
Corinth, wütend über die lange Störung, rief: »Wat heeßt hier Projramm? Vakoofen will ick.«

Corinth und Liebermann hatten vereinbart, sich gegenseitig zu malen und sich die Bilder zu schenken. Als sie fertig waren, konnten sie sich nicht einigen. Jeder hielt sein Bild für das bessere und zog mit dem seinen davon, Corinth mit Liebermanns, Liebermann mit Corinths Porträt. Im Weggehen giftete Liebermann noch:
»Wissen Se, Corinth, Sie kenn ik jetzt so gut, Sie piss' ick in den Schnee!«

COROT, CAMILLE
(1796-1875) frz. Maler und Graphiker

— * —

Corot war bei einem armen Schüler zum Abendessen. Der Schüler sagte:
»Sie müssen meine Frau entschuldigen; heute ist Freitag, und da kocht sie Dorsch.«
»Dorsch?« ruft Corot. »Meine Leibspeise!«
Und er ist so entzückt, daß die Hausfrau sagt: »Meister, Sie müssen jeden Freitag kommen!« Was Corot denn auch tat. Eines Freitags sagte der Schüler:
»Verzeihen Sie meiner Frau. Heute hat sie vergessen, Dorsch zu kochen.«
»Sapristi!« ruft Corot gedankenlos. »Wie gut! Ich kann ja Dorsch nicht ausstehn!«

Zu Ehren Corots wurde ein Bankett veranstaltet, und alle Redner erschöpften sich in Lobsprüchen. Er aber merkte, daß die meisten seiner Freunde unter den Malern nicht gerade entzückt waren. Da seufzte er schwer.
»Was haben Sie denn, Meister?« fragt man ihn.
»Ach, nichts«, erwidert er. »Aber ich spüre, daß meine Zeit bald um ist.«

Einer seiner aufrichtigsten Freunde ist sehr besorgt und geht nach Tisch zu ihm; ob er sich ernstlich krank fühle.
»Keine Idee«, erwidert Corot, »es geht mir ausgezeichnet; aber meine Kollegen waren so traurig, als sie zuhören mußten, wie man mich lobte, daß ich doch etwas tun wollte, um sie zu trösten.«

Corots Vater war ein wohlhabender Mann. Als er erfuhr, daß sein Sohn Maler werden wollte, ärgerte er sich sehr.
»Wärst du Kaufmann geworden«, sagte er, »hätte ich dir ein Anfangskapital von 100000 Francs zur Verfügung gestellt. Da du aber Maler werden willst, kriegst du nur zweitausend Francs – und auch das ist noch zu viel!«

Der Vater des Präsidenten der Republik, Casimir Périer, besuchte Corot, um ihm ein Bild abzukaufen.
»Ich gebe Ihnen das Bild«, sagte Corot, »unter der Bedingung, daß Sie meinem Freund Millet die Rechnungen des Metzgers und des Bäckers bezahlen.«
»Einverstanden!« rief Casimir Périer.
Doch als er die Rechnungen erhielt, stellte sich heraus, daß der Metzger 22000 Francs zu fordern hatte und der Bäcker 24000 Francs. Sie hatten Millet bereits seit vielen Jahren Kredit gegeben. Périer zog die Stirne kraus. Das Bild war zu jener Zeit etwa 1500 Francs wert und kostete ihn auf diese Art 46000 Francs. Doch da er sein Wort gegeben hatte, mußte er sich fügen.

»Wer sind denn heute eigentlich die wirklichen Maler in Frankreich?« fragte Courbet Corot. »Ich!«
Und nach einer längeren Pause setzte er hinzu: »Und dann Sie!«
Als Corot das Gespräch wiedererzählte, meinte er lachend:
»Wenn ich nicht dabeigewesen wäre, hätte er mich bestimmt vergessen.«

Ein Mann kam zu Corot und zeigte ihm ein Bild des Meisters, das er gekauft hatte.
»Das Bild ist nicht von mir«, erklärte Corot.
Der arme Käufer wurde blaß und erzählte, Tränen in den Augen, er habe seine gesamten Ersparnisse zum Kauf dieses Bildes verwendet, und wenn es nicht echt sei, bedeute das seinen Ruin. Er war so verzweifelt, daß Corot sagte: »Geben Sie das Bild her; ich werde es signieren.«
»Aber ...« stotterte der Käufer, »ich möchte doch nicht ... wenn das Bild nicht von Ihnen ist ...«
»Lassen Sie's nur gut sein«, erwiderte Corot. »Gott wird die Seinen schon erkennen.«

Der Maler Corot stellt fest:
»Ich habe in meinem Leben 1500 Bilder gemalt, von denen 3000 in Amerika sind.«

COURBET, GUSTAVE

(1819-1877) frz. Maler

— * —

Courbet war sehr bescheiden und mit seinen Werken nie völlig zufrieden. Doch unter seinen Schülern hatte er einen, der just das Gegenteil war. Eines Tages malte dieser Schüler eine Landschaft, die Courbet sehr mißfiel. Er nahm den Pinsel und wollte verschiedenes daran korrigieren. Der Schüler ließ es geschehen, sagte aber schließlich:
»Diese Art ist viel zu nüchtern für meinen Geschmack. Ich – ich möchte malen wie Rubens!«
Worauf Courbet entgegnete: »Ich auch!«

Courbet hatte einmal Gambetta eines seiner Bilder geschenkt. Als er ihn viele Jahre später besuchte, blieb er lange vor dem Bild stehen, das bei Gambetta an der Wand hing.
»Woran denken Sie, Courbet?« fragte Gambetta.
»Ich denke daran, daß weder Tizian noch Velasquez so ein Bild hätten malen können. Soll ich Ihnen die Wahrheit sagen? Nicht einmal ich könnte es heute malen!«

CRANACH, LUKAS D. Ä.

(1472-1533) Maler und Graphiker

— * —

Kurfürst Friedrich der Weise gab Cranach den Auftrag, das Porträt der Katharina, einer Tochter des Grafen von Henneberg, zu malen. Diese Grafschaft Henneberg war durch Heirat zu Sachsen gekommen. Scherzend mahnte der Kurfürst seinen Maler:
»Mal Er mir die Hennebergsche Henne ja recht gut, sie hat dem Hause Sachsen ein schönes Ei gelegt.«

CURTIS, TONY

(20. Jh.) amerik. Filmschauspieler

— * —

Daß er in England wegen Haschischbesitzes verurteilt wurde, hat sich in Amerika für Tony Curtis beruflich nachteilig ausgewirkt. Besonders die Werbeleute reagierten sauer, sie setzten mehrere Fernseh-Spots ab, in denen Curtis für einen Feldzug gegen das Rauchen eintrat.
Ein Programmdirektor erklärte: »Wenn man sagt, man gibt das Rauchen

auf, dann meint man das auch so. Wer so etwas wie Curtis tut, ist unglaubwürdig geworden.«

Als Curtis davon erfuhr, meinte er: »Seit wann sind die Herren von der Werbung so hypermoralisch? Wenn einer von denen einem Produkt ewige Treue schwört, gilt es doch auch nur für einen ökonomischen Honeymoon.«

DALI, SALVADOR

(geb. 1904) span. Maler

— * —

Ein Kunsthändler war bei Dali zu Gast. Zum Abendessen erschien der Maler in einem unvergleichlichen Aufzug: Bikini-Hose, Sandalen, Smoking-Jacke, Netzhemd und eine rote Rose hinterm Ohr. Als man später abends einiges getrunken hatte, fragte der Kunsthändler: »Nun sagen Sie mir bitte mal ehrlich, was soll dieser Anzug?«

Dali: »Ich erfülle nur Ihre Erwartungen. Als Sie kamen, um Dali zu treffen, waren Sie da nicht auf Extravagantes vorbereitet? Ich hatte keine Lust, Sie zu enttäuschen.«

Dali, Meister der Selbstdarstellung, erklärte 1969 angesichts des Erscheinens eines neuen Dali-Buchs:

»In New York arbeitet man zur Zeit an meiner irdischen Unsterblichkeit. Aber ich lüfte hier (in diesem neuen Buch) sogar das allergeheimnisvollste aller Geheimnisse, daß ich, der berühmteste Maler der Welt, immer noch nicht weiß, wie man malt.«

Etwas verwirrt kam ein Zimmermädchen zum Hotel-Direktor: »Ja, der Herr mit dem Schnurrbart, der klingelte heute früh, bestellte ein Bad und sagte dann: ›Aber lassen Sie um Gottes willen kein Wasser ein, mein Kind. Ich habe nämlich keine Zeit, mich abzutrocknen.‹«

DAUMIER, HONORÉ

(1808-1879) frz. Maler, Graphiker und Bildhauer

— * —

Victor Hugos Drama ›Die Burggrafen‹ war durchgefallen. Da zeichnete Daumier eine Karikatur, Hugo abends vor dem verödeten Theater zu den Sternen aufblickend. Und darunter stand:

Hugo blickt in blaue Ferne
und leise zum Schöpfer spricht:
»Warum ziehen am Himmel die Sterne
Und die Burggrafen auf Erden nicht?«

Daumier kam häufig in die Redaktionen der Zeitungen und traf manchmal Balzac, der ihn sehr gern hatte und ihm, auf seine Art, gute Ratschläge gab. So sagte er eines Tages zu ihm: »Daumier, glauben Sie mir, wenn Sie ein großer Künstler werden wollen, so machen Sie Schulden!«

Daumier war einmal bei seinem Freund Boulard eingeladen, der auf dem Lande lebte. Im Gespräch sagte Daumier:
»Ich möchte einmal eine Ente zeichnen.«
Nach Tisch führte Boulard den Künstler in den Geflügelhof und zeigte ihm sämtliche Enten. Aber er war tief enttäuscht, weil Daumier kaum hinschaute, sondern die Unterhaltung mit den andern Gästen fortsetzte und seine Zigarre interessanter fand als die Enten.
Einige Tage später besuchte Boulard Daumier in dessen Atelier und blieb erstaunt vor der Staffelei stehn, auf der eine wunderbare Studie einer Ente zu sehen war.
»Erinnerst du dich?« fragte Daumier. »Das ist eine von den Enten, die ich bei dir gesehen habe.«
Und Boulard blieb nichts übrig, als die unerhörte Gabe des Schauens zu bewundern, die Daumier besaß.

DEBUSSY, CLAUDE
(1862-1918) frz. Komponist

— * —

Debussy beklagte sich immer über das Unverständnis des Publikums gegenüber seiner Musik. Einmal wurde ihm entgegengehalten, er sei doch weltberühmt und seine Oper ›Pelléas und Mélisande‹ werde doch in allen Opernhäusern aufgeführt.
Der Komponist antwortete: »Eh bien, von den Leuten, die in ein Opernhaus gehen, um ›Pelléas‹ zu sehen, hat die eine Hälfte das Werk vorher verstanden, die andere Hälfte wird es nie begreifen.«

Einmal verbrachte Debussy den Sommer bei Freunden an der bretonischen Küste. Dort freundete er sich mit einem Bauern an, einem gewissen Poulain, den er in die Geheimnisse der Musik einweihte. Einmal spielte er ihm eine seiner Kompositionen vor und sagte, das sei eine Schilderung des Meeres, das Fluten und das Zurückfluten, die Gischt, die hoch an den Felsen aufspritzt.
»Ja, wahrhaftig!« rief Poulain.
»Und dabei habe ich dieses Stück in Paris geschrieben«, erwiderte Debussy, »an einem Regentag; und ich wollte das Plätschern des Regens wiedergeben.«
Er spielte seine Komposition noch einmal und machte Poulain darauf aufmerksam, wie die Harmonie das Geräusch des Regens ausdrückte.

»Ja, wahrhaftig«, sagte Poulain auch diesmal, »wer hätte das gedacht? Es drückt wirklich auch den Regen aus!«
Debussy lachte und sagte:
»Das beweist, mein lieber Herr Poulain, daß die Musik die edelste der Künste ist, weil sie es dem Hörer überläßt, sich dabei vorzustellen, was er will!«

Ein mit Geldmitteln reich gesegneter Dichter schrieb ein Versdrama ›Die Tochter der Pasiphae‹ und meinte, das Werk rufe nach der Komposition. Wer aber wäre würdig? Kein Musiker war ihm gut genug. Endlich entschied er sich für Debussy, brachte ihm das Manuskript und sagte hochtrabend:
»Monsieur Debussy, ich biete Ihnen die Hälfte meines Ruhmes an!«
Debussy warf einen Blick auf den Mann, einen zweiten auf das Werk und erwiderte:
»Monsieur, behalten Sie ihn ganz für sich!«

Mit vierzig Jahren war Debussy noch so gut wie unbekannt. Aber seine Freunde schworen schon auf ihn. Einer seiner Bekannten sagte:
»So, wie man einmal von Piccinnisten und Gluckisten gesprochen hat, wird man eines Tages von d'Indysten und von Debussysten sprechen.«
Nun war damals d'Indy bereits sehr bekannt und Debussy völlig im Schatten; der Freund glaubte darum, Debussy mit seinen Worten ein Kompliment zu machen. Aber Debussy, seines Wertes immer voll bewußt, erwiderte:
»Ich hoffe, daß man niemals von d'Indysten sprechen wird.«

Ein Freund sah Debussy nach einer Pause von vielen Jahren wieder.
»Du weißt, wie sehr ich dich bewundere«, sagte der Freund, »aber ich muß dir ein Geständnis machen: Die Debussysten langweilen mich gründlich.«
»Und mich bringen sie um«, erwiderte Debussy.

Debussy hatte eine große Vorliebe für Tiere.
»Was die Tiere den Menschen, und vor allem den Frauen, überlegen macht, ist, daß sie nicht sprechen können«, sagte er.

Debussy war ein großer Freund des Zirkus. Eines Tages tritt ein damals sehr bekannter Clown auf ihn zu und fragt ihn, ob er ein Künstler sei.
»Ja«, sagte Debussy, »aber Sie doch auch!«
»Ich bin nur ein Clown, meine ganze Kunst besteht in ein paar Pirouetten und darin, Fußtritte in den Hintern zu empfangen.«
»Wir Musiker machen auch Pirouetten, und was die Fußtritte in den Hintern angeht – die gibt uns das Publikum.«

»Ja, aber Sie haben den Ruhm!«
»Der Ruhm besteht darin, daß dreißig Millionen Franzosen mich nicht kennen und vierzig Kollegen mich hassen.«

DEGAS, EDGAR

(1834-1917) frz. Maler und Graphiker

—*—

Vor dem Bild ›Arbeit‹ von Alfred Roll sagte Degas:
»Er hat fünfzig Figuren gemalt, aber ich sehe nicht die Menge; eine Menschenmenge macht man mit fünf, nicht mit fünfzig Figuren!«

Degas war ein leidenschaftlicher Sammler der Bilder von Ingres. Eines Tages begegnet er George Moore.
»Ich habe den Jupiter von Ingres!« rief er Moore zu und schleppte ihn in sein Atelier. Es war kein besonders guter Jupiter, dieser Jupiter von Ingres. Neben ihm aber hing eine Birne, ein ganz kleines Bild – doch von Manet.
»Eigentlich gefällt mir die kleine Birne besser als der große Jupiter«, meinte George Moore.
»Ja«, gab Degas kleinlaut zu, »ich habe auch schon gespürt, daß eine Birne von Manet einen Jupiter von Ingres erledigt.«

Der Maler Vilbert sagte zu Degas: »Du wirst vielleicht finden, daß meine Bilder zu reich, zu üppig sind, aber schließlich ist doch die Malerei ein Luxusartikel. Meinst du nicht?« »Deine vielleicht«, erwiderte Degas. »Meine ist ein dringender Gebrauchsartikel.«

In Degas' Atelier hing kein einziges Bild; alle Mauern waren leer. Als ein Besucher sich darüber wunderte, daß Degas keines seiner Bilder besaß, entgegnete der Maler:
»Wenn Sie heute in einer Auktion einen Degas kaufen wollen, kostet er eine halbe Million. Sie werden einsehen, daß ich mir solch einen Luxus nicht leisten kann.«

Bei der Hochzeit eines seiner Modelle sagte Degas:
»Wie hübsch sie ist! Ich sehe sie heute zum ersten Mal in Kleidern, aber ich kann euch sagen, es steht ihr sehr gut!«

Als Degas für ein Bild 30000 Francs erhielt, gratulierten ihm seine Freunde.
»Es ist doch komisch«, sagte er. »Wenn einer für ein Bild dreitausend Francs zahlt, so heißt das, daß es ihm gefällt. Zahlt er aber 30000, so heißt das, daß es den andern gefällt.«

Eines Tages kam Degas zu Vollard und sagte: »Vollard, Sie müssen heiraten!«
Aber, Monsieur Degas, warum heiraten Sie nicht selbst?«
»Ach, bei mir ist es etwas anderes: ich hätte zu große Angst, daß meine Frau vor meinen Bildern sagen würde: ›Sehr nett, was du da gemacht hast!‹«

Ein Kunstkenner sagte zu Degas: »Nicht wahr, Meister, in diesem Bild spürt man den Einfluß von Maeterlinck.«
»Herr«, erwiderte Degas, »dieses Blatt kommt aus einer Tube und nicht aus einem Tintenfaß.«

Ein Kunsthändler läutet mehrmals an der Türe von Degas' Atelier. Endlich öffnet der Maler und schreit:
»Was wollen Sie?«
»Aber, Monsieur Degas«, sagt der Kunsthändler, »ich bringe Ihnen die 15 000 Francs für Ihr Bild!«
»Ist das ein Grund, mich zu stören?« fährt Degas ihn an. »Legen Sie das Geld doch auf die Treppe!«

Der Maler Degas sagte ein weises Wort:
»Man muß das selbe Sujet zehnmal, hundertmal machen. Nichts in der Kunst darf einem Zufall gleichen.«
Und das unterscheidet die Kunst von der Weltgeschichte, die sich und uns von einem Zufall zum andern weiterquält!

DE KOWA, VICTOR

(eigtl. Viktor Kowarzik, geb. 8. 3. 1904) Schauspieler und Schriftsteller

— * —

Auf einer Gesellschaft wetteiferte man mit verschiedenen Definitionen des Snobismus. Die schlüssigste Auslegung gab Victor de Kowa mit den Worten:
»Snobismus ist die Fähigkeit, sich als Original zu fühlen, auch wenn man nur eine Kopie ist.«

DELACROIX, EUGÈNE

(1798-1863) frz. Maler und Graphiker

— * —

Ein Freund will Eugène Delacroix besuchen, irrt sich aber in der Hausnummer.
»Zu wem wollen Sie?« ruft der Concierge.
»Zu Monsieur Delacroix.«

»Kenn ich nicht. Was ist er denn?«
»Maler.«
»Hier im Hause wohnen keine Arbeiter«, meint der Concierge verächtlich.

Man fragte Delacroix, ob er der Liebhaber der George Sand gewesen war.
»Ja, gewiß«, erwiderte er. »Ich ebensogut wie alle andern!«

DELON, ALAIN
(20. Jh.) frz. Filmschauspieler

— * —

Der bekannte Filmschauspieler, dem man auch im Privatleben Verbindungen zur Unterwelt nachsagt, spielt mehr oder weniger in jedem Film einen Gangster, der sich kaltblütig den diversesten Abenteuern stellt. Als ihn ein Journalist fragt, wieso er vorwiegend nur solche Rollen spiele, gab Alain Delon die beziehungsreiche Antwort:
»Ich habe lieber eine Maschinenpistole im Arm als ein Mädchen!«

DESCLÉE, AIMÉE
(19. Jh.) frz. Schauspielerin

— * —

Die Desclée wurde bejubelt, doch sie war nicht zufrieden.
»In der ersten Reihe sitzen zwei Trottel, die haben keine Hand gerührt.«
»Wenn es Trottel sind, so macht das doch nichts aus.«
»O ja, man muß auch auf Trottel wirken können. Wohin käme man sonst? Es gibt doch so viele!«
Nach dem nächsten Aktschluß kam sie strahlend:
»Es ist gelungen! Meine beiden Trottel haben applaudiert!«

Zwischen den Schauspielerinnen Aimée Desclée und Blanche Pierson herrschte große Eifersucht. Als die Pierson in einem Stück von Dumas eine Rolle spielen sollte, die früher die Desclée mit großem Erfolg gespielt hatte, schrieb die Desclée vor der Premiere ihrer Kollegin:
»Meine liebe Blanche, du spielst morgen meine Rolle. Trachte, daß das Publikum mich nicht ganz vergißt!«
Und nach der Vorstellung schrieb sie ihr:
»Meine liebe Blanche, du bist wirklich eine charmante Kollegin.«

DEUTSCH, ERNST
(1890-1969) Schauspieler

— * —

Deutsch und Kortner, beide Juden, sprechen über eine Berliner Aufführung eines Kollegen, der ebenfalls Jude ist.
Meint Deutsch: »Jude sein ist auch nicht abendfüllend.«

DEVRIENT, LUDWIG
(1784-1832) Schauspieler

— * —

Der später bekannte Schauspieler Louis Schneider trug bei der Schulprüfung einige Gedichte sehr gut vor. Da klopfte ihm Ludwig Devrient auf die Schulter und sagte wohlwollend:
»Mein Sohn, du hast das Zeug zu einem guten Schauspieler. Aber sei recht fleißig, damit du es nicht werden mußt.«

Devrient war vom Herzog von Koburg mit einem Orden behängt und mit dem Titel Ökonomierat ausgezeichnet worden. Da spottete der Münchner ›Punsch‹: »Wenn Gretchen sich nur nicht verspricht und statt ›Heinrich, mir graut vor dir!‹ sagt: ›Herr Ökonomierat, mir graut vor Ihnen!‹«

Devrient spielte Richard III., es kam zur großen Schlußszene, gellend rief er: »Ein Pferd, ein Pferd, ein Königreich für ein Pferd!«
Ein Witzbold auf der Galerie fragte laut: »Genügt auch ein Esel?«
Devrient antwortete blitzartig: »Gewiß, kommen Sie herunter!«

DIETRICH, MARLENE
(geb. 27. 12. 1901) Filmstar

— * —

»Welches Geschlecht halten Sie für das intelligentere?« wird Marlene gefragt. »Das männliche oder das weibliche?«
»Das weibliche natürlich«, war die Antwort. »Haben sie schon je gehört, daß eine Frau einem Mann nachgelaufen ist, nur weil er hübsche Beine hat?«

DINGELSTEDT, FRANZ VON, BARON
(1814-1881) Schriftsteller und Theaterleiter

— * —

In Weimar probte Dingelstedt ein Shakespeare-Drama. Besonders intensiv befaßte er sich mit einem Musiker, der seinem Horn ganz bestimmte

Töne entlocken sollte. Aber nichts gelang. Endlich verlor Dingelstedt die Geduld und brach die Probe ab:
»Meine Damen und Herren, das geht schon mehr in das Gebiet der Blähungen über; gehen wir. Wir wollen hier nicht länger stören!«

Dingelstedt, Intendant am Münchner Hoftheater, holte die spanische Tänzerin Pepita de Oliva zu einem Gastspiel an sein Theater. Klatschsüchtige Kreise sahen darin eine Anspielung auf die ominöse Liebesaffäre König Ludwigs mit Lola Montez und machten dem Theatermann die Hölle heiß.
Dieser entschloß sich, beim König selber vorzusprechen und die Gründe des Engagements vorzutragen. Aber Ludwig I., kein Freund gewundener Sprüche, ließ Dingelstedt gar nicht erst ausreden, sondern lachte laut, packte ihn beim Kragen und sagte fröhlich: »Tempi passati, alter Datti!«

Bei einer Probe im Wiener Burgtheater fand der Direktor, Baron Dingelstedt, etwas auszusetzen.
»Wer hat denn diesen Unsinn angeordnet?«
Nach verlegenem Schweigen sagte der Regisseur: »Aber, Herr Direktor, das haben Sie ja selber getan!«
»So?« meinte Dingelstedt ganz ungeniert. »Na, das sieht mir wieder einmal ähnlich!«

DISNEY, WALT

amerik. Trickfilmzeichner und Filmproduzent

—*—

Die Entdeckung seiner weltberühmten Mickymaus verdankte Disney einem Zufall. Er hatte eine schlecht bezahlte Stelle als Zeichner für Kirchen und konnte sich kein Atelier leisten. So arbeitete er in der Garage seines Vaters.
Eines Tages beobachtete er eine Maus beim Spielen. Mit Brotkrumen verwöhnte er sie, und binnen kurzer Zeit war das Tierchen handzahm. Die Maus turnte munter auf den Zeichengeräten herum und gab Anlaß zu manchem Spaß. Als Disney wieder einmal abgebrannt war, erinnerte er sich seiner lustigen Maus, zeichnete sie, und damit begann der Erfolg.
Später sagte er manchmal im Scherz: »Da keine Katze da war, hat die Maus für mich auf dem Tisch getanzt.«

Disney, den man gern als den ›Lafontaine des zwanzigsten Jahrhunderts‹ bezeichnet hat, erinnerte sich gern an eine Episode mit seiner kleinen Tochter Diana. Diese kam eines Tages nach Hause und fragte ihren Papa: »Daddy, bist du eigentlich dieser Disney von der Mickymaus?«

Disney hatte sich als Hintergrundmusik für seinen Zeichentrickfilm ›Fantasia‹ die Sechste Symphonie Beethovens ausgewählt.
Spöttelte der Filmmann gegenüber Journalisten: »Damit Beethoven endlich wer wird!«

Walt Disney: »Donald Duck ist in meinen Studios, was Clark Gable bei Metro-Goldwyn-Meyer ist.«

DIX, OTTO

(1891-1969) Maler und Graphiker

— * —

Sein berühmtes Bild ›Schützengraben‹, das von den Nazis verbrannt wurde, war in seiner Gestaltungsweise für viele schockierend.
Julius Meier-Graefe, ein international geschätzter Kunstexperte, der einmal gesagt hatte, man könne Leichen zum Küssen schön malen, hatte für Dix' Bild den einfachen Kommentar: »Zum Kotzen!«
Ein Freund des Malers antwortete ihm: »Das fehlt auch noch, daß den Herren beim Anblick dieser gräßlich zerfetzten und halbverwest in Pfählen und zerrissenen Drähten hängenden Kadaver, angesichts dieses stinkenden Morastes aus Gehirn, Eingeweiden und Pfützen blutiger Jauche, das Wasser im Munde zusammenliefe, statt daß ihnen nun endlich einmal das Entsetzen in die Knochen schlägt. Wahrlich zum Kotzen und nicht zum Komfort ist das gemalt.«

DMITRIJEW

(19. Jh.) russ. Schauspieler

— * —

Dmitrijew betrat einmal die Bühne im Bojarenkostüm, im Mund aber hatte er eine Zigarre. Das Publikum johlte vor Vergnügen, doch der Direktor stürzte nach Ende der Szene auf ihn zu und schalt: »Bist du verrückt? In einem Drama, das im 16. Jahrhundert spielt, eine Zigarre?!«
»Warum denn nicht?« fragte Dmitrijew erstaunt.
»Weil es damals keine Zigarren gegeben hat.«
»So?« fragte Dmitrijew gekränkt. »Und Sie stellen sich vor, daß die Bojaren geschnupft haben?«

DOMERGUE

(19. Jh.) frz. Maler

— * —

Domergue wurde in die Académie gewählt.
»In den Jahren«, seufzte er, »da man nur noch an Krücken denkt, bekommt man einen Segen!«

DONGEN, KEES VAN
(1877-1968) niederländ. Maler

— * —

Ein reicher Mann ließ sich von van Dongen malen. Nach längerer Sitzung fragte er:
»Nun, wie wird es?«
Worauf der Maler erwiderte:
»Ganz gut. Sie beginnen meinem Bild ähnlich zu sehen.«

Der holländische Maler, der der Pariser Schule angehörte, hat in seinem langen Leben alle Moden unseres Jahrhunderts miterlebt und in seinen Bildern wiedergegeben. Einmal fragte man ihn: »Welche Mode hat Ihnen als Maler eigentlich am meisten zugesagt?«
Der Maler antwortete ohne zu zögern: »Die paradiesische. Niemand wird es mir verargen, wenn ich die Zeitlosigkeit meiner Bilder anstrebe, und da ich zahllose Frauen gemalt habe, marterte mich stets der Gedanke, daß ein Hut, ein Schal, eine Bluse meinem Bild den Stempel eines bestimmten Jahres aufdrücken könnten. Darum lobe ich mir das Paradies: die Nacktheit ist die einzige Mode, die sich niemals ändert. Und wer möchte behaupten, daß sie meinen Pariserinnen nicht gut steht?«

DONIZETTI, GAETANO
(1797–1848) ital. Komponist

— * —

Donizetti hatte stets musikalische Themen im Kopf und komponierte, wo er ging und stand. So blieb er einmal in Paris vor der Auslage eines Kunsthändlers stehen und starrte hinein. Der Händler wurde aufmerksam, trat aus dem Laden und fragte höflich:
»Sucht der Herr etwas Bestimmtes?« Donizetti erwachte wie aus einem Traum.
»Ja«, sagte er. »Das Finale des dritten Aktes meiner ›Lucia‹.«

Donizetti hing sehr an seinem Lehrer Mayr. Er wußte, daß der brave Mann sehr wütend war, weil der Direktor eines Theaters in Bologna sich weigerte, Mayr das Originalmanuskript der Partitur seiner Oper ›Die weiße und die rote Rose‹ zurückzugeben. Donizetti studierte damals am Konservatorium in Bologna. Um seinem Freunde eine Freude zu bereiten und dem Theaterdirektor einen Schabernack zu spielen, ging Donizetti drei Abende hintereinander ins Theater und schrieb nachher, dank seines fabelhaften Gedächtnisses, die Partitur ohne den kleinsten Fehler nieder. Dann fuhr er nach Bergamo und brachte die Arbeit seinem Lehrer, der ihn gerührt umarmte. Dann zog der alte Herr seine Uhr aus der Tasche und gab sie Donizetti.

»Und du nimmst das da«, sagte er. »Und so haben wir jeder ein Andenken an den andern.«

Donizetti war nicht allzu sehr mit Skrupeln belastet. So hatte er den Chor aus dem letzten Akt der ›Lucia von Lammermoor‹ einer Messe seines Lehrers Mayr entnommen. Als das der brave Mayr erfuhr, beklagte er sich nicht, sondern sagte:
»Wahrlich, Donizetti hat mir da eine große Ehre erwiesen!«

Donizettis ›Bethly‹ wird gegeben, die Besetzung ist nicht gerade hervorragend, und als dem Tenor im Duett mit der schönen, aber spröden Appenzellerin ein Ton mißglückt, geht ein leises Raunen durch das Haus. Im folgenden Rezitativ äußert der verschmähte Liebhaber den Entschluß, aus dem Leben zu scheiden. Und da tönt von der Galerie ein lautes:
»Bravo!«

DORSCH, KÄTHE

(1890-1957) Schauspielerin

— * —

Als junge Schauspielerin kam Käthe Dorsch zu einem Gastspiel nach Stralsund. In einem kleinen Hotel trug sie sich schlicht ›Dorsch‹ ein, da begann der Wirt, das Zimmer zu preisen: »Wunderbar ruhig und immer fließendes Wasser.«
»Sagen Sie mal«, wandte die Schauspielerin ein, »Sie halten mich wohl wirklich für einen Fisch!«

Irgendeinmal feierte eine Zeitung ihren 65. Geburtstag. Nach Meinung der Künstlerin war das aber um ein paar Jahre verfrüht, und sie schrieb dem Redakteur einen entsprechend groben Brief. Nun hatte der Redakteur die Kühnheit, höflichst anzufragen, um wieviele Jahre er sich denn vertan hätte.
Schrieb die Dorsch zitternd vor Wut: »Genug Jahre, um Ihnen, in Ohrfeigen ausgezahlt, die Lust am Schreiben zu nehmen!«

Die Dorsch, so erinnern sich manche, konnte eine spitze Zunge haben. Als sie einmal bei einem Gastspiel auf eine Kollegin traf, mit der sie gemeinsam beim Theater angefangen hatte, begann die andere, ein paar rührselige Rückblicke auf »die gute alte Zeit« zu formulieren.
»Ja«, sagte Käthe Dorsch, »du warst damals schon zehn Jahre älter als ich.«

DORVAL, MARIE

(1798-1849) frz. Schauspielerin

— * —

Man spielt das Drama ›Anthony‹ von Dumas fils, das mit den Worten schließt: »Sie hat mir Widerstand geleistet, und ich habe sie ermordet!« Das Unglück will, daß der Vorhang zu früh fällt. Das Publikum pfeift, verlangt, daß der Vorhang sich wieder heben soll, doch zehn Minuten vergehn. Endlich, als der Skandal zu groß wird, hebt sich der Vorhang. Madame Dorval erscheint, bereits halb umgekleidet, schleppt Bocage, den Darsteller des Anthony, hinter sich her, weist mit großer Geste auf ihn und ruft:
»Ich habe ihm Widerstand geleistet, und er hat mich ermordet!«

Der Journalist Merle hatte Marie Dorval geheiratet, obgleich er wußte, daß sie nicht gerade monogam veranlagt war. Er drückte beide Augen zu und schlief im Nebenzimmer. Eines Nachts weckte ihn der Lärm einer wütenden Eifersuchtsszene. Marie hatte einen ihrer Geliebten bei einem Seitensprung ertappt! Da Merle nicht schlafen konnte, klopfte er schüchtern an die Tür und sagte:
»Aber, Marie, verzeih ihm doch! Du hörst ja, daß er es nicht wieder tun wird!«

DREHER, KONRAD

(19. Jh.) bayr. Volksschauspieler

— * —

Schmierendirektoren nützten Drehers Name als Eigenpropaganda weidlich aus. Sie kündeten die tollsten Dramen mit dem beliebten Mimen an. War dann der Saal überfüllt, trat der jeweilige Direktor zerknirscht vor den Vorhang und bedauerte im Namen der Direktion, der berühmte Gast sei krank etc.
Das hatte sich nun aber herumgesprochen, und der Trick verfing nicht mehr so richtig. Hatte ein Direktor tatsächlich Dreher verpflichten können, so kündigte er an: »Um dem p. t. Publikum diesmal jeden Irrtum zu benehmen, wird die Direktion mit dem hohen Gast sich zwischen 12 und 1 Uhr mittags durch die Hauptstraßen der Stadt bewegen.«

Dreher gab während einer Vortragsreise durch die Schweiz in St. Gallen einen Vortragsabend. Der Saal war gefüllt, die Vorstellung begann, der Pianist schlug die ersten Töne an, aber o Grausen: das Klavier klang, als ob ein Kettenhund auf den Saiten träumte. Dreher machte den Deckel auf und sah die Ursache der Mißtöne: ein Paket, in Zeitungspapier eingewikkelt.
Gerade wollte Dreher dem merkwürdigen Packl sein Geheimnis entreißen, als blaß der Impresario auf die Bühne stürzte und flehte: »Um Got-

tes willen, machens kein Aufsehen. Das ist die heutige Einnahme, die ich vor dem Gerichtsvollzieher rasch versteckt habe!«

DUBOIS, THÉODORE
(1837-1924) frz. Komponist

— * —

Dubois hatte versprochen, zu dem Konzert eines wenig begabten Pianisten zu gehn. Er kam nach Beginn, aber der Türsteher wollte ihn nicht einlassen.
»Ich werde ganz leise sein«, versprach Dubois.
»Schon gut, schon gut«, erwiderte der Türsteher. »Aber wenn ich die Türe aufmache, werden die, die drinnen sind, alle herauskommen wollen.«

DULLIN, CHARLES
(1885-1949) frz. Schauspieler und Regisseur

— * —

Pierre Frondaies Stück ›Der Sohn des Don Quichotte‹ wurde im Theater ›Atelier‹ von Dullin in Szene gesetzt. Die Beziehungen zwischen Autor und Regisseur waren nicht immer herzlich. Das begann schon bei der Verteilung der Rollen.
»Für diese Rolle hätte ich mir Lucien Guitry gewünscht«, sagte Frondaie. Und: »Wenn doch Sarah Bernhardt noch am Leben wäre!«
So ging das weiter, bis Dullin die Arme zum Himmel hob und rief:
»Das einfachste wäre, Sie gingen auf den Friedhof und verteilten dort die Rollen!«

DURAND, JULES
(1873-1940) frz. Schauspieler

— * —

Durand war während eines Engagements in Lyon nicht sehr beliebt. Einmal hatte er zu deklamieren:
»Für meine Flucht, mein Freund, sagt, wo ein Weg sich findet?«
Da tönte es aus dem Zuschauerraum:
»Den nächsten Schnellzug nehmt und macht, daß Ihr verschwindet!«

DURAND, PAUL
(20. Jh.) frz. Komponist

— * —

In einer Pariser Zeitung liest Durand die betrübliche Nachricht von seinem allzu frühen Tod.
Er ruft seinen Verleger Beuscher an.

»Hast du das gelesen?«
»Natürlich habe ich's gelesen«, erwidert Beuscher. »Und woher telephonierst du eigentlich?«

DÜRER, ALBRECHT
(1471-1528) Maler, Kupferstecher

— * —

Als Dürer ein Mann im besten Alter war, sprach man beim Wein übers Sterben.
Dürer: »Ich mag nicht in den Himmel, wenn es da keine Weiber gibt, den Engeln kann man in dieser Beziehung nichts zutrauen.«

DURIEUX, TILLA
(1880-1971) Schauspielerin

— * —

In den Wirren der Zeit nach dem Ersten Weltkrieg gab es abends in München dauernd Straßenkontrollen. Tilla Durieux wurde einmal ohne Ausweis angetroffen.
»Freilein, wos macha Sie denn überhaupt no so spät auf da Straßn?«
»Ich bin vom Theater.«
»So, vom Theater san S'? Nacha müaßn S' an Ausweis habn, net?«
Die Durieux fand aber in ihrer Tasche nur ein Papier, auf dem sie noch als Hofschauspielerin bezeichnet wurde, das zeigte sie vor.
»Wos, Sie san no königlich?«
»Aber nein, das war mein letztes Engagement, ich pfeife auf das Königliche.«
»So, wenn S' darauf pfeifn, dann genga S' halt hoam. Guat Nacht, Freilein!«

Ein reicher Mann forderte Tilla Durieux auf, in seinem Privathaus auf einer Familienfeier etwas vorzutragen. Als Honorar verlangte sie tausend Mark, worauf der Auftraggeber großzügig einging, doch legte er ihr nahe, nach dem Auftritt die Feier zu verlassen, da man im geschlossenen Kreis zusammen sei.
»Gott sei Dank«, sagte die Durieux, »dann brauchen Sie mir auch nur fünfhundert zu geben.«

DUSE, ELEONORA
(1859-1924) ital. Tragödin

— * —

Als die Mutter der Duse im Spital starb, hatte das junge Mädchen kein Geld, um sich ein Trauerkleid zu kaufen. Und so trug sie zum Begräbnis

ein armseliges weißes Kleid, darauf sie sich ein wenig schwarzen Krepp genäht hatte. Da hörte sie, wie eine Kollegin der andern zuflüsterte:
»Sie hat kein Herz, die Kleine! Sie trägt nicht einmal Trauer für ihre Mutter!«
»Ich bin doch gewiß ein anständiges Mädchen«, meinte eine andere. »Aber um in so einem Fall ein schwarzes Kleid zu haben, hätte ich mich an ihrer Stelle selber verkauft.«

Sehr schwer traf es sie, als D'Annunzio, der nicht anders konnte, die Premiere der ›Città morta‹ in Paris von Sarah Bernhardt spielen ließ. Die Freunde, die es wußten, konnten gar nicht genug Ungünstiges über die Bernhardt sagen, doch die Duse nahm ihre Rivalin ritterlich in Schutz.
»Sie beherrscht das Publikum«, sagte sie, »weil sie vor allem sich selber beherrscht. Und wenn sie hundertmal denselben Satz zu sagen hat, wird sie ihn hundertmal mit der gleichen Geste, dem gleichen Tonfall sagen. Ich habe sie dreimal als Kameliendame gesehen, wenn sie sich hinter den Tisch setzt und anfängt, nervös den kleinen Schlüssel zu drehen. Nun, alle drei Male hat sie den Schlüssel genau fünfmal gedreht; ich habe es gezählt.«
Und sie seufzte, als wollte sie sagen, daß sie für diese mechanische Präzision nicht geboren sei.

Georges de Porto-Riche kam eines Morgens überraschend zur Duse und fand sie, nachlässig gekleidet, die Brille auf der Nase, beinahe häßlich. Die Duse sah ihm seine Enttäuschung an. Sie nahm die Brille ab, ihr Gesichtsausdruck veränderte sich, und sie sagte:
»Mein lieber Freund, ich bin schön, wenn ich schön sein will.«

»Ich war einmal«, erzählte sie in ihrem Salon, »unerkannt in einem kleinen piemontesischen Dorf. Der Friede, die Ruhe hatten großen Eindruck auf mich gemacht, eine tiefe Frömmigkeit bemächtigte sich meiner. Und so ging ich einmal in die kleine Kirche, um nach Gott weiß wievielen Jahren zu beichten. Der gute Geistliche war ein wenig erstaunt über meine weltlichen Vergehen, ermahnte mich, gab mir Ratschläge und fragte schließlich nach meinem Namen.
Nun, ich wollte unerkannt bleiben, und so legte ich auch keinen Wert darauf, seine Neugier zu befriedigen. ›Ehrwürdiger Vater‹, sagte ich, ›mein Name ist keine Sünde.‹ Und damit verzog ich mich schleunigst.«

Zu Beginn ihrer Laufbahn war Eleonora Duse von einer geradezu sprichwörtlichen Magerkeit. Als sie eines Abends zu einer Vorstellung nach Turin fuhr, wurde sie von einem Wolkenbruch überrascht.
»Was ist Ihnen denn zugestoßen?« fragte Cesare Rossi, der Leiter der Truppe.

»Ach, wenn Sie das erlebt hätten! Eine Sintflut! Bis auf die Knochen hat der Regen mich durchnäßt!«
»Nun«, meinte der Komiker der Truppe, »einen weiten Weg hatte er ja nicht zurückzulegen!«

Von ihrem Gastspiel in Amerika wird berichtet, daß an der Theaterkasse folgender Dialog belauscht wurde:
»Was spielt die Duse heute?«
»Die ›Locandiera‹.«
»Wie viele Akte?«
»Drei.«
»Wie viele Toiletten?«
»Eine: die eines Zimmermädchens.«
»Und was spielt sie morgen?«
»Die ›Kameliendame‹.«
»Wie viele Akte?«
»Fünf.«
»Wie viele Toiletten?«
»Fünf.«
»Und sie stirbt?«
»Einen ganzen Akt lang.«
»Dann gehe ich erst morgen.«

DUVEEN, ERNEST

(um 1900) engl. Kunsthändler

— * —

Man warf Duveen einmal vor, daß er die alten Bilder allzu leuchtend firnisse.
»Ja«, meinte er, »meine reichen Kunden wollen sich selber in den Bildern gespiegelt sehen, wenn sie sie kaufen. Was bleibt mir da anderes übrig?«

DYCK, ANTHONIS VAN

(1599-1641) fläm. Maler und Radierer

— * —

Van Dyck malte die Königin von England.
»Warum malen Sie meine Hände mit so großer Sorgfalt?« fragte sie.
»Weil es diese Hände sind, Majestät«, erwiderte er, »aus denen ich einen guten Lohn für meine Arbeit zu empfangen hoffe.«

In seiner letzten Zeit malte van Dyck nicht mehr mit der gewohnten Sorgfalt, sondern stellte seine Bilder oft in sehr kurzer Zeit her. Ein Freund erlaubte sich eine Bemerkung darüber, und da antwortete ihm der Maler: »Mein Lieber, bisher habe ich für meinen Ruhm gearbeitet, jetzt arbeite ich manchmal für meine Küche.«

Anthonis van Dyck lebte in London in größtem Stil, hielt sechs Diener, hatte ein fürstlich eingerichtetes Haus, in dem er seine Gäste bewirtete. Auch seine Beziehungen zu den Damen der englischen Hofgesellschaft waren nicht ganz billig. Als einmal König Karl I. ihn fragte: »Wißt Ihr auch, Herr Ritter, was es ist, drei- oder viertausend Pfund nötig zu haben?« entgegnete der Maler:
»Ja, Sire, wer sein Haus seinen Freunden und seine Börse seinen Freundinnen offen hält, findet rasch den Boden seiner Kasse.«

EFFEL, JEAN

(geb. 1908) frz. Zeichner

— * —

Der liebe Gott nimmt, bei Jean Effel, einen Engel bei den Fittichen und weist auf die frisch geschaffene Seezunge:
»Ich habe dir gesagt, daß du sie nur waschen sollst. Und jetzt hast du sie auch geplättet!«

EIERMANN, EGON

(1904-1970) Architekt, Prof. an der Technischen Hochschule Karlsruhe

— * —

Als ihm die Studentenrevolte gar zu utopistische Formen anzunehmen schien, sagte Professor Eiermann: »Ich kann nicht verschweigen, daß die jungen Leute doch in eine Richtung laufen wollen, wohin ich ihnen weder vorangehen noch folgen möchte, und es ist vielleicht richtig, eher zum alten Eisen zu gehören als zum neuen Blech.«

EISLER, HANNS

(1898-1962) Komponist

— * —

Eisler, der später die Nationalhymne der DDR verfaßte, lebte als Emigrant eine Zeitlang in der amerikanischen Filmstadt Hollywood. Dort traf er einmal auf einen Filmregisseur, der ihm wütend sagte, mit dem damals ebenfalls in Hollywood um Aufträge bemühten Bertold Brecht werde er kein Wort mehr reden.
Als Eisler anschließend Brecht traf, fragte er ihn, was denn geschehen sei.
»Ich habe ihm nur meine wahre Meinung gesagt«, meinte Brecht.
Darauf Eisler: »Aber wie laut?«

EKBERG, ANITA
(20. Jh.) Filmschauspielerin

— * —

Bei einer Pressekonferenz sagte die schöne Anita Ekberg:
»Die Venus von Milo und ich haben genau die gleichen Maße; aber ich habe ihr doch drei Dinge voraus. Ich lebe, ich habe beide Arme, und ich bin nicht aus Marmor.«

ELSSLER, FANNY
(1810-1884) Wiener Tänzerin

— * —

Fanny Elßler unternahm eine Tournee durch Amerika und feierte die größten Triumphe. In Havanna schenkten ihre Verehrer ihr eine Schatulle mit 250000 Francs in Gold. Und ein Verehrer schickte ihr eine Kiste Zigarren.
»Ein seltsames Geschenk für eine Frau!« rief sie.
Doch als sie eine Zigarre aus der Kiste nahm, erlebte sie eine Überraschung. Die Zigarre war so schwer, daß sie ihr aus der Hand fiel. Das Deckblatt löste sich dabei, und darunter war die Zigarre aus reinem Gold.

Als die Primadonna in Rom gastierte, wurde der Papst gefragt, ob man ihr einen goldenen Kranz, der einen Wert von 12000 Lire darstellte, schenken dürfe.
Papst Pius IX. antwortete: »Gebt nur der Tänzerin den Kranz, wenn es euch drängt; weder die Würde unserer Kirche noch die Sicherheit des Staates gefährdet dies. Allein ich hätte in meiner Priestereinfalt geglaubt, daß ein Kranz für den Kopf und nicht für die Beine gehöre.«

In welchen Begeisterungstaumel sich Amerika warf, illustriert das bekannte Wortspiel: »Wenn Kolumbus jetzt zur Welt käme, könnte er Amerika nicht mehr finden, weil dieser Kontinent wegen Fanny Elßler verrückt ist.«

ENSOR, JAMES
(1860-1949) belg. Maler und Dichter

— * —

Kandinsky hatte in Antwerpen, anläßlich einer Ausstellung der Werke des belgischen Expressionisten, Permeke gefunden und diesen gefragt, wo er in Ostende James Ensor treffen könne.
Permeke antwortete: »Das ist sehr einfach. Wenn Sie am Strand oder auf der Promenade einem alten Weißbart begegnen, und er hat ein junges Mädchen neben sich, dann haben Sie Ensor vor sich.«

ERNST, MAX
(1891-1976) Maler und Graphiker

—*—

Max Ernst, der Mitbegründer von ›Dada‹ und Surrealismus, malte 1926 ein Bild ›Maria verhaut den Menschensohn‹. Später hat er dazu berichtet: »Als ich das Bild in Paris ausstellte, hat es tatsächlich eine Schockwirkung gehabt. Die Franzosen sind doch alle sehr katholisch, selbst wenn sie ungläubig sind, nicht wahr? So eine Gotteslästerung konnten sie nicht zulassen.«
Trotzdem wurde das Bild im gleichen Jahr noch in Köln ausgestellt. Ernst: »Ja, und in Köln bin ich dann exkommuniziert worden. Auf einer Katholikenversammlung hat ein Repräsentant des Erzbischofs eine Rede über diesen Sittenverfall gehalten und am Ende erklärt: ›Der Maler Max Ernst ist aus der Kirche ausgeschlossen, und ich rufe die Versammlung auf zu einem dreimaligen ‚Pfui'.‹ Da haben die dreimal pfui gerufen, und damit war ich ausgeschlossen. Aber sehen Sie, heute, nach vierundvierzig Jahren, wird mir gesagt, daß gerade dieses Bild in einer skandinavischen Bibelausgabe reproduziert werden soll.«

Auf die Frage, ob er sich für ein Genie halte, erwiderte Max Ernst: »Nein, Genie ist doch nur so ein merkwürdiger Zufall in der Gehirnkonstruktion.«

EVERDING, AUGUST
(20 Jh.) Intendant

—*—

Everding erklärte einmal: »Der Schauspieler lebt nicht vom Talent allein. Das Können verringert sich, wenn es zu wenig geübt wird. Das tägliche Exercise ist Voraussetzung für die Beherrschung des Handwerks. Mir gefällt die erfundene Geschichte von dem Sportler, der zum Training frühmorgens ein junges Kalb durch die Arena trug und das täglich wiederholte – und dann nicht merkte, daß es ein ausgewachsener Stier geworden war, den er da trug.«

FALCONET, ÉTIENNE-MAURICE
(1716-1791) frz. Bildhauer

—*—

Falconet war von Katharina II. nach Petersburg berufen worden, um ein Reiterstandbild Peters des Großen zu schaffen. Unter andern Ehrungen gestand die Zarin ihm auch den Titel ›Hochgeboren‹ zu.
»Es gibt keinen passenderen für mich«, meinte Falconet, der Sohn armer Leute, »denn ich bin in einer Dachkammer auf die Welt gekommen.«

FALGUIÈRE, JEAN ALEXANDRE JOSEPH
(1831-1900) frz. Bildhauer

— * —

Der hervorragende Bildhauer Falguière hatte die Schwäche, malen zu wollen. Renoir besucht ihn und muß die Bilder ansehen.
»Wunderbar«, sagt er, »großartig, ein Meisterwerk!« Dann bleibt er vor einer kleinen Skulptur stehen und sagt: »Das ist gut.«

FARINELLI
(1705-1782) span. Kastrat

— * —

Der berühmte Kastrat Farinelli wurde von dem König mit dem Calavatra-Orden ausgezeichnet. Dazu gehörte, daß er zum Ritter geschlagen wurde und daß man ihm Sporen anschnallte.
Da sagte der französische Botschafter: »Andere Länder, andere Sitten! In England bindet man den Hähnen Sporen an, in Spanien den Kapaunen.«

FEHLING, JÜRGEN
(1885-1968) Regisseur

— * —

Es machte Fehling große Freude, den Portier des Theaters durch brüske Reden zu verschrecken, ja er versuchte sogar einmal, den Reinmachefrauen einen Skandal zu machen. Da kam er aber an die richtigen. Eine fuchtelte Fehling mit dem Scheuerlappen vor der Nase herum und sagte ihm im höchsten Zorn: »Ich habe auch schon bessere Regisseure erlebt!«

Ein Schauspieler bat Fehling bescheiden, ihm doch ein bißchen mehr Licht zu geben, denn er stünde die meiste Zeit im Dunkeln. Aber Fehling lachte nur und nannte den Schauspieler eine ›alte AEG-Hure‹.

Eine Einladung, am Ostberliner Deutschen Theater zu inszenieren, lehnte er ab: »Ich am Deutschen Theater Regie führen? Da müßte ich ja doch nur Marx und Moritz inszenieren.«

FELLINI, FEDERICO
(geb. 20. 1. 1920) ital. Filmregisseur

— * —

Fellini, einer der großen Neoveristen des italienischen Films, wurde auf einer Gesellschaft von einem Priester darauf angesprochen, daß seine Filme die herrschende Moral mehr als einmal verletzt hätten.

Fellini wandte ein: »Für viele ist die Erkenntnis vielleicht schmerzlich – aber die Moral ist saisonbedingt und unterliegt der Mode, in großen Zeiträumen sogar die katholische.«

FERNANDEL

(eigtl. Fernand-Joseph-Désiré Contandin, 1903-1970) frz. Schauspieler

— * —

Nach dem Welterfolg des ersten Teils der ›Don Camillo‹-Verfilmung trat eines Tages bei den Dreharbeiten für die Fortsetzung ein kleines Mädchen auf Fernandel zu. Sie trug eine Puppe im Arm und erbat seinen Segen.
Der Schauspieler sagte ernsthaft: »Ich bin doch kein richtiger Priester, ich spiele die Rolle nur.«
»Weiß ich«, sagte das Mädchen. »Ich will den Segen ja auch nur für meine Puppe haben.«

In einem zoologischen Garten kam Fernandel diese Erkenntnis: »Ein Zoobesuch ist unbewußter Ahnenkult.«

In einer südfranzösischen Stadt waren Filmaufnahmen zu machen, die Spitzen der Behörde hatten sich zur Begrüßung und zum Dank aufgestellt, als Fernandel ankam.
»Was wollen denn die?« fragte Fernandel den Regisseur. »Wir brauchen doch gar keine Statisten.«
»Das sind die Spitzen der Behörde!«
»Spitzen . . . Spitzen . . .!« höhnte Fernandel. »So kugelförmige Spitzen habe ich noch nie gesehen.«

Fernandel hatte sich einen Zahn ziehen lassen. Ein paar Tage später kam ein Brief vom Zahnarzt. Der Brief war sehr dick, Fernandel erwartete eine gesalzene Rechnung, war dann aber sehr erstaunt, als dem Umschlag mehrere Geldscheine entfielen, keine Rechnung, aber der Vermerk:
»Ich habe mir die Freiheit genommen, Ihren Zahn an einen Ihrer vielen Verehrer zu verkaufen. Vom Erlös zog ich meine Rechnung ab, den Rest lege ich Ihnen hier bei!«

Eines Tages besuchte Fernandel im Louvre die Kellerräume, wo die ägyptischen und mesopotamischen Sammlungen untergebracht sind. Plötzlich begegnet er seinem Spiegelbild, die Ähnlichkeit ist wirklich groß, aber unter der Plastik stand: »Holzplastik aus der vierten Dynastie.«
Verwundert schüttelte der Komiker den Kopf: »So ist also schon wirklich einmal alles dagewesen, sogar ich! Und ich hatte mir eingebildet, meinen Kopf gäbe es bestimmt nur einmal!«

FEUILLÈRE, HEDWIGE

(20. Jh.) frz. Schauspielerin

— * —

Zwei Kenner sind in Paris bei der ›Kameliendame‹ in der Comédie française. Hedwige Feuillère spielt ihre Rolle überwältigend, hingebungsvoll, hüstelt, hustet, stirbt. Der eine Kenner zum andern:
»Schade, daß sie gerade heute abend so erkältet war!«

FINCK, WERNER

(geb. 2. 6. 1902) Kabarettist

— * —

Im Dritten Reich war der Beruf des Kabarettisten lebensgefährlich. Dementsprechend stand hinter allem, was ein Mann wie Finck in seiner Berliner ›Katakombe‹ politisch sagte, ein äußerster Ernst. So zum Beispiel dieser Ausspruch, mit dem der Meister der ›Finckenschläge‹ eines Abends eine Vorstellung eröffnete.
Er trat an die Rampe und sagte sehr bestimmt: »Katakombe – ich habe mich informiert – bedeutet soviel wie Zufluchtsstätte für verfolgte Christen.«

Schon zu Anfang des Dritten Reichs lernte Werner Finck ein Konzentrationslager von innen kennen. Als er wieder herauskam, wurde er in seinem Berliner Stammlokal ausgefragt.
»Mir ging es blendend«, soll er gesagt haben, »ich hatte alles, was man braucht.«
»Nanu«, wunderten sich die Zuhörer, »der Arzt nebenan, Dr. Nolte, hat aber was ganz anderes erzählt.«
Finck: »Der sitzt ja auch wieder drin.«

Als ein ausländischer Gast ihn fragte, was denn die Abkürzung BRD zu bedeuten habe, meinte Werner Finck mit dem ernstesten Gesichtsausdruck von der Welt: »Behagliches Restauriertes Deutschland.«

Werner Finck berichtet in seinen ›Finckenschlägen‹:
»Ihr Geist ist willig«, schrieb mir ein Sportlehrer aus heiterem Himmel, »über das andere möchte ich mit Ihnen einmal Rücksprache nehmen.«

Werner Finck schrieb 1943 unter anderem diese ›Zellenzeilen‹:
»Die Schritte des Postens draußen vor der Zellentür sind die einzigen Schritte, die für mich unternommen werden.«

Werner Fincks ›Surrealistischer Vierzeiler‹ lautet:
Gestern trat ein Fräulein an mein Bette

Und behauptete, die Märchenfee zu sein,
Und sie fragte mich, ob ich drei Wünsche hätte,
Und ich sagte, um sie reinzulegen: nee!

Als er von einem Besuch in der DDR zurückkehrte, wurde Werner Finck von Journalisten nach seinen Eindrücken befragt.
»Ach, wissen Sie«, meinte er, »in der östlichen Demokratie schafft sich der Staat die Menschen, die er braucht; in der westlichen schaffen sich die Menschen den Staat, den sie brauchen.«

In seinen Erinnerungen an das berühmte Berliner Kabarett ›Die Katakombe‹ schreibt Finck:
»Im Jahr 33 sollten wir uns geschlossen hinter den Führer stellen. Wir stellten uns. Allerdings nur auf die Hinterbeine. Und geschlossen wurden wir im Mai 1935.«

FISCHER-DIESKAU, DIETRICH
(geb. 28. 5. 1925) Bariton

— * —

Über Fischer-Dieskaus Erfolge erzählt man sich unter anderem: Nach einem Konzert in München stürzte eine ältere Dame auf den Sänger zu, ergriff seine Hand, preßte sie an ihren Busen und rief enthusiastisch:
»Herr Fischer-Dieskau, nun, wo ich Sie gehört habe, können Sie sterben.«

FITZGERALD, ELLA
(geb. 25. 4. 1918) amerik. Jazzsängerin

— * —

Man hatte die Jazzsängerin einmal gefragt: »Was ist besser als singen?«
»Mehr und besser singen«, war die Antwort der Sängerin.

FLYNN, ERROL
(1909-1959) amerik. Filmschauspieler

— * —

Ein College-Girl besuchte mit ihrem Boyfriend einen der ersten dreidimensionalen Filme. Bald fühlte sie sich durch seine Zudringlichkeit gar zu beansprucht und flüsterte: »Nun laß doch mal mein Knie los!«
Der Boyfriend flüsterte zurück: »Das bin doch nicht ich. Das ist die Hand von Errol Flynn.«

FONDA, HENRY

(geb. 16. 5. 1905) amerik. Schauspieler

— * —

Nachdem Fonda einem Herrenmagazin ein Interview abgeschlagen hatte, erschien dort eine Glosse, die ihn als Snob brandmarkte. Fonda schrieb einen Leserbrief von wenigen Zeilen:
»Wenn man ein bißchen Privatleben behalten will, gilt man gleich als Snob. Dabei sträubt jeder Igel seine Stacheln, wenn ihm einer zu nahe kommt.«

FOOTE, SAMUEL

(1720-1777) Schauspieler und Schriftsteller

— * —

Der Herzog von Norfolk war ein großer Trinker. Einmal, als er auf einen Maskenball gehen wollte, fragte er den Schauspieler Foote, was er tun solle, um unerkannt zu bleiben.
»Sehr einfach«, versetzte Foote, »gehen Sie nüchtern hin!«

Samuel Foote hatte einen Lord auf der Bühne lächerlich gemacht. Als der Lord den Schauspieler einmal in einem öffentlichen Haus trifft, sagt er:
»Ich möchte nur wissen, ob Sie an der Franzosenkrankheit sterben werden oder am Galgen.«
Darauf erwidert Foote:
»Das hängt davon ab, ob ich mich von Ihrer Geliebten oder von Ihren Grundsätzen anstecken lasse.«

Einmal reiste Foote im westlichen England und aß in einem Gasthaus zu Mittag. Als er seine Zeche zahlen wollte, fragte ihn der Wirt, ob er auch zufrieden gewesen sei.
»Ich habe gegessen wie kein Mensch in England«, sagte Foote.
»Ausgenommen den Bürgermeister«, setzte der Wirt hinzu.
»Ich nehme niemanden aus!«
»Doch! Den Bürgermeister müssen Sie ausnehmen!«
Foote wurde zornig.
»Nicht einmal den Bürgermeister!«
Es kam zu einem Zank, und Foote mußte sich bequemen, vor dem Bürgermeister zu erscheinen.
»Mr. Foote«, sagte der, »es ist hier seit urdenklichen Zeiten Sitte, daß man immer für den Bürgermeister eine Ausnahme macht. Und damit Sie sich daran erinnern, verurteile ich Sie zu einem Schilling oder zu fünf Stunden Gefängnis. Ganz nach Ihrem Belieben.«
Foote zahlte den Schilling, aber in der Türe wandte er sich um und sagte:
»Ich kenne in der ganzen Christenheit keinen größeren Narren als den

Gastwirt, bei dem ich gegessen habe – ausgenommen den Bürgermeister!«
Und damit verzog er sich.

Mrs. Macaulay hatte eine Schrift mit dem Titel ›Lose Gedanken‹ erscheinen lassen. Einige Damen fanden, das sei doch ein höchst unschicklicher Titel für das Buch einer Frau.
»Im Gegenteil«, erklärte Foote. »Je rascher eine Frau sich solcher Gedanken entledigt, desto besser!«

Eine junge Schauspielerin war bei ihrem ersten Auftreten in Footes Haymarket-Theater vom Publikum ziemlich deutlich abgelehnt worden. Dennoch behelligte sie Foote dauernd mit der Frage, für wann er ihr nächstes Auftreten ansetzen werde.
»Ihr nächstes Auftreten?« erwiderte Foote, »sobald das Publikum Ihr erstes Auftreten vergessen haben wird.«

Nach einer großen Flottenparade in Portsmouth fragte einer der Admiräle Foote, ob diese Fülle von Feuer und Rauch ihm nicht einen Vorgeschmack der Hölle vermittelt habe.
»Ganz gewiß«, erwiderte Foote, »zumal weil ich Eure Lordschaft mitten drin gesehen habe.«

»Wie soll ich Ihnen die Haare schneiden?« fragte ein geschwätziger Barbier.
»Schweigend«, erwiderte Foote.

Foote hatte eine kleine Büste von Garrick, dessen Geldgier berüchtigt war, auf seinem Schreibtisch.
»Sie sind überrascht darüber«, sagte er, »daß ich sie so nahe bei dem Geld meiner Schreibtischschublade habe? Aber sehen Sie doch – die Büste hat ja keine Hände.«

Eine Schauspielerin beklagte sich bei Foote, daß Garrick sie beim Drury Lane-Theater so schlecht bezahle. Warum sie denn zu ihm gegangen sei, fragte Foote, sie wisse doch, daß sie beim Haymarket-Theater eine erheblich höhere Gage hätte.
»Ich weiß selber nicht«, sagte sie. »Er hat mich überredet. Er hat mir versprochen, mich unsterblich zu machen.«
»Da muß ich ihn doch überbieten«, meinte Foote. »Kommen Sie zu mir, ich zahle Ihnen zwei Pfund in der Woche mehr als er, und für die Unsterblichkeit berechne ich Ihnen gar nichts.«

FORAIN, JEAN-LOUIS

(1852-1931) frz. Maler und Karikaturist

— * —

Ein sehr bekannter Geschäftsmann namens Edwards heiratete die schöne Schauspielerin Lantelme, die bei einer Jachtfahrt auf dem Rhein ins Wasser fiel und ertrank. Zeugen gab es nicht. Und so gingen in Paris Gerüchte um, der Gatte habe sie ins Wasser geworfen. Als Monsieur Edwards wieder heiratete, frage Forain:
»Und die Neue? Kann sie schwimmen?«

Als Degas sich ein Telephon legen ließ, sagte Forain, der Gegner dieser Erfindung war, verächtlich:
»Stellt euch vor – jetzt ruft man ihn mit einer Glocke, und er läuft hin!«

Forain war während des Ersten Weltkriegs Leutnant, aber seine Uniform war nichts weniger als elegant, und er wußte sie auch nicht zu tragen. Einmal hatte er Marschall Foch eine Meldung zu erstatten, der sehr auf das Äußere seiner Soldaten hielt. Der arme Forain zitterte und sah sich schon im Arrest, aber Foch hatte seinen guten Tag und sagte nur:
»Schade, daß der berühmte Forain Sie nicht zu sehen kriegt! Er würde Sie unsterblich machen.«

Als Forain auf dem Sterbebett lag, wollte der Arzt ihn ermutigen:
»Der Puls ist gut, das Herz ist ausgezeichnet, die Lungen arbeiten tadellos, das Fieber sinkt . . .«
»Mit einem Wort«, unterbrach ihn Forain, »ich werde bei bester Gesundheit sterben.«

FORSTER, RUDOLF

(1889-1968) Schauspieler

— * —

Für den Schauspieler war das Leben in der Emigration besonders schwer. Als Rudolf Forster von einem Bekannten in New York gefragt wurde, wie es ihm gehe, antwortete er:
»Was soll ich hier in diesem Land, dessen Sprache ich nicht beherrsche. Ich kenne nur zwei englische Wörter: ›Beefsteak‹ und ›money‹.«

Ein hübsches Erlebnis aus der ›Schmieren-Zeit‹ weiß Forster zu erzählen. In einem Provinz-Theater spielten sie Goethes ›Iphigenie‹. Alle Schauspieler waren unsicher in den Rollen, der Souffleur somit der eigentliche Held. Nun kam es zu der Szene, in der Iphigenie König Thoas ihre Herkunft enthüllt.
Souffleur: »Ich bin aus Tantalus' Geschlecht!«

Iphigenie pathetisch zu Thoas: »Ich bin aus Tantalus' Geschlecht.«
Souffleur: »Du sprichst ein großes Wort . . .«
Thoas: »Du sprichst ein großes Wort . . .«
Souffleur: ». . . gelassen aus!«
Arkas zu Iphigenie: »Geh' laß' naus.«

FRIEDRICH, CASPAR DAVID

(1774-1840) Maler

— * —

Man fragte Friedrich nach dem Geheimnis seiner Malweise. Verschmitzt antwortete er: »Ich setze Farben hin, bis es ähnlich wird.«

FRIESZ, OTHON

(1879-1949) frz. Maler

— * —

Man fragte den Maler Friesz:
»Wenn die Münchner Pinakothek brennen sollte, welche fünf Bilder würden Sie retten?«
Worauf Friesz entgegnete: »Die fünf, die der Türe zunächst hängen.«

FRITSCH, WILLY

(1901-1973) Filmschauspieler

— * —

Willy Fritsch war eine Zeitlang der Filmliebling vieler Frauen. Einmal kaufte er in einem Schuhgeschäft drei Paar neue Halbschuhe und gab der hübschen Verkäuferin seine Hotelanschrift, denn er war auf der Durchreise und mußte sich bei einer Uraufführung vor dem Publikum eines neuen Films zeigen. »Also schicken Sie mir's«, sagte er. »Und vergessen Sie nicht die Adresse!«
Als Fritsch abends nach der Vorstellung ins Hotel kam und die Schuhe auspackte, lag obenauf die Adresse der Verkäuferin.

FURTWÄNGLER, WILHELM

(1886-1954) Dirigent und Komponist

— * —

Furtwängler war bekannt für seine mitunter schwer deutbaren Gesten beim Dirigieren. Als er einmal als Gastdirigent bei einem fremden Orchester die Proben leitete, wollte der Einsatz nicht gelingen.
Da fragte ihn der Konzertmeister: »Herr Professor, bei welchem Zacken von Ihrem Blitz sollen wir einsetzen?«

GABIN, JEAN

(eigtl. Jean-Alexis Moncorgé, 1904-1976) frz. Schauspieler

— * —

Gabin wurde gefragt, ob er nicht auch meine, daß immer mehr Aktivität von den Männern auf die Frauen übergehe, so daß man allmählich von einem Rollentausch sprechen könne.
»Nein«, meinte Gabin. »Viele Frauen bilden sich nämlich schon ein, die Initiative läge auf ihrer Seite, nur weil sie das Gegenteil von dem tun, was der Mann von ihnen verlangt hat.«

Als Jean Gabin im Krieg in New York ankam, fragte man ihn, wie die Stimmung der Franzosen gegenüber den Engländern sei. Er antwortete: »Pro-englisch und anti-englisch. Die Freunde Englands beten: ›Lieber Gott, gib den tapfern Engländern den Sieg!‹ Und die Feinde Englands beten: ›Lieber Gott, gib den verfluchten Engländern den Sieg!‹«

GABLE, CLARK

(1901-1960) amerik. Filmschauspieler

— * —

»Sie könnten mir von großem Nutzen sein«, sagte Clark Gable zu einem hübschen Mädchen.
»Als . . . als . . . Geheimsekretärin?« fragte die Blondine.
»Ja, allerdings«, meinte Gable unsicher. »Wie stenographieren Sie?«
»Na ja . . . manchen gefällt's.«

GABRIELLI, CATARINA

(1730-1796) ital. Sängerin

— * —

Die Gabrielli sang auch in Rußland und verlangte von Katharina II. für zwei Monate fünftausend Golddukaten.
»Das zahle ich ja nicht einmal meinen Feldmarschällen«, meinte die Kaiserin.
»Worauf die Gabrielli erwiderte:
»Dann können Eure Majestät ja Ihre Feldmarschälle singen lassen!«

GAINSBOROUGH, THOMAS

(1727-1788) engl. Maler

— * —

Gainsborough malte das Porträt eines jungen Mannes. Als er beim Mund angelangt war, machte der junge Mann seinen Mund möglichst klein. Da sagte Gainsborough: »Wenn Sie wünschen, kann ich ihn auch ganz weglassen!«

Gainsborough wollte den Schauspieler Garrick malen, aber das Bild wollte nicht ähnlich werden.
»Verflucht!« rief Gainsborough. »Sie können jedes Gesicht nachmachen und haben doch selber keins!«

GALLI, LUIGI
(1820-1900) ital. Maler
— * —

Der Maler Luigi Galli war immer in großer Not. Eines Abends lädt ein anderer Maler alle seine Freunde zum Vermouth ein. Der eine bestellt ihn mit Seltz, der andere mit einem Bitter, und als an Galli die Reihe kommt, sagt er:
»Mir mit einem Beefsteak!«

GANDUSIO, LUIGI
(um 1900) ital. Komiker
— * —

Die Theaterdirektorin Lola Braccini fragt ihren ersten Komiker Gandusio:
»Hast du die Dame bemerkt, die mit uns im Zug war?«
Worauf er entgegnet: »Die schlanke, hochelegante Blondine mit den himmelblauen Augen, dem schöngeschwungenen, etwas sinnlichen Mund, der Stupsnase, der schottischen Schärpe, dem grauen Filzhut, den amerikanischen Schuhen, den schönen Beinen in nahtlosen Strümpfen?«
»Ja, die . . .«
»Nein, die habe ich nicht bemerkt.«

GARBO, GRETA
(eigtl. Greta Gustafsson, geb. 18. 9. 1903) schwed.-amerik. Filmschauspielerin
— * —

Die Garbo, wegen ihrer Schönheit die ›Göttliche‹ genannt, hat seit 1941 keine Filmrolle mehr angenommen. Ihren Ruhm verdankt sie jedoch nicht nur ihren äußeren Vorzügen, sondern auch ihrem Sinn für das Geistreiche. Ihr wird zum Beispiel der Ausspruch nachgesagt:
»Das schwächere Geschlecht ist das stärkere wegen der Schwäche des stärkeren für das schwächere.«

GARNIER, CHARLES

(1825-1898) Erbauer der Pariser Oper

— * —

Ein Besucher der Pariser Oper schrieb an Garnier und beschwerte sich, es gebe nur eine Garderobe statt zwei.
Worauf Garnier erwiderte:
»Es gibt zwei, es gibt sogar vier. Entschuldigen Sie nur, daß ich nicht selber dort bin, um Ihren Regenschirm in Empfang zu nehmen.«

GARRICK, DAVID

(1717-1779) engl. Schauspieler

— * —

Garrick ging mit seinem Freund Dr. Munsey zu dem Dichter Arthur Murphy. Im ersten Stock des Hauses angelangt, steigt Garrick ruhig weiter.
»Wo wollen Sie denn hin?« fragt Munsey. »Wir sind ja schon da!«
»Ich wäre bis in die Dachkammer hinaufgegangen«, erwiderte Garrick. »Wer hat schon je gehört, daß ein Dichter im ersten Stock wohnt?«

Garrick wurde eines Tages von einem ziemlich schäbig gekleideten Mann auf der Straße angesprochen, der unentwegt »lieber Freund« zu ihm sagte.
»Ich kenne Sie ja gar nicht«, meinte Garrick.
»Wir haben doch zusammen gespielt«, erklärte der Fremde.
»Wir hätten zusammen gespielt? In welchem Stück denn?«
»In ›Hamlet‹. Sie waren der Hamlet, und ich war der Hahn, der hinter den Kulissen gekräht hat.«

Ein Adliger redete Garrick zu, für das Parlament zu kandidieren.
»Nein, Mylord«, erwiderte der Schauspieler, »ich möchte lieber die Rolle des großen Mannes auf der Bühne spielen als die eines Narren im Parlament.«

Garrick war immer in Geldnöten und als schlechter Zahler bekannt. Einmal lieh er sich von Lord Chesterfield fünfzig Pfund und versprach, sie nach einem Monat zurückzuzahlen. Und siehe, er tat das auch.
Kurz darauf erschien er wieder bei Chesterfield.
»Mylord, ich bitte Sie, mir fünfundzwanzig Pfund zu leihen. Da ich Ihnen meine erste Schuld so pünktlich bezahlt habe, wird Ihnen wohl die Erfüllung meiner Bitte nicht schwerfallen.«
»Nein, mein lieber Garrick«, entgegnete der Lord, »zweimal falle ich Ihnen nicht hinein.«

GAUL, AUGUST
(1869-1921) Bildhauer

— * —

Wenn Gaul in einem alten Anzug, dazu noch in Turnschuhen, zu seinem monatlichen Kegelabend ging, entschuldigte er sich freundlich für seine Aufmachung: »Ich komme wieder einmal als Nachbar.«

Kaiser Wilhelm wollte von Gaul zwei Adlerplastiken mit ausgebreiteten Flügeln. Gaul wollte nur einen sitzenden Adler modellieren. Der Kaiser kam mehrfach ins Atelier und handelte zäh mit dem Bildhauer.
Schließlich wurde Gaul die Sache zu dumm, und er ließ sich verleugnen, wenn der Kaiser vorfuhr. Nachdem der Kaiser weggefahren war, fragte er vorsichtig: »Ist der Olle fort?«

In einem Restaurant plauderte Gaul mit seinem Freund Zille. Ein Bekannter Zilles gesellte sich hinzu, unterhielt sich aber nur mit Zille. Endlich hatte ihn Zille abgewimmelt. Gaul sah dem Gehenden nach und murmelte: »Wenn der wüßte, wer man ist.«

GAUSSIN, JEANNE
(1711-1767) frz. Schauspielerin

— * —

Der Geliebte der Schauspielerin Gaussin war Bouret, der spätere Generalpächter und Millionär. Als er noch sehr arm war, hatte er ihr ein leeres Blatt gegeben, das nur seine Unterschrift trug. Auf dem Gipfel seiner Laufbahn erinnerte er sich nicht ganz ohne Sorgen an dieses Blatt. Was alles konnte seine Geliebte darauf schreiben?! Welche Forderungen konnte sie stellen?! Da erbat er es denn zurück.
Die Gaussin, die niemals eigennützig gewesen war, gab es ihm. Und über seiner Unterschrift standen die Worte:
»Ich verpflichte mich, Jeanne Catherine Gaussin mein ganzes Leben lang zu lieben.«

GAVARNI
Pseudonym für Sulpice-Guillaume Chevalier (1804-1866) frz. Karikaturist

— * —

Beim Opernball zeigte ein Freund dem Karikaturisten Gavarni einen Finanzmann, der durch sehr üble Geschäfte reich geworden war.
»Und wenn ich denke«, sagte der Freund, »daß ich ihn noch als anständigen Menschen gekannt habe!«
»Da mußt du aber sehr alt sein«, meinte Gavarni.

GEORGE, HEINRICH
(1893-1946) Schauspieler

— * —

Im Berliner Ensemble befand sich ein besonders eingebildeter Kollege, den George nicht ausstehen konnte. Als jener in den ›Räubern‹ den Karl Moor zu spielen hatte und seine Sache miserabel machte, wollte er obendrein auch noch Lobeshymnen hören.
»Habe ich die Schlechtigkeit dieses Burschen nicht fabelhaft hingekriegt?« fragte er nach der Aufführung.
»Stimmt«, sagte George, »so schlecht hab ich den Kerl noch nie gesehen.«

George war gefährlich erkrankt, man erwartete, er werde nicht durchkommen. Ein Freund hatte für eine Zeitlang schon den Nachruf geschrieben, da erholte sich George wieder.
Als er von dem Nachruf erfuhr wollte er ihn natürlich lesen. Aber der Freund sagte: »Nee, vorher nicht.«

Einen Tag nach seinem Gastspiel als ›Götz‹ sollte George in Berlin schon wieder in derselben Rolle antreten. Der Schauspieler entschloß sich, das Flugzeug zu nehmen. Beim Wiegen des Gepäcks erwies sich des Mimen Gepäck als zu schwer.
George fackelte nicht lange, öffnete den Koffer und zog sich die schwere Rüstung des Götz über den Leib. Das Gewicht stimmte nunmehr, und ›Götz-George‹ flog, historisch etwas verfremdet, neuen Abenteuern entgegen.

Während einer Aufführung des ›Götz von Berlichingen‹ fiel vom Schnürboden ein nicht unbeträchtliches Trumm auf die Szene und schlug dicht neben George ein, der den Götz spielte. Die Mitspieler auf der Szene wollten schon in Panik ausbrechen, doch Heinrich George bewahrte die Ruhe und blieb beim Text: »Der Himmel scheint gnädig mit uns zu sein!« Das Publikum applaudierte begeistert, und George fuhr fort: »Ich bin von jeher mit wenigem zufrieden gewesen . . .«

Als George noch in Frankfurt am Main engagiert war, soff er seinen Kummer still in einer Kneipe in sich hinein und war für keinen zu sprechen. Auch als draußen auf der Straße wüstes Gebrüll ertönte, rührte sich der melancholische Mime nicht.
Ein Gast der Wirtschaft fragte: »Was ist denn da los?«
Der Wirt antwortete: »Ach, nichts weiter, da draußen tobt ein Betrunkener!«
Da richtete sich George erstaunt auf und fragte: »Wieso denn? Ich bin doch nicht draußen, ich bin hier!«

GEORGES, MARGUERITE

(1787-1867) frz. Schauspielerin

— * —

Mademoiselle Georges, eine berühmte Schauspielerin und Geliebte Napoleons, nahm ein spätes, aber klägliches Ende. Im Alter war sie sehr häßlich und unförmig dick geworden. Ihr großes Vermögen hatte sie durchgebracht, und so versuchte sie, in kleinen Provinztheatern aufzutreten. Doch das Publikum kam nicht, und Mademoiselle Georges lebte in größtem Elend. Als Louis-Napoléon auf den Thron kam, fühlte er sich verpflichtet, der früheren Geliebten seines Onkels Schutz zu gewähren.
Und so wurde die große Künstlerin Hüterin eines Anstandsortes.

GIGLI, BENJAMINO

(1895-1956) ital. Tenor

— * —

Während einer Gastspielperiode wurde Gigli in New York durch eine vom Nebel verursachte Heiserkeit beeinträchtigt. Er suchte einen Arzt auf und beschwor ihn: »Sie müssen uns unbedingt helfen, Doktor.«
»Wieso uns? Handelt es sich nicht um Sie allein?«
Gigli: »Haben Sie eine Ahnung! Von mir leben mehrere Familien, ja eigentlich ein ganzes Dorf. Was glauben Sie, was all diese Leute mir für Vorwürfe machen, wenn ich einmal nicht auftreten kann.«

GIORDANO, LUCA

(1632-1705) ital. Maler

— * —

Luca Giordano malte außerordentlich rasch. Als ihn seine Frau einmal zu Tisch rief, antwortete er:
»Du kannst schon die Suppe auftragen, ich habe nur noch den Kopf der Jungfrau und einen der drei Könige zu malen.«

GIORGIONE

(Giorgio da Castelfranco um 1478-1510) venezianischer Maler

— * —

Als Verrocchio in Venedig an seinem Reiterdenkmal des General Colleoni arbeitete, diskutierte Giorgione, der unter seinen Kollegen sehr beliebt war, über den Unterschied zwischen Bildhauerkunst und Malerei. Die Bildhauer verteidigten ihre Kunst mit dem Argument, man könne eine Statue von allen Seiten betrachten und bekäme immer neue Einblicke. Giorgione meinte aber, in einem Bild könne man, ohne sich auch nur vom Fleck zu rühren, alle Ansichten mit einem Mal erhalten.

Dann erbot er sich, eine Figur zu malen, die von allen Seiten zu sehen wäre. Er malte einen Nackten, den Rücken zum Beschauer gewendet, zu seinen Füßen ein klarer Quell, indem sich die Vorderseite spiegelte. Die linke Seitenansicht widerspiegelte ein goldener Brustharnisch, schließlich war die rechte Seite von ihm in einem Spiegel zu sehen. Das Bild wurde sehr berühmt.

GIRARDI, ALEXANDER

(1850-1918) Wiener Schauspieler

— * —

Ein junger Schauspieler stellte sich Girardi vor und sagte anmaßend: Sie haben gewiß schon gehört, wie gut ich spiele?«
»Ja, ja«, erwiderte Girardi, »Sie sollen erst vorgestern beim Tarock zehn Gulden gewonnen haben.«

Der Schauspieler war ein hochgradiger Hypochonder, hörte er von einer Krankheit, hatte er sie auch sofort. Girardi spazierte genüßlich am Ring. Er traf einen Bekannten, der erzählte ihm das Neueste:
»Wissen Sie, was gestern im Central passiert ist? Ein trauriger Fall. Hartriegl unterhält sich mit Freunden, plötzlich kommen ihm die Stimmen so gedämpft vor. Der Hartriegl zieht seine Uhr heraus, hält sie ans Ohr, horcht, hört nix, taub is er geworden.«
Girardi erbleicht umgehend, greift sofort nach seiner Taschenuhr, hält sie ans Ohr, flüstert entsetzt:
»Um Gottes willen, ich höre nicht das geringste!«
»Zeigen Sie mal Ihre Uhr her . . . aber die geht ja gar nicht, die ist stehengeblieben.«
Girardi bekommt wieder Farbe, doch der Bekannte schaut ihn fest an:
»Sie, da können Sie von Glück sagen: denn wenn Ihre Uhr ginge, dann wären Sie jetzt taub!«

Girardi hatte in einer Nestroy-Posse mitzuwirken. Er hatte seinen Auftritt vom Parkett aus, kam aber durch das Getümmel nicht hindurch. Endlich erbarmte sich Graf Grümme seiner, bugsierte ihn vorwärts und rief dazu aus:
»Dem Girardi eine Gasse.«
Der Komiker replicierte: »Ach Exzellenz, eine Gasse wäre zu viel, ich bin schon mit einem Haus zufrieden.«

GLINKA, MICHAEL

(1804-1857) russ. Komponist

— * —

Glinkas Hauptwerk war die Oper ›Das Leben für den Zaren‹. Eine Hofdame sagte während der Aufführung:
»Puh, was für eine plebejische Musik! Sie paßt besser ins Dorf als in die Oper. Auf eine Meile weit riecht sie nach Bauern!«
Als man das Glinka erzählte, sagte er:
»Ein größeres Lob kann ich mir gar nicht vorstellen!«

GLUCK, CHRISTOPH WILLIBALD

(1714-1787) Komponist

— * —

Gluck kam erst in sehr reifen Jahren nach Paris, berufen, die französische Oper zu neuem Aufschwung zu bringen. Seine Opern erregten so ungeheures Aufsehen, daß sich sogleich zwei Parteien bildeten, die Anhänger Piccinnis und die Anhänger Glucks. Es wird erzählt, daß ein armer Teufel im Parterre zwischen ›Gluckisten‹ und ›Piccinnisten‹ eingezwängt stand; die einen jubelten, die anderen zischten. Da es nicht möglich war, parteilos zu sein, fragte der eine Nachbar den armen Teufel schließlich wütend:
»Ja, was sind Sie denn eigentlich? Gluckist oder Piccinnist?«
»Ich«, sagte der Arme, ohne zu ahnen, in welches Wespennest er geraten war, »ich bin Drogist«.

Gluck wurde eines Tages gefragt, was er am höchsten schätze.
»Drei Dinge«, sagte er. »Das Geld, den Wein und den Ruhm.»
»Was? Den Ruhm zuletzt? Sie scherzen wohl!«
»Ich scherze gar nicht. Mit dem Geld kann ich mir Wein kaufen, mit dem Wein wecke ich meine Inspiration, und mit meiner Inspiration erringe ich den Ruhm. Sie sehen also, daß die Reihenfolge richtig ist.«

Gluck ging einmal durch die Rue Saint Honoré, und da passierte es ihm, daß er ein Fenster zerschlug. Der Inhaber der Wohnung kam herausgelaufen, tat sehr erregt und verlangte dreißig Sous Schadenersatz, was damals gar nicht wenig war. Gluck reichte ihm ein Ecu – drei Francs. Das beruhigte den Mann, aber er hatte kein Kleingeld und wollte um die Ecke wechseln gehn.
»Überflüssig«, sagte Gluck. »Sie können das Geld behalten.«
Und damit schlug er eine zweite Scheibe ein.

GOGH, VINCENT VAN

(1853-1890) holländ. Maler, Zeichner und Lithograph

— * —

Die Persönlichkeit des Holländers und auch die Qualität seiner Malerei wurde lange Zeit verkannt und auch später zwiespältig interpretiert. Picasso, nach van Gogh befragt, antwortete kurz: »Ein sentimentaler Straßenjunge.«

Ein Kunstliebhaber verirrt sich in den Laden des Père Tanguy.
»Was kostet dieser van Gogh?«
Es war ein herrliches Stilleben. Père Tanguy schaute in einem Register nach.
»Zweihundertvierzig Francs«, sagte er.
»Warum nicht fünfzig oder sechzig?«
»Ja, mein guter Herr, das will ich Ihnen sagen. Genau zweihundertvierzig Francs war der arme van Gogh mir schuldig, als er starb. Sie nehmen das Bild? Gut, so habe ich eben mein Geld wieder ...«

GOLDWYN, SAMUEL

(20. Jh.) amerik. Filmproduzent

— * —

Samuel Goldwyn sagte in einer Rede bei einem Bankett:
»Die Filmindustrie ist im wesentlichen, was das Wort bedeutet – eine Industrie. Ihre erste Funktion ist zu unterhalten, nicht zu bilden, obgleich immerhin gelegentlich eine Botschaft enthalten sein kann. Es sind viele lange Bücher über dieses Thema geschrieben worden, aber ich kann die Frage in sechs Worten zusammenfassen: Botschaften überlassen wir der Western Union!«

Der Filmproduzent war ein pedantisch pünktlicher Mensch. Eines Tages kam einer seiner Mitarbeiter zwei Minuten zu spät zu einer Konferenz. Er schrie:
»Zwei Minuten zu spät, wo waren Sie?«
Der Sünder entschuldigte sich: »Ich bin aus dem Fenster gefallen.«
»Welche Etage?«
»Dritte.«
»Dann verstehe ich nicht, wieso das zwei Minuten gedauert hat.«

Anläßlich seines 70. Geburtstags im Jahre 1952 wurde Goldwyn als der populärste Filmpionier geehrt. Seit über 30 Jahren war er der reichste Filmfabrikant. Sein Vermögen schätzte man auf 11 Millionen Dollar. In einem Rückblick auf sein Leben versicherte der Produzent jedoch: »Ich bin kein Erfolgsmensch!«

Samuel Goldwyn las die erste Niederschrift eines Films und ließ den hoffnungsvollen Autor kommen.
»Das ist ein vollendetes Manuskript«, sagte er. »Zum ersten Mal in meinem Leben bekomme ich ein vollendetes Szenario zu Gesicht. Daran ist nicht das geringste falsch. Lassen Sie mir hundert Abzüge machen, damit ich sie unter den andern Mitarbeitern verteilen lassen kann; sie sollen einmal sehen, wie ein vollendetes Szenario auszusehen hat. Aber beeilen Sie sich«, ruft er dem davoneilenden beglückten Schriftsteller nach, »bevor ich es umschreiben lasse!«

»Meine Herren«, sagt Goldwyn bei einer Sitzung seiner Direktoren, »ich bin bereit zuzugeben, daß ich vielleicht nicht immer recht habe. Aber unrecht habe ich nie!«

GOUNOD, CHARLES FRANÇOIS

(1818-1893) frz. Komponist

— ⁂ —

Die Premiere von Gounods ›Margarete‹ war kein Erfolg. Wenig Applaus und Zeichen des Mißfallens. Einer der bedeutendsten Kritiker schrieb:
»Im deutschen Drama fühlt der Doktor Faust sich vom Leben angeödet. Dieses Gefühl in Musik zu setzen, ist Gounod außerordentlich gut gelungen, aber es ist gefährlich, die künstlerische Gewissenhaftigkeit so weit zu treiben.«

Als Gounod vierzig Jahre alt war, fragte ihn ein Freund:
»Wie alt soll Faust im ersten Akt sein?«
»Mein Gott«, erwiderte Gounod, »das normale Greisenalter – sechzig Jahre.«
Zwanzig Jahre später stellte man ihm bei einer Neueinstudierung die gleiche Frage.
»Mein Gott«, erwiderte er, »das normale Greisenalter – achtzig Jahre.«

Über Gounods Haustüre stand:

> »Wer mich aufsucht, erweist mir eine Ehre.
> Wer mich nicht aufsucht, erweist mir ein Vergnügen.«

Gounod kam von einer sehr schlechten Aufführung seines Requiems nach Hause. Seine Freunde wollten ihn trösten:
»Machen Sie sich nichts draus; eines Tages wird man Ihr Requiem einwandfrei aufführen.«
»Ja«, erwiderte er, »und das wird mein Todestag sein. Aber auch der Tag meiner Rache, denn ich werde zu meinen Kritikern sagen: ›Seht ihr‹ Ihr seid tot, und ich lebe!‹«

GOYA Y LUCIENTES, FRANCISCO DE

(1746-1828) span. Maler und Graphiker

—*—

Im Frühjahr 1970 fand man in der Madrider Wohnung der Familie Carderera, deren Vorfahr 1860 die erste Goya-Bibliographie herausgebracht hatte, hinter einer Tapetentür fünf unbekannte Zeichnungen Goyas. Drei davon waren lavierte Pinselzeichnungen aus dem ›Kleinen Album von San Lucear‹, also aus der Zeit, als Goya Gast bei der Herzogin von Alba in Andalusien war.

Eine der Zeichnungen stellt die Herzogin nackt dar. Wir wissen, daß die berühmte ›Nackte Maja‹, heute im Prado, zu gleicher Zeit entstanden ist. Da aber seinerzeit Aktdarstellungen in Spanien verboten waren, malte Goya noch eine ›Bekleidete Maja‹.

Die Herzogin hing beide Bilder in ihr Boudoir und zwar so, daß das eine Bild jeweils das andere bedeckte. Man kann sich also gut vorstellen, zu welcher Zeit die ›Nackte Maja‹ den Beschauern ihre Reize bot.

GRAF, ROBERT

(1923-1966) Schauspieler

—*—

Die Münchner Kammerspiele waren mit Schweikarts Inszenierung der ›Zwölf Geschworenen‹ auf Tournee im Ruhrgebiet. Eines Abends, es war wohl in Recklinghausen, saßen Robert Graf und Benno Sterzenbach noch im Restaurant gegenüber dem Theater. Am Nachbartisch unterhielten sich zwei Kumpel, die ihre guten Anzüge anhatten und gerade auch erst gekommen waren. Diese beiden gerieten sogleich in Feuer, und Graf, der unwillkürlich hinüberhorchte, stieß Sterzenbach an: »Da kannst du mal was hören.« Von da an lauschten die Schauspieler der Stimme des Volkes.

»Das war was«, rief der eine Kumpel.

Der andere: »Menschenskind, eine Wucht!«

»Wie die das gebracht haben.«

»So was bekommst du nicht alle Tage zu sehen. So'n Zusammenspiel.«

»Klappte alles am Schnürchen. Wirklich, die waren in Ordnung.«

»Da sieht man mal, was saubere Technik ausmacht – beim Fußball.«

GRANDVAL, PHILIP

(1710-1784) Theaterdirektor und Schauspieler

—*—

Grandval gab die Rolle einer Kurtisane einer Schauspielerin, die sich dagegen wehrte. Da sagte er:

»Glaub mir, mein Kind, unsere Kunst ist eine große Schule. Dadurch, daß ich den Hanswurst spiele, habe ich gelernt, es im Leben nicht zu sein.«

GRÉTRY, ANDRÉ

(1741-1813) frz. Komponist

— * —

Voltaire erfuhr, daß eine Oper von Grétry von dem vornehmen Publikum im Theater der Madame de Montesson ausgepfiffen worden war, dagegen im Théatre des Italiens bejubelt wurde. Da schrieb er an Grétry:

»Der Adel verspottet deine Lieder,
von denen Paris entzückt zu sein scheint.
Die Ohren der Großen, das sieht man wieder,
sind oft nur große Ohren, mein Freund.«

Grétry hörte einmal einen Leierkastenmann eine Arie aus seiner Oper ›Richard Löwenherz‹ spielen. Er ging auf ihn zu und sagte:
»Guter Mann, Sie spielen das viel zu langsam.«
Dann nahm er die Kurbel und drehte selber.
»Hören Sie, so muß das klingen!«
Als er am nächsten Tag an dem Leierkastenmann vorüberging, sah er über der Drehorgel ein Plakat hängen, und darauf stand:
»Mascarelly, Schüler des großen Grétry.«

GRIEG, EDVARD HAGERUP

(1843-1907) norweg. Komponist

— * —

Als Grieg dreizehn oder vierzehn Jahre alt war, brachte er ein Heft in die Schule mit, auf dessen erster Seite in großen Buchstaben stand: »Variationen über eine deutsche Melodie, von Eduard Grieg, Opus I.« Er zeigte es seinem Nachbarn in der Bank, der einen Ruf des Staunens nicht unterdrücken konnte. Der Lehrer wurde aufmerksam und wollte wissen, worum es sich handelte. Er sah das Heft und sagte:
»Ach, da haben wir einen großen Komponisten unter uns!«
Dem kleinen Grieg entging die Ironie des Tones, und er strahlte vor Entzücken. Da aber packte ihn der Lehrer bei den Schultern, schüttelte ihn und rief: »Ein andermal läßt du solche Albernheiten schön zu Hause!«

Grieg veranstaltete in Christiania ein Konzert seiner Werke. Im letzten Augenblick mußte er, weil das Material nicht rechtzeitig eingetroffen war, das Programm mit einem Werk von Beethoven beenden. Am nächsten Tag schrieb ein gefürchteter Kritiker, der ein unerbittlicher Gegner Griegs war:

»Vor allem das letzte Stück ist auf einer unmöglichen und lächerlichen Kadenz aufgebaut.«
Grieg nahm das Telephon und rief den Kritiker an.
»Mit wem spreche ich?« fragte der große Sachverständige.
»Mit der Seele Beethovens«, lautete die Antwort, »die Ihnen sagen will, daß Sie ein Esel sind. Das letzte Stück des gestrigen Konzerts war nicht von Grieg, sondern von mir.«

Auf einem Bootsausflug fiel Grieg ein hübsches musikalisches Thema ein, das er sofort auf ein Blatt Papier notierte. Er legte das Blatt neben sich auf die Bank, von wo es ein Windstoß ins Wasser wehte, ohne daß Grieg dessen gewahr wurde. Sein Freund Beyer fischte es heraus, las es heimlich und steckte es ein. Nach einer Weile pfiff er das Thema vor sich hin. Grieg erblaßte.
»Was ist das?«
»Ach«, erwiderte Beyer leichthin, »nur eine Idee, die mir gerade durch den Kopf ging.«
»Zum Teufel«, erwiderte Grieg, »genau die gleiche Idee hatte ich vorhin auch gerade.«

GRIESHABER, HAP
Helmut Andreas Paul (geb. 1909) Maler und Graphiker

— * —

Als man ihn über die Rolle der Kunst im Dritten Reich fragte, sagte Grieshaber – es war in den fünfziger Jahren –:
»Kunst, die man doch eigentlich so wenig wie die Liebe verbieten kann, hatte damals keinen Liebhaber mehr.«

Auf die einigermaßen zudringliche Frage eines Interviewers, ob er nicht recht viel vom Lebensgenuß halte, meinte Grieshaber:
»Große Genießer sind ebenso selten wie große Schöpferische. Man muß ihnen helfen.«

Für die Neujahrsausgabe (1. 1. 1964) legte die Süddeutsche Zeitung Grieshaber drei Fragen vor:
1. Was wollen Sie 1964 endlich anders machen?
2. Was sollen andere anders machen?
3. Was kann so bleiben?
Grieshaber antwortete:
1. Bessere Farben, bessere Formen, größere Wahrheit.
2. Besseres Papier, billigeres Holz, Olivengläser ändern.
3. Die Natur.

GRIS, JUAN
(1887-1927) span. Maler

—*—

Gris porträtierte eine Dame, die dick Rot aufgelegt hatte. Sie beklagte sich, daß Gris' Farben überhaupt nicht leuchteten. Da antwortete der Maler verdrossen:
»Madame, ich glaube, wir kaufen sie beide im selben Laden!«

Gris' Kunsthändler, Kahnweiler, war während des Ersten Weltkrieges in der Schweiz. Als er nach Paris zurückkam, mußte er feststellen, daß sein gesamter Besitz von der französischen Regierung beschlagnahmt war und bald darauf versteigert wurde.
Trotz dieser Rückschläge eröffnete Kahnweiler 1920 wieder seine Galerie, einen der ersten Briefe schrieb er Juan Gris, der ihm sofort antwortete: »Sie schreiben auf Geschäftspapier . . . wie ich mich freue . . . endlich!«

GROPIUS, WALTER
(1883-1969) Architekt, Gründer des Bauhauses in Weimar

—*—

Als Gropius zum erstenmal New York besuchte, zeigte man ihm voller Stolz die größten Bauwerke der Metropole, darunter auch den höchsten Wolkenkratzer der Welt. Der Führer zählte alle Besonderheiten dieses Bauwerkes auf und versicherte abschließend: »Es ist vollkommen brandsicher.«
Gropius: »Das ist der Fehler.«

GROSZ, GEORGE
(1893-1959) dt.-amerik. Maler und Graphiker

—*—

George Grosz war mit dem bulgarischen Maler Jules Pascin, der nach vielen Umwegen in Paris zu Erfolg gekommen war, befreundet. Eines Tages erkundigte sich Pascin bei dem deutschen Satiriker Walter Mehring: »Was macht George Grosz?«
»Er ist Vater geworden.«
»Sagen Sie ihm von mir: Es ist nicht unsere Aufgabe, Kinder in die Welt zu setzen. Wir müssen Bilder machen . . . wir sind Zeichner!«

GRÜNDGENS, GUSTAF

(1899-1963) Schauspieler, Regisseur

— * —

Gründgens Spott konnte schneidend sein. Als ihm einmal ein junger Schauspieler vorsprach, störte ihn dessen Arroganz. Deswegen gab Gründgens folgendes Urteil ab:
»Talent haben Sie, aber Ihre Nase ist hinderlich.«
»Was ist mit meiner Nase?« wollte der Bewerber wissen.
»Sie tragen sie bei weitem zu hoch.«

Gründgens wurde 1945 von den Russen verhaftet. Grund: Der Generalintendant war für sie ein echter General.
Russe: »Du General!«
Gründgens erklärt die Zusammenhänge.
Russe: »Es ist eines deutschen Generals unwürdig, sich dauernd hinter Theater zu verstecken!«
Gründgens erklärt.
Russe: »Du mir sagen, wie viele gehabt?«
Gründgens addiert die Summe seiner Mitarbeiter am Theater und sagt: »120«.
Russe: »120 Divisionen?«
Gründgens: »Nicht Divisionen. 120 Mann Bühnenpersonal!«

Einmal wurde Gründgens auf seine verschiedensten Talente angesprochen und woher er das habe.
»Ach«, antwortete Gründgens wie nebensächlich, »weißt du, man kann das eben so.«

Daß Schriftsteller nachtragend sein können, erfuhr auch Gustaf Gründgens von recht berühmter Seite: Als Bertolt Brecht sein Stück über die Johanna der Schlachthöfe fertig hatte, bot er es damals Gründgens an. Der telegrafierte: »Um Gottes willen.«
Sehr viel später, nach dem Krieg, bewarb sich Gründgens bei Brecht um ein Uraufführungsrecht. Diesmal erhielt er die Retourkutsche – auch Brechts Telegramm enthielt, so heißt es, nur die Worte: »Um Gottes willen.«

1929 wurde in Berlin das Kabarett ›Die Katakombe‹ gegründet. Die jungen Leute, die sich dort einen Namen zu machen begannen, waren unter anderen Hans Deppe, Rudolf Platte, Dolly Haas, Inge Bartsch, die Herking. Zu den Stammgästen zählte auch der damals ebensowenig bekannte Theodor Heuss.
Als Gustaf Gründgens eine der Vorstellungen besuchte, wurde eine Parodie auf Strindberg und Ibsen gegeben, die den damals schon berühmten

Schauspieler-Regisseur so beeindruckte, daß er dem Ensemble der Katakombe ins Gästebuch schrieb: »Nach eurer Parodie werde ich nie mehr Strindberg und Ibsen inszenieren können.«

GRÜNFELD, HEINRICH
(um 1900) Cellist

— * —

Zu Grünfeld sagt ein bedeutender Berliner Handelsmann:
»Ich möchte, daß Sie bei meiner Beerdigung spielen!«
»Recht gern, Herr Kommerzienrat«, erwidert Grünfeld. »Und was wollen Sie denn hören?«

Einmal war Grünfeld abends in einem befreundeten Haus eingeladen. Gegen Morgen trifft ihn der Hausherr in der Garderobe, im Begriff zu gehen.
»Bleiben Sie doch noch«, drängt der Hausherr.
»Unmöglich«, erwidert Grünfeld, »es ist fünf Uhr; ich muß nach Hause gehn – aufstehn!«

GUGGENHEIM, PEGGY
(geb. 1898) amerik. Kunstsammlerin

— * —

In Amerika schenkte Peggy Guggenheim einer Freundin zur Heirat ein kleines Bild von Pollock, dem bedeutendsten Maler der modernen Kunst in Amerika. Da das Paar aber kaum über einen Dollar verfügte, klagte die Beschenkte: »Ein Büchsenöffner wäre mir lieber gewesen!«
Vierzehn Jahre später verkaufte ihr Gatte das kleine Bild für 3000 Dollar. »Da«, sagte er zu seiner Frau und hielt ihr die Banknoten unter die Nase: »Hier hast du deinen Büchsenöffner, Liebling!«

Einmal hatte Peggy Guggenheim zwei amerikanische Konservatoren zu einem Essen eingeladen. Sie überraschte die beiden Herren, wie sie sich gründlich in ihren Räumen umschauten, an deren Wänden wertvolle Gemälde hingen.
»Sie sind sehr schön, nicht wahr?« fragte Peggy und die Herren antworteten einstimmig:
»O ja, sehr schön, wir waren eben dabei, auszurechnen, wie viele Hunderttausende die Bilder in diesem Raum heute wert sind!«

Neider behaupteten, die meisten Kunstwerke, die Peggy gesammelt hätte, wären Geschenke ihrer jeweiligen Liebhaber gewesen. Als Peggy Guggenheim von den wenig vornehmen Vorwürfen hörte, reagierte sie gelassen:

»Als ich den Katalog meiner Bilder zusammenstellte, habe ich keinen Augenblick lang die Absicht gehabt, ein vollständiges Verzeichnis meiner Liebschaften aufzustellen; das wäre auch gar nicht möglich gewesen, denn der Katalog umfaßt nur einen einzigen Band.«

Der berühmte Kunstsammler Bernhard Berenson hatte seine berühmte Kollegin in seine Villa eingeladen. Dort zeigte ihr der Greis seine Sammlung alter Meister, bedeutete ihr aber auch, daß er Sinn für die moderne Kunst hätte. Im Verlauf der Unterhaltung fragte er, wem sie einmal ihre Sammlung vererben würde.
Peggy antwortete ruhig: »Ihnen, Meister!«
Der Meister machte für Sekunden kein geistreiches Gesicht.

GUINNESS, ALEC
(geb. 2. 4. 1914) engl. Schauspieler

— * —

Guinness wurde gefragt, warum er nichts gegen einen Kritiker unternehme, der ihn bei jeder Gelegenheit auf infame Weise angriff und kein gutes Haar an seinen Leistungen ließ.
»Wissen Sie«, antwortete Guinness gelassen, »mir will scheinen, schlechte Argumente bekämpft man am besten, indem man ihre Darlegung nicht stört.«

Der Schauspieler ist Lieblingskind der britischen Hocharistokratie, die Einladungen häufen sich, denn bestimmten Kreisen kann man sie schlecht abschlagen. Schweren Herzens gibt der Schauspieler die Zusage zu einem Dinner bei einer Lady, deren Kochkünste den schlechtesten Ruf haben. Das Dinner ist auch entsprechend, die Tafelfreuden werden zur Qual. Zu allem Überfluß fragt die Gastgeberin Guinness auch noch, wie es ihm geschmeckt habe. Trocken sagt Sir Alex: »Ich kann Ihnen versichern, Lady, soo ißt man nur bei Ihnen!«

GUITRY, LUCIEN
(1860-1925) frz. Schauspieler

— * —

Eines Abends erscheint Lucien Guitry mit ganz verstörtem Gesicht bei Jules Renard.
»Was gibt's denn?«
«Ach, mon cher, was mir heute zugestoßen ist, habe ich in meinem ganzen Leben noch nicht erlebt!«
»Ja, was denn?«
»Ich bin vierzig Jahre alt geworden!«

Lucien Guitry bemerkte, daß sein Diener mit Vorliebe seine Krawatten trug, aber er fand nicht den Mut, ein Wort darüber zu verlieren. Endlich, als er einen neuen Schrank kaufte und seine Sachen umräumte, beschloß er, es dem Diener zu sagen:
»Hier«, erklärte er, »kommen meine Strümpfe hin, hier meine Taschentücher und hier unsere Krawatten.«

GUITRY, SACHA

(1885-1957) frz. Schauspieler und Schriftsteller

— * —

In seiner Garderobe wird Sacha Guitry immer von vielen und nicht immer nur von angenehmen Leuten umringt. Einem dieser Besucher muß er versprechen, mit ihm zu speisen. Kaum hat der Besucher sich zur Türe gewendet, sagt Guitry zu seinem Sektretär:
»Du wirst diesem trübseligen Kretin schreiben, daß ich nicht mit ihm essen kann . . .« In diesem Augenblick merkt er, daß der Besucher noch im Raum ist, und vollendet kaltblütig: ». . . weil ich schon mit diesem Herrn verabredet bin.«

Guitry speist in einem neuen und sehr teuren Restaurant. Als man ihm die Rechnung vorlegt, läßt er den Wirt rufen.
»Ist diese Rechnung für mich?«
»Jawohl.«
»Kennen Sie mich denn nicht?«
»Ich habe nicht das Vergnügen . . .«
»Aber ich bin doch ein Berufsgenosse von Ihnen!«
»So . . .? Ja, dann . . .« und zieht dreißig Prozent von der Rechnung ab. Guitry verabschiedet sich. An der Tür fragt der Wirt:
»Darf ich wissen, welches Restaurant Sie führen?«
»Ich führe überhaupt kein Restaurant.«
»Aber Sie sagten doch, Sie seien ein Berufsgenosse!«
»Ja«, entgegnet Guitry. »Ich bin auch ein Dieb.«

Guitry brachte einem Theaterdirektor eines seiner ersten Stücke; der Direktor sagte, manche Stellen seien zu kompliziert.
»Sie müssen so schreiben, daß der erste beste Trottel es versteht.«
»Schön«, erwidert Guitry, »zeigen Sie mir die Stellen, die Sie nicht verstanden haben.«

Eine Verehrerin fragt Sacha Guitry:
»Welches Ihrer Stücke halten Sie für Ihr Meisterwerk?«
Worauf Sacha entgegnet:
»Darüber wechsle ich jeden Tag meine Ansicht.«

»Wir dürfen nur hübsche Frauen heiraten«, sagte Sacha Guitry, »wenn wir sie eines Tages loswerden wollen.«

Guitry sen. und jun. fuhren in Paris spazieren. Man erkannte sie, winkte. Sie hörten die Worte: »Die Könige von Paris!«
Während einer Verkehrsstockung streifen sie leicht ein Taxi. Der Taxifahrer kurbelt sein Fenster herunter und schreit: »Verdammte Idioten!«
Sagte Guitry jun. zu Guitry sen.: »Entthront!«

Man warf in einer Gesellschaft die Frage auf, ob der Handkuß als Sitte beibehalten werden solle.
»Gewiß«, meinte Sacha Guitry. »Irgendwo muß man doch anfangen!«

Ein junger Reporter wollte Sacha Guitry interviewen. Er kam in die Garderobe des Meisters und sagte ein wenig verlegen:
»Monsieur Sacha Guitry?«
Da erhob sich Guitry und begann:
»Ich werde Ihnen eine Geschichte erzählen, junger Mann. Einer Ihrer Kollegen wollte einmal Sarah Bernhardt interviewen, kam zu ihr in die Garderobe und sagte: ›Madame Sarah Bernhardt?‹ Darauf streckte Sarah mit großer Geste die Hand aus und rief: ›Dort ist die Türe!‹ So, und womit kann ich Ihnen gefällig sein?«

Sacha Guitry gastierte in London, König Georg VI. war im Theater, in der Pause plauderte er angeregt mit dem französischen Künstler. Von allen Seiten mahnte man Guitry, nun endlich die Unterhaltung abzubrechen, denn die Pausenzeit war längst abgelaufen. Endlich hatte Guitry eine Idee, wie er, ohne unhöflich zu sein, sich von dem König verabschieden könnte. Er sagte:
»Sire, ich erfahre soeben, daß seine Majestät der König von England im Theater ist, Sie werden verstehen, daß ich ihn mit dem dritten Akt nicht warten lassen kann.«

Als Knabe wollte Sacha Guitry absolut nichts von Geschichte und Geographie wissen. Er meinte:
»Warum muß ich auswendig lernen, was in Büchern steht? Wenn ich etwas brauche, werde ich eben nachschauen. Es fällt ja auch keinem Menschen ein, den Fahrplan oder das Telephonbuch auswendig zu lernen.«

Charles Oulmont, ein alter Freund Guitrys, erzählt:
Als Guitry seine erste Frau, Charlotte Lysès, heiratete, war eine Gesellschaft in Nogent-sur-Marne in dem Park vereinigt, den Watteau mit seiner ›Einschiffung nach der Insel Cythère‹ unsterblich gemacht hat. Man

wartete auf das neue Ehepaar, doch statt dessen kam ein Telegramm an den Hausherrn:
»Haben uns bereits eingeschifft und landen auf Cythère. Guten Appetit!«

Trotz seiner großen Erfolge beim Film blieb Guitry in seinem Herzen dem Theater treu. Er sagte:
»Es ist doch erstaunlich, daß die Leute nicht verstehn wollen, warum mir das Theater lieber ist! Im Theater spielt man, im Film hat man gespielt.«

»Wenn alle, die schlecht von mir reden«, sagte Guitry, »wüßten, was ich von ihnen denke, würden sie noch schlechter von mir reden!«

Guitry sollte Steuern zahlen.
»Hat man je gehört«, rief er entrüstet, daß Ludwig XIV. von Molière Steuern verlangt hat?!«

Sacha war der Sohn des großen Lucien Guitry. Darum sagte er:
»Einen Namen hatte ich schon, als ich auf die Welt kam. Jetzt mußte ich mir nur einen Vornamen machen.«

Ein Politiker sagte zu Guitry:
»Was im Leben zählt, das sind die Taten. Die Worte zählen nicht.«
»Da sieht man«, meinte Guitry, »daß Sie noch nie ein Telegramm aufgegeben haben.«

»Was nennen Sie eine wirkliche Frau?« fragt man Sacha Guitry.
»Eine Frau, die liebt und wiedergeliebt wird«, erwidert er.
»Und die andern Frauen zählen gar nichts für Sie?«
»Doch; sie zählen die Wäsche.«

Fünfmal verheiratet, viermal geschieden, sagte Sacha Guitry: »Eine Scheidung? Warum nicht? Ich werde mich doch nicht zum Sklaven meiner Gewohnheiten machen lassen!«

Sacha Guitry sagte: »Ich stelle mir einen betrogenen Ehemann vor, der da sagt: ›Was mich am meisten erbittert, ist, daß dieser Mensch jetzt weiß, womit ich mich begnügt habe.‹«

»Erfolgreich ist der Mann«, sagte Sacha Guitry, »der mehr verdient, als seine Frau ausgeben kann. Und erfolgreich ist die Frau, die so einen Mann erwischt.«

Ein Bankier sitzt bei einem Abendessen neben Sacha Guitry und sagt: »Ich schäme mich, aber ich bin gewiß seit zehn Jahren in keinem Theater mehr gewesen.«
»Sie brauchen sich nicht zu entschuldigen«, erwidert Guitry. »Ich bin seit viel längerer Zeit in keiner Bank mehr gewesen.«

»Da schimpft einer seit zehn Jahren in den Zeitungen über mich«, sagte Sacha Guitry gereizt, »und jetzt, auf einmal, lobt er mich über den grünen Klee! Man kann sich heutzutage wirklich auf keinen Menschen verlassen!«

GULBRANSSON, OLAF

(1873-1958) norweg. Zeichner und Maler

— * —

In die Münchner Simpl-Runde der Arrivierten wurden häufig begabte junge Leute eingeführt. Einer von ihnen – angehender Philosoph – bezeichnete sich, nach seinem Beruf befragt, als ›Denker‹.
Gerade dieser Neuling machte jedoch auf die Stammtischrunde keinen sondergescheiten Eindruck; deswegen meinte Gulbransson hinterher: »Nun, ein Denker ist er nicht gerade, aber er gibt zu denken.«

Gulbransson war mit dem Zeichenstift wesentlich treffsicherer als mit dem Jagdgewehr. Deswegen wunderten sich seine Freunde, daß sie eines Tages auf seinem Landsitz über dem Tegernsee am Haustor einen Rehbock gemalt fanden, der durch einen Treffer genau auf dem Blatt auffiel. Gulbransson versicherte voll Stolz: »Das war mein Schuß.«
»Wie hast du das nur angestellt?« wollten die Freunde wissen. »Sonst bist du, wenn's um lebendiges Wild geht, doch nicht so ein trefflicher Schütze.«
Gulbransson grinste und schwieg sich aus. Abends beim Wein konnte er dann freilich nicht an sich halten, sondern verriet: »Wißt ihr, das war so: erst hab ich geschossen und dann hab ich den Bock um den Einschlag herumgemalt.«

Man fragte Gulbransson nach seinem Lieblingskünstler.
»Mein Lieblingskünstler? Das ist der liebe Gott. Weil er von der guten alten Schule ist. Er ist gewiß ein Düsseldorfer!«
»Also, nun im Ernst. Sie müssen doch Holbein sehr lieben!«
». . . und beneiden!«
»Sie sind nicht nur schlagfertig mit dem Zeichenstift, sondern ebenso mit dem Wort.«
»Alles nur aus Verzweiflung! In der Verzweiflung muß man sich zu helfen wissen. Sie haben mich mit Ihrer Frage in die Zange genommen. Hät-

te ich einfach ja gesagt, so hätte man denken können: was ist das für ein eingebildeter Kerl, der da Holbein so einfach liebt. Nein, ich beneide ihn noch viel mehr, als ich ihn liebe.«
(Der Gesprächspartner des Zeichners war sein Verleger: Reinhard Piper.)

Der Zeichner liebte sehr die Musik Bachs. Er begründete das auf seine Weise: »Der hat so ruhige, schwere Hände, dazu vierzehn Kinder. Er liebte den Kaffee und war nett zu seiner Frau.«

Gulbransson hatte, wie er selbst sagte, keinen Sinn für Termine. In seiner ersten Zeit in München, als er noch kaum Deutsch sprach, ging er mit Ludwig Thoma spazieren. Der Maler erzählt davon:
»Er fragte mich, ob ich die Zeichnung zu seinem Gedicht schon abgeliefert hätte. Nur mit Mühe konnte er mir die Frage verständlich machen.
Ich sagte: ›Nein!‹
Darauf er: ›Himmelherrgottsakrament, Sakrament!‹
Ich wunderte mich, weshalb er plötzlich von lauter heiligen Dingen sprach, und er wunderte sich, daß das auf mich durchaus keinen Eindruck machte.«

Wenn es galt, Nüsse zu knacken, was zivilisierte Zeitgenossen mit einem Nußknacker bewältigen, hatte Gulbransson seine eigene Methode: er setzte sich mit dem Allerwertesten auf die Nuß und machte einen Hopser.
Wenn es dann unter ihm krachte, grinste er und erklärte: »Versagt nie!«

Als Gulbransson einen Freund um einen anspruchsvollen Gefallen bat, entschuldigte er sich:
»Du weißt, ich bin nur ein hilfloses Tier.«
Der Freund: »Sei nicht größenwahnsinnig, Olaf, du bist noch längst kein Tier, du bist höchstens ein Busch.«

GULDA, FRIEDRICH
(geb. 16. 5. 1930) Pianist

—*—

Guldas Musikalität ist grenzenlos. Einmal fragte man ihn, wie er's denn mache.
»Ach«, antwortete der Pianist unbefangen, »ich lasse es einfach laufen.«

HALS, FRANS

(um 1580-1666) niederländ. Maler

— * —

Maler erkennen sich untereinander oft rasch an ihrer ›Handschrift‹. So erging es Frans Hals, als ihn van Dyck zum erstenmal besuchte, sich jedoch als Auftraggeber eines Porträts einführte, ohne seinen Namen zu verraten.
Als das Porträt fertig und vorzüglich gelungen war, äußerte der Besucher den Wunsch, auch seinerseits eine Charakterstudie seines Gegenübers zu versuchen. Schon nach den ersten Strichen besah sich Frans Hals die Arbeit, lachte und sagte: »Sie sind es also. Ich freue mich, daß wir uns endlich kennenlernen, van Dyck.«

HAMMERSTEIN, OSKAR

(20. Jahrh.) New Yorker Theatermann

— * —

Ein wildblickender Mann erscheint bei Hammerstein.
»Wenn Sie mich engagieren, werden Sie ein volles Haus haben. Sie können anzeigen, daß Sie meiner Frau hundert Dollar gegeben haben und daß ich dafür vor dem Publikum Selbstmord begehn werde.«
»Wunderbar«, sagte Hammerstein. »Aber was, wenn das Publikum ein Dacapo verlangt?«

HÄNDEL, GEORG FRIEDRICH

(1685-1759) Komponist

— * —

Händel war einmal bei einem englischen Lord eingeladen, der wohl wußte, daß der Komponist einen guten Tropfen zu schätzen verstand, und ihm darum eine Flasche vom Allerbesten vorsetzte.
»Nun, Maestro«, fragte er, »ist der Wein nicht so wunderbar wie eines Ihrer Oratorien?«
»Ja«, meinte Händel, »gar nicht übel.«
»Wenn er Ihnen nicht schmecken sollte, können Sie noch einen anderen wählen. Ich habe Burgunder, Tokaier, Porto, Rheinwein im Keller.«
»Schön, lassen Sie nur alles heraufholen. Ein Oratorium ohne Chor gibt es nicht.«

Händel betrat ein Restaurant in London und sagte zum Kellner:
»Drei Mittagessen!«
Nach längerer Zeit rief er:
»Wo bleibt denn das Essen?«
Der Kellner erwiderte:

»Ich wollte warten, bis die Gesellschaft beisammen ist.«
»Tragen Sie nur ruhig auf«, sagte Händel, »die Gesellschaft bin ich!«

Ein Sänger war mit Händels Begleitung nicht zufrieden und erklärte, wenn das so weitergehe, werde er von der Bühne auf das Cembalo hinunterspringen.
»Sagen Sie mir, wann Sie springen werden«, erwiderte Händel, »damit ich es anzeigen kann. Es werden mehr Leute kommen, um Sie springen zu sehen, als um Sie singen zu hören.«

Händel war durchaus ungeniert in der Aneignung fremden Musikgutes. Ein pedantischer Forscher stellte einmal eine Liste von rund dreißig Komponisten zusammen, bei denen der Gott der Londoner Oper Anleihen gemacht hatte. Neben bedeutenden Meistern wie Joaquin des Près und Alessandro Stradella befinden sich wohl auch längst vergessene Kleinmeister darunter. Als man Händel seine Diebstähle einmal vorhielt, erwiderte er völlig ungerührt:
»Aber diese Schweine wissen doch mit einer guten Melodie rein gar nichts anzufangen!«

Händel wurde der Doktortitel von Oxford angeboten, aber er hätte eine Taxe dafür entrichten sollen.
»Was«, sagte er, »ich soll auch noch etwas dafür bezahlen, um Kollege dieser Dummköpfe zu werden?«

Als Händel in der Zeit seiner Londoner Krise bei seinen Oratorien und Opern fast keine Zuschauer mehr im Theater vorfand, tröstete er seine klagenden Freunde:
»Das macht nichts aus, desto besser klingt die Musik.«

HALÉVY, JACQUES FROMENTAL

(1799-1862) frz. Komponist

—*—

Louis-Philippe besuchte eine Vorstellung der ›Musketiere der Königin‹ und sagte dem Komponisten einige freundliche Worte. Doch Halévy blieb nachher mißgestimmt und schweigsam.
»Nein«, erklärte er, »ein Erfolg ist das nicht!«
»Was? Der König hat Ihnen doch Komplimente gemacht!«
»Ja, aber sein Kammerherr hat gegähnt.«

Halévys Portier sagte nach der Premiere der Oper ›Die Musketiere der Königin‹:
»Monsieur Halévy, sie ist gut, Ihre Musik! Ich schlafe sonst Punkt zehn

wie ein Murmeltier, und gestern bin ich erst im dritten Akt eingeschlafen.«
»Schön, mein Lieber«, erwiderte Halévy. »Ich werden die Oper kürzen.«
Und das tat er auch.

Im Jahre 1848 erwachte in Halévy politischer Ehrgeiz, und er wollte sich in die Kammer wählen lassen.
»Sie? Ein Musiker?« fragte ein Freund.
»Gerade darum!« erwiderte Halévy. »Hat nicht Orpheus die wilden Bestien gebändigt?!«

HARPIGNIES, HENRI
(1819-1916) frz. Maler

— * —

Der Maler Harpignies war beinahe achtzig Jahre alt. Eines Abends ging er mit seinen Freunden spazieren. »Wir wollen einmal durch die Rue de Rennes gehn, dort wohnt meine kleine Freundin. Wenn das Fenster beleuchtet ist, so heißt das, daß ich nicht kommen soll.«
Sie gehen durch die Rue de Rennes, und siehe, das Fenster ist beleuchtet.
»Nichts zu machen«, sagt Harpignies, »da ist ihr alter Herr oben.«

HAYDN, FRANZ JOSEPH
(1732-1809) Komponist

— * —

Nachdem Haydn längere Zeit bei dem berühmten Porpora in Wien studiert hatte, sagte er:
»Jetzt habe ich gelernt, wie schwer die italienische Leichtigkeit ist.«

Haydn, der sehr bescheiden war, hatte keine Ahnung davon, daß er bereits europäischen Ruf genoß, und war höchlichst überrascht, als er in London im Triumph empfangen wurde.
Er erschien im Orchester, um die Aufführung einer seiner Symphonien zu leiten. Die neugierigen Londoner drängten sich an die Orchesterbrüstung, weil sie den Meister in der Nähe sehen wollten, und dadurch lehrte sich die Mitte des Saales. In diesem Augenblick löste sich der große Kronleuchter, stürzte herab und zersplitterte in tausend Stücke.
Als der erste Schreck vorüber war, hob der fromme Komponist dankbar den Blick zum Himmel, und dann sagte er zum Orchester:
»Meine Musik muß doch etwas wert sein; jetzt hat sie mindestens dreißig Menschen das Leben gerettet.«

Der Fürst Esterhazy, dessen Kapellmeister Haydn war, beschloß eines Tages in schlechter Laune, sein Orchester zu entlassen. Als Haydn das

erfuhr, komponierte er schleunigst die ›Abschiedssymphonie‹, darin ein Musiker nach dem anderen sein Pult zu verlassen hatte, so daß schließlich bei den letzten Takten nur ein einziger übrig blieb. Beim nächsten Konzert in Anwesenheit des Fürsten hob Haydn den Stab, und die neue Symphonie begann. Jedes Orchestermitglied stand auf, sobald sein Part gespielt war, löschte sein Licht aus und verschwand. Zum Schluß blieb nur ein Musiker übrig, der die letzten Takte spielte, das Licht an seinem Pult auslöschte und sich ebenfalls verzog. Der Fürst verstand, was dieser Scherz zu bedeuten hatte, und beschloß, die Musiker auch weiterhin in seinem Dienst zu behalten.
Da komponierte Haydn abermals eine Symphonie, die mit einer Stimme beginnt, der sich nach und nach alle anderen gesellen. Am Abend der Aufführung zündete jeder Musiker die Kerze an seinem Pult an, sobald er einzusetzen hatte, bis schließlich das ganze Orchester in hellem Licht erstrahlte.

Joseph Haydn schrieb 144 Symphonien, 83 Streichquartette, 20 Klaviertrios, 85 Kassationen, Divertimenti und Serenaden, 15 Messen und eine endlose Reihe anderer Werke, darunter ›Die Schöpfung‹ und ›Die Jahreszeiten‹. In Wien steht er vor der Mariahilferkirche sein einziges Denkmal.
Eines Tages fährt ein hoher Herr aus der nächsten Umgebung des Kaisers Franz Joseph mit einem Freund an dem Denkmal vorbei.
»Du, wer ist denn das?« fragt der hohe Herr und zeigt auf das Denkmal.
»A Komponist, der Joseph Haydn.«
»So? Was hat er denn geschrieben?«
»Das weißt du nicht? Die Volkshymne.«

Haydns ›Schöpfung‹ sollte in Paris zum erstenmal aufgeführt werden; des feierlichen Anlasses wegen ersuchte der Konzertdirektor die Mitwirkenden, in passenden Kostümen zu erscheinen.
Daraufhin schickt ihm die Sängerin der Eva ihre Partie zurück und schrieb:
»Mein Herr, ich bin eine anständige Künstlerin und weigere mich, unbekleidet aufzutreten.«

HEINE, THOMAS THEODOR
(1867-1948) Maler und Zeichner

—*—

In der Münchner »Simpl«-Runde kannte man Ludwig Thoma nur in seinen Trachtenanzügen. Eines Tages erschien der Autor der ›Lausbubengeschichten‹ aber im Frack. Thoma fühlte sich sichtlich unwohl, erklärte, er wolle in ein Konzert Maidi von Liebermanns und meinte: »Die Maidi sagt, es muß sein.«

Darauf Heine trocken: »Ah, sieh an – ein Minnesänger! Oh, wie reizend.«

Heine war ein schwieriger Mensch. Den Mitarbeitern am Simpl machte er oft zu schaffen. Manche nahmen ihm übel, daß er zu der bösen Sozialanklage seiner Zeichnungen nicht auch in seinem persönlichen Leben stand. Aber da ging er eher auf Distanz aus und zeigte sich herrschsüchtig.
Einmal wurde in der Redaktion erregt über neue Zeichnungen Heines debattiert. Als man ihn kritisierte, fuhr der Karikaturist auf: »Es kommt alles auf den Strich an.«
Heine war sehr erbost, als einer in der Runde trocken entgegnete: »Jawohl, auf den Strich, auf den Sie so gerne gehen.«

HEINTJE

(eigtl. Heintje Simons, geb. 3. 4. 1954) Schlagerstar

— * —

Als Heintje zum erstenmal als Star über die Grenze von Holland nach Deutschland kam, gab der Mini-Caruso auf einer Pressekonferenz die Parole aus:
»Ich bin der holländische Dreikäsehoch.«

HELLMESBERGER, JOSEPH

(1855-1907) Wiener Musiker

— * —

Hellmesberger, der auch ein ausgezeichneter Geiger war, spielte in einer Gesellschaft. Der Lustspielautor Eduard von Bauernfeld ist auch im Salon anwesend, unterhält sich ungeniert und lacht laut. Da unterbricht sich Hellmesberger und sagt: »Warum lachen Sie, wenn ich Musik mache? Habe ich jemals bei Ihren Lustspielen gelacht?«

Zu jenen Leuten, auf deren Konto man in Wien die musikalischen Bonmots zu setzen pflegte, gehörte vor allem Hellmesberger. Er prüfte einmal die Partitur einer Oper, die ihm ein Komponist namens Fuchs gebracht hatte. Als der Komponist schüchtern um ein Urteil bat, sagte Hellmesberger:
»Fuchs, die hast du ganz gestohlen!«

Als Hellmesberger mit Goldmark in Ischl an der Villa des Komponisten der ›Königin von Saba‹ vorüberging, sagte Goldmark stolz:
»Wenn ich einmal gestorben bin, wird man an diesem Haus eine Tafel befestigen!«

»Ja«, meinte Hellmesberger, »und darauf wird stehn: ›Hier ist eine Villa zu verkaufen‹.«

An der Wiener Hofoper war ein schwedischer Sänger namens Leonhard Labatt als Heldentenor engagiert und wurde von den Damen umschwärmt. Da er ein Glasauge hatte, sagte Hellmesberger von ihm:
»Ich weiß nicht, was die Damen mit diesem Labatt treiben! Man kann sich einen Liebesblick von ihm ja beim Optiker kaufen!«

Hellmesberger sieht bei einer Opernpremiere einen Kritiker, der sein Urteil immer erst abgibt, wenn er das Urteil der Kollegen gelesen hat. Da sagt Hellmesberger:
»Was würde der darum geben, wenn er heute schon wüßte, wie ihm morgen die Oper gefallen haben wird.«

Der Kaiser von Österreich hatte eine größere Summe für den Bau der Orgel der Wiener ›Gesellschaft der Musikfreunde‹ gespendet. Leider hatte das Instrument gewisse Mängel. Als nun eine Deputation beim Kaiser in Audienz erschien, um sich für die Spende zu bedanken, erkundigte sich der Kaiser, ob denn der Bau der Orgel auch gelungen sei. Die Herren schwiegen verlegen, aber der Hofkapellmeister Hellmesberger faßte sich ein Herz und sagte:
»Majestät, einer geschenkten Orgel schaut man nicht in die Gorgel!«

Hellmesberger hört eine Ländlerkapelle spielen. Da meint er: »Die spielen nach dem Grundsatz – daneben ist auch ein Ton!«

HELMERDING, KARL

(1822-1899) Schauspieler

— * —

Im 19. Jahrhundert wirkten in Berlin zwei ausgezeichnete Komiker, Helmerding und Beckmann. Jeden Abend saßen sie am selben Stammtisch mit denselben Freunden beisammen.
Eines Abends tritt Helmerding ganz verstört ein.
»Kinder, denkt euch – Beckmann ist tot! Ganz plötzlich! Ein Herzschlag!«
Zunächst stummes Entsetzen, dann beginnt die Klage um den Verstorbenen.
Mit einem Mal öffnet sich die Türe und Beckmann tritt ein, frisch und munter.
Helmerding hat sich rasch gefaßt, hebt den Zeigefinger und flüstert:
»Still, Kinder! Er weiß es noch nicht!«

HILDEBRAND, ADOLF VON
(1847-1921) Bildhauer

— * —

Der junge Hildebrand stellte in Wien aus. Er stand vor seiner Arbeit ›Kinder‹ und überprüfte noch einmal, ob alles stimme. Da trat ein älterer Herr zu dem Jüngling, schlug ihm auf die Schulter und empfahl:
»Ja, junger Mann, schauen Sie sich das an! Da können Sie was lernen!«

HILDEBRANDT, DIETER
(4. 10. 1928) Kabarettist

— * —

Hildebrandt, vielbelacht als Texter und Darsteller der Münchner Lach- und Schießgesellschaft, meinte es ernst, als er sagte:
»Politik ist nur der Spielraum, den die Wirtschaft ihr läßt.«

Über die zukünftigen Chancen des Kabaretts befragt, äußerte Hildebrandt:
»Das Kabarett von morgen wird eine Art satirischer Nachhilfeunterricht für Politik sein.«

HINDEMITH, PAUL
(1895-1963) Komponist

— * —

Eine junge Dame bat den Komponisten um ein Autogramm und sprach ihn mit ›Meister‹ an.
Hindemith lachte nur kurz und meinte: »Was soll denn der alte Zopf?«
Die junge Dame konnte nicht wissen, daß Hindemith sich seit langem alle Anreden mit Titeln verbeten hatte; er wollte nicht ›Meister‹ oder ›Herr Professor‹, sondern lediglich ›Mr. Hindemith‹ sein.

Nach dem Zweiten Weltkrieg war Hindemith aus seiner amerikanischen Emigration zum ersten internationalen Musikfest nach Salzburg gekommen. Ein Reporter fragte ihn, ob er an eine eventuelle Rückkehr nach Deutschland dächte.
»Daran denke ich nicht«, antwortete Hindemith sehr bestimmt. »Einmal schon mußte ich meine eigene künstlerische Welt aus Trümmern aufbauen. Drüben, wo ich jetzt lebe. Aber nun ein zweites Mal buchstäblich inmitten von Trümmern anfangen? Nein!«

Während einer Konzertpause spazierte Hindemith ein wenig abseits vor sich hin. Eine ältere, aufgeregte Dame kam auf ihn zu und fragte atemlos:
»Was wird denn jetzt aufgeführt?«

»Die 9. Sinfonie, gnädige Frau«, erwiderte der Komponist höflich.
»Darauf war die Dame ganz enttäuscht: »Unmöglich! Sollte ich mich so verspätet haben?«

HITCHCOCK, ALFRED

(geb. 13. 8. 1899) engl. Regisseur von Kriminalfilmen

— * —

Alfred Hitchcock hatte angezeigt, sein nächster Film werde ›Aschenbrödel‹ sein. Die Präsidentin des Vereins, der Filme für Kinder bringt, ist sehr entzückt. Doch Hitchcock sagt:
»Nur – gleich zu Beginn wird in der Karosse ein Ermordeter liegen.«

HODLER, FERDINAND

(1853-1918) Schweizer Maler

— * —

Der Fabrikdirektor Otto Miller in Biderich hatte schon einige Bilder Hodlers gekauft und wollte wieder eines. Doch diesmal schlug Hodler ab:
»Sie bekommen von mir erst ein Bild, wenn Sie von meinem Kollegen Giacometti und Amiet ein weiteres erwerben, vor allem aber von Fritz Widmann, denn ohne den hätten Sie überhaupt noch nichts von mir.«
Wohl oder übel mußte der Mann sich fügen.

Künstlerbankett in Bern. Vor Hodler steht eine Flasche Wasser, sein Gegenüber, ein Berner Aquarellmaler, hat vor sich eine Flasche ›Dézalay‹. Lachend wechselt Hodler die Flaschen aus: »Dem Wassermaler das Wasser – mir aber den Wein.«

Hodler hatte für das Neue Rathaus in Hannover ein Fresko gemalt: ›Dirck Arensborck spricht zu den Hannoveranern (26. Juni 1533)‹.
Kaiser Wilhelm II. kam zur Einweihung des Hauses, betrachtete das Fresko, die Stadträte hielten den Atem an, und sagte nichts. Im Festsaal bemerkte Majestät eine Wand, die noch unbemalt war:
»Was kommt da hin?«
»Das Bildnis Eurer Majestät!« tönte es übereifrig.
»So, da bitte ich aber: – nicht von Hodler!«

HOGARTH, WILLIAM

(1697-1764) engl. Maler und Kupferstecher

— * —

Der Schauspieler Garrick und der Maler Hogarth beklagten einmal, daß es kein Bild von Fielding, dem Verfasser des ›Tom Jones‹, gab.

»Ich glaube«, sagte Garrick, »ich könnte seine Maske machen.«
Und er gab seinen Zügen ohne Schminke, ohne jeden Behelf den Ausdruck der Züge Fieldings.
»Um Himmelswillen, Garrick, bleib, wie du bist«, rief Hogarth und entwarf sofort eine Skizze. Nachher korrigierten die beiden nach ihren Erinnerungen an der Skizze, und schließlich wurde daraus das Original, nach dem alle Bilder Fieldings angefertigt wurden.

Der erzieherische Einfluß der Arbeiten Hogarths auf die Sitten des Volkes war erheblich. Einmal hatte er ein Bild gemalt, indem er die verschiedensten Arten der Tierquälerei anprangerte.
Nun begab sich, daß in den Straßen Londons ein besoffener Kutscher wild auf sein Pferd einschlug. Da ermahnte ihn ein Passant: »Schämst du dich nicht? Hast du wohl Hogarths Kupferstich nicht gesehen?«

Der große Maler und Kupferstecher Hogarth starb, wie er gelebt hatte, in größter Armut. Als er dem Tode nahe war, wollte man, einer kleinen Schuld wegen, das Bett pfänden, auf dem er lag:
»Laßt mir das Bett noch eine Weile«, sagte er dem Gerichtsvollzieher, »bis ich ein anderes Lager gefunden habe – im Grab!«

HOKUSAI, KATSUSHIKA

(1760-1849) Meister des japan. Farbholzschnittes

— * —

Die Malkunst ernährte Hokusai nicht. So mußte er mit Nahrungsmitteln und Jahrbüchern hausieren gehen. Als sein bescheidenes Häuschen niederbrannte, dichtete er:
»Es ist niedergebrannt.
Wie friedlich sind die Blumen in ihrem Fall.«

Als man den Alten, ewig mit sich unzufriedenen Hokusai fragte, wann er denn gedenke, zur Vollendung zu kommen, erwiderte er optimistisch:
»Sollte mir ein Alter von 110 Jahren beschieden sein, dann hoffe ich, daß von jeder Linie und jedem Punkt, den ich zeichne, ein innerstes und wahrhaftes Naturverständnis ausstrahlen wird . . .«

Als Hokusai 89jährig starb, bedauerte er kurz vor seinem Ende: »Wenn mir die Götter noch zehn Jahre dazugegeben hätten, dann hätte ich ein wirklich großer Künstler werden können.«

HOLBEIN, HANS D. J.

(1497-1543) Maler

— * —

Holbein war in London Hofmaler Heinrichs VIII. Einmal malte er eine Hofdame der Gattin des gewalttätigen Herrschers. Ein Lord wollte ihm unbedingt bei der Arbeit zuschauen, was Holbein entschieden ablehnte. Als schließlich der ungebetene Gast gar zu aufdringlich wurde, schmiß ihn der Maler kurz die Treppe hinunter. Bei Heinrich VIII. bat der Beleidigte um strengste Bestrafung des deutschen Malers, aber der König erwiderte:
»Bedenkt, daß ich, wenn es mir gefällt, sieben Lords aus sieben Bauern machen kann, aber aus sieben Lords kann ich nicht e i n e n Holbein machen.«
Holbein wurde nicht bestraft.

HÖRBIGER, PAUL

(geb. 29. 4. 1894) österr. Schauspieler

— * —

Paul Hörbiger angelte mit Vorliebe an Plätzen, wo es verboten war. Einmal saß er wieder an einem solchen Flußufer, als ein Flurhüter angeradelt kam, sein Dienstbuch zückte und streng fragte:
»Mit welchem Recht angeln Sie hier?«
»Mit dem Recht der Independence und der Superiorität des Intellekts über die devote Kreatur gewisser Employées.«
»'tschuldigung«, sagte der Aufseher. »Schließlich kann einer nicht jedes neue Gesetz kennen.« Er steckte das Buch ein und radelte weiter.

HOUDON, JEAN-ANTOINE

(1741-1828) frz. Bildhauer

— * —

Houdon, der Voltaires Denkmal für die Comédie Française geschaffen hatte, wollte eines Tages ins Theater. Doch an der Türe wurde er angehalten.
»Wer sind Sie denn?«
»Voltaires Vater.«
Da ließ man ihn eintreten.
Am nächsten Tag kam er wieder, und ein Beamter rief dem andern zu:
»Lassen Sie den Mann nur durch! Er ist Voltaires Vater!«

HUMPERDINCK, ENGELBERT
(1854-1921) Komponist von Märchenopern

— * —

Humperdinck war im allgemeinen abweisend zu Zeitungsleuten. Eines Tages entdeckte ihn ein Journalist in einem Restaurant, sofort ging er auf den Komponisten zu und bat um ein Interview.
»Ich habe schon viele porträtiert«, sagte der Reporter einleitend, »Liszt habe ich mit zu Grabe geleitet und auch über Wagners Beerdigung geschrieben.«
»Da haben Sie Glück gehabt«, meinte Humperdinck. »Diese beiden konnten sich nicht mehr wehren, ich aber kann es.«
Er stand auf, zahlte und ging, ohne weiter auf den Journalisten zu achten.

IFFLAND, AUGUST WILHELM
(1759-1814) Schauspieler, Theaterleiter, Bühnendichter

— * —

Iffland sollte in einem Schauerdrama von einem Ritter erstochen werden. Den Ritter spielte ein junger Kollege, dem es in der Aufregung nicht gelang, den Degen aus der Scheide zu ziehen. Da rief Iffland:
»Du brauchst kein Schwert, die Angst hat mich getötet!«
Und damit warf er sich zu Boden.

Als Iffland in Mannheim engagiert war, schenkte er manchmal einer Witwe und ihrer kleinen Tochter Freikarten. Einmal sollte er in einem Stück ermordet werden, doch da schrie die Tochter der Witwe:
»Halt! Halt! Bringt den Herrn Iffland nicht um, sonst kriegen wir keine Freikarten mehr!«

INGRES, JEAN-AUGUSTE-DOMINIQUE
(1780-1867) frz. Maler

— * —

Als Ingres Direktor der französischen Akademie in Rom war, erschien auch Stendhal bei einem Empfang. Es wurde von Musik gesprochen, und Stendhal erklärte:
»Bei Beethoven gibt es nie eine Melodie!«
Ingres erwiderte nichts, nachher aber ging er zu dem Türsteher und sagte:
»Merken Sie sich! Für Monsieur Stendhal bin ich nicht mehr zu Hause!«

Ingres war 86 Jahre alt, als man ihn sah, wie er ein Gemälde von Giotto kopierte. Man fragte ihn, warum er das mache. »Um zu lernen«, antwortete der Meister.

Der Bildhauer Duret hatte einen neapolitanischen Tänzer beendet, einen Jüngling, der bis auf ein Paar Hosen unbekleidet war. Ingres besah die Statue, lobte sie, fand auch einiges daran auszusetzen. Dann fragte er den Bildhauer:
»Können Sie von Ihrer Arbeit leben, oder haben Sie noch andere Einkünfte?«
»Mein Gott«, erwiderte Duret, »ich habe ein kleines Vermögen, das mich leidlich unabhängig macht.«
»Wie groß sind die jährlichen Zinsen Ihres Vermögens?«
»Etwa zwölftausend Francs«, erwiderte Duret verdutzt.
Da furchte sich die Stirne des Malers.
»Herr, wenn man zwölftausend Francs jährliche Rente hat, dann zieht man seinen Statuen keine Hosen an!«

Eine Dame läßt sich mit ihrem Kind von Ingres porträtieren. Die Sitzungen verzögern sich, werden immer seltener, setzen ganz aus. Schließlich wird eine letzte Sitzung bestimmt, zu der die Dame allein erscheint.
»Wo ist denn der Kleine?« fragt Ingres.
Die Dame lächelt.
»Der mußte in seine Garnison. Er ist nämlich Leutnant bei den Husaren.«

Ingres haßte die Kritiker und erinnerte sich noch nach fünfzig Jahren, was sie über ihn geschrieben hatten. Und wenn einem von ihnen etwas Schlimmes zustieß, sagte er: »Ich hätte nicht den Mut gehabt, mich zu rächen. Wenn aber die Rache auch ohne mein Zutun kommt, so bin ich's zufrieden.«

IRVING, SIR HENRY
(1838-1905) engl. Schauspieler

—*—

Irving war Zeuge in einem Prozeß. Er hatte gesehen, wie ein Dieb einer Dame die Handtasche gestohlen hatte. Der Verteidiger fragte ihn:
»Um welche Zeit wollen Sie das gesehen haben?«
»Ich denke . . .« begann Irving.
Doch da unterbrach ihn der Verteidiger:
»Es kommt nicht darauf an, was Sie denken. Sie haben zu sagen, was Sie wissen.«
»Dann kann ich den Zeugenstand gleich verlassen«, sagte Irving. »Ich kann nicht sprechen, ohne zu denken. Ich bin ja kein Advokat!«

ISABEY, JEAN-BAPTISTE

(1767-1855) frz. Miniaturmaler und Lithograph

— * —

Isabey hatte mit einigen Freunden in einem der berühmtesten Pariser Restaurants gespeist. Als es zum Zahlen kam, erreichte die Rechnung einen geradezu fabelhaften Betrag. Isabey ließ den Wirt rufen und sagte:
»Hören Sie, die Ente haben Sie mit fünf Francs bezahlt.«
»Ich sage nicht nein«, erwiderte der Wirt.
»Wie können Sie sie mit sechzig Francs berechnen?«
»Monsieur Isabey, wenn Sie ein Bild malen, kaufen Sie für zwanzig Francs Farben. Und trotzdem verkaufen Sie das Bild nicht unter sechstausend Francs, weil es Ihren Namen trägt. Nun«, schloß der Wirt, »diese Ente ist auch von mir signiert.«

JANNINGS, EMIL

(1886-1950) Schauspieler

— * —

Heinrich George besuchte seinen Kollegen Jannings in dessen Landhaus und wunderte sich über das viele Federvieh und die Vögel.
»Nanu«, sagte er, »was fängst du denn mit all dem Viehzeug an?«
»Ich lerne dadurch.«
»Was lernst du? Piepsen und Tirilieren?«
»Nein«, entgegnete Jannings. »Ich lerne reden, wie mir der Schnabel gewachsen ist.«

In Zinkendorf am Wolfgangsee hatte der Schauspieler eine pompöse Villa, einmal bekam er Besuch aus Berlin – man schrieb das Jahr 1943 –, der erzählte, er hätte ein Grundstück im Salzkammergut erworben. Darauf erwiderte Jannings: »Da haben Sie ja das große Los gezogen! Denn die Zukunft sieht trübe aus. Es scheint ja doch anders zu werden, als sich der Führer es dachte. Herrgott, man war ja so bereit, mitzumachen. Auch innerlich, aber – aber. Was durchhalten wird, ist der Grund und Boden. Der wird überdauern.«

JERITZA, MARIA

(geb. 6. 10. 1887) Sängerin der Wiener Hofoper

— * —

Das Engagement Maria Jeritzas an die Wiener Hofoper soll Kaiser Franz Joseph selber angeregt haben, und zwar mit den Worten:
»Müssen denn alle Sängerinnen erst alt und reif werden, bevor sie hofopernreif sind?«

KAHNWEILER, DANIEL-HENRY
(geb. 25. 6. 1884) Kunsthändler

— * —

Kahnweiler erzählte Picasso, er habe einen neuen jungen Maler in seine Galerie aufgenommen.
Lachend meinte Picasso: »Kahnweiler spielt mit Puppen!«
Kahnweiler entgegnete: »Es stimmt, ich spiele mit Puppen, aber sagen Sie mir bitte, wer sollte den jungen Maler nehmen, wenn nicht ich? Außerdem, von wessen Geld lebt denn der junge Mann? Von meinem nicht, sondern von Ihrem, denn, was ich an Ihren Bildern verdiene, ermöglicht es mir, einen jungen Maler aufzunehmen.«

Als man Kahnweiler fragte, wie man denn Kunsthändler, ein erfolgreicher Kunsthändler würde, antwortete er:
»Im Grunde sind es die großen Maler, die die großen Händler machen!«

Als man Kahnweiler fragte, ob er seine Galerie mit Cocktailparties und anderen heute üblichen Werbegags interessant gemacht hätte, antwortete er ganz erschrocken: »Um Himmels willen, nein!«

Ein Reporter fragte den Kunsthändler einmal: »Sie haben doch sicher einige Anekdoten auf Lager über Kunden, die zum ersten Male zu Ihnen kamen; zum Beispiel irgendein Amerikaner aus Arizona mit einem dikken Bündel Banknoten, der irgend etwas kaufen will, wenn es nur ein Picasso ist . . .«
»Leider nicht«, antwortete Kahnweiler. »Man hört viele derartige Geschichten, zu mir kam noch keiner . . .«

KAINZ, JOSEF
(1858-1910) Schauspieler

— * —

Manchmal hatte Kainz keine Lust, voll durchzuspielen, gab sich keine Mühe. Als ein Freund ins Burgtheater kam und sofort bemerkte, das Kainz ›ausließ‹, schrieb er ein Billett und ließ es nach dem ersten Akt durch den Theaterdiener in die Garderobe des Schauspielers bringen.
Kainz las: »Servus, Pepi, mir san da.«
Die folgenden Akte spielte Kainz wie gewohnt.

Bei einer Amateurvorstellung hat einer der Dilettanten Josef Kainz imitiert, der auch im Publikum saß. Nach der Aufführung fragt ihn der Dilettant: »Nun, was halten Sie von meiner Imitation?«
»Ja«, entgegnete Kainz, »ich muß sagen – einer von uns beiden ist schrecklich!«

KÁLMÁN, EMMERICH

(1882-1953) ungar. Operettenkomponist

— * —

Kálmán, der Komponist der ›Czardasfürstin‹, wurde einmal von einem Musikkritiker gefragt, warum er sich bei seinem Talent ausschließlich der heiteren Muse verschrieben habe.
Darauf Kálmán: »Ach, wissen Sie, es war so außerordentlich einträglich, die heitere Muse ernstzunehmen.«

KAMINSKI, HEINRICH

(1886-1946) Komponist

— * —

Der Musikverleger Karl Vötterle erzählt in seinen Memoiren, Kaminski habe ihm bei seinem ersten Besuch im Haus des Komponisten in Ried bei Benediktbeuren gesagt:
»Ein Komponist ist wie ein Apfelbaum. Er trägt seine Früchte. Ob diese Früchte gepflückt und gegessen werden oder abfallen, ist dem Apfelbaum gleichgültig.«

KANDINSKY, WASSILI

(1866-1944) russ. Maler und Kunsttheoretiker

— * —

Kandinsky, einer der Wortführer der Künstlervereinigung ›Blauer Reiter‹ berichtete, wie sie zu dem Namen gekommen sind: »›Der Blaue Reiter‹ erfanden wir am Kaffeetisch in der Gartenlaube in Sindelsdorf; beide liebten wir Blau, Marc Pferde, ich Reiter. So kam der Namen von selbst.«

Kandinsky wohnte Anfang unseres Jahrhunderts lange Zeit in München, genauer in dem damaligen Vorort Schwabing, und zwar in der Ainmillerstraße 36, wo er eines Tages in seinem Atelier eine auch für die Malerei entscheidende Beobachtung machte:
»Einmal wurde ich durch einen unerwarteten Anblick in meinem Münchner Atelier bezaubert. Es war die Stunde der einziehenden Dämmerung. Ich kam mit meinem Malkasten nach einer Studie heim, noch verträumt und in die erledigte Arbeit vertieft, als ich plötzlich ein unbeschreiblich schönes, von einem inneren Glühen durchtränktes Bild sah. Ich stutzte erst, dann ging ich schnell auf das rätselhafte Bild zu, auf dem ich nichts als Formen sah und das inhaltlich unverständlich war. Ich fand sofort den Schlüssel zu dem Rätsel, es war ein von mir gemaltes Bild, das an die Wand angelehnt auf der Seite stand . . . Ich wußte jetzt genau, daß der Gegenstand meinen Bildern schadet.«

KARAJAN, HERBERT VON
(geb. 5. 4. 1908) Dirigent

— * —

Als Leiter der Wiener Staatsoper war Karajan so erfolgreich wie umstritten. Eines Tages riß ihm nach achtjährigem Kampf gegen Intrigen und Schlendrian die Geduld. Karajan kündigte seinen Vertrag. Sein Sekretär faßte vor Journalisten das Resultat zusammen:
»Wir sind mit Österreich fertig.«

Bei einer Probe mit den Berliner Philharmonikern klopfte Karajan immer wieder ab. Als er besonders die Streicher ins Gebet nahm, wandten diese ein, schuld an ihrem ungenauen Spiel sei das abgegriffene Notenmaterial, das man kaum noch entziffern könne. Sobald sie neue Noten bekämen, werde alles sich ändern.
Darauf der Maestro: »Aber meine Damen und Herren. Das kommt mir so vor, als wollte ein Kellner dem Gast, der sich über ein zähes Schnitzel beschwert, lediglich ein schärferes Messer bringen.«

Einmal dirigierte Karajan in Wien Tschaikowskis Fünfte. Das Publikum war hingerissen, schon in der Generalpause vor den krönenden letzten Takten brach es in Beifall aus. Karajan wandte sich um, erbat mit einer Geste Ruhe und sagte:
»Entschuldigung, aber wir spielen jetzt erst einmal den Schluß.«

KAULBACH, WILHELM VON
(1805-1874) Maler

— * —

Als Kaulbach auf der Höhe seines Ruhms als Porträtmaler stand, bemühte sich der damals 65jährige Fürst Lokkowitz lange darum, von dem Meister gemalt zu werden. Als Kaulbach endlich einwilligte, hatte der Fürst jedoch bald allerlei an der Malweise auszusetzen. Kurz, der eitle alte Herr fand sich nicht schön genug.
»Mein lieber Kaulbach«, sagte er bei einer Sitzung, »ich muß gestehen, Ihr Pinsel fängt an, alt zu werden.«
Der Maler war um die Antwort nicht verlegen: »Oh, ich finde, für einen alten Pinsel, Fürst, ist er noch gut genug.«

Eines Tages betrat Ludwig I. unerwartet Kaulbachs Atelier. Der Maler ließ erschrocken ein bildhübsches Modell aus den Armen fahren und mußte sich vom König sagen lassen:
»Ei, Kaulbach, dies ist doch das schönste Werk, das jemals aus Ihren Händen gekommen ist.«

Kaulbach hatte eine Dame der Gesellschaft zu porträtieren. Leider besaß sie einen etwas zu großen Mund. Um ihr zu schmeicheln, malte der Künstler die Lippen etwas schmäler und kürzer. Als der Ehemann das Bild besichtigte, meinte er: »Recht gut, recht gut, nur ist der Mund ein wenig zu groß geraten.«
Darauf Kaulbach: »Wie Sie wollen – ich kann ihn auch ganz weglassen.«

KAYE, DANNY
(20. Jh.) Filmkomiker

— * —

Danny Kayes Sohn wünschte sich mit elf Jahren ein Gewehr. Kaye aber hatte Angst, der Junge könnte sich damit verletzen, und weigerte sich, das Gewehr zu kaufen. Der junge Herr aber, wie Elfjährige nun einmal sind, gab keine Ruhe, und endlich sagte Kaye:
»Solange ich Herr im Haus bin, kriegst du die Flinte nicht!«
Worauf der Jüngling erwiderte:
»Gib mir nur die Flinte, und du wirst nicht mehr lange Herr im Haus sein!«

Danny Kaye, nicht gerade sehr galant: »Ich kenne ein Parfum, das die Frauen verrückt macht – der Geruch des Geldes.«

KEMBLE, CHARLES
(1775-1854) engl. Schauspieler und Direktor des Drury Lane-Theaters

— * —

Kemble hatte seiner Tochter verboten, einen Schauspieler zu heiraten. Dennoch mußte er eines Tages erfahren, daß sie sich insgeheim mit einem Mitglied seiner Truppe verheiratet hatte.
»Was hast du da getan?« schrie Kemble sie an. »Und noch dazu den schlechtesten Mann des Ensembles!«
»Ja, gerade darum«, entschuldigte sie sich. »Von ihm kann doch niemand sagen, daß er ein Schauspieler ist.«

KEMBLE, JOHN PHILIP
(1757-1823) engl. Schauspieler

— * —

Kemble spielte in einem Provinztheater eine seiner Lieblingsrollen. Doch auf der Galerie brüllte ein Kind und war nicht zu beruhigen. Endlich trat Kemble an die Rampe und sagte:
»Meine Damen und Herren, wenn wir das Stück nicht unterbrechen, wird das arme Kind dort oben nie mit seinem Geschrei aufhören.«

Der große Kemble hatte einmal einen kleinen Schauspieler namens Collins gekränkt, und Collins beschloß, sich zu rächen. Kemble spielte den Hamlet, Collins den Güldenstern. Hamlet reicht Güldenstern eine Flöte und sagt:
»Wollt Ihr auf dieser Flöte blasen?«
»Ich kann nicht, mein Prinz«, erwidert Güldenstern.
»Ich bitte Euch«, fährt Hamlet drängender fort.
»Nun gut», erklärt Collins, »wenn Eure Hoheit darauf besteht, so will ich tun, was ich kann.«
Und er setzt die Flöte an die Lippen und bläst ›God save the King‹!

KEMPFF, WILHELM

(geb. 25. 11. 1895) Pianist und Komponist

— * —

Welchem berühmten Menschen würden nicht mitunter die albernsten Fragen gestellt!
»Mein Gott, so herrlich Klavier spielen zu können wie Sie«, meinte eines Tages eine ältere Dame, »– ist das nicht eine wahrhaft ungeheure Kunst?«
»Sie irren«, erwiderte Kempff. »Man braucht nur die richtige Taste im rechten Augenblick zu erwischen.«

Philologie über Musik schätzte Kempff nicht. Als ein Kritiker ihm wieder einmal bescheinigte, sein Beethoven sei nicht echt beethovisch, sagte Kempff:
»Ich stamme direkt von Beethoven ab!«
Große Verwunderung: »Von Beethoven? Er hat doch keine direkten Nachkommen?«
»Doch. Ich stamme von ihm in schnurgerader Linie ab, und ich trete den Beweis dafür an. Ich war Schüler von Heinrich Barth, Barth ein Schüler von Bülow, Bülow von Liszt, Liszt von Czerny, Czerny von Beethoven. Bitte nehmen Sie stramme Haltung an, wenn Sie mit mir sprechen . . .«

KERR, ALFRED

(eigtl. Alfred Kemper, 1867-1948) Theaterkritiker

— * —

Als Kerr bei einer Premiere schon nach dem ersten Akt Mantel und Hut verlangte, fragte ihn die Garderobenfrau, warum er denn schon gehe.
Kerr: »Den ersten Akt habe ich gesehen. Ich befürchte, derselbe Autor hat auch die beiden anderen geschrieben.«

Nach der inzwischen berühmt gewordenen Premiere von Shakespeares ›Richard III.‹, 1919 im Berliner Staatstheater, in der Fritz Kortner die

Hauptrolle spielte, kabelte Alfred Kerr die kürzeste Besprechung seiner Karriere an sein ›Berliner Tagblatt‹.
»Jetzt hat das ehemalige Königliche Theater seinen königlichen Rang!«

Kerr erschien einmal verspätet im Theater. Als der Logenschließer ihn einließ, legte er beschwörend den Finger auf den Mund.
Kerr ziemlich laut: »Wieso? Schlafen schon alle?«

Der Kritiker trifft einen eitlen Schauspieler, von dessen Fähigkeiten er nichts hält. Freundliche Begrüßung, der andere wartet mit Theatertratsch auf.
Da unterbricht ihn Kerr: »Gestern hab ich eine Dame getroffen, die bereit wäre, 10000 Mark auszugeben, wenn sie Sie sehen könnte.«
Der Schauspieler windet sich vor Wonne und fragt: »Wer würde so weit gehen?«
Kerr: »Die Dame ist blind.«

KLEE, PAUL

(1879-1940) Schweizer Maler und Graphiker

— * —

Als Klee starb, war seine Frau nicht anwesend; sie befand sich in der Berner Wohnung. Nachdem ihr eine Freundin die Nachricht vom Tod Klees mitgeteilt hatte, ließ Frau Klee wissen, zur nämlichen Stunde habe es bei ihr an der Wohnungstür geläutet. Sie sei gleich hingegangen, um zu öffnen, aber es habe niemand draußen gestanden. Sie habe instinktiv den Eindruck gehabt, dies sei ein Abschiedszeichen ihres Mannes.

Mit seinen Finanzen war Klee sehr haushälterisch. Klee ging mit einem Bekannten spazieren, es regnete, man spannte die Schirme auf, es hörte auf zu regnen, der Bekannte schloß den Schirm, allein Klee spazierte weiter, den offenen Schirm über dem Haupt. Der Bekannte dachte: »Er ist zerstreut, er ist ein Träumer auch bei Tage. Er merkt nicht, was ringsum geschieht.«
Als aber nach einer halben Stunde, es schien inzwischen schon wieder die Sonne, Klee immer noch den geöffneten Schirm trug, hielt er es nicht mehr aus: »Herr Klee! Es regnet nicht mehr! Die Sonne scheint! Ihr Schirm!«
»Ja, wo denken Sie denn hin«, antwortete Klee, »den Schirm darf man doch erst schließen, wenn er trocken ist, sonst schleißt die Seide.«

Nach einer Ausstellung äußerte ein ›Kunstkritiker‹ in seinem ›Fachblatt‹ folgende Vermutung:
»Wahrscheinlich ist dieser Klee Vater mehrerer Kinder, und signiert deren infantile Kritzeleien.«

Als ein Kunsthändler Klee fragte, ob es für die Kunst überhaupt Maßstäbe gäbe, entgegnete der Maler:
»Selbstverständlich. Die gibt es. Aber Ihnen kann ich sie nicht erklären.«

KLEIBER, ERICH
(1890-1956) Dirigent

— * —

Wenn Kleiber irgend etwas nicht gefiel, der Gesang eines berühmten Tenors, das Spiel eines Bläsers, dann brach er die Probe ab und fragte in unverfälschter Wiener Mundart:
»Wo haben's denn das g'lernt?«

Erich Kleiber ruft bei der Probe zu ›Carmen‹ dem stimmgewaltigen Bariton auf der Bühne zu:
»Hören Sie, mein Lieber, Sie haben hier nicht den Stier zu singen, sondern den Stierkämpfer!«

Einmal trat Kleiber sehr schnell in das Zimmer einer Freundin, öffnete das Fenster und holte vom Fensterbrett die Hyazinthentöpfe, um sie am Flügel aufzubauen. Über sein Tun befragt, antwortete er verlegen:
»Ach, das ist bloß, weil ich nämlich stink. Das war nämlich so, ich hab mir gestern schnell vorm Theater an Hering gekauft, zum Nachtmahl, und den habe ich in die Manteltasche gesteckt und dann habe ich ihn vergessen, vielleicht habe ich mich auch draufgesetzt, also jedenfalls ist er in der Manteltasche ausgelaufen und auf'n Anzug, und ich hab kan andern und hab's ausgewaschen, aber das geht nicht raus, und wie ich mit der M. korrepitiert habe, heut, da hat sie schon gsagt, das ist nicht zum Aushalten, und hat mir noch ein ganzes Flaschl Parfüm draufgegossen, und das nun mit dem Hering – da hab ich gedacht, die Hyazinthen riechen, die können das zudecken.«

KLEMPERER, OTTO
(1885-1973) Dirigent

— * —

Otto Klemperer war ein eigenwilliger und kompromißloser Künstler, der fast ständig mit einigen Autoritäten verkracht war. Einmal, er kam gerade aus den Proben zu Beethovens Neunter Sinfonie, fragte ihn ein Freund, ob er zufrieden mit dem Chor und den Solisten sei?
»Es geht«, antwortete Klemperer, »der Sopran ist natürlich unmöglich.«
Der Sopran war seine Frau.

KLINGER, MAX

(1857-1920) Maler, Bildhauer und Graphiker

— * —

Auf die Frage, was er von Max Klinger halte, soll der Maler Liebermann geantwortet haben:
»Wissen Se, ick persönlich finde ihn jräßlich, will aba nischt Böset üba ihn sagen. Aba et jibt Portierssöhne und et jibt Künstla. Und een Portierssohn is Klinger nich.«

KLÖPFER, EUGEN

(1886-1950) Schauspieler

— * —

Einst gehörte zum Ensemble, in dem Klöpfer mitwirkte, eine Souffleuse namens Wesemeier. Der Schauspieler ließ sich immer gern von ihr helfen – nur einmal ließ sie ihn im Stich. Obwohl Klöpfer schon eine Minute nicht weiter wußte, schwieg die Dame im Souffleurkasten. Da improvisierte der Mime und fragte seine Partnerin auf der Bühne:
»Sagen Sie, wie geht es eigentlich Frau Wesemeier? Ich habe nämlich so lange nichts von ihr gehört.«

KNEF, HILDEGARD

(28. 12. 1925) Schauspielerin

— * —

Die Knef besuchte die Wiener Staatsoper. In der Pause wurde die Künstlerin aufgefordert, sich in das Goldene Buch des Hauses einzutragen. Als sie beim Blättern die Seite studierte, auf der Herbert von Karajans Signatur prangte, sagte sie:
»Sieht aus wie'n EKG.«

Daß sie als Frau nicht geringe Ansprüche stellt, bewies Hildegard Knef mit dem Satz:
»Ich finde, Erotik und Intelligenz müssen nicht unbedingt Feinde sein.«

KNUTH, GUSTAV

(geb. 7. 6. 1901) Schauspieler

— * —

Abends nach einer Vorführung sprach man über die Berufserfahrung der Schauspieler. Knuth blickte tiefsinnig ins Glas und meinte:
»Wenn der Pfeil weg ist, hat man den Bogen raus.«

KOKOSCHKA, OSKAR

(geb. 1886) Maler, Graphiker und Dichter

— * —

Als Kokoschka Theodor Heuss porträtierte, bevorzugte er für die Physiognomie ein eigentümliches Rot. Heuss war davon wenig erbaut und riet dem Maler vor dem Abschluß der Arbeit: »Wie wäre es, lieber Kokoschka, etwas mehr Tinte und weniger Rotwein?«

Als Professor der Dresdner Kunstakademie trug er zwar amtlich diesen Titel, vor seinen Schülern korrigierte er sich aber gleich in der ersten Stunde: »Ich bin kein Professor, ich bin der Assistent von dem da oben!«

Kokoschka sah sich in Wien die Uraufführung von Schönbergs ›Die glückliche Hand‹ an. Versunken saß er im Sessel und hörte die Musik mit geschlossenen Augen an. Ein ihm nicht wohl gesinnter Kritiker, der in seiner Nähe saß, flüsterte seinem Nachbarn gar nicht leise zu:
»Schau, falsch macht das der Kokoschka, bei seinen Bildern sollt' er die Augen schließen, bei der Musik aber die Ohrwascheln.«

Es war in den zwanziger Jahren in Venedig. Kokoschka, der bei einer internationalen Ausstellung in der Lagunenstadt einen beachtlichen Erfolg gehabt hatte, sagte während eines Gesprächs zu einer Freundin:
»Sonderbar, wie man hier so inkognito herumgeht . . .«
»Hmm . . .?«
Darauf Kokoschka: »Na, knien die Leute am Ende nieder?«

KOLBE, GEORG

(1877-1947) Bildhauer

— * —

Kolbes Gipsermeister Schmidt erinnerte sich: »Wenn ich einen Kopfabguß für 15 Mark ablieferte, gab mit der Bildhauer einen 50 Markschein und sagte: ›Stimmt!‹«

Als in Frankfurt sein Heine-Denkmal von den Nazis umgestoßen wurde, sagte Kolbe nur: ». . . wahrhaftig, eine große Tat!«

KORTNER, FRITZ

(1892-1970) Schauspieler und Regisseur

— * —

Als der Wiener Kortner nach dem Krieg wieder nach Wien kam, fragte ihn ein Journalist:
»Nun, wie gefällt Ihnen Wien?«

»Ausgezeichnet«, erklärte Kortner. »Nur sollte man einmal eine andere Besetzung wählen.«

Kortner bekommt zum erstenmal die Büste zu sehen, die der Bildhauer Reuter von ihm gemacht hat. Er geht lange um sie herum und äußert dann:
»Von vorn die ganze Emigration – von hinten Hindenburg.«

Kortner hat eine Liebesszene zu inszenieren. Sie beginnt damit, daß ein Mann eine junge Frau mustert, die ihm den Rücken zukehrt.
»Sobald sie die Blicke spüren, drehen Sie sich herum«, sagt er zu der Schauspielerin.
»Und wie soll ich das merken?« fragt sie. »Schließlich hab ich hinten keine Augen im Kopf.«
Darauf Kortner: »Eine Frau spürt, wenn ein Mann sie betrachtet – oder ich müßte mich ein Leben lang getäuscht haben.«

Als Kortner wieder einmal aus Wien kam, beschrieb er seine Eindrücke mit diesem einzigen Satz:
»Die machen aus ihrer Mördergrube ein Herz.«

Fritz Kortner bemerkte zu seinem 75. Geburtstag am 12. Mai 1967:
»Von heute an haben alle Würdigungen den Charakter von Nachrufen.«

KRAF(F)T, ADAM
(um 1460-1508) Bildhauer

—*—

Eine der Eigentümlichkeiten des Nürnberger Meisters war, keine gelernten Gesellen zu beschäftigen, sondern sich kräftige Bauernburschen auszusuchen, die er dann in seiner Kunst anlernte. »So pfuscht mir keiner ins Handwerk«, soll er zugegeben haben. »Meine Regel ist denkbar einfach: Weil viele Köche den Brei verderben, laß' ich's mir nicht nehmen, alles Wichtige auszuführen.«

Meister Adam war einer der wenigen Künstler, die mit der linken wie mit der rechten Hand gleich vorzüglich arbeiten konnten. Das bekamen besonders die Lehrbuben zu spüren, wenn sie etwas ausgefressen hatten.
Einer von ihnen meinte: »Bei Meister Kraft weiß man nie, ob man sich die rechte oder die linke Backe halten soll.«

KRAUS, PETER

(geb. 11. 10. 1932) Schlagersänger

— * —

Ein Wiener Studienrat sah einmal den Einfluß, den Peter Kraus auf seine Schüler ausübte, als durchaus positiv:
»Jeder Erzieher sollte die Starclubs zumindest tolerieren. Besser ein Peter Kraus zum Vorbild als gar keines. Der verführt vielleicht zum Jodeln, aber bestimmt nicht zum Einbrechen.«

KRAUSS, WERNER

(1884-1959) Schauspieler

— * —

Als Werner Krauß noch jung und unbekannt war, gehörte es zu seinem Nürnberger Theatervertrag, daß er auch in der Oper Statisterie mitmachen mußte. Als er einmal zum Gefangenenbild des ›Fidelio‹ eingeteilt wurde, mißfiel ihm das sehr. Mit Hilfe einer Maske verwandelte er sich in einen Greis. Als nun die Gefangenen das Licht der Freiheit erblickten, verfiel Krauß in einen Todeskampf, der das Publikum faszinierte. Nur ihn beachtete man noch auf der Bühne. Noch als man ihn forttrug, beherrschte er mit seiner Pantomime die Szene – daraufhin teilte ihn der Intendant nie wieder für die Statisterei ein.

Ein aufgeblasener Schauspieler schwärmte Krauß vor:
»Wenn ich spiele, vergesse ich alles um mich her. Ich sehe nur noch meine Rolle . . . das Publikum verschwindet vollständig!«
Verständnisvoll erwiderte Krauß: »Das kann ich ihm auch nicht übelnehmen.«

KREISLER, FRITZ

(1875-1962) Geiger und Komponist

— * —

Fritz Kreisler wird in Amerika einer Dame vorgestellt.
»Wie freue ich mich, Sie kennenzulernen, Mr. Chrysler«, schwärmt sie. »Ich fahre ja seit jeher nur Ihre Wagen und bin begeistert davon. Würden Sie mir nicht etwas in mein Stammbuch schreiben?«
»Gern«, sagt Fritz Kreisler, schreibt einige Takte aus dem Violinkonzert von Beethoven und setzt darunter: Walter J. Chrysler.

KREUDER, PETER
(geb. 18. 8. 1905) Komponist

— * —

Als nach einem ersten Filmerfolg die Schlager von Peter Kreuder in aller Welt gepfiffen wurden, schickte ihm ein Freund einen befrackten Liliputaner mit Blumen ins Haus. Auf der Schleife stand:
»So klein soll die Konkurrenz werden.«

Mit seinem Vater war Peter Kreuder in Bayreuth zu einer Wagner-Aufführung gewesen. Auf der Rückfahrt im Zug nach München nimmt Sohn Peter unwillkürlich die Melodie eines Gassenhauers auf, den ein Reisegast vor sich hinsummt. Peter begleitet ihn. Tadelt ihn der Vater mit einem furchtbaren Blick:
»Was soll der Gassenhauer? Wir kommen aus Bayreuth!«

1934 wurde Meister Paul Lincke feierlich geehrt. Peter Kreuder, der das Orchester leitete, hielt eine launige Ansprache:
». . . er ist der einzige Lincke, den das Dritte Reich übernommen hat.«

In seiner neuen Stellung als Staatsmusikdirektor stellte er sich ein neues Orchester zusammen, hatte aber immer mit dem Vorstand des Orchesters, der PG war, Schwierigkeiten. Endlich verlor Kreuder die Geduld und sagte:
»Mein Lieber, mit dem Parteibuch allein kann man leider keine gute Musik machen.«
»Das werde ich mir merken«, antwortete der PG spitz.
Ungerührt versetzte Kreuder: »Dann haben Sie schon viel gelernt.«

KREUTZBERG, HARALD
(1902-1968) Tänzer

— * —

Kreutzberg war in Dresden Schüler der Kunstakademie. Während eines Kostümfestes, das den vielsagenden Namen ›Haschisch‹ trug, gab er aus einer Laune heraus eine Tanzeinlage.
Rief ganz erstaunt sein Professor: »Menschenskind, Kreutzberg, Sie tanzen ja besser als Sie zeichnen!«

Der Tänzer wurde befragt, wieso er zu seiner imponierenden Glatze gekommen sei. Die Ursache war ganz einfach.
Kreutzberg hatte in Berlin in einem Ballett nach der Novelle von Poe ›Doc Morte‹, die Friedrich Wilckens vertont hatte, den Hofnarren zu tanzen. Die Regie verordnete ihm eine Glatze-Perücke, die aber partout nicht auf seinen blonden Lockenkopf passen wollte – die Premiere war

in Gefahr. Kurz entschlossen schor sich Kreutzberg alle Haare ab und allerseits war man überzeugt, ein guter Teil des Erfolges des Balletts beruhte auf der faszinierenden Wirkung der Glatze des tanzenden Hofnarren.
Und so blieb sie ein ganzes Leben lang.

KUBIN, ALFRED

(1877-1959) Zeichner und Schriftsteller

— * —

Zu seinem 80. Geburtstag, den Alfred Kubin auf seinem Schlößchen Zwickledt feierte, bekam er den Besuch des österreichischen Unterrichtsministers Dr. Drimmel, der ihm die neu gestiftete Medaille für Verdienste um Kunst und Wissenschaft überreichte.
Gerührt bedankte sich der Zeichner: »Wenn das mein Vater erlebt hätte, dann hätt' er gesehen, daß aus mir doch noch was geworden ist.«

Es war oft schwierig, auch für seine Freunde, mit Kubin auszukommen. Aufkommende Widersprüche erledigte der Zeichner lakonisch mit der Erklärung: »Ich bin eben Polarist!«

Kubin hatte einen Freund in Passau vom Bahnhof abgeholt. Beide spazierten durch die engen Gassen der Stadt. Kubin kannte jeden und wurde von jedem gekannt. Sie kehrten in eine Wirtschaft ein, dessen Wirtin klagte, ihr Mann lage schwer an einer Mastdarmfistel nieder. Kubin sprach ihr Trost zu.
Nachher wendete er sich an den Freund: »Auch Ludwig der Vierzehnte starb daran!«

Aus seinen Zeichnungen interpretierte man oft das Wort ›Verfall‹ heraus, man nannte ihn auch den ›Zeichner der Verwesung‹. Kubin fühlte sich keineswegs als solcher und erzählte einmal lachend, daß ein witziger Kunstfreund ihm den Rat gegeben habe: »Ich rate Ihnen, sich um den seit 1849 vakanten Posten eines Reichsverwesers zu bewerben.«

KÜNNECKE, EDUARD

(27. 1. 1885-27. 10. 1953) Operettenkomponist

— * —

Künnecke besaß mehrere Hobbies. So bastelte er in seiner Freizeit gern mit einem Steinbaukasten und entwarf Modelle für alle möglichen Bauten. Einmal besuchte ihn sein Librettist, als Künnecke gerade ein bescheidenes Landhaus und einen Millionärspalast entworfen hatte.

»Für wen sind die gedacht?« fragte der Besucher.
»Das hängt davon ab, wie unsere neue Operette beim Publikum zündet«, antwortete der Komponist. »Wird's ein Erfolg, so ist das Landhaus für mich, den Palast baut sich der Verleger.«

KULENKAMPFF, GEORG
(1898-1948) Geiger

— * —

Auf dem Bahnsteig herrschte großes Gedränge. Ein Zug fuhr ein, Kulenkampff geriet bedrohlich nah an das Gleis, erschrocken zog ihn ein Freund von der Bahnsteigkante zurück. Kulenkampff lächelte nur und sagte ohne jegliche Aufregung:
»Na und? Ein Geiger weniger!«

KUTSCHER, ARTHUR
(1878-1960) Theaterwissenschaftler

— * —

In München hörte Brecht Vorlesungen bei Arthur Kutscher. Dieser betrachtete ihn als Meisterschüler, doch als Brecht sein erstes Stück geschrieben hatte, verriß Kutscher es und meinte: »Es mangelt ihm jegliche Begabung.« Er fand dann 30 Jahre lang alle Stücke von Herrn B. schlecht.
Freunde nahmen an, Kutscher wolle sich nur dafür rächen, daß Brecht in einem Seminar eine grundsätzlich andere literarische Auffassung vertreten hatte.
Brecht aber kommentierte die Sache bissig: »Kutscher war ein sehr deutscher Professor. Wahrscheinlich verriß er mich, weil ihm gesagt worden war, daß ich keine Kolleggelder bezahlt hatte.«

LABLACHE, LOUIS
(1794-1858) frz. Sänger

— * —

Lablache war außerordentlich dick. Als er einmal in London auftrat, drängte sich die ganze Stadt gerade zu den Vorstellungen des Zwergs Tom Pouce, der für den kleinsten Menschen der Welt galt. Zufällig wohnten die beiden Berühmtheiten im selben Hotel. Eine englische Aristokratin wollte unbedingt Tom Pouce im Privatleben sehen, ging in das Hotel, klopfte aber versehentlich an die Tür Lablaches. Die Türe ging auf, die Dame sah sich einem wahren Riesen gegenüber, wo sie einen Zwerg erwartet hatte, und so geriet sie völlig aus der Fassung.
»Ich wollte den Zwerg Tom Pouce kennenlernen«, sagte sie verwirrt.

«Der bin ich, Madame«, entgegnete der Sänger in seinem herrlichen Baß.
»Dann hat man mich betrogen! Man hat mir doch gesagt, er sei nur neunzig Zentimeter groß!»
»Das stimmt auch, Madame«, entgegnete Lablache. »Aber nur wenn ich auftrete. Zuhause laß ich mich gehn.«

LAFERRIÈRE, JOSEPH

(19. Jh.) frz. Schauspieler

— * —

Laferrière spielte noch in hohem Alter in Paris große Rollen. Das Gebiß, das er auf der Bühne trug, steckte er allerdings nach der Vorstellung in die Hintertasche seiner Hose. Einmal nach dem Theater ging er mit einigen Kollegen in ein Restaurant, man setzte sich, doch Laferrière sprang sofort wieder auf.
»Was haben Sie denn?« fragte ein Kollege.
Laferrière hatte sich unterdessen wieder gefaßt und sagte:
»Ach, nichts – ich habe mich nur ein wenig gebissen.«

LAIRESSE, GÉRARD DE

(1641-1711) niederländ. Maler

— * —

Gérard de Lairesse, der nach Rembrandts Tod große Erfolge hatte, warnte seine Schüler vor Rembrandts Kunst:
»Ihr sollt nicht malen wie er«, sagte er, »daß der Farbsaft wie Dreck von der Leinwand heruntertrieft, sondern gleichmäßig und schmelzend, daß Eure Gegenstände durch die Kunst rund und erhaben erscheinen und nicht durch Kleckserei!«

LANG, MICHL

(20. Jh.) Volksschauspieler

— * —

Michl Lang, der berühmte Interpret des bayerischen Volkscharakters erzählte einmal, daß er als Bub Kühe hüten mußte. Das geschah meistens barfuß, denn seine Schuhe durfte er dafür nicht hernehmen. Wenn ihn fror, benutzte er eine animalische Fußheizung – er stellte sich mitten in frische Kuhfladen.
Lang: »Do is bacherlwarm g'wes'n da drinna, des hot hermetisch abg' schloss'n, man hat sich blos net rühr'n derfa, damit die Kruste net brüchig word'n is. Also, i hob oiwei warme Füaß g'habt, weil ja immer wieder a Kuah zu meinen Diensten war.«

LANTARA, SIMON

(1729-1778) Maler

— * —

Zu dem sterbenden Maler Lantara sagte der Beichtiger:
»Freue dich, mein Sohn, bald ist es dir beschieden, Gott in Ewigkeit von Angesicht zu Angesicht zu schauen.«
»O mein Vater«, klagte der Maler, »immer en face, und niemals im Profil?«

LARSSON, CARL

(1853-1919) schwed. Maler

— * —

Larsson besaß in seiner schönen Bibliothek auch sämtliche deutschen Klassiker. Ein Gast, dem er die Bücher zeigte, meinte scherzend, der Maler müsse doch ein gebildeter Mann sein. »Ich vergesse immer gleich, was ich lese«, erwiderte Larsson. »Aber wenn man alles gelesen und alles vergessen hat, bleibt doch eines zurück – die Kultur.«

LAUBE, HEINRICH

(1806-1884) Schriftsteller, Direktor des Wiener Burgtheaters

— * —

Als Laube bei einer Probe einen jungen Schauspieler immer wieder kritisierte, rief der plötzlich empört: »Von dem, was in mir steckt, wenn man mich nur machen läßt, haben Sie keine Vorstellung.«
Laube erwiderte trocken: »Jedenfalls keine besuchte Vorstellung.«

Während einer Probe, in der er ordentliche Tempi vermißte, gab Laube seinen Schauspielern den Ratschlag:
»Beim Dialog darf zwischen den abwechselnden Reden kein Sonnenstrahl durch, kein winziger Sonnenstrahl!«
Die Probe ging weiter. Später unterbrach Laube den Komiker Beckmann und bat:
»Herr Kollege, hier müssen Sie eine kleine Pause eintreten lassen!«
Beckmann gab zu bedenken: »Recht gern, Herr Direktor, aber dann kann er durch, der Sonnenstrahl!«

LE BRUN, CHARLES

(1619-1690) frz. Maler

— * —

Charles Le Brun hatte eine ›Familie des Darius‹ gemalt, die zwischen einen Raffael und einen Paolo Veronese gehängt wurde. Kardinal Chigi, um sein Urteil gefragt, sagte: »Das Bild ist gut, aber es hat böse Nachbarn!«

LE CORBUSIER,

eigtl. Charles E. Jeanneret
(1887-1965) schweiz.-frz. Architekt und Maler

— * —

Name und Werk des berühmten amerikanischen Architekten Wright waren für Corbusier durchaus ein Begriff, unter einander waren sie sich jedoch nicht grün, und als man Le Corbusier bat, zu einem Buch einen Artikel über Wright beizusteuern, antwortete dieser: »Ich kenne keinen Architekten dieses Namens . . .!«

LECOUVREUR, ADRIENNE

(1692-1730) frz. Schauspielerin

— * —

Auf dem Sterbebett sagte die große Schauspielerin Adrienne Lecouvreur: »Jetzt kommt meine letzte Szene; trachten wir, sie gut zu spielen!«

LÉGER, FERNAND

(1881-1955) frz. Maler

— * —

1910 hatte Fernand Léger im ›Salon des Indépendants‹ sein Bild ›Akte im Wald‹ ausgestellt. Der Pariser Kunstkritiker Vauxcelles, der vorher schon den Namen ›Kubismus‹ in Umlauf gesetzt hatte, erfand für Legers Art zu malen den Begriff Tubismus.
Picasso hatte das Bild wohl gesehen und einen neuen Meister erkannt. Er äußerte sich auf seine Weise: »Seht, dieser Junge bringt etwas Neues, man nennt ihn auch schon anders als uns.«

LEHÁR, FRANZ

(1870-1948) österr.-ungar. Operettenkomponist

— * —

Nach der Premiere der ›Lustigen Witwe‹ wurde Lehár unfreiwillig Zeuge eines Gesprächs. Unter Operettenbesuchern, die eben das Vestibül verließen, waren zwei junge Männer. Lehár hörte, wie der eine zum anderen sagte:
»Na, was sagst du zu dieser Musik? Das war vielleicht ein Schund!«
Der andere erwiderte: »Sei lieber vorsichtig mit solchen Ausdrücken – bei Operettenmelodien kann man nie wissen, von wem die Komposition eigentlich stammt.«

In München plante man eine moderne Fassung seiner ›Lustigen Witwe‹ aufzuführen. Peter Kreuder weilte in Bad Ischl, um dem Meister den Plan schmackhaft zu machen. Aber alle Versuche scheiterten. Verzweifelt schlug Kreuder vor, zusammen wenigstens an den Bearbeiter der modernen Textfassung, Fritz Fischer, eine Ansichtskarte zu schicken.
Kreuder schrieb: »Lieber Fritz. Ich sitze hier mit Meister Lehár bei einem Glas Wein. Seine Unterschrift dokumentiert, daß er mit Deiner Buchbearbeitung der ›Lustigen Witwe‹ einverstanden ist.«
Ohne den Text zu lesen unterschrieb Lehár. Als er nun in München zur Hauptprobe erschien, gestand ihm Kreuder die Kriegslist vor versammeltem Ensemble, und da sich alle vor Lachen bogen, blieb Lehár nichts übrig, nachträglich gute Miene zum bösen Spiel, d. h. zur modernen Bearbeitung seiner Operette zu machen.

LEHMANN, LILLI
(1848-1929) Sängerin

— * —

1970 entschlossen sich die Stadtväter Salzburgs, der Sängerin durch die Benennung einer Straße mit ihrem Namen zu huldigen. Anläßlich einer Kur besuchte Lotte Lehmann auch diese Straße und setzte sich für die Fotografen unter eine alte Buche. Über ihr war an dem Baum das Straßenschild angebracht. Sagte die 82jährige:
»Es ist so angenehm, auf der eigenen Straße sich auszuruhen.«

LEHMBRUCK, WILHELM
(1881-1919) Bildhauer, Maler und Radierer

— * —

Lehmbruck bekam den Auftrag, eine Kaiserbüste zu modellieren. Er lehnte ab: »Ich kann keinen Schnurrbart modellieren.«

Der Dichter Fritz von Unruh hat vom Freitod seines Freundes Lehmbruck erzählt. Es war in den Tagen des ersten Spartakistenaufstandes in Berlin. Lehmbruck sah aus den Fenstern seines Ateliers auf den Platz. Er sah, wie Frauen Pferden den Bauch aufschlitzten, deren Schädel spalteten und das Hirn davonschleppten, um es zu essen. In diesem Moment bekam er einen solchen Ekel auf die Menschen, daß er wortlos nach Hause ging, den Gashahn öffnete und sich das Leben nahm.

LEIBL, WILHELM
(1844-1900) Maler

— * —

Leibl war von einem Hund gebissen worden, die Wunde sollte genäht werden. Angesichts der riesigen Körperkräfte, die der Maler besaß, zog der Arzt es vor, den verletzten Arm ohne Betäubung zu kurieren.
»Schreien dürfen Sie«, sagte der Doktor, »aber bitte schön stillhalten.«
»Wenn ich schon schreien muß«, grollte der Verletzte, »dann hau ich Ihnen bestimmt aus Versehen auch gleich eine rein!«
Dann aber tat Leibl keinen Mucks.

LEMAÎTRE, FRÉDÉRIC
(1800-1876) frz. Schauspieler

— * —

Lamaître trank gern und viel. So kam es vor, daß er auch während einer Vorstellung nicht nüchtern war und Dinge sprach, die nicht in seiner Rolle standen. Eines Abends, knapp nach der Revolution von 1830, spielte er eine Hauptrolle, und da merkte er plötzlich gegen das Ende des Stücks, daß er keine Ahnung mehr von dem Text hatte. Und auch der Souffleur konnte ihm nicht helfen. Da faßte er einen großen Entschluß. Er schwankte bis an die Rampe und donnerte:
»Ich glaube, Bürger, daß nie ein Augenblick besser gewählt war, um ›Es lebe die Republik!‹ zu rufen!«
Das Publikum jubelte, und der Vorhang konnte fallen.

Vor Beginn der Aufführung eines Räuberstücks trat Lemaître vor den Vorhang und verkündete:
»In unserm Stück soll ein Gendarm erschossen werden. Das geht heute nicht, weil der Darsteller des Gendarmen plötzlich krank geworden ist. Zum Ersatz werden wir morgen zwei Gendarmen erschießen lassen.«

LENBACH, FRANZ VON
(1836-1904) Maler, berühmter Porträtist

— * —

Eine Dame der Hofgesellschaft wollte sich von Lenbach porträtieren lassen und bat den Meister: »Aber bitte ein recht ähnliches und hübsches Bild!«
Da die Dame aber grundhäßlich war, meinte Lenbach: »Ja, gnädige Frau, da werden Sie sich zwischen einem von beiden entscheiden müssen.«

Auf einer Gesellschaft sprach man über Wunder, und Lenbach verteidigte zur allgemeinen Überraschung den Glauben an übernatürliche Kräfte.

Als man ihn irritiert ansah, brummte er: »Ja, ist das denn kein Wunder? Rubens hat etwa 2000 Bilder gemalt, und davon sind heute noch mindestens 4000 erhalten!«

Talentlosen Schülern bereitete Lenbach manche erbarmungslose Abfuhr. Als ihn einmal einer von diesen Unglücksraben um ein Urteil über den Fortschritt seiner Arbeiten bat, meinte Lenbach trocken:
»Wissen Sie, daß Sie Maler werden wollen, kann ich nicht verhindern, aber ein bißchen hinauszögern – das vermag ich schon.«

Lenbach war beim König von Bayern geladen. Es wurde reichlich gegessen und reichlich getrunken, und Lenbach fühlte sich schließlich nicht sehr wohl. Der Hofmarschall übergab ihn einem Hofkutscher und sagte:
»Achten Sie darauf, daß er den Wagen nicht beschmutzt. Und wenn Sie zurück sind, melden Sie mir, wie es ihm geht.«
Eine halbe Stunde später meldet der Kutscher:
»Er hat den Wagen nicht schmutzig machen können; ich habe ihm den Hafersack vor den Mund gebunden.«

Lenbachs Villa in München wurde nach seinen Plänen gebaut und bestand aus zwei Gebäuden. Während die Villa im Bau war, fragte ihn ein Freund, ob die beiden Gebäude auch verbunden werden sollten.
»Ja«, erwiderte Lenbach. »Durch eine gemeinsame Hypothek.«

LENNON, JOHN
(geb. 9. 10. 1940) Popmusiker

— * —

Als die Beatles von Königin Elisabeth dekoriert wurden, gab es weltweiten Protest unter den Fans. Lennon aber erklärte: »Es ist besser, einen Orden dafür zu bekommen, daß man die Menschen unterhält, als dafür, daß man Menschen umbringt.«

LEONCAVALLO, RUGGIERO
(1858-1919) ital. Komponist

— * —

Leoncavallo war einmal in Manchester und sah sich inkognito eine Aufführung des ›Bajazzo‹ an. Neben ihm klatschte ein Zuschauer begeistert. Der Maestro wollte sich einen Scherz machen und sagte:
»Was ist denn an dieser Oper dran? Ich bin selbst Musiker und kann Ihnen sagen, daß sie nicht das geringste wert ist. Die Cavatine ist Berlioz nachgemacht, das Duo des ersten Aktes ist Gounod gestohlen, und das Finale ein schwacher Abklatsch von Verdi.«

Am nächsten Tag stand in großen Lettern in der größten Zeitung von Manchester:
»Leoncavallos Ansicht über seinen ›Bajazzo‹; er gesteht, daß es ein Plagiat ist. Hat Berlioz, Gounod und Verdi abgeschrieben!«
Leoncavallos Nachbar war ein Journalist gewesen und hatte ihn erkannt.

LIEBERMANN, MAX
(1847-1935) Maler, Gründer der Berliner Sezession

—*—

Auch der Chirurg Sauerbruch legte Wert darauf, von Liebermann porträtiert zu werden, doch ihm dauerten die Sitzungen zu lang. Als er gar zu unruhig wurde, sagte der Maler:
»Et jeht ja mal nich anders. Wenn Sie'n Fehler machen, dann deckt ihn rasch der jriene Rasen. Aber'n Fehler von mir sieht man noch nach hundert Jahren.«

Als wieder einmal ein Unbekannter eine dicke Mappe mit Zeichnungen an Liebermann schickte und um Rat ersuchte, soll der alte Brummbär geantwortet haben: »Halten Sie sich an 5. Mos. 4,16.«
Dort nämlich heißt es: »Stürzt euch nicht ins Verderben. Verfertigt nicht irgendwelche Bilder, weder von Mann noch von Frau.«

Als er mit einem Freund in seinem Atelier am Potsdamer Platz saß, wurde ihm eine Dame gemeldet. Liebermann führte die elegant Gekleidete durch sein Atelier. Sie besah sich alle Bilder genau, bedankte sich dann herzlich und verließ das Atelier.
Liebermann sah vom Fenster, wie sie in ein Auto stieg und davonfuhr, und sagte zu seinem Freund: »Da fährt 'se nun und koft sich 'nen Picasso.«

Carl Zuckmayer erzählt von einem Besuch bei Max Liebermann:
»Sehnse«, sagte er, während er mir Glas um Glas eingoß, ohne selbst zu trinken, »det kann ick nich mehr. Früher hab ick ooch morgens gern jesoffen und jeraucht. Dett ist so um die achzich vorbei. Det einzige, wat noch pariert wie immer«, dabei schlug er sich mit Knall auf die Hose: »det Pieplein!«
»Könnse globen«, fügte er hinzu, »erst jestern im Atelier. Det war so 'ne Kunstenthusiastin . . .«

Eine junge Dame war bei Liebermann im Atelier und sagte beim Abschied:
»Herr Professor, das war die schönste Stunde meines Lebens!«
»Na, junge Frau«, entgegnete Liebermann, »das wollen wir doch nicht hoffen!«

Ein Maler, L. U., war mit Liebermann befreundet und rühmte sich nicht wenig, wieviel Liebermann auf sein L. U. Urteil gebe. Jemand sagte zu Liebermann:
»Wenn man L. U. zuhört, dann hat er alle Ihre Bilder gemalt.«
Dazu meinte Liebermann:
»Das soll er nur ruhig sagen, aber wenn er einmal behauptet, ich hätte seine Bilder gemalt, dann verklage ich ihn!«

Max Liebermann malt das Bild eines Bankiers. Der Bankier fragt während der Sitzung:
»Nun, Herr Professor, wird das Bild auch ähnlich?«
Darauf erwidert Liebermann:
»Zum Kotzen ähnlich!«

Vor Manets ›Déjeuner sur l'herbe‹ sagte jemand zu Max Liebermann:
»Finden Sie nicht, Herr Professor, daß dieses Bein zu lang geraten ist?«
Worauf Liebermann erwiderte:
»Ein so schön gemaltes Bein kann gar nicht lang genug sein.«

Max Liebermann malte im Garten. In seiner Nachbarschaft wohnte ein Nazi-Bonze. Der schaute über den Zaun und dem Maler eine Weile zu, sagte dann: »Für einen Juden malen sie aber ziemlich gut.«
Antwortete der schlagfertige Liebermann: »Für einen Nazi haben Sie einen erstaunlichen Kunstverstand.«

1934 besuchte ein ausländischer Gast Max Liebermann in seiner Berliner Wohnung. Durch die heruntergelassenen Gardinen zeigte ihm Liebermann einen Aufmarsch von SA-Truppen unter den Linden.
Da sprach der Maler die letzten von ihm bekannten Berliner Kraftworte:
»Man kann nicht soviel fressen, wie man kotzen möchte!«

Max Liebermann war in einer Ausstellung. Es wurde von Stil gesprochen. Da meinte Liebermann: »Wo die Begabung aufhört, fängt der Stil an.«

»Die Kunsthistoriker sind ja gar nicht so überflüssig«, sagte Max Liebermann. »Wenn die nicht wären – wer sollte nach unserem Tode unsere schlechten Bilder für unecht erklären?«

Ein Mäzen fragte Max Liebermann, warum er denn so wenige Bilder im Jahr fertigstelle, warum er nicht dieses oder jenes Sujet male und dergleichen mehr. Da sagte Liebermann:
»Wissen Sie, mein lieber Herr, ich bin mit der Kunst nicht verheiratet; ich habe ein Verhältnis mit ihr.«

In München lernte Max Liebermann einen General kennen, der keine Ahnung hatte, daß er einen berühmten Maler vor sich hatte. Nachher gingen sie ins Hofbräuhaus, und als die Kellnerin zufällig den Namen Liebermann hörte, fragte sie:
»Verzeihen's, bitt schön, aber sind Sie der Maler Max Liebermann aus Berlin?«
»Ja«, das mußte Liebermann zugeben.
»Das ist aber eine Ehre für mich, so einen berühmten Künstler bedienen zu dürfen!« rief die Kellnerin.
Der General aber meinte:
»Na, in d i e s e n Kreisen scheinen Sie ja recht bekannt zu sein!«

Einer der geräuschvollsten Gegner der neuen Kunstrichtung in Deutschland war der Schlachtenmaler Anton von Werner. Da sagte Liebermann:
»Wenn Anton von Werner auch ohne Hände geboren wäre – er hätte doch die größte Schnauze.«

LIEBSTÖCKL, HANS

(um 1900) Musikkritiker

— * —

Liebstöckl schrieb von einem Librettisten:
»Er schiebt den Ent-Lehnstuhl an den Ab-Schreibtisch und zündet seine Stehl-Lampe an.«

LINCKE, PAUL

(1866-1946) Operettenkomponist

— * —

Ein junger Musiker, der sich auch im Komponieren versucht, gesteht Lincke ein:
»Am liebsten arbeite ich nachts, da bin ich am produktivsten.«
Lincke: »Ja, ja, nachts werden die meisten Diebstähle begangen.«

Die SPD war um einen neuen politischen Stil bemüht. Als die Partei in Berlin einen Kongreß abhielt, zog Willy Brandt zum Gesellschaftsabend unter den Klängen von Paul Linckes ›Berliner Luft‹ in den Saal ein. Murrte ein alter Genosse:
»Dat Paulchen ist der eenzije Lin(c)ke, bei dem wir noch klatschen dürfen.«

LIND, JENNY

(1820-1887) schwed. Sopranistin

— * —

Während eines Festessens trug die beliebte Sängerin auf Bitten der Gastgeber einige Lieder vor. Als sie damit fertig war, setzte sie sich wieder zu Tisch und bestellte einen Cognac. Als der serviert wurde, griff der zerstreute Nachbar nach dem Glas und trank es aus, als wäre es seins. Jenny Lind begann kräftig zu husten.

»Was ist Ihnen?« fragte der Nachbar. »Haben Sie sich verschluckt?«

»Ja«, antwortete sie, »mein Cognac ist in die falsche Kehle gekommen.«

LIPPI, FRA FILIPPO

(1409-1469) Florentiner Maler

— * —

Lippi war ein leidenschaftlicher Liebhaber. Es gab kaum etwas, was ihn zurückhalten konnte, wenn er Feuer gefangen hatte. Cosimo de Medici ließ ihn einmal zwei Tage einsperren, um zu einem Bilde zu kommen, doch Lippi stieg aus dem Fenster mittels zusammengeknüpfter Bettücher und lebte ein paar Tage ganz seinem Vergnügen. Cosimo bereute seine Tat und ließ den Maler nunmehr freiwillig arbeiten.

Dazu soll Lippi gesagt haben: »Ausgezeichnete und seltene Geister sind himmlische Gebilde und keine Lastesel.«

LISZT, FRANZ VON

(1811-1886) ungar. Komponist und Pianist

— * —

Reyer besuchte einmal Franz Liszt in Rom im Palais des Kardinals Hohenlohe. In einer Ecke des Zimmers war ein Christusbild, in einer andern eine Madonna. Auf dem Tisch aber standen etliche Flaschen und auch einige Zigarrenkisten, und Liszt und sein Gast steckten sich Zigarren an. Dann aber meinte Reyer:

»Fürchten Sie nicht, lieber Abbé, daß die Madonna und der Heiland von dem Tabaksqualm belästigt werden?«

»O nein«, erwiderte Liszt. »Nach dem ewigen Weihrauch ist das für sie einmal etwas anderes.«

Liszt gibt einigen Freunden ein Diner. Besonderen Anklang finden die Eisforellen. Nachher bittet ihn ein Bewunderer, etwas zu spielen.

»Aber wenn ich einen Wunsch äußern darf, nicht Paraphrasen, lieber Meister, sondern Originalkompositionen. Opernparaphrasen sind doch mehr oder weniger etwas Zweihändiges, um nicht zu sagen Salonmusik.«

»Mein lieber Freund«, erwidert Liszt und öffnet den Klavierdeckel. »Jetzt kommt die Rigolettophantasie. Wenn Ihnen meine Eisforellen und mein Champagner schmecken, dann müssen Sie auch die Paraphrasen schlucken. Von meinen Originalwerken hätte ich Ihnen höchstens ein kleines Gulasch vorsetzen können.«

Franz Liszt spielte einmal am Hofe eines regierenden deutschen Fürsten. Nach dem Konzert ging Seine Königliche Hoheit auf ihn zu und sagte:
»Mein lieber Liszt, Sie haben wirklich ganz reizend gespielt.«
Nun war es Liszt äußerst zuwider, wenn man das Wort ›reizend‹ auf die Kunst und auf sein Spiel anwendete. Er verbeugte sich denn stumm. Als aber der Fürst im Laufe des Gesprächs Liszt fragte, wie es ihm denn im Großherzogtum gefalle, antwortete Liszt:
»Ausgezeichnet. Und das ist auch kein Wunder: Eure Königliche Hoheit regieren ja wirklich ganz reizend.«

Liszt spielte vor dem Zaren Nikolaus I., der kein großer Musikliebhaber war und seine Unterhaltung ruhig fortsetzte. Liszt unterbrach sein Spiel. Es entstand eine peinliche Pause, und der Zar fragte ihn, warum er eigentlich aufgehört habe.
»Wenn der Kaiser spricht«, erwiderte Liszt, »haben alle anderen zu schweigen.«

Der Zar ersuchte Liszt, zugunsten der Invaliden der Schlacht von Borodino ein Konzert zu geben. Aber Liszt lehnte ab. Er sei Frankreich zu sehr zu Dank verpflichtet. Der Zar war erbost und sagte:
»An diesem Menschen sind mir zwei Dinge unsympathisch: seine langen Haare und seine politischend Ansichten.«

In einer Gesellschaft in Wien war Liszt in seinem geistlichen Gewand als Abbé erschienen, die Damen scharten sich wie gewöhnlich um ihn, und vor allem eine tiefdekolletierte bemühte sich lebhaft um seine Gunst. Da meinte der bekannt boshafte Wiener Jurist Unger:
»Nun, wenn sein Gewand sie nicht schützt, ihres schützt sie bestimmt nicht.«

In einem anderen Fall vermochte Liszt nicht, trotz seinem geistlichen Kleide, die Augen von den entblößten Schultern einer Prinzessin abzuwenden. Schließlich sagte die Dame errötend:
»Aber, Herr Abbé . . .«
Da erwiderte Liszt, ohne sich in Verlegenheit bringen zu lassen:
»Prinzessin, ich warte nur darauf, daß Ihnen Flügel wachsen.«

Die Fürstin Metternich fragte Liszt, ob er gute Geschäfte gemacht habe. »Diplomaten und Bankiers machen Geschäfte«, entgegnete Liszt, »Ich mache nur Musik.«

Wagner hatte im zweiten Akt der ›Meistersinger‹ zum Scherz einige Takte einer Komposition von Liszt verwendet. Da meinte Liszt:
»Auf diese Art wird wenigstens etwas von meiner Musik auf die Nachwelt kommen.«

Im Sommer 1885 bot ein amerikanischer Agent Liszt für eine Tournee zwei Millionen Mark an. Darauf erwiderte Liszt:
»Was soll ein Mann von vierundsiebzig Jahren mit zwei Millionen Mark anfangen?«

Als Liszt einmal in Bellagio war, machte er einen Ausflug nach Mailand und ging in das Verlagshaus Ricordi. Da gerade niemand da war, setzte er sich ans Klavier und spielte. Im Nu stürzte Ricordi aus seinem Zimmer und rief:
»Das ist Liszt oder der Teufel selber!«

Liszt und der große Tenor Rubini gaben in einer bedeutenden Provinzstadt Frankreichs ein Konzert. Doch es waren kaum fünfzig Personen im Saal. Dennoch sang Rubini herrlich, und Liszt spielte wie immer. Am Ende des Konzerts wandte sich Liszt zu dem Publikum und sagte:
»Meine Herren und meine Dame – denn ich sehe nur eine einzige – darf ich mir erlauben, Sie jetzt zum Abendessen einzuladen?«
Das Publikum war verblüfft, nahm die Einladung aber an. Das Abendessen kostete Liszt etwa zwölfhundert Francs, doch am nächsten Abend war der Saal überfüllt.

Napoleon III. empfing Liszt in den Tuilerien, und im Verlauf des Gesprächs sagte der Kaiser:
»Ich fühle mich so müde; manchmal glaube ich, daß ich hundert Jahre alt bin.«
»Das ist nur natürlich, Sire«, entgegnete Liszt. »Sie sind ja das Jahrhundert selbst!«

LOREN, SOPHIA
(geb. 20. 9. 1934) ital. Filmschauspielerin

— * —

Die Loren wurde einmal gefragt, warum wohl hübsche Frauen so viel mehr Erfolg bei Männern haben als intelligente.
»Sehr einfach«, entgegnete sie. »Die wenigsten Männer sind blind, aber die meisten dumm.«

LORENTZ, LORE
(geb. 4. 11. 1934) Kabarettistin

— * —

Angesichts der Bemühungen studentischer ›Revolutionäre‹, mit der Arbeiterschaft Kontakt herzustellen, sagte Lore Lorentz:
»Die tschechischen Intellektuellen haben so gesprochen, daß der Arbeiter sie verstanden hat. Die deutschen Intellektuellen sprechen so, daß die Arbeiter eher Tschechisch verstehen.«

Als Ende der sechziger Jahre in der Bundesrepublik linksradikale wie auch rechtsextreme Gruppen das politische Klima veränderten, fühlte sich Lore Lorentz zu diesem Kurzkommentar provoziert:
»Immer wieder dasselbe: rechtsaußen sind sie dumm, linksaußen sind sie hysterisch.«

LORENZ, MAX
(20. Jh.) Tenor

— * —

Eine seiner ersten Rollen an der Berliner Staatsoper war der Radames in Verdis ›Aida‹. Max Lorenz war vor dem Auftritt doch etwas bange, aber der hilfsbereite Dirigent Leo Blech machte ihm Mut. Als er nach der Vorstellung, die ein großer Erfolg wurde, in seine Garderobe kam, fand er auf seinem Schminktisch ein Foto Leo Blechs mit der Widmung:
»Der alte Verdi läßt grüßen!«

LORTZING, ALBERT
(1801-1851) Komponist

— * —

In der Zeit, als Lortzing noch Schauspieler in Leipzig war, wollte er einmal recht frühzeitig auf einen Ball gehen, denn er war verliebt. Gerade an jenem Abend hatte er jedoch in einem Stück zu spielen, das seine Anwesenheit bis zum Schluß erforderte. Es war ein Schmachtfetzen um Elternliebe und Kindesglück. Lortzing mußte in der Rolle des Sohns dem Vater eine schier endlose Aufzählung seiner Erlebnisse geben – die Szene trug sich im letzten Auftritt zu, sie dauerte eine Viertelstunde.
Diesmal aber war sie nach ein paar Sekunden beendet, denn Lortzing warf sich schluchzend dem Vater an die Brust und rief: »Kommt, Vater, ich will Euch das alles draußen erzählen.« Damit gingen die beiden ab.

Lortzing war als Tenor-Buffo an der Leipziger Oper engagiert. In einem zeitgenössischen Stück verulkte er alle Honoratioren der Stadt, so daß im Parkett und vor allem auf der Galerie Beifallsjubel und Schadenfreude vorherrschten. Aber der Polizeipräsident Schade verstand keinen Spaß

und ließ Lortzing in einem Zwischenakt warnen. Lortzing entschuldigte sich nachher beim Publikum:
»Nur einer ist dagegen, Schade!«

LULLY, JEAN-BAPTISTE

(1632-1687) frz. Komponist ital. Herkunft

— * —

Lully kam eines Tages in eine Kirche und hörte dort ein Stück aus einer seiner Opern als Kirchenmusik gespielt. Da sagte er:
»Lieber Gott, verzeih mir, aber ich habe es nicht für Dich komponiert!«

Der König war zu einer Aufführung einer Oper von Lully erschienen, aber der Meister hatte seine Vorbereitungen noch nicht beendet. Der König entsandte ungeduldig einen Höfling, der Lully vorwurfsvoll sagte:
»Seine Majestät wartet!«
Lully beachtete ihn nicht, worauf der Hofherr energischer wiederholte:
»Seine Majestät wartet!«
»Schön«, erwiderte der Musiker. »Er möge warten! Er ist ja hier der Herr, und niemand kann es ihm verbieten!«

Louis XIV. zwang einmal seinen ganzen Hof, ein ›Miserere‹ von Lully kniend anzuhören. Nachher fragte er den Grafen Grammont, wie es ihm gefallen habe.
»Süß für die Ohren, Sire«, erwiderte der Graf, »aber bitter für die Knie.«

Als Lully auf dem Sterbebett lag, verlangte der Beichtvater, er müsse das Werk verbrennen, an dem er zuletzt gearbeitet hatte. Lully war dazu bereit. Während die Blätter brannten, weinte der Sohn des Musikers über diesen Verlust.
»Dummkopf«, flüsterte Lully ihm zu, »mein Freund Colas hat doch noch eine Abschrift!«

Lully komponierte gerade an seinem Cymbalon, als ein Gewitter ausbrach und Blitz auf Blitz zuckte. Bei jedem Donnerschlag bekreuzigten sich seine Freunde, aber Lully schrieb weiter.
»Ach, bekreuzigt euch doch auch ein paarmal für mich«, sagte er, »ihr seht ja, ich habe alle Hände voll zu tun.«

MAGGI, CIRANO
(um 1900) ital. Schauspieler

— * —

Der Schauspieler Maggi tritt auf, richtet die Pistole auf die treulose Gattin, drückt ab, die Pistole versagt, aber die Schauspielerin bricht, wie es ihr vorgeschrieben ist, zusammen.
Um die Situation zu retten, donnert Maggi:
»Stirb, stirb als erstes Opfer des Pulvers, das weder Rauch noch Knall mehr kennt.«

MAGNANI, ANNA
(geb. 7. 3. 1908) ital. Filmschauspielerin

— * —

Die Magnani, berühmt für ihr feuriges Temperament, ist eine Verkörperung des italienischen Matriarchats. Über Männer macht sie gern bissige Bemerkungen, zum Beispiel:
»Ein Mann am Steuer ist ein Pfau, der sein Rad in der Hand hält.«

»Männer«, sagte die Magnani, »haben nur deswegen führende Positionen erreichen können, weil sie durch keine Schwangerschaft behindert worden sind.«

MAHLER, GUSTAV
(1860-1911) österr. Komponist

— * —

Als Mahler Direktor der Wiener Staatsoper war, hatte Kaiser Franz Joseph eine Zeitlang ein Verhältnis mit einer jungen Sängerin. Als sie ihre Stimme verloren hatte, verlangte er ihre Wiederanstellung. Mahler verweigerte das dem kaiserlichen Abgesandten zunächst, mußte aber schließlich nachgeben.
»Singen lasse ich sie aber nicht«, betonte er.
Doch gerade das war Majestäts höchster Wille.
»Also dann«, sagte Mahler, »wenn Sie singen soll, lasse ich auf die Theaterzettel drucken: ›Der Kaiser hat's befohlen‹.«

Eine Sängerin mit Engagementswünschen rauscht pompös zu Gustav Mahler ins Direktionsbureau der Wiener Hofoper. Als besondere Empfehlung zieht sie diskret aber nachdrücklich die Visitenkarte eines Erzherzogs hervor. Mahler nimmt die Karte, zerreißt sie langsam und sagt dann:
»Bitte, jetzt singen Sie!«

Als Gustav Mahler seine dritte Symphonie schrieb, worin er den Blumen der Wiese, den Tieren des Waldes, den Wolken des Himmels Stimmen

gab, besuchte ihn Bruno Walter auf seinem Landsitz am Attersee. Bewundernd blickt der Gast auf die Landschaft hinaus, da aber sagt Mahler:
»Sie brauchen sich gar nicht mehr umzuschauen. Das hierherum habe ich schon alles wegkomponiert.«

Der Chef der Wiener Hofoper lud einmal einen jungen Komponisten ein, in seiner Loge eine Wagner-Oper anzuhören, doch der Mann sagte ab mit dem Argument:
»Ich möchte mich nicht zu sehr der Wagner-Musik aussetzen, ich kenne ihre Gefahr für mich.«
Da antwortete Mahler lächelnd: »Sie essen doch auch Rindfleisch und werden kein Ochs.«

MAILLOL, ARISTIDE

(1861-1944) frz. Bildhauer und Graphiker

— * —

Als es sich darum handelte, ein Denkmal für Blanqui zu errichten, fragte Clemenceau, als Präsident des Komitees, den Bildhauer Maillol:
»Wie sehen Sie Ihr Monument?«
Worauf Maillol erwiderte:
»Nun, ich sehe ein schönes weibliches Hinterteil.«

MANET, EDOUARD

(1832-1883) frz. Maler, Wegbereiter des Impressionismus

— * —

Während Manet in zahlreichen Sitzungen eine Dame der Pariser Gesellschaft porträtierte, änderte sie nicht weniger als viermal ihre Haarfarbe. Dem fünften Mal wollte Manet entgehen, deswegen verlangte er:
»Madame, wir müssen uns endlich entscheiden, wer von uns beiden das Malen übernimmt.«

Manets Frau war dick geworden, sehr dick. Manet blieb ihr im Herzen treu, konnte sich aber nicht versagen, auch ein Auge auf schlanke Frauen zu werfen. Einmal bemerkte Madame Manet, wie er auf der Straße einer schlanken Dame nachging. Sie eilte hinter ihm her und rief:
»Habe ich dich erwischt!«
Aber Manet erwiderte galant und schlagfertig:
»Ich bin ihr doch nur nachgegangen, weil ich sie für dich gehalten habe!«

Eine amerikanische Zeitschrift stellte eine Rundfrage an alle berühmten Künstler, um ein für allemal festzulegen, ob Michelangelo oder Raffael

der größere Künstler war. Manet warf die Frage in den Papierkorb. Nach einiger Zeit erbat die Zeitung noch einmal eine Antwort von ihm. Er brauche doch nur ein einziges Wort zu telegraphieren.
Daraufhin telegraphierte Manet: »Ja«.

Manet war nicht nur ein großer Maler, er legte auch Wert auf höfliche Umgangsformen. Eines Abends, bei Aurélien Scholl, war auch ein sehr reicher Graf anwesend, der ununterbrochen fluchte. Endlich, beim Abschied, schlug er Manet dröhnend auf die Schulter und sagte:
»Verdammt, Sie gefallen mir! Kommen Sie morgen zu uns« – gräßlicher Fluch! – »Sie werden die Gräfin malen!«
Als er gegangen war, sagte Manet:
»Man kann sagen, was man will – gute Manieren lernt man doch nur bei Aristokraten!«

Bei der Manet-Ausstellung im Jahre 1928 war ein Bild zu sehen, das eine einzige Spargelstange zeigte. Die Erklärung für dieses seltsame Sujet lautete:
Ein Kunde war zu Manet gekommen und hatte gewollt, der Meister solle ihm ein Bund Spargel malen. Der Preis, den er bot, war so gering, daß Manet erklärte:
»Für diesen Preis kann ich Ihnen nur eine einzige Stange malen!«
»Einverstanden«, sagte der Kunde, und Manet mußte sein Wort halten.

Manet wollte eines Tages die Familie seines Freundes Monet malen. Renoir war gerade anwesend und malte gleichfalls Monets Familie. Als Renoir fertig war, nahm Manet seinen Freund Monet beiseite und sagte:
»Monet, Sie sind doch mit Renoir intim befreundet; Sie müßten ihn dazu bekommen, daß er ein anderes Handwerk ergreift. Sie sehen doch selbst, daß das, was er da macht, nichts mit Malerei zu tun hat!«

MARAIS, JEAN

(20. Jh.) frz. Schauspieler

— * —

In dem Film ›Les Amants de minuit‹, darin Jean Marais mit Dany Robin spielt, sollen die beiden in einem eleganten Restaurant Kaviar essen.
»Ich bin ein realistischer Darsteller«, sagt Marais zu dem Regisseur Richebé, »und ich bitte Sie, mir echten Kaviar servieren zu lassen und keine Gerstenkörner.«
»Einverstanden«, sagt der Regisseur. Und dann setzt er hinzu: »In meinem nächsten Film spielen Sie die Rolle eines Gangsters, der am Ende von der Polizei erschossen wird. Und da Sie ein realistischer Schauspieler sind, werden wir echte Patronen verwenden.«

MARC, FRANZ

(1880-1916) Maler und Graphiker

— * —

Als 1914 der Krieg ausbrach, verabschiedete sich der Russe Kandinsky von Franz Marc. Er war der Meinung, der Krieg daure nur ein paar Monate.
»Auf Wiedersehen«, sagte Kandinsky.
Marc antwortete: »Adieu!«
»Wieso adieu?«
»Weil wir uns nicht mehr sehen werden, ich weiß es», antwortete Marc.
Am 21. 2. 1916 fiel Marc bei Verdun.

MARCEAU, MARCEL

(geb. 22. 3. 1923) frz. Pantomime

— * —

Als die Zuschauer nach Beendigung eines Marceau-Gastspiels auf die Straße drängten, hörte man eine Männerstimme sagen:
»Wenn der auch noch reden könnte, 'ne Sensation wäre das!«

MARCKS, GERHARD

(geb. 1889) Bildhauer und Graphiker

— * —

Auf einer offenen Feldpostkarte schrieb Marcks vieldeutig einem Freund:
»Stöhnen Sie nicht über die Zustände, gestrenge Winter pflegen nur kurz zu regieren.«

Einem kranken Kollegen schrieb Marcks, der selbst im Ersten Weltkrieg verwundet wurde und ständig an den Folgen litt:
»Lassen Sie sich trösten, ein angeschlagener Topf hält meist länger als ein ganzer.«

Einen Kollegen, der angesichts der Teilung Deutschlands resignieren wollte, tröstete Marcks:
»Verlieren Sie nicht den Mut, lange wird der Spuk nicht dauern.«

Unzufrieden mit sich selbst gestand Marcks einmal:
»Wenn ich ein Kerl gewesen wäre, hätte ich Hitler mit dem Taschenmesser erstochen, so dicht hatte ich ihn vor mir.«

MARS, COLETTE

(1778-1847) frz. Diseuse u. Schauspielerin

— * —

Die Diseuse Colette Mars sagte:
»Wozu heiraten? Warum sollte ich die Aufmerksamkeiten mehrerer Männer gegen die Unaufmerksamkeit eines einzigen eintauschen?«

Colette Mars' Weisheit:
»Lauft nie einem Mädchen oder einem Taxi nach; es kommt gleich ein anderes vorbei.«

Die Schauspielerin Mars hatte viele Liebhaber und wurde von ihnen reich beschenkt. Als man einmal ihren Schmuck bewunderte, meinte sie: »Gut, daß meine Juwelen diskret sind!«

Die Mars war bis zuletzt sehr stolz auf ihre Schönheit. Als sie auf dem Sterbebett lag, verlangte der Arzt, sie solle den Mund öffnen und die Zunge zeigen. Da öffnete sie den Mund und röchelte:
»Sehen Sie nur her! Das alles sind noch meine Zähne!«

MARX, GROUCHO

(20. Jh.) Komiker

— * —

Marx wollte seiner Kinder wegen einem Sportklub beitreten, der ein prächtiges Schwimmbad besaß. Er wurde aber zurückgewiesen, weil dieser Klub keine Juden aufnahm. Da schrieb er dem Präsidenten:
»Sir, meine Kinder sind Halbjuden; es wäre also gerecht, sie bis zum Nabel in Ihrem Schwimmbecken baden zu lassen.«

Groucho Marx' Sekretärin meldet:
»Draußen ist ein Mann, der Sie sprechen will. Ein Mann mit einem Schnurrbart.«
»Sagen Sie ihm, daß ich schon einen habe«, erwidert Groucho.

»Ich habe einen wundervollen Abend verbracht«, sagte Groucho Marx zu der Hausfrau, als er eine sehr langweilige Party im Hollywood verließ. »Aber das war nicht der heutige.«

Zu einem flüchtig bekannten und ihm nicht sehr sympathischen Herrn sagt Groucho Marx:
»Ich habe sonst ein ausgezeichnetes Personengedächtnis. Aber mit Ihnen will ich eine Ausnahme machen.«

MASCAGNI, PIETRO

(1863-1945) ital. Komponist

— * —

Bei der Aufführung von Mascagnis ›Isabeau‹ in Parma wurde der Tenor nach einer Arie ausgepfiffen. Das Publikum war völlig entfesselt. Mascagni, der in der Kulisse stand, flüsterte dem Unglücklichen etwas zu, und daraufhin trat der Tenor noch einmal an die Rampe und rief:
»Still! Sonst wiederhole ich die Arie!«
Daraufhin beruhigte sich das Publikum im Nu.

Die Uraufführung der ›Cavalleria‹ fand am 17. Mai 1890 in Rom statt. Mascagni mußte sich bei einer Bank dreihundert Lire ausleihen, um einen Anzug und die Fahrkarte zu kaufen. Die Premiere war ein gewaltiger Erfolg. Als Mascagni auf die Bank ging, um seine Schuld zu bezahlen, sagte der Bankier:
»Den Wechsel behalte ich. Ihr Autogramm ist bereits dreihundert Lire wert.«

Mascagni empfing eines Tages einen jungen Komponisten, der ihm unbedingt sein letztes Opus vorspielen wollte. Mascagni mußte sich fügen, der junge Mann setzte sich ans Klavier, und bald dröhnte das Zimmer in furchtbarem Donner. Als der letzte Akkord verklungen war, flüsterte der Komponist:
»Das war ›Napoleons Tod‹.«
»Das wundert mich gar nicht«, meinte Mascagni.

MASSARY, FRITZI

(1882-1969) Operettensängerin

— * —

Die gefeierte Diva war schwer zu bewegen, eine Rolle zu übernehmen, die ihr nicht lag. Einst drang der Direktor des Berliner Metropoltheaters in sie: »Aber diese Rolle sollten Sie wirklich nicht ablehnen! Es gibt wenige Aufgaben, die so große Anforderungen an Interpretationsvermögen und Menschenkenntnis stellen wie diese.«
Die Massary aber wollte nichts davon wissen. »Ach was, Menschenkenntnis«, sagte sie. »Ich spiele immer nur mich.«

Max Pallenberg brachte seine Frau Fritzi Massary in einem Taxi nach Hause. Sie stieg schon aus, während er noch bezahlte. Da beugte sich der Fahrer vertraulich zu ihm und sagte:
»Wissen Se ooch, wodruff Se sich inlass'n? Det is nämlich die Massary, det wird'n teurer Spaß!«

MASSENET, JULES
(1842-1912) frz. Komponist

— * —

Die Oper eines jungen Komponisten war durchgefallen.
»Nun«, trösteten ihn seine Freunde, »wenigstens hat man dich nicht ausgepfiffen.«
»Wie soll man pfeifen«, bemerkte Massenet, »wenn man gähnt?«

Ein junger Komponist wollte Massenet seine erste Oper vorspielen. Er sagte:
»Sie wissen doch, daß Molière immer seine Stücke zuerst einer einfältigen alten Frau vorlas, um die Wirkung zu prüfen.«
»Solange Sie nicht Molière sind«, erwiderte Massenet, »habe ich nicht die Absicht, Ihnen als altes einfältiges Weib zu dienen.«

Jules Massenet wurde eingeladen, in Genf seine ›Thais‹ zu dirigieren. Er überlegte – Opern dirigieren war seine schwache Seite – dann sagte er zu. Die Orchestermusiker freuten sich, sie hofften von ihm etwas zu lernen und warteten gespannt auf die Aufführung. Massenet setzt sich ans Pult, er hebt den Taktstock, alles blickt ihn an – dann flüstert er mit freundlichem Zwinkern dem Orchester zu:
»Et maintenant, Messieurs, conduisez-moi bien!«

MATISSE, HENRI ÉMILE BENOÎT
(1869-1954) frz. Maler, Graphiker, Zeichner und Bildhauer

— * —

Matisse hat für einen Millionär den Plafond des Speisesaals gemalt. Eine Dame betrachtet lange den Plafond und fragt schließlich Matisse:
»Sagen Sie, Meister, was stellt das eigentlich vor?«
»500000 Francs«, antwortet Matisse.

Matisses Kunst war gerade unter seinen Bekannten und Freunden immer wieder Anlaß zu Kritik und Auseinandersetzungen. Viele waren skeptisch und Levy, er sollte während der Münchner Räterepublik auch in Deutschland bekannt werden, meinte einmal, man bekäme noch den ›Reu-Matisse-mus‹.

MATKOWSKY, ADALBERT
(1857-1909) Schauspieler

— * —

Matkowsky gastierte in Brünn, gab aber vor der Vorstellung noch eine Vorstellung im ›Türkenblut‹, wo er vorzüglich speiste und noch intensi-

ver trank. Die Folgen der Völlerei machten sich dann auf der Bühne bald bemerkbar, und das Publikum begann zu pfeifen.
Da sprang Matkowsky an die Rampe und schrie: »Meine Damen und Herren! Wenn ein Schauspieler wie ich in einem Nest wie Brünn spielt, muß er entweder verrückt oder besoffen sein. Ich habe das letztere vorgezogen.«

In dem jungen Schauspieler Rudolf Christian hatte Matkowsky einen gefährlichen Rivalen bekommen, der den ›Hamlet‹, seine Rolle, übernehmen sollte. Matkowsky lud die Konkurrenz zu einer Flasche Wein ein, beglückwünschte ihn, bot ihm die Brüderschaft und sehr viel Alkohol an. Als es Zeit für die Vorstellung wurde, entließ er den schon Schwankenden mit einem Schlag auf die Schulter:
»So, mein Sohn, nun geh rüber und spiele den Hamlet.«

MEISSONIER, ERNEST
(1815–1891) frz. Maler, Bildhauer und Graphiker

— * —

Ein Freund fragte Meissonier:
»Wie haben Sie es fertig gebracht, auf dem Bild ›Napoleon im Jahre 1812‹ die schneebedeckte Straße zu malen?«
Der Maler zog unter dem Tisch ein Brett hervor.
»Hier hatte ich alles Nötige vorbereitet: Schlamm, Furchen. Aus Lehm habe ich dann Kanonen gemacht. Das Ganze habe ich mit Mehl bestreut, und schließlich habe ich es gesalzen, und die Straße war fertig.«
»Wozu gesalzen?«
»Um ihr den Glanz des Schnees zu verleihen. Warum lächeln Sie? Was hätte ich sonst tun sollen?«
»Nach Rußland fahren«, meinte der Freund.
»Das ist schon wahr«, sagte der Maler. »Aber wir Pariser reisen so ungern!«

Ein sehr einflußreicher Politiker und Freund Meissoniers kam eines Tages triumphierend zu dem Maler.
»Wissen Sie, was ich fertiggebracht habe? Eine Straße wird nach Ihnen genannt! Rue Meissonier – was sagen Sie dazu?!«
Der Maler setzte seine Arbeit fort und meinte endlich achselzuckend:
»Ich hatte mindestens einen Boulevard erwartet!«

Meissonier hatte Dumas ein Aquarell geschenkt, wollte aber keine Widmung darauf schreiben.
»Bilder mit Widmungen verkaufen sich schlechter als die andern«, sagte er.

»Und woher wissen Sie denn, daß ich Ihr Bild verkaufen will?« fragte Dumas.
»Sind Sie so reich, daß Sie sich's leisten können, es zu behalten?« war Meissoniers Gegenfrage.

MELBA, NELLIE

(eigentl. Helen Mitchell, 1861-1931) austral. Sopranistin

— * —

Zeitig genug die Bühnenkarriere zu beenden, vermögen wenige weltberühmte Sängerinnen. Zu denen, die das fertigbrachten, gehörte Mrs. Melba. Sie wurde in Australien Direktorin eines Konservatoriums. Gern gab sie große Feste, doch sie servierte der Sidneyer Gesellschaft keinen Gesang mehr, statt dessen jene berühmt gewordenen Pfirsiche.
Ein Abgeordneter des australischen Parlaments aber sagte: »Wie klug diese Frau ist! Sie will uns nicht mehr mit ihrer Stimme betören, aber wer weiß, vielleicht wird der Ruhm dieser Speise die Erinnerung an die Sängerin überdauern.«

MENGELBERG, WILLEM

(1871-1951) niederländ. Dirigent

— * —

Mengelberg hatte die Eigenart, seine Musiker nie mit ihren Namen anzusprechen, sondern nur mit ›Erste Flöte‹, ›Zweite Oboe‹, ›Drittes Horn‹ etc. Gefragt, was es damit auf sich habe, antwortete Mengelberg:
»Ach, wissen Sie, man kennt meine oft wenig taktvollen Bemerkungen, und da ich immer nur das Instrument nenne, kann nie einer beleidigt sein. Das hat so seine Vorteile, besonders bei der Arbeit.«

MENUHIN, YEHUDI

(geb. 22. 4. 1916) amerik. Geiger

— * —

Wie viele große Männer wird auch Menuhin von Zudringlichkeiten verfolgt. Dazu gehört die Erwartung, er möge das Talent anderer beurteilen. So mußte er einmal im Haus von Gastgebern dem Geigenspiel des Sohns zuhören. Nach seinem Urteil befragt, sagte Menuhin:
»Ihr Sohn spielt wie Artur Rubinstein.«
»Aber der ist doch gar kein Geiger!«
Menuhin: »Eben, Sie sagen es.«

Eine Gewerkschaft will die Kultur fördern, sie verteilt Karten für ein Konzert Yehudi Menuhins an Berliner Arbeiter. Einer, der tatsächlich hinging, wurde am nächsten Morgen von seinen Kollegen gefragt:
»Du, war'n det wat? Det is doch nischt for unsereens.«

»Habt ihr 'ne Ahnung«, prahlt der Konzertbesucher. »Det war ne Wucht. Der streicht vielleicht 'nen kessen Darm.«

MENZEL, ADOLPH VON
(1815-1905) Graphiker, Zeichner und Maler

— * —

Menzel kam meist zu spät ins Theater. Einmal kam er auch zu ›Don Juan‹ zu spät. Nachher sagte er:
»Den alten Komtur habe ich noch nie lebendig gesehen!«

Ein Soldat mußte Menzel auf einem Pferd Modell sitzen. Er war so ermüdet, daß er schließlich ohnmächtig hinunterfiel. Bevor der Maler ihm mit einem Glas Wasser zu Hilfe kam, skizzierte er noch schnell den auf dem Boden liegenden Soldaten.

Nach einer Aufführung von ›Wallensteins Tod‹ sagte Menzel:
»Wenn dieses Stück dem Ende zugeht und alles Unglück über den Wallenstein hereinbricht, dann kommt immer dieser Max Piccolomini mit seinen Privatangelegenheiten und Amouren und hält das Stück unnütz um eine Stunde auf.«

Auf dem Bild eines Hofballs hatte Menzel einige Hofdamen wahrheitsgetreu dargestellt. Die Damen waren nicht zufrieden und wollten verschönert werden. Ein General wurde mit der diplomatischen Mission betraut, das dem Künstler begreiflich zu machen. Als er die Wünsche der Damen vorbrachte, erwiderte Menzel:
»Ich kann nicht anders; wenn Sie es besser können, so übergeben Sie mir gefälligst das Kommando Ihres Armeecorps, und ich übergebe Ihnen Pinsel und Palette.«

Ein Industrieller, den Menzel gemalt hatte, bat eine Gesellschaft zusammen, um die Enthüllung des Bildes mitzuerleben. Der Porträtierte hatte allerdings niemandem verraten, wer der Meister des Bildes sei. Nach der Enthüllung des Bildes wurde es von allen Seiten gelobt, nur ein junger Maler tadelte die Flüchtigkeit der Durchführung:
»Das Bild ist ähnlich, aber bitte, sehen Sie sich mal die Knöppe an, hingehauen, kaum angedeutet.«
Da gab sich Menzel zu erkennen und fauchte böse: »Ich male Köppe, keine Knöppe!«

»Sehen Sie nur den schönen Kopf dieses Mädchens«, sagte jemand zu Menzel.
Menzel betrachtete das Mädchen und erwiderte:

»Zwischen Nase und Ohr ist doch eine entsetzliche Einöde, in der rein gar nichts passiert.«

Eine berühmte Sängerin sandte Menzel eine Einladung zu ihrem Liederabend. Doch er ging nicht hin und sagte zu einem Freund:
»Ach, weißt du, so ein Liederabend ist nichts für mich. In all den Liedern ist nur von Amouren die Rede, und davon verstehe ich nun gar nichts.«

Um zu einer Gesellschaft zu gelangen, mußten Mommsen und Menzel vier Etagen hoch steigen. Erschöpft sagte Menzel zu dem zwei Jahre jüngeren Mommsen:
»Wissen Sie, ich habe zu meinem Atelier gewiß ein gehöriges Ende zu steigen, aber solche Kletterei wie hier ist mir noch nie vorgekommen.«
»Ach was, haben Sie sich nicht so, wir werden bald noch höher steigen müssen«, antwortete Mommsen.
»Wissen Sie, lieber Mommsen, da lasse ich Ihnen lieber den Vortritt«, orakelte der Maler.
Mommsen starb 1903, Menzel 1905.

»Exzellenz«, wurde Adolf von Menzel gefragt, »haben Sie nicht manchmal ein Herz für die Frauen gehabt?«
»Ein Herz? Nein«, erwiderte Menzel. »Nur ein Auge.«

MESCHAERT, JOHANNES

(um 1900) Liedersänger

—*—

Ein Wiener Industrieller hatte den Sänger Meschaert für einen Abend engagiert, um seinen Gästen etwas Besonderes zu bieten. Der Sänger erhielt für vier Lieder ein Honorar von sechshundert Kronen. Es gab stürmischen Applaus. Der Hausherr trat zum Künstler und sagte leise:
»Lieber Meister, wollen Sie nicht noch etwas zugeben?«
»Nach Ihnen«, erwiderte der Sänger höflich.

MEYERBEER, GIACOMO

(1791-1864) Opernkomponist

—*—

Eine Dame wünschte sich dringend ein Autogramm von Meyerbeer. Sie wandte sich an den Direktor der Oper, mit dem sie befreundet war.
»Ich habe selber keines«, erwiderte der Direktor. »aber ich will Ihnen eins verschaffen.«

Kurz darauf setzte er ›Die Hugenotten‹ an und sandte den Zeitungen die Anzeige: »Die Hugenotten. Große Oper von Halévy.«
Am nächsten Morgen erschien bereits ein Bote mit einem empörten Brief Meyerbeers. Und so kam die Dame zu ihrem Autogramm.

Zwei jüdische Kaufleute kamen nach Paris und suchten ihren berühmten Glaubensgenossen Meyerbeer auf. Er war geschmeichelt und schenkte ihnen Karten zu den ›Hugenotten‹. Am nächsten Tag, als sie sich bedanken kamen, fragte er herablassend: »Nun, wie hat es Ihnen denn gefallen?«
»Sehr schön«, erwiderte der eine, »ein prachtvolles Stück. Nur schade, daß die Musik alles verdirbt.«

MEYERHEIM, PAUL

(1842-1915) Maler

— * —

Der bekannte Maler hatte auch ein ›Urteil des Paris‹ gemalt. Drei unbekleidete Göttinnen und der Jüngling mit dem Apfel füllen die Leinwand. Als nun die Köchin des Hauses ins Atelier kommt, will sie wissen, was das Bild eigentlich vorstellt. Paul Meyerheim erzählt ihr die Geschichte, worauf die Köchin nach einigem Bedenken meint:
»Nee, für en Appel hätte ich mir nich nackig ausjezogen!«

MICHELANGELO, BUONARROTI

(1475–1564) ital. Bildhauer, Maler, Baumeister und Dichter

— * —

Michelangelo hatte seinen David vollendet und ließ ihn nun in Florenz auf der Piazza della Signoria aufstellen. Da kam Pietro Soderini, der Gonfaloniere von Florenz, vorüber, der sich für einen großen Kunstkenner hielt. Er blieb stehen, betrachtete den David eingehend und sagte dann zu Michelangelo:
»Die Nase ist ein wenig zu dick geworden.«
Michelangelo wollte nicht mit ihm streiten, nahm ein Skalpell und eine Handvoll Marmorstaub, kletterte auf das Gerüst, klopfte an der Nase herum und ließ immer ein wenig Staub fallen, ohne auch nur das Geringste zu verändern. Dann sagte er zu Soderini:
»Wie gefällt es Euch jetzt?«
»Großartig! Ihr habt ihm das Leben gerettet.«

Ein Franzose stand vor Michelangelos berühmter ›Pieta‹-Gruppe und meinte verächtlich zum Meister:
»Wo haben Sie denn eine Mutter gesehen, die jünger ist als ihr Sohn?«
»Im Paradies«, antwortete Michelangelo schlagfertig.

Michelangelo malte unter den Gestalten in der Hölle auch einen ihm feindlich gesinnten Kardinal. Der Kirchenfürst beschwerte sich beim Papst und verlangte, seine Gestalt müsse vom Bild verschwinden. Aber der Papst erwiderte:
»Ihr wißt sehr wohl, daß ich die Macht habe, eine Seele aus dem Fegefeuer zu befreien, nicht aber aus der Hölle.«

Als man Michelangelo zum erstenmal ein Bild von Tizian zeigte, sagte er: »Schade, daß man in Venedig nicht richtig zeichnen lernt.«

Ein Maler zeigte Michelangelo ein Bild, das fast nur aus Anleihen bei anderen Malern bestand.
»Gebt acht«, sagte Michelangelo, »wenn jeder sich nehmen wird, was ihm gehört, bleibt Euch nur die Leinwand.«

Michelangelo hatte seinen Moses beendet. Er war mit seiner Arbeit so zufrieden, daß er dem Moses mit dem Hammer auf das Knie schlug und rief: »Warum sprichst du nicht?!«
Denn das war das einzige, das noch fehlte.

Als Michelangelo den auffallend schönen Sohn des Malers Francia kennenlernte, sagte er: »Deinem Vater gelingen die lebendigen Gestalten besser als die gemalten.«

MIES VAN DER ROHE, LUDWIG
(1886–1969) Architekt

— * —

Mies van der Rohe hat in Deutschland nach 1945 nur ein Bauwerk übernommen: die neue National-Galerie in West-Berlin wurde ein Jahr vor dem Tod des Architekten fertiggestellt.
Bei der Grundsteinlegung hatte der Berliner Bau-Professor Werner Düttmann zu van der Rohe gesagt: »Ihr Entwurf erinnert sehr an Ihr Verwaltungsgebäude für Bacardi in Kuba.«
Mies, der die Funktion eines Gebäudes stets souverän mißachtet hat, erwiderte: »Ich denke nicht daran, jeden Montagmorgen eine neue Architektur zu erfinden.«

MIGNARD, NICOLAS
(1606–1668) frz. Porträtist

— * —

Mignard hatte das zehnte Porträt von Ludwig XIV. gemalt.
»Finden Sie mich gealtert?« fragte der König.

»Ja. Sire«, war die Antwort. »Ich sehe einige Feldzüge mehr auf der Stirne Eurer Majestät.«

MILLE, CECIL DE
(20. Jh.) Filmproduzent

— * —

Cecil de Mille sagte:
»Ein guter Film fängt mit einem Erdbeben an und steigert sich ununterbrochen bis ans Ende.«

Cecil de Mille inszeniert einen Film, der im alten Rom spielt. Tausend Arbeiter sind beschäftigt; er hat den Verdacht, daß sie stehlen, und so läßt er das Tor von einem Polizisten bewachen. Ein Arbeiter kommt mit einem Karren heraus.
»Was haben Sie in dem Karren?« fragt der Polizist.
»Anfeuerholz«, lautet die Antwort, und es war wirklich Anfeuerholz. Das wiederholt sich ziemlich häufig. Endlich sagt der Polizist zu de Mille:
»Ich habe scharf aufgepaßt, aber bisher ist nichts gestohlen worden.«
»Nichts gestohlen worden?« brüllt de Mille. »Es fehlen doch mindestens zehn römische Streitwagen!«

MILLET, JEAN-FRANÇOIS
(1814-1875) frz. Maler und Graphiker

— * —

Die Nichte in der Galerie: »Und das ist der berühmte ›Angelus‹ von Millet.«
Die Tante: »Der Mann hat wirklich die Stirne gehabt, das Kalenderbild zu kopieren, das zwölf Jahre lang in unserer Küche hing!«

Ein Bilderhändler sagte zu Millet: »Ihre Kühe stinken nach dem Stall. Könnten Sie sie nicht etwas gefälliger machen? Sie sehen ja aus, als kämen sie vom Misthaufen.«
»Und woher sollen sie sonst kommen?« fragte Millet. »Aus einem Salon? Meine Kühe verkehren nicht in der feinen Gesellschaft, sie gehen nur auf die Wiesen und in den Stall.«

Im Hause des Malers Millet fehlt es an Brot. Die Kinder weinen und werden ohne Abendessen ins Bett geschickt. Da klopft es an der Türe. Millet öffnet, sein Freund Diaz tritt ein und bringt Brot. Millet hatte ihn nach Paris geschickt, um einige Zeichnungen zu verkaufen, und Diaz war drei für sechzig Franc losgeworden, zwanzig Francs die Zeichnung! Millet in überschäumender Freude schmiedet Zukunftspläne:

»Wenn ich zu diesem Preis jede Woche zwei Zeichnungen verkaufen könnte, wären wir aus dem Wasser!«
»Das könnte dir passen!« meint Diaz. »Vierzig Francs die Woche! Du bist ja größenwahnsinnig!«

MISTINGUETTE
(1875–1956) Pariser Revuestar

— * —

In den dreißiger Jahren war die Mistinguette den Siebzig sehr nahe. Da wurde sie aufgefordert, in einem Film mitzuspielen.
»Es gibt nur zwei gute weibliche Rollen, die einer alten Dame und die eines Mädchens«, sagt man ihr.
»Schön, ich tu gern mit«, sagt sie. »Aber wer wird die alte Dame spielen?«

MODIGLIANI, AMADEO
(1884-1920) ital. Maler und Bildhauer

— * —

Wenn Modigliani eine seiner Sauftouren startete, ging es von Bistro zu Bistro. Einmal sah er auf einer Hauswand ein großes Reklameplakat für Pernod, eine gelbe Flasche, zwei Gläser auf dunklem Grund. Zu einem Begleiter gewandt verkündete der sicherlich zu diesem Zeitpunkt nicht mehr nüchterne Maler:
»Alter Freund, man hat nie etwas Schöneres gemacht.«

Modigliani war leicht zu verletzen. Wieder mal in ärgster Not begab er sich mit einem Pack Handzeichnungen zu einem Händler und wollte sie um einen lächerlichen Preis loswerden. Der Händler jedoch feilschte noch um den geringen Preis herum und versuchte ihn zu drücken. Wortlos packte da Modigliani alle seine Zeichnungen auf einen Haufen, bohrte ein Loch durch den Packen, fädelte einen Bindfaden durch und empfahl sich:
»Das kriegt jetzt die nächste Toilettenfrau!«

Obwohl Modigliani selber bettelarm war, teilte er seine letzte Habe stets mit Bedürftigen. Einmal saß er mit einem Maler zusammen, dem man ansah, wie lange er nichts gegessen hatte. Modigliani wollte ihm gern etwas Geld anbieten, fürchtete jedoch, dessen Stolz zu verletzen. Da ließ er eine Banknote fallen, stand auf, stieß die Note in die Nähe des anderen und sagte im Weggehen:
»Schau, da liegt wohl ein Zehnfrankenschein auf dem Boden.«

Ein Besuch Modiglianis bei Renoir nahm keinen guten Verlauf. Renoir kannte Modigliani nicht, gab ein paar joviale Ratschläge:
»Malen Sie mit Lust, mit der gleichen tiefen Lust, mit der Sie eine Frau lieben ... Ich streichle den Popo einer Frau, die ich male, Tage und Tage mit dem Pinsel, bevor ich das Bild fertigmache.«
Modigliani ging zur Tür: »Monsieur Renoir, ich mache mir nichts aus einem Popo!«

Eines Tages kam Modigliani mit viel zu großen amerikanischen Schuhen in sein Stammcafe, der ›Rotonde‹. Der Maler Utrillo kaufte ihm das Paar für zwanzig Franken ab, Modigliani zog die Schuhe sofort aus und setzte sich barfuß an den Tisch. Er hatte die Schuhe erheblich unter ihrem Wert verkauft, hatte er doch jeden Sou bitter notwendig. Dennoch gelang ihm noch der Scherz:
»Eh bien, die Schuhe waren ein paar Nummern zu groß, der Preis ein paar Nummern zu klein. Das gleicht sich wieder aus!«

Zu des Malers Lebzeiten schätzten nur wenige dessen Bilder. Auch nahm die Kunstwelt von seinem Hinscheiden keine besondere Notiz. Die ihn aber gekannt hatten, die Pariser Maler und das Heer von Frauen, das in den schönen Mann verliebt gewesen war, trauerten aufrecht. So wurde das Begräbnis Modiglianis das eines großen Herren. Als der Leichenkondukt durch die Pariser Straßen zog, standen am Straßenrand Polizisten und grüßten in militärischer Haltung den Trauerzug.
Picasso, der dabei war, flüsterte seinem Nebenmann zu: »Nun ist er gerächt.«

MOISSI, ALEXANDER
(1880-1935) Schauspieler

— * —

Moissi und Max Pallenberg kehrten gemeinsam von einem Schweizer Urlaub in das Deutsche Reich zurück. Moissi war ungehalten, daß Pallenberg Kaffee schmuggeln wollte, er überlegte schon, sich von seinem Begleiter zu trennen, als der Zöllner unerwartet rasch vor ihnen stand.
»Was haben Sie da in dem Paket?« fragte der Grenzwächter.
Pallenberg: »Kaninchenfutter.«
Der Zöllner roch den Kaffee und sagte: »Seit wann fressen Kaninchen Kaffeebohnen?«
»Sie werden lachen«, meinte Pallenberg, »bei mir kriegen sie nun mal nichts anderes.«
Da mußte der Zöllner tatsächlich lachen, er ließ Pallenberg seiner Wege ziehen.
Moissi staunte: »Es geht eben nichts über Chuzbe.«

MOLÉ, ANDRÉ

(1724-1802) frz. Schauspieler

— * —

Als um das Jahr 1800 Molé krank war, gab es kaum eine Equipage, die nicht täglich vor seiner Türe hielt, um Erkundigungen nach seinem Befinden einzuziehen. Und als es hieß, der Arzt habe ihm ein paar Tropfen Burgunder erlaubt, da waren zwei Tage später nicht weniger als viertausend Flaschen Burgunder in seinem Haus.

MONET, CLAUDE

(1840-1926) frz. Maler, einer der Hauptmeister des Impressionismus

— * —

Monet war außerordentlich naiv. Ein sehr hochgestellter Herr und glühender Bewunderer Monets war bei ihm im Atelier, nahm einen der Pinsel des Meisters und sagte:
»Darf ich diesen Pinsel zur Erinnerung an Sie mitnehmen?«
Da griff Monet in eine Schachtel und erwiderte:
»Dann nehmen Sie doch wenigstens einen neuen!«

»Was macht ihr mit euren alten Dekorationen?« fragte Monet eines Tages Sacha Guitry.
»Je nachdem. Ist es ein Durchfall, so verwenden wir sie wieder; ist es ein Erfolg, so sind sie derart verbraucht, daß man sie vernichtet.«
»Wissen Sie zufällig, was aus der Dekoration von ›Cigale‹ von Meilhac und Halévy geworden ist? Es war ein Maleratelier, und die Bilder waren unmittelbar auf die Kulissen gemalt.«
»Ich werde nachsehen. Aber warum interessiert Sie das?«
»Man wollte damals dem Publikum recht lächerliche Bilder zeigen, und da hat man sie von Renoir und von mir machen lassen. Das war ein riesiger Heiterkeitserfolg!«

Ein Sammler wollte von einem Händler ein Bild von Monet kaufen, das die Brücke von Bougival darstellte. Der Sicherheit halber ging er zum Meister und fragte ihn, ob das Bild auch echt sei.
»Ja«, sagte Monet. »Ich habe es 1868 gemalt und einem Händler für hundert Francs verkauft.«
»Und ich«, sagte der Sammler entrüstet, »soll jetzt zehntausend dafür zahlen!«
»Nun«, meinte Monet, »er hat mir damals nur fünfzig Francs Bargeld gegeben, und für die andern fünfzig das Bild eines unbekannten Malers. Dieser Maler hieß Cézanne, und ich habe das Bild noch immer. So bin ich im Grunde gar nicht so schlecht bezahlt worden.«

MONROE, MARYLIN
(1926-1962) amerik. Filmschauspielerin

— * —

Man fragte Marylin Monroe, wann sie gelernt habe, ihre Hüften so herausfordernd zu wiegen.
»Mit drei Jahren«, erwiderte sie. »Damals hat man mir ein Dreirad ohne Sattel geschenkt.«

MOORE, HENRY
(geb. 1898) engl. Bildhauer, Maler und Zeichner

— * —

Bei der Eröffnung einer Ausstellung seiner Plastiken wurde Moore aufdringlich von einer Dame gefragt: »Wie bringen Sie solche Meisterwerke nur zustande?«
Moore: »Ganz einfach. Ich nehme einen Felsblock und haue alles weg, was mir nicht gefällt.»

Moore hatte eine seiner berühmten Ausstellungen eröffnet. In der Halle standen zwei Kritiker und betrachteten die halb abstrakten Plastiken mit den kleinen Köpfen.
Sagte der eine: »Denker sind sie nicht gerade.«
Meinte der andere: »Sie sind Trümmer unserer Zivilisation.«

MOSER, HANS
(eigtl. Jean Juliet, 1880-1964) Schauspieler, Wiener Charakterkomiker

— * —

In einer Weinrunde wurde erzählt, es gebe ein Mittel, durch Konzentration selbst Kopfschmerzen zu überwinden. So habe zum Beispiel Pascal als Kind seine Neigung zu Kopfschmerzen durch das Ersinnen geometrischer Figuren bekämpft.
Darauf Moser: »Gerade wie ich! Mir ging's als Kind genauso, ich bekämpfte die Geometrie durch das Erfinden von Kopfschmerzen.«

»Sie sind halt jetzt in aller Munde«, sagte eine Kollegin zu Moser. »Aber wird's Ihnen nicht manchmal ein bißchen zu viel mit all den Anekdoten, die man über Sie erzählt?«
»Iwo!« erwiderte Moser. »'s ist eh nur die Hälfte wahr und außerdem: Menschen, die keinen Spaß verstehen, verstehen auch keinen Ernst.«

MOSZKOWSKI, MORITZ
(1854-1925) Pianist und Komponist

— * —

Ein Komponist besucht Moszkowski und sagt:
»Ist das heute ein Dreckwetter!«
Worauf Moszkowski erwidert:
»Apropos Dreck – haben Sie wieder etwas komponiert?«

Der Komponist Moszkowski sagte:
»Die Franzosen sind geschaffen, um Musik zu komponieren, die Italiener, um sie vollendet zu singen, die Deutschen, um sie vollendet zu spielen, die Engländer, um zuzuhören, und die Amerikaner, um zu bezahlen!«

MOUNET, JEAN-PAUL
(1847-1922) frz. Schauspieler

— * —

Der Schauspieler Mounet war ein großer Weinkenner. Man verband ihm die Augen, ließ ihn ein Glas nach dem andern kosten, er sagte: »Chambertin, Pommard, Beaune . . .« und immer stimmte es. Bei einem Glas schließlich mußte er zugeben:
»Nein, das kenne ich nicht.«
Es war Wasser.

MOZART, WOLFGANG AMADEUS
(1756-1791) Komponist

— * —

Ein Freund fragte ihn einmal: »Wie oder wann komponierst du eigentlich?«
Darauf antwortete Mozart ohne zu überlegen: »Das Komponieren wäre ja so leicht, wenn ich nur Zeit hätte. Es ist ja oben alles fertig, ich brauche es nur herauszunehmen.«

Nach der Wiener Premiere des ›Don Giovanni‹ ließ Kaiser Josef II. Mozart zu sich in die Loge rufen, gratulierte ihm, meinte aber sachverständig:
»Wie viele Noten!«
»Majestät«, erwiderte Mozart, »nicht eine einzige zuviel!«

In Wien war der Erfolg des ›Don Giovanni‹ nicht groß. Da sagte der Kaiser:
»Die Oper ist göttlich; vielleicht noch schöner als der ›Figaro‹. Aber es ist keine Speise für die Zähne meiner Wiener.«
»Lassen wir ihnen Zeit, sie zu kauen«, meinte Mozart.

Die Premiere des ›Don Giovanni‹ fand in Prag statt, in dem Theater, das böhmische Adelsfamilien unter der Führung des Grafen Nostitz gebaut hatten. Die Zerline sang Signora Bandini. Mozart wollte ihr beibringen, daß sie einen verzweifelten Schrei ausstoßen sollte, weil es doch um einen Angriff auf ihre Tugend ging. Trotz allem Probieren klappte es nicht recht.
Da packte Mozart die Sängerin unverhofft so heftig, daß sie laut aufkreischte. Und das war genau jener Schrei gekränkter Unschuld, den Mozart verlangt hatte.

Ein junger Mann fragt Mozart, wie man es anstellen soll, eine Symphonie zu schreiben.
»Sie sind noch jung«, meint Mozart, »fangen Sie doch mit Liedern an!«
»Aber Sie selber haben ja schon mit zwölf Jahren Symphonien geschrieben!«
»Gewiß, gewiß«, entgegnet Mozart. »Aber ich habe nie gefragt, wie man das anstellen soll.«

Mozart mußte einmal der Steuerbehörde sein festes Einkommen angeben. Er trug in das Formular die achthundert Gulden Gehalt ein, die er als Kammerkompositeur des Kaisers Joseph bezog, und schrieb in die Rubrik ›Besondere Bemerkungen‹:
»Zu viel für das, was ich leiste, zu wenig für das, was ich leisten könnte.«

MUCHE, GEORG

(geb. 1895) Maler

— * —

In jener Zeit, als die Psychoanalyse gerade in Mode kam, besuchten zwei Männer Muche in seinem Atelier und betrachteten seine Bilder. Muche zeigte ihnen ein Bild mit dem Titel ›Der seltsame Fisch‹, danach einige andere Bilder mit Fisch-Motiven.
Die Herren unterhielten sich lange, dann sagte einer zu dem Maler:
»Ich vermute, Sie sind erotisch sehr kühl.«
»Ja«, antwortete Muche, »dann und wann gehe ich mit einem Karpfen in die Badewanne.«

MUNCH, EDVARD

(1863-1944) norweg. Maler und Graphiker

— * —

Als Munch ein junger Künstler war, ging es ihm sehr schlecht, doch das gestand er selbst gegenüber Freunden nur ungern ein. Eines Tages be-

suchte ein Bekannter den Maler im Hotel. Im Gespräch erwähnte Munch, daß er gegenwärtig gar keine Bilder verkaufen könne, seine Preise seien wohl zu hoch, doch er denke nicht daran, sie herabzusetzen.
»Aber um Himmels willen«, rief der Besucher, »wovon leben Sie denn?«
»Das ist nicht weiter schwierig«, erwiderte Munch und drückte auf den Klingelknopf neben der Tür.

Anläßlich des 70. Geburtstages des Malers erhielt er am 12. 12. 1933 ein Telegramm Goebbels, in dem er von dem Minister als ›Bahnbrecher der bürgerlichen Moderne, als kraftvoller eigenwilliger Geist-Erbe nordischer Natur‹ gefeiert wurde. Er habe sich ›freigemacht von jedem Naturalismus‹ und habe ›auf die ewige Grundlage völkischen Kunstschaffens‹ zurückgegriffen.
Munch, der diese Würdigung aus diesem Munde nicht verdient hatte, mußte dann noch miterleben, wie wenige Jahre später seine Bilder als ›entartete Kunst‹ aus den deutschen Galerien entfernt wurden.

MÜNCHINGER, KARL
(geb. 29. 5. 1915) Dirigent

— * —

1945 gründete Münchinger sein eigenes Orchester in Stuttgart, das Stuttgarter Kammerorchester. Eine der ersten Auslandsreisen ging nach Frankreich. Nach einem Konzert in Paris wurde Münchinger mit seiner Kapelle in ein feudales Landhaus eingeladen. Alle waren etwas befangen, und während Münchinger noch mühsam ein paar Brocken Französisch aus seiner Schulzeit zusammensuchte, kam die Hausfrau dem Dirigenten schon entgegen. Verwirrt begrüßte Münchinger sie mit:
»Bon jour, Monsieur!«
Die Dame reagierte ohne zu zögern: »Bon jour, Madame!«

Nach einem Konzert in London sprach ein kleiner Mann Münchinger an:
»Na ja, man hört sofort, daß das ein deutsches Orchester ist«, und klopfte dem Dirigenten auf die Schulter.
»Danke«, sagte Münchinger und ging wieder aufs Podium, um sich für den Beifall zu bedanken. Als er zurückkam, stand der kleine Mann immer noch da.
Münchinger fragte im Vorübergehen: »Sind Sie auch Musiker?«
»O ja, auch ich mach hier und da Musik.«
Münchinger mußte wieder aufs Podium. Er kam wieder zurück, der kleine Mann sagte:
»Die Art, wie hier gespielt wird, macht mir wirklich Freude. Da ist nichts gekünstelt. Da ist alles gelöst und gelockert!«

Münchinger dachte, ein Bühnenarbeiter kann dieser Mann unmöglich sein, und fragte: »Sind Sie Geiger?«
»O nein, ich bin nicht Geiger. Ach wissen Sie, ich schlag so ein bißchen in der Luft herum . . .«
In dem Moment kam ein Orchestermitglied vorbei und begrüßte hocherfreut den kleinen Mann: »Herr Professor Kleiber! Was machen Sie hier?«
Errötend stotterte Münchinger eine Entschuldigung: »Ich bin zu jung . . .«

NEGRI, PAOLA

(3. 1. 1899) poln.-amerik. Filmschauspielerin

— * —

In einem Film sollte Pola Negri in einer tragischen Szene weinen. Aber keine Träne rollte. Ein Pianist spielte für sie sentimentale Lieder. Nichts. Man erinnerte sich ihrer großen Liebe zu Rudolf Valentino und beschrieb ihr plastisch dessen Tod. Keine Träne quoll aus den Augen der Diva. Man wußte, sie hatte mal ein blondes, geliebtes Kind gehabt, daß früh gestorben war. Dezent erinnerte man sie an die Tragödie. Es half nichts.
Plötzlich rief Pola Negri: »Freunde, ich habe eine Idee. Holt mein Grammophon aus dem Hotel und die Schallplatte im grünem Umschlag. Die Boten rasten, die Platte wurde aufgelegt, klare Knabenstimmen des Leipziger Thomaner-Chores sangen: »Stille Nacht, heilige Nacht, alles schläft, einsam wacht.«
Und der Star weinte, weinte für die UFA.

NEHER, CAROLA

(1905-1942) Schauspielerin

— * —

Die Schauspielerin, die einmal gesagt hatte, daß sie lieber für die Ränge als die Logen spiele, bewohnte in Berlin eine luxuriöse Wohnung. Plötzlich, Anfang 1933, gab sie diese Wohnung auf, mietete sich zwei Zimmer und begann zu kochen. Ein Freund fragte sie, warum sie das mache. Carola Neher antwortete:
»Ich bereite mich gegenüber dem Nationalsozialismus auf den einzig wahren Weg nach Rußland vor.«

NEUSS, WOLFGANG

(geb. 3. 12. 1923) Berliner Kabarettist

— * —

Als man an einem Berliner Gericht Horst Mahler, dem Anwalt der Außerparlamentarischen Opposition, den Prozeß machte, nahm als ›sach-

kundige Schreibhilfe‹ auf der Verteidigerbank der Kabarettist Neuss Platz. Niemand vermochte dem Herausgeber von ›Neuss-Deutschland‹ diese Rolle streitig zu machen.
Von Journalisten befragt, was der tiefere Grund für dies Engagement sei, meinte Neuss: »Ick sammle mal'n bißchen Stoff.«

Wolfgang Neuss hatte in einem Berliner Hochhaus eine neue Wohnung bezogen. Eines Tages kam er mit einem anderen Mieter ins Gespräch, der fragte:
»Ist es bei Ihnen im Wohnzimmer auch so feucht?«
»Und wie«, antwortete der Kabarettist, »wenn wir Fernsehen wollen, müssen wir jedesmal die Scheibenwischer vom Wagen abmontieren.«

Als die Berliner Mauer noch nicht gebaut war, erzählte Neuss:
Ein Dackel aus dem Ostsektor besucht seinen Freund im Westen. »Wie geht's denn drüben?« erkundigt sich der.
»Och, soweit prima«, erklärt der Ostdackel.
»Warum biste dann rüber jekommen?«
»Ick wollte nur mal bellen.«

Der Kabarettist gastierte in einem schwäbischen Provinzstädtchen und hatte sein Programm schon so ausgerichtet, daß ausschließlich für Preußen verständige Nummern ausgelassen wurden. Trotzdem war der Abend kein Erfolg, kein Mensch lachte. Der Künstler trank sich aus Wut einen an und kam am nächsten Morgen doppelt schlecht gelaunt an den Frühstückstisch. Erstaunt war er, als der Hotelkellner ihn strahlend empfing:
»Ich sage Ihne, Herr Neuß, wir habe gestern abend uns fast totgelacht über Sie!«
»Was, totgelacht, kein Aas hat im Saal auch nur geschmunzelt, und Sie sagen totgelacht.«
»Doch, doch, Herr Neuß, nachher habe wir gelacht, wie der Herr Lehrer im Wirtshaus uns alles erklärt hat.«

NIELSEN, ASTA

(1881-1972) dän. Filmschauspielerin

— * —

Nach der Hochzeit der 88jährigen mit einem 70jährigen dänischen Kunsthändler sagte der dänische Stummfilmstar vergangener Zeiten neugierigen Reportern:
»Sex im Leben ist mir wichtiger als Sex im Film, denn Sex erhält jung!«

NIVEN, DAVID

(20. Jh.) amerik. Filmschauspieler

— * —

Während des Kriegs hatte David Niven die Küche für die Unteroffiziere zu besorgen. Einmal hatte er Gelegenheit, durch ein russisches Schiff Kaviar zu bekommen. Den setzte er den Unteroffizieren vor und erwartete nun begeistertes Lob. Ein alter Sergeant kam auf ihn zu und sagte:
»Ich klage wirklich nicht gern. Aber die Brombeermarmelade, die Sie da gekauft haben, stinkt schrecklich nach Fisch!«

NOVELLI, ERMETE

(1851-1919) ital. Schauspieler

— * —

Novelli hatte sich geweigert, ein kleines Theaterblättchen zu abonnieren, und so wurde er von dem betreffenden Kritiker schlecht behandelt; ihm war das gleichgültig, seine Frau aber kränkte sich, und so schickte sie insgeheim den Betrag für zwei Abonnements an die Zeitung.
Und siehe, nach der nächsten Premiere war ein Hymnus auf Novelli zu lesen.
»Das schmeckt doch weniger bitter als sonst«, konnte seine Frau sich nicht enthalten zu sagen.
»Olga, wieviel Stück Zucker hast du hineingetan?« fragte Novelli.

Novelli war sehr gutmütig und wurde von aller Welt ausgenützt. So erhielt er eines Tages einen Brief:
»Lieber Herr Novelli, ich bin Kassier der Bank Capano und habe fünftausend Lire unterschlagen; wenn ich bis morgen keine Deckung beschaffen kann, bleibt mir nichts übrig, als zum Revolver zu greifen.«
Diesmal fand Novelli doch, daß die Sache zu weit ging, und so schrieb er:
»Ich bin leider nicht in der Lage, Ihnen fünftausend Lire zu leihen; da ich aber doch etwas für Sie tun möchte, stelle ich Ihnen meinen Revolver zur Verfügung.«

Ermete Novelli trug sich in einem Hotel in Rovigo als Geschäftsreisender ein, um nicht behelligt zu werden. Nach Tisch begann ein Gast die berühmten Schauspieler zu imitieren und natürlich auch Novelli. Die andern Gäste waren begeistert, aber Novelli meinte:
»Gerade Novelli glaube ich besser imitieren zu können als Sie.«
Und er begann Stellen aus seinen größten Rollen zu rezitieren und fand auch viel Beifall. Doch der erste Imitator meinte:
»Gar nicht schlecht! Aber Sie haben Novelli sicher nicht sehr oft gesehen. Sie haben nur das Glück, daß eine gewisse äußere Ähnlichkeit vorhanden ist.«

OFFENBACH, JACQUES

(1819-1880) frz. Komponist dt. Herkunft

— * —

Der Literat Glatigny geht eines Tages völlig mittellos zu Offenbach, der damals die ›Bouffes Parisiennes‹ leitete, und bittet um irgendeine Arbeit. Offenbach denkt nach, er hat keine Verwendung für ihn.

»Halt«, sagt er, »wir spielen jetzt ›Belisaire‹, da könnte ich Sie gebrauchen. Sie gehen jeden Abend an dem armen Blinden vorbei und geben ihm einen Sou.«

»Ja, wenn Sie mir den Sou vorstrecken.«

»Abgemacht«, sagt Offenbach, »ich rechne auf mindestens zweihundert Aufführungen, hier sind fünf Francs Vorschuß.«

Glatigny tritt sein Amt an und erhält von Offenbach auch an jedem folgenden Abend fünf Francs. Eines Abends erklärt Glatigny:

»Ich möchte für dieses Honorar doch etwas mehr leisten!«

»Nun«, meint Offenbach, »dann geben sie dem armen Belisaire von jetzt an zwei Sous.«

Während der Proben zu ›Orpheus in der Unterwelt‹ wurde Offenbach krank und mußte zwei Monate im Bett bleiben. Unterdessen gingen die Proben weiter, die Sänger amüsierten sich, veränderten, improvisierten, erfanden . . . Offenbach sah sich insgeheim eine Vorstellung an und erschien dann im Zwischenakt auf der Bühne, lebhaft, aber auch mit schlechtem Gewissen begrüßt.

»Waren Sie im Zuschauerraum, cher Maître?«

»Ja, ja«, erwiderte er. »Ich war da und habe eure Operette gesehen. Ihr habt das Publikum ganz gut amüsiert. Da ich euch aber engagiert habe, um meine Operette zu spielen und nicht eure, so fangen wir morgen um zwölf Uhr fünfundvierzig mit den Proben an.«

OISTRACH, DAVID

(1908-1974) russ. Geiger

— * —

Oistrach spielt auf einer Stradivari-Geige. Er wurde gefragt: »Gehört das Instrument Ihnen?«

»Nein! Es wurde mir von der Moskauer Akademie auf Lebenszeit zur Verfügung gestellt. Ich bin dafür verantwortlich, und ich habe mich schriftlich verpflichtet, es nie aus den Augen zu verlieren und den Weg vom Konzertsaal in meine Wohnung nur im Auto zurückzulegen.«

»Ist Ihre Stradivari nicht vorsichtshalber versichert?«

Oistrach lächelte: »Wozu? Das Instrument kann doch durch Geld nicht ersetzt werden.«

OLIVIER, LAURENCE, SIR

(geb. 22. 5. 1907) engl. Schauspieler

— * —

Bei einer Gesellschaft erzählte der berühmte Schauspieler ein merkwürdiges Erlebnis. Er wollte einen alten Kollegen, den er schon lange nicht mehr gesehen hatte, besuchen, verirrte sich aber in dem großen Mietshaus und läutete endlich bei dem Hausmeister. Er fragte nach dem Gesuchten.
»Er wohnt im zweiten Stockwerk«, war die Antwort, »aber wenn Sie ihn sehen wollen, müssen Sie sich beeilen!«
»Warum?«
»Weil sie eben dabei sind, den Alten in den Sarg zu legen!«

Des englischen Schauspielers Selbstbewußtsein war makellos. 1933 telegraphierte ihm eine Hollywooder Filmgesellschaft, er solle sofort kommen, es seien Probeszenen mit der Garbo für den Film ›Königin Christine‹ angesetzt. Olivier telegraphierte zurück:
»Komme in drei Tagen, die kleine Dame möchte bitte warten.«

Oliviers erstes Engagement war das eines Bühnen-Assistenten. Die alte Haushälterin fragte ihn vorsichtig: »Was tun Sie eigentlich in dem Stück, das gespielt wird?«
»Hör zu«, sagte Olivier geheimnisvoll, »wenn du in der Pause deinen Tee trinkst und du vernimmst die Glocke, die dich an deinen Platz ruft, dann wirst du wissen, daß ich es bin, der den Finger an die Klingel legt.«

ORFF, CARL

(geb. 10. 7. 1895) Komponist

— * —

Wieder einmal wurden in München neue Werke von Werner Egk und Carl Orff beinahe gleichzeitig uraufgeführt. Auf die Frage, wem man den Vorzug geben solle, meinte Hans Pfitzner mürrisch: »Egk mich am Orff.«

Wolfgang Schneditz berichtet, wie Carl Orff seine Oper ›Die Bernauerin‹ vor einem kleinen Kreis in Salzburg in einem Klavierauszug vorgespielt habe: »Orff schlug, während die Hexen aus ihm geiferten und wüteten, voll in die Tasten, raste die Klaviatur besinnungslos von oben nach unten, schlug auf das Klavier ein, daß es bebte und krachte, stampfte mit den Füßen in den Boden. Mit dem letzten Akkord sprang er vom Flügel auf, schien völlig unerschöpft, sagte, er müsse sich für seine Abreise nach München fertig machen, verschwand unversehens und ließ ein erstarrtes Auditorium in einem Zustand völliger Verblüffung zurück.«

Ein eitler junger Komponist gesteht Carl Orff:
»Gegenwärtig, Meister, komponiere ich wieder eine Oper.«
Darauf sagt Orff lakonisch: »Geben's nur acht, daß Sie nicht einmal erwischt werden.«

PADEREWSKI, IGNAZ

(1860-1941) Pianist und Präsident der Republik Polen

— * —

Paderewski spielte in Chicago bei einem neureichen Mann, der seinen Gästen etwas ganz Besonderes vorsetzen wollte. Zum Schluß hauchte Paderewski einige Nocturnes von Chopin über die Tasten. Nachher sagte der Hausherr:
»Sehr schön, Mr. Paderewski! Aber Sie hätten ruhig lauter spielen können. Wir wohnen ja allein in dieser Villa, und rund herum haben wir einen großen Park. Es hätte also niemanden gestört.«

Als Paderewski in einer kleinen Stadt in Amerika durch die Straßen ging, hörte er Klavier spielen. Er blieb stehn, trat in das Haus, wo gespielt wurde und sah an einer Türe eine Karte:
Miss Smith, Klavierunterricht, 25 Cent die Stunde.
Da die junge Dame selber spielte und zwar ohne große Kunst ein Nocturne von Chopin, trat er ein, setzte sich ans Klavier und korrigierte ihre Fehler.
Viele Monate später kam er wieder in die Stadt, erinnerte sich des Vorfalls, trat wieder in das Haus und sah auch die Karte. Doch diesmal stand darauf:
Miss Smith, Schülerin von Paderewski, Klavierunterricht, ein Dollar die Stunde.

Als Paderewski nach dem Ersten Weltkrieg nach Amerika fuhr, um von den Vereinigten Staaten Lieferungen für Polen zu erhalten, stellte er fest, daß die Amerikaner größtes Interesse für Polen hatten, aber nur wenig Ahnung von der europäischen Geographie.
Der Marineminister Daniels empfing ihn, und der große Musiker bat ihn um Schiffe, mit denen die Waren nach Polen gebracht werden sollten.
»Ganz gut«, sagte Daniels, »aber wo, zum Teufel, sollen denn unsere Schiffe hinfahren?«
»Nach Danzig, natürlich.«
»Nach Danzig! Ach, Mr. Paderewski, man sieht doch gleich, daß Sie ein Künstler, ein Träumer sind und kein praktischer Mensch. Wie sollen unsere Schiffe nach Danzig fahren, wenn doch das ganze Mittelländische Meer noch voller Minen steckt?«

Als Paderewsky in Boston war, näherte sich ihm ein Schuhputzer und bot ihm seine Dienste an. Der große Pianist musterte den Burschen, der sehr schmutzig war, und sagte:
»Nein, mein Junge, aber wenn du dir das Gesicht wäschst, gebe ich dir einen Vierteldollar.«
»Schön«, rief der Bursche, lief zum nächsten Brunnen und wusch sich. Dann kam er zurück. Paderewsky hielt ihm das Geldstück hin. Der Bursche nahm es, dann gab er es mit ernster Miene zurück und sagte:
»Hier, Mister, nehmen Sie's und lassen Sie sich die Haare schneiden!«

Als Paderewski wieder einmal sein Menuett mit liebevollen Fingerspitzen kosend ertönen ließ, sagte der Pianist Godowsky:
»Man hört die Musik vor lauter Nuancen nicht.«

PAGANINI, NICCOLÒ
(1782-1840) Meistergeiger

— * —

Es verdroß Paganini, daß die Leute ihn einen Zauberer nannten.
»Zwölf Stunden täglich üben, manchmal sogar sechzehn, und das zwanzig Jahre lang, bis die Finger wund sind – das ist mein Zauberspruch.«

Ein Pianist rühmte sich, seine Konzerte seien so überfüllt, daß ein Teil des Publikums in den Gängen stehn müsse.
»Das ist noch gar nichts«, erwiderte Paganini. »Bei meinen Konzerte muß ich selber stehn.«

Als Paganini sich in Mailand aufhielt, kam er, den Geigenkasten unter dem Arm, in eine abgelegene Gasse. Aus einem Gasthaus drang verlokkender Fischgeruch. Paganini wollte eintreten, doch der Wirt wies auf eine Tafel an der Türe, und darauf stand:
›Vagierenden Musikanten ist der Eintritt verboten!‹

PAGE, ADELE
(18. Jh.) frz. Schauspielerin

— * —

Die berühmte französische Tragödin Adele Page, die zudem auch wunderschön war, erhielt unter vielen andern Briefen auch den eines Anbeters, der schrieb:
»Mademoiselle, ich verehre Sie! Erweisen Sie mir die Gunst, heute abend in die erste Loge links zu schauen. Ich werde dort sein und, damit Sie mich erkennen, die Beine über die Brüstung hängen lassen.«

PAGNANI, ANDREINA

(um 1900) ital. Schauspielerin

— * —

Frau Pagnani ist auf einer Tournée. Da sie keine Proben hat, möchte sie zwei Stücke lesen, die sie später einstudieren will, und zwar ›Figaros Hochzeit‹ und ›Der Kuß‹ von Banville. Sie schreibt ihrem Mann, er möge ihr die Stücke schicken.
Darauf erhält sie die Antwort:
Hochzeit unmöglich stop mußt dich mit Kuß begnügen.

PALLENBERG, MAX

(1877-1934) Schauspieler

— * —

Eines Tages, als sie auf Tournee in Heidelberg waren und einen probenfreien Tag hatten – jeder in einem anderen Ensemble –, schlug Fritzi Massari, Pallenbergs unvergessene Frau, ihrem Mann vor:
»Laß uns eine Kahnpartie auf dem Neckar machen und irgendwo im Grünen essen.«
»Ich im Freien essen?« entrüstete sich Pallenberg. »Bei solch rustikalen Erwartungen hättest du besser den Zuckmayer geheiratet.«

Pallenberg war noch nicht ›entdeckt‹, wußte aber, was er sich wert war. In irgendeiner belanglosen Komödie hatte ihm der Regisseur den verantwortungsvollen Satz ›Herr Graf, es ist serviert‹ zudiktiert. Pallenberg sprach an entsprechender Stelle den dramatischen Satz, dann ging er an den Bühnenrand und sagte ins Publikum: »Und solche Rollen gibt mir der Herr Direktor.«
Pallenberg hatte großen Erfolg, und man ist der Meinung, daß er seit jenem Abend kaum mehr einen unbedeutenden Satz in seiner Laufbahn hat sprechen müssen.

Der Schauspieler liebte es, sich am Telefon so zu melden: »Hallo, hier Pallengebirge!«

PARTRIDGE, BERNHARD

(um 1900) engl. Karikaturist

— * —

Bernhard Partridge, der berühmte Zeichner des ›Punch‹, empfing eines Tages einen polykopierten Brief, worin er eingeladen wurde, sich an einem Wettbewerb einer großen Likörfabrik zu beteiligen. Es sollte nur ein einziger Preis zugesprochen werden, die nicht preisgekrönten Zeichnungen aber sollten in den Besitz der Firma übergehn. Darauf antwortete Partridge folgendermaßen:

»Meine Herren,
ich setze einen Preis von zwei Schilling für die beste Likörmarke aus und würde mich sehr freuen, wenn Sie an diesem Wettbewerb teilnehmen wollten. Jede Fabrik hat zwölf Dutzend Flaschen an das Schiedsgericht zu senden, und die nicht preisgekrönten Liköre bleiben Besitz des Schiedsgerichts. Versandkosten gehen selbstverständlich zu Lasten des Absenders.«

PASQUIN, JULES
(1885-1930) frz. Maler und Zeichner

— * —

Der Maler bekam in seinem Atelier den Besuch der Gattin eines hohen französischen Beamten. Die Dame, die sehr üppig war, begehrte gemalt zu werden. Pasquin wollte sie davon abhalten und warnte:
»Wissen Sie, ich male in erster Linie Akt, Sie könnte ich nur als Badende malen.«
»Das nehme ich in Kauf«, sagte die Dame und zog sich aus.
Pasquin schaute sie an und sagte: »Würde es Ihnen etwas ausmachen, Madame, sich an meinen Kollegen Rubens zu wenden? Sie finden ihn den ganzen Tag im Louvre!«

PATTI, ADELINA
(1843-1919) ital. Sängerin

— * —

Die Patti sollte für eine Aufführung der ›Traviata‹ in Boston 5000 Dollar erhalten. Nachmittags erschien der Agent der Sängerin bei dem Impresario Mapleson, um das Geld einzustreichen. Mapleson mußte gestehn, daß ihm noch tausend Dollar fehlten. Der Agent verhandelte mit der Patti und erklärte dann dem Impresario, die Patti wolle ihn nicht sitzen lassen, obgleich sie das Recht dazu hätte. Sie nehme die 4000 Dollar, werde das Kostüm der Traviata anziehen, aber ohne Schuhe. Die Schuhe würde sie erst anziehen, wenn sie den Rest des Honorars hätte.
Mapleson lauerte an der Abendkasse. Als er 800 Dollar beisammen hatte, gab er sie dem Agenten, der sie zur Patti trug und mit der tröstlichen Botschaft wiederkam, sie habe schon einen Schuh angezogen. Auch die restlichen 200 Dollar gingen ein. Nun zog die Patti auch den zweiten Schuh an und betrat die Bühne.

PAWLOWA, ANNA

(1885-1931) russ. Tänzerin

— * —

Anna Pawlowa war sehr wohltätig und unterstützte unter anderm auch ein Waisenhaus in Paris. Bei einer Tournée durch Amerika schenkte ihr der Präsident von Venezuela eine große Samtkassette, auf der ihr Name mit lauter Zwanzigdollarstücken eingelegt war.

»Zum erstenmal tut es mir leid«, sagte sie, »daß ich Anna Pawlowa heiße.«

»Warum?« fragte der Präsident.

»Wenn ich jetzt Anastasia Edwardowna Karwinskaja hieße, käme das meinen Armen zugute.«

PECHSTEIN, MAX

(1881-1955) Maler und Graphiker

— * —

Vor dem 1. Weltkrieg hatte Max Pechstein Wohnung und Atelier in Berlin-Friedenau in der Offenbacher Straße. Die Rückseite seines Hauses, wo auch die Fenster seines Ateliers gelegen waren, gingen auf den Friedhof, und so hatte der Maler, wenn er arbeitete, oft die Beerdigungsmusik als Begleitung, was ihn nicht weiter störte.

Im Gegenteil, Pechstein meinte: »Soviel Tote machen einen erst richtig lebendig.«

PERGOLESI, GIOVANNI BATTISTA

(1710-1736) ital. Komponist

— * —

Die Mönche von San Luigi hatten bei Pergolesi ein Stabat Mater bestellt, das später unsterblich werden sollte. Der Musiker war krank und fühlte sein Ende nahen. In größter Hast arbeitete er an dem Stabat Mater.

»Ich muß mich beeilen, um nicht vorher zu sterben«, sagte er, »die guten Brüder haben es schon bezahlt und mir viel mehr dafür gegeben, als es wert ist.«

Sie hatten ihm einen Betrag gegeben, der nicht ausreichen sollte, sein Begräbnis zu bezahlen.

PÉRIER, FRANÇOIS

(20. Jh.) frz. Schauspieler

— * —

Périer mußte abnehmen, um den rechten Umfang für die Rolle des Cadet Roussell zu haben: so ging er denn regelmäßig ins Dampfbad und ließ

sich massieren. Am vierten Tag, nach getaner Arbeit, versetzt der Masseur ihm drei schallende Schläge auf die noch immer fleischigste Stelle seiner künstlerischen Persönlichkeit. Périer dreht sich verdutzt um.
»Sagen Sie – werde ich davon auch abnehmen?«
»Nein«, erklärt der Masseur. »Aber die Glocke funktioniert nicht, und das ist das Zeichen, daß der nächste Kunde kommen kann.«

PERUGINO, PIETRO

(um 1450-1523) ital. Maler

— * —

Perugino stammte aus ärmlichsten Verhältnissen. Um ihnen zu entkommen, wanderte er aus seiner Heimatstadt Perugia nach Florenz. Dort wurde er Maler, aber es ging ihm noch immer entsetzlich schlecht. Er aß kaum etwas und besaß kein Bett. In einem winzigen Zimmer schlief er in einer hölzernen Kiste.
Die Leute sagten: »Perugino probt jede Nacht sein letztes Lager.«

PERUZZI, BALDASSARE

(1481-1536) ital. Baumeister und Maler

— * —

1527 besetzten die Franzosen Rom und alles was Beine hatte, sah zu, die Stadt so schnell wie möglich zu verlassen. Auch Peruzzi flüchtete, wurde aber von den Franzosen gefangen genommen. Sein edles Antlitz und seine stolze Haltung ließen die Franzosen vermuten, einen hohen Würdenträger oder reichen Mann in ihren Händen zu haben. Lange beteuerte Peruzzi vergeblich, ein armer Maler zu sein. Als er den Franzosen endlich Proben seiner Kunst geben konnte, ließen sie ihn, nachdem sie ihn grausam geschlagen und mißhandelt hatten, frei.
Stöhnte Peruzzi, nachdem es ihm gelungen war, sich in seine Heimatstadt Siena durchzuschlagen: »Einmal im Leben als reicher Mann angesehen zu werden, war diese Behandlung wahrlich nicht wert.«

PFITZNER, HANS

(1869-1949) Komponist

— * —

Baldur von Schirach, Pimpfenoberster im Dritten Reich, ließ bei Pfitzner ein umfangreiches Werk bestellen. Mürrisch antwortete der Komponist dem Unterhändler:
»Naja, dann schreibe ich eben eine Pimphonie in Bal-dur.«

Pfitzner war eingeladen, bei Bekannten der Aufführung seines Quartetts, Opus 13 D-Dur beizuwohnen. Während des Musizierens störte ein immerwährendes Scharren an der Wand. Entsetzt stellte der Gastgeber fest: »Kaminkehrer«. Und er wußte, daß dieser Kaminkehrer vom Meister als eine persönliche, ausdrücklich ihm zugedachte Kränkung angesehen werde. Endlich ließen die Geräusche nach, dann Ruhe. Zufrieden stellte man fest: »Es hat aufgehört!«
Erwiderte Pfitzner mürrisch: »Ja, jetzt, wo ich mich gerade dran gewöhnt habe!«

Pfitzner trieb wenig persönlichen Aufwand. Nach seinen Konzerten fuhr er oft mit der Trambahn heim. Einmal kam er mit einem der Fahrgäste in ein Gespräch.
»Schade«, sagte der. »Eigentlich wollte ich heute abend ins Konzert vom Pfitzner gehen. Aber es gab nur noch Stehplätze, das war für mich zu anstrengend.«
»Ja«, meinte Pfitzner, »das kann ich Ihnen nachfühlen. Ich war nämlich da. Ich hab auch die ganze Zeit stehn müssen.«

Voller Bekümmernis stand Pfitzner eines Tages im Münchner Stadtteil Bogenhausen vor den Trümmern seines durch eine Fliegerbombe zerstörten Hauses.
Er seufzte: »Und da behaupten die Leute immer, daß mir nichts einfällt.«

Pfitzners Witz war so bissig, daß nur gute Freunde es wagten, ihn mit derselben Waffe zu vergelten. Als der Komponist eines Abends auf dem Weg zum Dämmerschoppen auf einen alten Bekannten traf, spielte der Erstaunen: »Was, Sie sind hier? Ich denke, Sie liegen in Sao Paulo im Krankenhaus?«
Pfitzner, der sich noch nicht denken konnte, worauf die Sache hinauslaufen sollte, blinzelte sein Gegenüber skeptisch an. Da schlug der andere die Zeitung auf und tat so, als lese er vor:
»Hans Pfitzner, dem berühmten Komponisten, wiederfuhr auf seiner Brasilienreise ein Unglück. Gleich nach seinem Eintreffen in Sao Paulo besuchte er das Schlangeninstitut und wurde von einer gefürchteten Korallenschlange gebissen. Wie wir unmittelbar vor Redaktionsschluß erfahren, ist das Befinden nicht nur des Komponisten, sondern vor allem der Schlange entsprechend ernst.«

PHIDIAS

(Anf. des 5. Jh. v. Chr. – um 430) griech. Bildhauer

— * —

Als Phidias sein Hauptwerk, den sitzenden Zeus, wohl an die 20 Meter hoch, vollendet hatte, bat er den Himmel um Zeichen der Billigung. Daraufhin fuhr ganz in seiner Nähe ein Blitzstrahl in den Boden.
Unsicher äußerte sich der Bildhauer: »Wie war das nun wohl gemeint?«

PICASSO, PABLO

eigtl. Ruiz y P. (1881-1973) span. Maler, Graphiker, Bildhauer und Keramiker

— * —

Picasso besichtigte in Paris eine Ausstellung zeitgenössischer Malerei aus aller Welt. Über seinen Eindruck befragt, äußerte er anschließend:
»Ich bin der Auffassung, die Menschen sind nicht so schlecht, wie sie gemalt werden.«

Die Wertsteigerung seiner Bilder ermöglichte Picasso eine materiell unabhängige Lebensweise, aber mit Luxus umgab er sich nie. Sein Idealleben sah er einmal so:
»Ich möchte leben wie ein Armer mit viel Geld.«

Picasso, der sein ganzes langes Leben lang zur Avantgarde in der Kunst gezählt hat, sagte einmal (und er muß es wissen):
»Die Avantgarde wird von hinten häufiger beschossen als von vorne.«

Picasso lobte die Bilder des Malers Adolphe Milich, fand es aber erstaunlich, daß Milich sich nicht dem Kubismus zugewandt hatte. Milich nun malte schöne Landschaften und Porträts, doch nichts Kubistisches.
Da sagte Picasso: »Schöner als Corot gemalt hat, können wir nicht. Also machen wir etwas anderes.«

Im Anschluß an die Eröffnung einer Pariser Kunstausstellung trat ein junger Mann im Auftrag eines gemeinnützigen Unternehmens mit einer Spendenliste an die anwesende Prominenz heran. Mancher zeichnete einen ansehnlichen Betrag.
Als Picasso an die Reihe kam, bat er einen Augenblick um Geduld, zog einen Skizzenblock hervor, entwarf ein Porträt des jungen Sammlers, signierte es mit Datum und meinte: »Wenn Sie Glück haben, erzielen Sie für diese Spende ein paar tausend Franc.«

Ein neuer Briefträger bringt Picasso die Post; er sieht sich um und sagt:
»Ich habe ja gar nicht gewußt, daß Ihr kleiner Junge auch schon malt!«

Picasso ist bei einem Wohltätigkeitsfest. Vor einem jungen Mädchen, das alle Reize des Frühlings besitzt, bleibt er entzückt stehen und flüstert: »Botticelli!«
»O nein«, stellt sie erbost fest: »Christian Dior.«

Bei Picasso wird eingebrochen. Als der Einbrecher sich mit seiner Beute entfernt, sieht ihn die Haushälterin, greift rasch nach Bleistift und Papier und zeichnet ihn. Picasso selbst steht zufällig auf seinem Balkon, sieht gleichfalls den Verbrecher und zeichnet ihn auch. Dann gehen Maler und Haushälterin zur Polizei und zeigen ihre Bilder. Auf die Zeichnung der Haushälterin hin wird der Einbrecher bald dingfest gemacht.
Auf Picassos Zeichnung hin werden hundertzwanzig Personen und ein Fauteuil von Louis Quinze zur Polizei gebracht.

Ein Ölprinz besucht Picasso und meint:
»Wir sind ja im Grunde Kollegen. Haben wir nicht beide unser Vermögen mit Öl gemacht?«
»Ja, das schon«, erwidert Picasso. »Aber ich habe viel weniger Öl dazu gebraucht als Sie!«

Ein Kunsthändler kaufte ein mit Picasso signiertes Bild und fuhr zu ihm, um festzustellen, ob das Bild echt war. Er warf einen Blick darauf und sagte: »Eine Fälschung.«
Bald darauf kaufte der Händler abermals einen Picasso und fuhr damit zu dem Meister, der abermals erklärte:
»Eine Fälschung!«
»Aber, Meister«, rief der Händler, »das Bild haben Sie doch unlängst gemalt, als ich bei Ihnen war!«
Picasso zuckte die Achseln.
»Ich male eben manchmal Fälschungen.«

Zwei Zehnjährige stehen vor einem Bild von Picasso.
»Laufen wir lieber davon«, sagt der eine. »Sonst wird man noch behaupten, wir hätten das gepinselt!«

In einer Galerie steht unter einem Bild von Picasso ›Unverkäuflich‹. Eine Kennerin meint:
»Das ist sicher wahr. Aber es ist doch unhöflich, es unter das Bild zu setzen.«

Kahnweiler, der Freund Picassos, fragte den spanischen Maler einmal:
»Warum gibt es auf Ihrem großen Wandbild ›Frieden‹ Fische in einem Käfig und Vögel in einem Aquarium?«
Picasso antwortete: »Im Frieden ist alles möglich!«

PIGALLE, JEAN-BAPTISTE
(1714-1785) frz. Bildhauer

— * —

Pigalle hatte eine Statue ausgestellt und versteckte sich im Publikum, denn er wollte die Ansichten der Besucher kennen lernen. Ein Enthusiast rief:
»Was für eine herrliche Statue! Die so viel bewunderten Alten haben so etwas Schönes nie zustande gebracht!«
Pigalle war sehr bescheiden und fand dieses Lob unerträglich.
»Herr«, sagte er. »Sie reden dummes Zeug und haben die Statuen der Alten gewiß nicht sehr genau studiert, sonst würden Sie diese hier nicht so preisen!«
Der Bewunderer brauste auf.
»Sie haben diese Statue hier ganz gewiß nicht so genau studiert und begriffen wie ich die Statuen der Alten!«
Da gab sich Pigalle zu erkennen, und der Streit nahm ein friedliches Ende.

PIRANESI, GIOVANNI BATTISTA
(1720-1778) ital. Radierer und Baumeister

— * —

Wenn Piranesi an der Arbeit war, ließ er sich nicht gern stören. Als einmal jemand an die Türe klopfte, trat er ans Fenster, beugte sich hinaus und rief:
»Piranesi ist nicht zu Hause!«
Und damit mußte der unerwünschte Besucher abziehen.

PISANO, NICCOLÒ
(um 1225-um 1283) ital. Bildhauer

— * —

Die Florentiner waren gerade dabei, einige Türme ihrer Stadt, die ihnen nicht mehr gefielen, abzureißen. Nur der Turm Guardamorte auf dem Platz von S. Giovanni widersetzte sich den Spitzhacken, außerdem war er sehr hoch.
Niccolò jedoch wußte Rat. Er ließ den Turm auf einer Seite am Fuße durchschneiden und mit Pfosten stützen, die eine halbe Elle lang waren. Diese ließ er anzünden. Als sie verbrannt waren, stürzte der Turm von sich aus zusammen. Diese Methode, Gebäude niederzureißen, wurde danach noch lange praktiziert.

PISSARO, CAMILLE

(1830-1903) frz. Maler und Graphiker

— * —

Pissaro trifft einen Freund, der ein großer Kunstliebhaber, gleichzeitig aber auch Beamter im Finanzministerium ist.
»Wie geht's?« fragt der Freund. »Verkaufst du gut?«
Pissaro ist vorsichtig.
»Fragst du mich das als Freund oder als Beamter des Finanzministeriums?«

PLANTÉ, FRANCIS

(1839-1934) frz. Pianist

— * —

Planté sollte in Toulouse ein Konzert geben. Wenige Minuten vor Beginn stürzt er zu einem Barbier, um sich rasieren zu lassen. Der Friseur empfängt ihn kühl.
»In zwei Minuten bin ich doch fertig«, sagt Planté.
»Ja, aber gerade heute abend will ich zum Konzert eines berühmten Pianisten gehn, und so muß ich jetzt den Laden schließen.«
»Sie können in aller Ruhe rasieren«, erklärt Planté. »Dieser Pianist bin ich, und ohne mich fängt das Konzert bestimmt nicht an.«

PLATTE, RUDOLF

(geb. 12. 2. 1904) Schauspieler

— * —

Lange Zeit war Rudolf Platte der ›Spaßvogel vom Dienst‹ im deutschen Film. Platte jedoch wollte mehr, wollte auch ernsthafte Rollen spielen. Mit diesem Vorschlag kam er eines Tages zu seinem Produzenten, der aber antwortete, wie Produzenten zu antworten pflegen:
»Warum denn? Wollen Sie mich und sich um eine sichere Einnahme bringen?«

Nach dem 2. Weltkrieg, Platte wohnte in der Nähe von Berlin, wurde er ganz überraschend von einem sowjetischen Besatzungsoffizier als Direktor am Berliner Theater am Schiffbauerdamm eingesetzt. Genau ein Jahr später ließ der Offizier Platte in sein Büro kommen und fragte:
»Wie beginnt Gogols ›Revisor‹?«
Platte brauchte nicht lange überlegen: »Meine Herren, ich muß Ihnen eine unangenehme Mitteilung machen . . .«
Bei dieser Stelle unterbrach der Offizier den Schauspieler und zitierte weiter: »So ist es auch heute. Sie sind entlassen! Das war nicht von Gogol, sondern ein Stück sowjetischer Diplomatie.«

PODESTI, FRANCESCO
(1800-1895) ital. Maler

— * —

Podesti war außerordentlich zerstreut. Eines Tages ging er auf die Post, um nach einem Brief zu fragen, den er ungeduldig erwartete. Als er aber vor dem Schalter stand, hatte er seinen eigenen Namen vergessen. Er starrte den Beamten an und wußte sich nicht zu helfen. Zufällig ging ein Freund vorüber und rief ihm zu:
»Tschau, Podesti!«
Da schlug Podesti sich an die Stirne und fragte:
»Ist kein Brief für Podesti da?«

POPPER, DAVID
(19. Jh.) Cellist

— * —

Der berühmte Cellist David Popper war auch ein sehr witziger Mann wie später sein Kollege Heinrich Grünfeld. Ein anderer Kollege kam von einer Tournée heim und fragte Popper:
»Raten Sie, wieviel ich verdient habe!«
»Die Hälfte«, erwiderte Popper.
»Wovon die Hälfte?« fragte der Kollege verdutzt.
»Von dem, was Sie mir erzählen werden«, meinte Popper.

PORTEN, HENNY
(1890-1960) Filmstar der Stummfilmzeit

— * —

Die Älteren erinnern sich noch daran, daß zur Stummfilmzeit in den Kinos ein Klavierspieler meist mehr schlecht als recht die Aufführung untermalte.
Als Henny Porten einmal eine junge Selbstmörderin darstellte und im Film schon auf dem Brückengeländer stand, um sich in die Tiefe zu stürzen, rief jemand im Saal: »Warte, Henny, nimm den Klavierspieler mit!«

POSSART, ERNST VON
(1841-1921) Schauspieler und Intendant

— * —

Folgende Anekdote wird von Theaterleuten in mehreren Variationen erzählt und verschiedenen Intendanten zugeschrieben, so auch Ernst von Possart:
Zu ihm sei einmal eine junge, unverheiratete Schauspielerin gekommen

und habe ihr Herz ausgeschüttet, sie erwarte ein Kind. Die Schande könne sie nicht aushalten, lieber gehe sie ins Wasser.
Darauf Possart: »Aber Kind, wer wird denn gleich an so etwas denken. Sieh mal, ich habe dein Fräulein Mutter gekannt und auch dein Fräulein Großmutter- 's war auch bei denen alles halb so wild.«

Ernst von Possart wird nachgesagt, er habe eines Tages vor Gericht als Zeuge ausgesagt und bei seiner Namensnennung hinzugefügt: »Der Welt bester Schauspieler.«
Später wurde er gefragt, ob das nicht ein wenig übertrieben sei. Darauf Possart: »Wieso? Was blieb mir anderes übrig? Ich stand unter Eid.«

Possart versprach einmal einem Schauspieler eine Rolle. Als es aber so weit war, gab er die Rolle einem andern. Der Schauspieler kam und klagte:
»Aber, Herr Generalintendant, Sie haben die Rolle doch mir versprochen!«
Da rieb sich Possart das Kinn und sagte salbungsvoll:
»Nun, dann habe ich eben gelogen!«

Im Prinzregententheater ist der ›Fliegende Holländer‹ angesetzt, die Vorstellung ist ausverkauft. Da stirbt eine königliche Prinzessin, und am Tag der Beisetzung muß das Theater geschlossen bleiben. Possart setzt alle Hebel in Bewegung, damit die Beisetzung um einen Tag verschoben werde, aber es ist vergebens. Er kehrt ins Theater zurück und sagt zu den harrenden Sängern:
»O meine Lieben! Wir müssen den ›Holländer‹ zurückzahlen. Man kann die Beisetzung nicht verschieben. Die Prinzessin hält sich nicht so lange.«

POUSSIN, NICOLAS

(1593-1665) frz. Maler und Zeichner

— * —

Poussin hatte ein Bild gemalt, die ›Eheschließung der Jungfrau‹, und in einer Kirche ausgestellt. Ein Freund machte ihn auf verschiedene schwere Fehler aufmerksam.
»Da sieht man«, meinte Poussin, »daß es sogar auf einem Bild schwer ist, eine gute Ehe zu schließen!«

Ein Kardinal besuchte Poussin, der ihn beim Abschied mit einer Fackel zum Wagen geleitete.
»Mein guter Poussin«, sagte der Kardinal. »Sie sind sehr zu bedauern, weil Sie keinen Diener haben.«

»Eminenz«, erwiderte Poussin, »Sie sind noch mehr zu bedauern, weil Sie zu viele Diener haben.«
Zu einem großen Herrn, der in seinen Mußestunden malte und seine Bilder Poussin zeigte, sagte der Maler: »Ihre Bilder sind sehr schön, Monsieur. Um ein guter Maler zu werden, fehlt Ihnen nur eines: ein bißchen Armut!«

PRAXITELES
(um 350 v. Chr.) griech. Bildhauer

— * —

Seine Geliebte hatte ihn zu einem seiner Hauptwerke angeregt. Sie wünschte sich dafür eine Plastik von ihm, wollte aber, daß er selbst die wertvollste bestimmte.
Eines Tages stürmte sie ihm auf der Straße mit der Meldung entgegen: »Dein Atelier steht in Flammen!«
Entsetzt klagte Praxiteles: »Alle meine Arbeit ist umsonst, wenn die Flammen auch ›Satyr‹ und ›Eros‹ zerstört haben.«
Die listige Geliebte, Phryne geheißen, erbat sich ›Eros‹ als Geschenk.

PRÉAULT, AUGUSTE
(1809-1879) frz. Bildhauer

— * —

Préault sagte von Ingres und Delacroix:
»Ingres leidet an einer Verstopfung der Farben und Delacroix an ihrer Diarrhoe.«

PREETORIUS, EMIL
(1883-1973) Graphiker und Bühnenbildner

— * —

Als ein Besucher seiner Wohnung angesichts der herrlichen Kunstschätze, die Preetorius sein Leben lang gesammelt hatte, in Begeisterung ausbrach, dämpfte Preetorius dessen Wortschwall:
»Lieber Freund, ein Kunstwerk zu verstehen ist schwer und nur wenigen gegeben – die meisten begeistern sich lieber dafür.«

Preetorius lud eine ihm symphatische Gruppe junger Leute in seine Atelierwohnung unter dem Dache eines Hauses nahe dem Englischen Garten in München ein. Als er die Leute auf Zehenspitzen durch das nächtliche Stiegenhaus führte, bat er flüsternd:
»Bitte nicht lärmen! Schlafende Bourgeoisie!«

PUCCINI, GIACOMO

(1858-1924) ital. Komponist

—*—

Puccini pflegte zu Weihnachten seinen Freunden jenen prächtigen Kuchen zu senden, der Panettone heißt. Zu spät stellte er fest, daß er auch einen Panettone an Toscanini gesandt hatte, mit dem er in schlechten Beziehungen stand. Er schickte ein Telegramm nach: »Panettone aus Versehen abgesandt.«
Und erhielt umgehend die Antwort: »Panettone aus Versehen aufgegessen.«

Als Puccini die ›Tosca‹ komponierte, hatte er über den Schluß der Oper lang Unterhaltungen mit Illica, dem Librettisten, und Sardou, dem Dramatiker. Illica wollte Tosca wahnsinnig werden und eine Arie singen lassen, etwa wie Lucia von Lammermoor. Sardou aber fand, das beste sei, wenn Tosca sich von der Mauer der Engelsburg hinabstürzte. Es sei gefährlich, meinte er, das Publikum mit einer Wahnsinnsarie aufzuhalten, wenn doch alle bereits wüßten, die Oper sei nun zu Ende. Da würden die Leute nur ungeduldig werden.
»Das ist die ›Mantelarie‹«, sagte auch Puccini, »das heißt, ein Stück, das keiner mehr hören will, weil es allen eilt, zu ihren Mänteln zu kommen.«
Da schüttelte Sardou Puccini die Hand und rief: »Sie sind wahrhaftig ein Theatermann!«

QUALTINGER, HELMUT

(geb. 8. 10. 1928) österr. Schauspieler

—*—

Qualtinger, berühmt durch sein politisches Ein-Mann-Theater, spießt die Schwächen der Gesellschaft auf, wo er sie nur findet. Als Waffe bedient er sich unter anderem gern abgewandelter Bonmots.
So sagte er einmal: »Der Zweck heiligt höchstens die Waschmittel.«

Ein Zugereister meinte gegenüber dem Wiener Schauspieler Qualtinger, er werde es nie lernen, sich in der Hierarchie der österreichischen Gesellschaft auszukennen – alles sei viel zu undurchdringlich.
»Ach was«, erwiderte Qualtinger. »Österreich ist ein Labyrinth, in dem sich jeder auskennt.«

QUIN, JAMES

(1693-1766) engl. Schauspieler

— * —

Quin sagte zu der schönen Lady Berkeley, sie sehe aus wie der Frühling. Dann besann er sich darauf, daß der Frühling just in diesem Jahr nicht gerade erfreulich war, und fügte hinzu:
»Ich wünschte, der Frühling sähe so aus wie Eure Ladyschaft.«

QUINN, FREDDY

(geb. 9. 10. 1936) Schlagersänger

— * —

Freddy Quinn, Sänger von Seemannsschnulzen, wurde anläßlich der 100. Vorstellung des Volksstücks ›Der Junge von St. Pauli‹ im Hamburger St.-Pauli-Theater zum ›Obermaat ehrenhalber‹ ernannt. Eine Abordnung des Schulschiffs ›Deutschland‹ überreichte eine entsprechende Urkunde und würdigte Freddys Verdienste um See, Seefahrt und Seefahrtsromantik.
Ein Kommentator bemerkte bissig: »Soviel Schmalz kann die ganze Marine nicht aufs Brot schmieren, wie Freddy mit seiner Stimme produziert.«

RACHEL

(eigtl. Elisa Felix, 1820-1858) frz. Schauspielerin

— * —

Rachel war noch ein Kind, als sie sich beim Théâtre français vorstellte. Sie rezitierte einige Szenen vor einer Kommission und gefiel. Doch man wandte ein, daß sie noch zu klein sei.
»Rachel wird wachsen«, sagte sie stolz.

Rachel war imstande, Großherzigkeit zu bereuen und Geschenke, die sie gemacht hatte, wieder zurückzuverlangen. So schenkte sie dem Schauspieler Beauvallet einen prächtigen türkischen Dolch. Daraufhin schrieb er ihr:
»Ich habe den Dolch an eine Kette gehängt, damit Sie ihn mir nicht wieder wegnehmen können!«

Ein Aristokrat, der zum Hofstaat des Kaisers gehörte, fuhr mit der Rachel in einer kaiserlichen Karosse mit den Dienern in der Livrée des Kaisers zum Rennen nach Longchamps. Das Publikum auf der Straße hielt die Rachel für die Kaiserin und jubelte ihr zu. Das gab einen Skandal für die Tuilerien, und Napoleon verbot seinen Hofherrn, sich bei ihren Ausfahrten von Dienern in seiner Livrée begleiten zu lassen.
Als die Rachel das erfuhr, sagte sie: »Sehr gut, es ist ja wirklich peinlich für mich, mit der Kaiserin verwechselt zu werden.«

Einen sittenstrengen Lebenswandel führte die Rachel nicht; doch darin wurde sie von ihrer Schwester Sara noch übertroffen. Einmal behauptete Sara, Rachel habe ihr einen Liebhaber weggeangelt.
»Meine gute Sara», sagte da die Rachel, »ganz Paris ist in deinen Armen gelegen. Woher soll ich einen Freund nehmen, der nicht auch schon dein Freund gewesen wäre?«

Einmal lud sie Alexandre Dumas zu Tisch.
»Sie werden sich nicht besonders gut unterhalten«, schrieb sie ihm, »denn ich habe keinen Geist. Aber Ihr Besuch wird mir erlauben, am nächsten Tag Geist zu haben, denn ich habe ein gutes Gedächtnis.«

Die Rachel sagte einmal nach einer Premiere:
»Als ich auftrat, saßen die Leute einfach mit offenen Mündern da.«
»Unsinn!« bemerkte ein Kollege. »Die Leute gähnen doch nicht alle zur gleichen Zeit!«

RAFFAEL

eigtl. Raffaelo Santi (um 1483-1520) ital. Maler

— * —

Raffael wurde von zwei hohen Geistlichen getadelt, weil er auf einem Bild die beiden Apostel Petrus und Paulus zu rot gemalt hätte.
»Meine Herren«, versetzte der Maler, »wundern Sie sich darüber nicht, ich habe sie gemalt, wie sie im Himmel aussehen, und sie sehen deswegen so rot aus, weil sie sich schämen, daß die Kirche jetzt so schlecht verwaltet wird.«

RAMEAU, JEAN

(1638-1764) frz. Komponist

— * —

Rameau war bei einer Dame, die in der Pariser Gesellschaft etwas zählte, zu Gast. Plötzlich erhob er sich aus seinem Sessel, nahm den kleinen Hund von ihrem Schoß und warf ihn zum Fenster hinaus. Ganz entsetzt, der Hysterie nahe, fragte die verzweifelte Dame: »Was machen Sie denn da, mein Herr?«
Mit hastigen Schritten durchmaß der Komponist den Raum und, noch sehr erbost, beschwerte er sich: »Er bellt falsch!«

Rameau war einmal bei der Probe einer seiner Opern und empfahl dem Dirigenten, sich genau an seine Angaben zu halten. Der Dirigent verlor die Geduld, war tief gekränkt und warf den Taktstock weg. Da sagte Rameau mit großer Würde:

»Bedenkt, Herr, daß ich der Architekt bin und Ihr nichts als ein Maurer seid!«
Die große Zeit der ›Auffassungen‹ war eben noch nicht angebrochen.

Rameau hatte es unter Louis XV. zum Hofkomponisten gebracht. Er war Organist an der Kathedrale von Clermont gewesen, aber es drängte ihn nach Paris. Er wußte allerdings, daß die geistlichen Herren ihn nicht aus seinem Vertrag entlassen würden, der noch einige Jahre dauern sollte.
Da erlaubte er sich den Scherz, bei einer kirchlichen Feierlichkeit die seltsamsten und bizarrsten Tonfolgen zu spielen und unsägliche Dissonanzen zu entwickeln. Den Ohren seiner Zeitgenossen klang das so abscheulich, daß man ihn für wahnsinnig hielt und auf der Stelle aus seinem Amt jagte. Und das hatte er bezweckt.

Rameau waren die Textbücher, die er komponierte, sehr gleichgültig. Während der Proben zu einer seiner Opern ersuchte er eine Sängerin, eine bestimmte Arie schneller zu singen.
»Aber«, bemerkte schüchtern die Sängerin, »wenn ich schneller singe, wird man die Worte nicht verstehen.«
»Was liegt an den Worten«, erwiderte Rameau, »wenn nur die Musik richtig herauskommt.«

Rameau lag im Sterben. Ein befreundeter Abbé besuchte ihn. Am Bett sitzend hört er Rameau röcheln, beginnt laut zu beten und stimmt schließlich einen Psalm an. Plötzlich schlägt der Sterbende die Augen auf und flüstert mißbilligend:
»Aber, Herr Abbé, wie kann man nur so falsch singen!«

RAMIN, GÜNTHER
(1898-1956) Organist

— * —

Nach einem Klavier-Abend, den ein weltberühmter Pianist gegeben hatte – auf dem Programm standen Werke von Beethoven, Schubert und Schumann – befragte man Günther Ramin, wie ihm das Spiel gefallen hätte.
»Schön, tüchtig«, antwortete der Organist, »leider hörte man immer Chopin.«

Ein Organist kann nicht wie andere Solisten sein Instrument von Stadt zu Stadt mitnehmen. Der Organist ist auf das Instrument angewiesen, was ihm jeweils angeboten wird. In dieser Beziehung hatte Ramin schlechte Erfahrung gemacht, denn oft entsprachen die Orgeln nicht den geringsten Anforderungen.

Seufzte Ramin: »Anderwärts spielen ist zwar Freude, aber fremde Orgeln sind ein Kreuz.«

RAUCH, CHRISTIAN DANIEL
(1777-1857) Bildhauer

— * —

Der Altmeister der deutschen Bildhauer, Christian Rauch, kam mit 20 Jahren nach Berlin und mußte eine Anstellung als königlicher Lakai annehmen. Es dauerte lange, ehe er sich vom Dienst frei machen konnte und für seine künstlerische Arbeit Zeit fand. Allmählich stellten sich dann auch hochstehende Gönner ein. Er war schon auf dem Höhepunkt seines Ruhmes, als er einmal mit dem Fürsten von Wittgenstein in dessen Wagen nach Charlottenburg zum König fuhr. Rauch sagte während der Fahrt zum Fürsten:
»Ihre Durchlaucht erinnern sich schwerlich, daß ich schon einmal mit Ihnen diesen Weg zurückgelegt habe.«
»Nicht das ich wüßte, lieber Rauch«, erwiderte der Fürst. »Erzählen Sie bitte!«
»Es war vor vierzig Jahren«, erinnerte sich Rauch, »aber ich glaube wohl, daß Ihre Durchlaucht es nicht wissen: denn damals saßen Sie allein im Wagen, und ich stand hinten auf.«

RAVEL, MAURICE
(1875-1935) frz. Komponist

— * —

Als sich Ravel in Marokko aufhielt, schlug man ihm vor, er solle doch arabische Anregungen in seinem Werk verwenden. Ravel lehnte ab:
»Schriebe ich je so etwas, so wäre es arabischer als das alles hier.«

Großes Pech bedeutete für Ravel der Sturz einer Regierung. Er hatte einen Einakter ›Die spanische Stunde‹ geschrieben, die niemand aufführen wollte. Endlich wurde die Oper durch die Protektion eines Ministeriums für die Pariser Komische Oper angenommen. Ravel strahlte und wollte um einen Vorschuß bitten, da stürzte die Regierung, die ›Spanische Stunde‹ wurde abgesetzt.
Ravel fluchte: »Es war nicht meine Absicht, daß eine Regierung über meine Oper stolperte!«

REGER, MAX

(1873-1916) Komponist

— * —

Max Reger war ein großer Freund geistiger Getränke. Er liebte es, mit Kumpanen ausgiebig zu zechen und dabei angeregt zu plaudern. Dabei war Reger von ungetrübter Eitelkeit. Freunde lobten besonders sein Es-dur-Quartett mit der großartigen Schlußfuge. Reger bestätigte das mit ernsthaftem Kopfnicken:
»Die wäre noch viel schöner und länger geworden. Ich habe sie in einer Nacht komponiert, aber dann hat mir meine Frau die Lampe weggenommen. Leider.«

REINHARDT, MAX

(1873-1943) Regisseur, Theaterdirektor in Berlin

— * —

Brecht wurde gefragt, worin denn eigentlich nach seiner Meinung die außerordentliche Wirkung Max Reinhardts in der Zusammenarbeit mit den Schauspielern und den Bühnenautoren bestanden habe.
Er soll geantwortet haben: »Reinhardt sagte bei den Proben kein vernünftiges Wort. Alles war Quatsch, nichts klappte. Aber – wenn es dann zur Uraufführung kam, stimmte alles ganz genau.«

Reinhardt liebte es, in seinem Schloß Leopoldskron bei Salzburg, fürstliche Feste zu geben, dabei war selbstverständlich, daß Kerzen den Festsaal beleuchteten. Ein amerikanischer Industrieller fragte angesichts der tausend brennenden Kerzen Max Reinhardt ganz erschrocken:
»Kurzschluß, Mister Reinhardt?«

REINHART, OSKAR

(1885-1965) Schweizer Kunstsammler aus Winterthur

— * —

Eines Tages hatte sich bei Reinhart eine amerikanische Sammlerin privat angemeldet. Er begleitete sie durch seine Sammlung, doch die Amerikanerin interessierte sich vorwiegend für ein Bild Gericaults, das einen Geisteskranken darstellt.
Ungeduldig fragte sie Oskar Reinhart: »Où est le fou?«
Ohne eine Miene zu verziehen antwortete der Befragte: »Le fou, c'est moi, Madame!«

Der Schweizer Kunstsammler wurde in Amerika von einem Kunstsammler eingeladen, der wissen ließ, daß er eine vortreffliche Sammlung moderner Künstler besäße. Reinhart nahm die Einladung an. Mit großarti-

gen Gesten erklärte der Millionär seinen Schatz: da ein Manet, dort ein Renoir, ein Picasso, Matisse, Cezanne etc.
»Nun, was sagen Sie, verehrter Freund?«
Reinhart wog bedächtig den Kopf und äußerte vorsichtig: »Was ich sage? Nun, ich denke, Sie sind das einzige Original hier!«

REMBRANDT, HARMENSZ VAN RIJN

(1606-1669) niederländ. Maler und Graphiker

—*—

Einer der geistreichsten Aussprüche über Rembrandt stammt von dem Porträtmaler Franz von Lenbach. Als er einmal eine umfangreiche Ausstellung besichtigte, in der Werke von Rubens und von Rembrandt gezeigt wurden, zog er diesen Schluß:
»Wenn man ein Bild von Rubens sieht, möchte man Maler werden. Wenn man vor einem von Rembrandt steht, dann möchte man sofort mit dem Malen aufhören.«

Rembrandt zeigte einmal eines seiner Bilder van Dyck. Dieser fand viel Lob.
»Und doch bin ich nicht in Italien gewesen«, triumphierte Rembrandt.
»Hm, man sieht es«, erwiderte van Dyk ungerührt.

Einer seiner Schüler arbeitete lange mit einem hübschen jungen Modell. Eines Tages kam ein anderer Schüler zum Meister und sagte, er habe die beiden belauscht, sie hätten sich eingeschlossen und seien eins wie das andere nackt in der Kammer.
Da klopfte Rembrandt an die Tür: »Nun seid Ihr beide wie im Paradies, aber darum werdet Ihr auch vertrieben.«

RENOIR, AUGUSTE

(1841-1919) frz. Maler des Impressionismus

—*—

Renoir zeichnete im Atelier seines Lehrers Gleyre Akt. Der Lehrer korrigierte streng und sagte:
»Sie glauben anscheinend, daß die Malerei ein Vergnügen ist!«
»Natürlich glaube ich das«, erwiderte Renoir. »Wäre ich sonst Maler geworden?«

»Renoir«, erklärte ein Sachverständiger, »hat in seinem Leben etwa 2000 Bilder gemalt. Von denen befinden sich allein in Amerika rund 5000.«

Renoir war dafür bekannt, daß er korrekte Preise machte. Hörte er von Preiswucher, konnte er sehr böse werden. Eines Tages erfuhr er, daß ein amerikanisches Museum sein Bild der Familie Carpentier gekauft hätte. Der Verkäufer habe 50000 Francs verlangt und bekommen.
Renoir war ganz aufgeregt und als man ihn fragte: »Wieviel hat man Ihnen dafür bezahlt?« brüllte er: »Mir? Dreihundert Francs und das Mittagessen!«

Renoir hatte in Holland ein blutjunges Modell entdeckt, das ihm so gut gefiel, daß er es nach Paris mitnehmen wollte. Wenn nur in Paris die Männer ihr nicht nachsteigen und sie zugrunderichten würden! Abgesehen von der moralischen Schädigung würde sie die Frische verlieren, die ihren Hauptreiz ausmachte, dachte Renoir. Er ging zu der Mutter des Mädchens, bat sie um Erlaubnis zu der Reise und sagte:
»Haben Sie keine Angst, ich werde selber darüber wachen, daß ihr kein Mann in die Nähe kommt!«
»Ja, aber«, fragte die Mutter entrüstet, »was soll sie denn in Paris, wenn Sie sie hindern wollen, zu arbeiten?«

Renoir arbeitete an seinem ›Urteil des Paris‹.
»Was die Griechen doch für eine schöne, amüsante Religion hatten«, sagte er. »Wenn ihre Götter sich langweilten, stiegen sie auf die Erde hinunter, um sich einen Spaß zu erlauben.«

REYER, ERNEST
(1823-1909) frz. Komponist

— * —

Als echter Franzose bewährte sich Reyer, als ein Hygieniker ihm begreiflich machen wollte, daß das Küssen der Mikroben wegen gefährlich sei.
»Ja«, meinte Reyer. »aber es ist bewiesen, daß es Mikroben gibt, ohne die wir nicht leben können.«

Ernest Reyer, ein Freund Berlioz', aber als Komponist ziemlich verschollen, hatte eine Oper ›Sigurd‹ geschrieben, die wohl auch heute noch manchmal in Paris gegeben wird. Bei den Proben beklagte der Regisseur sich über die Längen.
»Könnte man nicht etwas kürzen?« fragte er den Komponisten.
»Keine Note«, lautete die erboste Antwort.
»Aber die Handlung kommt ja kaum vom Fleck«, wandte der Regisseur ein, »was soll ich denn während dieser Szene mit den Komparsen anfangen?«
»Das ist doch ganz einfach«, erklärte Reyer, »sie sollen ruhig dastehen und meiner Musik zuhören.«

REYNOLDS, SIR JOSUA

(1723-1792) engl. Maler und Kunsttheoretiker

— * —

In den ersten Jahren seiner Laufbahn stellte Reynolds alle Porträtierten unabänderlich so dar, daß die eine Hand unter dem Rock verborgen war und die andere einen Hut hielt. Nun wollte eines Tages ein Adliger mit dem Hut auf dem Kopf porträtiert werden, und Reynolds mußte sich fügen.
Nicht gering war die Überraschung des Lords, als er das fertige Bild sah; wohl hatte er den Hut auf dem Kopf, aber Reynolds hatte ihm, in seiner Zerstreutheit, noch einen zweiten Hut in die Hand gegeben.

Sir Joshua Reynolds malte ein Porträt der großen Schauspielerin Siddons. Als er fertig war, bemerkte Mrs. Siddons an einer Stelle ihres Kleides ein Ornament, das das Kleid nicht hatte. Bei näherer Besichtigung erwies sich, daß der Maler seinen Namen dorthin gesetzt hatte.
»Ich konnte der Versuchung nicht widerstehn«, erklärte ihr Sir Joshua, »meinen Namen auf dem Saum Ihres Kleides unsterblich zu machen.«

RICHTER, HANS

(1843-1916) österr. Hofkapellmeister

— * —

Richter, berühmt als Dirigent der Bayreuther Festspiele, mußte bei einer Probe zu den Meistersingern immer wieder abklopfen, weil das Orchester sich völlig temperamentlos aufführte. Schließlich rief der Dirigent erbost:
»Aber meine Herren, spielen Sie doch nicht so entsetzlich verheiratet. Das ist ja nicht anzuhören. Wollen Sie denn das Publikum nicht erobern?«

Es war bei einer Aufführung in Bayreuth. Hans Richter schaut auf die Uhr; es ist Zeit anzufangen. Er dreht sich zu einem Mann um, der hinter ihm steht, und sagt:
»Lassen Sie doch das Zeichen geben! Wir müssen beginnen!«
»Tut mir leid«, erwidert der Mann. »Aber das ist nicht meine Sache.«
»Nicht Ihre Sache? Was haben Sie sonst hier zu suchen, Sie Esel?«
»Ich wollte nur Ihre Bekanntschaft machen. Ich bin der Großherzog von Weimar.«

Während einer Probe blies ein Hornist eine Note zuviel. Richter unterbrach und tadelte ihn.
»Aber die Note ist in meiner Stimme eingetragen«, erwidert der Hornist.

»Zeigen Sie einmal her«, sagte Richter ungläubig.
Der Hornist will ihm seine Stimme reichen, da fliegt die Note weg.
»Es war eine Fliege«, ruft der Hornist verdutzt. »Und ich habe sie geblasen!«

RIGAUD, HYACINTHE
(1659-1743) frz. Maler

— * —

Eine Dame, die sehr viel Rouge auflegte, fand, der Maler Rigaud habe für ihr Porträt keine schöne Farben verwendet.
»Wo kaufen Sie denn Ihre Farben?« fragte sie.
»Wahrscheinlich bei dem Händler, bei dem auch Sie Ihre Farben kaufen«, erwiderte er.

ROCCA, ROBERT
(20. Jh.) frz. Chansonnier

— * —

Bei Robert Rocca erscheint ein Herr in großer Wut:
»Sie erzählen anscheinend überall herum, daß ich ein kompletter Idiot bin!«
»Ja, ja; und das mißfällt Ihnen?«
»Was für eine Frage!«
»Dann müssen Sie verzeihen«, meint Rocca. »Ich wußte nicht, daß Sie es geheim halten wollten.«

ROSA, SALVATOR
(1615-1673) ital. Maler, Graphiker und satir. Dichter

— * —

Ein Freund Salvator Rosas wollte ein Clavicembalo verkaufen, das nicht sehr viel wert war.
»Dem können wir abhelfen«, sagte Salvator Rosa und malte auf den Deckel ein Bild.
Und siehe, das Clavicembalo erzielte einen Preis von tausend Scudi.

Salvator Rosa schickte dem Fürsten Colonna ein Bild als Geschenk. Der Fürst wollte sich nicht lumpen lassen und schickte dem Maler eine Börse mit Gold. Salvator Rosa wiederum wollte dem Fürsten an Großzügigkeit nicht nachstehn und schickte ihm noch ein Bild, worauf Colonna ihm abermals einen Beutel Gold schickte. So ging das viermal, doch als das fünfte Bild ankam, nahm der Fürst einen großen Beutel, füllte ihn mit Gold und ließ dem Maler sagen:
»Dies ist der letzte Beutel, den ich senden kann, denn es fällt mir weit schwerer, einen Beutel mit Gold zu füllen, als Salvator Rosa, ein gutes Bild zu malen!«

ROSAMBEAU, LOUIS MINET

(1753-1845) Schauspieler am Odeon

— * —

Wenn Rosambeau nicht genug Geld hatte, um seinen Kindern ein Abendessen zu geben, erklärte er, jedes Kind, das bereit sei, ohne Abendessen zu Bett zu gehn, bekomme einen Sou. Und die Kinder gingen glücklich mit ihrem Sou schlafen. Am nächsten Morgen erwachten sie heißhungrig. Da sagte Rosambeau:
»Wer ein Frühstück haben will, muß einen Sou zahlen!«

Eines Abends sollte Rosambeau für einen erkrankten Kollegen als Bartolo in ›Figaros Hochzeit‹ einspringen. Doch auf der Straße traf er einen Freund, der ihn zum Essen einlud, und so vergaß Rosambeau die Rolle zu studieren und ließ sich das Essen schmecken. Als er dann auftrat und sich schon bei den ersten Worten blamierte, begann das Publikum zu pfeifen und zu zischen. Da trat er an die Rampe und sagte:
»Wie recht hat doch das Sprichwort! Man kann nicht zwei Dinge gleichzeitig tun. Ich sollte die Rolle studieren und zu Abend essen; ich habe ausgezeichnet gegessen, aber die Rolle habe ich nicht studiert. Nächstens werde ich das Gegenteil tun. Erlauben Sie mir also, die Rolle zu lesen, wenn Sie Wert darauf legen, sie zu hören.«
Und das Publikum war ebenso rasch bereit zu applaudieren, wie es bereit gewesen war zu pfeifen.

ROSARIO, EDMONDO

(19. Jh.) span. Tänzer

— * —

Im Jahre 1848 trat Rosario mit seinem Partner Antonio in Lima auf. Auch der Präsident der Republik war anwesend, und der Erfolg war ungeheuer. Nach der Vorstellung zogen die Tänzer sich in ihre Garderobe zurück und wechselten die Kleidung. Da stürzte nach einer halben Stunde der Impresario in die Garderobe:
»Sie müssen sich sofort wieder umziehen und das ganze Programm wiederholen!«
Unterdessen hatte nämlich ein Staatsstreich stattgefunden, der Präsident war gestürzt worden, und der neue Präsident wollte das Tänzerpaar auch sehen.

ROSSETTI, DANTE GABRIEL
(1828-1882) engl. Dichter und Maler

— * —

Als in England der hundertste Geburtstag des Dichters und Malers Dante Gabriel Rossetti gefeiert wurde, erzählte Paul Bourget folgende Anekdote:
Rossetti war über den Tod seiner Frau völlig gebrochen, und so wollte er seinem Schmerz durch ein Opfer den richtigen Ausdruck geben. Er legte das noch nie gedruckte Manuskript seiner Gedichte in den Sarg. Dann aber, eines Tages, viel später vielleicht, ließ Rossetti den Sarg öffnen, nahm die Gedichte heraus und veröffentlichte sie.

Dante Gabriel Rossetti sagte eines Tages zu seinem Freund Bell Scott:
»Ich kann nur noch Frauen und Blumen malen. Wie viele Dinge aber lassen sich mit einem einzigen Frauengesicht und mit einem Blumenstrauß ausdrücken!«

ROSSINI, GIOACCHINO, ANTONIO
(1792-1868) ital. Komponist

— * —

»Was die Liebe für die Seele ist«, sagte Rossini, »das ist der Appetit für den Leib. Der Magen ist der Kapellmeister, der das große Orchester unserer Leidenschaften dirigiert. Essen, Lieben, Singen, Verdauen sind die vier Akte der komischen Oper, die das Leben heißt.«

Der Arzt sagte zu Rossini: »Sie müssen auf Wein, Weib und Gesang verzichten.«
»Gesang brauche ich nicht«, meinte Rossini. »Ich komponiere mir ja meine Musik selber.«
»Und wie steht's mit den beiden andern Dingen?«
»Das«, erwiderte Rossini, »hängt vom Jahrgang ab.«

Man sprach von einer Madame Grandval, deren Kompositionen sehr geschätzt wurden. Ein Anwesender bezweifelte allerdings die Autorschaft der Dame.
»Mit den Werken der Frauen«, meinte Rossini, »ist es wie mit ihren Kindern. Man weiß nie ganz genau, wer der Autor ist.«

Bei Tisch wurde von Wagner gesprochen, und Rossinis Urteil war, wie gewöhnlich, nichts weniger als mild. Dagegen fand Wagner an Carafa einen glühenden Verteidiger. Ein prachtvoller Stör mit Kapernsauce wird aufgetragen. Rossini füllte Carafas Teller mit sehr viel Sauce, gab ihm aber keinen Fisch.

»Du hast vergessen, mir Fisch zu geben«, sagte Carafa.
»Ich habe es nicht vergessen, sondern ich habe dich nach deinem Geschmack bedient. Viel Sauce, kein Fisch – das ist Wagners Musik.«

Napoleon III. ließ abends Rossini in seine Loge bitten. Rossini entschuldigte sich, er sei nicht entsprechend gekleidet.
»Das tut nichts«, erwiderte Napoleon, »unter Herrschern bedarf es keiner Formalitäten.«

Eine französische Stadt wollte Rossini ein Denkmal setzen. Der Bürgermeister ging zu dem Komponisten und bat ihn, er möge doch einem Bildhauer Modell stehen.
»Was wird das Denkmal kosten?« fragte Rossini.
»Eine halbe Million«, sagte der Bürgermeister stolz.
»Was für eine Verschwendung!« rief Rossini. »Für eine Viertelmillion stelle ich mich selber auf den Sockel!«

Eines Morgens spielt unter Rossinis Fenstern ein Leierkasten unaufhörlich den ›Barbier‹. Rossini will ihm Geld geben, wenn er nur weggeht. Dann kommt ihm ein anderer Einfall. Er ruft den Mann hinauf und sagt:
»Wissen Sie, wo Halévy wohnt?«
Seltsam genug: der Mann wußte es.
»Schön«, meint Rossini, »da sind zehn Francs, gehn Sie hin und spielen Sie vor seinem Fenster die ›Jüdin‹!«
»Meister«, erwiderte der Mann, »das kann ich nicht tun, es ist ja Monsieur Halévy, der mich hierher geschickt hat.«

Rossini und Meyerbeer standen äußerlich auf dem besten Fuße, konnten einander aber nicht ausstehn. Zu jeder Oper von Rossini entsandte Meyerbeer, wie man sich in Paris erzählte, zwei elegant gekleidete Herren, die im ersten Rang die exponiertesten Plätze einnahmen und nach einer Viertelstunde einschlafen mußten. Erst am Schluß durften sie wieder aufwachen. Die Abonnenten kannten die ›sommeilleurs de Meyerbeer‹ ganz genau.
Eines Tages erhielt nun Meyerbeer ein Billet, dem zwei Karten zu Rossinis Oper ›Semiramis‹ beilagen:
»Da ich gehört habe, daß es Ihnen in den letzten Tagen nicht nach Wunsch gegangen ist, so bereiten Sie mir wohl die Freude, die Karten zu benützen. Die Loge ist von allen Seiten des Hauses sichtbar, die Fauteuils sind bequem. Kurz vor Schluß der Vorstellung werde ich Sie wecken.
In wahrer Bewunderung Ihr G. Rossini«

Rossini arbeitet eines Tages mit verzweifelten Gesten vor einem Klavierauszug von Richard Wagner, und die Töne, die er hervorbringt, sind abscheulich.
»Aber, lieber Meister«, sagt ihm ein Schüler, »Sie haben den Auszug ja verkehrt aufgelegt.«
Und Rossini, der Wagner nicht ausstehn konnte, erwiderte:
»Ich habe es auch von der andern Seite versucht. Aber es wird darum nicht besser.«
Es war der ›Tannhäuser‹.

Im Jahre 1854 sandte Baron Rothschild an Rossini einen Korb der prächtigen Trauben seines Weinguts. Da erwiderte Rossini: »Vielen Dank, mein lieber Baron, Ihre Trauben sind vorzüglich. Aber ich genieße den Wein eigentlich nie in Pillenform.«
Rothschild verstand und schickte Rossini eine Kiste seiner berühmtesten Weine.

In Bologna belästigte eine Frau den Meister. Ihre Tochter sei so begabt für Klavier und Gesang, er solle sie doch einmal anhören. Die junge Dame sang, spielte, sang, spielte. Dann fragte die Mutter:
»Nun, Maestro? Machen wir eine Pianistin aus ihr? Oder eine Sängerin?«
Worauf Rossini erwiderte:
»Machen wir lieber eine gute Mutter aus ihr!«

Ein junger Musiker hatte eine Oper ›Die Wüste‹ geschrieben, die auch in Paris aufgeführt wurde. Nachher fragte er Rossini:
»Was halten Sie von meiner Oper?«
»Ihre Oper?« erwiderte Rossini. »Das ist keine Wüste, das ist ein Boulevard. Auf Schritt und Tritt trifft man Bekannte.«

ROULEAU, RAYMOND

(20. Jh.) frz. Filmschauspieler

— * —

In einem Film mit Raymond Rouleau ist eine Szene, wo er das Ziel eines Messerwerfers ist. Natürlich sind allerlei Tricks im Spiel, aber der Schauspieler wird doch ein wenig nervös.
»Hör«, sagt er zu dem Regisseur, »du kannst mir einreden, was du willst, aber die Sache ist doch nicht ganz gefahrlos. Und wenn der Kerl daneben wirft?«
»Da hast du recht«, meint der Regisseur. »Wenn dir etwas passiert, können wir den Film nicht beenden. Weißt du was? Wir werden die Szene mit dem Messerwerfer als letzte drehen . . .«

ROUSSEAU, HENRI
(1844-1910) frz. naiver Maler

— * —

Eines Tages gab man Rousseau zu Ehren in Picassos Atelier, im heute berühmten ›Bateau lavoir‹, ein Fest. Alles was damals, 1908, in Paris zur Avantgarde zählte, war versammelt und feierte übermütig.
Rousseau, schon recht alt und vom vielen Wein angeschlagen, schlummerte die meiste Zeit und nahm den Trubel kaum wahr. Als er wieder einmal für ein paar Minuten munter war, winkte er Picasso zu sich und sprach den legendären Satz: »Schließlich sind wir beide große Maler; ich im modernen Stil und Sie im ägyptischen Stil.«

Rousseau brachte dem Kunsthändler Vollard ein Bild, der ganz begeistert davon war.
»Möchten Sie mir nicht schriftlich bestätigen, daß ich Fortschritte mache?« bat der Maler.
Vollard sah ihn verdutzt an.
»Ja, ich möchte ein Mädchen heiraten, aber der Vater will sie mir nicht geben; er hält mich für keine gute Partie. Vielleicht würde Ihr Zeugnis ihn umstimmen.«
Vollard warnte ihn; er solle sich doch nicht mit einem minderjährigen Mädchen einlassen.
»Ach was«, sagte Rousseau, »das Mädchen ist ja volljährig. Sie ist fünfzig Jahre alt.«

RUBENS, PETER PAUL
(1577-1640) fläm. Maler

— * —

Rubens hatte eben ein Madonnenbild vollendet. Die Schüler, darunter van Dyck, wußten den Diener zu bewegen, daß er sie, als Rubens abwesend war, ins Atelier ließ. Sie stürzten in den Raum, einer fiel unglücklicherweise auf das Bild und verwischte den Kopf und den rechten Arm. Der Diener war heftig erschrocken, er sperrte die Schüler im Atelier ein und schwor, keiner dürfe fort, ehe Kopf und Arm wiederhergestellt wären. Van Dyck übernahm schließlich die Arbeit. Als Rubens am nächsten Morgen das Bild betrachtete, sagte er:
»Wahrhaftig, Kopf und rechter Arm sind mir wohl gelungen!«

Ein englischer Alchimist kam zu Rubens und schlug ihm vor, der Künstler möge ihm ein Laboratorium bauen und einiges zu den Kosten beitragen, dann werde er, der Goldmacher, die Früchte seiner Tätigkeit mit ihm teilen. Rubens hörte ihn an und sagte:
»Mein Lieber, Sie kommen um zwanzig Jahre zu spät. Unterdessen habe ich den Stein der Weisen bereits gefunden.«

RUBINSTEIN, ANTON
(1830-1894) russ. Pianist

— * —

Rubinstein war vor Konzerten immer sehr nervös. Eines Abends wird er von jemandem um einen Platz gebeten. An der Kasse sei nichts mehr zu haben.
»Ich habe nur einen einzigen Platz zu vergeben«, erwiderte Rubinstein. »Aber den können Sie haben.«
»Vielen Dank, Meister«, ruft der Enthusiast entzückt. »Und wo ist dieser Platz?«
»Am Klavier . . .«

Anton Rubinstein, einer der größten Pianisten seiner Zeit, spielte in einem hochadligen Wiener Haus. Als er fortging, bat er den Türsteher:
»Wollen Sie meinen Wagen vorfahren lassen?«
Darauf brüllte der Türsteher hinaus:
»Der Wagen für den Klavierspüller!«

Eine Musikfreundin fragte Rubinstein, ob er bei seiner unerhörten Technik noch immer üben müsse.
»Madame«, erwidert Rubinstein, »wenn ich einen Tag nicht übe, so bemerke ich es; wenn ich zwei Tage nicht übe, so würden auch Sie es bemerken, und wenn ich drei Tage nicht übe, so merkt es das ganze Publikum.«

RUBINSTEIN, ARTUR
(geb. 28. 1. 1887) amerik. Pianist poln. Herkunft

— * —

Als Rubinstein den berühmten Horowitz in Paris spielen sah, verlor er allen Mut. »Ich sah in ihm einen neuen Liszt, fähig, seine Zeit zu beherrschen.« Rubinstein ballte ohnmächtig die Fäuste. Aber dann hatte er sich wiedergefunden, da »Händeballen ein Berufspianist nicht lange durchhalten konnte«. Er begann zu üben, er wollte so spielen wie Horowitz. »Ich hatte Rache zu nehmen, nicht an Horowitz, aber an mir selbst!«

Rubinstein, der Pianist, wohnte in Paris im selben Hotel wie ein Bankier Sergej Rubinstein. Und so wurden Telegramme mit der Adresse ›Rubinstein, Majestic, Paris‹ nicht immer dem richtigen Rubinstein ausgehändigt. Da sagte denn der Bankier eines Tages, ein Bündel Telegramme in der Hand, zum Pianisten:
»Beruhigen Sie doch meine Frau! Bestätigen Sie ihr, daß ich keine Maria in Venedig, keine Elsa in London, keine Marguerite in Cannes kenne!«
»Gern«, erwiderte der Pianist und hob gleichfalls ein Bündel Telegramme. »Und Sie müssen meiner Familie bestätigen, daß ich keine drei Mil-

lionen Dollar in einer Bank in New York und keine zwanzig Millionen Francs in einer Bank in Nizza habe.«

In einem Fernsehinterview nannte Rubinstein einmal Amerika ›ein schreckliches Land‹. Auf die erstaunte Frage des Reporters »Warum?« gab Rubinstein die für die amerikanische Öffentlichkeit beruhigende Antwort: »Man erwartet hier von uns Pianisten, daß wir auch die kleinste Note nicht übersehen.«

RÜHMANN, HEINZ

(geb. 7. 3. 1902) Schauspieler

— * —

Rühmann kam zu spät zu einer großen Gesellschaft. Ehe er den Speisesaal betrat, fragte er den Kellner:
»Wie sind denn die Herren drinnen angezogen?«
»Nur Smokings.«
»Ach du meine Güte, und ich allein im Frack!«
»Ich ja auch, wie Sie sehen«, sagte der Kellner und balancierte mit dem Tablett voller Suppenteller davon.

Für eine Filmaufnahme soll sich Rühmann neben einen Löwen setzen und dessen Mähne streicheln.
Der Dompteur versichert ihm: »Keine Angst, der beißt nicht, den hab ich selber mit Milch aufgezogen.«
Rühmann: »Ich war auch ein Flaschenkind, und heute schmecken mir Steaks.«

In einem der üblichen Illustrierten-Interviews kam prompt an Rühmann die Frage, was seine Hobbys seien. Der Schauspieler, gelangweilt, bestritt, je ein Hobby gehabt zu haben und begründete das so:
»Hobbys sind Steckenpferde, die den Reitern die Sporen geben – ich verletze mich nicht gern.«

RUSKIN, JOHN

(1819-1900) engl. Kunstkritiker

— * —

Ruskin war mit Rosie Latouche verlobt. Sie liebten einander sehr, aber da Rosie streng religiös war, meinte Ruskin, er müsse ihr doch gestehn, daß er seinen Glauben verloren habe.
»Seit ich festgestellt habe«, sagte er, »daß Paolo Veronese, ein sinnlicher, unmoralischer Mensch, ein größerer Künstler ist als Fra Angelico, kann ich nicht mehr an Gott glauben.«

Daraufhin erklärte Rosie, sie wollte ihn nicht heiraten, ja, nicht mehr sehen. Es sei denn in einer andern Welt.
»In einer andern Welt?« sagte Ruskin traurig. »Mit dir wollte ich in dieser Welt leben. In einer andern Welt werde ich so viel mit Pythagoras, mit Sokrates, mit meinen geliebten Malern zu reden haben, daß ich nicht wüßte, was ich mit dir anfangen sollte.«

RUZITZKA, ANTON
(um 1900) Musiker

— * —

Der ausgezeichnete Violaspieler, der Philharmoniker Ruzitzka, antwortete einmal auf die Frage, was ein junger Dirigent bei seinem nächsten Konzert dirigieren werde:
»Was er dirigieren wird, waas is net – mir spiel'n die ›Eroika‹!«

SAINT-SAËN, CHARLES CAMILLE
(1835-1921) span. Violinist

— * —

Saint-Saëns hatte nicht viel Verständnis für Amateure, die im Nebenberuf komponieren wollten. So brachte ihm einmal ein junger Arzt ein Musikstück.
»Ich wußte gar nicht, daß Sie komponieren«, sagte Saint-Saëns.
»Ach, nur um die Zeit totzuschlagen.«
»So?« fragte Saint-Saëns. »Haben Sie denn keine Patienten mehr?«

SANDROCK, ADELE
(1864-1937) Schauspielerin

— * —

»Zu traurig«, sagte Adele Sandrock einmal auf einer Gesellschaft, »nie ist es mir gelungen, die Duse auf der Bühne zu sehen. Aber einmal sind wir einander wenigstens auf der Straße begegnet.«
»Und?« wollten die Gäste wissen.
»Nichts weiter. Wir haben voreinander nur wortlos auf den Knien gelegen.«

Adele Sandrock war in eine ungewöhnlich langweilige Theateraufführung geraten. Ihr Nachbar schnarchte schon kräftig, und auch sie kam eine bleierne Müdigkeit an. Da stieß sie ihren Nebenmann in die Seite und sagte:
»Schnarchen Sie doch nicht so, Sie wecken ja das ganze Publikum auf!«

Die Schauspielerin war schon über 70 Jahre alt, als sie in dem Film ›Amphitrion‹ das Goldkleid der Göttin Juno, das über 80 Pfund wog, tragen sollte. Man hatte daher eine Konstruktion erfunden, die die Trägerin von der Last befreien sollte. Mißtrauisch beäugte Adele Sandrock den Apparat. Dann sagte sie mit ihrer Baßstimme:
»Dieses Ungeheuer soll ich mir umschnallen? Nein, das tue ich nicht! Auf eigenem Busen trage ich das Kleid – er hält es aus!«

Adele Sandrock wurde von einer Kollegin gefragt, wie man sich auf alt schminke. Die Sandrock sah die Fragerin streng an und sagte:
»Nur den Puder vom Gesicht abstreifen, meine Liebe, das genügt!«

Nach einem Theaterabend erwartete sie ein jugendlicher Verehrer und überraschte sie mit der Bitte, sie nach Hause begleiten zu dürfen. Adele betrachtete amüsiert den jungen Mann und fragte:
»Aber, junger Mann, haben Sie denn Angst? Soll ich Sie beschützen?«

SARGENT, JOHN SINGER

(1856-1925) amerik. Maler

— * —

Ein Neureicher lud Sargent ein, um ihm seine Gemäldesammlung zu zeigen, die allerdings aus lauter Wertlosigkeiten bestand. Nach der Besichtigung sagte der Neureiche, er wolle seine Sammlung irgendeiner Stiftung schenken, und bat Sargent um Rat.
»Das Beste dürfte es sein«, meinte der Maler, »die Sammlung dem Nationalen Blindeninstitut zu schenken.«

SCARAMUCCIA

(1608-1694) ital. Schauspieler

— * —

Scaramuccia war in seiner Ehe sehr unglücklich. Als er auf dem Sterbebett lag, fragte er den Geistlichen:
»Komme ich ins Paradies, in das Fegefeuer oder in die Hölle?«
Der Geistliche hob die Augen zum Himmel und antwortete nicht.
»Ich verstehe«, meinte Scaramuccia. »Ihr seid nicht der Sekretär des Allmächtigen. Bittet ihn aber, mich jedenfalls nur dorthin zu schicken, wo ich meine Frau nicht treffe.«

SCHADOW, JOHANN GOTTFRIED
(1764-1850) Bildhauer des Klassizismus

— * —

Ein Schüler zeigte Akademiedirektor Schadow voller Stolz eine Skulptur.
»Haste det alleene jemacht?« wollte Schadow wissen.
»Jawoll, Herr Direktor.«
»Na, dann kanst'de Töpper werden.«

Der Bildhauer Gottfried Schadow sagte:
»Ich bin nicht für Italien. Immer diese Pinien und Cypressen! Die einen sehen aus wie offene Regenschirme, die anderen wie zugeklappte.«

SCHALJAPIN, FEODOR
(1873-1938) russ. Sänger

— * —

Schaljapin erzählte, daß er bei seinem letzten Aufenthalt in Rußland angefangen habe zu singen, während er im Schlitten über den Newsky-Prospekt fuhr. Der Kutscher drehte sich um und fragte:
»Was hast du für einen Beruf?«
»Ich singe.«
»Nein, ich meine deinen wirklichen Beruf.«
»Ich singe.«
»Aha«, meinte der Kutscher, »ich sehe schon – du bist noch immer besoffen!«

Schaljapin ist zum Souper eingeladen. Nach Tisch sagt die Hausfrau:
»Nun, Herr Schaljapin, wollen Sie uns nicht etwas singen?«
»Chère Madame«, erwidert Schaljapin, »nur die Vöglein singen ohne Honorar.«

Schaljapin war durchaus nicht entzückt von der amerikanischen Zivilisation, obgleich die Hotels jede Bequemlichkeit boten und die Verkehrsmittel ausgezeichnet waren. Am meisten fiel ihm auf, daß morgens mit roter Schrift an der Wand des Zimmers die Meldung auftauchte:
»Es ist Post für Sie da.«
»Alles ist großartig«, sagte er. »Aber diese Höflichkeit ist schrecklich, unerbittlich. Am Ende sehnt man sich nach unserm alten, groben, unordentlichen Rußland. Wie soll ich in Amerika der Dame meines Herzens ein Ständchen bringen, wenn die Arme im vierundzwanzigsten Stock wohnt?«

SCHÖNBERG, ARNOLD

(13. 9. 1874-13. 7. 1951) österr. Komponist

— * —

Hanns Eisler, ein Schüler Schönbergs, versuchte Bertolt Brecht für die Zwölftonmusik zu gewinnen. Er spielte dem Textautor der ›Dreigroschenoper‹ Schönbergs atonale Kompositionen vor. Doch wie erwartet reagierte Brecht ablehnend. Freilich mit den Worten: »Diese Musik ist mir zu melodisch.«

Thomas Mann hatte in seinem Roman ›Dr. Faustus‹ Schönbergs Musiktheorien verwendet, ohne die Quelle ausdrücklich zu nennen. Schönberg war darüber sehr empört und soll in seinem Zorn jenen unbedachten Ausspruch getan haben:
»Die Zukunft wird ja zeigen, wer wessen Zeitgenosse war.«

SCHUBERT, FRANZ

(1797-1828) Komponist

— * —

Eines Abends sang Schubert in einem Salon zum ersten Mal den ›Wanderer‹. Die bekannte Caroline Pichler war auch anwesend und machte dem jungen Musiker die größten Komplimente. Man konnte sehr wohl merken, daß sie ehrlich bewegt war. Schubert aber ließ das kalt, und als er fortging, sagte er zu einem Freund:
»Diese Frauenzimmer langweilen mich mit ihren Komplimenten! Sie verstehen nichts von der Musik und reden nur, um überhaupt etwas zu sagen.«

Mit Schuberts Garderobe war es kümmerlich bestellt. Eines Morgens kam Schwind, ihn zu einem Spaziergang abzuholen; der Musiker suchte in seinen Laden, vermochte aber nicht ein Paar Strümpfe ohne Löcher zu finden.
»Ich fürchte«, sagte er scherzend zu seinem Freunde, »daß man heutzutage in Wien die Strümpfe nur mit Löchern fabriziert.«

Auf dem Rückweg vom Begräbnis Beethovens traten Schubert und einige Freunde in ein Wirtshaus an der Straße. Schubert war tief bewegt, und böse Vorahnungen erfüllten ihn, die nicht allzu spät in Erfüllung gehen sollten. Er hob sein Weinglas und sagte:
»Auf den, den wir jetzt begraben haben!«
Und beim zweiten Glas sagte er schwermütig:
»Auf den, der ihm als erster folgen wird!«

SCHUMANN, ROBERT
(1810-1856) Komponist

— * —

In Salons war Schumann meist schweigsam.
»Ja, aber, Schumann, sprechen Sie denn gar nichts?« fragte ihn eine Dame.
»Doch, gnädige Frau, ich spreche, wenn ich Klavier spiele.«

Eine Dame lud er zu einer Bootfahrt ein. Zwei Stunden sprachen sie kein Wort. Beim Aussteigen sagte Schumann zu ihr:
»Wie gut wir einander heute verstanden haben!«

Schumann war mit seiner Frau bei Hof geladen. Doch der König wußte nur, daß Frau Schumann Musikerin war, dagegen nichts von Robert Schumann. Clara Schumann setzte sich an den Flügel und spielte ein Stück ihres Gatten. Der König applaudierte und ließ sich nun auch Robert vorstellen.
»Sie treiben auch Musik?« fragte seine Majestät.
»Manchmal, Majestät«, erwiderte Schumann. »Manchmal.«

SCHUMANN-HEINCK, ERNESTINE
(1861-1936) Altistin

— * —

Frau Schumann-Heinck, eine recht umfangreiche Dame, saß in einem Restaurant in New York und hatte ein enormes Steak vor sich. Da trat Caruso ein und setzte sich zu ihr.
»Stena«, sagte er mit nicht ganz ehrlichem Erstaunen, »du wirst doch dieses Steak nicht allein essen?«
»Nein«, erwiderte sie im schönsten Alt. »Nicht allein. Mit Kartoffeln und grünen Bohnen.«

SCHWIND, MORITZ VON
(1804-1871) Maler und Zeichner

— * —

König Ludwig I. von Bayern, der im Nebenamt auch dichtete, fand es unrichtig, daß Schwind den Vater Rhein geigespielend dargestellt hatte. Da erwiderte Schwind:
»Wenn Majestät befehlen, wird der Vater Rhein auf meinem nächsten Bild Klavier spielen.«

Als Moritz von Schwind von seiner ersten Italienreise heimkehrte, wurde er gefragt, wie viele Bilder er denn dort gemalt habe.

»Gar keine«, erwiderte er. »Man kann nicht am Morgen Raffael und Michelangelo sehen und am Nachmittag einen Schwind malen.«

Der Sohn des Malers Moritz von Schwind war auf einem selbstgebauten Floß auf den Starnbergersee hinausgefahren. Als Schwind das hörte, rief er in seiner Angst:
»Den Kerl erschieß ich, sofort, wenn er kommt! So eine Dummheit!«
Als das Fahrzeug langsam hereinsegelte, sagte er:
»Der kriegt tüchtig Prügel!«
Das Fahrzeug kam näher:
»Der erwischt eine Ohrfeige«, sagte der Vater.
Der junge Mann stieg ans Ufer und eilte auf ihn zu. Schwind umarmte seinen Sohn:
»Na, daß du nur glücklich wieder da bist!«

SCHWITTERS, KURT

(1887-1948) Schriftsteller und Maler, Dadaist

— * —

Spötter erzählten einander:
Der Dadaist Schwitters hat etwas Bürgerliches getan. Er hat geheiratet. Grund: Er wollte seinen Leserkreis verdoppeln.

Schwitters, der bei den Berliner Dadaisten nicht besonders gut im Kurs stand, bat den Maler Muche, ihn mit George Grosz bekanntzumachen. Muche sagte zu.
Nachmittags klingelte Schwitters bei Grosz, der selber öffnete: »Sie wollen Grosz sprechen? Es tut mir leid, er kommt erst in einer Viertelstunde zurück. Klingeln Sie noch einmal!«
Eine Viertelstunde später derselbe Schauplatz. Grosz: »Er ist noch nicht zurück. Klingeln Sie noch einmal!«
Schwitters klingelte noch ein drittes Mal, dann kam er nicht mehr wieder.

SEGANTINI, GIOVANNI

(1858-1899) ital.-schweiz. Maler

— * —

Ein junger Maler brachte Segantini ein Schlachtenbild.
»Ich habe versucht, alle Schrecken des Krieges zu zeigen«, erklärte er.
»Das ist Ihnen auch gelungen«, sagte Segantini. »Etwas Schrecklicheres habe ich noch nie gesehen!«

Segantini besaß im Gebirge eine Hütte, in der er wohnte, doch zur Arbeit ging er ins Freie. Die Bilder, an denen er arbeitete, brachte er abends

nicht heim, sondern ließ sie dort, wo er arbeitete. Da er manchmal an mehreren Bildern gleichzeitig arbeitete, hatte er sie über große Strecken verteilt. Um sie vor der Witterung zu bewahren, schloß er ein jedes in eine Art Kästchen ein. Aber die Kälte war im Gebirge manchmal so stark, daß die Farben gefroren und er am nächsten Tag ein Feuer anzünden mußte, um sie wieder aufzutauen.
Ein Bewunderer begleitete ihn einmal auf dem Weg von einem Bild zum andern, und sie mußten auch durch einen Sumpf stapfen. Da meinte Segantini:
»Zu dieser Arbeitsmethode gehört große Liebe zur Kunst und ein Paar wasserdichte Stiefel.«

SIMON, MICHEL
(20. Jh.) Schauspieler

— * —

Michel Simon ist zu Besuch bei seiner Kollegin Mary Marquet. Der kleine Sohn der Hausfrau erscheint und begrüßt den Gast, wie es sich gehört.
»Was wollen Sie aus ihm machen?« fragt Simon.
»Nun, vielleicht einen Schauspieler!« Und zu dem Kind gewandt, fragt sie: »Möchtest du nicht ein großer Schauspieler werden wie Monsieur Simon?«
Der Kleine überlegt und sagt dann:
»Könnte ich nicht ein großer Schauspieler werden, ohne auszusehen wie Monsieur Simon?«

SINATRA, FRANK
(geb. 12. 12. 1915) Hollywoodstar

— * —

Aufgrund reicher Erfahrung philosophierte der millionenschwere Schauspieler einmal:
»Frauen sind schlimmer als Straßenräuber, denn Wegelagerer wollen nur das Geld von einem, Frauen obendrein auch noch das Leben.«

Nach jedem Auftritt war sich der Sänger seines Lebens nicht mehr sicher. Die Begeisterung kannte keine Grenzen, an ein Abgehen von der Bühne war nicht zu denken. Um diesem Notstand zu entgehen, ließ Sinatra, wenn er von dem Trubel genug hatte, die Kapelle ganz einfach die amerikanische Nationalhymne abspielen. Die Leute standen still und Frank verdrückte sich schnell hinter die Bühne.

Der Schlagersänger war ungeheuer beliebt. Als er das Chanson ›Ich will allein gehen‹ vortrug, schrien tausend Mädchen und Frauen: »Ich komme mit!«

Frank Sinatra speist in einem Restaurant. Da tritt ein junger Mann an seinen Tisch und sagt: »Würden Sie mir einen großen Gefallen tun, Mr. Sinatra?«
»Worum geht's denn?«
»Ich heiße Robert Stanton und werde jetzt mit meiner Braut hier essen. Seien Sie doch bitte so freundlich und sagen Sie, wenn Sie nachher an unserem Tisch vorübergehen: ›Hi, Bobby!‹ Das würde auf meine Braut einen riesigen Eindruck machen.«
Sinatra ist amüsiert und verspricht es. Als er das Lokal verläßt, geht er tatsächlich an dem Tisch vorüber und sagt: »Hi, Bobby!«
Worauf Bobby erwidert: »Hi, Frankie. Stör mich doch nicht beim Essen!«

SIODMAK, ROBERT

(geb. 8. 8. 1900) Filmregisseur

— * —

Kürzer als der amerikanisch-deutsche Regisseur kann man kaum einen Lebenslauf fassen:
»Einen Tag bevor Hitler an die Macht kam, habe ich Deutschland verlassen. Einen Tag bevor der Krieg ausbrach, ging ich aus Frankreich fort. Und einen Tag bevor Cinemascope auftauchte, bin ich aus Hollywood verschwunden.«

Siodmak war in München-Geiselgasteig beschäftigt, als ein junger Autor in sein Büro stürmte und mit einem großen Wortschwall sein Drehbuch zu Wedekinds ›Büchse der Pandora‹ anpries. Um sich dem stürmischen Temperament des Jünglings gefahrlos zu entziehen, tröstete er ihn:
»Lassen Sie mal Ihr Drehbuch da, hier in Bayern gehen ja Jagdfilme immer ganz ausgezeichnet!«

SLEVOGT, MAX

(1868-1932) Maler und Graphiker

— * —

Auf die Frage nach dem Unterschied zwischen bayerischer und Berliner Wesensart erwiderte Slevogt:
»Das ist etwa so: Der Münchner sagt ›Man lernt halt nie aus‹, der Berliner gibt zu verstehen ›Det ham wa längst jewußt‹.«

SLEZAK, LEO
(1873-1946) Sänger

— * —

Leo Slezak stand einmal gepanzert, mit Helm und Schwert in der Kulisse, bereit, den Nachen zu besteigen, der ihn, von einem Schwan gezogen, an den Hof König Heinrichs führen sollte. Der Theaterarbeiter mißversteht ein Zeichen und der Schwan fährt mit dem leeren Nachen ab. Da wendet Slezak sich zum Inspizienten und fragt:
»Sie, sagen Sie einmal! Wann geht denn der nächste Schwan?«

SLEZAK, WALTER
(20. Jh.) Schauspieler in Hollywood

— * —

Walter Slezak, des großen Leo Sohn und selbst schon Vater, ist gewöhnt, daß seine Tochter nicht unter einer Stunde telephoniert. Und so ist er erstaunt, daß so ein Gespräch nicht länger als zwanzig Minuten dauert.
»Welcher deiner Freunde war das denn?« fragt er.
»Das war gar kein Freund«, erwidert sie. »Das war eine falsche Verbindung.«

In seinen sehr amüsanten Erinnerungen erzählt Walter Slezak, wie sein Vater im Krieg, als das Bier immer dünner wurde, an den Braumeister vom Löwenbräu schrieb:
»Senden Sie mir, bitte, die Farbe. Das Wasser habe ich selber.«

SOREL, CÉCILE
(1873-1931) frz. Schauspielerin

— * —

Cécile Sorel vertrug sich schlecht mit einer Kollegin und die Beziehungen wurden so gespannt, daß der Administrateur der Comédie Française sich einmischen mußte. Er ließ die Kollegin der Sorel kommen:
»Ja, was gibt es eigentlich zwischen Ihnen?«
»Was es gibt?« erwiderte die andere. »Einen Unterschied von dreißig Jahren!«

Cécile Sorel unternahm große Gastspielreisen ins Ausland; einmal wollte sie ihre Tournee verlängern und telegraphierte an die Comédie:
»Bleibe noch eine Woche stop Aufnahme großartig stop Triumph für die Nation stop vive la France!«
Worauf ihr erwidert wurde:
»Erfolg hocherfreulich stop erwarten Sie morgen zur Probe stop andernfalls Konventionalstrafe stop vive la République!«

Sacha Guitry sagte zu Cécile Sorel:
»Ich weiß nicht, was ich habe, aber ich langweile mich.«
Worauf Cécile entgegnete:
»Sie hören sich selber zuviel zu.«

SPILLS, MAY

(20. Jh.) Schauspielerin, Filmregisseurin

— * —

May Spills erwarb sich 1967 – als erste Nachkriegsregisseurin – Lorbeeren mit ihrem Film ›Zur Sache, Schätzchen‹. »Wir haben hart gearbeitet und bei den Dreharbeiten unser Letztes gegeben«, erklärte sie einer Journalistin. In dem Zeitungsbericht las man später: »Ihr Lebensgefährte Werner Enke brachte Schätzchen May zur Sache.«

May Spills suchte nach einem Filmtitel. Der Film war fast schon abgedreht, der Titel fehlte immer noch. Da hörte sie eine Fußballreportage. Der Reporter stöhnte manchmal: »Was die Spieler heute wieder herumfummeln.«
Im selben Moment wußte sie den Filmtitel: ›Nicht fummeln, Liebling.‹
Der Film lief mit großem Erfolg.

SPITZWEG, CARL

(1808-1885) Maler

— * —

Spitzweg war anfangs Apotheker gewesen. Als er zum Malerberuf übergewechselt hatte, fragte ihn ein Arzt aus der Nachbarschaft, über dessen schwer lesbare Rezepte sich Spitzweg früher oft geärgert hatte, wie ihm der neue Beruf denn im Vergleich zum alten gefalle.
Spitzweg: »So groß ist der Unterschied nacha gar net. Als Apotheker hab i immer z'erst mit'm Gschmier und nachher mit'm Mischn zu tun g'habt und jetzt kommt halt z'erst das Mischn und nachher's Gschmier.«

Spitzweg, noch in seinen Apothekerjahren, empfing bei sich im Laden einen blutjungen Mediziner, der sich wegen einer Magenverstimmung ein Rezept verschrieben hatte und im Gespräch voll Stolz sein frisches Examen erwähnte.
Spitzweg betrachtete die medizinische Verordnung, schüttelte den Kopf und meinte: »Ja, wie groß ist denn der kranke Ochs, für den das Rezept sein soll?«

Spitzweg empfing in seinem Atelier einen Besucher, der von einem Bild zum andern ging, vor einem besonders lange stehn blieb und sagte:

»Ich kann mich daran nicht satt sehen!«
»Ich auch nicht«, erwiderte Spitzweg. »Und darum möchte ich es auch verkaufen.«

SPONTINI, GASPARO

(1774-1851) ital. Komponist

— * —

Spontini trug sämtliche Orden, die ihm verliehen wurden, sozusagen ständig auf der Brust. Einmal hörte er, wie ein Geiger im Orchester zum andern sagte:
»Sehen Sie nur, was Spontini sich alles angesteckt hat! Wenn man sich vorstellt, daß Mozart überhaupt keinen Orden besaß!«
Da sagte Spontini: »Mozart konnte sich das leisten!«

Als Spontini auf dem Sterbebett lag, besuchte ihn Berlioz.
»Ich will nicht sterben, ich will nicht sterben«, klagte Spontini.
»Wie können Sie sterben?« tröstete ihn Berlioz. »Sie sind ja unsterblich!«
»Um Himmels willen«, fuhr ihn Spontini an. »Seien Sie wenigstens jetzt nicht geistreich!«

STEWART, JAMES

(geb. 20. 5. 1908) amerik. Filmschauspieler

— * —

Dem hochbezahlten Verführer Stewart wird man glauben, daß er nicht so leicht zu verführen ist. Er gab zum Besten:
»Junge Damen in durchsichtigen Blusen glauben, die Schlacht mit ihren zwei Batterien gewinnen zu können. Jeder Artilleriesachverständige aber wird ihnen sagen müssen, daß ungetarnte Geschütze strategisch wertlos sind.«

STOLZ, ROBERT

(1880-1965) österr. Komponist

— * —

Robert Stolz war der Dirigent der Uraufführung der bekanntesten Operette von Franz Lehár ›Die Lustige Witwe‹. Indes: die Uraufführung war kein Erfolg, der Direktor des Theaters hatte keine Krone in die Inszenierung gesteckt, denn er war der Meinung, das sei keine Musik, und er fragte jeden, der ihm über den Weg kam: »Is des a Musik?«
Robert Stolz und seine Musikanten waren aber der Meinung, daß dies eine Musik sei, und sie konnten die Operette durchsetzen, die schließlich ein Riesenerfolg wurde. Anläßlich der 500. Aufführung wollte der Direktor allen Beteiligten eine Medaille spendieren. Er ging zu seinem erfolgreichen Dirigenten und fragte, welche Inschrift wohl die beste sei.

Robert Stolz antwortete: »Am besten wär's, Herr Direktor, Sie schrieben: ›Is des a Musik!‹ Aber diesmal mit Ausrufezeichen!«

STRAUB, AGNES
(1890-1941) Schauspielerin

— * —

Bei einer Bühnenprobe ohne Dekorationen ging die Schauspielerin immer dort ab, wo laut Bühnenbild eine Wand stehen sollte.
Langsam verlor der Regisseur die Geduld: »Sie können doch nicht dauernd durch die Wand rennen, Frau Straub!«
Die Straub warf ihm böse Blicke zu, ging zwar das nächste Mal richtig ab, murmelte aber: »Pedant!«

STRAUSS, JOHANN (SOHN)
(1825-1899) Komponist

— * —

Die Begabung des späteren Walzerkönigs zeigte sich schon sehr früh. Sein Vater verkannte sie übrigens auch und wollte nicht, daß der Junge Musiker wurde.
Einmal saß der alte Strauß am Klavier und suchte in der Coda eines Walzers nach einem Übergang. Mit einem Mal legte der kleine Johann, der gerade im Zimmer war, seine Kinderhand auf die Tasten.
»Könntest du nicht so modulieren?«
Und der Kleine zeigte, eine Figur des Walzers benützend, einen hübschen, ungezwungenen Übergang.
»Malefizkerl!« brummte der Vater. »Weißt was? Künftig machst du meine Walzer und ich deine Schulaufgaben!«

STRAUSS, RICHARD
(1864-1949) Komponist

— * —

Als Richard Strauss die ›Salome‹ komponiert hatte und noch heiß umstritten war, sagte ein Bonmot unbekannter Herkunft von ihm: »Wenn schon Richard, dann Wagner, und wenn schon Strauss, dann Johann.«

1938 wurde in der Wiener Oper uraufgeführt ›Johanna Balk‹ von Wagner-Regeny. Strauss saß in der Orchester-Loge und unterhielt sich angeregt. Auch während des Vorspiels zu der neuen Oper schwätzte er ungeniert weiter. Endlich nahte sich ihm ehrfurchtsvoll ein Logendiener und bat um Silentium. Sagte Strauss ganz erschrocken:
»So was! Jetzt hab ich doch geglaubt, die da unten stimmen noch.«

Bei der Probe zur ›Frau ohne Schatten‹ wendet sich Strauss an eine Gruppe von Violinisten, die eine Geigenstelle zu laut spielen.
»Meine Herren, wenn ich die Stelle überhaupt höre, ist's schon zu stark.«

In München wurde eine kleine Spieloper eines sehr eitlen jungen Komponisten aufgeführt. Am nächsten Tag sagt der Komponist am Künstlertisch:
»Habt ihr die Kritiken gelesen? Man vergleicht mich mit Rossini!«
Wozu Richard Strauss bemerkte:
»Das ist ein Irrtum, mein Lieber. Nicht mit Rossini, aber mit der ›Diebischen Elster‹.«

Als der dreiundachtzigjährige Richard Strauss im ersten Nachkriegsjahr 1946 von einem Interviewer gefragt wurde:
»Und was sind Ihre Pläne für die Zukunft?« erwiderte er:
»Na, sterben halt!«

STRAWINSKY, IGOR

(17. 6. 1882-6. 4. 1971) russ. Komponist, seit 1939 in den USA

— * —

Als Strawinsky einmal von dem berühmten Jazz-Komponisten Gershwin gefragt wurde, ob er bereit sei, ihn zu unterrichten, erkundigte er sich zunächst:
»Was verdienen Sie denn so?«
Gershwin: »An die 100000 Dollar jährlich.«
Darauf Strawinsky: »Dann drehen wir lieber den Spieß um, und ich nehme Stunden bei Ihnen.«

Jemand, der es wissen mußte, behauptete, Strawinsky, der im Geld schwimme, sei dennoch hinter jedem Dollar her. Das gehe so weit, daß der Meister sich sogar sein Monogramm aus den Buchstaben S und t in Form des Dollarzeichens entworfen habe: ¢

STUART, GILBERT

(1755-1828) eigtl. amerik. Porträtist

— * —

Stuart trifft eine Dame, die ihn stürmisch begrüßt.
»Ach, Mr. Stuart, ich habe eben Ihre Miniatur gesehen und geküßt, weil sie Ihnen so ähnlich ist!«
»Und hat sie den Kuß erwidert?«
»Nein . . .«
»Dann ist sie mir nicht gar so ähnlich!«

SULLIVAN, BARRY
(19. Jh.) engl. Schauspieler

— * —

Als Richard III. ruft Sullivan:
»Ein Pferd! Ein Pferd! Mein Königreich für ein Pferd!«
Da mischt sich ein Galeriebesucher ein:
»Mr. Sullivan, würde es ein Esel nicht auch tun?«
»Aber gewiß«, antwortet Sullivan. »Kommen Sie nur herunter!«

Barry Sullivan probierte eine Komödie. Der Autor war nicht sehr zufrieden und sagte:
»Im Leben sind Sie doch so heiter; warum nicht auch in meiner Komödie?!«
Worauf Sullivan erwiderte:
»Lieber Freund, im Leben ist der Text, den ich spreche, von mir!«

SUPPÉ, FRANZ VON
(1819-1895) Komponist

— * —

Der Dirigent machte den Komponisten Franz von Suppé darauf aufmerksam, daß ein Motiv in dessen Operette ›Die Meisterin‹ sich schon bei Beethoven finde.
»Nun und?« fragte Suppé. »Ist Ihnen vielleicht Beethoven nicht gut genug?«

TAGLIONI, MARIA
(1804-1884) ital. Tänzerin

— * —

Die Taglioni wurde einmal in Wien von einem übelwollenden, durch Intrigen aufgehetzten Publikum ausgepfiffen. Da trat sie an die Rampe und sagte:
»Meine Damen und Herren, es ist leicht zu merken, daß Sie alle in der Absicht hergekommen sind, mich auszupfeifen und zu verhöhnen. Das ist Ihr einziger Wunsch, Ihr einziges Verlangen. Nun will ich Ihnen auch meinen einzigen Wunsch, mein einziges Verlangen nicht verschweigen. Mögen Sie sich doch alle, wenn Sie das Theater verlassen, den Hals brechen!«
Und damit setzte sie unter schallendem Gelächter und Beifall die Vorstellung fort.

Im Leben hatte die Taglioni weniger Glück als auf den Brettern. Sie heiratete im Jahre 1832 den Grafen Gilbert des Voisins, der sich bald als recht minderwertiger, charakterloser Mensch entpuppte und sie nach ei-

nem Jahr verließ. Zwanzig Jahre später trafen sich die Gatten im Hause des Grafen von Morny. Des Voisins erschien später als die andern Gäste, und sein erstes Wort war:
»Wer ist die Dame, die neben Morny sitzt?«
»Das ist Ihre Frau«, war die Antwort.
»Möglich ist alles«, meinte der Graf.
Nach Tisch hatte er die Stirn, sich ihr vorstellen zu lassen. Da sagte die Taglioni:
»Ich glaube ich habe bereits im Jahr 1832 das Vergnügen gehabt.«

Eines Tages, ließ die Taglioni die Direktion der Pariser Oper wissen, sie habe Schmerzen im Knie und könne längere Zeit nicht auftreten. Wenige Jahre später besuchte der Direktor der Pariser Oper sie in Petersburg, wo sie damals engagiert war. In ihrem Salon spielte ein kleines Mädchen.
»Wem gehört die Kleine?« fragte er.
»Das cher ami«, erwiderte die Taglioni lächelnd, »das waren meine Schmerzen im Knie!«

Die Taglioni wurde auf dem ganzen Kontinent gefeiert, in England aber wollte sie nicht gefallen. Da sagte Heinrich Heine:
»Das ist ihr größter Erfolg! Denn hätte sie den Engländern gefallen, so hätte ich an der Poesie ihrer Beine zu zweifeln begonnen.«

TAILLADE, CHARLES
(um 1900) frz. Schauspieler

— * —

Der kleine, magere Schauspieler Taillade sollte seine Partnerin, die gar nicht magere Suzanne Lagier rauben und davontragen. Er gibt sich redliche Mühe, doch es gelingt ihm nicht. Da ruft ein Zuschauer von der Galerie:
»Rauben Sie sie doch auf zweimal!«

TALMA, FRANÇOIS-JOSEPH
(1763-1826) frz. Schauspieler

— * —

Für Talma war jede Rolle Gegenstand eines sehr ernsten Studiums. Einmal kam er von seiner Besitzung nach Paris, wo er am nächsten Tag den Augustus spielen sollte. Im Theater erklärte man ihm die Vorstellung sei abgesagt, es werde statt dessen ›Britannicus‹ gegeben, worin er den Nero spielte.
»Was?!« rief er. »Jetzt bin ich seit acht Tagen zu Hause Augustus und soll von einem Tag auf den andern Nero werden?«

Talma war jeder Situation gewachsen, die sich auf der Bühne ergeben konnte. Einmal sollte er erschossen werden, doch die Pistole versagte. Der Schauspieler, der Talma zu ermorden hatte, gab sich redliche Mühe, aber Theaterpistolen sind launischer als Primadonnen. Endlich, in seiner Nervosität, stürzte er auf Talma zu und versetzte ihm einen Fußtritt. Talma brach zusammen und rief:
»Mit mir ist's aus! Sein Stiefel war vergiftet.«

Bevor Talma seinen eigenen Wagen besaß, war er an einem Winterabend in Versailles. Er sollte abends in Paris spielen, und so trat er auf einen der Wagen zu, die vor dem Schloß standen. Damals, wenn ein Reisender einen Wagen nehmen wollte, sagte der Kutscher stets, er müsse noch auf andere Passagiere warten. So ging es auch Talma. Er stieg ein und geräuschlos bei der andern Türe wieder aus. Dann kam er, in veränderter Haltung und mit veränderter Stimme, noch dreimal, ohne daß der Kutscher den Betrug merkte. Endlich als Talma zum sechsten Mal erschien, sagte der Kutscher:
»Nur auf Sie haben wir noch gewartet!«
Auf der Place Louis XV. in Paris hielt der Wagen. Talma stieg aus, zahlte seinen Platz und verschwand. Der Kutscher aber wartete, wann endlich auch die andern Fahrgäste aussteigen würden.

THÉVENARD, LOUIS

(17. Jh.) frz. Sänger

— * —

Ein Abbé saß im Parkett der Pariser Oper. Auf der Bühne stand Thévenard, einer der größten Sänger seiner Zeit. Neben dem Abbé aber saß ein Mann, der sämtliche Melodien mitsummte. Der Abbé machte eine ungeduldige Geste.
»Was haben Sie denn, Herr Abbé?« fragte der Nachbar.
»Ich bin wütend«, erwiderte der Abbé. »Dieser Trottel von Thévenard verhindert mich doch, Ihnen zuzuhören!«

THOMA, HANS

(1839-1924) Maler und Graphiker

— * —

Als Thoma für die Kirche seiner Gemeinde in Bernau im Schwarzwald ein Altarbild gemalt hatte, stieß das bei den Nachbarn auf allerlei Fragen und Mißfallen. Zwei Bauern standen lange davor. Dann sagte der eine zum anderen:
»Was meinst'd, hat er nit wolle oder hat er nit könne?«

Von einem Paradoxon berichtete Thoma:
»Einst hatten mich die armseligen Preise, die ich erhielt, dazu genötigt, recht fleißig zu arbeiten, und jetzt nötigten mich die regen Nachfragen nach meinen Bildern mit den reichlichen Preisen zu erhöhter Tätigkeit.«

THORWALDSEN, BERTEL

(1768-1844) dän. Bildhauer

— * —

Ein junger Verehrer, der sich im Malen versuchte, schenkte Thorwaldsen eins seiner ziemlich nichtssagenden Bilder in einem wertvollen Rahmen. Hinterher behauptete er in seinem Bekanntenkreis, der große Bildhauer habe sich sehr lobend über die Arbeit ausgesprochen.
Thorwaldsen hörte davon und nahm sich vor, den jungen Mann zur Rede zu stellen. Als er ihn dann auf einer Gesellschaft traf, sagte er: »Neulich waren bei mir Einbrecher. Sie hatten es auf Ihr Geschenk abgesehen. Aber denken Sie man hat nur den Rahmen mitgenommen, Ihr Bild ließ man da.«

TINTORETTO

eigtl. Jacopo Robusti (1518-1594) ital. Maler

— * —

Die Qualität der Bilder Tintorettos war sehr unterschiedlich. Zu des Malers Lebzeiten wußte das ein jeder Venezianer.
Man spöttelte: »Tintoretto malt mit drei Pinseln: einem goldenen, einem silbernen und mit einem aus Eisen.«

Tizian und Tintoretto waren in Streit geraten. Aretino, Tizians Freund, führte spöttische Reden über Tintoretto. Eines Tages trifft Tintoretto den Schriftsteller in der Nähe seines Hauses und bittet ihn einzutreten; er wolle ein Bild Aretinos malen, viele Fürsten hätten es bestellt. Aretino tritt geschmeichelt ein, setzt sich, doch Tintoretto tritt mit finsterer Miene, eine Pistole in der Hand, auf ihn zu.
»Was wollt Ihr tun?« schreit der Schriftsteller entsetzt.
»Euch das Maß nehmen«, erwidert Tintoretto, macht sich ans Werk und sagt: »Ihr seid viereinhalb meiner Pistolen groß. Jetzt könnt Ihr gehn.«
Aretino verzog sich schleunigst und nahm sich vor, keinen Menschen mehr zu verspotten, der auf solche Art Maß nahm.

TIZIAN

eigtl. Tiziano Vecellio (um 1477-1576) ital. Maler

— * —

Jedesmal wenn Tizian ein neues Bild begann, sagte er: »Jetzt setze ich meinen Ruf aufs Spiel!«

In der Vormärzzeit inventarisierten österreichische Beamte Tizians ›Venus mit dem Schwan‹ unter der Bezeichnung:
»Nackertes Weibsbild von böser Gans gebissen.«

Als Tizian im Gefolge Karls V. in Parma war, besichtigte er die Malereien Correggios im Dom. Da näherte sich ihm ein Kanonikus und sagte, das seien doch nur Klecksereien, und man habe bereits erwogen, sie übermalen zu lassen.
»Bewahrt sie nur!« rief Tizian. »Wenn ich nicht Tizian wäre, möchte ich Correggio sein!«

Bei der Plünderung Roms hatten die Soldaten auch einige Gemälde Raffaels in den Stanzen des Vatikans beschädigt. Der Papast ließ die Schäden von Sebastiano del Piombo reparieren. Tizian, der nichts davon wußte und die Stanzen nie gesehen hatte, ließ sich von dem ihm befreundeten Sebastiano del Piombo hinführen und rief empört:
»Wer ist der freche Stümper, der es gewagt hat, diesen Meisterwerken solche Schmierereien hinzuzufügen?!«

TOSCANINI, ARTURO

(1867-1957) ital. Dirigent

— * —

Toscanini hatte als hoher Achtziger einen zehnjährigen Kontrakt unterschrieben. Als er an sein Pult tritt, sieht er wehmütig auf das Orchester hinunter und sagt:
»Traurig zu denken, daß viele von Ihnen nicht mehr da sein werden, wenn der Kontrakt abläuft!«

Kurz nach Verdis Tod lud die Mailänder Scala Toscanini und Mascagni ein, ein Konzert zu dirigieren, dessen Ertrag der Errichtung eines Denkmals für Verdi dienen sollte.

Mascagni, der keine übermäßige Sympathie für Toscanini hatte, gab seine Zustimmung unter der Bedingung, er müsse besser bezahlt werden als Toscanini, und wenn es auch nur um eine Lira wäre. Der Direktor war einverstanden. Nach dem Konzert reichte er Mascagni eine Lira.
Toscanini hatte auf jedes Honorar verzichtet.

TOULOUSE-LAUTREC, HENRI DE
(1864-1901) frz. Maler und Graphiker

— * —

Als Knabe war Toulouse-Lautrec sehr begeistert für den Sport. Das gefiel seinem Vater, und er schenkte ihm ein Buch, das er selbst verfaßt hatte. Als Widmung schrieb er hinein:
»Meinem Sohn, wenn er zwanzig Jahre alt sein wird, damit er sich im Leben zurechtfinden möge!«
Es war eine Abhandlung über die Kunst des Falkners.

Toulouse-Lautrec saß einmal abends allein in einem Café, als eine alte Blumenhändlerin ihm ihren Korb hinhielt. Er dankte höflich. Da sagte sie:
»Sie schicken mich nicht einfach fort, Sie sagen sogar Madame zu mir! Sie müssen ein großer Herr oder ein großer Künstler sein. Nur die sind mit den armen Leuten so höflich. Ich habe einen großen Maler gekannt, ja, ich bin sogar sein Modell gewesen. Vielleicht haben Sie seinen Namen schon gehört?«
Der Maler war Manet gewesen, und die Blumenhändlerin hieß Victorine Meurant und war das Modell von Manets Olympia.

Toulouse-Lautrec hörte, auf einem Barhocker des ›Moulin Rouge‹ sitzend, dem Streit zweier Frauen über ihre Hunde zu. Der eine Hund war ein Bastard mit glanzlosem Fell und erbärmlichem Gang. Seine Besitzerin gab zu, daß er nicht schön sei, dafür aber reinrassig. Die andere bestritt das heftig mit allerlei Argumenten, denen aber die andere Dame nicht zustimmte.
In ihrer Not wandte sie sich an Toulouse-Lautrec: »Nicht wahr, mein Herr, er kann gut häßlich sein und trotzdem reinrassig?«
Lautrec sah kaum von seiner Kohlezeichnung auf, die er von den beiden Streitenden gemacht hatte und murmelte nur: »Wem sagen Sie das!«

UCCELLO, PAOLO
(1397-1475) ital. Maler

— * —

Uccello war, wie wir heute sagen würden, ein wunderlicher Kauz. Seine Frau erzählte, daß er ganze Nächte in der Studierstube verbrachte, um die Grenzen der Perspektive zu erkennen. Als ihm seine Frau zuredete, sich doch endlich schlafen zu legen, habe er geantwortet:
»Oh, welch ein anmutiges Ding ist diese Perspektive.«

Uccello war ein schüchterner Mensch, der gern einsam war und auch nicht viel von Gesellschaften hielt. Als er im Kloster von S. Miniato bei

Florenz malte, gab es immerfort nur Käse zu essen, und Uccello fand nicht den Mut, dem Abt zu gestehen, daß ihm der Käse zum Halse heraushänge. Er drückte sich von der Arbeit, und sah er nur irgendwo einen Mönch aus dem Kloster, ergriff er die Flucht.
Zwei Mönche holten ihn aber einmal ein und fragten ihn, warum er seine Arbeit nicht fortsetze. »Ihr habt mich«, antwortete Paolo, »so zugrunde gerichtet, daß ich Euch nicht nur fliehe, sondern ich wage auch nicht, mich bei einem Tischler aufzuhalten oder vorüberzugehen, daran ist einzig der Unverstand Eures Abtes schuld, der mir in Vorgerichten und Suppen solch eine Menge Käse gegeben hat, daß mir der ganze Körper damit angefüllt ist, und ich fürchte, da ich schon lange ganz Käse bin, man könnte mich zu Tischlerleim verbrauchen; ja, wenn das noch länger dauern sollte, würde ich bald vielleicht nicht mehr Paolo, sondern Käse sein.«
Überflüssig zu erwähnen, daß nunmehr die Speisenfolge im Kloster für den Meister abwechslungsreicher wurde.

UTRILLO, MAURICE
(1883-1955) frz. Maler

— * —

Utrillo und Modigliani starteten eine Sauftour. Beide eingehakt und laut singend, waren nicht zu übersehen und wurden von neugierigen Blicken verfolgt.
Modigliani schrie: »Utrillo ist der größte Maler. Denn er versteht zu trinken.«
Utrillo jedoch protestierte und sagte dann leise: »Nein, Modigliani kommt zuerst!«

Die Witwe des Montmartre-Malers war, was die geschäftliche Seite betrifft, äußerst clever. Ein amerikanischer Händler feilschte lange mit ihr und erzählte, wahrscheinlich um den Preis zu drücken, daß es in Amerika einige hundert, mindestens aber 300 Fälschungen Utrillos gäbe.
Entrüstete sich die Witwe: »Kann man denn das nicht verbieten, wie früher den Alkohol?«
»Aber nein, Madame, wo denken Sie hin, wenn wir so etwas versuchen, gibt es morgen nicht dreihundert, sondern dreitausend falsche Utrillos«, war die Antwort des nicht minder geschäftstüchtigen Amerikaners.

Utrillo wurde an einem 26. Dezember geboren. Dieses Datum paßte ihm nicht. Er bestand darauf, am 24. Dezember auf die Welt gekommen zu sein. Auf dem Standesamt wischte er die Argumente der Beamten vom Tisch:
»Gott führt genauere Register. Er hat mir gesagt, ich sei am Weihnachtstag geboren!«

Die Preise von Utrillos Bildern waren fabelhaft gestiegen. Zu einem Kunsthändler kommt ein Mann und will einen Utrillo kaufen. Es werden ihm zwei gezeigt, und er kauft beide, obgleich sie sehr teuer sind.
»Wohin soll ich sie Ihnen schicken?« fragt der Händler.
»Behalten Sie sie nur«, erwidert der Utrilloliebhaber, »und wenn sie auf das Doppelte gestiegen sind, so verkaufen Sie sie für mich.«

VELÁZQUEZ, DIEGO DE SILVA Y

(1599-1660) span. Maler

— * —

Velásquez hatte sein Bild ›Las Meninas‹ vollendet, auf dem er auch sich selbst dargestellt hatte. König Philipp IV. bewunderte das Gemälde, dann aber sagte er:
»Und doch fehlt noch etwas.«
Er nahm selbst den Pinsel und malte der Gestalt des Velázquez den Orden vom Roten Kreuz von San Jago auf die Brust.

VERDI, GIUSEPPI

(1813-1901) ital. Komponist

— * —

Nach der Premiere des ›Falstaff‹ war Verdi mit einigen Freunden im Gasthaus, darunter auch Arrigo Boito und Ricordi, dem Verleger. Nach Tisch zeigte der Kapellmeister Mascheroni dem ›Maestro‹ einen Artikel von Montefiori in der ›Tribuna‹; ein überschwengliches Lob.
Verdi sah nur die Überschrift und legte die Zeitung weg.
»Lobsprüche! Lobsprüche! Was hat das für einen Zweck? Wenn meine Musik schön ist, so ist sie schön. Und wenn sie schlecht ist, wird dieses Lob sie retten?«

Man fragte Verdi, welche seiner Opern ihm die liebste sei.
»Das ist schwer zu beantworten; wenn ich Musiker wäre, würde ich den ›Rigoletto‹ vorziehen, als Laie die ›Traviata‹ und wenn ich keines von beiden bin, dann den ›Troubadour‹!«

Verdi begegnet Mascagni.
»Ich höre, daß Sie einen ›König Lear‹ komponieren wollen«, sagt Verdi. »Für diesen Stoff habe ich ein reiches Studienmaterial; das werde ich Ihnen schicken!«
»Ja aber, Maestro«, fragt Mascagni, »warum haben Sie denn eigentlich den ›Lear‹ nicht komponiert?«
Verdi schließt die Augen, wie um sich zu besinnen, dann sagt er langsam:
»Ich hatte Angst vor der Heideszene.«

»Sie . . .« stottert Mascagni, »Sie . . . hatten Angst . . . und ich . . .« – Und von Mascagnis König Lear war nie mehr die Rede.

Der Verleger Lucca drängte Verdi nach dem Erfolg des ›Ernani‹ ihm Zusagen für die Zukunft zu geben. Noch heftiger drängte Luccas Frau, die schöne geschäftstüchtige Giovannina Strazza. Der Meister möge doch dem Verlag Lucca eine seiner nächsten Partituren überlassen. Ja, sie behauptete, sie könne nicht mehr schlafen und selbst im Bett nur noch klagen. Worauf Verdi trocken meinte:
»Haben Sie im Bett nichts anderes zu tun?«

VERNET, HORACE
(1789-1863) frz. Maler

— * —

Horace Vernet konnte es auch am Hof des Zaren nicht lassen, seine Meinung offen zu äußern.
»Mein lieber Vernet«, fragte der Zar ihn lächelnd, »wenn ich Sie ersuchte, einen Sieg der Russen über die Polen darzustellen, würden Sie es mir verweigern?«
»Warum?« erwiderte Vernet. »Habe ich nicht schon öfters Christus am Kreuz gemalt?«

Als der Maler Joseph Vernet ihn besuchte, rief Voltaire:
»Sie werden in die Unsterblichkeit eingehen. Sie haben die leuchtendsten, die dauerhaftesten Farben!«
Worauf der Maler bescheiden erwiderte:
»Meine Farben sind weder so leuchtend noch so dauerhaft wie Ihre Tinte.«

VESTRIS, GAETAN
(1729-1808) frz. Tänzer

— * —

Ein berühmter englischer Tänzer bat um die Ehre, sich vor Vestris produzieren zu dürfen. Vestris ließ es schweigend geschehen. Als der Engländer aber unbedingt die Meinung des großen Mannes hören wollte, sagte Vestris endlich:
»Monsieur, im Ausland hüpft man. Tanzen kann man nur in Paris.«

VITA, HELEN

(geb. 4. 10. 1924) Kabarettistin, Sängerin

— * —

Mit einem Fernseh-Auftritt hat Helen Vita die Wiener in Harnisch gebracht. Sie trug nämlich Friedrich Holländers ›Wiener Schmarrn‹ vor, der in den Refrain mündet: »Rattengift her«.
138 Protestanrufe erreichten das Wiener Fernsehen. Ein empörter Zuschauer drohte: »Morgen werden 10 Kilo Rattengift bestellt und Helen Vita zugesandt.«

Als die öffentliche Nackedei-Welle allmählich ein bißchen stumpfsinnig wurde, erklärte Helen Vita:
»Man sieht in der Erotik zuviel Mechanisches. Hoffentlich zerstören die modernen Liebesingenieure nicht den letzten Rest von Frivolität.«

VOLLARD, AMBROISE

(um 1900) frz. Kunsthändler

— * —

In Amerika wurde Vollard von einem Reporter als erstes gefragt:
»Wie denken Sie über die amerikanische Frau?«
»Die amerikanische Frau ist entzückend.«
»Wer ist hübscher die Französin oder die Amerikanerin?«
»Wenn ich eine Amerikanerin sehe, finde ich, daß sie die reizendste Frau ist. Und wenn ich eine Französin sehe, dann finde ich, daß die Französin die reizendste Frau ist.«
»Haben Sie schon den zoologischen Garten besucht?«
»Ja, ich habe einen Bären gesehen, dem ich nicht im Wald begegnen möchte.«
»Und die Eichhörnchen?«
»Es gibt nichts Entzückenderes!«
Darauf berichtete der Reporter in seiner Zeitung: »Vollard bewundert die amerikanischen Frauen, aber er zieht ihnen die Eichhörnchen vor.«

»Man soll nie versuchen«, sagte Vollard, »den Kunstliebhaber zu leiten. Man soll sich davor hüten, ihm zu erklären, was sein Bild vorstellt, wie man es ansehen soll usw.
Ein Sammler hatte mir einmal die Photographie eines Bildes geschickt und dazu geschrieben: ›Ich möchte ein Gegenstück zu diesem kubistischen Bild, das ich bei Ihnen gekauft habe, und in dem ich eine kastilische Landschaft erkenne. Ich habe niemals die Atmosphäre dieses Landes so wiedergegeben gesehen.‹
Unverzüglich antwortete ich ihm, daß das Bild keine kastilische Landschaft, sondern einen Gitarrenspieler darstelle.

Ich erwartete einen Dank, doch statt dessen wurde mir das Bild zurückgeschickt.«

WAGNER, RICHARD
(1813-1883) Komponist

— * —

Einer der ersten in Frankreich, die Richard Wagners Genie erkannten, war Baudelaire. Der Dichter wollte Wagner kennenlernen und suchte ihn auf. Wagner trug einen prächtigen gelben Hausrock; er setzte sich ans Klavier und spielte ein Stück aus seinen Werken, das Baudelaire herrlich fand. Dann erhob sich Wagner, entfernte sich und kam in einem grünen Hausrock wieder. Abermals spielte er aus seinem Werk, stand abermals auf, verließ abermals das Zimmer und kehrte diesmal in einem roten Hausrock wieder, um noch ein weiteres Stück zu spielen. Baudelaire war in heller Begeisterung.
»Ich habe wohl gemerkt, daß Sie die Stücke in verschiedenfarbigen Röcken gespielt haben, um gewissermaßen symbolisch den verschiedenen Gehalt der Werke auszudrücken. Könnten Sie mir diese Symbolik näher erklären?«
Wagner sah Baudelaire verblüfft an, und dann lachte er:
»Ich habe die Röcke ja nur gewechselt, weil sie völlig durchgeschwitzt waren!«

Richard Wagner war nicht, was man einen Charmeur nennt. Zumal, wenn jemand ihm nicht gefiel, war er recht unangenehm. So saß er einmal bei einem Souper neben einer alten Dame, die ihm ihre Lebensgeschichte samt allen Krankheiten ausführlich erzählte.
»Stellen Sie sich vor, Meister, damals wäre ich beinahe erstickt!« sagte sie.
»Und das hat man verhindert?« meinte Wagner.

Als Liszt seinen Freund Richard Wagner der Fürstin Metternich vorstellte, fragte sie den Meister, welches Instrument er spiele.
»Ich kann mich am Klavier verständlich machen«, erwiderte er, »aber in Wirklichkeit spiele ich nur das Orchester.«

Wagner war ein großer Freund von Rossinis Musik. Er gesteht, daß er sich bei der Komposition des ›Lohengrin‹ nur mühsam von der Musik des ›Wilhelm Tell‹ befreien konnte, den er kurz vorher gehört hatte. Einmal sagte er zu einer Dame:
»Ich muß Ihnen gestehen, daß ich Rossinis Musik sehr liebe; aber sagen Sie das ja nicht den Wagnerianern, sie würden es mir nie vergeben.«

Wagner war ein großer Tierliebhaber. In einem Hause hatte er einen Käfig voll mit Affen. Jeden Morgen ging er in den Garten, um einen Uhu zu besuchen.
»Das ist die Natur ohne Verkleidung«, sagte er. »Grausam, aber aufrichtig. Dieser Uhu hat den Kopf eines Löwen.«
Und als er Nietzsche sagen wollte, wie er ihn schätzte, erklärte er: »Ich schließe Sie in mein Herz, zwischen meine Frau und meinen Hund.«

In der Zeit des heftigsten Kampfes gegen Richard Wagner unterhielt sich ein Kritiker damit, die Bande der Verwandtschaft festzustellen, mit denen die Helden der Nibelungen aneinander geknüpft waren.
»Siegfried, aus der Ehe von Bruder und Schwester hervorgegangen, ist der Sohn seines Onkels und der Neffe seiner Mutter. Als der Gatte von Brünhilde, die von Wotan abstammt, ist er sein eigener Neffe und Schwager seiner Tante Sieglinde, die auch seine Mutter wird. Brünhilde ist Schwester und Schwiegertochter von Siegmund, Wotan Vater und Großvater von Brünhilde. Wenn es zu einem Erbschaftsprozeß gekommen wäre, hätte es unendliche Schwierigkeiten gegeben, aber glücklicherweise endete die Geschichte mit der ›Götterdämmerung‹, bei der alle ums Leben kamen, und so gab es keine Erben.«

Bei der Premiere des ›Tannhäuser‹ in Paris wurde an der Ausstattung nicht gespart. Es gab im ersten Akt zahllose Jäger, prächtige Pferde und sogar sechs Jagdhunde. Dazu schrieb der Kritiker der ›Illustration‹:
»Es ist eben leichter, sechs Jagdhunde zu finden als eine Melodie.«

WALDAU, GUSTAV
(1871-1958) Schauspieler

—*—

Als Gustl Waldau einmal für einen erkrankten Kollegen einspringen mußte, hatte er keine Zeit mehr, dessen Rolle gründlich zu lernen. In dem Stück mußte Waldau mit einer Kollegin im Bühnenhintergrund sitzen, unter einer Markise, denn der Autor hatte Regen vorgeschrieben. Doch von so weit konnte der Schauspieler die Souffleuse nicht hören.
Also streckte er die Hand prüfend unter der Markise hervor und sagte: »Gnädige Frau, es regnet nicht mehr, lassen Sie uns ein paar Schritte in den Garten gehen.«
Er nahm die zwei Stühle und trug sie vor den Souffleurkasten.

Waldau war dafür bekannt, daß er besonders gern Gäste bewirtete und es dabei an nichts fehlen ließ. Als er einmal während der Hungerjahre des Ersten Weltkriegs Besuch erhielt, war er untröstlich:
»Nix hab ich anzubieten, keinen Schnaps, keinen Wein, keine Zigarre,

aber – wartet: Tinte hab ich noch a bisserl. Füllts wenigstens eure Füllfederhalter damit auf!«

WALLBERG, OTTO
(geb. 4. 6. 1911) Schauspieler

— * —

Otto Wallberg, bei den Berlinern sehr beliebt, nahm im Lauf der Jahre an Leibesfülle zu. Eines Tages beschloß er abzunehmen und suchte einen Arzt auf.
»Machen Sie morgens irgendwelche körperlichen Übungen?« wollte der Doktor wissen.
Wallberg: »Det will ich meinen, ick stehe nämlich uff.«

Wallberg war, was seine Garderobe betraf, außerordentlich sparsam. Obwohl er immer mehr zunahm, trug er die alten, viel zu engen Anzüge. Eines Tages stürzte er beim Abspringen von der Straßenbahn. Die stramm gespannte Hose platzte am Allerwertesten, ein Hemdzipfel kam deutlich zum Vorschein.
»Det hätte schlimma ausjehn können«, meinte ein Passant, der dem Schauspieler auf die Beine half.
»Weeß ick«, sagte Wallberg, »mein'ne Se, ick hätte sonst geflaggt?« Mit diesen Worten steckte er den Hemdzipfel weg.

WALTER, BRUNO
(1876-1962) Dirigent

— * —

Der Dirigent war ein guter Freund seiner Sänger. Er half, wo er konnte. So kam es vor, daß er vor der Aufführung die Garderobe eines Sängers aufsuchte und ihm erklärte:
»Sie haben bisher an der und der Stelle einen Fehler gemacht. Ich erlaube nur, daß Sie heute an einer anderen Stelle patzen, nicht an derselben.«

Als Bruno Walters Freund Thomas Mann einmal philosophierte, er möchte im nächsten Leben Kapellmeister werden, antwortete Bruno Walter:
»Nun, ich bin froh, daß du es nicht schon diesmal geworden bist.«

Als Emigrant in Amerika errang Walter große Erfolge an der Metropolitan-Oper. Er besuchte auch das ›The Austrian Theatre‹, das trotz vorzüglicher Aufführungen nur vor den wenigen spielen konnte, die Deutsch sprachen. Keine Aufführung konnte mehr als zwei-, dreimal gespielt werden. Dem Leiter des Theaters, Ernst Lothar, sagte er einmal nach einer Aufführung:
»Die Weltsprache ist Musik. Deutsch leider nicht.«

WARHOL, ANDY

(geb. 1928) amerik. Pop-Künstler

— * —

Andy Warhol, US-Filmmacher, der als Zeichner begann, erklärte in einem veralbernden Silvesterinterview zum Beginn der siebziger Jahre: »Malerei ist ganz unwichtig. Ich kann mir nicht einmal vorstellen, warum Leute einen Gedanken an Malerei verschwenden, wenn sie Filme sehen können.«
Aber er sagte auch: »Dinge, die man zeigen kann, das ist alles. Es ist auch so langweilig, Filme zu sehen. Das wirkliche Leben ist erregender: nur auf der Vortreppe stehen und beobachten, was passiert.«

WATTEAU, JEAN-ANTOINE

(1684-1721) frz. Maler

— * —

Als der Geistliche Watteau, der im Sterben lag, ein Kruzifix entgegenhielt, betrachtete der Maler aufmerksam die Christusfigur und sagte: »Wie konnte ein Künstler die Züge des Herrn nur so schlecht darstellen!« Und das waren seine letzten Worte.

WEBER, CARL MARIA VON

(1786-1826) Komponist

— * —

Auch Weber blieben die Anfangsschwierigkeiten der meisten Künstler nicht erspart: Als er einmal einen Klavierabend in einer Kleinstadt gab, kamen so wenig Zuhörer, daß die Leere allen peinlich war. Hinterher wollte der Veranstalter ihn trösten:
»Machen Sie sich nichts draus! Wissen Sie, die Leute sind hier so unmusikalisch – in diesem Kaff hat man vor zwanzig Jahren noch gebellt.«

Als Weber einmal einer ›Freischütz‹-Aufführung beiwohnte, bei der der Dirigent ungewöhnlich schleppend dirigierte, wurde er durch einen Zwischenruf aus seinem Verdruß erlöst: Beim Erscheinen des Eremiten rief eine Stimme aus dem Parkett:
»Eigentlich müßte der alte Herr längst im Bett sein!«

WEGENER, PAUL

(1874-1948) Schauspieler

— * —

Ein höherer Beamter fragte Wegener: »Sind Sie eigentlich Akademiker?«
»I wo«, sagte der Schauspieler, »aber mein Sekretär, der ist's.«

Paul Wegener, der während der Nazizeit keine Kompromisse mit den Machthabern eingegangen war und aus seiner Abneigung keinen Hehl gemacht hatte, bekam nach dem Krieg den Besuch seines Schauspielerkollegen Kortner. Kortner, gerade aus dem amerikanischen Exil zurück, bedankte sich bei Wegener für seine Haltung. Um der etwas weihevollen Stimmung zu entgehen, bemerkte Wegener ironisch:
»Ach, wissen Sie, die Nazis, die haben mir meinen ganzen schönen Antisemitismus verdorben.«

Wegener wurde gefragt: »Was ist ein Schauspieler?«
Der Schauspieler definierte: »Ein Mensch, der bloß lebt, um zu gefallen, und gefallen muß, um zu leben.«

Paul Wegener heiratete im hohen Alter noch einmal eine junge Frau. Nach dem Grund der ein wenig ungewöhnlichen Ehe gefragt, antwortete der Mime:
»Ich will lieber, daß ein reiner und blankgeschliffener Degen mir das Herz durchbohrt als ein altes, verrostetes Eisen.«

WEIGEL, HELENE
(1900-1971) Schauspielerin

— * —

In dem Stück über eine Geschäftsfrau mit drei unehelichen Kindern im Dreißigjährigen Krieg schrieb Brecht eine stumme Rolle. Es ist die Tochter, die am Schluß des Stücks durch ein mutiges Trommeln eine ganze Stadt rettet.
Viele Literaturwissenschaftler grübelten lange über die Gründe nach, die Brecht bestimmt haben mochten, diese Rolle stumm zu schreiben. Sie kamen auf alles mögliche. Aber Herr B. hatte die Rolle für die Schauspielerin Helene Weigel gemacht, damit sie auch in der Emigration ohne Fremdsprachen Theater spielen konnte.

WEISER, GRETHE
(1903-1970) Schauspielerin

— * —

Grethe Weiser kaufte sich einen besonders ausgefallenen Hut, fuhr nach Hause, ging wieder aus, ging in ein Café und – sah dort ausgerechnet eine Dame, die den gleichen Hut aufhatte. Sie deutete auf ihren Kopf, dann auf den Hut der anderen, prostete ihr zu und wiederholte das Schauspiel mehrmals, als die Hutrivalin nicht gleich verstand. Dann verließ sie das Café, fuhr wieder nach Hause und bemerkte, daß sie ihren neuen Hut gar nicht aufgehabt hatte. Das sah ihr ähnlich.

Als Grethe Weiser noch Ballettratte war, tanzte sie einmal außer der Reihe und verpaßte einen Abgang, indem sie links mit rechts verwechselte.
Der Regiesseur schrie sie an: »Sie können wohl nicht rechts von links unterscheiden?«
Aber Grethe Weiser hob nur schnippisch die Schultern und entgegnete keß: »Ich interessiere mich nicht für Politik.«

Eine Gesellschaft, zu der auch die Schauspielerin gehörte, mußte sich die ersten Versuche einer jungen Dame anhören, die Schauspielerin werden wollte. Der Vortrag war jammervoll und die Weiser flüsterte ihrer Nachbarin ins Ohr:
»Der Kleinen fehlen nur ein Paar große Flügel.«
»Ach ja«, erwiderte die Nachbarin erfreut, »dann wäre sie ein Engel!«
»Nee, ne Jans!« sagte Grethe Weiser trocken zu der Dame, die die Mutter des Mädchens war.

Einmal, erzählt man, habe Grethe Weiser im Film eine Dompteuse spielen müssen. Bei einer Probe versetzte ihr ein Elefant einen ziemlich unsanften Tritt auf die runden Partien der Rückseite.
»Au, wat soll denn det!« schrie die Weiser, »det steht nich in mein'm Vertrag.«
Der Regisseur wollte begütigen: »Na, laß man, dat war ja nur Liebe.«
Darauf die Weiser: »Nu weeß ich wenigstens, in wat for Kreisen du verkehrst.«

WEISS-FERDL

(eigtl. Ferdinand Weisheitinger, 1883-1949) Komiker in München

— * —

Im Krieg bestellte Weiß-Ferdl in einer Wirtschaft ›Türkisch Gulasch‹ und mußte dafür 100 Gramm Fleischmarken abgeben. Das Essen kam. Es stellte sich heraus, daß das Fleisch ungenießbar zäh war.
»Warum hoaßt dees jetz an Türkisch Gulasch?« wollte Weiß-Ferdl vom Ober wissen.
Der antwortete seelenruhig: »Weil der Hund Sultan ghoaßn hat.«

Nachdem der Komiker wegen kritischer Äußerungen gegen das System im Dritten Reich eine Zeitlang arretiert war, kam er zum erstenmal wieder auf die Bühne, hob den Arm zum Deutschen Gruß, ließ ihn wieder sinken, hob ihn noch mehrfach und sagte, als das Publikum zu lachen begann:
»So hoch is mei Hunderl gsprung'n, als ich heimkom'n bin.«

Weiß-Ferdl ist wieder einmal im Platzl gegenüber dem Münchner Hofbräuhaus aufgetreten. Man schreibt das Jahr 37.
Weiß-Ferdl sagt: »Gestern war das Lokal noch geschlossen. Heute ist es wieder offen. Aber wenn's hier noch offener zugeht, dann ist's vielleicht morgen schon wieder zu.«

Zu Weihnachten 1944 sagte Weiß-Ferdl:
»Wer jetzt noch lebt, liebe Leut', ist selbst schuld dran! Bomben sind genug gefallen!«

Während einer seiner Veranstaltungen gab es im Saal Kurzschluß. Darauf zündete Weiß-Ferdl eine Petroleumlampe an, suchte damit auf dem Podium herum, schaute in die Versammlung im Dunklen und brummte:
»I soags ja immer, es liegt nicht an d'Leut'. Es liegt an der Leitung.«

In der Nazi-Zeit kommt Weiß-Ferdl mit einem Freund am KZ Dachau vorbei. Es ist von SS-Posten scharf bewacht.
»Da koanst nix macha bei dera B'wachung«, meint der Freund.
Weiß-Ferdl, eigensinnig: »Wann i will, kimm i do rein.«

WELLES, ORSON

(geb. 6. 5. 1915) amerik. Schauspieler und Regisseur

— * —

Um eine verkehrsreiche Straße zu überqueren, gibt Orson Welles folgende Ratschläge:
»In England habe man einen Hund an der Leine, in den Vereinigten Staaten nehme man mindestens drei Kinder an den Händen, in Deutschland ziehe man eine Generalsuniform an und in Italien hänge man sich in eine Blondine ein.«

Orson Welles hielt einmal eine Vorlesung in einer kleinen Stadt im Mittleren Westen vor einem fast ganz leeren Saal. Da begann er:
»Ich bin Theaterdirektor und Theaterregisseur, ich spiele auf der Bühne und im Film. Ich bin Schriftsteller und Verfasser von Filmen, ich schreibe für das Radio und spreche im Radio. Ich bin Taschenspieler und Maler, ich habe Bücher geschrieben, ich spiele Geige und Klavier.«
Nun machte er eine Pause, betrachtete sein Publikum und schloß: »Ist es nicht ein Jammer, daß so viel von mir da ist und so wenig von Ihnen?«

Bevor Welles Kafkas Roman ›Der Prozeß‹ verfilmte, beschäftigte er sich mit philosophischen Kommentaren zu diesem Buch. Aber er fand nichts Brauchbares, legte die Bücher weg und versammelte den Filmstab um sich:

»Auf zum praktischen Teil! Mit der Theorie kommen wir nicht weiter, denn die modernen Philosophien sind Schiffe, die wie Ozeanriesen daherkommen, aber nicht mehr Tiefgang haben als eine Badewanne.«

Der amerikanische Schauspieler weilte zugleich mit Marlene Dietrich in Paris. Welles besuchte, es war mehr eine Anstandsvisite, die Vorstellung der Marlene.
Ein Freund wunderte sich: »Die Dietrich kannst du dir doch in Las Vegas ansehen, hätten wir heute nicht lieber woanders hingehen können?«
»Das habe ich vorher auch überlegt, aber es war dann doch ein starker Eindruck. Die alte Marlene im alten Europa – da merkt man erst so richtig, wie hundsjung wir Amerikaner sind.«

Ein indiskreter Reporter fragte Orson Welles:
»Warum haben Sie gestern mit Rita Hayworth zu Abend gegessen?«
Worauf Orson Welles sehr liebenswürdig erwiderte:
»Weil wir Hunger hatten.«

Elsa Maxwell besucht Orson Welles.
»Stellen Sie sich vor«, erzählt sie wütend, »ich war gerade bei Paulette Goddard, und während ich sprach, hat sie mindestens neunzehnmal gegähnt!«
»Aber, Elsa«, meint Orson Welles, »wer sagt Ihnen, daß Paulette wirklich gegähnt hat? Vielleicht hat sie nur einfach etwas sagen wollen.«

WHISTLER, JAMES MACNEILL

(1834-1903) amerik. Maler und Graphiker

— * —

»Heute ging ich über die Themse«, sagte eine Bewundererin zu Whistler. »Die Luft war wirklich genau wie auf Ihren Bildern.«
»Ja«, erwiderte Whistler. »Mit der Zeit kommt die Natur auch auf den Trick.«

Whistler malte einen reichen Mann. Als das Bild fertig war, betrachtete es der reiche Mann eine Weile lang stumm. Dann sagte er: »Sie werden selber zugeben müssen, daß ich Ihnen nicht sehr gut gelungen bin.«
»Ja«, erwiderte Whistler, das Monokel im Auge. »Aber Sie werden ebenfalls zugeben müssen, daß Sie auch der Natur nicht sehr gut gelungen sind.«

Whistler hatte einen aufsehenerregenden Prozeß gegen Ruskin. Eine Dame, die mit beiden befreundet war, versuchte zu vermitteln und sagte zu Whistler:

»Was haben Sie denn gegen den armen alten Ruskin? Er ist doch schon mit einem Fuß im Grabe!«
»Gegen diesen Fuß habe ich gar nichts«, erwiderte Whistler.

Während der Gerichtsverhandlung im Prozeß gegen Ruskin fragte der Vorsitzende Whistler:
»Können Sie den Herren Geschworenen klarmachen, was Kunst ist?«
Whistler klemmte das Monokel ein, musterte die Geschworenen der Reihe nach und sagte:
»Nein.«

Ein junger Maler sprach mit Whistler von seinen Bildern, und als Whistler scharfe Kritik daran übte, rief der junge Mann:
»Sie wollen also nicht, daß ich die Dinge so male, wie ich sie sehe?«
»Das wäre nicht so schlimm«, meinte Whistler. »Das Schlimme ist, daß Sie die Dinge so sehen, wie Sie sie malen.«

Es ist nicht allgemein bekannt, daß Whistler drei Jahre lang an der Militärakademie studiert hatte. Bei der Prüfung sollte er etwas über den Kiesel sagen.
»Der Kiesel«, begann Whistler, »ist ein Gas –«
»Das genügt«, unterbrach ihn der Prüfer, »Sie können gehn.«
Und wenn Whistler später die Geschichte erzählte, setzte er hinzu:
»Wäre nun der Kiesel wirklich ein Gas, so wäre ich nicht Maler geworden, sondern General.«

Ein Freund kam aus Paris zurück und erzählte, daß eines Morgens die Hauptstadt Frankreichs in dichten Nebel gehüllt gewesen war.
»Da sehen Sie«, sagte Whistler, »wohin die Anglomanie führt!«

Whistler verlangte von einem Kunsthändler für zehn seiner Bilder ein wahres Vermögen. Der Kunsthändler war entsetzt über die hohe Forderung, doch Whistler entgegnete:
»Das sind bereits meine posthumen Preise!«

Als man Whistler vorschlug, den Kardinal Manning zu malen, sagte er:
»Wenn ich rot malen will, brauche in keinen Kardinal dazu!«

Ein Millionär wollte sich von Whistler malen lassen. Der Preis wurde auf tausend Pfund festgesetzt. Später aber weigerte sich der Kunde zu zahlen, und der Fall kam vor Gericht.
»Warum wollen Sie nicht zahlen?« fragte der Richter. »Finden Sie das Bild nicht ähnlich? Ist die Qualität nicht entsprechend? Stimmt das Format nicht mit dem überein, was Sie bestellt haben?«

»Nein, Herr Richter, alles wäre in Ordnung. Aber ich kann mich nicht mit der Idee versöhnen, tausend Pfund für ein Bild zu zahlen, das in einer einzigen kurzen Sitzung gemalt wurde, die nicht einmal eine halbe Stunde gedauert hat.«
Dieses Argument schien dem Richter Eindruck zu machen. Er wandte sich an Whistler und fragte:
»Sagen Sie, Meister, wie lange haben Sie gebraucht, um dieses Bild zu malen?«
Whistler überlegte, dann sagte er:
»Eine Viertelstunde – und dreißig Jahre.«
Daraufhin wurde der Kunde zur Zahlung des Honorars verurteilt.

In der kleinen Chronik einer englischen Zeitung stand:
»James MacNeill Whistler und Oscar Wilde wurden gestern in Brighton gesehen, als sie, wie gewöhnlich, nur von sich sprachen.«
Whistler sandte den Abschnitt an Wilde und schrieb dazu:
»Diese Reporter sollten doch präziser sein. Du wirst dich wohl erinnern, daß wir nur von mir gesprochen haben?«
Worauf Wilde erwiderte:
»Ja, wir haben nur von dir gesprochen, aber ich habe nur an mich gedacht.«

Ein Kritiker der ›Times‹ hatte eine Aquarellzeichnung Herkomers, die Ruskin darstellte, als das erste Ölporträt bezeichnet, »das wir von dem großen Mann besitzen«.
Whistler, nichts weniger als ein Freund Ruskins, schrieb daraufhin an die ›Times‹, es sei gewiß nicht zu verlangen, daß ein Kunstkritiker ein Ölbild von einem Aquarell mit den Augen unterscheiden könne; aber mit der Nase sollte er den Unterschied doch feststellen. Oder, wenn er Schnupfen gehabt hätte, müßte er doch gewissenhaft genug gewesen sein, den Feuerwehrmann oder den Galeriediener zu bitten, für ihn zu riechen. Damit hätte er der Zeitung eine Blamage erspart.

Whistler bewunderte ein Bild, das Dante Gabriel Rossetti malte; einige Zeit darauf fragte er ihn, wie es denn mit dem Bild stehe.
»Ausgezeichnet, ich habe einen herrlichen Rahmen dafür bestellt.«
Später sah Whistler, daß das Bild wohl eingerahmt, aber keineswegs beendet war.
»Sie haben nichts daran gearbeitet, seit ich es zum letzten Mal gesehen habe, nicht wahr?«
»Nein, aber ich habe ein großartiges Sonett über das Thema geschrieben.«
»Dann«, meinte Whistler, »nehmen Sie das Bild heraus und rahmen Sie das Sonett ein.«

Einmal gelang es Whistler, ein Bild eines Freundes im Herbstsalon unterzubringen. Doch der Freund ging mit Whistler zur Eröffnung und rief:
»Um Himmels willen, das Bild hängt ja verkehrt!«
»Pst«, flüsterte Whistler. »Anders herum hat der Ausschuß es nicht annehmen wollen.«

WILHELMI, EDUARD

(19. Jh.) Geiger

—*—

Der Geiger Wilhelmi wurde in London von einer reichen Landsmännin zum Kaffee eingeladen. Gleich nach dem Kaffee wird die Hausfrau unruhig und rückt heraus:
»Herr Wilhelmi, wo ist denn Ihre Geige?«
Wilhelmi verbeugt sich und erwidert:
»Meine Geige läßt sich entschuldigen, sie trinkt keinen Kaffee.«

WINDGASSEN, WOLFGANG

(1914-1974) Sänger

—*—

Knappertsbusch hatte Besetzungsschwierigkeiten, seine Getreuen jagten durch die Lande nach einem Tenor. Endlich hatten sie Windgassen gefunden, sofortiges Telefonat nach München.
Der »Kna«: »Ja, wen haben Sie denn?«
»Ja, wir haben den Windgassen gerade hier!«
»Was? Singt denn der immer noch?«
»Nein, Herr Professor, das ist der Sohn!«
»Ja, und der singt auch schon?«
Als Windgassen Knappertsbusch vorgestellt wurde, brummte dieser: »So, Sie sind also der Junge vom Alten.«

WITHCOMB, CHARLES

(19. Jh.) engl. Maler

—*—

Es war so kalt in Withcombs Atelier, daß das Modell sich nicht ausziehen wollte.
»Sie haben ganz recht«, sagte Withcomb. »Setzen Sie sich, und wir trinken eine Tasse Tee zusammen!«
Ein paar Minuten später wurde energisch an die Türe geklopft.
»Rasch!« flüsterte der Maler dem Modell zu. »Ausziehen! Es ist meine Frau!«

WOLF, HUGO

(1860-1903) Liederkomponist, Musikkritiker

— * —

Hugo Wolf war äußerst geräuschempfindlich, besonders störten ihn Singvögel. Als er einmal in einem Vorort Wiens wohnte, der für seine vielen Nachtigallen berühmt war, lief der Komponist nachts gequält vors Haus und rief:
»Das Gebrüll dieser Plagegeister macht mich noch wahnsinnig!«

WÖLFFLIN, HEINRICH

(1864-1945) Schweizer Kunsthistoriker

— * —

Als er in München lehrte, beschrieb Wölfflin einmal eine Dürersche Pferdezeichnung mit saftigen Worten: »Sehen Sie diese feurigen Augen, diese geblähten Nüstern, diesen kraftvollen Nacken, diese mächtigen Flanken und diesen prallen Arsch!«
Eine Studentin beschwerte sich. Daraufhin wiederholte Wölfflin die Beschreibung in der nächsten Vorlesung bis zu den ›mächtigen Flanken‹, sah die Schülerin an und rief dröhnend: »Und so weiter.«

In heiterer Gesellschaft tranken Heinrich Wölfflin und Riccarda Huch eines Abends Brüderschaft. Am nächsten Tag sagte er:
»Und nun können wir ja zum traulichen Sie zurückkehren!«

Ein Kollege besuchte Wölfflin, ließ sich nieder, bat um eine Zigarette und begann zu reden. Nach einer Weile griff er nach einer zweiten Zigarette. Darauf Wölfflin trocken:
»Wie ich sehe, richten Sie sich auf einen längeren Aufenthalt ein.«

WRIGHT, FRANK LLOYD

(1869-1959) amerik. Architekt

— * —

Als Le Corbusier, sein europäischer Konkurrent, in Marseille mit der berühmten ›Cité radieuse‹ einen neuen Akzent für das Großwohnhaus setzte, kritisierte Wright in Amerika:
»Das ist ein weißes Grab für ein gedankenloses Leben.«

Seine Unverfrorenheit kannte keine Grenzen. Als er vor einer Versammlung recht bekannter Architekten einen Vortrag halten sollte, begann er mit den Worten:
»Sie nennen sich also Architekten?«

Wright war bekannt für seine drastischen Aussprüche. Moderne Städte nannte er ›Regale ohne Seele‹ und von den amerikanischen Häusern sagte er, sie kämen der Schönheit weniger näher als des »Bürgers Badewanne und Toilettenräume«.

ZEUXIS

(464-398 v. Chr.) griech. Maler

— * —

Zeuxis hatte ein Bild gemalt, das einen Knaben darstellte, der Trauben in der Hand hielt. Einige Spatzen ließen sich täuschen und wollten an den Trauben naschen. Die Freunde des Malers beglückwünschten ihn, aber er selbst war gar nicht zufrieden.
»Die Trauben mögen gut sein«, sagte er. »Aber der Knabe ist anscheinend nicht gelungen, sonst hätten die Spatzen Angst vor ihm gehabt.«

Zeuxis malte sehr langsam, und seine Freunde warfen ihm das vor.
»Ja«, sagte er, »ich male langsam, aber ich male für die Ewigkeit.«

ZILLE, HEINRICH

(1858-1929) Zeichner und Maler

— * —

Bei einer Besichtigung des Schlosses Sanssouci kam Zille die Lust an, ein paar Skizzen zu machen. Er setzte sich seelenruhig in einen Barocksessel. Gleich kam der Wärter angerannt und herrschte ihn an:
»Sie sitzen auf dem Sessel Friedrichs des Großen!«
»Mensch, reg dir nich uff«, erwiderte Zille, »wenn er kommt, mach ich 'ne Fliege.«

Zille saß wieder einmal in seinem Milieu und zeichnete. Eine Frau aus der Nachbarschaft jammerte ihm vor: »Heute morjen hab ick das Kleid meiner Kleenen jewaschen, und wat denkst'de, nu is's zu kleen jeworden.«
Darauf Zille: »Na, dann waschen Se die Kleene man ooch!«

Ein junger Maler zeigt Zille seine Bilder. Der Meister wiegt den Kopf und meint: »Da is wat drin.«
»Wirklich?« ruft der beglückte Anfänger.
Zille fährt fort: »Un det muß raus!«

Ein junger Maler wollte wissen, warum Zille nie mit Farbe male.
»Mir jenüjt 'n Bleistift«, antwortete Zille kurz.
»So, nur Bleistift, zeichnen Sie mit einem harten oder weichen Stift?« forschte der Jüngling weiter.
»Mit Talent«, sagte Zille. »Nur mit Talent«, und schloß die Unterhaltung.

›Pinselheinrich‹, der Schweigsame, stellte einmal einen Reporter lange auf die Folter. Als dieser ihm glühend beschrieb, wie sehr sich die Leser über ein paar Worte von ihm freuen würden, ließ sich der Alte erweichen und sagte:
»Also jut, denn schreiben Se man: ick heiß mit Vornam Heinrich und mache Bilda . . .«

Man sitzt am Stammtisch. Einer in der Runde liest aufgeregt aus der Zeitung vor:
»Also, da steht jeschrieben, det bei jeden Atemzuch, den ick mache, een Mensch stirbt.«
Zille trocken: »Warum nimmste denn keen Mundwasser?«

Auf die Frage, warum er keine Selbstbildnisse male, meinte Zille:
»Ach, wissen Se, wenn ick mir morjens einmal in'n Spiejel kieke – det reicht mir for'n janzen Tach.«

Am Stammtisch im ›Nußbaum‹ rühmt sich einer, in seiner Ehe habe er die Hosen an.
Darauf Zille: »Stimmt, hab ick jesehn. Jestern haste sojar nach'm Mittagessen noch de Schürze drüber jehabt!«

Höchst selten ging Zille zu einem Festessen. Als er es einmal dennoch tat, geschah das eigentlich nur, weil er hatte läuten hören, dort gebe es Gänsebraten, und den aß er besonders gern.
Es traf sich nun so, daß er neben die Frau eines Chemikers zu sitzen kam. Sie philosophierte beim Essen: »Der Mensch ist, was er ißt.« Zille reichte ihr daraufhin die Bratenschüssel und fragte: »Woll'n Se nich noch'n bißchen Jans, jnädige Frau?«

Kurz nach der Inflation wurde Zille zum Professor ernannt und in die Preußische Akademie der Künste aufgenommen. Obwohl schon sechsundsechzig Jahre alt, mußte ›Pinselheinrich‹ als jüngstes Mitglied bei einer Abstimmung mit einem Sammeltopf herumgehen und die Stimmzettel einsammeln – man erklärte ihm, das sei so Brauch.
»Na jut«, meinte Zille. »Aba muß ick als Lehrling nu ooch noch den Schnaps for die andern hol'n?«

Als in Berlin das elektrische Licht eingeführt wurde, fragte ein Stammtischbruder Zille: »Na, Heinrich, ist det nich schön mit'm elektrischen Licht?«
»Schön is et schon«, meinte Zille. »Aba ick kann mir nich abjewöhn'n, mit de Streichhölzer an die Jlühbirnen zu jehn.«

ZORN, ANDERS

(1860-1920) schwed. Maler, Graphiker und Bildhauer

— * —

Der schwedische Maler Anders Zorn malte auf einer Reise durch Amerika zahlreiche Porträts. In Chicago erhielt er den Auftrag, das Bild eines vor längerer Zeit verstorbenen reichen Schweinehändlers zu malen. Der einzige Behelf war eine schlechte Photographie. Das Bild gefiel der Familie nicht, und sie fand es völlig ohne jede Ähnlichkeit.
Da sagte Zorn:
»Was wollen Sie eigentlich? In zwanzig Jahren wird kein Mensch mehr wissen, wie der alte Herr ausgesehen hat, Sie aber werden immer einen echten Anders Zorn haben!«

ZUMPE, HERMANN

(1850-1903) Komponist, Generalmusikdirektor

— * —

Im Sommer 1901 probte man den ›Lohengrin‹ zur Eröffnung des neuerbauten Prinzregententheaters in München. Eine Choristin sang so beharrlich falsch, daß Generalmusikdirektor Zumpe abklopfte und zur Sängerin hinüberrief:
»Ach, bitte, geben Sie mir doch mal Ihr ›A‹ an, damit ich das Orchester danach stimmen kann.«

LITERATUR
UND AUTOREN

— * —

ACHARD, MARCEL

(geb. 5. 7. 1899) frz. Dramatiker

— * —

Achard stöberte gern bei Antiquaren. So entdeckte er einmal eine schöne Marmorbüste von Danton.
»Kostet?«
»Siebenhundert.«
Achard musterte die Büste eingehend und bemerkte, daß sie repariert war.
»Der Kopf ist ja frisch angeklebt!«
»Ja«, entgegnet der Händler unbefangen, »wußten Sie denn nicht, daß Danton guillotiniert worden ist?«

ADDISON, JOSEPH

(1672-1719) eng. Schriftsteller und Staatsmann

— * —

Mr. Temple Stangan lieh sich von Addison einen größeren Betrag. Addison bemerkte, daß sein Schuldner von nun an zu allem, was Addison sagte, seine Zustimmung gab. Das war eine Veränderung, die Addison mißfiel, und als Stangan wieder einmal in einer Frage, in der die beiden verschiedener Meinung gewesen waren, seinem Gläubiger recht gab, rief Addison hitzig: »Entweder Sie widersprechen mir, oder Sie geben mir mein Geld zurück!«

AGNON, SAMUEL JOSEF

(1888-1970) israel. Schriftsteller

— * —

Agnon, nach Kritikermeinung ›der größte Meister der neu-hebräischen Sprache‹, wunderte sich manchmal mit milder Selbstironie, »daß die Leute meine Bücher lesen«. Auf die Nachricht der Nobelpreis-Verleihung reagierte der zurückgezogen lebende Dichter mit dem Understatement:
»Ich fühle nur, daß wegen dieses ganzen Lärms mein Essen kalt wird.«

AISCHYLOS

(525-456 v. Chr.) griech. Tragiker

— * —

Im Athener Stadion sah Aischylos einem Faustkampf zu. Es dauerte nicht lange, da schlug ein Boxer seinen Gegner zu Boden. Die Zuschauer jubelten. Aischylos aber wandte sich an seinen Begleiter:
»Seltsam! Der Geschlagene schweigt, und die Unbeteiligten schreien.«

ALLAIS, ALPHONSE

(1855-1905) frz. Schriftsteller und Humorist

— * —

Alphonse Allais tritt in eine Apotheke.
»Sie selber sind der Apotheker?« fragt er.
»Ja, gewiß.«
»Üben Sie Ihren Beruf schon lange aus?«
»Seit fünfunddreißig Jahren.«
»Und Sie kennen Ihr Handwerk?«
»Gründlich.«
»Sie haben auch ein Diplom?«
»Dort hängt es.«
»Schön, dann geben Sie mir für zwei Sous Gummibonbons!«

ALTENBERG, PETER

(eigtl. Richard Engländer, 1859-1919) österr. Schriftsteller

— * —

Peter Altenberg ging zum Arzt.
»Trinken Sie?«
»Ja.«
»Rauchen Sie?«
»Ja.«
»Also – von jetzt an dürfen Sie weder rauchen noch trinken.«
Altenberg geht zur Türe . . .
»Halt!« ruft der Doktor. »Ich bekomme drei Gulden für meinen Rat!«
»Ich nehme ihn ja nicht an«, erwidert Altenberg und verschwindet.

ALTHAUS, PETER PAUL

(1892-1965) Lyriker

— * —

Als Althaus nach Kriegsende nach Hause kam, war einer seiner ersten Wege, wer sollte es ihm verdenken, auf das Lebensmittelkartenamt. Der Beamte, es war kurz vor der Brotzeit, beäugte mißtrauisch den mageren Bittsteller und murmelte bösartig:
»Beruf?«
»Schriftsteller.«
»Ha?« – »Schriftsteller!« Die Sache war nicht geheuer: »So, womit arbeiten Sie denn?«
Althaus erkannte seinen Pappenheimer und wußte, eine Antwort ›mit dem Kopf‹ konnte unter Umständen für ihn den Hungertod bedeuten. Aber wie dem guten bösen Mann sich erklären? Schließlich entschloß er sich: »Ich arbeite mit Tinte und Papier!«

Der Beamte war beruhigt, für so etwas hatte er ein Fach in seinem Hirn: »Geht in Ordnung. Sie gehören zur Papierbranche!«

AMICIS, EDMONDO DE

(1846-1908) ital. Schriftsteller

— * —

Edmondo de Amicis fand auf einem Karren mit antiquarischen Büchern auch ein Exemplar seines ›Cuore‹, das er einem Freund gewidmet und geschenkt hatte. Er kaufte das Buch, schrieb hinein:
»Zum zweiten und letzten Male« und schickte es dem Freund wieder.

ANAKREON

(um 580-495 v. Chr.) griech. Lyriker

— * —

Polykrates, Herrscher von Samos, sandte dem Dichter Anakreon vier Talente. Zwei Nächte verbrachte Anakreon damit, nachzusinnen, was er mit dem Gelde anfangen sollte. Dann sandte er dem Polykrates die vier Talente zurück und schrieb dazu:
»Das Geschenk ist überreich. Aber der Schlaf ist noch mehr wert.«

ANDRES, STEFAN

(1906-1970) Schriftsteller

— * —

Es war in den fünfziger Jahren während eines Cocktailempfangs im Haus eines britischen Diplomaten in Bonn. Stefan Andres wurde einer Gräfin und deren Tochter vorgestellt mit der Bemerkung, er sei ein Mann der Feder. Die Gräfin begann gleich davon zu sprechen, daß sie eine Menge Zeitungen lese.
»Für welches Blatt schreiben Sie?« fragte sie den Autor.
Andres gestand, daß er nur selten für Zeitungen etwas schreibe.
»Was dann?« wollte die Gräfin wissen.
»Bücher«, sagte Andres. »Bloß ein paar Bücher.«

Stefan Andres war zu einer Aufnahme beim bayerischen Schulfernsehen in München-Freimann erschienen. Wie meist mußten er und sein Interviewer lange warten, bis die Technik soweit war. Während der Wartezeit unterhielt man sich über dies und jenes und kam auch auf das Zölibat zu sprechen.
»Ich glaube nicht«, meinte Andres in seiner freimütigen Art, »daß den Mönchen die Enthaltsamkeit lange zu schaffen macht. Ein Glied, das nicht im Gebrauch geübt wird, stirbt ab.«

ANNUNZIO, GABRIELE D'
(1863-1938) ital. Dichter

— * —

D'Annunzio ärgerte sich über die Franzosen, die zu träge seien, ihren Wortschatz auszunützen. So sagte er zu Anatole France:
»Sie verwenden fünftausend Wörter: die französische Sprache aber hat vierzigtausend! Was macht ihr denn mit den übrigen fünfunddreißigtausend?!«

Einmal wurde D'Annunzio totgesagt, und viele Zeitungen brachten die Nachricht. Dann kam das Dementi, das eine Pariser Zeitung in folgende Form kleidete:
»Der Tod Gabriele D'Annunzios ist auf ein späteres Datum verschoben worden.«

D'Annunzio ließ sich nicht gern stören.
Als ein Fremder läutete und zum Diener sagte: »Ich wüßte gern, ob Signor D'Annunzio daheim ist«, erwiderte der Diener:
»Ich werde ihn fragen.«

D'Annunzio war, wie ihm das häufig zustieß, sehr knapp an Geld und schrieb seinem Freund, er solle ihm doch tausend Lire leihen. Statt der tausend Lire erhielt der Dichter einen Brief des Freundes:
»Deine Botschaft hat mich erreicht, als ich selber in größter Verlegenheit war. Da habe ich den Brief verkauft und fünfhundert Lire dafür bekommen. Du hast mich gerettet! Meine ewige Dankbarkeit ist dir sicher!«
D'Annunzio meinte: »Wenn er mir wenigstens die Adresse des Käufers mitgeteilt hätte! Vielleicht hätte der noch zwei Briefe von mir gekauft!«

Einem jungen Schriftsteller gelingt es, D'Annunzio vorgestellt zu werden.
»Meister«, sagt der junge Mann schwärmerisch, »ich habe so viel von Ihnen sprechen gehört und hatte Sie doch nie gesehen.«
»Mir geht es umgekehrt«, erwidert D'Annunzio trocken, »ich habe Sie jetzt gesehen, aber ich habe noch nie von Ihnen sprechen gehört.«

ANOUILH, JEAN
(23. 6. 1910) frz. Dramatiker

— * —

Ein Eiferer pries das Gewissen des Menschen recht vereinfachend als Kompaß, der angeblich zum Pol alles Guten wiese. Da entgegnete ihm Anouilh:
»Die Stimme des Gewissens wäre ein besserer Berater, wenn wir ihr nicht immer soufflieren würden, was sie sagen soll.«

Anouilh ist ein Feind des Telefons, dessen Geklingel ihn nervös macht. Da meint seine Tochter:
»Wir werden an Stelle der Klingel eine Schallplatte montieren lassen, auf der lebhaft applaudiert und der Autor gerufen wird. Dann wirst du schon gehn.«

ARIOST, LUDOVICO
(1474-1533)

— * —

Ariost besaß in Ferrara ein winziges Haus. Seine Freunde meinten, es sei doch seltsam, daß er, der in der Dichtung so herrliche Paläste zu schaffen fähig war, so bescheiden wohnen müsse.
»Das beweist nur«, sagte Ariost, »daß man leichter Wörter übereinander häufen kann als Steine.«

ARNAULT, ANTOINE-VINCENT
(1766-1834) frz. Schriftsteller und Politiker

— * —

Ein Don Juan-Drama Arnaults war im Théatre Français durchgefallen. Napoleon fragte den Autor:
»Wie haben Sie es nur wagen können, nach Corneille und Racine Dramen zu schreiben?«
Worauf Arnault erwiderte:
»Ebenso wie Eure Majestät es gewagt haben, nach Turenne und Condé Schlachten zu schlagen.«

ARNIM, ACHIM VON
(1781-1831) Dichter der Romantik

— * —

Der Dichter Grimm besuchte einmal Achim von Arnim und fand ihn in einem desolat-verliebten Zustand vor. Grimm betrachtete die Dame der Anbetung mit aller notwendigen Courtoisie, fand an ihr aber nichts, was solche Begeisterung erklären könne. Bald verabschiedete sich die Dame.
Arnim ereiferte sich: »Ich werde ein Gedicht auf sie machen«, und sagte, Grimm zugewandt: »Ist sie nicht schön wie ein Märchen?«
Grimm zauderte, gab dann aber zu: »Na ja . . . Es war einmal . . .«

ASCH, SCHALOM

(1880-1957) Schriftsteller, Begründer der jiddischen Neuromantik

— * —

Das Romanische Café in Berlin war der Teffpunkt jiddischer und deutsch-jüdischer Schriftsteller. Einmal saßen dort Feuchtwanger, Weiss und andere mit Schalom Asch zusammen. Man sprach darüber, welche Sprache die schönste sei. Tschernichowsky plädierte für das Russische, Feuchtwanger für das Französische. Schalom Asch aber sagte:
»Für mich ist Jiddisch die schönste Sprache der Welt.«
»Warum gerade Jiddisch?« wollten die anderen wissen.
»Weil man jedes Wort versteht«, sagte Asch.

ÄSOP

(6. Jh. v. Chr.) griech. Fabeldichter

— * —

Äsop, der wegen seines freundlichen Wesens und seines wachen Geistes aus der Sklaverei entlassen worden war, erlitt ein böses Ende. Die Einwohner von Delphos waren über die Kritik, die Äsop an ihnen übte, so erbittert, daß sie ihm eines Tages vorwarfen, er habe aus dem Apollo-Tempel eine goldene Schale gestohlen.
Bevor man ihn von einem hohen Felsen herab in den Tod stürzte, soll der Fabeldichter gesagt haben: »Blickt in die Schale – in ihrem Boden spiegelt sich das Gesicht des Diebs.«

AUGIER, GUILLAUME

(1820-1889) frz. Dramatiker

— * —

»Glauben Sie mir«, sagte der Lustspielautor Emile Augier, »das Alter ist eine köstliche Zeit des Lebens.« Mit einem Seufzer fügte er hinzu: »Nur schade, daß sie nicht länger dauert!«

Ein Ausländer hörte, daß Augier einer Sitzung der Académie française präsidieren sollte. Er hatte den Namen noch nie gehört, lief zu einem Buchhändler und verlangte ein Buch von Augier. Der Buchhändler hatte nichts anderesauf Lager als die Werke von Molière mit Augiers Kommentaren und verkaufte sie dem Bildungsbeflissenen.
Kurz darauf lernte der Fremde in einer Gesellschaft Augier kennen.
»Ich habe Ihre Werke gelesen«, sagte er. »Welch eine Lebenswahrheit, welch tiefe Kenntnis der menschlichen Seele, welch Kraft des Ausdrucks! Gestatten Sie mir aber eine Bemerkung – sehen Sie doch zu, daß bei einer neuen Auflage die Kommentare wegbleiben, die irgendein Trottel hinzugefügt hat!«

AVVAI
(19. Jh. ind. Dichterin

— * —

Avvai saß in einem Siva-Tempel und hatte die Beine nach dem Standbild des Gottes ausgestreckt. Da kam der Priester, sah das und schalt sie entrüstet.
»Herr«, gab sie zur Antwort, »ich bin nur eine unwissende Frau. Vergib mir meine Sünde und zeig mir einen Platz, wo Gott nicht ist, damit ich meine Beine dorthin ausstrecken kann.«
Da stand der Priester beschämt da und schwieg.

BAHR, HERMANN
(1863-1934) österr. Schriftsteller

— * —

Bahr erzählt: »Ich war einmal Kritiker des Neuen Wiener Tageblatts. Eben sitze ich an meinem Schreibtisch, da stürzt der Diener herein: ›Herr von Bahr, der Herr von Pötzl läßt Ihnen sagen, daß der Herr von Nietzsche gestorben ist – Sie sollen schreiben, aber nicht zu loebend!‹«

Ein junger Dichter schickte an Hermann Bahr ein Trauerspiel mit der Bitte um ein Urteil. Zum Schluß hieß es in dem Brief:
»Sagen Sie mir ruhig die Wahrheit, nie fühle ich mich mehr geadelt, als wenn ein weiser Mann mich tadelt.«
Bahr las das Stück, schickte es zurück und schrieb dazu: »Von mir aus können Sie sich als Großherzog betrachten!«

Hermann Bahr saß mit seinem Patriarchenbart neben einer jungen Dame, die sagte: »Wie freue ich mich, endlich den Dichter Sudermann kennenzulernen!«
Bahr erwiderte, ohne mit der Wimper zu zucken: »Sie irren sich, mein Fräulein. Ich bin nicht Sudermann, ich bin Brahms.«
»Ach, verzeihen Sie!« rief die junge Dame beschämt. »Wie konnte ich mich nur so irren! Aber ich wußte, daß ich ein großartiges Buch von Ihnen gelesen habe.«
»Da meinen Sie gewiß Brahms Tierleben.«
»Richtig! Richtig! Ein herrliches Buch . . .!«

BALZAC, HONORE DE
(1799-1850) frz. Schriftsteller

— * —

Über nichts spottete Balzac lieber als über die Beziehungen zwischen den Geschlechtern. So schrieb er einmal:

»Sobald eine Frau aus einem Mann einen Esel gemacht hat, redet sie ihm ein, er sei ein Löwe mit eisernem Willen.«

In seiner Jugend brachte Balzac einem Verleger das Manuskript eines Romans. Der Verleger las, war begeistert und beschloß, das Buch für dreitausend Francs zu erwerben. Ererkundigte sich nach Balzacs Adresse, und als er erfuhr, daß der Autor in einem billigeren Viertel an der Peripherie wohnte, fand er, zweitausend Francs wären mehr als genug.
Er kam zu dem Haus und hörte, Balzac wohne im sechsten Stockwerk.
»Er wird tausend Francs mit Begeisterung annehmen«, dachte der Verleger und stieg hinauf. Er öffnete die Tür und sah das jämmerliche Zimmer, darin Balzac hauste.
»Monsieur Balzac«, sagte er, »ich biete Ihnen dreihundert Francs für Ihren Roman.«
Und Balzac nahm das Geld.

Balzac war in einer Gesellschaft und sprach über den Charakter der Frauen.
»Wie Sie uns kennen!« rief eine junge Dame.
»Wenn Sie Wert darauf legen, kann ich Ihnen Ihre Lebensgeschichte von A bis Z erzählen; dazu brauche ich Sie nur zwei Minuten anzusehen.«
Da errötete die junge Dame und flüsterte:
»Aber bitte nicht laut . . .«

Als Balzac eines Nachts erwachte und sah, wie ein Einbrecher sich bemühte, seinen Schreibtisch zu öffnen, lachte er laut:
Der Einbrecher sah sich um und sagte gereizt:
»Warum lachen Sie?«
»Weil Sie bei Nacht, mit falschem Schlüssel und unter Gefahr, dort Geld suchen, wo ich bei Tag, mit dem richtigen Schlüssel und ganz gefahrlos, keines finde!«

Eines Tages mahnte der Hausherr Balzac sehr energisch wegen der rückständigen Miete.
»Mein lieber Herr«, sagte Balzac, »ich werde die Miete bezahlen, sobald mein Verleger mir einen Vorschuß auf das Werk geben wird, das ich gerade schreiben will, und zu dem mir nur noch die Inspiration fehlt.«

Balzac unternahm eine Reise durch Österreich, ohne ein einziges deutsches Wort zu verstehn. Da hatte er sich denn eine eigenartige Methode erfunden, wenn es ans Zahlen ging. Wie sollte er, zum Beispiel, einen Kutscher bezahlen? Er hatte sich von einem Wechsler einen Sack mit Kreuzern geben lassen, der kleinsten Münze des Landes. Er zog seine Kreuzer hervor, sah den Kutscher scharf an und zählte ihm die Kreuzer einzeln in die Hand – einen, zwei, drei vier –, bis er den Kutscher lächeln sah. Das war ein Zeichen, daß er schon zuviel gegeben hatte, und er nahm rasch den letzten Kreuzer wieder zurück.

In seiner Bibliothek hatte Balzac neben seinen ›Contes drolatiques‹ ein zweites Buch stehn, das den Titel trug: ›Contes mélancoliques‹. Das aber enthielt die genaue Aufzählung seiner Schulden.

Balzac lebte so sehr mit den Personen seiner Werke, daß er darüber die Außenwelt vergaß. So erzählt Taine:
»Es war im Jahre 1833, kurz vor dem Erscheinen der ›Eugénie Grandet‹. Da kehrte Jules Sandeau, dem George Sand ihren Namen zu verdanken hat, von einer Reise zurück, begegnete Balzac und brachte ihm Nachrichten von dessen erkankter Schwester.
›Das alles ist sehr traurig‹, sagte der Romancier, der kaum zugehört hatte. Dann, nach einer Pause, fuhr er fort: ›Und jetzt, lieber Freund, wollen wir zur Wirklichkeit zurückkehren . . . sprechen wir von ›Eugénie Grandet‹!«

Eines Morgens erhielten Théophile Gautier und drei andere Literaten eine Aufforderung, sie sollten sich abends bei Balzac einfinden.
»Spät kommt ihr!« empfing er sie. »Morgen früh soll ich einem Theaterdirektor ein Drama vorlesen.«
»Gut«, sagten die Freunde, »lies nur, wir hören dir zu!«
»Darum geht es nicht«, erwiderte Balzac. »Von dem Drama ist ja noch keine Zeile geschrieben. Ich habe es mir so gedacht – wir sind fünf, hier ist Papier und Tinte, jeder von uns schreibt einen Akt. An die Arbeit, Kinder!«
»Ja, aber«, wandten sie besorgt ein, »was ist denn die Handlung?«
»Die Handlung? Wenn ich euch auch noch die Handlung erzählen müßte, würden wir ja nie damit fertig!«

Balzac klagte über den Beruf des Schriftstellers, der nichts eintrage und nur Enttäuschungen mit sich bringe.
»Und der Ruhm?« fragte ein Freund. »Ist das gar nichts?«
»Der Ruhm?« erwiderte Balzac. »Ich war einmal in Rußland eingeladen. Die Hausfrau hatte ein Tablett mit acht Tassen in den Händen. Da meldete mich ein Diener. ›Balzac!‹ rief die Hausfrau und ließ das Tablett fallen. Da sehen Sie, was der Ruhm ist! Ein paar zerbrochene Tassen!«

BARBEY D'AUREVILLY, JULES
(1808-1889) frz. Schriftsteller

— * —

Für gewöhnliche Sterbliche empfand Barbey die tiefste Verachtung. Das zeigte er in seiner exzentrischen Art sich zu kleiden, und in dem Hochmut, mit dem er die andern Menschen behandelte.
»Die Höflichkeit«, sagte er, »ist der beste Stock, um sich die Dummköpfe vom Leibe zu halten; ein Stock, der es einem überdies erspart, ihn zu verwenden.«

Thiers, der spätere Staatsmann, hatte als Journalist eine äußerst heftige Auseinandersetzung mit Barbey. Er selbst war ziemlich schmächtig und wußte nicht, daß Barbey ein Riese war. Eines Tages sagte er:
»Wenn ich Barbey einmal zu Gesicht kriege, dann soll er bestimmt meinen Stock zu spüren bekommen!«
Diese Worte wurden Barbey natürlich hinterbracht. Kurz darauf kam Thiers in die Redaktion des ›Constitutionnel‹, nahm seinen Bleistift zur Hand und begann einen Artikel zu korrigieren. Da trat jemand auf ihn zu und sagte:
»Sehen Sie, dort der Riese, der mit dem Direktor spricht, das ist Barbey d'Aurevilly.«
Thiers, von der Statur und dem martialischen Äußern Barbeys sehr beeindruckt, korrigiert schnell seinen Artikel und verschwindet. In der Eile läßt er seinen Bleistift liegen. Da ruft Barbey d'Aurevilly ihm dröhnend nach:
»Heh, Sie dort! Sie haben Ihren Stock vergessen!«

BASTIDE
(1800-1879) frz. Schriftsteller und Historiker

— * —

Aus politischen Gründen war Bastide eingesperrt worden. Im Gefängnis freundete er sich mit einem Dieb an. Als beide entlassen wurden, traf Bastide den Dieb auf der Straße, der ihn höflich grüßte. Bastide unterhielt sich mit ihm und redete ihm zu, ein ehrliches Leben zu führen. Bald darauf traf er den Dieb wieder, der ihn diesmal nicht grüßte.
»Warum grüßen Sie mich denn nicht?« fragte Bastide.
»Weil ich jetzt bei der Polizei bin«, erwiderte stolz der einstige Dieb.

BAUDELAIRE, CHARLES
(1821-1867) frz. Dichter

— * —

Baudelaire traf eines Tages Théodore de Banville und fragte ihn:
»Sagen Sie, lieber Freund, möchten Sie nicht mit mir baden gehn?«
Banville kannte Baudelaires seltsame Einfälle und hatte beschlossen, sich niemals verblüffen zu lassen. So erwiderte er denn:
»Genau dasselbe hatte ich Ihnen vorschlagen wollen.«
Sie gingen in eine Badeanstalt, nahmen eine Kabine mit zwei Wannen, und als sie splitternackt im Wasser saßen, zog Baudelaire aus der Tasche des Rocks, der neben der Wanne auf einem Stuhl lag, cin Manuskript und sagtc:
»So, Banville, jetzt, da Sie sich nicht verteidigen können, werde ich Ihnen mein Drama vorlesen.«

BAUMGART, REINHARD
(geb. 7. 7. 1929) Schriftsteller, Germanist

— * —

In einem Aufsatz zur Sex-Welle im deutschen Film stellte Baumgart ernüchternd fest: »Die Devise des Porno-Kinos lautet keineswegs: Erlaubt ist, was gefällt (das wäre ja noch schöner) – sondern nur: Wo ein Markt ist, da ist auch ein Weg.«

BEAUMARCHAIS, PIERRE AUGUSTIN CARON DE
(1732-1799) frz. Dramatiker

— * —

Nach der Premiere von ›Figaros Hochzeit‹ konnte die Baronin Oberkirch sich gar nicht darüber fassen, daß das Werk, nicht zuletzt mit Hilfe von Adligen, solchen Erfolg hatte.
»Die Adligen«, schrieb sie, »haben auf ihre eigenen Kosten gelacht und, noch schlimmer, haben das Publikum auf ihre Kosten zum Lachen gebracht. Bald werden sie es bereuen! Beaumarchais hat sie karikiert, und sie haben gesagt: ›Sehr ähnlich! Genau so sind wir!‹«

BEAVERBROOK, WILLIAM, LORD
(1879-1965) engl. Zeitungsmagnat und Politiker

— * —

»James«, sagte Lord Beaverbrook zu seinem Butler, »lassen Sie den Rolls Royce vorfahren.«
»Verzeihung, Mylord«, erwidert der Butler, »aber Mylady ist mit dem Rolls Royce in die Stadt gefahren.«

»Dann den kleinen Austin.«
»Unmöglich, Mylord, den hat Miss Margaret, und Mr. John hat Ihr Fahrrad genommen.«
»Ja, dann«, seufzte Lord Beaverbrook, »bringen Sie mir meine Pantoffeln – wenn niemand sie gerade benützt.«

BECHER, JOHANNES R.

(geb. 22. 5. 1891) Schriftsteller, Kulturpolitiker der DDR

— * —

Zur Zeit, als Johannes R. Becher Präsident der Berliner Akademie der Künste war, fiel ihm auf, daß Bert Brecht, obwohl Mitglied der Akademie, an den Sitzungen nicht teilnahm. Becher schrieb an den Freund:
»Lieber Brecht, Sie waren neulich wieder nicht auf der Akademiesitzung. Erwartend, daß Sie bald daran teilnehmen . . .«
Brecht schrieb zurück: »Lieber Johannes R. Becher, das Partizip Präsens sollte nur einer benutzen, der wie ich in Latein eine Eins hatte.«

Als Johannes R. Becher zum Kulturminister des neuen deutschen Staates ernannt worden war, rief ihn am folgenden Morgen Bert Brecht, der ein Frühaufsteher war, um acht Uhr im Ministerium an und stellte überrascht fest: »Sie sind schon da!«
»Natürlich«, sagte Johannes R. Becher.
»Sehen Sie«, unkte Brecht. »Ich kann noch schlafen.«

Im Verlauf einer temperamentvollen Diskussion hatte Pastor Dibelius seinem Kontrahenten Johannes R. Becher an den Kopf geworfen: »Wir beide werden uns niemals auch nur in einem Punkt einigen können.«
Als man anschließend in großer Runde zu Mittag aß, kam Dibelius neben Becher zu sitzen. »Mir keine Suppe«, rief der Kirchenmann dem Ober zu. Darauf Becher: »Mir auch keine.«
Und an seinen Nachbarn gewandt: »Sehen Sie, Herr Dibelius, zumindest in einem Punkt sind wir uns nun doch schon einig geworden.«

BECKETT, SAMUEL

(geb. 15. 4. 1906) frz. Schriftsteller irischer Herkunft

— * —

Manche Zeitungsleser schauten verwundert auf das Datum, aber es war nicht der 1. April, als die Presseagenturen AP und UPI mit dem Anschein von Ernsthaftigkeit am 17. 2. 1970 meldeten:
»Das neueste Stück von Samuel Beckett heißt ›Breath‹ (Atem), dauert ganze 30 Sekunden und hat weder Schauspieler noch Dialog. Wie Prof. Francis Warner, Professor in Oxford und Regisseur des Werkchens, mit-

teilte, wird als Bühnenreqisit ›verschiedenartiger Abfall‹ verwendet. Das neue Opus des letztjährigen Nobelpreisträgers wird am 8. März im Rahmen einer Galavorstellung uraufgeführt. Dabei soll Geld für den Bau eines ›Samuel-Beckett-Theaters‹ gesammelt werden.«

BECQUE, HENRI

(1837-1899) frz. Schriftsteller

— * —

Bei einer Probe sagte eine Schauspielerin zu Henri Becque:
»In Ihrem Stück gibt es einen Satz, den ich absolut nicht verstehe.«
»Das macht nichts«, erwiderte Becque. »Es ist der Satz, der Ihnen am besten gelingt.«

Henri Becque war arm, hauste in einem Zimmer und empfing keinen Menschen. Einmal gelang es dennoch einem Journalisten, bei ihm einzudringen. Becque bot ihm den einzigen Stuhl des Zimmers an.
»Setzen Sie sich«, sagte Becque, »das ist eine Ehre, die ich nur selten jemandem erweise. Erstens weil niemand zu mir kommt, und zweitens weil der Stuhl zerbrochen ist.«
Daraufhin verzog sich der Besucher.

Am Tag nach der Premiere einer Komödie von Feuillet sagte Becque zu dem Autor:
»Ich muß Sie wirklich beglückwünschen. Der erste Akt hat mir außerordentlich gefallen, der zweite ist hochinteressant . . .«
»Und die übrigen?«
»Das weiß ich nicht«, erwiderte Becque, »nach dem zweiten Akt bin ich schlafen gegangen.«

BENELLI, SEM

(1874-1950) ital. Dramatiker

— * —

Sem Benelli hatte mit seinem Drama ›Das Mahl der Spötter‹ einen ganz außerordentlichen Erfolg. Das Erste war, daß er in ein Schuhgeschäft ging und sich ein Paar neue Schuhe kaufte, die man ihm nach Hause schicken sollte. Jetzt wird die Verkäuferin Augen machen, dachte er, als das junge Mädchen nach der Adresse fragte.
»Sem Benelli«, sagte er laut und selbstbewußt.
»Schreibt man das in einem oder in zwei Worten?« fragte die Verkäuferin.

BENJAMIN, PARK
(20. Jh.) amerik. Schriftsteller

— * —

Der Geistliche Henry Ward Beecher fragte Benjamin, warum er am Sonntag nie in die Kirche komme, um ihn predigen zu hören.
»Wissen Sie, Beecher«, gab Benjamin zur Antwort, »am Sonntag besuche ich keine Vergnügungslokale.«

BENN, GOTTFRIED
(1886-1956) Arzt und Schriftsteller

— * —

Benn stellte dem Wertbegriff ›Kunst‹ den Begriff ›Chaos‹ entgegen. Seine Begründung:
»Wer Strophen liebt, der liebt auch Kata-Strophen. Wer für Statuen ist, muß auch für Trümmer sein.«

In Berlin wohnte Benn in der Bozener Straße 20. Er hatte dort seine Arztpraxis, seine Frau Ilse praktizierte als Zahnärztin. Manchmal wurde es Benn zuviel. So gestand er einmal einem Besucher:
»Fürchterlich, so ein Geschäft, bei dem man jeden, der klingelt, in die Wohnung lassen muß.«

BERGENGRUEN, WERNER
(1892-1964) Schriftsteller

— * —

Kürzer geht es kaum: »Die letzten anderthalb Jahrhunderte deutscher Geschichte lassen sich in die Formel bringen: Von I. G. Cotta zu I. G. Farben!«

BERMANN-FISCHER, GOTTFRIED
(geb. 31. 7. 1897) Verleger

— * —

Während des Exils in Amerika besuchte der Verleger auch Thomas Mann, der besorgt war, was wohl aus seinem Werk werde, wobei er die eigene literarische Qualität realistisch, nahezu bescheiden einzuschätzen suchte. Diese Bescheidenheit kommentierte Bermann-Fischer später so:
»Ich habe Kleinere gesehen, die von ihrer Unsterblichkeit überzeugt waren.«

Im Exil gestalteten sich die Verlagsgeschäfte sehr schwierig. Bermann-Fischer leitete den Verlag, der in Stockholm ansässig war, von New York

aus. Später wurde noch der Querido-Verlag, Amsterdam, angegliedert, der in Batavia, Niederländisch-Indien, seinen Standort hatte. Friedrich Torberg karrikierte diese Situation:
». . . wenn eines dieser Bücher irgendwann einmal einem wißbegierigen Buchhändlersohn in die Hände fällt, könnte sich ein merkwürdiger Dialog entspinnen. Frage: ›Papa, warum ist dieses deutsche Buch, das in Holland gedruckt wurde, in Schweden erschienen?‹ – Antwort: ›Weil die Japaner in Holländisch-Indien einmarschiert sind!‹«

36 Stunden nach der Flucht Bermann-Fischers aus Wien standen drei SS-Leute vor der Tür seiner Wohnung und fragten die Kinderschwester:
»Wo ist Dr. Bermann?«
»Abgereist.«
»Hat der ein Schwein«, war die vielsagende Antwort der SS-Leute.

BERNARD, TRISTAN

(1866-1947) frz. Dramatiker und Romancier

— * —

Ein Freund bittet Bernard, ihm doch das Problem Kapital und Arbeit zu erklären.
»Nichts einfacher als das. Sie leihen mir zum Beispiel hundert Francs. Das ist das Kapital . . .«
»Und die Arbeit?«
»Die Arbeit, die müssen Sie leisten, wenn Sie das Geld zurück haben wollen . . .«, meint Bernard.

»Was halten Sie von Hellseherinnen?«
»Nicht viel«, erwidert Tristan Bernard. »Unlängst wollte ich zu einer gehn, klopfte an die Türe, und sie fragte: ›Wer ist da?‹«

Bernard fragte einen Chauffeur:
»Was kostet es bis Versailles?«
»Dreißig Francs.«
»Was? Setzen Sie sich in den Wagen, und ich fahre Sie für fünfzehn Francs!«

Bernard hatte keine Beziehung zum Geld: es verflüchtigte sich unter seinen Händen, und eines Tages bemerkte er, daß er beinahe ruiniert war. Seine Umgebung riet ihm schonend, seine Ausgaben herabzusetzen, doch er erklärte:
»Nein, nein! Ich habe schon Ärger genug, auch ohne daß ich mich einschränke!«

Im Kaffeehaus fällt eine Fliege in Tristan Bernards Glas. Ein Freund will sie mit nicht ganz saubern Fingern herausziehen.
»Halt, halt!« ruft Tristan. »Da ist mir noch die Fliege lieber!«

Ein Freund Bernards ist Autokonstrukteur und nimmt Tristan auf eine Probefahrt mit. Nach hundert Kilometern sagt der Automobilist:
»Das ist ein nettes Gasthaus. Hier wollen wir haltmachen!«
In diesem Augenblick stößt der Wagen gegen einen Baum.
Da fragt Tristan Bernard gelassen seinen Freund:
»Dein Wagen läuft ausgezeichnet - aber wie hältst du an, wenn zufällig kein Baum da ist?«

Tristan Bernard zieht sich in ein Seebad zurück, um in aller Ruhe eine Komödie zu beenden. Aber ach, eine Dame, die im selben Hotel wohnt, spielt den ganzen Tag Klavier, und der arme Autor findet keine Ruhe. Samstag erscheint der Gatte der Dame zu Besuch, das Ehepaar bewohnt das Zimmer neben Tristan Bernard, und die Begrüßung ist sehr stürmisch.
Da beschließt Tristan, sich zu rächen; er klopft heftig an die Wand und schreit:
»Wird denn endlich Ruhe werden? Jede Nacht die gleiche Geschichte!!«

Tristan Bernard wollte einen Sekretär anstellen; da empfahl man ihm einen Stotterer. Als der junge Mann sich meldete, fragte Tristan Bernard ihn nach dem Namen. Der Stotterer begann:
»D . .d . . d . . du . . du . . dur . . . dur . . Durand.«
»Schön«, meinte Tristan, »aber es macht Ihnen doch nichts aus, wenn ich Sie einfach Durand nenne?«

Tristan Bernard geht in einem Badeort spazieren. Da hält ihn ein Mann an, deutet zum Himmel und fragt:
»Können Sie mir sagen, wie dieser Stern heißt?«
»Bedaure«, erwidert Tristan. »Ich bin hier fremd.«

Tristan Bernard hatte Enkelkinder, denen er Geschichten erzählte. Eines Tages erzählte er ihnen die Geschichte von Prometheus.
»Armer Geier«, sagte einer der Enkel.
»Wieso«, sagte Bernard erstaunt, »du meinst wohl armer Prometheus?«
»Nein, nein, der arme Geier mußte doch jeden Tag Leber fressen.«

Ein Stück von Bernard fiel durch. Als ein Freund um zwei Karten bat, sagte er:
»Freikarten werden nur reihenweise abgegeben.«

Auf die Frage, welches das beste Mittel sei, um alt zu werden und jung zu bleiben, erwidert Bernard:
»Leider die Arbeit.«

»Die Ehe ist ein Bankett«, sagte Tristan Bernard, »das mit dem Dessert beginnt.«

Eine der ersten Komödien Bernards hatte keinen Erfolg. Als ein Freund ihn um eine Karte zur dritten Vorstellung bat, sagte Bernard:
»Vergessen Sie nicht, einen Revolver mitzunehmen. Sie begeben sich in eine völlig verlassene Gegend.«

BIERBAUM, OTTO JULIUS
(1865-1910) Schriftsteller und Redakteur

— * —

Auch unter Literaten gibt es kompromißbereite Leute, wie folgende Anekdote beweist: Otto Erich Hartleben und Otto Julius Bierbaum gingen durch Münchens Englischen Garten. Als vor ihnen ein Vogel aufflog, meinte Hartleben: »Ein Rebhuhn.«
»Nein«, sagte Bierbaum, »eine Wildente.«
Eine Weile stritten sie. Dann schlug Hartleben vor: »Also gut, nennen wir den Vogel Wildhuhn.«
Bierbaum hatte einen anderen Kompromißvorschlag: »Rebente.«

BINDING, G. RUDOLF
(1867-1938) Lyriker

— * —

Bindings Vaterhaus stand in Leipzig. Noch als Schüler pflegte Binding mittags nach dem Essen ein Stündchen Klavier zu spielen, in einem Mietshaus immer eine umstrittene künstlerische Betätigung. Prompt klingelte es auch und das Dienstmädchen verkündete im fließenden Sächsisch:
»Ach, äntschuldschen Se, dä Härrschaft läßt bitten, mit'm Schpiel'n uffzuhärn. Die gnädsche Frau is krank und braucht Ruä.«
Binding respektierte den Wunsch. Eine Stunde später stand wieder das Dienstmädchen an der Tür und verkündete diesmal:
»Ach, äntschuldschen Se, Se därfen gärne nu weiderschpieln. De gnädsche Frau iss äbn geschtorbn!«

BLOY, LÉON

(1846-1917) frz. Schriftsteller

— * —

Léon Bloy, der überall Schulden hatte und sie nie bezahlte, wollte sich eines Tages auch beim Baron Rothschild Geld ausborgen. Er wurde zu Rothschild bestellt, und auf dem Weg baute er Luftschlösser, denn er war mit sich selber einig, daß Rothschild ihm zweitausend Francs leihen müsse. Doch der Baron fand fünfhundert angemessen. Als Bloy in die Redaktion des ›Mercure de France‹ kam und nach dem Erfolg des Besuchs gefragt wurde, erwiderte er:
»Dieser Schweinkerl schuldet mir noch fünfzehnhundert Francs!«

Léon Bloy gab einem bestimmten Bettler regelmäßig zwei Sous. Einmal, in der Zerstreutheit, gab er ihm zwanzig Francs. Nun war auch er nicht gerade wohlhabend, und so wollte er am nächsten Tag mit dem Bettler reden. Doch der hatte ihn kaum kommen gesehen, als er schon rief:
»Als ich gestern abend meine Einnahmen berechnete, habe ich Ihren Irrtum entdeckt, Monsieur. Da sind Ihre zwanzig Francs. Aber jetzt sind Sie mir noch von gestern zwei Sous schuldig.«

BLUMENTHAL, OSKAR

(1852-1917) Lustspielautor und Kritiker

— * —

Oskar Blumenthal schrieb einmal: »Je preiser ein Stück gekrönt ist, desto durcher fällt es.«

Eine Schauspielerin zog sich in reiferen Jahren von der Bühne zurück und machte mit dem erarbeiteten Geld Leihgeschäfte. Da sagte Blumenthal:
»Ein Veilchen, das im Verblühen borgt.«

Ein mäßiger Schauspieler hatte auf der Bühne einen Koffer zu packen. Da meinte Oskar Blumenthal: »So packend habe ich ihn noch nie gesehen!«

BÖLL, HEINRICH

(geb. 21.12. 1917) Schriftsteller

— * —

Bei der Gründung des Verbands deutscher Schriftsteller in Köln engagierte sich Böll mit einer gepfefferten Rede für die Sache seiner Berufskollegen. Er sprach von Ausbeutung der Autoren. Ein Kreis von Verlegern reagierte darauf empfindlich in einem Offenen Brief, der Böll widerlegen sollte. Darauf antwortete Böll noch einmal in den Zeitungen und schloß:

»Im übrigen wird es mir hoffentlich gelingen, meine Kollegen davon zu überzeugen, daß für notleidende Verleger im Büro des Autorenverbands immer ein warmes Bohnen-Erbsen-Linsen-Süppchen bereitgehalten wird, kostenlos natürlich.«

Böll: »Hängen wir uns den hingestreuten Lorbeer nicht an die Wand, streuen wir ihn dorthin, wohin er gehört: in die Suppe.«

Böll polemisierte gegen das herablassende Klischee von der »Arbeiterdichtung« mit der Frage:
»Ob je einer auf die Idee kommen würde, bei Kafka von Angestelltenprosa und bei Goethe von Beamtendichtung zu sprechen?«

BÖRNE, LUDWIG

(1786-1837) Schriftsteller und Kritiker

— * —

Börne wagte es einmal, als junger Mensch, in Gesellschaft älterer Leute ein Urteil abzugeben.«
»Sie, junger Mann«, fuhr ihn einer an, »in Ihrem Alter war ich in solchen Dingen noch ein Esel!«
»So?« meinte Börne. »Da haben Sie sich ja gut konserviert!«

BOILEAU-DÉSPREAUX, NICOLAS

(1636-1711) frz. Dichter und Satiriker

— * —

Mademoiselle de Lamoignon warf ihm vor, daß er Satiren schreibe, und das sei doch ein Mangel an Barmherzigkeit.
»Würden Sie also auch nicht erlauben, daß ich eine Satire gegen den Großtürken schreibe, den Beherrscher der Ungläubigen, den Feind der Christenheit?«
»Gegen den Großtürken? Gewiß nicht! Er ist ein Herrscher, und man muß ihn respektieren.«
»Und gegen den Teufel? Das werden Sie mir doch gestatten?!«
Mademoiselle de Lamoignon überlegte eine Weile.
»Nein«, sagte sie. »Auch gegen den Teufel nicht. Man soll über niemanden Böses reden oder schreiben!«

Ludwig XIV. zeigte Boileau einmal ein Gedicht, das er selbst verfaßt hatte. Und da sagte Boileau:
»Sire, Eurer Majestät ist auch wirklich nichts unmöglich. Sie wollten schlechte Verse machen, und selbst das ist Ihnen gelungen!«

Nach der Eroberung von Mons fragte eine Dame Boileau, was er von dem französischen Sieg halte. Und er meinte:
»Mons war eine Jungfrau, die ein König sich sorgfältig aufbewahrt hatte. UnserLudwig XIV. bedurfte ihrer, und da hat sie nachgegeben. Sie würden bestimmt nicht anders handeln.«

BOISROBERT, FRANÇOIS DE
(1592-1662) frz. Schriftsteller

— * —

»Ein junger Mann macht Ihrer Frau den Hof«, sagte ein Freund zu Boisrobert.
»Mag er nur«, meinte Boisrobert. »Das ist mir gleichgültig. Er wird es am Ende ebenso satt bekommen, wie ich es satt bekommen habe.«

Boisrobert war sehr geistreich und amüsant, und der Verkehr mit ihm war für Richelieu eine stete Quelle der Erheiterung. Bei Boisroberts Scherzen vergaß der Kardinal die Sorgen seines Amtes. Nun, einmal wurde Richelieu hinterbracht, daß Boisrobert auch über ihn eine Bosheit geäußert habe, und so fiel Boisrobert in Ungnade. Kurz darauf fühlte der Kardinal sich nicht wohl und ließ seinen Arzt Citois kommen.
Citois merkte, daß es sich lediglich um einen Anfall von Hypochondrie und schlechter Laune handelte, und schrieb dem Kardinal als Rezept auf:
»Recipe Boisrobert!«
Und damit war der Friede geschlossen, und das Rezept tat seine Wirkung.

BONTEMPELLI, MASSIMO
(1877-1960) Schriftsteller

— * —

Man fragt den Schriftsteller Massimo Bontempelli nach seiner Meinung über seinen Kollegen Mariono Moretti.
»Gar nicht schlecht.«
»Und als Dichter?«
»Auch nicht schlecht.«
»Kennen Sie seine Gedichte ›Mit Bleistift geschrieben‹?«
»Ja, ja; man sollte sie nur mit dem Radiergummi in der Hand lesen.«

BORCHERT, WOLFGANG
(1921-1947) Schriftsteller

— * —

Krankheitsanfälle hatten ihm an der Front die Qualifikation »dienstuntauglich« eingebracht. Am Vorabend seiner Entlassung parodierte jedoch

Borchert in der Mannschaftsstube seiner Kaserne den ›hinkenden Lügenminister Goebbels‹, man denunzierte ihn, und statt aus dem Militärdienst entlassen zu werden, landete der Schriftsteller in Berliner Untersuchungshaft. Borchert kommentierte diesen Schicksalsschlag:
»Die Wahrheit ließ mich ins Gefängnis hinken. Was jetzt kommt, werden nur noch Lügen sein.«

BOUFFLERS, MARQUIS DE
(1758-1815) frz. Schriftsteller

— * —

Frau von Stael fragte den Marquis de Boufflers, wie es komme, daß er nicht der Académie angehöre.
»Madame«, erwiderte er, »wir zwei wollen eine Académie gründen; wir haben miteinander Geist für vierzig. Sie für vier und ich für null.«

BOURGET, PAUL
(1852-1935) frz. Schriftsteller

— * —

Der Romancier Pierre Benoit beklagte sich bei Bourget darüber, daß die Zeitungen ihn so schlecht behandelten.
»Mein Lieber«, tröstete ihn Bourget, »ich habe mich erst als berühmter Mann gefühlt, nachdem ich aufgehört hatte, die Zeitungen zu lesen.«

Paul Bourget wohnte beim Grafen d'Haussonville. Am Tag nach seiner Ankunft war er um elf Uhr noch nicht zum Frühstück erschienen. Der Graf kam zu ihm ins Zimmer und fand Bourget noch im Bett.
»Ich schlafe schon längst nicht mehr«, sagte Bourget, »ich träume, oder besser gesagt, ich denke nach, das ist so meine Gewohnheit. Ich sammle morgens meine Gedanken, bringe Ordnung in die Ideen, die mich beschäftigen, mit einem Wort – ich arbeite.«
Als Bourget am nächsten Tag um zwölf noch nicht zum Frühstück erschien, ging der Graf abermals zu ihm hinauf und sagte:
»Mein lieber Freund, Sie werden sich noch überarbeiten!«

BRANTÔME, PIERRE DE BOURDEILLE
(1540-1614) Abbé und Schriftsteller

— * —

Brantôme sagte einmal zu der Königin von Navarra, er verstehe nicht, wie die Damen es fertigbrächten, mit ihren riesigen Halskrägen Suppe zu essen und mit ihren riesigen Reifröcken zu lieben.
Die Königin antwortete nichts, lud ihn aber am nächsten Tag zu Tisch

ein. Sie trug den breitesten Kragen, den sie besaß, ließ sich einen Löffel mit einem sehr langen Stiel bringen und aß die Suppe.
»Sehen Sie jetzt, wie wir es fertig bringen, trotz unserer Krägen Suppe zu essen?« sagte sie zu Brantôme.
»Schön«, erwiderte er, »jetzt weiß ich, wie Sie Suppe essen . . .«

BRECHT, BERTOLT
(1898-1956) Schriftsteller

— * —

Helene Weigel und Georg Lukács stritten eines Abends in einem Lokal heftig miteinander über Kunst und Politik. Brecht hatte lange Zeit aufmerksam zugehört, plötzlich drängte es ihn nach Hause. Er grüßte und ging recht unvermittelt zum Ausgang. Natürlich erwartete er, daß Helene Weigel ihm folgte. Sie stand auch auf und ging ihm ein paar Schritte nach, aber nur um Brecht klarzumachen, daß sie den Disput in diesem hitzigen Augenblick keinesfalls verlassen könne.
»Das sähe ja aus, als gäbe ich mich geschlagen«, sagte sie.
»Ach was«, meinte Brecht. »Komm schon. Sag einfach, du seist mir sexuell hörig.«

Während seiner Emigrationszeit in Amerika war Brecht von einer Millionärsfamilie eingeladen worden. Dort rezitierte er eigene Gedichte und sang auch ein paar Balladen. Als Brecht geendet hatte, wandte sich das Söhnchen an seinen Vater und bat mit heller Stimme:
»Ach, Daddy, kauf ihn mir doch!«

Nach der glanzvollen Premiere der ›Dreigroschenoper‹ beschuldigte der gefürchtete Kritiker Alfred Kerr Bert Brecht, er habe wortwörtlich Passagen aus der Dichtung François Villons in der Übersetzung Ammers übernommen. Ungerührt antwortete Brecht:
»Meiner Meinung nach gehört auch das Abschreiben zum Handwerk des Schriftstellers!«

Am Tage seiner Hochzeit mit Helene Weigel holte Brecht die Schauspielerin Carola N. vom Bahnhof ab. Er hatte einen Blumenstrauß mitgebracht. Carola N. nahm den Strauß, warf ihn auf die Erde und sprach kein Wort mit Brecht. Dieser trottete eine Zeitlang stumm hinter ihr her und fragte dann: »Was hast du eigentlich?«
Carola N. antwortete: »Immerhin hast du heute geheiratet.«
Herr B. erwiderte verwundert: »Na und?«

Als nach Eberts Tod Feldmarschall Hindenburg zum Reichspräsidenten gewählt wurde, gab es mal wieder eine Parade in Berlin. Brecht sah sich das Schauspiel gemeinsam mit Zuckmayer an. Als Hindenburg seinen pompösen Einzug hielt, sagte der Autor der ›Trommeln in der Nacht‹: »Am Ende des ersten Viertels im zwanzigsten Jahrhundert der Christenheit holten sie einen Mann in die Stadt und erwiesen ihm Ehren, weil er noch nie ein Buch gelesen hatte.«

Eine Eigenart Brechts war, alles mit Kleinbuchstaben zu schreiben. Als er zum wiederholten Male gefragt wurde, welch tieferen Sinn diese Schreibweise habe, antwortete Brecht: »Ich mach das nur aus Bequemlichkeit.«

BROCKHAUS, FRIEDRICH ARNOLD

(1772-1823) Verleger

— * —

Brockhaus schickte einmal zu Weihnachten an Schopenhauer eine Uhr. Schopenhauer schrieb:
»Ich danke Ihnen, die Uhr geht aber nicht.«
Worauf Brockhaus antwortete:
»Dann ist es wie mit Ihrem Buch; es geht auch nicht.«

BRONNEN, ARNOLT

(1895-1959) Schriftsteller

— * —

Ein Industrieller, der Wert auf den Umgang mit Bronnen legte und ihn gelegentlich zu sich einlud, bat den Schriftsteller im Beisein von zahlreichen Gästen, etwas Originelles in das Gästebuch zu schreiben. Bronnen überlegte nicht lange, sondern schrieb mit fliegender Feder:
»Leihen Sie mir tausend Mark und vergessen Sie auf ewig Ihren dankbaren B.«

BUCK, PEARL S.

(geb. Sydenstricker, 1892-1973) amerik. Schriftstellerin

— * —

Pearl S. Buck, die Bestsellerautorin, bekundete ihren Unwillen gegen Menschen, die sich für unersetzlich halten, indem sie notierte:
»Mancher hinterläßt eine Lücke, die ihn ersetzt.«

BUSCH, WILHELM

(1832-1908) humorist. Dichter und Zeichner

— * —

Busch liebte die Einsamkeit. Als man ihn fragte, wie er es denn so allein auf dem Lande aushielte, antwortete er:

»Ich habe schon so viele Homo sapiens kennengelernt. Nach weiteren habe ich keine Gelüste mehr.«

Ein Kritiker lobte: »Und wie Ihre Zeichnungen zu den Worten passen. Welche Präzision. Sie bringen es sogar fertig, ein lachendes Gesicht mit einem Strich in ein weinendes zu verwandeln . . .«
Busch machte nur eine Handbewegung: »Kunststück. Was will das schon heißen. Das hat meine Mutter sogar mit einem Besenstiel geschafft.«

Wilhelm Busch besuchte eine Dorfschule in Niedersachsen, wo er früh durch seine Schlagfertigkeit auffiel. Einmal fragte der Lehrer die Bauernjungen, warum wohl Brautkleider weiß seien. Als niemand eine Antwort wußte, verkündete er:
»Na, das ist doch klar. Weil Weiß die Farbe der Freude ist, und die Hochzeit ist nun einmal der schönste Tag im Leben der Frau.«
Da meldete sich Busch und fragte: »Warum tragen die Männer zur Hochzeit schwarz?«

BUTTI, ENRICO
(1868-1912) ital. Schriftsteller

— * —

Der italienische Schriftsteller Butti gab auch eine kleine literarische Zeitschrift heraus, die nach einigen Nummern starb. In der letzten Nummer schrieb er:
»Diese Zeitschrift ist geboren worden, weil ich kein Geld hatte. Heute stirbt sie aus dem gleichen Grund.«

BYRON, LORD GEORGE
(1788-1824) engl. Dichter

— * —

Byron sehnte sich danach, durch seine Taten unsterblich zu werden, nicht durch seine Verse.
»Wer würde denn schreiben«, sagte er, »wenn er etwas Besseres zu tun hätte!«

In Venedig war Marianna Byrons Geliebte, die Gattin eines Stoffhändlers, der über seiner Ladentüre ein Horn hatte, das von seinen Bekannten das englische Horn genannt wurde. Bald aber ging Byron zu Margherita über, der Frau eines Bäckers. Marianna überraschte das Paar und machte der Frau heftige Vorwürfe. Doch Margherita erwiderte:
»Ihr seid nicht seine Gattin, und ich bin es auch nicht. Ihr seid seine Geliebte, und ich bin es auch. Euer Gatte trägt Hörner, der meine auch. Welches Recht habt Ihr also, mir Vorwürfe zu machen?«

»Während meiner Hochzeitsnacht«, erzählte Byron, »wachte ich auf. Die Lampe brannte und warf ihr gedämpftes Licht auf rote Vorhänge. Ich wähnte mich in der Hölle und wollte gerade anfangen, mit dem Teufel zu diskutieren. Doch da bemerkte ich meine Frau. Ich war also nicht verdammt, ich war verheiratet.«

CALDWELL, TAYLOR JANET MIRIAM

(geb. 7. 9. 1900) amerik. Schriftstellerin

— * —

Eine Leserin fragte die weltberühmte Romanschriftstellerin: »Was würden Sie sagen, wie lange eine Frau als jung gelten kann?«
Die Antwort lautete: »Eine Frau braucht sich von dem Wörtchen jung nie ganz zu trennen. Zu Anfang nennt man sie einfach eine junge Frau. Dann spricht man davon, sie sei ja noch jung, und schließlich nennt man sie noch recht jung. Eines Tages behaupten die Leute, nun sei sie nicht mehr ganz jung.«

CAMPANILE, ACHILLE

(geb. 28. 9. 1899) ital. Humorist

— * —

Achille Campanile wollte eine schwierige Bergtour unternehmen. Der Hotelier riet ihm ab. Der Weg sei sehr gefährlich. Doch Campanile wollte sich nicht abhalten lassen.
»Einmal«, sagte der Wirt, »hat der Sturm dort einen Esel in die Tiefe geweht.«
»Nun« meinte Campanile, »wir wollen hoffen, daß er das nicht noch einmal tun wird.«

CAMUS

(17. Jh.) Prälat und Schriftsteller

— * —

Als Camus noch ein einfacher Landpfarrer war, mußte er sich eines Tages beim Bischof einfinden, der sehr viel auf Äußeres gab und den einfachen Pfarrer verächtlich musterte.
»Ich wette«, sagte er, »daß Ihr nicht einmal die einfachsten Grundsätze des Katechismus kennt. Wieviel Todsünden gibt es?«
»Acht, Exzellenz.«
»Da seht Ihr, wie recht ich hatte!« rief der Bischof. »Welcher Esel von Bischof hat Euch zum Priester gemacht?!«
»Das wart Ihr selber, Exzellenz«, entgegnete der Pfarrer. »Und was die Todsünden anbelangt, so gibt es neben den sieben bekannten noch eine achte – die Schmähung armer Landpfarrer.«

CAPUS, ALFRED

(1858-1922) frz. Journalist und Lustspielautor

—*—

Capus ist eines Abends im Theater und sieht eine Schauspielerin, die er für völlig talentlos hält. Im vierten Akt wendet er sich zu seinem Nachbarn und fragt:
»Warum läßt man dieses Frauenzimmer denn spielen?«
»Sie ist die Geliebte des Direktors«, erklärte der Nachbar.
»Ach so«, meint Capus. »Aber das müßte schon im ersten Akt deutlich erklärt werden!«

Man sprach vor Capus von einer sehr galanten Schauspielerin, die erklärt hatte, mit weniger als 100000 Francs im Jahr könne sie nicht leben. Da meinte Capus:
»Das macht zwei Liebhaber zu je 50000 Francs.« Nach kurzer Pause setzte er hinzu: »Oder tausend zu 100 Francs.«

Ein Statistiker setzte – im Jahre 1921! – Alfred Capus auseinander, daß die Schulden der Großmächte sich zusammen auf 200 Milliarden beliefen, das heißt eine Ladung Gold von 500 Eisenbahnwagen.
Capus tröstete den Pessimisten:
»Das Gold der Erde dürfte zum heutigen Kurs nicht mehr als 25 Milliarden wert sein. Die Menschheit ist alles in allem zahlungsunfähig. Die Wucherer, die ihr diese Milliarden geliehen haben, werden sich mit fünfzehn Prozent begnügen müssen . . .«
»Und dann?«
»Und dann? Beim nächsten Krach, wenn die Welt, von ihrer Schuldenlast erdrückt, auseinanderbricht, wird sie den Bewohnern anderer Planeten zeigen, wohin Verschwendungssucht und Leichtfertigkeit führen.«

Eine Pariser Schauspielerin gefiel dem Publikum nicht sehr, unter anderm auch deswegen nicht, weil sie ausgesprochen an ein Kamel erinnerte. Da meinte Capus:
»Eine Schwalbe macht noch keinen Sommer; aber ein Kamel macht eine Wüste!«

In einer Gesellschaft wird darüber geredet, wie alt Alfred Capus sein möge. Als er erscheint, fragt ihn eine Dame:
»Verzeihen Sie, würden Sie es für indiskret halten, wenn ich Sie frage, wie alt Sie sind?«
Capus klemmt das Monokel ein, mustert die Dame und erwidert:
»Das hängt von Ihren Absichten ab.«

Alfred Capus war sehr verlegen, weil er den Namen eines Herrn vergessen hatte, der ihn zum Essen einlud.
»Schreiben Sie sich eigentlich mit ›e‹?« fragte er listig.
»Mit ›e‹?« fragte der Herr erstaunt. »Wo sollte ich es hintun? Ich heiße doch Dupont!«

CARLYLE, THOMAS
(1795-1881) engl. Schriftsteller

— * —

Ein Engländer reiste nach Schottland und besuchte dort Carlyles Geburtsort. Er fragte einen Ansässigen, ob er Carlyle vielleicht persönlich gekannt habe.
»Ja, ja«, sagte der Bauer. »Den hab' ich schon gekannt. Das war einer, der immer nach London gefahren ist und Bücher geschrieben hat. Aber seinen Bruder Jack hätten Sie kennen sollen! Im ganzen Bezirk hat keiner solche Schweine gezüchtet!«

CARUGATI, ROMEO
(19. Jh.) ital. Journalist und Kritiker

— * —

Carugati stand nicht im Ruf großer Reinlichkeit. Dagegen behauptete er ganz ernsthaft, er stamme von Pontius Pilatus ab.
»Unmöglich!« rief ein Freund. »Wenn man dem Evangelium glauben darf, hat Pontius Pilatus sich wenigstens einmal die Hände gewaschen!«

CASANOVA, GIOVANNI GIACOMO, CHEVALIER DE SEINGALT
(1725-1798) ital. Schriftsteller

— * —

Casanova wollte von Fontainebleau nach Paris fahren; es fügte sich aber, daß ein Herr de Nevers den letzten Wagen und die letzten Pferde für sich belegt hatte. Da trat Casanova auf ihn zu und fragte:
»Würden Sie so freundlich sein, einen Mantel von mir nach Paris zu nehmen?«
»Aber gewiß«, sagte Nevers, »und wo soll ich ihn abgeben?«
»Darum brauchen Sie sich keine Sorgen zu machen; ich werde selbst im Mantel sein.«

Casanova suchte am Genfer See den von ihm bewunderten Philosophen Voltaire auf.
Casanova: »Dies, Herr von Voltaire, ist der schönste Augenblick meines

Lebens. Seit zwanzig Jahren bin ich Ihr Schüler, und mein Herz ist voll von Freude über das Glück, endlich meinen Lehrer zu sehen.«
Voltaire bedankte sich: »Mein Herr, ehren Sie mich noch zwanzig Jahre und versprechen Sie mir, nach Ablauf dieser Zeit mir meinen Ehrensold zu bringen!«
Die Gesellschaft, die dem Dialog beigewohnt hatte, applaudierte Voltaires Erwiderung, Casanova jedoch verlor auch in Gegenwart des geistreichen Philosophen seine Haltung nicht und erwiderte ohne zu stocken:
»Sehr gern, mein Herr, wenn Sie mir versprechen wollen, auf mich zu warten!«

Casanova war nach seiner Flucht aus Venedig in Paris angekommen und wollte bei Hof empfangen werden.
»Der König braucht zwanzig Millionen«, sagte der Minister. »Verschaffen Sie sie ihm, und Ihr Glück ist gemacht.«
Da arbeitete Casanova den Plan einer Lotterie aus und brachte ihn dem Minister Choiseul. Doch noch bevor der Plan gutgeheißen wurde, ließ Casanova sich ein hohes Jahrgeld aussetzen. Der Minister Choiseul meinte:
»Ihre Lotterie hat jedenfalls schon ihren ersten Gewinner!«

CENDRARS, BLAISE

(1887-1961) frz. Schriftsteller

— * —

Schwer in Geldnöten beschloß der Schriftsteller, für eine französische Zeitschrift ein langes, ein sehr langes Gedicht zu schreiben. Der Autor hatte bei der Schöpfung hauptsächlich das Zeilenhonorar im Auge. Das Gedicht wurde auch veröffentlicht, optimistisch begab sich Cendrars in die Redaktion und bat um den Scheck. Bestürzt war er, als er erfuhr, er könne Freiexemplare der betreffenden Nummer bekommen, ansonsten honoriere die Redaktion Gedichte prinzipiell nicht. Der Schriftsteller war so leicht nicht zu bluffen und sagte:
»Dann setzen Sie das verdammte Gedicht eben wie Prosa und geben mir das Honorar!«
Der Prosaist bekam seinen Scheck!

CERAM, C. W.

(Pseudonym für Curt Marek, geb. 20. 1. 1915) Schriftsteller

— * —

Wie die Titel aller Bestseller, so wurde auch der von Cerams ›Götter, Gräber und Gelehrte‹ von Kunden in den Buchhandlungen häufig entstellt wiedergegeben. Die hübscheste Umkehrung wurde von einer norddeutschen Buchhandlung berichtet; dort hatte jemand das Buch ›Götter graben nach Gelehrten‹ verlangt.

CERVANTES SAAVEDRA, MIGUEL DE

(1547-1616) span. Dichter

— * —

Der französische Botschafter in Spanien beglückwünschte Cervantes zu dem großen Erfolg des »Don Quijote«. Da flüsterte Cervantes ihm zu: »Wenn es nicht wegen der Inquisition gewesen wäre, hätte ich mein Buch noch viel lustiger gemacht.«

CHAMISSO, ADALBERT VON

(1781-1838) Dichter

— * —

Adalbert von Chamisso, der es sich nicht nehmen ließ, auch auf der Straße in bequemen Hauspantoffeln zu gehen, hatte die Angewohnheit, jeden Morgen auf der Polizeistation nach ›besonderen Vorkommnissen‹ nachzufragen. Er war wohl die einzige Privatperson, denen die Polizisten gern Auskunft gaben, wußten sie doch, daß der Dichter aus den ›besonderen Vorkommnissen‹ höchstens Gedichte oder Balladen fabrizierte.

Als ihm seine geliebte, noch junge Frau ganz plötzlich starb, klagte Chamisso: »Nun hast du mir den ersten Schmerz getan, der aber traf.«

CHATEAUBRIAND, FRANCOIS RENÉ, VICOMTE DE

(1768-1848) frz. Schriftsteller

— * —

Chateaubriand stand zufällig im Vorzimmer, als Fouché und Talleyrand sich aufmachten, König Ludwig XVIII., ihren x-ten Herrn, zu huldigen. Der hinkende Diplomat stützte sich dabei ein wenig auf den Arm des ehemaligen Polizeiministers. Chateaubriand flüsterte seinem Nebenmann zu:
»Das Laster, gestützt auf dem Verbrechen.«

Als Chateaubriand in Ungnade fiel und nicht mehr Minister des Äußern war, verletzte ihn vor allem die Form seiner Entlassung. Doch er trug sein Schicksal mit Anstand. Zwei Stunden, nachdem er den Brief erhalten hatte, der ihm seinen Sturz anzeigte, war er bereits in sein bescheidenes Häuschen zurückgekehrt und nahm aus der prunkvollen Amtswohnung nur seine zwei Katzen mit.
»Meine Lieben«, sagte er zu ihnen, »die Zeit, da wir die großen Herren

spielen konnten, ist vorbei. Jetzt werdet ihr ernstlich daran denken müssen, Mäuse zu fangen.«

Chateaubriand hatte ein Drama ›Moses‹ geschrieben, wagte aber nicht, zur Première zu gehen, sondern schickte seinen Diener und fragte ihn nachher angstvoll:
»Nun? Wie ist es gegangen?«
»Ausgezeichnet«, erwiderte der Diener. »Anfangs wollten die Leute nicht recht warm werden, dann aber haben einige gelacht, und schließlich war der ganze Saal bis zum Ende in der heitersten Stimmung.«

CHRISTIE, AGATHA
(1890–1976) engl. Schriftstellerin

— * —

Agatha Christie, mit einem Archäologen verheiratet, äußerte vor Journalisten:
»Es ist eine feine Sache für eine Frau, einen Archäologen zum Ehemann zu haben. Da kann man wenigstens hoffen, daß man, je älter man wird, um so interessanter für ihn wird.«
Lange Zeit hatte Agatha Christie eine einzige wirkliche Konkurrentin in England: Mary Westmacott, die einen völlig anderen Erzählstil als die Christie hatte, war beim Publikum fast ebenso beliebt wie sie, und ihre Bücher erreichten ebenfalls hohe Auflagen. Viele Jahre später erst entdeckte die Londoner Zeitung ›Sunday Times‹ die Sensation, die ihr eine große Schlagzeile wert war:
»Mary Westmacott ist ein Pseudonym für Agatha Christie!«

CLAUDEL, PAUL
(1868-1955) frz. Dichter

— * —

Nach Claudels Tod machte in den Pariser Literaten-Cafés ein Witz mit großem Erfolg die Runde:
Claudel kommt in den Himmel, man zeigt ihm die wichtigsten Räumlichkeiten, auch den Konzertsaal. Auf einem Orchestersessel steht sein Name, daneben, zu Claudels grenzenloser Verwunderung, der seines Rivalen, des von ihm gänzlich ungeliebten André Gide. Claudel interveniert bei dem geschäftsführenden Engel, der höflich antwortet:
»Leider ging es nicht anders. Gide wurde befragt, was für ihn wohl das schlimmste Los wäre, und er antwortete: ›Eine Ewigkeit lang neben Claudel zu sitzen.‹ Sie wissen ja, er wurde zur Höchststrafe verdammt . . .«

CLAUDIUS, MATTHIAS

(1740-1815) Dichter

— * —

Den Unterschied zwischen Klopstock und Claudius erklärte letzterer einmal auf seine poetische Weise:

»Wenn Klopstock den Hausknecht ruft, klingt das so:

»›Du, der du weniger scheinest als ich und der du dennoch mir gleich bist, nahe dich mir und befreie mich hurtig, zur Erde dich beugend, von der bedrängenden Plage des staubüberschütteten Kalbfells.‹

Ich würde sagen: ›Johann, treck mir de Stiewel ut!‹«

Man plagte den Dichter durch ständige Besuche, bat um Eintragungen in Stammbücher etc. Diese Belästigungen verärgerten Claudius, oft verhielt er sich kühl und abweisend, aber manchmal nützte auch das nichts gegen hartgesottene Störenfriede.

Einen lud er daher zu einem Spaziergang auf einer Wiese ein, auf der eine Kuh stand, die über und über von Mücken und Fliegen übersät war. Schweigend nahm Claudius seine Zipfelmütze ab und schlug solange auf das Ungeziefer ein, bis die Kuh davon befreit war. Erst hatte der Störenfried wütend die Aktionen des Dichters verfolgt, später war ihm aber ein Licht aufgegangen.

Zum Abschied widmete ihm dann der Dichter des ›Wandsbecker Botens‹ noch einen Spruch: »Je nun, Taten sind mehr als Worte, und ich meine, diese heroische Szene wird sich im Druck nicht ganz übel ausnehmen.«

COCTEAU, JEAN

(1889-1963) frz. Schriftsteller

— * —

Wer über Cocteau etwas Bescheid wußte, dem war auch bekannt, daß der Autor des ›Orphée‹ nicht gerade ein fanatischer Verehrer des weiblichen Geschlechts war. Er blieb immer Junggeselle und mehr als das. Leider wurde ihm verwehrt, noch Zeuge eines vielbelächelten Mißgriffs zu werden: Nach seinem Tod nämlich kondolierte aus Deutschland Bundespräsident Lübke – seiner Witwe.

COLETTE, SIDONIE-GABRIELLE

(1873-1954) frz. Schriftstellerin

— * —

Colette kam nach Amerika. Von der englischen Sprache hatte sie keine Ahnung, und so fühlte sie sich recht verloren. Da stieß sie auf eine Katze, die ein klägliches »Miau!« hören ließ.

»Endlich ein französisches Wort!« rief Colette.

Colette war als Kind eine große Liebhaberin von Süßigkeiten. Wenn man ihr einen Kuchen gab, aß sie ihn vor dem Spiegel.
»So kann ich mir vorstellen«, sagte sie, »daß ich zwei Kuchen esse.«

Colette machte mit einer Freundin eine Reise durch Griechenland. Die Freundin will sie vor den Ruinen der Säulen eines Tempels fotografieren.
»Achtung«, ruft Colette, »daß man das Auto nicht sieht!«
»Ja, allerdings«, meint die Freundin, »das wäre ein Anachronismus.«
»Und vor allem, würde mein Mann glauben, daß ich es bin, die die Säulen umgefahren hat«, erwiderte Colette.

COPPÉE, FRANÇOIS
(1842-1908) frz. Lyriker

— * —

Der Schriftsteller Charles de Pomairois wollte in die Académie Française gewählt werden. Da ging seine Frau zu François Coppée und bat ihn, für ihren Mann zu stimmen.
»Wenn er nicht gewählt wird«, sagte sie, »bringt er sich um.«
Coppée stimmte für ihn, aber ohne Erfolg. Nicht daß Pomairois sich deswegen umgebracht hätte. Als wieder eine Wahl kam, meldete die Dame sich wieder bei Coppée und bat ihn um seine Stimme:
»Nein, nein«, sagte Coppée. »Das erste Mal habe ich mein Wort gehalten. Ihr Mann aber nicht. Jetzt sind wir quitt!«

CRÉBILLON, PROSPER
(1674-1762) frz. Dramatiker

— * —

Crébillon ließ sich, wie so mancher Schriftsteller, beim Verfassen seiner Werke helfen. In einer Gesellschaft fragte man ihn einmal, was er für sein schwächstes Werk halte. Und da zeigte er, um witzig zu sein, auf seinen Sohn, der übrigens recht schlüpfrige Romane schrieb.
»Ja, das wird schon stimmen«, meinte ein Gast. »Bei diesem Werk haben Sie sich auch von niemandem helfen lassen.«

Crébillon war sozusagen unverwüstlich; er starb schließlich 1762 im Alter von achtundachtzig Jahren.
Einmal erblickte ihn Ludwig XV. in den Gärten von Versailles und sagte:
»Sie sollen schon über achtzig sein?«
»Ich nicht, Sire, nur mein Geburtsschein.«

CROMMELYNCK, FERNAND

(1888-1970) belg. Dramatiker

— * —

Eine Russin forderte Crommelynck auf, ein Stück für die Sowjetunion zu schreiben.

»Sie kommen mir gerade recht!« rief er. »Ich habe erfahren, daß die Russen mein Stück ›Der prächtige Hahnrei‹ gespielt haben. Aber Tantiemen. haben sie mir nie bezahlt.«

»Natürlich nicht«, meinte die Russin. »Sie sind ja kein Kommunist.«

»In Rußland muß man also Kommunist sein«, sagte da Crommelynck, »um Kapitalist zu werden!«

DAHN, FELIX

(1834-1912) Schriftsteller

— * —

Nachdem er in Hamburg einen Vortrag gehalten hatte, wurde Dahn vom Veranstalter zum Abendessen eingeladen.

»Danke, nein«, antwortete der Schriftsteller. »Ich habe hier in Hamburg schon einmal sechs Wochen verbracht, in denen ich meine Zeit fast nur für Trinken und Schlafen darangegeben habe – diesmal möchte ich etwas von der Stadt zu sehen bekommen.«

»Wann war denn das?« fragte der verhinderte Gastgeber.

»In den ersten sechs Wochen meines Lebens.«

DEHMEL, RICHARD

(1863-1920) Dichter

— * —

Ein junger Lyriker klagte Dehmel sein Leid. »Ich bin am Verzweifeln, überall Ablehnung, fast habe ich den Eindruck, eine Verschwörung will mich totschweigen. Was soll ich tun?«

»Eine Verschwörung? Beteiligen Sie sich daran!«

Im Ersten Weltkrieg waren auch Gerhart Hauptmann und Richard Dehmel unter die Kriegsdichter gegangen. Richard Dehmel zog allerdings die Konsequenzen, sich als Kriegsfreiwilliger zu melden, und brachte es bis zum Leutnant. Für ihre schlechten Kriegsgedichte verlieh Kaiser Wilhelm II. den beiden Dichtern den Roten Adlerorden. Vierter Klasse allerdings. Richard Dehmel hatte große Lust, diese Auszeichnung abzulehnen, aber sein Oberst meinte:

»Was wollen Sie eigentlich? Für einen Leutnant ist das doch ein sehr hoher Orden!«

DEKOBRA, MAURICE

(1885-1973) frz. Schriftsteller

— * —

Ein Theaterdirektor klagt über den schlechten Geschäftsgang.
»Und was habe ich für Kosten! Wenn ich am Morgen aufstehe, habe ich dreitausend Francs Ausgaben!«
»Warum bleiben Sie dann nicht im Bett?« fragte Dekobra.

Einmal war Dekobra leicht erkrankt und mußte das Bett hüten. Da besuchte ihn eine Engländerin und las ihm einen Roman vor, der gerade in Amerika großen Erfolg hatte. Als in einem Kapitel die Situation der Heldin ein wenig heikel wurde, zögerte die Vorleserin und wollte verstummen. Doch Dekobra:
»Halten Sie sich meinetwegen die Ohren zu, aber lesen Sie weiter!«

Dekobra verbrachte die Ferien in einem Dorf bei Rouen. Sonntags machte er einen Spaziergang durch die Landschaft und begegnete einer reizenden Bäuerin, die ein prächtiges Schwein vor sich trieb.
»Mademoiselle«, rief Dekobra, »Sie haben da ein prächtiges Schwein!«
Die junge Bäuerin, die man vor der Galanterie des Parisers gewarnt hatte, erwiderte:
»Mir machen Sie nichts vor! Das sagen Sie gewiß jeder.«

DELILLE, JACQUES

(1738-1813) frz. Dichter

— * —

Die Comtesse de Beauharnais hatte den Ehrgeiz, als Dichterin zu gelten, aber man behauptete, daß sie sich ihre Gedichte von Freunden machen lasse. Da meinte der Dichter Jacques Delille:
»Die Comtesse hat ein schönes Gesicht und ist eine Dichterin, nur daß sie sich das Gesicht selber macht, während sie ihre Gedichte von andern machen läßt.«

DELRIEU, STÉPHANE

(1761-1836) frz. Dramatiker

— * —

Delrieu ging am Tage der Aufführung seines ›Artaxerxes‹ in ein Café und spielte folgende Szene:
»Kellner, die Zeitung! Was gibt man denn heute?« Und recht deutlich, damit seine Nachbarn es hörten: »Ah, in der Comédie gibt man ›Artaxerxes‹! Da muß man doch hingehn! Rasch, Kellner, etwas zu essen! Man gibt ›Artaxerxes‹, und wenn ich mich nicht beeile, bekomme ich keinen Platz mehr.«

Eines Abends, bei einer Aufführung des Dramas ›Artaxerxes‹, saß Delrieu mit einigen Freunden in einer Loge. Nach dem ersten Akt ertönte ein Pfiff.
»Das ist der Oberst«, sagte Delrieu.
»Welcher Oberst?« fragten die Freunde.
»Ein Oberst, der mich tödlich haßt und mir einen Streich spielen will.«
Nach dem zweiten Akt tönten die Pfiffe sehr zahlreich.
»Der Oberst muß Sie wirklich tödlich hassen«, sagte ein Freund zu Delrieu. »Der hat ja sein ganzes Regiment im Theater aufmarschieren lassen!«

DÉSAUGIERS, MARC-ANTOINE
(1772-1827) frz. Dramatiker

— * —

Das Volk hatte die Tuilerien bestürmt, Désaugiers war sehr neugierig und lief hin. An der Tür hielten ihn einige Männer an und fragten drohend:
»Deine Kokarde, Bürger?«
Désaugiers nahm den Hut ab, drehte ihn in der Hand und sagte:
»Merkwürdg! Ich habe sie an meiner Nachtmütze vergessen!«

DICKENS, CHARLES
(1811-1870) engl. Schriftsteller

— * —

Ein Freund von Dickens erklärte, man solle die Phantasie der Kinder nicht durch Märchen und Sagen erregen, das wäre im Leben ein unnützer Ballast und würde die Kinder nur bei ihrem Fortkommen behindern.
Dickens fing einen schönen Schmetterling und streifte die Farbe von den Flügeln.
»Was tun Sie da?« rief der Freund entrüstet.
»Ich habe nur Ihr System auf die Schmetterlinge angewendet. Ich habe den überflüssigen Ballast abgeschafft, der ihn beim Fortkommen ohnehin nur behindern würde.«

Dickens' Lieblingsanekdote war eine kleine amerikanische Episode:
Ein junges, hübsches Fräulein macht eine Flußfahrt und wird von fünf jungen Männern angebetet. Sie kann sich für keinen entscheiden und befragt den Kapitän um Rat.
Der Kapitän antwortet: »Springen Sie über Bord und heiraten Sie den, der nachspringt!«
Gesagt, getan, sie springt, vier der jungen Herren springen ihr sofort nach. Als sie alle wieder naß an Bord kletterten, fragte das Mädchen wiederum den Kapitän:

»Was soll ich jetzt mit ihnen, sie sind so naß?«
»Nehmen Sie den Trockenen!«

DÖBLIN, ALFRED
(1878-1957) Schriftsteller

— * —

Unter vielen Zeitgenossen war auch Döblin der Meinung, Bert Brecht könne ohne Anleihen bei anderen Autoren nicht auskommen. So vertrat er die Ansicht:
»Mit dem Brecht ist das beinahe so wie mit dem Hauptmann. Damit es bei ihm losgeht, muß er immer irgend etwas lesen oder gelesen haben – dann erst geht es weiter.«

Döblin war von Beruf Arzt und betrieb trotz seiner literarischen Arbeiten eine Praxis. Nach dem großen Erfolg von ›Berlin Alexanderplatz‹ gab der Verlag einen Empfang. Döblin sollte einem größeren Kreis vorgestellt werden. Eine Dame fragte ihn: »Wenn Sie ständig zweierlei Künsten dienen, verehrter Herr Dr. Döblin, kann es da nicht zu einem ärztlichen Kunstfehler kommen?«
»Gewiß, meine sehr verehrte gnädige Frau, und einer der schlimmsten passierte mir erst vor ein paar Tagen: ich kurierte einen Patienten in einer einzigen Ordination und erfuhr wenig später, daß der Mann Millionär war.«

DOS PASSOS, JOHN
(1896-1970) amerik. Schriftsteller

— * —

Als Dos Passos einmal seinen Verleger besuchte, traten die beiden Herren unerwartet ins Vorzimmer, übersahen jedoch geflissentlich, was dort geschah: eine junge Stenotypistin sprang von den Knien eines Angestellten auf und wurde rot bis unter die Haarspitzen.
Später beim Kaffee sinnierte der Verleger: »Merkwürdig, die Menschen sind die einzigen Lebewesen, die erröten.«
Dos Passos ergänzte: »Sie sind wohl auch die einzigen, die allen Grund dazu haben.«

Keinem Künstler bleibt die Auseinandersetzung mit der nach ihm folgenden Generation erspart. Auch Dos Passos wurde in manchen formalen Literaturstreit hineingezogen. Als man ihn einmal über die jungen amerikanischen Autoren nach dem Zweiten Weltkrieg befragte, sagte er bissig: »Heute versteht man unter einem Roman eine gemästete Kurzgeschichte.«

DOSTOJEWSKIJ, FJODOR MICHAJLOWITSCH
(1821-1881) russ. Dichter

— * —

Dostojewskij war oft so in sich versunken, daß er auf die Umwelt nur mechanisch reagierte. Einmal sprach ihn auf der Straße eine Frau an, die ihm schon eine Weile gefolgt war. Sie beklagte ihre Armut und das Los ihrer Kinder, da gab Dostojewskij ihr, ohne sie recht wahrzunehmen, ein paar Kopeken.
»Daß du dich nicht schämst!« rief die Frau entrüstet.
Nun erst erkannte der Dichter – es war sein Eheweib.

DOYLE, ARTHUR CONAN SIR
(1859-1930) engl. Schriftsteller

— * —

Conan Doyle hatte seine Laufbahn als Arzt in einem Londoner Vorort begonnen, und zunächst blieben die Patienten aus. Als er seine Einkommensteuererklärung abgeben mußte, schrieb er wahrheitsgemäß, er habe kein Einkommen, und erhielt seine Erklärung mit der Bemerkung zurück: »Sehr unbefriedigend.«
Darunter schrieb er: »Ganz Ihrer Meinung«, und sandte die Erklärung ein zweites Mal an die Steuerbehörde.

Als der berühmte Kriminal-Romancier nach London reisen wollte, war ihm die Vorstellung unangenehm, einen ganzen Tag in der Postkutsche zu verbringen, in der die Menschen dicht gedrängt saßen. Um sich doch eine gewisse Bequemlichkeit zu sichern, schickte er seinen Diener zur Post und ließ sich zwei Plätze reservieren.
Als er aber die Reise antreten wollte, stellte sich heraus, daß der nicht eben sehr intelligente Diener einen Platz im Innern und einen Platz auf dem Dach des Wagens genommen hatte.

Ein Pariser Taxichauffeur führt Conan Doyle vom Bahnhof in ein Hotel. Als Conan Doyle ihm ein Trinkgeld gibt, sagt der Chauffeur:
»Merci, Monsieur Conan Doyle!«
»Woher kennen Sie meinen Namen?« fragt Conan Doyle erstaunt.
»Sehr einfach, Monsieur, ich habe in der Zeitung gelesen, daß Sie von Nizza nach Paris kommen. Sie sehen wie ein Engländer aus, und Ihr Bart ist sichtlich von einem südfranzösischen Coiffeur gestutzt. All diese Indizien zusammen haben mich davon überzeugt, daß Sie der berühmte Conan Doyle sein müssen.«
»Außerordentlich! Erstaunlich! Und sonst hatten Sie gar keine Beweise?«
»Doch, Monsieur«, erwidert der Chauffeur, »an Ihren Koffern hängt eine Karte mit Ihrem Namen.«

Ein Geschäft verpaßte Doyle, als er an der Verfilmung seines Buches ›Der Hund von Baskerville‹ arbeitete. Einen jungen Schauspieler, der dauernd um ihn herumstrich, fuhr er an:
»Was wollen Sie eigentlich von mir?«
»Ich möchte Ihnen ein Geschäft vorschlagen, Sir, ich möchte mit Ihnen gemeinsame Sache machen, mit Ihnen arbeiten, wir werden Compagnons und teilen unsere Einkünfte.«
Der Schotte fragte: »Wie hoch sind diese Einkünfte auf Ihrer Seite?«
»Nun, so etwa hundert Pfund im Jahr!«
Doyle würdigte den jungen Mann keines Blickes mehr. Der junge Mann war Charlie Chaplin.

DREISER, THEODORE
(1871-1945) amerik. Schriftsteller

— * —

Am Anfang seiner Karriere war Dreiser Theaterkritiker am ›St. Louis Globe-Democrat‹. Der Zufall wollte es, daß an einem Abend in St. Louis vier Theaterpremieren über die Bühne gingen und Dreiser nun einen Modus finden mußte, wie er über die Premieren berichten sollte. Er beschloß, eine zu besuchen und über die restlichen drei frei aus der Phantasie zu schreiben. Ausführlich beschrieb er die nicht besuchten Premieren, beschrieb Publikum und Schauspieler und war stolz auf sein Werk.
Dreiser: »Aber dann stellte sich heraus, daß die übrigen drei Premieren ausgefallen waren. Meine Redaktion fand meinen Bericht blamabel. Die Leute verstanden keinen Spaß. Ich gab den Job auf.«

DROSTE-HÜLSHOFF, ANNETTE VON
(1797-1848) Dichterin

— * —

Vom Cotta-Verlag bekam sie eines Tages statt der Honorarabrechnung für ihren Gedichtband die ernüchternde Mitteilung, Käufer für ihren Band seien an einer Hand, entweder der linken oder der rechten, abzuzählen. Zum Trost der Dichterin kam gerade eine alte Bekannte zu Besuch, die gleich an der Tür begeistert ausrief: »Ich habe mir neulich Ihre Gedichte gekauft!«
»Ach, Sie sind das!« freute sich Annette.

DRYDEN, JOHN
(1631-1700) engl. Dichter und Kritiker

— * —

Der Herzog von Buckingham, der Graf von Rochester und der Lord Dorset stritten über Schönheit des Stils, und jeder behauptete, sein Stil sei

besser als der der andern. Sie riefen den Dichter Dryden als Schiedsrichter an. Er las und las und zeigte sich sehr entzückt, gab aber schließlich Lord Dorset den Preis.
»Urteilen Sie selbst, meine Herren«, sagte er. »Sie schreiben auch sehr schön und elegant, aber nur Lord Dorset ist es gelungen, mich wirklich zu rühren.«
Damit wies er das Blatt vor, das Lord Dorset beschrieben hatte. Und darauf stand:
»Bei Vorlage dieser Quittung zahle ich Mr. Dryden fünfhundert Pfund.«

DUCAMP, MAXIME

(1822-1894) frz. Schriftsteller

— * —

Maxime Ducamp stieg einmal in seinen letzten Lebensjahren die Stiegen zu der ›Revue des deux Mondes‹ hinauf.
»Merkwürdig«, sagte er, »die Stufen sind höher geworden.«

DUCIS, JEAN

(1733-1816) frz. Lyriker und Dramatiker

— * —

Jean Ducis war sehr arm, aber als Napoleon ihn zum Senator machen wollte, erwiderte er:
»Lieber Lumpen tragen als Ketten!« Und als ihm die Ehrenlegion angetragen wurde, sagte er: »Da habe ich schon Besseres abgelehnt!«

Ducis sagte zu Chamfort: »Nur die Erfolglosigkeit der ersten Sintflut hat den lieben Gott davon abgehalten, eine zweite zu veranstalten.«

DUCLOS, CHARLES

(1704-1772) frz. Schriftsteller

— * —

Bougainville bat Duclos, er solle sich doch für seine Wahl in die Académie Française einsetzen. Bougainville erklärte, er sei krank und werde den Platz ohnehin bald wieder räumen. Da erwiderte Duclos zynisch:
»Es gehört nicht zu den Pflichten der Académie, die letzte Ölung zu erteilen.«

Wenn Duclos seine Verachtung ausdrücken wollte, erklärte er den Betreffenden zum ›Zweitletzten aller Menschen‹.
»Warum Zweitletzten?« fragte jemand.
»Um niemanden zu entmutigen.«

Duclos badete in der Seine; da kippte am Ufer, ganz in seiner Nähe, eine Karosse um. Er eilte hinzu, eine junge Dame bemühte sich, aus der Karosse zu steigen. Duclos bot ihr seine Hand und sagte, splitternackt, wie er war:
»Entschuldigen Sie, Mademoiselle, daß ich keine Handschuhe anhabe!«

DU DEFFAND, MARQUISE MARIE
(1698-1780) frz. Schriftstellerin

— * —

Madame Du Deffand wollte Voltaire nicht empfangen.
»Für zwei Livres kann ich seine gesamten Werke kaufen«, sagte sie. »Und auf diese Art genieße ich seinen Geist, ohne unter seiner Bosheit zu leiden.«

Man fragte die Marquise, ob sie an Geister glaube.
»Nein, ich glaube nicht an sie«, sagte sie. »Aber ich habe Angst vor ihnen.«

Abbé Raynal hatte die unangenehme Gewohnheit, Geschichten zu erzählen; er kannte alle Anekdoten auswendig und behelligte die Umwelt damit. Eines Tages erzählte er auch der Marquise Du Deffand etliche Anekdoten. Die Marquise aber war fast blind, und so unterbrach sie ihn:
»Mein Gott, Herr Abbé, machen Sie doch dieses Buch zu! Das hat man mir schon hundertmal vorgelesen.«

In einer Gesellschaft sagte Madame Du Deffand, sie wisse das sicherste Mittel gegen die Versuchung. Als die andern sie bestürmten, ihnen das Mittel doch auch zu verraten, denn anscheinend war die Versuchung damals eine epidemische Krankheit, sagte sie:
»Das sicherste Mittel gegen die Versuchung ist – ihr zu erliegen.«

Der berühmte Geschichtsschreiber Gibbom war ausnehmend häßlich, seine Backen waren unförmig dick, und zwischen ihnen verschwand ein allzu kleiner Mund und eine winzige Nase. Eines Tages wurde er Madame Du Deffand vorgestellt. Die Marquise war halbblind und hatte die Gewohnheit, wenn sie einen neuen Menschen kennenlernte, sein Gesicht zu betasten. Als sie nun über Gibbons Backen fuhr, rief sie entrüstet:
»Es ist abscheulich, mit einer blinden Frau solche Späße zu treiben!«

DUGUÉ, FERDINAND

(1803-1873) frz. Dramatiker

— * —

Dugué war sehr zerstreut. Als sein Mitarbeiter Anicet Bourgeois starb, fragte man Dugué:
»Kommen Sie morgen zur Beerdigung?«
Dugué, mit seinen Gedanken ganz anderswo, erwiderte:
»Morgen kann ich nicht; aber vielleicht übermorgen.«

DUMAS, ALEXANDRE, ›FILS‹

(1824-1895) frz. Schriftsteller

— * —

Man spottete über die Eitelkeit von Vater Dumas. Da sagte sein Sohn:
»Man muß ihn entschuldigen. Die Eitelkeit ist ein Teil seiner Begabung. Er ist wie ein Ballon, der nur aufsteigen kann, wenn er geschwollen ist.«

Einige Monate nach der Premiere der ›Kameliendame‹ lud Dumas den bekannten Kritiker Fiorentino zum Mittagessen. Doch Dumas kam mit betrübter Miene ins Restaurant und fragte Fiorentino:
»Haben Sie Geld bei sich?«
»Nein; ich dachte doch, Sie hätten mich eingeladen!«
»Richtig, richtig! Aber ich habe nur zehn Francs bei mir.« Da kam ihm ein Gedanken. »Warten Sie ein paar Minuten, ich gehe zu meinem Vater und hole mir Geld.«
Nach einer Viertelstunde kam er mit noch betrübterer Miene zurück.
»Nun?« fragte Fiorentino.
»Jetzt habe ich nur noch fünf Francs«, erklärte Dumas. »Die andern fünf hat mein Vater mir abgenommen.«

Dumas und Balzac hatten sich zerstritten. Als sie sich bei Freunden begegneten, sagte Balzac:
»Wenn ich eines Tages verblödet bin, werde ich auch fürs Theater schreiben.«
»Fang an!« erwiderte Dumas.

Zu Dumas kommt ein junger Schriftsteller.
»Ich weiß keinen rechten Titel für mein neues Stück.«
»Kommen Trommeln darin vor?« fragt Dumas.
»Nein«, sagt der Autor erstaunt.
»Und Trompeten?«
»Auch nicht.« Der Autor ist noch erstaunter.
»Dann nennen Sie es einfach ›Ohne Trommeln und Trompeten‹.«

Ein Bankier sagte zu Alexandre Dumas fils:
»Die Künstler müßten arm sein, weil die Armut den Geist verfeinert.«
Woraufhin Dumas erwiderte:
»Das ist ungefähr ebenso, wie wenn ich sagen würde, die Bankiers müßten Trottel sein, weil Geld den Geist verblöden läßt.«

DUMAS, ALEXANDRE, ›PÈRE‹

(1802-1870) frz. Schriftsteller

—*—

Dumas soll mit sogenannten ›Negern‹ gearbeitet haben. Eines Tages erfuhr er, daß einer dieser ›Neger‹ gestorben war. Das traf ihn hart, denn in einer Zeitung erschien in Fortsetzungen ein Roman, den Dumas wohl gezeichnet hatte, von dem er aber keine Zeile kannte. Er ging zu der Redaktion und bat für die nächsten Fortsetzungen um einen Aufschub.
»Warum?« wurde ihm geantwortet. »Die nächsten Fortsetzungen sind ja gerade abgeliefert worden.«
Der ›Neger‹ hatte nämlich selber auch einen ›Neger‹ gehabt.

Als wieder ein neues Buch von Dumas erschien, fragte ihn ein Freund, ob es wirklich von ihm sei.
»Mein Gott, ja«, erwiderte Dumas. »Das vorletzte habe ich von meinem Kammerdiener schreiben lassen; aber der Kerl hatte eine derartige Erhöhung seines Lohns verlangt, daß ich ihn fortgejagt und das Buch selber geschrieben habe.«

»Sie sind doch ein Quarterone?« fragte ein Zudringlicher den Verfasser des ›Grafen von Monte Christo‹.
»Ja.«
»Und Ihr Vater war Mulatte?«
»Ja.«
»Und Ihr Großvater war Neger?«
»Ja.«
»Und was war Ihr Urgroßvater?«
Jetzt wurde es Dumas zu bunt.
»Mein Urgroßvater war ein Affe!« schrie er. »Denn mein Stammbaum beginnt dort, wo Ihrer endet!«

Der Verfasser des ›Grafen von Monte Christo‹ lag auf dem Sterbebett. Sein treuer Diener schluchzte verzweifelt.
»Weine nicht, mein Freund«, sagte Dumas. »Wenn ich dich drüben einmal brauchen sollte, werde ich läuten.«

DURRELL, LAWRENCE GEORGE

(geb. 27. 2. 1912) engl. Schriftsteller

— * —

Lawrence Durrell, dessen Alexandria-Tetralogie ein Welterfolg wurde, hat auch Erlebnisbücher unter Titeln wie ›Bittere Limonen‹, ›Schwarze Oliven‹ und ›Leuchtende Orangen‹ verfaßt. Ein Buchhändler erlaubte sich einen Scherz und bestellte beim deutschen Verleger Durrells: »Limonen, Oliven, Orangen. Gegebenenfalls weiteres Obst.«

DÜRRENMATT, FRIEDRICH

(geb. 5. 1. 1921) schweiz. Schriftsteller

— * —

Ein ›Kollege‹ bat: »Kommen Sie doch zu meinem Vortrag. Wennn Sie dabei sind,kommt auch die Presse.«
»Worüber sprechen Sie?«
»Über Gott!«
»Gut, ich komme, aber Sie müssen mir versprechen, Lichtbilder mitzubringen!«

In einer hochliterarischen Runde diskutierte man die Stellung des Schriftstellers zu seiner Nation, zum Nationalismus. Dürrenmatt hatte sich die Meinungen lange genug hinter klugen Brillengläsern angehört, ohne etwas zu sagen, bis man ihn aufforderte, seine Salbe auf die offene Wunde zu streichen. Wenn die Antwort nicht von Dürrenmatt gewesen wäre, hätte sie nur noch von Dürrenmatt sein können:
»Der Schriftsteller einer kleinen Nation kann es sich schon geschäftlich nicht leisten, allzu patriotisch zu sein.«

EICH, GÜNTER

(geb. 1. 2. 1907) Schriftsteller

— * —

Als ein Publizist Eich bat, ihm doch Materialien für ein Lebensbild mitzuteilen, das zu veröffentlichen er die Absicht hätte, antwortete Eich aus Oberbayern:
». . . im übrigen bin ich noch nicht so alt und keineswegs tot, daß man schon Erinnerungen an mich veröffentlichen müßte. Stellen Sie das doch bitte bis zu meinem 90. Geburtstag zurück.«

EICHENDORFF, JOSEPH FRHR. VON
(1788-1857) Dichter

— * —

Niemand hat das Wesen der Romantik treffender beschrieben als Eichendorff mit dem Satz:
»Wir sehnen uns nach Hause und wissen nicht wohin.«

EIPPER, PAUL
(1891-1964) Schriftsteller und Kunstmaler

— * —

Eipper, der mit dem Hundebuch ›Die gelbe Dogge Senta‹ seinen größten Erfolg errang, kehrte manchmal mit Vorliebe seine Beobachtungen bei Tieren um und wandte sie auf Menschen an:
»Sie kennen doch«, sagte er, »die Überlegung des Affen im Zoo, den einzig die Tatsache beruhigt, daß die Menschen in seinen Augen alle hinter Gittern in Sicherheit gebracht sind.«

EURIPIDES
(um 480-406 v. Chr.) griech. Dramatiker

— * —

Wegen seines Kahlkopfes mußte der Dichter viel Spott ertragen. Als ihn ein anderer Kahlkopf verhöhnte, entgegnete Euripides:
»Über dich will ich gar nicht reden; aber deine Haare lobe ich, daß sie einen so schlechten Kopf verlassen haben.«

FAULKNER, WILLIAM
(1897-1962) amerik. Schriftsteller

— * —

Faulkner wurde gebeten, die amerikanische Freiheit zu definieren. Er sagte:
»Wir leben glücklicherweise in einem Land, in dem jeder Mann tun kann, was seiner Frau gefällt.«

Faulkner war gerade auf Jagd in einem entlegenen Winkel Amerikas, als ihn ein Reporter in einer Hütte beim Geschirrabspülen aufspürte.
Der Reporter fragte: »Was würden Sie sagen, Bill, wenn jetzt irgendwer in die Hütte käme und Ihnen sagte, man habe Ihnen den Nobelpreis zuerkannt?«
Faulkner antwortete trocken: »Ich würde ihm ein Geschirrtuch zum Abtrocknen reichen . . .«
Das war im Jahre 1950, als Faulkner den Nobelpreis bekam.

Faulkner gab ein Fest. Er begrüßte die Gäste. Ein Neuankömmling kam ihm dem Namen nach bekannt vor:
»Ach, ich erinnere mich, Sie sind der Präsident der Liga gegen Alkohol. Ihnen darf ich wohl keinen Drink anbieten?«
Der Gast berichtigte ihn: »Genaugenommen bin ich Vorsitzender der Liga zur Bekämpfung des Lasters.«
»Ach ja, Laster, das war es«, erinnert sich Faulkner, »ich wußte doch, da war irgend etwas, was man Ihnen nicht anbieten darf.«

»Das schönste Kompliment«, sagte William Faulkner, »hat mir einmal ein Schotte gemacht. Er erklärte: ›Ihr letzter Roman hat mir so gut gefallen, daß ich ihn beinahe gekauft habe.‹«

FEUCHTWANGER, LION
(1884-1958) Schriftsteller

— * —

Nach dem großen Erfolg des Romans ›Jud Süß‹ konnte sich Feuchtwanger ein Auto kaufen. Er fuhr in den Grunewald. In voller Fahrt versagten die Bremsen, an einem Baum kam endlich der Wagen zum Stehen.
»So«, sagte Feuchtwanger zu seinem zitternden Beifahrer, »das geht ja. Aber wenn nun mal gerade kein Baum da ist, wie halte ich dann den Wagen auf?«

FEYDEAU, GEORGES
(1862-1921) frz. Dramatiker

— * —

Bevor Georges Feydeau der Klassiker des Vaudevilles wurde, mußte er sein Brot als Journalist verdienen. Und so redigierte er in einem Abendblatt die Rubrik ›Pferdesport‹. Einmal beendete er seine Spalte mit den Worten:
»Die Überfülle an Material zwingt uns, unsere Voraussage für das heutige Rennen erst morgen zu veröffentlichen.«
Kein Wunder, daß ihn das seine Stelle kostete.

Ein Journalist kaufte ein Buch ›Wie werde ich reich?‹
Da sagte Feydeau: »Ich empfehle dir, auch gleich das Strafgesetzbuch zu kaufen.«

FISCHER, SAMUEL
(1859-1934) Verleger

— * —

Nicht immer ganz einfach war der Verkehr des Verlegers mit seinen Autoren. Oftmals stand hinter dem Autor eine Frau, die mit starker Hand die Geschäfte führte und mit dem Verleger gehörig handelte. Auch Katja Mann, die Frau Thomas Manns, war eine energische Verhandlungspartnerin, die mit S. Fischer manchen Strauß ausgefochten hat. Als sie den Verleger einmal in Berlin besuchte, wurde sie von S. Fischer mit folgenden Worten empfangen:
»Nun, Frau Mann, welchen Dolch tragen Sie heute im Gewande?«

1921 beratschlagten die großen Berliner Verleger, wie man ihre Bücher besser unter die Masse bringen könne. Alle machten ihre Vorschläge, nur der allgewaltige Fischer schwieg. Endlich machte Diederichs einen akzeptablen Vorschlag: man sollte einige Omnibuswagen billig erwerben, sie voll Bücher packen und über die Dörfer schicken. Man war allgemein begeistert von dem Vorschlag und diskutierte erregt. Sam Fischer schwieg. Endlich forderte man ihn auf, doch auch Stellung zu nehmen: Skeptisch meinte Fischer:
»Ja, liebe Kollegen, ein paar Omnibuswagen zu kaufen, das werden wir gemeinsam finanzieren können, Bücher, um sie vollzuladen, werden bestimmt nicht fehlen. Da sind wir alle reichlich versorgt. Möglicherweise gibt es auch Leute auf dem Lande, die mal ein Buch kaufen, wenn man es ihnen ins Haus bringt. Aber überlegen Sie: Wo sollen wir einen Buchhändler finden, der Auto fährt?«

FLAUBERT, GUSTAVE
(1821-1880) frz. Romancier

— * —

Flaubert las die ersten Versuche Maupassants, die noch unter Weitschweifigkeit und Mangel an Präzision litten.
»Zerreiß das«, sagte er, »und komm mit mir.«
Er führte Maupassant ins Freie, machte vor einem Baum halt und sagte:
»Jetzt sieh dir den Baum genau an und schildre nur das, was du siehst.«

FONTANE, THEODOR
(1819-1898) Schriftsteller

— * —

Fontane verstand sich auf jene Höflichkeit des Herzens, von der Goethe gesagt hat, sie sei der Liebe verwandt. Noch als alter Mann konnte er die

überzeugendsten Komplimente machen. Damals gab man sich auf Gesellschaften gern dem Spiel hin, geistreiche Unterschiede zwischen verschiedenen Dingen herauszufinden. Fontane nahm einmal an einem dieser Fragespiele teil. Als sich die schöne Gastgeberin an ihn mit der Frage wandte, wie er den Unterschied zwischen ihr und einer Uhr bewerte, sagte der Schriftsteller:
»Eine Uhr erinnert mich an die Stunden, bei Ihnen vergesse ich sie.«

Der junge Theodor Fontane hatte sich als ›möblierter Herr‹ eingemietet. Am ersten Morgen sagte er nach dem Frühstück zu seiner Wirtin:
»Wenn das, was ich eben getrunken habe, Ihr Kaffee ist, bitte ich ab morgen um Tee.«

Zu seinem 75. Geburtstag gewährte ihm das preußische Kultusministerium eine lebenslängliche Ehrenpension. Darauf meinte Fontane im Kreis seiner Freunde:
»Wenigstens habe ich jetzt einen Grund, um 100 Jahre alt zu werden!«

FONTENELLE, BERNARD LE BOVIER DE
(1657-1757) frz. Schriftsteller

— * —

Nach seiner Aufnahme in die Académie Française sagte Fontenelle:
»Jetzt gibt es nur noch neununddreißig Menschen auf der Welt, die geistreicher sind als ich.«

Eines sehr kalten Abends las ein Dichter Fontenelle Verse vor und bat ihn dann um sein Urteil.
»Mein Gott«, sagte Fontenelle, »hättest du Feuer in deine Verse oder deine Verse ins Feuer gesteckt, so müßten wir jetzt nicht frieren!«

Ein reicher Finanzmann sagte zu Fontenelle:
»Es gehört große Seelenstärke dazu, den Reichtum zu verachten.«
»O nein«, erwiderte Fontenelle, »man muß daran denken, in wessen Händen er gewöhnlich landet.«

»Ich gestehe offen«, sagte Ludwig XIV. zu Fontenelle, »daß ich nicht an das Vorhandensein ehrlicher Menschen glaube.«
Da soll Fontenelle geantwortet haben:
»Sire, es gibt schon welche. Aber sie suchen die Fürsten nicht auf.«

Eine Dame, die nicht viel jünger war als er, sagte zu ihm:
»Mir scheint, daß der Tod uns vergessen hat.«
Fontenelle legte den Finger an den Mund: »Psst!«

Mit achtzig Jahren besuchte der Philosoph die Schauspielerin Duval. Es ist noch früh am Morgen, sie zieht sich rasch an und sagt:
»Sie sehen – ich bin eigens für sie aufgestanden.«
»Ja«, erwidert Fontenelle melancholisch, »aber für einen andern tun Sie das Gegenteil . . .«

Fontenelle saß als hoher Neunziger noch in seiner Loge in der Oper. Ein Engländer trat ein und sagte:
»Ich bin eigens von England gekommen, um den Autor von ›Thetis und Pelleus‹ zu sehen.«
»Sie werden zugeben«, erwiderte Fontenelle, »daß ich Ihnen genügend Zeit gelassen habe.«

Fontenelle wurde über hundert Jahre alt. Als er sich dann wider Erwarten seiner Freunde doch zum Sterben legte, sah der Alte die Notwendigkeit dieser Aktion durchaus ein und tröstete sich:
»Es ist Zeit, daß ich gehe; ich begann schon die Dinge so zu sehen, wie sie wirklich sind.«

FRANCE, ANATOLE

(eigtl. Jacques-Anatole Thibault, 1844-1924) frz. Schriftsteller

— * —

Anatole France war kurz vor Neujahr zu einem Kunsthändler gegangen.
»Ich brauche ein paar wirksame Radierungen als Geschenke für meine Freunde. Es muß nichts übertrieben Wertvolles sein.«
Die Verkäuferin legte ihm verschiedene Blätter vor, und er suchte aus, was ihm gefiel – in diesem Fall nichts Kostspieliges. Dann gab er die Adressen an und reichte der Verkäuferin die Visitenkarten, die beigelegt werden sollten.
»Da es sich um Geschenke handelt, werde ich die Preise entfernen«, meinte das Fräulein.
»Aber nein!« erwiderte France. »Im Gegenteil! Setzen Sie nur überall eine Null dazu!«

France begegnet einem Leichenzug, bleibt stehn und grüßt ehrfurchtsvoll. Ein Freund fragt ihn spöttisch:
»Was hat dieser Gruß eigentlich zu bedeuten? Ich kann nicht glauben, daß Sie, ein Atheist, den Prieser gegrüßt haben. Noch weniger haben Sie wohl den Toten gegrüßt, den Sie ja nicht gekannt haben. Wäre er Ihnen zu seinen Lebzeiten über den Weg gelaufen, so hätten Sie den Hut zweifellos nicht vor ihm abgenommen.«
France bleibt nachdenklich stehn, und dann sagt er:
»Nein, ich habe einfach mein Schicksal von morgen gegrüßt.«

Als France Rodin wieder einmal eingeladen hatte, seine neueste Anschaffung, eine antike Statue der Aphrodite, zu besichtigen, blieb ihm gar nicht viel Zeit, dem teuren Gast seine Komplimente zu machen, denn Rodin eilte an ihm vorbei in den Saal, wo er die Statue vermutete.
Kopfschüttelnd sah ihm France nach und sagte: »Er ist wie ein Bräutigam, der zu seiner Braut eilt.«

Einige griechische Verehrer hatten Anatole France eine Statuette der Aphrodite geschenkt; er hatte nicht den Eindruck, daß es sich um eine echte Antiquität handelte, und schickte seinen Sekretär in einen Antiquitätenladen.
»Sagen Sie ihm, daß er das Zeug Rodin anbieten soll. Unser Michaelangelo versteht nichts davon und kauft alles, was er für antik hält. Diese Aphrodite wird ausgezeichnet in seine Sammlung passen.«
Nach zwei Tagen kehrte der Sekretär zurück samt der Aphrodite.
»Der Händler will sie nicht haben; er sagt, daß es eine grobe Fälschung ist.«
»Und Rodin?«
»Rodin hat gesagt: ›Bieten Sie sie Anatole France an. Er versteht nichts und fällt auf jeden Mist herein.‹«

Bei seiner ersten Trauung erlaubte France einem jungen Geistlichen, zu kommen und vor den Gästen eine kleine Rede zu halten. Die Rede gefiel allgemein, und France beglückwünschte den Geistlichen. Der aber flüsterte France zu:
»Ich habe diese Rede ja aus einem Ihrer Bücher genommen.«

FREILIGRATH, FERDINAND

(1810-1876) Dichter

— * —

Einem Freund schickte Freiligrath seine Verlobungsanzeige mit den Worten:
»Anbei das Neueste, was ich habe drucken lassen – ich denke, es ist das Beste.«

1868 kam Freiligrath aus Utrecht nach Düsseldorf, gab dem Gepäckträger seinen Koffer, bat um eine Droschke und sah sich schon von Freunden umringt, die glücklich waren, den Dichter wieder einmal im deutschen Land begrüßen zu können. Plaudernd war man zur Droschke gekommen, wo schon der Dienstmann wartete:
»Um Vergebung, Herr, ich habe auf dem Koffer einen Namen gelesen. Sind Sie der Freiligrath, der ›Die Toten an die Lebenden‹ geschrieben hat?«

»Ja«, nickte Freiligrath, »kennen Sie das Gedicht?«
»Und ob ich es kenne. Ich kenne es von den Barrikaden und liebe es über alles. Nein, von Ihnen nehme ich kein Geld, Herr Freiligrath, die Ehre vergeß ich mein Lebtag nicht!«
Später sagte Freiligrath zu seinen Freunden:
»Dieser Mann hat mir heute mehr Lasten abgenommen als nur meinen Koffer . . .«

FREYTAG, GUSTAV
(1816-1895) Schriftsteller

—*—

Als Theaterkritiker führte Freytag eine scharfe Feder. Ein Schauspieler, der sich eines Tages von ihm gelobt fand, war so erfreut, daß er den Rezensenten besuchte.
»So viel Lob habe ich nicht verdient«, meinte der Mime.
Freytag: »Bedanken Sie sich bei den Leuten, die meine Kritiken lesen und alles glauben, was darin steht. Wären Sie selber nicht auch dann noch von Ihrem Talent überzeugt, wenn ich das Gegenteil geäußert hätte?«

Freytag spazierte in einem Kurgarten und war gerade im Begriff, eine Dame zu grüßen, als er sah, wie sie in seinem Buch ›Soll und Haben‹ las. Mit einer Verbeugung trat er zurück:
»Ach, Sie lesen einen ›Freytag‹. Da darf man freilich nicht stören!«

Freytag war persönlich unnahbar. Wenn er spazieren ging und oberhalb eines Hügels mit verschränkten Armen und emporgereckter Stirn weit in seine thüringische Heimat schaute, glich er einem kleinen Napoleon während kühner Schlachten. Spottete da doch einer:
»Stören Sie ihn nicht. Er probiert sein Denkmal!«

Gustav Freytag soll einmal in Wiesbaden in eine Aufführung seines Lustspiels ›Die Journalisten‹ geraten sein, die ihm so grauslich überbetont und verzeichnet erschien, daß er schließlich seinen Begleiter, einen alten Freund, fragte:
»Kannst du mir sagen, von wem das Stück da oben eigentlich stammt?«

FRIEDELL, EGON
(21. 1. 1878-18. 3. 1938) österr. Schriftsteller

—*—

Friedell, der auch Schauspieler war, spielte längere Zeit den Kaiser Turandot. Zu dem Ensemble gehörte eine junge, ungewöhnlich ehrgeizige Schauspielerin. Ihrer Rolle nach mußte sie vor Turandot niedersinken

und um ihr Leben flehen, was ihr jedesmal Gelegenheit zu einem dramatischen Ausbruch bot.
Eines Abends jedoch versalzte ihr Friedell die Szene. Als die Kollegin vor ihm niederfiel, ließ er sie nicht zu Wort kommen, sondern befahl den umstehenden Dienern: »Führt sie ab, ich begnadige sie.«

Egon Friedell: »Heinrich Heine hat wirklich alles erkannt. So auch jede Nuance der Frauenseele. Er sagt: ›Jede Frau, die schreibt, schielt mit einem Auge auf das Publikum und mit dem anderen auf irgendeinen Mann. Die Gräfin Hahn-Hahn ausgenommen, denn die hat nur ein Auge.‹«
Dazu muß man wissen, daß die Gräfin Hahn-Hahn eine bekannte Schriftstellerin war. In ein Gästebuch trug sie sich mit ›Belletriste‹ ein. Da schrieb ein anderer Gast darunter: »Belle warste, triste biste.«

Im Jahre 1931 schrieb Friedell an den Wiener Schriftsteller Anton Kuh:
»Sehr geehrter Herr, überrascht stelle ich fest, daß Sie meine bescheidene Erzählung ›Kaiser Josef und die Prostituierte‹ unverändert, nur mit Hinzufügung der drei Worte ›von Anton Kuh‹ im ›Querschnitt‹ veröffentlicht haben. Es ehrt mich selbstverständlich, daß Ihre Wahl auf meine kleine launige Geschichte gefallen ist, da Ihnen doch die gesamte Weltliteratur seit Homer zur Verfügung gestanden hat. Ich hätte mich deshalb gern revanchiert, aber nach Durchsicht Ihres ganzen Œuvres fand ich nichts, worunter ich meinen Namen setzen möchte.«

Friedell hielt sich in seinem Haus einen Hund, der von unbestimmbarer Rasse war und den er nur mit ›Herr Schnack‹ und immer per Sie anredete. Der Hund war darauf dressiert, Zeitungen mit besonders dummen Artikeln oder bösen Kritiken auf seinen Herrn in kleine Fetzen zu zerreißen.

FRISCH, MAX

(geb. 15. 5. 1911) Schriftsteller

—*—

Als Max Frisch nach der Veröffentlichung seines ersten Romanes, 1937, gefragt wurde, was ihm die Veröffentlichung wert sei, antwortete er:
»Ein Dichter gibt mit seinem Buch immer ein Stück seines eigenen Herzens preis - in diesem Fall für 3,85 Franken.«

Als Bert Brecht sich einmal nach einem guten Architekten erkundigte, wurde er auf seinen Dramatikerkollegen Max Frisch hingewiesen, der den ursprünglichen Beruf nicht aufgegeben hatte.
»Der kommt mir verdächtig vor«, meinte Brecht, »der schreibt auch.«

GANDOLIN

(Pseud. für Luigo Vassallo, 1852-1906) ital. Journalist

— * —

Man sprach von den Erfahrungen, die man der Zeit verdankt.
»Ja, ja«, sagte Gandolin. »Die Zeit ist eine große Lehrmeisterin. Nur schade, daß sie ihre Schüler auffrißt!«

Ein Freund schickte Gandolin einen Artikel und schrieb:
»Die Kommata wirst du schon machen.«
Worauf Gandolin ihm antwortete:
»Ein andres Mal schick mir die Kommata, und ich werde den Artikel machen.«

GANGHOFER, LUDWIG

(1865-1920) Schriftsteller

— * —

Ganghofer glaubte man es gern, daß er für die komplizierteren Künste kein Organ hatte. Als einmal im Münchner Hoftheater ein für damalige Zeiten recht experimentelles Stück gegeben wurde, schlief Ganghofer promt ein. Nach zwei Stunden weckte ihn der Beschließer:
»Bittschön, jetzt müassn S' aba gehn. Wissn S', länger als wiar a Stück dauert, derf ma im Hoftheater net schlafn.«

GARY, ROMAIN

(eigentlich R. Kagew, geb. 8. 5. 1914) frz. Schriftsteller und Diplomat

— * —

Romain Gary, ein erfolgreicher, doch eher traditioneller Schriftsteller, sagte in einem Gespräch über literarische Experimente:
»Die Avantgardisten sind Leute, die nicht genau wissen, wo sie hinwollen, aber als erste da sind.«

GAUTIER, THÉOPHILE

(1811-1872) frz. Dichter

— * —

Im Jahre 1874, als man sich in Frankreich mit der Ballonluftfahrt zu beschäftigen begann, schrieb Gautier an den Piloten Godard:
»Lieber Herr, ich habe geträumt, daß mir Flügel gewachsen sind. Und nun bitte ich Sie – nehmen Sie mich bei Ihrem nächsten Aufstieg mit. Ich kenne eine Menge Geschichtchen, die die Damen auf Erden nicht hören wollen; ich möchte sie den Vögeln erzählen.«
Der Pilot antwortete sehr freundlich und lud ihn zur nächsten Fahrt ein. Doch am Tag vor dem Aufstieg schrieb ihm Gautier:

»Lieber Herr, ich habe es mir überlegt. Eugène Scribe würde behaupten, ich wolle mich über ihn erheben. Da bleibe ich doch lieber auf der Erde.«

GELLERT, CHRISTIAN FÜRCHTEGOTT
(1715-1769) Schriftsteller

— * —

Gellert fröstelte leicht, als er in die Jahre kam. Offensichtlich wurde ihm die Welt zu kalt. In seinem Arbeitszimmer war immer kräftig eingeheizt. Eines Tages sagte ein Besucher, der mit dem Autor auf vertrautem Fuß stand:
»Eine Hitze hier! Wie im Backofen!«
Gellert erwiderte: »Nun, hier gewinne ich ja auch mein Brot!«

GEORGE, STEFAN
(1868-1933) Dichter

— * —

George bekam die Schrift zweier Essayisten zugeschickt, sie hatten seine Gedichte interpretiert und waren dabei auf den Begriff ›Knüpfungskunstwerk‹ gestoßen, wohl im Zusammenhang mit Georges Gedichtzyklus ›Teppich des Lebens‹. George war mit dem Begriff ganz und gar nicht einverstanden, und er verfiel in seine rheinische Mundart, als er sich erregte:
»Knüpfungskunstwerk ... Ich werd' de Herre ein Knüpfungskunstwerk schicke, woran sie sich aufhänge könne ...«

GIDE, ANDRÉ
(1869-1951) frz. Schriftsteller

— * —

André Gide hatte sich nach Torri del Benaco am Gardasee zurückgezogen, um von zudringlichen Verehrern befreit zu sein. Aber nach drei Wochen wurde er auf der Straße erkannt, und bald waren die Reporter da, um ein Interview zu ergattern. Doch er blieb fest.
»Alles, was ich zu sagen habe«, erklärte er, »schreibe ich selber.«

Gide bekam Besuch von Julien Green, der sich die Bücherregale des Gastgebers ansah und sagte:
»Da steht ja ein Band Claudel! Sie hüten also auch die Geistesprodukte Ihrer schärfsten Widersacher?«
»Sagen wir lieber: sie lassen nicht von mir«, entgegnete Gide. »Verleihe ich ein unanständiges Buch, so kann ich Gift drauf nehmen, daß es für

immer verschwunden bleibt. Diesen Claudel-Band habe ich jedoch schon mindestens sechsmal verliehen, und jedesmal ist er zu mir zurückgekehrt.«

GOETHE, JOHANN WOLFGANG VON

(1749-1832) Dichter

— * —

Nach dem Zweiten Weltkrieg hat man das Goethe-Haus am Frankfurter Hirschgraben wieder aufgebaut. Nebenan residiert der Börsenverein des deutschen Buchhandels. Dort gingen einige Zeitlang Sendungen einer US-Werbeagentur aus Stuttgart auf die Anschrift ›J. W. v. Goethe‹ ein. Der Geschäftsführer des Börsenvereins machte sich den Spaß und schrieb an den Absender: »Herr von Goethe, der früher im Nachbarhaus Großer Hirschgraben 23 wohnte, verzog nach unseren Unterlagen am 2. 6. 1782 nach Weimar, Am Frauenplan. Wir bitten Sie, die Adressenänderung berücksichtigen zu wollen . . .«

Im Sommer 1822 wurde bei Tisch von den vielen Kniffen und Verschmitztheiten der deutschen Rechtschreibung gesprochen.
»Ich halte sie mir nach Möglichkeit vom Halse«, erklärte Goethe, »und mache, wenn man streng sein will, in jedem Brief Schreibfehler. Und keine Komma.«
Einen Augenblick herrschte widerspruchsvolles Schweigen, aber schnell fuhr Goethe fort:
»Dabei beruhige ich mein Gewissen mit der Meinung des verehrten Wieland, der behauptet hat: Religion und Interpunktion sind Privatsachen.«

GOETZ, CURT

(1888-1960) Schauspieler, Dramatiker, Regisseur

— * —

Goetz besuchte die Uraufführung einer Operette. Nachher fragte der Komponist ihn während des Empfangs im Foyer: »Nun, Sie sagen ja gar nichts. Hat es Ihnen nicht gefallen?«
»Nun ja« meinte Goetz. »Sie sind damit beim Publikum durchgekommen. Nur im letzten Akt bringen Sie plötzlich eine eigene Melodie. Damit gefährden Sie Ihren ganzen Erfolg.«

Als Curt Goetz berühmt wurde, bekam auch er mit der Unsitte zahlloser Institute zu tun, die Fragebogen in allen möglichen Angelegenheiten an Prominente senden. Eines Tages riß ihm die Geduld, er schrieb quer über den Bogen: »Von jetzt an beantworte ich Umfragen nur noch mit Goethe, Goetz.«

Das Berliner Lessingtheater bot ihm telegrafisch den Napoleon in ›Madame sans Gene‹ und 2000 Mark an. Goetz kabelte zurück:
»Akzeptiere mit 3000 Goethe, – sonst v. Berlichingen.«

Ein nicht ganz so erfolgreicher Kollege fragte Goetz: »Also sagen Sie, verehrter Meister, Ihre Stücke sind einfach fabelhaft. Können Sie mir nicht das Geheimnis anvertrauen, wie Sie Ihre Stücke schreiben?«
Goetz lächelte und stellte eine Gegenfrage: »Was ist Ihr Grundgedanke, wenn Sie ein Stück schreiben?«
»Ich denke immer zuerst daran, das Publikum zu unterhalten.«
»Sehen Sie«, das ist gerade das Gegenteil von mir«, verriet ihm Goetz. »Ich denke nämlich immer zuerst daran, mich selbst zu unterhalten.«

Curt Goetz schrieb an seinen Memoiren. Er besprach mit seinem Verleger Details und wurde gefragt:
»In welchem Abschnitt Ihres Lebens haben Sie eigentlich die Erfahrungen gesammelt, die Ihnen später am wertvollsten wurden?«
Goetz antwortete: »Für meine Schauspielerei habe ich stets aus dem gesamten Erfahrungsschatz meines Lebens geschöpft. Für meine Tätigkeit als Theaterdirektor aber war mir nichts wertvoller als die kurze Zeit, in der ich in den Vereinigten Staaten eine Hühnerfarm leitete.«

GOGOL, NIKOLAJ W.
(1809-1852) russ. Schriftsteller

— * —

Puschkin war es, der Gogol die Anregung zu den ›Toten Seelen‹ gab. Es scheint, daß Puschkin selber daran gedacht hatte, den Stoff zu bearbeiten, und als Gogols Buch erschien, rief er:
»Vor diesem kleinen Mann muß man sich in acht nehmen! Der plündert einen so rasch, daß man nicht einmal Zeit hat, um Hilfe zu rufen!«

Als Gogol die ›Toten Seelen‹ der Zensur vorlegte, rief der Zensor:
»Ich kann ein Buch nicht veröffentlichen lassen, das so einen Titel trägt! Was? Tote Seelen? Die Seele ist doch unsterblich! Tote Seelen hat es nicht gegeben und kann es nicht geben. Der Autor wagt es, in diesem Buch die Unsterblichkeit der Seele anzuzweifeln.«
Freunde bemühten sich, dem Zensor begreiflich zu machen, daß es sich nicht um die Unsterblichkeit der Seele handelte, sondern um einen Schwindler, der bestrebt war, den Grundbesitzern die toten Seelen abzukaufen, um sie als lebend anzugeben und dadurch den Banken Geld zu entlocken.
»Und ich soll die Veröffentlichung eines Buches erlauben, das sich gegen die Einrichtung der Leibeigenschaft wendet?« rief der Zensor empört.
Und das Buch wurde verboten.

GOLDONI, CARLO

(1707-1782) ital. Lustspieldichter

— * —

Goldoni, der in seinen Kömödien den Adel seiner Heimatstadt verspottete und sich daher mancher herben Kritik aus diesen Kreisen aussetzen mußte, beklagte sich einmal bei Voltaire:
»Die Komödie nährt sich aus einem großen Quell, doch einige der ergiebigsten Zuflüsse leiden es nicht, angetastet zu werden.«

GONCOURT, EDMOND DE

(1822-1896) und Jules de (1830-1870) frz. Schriftsteller

— * —

Im Salon der Prinzessin Mathilde Bonaparte wurde von Musik gesprochen. Edmond de Goncourt, der nichts von Musik verstand und auch keine Freude daran hatte, erklärte:
»Was mir an der Musik am besten gefällt, sind die Frauen, die zuhören.«

Edmond de Goncourt prägte einst den Satz, der übrigens nicht nur für Frankreich Geltung hat.
»Frankreich ist ein unglaublich fruchtbares Land. Man sät ein paar Staatsbeamte – es dauert nicht lang, und man erntet neue Steuern.«

Die Brüder Goncourt waren in bester Stimmung.
»Wir haben einen enormen Fortschritt in unserer literarischen Laufbahn gemacht«, erklärten sie ihren Freunden. »Unser erstes Buch hat uns fünfhundert Francs gekostet. Und heute hat ein Verleger einen Roman von uns angenommen und verlangt überhaupt kein Honorar!«

Edmond de Goncourt war ein Gegner aller technischen Neuerungen; als er zu einem amerikanischen Agenten ging – es war im Jahre 1896 – und einen Kontrakt über eines seiner Stücke unterzeichnete, erzählte er nachher:
»Der Kontrakt wurde auf einem kleinen Klavier geschrieben.«
Und das dürfte die erste literarische Erwähnung der Schreibmaschine sein.

Die Brüder Goncourt lebten in der Vergangenheit zwischen alten Papieren, alten Bildern und vor allem alten Stichen.
»Sie beide«, sagte die Prinzessin Mathilde Bonaparte, »merken gar nicht, daß es auf der Welt auch Bäume und Blumen gibt.«
»O Prinzessin«, erwiderte Jules de Goncourt, »wenn Sie ahnen könnten, wie schöne Rosen aus alten Stichen blühen!«

GORKIJ, MAXIM

(1868-1936) russ. Schriftsteller

— * —

Maxim Gorki: »Die Schriftsteller bauen Schlösser auf dem Mond, die Leser bewohnen sie, und die Verleger ziehen die Miete ein.«

GOURMONT, RÉMY DE

(1858-1915) frz. Schriftsteller

— * —

»Alle Kinder«, sagte Rémy de Gourmont, »sind kleine Wunder an Gescheitheit, um später zu den Trotteln zu werden, welche die Welt bevölkern.«

GOZLAN, LÉON

(1803-1866) frz. Romancier und Journalist

— * —

Man fragte Gozlan, woran Balzac gestorben sei.
»An sechzig Bänden«, erwiderte er.

GRABBE, CHRISTIAN DIETRICH

(1801-1836)

— * —

In Berlin, wo er an der Universität immatrikuliert war, führte Grabbe ein unstetes Leben. Er war dem Alkohol verfallen, der Hunger war sein ständiger Begleiter und der Traum: Grabbe träumt, ein großer Theaterdichter zu werden. Er schreibt an den Kronprinzen von Preußen, der als Freund der Musen galt:
»Viele nannten mich genial, ich weiß indes nur, daß ich ein Kennzeichen des Genies besitze: den Hunger!«

Der Dramatiker Christian Dietrich Grabbe war auch ein gefürchteter Theaterkritiker. In Düsseldorf gastierte drei Abende hintereinander ein berühmter Tenor namens Hahn. Da schrieb Grabbe:
»Und als der Hahn zum drittenmal krähte, ging Petrus hinaus und weinte bitterlich.«

GRASS, GÜNTER

(geb. 16. 10. 1927) Schriftsteller

— * —

Grass, linksorientiert, aber ohne Scheuklappen, wurde vom ostdeutschen Schriftstellerverband eingeladen, an einer Diskussion teilzunehmen. Die Propagandisten erhofften sich von dem Schriftsteller fette Beute für ihren

Feldzug gegen Westdeutschland. Daraus wurde aber nichts, denn Grass ließ keinen Zweifel, wer er ist: »In der westlichen Demokratie ist die Freiheit des Wortes gefährdet; aber im Osten ist sie erst gar nicht vorhanden.«

In einem Disput über politische Demagogie sagte Grass: »Was nützt ein Dementi des Giftes, wenn es schon wirkt?«

Der israelische Nobelpreisträger Samuel Josef Agnon hat einmal gesagt: »Ich kann nur schreiben, was Gott mich schreiben läßt.«
Als diese Äußerung Günter Grass erzählt wurde, der bald darauf Agnon in seinem Heim in Jerusalem besuchte, meinte er: »Da hat er's besser als ich. Ich muß alles alleine machen.«

GREELEY, HORACE

(1811-1872) amerik. Journalist

— * —

Ein total besoffener Kongreßmann sagte zu Greeley:
»Ich bin ein Selfmademan!«
»In diesem Fall«, erwiderte Greeley, »entlasten Sie den Allmächtigen von einer großen Schuld!«

GREENE, GRAHAM

(geb. 2. 4. 1904) engl. Schriftsteller

— * —

Greene wurde von einem Verleger gebeten, eine kurze Gruselgeschichte zu schreiben. Greene, der mit anderen Arbeiten beschäftigt war, schob den Auftrag immer wieder vor sich hin, bis der Abgabetermin gekommen war. Schließlich konnte der besorgte Verleger doch noch einen Briefumschlag entgegennehmen, der Inhalt aber entsprach nicht ganz seinen Erwartungen. Auf einem Bogen Papier stand:
»Graham Greene, Die kürzeste Gespenstergeschichte der Welt.« Auf dem zweiten Bogen stand: »Neulich traf ich Lord Cunningham, er war in Begleitung seiner Witwe!«

GRILLPARZER, FRANZ

(1791-1872) österr. Dramatiker

— * —

Grillparzer ging nicht gern auf Gesellschaften. Einmal hatte er sich doch dazu überreden lassen. Seine Zusage verband er aber mit der Frage nach der Gästeliste. Als er darauf auch Friedrich Hebbel fand, sagte er zum Gastgeber: »Ach, dann erlauben Sie lieber, daß ich doch fernbleibe.«

»Wieso? Ich denke, Sie verehren Hebbel?«
Grillparzer: »Das stimmt. Aber es gilt seinem Werk. Das heißt noch lange nicht, daß ich mich auch in Hebbels persönlicher Nähe wohlfühlte. Wissen Sie, er hat auf alles eine Antwort. Er ist imstande zu fragen: ›Was ist Gott?‹ Ja, er weiß es – aber sehen Sie, ich weiß es nicht. Ich kann da nicht mitreden.«

Während eines Italienbesuches verfaßte Grillparzer ein Gedicht auf das römische Kolosseum, das Anlaß war, ihn der Gotteslästerung zu verdächtigen. Zwar konnte Grillparzer diesen Vorwurf entwaffnen, zurück blieb aber die Tatsache, dem ›Staat Scherereien‹ gemacht zu haben. So bestand keine Aussicht auf Beförderung oder sonstige Privilegien, die man ansonsten in Österreich verdienten Poeten zukommen ließ.
Auf Grillparzer angesprochen, pflegte Kaiser Ferdinand immer mit den Worten abzulehnen: »Wenn er nur d' G'schicht mit dem Papst nit g'habt hätt!«

GRIMM, JAKOB

(1785-1863) Begründer der deutschen Sprach- und Altertumskunde

— * —

»Kindtaufen sind doch die angenehmsten Familienfeiern«, sagte Jakob Grimm bei einer Taufrede. »Bei Begräbnissen und auch bei Hochzeiten bekommt man die Hauptperson nie recht zu sehen.«

GUERRINI, OLINDO

(1845-1916) ital. Schriftsteller

— * —

Während einer Choleraepidemie fragte man Guerrini:
»Was tun Sie mit dem Wasser, um eine Ansteckung zu vermeiden?«
»Ich lasse es eine Stunde lang kochen.«
»Und dann?«
»Dann wird es sorgfältig sterilisiert.«
»Und dann?«
»Dann trinke ich Lambrusco.«

GUTZKOW, KARL

(1811-1878) Schriftsteller

— * —

Auf einer Gesellschaft war man in Spiellaune. Alle möglichen Rätsel wurden den Anwesenden aufgegeben. Gutzkow fiel die Aufgabe zu, der neben ihm sitzenden Dame in einem Satz eine Grobheit und gleichzeitig ei-

ne Liebenswürdigkeit zu sagen. Er überlegte kurz, stand dann auf, verneigte sich und erklärte:
»Madame, ich wünschte, daß Sie der Teufel holte, aber der Teufel wäre ich gar zu gern.«

HALBE, MAX
(1865-1944) Schriftsteller

— * —

Daß Autoren sich untereinander gern bissig behandeln, ist hinreichend bekannt. Einmal saß Halbe in einer Schriftsteller-Runde in einem Schwabinger Lokal. Da betrat ein wenig beliebter Lyriker mit einer Begleiterin den Raum und nahm an einem anderen Tisch Platz.
»Wen hat denn der heut bei sich?« wurde sogleich gefragt.
»Wie sie heißt, weiß ich nicht«, erklärte Halbe. »Aber ich fürchte, die Dame ist sein ganzer Leserkreis.«

Halbes Freund-Feind Wedekind glaubte nach einem harmlosen Fahrradunfall, er sei dem Ende nahe. Halbe, der davon erfuhr, beschloß, die gerade währende Feindschaft durch einen Krankenbesuch zu neutralisieren. Man versöhnte sich am Krankenbett.
Als Wedekind einige Tage später kerngesund die Ludwigsstraße hinabradelte, tat er so, als ob er Halbe, der dort promenierte, gar nicht sehe.
Halbe rief empört: »Aber Frank, wir haben uns doch wieder versöhnt!«
Im Davonfahren hörte Halbe noch: »Das galt nur für den Sterbefall!«

Genüßlich zeigte Wedekind während einer Halbe-Aufführung dem Autor einen schlafenden Zuschauer. Halbe ärgerte sich über Wedekinds Gesichtsausdruck. Zwei Tage später triumphierte Halbe während einer Wedekindaufführung, denn er sah ebenfalls einen, der selig und sanft eingenickt war.
Wedekind aber war nicht auf den Mund gefallen: »Lieber Max, das ist doch der Herr von vorgestern. Er ist noch nicht wieder aufgewacht.«

HAMSUN, KNUT
(1859-1952) norweg. Schriftsteller

— * —

Von einem längeren Aufenthalt in Paris nach Oslo zurückgekehrt, wurde Hamsun von einem Freund gefragt:
»Wie ging's denn mit dem Französisch? Hattest du in der ersten Zeit nicht Schwierigkeiten?«
»Ich nicht«, meinte Hamsun. »Aber die Pariser.«

HARPPRECHT, KLAUS

(geb. 1927) Publizist

— * —

Auf dem Höhepunkt der Sexwelle verkündete Harpprecht als Herausgeber des ›Monat‹ in seiner Zeitschrift programmatisch:
»Alle reden vom Sex. Wir nicht!«

HARTLEBEN, OTTO ERICH

(1864-1905) Schriftsteller

— * —

Mit seinem Schauspiel ›Rosenmontag‹ erlebte Hartleben große Bühnenerfolge. Eines Tages bat ihn der junge Schauspieler, der in dem Stück die Chargenrolle eines Offiziersburschen spielte, um eine Empfehlung. Hartleben war etwas überrascht, denn er kannte den Mann kaum und war von seinen Talenten auch wenig überzeugt. doch weil die Bitte so dringlich geäußert wurde, setzte er sich hin und verfaßte folgendes Empfehlungsschreiben:
»Ich empfehle Ihnen den Überbringer dieses Briefs. Er spielt Tell, Hamlet und alles übrige. Billard spielt er am besten.«

HAŠEK, JAROSLAW

(1883-1923) tschech. Schriftsteller

— * —

Als unbekannter Autor saß Hašek in einer Kneipe und hatte gewaltigen Durst, aber kein Geld. »Für ein Glas Pilsner«, beschwor er den Wirt, »vermach ich dir all meine Werke, die schon erschienen sind.«
Der Wirt ließ sich erweichen und brachte einen halben Liter. »Zum Glück«, bekannte Hašek, »ist von mir noch nichts gedruckt.«

HASENCLEVER, WALTER

(1890-1940) Schriftsteller

— * —

Hasenclever wohnte mit Werfel zusammen in einer Leipziger Pension. Werfel war Langschläfer. Um Werfel aus dem Bett zu bekommen, gebrauchte die Wirtin ab und zu mal eine kleine List:
»Aufstehen, Herr Werfel! An die Arbeit! Herr Hasenclever hat schon zwei Gedichte geschrieben.«
Blitzschnell stand Werfel auf.

Der ehemals leidenschaftlich politisch engagierte Dramatiker ging später als Korrespondent einer Zeitung nach Paris. Er, der sich zuerst mit Poli-

tik, später mit ›metaphysischem Quatsch‹ herumgeschlagen hatte, begeisterte sich nun für das Pariser Leben:
»Ich will lieber stundenlang gutgewachsene Frauen und schöne Kleider sehen und mich an Clownerien der Burleske ergötzen, als einen ganzen Abend politische Phrasen und seelische Offenbarungseide verdauen.«

HAUFF, WILHELM
(1802-1827) Schriftsteller, Märchendichter

— * —

Hauff schickte das Manuskript zu seinem Roman ›Lichtenstein‹ an den Stuttgarter Verlagsbuchhändler Franckh.
Bald bekam er Antwort: »Ich lasse Ihnen zunächst eine Abschlagszahlung von 1200 Gulden zugehen. Leider kann ich mein Urteil über Ihren Roman nicht in den Stil kleiden, der ihm zukommen würde. Er ist vortrefflich.«
Umgehend antwortete der Dichter: »Ein Verlegerbrief, der die Überweisung von 1200 Gulden ankündigt, ist in dem schönsten Stil geschrieben, den ein Autor sich nur wünschen kann ...«

HAUPTMANN, GERHART
(1862-1946) Dramatiker

— * —

Hauptmann war in Berlin eine populäre Figur. Als er einmal in aller Frühe im Tiergarten spazieren ging, überquerte er achtlos den Rasen.
Ein Wärter hielt ihn auf: »Jestatten Se, Meesta, det Betreten der Rasenflächen is nich erlaubt.«
Hauptmann: »Na hören Sie mal, wissen Sie nicht, wer ich bin?«
Der Wärter: »Det Se Jöhte sind, weeß ich, aber uff'n Weech müssen Se trotzdem blei'm.«

Gerhart Hauptmann steigt in den Wagen, um zur Premiere eines seiner Stücke zu fahren. Da klopft ihm ein Mann auf die Schulter. »Hauptmann ...?«
»Ja ...«
»Kennst du mich nicht mehr? Ich bin doch Mettge. Karl Mettge. Sind wir nicht in Breslau zusammen in die Realschule gegangen?«
Hauptmann erinnert sich dunkel.
»Na«, fährt Mettge fort, »und was hast du denn die ganze Zeit über getrieben?«

Gab Hauptmann eine Gesellschaft, dann ging es meist sehr lustig und sehr feucht zu. Einmal befreite er dabei Herbert Eulenberg, Eugen d'Al-

bert und Franz Werfel aus einer gewissen körperlichen Bedrängnis, indem er die Herren bat, »in seiner Bibliothek ein besonders kostbares Buch anzusehen«. Die Damen der Gesellschaft ahnten nicht, daß die Herren die Gelegenheit benutzten, dem Monde zugewandt im Garten einem dringenden Bedürfnis nachzukommen.
Das kommentierte Gerhart Hauptmann: »Tycho de Brahe ist am Anstand gestorben . . . an geplatzter Blase, weil er sich vor Rudolf II. geschämt hatte, seinem Drang nachzugeben. Das kam von seiner guten Erziehung. Wir wollen ihm das nicht nachmachen.«

HEARST, RANDOLPH WILLIAM
(1863-1951) amerik. Zeitungskönig

— * —

Hearst vererbte seinem Sohn ein Riesenvermögen, dazu auch eine Ranch an der Küste. Dort gab es einen mächtigen Baum, der leider die Aussicht aufs Meer versperrte. Unter diesem Baum hatte der alte Hearst so manches Mal gesessen, gerade in seiner letzten Zeit. Deswegen brachte der Sohn es nicht über sich, ihn einfach fällen zu lassen. Vielmehr wandte er, so sagte man, 40000 Dollar auf, um den Baum ein paar Meter zu verpflanzen.
Die Leute meinten: »Bei dem Etat für Denkmalspflege gilt einer leicht als guter Sohn.«

HEBBEL, CHRISTIAN FRIEDRICH
(1813-1863) Dramatiker

— * —

In einem Literatenzirkel sprach man über den zweiten Teil des ›Faust‹.
»Mir bleibt vieles unverständlich«, bemerkte einer in der Runde, »besonders das Mythologische.«
»Sie werden zugeben«, meinte Hebbel, »daß die Schuld daran nicht Goethe trifft.«

In Hebbels Gesellschaft klagte ein Unzufriedener: »Die Welt ist ein Witz.«
Hebbel entgegnete: »Wer sie dafür nimmt, hat einfach die Pointe nicht verstanden, die Gott hineingelegt hat.«

Grillparzer grantelte über Hebbel.
Eine Dame fragte ihn: »Haben's denn was gegen seine Dichtungen, Herr Hofrat?«
»Ach, keine Spur«, erwiderte Grillparzer, »i mag sie schon, aber wissen's, der Hebbel . . . i hab offengestanden a bisserl Angst vor dem Mann . . .«

»Angst?«
»Ja, sehen's«, nörgelte Grillparzer weiter, »er is mir zu gscheit. Der Mann kann mitten in schönster Gesellschaft so bohrende Fragen stellen. Verstehen's: ob man an den Schlaf der Welt rühren soll oder nicht. Oder was Gott is und halt dergleichen. Schauen's, das weiß ich doch alles nicht. Aber der Hebbel hat darüber nachgedacht, weil er Tag und Nacht nix anderes tut, und weiß es genau. Wie soll ma da mit ihm reden oder mitreden können?«

Als Hebbel in Weimar weilte, ließ er sich von Goethes Enkel das Arbeitszimmer des Dichters zeigen. In Goethes Zimmer sagte er:
»Dies ist das einzige Schlachtfeld, auf das die Deutschen stolz sein dürfen.«

HÉBRARD, ADRIEN

(1833-1914) Chefredakteur der ›Temps‹

— * —

Hébrard speiste einmal bei Dumas fils, der ihm stolz sein Gärtchen zeigte, das nicht viel größer war als ein Taschentuch.
»Diese Luft, was? Man ist doch völlig auf dem Lande!«
»Ja«, bemerkte Hébrard. »Und wie gut hier die Häuser wachsen!«

HEINE, HEINRICH

(1797-1856) Dichter

— * —

Ein Konservativer sagte zu Heine: »Mit zwanzig Jahren bin ich auch mit dem Kopf durch die Wand gegangen.«
Heine: »Und heute haben Sie sich mit der Wand ausgesöhnt.«

Als Delacroix Heine bedauerte, der gerade in eine jämmerliche Behausung übersiedeln mußte, wies der Dichter auf den Friedhof Montmartre, von dem eine Ecke von seinem Zimmer aus sichtbar war.
»Darum machen Sie sich keine Sorgen«, sagte er, »gewiß, meine Wohnung ist bescheiden, aber immerhin – sie hat die Aussicht auf die Unsterblichkeit.«

Heine hing sehr an seinem Bruder Max, las ihm seine Verse vor, kaum daß sie entstanden waren, und hörte auch gern auf Lob oder Kritik dieses Bruders.
Eines Tages gestand Max, daß auch er Verse gemacht habe, und las sie vor.
»Schreib lieber Prosa, mein lieber Max«, sagte da Heinrich Heine. »Ein einziger Dichter ist schon Unglück genug für eine Familie.«

Eine sehr vornehme Dame, die immer Gäste zu Tisch hatte, niemals aber Heine einlud – wahrscheinlich seiner Abstammung wegen – sagte ihm schließlich doch einmal: »Kommen Sie zum schwarzen Kaffee!«
»Ich kann leider nicht, Gräfin«, entgegnete er. »Ich trinke den schwarzen Kaffee immer nur dort, wo ich gegessen habe.«

Als Friedrich Hebbel in Paris Heinrich Heine aufsuchte, sagte Heine zu ihm:
»Ich sollte Sie eigentlich hassen, denn Sie sind die lebendige Widerlegung dessen, was ich behauptet habe – daß nämlich unsere Zeit nicht imstande sei, einen Dramatiker von Genie hervorzubringen. Da Sie aber einmal hier sind, seien Sie mir willkommen!«

Einmal, im Gespräch, erklärte Max, der Bruder Heinrich Heines, die Bürger von Düsseldorf würden dem Dichter ein Denkmal errichten.
»Ich habe doch schon eines in Hamburg«, meinte Heinrich Heine.
»Wo?«
»Wenn du über den Börseplatz gehst, siehst du ein großes, prächtiges Haus, das Julius Campe, dem Verleger meiner ›Reisebilder‹ gehört. Das ist doch ein prunkvolles Denkmal, ganz aus Stein, das er mir in dankbarer Erinnerung an die vielen Auflagen des ›Buchs der Lieder‹ errichtet hat!«

Heine war zur protestantischen Religion übergetreten, ließ sich aber vom Ritus der katholischen Kirche stark beeindrucken.
»Die katholischen Priester«, sagte er, »sprechen vom Paradies, als ob sie dort die Hausherren wären, die protestantischen aber, als ob sie es gepachtet hätten.«

In einem befreundeten Haus las der dänische Dichter Oehlenschläger eines seiner Dramen in deutscher Sprache vor, die er zwar beherrschte, aber mit starkem dänischen Akzent sprach.
Um sein Urteil gefragt, sagte Heine:
»Ich hätte nie gedacht, daß ich das Deutsche so gut verstehe!«

Ein Schriftsteller sah zum ersten Mal eines seiner Werke in einer Zeitung erscheinen und war dementsprechend in bester Laune. Da sagte Heine:
»Unser Freund ist heute in außerordentlich gedruckter Stimmung!«

Heine war einmal in Boulogne in einem Hotel und las; einige Engländer traten ein und begannen eine sehr geräuschvolle Unterhaltung. Nach einer Weile trat Heine an ihren Tisch und sagte:
»Entschuldigen Sie, aber es stört Sie doch hoffentlich nicht in Ihrer Unterhaltung, wenn ich Zeitung lese?«

Zu einem deutschen Freund sagte Heine:
»Wie gern käme ich nach Deutschland, und wäre es auch nur, um zu sterben! Ich habe solche Sehnsucht danach!«
»Läßt sich das denn nicht einrichten?« fragte der Freund.
»Nein. Man müßte mir einen besonderen Wagen bauen, und das würde viel Geld kosten. Und am Ende lohnt die Ware nicht mehr die Transportspesen.«

Über dem Schmerzenslager des Dichters war eine Hängevorrichtung angebracht.
»Eine gymnastische Erfindung, redete man mir ein«, sagte er. »Um mit meinem rechten Arm Übungen zu machen. Aber, unter uns gesagt, ich glaube, daß es vielmehr eine Einladung ist, mich aufzuhängen. Eine zarte Aufmerksamkeit meines Arztes.«

Zu Alexander Weill, der ihn besuchen kam, sagte Heine:
»Ich habe eben mein Testament gemacht und alles meiner Frau hinterlassen, unter der Bedingung, daß sie, sogleich nach meinem Tode, wieder heiratet. So bin ich doch sicher, daß wenigstens ein Mensch mich alle Tage betrauern wird.«

Ein Arzt hatte den teilweise gelähmten Dichter genauestens untersucht und stellte zum Abschluß noch eine Frage, um die Lähmung der Mundmuskeln zu beurteilen:
»Können Sie pfeifen?«
Heine hob mit seinen Fingern die reglosen Lider in die Höhe und antwortete: »Nicht einmal bei dem besten Stück von Scribe.«

Am Totenbett Heines kniete seine Frau Mathilde und betete, Gott möchte die Sünden ihres Mannes vergeben.
Heine flüsterte: »Warum sollte er mir nicht vergeben, das ist ja sein Beruf!«

HEMINGWAY, ERNEST

(1899-1961) amerik. Schriftsteller

— * —

In einer Freundesrunde sinnierte Hemmingway: »Man muß sich darin üben, mehrere seiner Vorlieben sinnvoll zu vereinen. Ich zum Beispiel nehme zum Fischen immer eine Flasche guten Whisky mit, und auf die Jagd begleiten mich meist ein paar meiner Freunde, beim Stierkampf habe ich gern eine schöne Frau neben mir.«
»Warum nimmst du nicht die Frau mit zum Angeln?« will einer wissen.

»Da sieht man, daß du keine Ahnung hast«, erwiderte Hemingway. »Beim Angeln mußt du dich allein auf den Fisch konzentrieren. Eine Whiskyflasche nimmt dir das nicht übel, eine schöne Frau dagegen sehr.«

Eine schwärmerische junge Dame, die Hemingway auf einer Abendgesellschaft zum Tischherrn erhalten hatte, verwickelte ihn in ein Gespräch über die Schönheit einzelner Wörter. Welches seine liebsten Worte seien, wollte sie wissen.
Um sie zu ernüchtern, erklärte der Schriftsteller: »Bisher immer noch die Formulierung: Und überweisen wir Ihnen gleichzeitig ...«

Während der Überfahrt New York–Southampton.
»Sie dürfen hier nicht rauchen«, sagte der Kapitän zu Ernest Hemingway, der mächtig paffend zwischen Damen auf dem Quarterdeck stand.
»Warum nicht?«
»Sehen Sie denn dort nicht geschrieben: alle Gentlemen werden ersucht, auf dem Quarterdeck nicht zu rauchen.«
»Ei, zum Henker, das geht mich nichts an. Ich bin kein Gentleman, nicht die Spur davon. Ihr könnt einen doch nicht mir nichts dir nichts zum Gentleman machen«, brummte Hemingway.

HEYSE, PAUL VON
(1830-1914) Schriftsteller

—*—

Es wird erzählt, Paul Heyse habe sich als junger Autor an einer Wette unter Autoren beteiligt, mit der man den Berliner Verleger Hertz hereinlegen wollte. Man schickte dem Verlag Kostproben aus einem umfangreichen Roman, als dessen Autor sich Heyse ausgab. Als der junge Verfasser einige Zeit später beim Verlag vorsprach, schenkte ihm Hertz reinen Wein ein und erklärte:
»Wer soll denn das lesen? Das ist ja alles viel zu breit angelegt und obendrein umständlich, an Stelle einer fesselnden Handlung zerreden die Figuren alles. Nein, glauben Sie mir, junger Mann, es wird sich so leicht kein Leser finden, der ein solches Buch bis zum Ende zu lesen willens ist.«
»Das mag schon sein«, meinte Heyse, »aber der Text ist doch recht weit verbreitet. Es handelt sich nämlich um Passagen aus – den ›Wahlverwandtschaften‹ von Goethe.«

HILDESHEIMER, WOLFGANG

(geb. 9. 12. 1916) Schriftsteller

— * —

Der Regisseur Hans Dieter Schwarze erzählte, wie an den Münchner Kammerspielen einmal drei Einakter gegeben wurden. Die Autoren hießen Wedekind, Kästner und Hildesheimer. Lampenfieber konnte der erste nicht mehr haben, denn er war tot. Kästner war routiniert und voller Zuversicht. Einzig Hildesheimer merkte man einige Beklommenheit an. Darauf angesprochen, meinte er freilich nur: »Wenn die ersten beiden durchfallen, hab ich für mein Stück keine Sorgen mehr.«

HIRTH, GEORG

(1841-1916) Verleger und Schriftsteller

— * —

Hirth gab die seinerzeit berühmte Zeitschrift ›Jugend‹ heraus. Einmal erschien bei ihm ein aufgeblasener junger Mann, der sich als Dichter ausgab und eine weitere Zeitschrift im Hirth-Verlag gründen wollte.

»Man braucht dazu«, meinte er, »nur zwei Dinge: Geist und Geld.«

»Na schön«, entgegnete der Verleger. »Wenn Sie das Geld haben . . .«

Hirths Eltern waren schon vor gut 100 Jahren scheinbar Anhänger der heute so provozierten ›antiautoritären Erziehung‹, denn der Münchner Verleger wußte sich zu erinnern, welchen Wahlspruch sein Vater bei der Erziehung seines Sohnes bevorzugte:

»Die Kinder sind dazu da, um die Dummheiten der Eltern zu verlernen.«

HOCHHUTH, ROLF

(geb. 1. 4. 1931) Schriftsteller

— * —

Als man in Stuttgart Hochhuths drittes Bühnenstück ›Guerillas‹ uraufgeführt hatte, wurde der Autor – allmählich daran gewöhnt – nicht nur von den Literaturkritikern abgekanzelt, sondern auch von der jungen Linken wegen seiner politischen Argumentation angegriffen. Hochhuth blieb gelassen und konterte:

»Nur Ideologen halten die Menschheit für menschlicher als den Menschen.«

HÖFER, WERNER

(geb. 21. 3. 1913) Fernsehdirektor

— * —

Während eines Sommerurlaubes auf der Insel Sylt wurde der Journalist und ›Frühschöppner‹ beim Fernsehen von einer jungen Blondine mit »Guten Tag, Herr Pastor«, begrüßt.

Verdutzt fragte Höfer: »Warum Pastor?«
»Weil Sie doch jeden Sonntag predigen!«

HOFFMANN, E. T. A.
(1776-1822) Dichter

— * —

Während seines Studiums in Königsberg besuchte Hoffmann niemals die Vorlesungen Kants, obwohl er das Denkvermögen des Philosophen hoch einschätzte, sagte ihm das schwierige Gelehrtendeutsch nicht zu. Seinem Freund, dem Schauspieler Ludwig Devrient, crklärte er sein Fernbleiben einmal so:
»Weiß Gott, ich beherrsche ja immerhin vier Fremdsprachen, Lateinisch, Französisch, Englisch und Polnisch. Eine fünfte wollte ich nicht mehr lernen . . .«

HOFMANNSTHAL, HUGO VON
(1874-1929) Dichter

— * —

Hofmannsthal spazierte mit Friedell im Prater. Plötzlich blieb Friedell stehen, deutete auf einen Raum und sagte:
»Hier an dieser Stelle wird in zwanzig oder in fünfundzwanzig Jahren Ihr Denkmal stehen.«
Hofmannsthal lächelte geschmeichelt, doch Friedell sah weiter in die Zukunft, so daß Hofmannsthals Lächeln gefror:
»Die Leute werden dann daran vorübergehen oder auch stehenbleiben und einander fragen: Hofmannsthal? Hofmannsthal? Wer war denn der Kerl?«

Hofmannsthal, der nur sehr ungern Bücher aus seiner Bibliothek verlieh, bekam eines Tages ein Buch, das er dennoch zu verleihen gezwungen worden war, voll mit nahrhaften Fettflecken zurück.
Daraufhin sandte er dem Barbaren ein Stück Speck und schrieb dazu:
»Sie haben Ihr Lesezeichen in meinem Buch vergessen.«

HOLLAENDER, FELIX
(1867-1931) Schriftsteller und Dramaturg

— * —

Auf der Rückreise aus den Ferien wollte Hollaender in München einen Zug überspringen, um sich die ihm sehr gerühmte Naive Annemarie Seidel anzuhören. Er nimmt am Bahnhof ein Taxi, fährt zu den Kammerspielen und läßt den Wagen vor der Bühnentüre warten. Die Seidel hatte gerade ihre Szene als Rosalinde beendet. Hollaender nimmt sie bei der

Hand, zerrt sie in den kleinen Hof des Theaters. Es regnet in Strömen. Zitternd steht das zarte Geschöpf in seinem Pagenkostüm da. Hollaender zieht die Uhr und sagt:
»Ich habe fünf Minuten Zeit. Machen Sie mal einen leidenschaftlichen Ausbruch!«

Kurz nach Beginn des Ersten Weltkriegs studierte Hollaender den ›Wilhelm Tell‹ ein. Am Morgen, da er die Rütliszene probierte, wurde gerade der Sieg von Tannenberg bekannt. In ganz Berlin läuteten die Kirchenglocken. Ihr Schall drang auch auf die Bühne in der Schumannstraße. Auch Hollaender hörte sie. Sofort rief er wütend den Inspizienten und stellte ihn zur Rede:
»Wer hat das Glockenläuten angeordnet? Im Regiebuch steht nichts davon.«
Mit einiger Mühe machte man ihm klar, um was es sich handelte. Hollaender hörte nur mit halbem Ohr hin und schnitt den Bericht über das historische Ereignis mit den Worten ab:
»Auf jeden Fall – das Glockenläuten bleibt!«
Und so läuteten am Ende der Rütliszene die Glocken von Tälern und Bergen, und die Kritik war über den stimmungsvollen Regieeinfall begeistert.

HOLZ, ARNO

(1863-1929) Dichter

— * —

Der Lyriker Arno Holz hatte, wie jedermann wußte, höchst selten Geld in der Tasche. Als ihn einmal im Romanischen Café ein junger Journalist fragte, ob Holz ihm zwanzig Mark wechseln könne, sagte der Autor der ›Freß-, Sauf- und Venuslieder‹:
»Ehrt mich ungemein, aber wenn Sie mich schon länger kennen würden, kämen Sie nicht auf eine solche Frage.«

HORAZ

(Quintus Horatius Flaccus, 65 v. Chr.-8. n. Chr.) röm. Dichter

— * —

Über die Gastfreundschaft hat Horaz manches geistreiche Wort gesagt, unter anderem dieses:
»Ein Gastgeber ist wie ein Feldherr – erst wenn etwas schiefgeht, zeigt sich sein Talent.«

Als Marcus Brutus nach der Ermordung Cäsars nach Athen kam, machte er alle dort ansässigen jungen Römer zu Offizieren seines Heeres. Auch Horaz wurde Tribun einer Legion. Seine Militärkarriere nahm aber sehr

schnell ein Ende, denn während der Schlacht bei Philipps verließ sich Horaz mehr auf seine schnellen Beine und warf zwecks schnellerer Flucht das Schild in den nächstbesten Graben. Diese Feigheit vor dem Feind wurde dem Dichter sehr verübelt. Er aber rechtfertigte sich:
»Was soll ich mithalten bei einer Kampfweise, auf die ich mich nicht verstehe? Meine Worte schneiden besser als mein Schwert.«

HORVÁTH, ÖDÖN VON
(1901-1938) österr. Schriftsteller

— * —

Einmal hat er gesagt: »Ich bin Bayer. Die Eltern haben ein Gütchen in Murnau. Der Bayer, des is a Kreuzung zwischen an Aff und an Tiroler.«

Horváth kam mit einem von Gelbsucht gefärbten Gesicht in den Ullstein-Verlag und erzählte: »Magen verdorben, hätt das gefrorene Bier nicht saufen sollen.«
»Gefrorenes Bier?«
»Beim Skifahren. Auf der Hüttn. Das Bier war hartegefrorn, und wir haben's getaut . . .«

HOWELLS, WILLIAM DEAN
(1837-1920) amerik. Schriftsteller

— * —

Howells war sehr dick und sehr gutmütig. Ein sehr magerer, sehr langer Bekannter sagte zu ihm:
»Wenn ich so dick wäre wie Sie, würde ich mich aufhängen!«
»Nun«, erwiderte Howells, »wenn ich mich je dazu entschließe, werde ich Sie als Strick benützen.«

HUCH, RICARDA
(1864-1947) Schriftstellerin

— * —

Während eines bibliophilen Kongresses stellte sich der Balladendichter Münchhausen, der Ricarda Huch nicht kannte, selber vor: »Börries Komma Freiherr von Münchhausen.«
Die Schriftstellerin war dieser ungewöhnlichen Bekanntschaft gewachsen: »Huch Punkt Ricarda!«

HUGO, VICTOR

(1802-1885) frz. Dichter

— * —

Am 22. November 1882 wurde Hugos ›Le roi s'amuse‹ wiederaufgenommen. Léo Delibes hatte die Bühnenmusik geschrieben. Er verneigte sich vor Hugo und sagte:
»Ich wäre glücklich, verehrter Meister, wenn meine Musik die Ehre hätte, Ihnen zu gefallen.«
Der große Dichter lächelte gnädig.
»Sie stört mich nicht.«

»Wann haben Sie Ihre Popularität am stärksten empfunden?« fragte jemand den alten Victor Hugo.
»Das kann ich Ihnen sagen; neulich kam ich spät abends nach Hause, mein Wagen setzte mich vor der Türe ab, aber der Concierge öffnete nicht gleich. Und da spürte ich ein kleines Bedürfnis. Ein Arbeiter kam vorbei und sagte:
»Altes Schwein! Gerade vor der Türe Victor Hugos mußt du das tun?«

Nach dem Sturz Napoleons war Hugo nach Paris zurückgekehrt. Doch er sehnte sich nach der Ruhe von Guernsey und sagte einmal zu Judith Gautier:
»Wie wär's, wenn wir eine Verschwörung anzettelten, um Napoleon zurückzurufen? Er würde mich wieder nach Guernsey schicken, und ich könnte in aller Ruhe arbeiten.«

In einer Unterhaltung mit Turgenjew meinte Hugo, Schillers ›Torquato Tasso‹ sei doch gar kein solches Meisterwerk.
»Verzeihung«, unterbrach ihn Turgenjew, »aber Torquato Tasso ist nicht von Schiller, sondern von Goethe.«
»Wenn man Victor Hugo ist, muß man nicht alle Mittelmäßigkeiten von jenseits des Rheins kennen!«

Victor Hugo beantwortete alle Briefe junger Menschen, die ihm etwas einschickten, und zwar fast immer mit übertriebenen Lobsprüchen. Ein junger Dichter sandte ihm einen Band Gedichte mit einer Widmung und zeigte gleichzeitig brieflich die Sendung an.
Victor Hugo erwiderte:
»Ihre Werke haben mich tief bewegt, Sie strahlender junger Ruhm Frankreichs. Ich armer, niedergehender Ruhm grüße das neu aufsteigende Gestirn, Sie leuchten, und ich erlösche. Gestatten Sie mir, auszusprechen, daß ich Ihre Verse mit ebensoviel Bewunderung wie Liebe gelesen habe.«
Man kann sich das Entzücken des jungen Poeten vorstellen! Aber auch

seine Enttäuschung, als zwei Tage später seine Sendung ungeöffnet zurückkam mit der Bemerkung: »Wegen ungenügender Frankierung nicht angenommen.«

Bei einer Sitzung der Académie behauptete Victor Cousin, die französische Sprache sei im Verfall. Da schließlich nicht alle Akademiker dieser Ansicht waren, betonte er:
»Ja, der Verfall hat 1789 begonnen.«
Worauf Victor Hugo fragte: »Um wieviel Uhr?«

Fallières führte einmal, als er noch Unterrichtsminister war, eine Anzahl Professoren und Studenten zu Hugo, die dem Meister ihre Verehrung bezeugen wollten. Hugo improvisierte eine kleine Ansprache voll kühnen Bildern und rhetorischem Schwung. Als die Herren tief bewegt Abschied nahmen, flüsterte der Dichter dem Minister ins Ohr:
»Glauben Sie nicht, daß man den Zeitungen einen kurzen Bericht über diese schöne Feierstunde senden sollte?«
»Ja, gewiß«, erwiderte der Minister, der nicht daran gedacht hatte. »Sobald ich ins Ministerium komme, schreibe ich ein paar Zeilen.«
»Bemühen Sie sich nicht«, sagte Hugo und zog ein Blatt Papier aus der Tasche. »Hier ist der Bericht.«

Victor Hugos Frau hatte Sainte-Beuve zum Liebhaber, der daraus gar kein Hehl machte. Viele Jahre später, auf Guernsey, hatte Hugo Freunde zu Tisch geladen, man sprach von Frauen, und einer der Anwesenden meinte, alle betrogene Ehemänner seien doch lächerliche Figuren. Es trat eine peinliche Stille ein. Dann schlug Hugo dröhnend auf den Tisch:
»Herr«, brüllte er, »nehmen Sie zur Kenntnis, daß alle großen Männer betrogene Ehemänner sind. Napoleon war es, und ich bin es auch.«

Von Musset sagte Hugo: »Ein guter Kopf, gewiß, aber furchtbar eingebildet. Stellt euch nur vor – er vergleicht sich mit mir!«

Victor Hugo war mit einigen Senatoren bei einer Dame zu Tisch geladen, aber man stand noch immer in Gruppen herum. Endlich tritt einer der Herren auf die Hausfrau zu und fragt:
»Verzeihung; irre ich mich, oder sind wir zum Essen eingeladen?«
»Ja, natürlich. Aber ein Gast hat mir in letzter Stunde abgesagt, und jetzt habe ich einen andern suchen lassen, denn einer der Herren setzt sich nicht zu Tisch, wenn wir dreizehn sind.«
Der Gast geht zu Victor Hugo.
»Wissen Sie, warum wir nicht essen? Weil irgendein Trottel sich nicht zu Tisch setzen will, wenn wir dreizehn sind.«
Da erklärt Victor Hugo feierlich: »Der Trottel bin ich!«

In das Gastbuch eines spanischen Hotels hatte der Abbé Oliveira geschrieben: »Wo immer du auch bist, denke daran, daß eines Tages die Würmer dich fressen werden!«
Victor Hugo schrieb darunter: »Sofern du hier nicht schon vorher von den Flöhen aufgefressen worden bist.«

Kaum waren die ›Misérables‹ erschienen, so wollte Victor Hugo etwas vom Erfolg wissen. Er sandte dem Verleger ein Blatt Papier, darauf stand nur: »?«
Der Verleger wiederum wollte ihm ebenso lakonisch den großen Erfolg des Buches melden und schrieb auf ein Blatt: »!«
Und damit war Hugo zufrieden.

IBSEN, HENRIK

(1828-1906) norweg. Dramatiker

— * —

Über die männliche Vorherrschaft in der Gesellschaft hatte Ibsen zuweilen eine andere als die übliche Meinung:
»Freigeborene Männer«, sagte er, »das ist eine Floskel. Es gibt keine. Die Ehe, das Verhältnis zwischen Mann und Weib, hat das Geschlecht verdorben, hat allen das Sklavenmerkmal aufgedrückt.«

In einem Disput über die Emanzipation meinte Ibsen: »Wenn die Männer die soziale Stellung der Frau heben wollen, dann kundschaften sie erst aus, ob die öffentliche Meinung – also die Männer – damit einverstanden ist. Das ist dasselbe, als ob man die Wölfe fragt, ob sie mit neuen Schutzmitteln für die Schafe einverstanden sind.«

Ibsen hatte für Frauen nicht viel übrig. Als er noch Apotheker war, brachte ein Bauer ihm die Rezepte für zwei Medikamente, eines für die Bäuerin, eines für eine Kuh. Ibsen gab ihm die beiden Medikamente und sagte:
»Mein guter Mann, geben Sie acht, daß Sie sie nicht verwechseln. Das hier ist für die Kuh, und das hier ist für Ihre Frau. Wenn Sie sich irren, könnte das der Kuh schlecht bekommen.«

IHERING, HERBERT

(geb. 29. 2. 1888) Theaterkritiker

— * —

Ein äußerst dürftiges Stück erlebt seine Uraufführung. Zur Überraschung der Nachbarn in der Loge hat Ihering dennoch ein paarmal geklatscht. In der Pause spricht einer ihn schließlich an: »Gefällt es Ihnen denn wirklich?«

»Nicht die Spur«, sagt Ihering. »Aber frieren Sie nicht auch? Es zieht doch hier so furchtbar.«

IMMERMANN, KARL LEBERECHT

(1796-1846) Schriftsteller

— * —

Nach einer gelungenen Aufführung wurde Immermann von einem Mitglied des preußischen Königshauses empfangen. Nachher fragte ihn ein Höfling: »Nun, war seine königliche Hoheit gnädig?«
»Gnädig? Mit mir?« fragte Immermann ziemlich ungnädig. »Bin ich denn ein Verbrecher?«

Immermann schätzte Grabbe sehr, aber ein Zusammenarbeiten am Düsseldorfer Theater, wie sie es versucht hatten, war unmöglich. Immermann behielt trotz der heftigen Trennung eine hohe Meinung von Grabbe. Er erzählte einmal: »Wenn Grabbe in den Himmel kommt, darf sich der liebe Gott nie von seinem Thron erheben.«
»Und warum nicht?« fragte man natürlich.
»Dann setzt sich Grabbe drauf!«

IONESCO, EUGÈNE

(geb. 26. 11. 1912) rumän.-frz. Dramatiker

— * —

Ionesco, berühmt als Autor des absurden Theaters, sagte einmal:
»Wer sich an das Absurde gewöhnt hat, findet sich in unserer Zeit gut zurecht.«

Ionesco wird nachgesagt, er habe als junger Autor einmal ein umfangreiches Konvolut bei einem prominenten Theaterdirektor eingereicht. Eines Tages, als der Autor wieder nachfragte, speiste ihn der Direktor mit allgemeinen Bemerkungen über das Manuskript ab, tat aber so, als habe er es gelesen.
Ionesco verbeugte sich, trug die dicke Mappe davon und lächelte, denn nur er wußte: drinnen befanden sich lauter leere Blätter.

IRVING, WASHINGTON

(1783-1859) amerik. Schriftsteller

— * —

Irving hatte einen Freund, der sich für einen großen Maler hielt.
»Hast du die Bilder gesehen, die ich in der Kunstausstellung habe?« fragte er den Schriftsteller.

»Ja«, erwiderte Irving, »es sind die einzigen, vor denen ich lange stehen geblieben bin.«
»Du willst mir nur schmeicheln!«
»O nein; aber vor den andern Bildern waren so viele Leute, daß man nicht dazu kam.«

ISTRATI, PANAIT
(1884-1935) rumän.-frz. Schriftsteller

— * —

Istrati war der Sohn eines Schmugglers und einer Waschfrau. Nach seinen ersten literarischen Erfolgen kehrte er in die Heimat zurück und suchte auch einen seiner Onkel auf, den Onkel Dimi, der in einem seiner Romane eine Rolle spielt.
»Onkel«, sagte er. »Ich bin reich. Da hast du tausend Lei!«
Der Onkel zwinkerte ihm zu:
»Ist dir ein guter Streich gelungen?«
Er war überzeugt, das Geld stamme von einem Einbruch her oder von einer Schmuggelaffäre, und wollte sich nicht erklären lassen, daß man mit Schreiben Geld verdienen könne. Um es ihm klar zu machen, sagte Istrati, er habe in einem seiner Romane auch von dem Onkel erzählt.
»Und ich soll dir glauben«, meinte Onkel Dimi, »daß die Leute so albern sind, dir etwas dafür zu bezahlen, daß du ihnen Geschichten von einem alten Halunken, wie ich es bin, erzählst?«

JANIN, JULES
(1804-1874) frz. Kritiker und Schriftsteller

— * —

Fürst Metternich besaß ein berühmtes Weingut, wo der Johannisberger wuchs. Außerdem besaß er auch eine Autographensammlung. Und so schrieb er an Jules Janin und ersuchte ihn um ein Autogramm. Und Janin erwiderte:
»Ich, Unterfertigter, bestätige, vom Fürsten Metternich fünfundzwanzig Flaschen Johannisberger erhalten zu haben, und bitte ihn, meinen besten Dank entgegenzunehmen. Jules Janin.«
Das Autogramm hatte den gewünschten Erfolg.

Bei einem Kostümball erschien Eugénie Foa, einst eine berühmte Schönheit, doch in reiferen Jahren sehr dick geworden, als Schäferin.
»Das«, bemerkte Janin, »ist eine Schäferin, die ihre ganze Herde verzehrt hat.«

JARRY, ALFRED

(1873-1907) frz. Schriftsteller

— * —

Jarry machte mit Bekannten einen Ausflug in die Umgebung von Paris. Sie begegnen drei Radfahrern, die in rasender Fahrt einen Abhang hinunterfahren, um Schwung zu holen für den nächsten Aufstieg. Jarry stellte sich mitten auf die Straße, breitete die Arme aus und gab mit furchterregenden Gesten zu verstehen, daß eine große Gefahr drohe.
Die Radfahrer bremsen mit aller Gewalt und fragen atemlos: »Was ist los?«
Darauf antwortete Jarry mit erhobenem Zeigefinger: »Vorsicht, meine Herren, es kommt eine Steigung!«

Auf seinen Wegen durch Paris führte Jarry ständig eine Pistole mit sich herum und ballerte fleißig in die Gegend. Wahrscheinlich wollte er seinen Ruf, ein gefährlicher Mann zu sein, auf diese Weise nachdrücklich bestätigen.
Als er einmal amüsiert Äpfel von einem Baume schoß, gefährdete er dabei in der Nähe spielende Kinder. Ihre Mutter eilte besorgt herbei und überhäufte Jarry mit Vorwürfen.
»Keine Angst, Madame«, beruhigte der Dichter die aufgeregte Dame. »Ich mache Ihnen Neue!«

JEAN PAUL

(eigtl. Johann Paul Friedrich Richter, 1763-1825) Schriftsteller, Satiriker

— * —

Jean Pauls ›Levana‹, die berühmte Erziehungslehre, erschien 1817 in Stuttgart in zweiter Auflage. Auf dem Titelblatt steht: 2. verbesserte und mit neuen Druckfehlern vermehrte Auflage.

Jean Paul liebte die Tiere. Er sprach zu ihnen wie zu Menschen und sein Arbeitszimmer glich manchmal einer Menagerie. Eines Tages trat er in die Stube, fing eine fette Fliege für den Laubfrosch, gab der Schildkröte ein frisches Salatblatt und streute den Goldfischen Ameiseneier in ihr Becken.
»Heute will ich nur fröhliche Gesichter um mich sehen«, sagte er.

JERROLD, DOUGLAS

(1803-1857) engl. Dramatiker und Essayist

— * —

Jerrold war bei den Premieren seiner Stücke immer sehr nervös. Einer seiner Kollegen, der den Ruf hatte, ein großer Plagiator zu sein, sagte:

»Sehen Sie mich an! Ich bin bei meinen Premieren nie nervös.«
»Warum auch?« meinte Jerrold. »Ihre neuen Stücke haben ja immer schon früher Erfolg gehabt.«

JEWTUSCHENKO, JEWGENIJ

(geb. 18. 7. 1933) sowjet. Schriftsteller

— * —

Jewtuschenko hatte Vorahnungen, daß Robert F. Kennedy etwas Böses zustoßen würde. In der Zeitung ›Kosomoletz Tatrii‹ schilderte er seinen Besuch bei Robert Kennedy im November 1967.
Als ›Bobby‹ ihm sagte, daß er sich um die Präsidentschaft bewerben würde, habe er, Jewtuschenko, vorgeschlagen, darauf zu trinken, und einen wertvollen Römer, gefüllt mit Champagner, hochgehoben. Dann habe er den Senator gewarnt, denn wenn der Trinkspruch in Erfüllung gehen solle, müsse man nach russischer Sitte die Gläser anschließend auf dem Boden zerschellen lassen. Der Senator habe gezögert und erklärt, es handle sich um Erbstücke seiner Frau Ethel, und er müsse sie erst fragen. Sie war dagegen und gab ihm zwei andere Gläser.
Der Trinkspruch konnte nicht in Erfüllung gehen: Die sparsame Frau Kennedy hatte ihrem Mann unzerbrechliche Plastikgläser gegeben.

JOHNSON, SAMUEL

(1709-1784) engl. Schriftsteller und Lexikograph

— * —

Dr. Samuel Johnson wurde gefragt, warum er die Schotten hasse.
»Ich hasse sie gar nicht«, erwiderte er. »Ich hasse auch nicht die Frösche. Aber ich will verdammt sein, wenn ich sie gern in meinem Zimmer herumhopsen sehe!«

Ein Dummkopf saß eines Abends im Gasthaus an Dr. Johnsons Tisch. Der Dummkopf hatte gehört, wie witzig Dr. Johnson war, und um sich nicht zu blamieren, lachte er zu jedem Wort des Doktors schallend. Endlich verlor Johnson die Geduld.
»Ich muß ja heute in ganz großer Form sein«, knurrte er. »Dieser Esel scheint doch alles zu verstehn, was ich sage!«

Dr. Johnson war bei Mrs. Macauley zu Tisch geladen. Die Unterhaltung wandte sich dem Grundsatz der Gleichheit der Menschen zu. Die Hausfrau setzte sich leidenschaftlich für dieses Prinzip ein, während Johnson kaum ein Wort sagte. Doch als das Gespräch dauernd bei diesem Thema blieb, aß er seinen Teller leer, stand auf und befahl einem Bedienten, sich an seinen Platz zu setzen.

»Was soll das, Dr. Johnson?« fragte die Hausfrau verblüfft.
»Nun, Madame, ich übe die Gleichheit, die Sie predigen.«

Eine Dame hat eine Sonate mit viel Brillanz gespielt. Der Applaus war groß. Nachher wandte sie sich an Dr. Johnson und fragte ihn, ob er Musik liebe.
»Nein, Madam«, erwiderte er, »aber von allen Geräuschen ist die Musik noch das am wenigsten unangenehme.«

Johnson wurde im Buckingham Palace vom König empfangen; nachher fragte ihn ein Freund, was er von den Geistesgaben des Königs halte.
»Seine Majestät scheint viel gesunden Menschenverstand und viel Neugier zu besitzen. Er stellte verschiedene Fragen an mich, hat sie aber alle selber beantwortet.«

Eines Tages unterhielt sich Dr. Johnson mit Mrs. Williams, seiner blinden Freundin. Sie erzählte ihm, wo sie am Vorabend gespeist hatte.
»Es waren mehrere Herren da, und ich habe bemerkt, daß sehr viel getrunken wurde.«
Sie schloß ihren Bericht mit der traurigen Feststellung: »Ich wundere mich darüber, daß es manchen Menschen ein Vergnügen bereitet, Bestien aus sich zu machen.«
»Auch ich wundere mich, Madam«, erwiderte Dr. Jonson. »Wie haben Sie es nicht durchschauen können, daß jener, der ein Vieh aus sich macht, die Unannehmlichkeit los wird, ein Mensch zu sein.«

JOYCE, JAMES
(1882-1941) ir. Schriftsteller

— * —

Als es um die Buchausgabe des Dubliner Erzählungszyklus ging, mußte Joyce ausdauernd gegen die Absicht des Verlegers und Druckers protestieren, die Erzählungen zu redigieren. In einem Brief an diesen Mr. Grant Richards erklärte der Autor mit stolzer Entschiedenheit, er sei überzeugt, mit ›Dubliners‹ nichts Geringeres getan zu haben als »den ersten Schritt zur geistigen Befreiung« seiner Heimat. Und einige Wochen darauf schrieb Joyce an Grant:
»Ich glaube allen Ernstes, daß Sie den Fortgang der Zivilisation in Irland verzögern, wenn Sie das irische Volk daran hindern, sich selbst in meinem blankgeputzten Spiegel gründlich zu betrachten.«

JÜNGER, ERNST

(geb. 29. 3. 1895) Schriftsteller

— * —

Die Schwierigkeiten beim Schreiben der Wahrheit wurden Ende der sechziger Jahre von jungen Schriftstellern ungeheuer ernst genommen. In ihren Experimenten, meinte Jünger, entfernten sie sich immer mehr von der Wirklichkeit; darum hielt er ihnen entgegen:
»Manch einer sieht, so sagt das Sprichwort, den Wald vor lauter Bäumen nicht. Das ist ein Mangel. Doch stärker irrt jener, der vor Wald die Bäume nicht mehr sieht.«

In einer Abschlußprüfung für angehende Buchhändler – es war in Bayern – wurde eine Kandidatin gefragt, unter welcher Rubrik sie Ernst Jüngers Roman ›Strahlungen‹ einordnen würde. Die Antwort kam wie aus der Pistole geschossen: »Unter Physik!«

Hitler und seine Bewegung glaubten aus den Werken Jüngers eine geistige Verwandtschaft herauszulesen. Jüngers Popularität in der Jugend wollten die Nazis nützen. Sie bieten ihm 1927 ein Reichstagsmandat an. Aber Jünger lehnte ab:
»Ich halte es verdienstvoller, einen einzigen guten Vers zu schreiben, als sechzigtausend Dummköpfe zu vertreten!«

KAFKA, FRANZ

(1883-1912) Schriftsteller

— * —

1913 erschien das erste Buch von Kafka, ›Betrachtungen‹. Man sagt, daß nur 13 Exemplare verkauft worden seien. Als Kafka vom Verlag die Abrechnung bekam, soll er gesagt haben:
»Das verstehe ich nicht. Wer hat sich denn da eingemischt? Ich habe doch nur zwölf Exemplare an meine Freunde verschickt . . .!«

Franz Kafka wollte seinen Freund Max Brod in Prag besuchen. Er klopfte an die Tür und trat ein. Max Brod war nicht im Zimmer, aber dessen Vater schlief auf einer Couch. Durch Kafkas Eintreten war er munter geworden und sah auf. Kafka, dem es unangenehm war, den Schlafenden aufgeweckt zu haben, tastete sich auf Zehenspitzen wieder aus dem Zimmer, indem er beschwörend zu Brods Vater sagte:
»Bitte, betrachten Sie mich als einen Engel.«

KAISER, GEORG
(1878-1945) Dramatiker

— * —

1920 stand Kaiser in seiner Vaterstadt vor Gericht, da er sich ein paar Unregelmäßigkeiten in seiner Lebensführung geleistet hatte. Der Stolz und das Selbstbewußtsein des Dramatikers hatte allerdings unter diesen Umständen nicht gelitten, denn er verteidigte sich kühn:
»Einen Kleist stellt man nicht vor ein bürgerliches Gericht!«

Kaiser, der mit dem Geld auf Kriegsfuß stand, träumte vor sich hin:
»Ein schöner Tod, der schönste Tod für einen Autor . . . vom Vorschuß des Verlegers niedergestreckt zu werden . . .«

Während der Proben zu seinem Stück ›Gas‹ kam ein Schauspieler zu ihm und machte ihm klar, daß in der Gestaltung seiner Rolle Widersprüche vorherrschten. Kaiser ließ sich nicht erschüttern: »Ändern Sie das ruhig in Ihrem Sinne ab. Da muß ich mich wohl verdichtet haben!«

KAISER, JOACHIM
(geb. 1928) Publizist, Theater-, Musik- und Literaturkritiker

— * —

Auf dem Kongreß des Deutschen PEN-Zentrums im Frühjahr 1970 in Darmstadt wurde wieder einmal heftig über die Rolle des Schriftstellers debattiert, der angeblich im Elfenbeinturm säße. Schließlich wehrte sich Joachim Kaiser gegen das Klischee, indem er in den Saal rief: »Wo ist denn dieser Elfenbeinturm überhaupt? Kann ich die Adresse haben?«

Auf demselben PEN-Kongreß hielt Kaiser einen glanzvollen Vortrag über Samuel Beckett. In der anschließenden Diskussion wurde Becketts scheinbares Todesverlangen facettenreich analysiert. Kaiser griff ernüchternd ein und meinte:
»Solange ich literarisch sterbe, sterbe ich nicht.«

KARR, ALPHONSE
(1808-1890) frz. Satiriker

— * —

Alphonse Karr hatte als Diener einen Neger, der zwei Meter hoch und sehr stark, aber ebenso faul war. Eines Tages, als der Neger die Schuhe Karrs nicht rechtzeitig geputzt hatte, ruft Karr:
»Du kannst dir ja einen Diener halten, wenn dir die Arbeit zu viel ist!«
Zwei Tage später bringt ein ganz fremder junger Mensch Karr die Schuhe.

»Wer sind Sie denn?«
»Ich bin der Diener, den Ihr Diener engagiert hat.«
Karr findet die Geschichte amüsant und läßt sie sich gefallen. Doch einige Tage später ist es wieder der Neger, der ihm die Schuhe bringt.
»Wo ist denn dein Diener?« fragt Karr.
»Den habe ich hinauswerfen müssen«, erklärt der Neger. »Er war zu faul!«

»Die Zahl der Schriftsteller«, sagt Alphonse Karr, wächst beständig, weil es einer der wenigen Berufe ist, den man ausüben kann, ohne ihn gelernt zu haben.«

Alphonse Karr reiste einmal durch Deutschland und kam in ein vornehmes Hotel. Man zeigt ihm Zimmer.
»Hier, in diesem Zimmer, hat Napoleon im Jahre 1806 geschlafen, Preis dreißig Mark, hier im blauen Zimmer wohnte Goethe auf seiner Rückreise aus Italien, Preis fündundzwanzig Mark, hier, in diesem Zimmer, wohnte Fürst Schwarzenberg, der Sieger von Leipzig, Preis zwanzig Mark, hier, in diesem Zimmer, wohnte die Großherzogin von . . .«
Da unterbricht Alphonse Karr den Hoteldirektor:
»Ich hätte gern das Zimmer, wo Herr Müller gewohnt hat.«

KEATS, JOHN
(1795-1821) engl. Dichter

— * —

Zu seinen Lebzeiten hatte Keats kein Publikum gefunden. Und auf seinem Grabstein stand die Inschrift, die er selber gewählt hatte:
»Hier ruht einer, dessen Name ins Wasser geschrieben wurde.«

KELLER, GOTTFRIED
(1819-1890) Schweizer Schriftsteller

— * —

Eines Tages schickte, was häufig geschah, mal wieder ein junger Autor sein Erstlingsbuch an Gottfried Keller und bat um ein Urteil. Der Verfasser des ›Grünen Heinrich‹ antwortete ihm:
»Ihr Stil ist flüssig, aber Ihr Buch ist überflüssig.«

Nach einer angeregten Zecherei machte sich Gottfried Keller zu später Stunde auf den Heimweg, verlief sich aber im Gewirr der Züricher Altstadtgassen. Endlich fand er den Nachtwächter und fragte ihn:
»Kannst du mir sagen, wo der Stadtschreiber Gottfried Keller wohnt?«

Der Nachtwächter staunte nicht schlecht, kannte er doch Keller recht gut: »Ja, das sind Sie ja selbst, Herr Keller!«
»Narr«, antwortete Keller, »ich wollte nicht wissen, wer ich bin, sondern wo ich wohne!«

In Berlin wurde Keller in eine hochfeine literaturbeflissene Gesellschaft geladen. Da saß der Schweizer natürlich in unpassender Garderobe, unter den Dichterfürsten der Kaiserstadt und fühlte sich hundsmiserabel. Da fragte ihn nun noch der Hausherr, was er von der jungen Berliner Literatur halte. Wie's ihm ergangen ist, erzählte er dann später:
»Waisch, was iich gemacht han? Ich bin use gange und han im Gang usse ali die feine Zylinderhüet von dene Poete iitribe wie hohli Chöpf. Denn bin iich furt auf Nümme-Wiederluege, und icch ha denkt, daß mer miine Antwort au verstande hat!«

Eine Dame setzte Keller schwer zu. Ihre Schwärmereien waren grausam. Keller sagte nichts.
»Und Ihr ›Grüner Heinrich‹«, rief die Dame, »hervorragend, verehrter Meister. Das Buch haben Sie gewiß mit Ihrem Herzblut geschrieben?«
»Oi was«, entgegnete Keller kurz und bündig: »Mit Tinte!«

Irgendein geistreicher Kopf hatte Keller einmal einen ›Weltgeist in Pantoffeln‹ genannt. Eine hübsche Episode dazu sollte sich einmal im Berliner Cafe ›Größenwahn‹, dem ›Romanischen Cafe‹ abgespielt haben.
Man unterhielt sich über Gottfried Keller, als einer der spruchfreudigen Gäste zu dem Schluß kam: »Keller, das ist ein Genie in Pantoffeln!« Man applaudierte, der Gefeierte lieh sich vom Nachbar das Geld für einen weiteren Kaffee, als ein Gast eintrat und sich erkundigte, weswegen man so animierter Stimmung sei. Man nannte ihm nur den Namen Keller, als er schon ergänzte: »Ach Keller, dieses Genie in Pantoffeln . . .«
Da sprang der schon Erstgeehrte auf und protestierte: »Herr, das ist von mir, rechtfertigen Sie sich!«
Der Geforderte wußte aber nicht, woran er war und antwortete ehrlich: »Aber ja, Keller, das ist ein Genie in Pantoffeln, das ist er, das ist mir gerade eingefallen.«
Legte der Beleidigte die Hand auf die Schultern seines Spruchwidersachers und sagte versöhnlich: »Gut, ein Pantoffel von Ihnen, einer von mir!«

KESTEN, HERMANN
(geb. 28. 1. 1900) Schriftsteller

—*—

Als Kesten in Paris seinen Freund Joseph Roth besuchte, fragte dieser gleich bei der Begrüßung:

»Wovon leben Sie eigentlich, Kesten?«
Kesten hielt sich nicht lange mit umständlichen Erklärungen auf und gab die nur unter Freunden verständliche Antwort: »Sie wissen ja, ich lebe von Wundern.«

In einem Interview zu seinem siebzigsten Geburtstag wurde Kesten unter anderem über seine Ansicht über das Gebahren der gegenwärtigen jungen Generation befragt.
»Ich finde diese Protestgeneration sehr ermutigend«, sagte er. »Aber natürlich fallen mir auch Ungereimtheiten auf. Nehmen Sie zum Beispiel das Thema Sex. Der größte Irrtum junger Menschen ist nach wie vor ihre Vorstellung vom Alter. Ein gesunder alter Mann liebt wie mit zwanzig.«

KEUN, IRMGARD

(geb. 6. 2. 1910) Schriftstellerin

— * —

Noch bevor die Sex-Welle die deutschen Länder erreichte, noch bevor es Sex-Messen gab und Pornographie zum Bildungsgut des deutschen Bürgers wurde, forderte IrmgardKeun:
»Ein lockerer Lebenswandel müßte von zuständigen Stellen empfohlen werden!«

KIPLING, RUDYARD

(1865-1936) engl. Schriftsteller

— * —

»Ich höre, daß Sie die Literatur im Detail zu einem Dollar das Wort verkaufen. Ich lege einen Dollar bei, für den Sie mir, bitte, ein Wort schikken wollen.«
Und das tat Kipling. Er behielt den Dollar und schrieb: «Danke!«
Zwei Wochen später schrieb der Amerikaner:
»Ich habe die Danke-Anekdote für zwei Dollar verkauft. Sie finden beigeschlossen fünfundvierzig Cents in Briefmarken, was der Hälfte des Nutzens an dem Geschäft abzüglich des Portos entspricht.«

Eines Morges stand groß und fett unterstrichen in der Zeitung, Kipling sei gestorben. Der Schriftsteller las die Nachricht mit Staunen. Dann ließ er Feder und Papier kommen und diktierte einen Brief an die betreffende Redaktion:
»Ihr sehr geschätztes Blatt zeigt meinen Tod an. Da Sie im allgemeinen gut informiert sind, dürfte die Notiz wohl stimmen. Darum bitte ich Sie, mich auf Ihrer Liste der Abonnenten zu streichen.«

Die ›Times‹ brachte ein Gedicht, das ihr fälschlich unter dem Namen Kipling eingereicht worden war. Kipling regte sich nicht weiter darüber auf.
»Das Gedicht ist miserabel«, sagte er.
»Das haben wir auch gefunden«, erklärte der Redakteur der ›Times‹, »aber wir haben es gebracht, weil wir glaubten, es sei von Ihnen.«

Kipling wurde sehr viel von Neugierigen heimgesucht und hatte strengen Auftrag gegeben, niemanden einzulassen, dessen Besuch nicht vorher angesagt war. Einmal gelang es jedoch einem Amerikaner, mit seinen zwei Söhnen in das Haus einzudringen. An der Türe entspann sich ein heftiger Wortwechsel zwischen dem unangemeldeten Besucher, der gleich zwei Kinder mitgebracht hatte, und dem Diener. Kipling hörte den Lärm und kam aus seinem Arbeitszimmer, um zu sehen, was denn los sei. Der Amerikaner fragte ihn:
»Sind Sie Rudyard Kipling?«
»Ja.«
»Kinder, das ist Rudyard Kipling!« Dann warf er einen Blick in das Arbeitszimmer, dessen Tür offen geblieben war. »Und hier drin schreiben Sie?«
»Ja.«
»Kinder«, sagte der Amerikaner, »und dort arbeitet er!« Dann drehte er sich um. »Und jetzt haben wir nur noch die Westerminsterabtei zu besichtigen!«

Ein Hotelomnibus hatte den Zaun von Kiplings Grundstück angefahren und auch im Garten Schaden angerichtet. Kipling schrieb dem Hotelier. Keine Antwort. Auf einen zweiten Brief auch nicht. Er entschließt sich, zum Hotelier zu gehn und ein ernstes Wort mit ihm zu reden. Der Hotelier hört ihn an und erwidert:
»Mr. Kipling, Ihren ersten Brief habe ich für zwei Pfund verkauft, den zweiten für sieben Pfund. Hätten Sie mir noch einen dritten geschrieben, so hätte ich auf diese Art das Geld für die Reparatur beisammen gehabt.«

Es läutet an der Tür.
»Ist Mr. Kipling zu Hause?« fragt der Besucher das Dienstmädchen. Ja, Kipling sei zu Hause; die Türe des Arbeitszimmers ist angelehnt und man sieht den Dichter am Schreibtisch sitzen.
»Ich möchte ihn nicht stören, wenn er gerade arbeitet«, sagt der Besucher.
»Ach«, sagt das Mädchen, »arbeiten! Der sitzt nur so an seinem Tisch und kritzelt.«

Kipling reiste durch Canada und die USA. In einer Stadt des Südens sagte er am Tag seiner Abfahrt zu dem Hotelbesitzer:
»Ich bin noch nie so schlecht untergebracht gewesen wie in Ihrem Hotel. Die Zimmer sind schmutzig, das Essen ist schlecht, die Bedienung unbeschreiblich. Aber das wundert mich auch nicht, denn Sie rühren ja den ganzen Tag keinen Finger!«
Nachher fand er auf der Rechnung den letzten Posten:
»Für Unverschämtheit . . . drei Dollar.«

Kipling kommt in eine Buchhandlung und sucht sich ein Buch aus.
»Ist das gut?« fragt er den Buchhändler.
»Das weiß ich nicht, ich habe es nicht gelesen.«
»Was, Sie verkaufen Bücher und lesen sie nicht?«
»Und wenn ich Apotheker wäre – würden Sie vielleicht verlangen, daß ich alle Medikamente koste, die ich verkaufe?«

KISCH, EGON ERWIN

(1885-1948) Reporter

— * —

In einem Journal war eine Karikatur abgebildet, die die Betriebsamkeit der Prager Literaten charakterisieren sollte. Darunter stand der Spruch:
»Es werfelt und brodelt, es kafkat und kischt.«
Anfangs unterstellte man diese geistreiche Bosheit Karl Kraus, doch Max Brod, der auf Egon Erwin Kisch nicht allzu gut zu sprechen war, behauptet, der »ewig reklamehungrige« Kisch habe den Vers erfunden, um sich interessant zu machen.

KLABUND

(eigtl. Alfred Henschke, 1891-1921) Schriftsteller

— * —

Als junger Autor war auch Klabund oft in der Lage, daß er keinen Pfennig besaß. Als es wieder einmal so weit war, trieb ihn aber doch der Hunger in ein Restaurant. Er zückte ein kräftiges Taschenmesser, legte es auf den Tisch und sagte zum Ober: »Nehmen Sie das als Pfand.«
»Geben Sie mir lieber Ihre Brille«, lautete die Antwort. »Bei der bin ich wenigstens sicher, daß Sie sie wieder einlösen.«

Während der Revolutionswirren 1918 kehrte Klabund nach Deutschland zurück. In Passau bekam er von einem Unbekannten ein Telegramm, er solle sich um den verhafteten Dichter Erich Mühsam kümmern. Sogleich wurde er als Spartakist verdächtigt und zehn Tage eingesperrt. Am siebten Tage notierte Klabund:

»Wofür dulde ich? Weil ein Esel mir ein Telegramm geschickt hat, ein zweiter Esel es abgefangen, ein dritter Esel es als verdächtig beanstandet hat.«

KLEIST, HEINRICH VON
(1777-1811) Dichter

— * —

Kleist war auch musikalisch begabt. Stundenlang konnte er auf der Flöte und Klarinette improvisieren. Als er Anfang zwanzig war, machte er sich einmal mit seiner Schwester und zwei Freunden als musikalischer Wanderbursche auf den Weg und lebte von milden Gaben. Wieder zu Hause, sagte er: »Geldverdienen ist etwas Widerwärtiges, ich wollte es einmal mit dem Betteln versuchen.«

1821 wurde Kleists ›Prinz von Homburg‹ in Wien in einer romantisch übersteigerten Aufführung ein fürchterlicher Reinfall. Als Tieck vom Schicksal der Aufführung erfuhr, kommentierte er:
»Das ist wirklich kein Wunder. Wenn man Kleist steigert, wird Kleister daraus!«

Sein Drama ›Penthesilea‹ ließ er in Dresden in kleinem Kreis vortragen, bat aber nicht Ludwig Tieck, der ein wahrer Vortragkünstler war, ans Pult, sondern den Maler Ferdinand Hartmann.
»Warum gerade Hartmann«, wurde Kleist gefragt, »Sie haben in Ihrer Tragödie dem Gott Eros eine schwarze Messe zelebriert – und diese düstere Schönheit zum Klingen zu bringen sollte doch nur dem Meister des Vortrags, Ludwig Tieck, gelingen.«
»Das ist es ja gerade«, entgegnete Kleist, »ich möchte bei der Lesung des Stückes nicht hinter die Schönheit des Stückes kommen, sondern seine Schwächen erkennen, damit ich sie beseitigen kann. Hartmann liest furchtbar schlecht. Wenn mir dann noch etwas gefällt, muß es wohlgeraten sein.«

KNIGGE, ADOLF FREIHERR VON
(1752-1796) Schriftsteller

— * —

Wie es mit Knigge ein Ende nahm? Er machte eine Ozeanreise und fiel bei einem Sturm über Bord. Während das Schiff wendete, um ihn wieder aufzunehmen, sah der Baron plötzlich einen Hai auf sich zuschwimmen. Er griff in die Hosentasche und zog einen Dolch. Da sah ihn der Hai entgeistert an, rollte die Augen und prustete:
»Aber, Herr Knigge, Fisch mit dem Messer?«
Was blieb dem Meister der Etikette anderes übrig, als sich fressen zu lassen?

KNITTEL, JOHN

(1891-1970) Schweizer Schriftsteller

— * —

Ein Buchhändler erzählte, eines Tages sei in seinen Laden eine Kundin gekommen und habe ein Werk »über drei Maler« kaufen wollen. Nach langem Hinundherrätseln, was das sein könne, meinte die Kundin:
»Es können auch vier Maler gewesen sein, der Autor hatte irgendwas mit einem Kittel zu tun.«
»Man sollte es nicht für möglich halten«, sagte der Buchhändler. »Die Dame wollte John Knittels ›Via Mala‹ haben und zog damit befriedigt davon.«

KNOPF, ALFRED

(20. Jh.) amerik. Verleger

— * —

Ein junger Autor kommt zu dem Verleger Knopf.
»Wie viele Worte hat ein Roman?«
»Etwa sechzigtausend«, sagt Knopf.
»Dann ist mein Roman fertig!«

KOLB, ANNETTE

(1870-1967) Schriftstellerin

— * —

1934 erschien in Deutschland ihr Roman ›Die Schaukel‹. Die Autorin hatte dabei den Mut, in einer Fußnote zu bekennen: »Vom Tage an, da die Juden im geistigen Leben zu Einfluß gelangten, machten sich in der gefährlichen Existenz des Künstlers gewisse Chancen fühlbar, daß er nicht mit einer Mühsal wie bisher, die subjektiv gesehen nur zu oft einem Auf-der-Strecke-Bleiben gleichkam, sich durchzuringen hatte . . . Wie dem auch sei: wir sind heute in Deutschland eine kleine Schar von Christen, die sich ihrer Dankesschuld gegenüber dem Judentum bewußt bleibt.«
In der 6. Auflage des Buches mußte der Verlag S. Fischer diese Fußnote auf »höheren Befehl« streichen.
»Solange wenigstens«, meinte Annette Kolb, »hat sich kein Leser gefunden, der der herrschenden Meinung Denunziantendienste leistete.«

Als man einmal Hofmannsthal fragte, was er denn von der Schriftstellerin Annette Kolb halte, gab dieser die verblüffende Antwort:
»Sie ist dumm, aber weise.«
Und merkwürdigerweise pflegte Annette Kolb, anstatt beleidigt zu sein, immer wieder auf diesen Ausspruch hinzuweisen.

Die immer ein wenig neugierige Schriftstellerin konnte sich in einem Mittelmeerhafen nicht entsagen, einen reichlich tätowierten Matrosen zu fragen: »Sagen Sie bitte, geht diese Malerei im Wasser ab?«
»Weiß ich nicht«, sagte der Matrose, »ich habe noch keinen Schiffbruch mitgemacht!«

KOLLE, OSWALT

(geb. 2. 10. 1928) Schriftsteller

— * —

Im Fasching 1970, auf dem Höhepunkt der Sexwelle, kursierte diese Geschichte:
Eine Schar junger Mädchen hat auf einem Münchner Narrenfest Oswalt Kolle coram publico vergewaltigt, um ihm die Grenzen seiner Manneskraft zu beweisen. Begründung der Sex-Erinnyen: »Allzu viel Aufklärung macht die Männer impotent.«

KORNFELD, PAUL

(1889-1957) österr. Dramatiker

— * —

Der junge Paul Kornfeld verkehrte in Prag mit Werfel, Brod, Kafka und einigen anderen Freunden. Zu ihren Neigungen gehörten spiritistische Experimente. Regelmäßig trafen sie sich zu Seancen, wobei sich Kornfeld als stärkstes Medium erwies. Die Sitzungen wurden immer mit der Frage »Ist ein Geist am Tisch?« begonnen, und der Tisch, auf dem die Hände der ›Verschwörer‹ lagen, neigte sich mit höflicher Verbeugung Kornfeld zu.
Als sich diese erstaunliche Szene wieder einmal zutrug, meinte Kornfeld zu seinen Freunden: »Ich glaube doch gar nicht daran – warum nimmt der Tisch mich so ernst?«

KRAUS, KARL

(1874-1936) Schriftsteller

— * —

Kraus unterhielt sich in einem Wiener Kaffeehaus mit einem Journalisten über die schwierige Kunst des Feuilletonschreibens. Da sagte er spontan, was er später als Aphorismus festhielt:
»Ein Feuilleton verfassen, heißt auf einer Glatze Locken drehen.«

Die bitterste Umkehrung auf das ›Volk der Dichter und Denker‹ fand Kraus angesichts des Dritten Reichs. Er prägte das Wort vom ›Volk der Richter und Henker‹.

Einem Wiener Lebemann, der als berüchtigter Frauenkenner galt, passierte das Ungeschick, daß er sich eines Tages trotz all seiner Erfahrung verliebte. Kraus hörte davon und bemerkte in einem Kaffeehaus zu Freunden:
»Wenn sich ein Frauenkenner verliebt, gleicht er dem Arzt, der sich am Krankenbett infiziert: Märtyrer seines Berufs.«

»Im Umgang mit der Sprache«, bemerkte Karl Kraus, »steht der Schriftsteller vor der Aufgabe, eine allgemeine Dirne zu einer Jungfrau zu machen.«

Jemand regte sich auf, daß es einem angegriffenen Politiker gelungen war, gegen eine Zeitungsglosse eine einstweilige Verfügung zu erwirken. Kraus hielt dem Empörten entgegen:
»Satiren, die der Zensor versteht, werden mit Recht verboten.«

Eine sehr muntere und nicht sehr magere Frau wollte Karl Kraus kennenlernen. Ein gemeinsamer Freund brachte sie mit ihm zusammen, und sie glaubte, durch ein Übermaß an Lebhaftigkeit und Witz die größte Wirkung zu erzielen. Als nachher der Freund Karl Kraus nach dessen Eindrücken fragte, meinte der:
»Ich habe noch nie so ausgelassenes Fett gesehen.«

Von einem Redakteur einer großen Wiener Zeitung sagte Karl Kraus:
»Wenn man die Mitarbeiter in analphabetischer Reihenfolge aufzählt, steht er an erster Stelle!«

KUH, ANTON

(20. Jh.) österr. Journalist und Schriftsteller

— * —

Der Wiener Schriftsteller Anton Kuh – da er besser sprach als schrieb, nannte er selber sich einen ›Sprechsteller‹ – hatte sich von einem Freund hundert Kronen ausgeliehen. Er trifft seinen Freund auf der Straße.
»Ich habe dir zwanzig Kronen geliehen, gib sie mir doch zurück.«
»Nein«, sagt Kuh, »du hast mir hundert Kronen geliehen.«
»Nun, gib mir die zwanzig, und wir sind quitt.«
»Nein, nein«, erklärt Kuh, »da bleibe ich dir lieber die hundert Kronen schuldig.«

Jeder Festspielbesucher von Salzburg kennt den Peterskeller, die von Kapuzinermönchen des anstoßenden Klosters betriebene Felsenwirtschaft. Fratres in Kutten bedienen die Gäste, und der Bruder Kastellan ist der Oberkellner, der die Zeche aufschreibt und einkassiert. Als Kuh mit seinem Essen fertig ist und gehen will, ruft er: »Ober, beichten!«

Als man dem international bekannten Schnorrer ein Foto von Hitler zeigte, urteilte er nach langem Abwägen:
»Deutschland ist in den Abort gefallen!«

Als auch ihm die Heere Hitlers keine andere Wahl mehr ließen als nach Amerika zu emigrieren, fügte er sich in sein Schicksal mit dem Trost:
»Schnorrer braucht man überall!«

Einmal kam Anton Kuh zu einem Finanzgroßen – sie hießen zu jener Zeit in Wien in allen Anekdoten Bosel oder Castiglione – und bat ihn um zweihundert Schilling. Der Finanzmann gab ihm nur hundert. Als Anton Kuh sich verabschiedete, sagte er an der Türe:
»Wie ist das jetzt eigentlich, Herr Präsident? Bin ich Ihnen hundert Schilling schuldig oder Sie mir?«

Eines Abends war er bei einem bekannten Berliner Theaterdirektor zum Essen eingeladen. Als er sich zur festgesetzten Stunde im Hause des Gastgebers einfand, teilte ihm das Dienstmädchen mit, der Herr Direktor lasse sich entschuldigen, er habe einen schweren Grippeanfall und müsse das Bett hüten.
Kuh stürmt trotzdem ins Krankenzimmer, bleibt eine halbe Stunde, und die Einladung wird um einige Tage verschoben. Am Vormittag des neuangesetzten Tages erhält der Direktor eine Rohrpostkarte. Darauf steht:
»Im Besitz Ihrer werten Grippe vom 15. ds. bin diesmal ich gezwungen, abzusagen.«

Es war in den letzten Tagen der österreichischen Republik vor dem Einmarsch der Nazis. Anton Kuh debattierte mit dem Minister Pernter und gab Ratschläge, wie Kanzler Schuchnigg mit den Arbeitern reden solle, damit der Einmarsch Hitlers verhindert werden könne. Aber es war zu spät. Kuh glossierte später diese Episode:
»Nach dem ergebnislosen Gespräch bin ich sofort aus Österreich abgereist, da ein Staat, in dem ein aktiver Minister mit einem Kuh spricht, auf jeden Fall verloren ist.«

LABICHE, EUGÈNE

(1815-1888) frz. Lustspielautor

— * —

Eugène Labiche ging ungern aus dem Haus und am wenigsten gern zu Festen und Zeremonien. Einmal mußte er doch bei einem Bankett erscheinen, das Freunde ihm zu Ehren veranstaltet hatten, und nach Tisch wollte er ein paar Worte des Dankes sagen. Da stand er auf, zog ein Blatt aus der Tasche und sagte mit zitternder Stimme:

»Was ich sagen muß, habe ich aufgeschrieben. Sonst hätte ich nicht in Frieden essen können.«

Labiche war krank, und der Arzt setzte ihm drei Blutegel an. Am nächsten Tag untersuchte er Labiche und stellte fest:
»Zwei Blutegel haben gefaßt, der dritte nicht.«
»Warum nicht?«
»Wahrscheinlich schmeckt das Blut ihm nicht.«
»Wenn ihm das Blut nicht schmeckt«, meinte Labiche, »warum ist er dann Blutegel geworden?«

Als der bekannte Lustspielautor Labiche auf dem Sterbebett lag, sagte ein Freund zu ihm:
»Sie werden jetzt bald im Paradies sein und dort meine Frau sehen. Sagen sie ihr doch, daß ich sie noch immer liebe.«
Worauf Labiche erwiderte: »Möchten Sie ihr das nicht selbst sagen?«

LA FONTAINE, JEAN DE

(1621-1695) frz. Dichter

—*—

La Fontaine aß jeden Morgen einen gebratenen Apfel. Einmal legte er den Apfel zum Auskühlen auf den Kaminsims und ging in seine Bibliothek. Ein Freund kam ihn besuchen, sah den Apfel und verzehrte ihn. La Fontaine kam zurück.
»Wer hat den Apfel gegessen, der auf dem Kamin lag?«
»Ich nicht«, log der Freund.
»Das ist dein Glück!«
»Warum?«
»Ich hatte Arsenik hineingetan, um die Ratten zu vergiften.«
»Großer Gott! Arsenik!« schrie der Freund. »Rasch ein Gegengift!«
»Als Gegengift genügt eine Lehre«, meinte La Fontaine lachend. »Nimm nie einen Apfel, der nicht für dich bestimmt ist! Ich werde mir einen andern braten.«

La Fontaine war nachmittags in einer Gesellschaft. Gegen Abend sollte er in der Académie française einen Vortrag halten. Die Gesellschaft war langweilig, und er verabschiedete sich mit der Ausrede auf den Vortrag.
»Aber, Monsieur La Fontaine«, sagte die Hausfrau. »Ihr Vortrag beginnt doch erst in einer Stunde, und auf dem kürzesten Weg sind Sie in zwanzig Minuten in der Académie!«
»Ja«, entgegnete La Fontaine, »aber ich möchte den längsten Weg nehmen.«

LAMARTINE, ALPHONSE DE

(1790-1869) frz. Schriftsteller

— * —

Das Schreiben bereitete Lamartine große Mühe und ermüdete ihn auch.

»Ich verstehe nicht«, sagte er, »daß noch kein Mensch eine Maschine zum Schreiben erfunden hat; es müßte eine Art Klavier sein mit Tasten, deren jede einem Buchstaben entspräche. Statt mit der Feder zu schreiben, würden wir die Tasten niederdrücken, wie man Klavier spielt.«

Fünfzig Jahre später sollte diese Maschine erfunden werden.

Lamartine entschuldigte sich, weil er für seine ›Entretiens littéraires‹ selber Reklame machte.

»Selbst der liebe Gott braucht Reklame«, sagte er. »Wozu hätte er sonst die Glocken?«

LA MOTTE-HOUDAR(T), ANTOINE DE

(1672-1731) frz. Schriftsteller

— * —

Das Drama ›Ines de Castro‹ von La Motte-Houdart hatte ungeheueren Erfolg; es war ein Rührstück, bei dem das ganze Publikum weinte. Nichtsdestoweniger hatte der Autor Feinde, die etliche ins Theater schickten, um zu pfeifen. Einer dieser Leute sagte zu einem Nachbarn: »Ich bitte Sie, pfeifen Sie für mich! Ich muß weinen . . .«

LAMPEDUSA, GUISEPPE TOMASI DI

(1896-1957) ital. Schriftsteller

— * —

Der Autor des weltberühmten Romans ›Der Leopard‹ erzählte gern diese Anekdote:

»Eine Dame der römischen Gesellschaft war die Geliebte eines Bischofs, der eine hohe Stellung im Vatikan innehatte. Als sie von einer Freundin gefragt wurde, warum es denn ausgerechnet ein Bischof sein müsse, sagte sie: »Sie schweigen wie Mauern und zahlen wie Könige.«

LANGEN, ALBERT

(1869-1909) Verleger

— * —

Langens Betriebsamkeit, seine leidenschaftliche Aktivität wurde oft mißverstanden und fehlgedeutet. Ludwig Thoma, sein Chefredakteur am

›Simpl‹, nannte es auf gut Bayrisch ›Gschaftlhuberei‹ und spottete in einem Brief vom 23. Mai 1902: »Ich hoffe, daß Sie in den nächsten Tagen pro Stunde nicht mehr als zehn Ideen haben!«

LANGEWIESCHE, KARL ROBERT

(1874-1931) Verleger

— * —

Nach dem Erscheinen des ersten ›Blauen Buches‹, dem Band: ›Arbeiten und nicht verzweifeln‹ von Thomas Carlyle, der bald darauf mehrere Auflagen erlebte, spazierte Karl Robert Langewiesche, damals noch ein junger Mann, in der Umgebung von Düsseldorf. Da traf er einen Bekannten, der ihn fröhlich begrüßte:
»Ja, ja, Herr Langewiesche, Sie haben es gut. Ihre Damen im Kontor, die arbeiten. Sie aber gehen spazieren und verzweifeln nicht.«

LANGEWIESCHE, MARIANNE

(geb. 16. 11. 1908) Schriftstellerin

— * —

Am 3. 2. 1970 brachte das Kulturmagazin ›Aspekte‹ im Zweiten deutschen Fernsehen einen Beitrag zur sozialen Misere der Schriftsteller. In einem Interview wurde Marianne Langewiesche gefragt, ob für sie so etwas wie eine Altersversorgung existiere.
Antwort: »Meine Altersversorgung ist Veronal – im Winter im Freien eingenommen, dazu Kognak, das soll sehr gut wirken.«

LA ROCHEFOUCAULD, FRANÇOIS VI., DUC DE

(1613-1680) frz. Schriftsteller

— * —

Der Herzog war während der Revolution nach Amerika geflohen. Er sagte: »Als ich in Frankreich war, hatte ich sechzehn Diener. Jetzt habe ich nur noch zwei, und bin besser bedient als damals. Das sind sie!«
Und er hob die beiden Hände.

»Ist der Comte de la Rochefoucauld zu sprechen?«
»Welcher?« fragt der Concierge. »Es wohnen beide Brüder hier.«
Der Besucher überlegt. »Der, dessen Schwester Marie-Anne heißt.«

Der Herzog fuhr bei sehr kaltem Wetter im Wagen nach Versailles. Als er merkte, daß seine zwei Lakaien vor Frost zitterten, nahm er sie zu sich in den Wagen. Das wurde bei Hof sehr bewundert. Da meinte er:
»Ich habe nur bedauert, daß ich nicht auch den Kutscher und die Pferde in den Wagen nehmen konnte.«

LATTMANN, DIETER
(geb. 15. 2. 1926) Schriftsteller und Politiker

— * —

Als sich die Substanz des geschätzten und verehrten Novellisten, Romanciers und gefürchteten Anekdoten-Großwildjägers an einem umfänglichen, fast wissenschaftlichen Epos rieb, verhinderte eine kleine Unvollkommenheit seiner bei der Forschung unentbehrlichen Handbibliothek den letzten durchschlagenden, ja epochalen Erfolg, denn sein Lexikon, dessen Raten bis zum Buchstaben K ausnahmslos pünktlich am fälligen Stichtag mit den entsprechenden Zinsen ohne vorherige Mahnung auf Heller und Pfennig bezahlt worden waren, ermangelte der weiteren Ausgaben. Aus diesem Grunde mußte der Schöpfer sein Weltwissen auf die Buchstaben zwischen A und K reduzieren.
Immerhin kann man sagen, daß Lattmann, obwohl eher menschlich-konservativ zu nennen, der Avantgarde seiner Zeit auf diese Weise mindestens vierzehn Buchstaben voraus ist, denn ›Weglassen-können‹ ist immer noch Kunst, auch heute noch, wo man sie ›modern‹ nennt.

Als Dieter Lattmann gemeinsam mit einem jüngeren Kollegen an einer größeren Arbeit bastelte, erwies es sich als notwendig, daß beide Herren sich ab und zu mal konsultieren mußten. Teffpunkt war Lattmanns Arbeitsraum, eine ehemalige, geschmackvoll umgebaute Waschküche im Keller seines Hauses. Der jüngere Kollege vermißte bei den diversen Besuchen mit Bedauern jegliche Spuren geistiger Getränke, ja selbst nach mißtrauischem Schnuppern konnte er keine halbvollen Flaschen und gebrauchte, versteckte Gläser entdecken, so daß er sich entschloß, nachdem er seine natürliche Schüchternheit überwunden hatte, folgenden mahnend-genialen Satz zu riskieren:
»Herr Lattmann, Ihre Waschküche ist die trockenste von München und Umgebung!«

LAUTENSACK, HEINRICH
(1881-1919) Schriftsteller

— * —

Der hochbegabte bayrische Dramatiker, der Autor der ›Pfarrhaustragödie‹, nahm sich den Tod seines Lieblingsautoren, Frank Wedekind, sehr zu Herzen. Er raste wie ein Hund neben dem Trauerzug her und keuchte immer wieder:
»Tausend Meter für Frank Wedekind! Hunderttausend Meter für Frank Wedekind!«
Nach der Grabrede stürzte er vor und schrie: »Frank Wedekind – dein unwürdigster Schüler Lautensack.«
Dabei rutschte er aus und stürzte ins Grab.

LEGOUVÉ, ERNEST

(1807-1903) frz. Schriftsteller

— * —

Ernest Wilfred Legouvé, Autor von ›Adrienne Lecouvreur‹, sehr geschätzt wegen seines gepflegten Stils, hatte einen Diener, der ihm sehr ergeben war, aber weder schreiben noch lesen konnte. Eines Tages kam der Diener und bat, sein Herr möge doch einen Brief an eine Cousine in der Provinz schreiben. Legouvé ließ sich verschiedene Daten geben und verfaßte ein kleines literarisches Meisterwerk. Der Diener setzte ein Kreuz darunter. Dann aber sagte er:
»Warum haben Sie keine Nachschrift gemacht? Ein Brief soll doch immer eine Nachschrift haben!«
»Was soll ich schreiben?«
Der Diener kratzte sich; endlich sagte er:
»Schreiben Sie vielleicht als Nachschrift: Verzeih die vielen Orthographiefehler!«

LENAU, NIKOLAUS

(eigtl. Niembsch Edler von Strehlenau, 1802-1850) Dichter

— * —

Es heißt, Lenau habe keine anregenden Getränke, weder Kaffee, Tee noch Wein geschätzt. Deswegen neckte ihn einmal eine junge Ungarin:
»Ein Mann ohne Leidenschaften ist wie ein Ei ohne Salz.«
Lenau sagte gar nichts, sondern zog die Schöne rasch in seine Arme und küßte sie. Als sie wieder freikam, seufzte sie:
»Also doch nicht ganz von Gott verlassen!«

LENCLOS, ANNE, GEN. NINON DE

(1620-1705) frz. Salondame

— * —

Remond, der die Botschafter bei Hof vorzustellen hatte und ein sehr eigentümlicher Mensch war, rühmte sich, von Ninon de Lenclos erzogen worden zu sein.
»Ach ja«, sagte sie, »das habe ich mit dem lieben Gott gemeinsam, daß ich den Menschen gebildet und es nachher bereut habe!«

Ninon war mit siebzig noch schön und begehrenswert. So verliebte sich der Abbé de Chaulieu glühend in sie, aber sie hielt ihn längere Zeit hin. Als sie endlich einen Tag festsetzte und ihn dann auch wirklich erhörte, fragte er, warum sie denn so lange gezögert habe.
»Eine kleine Eitelkeit«, sagte sie lächelnd. »Mir gefiel die Vorstellung, mit siebzig Jahren einen neuen Geliebten zu haben. Und heute bin ich siebzig Jahre alt.«

Ninon hatte ihren Sohn in einem Jesuiten-Kollegium untergebracht. Sie empfahl dem Rektor:
»Bringen Sie meinem Sohn vor allem Religion bei. Denn er ist nicht reich genug, um sie entbehren zu können.«

Ninon de Leclos war in Geldverlegenheit und schrieb einem Bankier; er steckte hundert Goldstücke in einen Beutel und schrieb dazu:
»Hier sind hundert Goldstücke mit tausend Komplimenten.«
Worauf sie die naheliegende Antwort gab:
»Tausend Goldstücke mit hundert Komplimenten wären mir lieber gewesen.«

LENZ, SIEGFRIED

(geb. 17. 3. 1926) Schriftsteller

— * —

In einer Polemik über die Schwierigkeiten des engagierten Erzählers angesichts der Lernprozesse zeitgenössischen Bewußtseins äußerte Lenz:
»Wenn heute einem Erzähler überhaupt noch etwas zugestanden wird, dann dies: er darf den Offenbarungseid leisten, die Unbrauchbarkeit des Universums proklamieren und sich danach im Garten erschießen.«

1970 erhielt Siegfried Lenz nach Max Tau und Erich Kästner den Literaturpreis der deutschen Freimaurer und den Lessing-Ring. In seiner Preisrede über Chancen und Aufgaben der Literatur im wissenschaftlichen Zeitalter sagte er:
»Der Chemiker kennt und verwaltet die Formeln des neuen Kampfstoffs; der Schriftsteller verwaltet die Angst, die von dieser Formel ausgeht. Die Verschiedenartigkeit dieses hebt sich nicht auf, sie ergänzt sich.«

LERNET-HOLENIA, ALEXANDER

(21. 10. 1897) österr. Schriftsteller

— * —

Ein Buchhändler berichtete, daß bei ihm ein Kunde eine holländische Sprachlehre verlangt habe und auf die Auskunft, es sei leider keine am Lager vorhanden, auf einen Band im Schaufenster deutete, auf dem nur der Name des Autors sichtbar war: Lernet-Holenia.

LESSING, GOTTHOLD EPHRAIM

(1729-1781) Dichter und Kritiker

— * —

Klassiker müssen zu vielem herhalten, so auch zu der kürzesten Damenrede, die man verzagten Anfängern, denen gar nichts Eigenes einfällt, immer noch empfehlen kann: »Schiller wurde geboren in Marbach. Lessing wurde geboren in Kamenz. Es leben die Damens!«

Ein Jugendfreund Lessings schrieb eine Abhandlung ›Über Verstand und Glück‹, die er dem Dichter widmete. Lessing las das Titelblatt und rief: »Mensch, wie kannst du über zwei Dinge schreiben, die du nie gehabt hast?!«

Ein Schmierendirektor erzählte mit großem Stolz, daß er ›Nathan den Weisen‹ aufführen wolle.
»Wer wird den Nathan spielen?« fragte Lessing.
»Ich«, erklärte selbstbewußt der Direktor.
Woraufhin Lessing fragte:
»Und wer den Weisen?«

Lessing ging mit Bekannten spazieren. Sie kamen an einem Galgen vorüber, an dem noch ein Delinquent hing.
»Machen Sie schnell eine Grabinschrift auf den Gehängten«, schlug einer seiner Begleiter vor.
»Nichts leichter als das«, sprach Lessing. »Hier ruht er, wenn der Wind nicht weht.«

Nach Lessings Tode hatte man seine langjährige Haushälterin gefragt, wie denn der Dichter gelebt hätte. Ihre Antwort verblüffte die Frager: »Nu, er tat nischt, er taugte nischt und rochte viel!«

LEWIS, SINCLAIR

(1885-1951) amerik. Schriftsteller

— * —

Sinclair Lewis ließ ein Mysterienspiel in Szene setzen. Als der Direktor auf die Bühne kam, fragte er:
»Wer sind denn diese zwölf Kerle in Nachthemden?«
»Das sind die zwölf Apostel.«
»Was? Mehr als zwölf gibt es nicht? Auf einer so großen Bühne? Unmöglich! Ich will mir nicht nachsagen lassen, daß ich gespart habe! Bei der nächsten Probe muß ich mindestens hundert Apostel sehen!«

Der Schriftsteller wurde gefragt:
»Was ist das für ein Gefühl, berühmt zu sein?«
»Oh, eine Plage ist es!«

LILIENCRON, DETLEV VON
(1844-1909) Dichter

— * —

Liliencron lebte Ende der achtziger Jahre in München und machte häufig Ausflüge in das Dachauer Moos. Wie mancher Norddeutsche stieß er bei den Bayern auf Unverständnis, wenn er von seinem geliebten Tee nicht lassen mochte. Als er einmal in einem Wirtshaus bei Dachau Tee bestellte, bekam er zur Antwort:
»An Dääh? Den gibt's vielleicht bei de Breißn, bei uns gibt's a Bier. Wann S' aba krank san, dann nehma S' am bestn a Abführmittel. Dös macht schneller gsund und huift bessa wiar a Dääh.«

Als der Dichter von einem jugendlichen Verehrer einen glühenden Brief bekommen hatte, antwortete er diesem: »Ich habe Ihren lieben, frischen, interessanten Brief an meine Verleger Schuster & Löffler weitergegeben, damit sich diese auch freuen und trösten können, denn ich gehe noch immer schlecht, zu ihrem Kummer.«

In jenem gewissen Alter, in dem Männer sich altwerden fühlen, suchte auch Liliencron einen Arzt auf und ließ sich untersuchen.
»Na, es geht noch«, meinte der Doktor. »Aber Wein, Weib und Gesang – damit sollten Sie Schluß machen.«
Darauf der Dichter: »Zunächst werde ich das Singen einstellen.«

LIPPMANN, WALTER
(geb. 23. 9. 1889) amerik. Publizist

— * —

Ein junger Journalist debattierte mit Lippmann über den befürchteten dritten Weltkrieg:
»Den werden nur noch Automaten entscheiden. All diese Fernlenkwaffen, Raketensysteme – dazu braucht man doch gar keine Menschen mehr.«
Lippmann: »Doch. Die paar Leute, die den Krieg anfangen.«

In einer Redaktionskonferenz hatte der berühmte Journalist eine sehr optimistische politische Prognose gegeben. Ein Kollege fragte erstaunt:
»Sagen Sie doch bitte, Mr. Lippmann, wenn Sie so optimistisch sind, warum gehen Sie dann immer mit so sorgenvoller Miene umher?«
»Sie verstehen mich einfach nicht«, entgegnete Lippmann ärgerlich, »mein Optimismus macht mir ja gerade solche Sorgen.«

LONDON, JACK
(1876-1916) amerik. Schriftsteller

— * —

Jack London hatte einem Magazin eine Geschichte nicht zum vereinbarten Termin abgeliefert. Der Herausgeber mahnte vergebens; endlich ging er in Jack Londons Hotel und sandte ihm eine Botschaft:
»Mein lieber London, wenn ich die Geschichte nicht binnen vierundzwanzig Stunden habe, komme ich zu Ihnen ins Zimmer und befördere Sie mit Fußtritten hinunter.«
Darauf erwiderte London:
»Mein lieber Dick, wenn ich nur mit den Füßen arbeiten würde, könnte ich auch meine Termine einhalten.«

LONGFELLOW, HENRY WADSWORTH
(1807-1882) amerik. Dichter

— * —

Als Longfellow berühmt war, wollten zahllose Leute ihn sprechen oder wenigstens sehen. Ein Engländer erschien bei ihm und sagte:
»Da es in Ihrem Lande weder Ruinen noch Altertümer gibt, wollte ich wenigstens Sie gesehen haben.«

LÖNS, HERMANN
(1866-1914) Schriftsteller

— * —

Löns schildert einen alten Heide-Schäfer, der von einem Spaziergänger gefragt wird: »Was denken Sie denn so, guter Mann, wenn Sie Tag für Tag hier in der Einsamkeit weiden?«
Der Schäfer: »Sinn Se denn so dumm, dat Se jümmers watt denken mütt?«

LONSDALE, FREDERIC
(1881-1954) engl. Dramatiker

— * —

Lonsdale war mit einem Freund bei einem schlechten Stück. Nach dem ersten Akt sagt er zu seinem Freund:
»Gehen wir!«
»Das können wir doch nicht; wir haben Freikarten.«
Mitten im zweiten Akt steht Lonsdale auf.
»Wohin?« fragt der Freund.
»Ich will die Plätze bezahlen«, erwidert Lonsdale.

LOTI, PIERRE
(1850-1923) frz. Schriftsteller

— * —

Die Theosophin Annie Besant empfahl dem Schriftsteller Pierre Loti unbedingte Keuschheit. Er erwiderte:
»Ich muß doch noch ein paar Jahre über Ihre Lehren nachdenken, um sie wirklich zu erfassen. Und dann werde ich wahrscheinlich so weit sein, daß ich sie befolge.«

LOUYS, PIERRE
(1810-1925) frz. Dichter

— * —

Als Pierre Louys aufgefordert wurde, für den ›Temps‹ zu arbeiten, sagte der Direktor der Zeitung:
»Das wird Sie sehr bekannt machen!«
»Wenn ich nicht schon bekannt wäre«, erwiderte Louys, »hätten Sie mich nicht zur Mitarbeit aufgefordert.«

LUFT, FRIEDRICH
(geb. 24. 8. 1911) Theaterkritiker

— * —

Ein Schauspieler rief Friedrich Luft an:
»Ich wollte Ihnen nur mitteilen, daß ich heute die Rolle von Ernst Deutsch übernommen habe, er ist erkrankt.«
Luft: »Vielen Dank für die Warnung.«

Ein junger Autor bringt Luft das Manuskript eines Theaterstücks und erbittet seinen Rat, an welche Bühne er sich am besten wenden solle.
Nach drei Wochen erhält er das Opus mit der Bemerkung zurück: »Da kann ich Ihnen auch nicht helfen.«
Der junge Autor betrachtet das Manuskript und stellt fest, daß kaum ein paar Seiten Lesespuren aufweisen. Empört ruft er den Theaterkritiker an und beschwert sich: »Sie haben das Stück ja nicht mal gelesen.«
»Doch«, antwortet Luft. »Wenn ich wissen will, wie eine Torte schmeckt, brauche ich auch nicht 360 Grad ringsherum zu essen.«

MAETERLINCK, MAURICE
(1862-1949) belg. Schriftsteller

— * —

Maeterlinck war in einer Buchhandlung, als ein Kunde eintrat, unter den Büchern stöberte und schließlich auch in Maeterlincks ›Leben der Bienen‹ las. Maeterlinck war sehr stolz, weil der Kunde sich von dem Buch

gar nicht trennen konnte. Da wandte der Mann sich zu dem Buchhändler und fragte:
»Haben Sie nicht etwas Ähnliches über das Leben der Fliegen?«

1942 feierte der belgische Dichter seinen 80. Geburtstag, Sam Goldwyn bat ihn: »Machen Sie mir ein Treatment aus Ihrem besten Buch, alles übrige besorgen wir!«
Der Nobelpreisträger schickte den Entwurf nach Hollywood, aber Goldwyn hatte keine reine Freude bei der Lektüre, schließlich schrie er seinen Chefdramaturgen an: »Diese Europäer, diese Dichter . . . sie sind doch alle verrückt. Da schickt mir einer einen Filmstoff, und die Heldin ist eine Biene.«

MAILER, NORMAN

(geb. 31. 1. 1923) amerik. Schriftsteller

— * —

»Wenn man die Schlachthäuser sieht«, sagte Mailer, »weiß man, wie es um den Menschen steht.«

In den sechziger Jahren ging Mailer, wie zahlreiche Schriftsteller in aller Welt, dazu über, politische Kritik nicht nur in seinen Büchern, sondern auch in unmittelbaren Aktionen zu üben. Im Anschluß an eine Pressekonferenz im Weißen Haus, an der er als Berichterstatter teilgenommen hatte, fragten ihn Journalisten, was er von der wortreichen Mitteilung des Regierungssprechers halte.
»Was kann man schon erwarten?« meinte Mailer. »Ein Regierungssprecher ist ja doch nur ein Mann, der aufstoßen muß, wenn andere gegessen haben.«

MALHERBE, FRANÇOIS DE

(1555-1628) frz. Schriftsteller

— * —

Malherbe hatte einen Prozeß gegen seinen Bruder angestrengt. Ein Freund meinte, unter so nahen Verwandten sollte man doch keine Prozesse führen.
»Gegen wen soll ich denn sonst einen Prozeß führen?« meinte Malherbe. »Gegen die Türken? Gegen die Moskowiter? Mit ihnen habe ich ja keine Erbschaft zu teilen.«

Ein Advokat, der sich für einen Dichter hielt, zeigte Malherbe einige Verse, die er fabriziert hatte. Malherbe fragte: »Hatten Sie die Wahl, diese Verse zu machen oder gehängt zu werden?«

»Warum?«
»Weil das die einzige Entschuldigung für diese Verse wäre.«

Malherbe hatte eine sehr schlechte Meinung von den Menschen. Mit Anspielung auf den ersten Brudermord sagte er:
»Kaum waren sie vier auf der Welt, da haben sie schon angefangen, einander zu erschlagen!«

Der Erzbischof von Rouen, d'Harlai, hatte Malherbe zum Mittagessen eingeladen, um ihn nachher zu seiner Predigt zu führen, denn darauf legte der Kirchenfürst großen Wert. Nach dem üppigen Mittagessen döste Malherbe, doch zur Stunde der Predigt rüttelte der Erzbischof ihn wach.
»Ach, um Himmels willen«, sagte Malherbe, »schonen Sie mich! Sie sehen ja, daß ich auch ohne Ihre Predigt ganz gut schlafen kann!«

Malherbe gab einem Bettler, der sichtlich mit vielen Gebrechen behaftet war, ein Almosen. Der Bettler sagte:
»Ich werde darum beten, daß Ihnen . . .«
»Das erlasse ich dir«, unterbrach ihn Malherbe. »Deinem Aussehen nach hast du im Himmel kaum sehr großen Einfluß.«

Malherbe las nicht nur schlecht, er spuckte auch beim Lesen. Darum sagte der Chevalier de Marino von ihm: »Ich habe nie einen feuchteren Menschen und trockeneren Poeten kennengelernt.«

Der Dichter Malherbe war ebenso wohlhabend wie geizig. Als er einmal abends heimging und sein Diener ihm mit der Fackel leuchtete, traf er Herrn de Saint Paul, einen Schöngeist jener Zeit, der ihn anhielt und mit einem Wortschwall überschüttete. Schließlich sagte Malherbe:
»Leben Sie wohl, Monsieur. Ihretwegen habe ich für fünf Sous Licht verbrannt, und das, was Sie mir sagen, ist keinen Denier wert.«

Malherbe war bei dem Dichter Des Portes zu Tisch geladen. Doch bevor man zu essen begann, wollte der Hausherr seinem Gast sein letztes Buch ›Die Leichen‹ schenken.
»Bemühen Sie sich nicht«, meinte Malherbe. »Ich habe schon hineingeschaut. Es lohnt nicht, daß man deswegen mit dem Essen wartet. Ihre Suppe ist bestimmt besser als Ihre Verse.«

Malherbe lag auf dem Sterbebett, und ein Beichtvater spendete ihm in sehr wenig gewählten Ausdrücken Zuspruch. Schließlich begann der Gute auch noch von den Herrlichkeiten des ewigen Lebens zu sprechen, aber da unterbrach ihn Malherbe: »Sprechen Sie nicht davon! Ihr schlechter Stil verdirbt mir den ganzen Appetit!«

MALLARMÉ, STÉPHANE

(1842-1898) frz. Dichter

— * —

Mallarmé las seinen Freunden ein Sonett vor, war aber nicht zufrieden, weil sie auf der Stelle begriffen, was er sagen wollte. Umsonst versuchten die Freunde ihn zu trösten:
»Dein Sonett ist wunderbar!«
Er schüttelte den Kopf.
»Jetzt muß ich es völlig umarbeiten, damit es nicht gleich beim ersten Hören verstanden wird.«

Mallarmé war im praktischen Leben unglaublich naiv und konnte die törichtesten Dinge sagen. Ein Freund von ihm hatte ein Haus bauen lassen, die Vorschriften, betreffend die Höhe, nicht beachtet und erhielt nun die Weisung, ein Stockwerk abzureißen. Da fragte ihn Mallarmé:
»Und welches Stockwerk sollst du abreißen?«

Einmal wurde von Victor Hugo gesprochen, und da sagte Mallarmé:
»Welch großer Dichter wäre Hugo geworden, wenn er etwas zu sagen gehabt hätte!«

Mallarmé hatte einen Vortrag gehalten, der den Hörern sehr gefiel. Nachher stürzte ein Journalist auf ihn zu und bat ihn um das Manuskript, das er veröffentlichen wollte.
»Gern«, erwiderte Mallarmé, »aber ich kann es Ihnen erst morgen geben. Lassen Sie mir Zeit, damit ich ein paar anmutige Unklarheiten hineinbringen kann.«

MALRAUX, ANDRÉ

(eigtl. A. Berger, 1901-1976) frz. Schriftsteller und Politiker

— * —

Als Informationsminister im Kabinett de Gaulle hatte Malraux auch viel mit der unruhigen Jugend in den Schulen und Universitäten zu tun. Als er einmal in einer öffentlichen Diskussion hörte, wie junge Feuerköpfe die herkömmliche Familie negierten, wandte er trocken ein:
»Die Familie besitzt immer noch Vorzüge. Zum Beispiel macht jeder junge Mensch früher oder später die verblüffende Entdeckung, daß auch Eltern gelegentlich recht haben können.«

Der französische Kultusminister setzte sich sehr dafür ein, daß Marc Chagall die Decke der Pariser Oper malen sollte. Seine zweifelnden Kabinettskollegen überredete er:
»Ja, Chagall und keinen anderen! Denn das sage ich Ihnen: hätte ich, ob-

wohl ich wesentlich jünger bin als Chagall, noch halb so viel Phantasie wie dieser alte Maler, ich wäre nie Minister geworden, sondern Romancier geblieben!«

Über de Gaulle, dessen Kulturminister Malraux war, sagte einmal der Schriftsteller:
»Der General hat uns an den Rubikon geführt, um uns dort angeln zu lassen.«

MANN, HEINRICH

(1871-1950) Schriftsteller

— * —

Heinrich Mann hatte gerade das Buch über die Freundschaft zwischen Flaubert und George Sand veröffentlicht, als sich bei ihm ein junger Mann melden ließ mit dem Wunsch, ihn zu porträtieren. Heinrich Mann willigte ein, staunte allerdings nicht wenig über die Arroganz, die der Malerjüngling gleich bei der ersten Sitzung an den Tag legte.
Als sein Porträtist, denkbar uninformiert, einige Schriftstellernamen in die Debatte warf und schließlich gelangweilt fragte: »Kennen sie Flaubert?« antwortete der Autor des ›Untertan‹: »Der besucht mich manchmal, wenn er in Berlin ist.«

Zu Franz Werfel sagte Heinrich Mann in einem Marseiller Hotel, als sie auf der Flucht vor Hitlers Truppen gemeinsam auf das Ausreise-Visum nach den USA warteten:
»Ein Mensch kann eine Weile auf dem Kopf stehen . . . eine Nation länger . . . aber dann muß sie umfallen.«

MANN, KLAUS

(1906-1949) Schriftsteller

— * —

Ein Exemplar seines ›Zauberberges‹ schenkte Thomas Mann seinem Sohn Klaus.
Die Widmung lautete: »Dem hochgeschätzten Kollegen – sein hoffnungsvoller Vater.«

MANN, THOMAS

(1875-1955) Schriftsteller

— * —

Als Thomas Mann am Zürichsee wohnte, soll ein Kaufmann in der Nachbarschaft sich sehr darum bemüht haben, ihn zum Kunden zu werben. Da der Nobelpreisträger nicht reagierte, schickte der Kaufmann ihm eines Tages eine Gänseleberpastete ins Haus. Auf der Begleitkarte stand zu

lesen: »Sollte die Kostprobe Ihnen munden, vertrauen Sie uns bitte Ihre Bestellungen an.«
Thomas Mann sandte dem Kaufmann eine kleine Erzählung, er fügte seine Visitenkarte bei, auf der er vermerkt hatte: »Kostprobe. Bei Gefallen bedienen Sie sich bitte im Buchhandel.«

Auf einer Gesellschaft wurde der Jurist Richard Thoma, der mit seiner charmanten Frau gekommen war, dem ebenfalls anwesenden Nobelpreisträger so vorgestellt:
»Frau Thoma's Mann – Herr Thomas Mann.«

Thomas Mann hatte Gerhart Hauptmann in Bozen besucht. Die beiden Dichter unterhielten sich angeregt, wobei Hauptmann, wie immer, den geistigen Getränken seine Verehrung entgegenbrachte. Gern wollte er auch Thomas Mann dazu animieren, der aber lehnte ab, rauchte nur regelmäßig seine Zigarren. Hauptmann, der Nichtraucher war, hatte daran aber seine Freude. Zufrieden damit, daß auch Thomas Mann einer sinnlichen Passion frönte, stieß er aus: »Wenigstens roocht er!«

MANZONI, ALESSANDRO
(1785-1873) ital. Dichter

— * —

Als der deutsche Kritiker Sauer eine lange, gelehrte Schrift über die ästhetischen, politischen und religiösen Grundlagen der ›Promessi Sposi‹ schrieb, sagte Manzoni:
»Der Mann weiß von meinem Roman wahrhaftig erheblich mehr als ich selber.«

Der Schriftsteller Rosini wollte Manzoni besuchen und sagte dem Diener:
»Melden Sie Don Alessandro, daß der Verfasser der ›Nonne von Monza‹ ihn zu sprechen wünscht.«
Der Diener kam mit dem Bescheid zurück:
»Don Alessandro läßt den Autor der ›Nonne von Monza‹ bitten, seinen Namen zu nennen, da er nicht weiß, um wen es sich handelt.«

MARIVAUX, PIERRE
(1688-1763) frz. Dramatiker

— * —

Marivaux' Komödie ›L'amour et la vérité‹ hatte keinen Erfolg. Marivaux saß im Zuschauerraum, und sein Nachbar, der ihn nicht kannte, sagte zu ihm:

»Schrecklich langweilig, dieses Stück!«
»Wem sagen Sie das?« erwiderte Marivaux. »Ich weiß es am besten. Ich bin ja der Autor.«

Marivaux wird von einem Mann angebettelt. Er sieht den Mann an und sagt:
»Wie können Sie betteln gehn, ein junger, kräftiger Mensch wie Sie!«
»Sie haben eben keine Ahnung«, erwidert der Bettler, »wie faul ich bin!«
Marivaux gibt ihm eine Münze.
»Nicht für Ihre Faulheit«, sagt er, »aber für Ihre Ehrlichkeit!«

In der Académie française wurde eine Lobrede auf Fontenelle gehalten, und alle klatschten Beifall. Fontenelle, ziemlich schwerhörig geworden, wußte nicht, um was es sich handelte, und erkundigte sich bei seinem Nachbarn Marivaux:
»Was reden sie denn?«
»Ach, nichts, was Sie angeht«, erwiderte Marivaux. »Man singt nur Ihr Lob!«

MARK TWAIN

(eigtl. Samuel Langhorne Clemens, 1835-1910) amerik. Humorist

— * —

Der kleine Samuel Clemens – später Mark Twain – schwänzte als Junge sehr oft die Schule und wurde dann von seinem Vater recht nachdrücklich bestraft. Einmal sagte sein Vater:
»Du kannst mir glauben, mein Sohn, wenn ich dich strafen muß, schmerzt es mich mindestens ebenso wie dich.«
Worauf der kleine Samuel erwiderte:
»Ja, aber nicht an der gleichen Stelle!«

Als Mark Twain das Manuskript seines ersten Buches zu dem Verleger Carlton brachte, wollte der nichts davon wissen.
Zwanzig Jahre später war Mark Twain ein berühmter Mann. Zufällig traf er in der Schweiz mit Carlton zusammen, und jetzt sagte der Verleger:
»Mein lieber Twain, es gibt einen Menschen, der noch berühmter ist als Sie, und das bin ich. Ich bin keine bedeutende Persönlichkeit, und dennoch hat eine meiner Handlungen mir Weltruf verschafft. Ich habe Ihnen Ihr Manuskript zurückgeschickt, und heute gelte ich bestimmt als der größte Esel der Welt und des Jahrhunderts!«

Mark Twain leitete eine Zeitung. Eines Tages erschien ein Herr und beklagte sich, man habe seinen Tod gemeldet, und er sei lebendiger als je. Twain war hartnäckig und erklärte, sein Berichterstatter sei die Genauig-

keit selbst, und wenn er die Nachricht gebracht habe, so müsse sie auch stimmen. Doch der Besucher wollte keine Vernunft annehmen, beharrte darauf, daß er lebe, und verlangte eine Berichtigung. »Unmöglich!« rief Twain, »meine Zeitung bringt grundsätzlich keine Berichtigung!«
Da lief er Andere zum Anwalt und erreichte, daß Mark Twain gerichtlich aufgefordert wurde, die Nachricht zu dementieren. Nun mußte Mark Twain sich fügen, und das tat er auf seine spezielle Art. Er veröffentlichte in der nächsten Nummer den Namen des Nicht-Verstorbenen unter den Geburtsanzeigen.

Mark Twain besuchte Paul Bourget, der ihn mit der Traditionslosigkeit der Amerikaner neckte.
»Wenn ein Amerikaner nichts Besseres zu tun hat, gelingt es ihm vielleicht doch herauszubringen, wer sein Großvater war«, sagte Bourget.
»Und wenn ein Franzose nichts Besseres zu tun hat«, erwiderte Mark Twain, »gelingt es ihm vielleicht doch herauszubringen, wer sein Vater war.«

Mark Twain schlenderte durch einen Park. Ein kleines Mädchen kam auf ihn zu und fragte, ob sie mit ihm gehn dürfe. Twain fühlt sich geschmeichelt, erzählt ihr eine Stunde lang die schönsten Geschichten, gibt ihr dann einen Nickel und sagt:
»Jetzt geh nachhause, und wenn du groß bist, kannst du deinen Bekannten erzählen, daß du mit Mark Twain spazieren gegangen bist.«
»Mark Twain?« wiederholt das Mädchen und bricht in Tränen aus. »Und ich dachte doch, Sie seien Buffalo Bill!«

Ein Interviewer wollte originell sein und fragte Mark Twain, was er von der Hölle und vom Paradies halte.
»Das kann ich Ihnen nicht sagen«, erwiderte Mark Twain, »denn ich habe da wie dort Freunde und muß darum die strengste Neutralität wahren.«

Twain besuchte Whistler in dessen Atelier.
»Gar nicht schlecht«, sagte er zu einem noch unvollendeten Bild. »Gar nicht schlecht. Nur dort in der Ecke die Wolke würde ich nicht stehn lassen.«
Und damit machte er eine Bewegung, als wollte er über das Bild fahren.
»Um Himmels willen!« rief Whistler. »Geben Sie doch acht! Das Bild ist ja noch naß!«
»Keine Angst«, beruhigte ihn Twain. »Ich habe Handschuhe an.«

Ein Mäßigkeitsapostel hielt eine Rede und sprach so lange, bis er heiser wurde. Da reichte man ihm eine Schale Milch, in die Mark Twain verstohlen einige Tropfen Rum hineingetan hatte. Der Redner trank die Schale leer und sagte:
»Wundervoll! Ausgezeichnet! Wo weiden diese Kühe?«

Mark Twain hatte seiner Frau versprochen, nicht mehr zu fluchen. Eines Tages begann er, radfahren zu lernen, und nach einigen Lektionen fuhr er als einer der ersten auf dem Rad durch die Stadt. Als er heimkam, sagte er:
»Jetzt weiß ich endlich, was fluchen heißt!«
Seine Frau sah ihn vorwurfsvoll an.
»Wie oft hast du mir versprochen, nicht zu fluchen!«
»Ich habe auch gar nicht geflucht«, erwiderte er. »Aber die Leute, die ich angefahren habe – die hättest du hören sollen!«

Eine Dame wollte, daß Mark Twain ihr etwas in ihr Album schreiben solle. Twain tat dergleichen sehr ungern, aber am Ende fügte er sich doch und schrieb:
»Lüge nie!«
Nach kurzer Überlegung schien ihm das doch ein wenig zu streng, und er setzte hinzu:
»Es sei denn, du tust es, um dich in der Übung zu erhalten.«

In Berlin war Mark Twain bei Kaiser Wilhelm zu Tisch geladen. Später ließ der Kaiser ihn grüßen und fragen, warum er denn so schweigsam gewesen sei.
»Sagen Sie dem Kaiser«, erwiderte er, »daß ich geschwiegen habe, weil er ununterbrochen geredet hat und mich nicht zu Wort kommen ließ. Und dazu hatte er das volle Recht, denn er war bei sich zuhause. Wenn er zu mir zum Mittagessen kommt, wird es umgekehrt sein; ich werde reden, und dann darf er den Mund halten.«

Twain ging an einem Friedhof vorbei und sah, daß Arbeiter dort Messungen anstellten.
»Was macht ihr denn da?« fragte er.
»Der Zaun, der den Friedhof umgibt, ist ungenügend. Es soll eine Mauer gebaut werden«, erklärten ihm die Arbeiter.
»Eine Mauer?« meinte Twain. »Wozu? Jene, die drin sind, können nicht heraus, und jene, die draußen sind, wollen nicht hinein.«

Eine Zeitung brachte die Nachricht von Mark Twains Tode.
Daraufhin telegraphierte er der Zeitung:
»Nachricht von meinem Tode stark übertrieben.«

Bei Mark Twain gab es oft Gäste, und man unterhielt sich köstlich über seine Scherze. Ein Gast sagt zu Mark Twains Tochter:
»Ihr Vater ist aber wirklich ungeheuer amüsant!«
»Ja«, erwiderte das Kind. »Wenn Gäste da sind.«

Mark Twain behauptete, in der vornehmen Gesellschaft von New York achte nie ein Mensch darauf, was der andere sagt. Um das zu beweisen, kam er einmal eine halbe Stunde zu spät in ein Haus zum Souper und sagte zu der Hausfrau: »Ich bitte Sie, meine Verspätung zu verzeihen, aber ich mußte noch rasch eine alte Tante umbringen, und das hat ein wenig länger gedauert, als ich erwartet hatte.«
»Das macht gar nichts«, erwiderte die Hausfrau strahlend. »Wir freuen uns, daß Sie überhaupt gekommen sind!«

Ein Bewunderer Mark Twains wollte den Scharfsinn der amerikanischen Post auf die Probe stellen. Er schreibt also an seinen Lieblingsautor einen Brief und adressiert:
»Mr. Mark Twain, Gott weiß, wo.«
Vierzehn Tage später erhält er seine Antwort:
»Gott hat es gewußt, Mark Twain.«

Als Mark Twain noch Redakteur war, erhielt er ein endloses Gedicht zugeschickt, das den Titel trug: ›Warum lebe ich noch?‹
Er schickte es dem Autor zurück und schrieb dazu:
»Weil Sie mir Ihr Gedicht nicht selber gebracht haben.«

Auf einer Vortragsreise geht Mark Twain in einem kleinen Ort rasch zum Barbier.
»Ich muß mich beeilen«, sagt der. »Ich will heute abend zu der Vorlesung von Mark Twain gehn.«
»Da gehe ich auch hin«, erwidert Mark Twain.
»So? Haben Sie schon einen Platz? Es ist alles ausverkauft. Wenn Sie noch nichts haben, werden Sie stehn müssen.«
»Das ist schon ein Pech«, seufzt Mark Twain. »Jedesmal, wenn ich bei einer Vorlesung von Mark Twain bin, muß ich stehn!«

Mark Twain erhält von seinem Chefredakteur den strengen Befehl, nichts mit Bestimmtheit zu behaupten, was er nicht durch eigenen Augenschein feststellen kann. Daraufhin berichtet er über eine Gesellschaft:
»Eine Frau, die sich Mrs. James Jones nennt und zu den gesellschaftlichen Spitzen der Stadt gehören soll, hat, wie es heißt, gestern abend eine Gesellschaft gegeben, bei der eine Anzahl angeblicher Damen anwesend gewesen sein sollen. Die Hausfrau behauptet, die Gattin eines bekannten Anwalts zu sein.«

Mark Twain begegnete einem seiner Gläubiger.
»Was?« sagte der. »Nicht nur, daß Sie mir Ihre Schuld nicht bezahlen, halten Sie es auch nicht für nötig, meine Briefe zu beantworten! Ich habe Ihnen geschrieben, um Sie zu fragen, wann Sie endlich zahlen werden, und habe meinem Brief sogar eine Marke beigelegt. Aber Sie haben nicht geantwortet und die Marke behalten!«
»Mein lieber Herr«, entgegnete Mark Twain gelassen. »Hätten Sie es taktvoller gefunden, wenn ich Ihre eigene Briefmarke benützt hätte, um Ihnen etwas Unangenehmes mitzuteilen?«

Auf Mark Twain hatte stets die Geschichte von einem tüchtigen Burschen Eindruck gemacht, der es zum Millionär gebracht hatte. Seine große Möglichkeit hatte der junge Mensch gefunden, als ein Geschäftsmann ihn sah, wie er eine Stecknadel vom Trottoir aufhob.
Als Mark Twain auf der Suche nach einer Stelle war, streute er einige Nadeln vor die Türe eines großen Geschäftshauses, und als der Chef herauskam, bückte sich Mark Twain und hob die Nadeln auf.
Da hörte er den Kaufmann sagen:
»Haben Sie wirklich nichts Vernünftigeres zu tun, als Stecknadeln aufzuheben? Sie müssen wahrhaftig ein völlig unbrauchbarer Trottel sein!«

Eine Zeitung photographierte die rechte Hand Mark Twains und sandte das Bild an ein Dutzend Spezialisten der Chirographie. Elf antworteten höflich, aber ohne ein ermutigendes Wort. Der zwölfte aber schrieb:
»Der Besitzer dieser Hand hat auch nicht den leisesten Sinn für Humor.«

»Für eine Anekdote braucht es drei Dinge: eine Pointe, einen Erzähler und Menschlichkeit.«

Mark Twain kümmerte sich nicht viel um die Politik. Nur einmal wollte er für seinen Nachbarn, General Hawley, Propaganda machen, der für den Senat kandidierte. Er sagte in einer Wahlversammlung:
»General Hawley verdient eure Stimmen, weil er ein anständiger Mensch ist. Nie werdet ihr einen Armen mit leeren Händen Hawleys Haus verlassen sehen. Und wenn nichts anderes, wird er ihm wenigstens einen Empfehlungsbrief an mich geben.«

Mark Twains wahre Leidenschaft war es, ernste Bücher zu schreiben, doch davon wollten die Verleger nichts wissen; denn ist man einmal als Humorist abgestempelt, so darf man nichts anderes sein wollen. Einmal sollte er vor den Studenten einer amerikanischen Universität reden, und er begann damit, daß er diesmal über eine sehr ernste Frage sprechen wolle. Ein stürmisches Gelächter antwortete ihm. Worauf er erklärte:

»Da Sie mich nicht für fähig halten, zwei ernste Worte zu sprechen, bleibt mir nichts übrig, als mich zurückzuziehen.«
Und das tat er auch.

Als Mark Twain in der Mormonenstadt eine Vorlesung hielt, stritt ein Bürger mit ihm lange über die Polygamie.
Endlich sagte der Mormone: »Können Sie mir auch nur eine einzige Bibelstelle nennen, wo die Polygamie verboten wird?«
»Gewiß«, erwiderte Mark Twain. »Niemand kann zwei Herren dienen.«

Mark Twain fragte den Beamten bei der Gepäckaufgabe auf dem Bahnhof in Washington: »Ist diese Tasche stark genug für den Gepäckwagen?«
Der Beamte hob sie hoch über seinen Kopf und schmetterte sie mit aller Kraft auf den Boden.
»So wird sie in Philadelphia behandelt.«
Dann hob er sie abermals und schlug sie vier oder fünfmal gegen die Seitenwand des Waggons.
»Das hat sie in Chicago zu erwarten«, sagte er.
Dann warf er sie hoch in die Luft, und als sie auf dem Boden landete, sprang er darauf. Die Tasche platzte, und der Inhalt verstreute sich ringum.
»Und so ergeht es ihr in Sioux City«, erklärte er. »Wenn Sie also die Absicht haben, noch weiter zu fahren, so nehmen Sie sie doch lieber zu sich in den Pullmanwagen.«

Mark Twain und William Dean Howells kamen eines Morgens aus der Kirche. Es begann zu regnen.
»Glauben Sie, daß es aufhören wird?« fragte Howells.
»Bisher hat es das noch immer getan«, erwiderte Twain.

Ein junger Autor schrieb an Mark Twain, um ihn zu fragen, ob Fisch gut für das Gehirn sei, und erhielt die Antwort:
»Jawohl, Fisch ist wegen seines Phosphorgehalts gut für das Gehirn. Nach Ihrem Brief zu urteilen, dürften zwei Walfische alles sein, was Sie derzeit benötigen. Nicht gerade die größte Größe, aber ein gutes Mittelmaß.«

»Wo finden Sie denn nur alle Ihre lustigen Geschichten, Mr. Twain?«
»Das will ich Ihnen sagen«, lautet die Antwort. »Immer wenn ich mich dabei erwische, daß ich lache, versuche ich, mich gleich daran zu erinnern, worüber ich eigentlich gelacht habe.«

Mark Twain kehrt von einem Ausflug zurück. Im Zug sitzt er einem Herrn gegenüber und sagt zu ihm:
»Wissen Sie, es ist jetzt zwar verboten zu angeln, aber ganz unter uns, ich habe im Gepäckwagen hundert Pfund der schönsten Barsche, die Sie je gesehen haben.«
»So?« erwidert der Herr, sichtlich interessiert. »Und wissen Sie, wer ich bin?«
»Nein; wer sind Sie?«
»Ich bin der Fischereiinspektor dieses Staates.«
»Nein, wie sich das trifft«, sagt Mark Twain. »Und wissen Sie, wer ich bin? Ich bin der größte Lügner sämtlicher Staaten von Nordamerika.«

Ein Freund Mark Twains spielte leidenschaftlich gern Golf. Mark Twain sah ihm einmal zu, aber der Freund spielte schlecht, traf statt des Balls den Boden, und Mark Twain flogen einige Erdklümpchen ins Gesicht. Nachher fragt der Freund:
»Nun, wie gefällt dir unser Golfplatz?«
»Ich habe nie einen besseren gekostet«, antwortet Mark Twain.

Mark Twain klagte bitter darüber, daß Erzähler von Witzen und Geschichten sich beständig unterbrechen, um zu fragen, ob man die Geschichte schon kenne. Einmal war er mit Henry Irving zusammen. Der große Schauspieler fragte Mark Twain, ob er eine bestimmte Geschichte schon kenne, und Twain sagte höflich: »Nein.« So erzählte Irving weiter, unterbrach sich abermals mit der gleichen Frage, doch als er schließlich knapp vor der Pointe seine Frage abermals stellte, erwiderte Twain:
»Ich kann einmal lügen, ich kann aus Höflichkeit auch zweimal lügen. Aber ein drittes Mal kann ich um keinen Preis lügen; nicht nur daß ich die Geschichte kenne, nein, ich habe sie selber geschrieben!«

MARTINI, FERNANDO

(1841-1928) ital. Dramatiker und Journalist

—*—

Eine sehr fruchtbare Schriftstellerin brachte Martini ihren letzten Roman und bat um sein Urteil.
»Es ist viel Gutes darin«, sagte er, nachdem er das Buch gelesen hatte. »Aber ich möchte Ihnen doch raten, viel, sehr viel zu lesen.«
»Und welche Bücher empfehlen Sie mir?«
»Das ist ganz gleichgültig. Was es auch sein mag!«
»Und welchen Nutzen sollte eine so ungeordnete Lektüre haben?«
»Einen ungeheuren! Während Sie lesen, schreiben Sie nicht.«

In einem Nachbarhaus wurde dauernd auf dem Klavier geklimpert. Martini beklagte sich.
»Aber das Klavier ist doch der König der Instrumente!« meinte die Nachbarin.
»Vielleicht«, erwiderte er. »Aber in der Musik bin ich Republikaner.«

Eine Zeitung, die ›Gazetta d'Italia‹, die scharf gegen die von Martini geleitete Zeitung ›Fanfulla‹ polemisierte, hatte geschrieben, die ›Fanfulla‹ lege es nur darauf an, zum Lachen zu bringen. Da erwiderte Martini:
»Welch ein Unterschied von der ›Gazetta d'Italia‹! Sie bringt nur zum Lachen, ohne es darauf anzulegen!«

MAUGHAM, WILLIAM SOMERSET
(1874-1965) engl. Schriftsteller

— * —

Maugham wohnte einer spiritistischen Seance bei. Shakespeares Geist sollte gerufen werden, doch es war ihm offenbar nicht eilig, und unterdessen schlief Maugham ein. Als er erwachte, war die Seance beendet. Da sagte er zu dem Veranstalter:
»Hoffentlich haben Sie mich bei dem großen Kollegen entschuldigt!«

Somerset Maugham war einmal in hohem Alter an einer schweren Grippe erkrankt. Als es ihm wieder besser ging, er aber noch keine Besuche empfangen durfte, rief eine seiner Verehrerinnen ihn an und fragte, ob sie ihm etwas schicken dürfe, Obst oder Blumen.
»Obst, soviel Sie wollen«, erwiderte er. »Aber für Blumen ist es noch ein wenig zu früh.«

MAUPASSANT, GUY DE
(1850-1893) frz. Schriftsteller

— * —

Maupassant war Beamter in einem Ministerium. In den Notizen, die sein Chef über ihn führte, fand man die Bemerkung:
»Gewissenhafter Beamter, schreibt aber schlecht.«

MAUROIS, ANDRÉ
(1885-1968) frz. Schriftsteller

— * —

Der Biologe Jean Rostand sagte: »Wenn ich nachdenke, strecke ich die Beine lang aus. Und wenn ich schreibe, ziehe ich sie unter den Stuhl.«
»Woraus sich schließen läßt«, meinte Maurois, »daß Sie beim Schreiben nicht nachdenken.«

Ein Kritiker fand, Maurois habe in seiner Weltgeschichte die nationalen Strömungen nicht genügend berücksichtigt. Worauf Maurois erklärte:
»Nur auf einem einzigen Gebiet haben die nationalen Strömungen Ersprießliches geleistet, und das ist die Gastronomie.«

MAUTHNER, FRITZ

(1849-1923) Schriftsteller

— * —

Fritz Mauthner, einst mit Recht sehr geschätzt als Autor der ›Kritik der Sprache‹, der ›Geschichte des Atheismus im Abendland‹ und vieler anderer Werke, ging in Marienbad mit einem jungen Mädchen der Prager Gesellschaft spazieren. In einem Restaurant im Wald tranken sie Kaffee, und dann sollten sie sich in das Gästebuch eintragen! Das junge Mädchen schrieb schwärmerisch:
»Unter diesen schönen Bäumen
Möcht ich ewig, ewig träumen!
Auguste von W.«
Doch Fritz Mauthner schrieb weniger schwärmerisch darunter:
»Unsinn, Aujuste,
Heiraten mußte!«

MAY, KARL

(1842-1912) Schriftsteller

— * —

Häufig machte man Karl May Vorhaltungen, er sei ja nie in den Ländern gewesen, die er so phantasiereich schildere. Was er treibe, grenze an Hochstapelei. Aber der Schriftsteller hatte sich seit langem für solche Attacken die passende Antwort zurechtgelegt:
»War Dante je in der Hölle?«

Auf der Höhe seines Ruhms, etwa 1900, war Karl May von dem Jesuitenkolleg Kalksburg bei Wien zu einem Vortrag eingeladen. Zwei- bis dreihundert Buben lauschten gespannt, und am Ende durften sie auch Fragen stellen. Da wollte einer der Buben den berühmten ›Jagdhieb‹ Old Shatterhands kennen lernen und war bereit, das Opfer zu sein. Das lehnte Karl May ab; dagegen ließ er die Buben den angeblichen Kriegsruf der Apachen hören, und sämtliche Schüler durften einstimmen.
Ob die Apachen ihren Kriegsruf erkannt hätten, ist zweifelhaft.

Als Karl May um 1900 in dem Jesuitenkolleg Kalksburg einen Vortrag hielt, fragte ihn am Ende ein Pater:
»Sagen Sie, Herr May, sind die Geschichten, die Sie geschrieben haben, auch wirklich wahr?«

»So wahr, Hochwürden«, erwiderte May, »wie die Geschichten, die Sie von der Kanzel herab erzählen.«

MECKEL, CHRISTOPH

(geb. 12. 6. 1935) Schriftsteller

— * —

Wie mancher vielgefragte Autor vor ihm wollte Meckel einmal herausbringen, was eine neue Arbeit von ihm wert wäre, wenn nicht sein Name dahinterstünde. Er reichte ein Manuskript bei zwanzig Verlagen unter Pseudonym ein. Alle Verlage lehnten ab.

MEYER, CONRAD FERDINAND

(1825-1898) Schweizer Dichter

— * —

Meyers Ruhm war nicht ganz unumstritten. Man machte ihm gern zum Vorwurf, er würde seinen Ruhm gar zu deutlich als Aushängeschild seiner literarischen Qualität verwenden. Meyer wehrte sich dagegen:
»Ich habe mir die Hände blutig geklettert, ehe ich oben war . . .«

Meyer bekam dauernd Besuch von Leuten, die glaubten, ihm seine Dichtungen vortragen zu müssen und um Urteil baten. Wieder einmal hatte er einen Jüngling zu Gast, der wenig bescheiden seine Arbeitsweise skizzierte:
»Wissen Sie, ich lasse mich bei meinen Werken stets ganz von meinem Genius leiten . . .«
»Da haben Sie aber einen schwachen Mitarbeiter«, konnte Meyer nicht unterdrücken.

Meyer bekam ein Manuskript von einem unbekannten Schriftsteller zugeschickt, der in einem Begleitbrief vor allem auf die Flüssigkeit seines Stiles hinwies.
Meyers Antwort war kurz: »Ihr Stil ist in der Tat flüssig, Ihr Buch sogar überflüssig!«

MEYRINK, GUSTAV

(1868-1932) Schriftsteller

— * —

Auf einer Reise im Österreichischen traf es sich so, daß Gustav Meyrink in einem arg heruntergekommenen Gasthof übernachten mußte. Die ganze Nacht konnte er kein Auge zutun, weil Mäuse – und er fürchtete: auch Ratten – buchstäblich in seinem Zimmer tanzten, während draußen die Katzen jaulten. Am Morgen beschwerte sich der Gast beim Wirt.

Der verlor jedoch keineswegs die Ruhe, sondern erklärte: »Aber Herr von Meyrink, was wollen'S denn? Für die paar Schilling – hätt' ich Ihnen vielleicht sollen eine Treibjagd arrangieren?«

Der Prager Schriftsteller, der sich sehr gern in München und Umgebung aufhielt, pflegte, um keine unnötigen Sentimentalitäten aufkommen zu lassen, zu sagen:
»Die Behauptung, München sei ein Dorf, ist eine pure Übertreibung und Verleumdung, in Wirklichkeit ist München nichts weiter als eine erweiterte Sennhütte.«

Meyrink hatte eine Vorliebe für ungewöhnliche Ereignisse. Ein Freund erzählte ihm von einem Spukhaus in Budapest, das die Behörden jetzt aber gesperrt hätten, kein Mensch dürfe mehr hinein.
Dazu Meyrink: »Wann's interessant wird, sperren sie zu.«

MILLER, HENRY

(geb. 26. 12. 1891) amerik. Schriftsteller

— * —

Auf die Frage eines Journalisten, wo er sich zu Hause fühle, erwiderte Henry Miller:
»Mein Vaterland ist der vierzehnte Bezirk in Brooklyn. Der Rest der USA existiert für mich nicht.«

MILTON, JOHN

(1608-1674) engl. Dichter

— * —

In manchen Ländern durfte der König mit vierzehn Jahren die Regierung antreten, dagegen erst mit zwanzig heiraten. Das fand jemand seltsam und fragte Milton nach dem Grund.
»Es ist eben leichter«, erwiderte Milton, »ein Reich zu regieren als eine Frau.«

Milton war blind, als er zum dritten Mal heiratete; seine Frau war schön, aber von höchst schwierigem Charakter. Einmal sagte der Herzog von Buckingham zu ihm, seine Frau sei schön wie eine Rose.
»Ich weiß«, erwiderte Milton, »an den Farben kann ich mich nicht erfreuen, aber ich merke es an den Dornen.«

MOHN, REINHARD

(geb. 29. 6. 1921) Verleger

— * —

Reinhard Mohn, Konzernherr über das größte deutsche Verlagsunternehmen, fand auch Spaß an Geschäften mit Schallplatten, in der Filmbranche und – nicht zuletzt mit Hühnerfarmen.
Einmal grübelte der Unternehmer: »Wofür soll ich mich nun entscheiden? Je zwei meiner Legehennen bringen jährlich so viel wie ein Leseringmitglied. Mit den Hennen ist das halt viel einfacher.«

Als der Chef der Verlagsgruppe Bertelsmann für einen Scheck in Höhe von 300 Millionen Mark ein Drittel des Springer-Presseimperiums erworben hatte, war er endgültig ein Mann von politischer Machtfülle geworden. Die Journalisten begannen, sich intensiv für ihn zu interessieren.
In den Presseberichten hieß es: »Der Herr über Millionen Bücher liest am liebsten Bilanzen.«

MOLIÈRE

(eigtl. Jean Baptiste Poquelin, 1622-1673) frz. Komödiendichter

— * —

Molière war einige Tage krank. Der Diener ruft den Arzt und meldet seinem Herrn:
»Der Doktor ist gekommen.«
»Der Doktor?« erwiderte Molière. »Sag ihm doch, daß ich krank bin und niemanden empfangen kann!«

Man warf Molière vor, er sei im ›Tartuffe‹ zum Prediger geworden.
»Wenn man auf der Kanzel Komödie spielt«, meinte er, »warum soll ich nicht auf der Bühne predigen?!«

Molière geriet in einen hitzigen Disput mit dem Advokaten Fourcroy, der mehr durch die Kraft seiner Stimme als durch die Kraft seiner Argumente zu wirken pflegte.
Endlich wendet sich Molière an Boileau und sagt:
»Was vermag die Vernunft mit einem dünnen Stimmchen gegen so ein Maul?!«

Ein Geiziger sagte nach der Vorstellung von Molières ›L'avare‹:
»Es ist viel Gutes an diesem Stück, und man kann nur profitieren, wenn man die gesunden Geschäftsprinzipien anwendet, die darin enthalten sind.«

Der Erzbischof Harlay wollte Molière ein Grab in geweihter Erde verweigern. Die Witwe wandte sich endlich an den König.
»Wie tief reicht die geweihte Erde?« fragte der König den Erzbischof.
»Zwölf Fuß tief«, erwiederte Harlay.
»Nun, dann begrabt ihn eben fünfzehn Fuß tief«, entschied Ludwig XIV.

MOLNÁR, FERENC

(1878-1952) ungar. Schriftsteller

— * —

Molnár war zum Abendessen bei einem neureichen Holzhändler eingeladen. Der Gastgeber wartete mit köstlichen Speisen auf, konnte es sich aber nicht verkneifen, die Preise der Delikatessen ins Gespräch zu flechten. Als Molnár das zu viel wurde, bat er:
»Kann ich noch etwas von dem Kaviar für fünfzig Kronen haben?«

Als Franz Molnár eine hervorragende ungarische Schauspielerin heiratete, fragte ihn ein Freund:
»Warum gehst du zur Hochzeit nicht im Frack?«
Worauf Molnár erwiderte:
»Den Frack trage ich nur zu Premieren.«

Molnár hatte zwei Methoden, unangenehme Besucher abzuweisen. Gleichgültigen Leuten sagte seine Sekretärin:
»Es tut mir leid, Herr Molnár ist eben ausgegangen.«
Unsympathischeren aber sagte sie: »Herr Molnár ist eben ausgegangen. Wenn Sie sich beeilen, können Sie ihn vielleicht noch einholen.«

Der Geiz des erfolgreichen und wahrscheinlich reichsten Schriftstellers seiner Zeit war legendär. Auf Bettelbriefe antwortete er mit einem vorgedruckten Schreiben:
»Da ich mir Ihre Freundschaft erhalten möchte, sehe ich mich leider außerstande, Ihnen etwas zu leihen.«

Manchmal überstieg der Geiz des ungarischen Schriftstellers alle Vorstellungskraft. So schickte er einem Freund seinen Roman »Grüne Husaren« mit folgender Widmung: »Meinem Freund X. Y. zum Preise von drei Dollar achtzig herzlichst gewidmet.«

Schicksalsschläge hatten den Charakter des Dichters in den letzten Jahren völlig verändert. Keine Spur mehr von Geiz, im Gegenteil, er half, wo er konnte und finanzierte die Überfahrt nach Europa vielen ehemaligen Emigranten. Sorgten sich von nun an seine Freunde:
»Er schreibt jetzt Schecks leichter als früher Autogramme.«

Zum Ausbruch des Zweiten Weltkrieges befindet sich Molnár in Genf. Beim amerikanischen Konsul bemüht er sich um ein Visa in die USA, wo er auf Banken ein riesiges Vermögen lagern hat. Der Konsul fragt ihn, wo er sich in den Staaten niederlassen wolle.
Molnár antwortet: »In der Nähe meiner Bank!«

Nach der Scheidung von seiner Frau Margit Veszi besaß Molnár nie wieder eine Wohnung. Ruhelos pendelte er zwischen Budapest, Wien, Berlin, London und New York. Selbstironisch schrieb er einem Freund: »Ich habe eine Fünfzimmerwohnung – in jeder der fünf Städte ein Hotelzimmer.«

MONTHERLANT, HENRY DE

(1896-1972) frz. Schriftsteller

— * —

Eine Frau lag im Evaskostüm am Sylter Nacktbadestrand. Eine Schulklasse, alle bekleidet, kam des Wegs, und der Frau, die sonst nicht prüde war, erschien ihr Zustand auf einmal nicht mehr passend. Was tat sie? Sie legte das Buch, in dem sie gerade las, auf ihre Blöße. Nun konnten die vorübergehenden Buben und Mädchen den Titel studieren. Es war Montherlants ›Erbarmen mit den Frauen‹.

In seiner Pariser Wohnung hat der Dichter ein besonders langes Arbeitszimmer, an dessen Ende sein Schreibtisch steht. Eines Tages werden zwei Besucher gemeldet, die etwas überrascht sind von der Anordnung des Raumes. Verlegen schieben sie sich ein Paket gegenseitig in die Hände und wissen nicht, wie sie sich dem Dichter nähern sollen.
Dieser vermutet ein Attentat und ruft aus einem Nebenzimmer die Polizei herbei. Als diese kommt, stößt er ganz erleichtert hervor: »Zweifellos verdanke ich es nur der Größe meines Arbeitszimmers, daß ich noch lebe.«
»Jedenfalls verdanken Sie Ihrem Arbeitszimmer, daß wir hier sind« sagte ein Inspektor, nachdem sie die »Bombe« besichtigt hatten, »sonst hätten Sie nämlich erkannt, daß es sich um einige Ihrer Bücher handelt, die man Ihnen zum Signieren vorlegen wollte.«

MOORE, GEORGE

(1852-1933) ir. Schriftsteller

— * —

Der irische Schriftsteller George Moore, der bis ins hohe Alter sehr rüstig war, wurde gefragt, wie er das angestellt habe.
»Nun«, erwiderte er, »ich habe keinen Alkohol, keinen Tabak und keine Frau angerührt – bevor ich elf Jahre alt war.«

George Moore fuhr mit einem Freund im Schnellzug durch Irland. »Sieh nur diese herrliche Landschaft!« rief er begeistert. »Schade, daß der Zug so rasch fährt! Fünf Pfund gäbe ich dafür, wenn ich wenigstens ein paar Minuten hier bleiben könnte, um mir dieses Bild für alle Zeiten einzuprägen!«
»Dieser Wunsch kann dir erfüllt werden«, erwiderte der Freund und zog die Notbremse. Der Zug hielt ein paar Minuten, und Georg Moore mußte fünf Pfund Strafe zahlen.

MORGENSTERN, CHRISTIAN
(1871-1914) Dichter

— * —

Morgenstern war bekanntlich ein sehr ernster Humorist. In einer Zeit, in der er vorwiegend Gedichte schrieb, die andere Leute als heiter empfanden, gestand er einem Freund:
»Ich lebe davon, daß ich meinen Humor verkaufe, dabei sieht es in mir aus wie in einem Trauerspiel.«

MÖRIKE, EDUARD
(1804-1875) Dichter

— * —

1834 war Mörike Pfarrer in Cleversulzbach geworden. Seiner Vorliebe folgend, richtete er sich dort mit zahlreichen Haustieren ein. Die einen nannte er »solche, die stinken und zugleich singen«, andere »rein singende«, »rein stinkende« und eine vierte Gruppe »solche, die weder stinken noch singen.«.
Einmal soll Mörike mit dem schwärmerischen Emanuel Geibel bei Abendsonnenschein einen Spaziergang in die Umgebung gemacht haben. Als Geibel von den rotgefleckten Abendwolken hingerissen als von »himmlischen Feuergeistern« sprach, sagte Mörike begütigend: »Mir heißet des oifach Schäfle.«

MORRIS, WILLIAM
(1834-1896) engl. Dichter

— * —

Als William Morris zum letzten Mal Paris besuchte, aß er immer im Restaurant des Eiffelturms und arbeitete dort auch.
»So sehr lieben sie den Turm?« fragte ein Freund.
»Lieben?« war die Antwort. »Es ist der einzige Ort, von dem aus ich das verdammte Ding nicht sehen muß!«

MOUHY, CHARLES DE

(1701-1784) frz. Schriftsteller

— * —

Der Marschall de Belle Isle beauftragte Mouhy, ihm eine Geliebte zu suchen.
»Ich habe die Richtige für Sie«, sagte Mouhy nach einiger Zeit. »Ein junges Mädchen, jung, schön, frisch, unberührt. Und dazu hat sie noch einen unschätzbaren Vorteil.«
»Und zwar?«
»Sie ist taubstumm. Da werden die Staatsgeheimnisse gut behütet sein.«

MURGER, HENRI

(1822-1861) frz. Schriftsteller

— * —

Henri Murger war ein begeisterter, aber nicht gerade glücklicher Jäger. Ein Bauer schenkte ihm aus Mitleid einen lebendigen Hasen, den sollte der Schriftsteller schießen, um sich vor seinen Freunden rühmen zu können. Murger band den Hasen mit einer Schnur an einen Baum, und dann schoß er. Doch er traf nicht den Hasen, sondern die Schnur, und der Hase lief davon.

Henri Murger, der Dichter der ›Bohème‹ war ein äußerst schüchterner, stiller Mensch. Dagegen hatte er eine recht stürmische Freundin.
»Du hast kein Temperament«, klagte sie, »nenn mich eine Dirne und wirf mir fünf Francs hin!«
Murger tut ihr den Gefallen. Gegen Abend fragt er sie: »Würdest du mir jetzt auch einen Gefallen tun?«
»Alles, was du willst, mein Engel!«
»Dann nenn mich Alphonse und gib mir meine fünf Francs zurück.«

MUSIL, ROBERT

(1880-1942) österr. Schriftsteller

— * —

Musil war für seine Leser nicht leicht zu lesen. Er war das, was Stendhal einmal einen »philosophischen Erzähler« genannt hat. Musil rechtfertigte sich:
»I hab mi plagt, wie i gschrieben hab, soll'n sich die andern auch plagen beim Lesen!«

Als Musil seinen 50. Geburtstag feierte, von dem offiziell kaum einer Kenntnis nahm, spöttelte er:
»Es sieht so aus, als ob ich schon gestorben sei!«

NABOKOV, WLADIMIR

(geb. 23. 4. 1899) amerik. Schriftsteller russ. Herkunft

— * —

Der Bestseller-Autor reiste durch die Staaten und langweilte sich eines Abends in einem Provinznest derart, daß er in der Bibel las. Plötzlich rutschte zwischen den Seiten ein Zettel und ein 10-Dollar-Schein heraus. Auf dem Zettel stand: »Öffnest du dieses Buch aus Verzweiflung, so nimm diesen Schein, damit kannst du das Zimmer und Frühstück bezahlen. Brauchst du das Geld nicht, so lies in dem Buch und lege den Schein wieder zurück. Ein Bruder.«
Der Zettel hatte aber noch ein Postskriptum: »Ich habe es mir überlegt und sage dir jetzt die Wahrheit. Nimm das Geld und geh in die Hotelbar und versuche den Gin-Fizz, den sie hier mixen. Du wirst gern meiner gedenken.«

NESTROY, JOHANN

(1801-1862) österr. Schauspieler und Dramatiker

— * —

Die Preußen konnte Nestroy nicht sonderlich leiden, obwohl man ihm bei seinen Gastspielen in Berlin heftig applaudiert hatte. 1861, am Krönungstag des Prinzregenten von Preußen, gab man im Carltheater in Wien ›Orpheus in der Unterwelt‹ mit Nestroy als Jupiter. In der Szene zwischen Jupiter und Styx verlangte Nestroy an diesem Abend von seinem Partner: »Bring mir die Krone und leg sie auf den Tisch.« Als das geschehen war, nahm er die Pappkrone und setzte sie sich auf mit den Worten: »Und so nehme ich die Krone vom Tisch des Herrn.«
Die Parodie war überdeutlich, und das Publikum brach in Beifall aus. Anderntags wurde Nestroy von der Polizei mit der Ordnungsstrafe von 15 Gulden belegt. Als er wenige Stunden später wieder auf der Bühne dem Styx gegenüberstand, war das Auditorium atemlos gespannt. Es ereignete sich derselbe Wortwechsel wie am Vorabend, doch als Nestroy sich die Krone aufsetzte, wischte er sich den Mund, zögerte und brummte dann mürrisch:
»Ich hab's mir was kosten lassen.«

Eine Schauspielerin, die einmal auch in Nestroys Gunst gestanden hatte, das aber nicht allein, war gestorben, alle ihre Sachen sollten versteigert werden, da keine Erben vorhanden waren. Man wußte, daß alle Kleidungsstücke und der Schmuck Dienstleistungen für amouröse Abenteuer gewesen waren. Jüngere Kolleginnen von Nestroy wollten nun gar zu gern die Dinge erstehen, allein die Preise waren zu hoch, dementsprechend klagten die Maderln.
Nestroy aber glossierte nur ihr Geschrei: »Diese Maderln, sie möchtn die Sachn am liebsten zum Selbstkostenpreis!«

Der Theatersekretär Franz vom Theater an der Wien war unbeliebt beim gesamten Personal. Eines Tages fragten die Schauspieler, was sie Franz, der Geburtstag habe, schenken könnten. Das Geschenk sollte etwas ganz Neues sein, nicht viel Geld kosten und allen eine Freude machen. Nestroy brauchte nicht lange nachdenken:
»Da weiß ich was. Hängt den Franz auf! Das ist neu, kostet nichts und macht allen Freude!«

Der Direktor eines kleinen, mäßig besuchten Theaters klagte Nestroy, das Haus sei voller Mäuse.
»Das wundert dich?« fragte Nestroy. »Wo doch keine Katz hineingeht!«

Ein Souffleur sagte zu Nestroy:
»Sagen's, Herr Nestroy, könnten's nicht irgendein deutsches Wort für Souffleur finden?«
Daraufhin schlug Nestroy vor:
»Kastengeist!«

Als Nestroy im Sterben lag, versammelten sich ein paar Freunde um sein Bett, und für die hatte der Sterbende auch noch ein Bonmot parat:
»Tröstet Euch, i glaub nit, daß ihr so lange über mich weinen werd't wie ihr über mich g'lacht habt!«

NEUMANN, ROBERT

(1897-1975) österr. Schriftsteller

—*—

Eine Autorenrunde saß im Romanischen Café zu Berlin. Neumann kam herein, noch wütend.
»Unerhört«, sagte er. »Hat mich der Schaffner in der Tram doch angesehen, als ob ich nicht bezahlt hätte!«
»Und was hast du gemacht?« wollten die anderen wissen.
»Nun«, meinte Neumann. »Ich hab ihn eben angesehen, als ob ich bezahlt hätte.«

In seinem 1970 erschienenen Buch ›Deutschland, deine Österreicher‹ entwirft Robert Neumann folgendes Bild Wiens:
»Snack Bar, Espresso und Powidl, ein Hauch von Knoblauch und Karajan, von Paprika und Eroika flutet provinziell mondän in einem Kaiserlüftl darüber hin . . .«

NICCOLINI, GIOVANNI BATTISTA
(1782-1861) ital. Dramatiker

— * —

Niccolini verwaltete die Bibliothek des Großherzogs von Toscana. Doch eines Tages gab er die Stelle auf.
»Schade«, sagte der Großherzog, »ich war so zufrieden mit Ihnen.«
»Hoheit«, erwiderte Niccolini, »zum Zufriedensein gehören zwei.«

NOAILLES, ANNA-ELISABETH, GRÄFIN
(1876-1933) frz. Dichterin

— * —

Die Comtesse de Noailles konnte es dem Papst Benedikt XV. nicht verzeihen, daß er während des Ersten Weltkrieges nicht mit mehr Nachdruck zwischen den Kriegführenden vermittelt hatte. Als er starb, blieb sie darum auch ganz ungerührt. Ein befreundeter Geistlicher meinte:
»Immerhin, es ist doch ein Papst, der gestorben ist!«
Da sagte die Comtesse:
»Ein Papst, der stirbt, ist ein Botschafter, der an den Sitz seiner Regierung zurückkehrt.«

NODIER, CHARLES
(1780-1844) frz. Schriftsteller

— * —

Nodier war Beamter in einem Ministerium. Eines Tages sagte sein Minister zu ihm:
»Ich höre, daß Sie immer zu spät ins Bureau kommen.«
»Ja, Herr Minister«, erwiderte Nodier, »ich gehe immer rechtzeitig fort; aber mein Weg führt mich an einem Kasperltheater vorbei, und da muß ich stehn bleiben.«
»Merkwürdig«, sagte der Minister, »daß wir uns dort noch nie getroffen haben!«

Ein Freund warf Charles Nodier vor, daß er in seiner Prosa ständig die längsten Adverbien verwende.
»Mein Lieber«, erwiderte Nodier, »ein Wort von acht Silben füllt eine Zeile, und für eine Zeile bekomme ich einen Franc.«

In der Académie française wurde über etliche Wörter für das berühmte Dictionnaire beraten. Als man vom Hummer sprach, schlug ein Akademiker vor:
»Roter Fisch, der sich rückwärts bewegt.«
Da sagte Nodier: »Der Hummer ist nicht rot, er ist kein Fisch, er bewegt

sich nur rückwärts, wenn er es gerade aus irgendeinem Grund tun will. Sonst aber ist Ihre Definition vorzüglich.«

NOSSACK, HANS ERICH

(geb. 30. 1. 1901) Schriftsteller

— * —

Auf die Frage, ob er vom Bücherschreiben leben könne, erklärte Hans Erich Nossack einem Interviewer:
»Geist ist allenfalls etwas, was man sich am Feierabend leisten kann, wenn man tagsüber gut verdient hat. Trotzdem muß man es immer wieder versuchen.«

OELLER

(geb. 19. 10. 1922) Fernsehdirektor

— * —

Bevor Oeller zum Fernsehdirektor beider Programme des Bayerischen Rundfunks ernannt wurde, hatte Intendant Wallenreiter auch mit dem Bremer Rundfunkmann Abich verhandelt. Daraufhin kursierte im Münchner Funkhaus der hoffnungsheischende Satz:
»Es ist noch nicht oeller Tage abich.«

OJETTI, UGO

(1871-1946) ital. Schriftsteller

— * —

Ugo Ojetti las eines Tages dem berühmten Schauspieler Flavio Ando sein neues Stück vor. Er hatte aber die Stunde gewählt, da der Schauspieler gewohnt war, seine Siesta zu halten. Doch Ando war zu höflich, um das zu sagen, andererseits zu müde, um wach zu bleiben. Und so schlief er nach der ersten Szene ein. Ojetti wiederum war zu höflich, um ihn zu wecken, blieb ruhig sitzen und rauchte zwanzig Zigaretten. Dann schlug er auf den Tisch und sagte laut:
»Und nun fällt der Vorhang zum letzten Mal!«
Der Schauspieler erwachte jäh, fand sich zurecht, setzte eine strenge Miene auf und erklärte:
»Kürzen, mein Lieber . . . da muß energisch gekürzt werden . . . es ist viel zu lang.«

O'NEILL, EUGENE
(1888-1953) amerik. Dramatiker

— * —

Ähnlich wie bei Tennessee Williams hatten die Erkenntnisse der Psychoanalyse auf das dramatische Werk O'Neills erheblichen Einfluß. Man nannte auch ihn einen Neurodramatiker, und ein Kritiker behauptete einmal:
»Sein ganzes Werk ist Autoanalyse.«

OPITZ, MARTIN
(1597-1639) Dichter

— * —

Als Opitz vom Kaiser geadelt worden war, ließ er seine Freunde wissen:
»Ich heiße jetzt Opitz von Boberfeld. Nach des Kaisers Willen bin ich auch Ritter – aber ohne Pferd, dazu noch Edelmann – aber ohne Bauern.«

OSBORNE, JOHN JAMES
(geb. 12. 12. 1929) engl. Dramatiker

— * —

John Osborne, der ›zornige junge Mann‹ Englands, kam mit der Zeit zu so abgeklärten Ansichten, daß er sagen konnte:
»Propheten müssen eine starke Stimme haben und ein schwaches Gedächtnis.«

OSSIETZKY, KARL VON
(1889-1938) Publizist

— * —

Man machte dem Herausgeber der ›Weltbühne‹ einen politischen Prozeß, der eine Farce war, mit dem Ziel, den mutigen Journalisten mundtot zu machen. Vor dem Prozeß rieten ihm seine Freunde, ins Exil zu gehen, da jeder wußte, wie das Verfahren ausgehen mußte. Doch Ossietzky lehnte mit der Begründung ab:
»Wenn man den verruchten Geist eines Landes wirkungsvoll bekämpfen will, muß man dessen allgemeines Schicksal teilen.«

Als Ossietzky in Hitlers Konzentrationslager saß, ließ ein internationales Komitee Unterschriften für seine Freilassung sammeln. Im Schweizer Nationalrat kam es dabei zu einer höchst amüsanten Szene, da auch ein konservativer Ratsherr die Petition unterschrieben hatte. Ein Fraktions-

kollege monierte die Unterschrift für einen Mann, der, wie er gehört hatte, der äußersten Linken angehöre. Der Getadelte jedoch verteidigte sich:
»Ich habe nun einmal eine alte Schwäche für den Roman ›Quo vadis‹ und habe nur und allein aus Sympathie für den Verfasser dieses Buches mitunterschrieben.«
Es war eine kleine Verwechslung Ossietzkys mit Sienkiewicz.

PAGNOL, MARCEL

(1895-1974) frz. Dramatiker

— * —

Der Theaterdirektor Trébot führte Pagnol in den Zuschauerraum und sagte:
»Es sind siebenundvierzig Personen da.«
»Was liegt daran?« meinte Pagnol. »Wenn sie nur applaudieren wie fünfhundert.«
»Aber sie haben nur wie zwölf bezahlt«, erklärte der Direktor. »Fünfunddreißig sind Freikarten.«

PAILLERON, EDOUARD

(1834-1899) frz. Dramatiker

— * —

Pailleron übernachtet in einem guten Provinzhotel. Morgens um halb fünf wird heftig an seine Türe geklopft.
»Was gibt's denn?« fragt er ungehalten.
»Verzeihung«, sagt die Wirtin, »aber ein Herr, der abreist, hat eben bemerkt, daß jemand irrtümlich seinen Hut genommen hat. Wollen Sie nicht nachsehen, ob Sie vielleicht seinen Hut haben?«
Pailleron steht auf und stellt fest, daß er nur seinen eigenen Hut hat. Er legt sich ins Bett und schläft ein. Nach einer halben Stunde klopft es wieder.
»Was ist denn jetzt los?« ruft er wütend.
»Der Herr hat seinen Hut gefunden«, meldet die Wirtin. »Er wollte sich nur entschuldigen, weil er Sie so früh geweckt hat.«

Als Pailleron in die Académie aufgenommen werden wollte, machte er die üblichen Besuche und kam auch zu Renan, der sagte:
»Nehmen Sie Platz!«
Worauf Pailleron erwiderte:
»Ich bin nicht gekommen, um einen Platz zu nehmen, sondern einen Sitz.«

PALISSOT DE MONTENOY, CHARLES

(1730-1814) frz. Schriftsteller

— * —

Palissot sagte zu der Madame de Corancer:
»Seitdem ich Voltaire gelesen habe, schreibe ich keine Tragödien mehr; ich halte mich an Komödien.«
Worauf Madame de Corancer fragte:
»Haben Sie denn Molière nicht gelesen?«

PANZINI, ALFREDO

(1863-1939) ital. Schriftsteller

— * —

Zu dem Schriftsteller Panzini kam ein junger Mann und bat, Panzini möge ihn bei seiner literarischen Karriere unterstützen. Panzini schüttelte bedenklich den Kopf.
»Mein Sohn, welche Meinung hast du von Dante, von Leopardi, von Foscolo, von Manzoni?«
»Die allerhöchste«, erwiderte der junge Mann.
»Und da«, sagte Panzini, »willst du einen Beruf ergreifen, bei dem du nicht nur lebende, sondern auch tote Konkurrenten hast?«

PASCOLI, GIOVANNI

(1855-1912) ital. Dichter

— * —

Der Dichter Pascoli ließ sich von einem jungen Literaten dessen Verse vorlesen.
»Ihren Versen fehlt es an Feuer«, sagte Pascoli.
»Sie raten mir also, mehr Feuer in meine Verse zu tun?«
»O nein«, erwiderte Pascoli. »Ich rate Ihnen, Ihre Verse ins Feuer zu tun.«

Ein Dichter hatte Pascoli einen Band geschickt, der den Titel trug ›Heidnische Oden‹, und nun wollte er Pascolis Urteil hören.
»Mein Lieber«, sagte Pascoli, »versuch doch ein nächstes Mal, etwas christlichere Oden zu schreiben!«

PASTERNAK, BORIS

(1890-1960) russ. Schriftsteller

— * —

Buchhändler haben zusammengestellt, unter welchen Bezeichnungen bei Ihnen der weltberühmte Roman ›Dr. Schiwago‹ bestellt wurde:

Dr. Schikago, Dr. Schiwoga, Dr. Schigano, Dr. Schua, Quo Vadis. Als Autor des Buchs wurden unter anderem genannt: Boheskasternat, Kaspernak, Pastor Nak, Pastor Schisternak, Schabernack.
Dergleichen und mehr ist verbrieft.

PENZOLDT, ERNST
(1892-1955) Schriftsteller

— * —

In der ›Brennessel‹, einem einst bekannten Münchner Prominentenlokal, zeigte ein Stammgast Penzoldt sein Geburtstagsgeschenk, einen Gummiknüppel. Penzoldt probierte den Knüppel ein paarmal aus, indem er ihn sausend durch die Luft zischen ließ. Dann rief er zu dem ihm gegenüber sitzenden Max Halbe:
»Halbe – ein Schlag, und du bist Klassiker.«

Erich Kästner erzählte eine Anekdote von Penzoldt:
»Die Nacht war gekommen. Im Bahnabteil war viel gelacht und gehechelt worden. Ernst wurde müde, lehnte sich zurück und schlief ein. Wir schwiegen und hörten ihn friedlich atmen. Nach ungefähr zehn Minuten fuhr er hoch, griff in die Westentasche, brachte ein Medikamentsröhrchen zum Vorschein und meinte, verschmitzt lächelnd: ›Nein, so etwas! Jetzt hätte ich doch fast geschlafen, ohne meine Schlaftabletten einzunehmen!«

PINTER, HAROLD
(geb. 10. 10. 1930) engl. Dramatiker

— * —

Als die Flugzeugentführungen überhand nahmen, meinte Harold Pinter:
»Die nächste Eskalation der Luftpiraterie wird die Entführung eines Raumschiffs sein.«

PIPER, KLAUS
(geb. 27. 3. 1911)

— * —

Klaus Piper, der Sohn Reinhard Pipers, gab dem Verlag nach dem Zweiten Weltkrieg mehr und mehr ein verändertes Gesicht. Ihn interessierten stärker die Geisteswissenschaften als die bildende Kunst. Manchmal, wenn der Ärger mit unzureichenden Autoren ihn verdroß, konnte er sagen:
»Warum nimmt man das eigentlich auf sich, die Schererei mit einem so komplizierten Beruf? Vielleicht wäre ich als Universitätsprofessor besser daran gewesen. Oder als Pianist. Ich war eben lange ein Sohn.«

In den fünfziger Jahren, als sein Autor und Freund Stefan Andres sich in Unkel am Rhein ein Haus gebaut hatte, besuchte Klaus Piper ihn manchmal dort. Es ging dann um ein neues Manuskript oder auch um die Prozente für eine Volksausgabe. Vor allem aber ging es – nach Andres' Meinung – auch um nächtliche Weingelage.
Als Piper einmal wieder aus Unkel nach München zurückkehrte, fiel seinen Mitarbeitern auf, wie bleich und übernächtigt er war. »Das nächste Mal«, gestand der Verlagschef, »muß einer von Ihnen fahren. Mir wird das Andres'sche Quantum auf die Dauer zu viel. Das verdünnt einem ja das Gehirn.«

PIPER, REINHARD
(1879-1953) Verleger

—*—

Der bekannte Verleger mit dem Herzen für die bildenden Künstler wurde oft von bekannten Künstlern porträtiert. Ein Maler aus dem Schwabenlande sah sich einmal alle Porträts an und fällte dann vor einer Beckmann-Lithographie das Urteil:
»Dees'sch mit Abschtand dees beschte.«

Zum Abschluß eines Schuljahres auf dem Konstanzer Gymnasium hielt der Schüler Reinhard Piper eine kleine Rede in lateinischer Sprache vor versammelter Lehrerschaft. Lobte ihn der Direktor:
»Du scheinst ja der reinste Marcus Tullius Pipero zu werden!«

Als Reinhard Piper in Berlin in der Buchhändlerlehre war, gehörte er dem Kreis um den Dichter Arno Holz an, ja er verehrte ihn und begann selber, Gedichte zu schreiben. Dabei hatte er oft geklagt, wie wenig Freude ihm seine Buchhändlerausbildung mache. Da rief Arno Holz aus:
»Ach was, Buchhändler! – In drei Jahren sind Sie deutscher Dichter!«

Während seiner Lehrzeit volontierte Piper auch eine Weile in einer Dresdener Buchhandlung. Dort erklärte er seinem Vorgesetzten, daß er kein Wagnerianer wäre.
»Was, kein Wagnerianer? Da sollte man Sie ja totschlagen!«
Darauf fragte Piper: »Haben Sie schon Dostojewski gelesen?«
»Ja, einmal, den Raskolnikoff, unter Martern! Nie wieder!«

Piper wurde gefragt, welche persönlichen Eigenschaften man mitbringen müsse, um den Beruf des Verlegers auszuüben. Seine Antwort lautete:
»Ein guter Verleger muß ein verhinderter Schriftsteller sein.«

PIRANDELLO, LUIGI

(1867-1936) ital. Dramatiker und Novellist

— * —

Im Börsenblatt für den Deutschen Buchhandel wurde ein interessantes Buch angeboten: es hieß dort:
»Pirandello, Sechs Personen suchen ein Auto.«

Der italienische Dichter wurde vom Tode mitten aus der Arbeit herausgerissen. Er schrieb gerade an zwei neuen Romanen und an einem Drama:
»Schade«, waren seine letzten Worte.

Der italienische Schriftsteller war gern gesehener Gast im Berliner ›Romanischen Café‹, wo er meist abseits saß und ungestört bleiben wollte. Einmal wurde ein zahlungsunfähiger Gast vom Portier im Klammergriff aus dem Lokal geworfen. Dabei entstand Lärm.
Pirandello erkundigte sich: »Che cosa è questo?«
»Lassen Sie sich nicht stören«, antwortete der Portier.
Da wurde Pirandello böse: »Aber ich bin sehr gestört, weil die Schicklichkeit gestört ist und die Würde des Menschen.«
Der Portier wehrte sich: »Wenn aber einer kommt und kommt und kann nicht bezahlen?«
»Dann wird er nicht mehr bedient, vielleicht, aber man quetscht ihm nicht die Luft aus dem Hals!«

Die beiden Dramatiker Pirandello und Roberto Bracco waren seit langem verfeindet. Endlich gelingt es einem gemeinsamen Freund, eine Versöhnung herbeizuführen. Man umarmt einander, sagt »Mein lieber Luigi« und »Mein teurer Roberto«, man läßt sich Arm in Arm mit strahlendem Lächeln fotografieren. Und bevor Pirandello sich nach New York einschifft, wird noch ein Festmahl veranstaltet, wo die beiden einander gar nicht genug zu feiern vermögen. Endlich sagt Bracco:
»Mein lieber Luigi, du fährst jetzt nach New York, und ich wünsche dir von ganzem Herzen den Erfolg, den du so reichlich verdienst . . .« Pause. ». . . aber ein Stück wie meinen ›Kleinen Heiligen‹ wirst du doch nie schreiben können!«

PIRON, ALEXIS

(1689-1773) frz. Schriftsteller

— * —

Ein Dichter sandte an Piron ein dickes Heft mit Versen und ersuchte ihn, bei jeder schwachen Stelle ein Kreuz zu machen. Einige Tage später gibt Piron ihm das Heft zurück.

»Wie?« ruft der junge Dichter entzückt. »Kein einziges Kreuz!«
»Nun«, meinte Piron, »hätte ich denn aus Ihrem Werk einen Friedhof machen sollen?«

Ein anderer Dichterling sandte Piron einen Fasan, erschien aber schon am nächsten Tag mit einem fünfaktigen Drama, das er Piron vorlesen wollte.
»Mein lieber Freund«, sagte Piron, »wenn ich den Fasan mit dieser Sauce essen muß, dann nehmen Sie ihn lieber gleich mit!«

Piron war einmal mit Rousseau auf freiem Feld. Als von weitem das Angelus ertönte, kniete Rousseau nieder.
»Das ist doch ganz überflüssig, Monsieur Rousseau«, sagte Piron. »Hier sieht uns ja nur Gott!«

Ein Bischof von Bayonne kam einmal zu Besuch zu dem Schriftsteller Piron.
»Monseigneur«, sagte Piron, »ich habe den größten Respekt vor den Schinken Eurer Diözese.«

Der Pfarrer von Saint-Suloice, Abbé Languet, war dem Dichter Piron sehr dankbar, der eine Ode auf den Bau der Kirche verfaßt hatte, und fand für seine Dankbarkeit keinen bessern Ausdruck, als Piron eine Gruft in der Kirche anzubieten. Piron könne sich die Stätte selber aussuchen.
»Ich bin Ihnen sehr verbunden«, sagte Piron, »aber ich möchte mir mein Grab erst aussuchen, nachdem ich die Denkschrift für Sie verfaßt habe.«

Nach dem Durchfall von Voltaires ›Semiramis‹ sagte Piron:
»Jetzt wäre Ihnen lieb, wenn ich das Stück geschrieben hätte!«

Ein Freund kam zu Piron und teilte ihm mit, daß Voltaire gestorben war.
»Welch ein Verlust!« rief Piron. »Er war der größte Geist Frankreichs!«
Dann aber fügte er hinzu:
»Sind Sie auch sicher, daß die Nachricht wahr ist?«

Ein Finanzmann, der auf verschiedene Arten zu einigen Millionen gekommen war, lernte den Dichter Piron kennen.
»Ach, Monsieur Piron, ich habe Ihren Vater gut gekannt; er war ein sehr feiner Mensch. Was der aber für lange Arme hatte!«
»Ja«, meinte Piron, »und wenn er am Ende seiner Arme Ihre Hände gehabt hätte, wäre ich heute ein reicher Mann.«

Abbé Desfontaines, prunkvoll gekleidet, begegnete Piron, der, wie gewöhnlich, sehr einfach angezogen war.
»Welch ein Gewand für einen Mann wie Sie!« sagte der Abbé.
Worauf Piron erwiderte:
»Und welch ein Mann für ein Gewand wie das Ihre!«

Ein durch seine Werke reich gewordener Schriftsteller kaufte sich ein Haus auf dem Montmartre, der damals seiner Esel wegen berühmt war.
»Aha«, meinte Piron, »er kehrt in seine Heimat zurück!«

Ein sehr mittelmäßiger Schriftsteller sagte zu Piron:
»Ich möchte etwas ganz Originelles schreiben. Etwas, worauf sonst keiner kommen wird!«
»Worauf Piron erwiderte:
»Schreiben Sie ein Loblied auf sich selber!«

POLGAR, ALFRED

(1873-1955) österr. Schriftsteller

— * —

Eine Redaktion hatte sich vermessen, in einem Beitrag von Alfred Polgar etwas, wie sie meinte, zu korrigieren. Polgar war wenig begeistert.
»Jetzt haben Sie den ganzen Rhythmus des Satzes auf den Kopf gestellt!«
»Das merkt doch niemand«, meinte der Redakteur.
»Sie vielleicht nicht«, entgegnete Polgar. »Aber der durchschnittliche Leser schon!«

Ein Bekannter wunderte sich, als er Alfred Polgar ein Buch lesen sah, das er ganz und gar nicht in den Händen des feinnervigen Erzählers vermutet hätte. Als er Polgar seine Verwunderung mitteilte, antwortete dieser verschmitzt:
»Auch ein dummes Buch kann einen auf sehr gescheite Gedanken bringen.«

In einer launigen Runde gestand Polgar:
»Seit zehn Jahren sitze ich täglich zwei Stunden im Kaffeehaus, meistens ganz allein. Das ist eine gute Ehe!« Als er den strafenden Blick seiner Gattin auf sich ruhen fühlte, korrigierte er sich schnell: »Nein, das ist ein gutes Kaffeehaus!«

PONSON DU TERRAIL, PIERRE-ALEXIS

(1829-1871) frz. Schriftsteller

— * —

Er hatte ein großes Publikum, war aber nicht gerade ein Klassiker des französischen Stils. Ein Kollege sagte von ihm:
»Ein reizender Mensch! Wenn ich ihm begegne, schütteln wir einander die Hände, und da ich wünsche, daß unsere guten Beziehungen dauern sollen, lese ich nie eines seiner Bücher.«

Ponson du Terrail hatte einen Helden erfunden, Rocambole, einen Banditen, der in jedem Buch neue Abenteuer erlebte. Einmal ließ er ihn aus reiner Zerstreutheit sterben. Da gab es einen Aufruhr unter seinen Lesern, und die Zeitung lief Gefahr, Abonnenten zu verlieren. Der fruchtbare Romancier kündigte darum eiligst die Wiederauferstehung seines Helden an. Er begann:
»Wie unsere klugen Leser und Leserinnen richtig geahnt haben, war Rocambole noch immer am Leben . . .«

Um zu vermeiden, daß sich in seine Romane Fehler einschlichen oder die zahllosen Personen ihm durcheinander gerieten, hatte Ponson du Terrail die Idee, jede Figur seiner Romane in Metall nachbilden zu lassen. Die Figuren standen, während er schrieb, auf seinem Tisch, und mußte eine seiner Romanfiguren das Zeitliche segnen, so wurde die entsprechende Metallfigur in einer Schachtel versorgt.

POPE, ALEXANDER

(1688-1744) engl. Dichter

— * —

Pope mußte Lord Halifax seine ›Ilias‹ vorlesen.
»Ausgezeichnet«, sagte der Lord. »Großartig – halt! Diese Stelle hätten Sie doch besser ausdrücken können!«
Pope klagte einem literarisch beschlagenen Freund sein Leid.
Der aber riet ihm: »Lassen Sie alles wie es war, gehen Sie zum Lord, danken Sie ihm für seinen wertvollen Rat und lesen Sie ihm die Stelle noch einmal vor.«
Pope ging mit dem Manuskript wieder zu Lord Halifax und las ihm die unveränderte Stelle vor.
»Sehen Sie«, meinte der edle Lord, »das klingt doch ganz anders.«

Pope, der klein, häßlich und verwachsen war, pflegte zu sagen: »Gott möge mich bessern!«
Da meinte einmal ein Kutscher, der das hörte: »In der Zeit kann Gott einen Neuen machen!«

PRÉVOST, FRANÇOIS

(1697-1763) frz. Abbé und Schriftsteller

— * —

Als der Prinz Condé durch sein ausschweifendes, gottloses Leben Anstoß erregte, ließ Ludwig XV. einen Hausgeistlichen für den Prinzen ernennen. Grotesk genug wurde zu diesem Amt der Abbé Prévost bestimmt, der als Verfasser der ›Manon Lescaut‹ nicht gerade für besonders heilig galt.

Der Abbé stellte sich bei dem Prinzen vor und wurde wenig freundlich empfangen.

»Sie können sich die Zeit sparen«, sagte Condé, »ich höre doch keine Messe.«

»Das trifft sich ausgezeichnet«, erwiderte der Abbé verbindlich. »Ich lese nämlich auch keine.«

PRÉVOST, MARCEL

(1862-1941) frz. Schriftsteller

— * —

Ein mittelmäßiger Schriftsteller wurde in der ›Revue de France‹ verrissen. Um sich zu rächen, grüßte er sechs Monate lang Marcel Prévost nicht, der zu jener Zeit Direktor der Revue war. Eines Tages trafen sie sich in Gesellschaft, und da vermochte der Schriftsteller sich nicht länger zu beherrschen:

»Sie werden bemerkt haben, daß ich seit sechs Monaten nicht mehr mit Ihnen rede.«

»Ja«, erwiderte Prévost, »und ich wollte mich eben bei Ihnen dafür bedanken.«

PROUST, MARCEL

(1871-1922) frz. Schriftsteller

— * —

Als man Marcel Proust, dem siechen Künstler, endlich den ›Prix Goncourt‹ verliehen hatte, flüsterte der Kritiker einer großen Pariser Zeitung seinem Nachbar ins Ohr:

»Das war seine letzte Ölung!«

Marcel Proust starb wenig später.

QUERI, GEORG

(20. Jh.) bayer. Mundartdichter

— * —

In einem Gedicht im bayrischen Dialekt ließ Queri Columbus Amerika mit folgenden Worten entdecken:

»Seid's staad mitenand! Ich siech ja scho's Land!«

Die Bücher des urwüchsigen Bayern, heute kostbare Raritäten, waren als Erstausgaben kein Geschäft für den Verleger; dementsprechend knapp war auch das Geldsäckel des Autors. Schrieb er flehend an seinen Verleger:
»Ich laufe seit gestern mittag in der Stadt herum um Geld und kann keins auftreiben. Ich darf unmöglich meine Sammlungen pfänden lassen. Ich kann nicht nach Starnberg zurück ohne Geld. Bitte, helfen Sie! Ich komme heute nachmittag, vergessen Sie mich nicht.«
Nachdem Verleger Piper seinen Bitten unterlegen war, verließ er strahlend dessen Haus: »Haha, hab i do no was kriagt!«

In einem Schwabinger Künstlerlokal saß Queri pfeiferauchend in der Ekke und verfolgte still die Unterhaltungen. Plötzlich kam ein eleganter Mann zur Tür herein, ein bekannter Modemaler, der gerade von einer großen Reise zurückkam und entsprechend renomierte:
»Mein Rock ist aus Paris, meine Hose aus London!«
Brummte Queri gemütlich: »Und dei Kopf ist aus Feldmoching!«

RAABE, WILHELM
(1831-1910) Schriftsteller

— * —

Als Raabe seinen ersten Roman ›Die Chronik der Sperlingsgasse‹ herausgebracht hatte, äußerte sich Friedrich Hebbel darüber:
»Eine vortreffliche Ouvertüre! Aber wo bleibt die Oper?«

Raabe saß einmal auf einer Bank am Nordseestrand, als er plötzlich eine vornehm gekleidete Dame vor sich sah, die ihm impulsiv die Hände drückte und danach, ohne ein Wort zu sagen, davoneilte. Abends fand er in seinem Hotel ein Brieflein von der Dame, worin sie um Entschuldigung bat, sie hätte ihm einfach auf diese Weise für seine Bücher, die sie liebe, danken müssen.
Bemerkte Raabe dazu: »Wenn mir das Publikum nur immer in so reizender Gestalt nahte. Mehr kann ich nicht verlangen; denn daß wir es nie bei Namen erkennen, gehört zu seinem Wesen . . .«

Ein Verleger bot Raabe die Mitarbeit an einer Zeitschrift an, schränkte aber ein:
»Freilich zahle ich Honorar rar!«
Antwortete Raabe sofort: »Zahlen Sie Honorar rar, liefere ich Beiträge träge!«

Materiellen Reichtum konnte Raabe zeitlebens nicht erreichen, das Gegenteil war der Fall. Als Raabe an einem Wintertag mit seiner Frau und

seinen Töchtern durch das verschneite Braunschweig stiefelte, blieb er an einem Parktor stehen, dahinter konnte man eine prachtvolle Villa entdecken. Resigniert sagte Raabe:
»Tja, so was können wir uns wohl auch kaufen, wenn ich etwas anderes und etwas anders schreiben würde . . . Aber«, sprach er im Weitergehen, »wir wollen es lieber lassen, wie es ist. Ihr werdet mich ja wohl nicht als Raabenvater schelten, wenn ich mir ein paar Grundsätze erlaube.«

Zum 70. Geburtstag interviewte ein Journalist den Schriftsteller.
»Wie ist Ihr Tagesablauf?«
»Tja, ich stehe spät auf, beantworte dann meine Post, gehe eine Weile spazieren, esse zu Mittag, lege mich ein Stündchen aufs Sofa, lese nachmittags ein bißchen und besuche abends regelmäßig meine Weinstube!«
»Und wann, verehrter Meister, wann arbeiten Sie?«
»Gar nicht!«
»Gar nicht?«
»Nein, meine Muse hat sich zur Ruhe gesetzt«, erklärte Raabe verschmitzt, »ich bin jetzt ein Schriftsteller a. D.«

RABELAIS, FRANÇOIS
(1494-1553) frz. Schriftsteller

— * —

Rabelais kam reisemüde in einem Gasthaus in Marseille an. Der Wirt wollte ihn zunächst nicht aufnehmen, ließ sich aber endlich erweichen. Es sei noch ein kleines Zimmer frei, doch daneben schlafe ein sehr mächtiger Herr, der keinen Lärm vertrage.
»Gebt mir nur das Zimmer«, sagte Rabelais, »ich werde ganz still sein.«
Es war spät in der Nacht, Rabelais stieg in sein Zimmer, zog einen schweren Stiefel aus und ließ ihn wuchtig auf den Boden fallen. Dann besann er sich, zog den zweiten Stiefel aus und stellte ihn lautlos neben sein Bett.
Nach einer halben Stunde hörte er aus dem Nebenzimmer brüllen:
»Worauf wartest du noch, du Lump, um dir den zweiten Stiefel auszuziehen?«

Rabelais begleitete den Kardinal du Bellay nach Rom und wurde auch mit ihm vom Papst empfangen. Als er sah, daß der Kardinal den Pantoffel des Heiligen Vaters küßte, drehte er sich um und verschwand, ohne ein Wort zu sagen. Später fragte ihn der Kardinal, warum er denn geflohen sei, Rabelais erwiderte: »Da Ihr, der Ihr mein Herr seid, ihm den Pantoffel geküßt habt, was hätte ich ihm da küssen sollen?«

Als er schwer erkrankt war und die Ärzte streitend sein Bett umstanden, sagte Rabelais:
»Meine Herren, lassen Sie mich eines natürlichen Todes sterben!«

Rabelais' letzte Worte waren:
»Laßt den Vorhang fallen, die Farce ist zu Ende! Ich gehe jetzt ein großes Vielleicht suchen.«

RACINE, JEAN BAPTISTE
(1639-1699) frz. Dramatiker

— * —

Ludwig XIV. hatte Racine den Befehl gegeben, bei der Belagerung von Mons der Armee des Königs zu folgen. Dem Dichter behagte der Auftrag wenig, er blieb in Paris. Nach dem Feldzug stellte der Monarch Racine zur Sprache, der hatte jedoch eine passende Ausrede parat:
»Sire, meine Garderobe war nicht in Ordnung. Ich bestellte unverzüglich meinen Schneider, aber Ew. Majestät hatten die belagerte Stadt schneller eingenommen, als meine Kleider ausgebessert werden konnten.«

Racine erzählte, ein Arzt habe ihm verboten, Wein zu trinken, Fleisch zu essen, zu lesen, zu reisen, zu arbeiten.
»Im übrigen«, sagte der Arzt, »genießen Sie Ihr Leben!«

RAIMUND, FERDINAND
(1790-1836) österr. Dramatiker und Schauspieler

— * —

Raimund wurde vom Volk geachtet und geliebt, trotzdem blieb er ein einfacher Mensch. Als ihm einmal seine Hausmeisterin demütig die Hand geküßt hatte, machte er der alten Dame einen höllischen Krach, und ganz erregt schrieb er noch in einem Brief an einen Freund:
»Ich kann es nicht leiden, wenn sich der Mensch zu sehr erniedrigt.«

Raimund erzählte in einer Stammtischrunde, wie oft es ihm schlecht gegangen sei, von der Tragik seines Lebens, wie er oft Selbstmordversuche unternommen hätte, einmal sogar ins Wasser gesprungen wäre.
Da tröstete ihn einer der Stammtischbrüder: »Nun, Gott sei Dank, zum Schluß sind Sie uns doch am Leben geblieben!«
Und Raimund ergänzte: »Natürlich, man kann sich doch nicht in einem fort umbringen.«

Raimund war Hypochonder. Er beneidete auch Grillparzer und sein klassisches Hochdeutsch, was ihm einfach nicht gelingen wollte:

»I hab bloß d'vielen schönen Wort net, und wenn i sie hätt', möchten's die in meiner Vorstadt drauß'n net verstehen. Es is ewig schad um mi . . .«

Raimund saß einmal im Kaffeehaus, dem sogenannten ›Silbernen Kaffeehaus‹, einem Treffpunkt Wiener Poeten, und trank seinen Schwarzen. Da meinte einer: »Wissen möcht i, warum die Dichter Wiens sich just in diesem Kaffeehaus versammeln?«
»Des waß i scho«, meldete sich da Raimund und fuhr fort: »Um einmal im Leben zu schmecken, wies 'n Leuten is, die von silbernen Schüsseln essen und aus silbernen Schalen trinken.«

Im Foyer des Burgtheaters traf Raimund einen Bekannten.
»Sie kommen sehr oft ins Burgtheater?« wurde der Dramatiker gefragt. Raimund erwiderte: »Ich kann vom Edlen nicht lassen, da muß ich mich von meiner Possenreißerei erholen.«

Grillparzer traf eines Tages Raimund im Wald in der Nähe von Gutenstein bei Wien. Dort hatte Raimund eine Besitzung. Raimunds Rock war voll Harz, hinter beiden Ohren hatte er Schreibfedern, aus der Tasche ragte ein Bündel Papier, und in der Hand hielt er eine Tintenflasche.
»Ja, Raimund, wie sehen Sie denn aus?« fragte Grillparzer lächelnd.
Worauf Raimund ärgerlich erwiderte:
»Ja, wie soll i anders aussehen, wenn i auf die Bam sitz und dichte?!«

RÉGNIER, HENRI DE

(1864-1936) frz. Schriftsteller

— * —

André Gide ließ einmal einen Teil seiner Bibliothek versteigern. Mehrere Kollegen waren entrüstet, als sie erfuhren, daß auch die Exemplare dabei waren, die sie ihm gewidmet hatten. Einige Wochen später erschien ein neuer Roman von Henri de Régnier, und da schrieb der Autor in das für Gide bestimmte Exemplar:
»Für Monsieur André Gide diesen bescheidenen Beitrag zu seiner nächsten Versteigerung.«

REMARQUE, ERICH MARIA

(1899-1970) Schriftsteller

— * —

1935 tippte ein Wiener Schriftsteller ein Kapitel aus Remarques ›Im Westen nichts Neues‹ ab, versah es mit einer Überschrift und schickte es unter einem Pseudonym an den ›Völkischen Beobachter‹ in Berlin. Das Kapitel wurde sofort an hervorragender Stelle in dem Blatt veröffentlicht. Im Vorspann schrieb ein Redakteur: »Nach all den Lügen und Sudeleien von Leuten wie Remarque bringen wir heute eine Schilderung aus dem Krieg 1914–18, der jeder Frontkämpfer ansehen kann, daß sie wirklich erlebt und wahr ist – und voll edlem Frontgeist.«

RÉMUSAT, CLAIRE-ELISABETH
(1780-1821) Hofdame, Verfasserin von Memoiren

—*—

Eine Dame fragte die Herzogin von Rémusat, wie sie es fertig bringe, an einem Spiegel vorüberzugehen, ohne hineinzuschauen.
»Weil ich«, erwiderte die Herzogin, »zu egoistisch bin, um mich so häßlich sehen zu wollen, wie ich wirklich aussehe.«

Ein Freund bewies der Herzogin, daß ihr Mann sie betrog.
»Ach«, sagte sie, »was liegt daran, wohin mein Mann tagsüber sein Herz trägt? Wenn er es mir nur abends wieder heimbringt!«

Madame de Rémusat fand ihren Mann in intimem Zwiegespräch mit ihrer Zofe. Da sagte sie nachher zu ihr:
»Ich habe Sie aufgenommen, damit Sie das tun, was ich nicht tun kann. Was Sie aber mit meinem Mann getan haben, das kann ich auch. Und darum entlasse ich Sie.«

RENARD, JULES
(1864-1910) frz. Schriftsteller

—*—

Renard erzählte von einem Gouverneur von Martinique, der eines Tages die Erde zittern sah und schreckliche Angst hatte. Als man ihm meldete, es sei ein Erdbeben gewesen, das ein ganzes Stadtviertel vernichtet hatte, seufzte er erleichtert:
»Gott sei Dank! Und ich hatte schon geglaubt, ich hätte einen Schwindelanfall gehabt!«

Der Führer in einem berühmten Schloß:
»In diesem Bett haben Goethe, Masséna, Napoleon, Frau von Staël, Rossini, Lady Hamilton und Balzac geschlafen!«
Wozu Jules Renard meinte:
»Das muß aber ein schreckliches Gedränge gewesen sein!«

Freunde versuchten Jules Renard darüber zu trösten, daß er keinen Erfolg hatte. Alle großen Männer würden verkannt.

»Ich weiß«, entgegnete Renard, »aber da ich kein großer Mann bin, würde ich doch vorziehen, bekannt zu sein.«

REUTER, FRITZ

(1810-1874) niederdt. Schriftsteller

— * —

Auf Anraten seines Hausarztes unterzog sich Reuter einer Kur in einem Sanatorium, in dem man unter anderem keinen Alkohol trinken durfte. Während der Kur besuchte ihn sein Verleger Hinstorff. Reuter ließ eine Flasche Wein aufs Zimmer kommen, die man – für den Besucher – auch servierte. Als jedoch eine zweite und eine dritte Flasche bestellt wurde, kam der Kurarzt nachsehen. Reuter saß strahlend mit hochrotem Kopf neben dem stocknüchternen Verleger und erklärte:
»Sei glöben goar nich, Doktor, wat so 'n Verlegger supen kann.«

RICHTER, HANS WERNER

(geb. 12. 11. 1908) Schriftsteller

— * —

Hans Werner Richter, Spiritus rector der literarischen ›Gruppe 47‹, oppositionsgeübt in 20 Jahren Unionsregime in der Bundesrepublik, erklärte nach dem Bonner Machtwechsel im Herbst 1969 angesichts der sozialliberalen Koalition: »Man kann ja ausnahmsweise einmal eine Regierung unterstützen. Die deutschen Schriftsteller sind das seit Jahrhunderten nicht gewohnt, aber es könnte ja auch mal so rum gehen.«

RILKE, RAINER MARIA

(1875-1926) Dichter

— * —

Zwei Damen, die eine beseelt, die andere äußerst irdisch, kamen in einem Café ins Gespräch.
»Sie sollten sich Rilkes Cornet unbedingt kaufen«, sagte die erste.
Die zweite hatte natürlich nicht richtig hingehört. Anderntags ging sie in einen Feinkostladen und äußerte ihren Wunsch: »Man hat mir ein besonders gutes Corned Beef empfohlen – warten Sie, ja: von Rilke.«

RINGELNATZ, JOACHIM

(eigtl. Hans Bötticher, 1883-1934)

— * —

Wieder einmal erschien der Gerichtsvollzieher bei Ringelnatz, dem es zeitenweise erbärmlich in puncto Geld erging.

»Sie wissen ja, warum ich komme, Herr Bötticher«, begann der Beamte.
»Nee«, sagte Ringelnatz. »Wieso soll ich wissen, wer von meinen unzähligen Gläubigern immer noch die Hoffnung hat, bei mir wäre etwas zu pfänden?«

Auf einer Gesellschaft erzählte Ringelnatz aus seiner Vergangenheit.
»Mein Gott, haben Sie ein abwechslungsreiches Leben geführt«, bewunderte ihn eine Zuhörerin.
»Gewiß, es gab Zeiten«, meinte Kuttel Daddeldu, »da wurde mir fast täglich ein Wechsel präsentiert.«

Kuttel Daddeldu wurde auf der Straße von einem Bekannten angerempelt: »Seien Sie so gut und borgen Sie mir rasch einen Fuffzigmarkschein, ich hab meine Brieftasche zu Hause vergessen.«
Kuttel Daddeldu: »Kehr'n Se man schön um, ick borje Ihnen det Fahrjeld. 'n Fuffzjer ha ick sowieso nich.«

RIVAROL, ANTOINE DE
(1753-1801) frz. Schriftsteller

— * —

Ein Schriftsteller las Rivarol eine endlose Parallele zwischen Racine und Corneille vor. Rivarol, um sein Urteil gefragt, meinte:
»Lieber Freund, deine Parallele ist sehr schön und sehr interessant, nur ist sie ein wenig zu lang geraten. Ich würde einfach sagen: Der eine hieß Racine, der andere hieß Corneille. Das würde völlig genügen.«

Ein Herr, dessen Reinlichkeit nicht gerade in bestem Ruf stand, besuchte Rivarol und sagte:
»Darf ich meinen Mantel auf Ihr Bett werfen?«
»Tun Sie es nur«, meinte Rivarol. »Aber wohin werfe ich nachher mein Bett?«

Als Rivarol erfuhr, daß der Erzbischof von Toulouse, Loménie de Brienne, sich vergiftet hatte, sagte er:
»Er wird einen seiner Grundsätze verschluckt haben.«

Der Dichter Florian, ein Großneffe Voltaires, ließ eines seiner Bücher auf sehr schönes Papier mit übertrieben breitem Rand drucken.
»Zur Hälfte ist das Buch unbedruckt geblieben«, sagte Rivarol. »Und das ist die bessere Hälfte.«

Eines Tages begegnete Rivarol dem Dichter Florian, dem ein dickes Manuskript aus der Tasche hing.
»Geben Sie acht«, sagte Rivarol. »Wer Sie nicht kennt, wäre versucht, es Ihnen zu stehlen.«

Ein Freund, der sich für einen großen Dichter hielt, klagte Rivarol:
»Ich bin bestohlen worden.«
»Armer Teufel!« meinte Rivarol. »Du tust mir leid!«
»Ja«, fuhr der Freund fort, »alle meine Manuskripte hat der Dieb mitgenommen.«
»Armer Teufel!« sagte Rivarol. »Er tut mir leid!«

Zwei Damen zweifelhaften Rufes spielten in einem Salon Karten und gerieten in Streit.
»Spielen Sie denn so hoch?« fragte jemand.
»O nein, wir spielen nur um die Ehre«, erwiderte eine der Damen.
»So viel Lärm um nichts!« meinte Rivarol.

In einem Salon stockte die Unterhaltung. Rivarol hatte die Augen geschlossen. Ein anderer Gast bemerkte es.
»Lassen wir Monsieur de Rivarol schlafen! Reden wir nicht mehr!«
Da hob Rivarol ein Lid und sagte:
»Wenn Sie nicht mehr reden – wie soll ich da schlafen?!«

RODA-RODA, ALEXANDER

(eigtl. Sandor Friedrich Rosenfeld, 1872-1945) österr. Schriftsteller

—*—

Im Romanischen Café zu Berlin trifft Roda-Roda einen alten Bekannten, der einige Theaterstücke geschrieben hat.
»Sie leben noch?« fragt er ihn erstaunt.
»Scheint so«, brummt der andere.
Roda-Roda: »Ich habe in letzter Zeit so viel wohlwollende Kritiken über Ihre Stücke gelesen, daß ich schon fürchtete, es seien Nachrufe.«

Als man von den Unterschieden zwischen Italien und Österreich sprach, sagte Roda-Roda: »Über Italien lacht der blaue Himmel; über Österreich lacht die ganze Welt.«

Im ›Feldherrnhügel‹ von Roda-Roda und Rößler kommt eine ›Kaiserliche Hoheit‹ vor, die nicht eben mit großen geistigen Gaben ausgestattet ist. Da auch sonst manche nicht sehr schmeichelhafte Anspielungen auf die österreichisch-ungarischen Zustände in dem Stück häufig sind, fand die Behörde es angebracht, die Aufführung zu verbieten.

Die beiden Autoren versuchten noch einen letzten Schritt und erschienen bei dem zuständigen Beamten, dem Statthalter von Niederösterreich. Der die Herren sehen, einen roten Kopf kriegen und mit der Faust auf den Tisch schlagen, ist eins.
»Dieses Stück wird nicht aufgeführt, solange die Monarchie besteht«, erklärte er.
Worauf Rößler sich seherisch zu Roda wendet:
»Komm, Roda, gehn ma! Die paar Wochen warten wir halt noch!«

ROMAINS, JULES
(1885-1972) frz. Schriftsteller

— * —

Ein Kollege beklagte sich bei Romains:
»Es gibt wahrlich kein Mittel, um dem Klatsch der Gesellschaft zu entgehen.«
»Doch«, widersprach Romains, »kommen Sie einfach in jeder Gesellschaft als Erster und gehen Sie als Letzter!«

Mit einer Definition des Intellektuellen schoß Romains in einer Gesellschaft den Vogel ab:
»Er ist ein Mann, der in einem Eisenbahnabteil neben einer hübschen Dame sitzt und seinen geplanten Annäherungsversuch fallen läßt, weil er das Buch, das sie liest, mißbilligt.«

ROQUEPLAN, NESTOR
(1804-1870) frz. Schriftsteller

— * —

Als Roqueplan bei einem Freund eingeladen war, kam er sehr spät. Der Freund war verärgert und sagte:
»Du genierst dich aber gar nicht! Siehst du mein Haus etwa als Wirtshaus an?«
»O nein, mein Lieber«, erwiderte Roqueplan. »Im Wirtshaus bin ich nicht gezwungen, mit dem Wirt zu essen.«

Roqueplan stieß auf dem Boulevard auf eine jämmerliche Kutsche mit einem elenden Gerippe von einem Klepper.
»Was verlangen Sie für die Fahrt nach Passy?«
»Zehn Francs, Bürger«, erwiderte nach längerer Überlegung der Kutscher.
Da meinte Roqueplan:
»Haben Sie mich auch richtig verstanden? Ich habe Sie nicht gefragt, was Ihr Pferd kostet.«

ROSEGGER, PETER

(1843-1918) österr. Schriftsteller

— * —

In Wien war für Rosegger eine Lesung und anschließende Ehrung geplant. Rosegger reiste mit seiner ehrwürdig alten Mutter aus der Steiermark an. Nach der Lesung wurde die Festrede gehalten, an deren Schluß sich der Referent an Roseggers Mutter wandte:
»Nun, Mutterl, bist net stolz auf dein Buabn? Is ja ein großer Dichter geworden!«
»Ja, schon«, erwiderte etwas kleinlaut die alte Bäuerin, »aber . . .«
»Was aber«, ereiferte sich der Redner, die ganze Welt liest seine Gschichten, Mutterl, und du hast ein Aber?«
»Ja«, blieb die Alte eigensinnig bei ihrer Meinung, »lieber wär's mer halt doch g'wesen, wann der Peter a Advokat oder so was G'scheits worden wär!«
»Ja wieso denn«, entrüsteten sich einige der Umherstehenden, »da wäre er doch nicht so berühmt geworden wie a Dichter.«
»Ja scho«, versetzte die alte Dame, »i hab bloß immer a bisserl Angst, daß ihm halt nix mehr einfällt.«

ROWAN, CARL THOMAS

(20. Jh.) amerik. Journalist

— * —

Der Journalist Carl Thomas Rowan, ein Neger, wurde zum Direktor des staatlichen Informationsdienstes ernannt. Er zog mit Frau und drei Kindern nach Washington und kaufte ein Haus mit einem großen Garten. Als er eines Samstags in Shorts und offenem Hemd den Rasen mähte, hielt ein Weißer den Wagen an und rief:
»Heh, Junge, was kriegst du dafür, daß du den Rasen mähst?«
Rowan wischte sich den Schweiß ab, trat an den Wagen heran und sagte:
»Die Hausfrau erlaubt dafür, daß ich mit ihr schlafen darf.«

ROWOHLT, ERNST

(1887-1960) Verleger

— * —

»Man liest jetzt in Literaturbeilagen so häufig die Ausdrücke ›unzensiert‹ und ›gekürzt‹«, stellte eine Dame im Gespräch mit Ernst Rowohlt fest.
»Gewiß«, meinte der Verleger, »jeder Beruf hat seine Fachausdrücke. Bei ›unzensiert‹ begreift der Buchhändler sofort, wir haben die anstößigen Stellen stehen lassen, bei ›ungekürzt‹ kann er voraussetzen, daß wir die langweiligen Abschnitte gestrichen haben.«

Rowohlt, ein körperlich großer Mann, der vor Vitalität strotzte, hatte viele außergewöhnliche Steckenpferde, so soll er zum Beispiel leidenschaftlich gern Weingläser gegessen haben. Er konnte nicht viele Freunde von dieser Sportart überzeugen. Endlich fand er einen Interessierten.
Er erklärte ihm seine Kunst: »Sie müssen erst einmal ganz fest zubeißen und dürfen ja keine Angst haben. Dann müssen Sie die Splitter ganz fein wie Sand zermalmen und dann mit Sekt herunterschlucken. Das ist ganz einfach. Jetzt versuchen Sie's mal.«
Dem also Belehrten gelang es tatsächlich, die Glassplitter hinunterzuschlucken. Aber Rowohlt war immer noch nicht zufrieden und rief enttäuscht aus: »Aber Mann, Sie lassen ja das Beste stehen, den Stil.«

Besucher staunten, als Rowohlt zu vorgerückter Stunde gestand, er wollte eigentlich Lehrer werden, und Lehrer sei der einzige Beruf, den er wirklich ausfüllen könnte. Augenzwinkernd setzte er hinzu:
»Lachen Sie nicht, es ist mein heiliger Ernst. Meine Autoren sind auch nicht anders zu behandeln wie die Schüler einer übermütigen Schulklasse.«

Erich Kästner brachte die Mentalität der Rowohlt-Autoren auf den kurzen Nenner: »Rowohlt-Autoren rauchen und trinken.«

Rowohlt war gerade dabei, genüßlich sein Weinglas aufzuessen, als Theodor Wolf, der Chefredakteur des ›Berliner Tagblatts‹, die Schenke betrat:
»Ernst, warum tun Sie das?«
Rowohlt: »Damit kein Atom Alkohol im Weltall verlorengeht, verstehen Sie, Theodor?«

RÜCKERT, FRIEDRICH

(Pseud. Freimund Reimar, 1788-1866) Dichter

— * —

Friedrich Rückert reimte mühelos. Eines schönen Morgens, Rückert hatte gerade ein Gedicht beendet, klagte er seiner Gattin:
»Heute weiß ich nicht so recht, was ich machen soll.«
Seine Frau erwiderte: »Wolltest du nicht ein Drama Kalidasa aus dem Sanskrit übersetzen und in Verse bringen?«
»Ja doch, gewiß«, versetzte Rückert, immer noch unbefriedigt, »aber was mache ich am Nachmittag?«

SAADI

(um 1215-1292) pers. Dichter

— * —

Man fragte Saadi einmal: »Wenn du mit einer schönen Frau allein in einem Zimmer wärst, und die Türe wäre verschlossen, und niemand würde dich überwachen – könntest du der Versuchung widerstehn?«
»Vielleicht«, erwiderte Saadi. »Aber kein Mensch würde mir glauben, denn es ist leichter, der Versuchung zu entgehn, als der Verleumdung.«

Saadi klopfte eines Tages an die Türe eines reichen Mannes und bat ihn um ein Darlehen.
»Wie kommt es«, fragte der Reiche höhnisch, »daß der Weise an die Türe des Reichen klopft, nicht aber der Reiche an die Türe des Weisen?«
»Das ist sehr einfach«, erwiderte Saadi. »Weil der Weise den Wert des Reichtums kennt, der Reiche aber nicht den Wert der Weisheit.«

SAGAN, FRANÇOISE

(geb. 21. 6. 1935)

— * —

Ob sie im Reichtum eine Garantie für das Glück sehe? wurde die Sagan gefragt.
»Wie kommen Sie darauf?« antwortete sie. »Auch in einem Rolls Royce wird geweint, vielleicht sogar häufiger als in einem Omnibus.«

SAINT-AMANT, MARC-ANTOINE DE

(1594-1661) frz. Dichter, Dramatiker

— * —

Saint-Amant war einmal in einer Gesellschaft und sah einen Herrn, der schwarzes Haar, aber einen weißen Bart hatte. Da meinte Saint-Amant:
»Das beweist, daß der Herr seine Kiefer mehr anstrengt als sein Gehirn.«

SAINT-JOHN PERSE

(eigtl. Marie-René-Alexis Saint-Léger, 1887-1975) frz. Dichter

— * —

Der Schriftsteller arbeitete lange Zeit an einer amerikanischen Bibliothek. Dort hatte er einmal den Besuch einer Dame, die ihm ein höchst seltsames Geheimnis offenbarte: »Mir erscheint«, sagte sie, »seit einigen Nächten immer wieder Lord Nelson im Schlaf und hält um meine Hand an. Heute nacht habe ich ihn erhört. Soll ich nun meine Bibliothekskarte mit

meinem bürgerlichen Namen ausfüllen oder soll ich fortan als Lady Nelson zeichnen?«
Saint-John Perse, der lange Zeit im diplomatischen Dienste gestanden war, antwortete weise: »In solch einem Fall einer rein geistigen Eheschließung sollten Sie Ihren bürgerlichen Namen beibehalten, Mylady!«

SAND, GEORGE

(eigtl. Amadine-Lucie-Aurore Dupin, 1804-1876) frz. Schriftstellerin

— * —

George Sand, die in ihren Büchern für die Rechte der Frauen eintrat, konnte ihren Geschlechtsgenossinnen gegenüber kurz angebunden sein. Als sich einmal eine Witwe in ihrer Gegenwart gar so untröstlich gab, sagte George Sand: »Ja, meine Beste, wenn Sie nur einen Mann hatten . . .!«

George Sand hatte ihre Tochter mit dem Bildhauer Clésinger verheiratet, vertrug sich aber nicht besonders gut mit ihm. Da ließ George Sand ihm sagen, sie werde ihn in einem Roman vorkommen lassen.
»Seinen Namen werde ich nicht nennen, ihn selber aber so genau schildern, daß jeder ihn erkennt.«
Clésinger meinte dazu: »Und ich werde eine Skulptur von ihr machen, ganz nackt, nur das Gesicht werde ich verschleiern. Da wird jeder sie erkennen.«

George Sand hatte eine ›Geschichte meines Lebens‹ in zehn Bänden hinterlassen, darin sie alle galanten Abenteuer ihrer Vorfahren mit größter Genauigkeit erzählte, aber sehr wenig von sich sprach. Da meinte ein Kollege:
»Das Buch sollte heißen: ›Geschichte meines Lebens vor meiner Geburt‹.«

SAROYAN, WILLIAM

(geb. 31. 8. 1908) amerik. Schriftsteller

— * —

Auf die berüchtigte Frage, welche Bücher man denn mitnehmen solle, wenn man gezwungen wäre, jahrelang auf einer einsamen Insel zu leben, antwortete Saroyan:
»Eines über den Bootsbau, eines über Navigation und eines über Segeln.«

SARTRE, JEAN-PAUL

(geb. 21. 6. 1905) frz. Schriftsteller und Philosoph

— * —

In einem seiner Bücher spielte die Vokabel Mono-Ideismus eine große Rolle, kein Mensch wußte aber, was das bedeutet, bis ein Reporter die berühmte Frage stellte und der berühmte Philosoph antwortete: »Ich habe einen alten Onkel auf dem Lande, der ist das vollkommenste Beispiel eines Mono-Ideisten, das ich kenne. Er mag nämlich keinen Spinat, und er ist glücklich, keinen Spinat zu mögen, denn wenn er Spinat gern äße, dann würde man ihm alle Tage Spinat vorsetzen. Ersetzen Sie nun Spinat durch eine beliebige Weltanschauung, und Sie haben den Mono-Ideismus.«

SCARPI, N. O.

(geb. 1888) Schriftsteller und Theaterleiter

— * —

Man warf dem Anekdotensammler N. O. Scarpi vor, daß er sich sehr oft wiederholte.
»Sie müssen mir schon erlauben«, sagte er, »daß ich meine Anekdoten häufiger erzähle. Sonst würde ich sie ja vergessen!«

Ein Kunde ruft an: »Ich brauche Anekdoten über Sauerkraut.«
N. O. Scarpi: »Sauerkraut? Könnten es nicht Anekdoten von Talleyrand sein?«
»Nein! Sauerkraut!«
»Ich hätte da eine ganz unbekannte Anekdote von Rossini. Rossini kommt zu Meyerbeer . . .«
Eine erlöschende Stimme: »Sau-er-kraut!«
Ganz ohne Trost will man den Kunden nicht scheiden lassen. Am Ende wird er sich ein andres Mal doch mit Anekdoten von Tristan Bernard begnügen. Und so sagt man:
»Schön, ich werde es mir durch den Magen gehn lassen.«
Am andern Ende des Drahtes fällt der Hörer schwer in die Gabel.

N. O. Scarpi, im Umgang mit Tausenden von Bonmots bereits dahin gelangt, hin und wieder selber eines zu formulieren, schreibt seine Produktion auf diesem Gebiet regelmäßig Dumas, Tristan Bernard, Bernard Shaw oder einem andern Großindustriellen des Bonmots zu.
»Ich schmücke mich nicht mit fremden Federn«, sagt er selbstbewußt. »Aber ich schmücke fremde Federn mit mir.«

SCARRON, PAUL

(1610-1660) frz. Dichter

— * —

Scarron war immer kränklich, und aus Mitleid setzte die Königin ihm eine Pension von 1500 Livres jährlich aus.
Als er einmal nach seinem Beruf gefragt wurde, erklärte er: »Ich bin der Kranke der Königin.«

Ein Geistlicher, der in der Überzeugung lebte, leiden sei eine Gunst des Herrn, sagte zu Scarron:
»Ich freue mich mit Ihnen, daß der liebe Gott Sie häufiger aufsucht als andere.«
»Ach, mein Vater«, erwiderte Scarron, »der liebe Gott erweist mir allzu viel Ehre!«

In eine Gedichtesammlung hatte Scarron auch ein Madrigal mit dem Titel ›An die Hündin meiner Schwester‹ aufgenommen. Als er sich dann mit seiner Schwester zerzankte, ließ er eine Anmerkung in sein Buch setzen:
»Statt ›An die Hündin meiner Schwester‹ muß es heißen ›An meine Hündin von Schwester‹.«

SCHÄFER, WILHELM

(1868-1952) Schriftsteller

— * —

Von Wilhelm Schäfer, der selbst so viele Anekdoten gesammelt und überliefert hat, erzählt man sich, er habe einen Schriftsteller-Freund auf die wachsende epische Ausführlichkeit seiner Werke aufmerksam gemacht mit den Worten:
»Je älter du wirst, um so mehr gehst du in die Breite.«

SCHIFF, MICHAEL

(geb. 29. 9. 1925) Schriftsteller

— * —

Michael Schiff, Herausgeber der politischen Witzsammlung ›Radio Eriwan antwortet‹, wurde in einer ›Spiegel‹-Rezension verdächtigt, ›Anti-Sowjet-Witze‹ ediert zu haben. Schiff wehrte sich gegen den unberechtigten Vorwurf in einem Leserbrief:
»Frage an Radio Eriwan: Könnte man nicht auch bei uns in der Sowjetunion den ›Spiegel‹ verkaufen? Radio Eriwan antwortet: Im Prinzip ja. Aber wer garantiert, daß der ›Spiegel‹ nicht gelegentlich die Wahrheit sagt?«

SCHILLER, JOHANN CHRISTOPH FRIEDRICH VON
(1759-1805) Dichter

— * —

1905 rüstete man überall zum feierlichen Gedenken an Schillers hundertsten Todestag. Auch der Stadtschultheiß von Murrhardt hatte das Thema »Schillerfeier« auf die Tagesordnung einer Gemeinderatssitzung gesetzt. Als dafür aber Geld bewilligt werden sollte, protestierte ein Ratsmitglied:
»Worum für so ebbes Geld ausgebe? Noi, I ben net dafür. Ja was isch denn des Bsonders? Rechts en Fraule, links en Fraule ond vor mir e Flasch Wei, ha no ka i au dichte.«

Das Bankhaus Bethmann in Frankfurt wies einen von Schiller in Mannheim ausgestellten Wechsel mit der Begründung zurück:
»Ein verdorbener Chirurg, der sich mit Gewalt zum Dichter machen will!«

Schillers Sohn war Forstrat. Und so sagte er einmal in Gesellschaft:
»Mein Vater war gewiß ein großer Dichter, aber von Holz hat er nichts verstanden. Sonst hätte er in dem Lied von der Glocke nicht geschrieben ›Nehmet Holz vom Fichtenstamme!‹ Denn das ist nun einmal das schlechteste Holz!«

SCHLEGEL, AUGUST WILHELM VON
(1767-1845) Schriftsteller und Literaturhistoriker

— * —

Schlegel war sehr eitel. Er besaß eine ganze Menge Perücken, und zwar in allen Längen. Eine Perücke war mit ganz kurzen Haaren, dann etwas längeren, dem natürlichen Haarwuchs entsprechend sich steigernd bis zu den ganz langen.
Hatte Schlegel die Perücke mit den ganz langen Haaren auf, pflegte er sich demonstrativ über die Haare zu streifen und zu bemerken: »Ich glaube, ich sollte mir bald wieder einmal die Haare schneiden lassen.« Bald darauf erschien er in der Perücke mit den kurzen Haaren.

SCHLEGEL, DOROTHEA VON
(1763-1839) Schriftstellerin

— * —

Die Gattin Friedrich Schlegels, eine Tochter Moses Mendelssohns, war eine sehr kultivierte Frau. Eines Tages fand sie ein Bekannter bei häuslichen Arbeiten. Er meinte, ob sie nicht besser täte, ein Buch zu schreiben, statt solche niedrige Arbeiten zu verrichten. Da meinte sie:

»Ich habe immer gehört, daß es zu viele Bücher auf der Welt gibt, aber nie, daß es zu viele Hemden gibt.«

SCHNITZLER, ARTHUR

(1862–1931) österr. Schriftsteller

— * —

Als Hofmannsthals ›Jedermann‹ zum erstenmal in Salzburg aufgeführt wurde, wandte sich Arthur Schnitzler kurz zuvor an den Autorkollegen und bat telegraphisch, er möge ihm zwei Plätze reservieren lassen.
Hofmannsthal, der im Hotel Österreichischer Hof abgestiegen war, telegraphierte zurück: »Sitze besorgt Österreichischer Hof Hofmannsthal.«
Schnitzler fühlte sich herausgefordert, auf den Doppelsinn dieses Wortlauts zu reagieren. Also gab er noch einmal eine Depesche auf: »Warum sitzt du besorgt im Österreichischen Hof?«

Gegen zehn Uhr abends wurde Schnitzler immer schläfrig, dann sah er gern, wenn Besucher sich empfahlen. »Nur Mut!« sagte er und öffnete die Tür.
Einmal, als er schon um halb zehn Zeichen der Ermüdung nicht verbergen konnte und vernehmlich gähnte, sagte eine junge Dame: »Herr Schnitzler, Ihr Gesicht geht vor!«

»Was halten Sie vom Marxismus?« wurde Schnitzler gefragt.
Seine Antwort: »Der Pedantismus mißverstand die Menschenliebe, das Resultat ist als Marxismus bekannt.«

SCHNURRE, WOLFDIETRICH

(geb. 22. 8. 1920) Schriftsteller

— * —

Nach einer Dichterlesung sagte eine begeisterte Leserin zu Schnurre:
»Ich wollte Ihnen schon immer sagen, wie hübsch und ironisch ich Ihr Pseudonym finde. Es ist ein großartiger Einfall, dies nebelhaft-nibelungische Wolfdietrich ausgerechnet mit dem schnoddrigen ›Schnurre‹ zu verbinden.«
Ergriffen verbeugte sich der Angesprochene und dedizierte maliziös: »Die Sache hat nur einen Haken, gnädige Frau: Ich heiße nämlich wirklich so.«

Schnurre, der Berliner, hat sich kaum aus seiner Heimatstadt gerührt. Einmal kritisierte ihn einer: »Ein Schriftsteller muß aber reisen, Sie müssen die Welt kennenlernen.«

»Warum nicht«, erwiderte Schnurre, »die Welt lerne ich gern kennen. Aber vielleicht kommt sie mal nach Berlin.«

Schnurre wollte mit seiner Frau und dem Pudel ins Kino gehen.
Strenger Verweis der Platzanweiserin: »Der Pudel muß raus.«
Antwortet Schnurre: »Kommt, gehen wir, dieser Film kann nicht gut sein.«

SCHOLL, AURÉLIEN

(1833-1902) frz. Schriftsteller und Journalist

— * —

Ein Leser sandte Aurélien Scholl eines von dessen Büchern und bat um eine Widmung. Scholl schrieb:
»Für Monsieur X. zur Erinnerung an die schöne Stunde, da wir einander kennenlernen werden.«

Scholl erzählte, er habe hintereinander zehn Damen der großen Welt geliebt und sei stets von ihrer Treue überzeugt gewesen. Einmal hatte er einen Artikel im ›Figaro‹ mit den Worten begonnen:
»Die Frauen sind niemals treu. Einmal habe ich eine Dame der großen Welt geliebt, und sie hat mich mit einem Tenor betrogen.«
Am nächsten Morgen erhielt er zehn Briefe, die alle mit den gleichen Worten begannen:
»Warum wirfst du mir diese eine kleine Schwachheit vor, da ich dir sonst doch so treu gewesen bin?!«

Scholl war befreundet mit Millaud, dem Direktor des ›Petit Journal‹, der immer neue Mittel ersann, um die Auflage seines Blattes zu steigern. So hatte er, wie Scholl behauptet, einmal zu seinen Redakteuren gesagt:
»Vergeßt nie, alle zwei, drei Tage von einem Fall von Langlebigkeit zu berichten; zum Beispiel von einem Mann, der in völliger geistiger und körperlicher Frische hundertdreizehn Jahre alt geworden ist. Es gibt immer ein Publikum von alten Leuten, denen es Freude macht, und die dann sagen: ›Das ist einmal eine gut informierte Zeitung!‹«

Scholl hatte beruflich in der Santé – dem Gefängnis – zu tun.
»Kutscher, in die Santé!« ruft er.
Vor dem Gefängnis springt er aus dem Wagen und sagt:
»Warten Sie fünf Minuten!«
»Ah nein!« erwidert der Kutscher. »Da mach ich nicht mit! Das hat mir schon einmal einer gesagt, und dann ist er zwei Jahre lang dringeblieben!«

Ein junger Mann war nach Paris gekommen, um es im Sturm zu erobern, und benahm sich dementsprechend unverfroren.
»Ich habe vor nichts Angst«, erklärte er. »Ich bin auf alles gefaßt. Ich habe den Koffer voll mit Ohrfeigen.«
»Aha«, meinte Scholl. »Ihre Ersparnisse!«

»Sehen Sie nur Madame X.«, sagte jemand zu Aurélien Scholl. »Heute abend ist sie doch weniger häßlich als gewöhnlich.«
»Unmöglich«, entgegnete Scholl. »Sie kann manchmal häßlicher sein als gewöhnlich, aber niemals weniger häßlich.«

Scholl speiste in einem Restaurant. Am Nebentisch saß eine offensichtlich neureiche Dame. Ein Freund fragte Scholl:
»Nun? Wie gefällt Ihnen dieses Muster?«
»Sie hat noch immer nicht genug Ringe«, gab Scholl zur Antwort, »um ihre Hände zu verdecken.«

In den Zeitungen stand, man könne ein Serum, das man Meerschweinchen entnähme, dazu benützen, alte Herren wieder springlebendig zu machen. Da meinte Scholl:
»Kurz, man braucht ein Dutzend Meerschweinchen, um ein Pariser Schwein daraus zu machen.«

Von einem berühmten Schauspieler, der es mit der ehelichen Treue nicht sehr genau nahm, sagte Scholl:
»Er ist ein schlechter Gatte; aber er wird ein ausgezeichneter Witwer werden.«

Scholl, der wegen seiner brillanten Artikel berühmt war, lernte den Philosophen Victor Cousin kennen, und Cousin sagte von oben herab:
»Ich muß Ihnen gleich sagen, daß ich mir aus Geist nichts mache.«
»Das«, erwiderte Scholl, »habe ich bei der Lektüre Ihrer Schriften gemerkt.«

SCHOLOCHOW, MICHAEL
(geb. 24. 5. 1905) russ. Schriftsteller

— * —

Als Scholochow den Nobelpreis für Literatur zugesprochen bekam, suchten ihn Boten überall in der Sowjetunion. Schließlich fanden sie ihn in einem Zelt in der ukrainischen Steppe und konnten ihm das Ereignis mitteilen.
»Den Preis soll ich wohl annehmen«, meinte er im Hinblick auf die offizielle Bewilligung der Partei, »damit Väterchen Rußland Devisen bekommt.«

SCOTT, SIR WALTER
(1771-1832) engl. Schriftsteller

— * —

»In meiner Klasse«, erzählte Walter Scott, »war immer ein Knabe der Erste, und ich konnte ihn, trotz aller Mühe, nicht überholen. Auf jede Frage wußte er die Antwort. Da bemerkte ich, daß er jedesmal, wenn er gefragt wurde, den untersten Knopf seiner Weste betastete. Gut, dachte ich und schnitt ihm heimlich den Knopf ab. Als er am nächsten Tage wieder gefragt wurde, suchte er wie gewöhnlich den Knopf, fand ihn nicht, geriet in Verwirrung und konnte nicht antworten. Da sprang ich ein, und von jenem Tage an hatte ich ihm den Rang abgelaufen.«

Als Walter Scott eines Tages den Dichter Manzoni besuchte, sagte der Italiener bescheiden:
»Mein Roman« – die ›Promessi sposi‹ – »ist eines Ihrer Werke.«
Damit wollte er ausdrücken, wieviel er Scott verdankte. Doch Scott erwiderte:
»Dann ist es eines meiner schönsten!«

Scott hatte eine tiefe Antipathie gegen Menschen, die sich allzu wichtig nahmen, gegen Schriftsteller, die in ihrer Einbildung auf alle andern Leute hinunterschauten.
»Einmal«, erzählte er, »habe ich in einem Gasthaus einen Mann gesehen, der alle andern Anwesenden mit verächtlichen Blicken maß, als wäre er ein höheres Wesen. Ich wurde neugierig, näherte mich ihm und fragte, wer er denn eigentlich sei.
»Wer ich bin?« sagte der Unbekannte und konnte sich über ein solches Maß an Unwissen gar nicht beruhigen. »Ich bin doch der große Twalmley, der Erfinder eines neuen Plätteisens!«

Scotts Popularität war so groß, daß er sich immer wieder malen lassen mußte, um der Anbetung seiner Verehrer Genüge zu tun. Auch sein Hund Maida mußte immer auf den Bildern sein; doch dem war es mit der Zeit so lästig, daß er heulend die Flucht ergriff, wenn man ihm nur einen Pinsel zeigte.

Ein Zeichen von Scotts Popularität war auch seine umfangreiche Korrespondenz. Manche Briefschreiber waren recht zudringlich. Ein gewisser Hauptmann Campbell schrieb ihm, wie er sagte, unter einem innern Antrieb, um ein Darlehen von zwei Pfund zu erbitten.
»Da ich selber keinen innern Antrieb empfand«, erzählte Scott, »schickte ich ihm das Geld nicht. Daraufhin hatte Campbell abermals einen innern Antrieb und schrieb mir einen Brief voller Schmähungen über meine Knickrigkeit.«

Walter Scott vertrug keine Schmeicheleien, und es ärgerte ihn, wenn allzu eifrige Freunde ihn mit Shakespeare verglichen.
»Dummköpfe«, rief er erbost, »ich bin ja nicht würdig, ihm die Schuhbänder zu lösen!«

Auf einem Spazierritt wurde Scott von einem Bettler angehalten. Scott griff in die Tasche, fand aber nur einen Schilling; den gab er dem Bettler und sagte:
»Sie bleiben mir sechs Pence schuldig!«
Darauf erwiderte der Bettler:
»Gott segne Euer Gnaden! Und er möge Sie so lange am Leben erhalten, bis ich meine Schuld zahle.«

Walter Scotts treuer Diener Tom sagte einmal zu seinem Herrn:
»Ach, sind Ihre Romane schön! Ich könnte nicht mehr ohne sie leben! Wenn ich müde in mein Zimmer komme, brauche ich nur einen von ihnen aufzuschlagen, und gleich schlafe ich ein.«

Der französische Übersetzer eines Romans von Walter Scott kannte den Ausdruck ›Welsh rabbit‹ nicht, worunter ein Toast mit Käse zu verstehn ist, und übersetzte: »Un lapin du pays de Gaules«, ein Kaninchen aus Wales. Nicht genug damit, ließ er in einer Fußnote die Leser wissen, daß die Kaninchen von Wales besonders gut sind und dementsprechend in England und Schottland sehr geschätzt.

SCRIBE, (AUGISTIN-)EUGÈNE
(1791-1861) frz. Dramatiker

— * —

Scribe bekam von einem Pariser Millionär folgenden Brief: »Ich hege den Wunsch, mich mit Ihnen zu einer dramatischen Dichtung zu vereinen. Wollen Sie mir die Gefälligkeit erweisen, ein Lustspiel zu schreiben und mir erlauben, daß ich einige Zeilen beifügen darf? Ich werde dann das Stück auf die prachtvollste und kostspieligste Weise aufführen lassen, und wir wollen den Ruhm teilen.«
Scribe erwiderte: »Ich muß Ihren schmeichelhaften Antrag ablehnen, weil die Religion mich lehrt, Pferd und Esel nicht in dasselbe Joch zusammenzuspannen.«
Daraufhin kam die erboste Antwort des Millionärs«: »Herr! Ich habe Ihren impertinenten Brief erhalten. Mit welchem Recht können Sie mich ein Pferd nennen?«

Scribe sprach zu einem seiner Mitarbeiter von einer pikanten Situation, die er eben erfunden hatte.

»Aber die ist doch uralt«, meinte der Mitarbeiter.
»Wirklich?«
»Ja, sie wurde hundertmal verwendet. Und noch vor gar nicht langer Zeit.«
»Und hat sie gewirkt?«
»Großartig!«
»Nun«, erklärte Scribe, »dann wird sie eben wieder wirken.«

SCUDÉRY, GEORGES DE
(1601-1667) frz. Dichter

— * —

Scudéry schrieb endlose Epen. Ein Freund fragte ihn, wann denn endlich das Epos ›Alarich‹ erscheinen werde, das bereits angezeigt worden war.
»Ach, es ist beinahe fertig«, erwiderte Scudéry, »mir fehlen nicht mehr als höchstens fünfzigtausend Verse.«

SÉDAINE, MICHEL JEAN
(1719–1797) frz. Dramatiker

— * —

Sédaine schrieb Verse und Prosa, hatte aber von seinen Werken eine sehr geringe Meinung. Als einmal in der Académie française ein neuer Akademiker seine Antrittsrede hielt, ging Sédaine nachher auf ihn zu und rief:
»Bravo! Bravo! Ich schreibe jetzt doch seit zwanzig Jahren allerlei Dummheiten, aber etwas Ähnliches habe ich noch nie fertiggebracht!«

SEGHERS, ANNA
(geb. 19. 11. 1900) Schriftstellerin

— * —

Die Seghers hatte einen Roman geschrieben.
Bert Brecht urteilte: »Sie ist eine große Novellistin. Wenn sie dabei geblieben wäre, hätte man nicht umhin gekonnt, ihr eines Tages den Nobelpreis zu geben. Leider hat Georg Lukács ihr eingeredet, sie müsse ›Krieg und Frieden‹ noch einmal neu schreiben. Da hat sie sich als gute deutsche Hausfrau hingesetzt und ihre Novellen zum Roman zusammengehäkelt. Das hat ihr sehr geschadet.«

SÉVIGNÉ, MARIE DE RABUTIN-CHANTAL, MARQUISE DE
(1626-1696) frz. Schriftstellerin

— * —

Zur Prinzesson d'Hancourt, die am selben Tag wie sie geboren war, sagte Madame de Sévigné:
»Einigen wir uns, Madame – wie alt wollen wir sein?«

Monsieur de Sévigné hatte eine Nacht bei Ninon de Lenclos verbracht. Bussy-Rabutin meldete das seiner Cousine, Madame de Sévigné, die rot vor Zorn wurde.
»Ich würde Ihnen raten, Gleiches mit Gleichem zu vergelten«, sagte er. »Ich stehe Ihnen gern zur Verfügung.«
Madame de Sévigné musterte ihn und meinte:
»Nur langsam! So tief geht meine Kränkung denn doch nicht!«

Ein junger, eben erst diplomierter Arzt wurde auf der Suche nach Kunden an Madame de Sévigné empfohlen, die ihm auch andere Kunden verschaffte.
»Es wäre doch sündhaft«, meinte sie, »wenn der junge Mann sein Vorrecht, die Menschen ungestraft umzubringen, nicht auch gebrauchen dürfte.«

Madame de Sévigné hatte eine deutsche Freundin, eine Prinzessin, die mit sämtlichen Fürstenhöfen verwandt war. Da immer irgendwer in einer dieser Familien starb, trug die Prinzessin beständig Trauer. Als sie nun einmal in einem hellen Kleid auftauchte, sagte Madame de Sévigné:
»Ich freue mich zu sehen, daß ganz Europa bei bester Gesundheit ist.«

Madame de Sévigné erzählte:
Der Dichter Patrix war mit achtzig Jahren von einer schweren Krankheit genesen. Seine Freunde waren entzückt und forderten ihn auf, sich zu erheben und sich anzuziehen.
»Lohnt es sich noch?« fragte er.

Madame de Sévigné war einem Landmädchen namens Nicolette sehr wohlgesinnt und schenkte ihr zehn Livres, um sich eine Ausstattung zu beschaffen und zu heiraten. Nach einiger Zeit stellt Nicolette ihrer Wohltäterin den Gatten vor, einen häßlichen, ungeschlachten Bauern. Madame de Sévigné nimmt sie beiseite und sagt:
»Ja, aber Kind, warum hast du einen so häßlichen Menschen geheiratet?«
»Mein Gott, Madame«, erwidert Nicolette, »was kann man für zehn Livres Besseres kriegen?!«

Marquis de la Fare war der Geliebte der Madame de Sévigné gewesen. Doch seine Liebe verflüchtigte sich, und er wandte sich einer ganz unbedeutenden Frau zu.
»Die ist wenigstens dumm«, sagte er zu seinen Freunden.

Als von La Fontaines Fabeln gesprochen wurde, sagte Madame de Sévigné:
»Sie sind wie ein schöner Korb mit Kirschen. Man möchte sich eine aussuchen, und schließlich ist der ganze Korb leer.«

SHAKESPEARE, WILLIAM

(1564-1616) engl. Dramatiker

— * —

Kleist hat eine mehrfach variierte Shakespeare-Anekdote so gefaßt:
»Als Shakespeare einst der Vorstellung seines ›Richard des III.‹ beiwohnte, sah er einen Schauspieler sehr eifrig und zärtlich mit einem jungen Frauenzimmer sprechen. Er näherte sich unbemerkt und hörte das Mädchen sagen: ›Um 10 Uhr poche dreimal an die Tür, ich werde fragen: wer ist da?, und du mußt antworten: Richard der III.
Shakespeare, der die Weiber sehr liebte, stellte sich eine Viertelstunde früher ein und gab beides, das verabredete Zeichen und die Antwort, ward eingelassen und war, als er erkannt wurde, glücklich genug, den Zorn der Betrogenen zu besänftigen.
Zur bestimmten Zeit fand sich der wahre Liebhaber ein. Shakespeare öffnete das Fenster und fragte leise: ›Wer ist da?‹ – ›Richard der III.‹, war die Antwort. – ›Richard‹, erwiderte Shakespeare, ›kommt zu spät; Wilhelm der Eroberer hat die Festung schon besetzt‹.«

Shakespeare hatte keine sehr strengen Begriffe von literarischem Eigentumsrecht. Ein Autor warf ihm eines Tages vor, er habe diesem Autor eine ganze Szene entwendet. Da erwiderte Shakespeare:
»Das ist ein Mädchen, das ich aus schlechter Gesellschaft entfernt und in gute Gesellschaft gebracht habe.«

SHAW, GEORGE BERNARD

(1856-1950) anglo-ir. Dramatiker

— * —

Ein junger Journalist wollte von Shaw Näheres über dessen neuestes Stück hören.
»Sie wollen erfahren, was in meinem neuen Stück vorgeht? Also – erster Akt: Der Mann fragt: ›Du liebst mich?‹ und die Frau erwidert: ›Ich bete dich an.‹ Zweiter Akt: Der Mann fragt: ›Du liebst mich?‹ und die Frau

erwidert: ›Ich bete dich an.‹ Dritter Akt: Der Mann fragt: ›Du liebst mich?‹ und die Frau erwidert: ›Ich bete dich an.‹ Vorhang.«
»Großartig«, stotterte der Journalist. »Aber worin besteht eigentlich die Verwicklung?«
»Die Verwicklung?« fragte Shaw. »Ganz einfach darin, daß die Frau in allen drei Akten dieselbe ist, der Mann dagegen in jedem Akt ein anderer.«

Bei einer Probe unterbrach Shaw einen Schauspieler:
»Halten Sie sich, bitte, an meinen Text und fügen Sie keine Improvisationen hinzu, die überdies höchst geschmacklos sind.«
Der Schauspieler erwiderte sehr erstaunt: »Aber ich habe doch kein Wort hinzugesetzt, das nicht von Ihnen wäre!«
Shaw blickte in den Text und mußte zugeben, daß der Schauspieler recht hatte.
»Mein Gott, wie tief man manchmal sinken kann!« rief er.

Ein junger Student suchte Bernard Shaw auf und erzählte ihm, er wolle das Medizinstudium aufgeben und sich der Schriftstellerei widmen. Damit könne er der Menschheit einen größeren Dienst erweisen.
»Dazu müssen Sie nicht unbedingt Schriftsteller werden«, meinte Shaw.
»Wieso?«
»Nun, damit, daß Sie das Studium der Medizin aufgeben, erweisen Sie der Menschheit ja schon einen großen Dienst.«

Shaw machte sich bei einer Reise durch Amerika über die Amerikaner lustig. Eine Anzahl Zeitungen ließen sich zu Protesten verleiten, aber eine Zeitung äußerte sich zunächst gar nicht. Doch als Shaw nach Miami fuhr, brachte diese Zeitung einen langen Bericht über die Ankunft von Mrs. Shaw, berichtete jede Einzelheit von ihrer Kleidung, ihrem Benehmen, meldete jedes Wort, das sie gesagt hatte. Und ganz am Ende des langen Artikels stand:
»Mrs. Shaw war von ihrem Gatten begleitet, Mr. George Bernard Shaw, einem Schriftsteller.«

Wenn man ihn im Alter photographieren wollte, zog Shaw eine Grimasse.
Ein Freund fand das sehr verwunderlich, aber Shaw meinte:
»Warten Sie, bis Sie erst einmal zweiundneunzig sind. Dann werden Sie wissen, was es einem für ein Vergnügen macht, das eigene Bild zu sehen.«

»Für wie alt halten Sie mich?« diese immer gefährliche Frage stellte eine Dame Bernard Shaw.
Er erwiderte:
»Nach Ihren Zähnen für achtzehn, nach Ihren blonden Locken für neunzehn, nach Ihrer ganzen Haltung für vierzehn.«
Die Frau war ungemein geschmeichelt.
»Nun, und was ergibt das?«
»Sehr einfach«, meinte Shaw, »man muß nur achtzehn, neunzehn und vierzehn addieren; das ergibt einundfünfzig.«

Eine Rede begann Shaw einmal mit folgenden Worten:
»Ich vermute, daß Sie, meine Damen und Herren, nur selten denken. Es gibt sehr wenige Menschen, die häufiger als drei- bis viermal im Jahr denken. Ich, der ich hier vor Ihnen stehe, verdanke meinen Ruhm dem Umstand, daß ich ein- oder zweimal in der Woche denke.«

Man fragte Shaw, welcher der drei Faktoren – Arbeit, Geld, Intelligenz – einen Mann am sichersten zum Erfolg führen könnte.
Die Antwort war eine Gegenfrage:
»Welches Rad bei einem Dreirad ist das wichtigste, wenn man sich darauf setzen und vorwärtskommen will?«

Der Schwergewichtschampion Gene Tunney wollte Shaw persönlich kennenlernen. Shaw war durchaus einverstanden, stellte aber Bedingungen:
»Es darf weder ein Reporter noch ein Photograph dabei sein, und ferner darf ich nur vom Boxen und Tunney nur von Literatur sprechen.«
Erstaunter Blick.
»Ja, gewiß«, fuhr Shaw fort, »Tunney hat nämlich in literarischen Fragen einen ausgezeichneten Geschmack. Er hält meinen Boxerroman ›Cashel Byrons Beruf‹ für miserabel, und ich bin vollkommen seiner Meinung.«

Was ist Optimismus? Was ist Pessimismus? Shaw beantwortete die Frage folgendermaßen:
»Stellt eine halbvolle Flasche auf den Tisch. Der Optimist wird sagen: ›Wie schön! Die Flasche ist noch halb voll!‹ Der Pessimist wird sagen: ›Schade, die Flasche ist schon halb leer!‹«

»Glauben Sie auch daran, Mr. Shaw«, fragte ein Reporter, »daß die Menschen, die am Freitag heiraten, ihr ganzes Leben lang unglücklich sind?«
»Natürlich glaube ich daran, warum sollte gerade der Freitag eine Ausnahme sein?!«

Shaw sagte zu seiner Frau:
»Die männliche Urteilskraft ist der weiblichen doch weit überlegen.«
»Das muß wahr sein«, erwidert Mrs. Shaw, »denn du hast mich geheiratet und ich dich.«

Die amerikanische Zensur verbot ein Buch eines siebzehnjährigen Autors, der seine ersten Eindrücke recht schonungslos schilderte.
»Mit siebzehn Jahren schon ein Buch, das verboten wird«, sagte Shaw. »Hoffen wir, daß dieser Erfolg dem jungen Menschen nicht zu Kopf steigt!«

Shaws Beziehung zu der Schauspielerin Ellen Terry war Gegenstand vieler Anekdoten. Als sie von ihm die Erlaubnis erbat, einen Teil der umfangreichen Korrespondenz zu veröffentlichen, erwiderte er empört:
»Ich will nicht den Schimmel zu Ihrer Lady Godiva spielen!«
Lady Godiva war die Dame in Coventry, die splitternackt auf einem Schimmel durch die Stadt ritt. Aus durchaus edlen Motiven übrigens.

Als Cornelia Otis Skinner in einer Neueinstudierung von ›Candida‹ auftrat, kabelte Shaw:
»Hervorragend! Großartig!«
Miss Skinner erwiderte gerührt: »Unverdientes Lob.«
Shaw wollte witzig sein und kabelte: »Meinte das Stück!«
Doch Miss Skinner war ihm über und antwortete: »Ich auch.«

Man erörterte die Frage, ob es möglich sei, an unerwiderter Liebe zu sterben. Shaw hielt das durchaus für möglich und berichtete von einem seiner Freunde, der ein Mädchen leidenschaftlich geliebt hatte, das seine Liebe nicht erwiderte.
»Und Ihr Freund ist an dem Schmerz gestorben?« fragte eine Zuhörerin gerührt.
»Ja«, erwiderte Shaw. »Allerdings erst fünfzig Jahre später.«

Man fragte Shaw, ob er glaube, daß der Mars bewohnt sei.
»Nein«, erwiderte er. »Die Menschen sind eine Krankheit der Erde. Gesunde Planeten haben keine.«

Einer der mächtigsten Filmproduzenten suchte Shaw auf und begann, die Zigarre im Mund:
»Mein lieber Mr. Shaw, ich möchte eines Ihrer Stücke drehen. Ich habe sie gelesen, sie gefallen mir. Und aus meinem Haus soll nur das Feinste, das Eleganteste, das Poetischste hervorgehn. Sie verstehen mich doch, nicht wahr?«
Und Shaw erwiderte:

»Mein lieber Herr, ich merke, daß Sie ein Künstler, ein Dichter sind. Aber ich bin einfach ein Geschäftsmann, und darum werden wir uns nie verständigen können.«

Ein Chirurg und ein Advokat, Freunde Bernard Shaws, saßen mit ihm im Restaurant und erzählten Geschichten, darin die Schriftsteller schlecht wegkamen. Shaw sagte nichts.
»Weißt du denn gar keine Geschichte?« fragte einer der Freunde.
»Ich kenne nur eine einzige«, erwiderte Shaw. »Während einer Operation hat ein mir bekannter Chirurg die Nerven verloren und dem Patienten irrtümlich das Gewissen amputiert.«
Die beiden andern warteten.
»Nun?« fragte endlich der Advokat. »Ist das alles?«
»Nein. Der Kranke ist trotzdem genesen, aber da er kein Gewissen mehr hatte, mußte man einen Advokaten aus ihm machen.«

Eine Bewundererin schrieb an Shaw:
»Ich wünsche Sie kennenzulernen. Am nächsten Mittwoch von fünf bis sieben werde ich zu Hause sein.«
Shaw erkundigte sich und erfuhr, daß es sich um eine ebenso anmaßende wie langweilige Frau handelte, die eine Sammlung berühmter Bekanntschaften anlegte. Da erwiderte er ihr:
»Ein seltsamer Zufall will, daß ich am nächsten Mittwoch von fünf bis sieben ebenfalls zu Hause sein werde.«

Auf einer Reise in Schottland saß Shaw mit zwei Herren im Abteil, die gerade über ihn sprachen, der eine bewundernd, der andere geringschätzig. Man fragte ihn nach seiner Meinung.
»Schwer zu sagen«, erwiderte Shaw, »da ich Shaw nie von Angesicht zu Angesicht gesehen und nie eines seiner Bücher gekauft habe.«

Shaw erzählte: »Eines Tages kommt der Schreiner des Theaters, das meine Stücke spielt, zum Direktor und verlangt eine Gehaltserhöhung. ›Sie haben doch so wenig zu tun‹, meint der Direktor. ›Und zudem haben Sie den Vorteil, daß Sie jeden Abend ein Stück von Shaw sehen können.‹ Da hob der Schreiner traurig den Kopf und sagte: ›Gerade deswegen verlange ich ja die Gehaltserhöhung!‹«

Bei einem Abendessen saß Shaw neben einer Dame, die er zwanzig Jahre vorher geliebt hatte. Er flüsterte ihr ins Ohr:
»Sie haben Liebesbriefe von mir. Verkaufen Sie sie. Meine Autogramme werden jetzt glänzend bezahlt!«
»Verdammt!« rief seine Nachbarin. »Ich habe sie doch schon längst verkauft!«

Shaw hatte einen Diener, der auch sein Sekretär sein mußte. Eines Tages überreichte der Diener-Sekretär seinem Herrn eine Liste von Fragen, um deren Beantwortung ein Journalist gebeten hatte. Shaw warf einen Blick auf die Liste, gab sie dem Diener und sagte:
»Beantworten Sie sie an meiner Stelle. Ich habe heute zuviel zu tun.«
Der Diener machte sich an die Arbeit und beantwortete pflichtgemäß die Fragen: Um wieviel Uhr stehen Sie auf? Was ist Ihre erste Beschäftigung? Wann gehen Sie spazieren? Was machen Sie zwischen elf und zwölf Uhr? Und so ging es weiter.
Nicht gering war die Überraschung Shaws, als er in der Zeitung las, daß er jeden Tag die Schuhe der Köchin putze und zwischen elf und zwölf Kartoffeln schäle.

Nach der Premiere seines Stückes ›Zurück zu Methusalem‹ tobte die Menge vor Begeisterung. Shaw verbeugte sich. Plötzlich ein greller Pfiff von der Galerie.
Shaw grüßte zur Galerie hinauf und sagte laut: »Mein Freund! Ich bin mit Ihnen einer Meinung, aber was können wir beide gegen die alle machen?«

Eines Tages erhielt Shaw von einer amerikanischen Verehrerin folgenden Brief: »Sir, Sie sind der intelligenteste Mann der Welt, und ich bin die schönste Frau. Der Sohn, der aus unserer Verbindung hervorginge, wäre die Vollkommenheit selbst!«
»Leider muß ich befürchten«, erwiderte Shaw, »daß unser Sohn die Schönheit von mir und die Intelligenz von Ihnen erben würde.«

Shaw war mager, ketzerisch, Vegetarier; Chesterton war übertrieben dick und begeisterter Fleischesser. Chesterton weist auf Shaws Magerkeit und sagt:
»Wenn man Sie anschaut, Shaw, könnte man glauben, es herrsche Hungersnot in England.«
»Und wenn man Sie anschaut«, entgegnet Shaw, »könnte man glauben, Sie seien schuld daran!«

Eine Pianistin und ein Geiger machten endlos Musik. Die Hausfrau sagte begeistert zu Shaw:
»Sie sind doch großartig, nicht wahr? Elf Jahre spielen sie miteinander!«
»Elf Jahre?« meinte Shaw. »Nein, wie die Zeit vergeht! So lang ist es mir doch nicht vorgekommen.«

Als Shaw den Nobelpreis erhielt, sagte er: »Das ist ein Zeichen der Dankbarkeit dafür, daß ich in diesem Jahr noch nichts veröffentlicht habe.«

»Was ist das Geheimnis schriftstellerischen Erfolgs?« wurde Shaw gefragt.
»Die richtigen Tasten der Schreibmaschine anzuschlagen«, war seine Antwort.

SHERIDAN, RICHARD

(1751-1816) engl. Schriftsteller und Politiker

— * —

Sheridan war als Mitglied des Parlaments seines scharfen Witzes wegen gefürchtet. So sagte er von der Rede eines andern Abgeordneten:
»Sie enthielt sehr viel Neues und sehr viel Wahres. Nur war das Neue nicht wahr und das Wahre nicht neu.«

Der Witz des Dichters und Politikers Sheridan war gefürchtet. Ein beliebtes Ziel seines Spottes war Lord Lauderdale, der gern, aber mit wenig Glück, Witze machte. Sheridan trat in einen Salon und sagte:
»Der tiefen Stille, die hier herrscht, glaube ich entnehmen zu dürfen, daß Lord Lauderdale einen Witz gemacht hat.«

Sheridan war in einem Landhaus zu Besuch; eine reifere unverheiratete Dame ließ nicht locker und wollte unbedingt mit ihm spazieren gehn. Er fand, das Wetter sei zu schlecht; nachher aber erwischte sie ihn dabei, wie er trotzdem ausgehn wollte.
»Es hat sich aufgeklärt«, sagte sie.
»Ja«, erwiderte er. »Es hat sich für einen genug aufgeklärt, nicht aber für zwei.«

Sheridan kam mit leerer Tasche von der Jagd zurück. Da sieht er eine Schar Enten auf einem Teich schwimmen, und am Ufer steht ein Mann und schaut ihnen zu.
»Was verlangen Sie, wenn Sie mich einmal auf die Enten schießen lassen?« fragt Sheridan.
Der Mann überlegt.
»Eine halbe Guinea.«
»Gemacht«, sagt Sheridan, zahlt, schießt und erlegt ein halbes Dutzend Enten. »Ich fürchte, daß Sie ein schlechtes Geschäft gemacht haben, mein Lieber«, meint Sheridan lachend.
»Das weiß ich nicht«, erwidert der Mann. »Die Enten gehören ja nicht mir.«

Als im Jahre 1795 die französischen Emigranten bei Quiberon landeten und von der Revolutionsarmee vernichtet wurden, zogen sich die englischen Schiffe, mit denen die Emigranten gekommen waren, zurück, ohne

den Emigranten zu Hilfe zu eilen. Die englische Regierung wurde im Parlament heftig angegriffen, und Pitt sagte, was Churchill nicht gesagt hätte:
»Wenigstens ist kein Tropfen englisches Blut geflossen.«
Worauf er sich von Sheridan erwidern lassen mußte:
»Aber die englische Ehre floß aus allen Poren!«

Sheridans Vater war Schauspieler. Damit neckte ihn ein Schulkollege, der Sohn eines berühmten Londoner Arztes. Sheridan aber sagte:
»Es ist wahr, daß mein Vater davon lebt, den Leuten Spaß zu machen. Dein Vater aber lebt davon, die Leute umzubringen.«

Sheridan führte ein recht ungezügeltes Leben, war vor allem ein großer Trinker. Der Arzt verbot ihm jeden Alkohol. Nach drei Tagen kam er wieder und sagte:
»Es ist die einzige Möglichkeit, Ihr Leben zu verlängern.«
Worauf Sheridan erwiderte:
»Deshalb sind mir auch diese drei Tage so lang vorgekommen!«

Bei der Premiere seiner ›Lästerschule‹ bemerkte Sheridan, daß einer seiner Rivalen, Cumberland, auch nicht ein einziges Mal das Gesicht zu einem Lächeln verzog. Nachher sagte Sheridan im Kreis seiner Freunde:
»Cumberland war nicht nur unhöflich, er war auch undankbar. Letzten Monat war die Premiere eines seiner Dramen, und ich habe aus vollem Halse gelacht.«

SIMENON, GEORGES

(geb. 13. 2. 1903) frz.-belg. Schriftsteller

— * —

Seine ersten Romane wurden Georges Simenon recht kümmerlich bezahlt, und einer seiner damaligen Verleger bemühte sich immer, ihn zu drücken. Da rief Simenon erbost:
»Einmal wird's Ihnen noch leid tun, daß Sie mich so schlecht behandelt haben, Sie alter Gauner!«
Der Verleger sah gekränkt auf:
»So alt bin ich doch noch gar nicht.«

Einem Interviewer sagte Simenon, er habe eben seinen neuen Roman begonnen. Zwei Tage später legt der Interviewer dem Schöpfer des Kommissars Maigret seinen Text vor. Und Simenon sagt:
»Es ist schon ganz gut. Aber den Roman habe ich nicht eben begonnen, sondern eben beendet.«

SIMONIDES

(um 500 v. Chr.) griech. Dichter

— * —

Einmal wurde er gefragt, ob Reichtum oder Weisheit vorzuziehen sei. »Das weiß ich nicht«, antwortete er. »Jedenfalls weiß ich, daß die Weisen oft vor den Türen der Reichen warten, nie aber umgekehrt.«

SOPHOKLES

(um 496-406 v. Chr.) griech. Tragiker

— * —

Zu Sophokles kamen die Schauspieler und fragten: »Uns fällt auf, daß du die Frauen günstiger darstellst als Euripides. Du schmeichelst ihnen, er aber geht mit ihnen hart ins Gericht. Bist du so überzeugt von den Frauen?«
»Keineswegs«, erwiderte Sophokles. »Ich mache mir nur die Mühe und schildere sie wie sie sein sollten, Euripides beschreibt sie einfach, wie sie sind.«

Sophokles sagte eines Tages, drei Verse hätten ihn drei Tage Arbeit gekostet.
»Drei Tage«, rief ein nicht sehr begabter Dichter. »In dieser Zeit hätte ich hundert gemacht!«
»Ja«, meinte Sophokles, »sie hätten aber auch nur drei Tage gedauert!«

Sophokles war ein fleißiger Dichter. Neben seiner Dichtkunst vergaß er alles und so geschah es, daß er sein Hauswesen vernachlässigte. Seine Söhne verklagten ihn und forderten vor Gericht, sie sollten ihren Vater als wahnsinnig und kindisch entmündigen.
Zu seiner Verteidigung las Sophokles seine neueste Tragödie vor. Die Dichter waren von dem Kunstwerk so angetan, daß sie Sophokles freisprachen, und es hätte nicht viel gefehlt, und sie hätten die Söhne für wahnsinnig und kindisch erklärt.

SORENSEN, THEODORE C.

(geb. 11. 10. 1926) amerik. Publizist, enger Mitarbeiter John F. Kennedys

— * —

Sorensen hielt nur selten selbst eine Rede. Als er aber einmal in Nebraska das Erziehungssystem des Bundesstaates in einer Ansprache kritisierte, machte das viel böses Blut. Kennedy hörte davon und meinte:
»Das kommt davon, wenn ein Mann, der Reden schreiben soll, selber eine hält.«

SPEE, GRAF FRIEDRICH VON

(1591-1635) Barocklyriker

— * —

Als Graf Spee in einer Damengesellschaft um eine Definition des Wortes Liebe gebeten wurde, gab er dieses Akrostichon zum Besten:

L Langes
I Joch
E Eines
B Betrogenen
E Ehemanns

SPENSER, EDMUND

(1552-1599) engl. Dichter

— * —

Als Spenser seine ›Feenkönigin‹ beendet hatte, brachte er sie dem Earl of Southampton, dem großen Gönner der Dichter jener Zeit. Man legte das Manuskript dem Earl vor, er las einige Seiten, und dann befahl er, dem Schriftsteller zwanzig Pfund zu geben. Er las weiter und rief entzückt: »Gebt diesem Mann noch weitere zwanzig Pfund!« Und das wiederholte sich noch mehrmals. Endlich verlor er die Geduld und sagte zu einem Diener:
»Geh und wirf den Kerl hinaus, denn wenn ich mehr lese, richte ich mich zugrunde.«

SPITZER, DANIEL

(um 1900) Wiener Feuilletonist

— * —

Admiral Tegethoff befehligte die österreichische Flotte in der Seeschlacht bei der Insel Lissa mit großem Erfolg. Als er starb, schrieb Spitzer:
»Der siegreiche Admiral weilt nicht mehr unter den Lebenden. Uns Österreicher hindert fortan nichts mehr zu Wasser ebenso gründlich geschlagen zu werden wie zu Lande.«

STAËL, GERMAINE, BARONNE DE ST.-HOLSTEIN

(1766-1817) frz. Schriftstellerin

— * —

Während ihrer Deutschlandreise traf die berühmte Französin auch auf Goethe.
Goethe berichtete seinen Freunden: »Es war eine interessante Stunde. Sie spricht gut, aber viel, sehr viel. Ich bin gar nicht zu Worte gekommen.«

Madame de Staël berichtete ihren Freundinnen: »Wer so gut spricht wie Goethe, dem hört man gern zu. Ich habe kein Wort sagen können.«

Frau von Staël war von der Natur nicht mit vielen Reizen begünstigt worden, aber sie besaß schöne Arme, die sie gern entblößt trug.
»Man muß sein Gesicht zeigen, wo man's eben hat«, sagte sie.

In ihrem Buch über Italien lobte Frau von Staël den Schriftsteller Vincenzo Monti sehr, äußerte sich dagegen abfällig über die italienische Sprache. Da wurde Monti wütend und schrieb:
»Es ist die schönste, die süßeste von allen modernen Sprachen. Wenn Plato und Homer wieder zum Leben erwachen und eine moderne Sprache sprechen würden, wäre es bestimmt Italienisch.«

Der Frau von Staël erzählt man von einem vornehmen Paar, dessen Ehe außerordentlich schlecht war.
»Und denken Sie – neulich fällt seine Frau ins Wasser, und der Mann springt ihr nach und rettet sie!«
Da meinte Frau von Staël: »Welch ein Mangel an Geistesgegenwart!«

Frau von Staël schrieb einen autobiographischen Roman.
»Ist es Ihnen nicht peinlich, über Ihre intimen Erlebnisse zu sprechen?«
»Sein Sie unbesorgt«, antwortete Frau von Staël. »Ich gebe nur ein Brustbild.«

Der Astronom Lalande saß bei Tisch zwischen Frau von Staël und Madame de Récamier. Er wollte beiden ein Kompliment machen und verletzte beide, indem er sagte:
»Wie wohl fühlt man sich zwischen Schönheit und Geist!«
»Ohne doch selber das eine oder das andere zu besitzen«, ergänzte Frau von Staël.

Als Talleyrand zur Zeit der Restauration wieder in Gnaden aufgenommen wurde, sagte Frau von Staël:
»Der gute Maurice gleicht den Puppen, die man den Kindern schenkt. Der Kopf ist aus Kork, die Beine sind aus Blei. Man kann sie hinwerfen, wie man will – sie stehen immer wieder auf.«

Madame de Staël wurde gefragt:
»Warum haben die hübschen Frauen mehr Erfolg bei den Männern als die klugen?«
»Sehr einfach«, erwiderte sie, »nur wenige Männer sind blind, aber sehr viele sind dumm.«

Als Frau von Staël ihren Roman ›Delphine‹ veröffentlichte, nahm man an, daß sie sich selber als Heldin und Talleyrand als eine ältliche Dame geschildert habe.
»Wie man mir sagt«, bemerkte Talleyrand, als er Frau von Staël begegnete, »haben Sie uns beide als Frauen verkleidet in Ihrem Roman untergebracht.«

Als Napoleon einmal sagte:
»Ich mag nicht, wenn die Frauen in die Politik hineinreden«, antwortete Frau von Staël:
»Sie haben im allgemeinen recht, aber in dem Lande, wo man den Frauen die Köpfe abgeschnitten hat, ist es nur natürlich, daß sie fragen, warum.«

STEELE, RICHARD SIR
(1672-1729) anglo-ir. Essayist und Dramatiker

— * —

Steele ließ sich ein Schloß bauen und wollte auch eine Kapelle haben. Die Arbeiten gingen nur langsam vonstatten, weil er den Maurern den Lohn schuldig blieb. Als die Kapelle endlich fertig war, wollte er die Akustik ausprobieren und schickte einen Maurer auf die Kanzel.
»Predigen Sie einmal!« sagte er zu ihm.
»Was soll ich denn predigen?« Der Maurer war verdutzt.
»Was Sie wollen.«
Da erhob der Maurer die Stimme und begann:
»O Herr, sechs Monate arbeiten wir und sehen noch immer keinen Lohn. Wann endlich ...«
»Genug, genug«, unterbrach ihn Steele. »Die Akustik ist ausgezeichnet, aber der Text ist schlecht gewählt.«

Von den Leuten, die einerseits das Leben zu kurz finden, andrerseits ihre Zeit totschlagen wollen, sagte Steele:
»Die Menschen möchten das Leben en gros verlängern, aber en détail verkürzen.«

»Leihen Sie mir sechshundert Pfund«, sagte Richard Steele zu einem Freund.
»Wozu brauchen Sie so viel Geld?«
»Um meine Gläubiger zu bezahlen. Ich möchte einmal endgültig mit meinen Schulden Schluß machen.«

STENDHAL

(eigtl. Marie-Henri Beyle, 1783-1842) frz. Schriftsteller

— * —

Beyle, dessen Künstlername Stendhal war, wurde immer wieder nachgesagt, sein Stil sei »kalt«! In einem Brief an Balzac erwähnte Stendhal, wie er sich zu seinem Stil erzog: »Als ich die ›Kartause‹ schrieb, habe ich jeden Morgen zwei bis drei Seiten im Bürgerlichen Gesetzbuch gelesen, um den Stil abzustimmen.«

Einen Monat nach Erscheinen seines Buches ›Über die Liebe‹ fragte Stendhal seinen Verleger nach dem Erfolg.
»Man könnte meinen, daß es ein heiliges Buch ist«, war die Antwort. »Kein Mensch wagt es zu berühren.«

Stendhal war ein unbequemer Gesellschafter, trotzdem riß man sich um ihn als Gast, da er versprach, der müden und sich ewig gleichenden Konversation ein paar ungewöhnliche Pointen aufzusetzen. So stritt sich Stendhal, der sich als überzeugter Atheist ausgab, schon eine ganze Weile mit einer Reihe von Herren.
Als er sah, daß keiner der Streiter auf seiner Seite stand, schloß er die Debatte abrupt, sehr zur Verärgerung der Anwesenden: »Zwischen uns gibt es keine Verständigungsmöglichkeit. Ich bin eine Ratte, und Sie sind eine Katze!«

STERNE, LAWRENCE

(1713-1768) engl. Schriftsteller

— * —

Sterne fragte eine Dame, ob sie seinen ›Tristram Shandy‹ gelesen habe.
»Nein«, erwiderte sie, »und wenn ich ganz aufrichtig sein soll, muß ich sagen, daß ich ihn nicht gelesen habe, weil er als gar zu unanständig gilt.«
»Glauben Sie das nicht!« rief Sterne. »Mein Werk gleicht in gewissem Sinn Ihrem dreijährigen Kinde, das sich auf dem Teppich wälzt und in aller Unschuld Dinge zeigt, die man gewöhnlich vor der Öffentlichkeit verborgen hält.«

Sterne, der seiner jungen Ehefrau kein idealer Partner war, sagte eines Tages zu dem berühmten Schauspieler Garrick sehr sentimental:
»Der Mann, der sich nicht gut gegen seine Frau beträgt, verdient, daß man ihm das Haus vor der Nase niederbrennt.«
Garrick fragte lakonisch: »Haben Sie das Ihre versichern lassen?«

Nach seiner Rückkehr aus Frankreich fragte man Sterne, ob er dort Charaktere angetroffen habe, die einer Schilderung wert wären.
»Nein«, sagte Sterne, »die Franzosen sind wie Münzen, deren Prägung vom langen Gebrauch verwischt ist.«

STERNHEIM, CARL

(1878-1942) Schriftsteller

— * —

Carl Sternheim war einmal Zeuge, wie der Einakter eines Kollegen stürmisch ausgepfiffen wurde. Gelassen meinte er zu seiner Begleiterin:
»Ich begreife das Publikum nicht, wie man wegen so einem bißchen Einakter so pfeifen kann.«

Carl Sternheim, wackeres Mitglied des Corps Schwaben in München, hatte eines Tages den triftigen Grund, das Corps zu verlassen: eine Alkoholvergiftung minderte erheblich sein Interesse an studentischen Exzessen.
Wehmütig-ironischer Kommentar des vom Kater Geplagten: ». . . denn die Biere waren viel zu tief!«

Einer, der es wissen mußte, sagte zu Sternheim: »Das ganze literarische Getue ist ja großer Quatsch. Es gibt überhaupt bloß zwei große Dichter auf der Welt!«
»Wer ist der andere?« erkundigte sich Sternheim.

Mit allergrößter Ruhe erlebte Sternheim seinen Theaterskandal bei der Uraufführung seines ›Don Juan‹ im Deutschen Theater in Berlin. Der König Philipp des Stückes hatte die Frage zu stellen: »Wer schrieb den Unsinn?«
Geschlossen brüllte es begeistert aus dem Parkett: »Sternheim! Sternheim!«
Vornehm verneigte sich Sternheim vor der tobenden Menge.

Als Sternheim in der Emigration lebte, kam mit Schicksalsgenossen das Gespräch immer wieder auf Deutschland und Hitler. Einmal wurde es Sternheim zuviel, und er rief verzweifelt:
»Ihr immer mit eurem Hitler, dieser Idiot, den gibt's gar nicht! Der ist meine Erfindung.«

STETTENHEIM, JULIUS

(um 1900) Berliner Humorist

—*—

Stettenheim vor der berühmten Statue des Dornausziehers:
»Unglaublich! Nichts hat er an! Und jetzt zieht er sich noch den Dorn aus!«

Julius Stettenheim wird aufgefordert, für eine Wohltätigkeitslotterie einige Exemplare seiner Bücher zu spenden.
»Soll ich auch eine Widmung hineinschreiben?« fragt er.
»Oh, das wäre furchtbar nett«, sagen die Damen des Komitees entzückt.
Und so schreibt er:

Meine$^{r}_{m}$ verehrten Gönne$^{rin}_{r}$
Frau
Fräulein . . . .
Herrn
(Nicht Zutreffendes bitte zu streichen)
in alter Treue

Julius Stettenheim

In der Auslage hängt die Tafel: »Laßt Blumen sprechen!«
Da tritt Stettenheim ein und verlangt:
»Geben Sie mir einen Kaktus, der ›Papa‹ sagen kann.«

STEVENSON, ROBERT LOUIS

(1850-1894) schott. Schriftsteller

—*—

Stevenson war mit einem Freund in einem Restaurant in San Francisco.
»In diesem Restaurant«, sagte er, »wird ein Kellner nie zugeben, daß irgend etwas nicht vorhanden sein könnte. Er wird deine Bestellung auf ein Mondviertel entgegennehmen, verschwinden, zurückkommen und erklären, man habe eben das letzte Viertel serviert.«
Um das zu beweisen, rief er den Kellner:
»Zwei Portionen gebackenen Leviathan!«
»Ja, Sir, sofort!« Der Kellner verschwand, kehrte aber bald wieder. »Es tut mir furchtbar leid, Sir, aber wir haben keinen Leviathan mehr.«
»Was? Keinen Leviathan?«
Stevenson war sehr erstaunt.
Und der Kellner flüsterte ihm zu:
»Es wäre wohl noch etwas Leviathan da, aber ich möchte ihn Ihnen, offen gestanden, nicht gern servieren. Er ist nicht mehr ganz frisch.«

Stevensons Geschichten waren häufig Produkte seiner Träume. »In den frühen Morgenstunden«, schrieb seine Frau, »wurde ich dadurch geweckt, daß Louis Schreckensschreie ausstieß. Ich glaubte, er habe einen bösen Traum, und weckte ihn. Da sagte er ärgerlich: ›Warum hast du mich geweckt? Ich hatte gerade eine großartige Gespenstergeschichte geträumt!‹ Das war die Geschichte von Dr. Jekill und Mr. Hyde.«

STIFTER, ADALBERT

(1805-1868) österr. Schriftsteller

— * —

Bei Stifter diente als Diener ein echter Wiener. Einmal fragte der Dichter nach dem Wetter und hörte schmunzelnd die Auskunft:
»Euer Gnaden! Ein Nebel, daß man ihn aufs Brot streichen könnte und dazu eine so scharfe Luft, daß sich eine Sau daran zu reiben vermöchte.«

Stifters Diener, obwohl jünger als der Schriftsteller, starb eher, obwohl er einmal in seiner drastischen Weise das Gegenteil geweissagt hatte:
»Euer Gnaden, ich kann noch mit Ihren Knochen die Nüsse vom Baum werfen.«

Stifter war eine Zeitlang Hauslehrer in der Familie des Fürsten Richard Metternich. Da gab er einmal dem Sohn des Fürsten folgende Aufgabe: Wieviel zwölfkarätige Silberlöffel lassen sich aus sechs Dutzend dreizehnkarätigen herstellen, wenn die einen um ein Lot mehr wiegen sollen als die andern? Der junge Mann plagte sich vergeblich, bis endlich seine Mutter, die berühmte Fürstin Pauline, sagte:
»Lieber Herr Stifter, das ist doch nicht so wichtig. Wenn so etwas bei uns vorkommt, schickt der Silberschmied die Rechnung, und wir bezahlen.«
Womit sie nicht ganz unrecht hatte.

STORM, THEODOR

(1817-1888) Schriftsteller

— * —

Während eines Essens glaubte eine gebildete Dame, Theodor Storm in eine juristische Debatte verwickeln zu müssen, ein damals gerade viel besprochener Bigamiefall gab dazu das Stichwort. Sie fragte schließlich:
»Sagen Sie, Herr Storm, was ist eigentlich die schärfste Strafe für Bigamie?«
Unwillig knurrte Storm: »Zwei Schwiegermütter!«

STRINDBERG, AUGUST

(1849-1912) schwed. Schriftsteller

— * —

Strindberg und Paul Ernst aßen miteinander in einem Berliner Restaurant zu Abend. Beide sprachen so lange dem Wein zu, bis Strindberg plötzlich einschlief. Da konnte es sich Paul Ernst nicht verkneifen, ihn aufzuwekken mit den Worten: »Strindberg, aufwachen, Ihre vierte Braut will Sie sprechen.«
Der Schwede schreckte auf, überblickte aber dann gleich die Lage und entgegnete schlagfertig: »Schade, ich habe soeben von meiner fünften recht Erfreuliches geträumt.«

Der schwedische Dichter Holger Drachmann war schon recht alt, als er eine sehr hübsche junge Frau heiratete. Man flüsterte dem ungleichen Ehepaar in einem Restaurant zu, daß der gefeierte Strindberg in einer Ecke säße. Die junge Frau nahm ein Sektglas, hob es und rief laut: »Wo ist der August Strindberg? Strindberg! Komm her und gib mir einen Kuß!«
Nachdem Strindberg die Auffordernde lange genug betrachtet hatte, kam er zum Entschluß, daß die Ausführung des Verlangten nicht ohne Reiz sei, vergaß seinen Ruf als Weiberfeind und küßte die schöne Dame ausgiebig auf den Mund.
Während des Kusses zog Drachmann seine Uhr, verfolgte den Lauf des Zeigers und sagte vorwurfsvoll zu Strindberg, der endlich von seiner Gattin ließ: »Zwei Minuten ist eine lange Zeit, Strindberg!«

SUDERMANN, HERMANN

(1857-1928) Schriftsteller

— * —

Sudermann und Richard Voß, beide Dramatiker, galten als verfeindet; niemand wagte, sie gleichzeitig einzuladen. Als man jedoch daran ging, den Verband der Bühnenschriftsteller zu gründen, bat der geschäftsführende Leiter des Verbandes Sudermann und Voß zu sich und beschwor sie: »Um der gemeinsamen Sache willen – vergessen Sie Ihre Differenzen und reichen Sie einander die Hand.«
Mißmutig taten es die beiden. Voß mit den Worten: »Möge Ihr nächstes Stück den Erfolg haben, den Sie mir wünschen.«
Darauf Sudermann: »Er fängt schon wieder an!«

Einer schloß sein hochliterarisches Referat mit dem Schiller-Zitat: »Ernst ist das Leben, heiter die Kunst, das ist auch umgekehrt richtig!«
»Die Kunst muß ernst sein«, protestierte einer aus dem Auditorium. »Selbstverständlich«, ergänzte Sudermann, »für die Heiterkeit sorgt ja die Zensur!«

Der Theaterkritiker Alfred Kerr war Sudermanns gefährlichster Gegner, der unbarmherzig seine Dramen in der Presse verriß.
Als sich Sudermann seinen mächtigen Bart barbieren ließ, höhnte Kerr: »Sudermann verlor sein bestes Stück!«

In seiner Jugend hatte Sudermann Geld damit verdient, daß er Rätsel für Tageszeitungen und Journale entwarf. Mit etwas Geld war es ihm gelungen, die Zeit für seinen Roman ›Frau Sorge‹ zu finden und für die Reise zu seiner Mutter nach Tilsit.
Unterwegs unterbrach er die Reise, übernachtete in einem kleinen Gasthof und fuhr am nächsten Tag weiter. Mit Erschrecken mußte er feststellen, daß er sein Manuskript vergessen hatte. Sofort fuhr er zurück und suchte überall im Gasthof vergeblich nach seinem Manuskript. Es war spurlos verschwunden.
Völlig verzweifelt ging er aufs WC, um ›nachzudenken‹. Und was fand er dort: an einem Nagel befestigt durchbohrt seinen Roman. Allerdings fehlten schon ein paar Seiten, die heruntergerissen waren und gewiß einem praktischen Dienst gegolten hatten. Da Sudermann nur dieses einzige Exemplar besaß, mußte er den Anfang des Romanes noch einmal schreiben.

SWIFT, JONATHAN

(1667-1745) anglo-ir. Schriftsteller

— * —

Ein junger Ministerialbeamter wollte Swift in Verlegenheit bringen und fragte ihn in Gesellschaft:
»Wenn es zu einem Prozeß zwischen dem Teufel und der Geistlichkeit käme, wer würde, Ihrer Ansicht nach, siegen?«
Swift, der selber englischer Geistlicher war, erwiderte in aller Ruhe:
»Zweifellos würde der Teufel siegen, denn er hätte alle englischen Behörden auf seiner Seite.«

Swift ging mit seinem Freund, dem Dichter Parnell, zum Premierminister, Graf Oxford, in Audienz, und um zu zeigen, um wieviel höher er die Dichtung einschätzte als die Politik, sagte er:
»Parnell, ich stelle Ihnen Mylord den Premierminister vor und empfehle ihn Ihrer Freundschaft.«

Man fragte Swift nach seiner Ansicht über den Adel.
»Jene«, erwiderte er, »die nichts anderes zu ihren Gunsten anführen können als ihre Ahnen, gleichen den Kartoffeln, deren wertvollster Teil unter der Erde ruht.«

Swift war Pfarrer und in seiner Gemeinde wegen der Ironie seiner Predigten gefürchtet.
»Geliebte Gemeinde«, begann er einmal, »es gibt drei Arten von verwerflichem Stolz: Stolz auf die Geburt, Stolz auf Reichtum, und Stolz auf Talente. Über die dritte Sünde brauche ich mich nicht auszulassen, da unter euch keiner ist, der sie auf dem Gewissen haben dürfte.«

In England ist es Sitte, daß einmal im Jahr ein Geistlicher berufen wird, der vor dem Parlament zu predigen hat. Die Wahl fiel auf Swift. Er sprach von der Hoffart des Menschen und sagte, es gäbe vier Hauptgründe, die den Menschen hoffärtig machen würden. Die Geburt, die soziale Stellung, der Reichtum und der Geist. Über die ersten drei verbreitete er sich ausführlich, und als er zu dem vierten Grund kam, sagte er: »Jetzt sollten wir von der Hoffart sprechen, die dem Geist entspringt. Aber es ist spät geworden, und überdies glaube ich nicht, daß jemand in diesem Saal wäre, den solche Kleinigkeiten hoffärtig machen könnten.«
Diese Predigt kostete Swift seine Stellung als Dekan von St. Patrick.

Lady Carter, die Frau des Gouverneurs von Irland, sagte zu Swift:
»Die Luft in Ihrem Lande ist ausgezeichnet!«
»Um Gottes willen«, entgegnete er, »sagen Sie das ja nicht in England, sonst legt die Regierung sofort eine Steuer auf unsere Luft!«

Swift war gegen die Dienstleute streng und nicht sehr großzügig. Eines Tages schickte ihm ein Freund mit seinem Diener einen prächtigen Fisch als Geschenk. Der Diener, der Swifts Geiz kannte, entledigte sich seiner Aufgabe ohne viele Floskeln. Da sagte Swift entrüstet:
»Ich muß Euch wohl erst Manieren beibringen! Da, setzt Euch auf meinen Stuhl und achtet darauf, wie ich es an Eurer Stelle machen würde!«
Und dann fuhr er in der Rolle des Dieners fort: »Sir, mein Herr sendet Euch seine besten Grüße und bittet Euch, diesen Fisch als Geschenk annehmen zu wollen.«
Worauf der Diener in der Rolle Swifts erwiderte: »Bestellt Eurem Herrn meinen Dank, und hier sind zwei Schillinge für Eure Mühe.«
Swift war zuerst sprachlos, doch dann blieb ihm nichts übrig, als dem Diener das Trinkgeld zu geben.

Eines Morgens wollte Swift ausreiten, ließ sich von seinem Diener die Stiefel bringen und war sehr erstaunt zu sehen, daß der Diener sie nicht geputzt hatte.
»Da Ihr doch über Land reitet und die Stiefel ohnehin gleich wieder schmutzig werden, habe ich das nicht für nötig gehalten.«
Swift schwieg; doch als der Diener um den Schlüssel zur Speisekammer bat, um sich sein Frühstück zu bereiten, sagte Swift:

»Mein Lieber, da du in einigen Stunden ohnehin wieder Hunger haben wirst, habe ich es nicht für nötig gehalten, dir jetzt ein Frühstück zu geben.«

Swift wollte seinen Sohn in jugendlichem Alter verheiraten.
»Es ist zu früh«, sagten seine Freunde. »Warte doch, bis er klüger geworden ist!«
»Wenn er klüger geworden ist«, meinte Swift, »wird er nicht mehr heiraten wollen.«

Ein Lord sagte zu Swift:
»Der wahre Gentleman ist der, der nichts arbeitet.«
»Wirklich?« erwiderte Swift. »In England arbeitet der Mann, arbeitet die Frau, arbeitet das Pferd, arbeitet der Ochs, arbeitet das Wasser, arbeitet das Feuer, arbeitet das Bier. Nur das Schwein arbeitet nicht. So ist also das Schwein der einzige Gentleman in England.«

Swift hatte keine sehr hohe Meinung vom Menschengeschlecht. Er fand, es sei übertrieben, zu behaupten, der Mensch sei ein vernünftiges Tier. Seiner Ansicht nach sei der Mensch höchstens ein des Überlegens fähiges Tier. Und er hinterließ eine beträchtliche Summe für den Bau eines Irrenhauses:
»Das ist es, wessen England am dringendsten bedarf«, schrieb er.

Swift war schwer erkrankt, aber der Arzt vermochte ihn zu retten.
»Doktor«, sagte Swift, »ich werde nie vergessen, daß ich Ihnen das Leben schulde.«
»Schon gut«, meinte der Arzt. »Aber vergessen Sie auch nicht, daß Sie mir zwanzig Visiten schulden.«
»Keine Angst, Doktor«, erklärte Swift. »Sobald ich wieder ausgehen kann, werde ich Ihnen eine nach der anderen erwidern.«

TAGORE, RABINDRANATH
(1861-1941) ind. Dichter

— * —

Alle Welt las Tagores Gedichte. Ein berühmter Professor in Kalkutta jedoch schrieb dem Dichter:
»Sie schreiben das schlechteste Bengalisch aller Zeiten!«

TAINE, HIPPOLYTE

(1828-1893) frz. Kritiker und Historiker

— * —

Man sprach über den Wert der Pädagogie, und Taine erklärte: »Die Pädagogie? Das ist die größte Albernheit unserer Zeit!« Dann aber fügte er hinzu: »Sagen Sie das nicht zu laut! Es leben gar zu viele Menschen davon!«

Hippolyte Taine: »Man studiert einander drei Wochen, man liebt einander drei Monate, man streitet miteinander drei Jahre, man erduldet einander dreißig Jahre, und dann fangen die Kinder das gleiche Spiel an.«

TARKINGTON (NEWTON), BOOTH

(1869-1946) amerik. Schriftsteller

— * —

Tarkington erzählt: »Bei einem Basar des Roten Kreuzes kamen zwei hübsche Sechzehnjährige auf mich zu und baten um ein Autogramm. ›Ich habe keine Feder bei mir‹, erklärte ich sehr geschmeichelt. ›Tut's auch ein Bleistift?‹ Ja, das genügte auch, und so schrieb ich meinen Namen in das ledergebundene Büchlein, das die eine junge Dame mir reichte. Sie studierte die Unterschrift und verzog die Stirne. ›Sind Sie denn nicht Robert W. Chambers?‹ ›Nein, ich bin Booth Tarkington.‹ Das Fräulein war sichtlich enttäuscht. Sie zuckte die Achseln und wandte sich zu ihrer Freundin: ›Leih mir doch deinen Radiergummi!‹«

TASSO, TORQUATO

(1544-1595) ital. Dichter

— * —

Man berichtete Torquato Tasso, daß einer seiner Freunde bei allen Leuten schlecht von ihm sprach.
»Laßt ihn nur«, erwiderte Tasso. »Es ist besser, als wenn alle Leute schlecht zu ihm von mir sprächen.«

Als ein Feind ihm ein Unrecht zugefügt hatte, rieten seine Freunde ihm, sich zu rächen. Aber Tasso meinte:
»Nein, ich will ihm weder sein Leben noch seinen Besitz noch seine Ehre nehmen. Das Einzige, was ich ihm nehmen möchte, ist seine Bosheit.«

Als Tasso in Padua studierte, wurde er von seinem Vater hart getadelt, da er nach dessen Meinung mehr Philosophie studierte als für ihn gut war.
»Was hilft dir alle Philosophie«, rief der Alte hitzig.
»Sie hat mich gelehrt«, erwiderte Tasso, »Ihre harten Vorwürfe mit Geduld zu ertragen.«

TENNYSON, ALFRED
(1809-1892) engl. Dichter

— * —

Ein Autographenjäger, der Tennysons Abneigung gegen derartige Ansuchen kannte, schrieb listig:
»Sehr geehrter Herr, ich wüßte gern, welches der beiden englischen Lexika besser ist, der Webster oder der Ogilvie.«
Da nahm Tennyson eine Schere, schnitt das Wort ›Ogilvie‹ aus, klebte es auf ein Blatt Papier und schickte es dem Schreiber.

Tennyson war sehr kurzsichtig. Einmal fuhr er mit Gladstone auf der Yacht eines Freundes nach Kopenhagen. Da besuchten sie an Bord der König und die Königin von Dänemark, die auch den Zaren und die Zarin mitbrachten, welche sich eben in Kopenhagen aufhielten. Tennyson wurde gebeten, Verse vorzulesen, und das tat er mit großem Schwung. Als er geendet hatte, näherte sich ihm eine Dame und überhäufte ihn mit Lobsprüchen. Er meinte, es sei die Tochter des Yachtbesitzers, Mr. Clark, legte ihr zärtlich die Hand um die Schulter und sagte:
»Mein liebes Kind, Sie sind immer so nett zu mir!«
Ein lautes Gelächter veranlaßte ihn näher hinzuschauen, und siehe, es war die Zarin von Rußland!

Tennyson veröffentlichte einen Band Gedichte, darunter waren auch einige, in denen er mit den einfachsten erdgebundensten Worten das Landleben pries. Die Tochter eines Briefträgers las das Buch, warf es aber bald beiseite.
»Ich habe geglaubt, daß Mr. Tennyson schreiben kann. Aber er schreibt ja, wie unsere Bauern reden! Man sieht gleich, daß er kein echter Gentleman ist!«

THACKERAY, WILLIAM MAKEPEACE
(1811-1863) engl. Schriftsteller

— * —

In einem seiner Romane zog Thackeray diese Bilanz: »Lieben und geliebt werden, ist das Beste auf der Welt, lieben und nicht geliebt werden das Zweitbeste.«

Nach ›Vanity Fair‹ schrieb Thackeray einen autobiographischen Roman ›Pendennis‹, darin er seine Kindheit erzählte. Er ließ sein Manuskript von Tag zu Tag von seinen Töchtern abschreiben, die eine schöne Schrift hatten. Als die zehnjährige Minnie zu der Stelle kam, wo der Held des Buches starb, brach sie in Tränen aus und rief:
»Nein, nein, ich will nicht, daß er stirbt! Du mußt ihn gesund machen! Du mußt ihn gesund machen!«

Und um sie zu beruhigen, mußte der Vater ihr versprechen, daß er Pendennis am Leben lassen werde.

Thackeray wurde in Amerika von seinem Freund Field zu einem üppigen Mahl eingeladen. So wurden ihm auch Austern vorgesetzt. Thackeray hatte aber noch nie Austern gegessen.
»Wie macht man das?«
Sein Freund zeigte es ihm, und Thackeray schluckte die erste Auster seines Lebens.
»Nun? Wie ist es?« fragte sein Freund.
»Als ob ich ein Baby geschluckt hätte«, meinte Thackeray.

Der Tischredner in einem literarischen Klub, nachdem er ein wenig reichlich getrunken hat, sagt: »Es ist die wunderbare Einsicht in die menschliche Natur, was Dickens vor Thackeray auszeichnet. Doch andererseits ist es die glänzende Satire, verbunden mit einem Sinn für Humor, wodurch Thackens Dickery übertrifft. Es liegt ganz einfach so: Thickery ist der Humorist und Dackens der Satiriker. Aber schließlich ist es sinnlos, Dackeray mit Thickens zu vergleichen.«

Eine irische Bettlerin wollte von Thackeray ein Almosen haben. Als sie sah, daß er die Hand in die Tasche steckte, rief sie:
»Möge Gottes Segen Ihnen auf allen Wegen folgen . . .«
Doch da er nur eine Tabaksdose herauszog, schloß sie:
». . . und Sie nie einholen!«

THÉVÉNEAU, CHARLES

(1759-1821) frz. Dichter

—*—

Théveneau klagte, er habe keine Freunde mehr und sei ganz allein auf der Welt.
»Sind denn alle Ihre Freunde gestorben?«
»Nein«, erwiderte Théveneau. »Reich geworden!«

THOMA, LUDWIG

(1867-1921) Schriftsteller

—*—

Frau von Kaulbach hatte Ludwig Thoma mit seiner Frau Marion im kleinen Kreis zum Essen geladen. Als Austern auf den Tisch kamen, sträubte sich der Autor der ›Filser-Briefe‹: »Na, was der Bauer net kennt . . .«
Frau von Kaulbach: »Aber Herr Thoma, das tut mir wirklich leid. Das sollte was Extras für Sie sein. Haben Sie denn einen anderen Wunsch?«

»Schon«, sagte Thoma. »Geben's mir sechs Dicke und an Krug Bier.«
Die Würste wurden geholt, sie mundeten dem Dichter vortrefflich.

Eine passive Lausbubengeschichte mußte Thoma erdulden, als er Gymnasialschüler in München war. Er wohnte damals bei einem Onkel, und der führte ihn durch die Ludwigstraße. Plötzlich gab er dem Neffen eine mächtige Watschn.
»I hob do gar nix do!« protestierte der Getroffene.
Da sagte sein Onkel gutmütig: »Siehgst, dee Watschn hast jetzt kriagt, daß d'immer dran denkst, daß der König Ludwig I. dee wunderbare Straßn da erbaut hat und no vui Schöns in unserm München.«

Ein erfolgloser Schriftsteller erhielt von der ›Simpl‹-Redaktion zum soundsovielten Mal eine Manuskripteinsendung zurück. Wütend beschwerte er sich am Telefon: »Ihr Redakteure wißt ja nicht, was gut ist.«
»Möglich«, erwiderte Thoma, den der Anruf erreicht hatte. »Aber was schlecht ist, das wissen wir.«

Oft genug hatte Thoma die ›Saupreußen‹ beschimpft. Im Krieg aber sagte er sogar einmal etwas Lobendes über sie:
»Bei de Österreicher, da hat's oft g'hapert mit der Unterkunft und Verpflegung. Aber wia ma zu die Preuß'n komma san, da hat nix g'fehlt, da hat alles geklappt wia am Schnürl.«

1907 entstand auf dem Dufterfeld über dem Tegernsee das Thoma-Haus. Der Bauherr kam ab und zu nach dem Stand der Arbeiten sehen. Das erstemal hatte er ein Faßl Bier dabei, schenkte es den Handwerkern und meinte dazu: »Bier ist der Dampf für die Arbeit.«
Als er aber die nächsten Male ohne Faßl erschien, wurden auf dem Bau die Gesichter länger. Eines Tages nahm ihn der Polier beiseite und sagte: »Es geht nix mehr voran. Des wiss'n S' scho, Bier ist der Dampf für die Arbeit.« Von da an brachte Thoma öfter den flüssigen Tribut mit.

Ludwig Thoma ging mit Möchtegern-Künstlern meist recht streng ins Gericht. Als er einmal nach dem Grund dafür gefragt wurde, meinte er unwirsch:
»Kunst kommt von Können, denn käme es vom Wollen, so hieße es Wulst.«

THOMPSON, DOROTHY

(geb. 9. 7. 1894) amerik. Journalistin

— * —

Manchmal wird eine Anekdote daraus, wenn jemand, der betroffen ist, eine andere Anekdote widerlegt. So ging in Amerika die Geschichte um, Dorothy Thompson habe ihren Mann Sinclair Lewis beinahe mit der Telefonschnur erwürgt, als sie ein Anruf aus dem Weißen Haus erreichte. Lewis habe an jenem Morgen nahezu hilflos und fast stranguliert im Ehebett gelegen, während seine Frau in der Hitze des Gesprächs so heftig an der Telefonschnur zog, daß sie sich über seinen Hals spannte.
Dorothy Thompson dementierte: »Allein schon der Hinweis auf das gemeinsame Schlafzimmer beweist, daß die Geschichte erfunden ist.«

Ihr Vater Peter Thompson war in Lancaster bei Syracus im Staate New York temperamentvoller Prediger der Methodistenkirche. Als er 1900 sein Töchterchen in der Schule anmeldete, fragte ihn die Lehrerin: »Ist sie auch so beredt?«

THOREAU, HENRY

(1817-1862) amerik. Schriftsteller

— * —

Kurz vor dem Tode des amerikanischen Schriftstellers Henry Thoreau kam eine fromme Tante zu ihm und sagte:
»Hast du auch deinen Frieden mit dem Herrn gemacht?«
»Ich wüßte nicht«, erwiderte Thoreau, »daß wir uns je gestritten hätten.«

TIECK, LUDWIG

(1773-1853) Schriftsteller

— * —

Tieck bekam den Besuch eines jungen Dichters, der bat, der Meister solle seine neuesten Gedichte beurteilen. Dazu sagte er noch: »Das ist beileibe nicht alles, was ich geschrieben habe. Ich habe noch mehr Eisen im Feuer!«
Nachdem Tieck eine Weile in dem Manuskript geblättert hatte, gab er es dem Dichter zurück und riet: »Wissen Sie was, junger Freund, nehmen Sie das Eisen heraus und werfen Sie die Verse hinein.«

Tieck hatte eine Novelle für eine Zeitschrift abgeliefert. Wenige Tage später schrieb ihm der Verleger Brockhaus bestürzt, daß die in der Novelle durchweg als Eugenie Bezeichnete auf den letzten Druckbögen plötzlich Emilie hieße.

Das brachte den Schriftsteller nicht aus der Ruhe. Er ließ ein paar Zeilen einfügen: »Teure Eugenie, die ich zuweilen auch Emilie zu nennen pflege, du bist mir unter beiden Namen lieb«, säuselte nunmehr der Held der Novelle.

TIMMERMANS, FELIX

(1886-1947) fläm. Schriftsteller

— * —

Timmermans besuchte ein Ehepaar, mit dem er lange befreundet war. »Nächste Woche sind André und ich zwanzig Jahre verheiratet. Was rätst du uns, wie wir den Tag feiern sollen?«
Timmermans fühlte sich verpflichtet, mit einem originellen Einfall aufzuwarten, also begann er, gründlich nachzudenken.
Da sagte der Herr des Hauses: »Wenn's nach mir geht, genügt eine Schweigeminute.«

TOLLER, ERNST

(1893-1939) Schriftsteller

— * —

Für fünf Jahre war Toller eingekerkert. Seine Beliebtheit beim Publikum ließ es jedoch dem bayerischen Justizminister ratsam erscheinen, den Häftling vorzeitig zu entlassen. Toller lehnte stolz die Begnadigung ab.
Er soll gesagt haben: »Freiheit aus dieser Hand ist keine.«

Ende der dreißiger Jahre gab eine Dame der Society in New York Ernst Toller zu Ehren eine Party. Als sie ihn den Gästen vorstellte, fragte sie leise den Dichter:
»Was ist doch gleich Ihre Tätigkeit, Herr Toller?«

Toller nannte das Exil »Die Vorhut der Freiheit«, und er nahm sich 1939 in einem New Yorker Hotelzimmer die ganz große Freiheit: er beging Selbstmord.
Ironie des beschworenen, gelobten Schicksals?

TOLSTOJ, GRAF LEO

(1828-1910) russ. Schriftsteller

— * —

Suvarin besuchte Tolstoj, und die beiden alten Freunde sprachen vom Zaren und dessen falscher Politik.
»Wissen Sie, Tolstoj«, sagte Suvarin, »Sie sollten eine Audienz verlangen und dem Zaren den Kopf zurechtsetzen.«

»Wenn ich nicht einmal meiner Frau den Kopf zurechtsetzen kann?«
»Das ist etwas anderes. Ihre Frau ist zu nahe.«
»Und der Zar ist zu weit«, meinte Tolstoj.

Im Alter hatte sich der Schriftsteller auf sein Gut zurückgezogen und versuchte dort, ein urchristliches Leben zu leben. Spötter meinten jedoch, er habe sich auf sein Gut zurückgezogen, um seiner Frau zu entgehen und beschäftige sich mit harter Arbeit, um den Gedanken an den Tod zu vergessen, denn man wußte, daß Tolstojs Verhältnis zu Gott nicht das beste war.
Maxim Gorki, der Tolstoj besucht hatte, beschrieb sein Verhältnis zu Gott: »Wie zwischen zwei Bären in einer Höhle!«

Tolstoj sah auf einer Straße in Moskau einen Polizisten, der einen Bauern ins Gefängnis führte. Es entspann sich folgender Dialog:
»Wohin führst du diesen unglücklichen Menschen?«
»Ins Gefängnis.«
»Hast du nie die Bibel gelesen?«
»Doch, ich habe sie gelesen.«
»Nun und hast du darin nicht auch gelesen, daß Gott uns befiehlt, Kränkungen zu verzeihen und unsere Nächsten zu lieben wie uns selbst?«
Der Polizist war verdutzt und dachte nach. Dann fragte er Tolstoj:
»Kannst du lesen?«
»Ja.«
»Hast du je die Polizeivorschriften gelesen?«
»Nein.«
»Schön, dann lies sie; und wenn du sie gelesen hast, kannst du mich lehren, was ich zu tun habe!«

Tolstoj tat, als hätte er für die Musik nichts übrig; sie verderbe die Sitten, sagte er. In Wirklichkeit aber gab es Musik, die er leidenschaftlich liebte, und zwar vor allem Beethoven. Einmal kamen ihm beim Zuhören die Tränen. Doch da er das nicht eingestehen wollte, sagte er zu seiner Tochter: »Tania, hol mir ein Taschentuch. Ich habe mich erkältet.«

Eines Tages trat Tolstoj in das Zimmer, während seine Frau den Kindern ein Kapitel aus ›Krieg und Frieden‹ vorlas. Tolstoj blieb auf der Schwelle stehn und lauschte, und als das Kapitel fertig war, sagte er:
»Wie schön das ist!«

Tolstoj war sehr abergläubisch und hatte bemerkt, daß die Zahl 28 eine große Rolle in seinem Leben spielte. Er war am 28. August 1828 geboren und hatte an einem 28. geheiratet. Im Jahre 1910 sagte sein Sohn Leo scherzend zu ihm:

»Gib acht, Papa, dieses Jahr bist du zweiundachtzig, und umgekehrt ist das achtundzwanzig.«
»Vielleicht hast du gut daran getan, mich zu erinnern«, meinte Tolstoj. Und in diesem Jahr starb er.

TOMBARI, FABIO

(geb. 1896) ital. Schriftsteller und Lehrer

— * —

Tombari gab seinen Schülern die Aufgabe, die öffentlichen Gärten von Fano zu schildern. Als er die Hefte korrigiert zurückbrachte, sagte er zu einem Schüler: »Mein Lieber, du hast mir dieselbe Arbeit gebracht wie voriges Jahr dein Bruder.«
»Ja, Herr Lehrer«, erwiderte der Schüler. »Die Gärten sind ja auch noch immer dieselben!

TRAKL, GEORG

(1887-1914) österr. Dichter

— * —

Trakl hat einem Freund berichtet, daß er in einer Oktobernacht zehn Viertel Roten trank, anschließend auf dem Balkon ein »Frostbad« nahm und dann »endlich ein herrliches Gedicht schrieb, das vor Kälte scheppert«.

TRENKER, LUIS

(geb. 4. 10. 1892) Schriftsteller

— * —

Luis Trenker erzählt: »An der österreichisch-deutschen Grenze bei Scharnitz hielt ich an der Autosperre und ging auf einen Sprung in den kleinen Kiosk, um einen Schluck Kaffee zu trinken. Es war Winter und sehr kalt. An der Theke standen drei Holzknechte. Jeder hatte ein Schnapsglas vor sich. Sie musterten mich stumm, tranken ihren Schnaps, zahlten und gingen. In der Tür drehte sich der dritte Mann noch einmal um und sagte: ›Aber der Trenker bist du net!‹«

TRILUSSA

(eigtl. Carlo Salustri, 1873-1950) ital. Dichter

— * —

Trilussa hatte eine Haushälterin namens Maria. Er fand es vornehmer, so zu tun, als hätte er mehrere Dienstleute, und so nannte er seine Marie manchmal Berta, manchmal Maddalena.

Und so sagte er einmal vor einem Freund:
»Maria, sag doch Berta, daß sie Maddalena einschärfen soll, meine Anzüge besser zu putzen.«

Eines Abends war Trilussa bei einer vornehmen römischen Familie zu Gast. Als Vorspeise gab es Makkaroni al sugo, und Trilussa passierte das Mißgeschick, daß der Saft auf sein fleckenloses weißes Hemd spritzte. Er gab sich alle Mühe, den Schaden nicht sehen zu lassen. Nach Tisch aber wurde er gebeten, einige Fabeln zu erzählen, und in der Hitze des Gefechts vergaß er, die Hand schützend über den Fleck zu halten. Da sagte die Hausfrau ironisch:
»Wieviel Saft doch in Ihren Fabeln ist, Trilussa!«
Worauf er erwiderte:
»In den Fabeln kann nie genug Saft sein, Signora; aber in Ihren Makkaroni war entschieden zu viel.«

Trilussa war mit der Contessa M. zu Tisch geladen. Nachher fragte man ihn, was sie angehabt habe.
»Ich weiß nicht«, erwiderte er. »Ich habe nicht unter den Tisch geschaut.«

In Buenos Aires wurde zu Ehren Trilussas ein Empfang veranstaltet; Schüler rezitierten seine Fabeln, und verschiedene Persönlichkeiten hielten lange Reden. Endlich kam auch Trilussa zu Wort:
»Meine Damen und Herren«, begann er, »es ist seltsam, daß mir immer die Rede versagt, wenn ich in der Öffentlichkeit sprechen soll, um so seltsamer, als ich ja bis jetzt schon so viele Tiere zum Sprechen gebracht habe . . .«
Er bemerkte, daß im Publikum eine gewisse Betretenheit sich geltend machte, und um seinen Lapsus zu korrigieren, sagte er:
»Selbstverständlich meine ich damit nicht meine geehrten Vorrednerinnen und Vorredner, sondern die Helden meiner Fabeln . . .«

TROLL, THADDÄUS

(eigtl. Hans Bayer, geb. 18. 3. 1914) Schriftsteller

— * —

Thaddäus Troll, der sich im Verband deutscher Schriftsteller als stellvertretender Vorsitzender für bessere Arbeitsbedingungen seiner Autorenkollegen einsetzte, hielt an vielen Orten eine humorig-gepfefferte Rede, in der es unter anderem hieß:
»Der Schriftsteller und der Kellner bekommen beide zehn Prozent, obwohl der eine der Hersteller einer Ware ist, der andere nur der Hinsteller.«

TUCHOLSKY, KURT

(1890-1935) Schriftsteller

— * —

Seine mitunter recht bissigen Bonmots verstreute Tucholsky in alle Richtungen, er verschonte dabei auch nicht die Sozialdemokraten. Die SPD bezeichnete er als Radieschen: außen rot, innen weiß.

Als ein Fachmann sich damit brüstete, er kenne sich genau aus, denn er mache eine bestimmte Sache schon seit zwanzig Jahren so und nicht anders, bemerkte Tucholsky skeptisch:
»Man kann eine Sache auch zwanzig Jahre lang falsch machen.«

»Wer in der Öffentlichkeit Kegel schiebt«, so lautete Tucholskys Journalistenmoral (auch in eigener Sache), »muß sich von jedem sagen lassen, wieviel Punkte er geworfen hat.«
Kritik, fand er, sei folglich schweigend zu quittieren.

Tucholsky glossierte einmal die Unsitte vieler Redner, sich in Einleitungsphrasen zu erschöpfen, bevor sie zur Sache kommen:
»Fang nie mit dem Anfang an, sondern immer drei Meilen vor dem Anfang! Etwa so: ›Meine Damen und Herren! Bevor ich zum Thema des heutigen Abends komme, lassen Sie mich Ihnen kurz . . .‹«

TURGENJEW, IWAN

(1813-1883) russ. Schriftsteller

— * —

Turgenjew speiste in einem überfüllten Restaurant. Da trat ein ordensbesäter General an seinen Tisch und erwartete, Turgenjew werde aufstehn und ihm Platz machen. Doch Turgenjew dachte gar nicht daran. Da sagte der General gereizt:
»Herr, kennen Sie den Unterschied zwischen einem Menschen und einem Tier?«
»Doch«, erwiderte Turgenjew gelassen. »Der Mensch ißt sitzend, und das Vieh frißt stehend.«

Turgenjew war wahnsinnig in die berühmte Sängerin Pauline Garcia verliebt, die mit dem Kritiker Viardot verheiratet war. Liebhaber und Gatte waren und blieben eng befreundet. Eines Tages aber bemerkte Turgenjew, daß die Sängerin sich in einen Pianisten verliebt hatte. Da stürzte er zu Viardot und sagte:
»Wir müssen die Augen offen halten – Pauline will uns betrügen!«

UHLAND, LUDWIG

(1787-1862) Dichter und Germanist

— * —

Uhland war ein Mann des Volkes, der es verstand, die Lacher auf seine Seite zu bringen. Im Theater saß er gern auf dem Olymp. Als sich bei einer Uraufführung einmal der Hauptdarsteller verspätete, trat im Publikum Unruhe ein. Besonders in den oberen Rängen lärmte man. Ein Parkettbesucher rief erbost hinauf: »Ruhe da oben, ihr Ochsen!«
Uhland schrie zurück: »Hier oben ist der Heuboden – der Stall muß unten sein.«

Rechtsfragen mochte Uhland in seinem Privatleben ungern beantworten. Eine sehr wohlhabende, deswegen wahrscheinlich auch sehr geizige Dame bedrängte Uhland immer mit einem Rechtsfall, Uhland blieb so abweisend, daß es sogar die Dame einmal merkte. Ihrer Mentalität entsprechend zog sie sich aus dem Gespräch zurück: »Nicht wahr, verehrter Herr Doktor, eine Frage kostet doch wohl nichts?«
»Nein«, antwortete Uhland ungalant, »aber die Antwort kostet!«

Uhland war ein bescheidener Mensch, alles was er machte, hielt er für seine Pflicht und keines Geredes wert. Er bat seine Studenten auch immer wieder, von ihrer Sitte, dem Professor Fackelzüge und Ständchen darzubieten, abzusehen. Als er Stuttgart verließ, um in Tübingen weiterzuwirken, nötigte man ihm einen Lorbeerkranz auf. Uhland nahm ihn, hängte ihn aber an die nächstbeste Eiche und bemerkte lächelnd:
»Da mag er hängen bleiben, bis er verwelkt!«

Der Tübinger Professor setzte sich in der Frankfurter Nationalversammlung energisch für ein großdeutsches Wahlkaisertum ein. Dort sagte er auch den berühmt gewordenen Satz: »Es wird kein Haupt über Deutschland leuchten, das nicht mit einem Tropfen demokratischen Öles gesalbt ist!«

1815 stellte Uhland seinen ersten Gedichtband zusammen, ein paar Gedichte ließ er einer Zeitung zum Vorandruck, u. a.
»Lieder sind wir. Unser Vater schickt uns in die offne Welt.«
In der Zeitung stand:
»Leider sind wir . . .«
Uhland bat um Berichtigung. Man druckte nun:
»Leder sind wir . . .«
Noch hatte Uhland die Geduld nicht verlassen. Die nächste Ausgabe druckte:
»Luder sind wir . . .«
Uhland blieb geduldig. Es blieb bei dem »Luder«, ohne Berichtigung.

In Uhlands Gesellschaft hatte man Gedichte Platens vorgetragen, die ungeteilten Beifall fanden, nur eine Strophe aus ›Pilgrim von St. Just‹ gefiel Uhland nicht so recht. Da hieß es:
»Das Haupt, das nun der Schere sich bequemt mit mancher Krone ward's bediament . . .«
Mit »bediament« konnte sich Uhland nicht anfreunden. Man diskutierte. Besonders ein alter Gymnasialprofessor verteidigte heftig Platen. Als man spät in der Nacht und recht angetrunken durch Tübingens Gassen torkelte, voran der streitsüchtige Professor, dichtete Uhland:
»Sein weises Haupt wirkt schwer umfuselt, der ganze Kerl bediaduselt..«

Das Lied »Ich hatt einen Kameraden . . .« wurde so berühmt und populär, daß man darüber seine Autoren vergaß. Eines Tages stand Uhland auf der Terrasse seines Hauses in Tübingen und sah den Flößern auf dem Neckar zu. Sie sangen ›sein Lied‹. Uhland lächelte gerührt. Einer der Flößer aber sah Uhland lächeln, mißdeutete das und rief grimmig zum Balkon empor:
»Lach net, du narrischer Professor! Du wärst froh, wenn du so was mache könnscht!«

1825 trauerte der Tübinger Musikdirektor Friedrich Silcher um einen verstorbenen Freund. Eines Tages trieb der Wind durchs offene Fenster ein Blatt Papier herein. Auf der einen Seite stand ein Gedicht:

Ich hatt' einen Kameraden
einen besseren findst du nit . . .«

Ihm gefielen die Verse, er komponierte eine Melodie, dieses Liedlein ging schon damals um die ganze Welt. Der Verfasser der Verse aber, Ludwig Uhland, bekannte sich erst später zu dem Gedicht; er hatte das Blatt Papier mit dem Gedicht unter dem Namen ›Volker‹ dem berühmten Musikdirektor ins Fenster geworfen.

Eine Zeitlang war Ludwig Uhland Abgeordneter der württembergischen Kammer. Als eines Tages ein bigotter Geistlicher den Antrag einbrachte, jede Sitzung der Kammer solle mit einem Gebet eröffnet werden, erreichte Uhland die Ablehnung mit den Worten:
»Es steht zwar geschrieben, wenn du betest, geh in dein Kämmerlein, aber nicht in die Kammer.«

UNBEKANNTER AUTOR

—*—

Ein unbekannter Autor faßte neuen Mut, als er bei einem Theater vier Stücke eingereicht hatte, aber fünf zurückerhielt.

UNDSET, SIGRID

(1882-1949) norweg. Schriftstellerin

— * —

Das Dritte Reich versuchte die norwegische Schriftstellerin, trotz ihres unbequemen Katholizismus, vor ihren Karren zu spannen. Als aber Hitler-Deutschland Norwegen okkupierte, forderte sie ihre Landsleute zum Widerstand auf und sagte:
»Ich will nicht die arische Großmutter der Deutschen sein!«

USTINOV, PETER

(geb. 16. 4. 1921) engl. Schriftsteller und Schauspieler

— * —

Der Autor von ›Endspurt‹ war zur Premiere seines Stückes nach Berlin gekommen, und da er sich gut kannte, schärfte er seinem Taxichauffeur ein, er solle ihn genau zwei Stunden nach der üblichen Feier wieder abholen. Das geschah auch, Ustinov war zufrieden und bot dem Fahrer weitere 20 DM für eine besondere Gefälligkeit an.
Er bat: »Fahren Sie mich bitte geradenwegs zum Hotel zurück und halten Sie bei keinem der Lokale, bei denen ich unbedingt aussteigen muß.«

In einer Gesellschaft bezweifelte Ustinov die Kunst der Ärzte.
Eine Dame focht dagegen: »Sie müssen aber das eine doch zugeben: wer heute Arzt ist, muß Menschenfreund sein und verdient es, in den Himmel zu kommen.«
Ustinov besänftigte die Dame: »Natürlich kommen die Ärzte in den Himmel, wenn auch nicht durch das Hauptportal, so doch um so sicherer durch den Lieferanteneingang.«

Der Künstler ist ein Freund guter Küche, und bekanntlich ist es in London gar nicht einfach, dieser Leidenschaft nachzugehen. Endlich hatte Ustinov ein ausgezeichnetes Lokal gefunden, hatte prächtig gespeist, als sich plötzlich, ungefragt natürlich, ein Reporter zu ihm setzte und zu fachsimpeln begann.
Ustinov winkte den Kellner herbei und sagte: »Der Herr wünscht für mich zu zahlen!« Und ging.

VALENTIN, KARL

(eigentlich Ludwig Fey, 1882-1948) Münchner Komiker

— * —

Valentin auf einer seiner Veranstaltungen bald nach 1933:
»Früher herrschten bei uns die Ultramontanen, und was hatten wir? Bonzen! Dann kamen nach der Revolution die Marxisten. Und was hat-

ten wir? Bonzen. Dann kam endlich der Nationalsozialismus. Und was haben wir heute? – – – Mittwoch!«

Auf die Frage, wie es ihm gehe, pflegte Valentin zu antworten: »Danke schön, besser als morgen.«

Der Komiker entschloß sich, einmal ein Jazz-Konzert zu besuchen. Gespannt fragte man ihn nachher, wie es ihm gefallen hätte.
Valentin antwortete: »Es war furchtbar, aber sehr exakt.«

Eine Nachbarin, die immer recht fromm tat, hatte vom Fenster aus beobachtet, wie Valentin angetrunken nach Hause kam. Als er die Treppe hinaufging, öffnete sie ihre Wohnungstür und rief ihm nach:
»Es gibt keinen schlimmeren Teufel als den Alkohol.«
Der Komiker drehte sich um und sagte: »Doch. An Durscht.«

Valentin sah oft recht blaß aus. Manchmal wurde er darauf angesprochen. Einmal gab er dem Frager diesen Bescheid:
»Blaß? I bin doch net blaß! Ja, als gelerntes Kind, da war i blaß, da hams mi nur mit der Schneebrilln anschaugn könna.«

Als man ihn nach Wien engagieren wollte, reagierte Valentin entrüstet:
»Ja mei, was tua i in Wien? I hab mei Frau, mei Schwiegermutter, mei Freundin und meine Schulden in München – was tat i da in Wien?«

Valentin geht zum Arzt. Auf dessen Frage, wo es denn fehle, gibt er diese umfassende Auskunft:
»Mei Magn tuat mir weh, d'Leber is geschwoin, d'Füaß woin a nimma so recht, 's Kopfweh hört überhaupts nimma auf, und wenn i erst anfanga tät, von mir zu redn, Herr Dokta, dann muaß i Eahna sagn, daß i mi aa net ganz wohl fühl.«

Mit Ärzten hatte Karl Valentin öfter zu tun. Als er einmal einer Erkältung wegen den Doktor aufsuchte, fragte ihn nachher seine Liesl:
»Wos hot er denn g'sagt?«
Valentin: »An Blädsinn. Jedn Tag soi i auf d'Nacht a hoaß Füaßbad nehma und obacht gebn, daß i koane nassn Füaß net kriag.«

Immer wieder versuchten Leute, die ihm übel wollten, Valentin zu unvorsichtigen Äußerungen über das Dritte Reich zu verleiten. Ihnen hielt er entgegen:
»I sag nix. Des wird ma doch nor sag'n derfa!«

Ein norddeutscher Besucher Münchens fragte Karl Valentin:
»Warum sind am Petersturm acht Zifferblätter angebracht, zwei übereinander an jeder Seite?«
Valentin, den die hochdeutsch-pedantische Frage störte, erwiderte grob:
»Damit auf jed'r Seit'n zwoa Leit' auf oa'mal nachschaug'n kenna, wia spät es is.«

VALÉRY, PAUL

(1871-1945) frz. Dichter

— * —

Huysmans war Polizeisekretär. Eines Tages fand ihn Valéry über einen Stoß Akten und Photographien gebeugt.
»Was, zum Teufel, treiben Sie da?«
»Ich suche einen Anarchisten«, erklärte Huysmans. »Ein Präfekt telegraphiert uns, er habe die Spur des Anarchisten verloren, den er überwachen soll. Und jedesmal, wenn sich etwas dergleichen ereignet, kostet das Frankreich 30000 Francs.«
»30000 Francs? Wieso?«
»Ja, weil wir doch an alle Polizeiämter der Welt die genauen Daten des Anarchisten telegraphieren müssen.«
»Sagen Sie, warum geben Sie dem Anarchisten nicht lieber 10000 Francs, damit er seine Spur nicht verloren gehn läßt? Da würden doch 20000 Francs gespart.«
»Ja, weiß Gott!« rief Huysmans. »Daran hat noch keiner gedacht!«

In einem Salon wird Paul Valéry einer Dame vorgestellt, die als Romanschriftstellerin einen gewissen Namen hat.
»Wie lange wollte ich schon Ihre Bekanntschaft machen«, schwärmt sie. »Ich lese Ihre Bücher ja mit solcher Begeisterung.«
»Haben Sie sie denn verstanden?« fragt Valéry. Und dann wendet er sich zu dem Freund, der ihn der Dame vorgestellt hat: »Siehst du? Und du behauptest immer, daß die Frauen nichts verstehen!«

VARNHAGEN VON ENSE, RAHEL

(1771-1883) Schriftstellerin

— * —

In Rahels Berliner Salon wurde oft über Heine gesprochen, der in Paris in der Emigration leben mußte. Als man sich einmal wieder entrüstete, daß so viele Kleingeister den Dichter verleumdeten und verfolgten, sagte Rahel:
»Mögen sie ihn verfolgen, erreichen werden sie ihn nie.«

VAUCRESSON, HERZOGIN VON

(17. Jh.) frz. Adlige

— * —

Die alte Herzogin von Vaucresson hörte, daß mehrere Damen von Hof mit Literaten, Künstlern und Schauspielern verkehrten.
»Was!« rief sie entrüstet, »Damen von Rang empfangen dergleichen in ihrem Salon? Zu meiner Zeit empfing man solche Leute im Vorzimmer, im Bett . . . aber niemals im Salon!«

VEBER, PIERRE

(1869-1942) frz. Lustspielautor

— * —

»Eine Frau, die ein Theater leitet, kann ein Glücksfall sein. Eine Frau, die einen Theaterdirektor leitet, ist fast immer ein Unglücksfall.«

»Die Frauen«, sagte Pierre Veber, »sind das schlechteste Publikum. Sie kommen nur, um sich zu zeigen, schauen sich im Saal um, bemühen sich aufzufallen, schwatzen miteinander, nörgeln am Aussehen und an den Toiletten der Schauspielerinnen und achten gar nicht auf das Stück. Und wenn sie fortgehen, sagen sie ganz laut: ›Was für ein Mist!‹«

VERGIL, PUBLIUS VERGILIUS MARO

(70-19 v. Chr.) röm. Dichter

— * —

Vergil bearbeitete seine Verse sorgfältig. Vormittags schrieb er ein paar Zeilen, nachmittags verbesserte er sie. Ein Freund behauptete: »Vergil leckt seine Verse zurecht, wie die Bärenmutter ihr Junges.«

VERLAINE, PAUL

(1844-1896) frz. Dichter

— * —

Aus seiner Jugend wird erzählt: In der Schule ließ ein Mitschüler Baudelaires ›Die Blumen des Bösen‹ (Les fleurs du mal) liegen. Paul las die Gedichte, fand aber außer den Worten ›Perversion‹ und ›Nacktheit‹ nichts, was ihm den Titel zu rechtfertigen schien.
Damals nahm er an, es handle sich um einen Druckfehler und müsse eigentlich lauten: ›Les fleurs du mai‹ (›Die Blumen des Mai‹).

VERNE, JULES

(1828-1905) frz. Schriftsteller

— * —

Jules Verne wurde gefragt, was er vom Tabak halte.
»Tabak?« erwiderte er. »Kenne ich nicht. Ich rauche nur französische Monopolzigarren.«

VÉRON, PIERRE

(1833-1900) Pariser Journalist

— * —

Pierre Véron zum Kellner:
»Bringen Sie mir eine Portion orthographischer Fehler!«
»Das haben wir nicht«, erwidert der Kellner verdutzt.
»Ja, warum setzen Sie sie dann auf die Speisekarte?« fragt Véron.

Im Klub wurde auf die Dienstleute geschimpft:
»Sie sind frech, faul, verdorben, treulos . . .«
»Ja, ihr habt ganz recht«, sagte Véron. »Dieses Gesindel ist um nichts besser als wir!«

Eine sehr weltlich gesinnte Dame hatte ihren Mann verloren. Sie klagte:
»Und ich habe ihm die Augen zudrücken müssen!«
Da meinte Véron:
»Das wird keine große Mühe gewesen sein. Ein Auge hatte er sein ganzes Leben lang selber zugedrückt.«

VEUILLOT, LOUIS-FRANÇOIS

(1813-1883) frz. Schriftsteller

— * —

Der Dichter Baudelaire sagte zu Veuillot, dem Gründer der katholischen Zeitschrift ›L'Univers‹: »Ich glaube nicht an Gott.«
»Das muß ihn aber schrecklich kränken«, erwiderte Veuillot.

VIANI, LORENZO

(1882-1936) ital. Schriftsteller

— * —

Viani hatte eine Beziehung zu einer Dame. Einmal blieb sie eine Woche fort, ohne ihn zu verständigen. Endlich kam ein Telegramm von ihr:
»Komme erst in einem Monat wieder. Lüge folgt.« Darauf erwiderte Viani:

»Telegramm erhalten, verzichte auf Lüge, bleib wo du bist, vollwertigen Ersatz gefunden.«

VIGNY, ALFREDDE
(1797-1863) frz. Schriftsteller

— * —

Als Vigny in die Académie française aufgenommen werden wollte, erhielt er nur acht Stimmen. Aber vierzehn Akademiker versicherten ihm, daß sie für ihn gestimmt hatten.

Auch die wohlgesinntesten Freunde Vignys schätzten seine aristokratische Art nicht sehr, sich nur ja nicht zu kompromittieren. Und der Kritiker Sainte-Beuve sagte von ihm:
»Er lächelt wie ein Engel, der Essig getrunken hat.«

VOLTAIRE, FRANÇOIS-MARIE
(eigtl. F.-M. Arouet, 1694-1778) frz. Schriftsteller und Philosoph

— * —

Der Abbe Velly erkundigte sich einmal bei Voltaire, wo der große Mann eine merkwürdige, aber recht unwahrscheinliche Anekdote gefunden habe.
»Was liegt daran«, erwiderte Voltaire, »ob die Anekdote wahr oder falsch ist? Wenn man schreibt, um das Publikum zu unterhalten, muß man da so gewissenhaft sein, nur die Wahrheit zu schreiben?«

Der Regent hatte Voltaire in die Bastille einsperren lassen. Als nun Voltaires Drama ›Oedipus‹ gegeben wurde, war der Regent so entzückt, daß er dem Gefangenen auf der Stelle die Freiheit schenkte. Der junge Dichter erschien beim Regenten, um sich zu bedanken.
»Verhalten Sie sich in Zukunft entsprechend«, sagte der Prinz, »und ich werde mich um Sie kümmern!«
»Ich bin Ihnen für Ihre freundlichen Absichten außerordentlich verbunden, Monseigneur«, erwiderte Voltaire, »aber ich möchte doch Eure Hoheit bitten, nicht wieder für meine Unterkunft und Verpflegung Sorge zu tragen.«

Vom englischen Volk sagte Voltaire:
»Es ist wie ein Pokal mit Bier: oben Schaum, unten Hefe, aber was dazwischen ist, das ist vorzüglich.«

Ein Geistlicher wollte Voltaire bekehren. Voltaire hörte ihn geduldig an und sagte dann:

»Darf ich wissen, wer Sie gesandt hat?«
»Mich gesandt? Mich hat Gott gesandt«, erwiderte der Priester.
»Schön«, meinte Voltaire. »Darf ich Ihr Beglaubigungsschreiben sehen?«

Der Herzog von Orléans wollte Voltaire eine goldene Kette schenken und ließ ihn fragen, ob er vielleicht besondere Wünsche betreffend der Ausführung der Kette äußern wollte.
Da sagte Voltaire:
»Man soll die Kette eines Ziehbrunnens als Modell verwenden!«

»Ihr Buch ist zum Verbranntwerden verurteilt«, sagte man zu Voltaire.
»Ausgezeichnet«, meinte er, »Bücher sind wie Kastanien; je mehr man sie röstet, desto besser gehen sie.«

Ein Bewunderer sagte zu Voltaire:
»Wie zufrieden müssen Sie doch mit Ihren Werken sein!«
»Durchaus nicht«, entgegnete ihm Voltaire. »Ich bin wie der Mann einer Dirne, an der alle sich erfreuen, nur er selber nicht.«

In seinen letzten Jahren besuchten ihn häufig Geistliche, um ihn zu bekehren.
»Sie haben recht«, sagte Voltaire zu einem der Priester. »Es ist gut, in den Schoß der Kirche zurückzukehren. Man soll immer in der Religion seiner Väter und seines Landes sterben. Wäre ich am Ganges geboren, so würde ich wünschen, mit einem Kuhschwanz in der Hand meinen Geist aufzugeben.«

Eines Tages machte der Herzog von Orléans Voltaire darauf aufmerksam, daß der Schriftsteller ihm gegenüber einen gar zu vertraulichen Ton anschlug.
»Sie vergessen«, sagte er, »daß ich doch immerhin weit über Ihnen stehe.«
»Gewiß, Herr Herzog«, meinte Voltaire. »Und das ist auch ein großes Glück für Sie. Denn es ist viel leichter über mir zu stehn, als meinesgleichen zu sein.«

Voltaire schätzte von Marmontel mehr die Poetik als die Dichtungen.
»Er gleicht Moses«, sagte er, »der andere in das gelobte Land führen durfte, es aber selber nie betrat.«

Von Marivaux, dem Autor vieler amüsanter Stücke, sagte Voltaire:
»Er kennt alle Seitenwege des Herzens! Die Hauptstraße aber ist ihm unbekannt.«

Voltaire speiste bei dem Abbé de Rothelin und hielt bei dieser Gelegenheit seine gewohnten Tiraden gegen die Religion. Nach dem Dessert sagte der Abbé:
»Monsieur de Voltaire, ich freue mich immer, Sie bei mir zu sehen. Sprechen Sie aber bei Tisch, bitte, von andern Dingen! Was sollte aus uns werden, wenn meine Dienstleute sich die Grundsätze zu eigen machten, die Sie predigen!«

Der englische Dichter Congreve sprach von seinen eigenen Werken sehr geringschätzig. Als Voltaire ihn besuchen wollte, erklärte Congreve, er empfange ihn nur als Edelmann, nicht aber als Schriftsteller. Worauf Voltaire entgegnete:
»Wenn Sie nichts wären als ein Edelmann, so hätte ich Sie bestimmt nicht besucht.«

Ein Gast Voltaires wollte das Haus nicht verlassen, ohne ein Wort darüber zu hören, ob er an Gott glauben sollte oder nicht. Voltaire dachte nach; dann fragte er den Gast:
»Machen Sie Verse?«
»Hin und wieder«, war die erstaunte Antwort.
»Dann«, sagte Voltaire, »glauben Sie nur an Gott! Es ist viel poetischer.«

Voltaire veranstaltete bei dem Marquis de Villette eine Probe seiner ›Irene‹. Die Hauptdarstellerin sprach für seinen Geschmack viel zu schnell.
»Mademoiselle«, sagte er ungeduldig, »denken Sie daran, daß ich meinen Versen nicht sechs Füße gegeben habe, damit Sie drei verschlucken.«

Voltaire empfing die Enkelin Corneilles bei sich.
»Es ist die Pflicht eines alten Soldaten«, sagte er, »die Tochter seines Generals bei sich aufzunehmen.«

Voltaires Vater wollte ihm eine Stelle als Gerichtsrat oder dergleichen kaufen. Aber Voltaire erklärte:
»Ich werde mir Ehren zu erwerben wissen, die nichts kosten!«

In seiner Korrespondenz mit Katharina II. erzählt Voltaire eine Anekdote, die als jüdische Anekdote bekannt ist. Doch dürfte der katholischen Form der zeitliche Vorrang gebühren:
Ein frommer Mann ist Freitag auf Reisen. Vor einem Wirtshaus wird aufgeschnittener Schinken verkauft; der Reisende ist sehr hungrig, der Schinken sehr einladend. Nach langem Kampf zwischen Gewissen und Hunger kauft der Reisende den Schinken und führt ihn zum Munde. Un-

terdessen ist ein Gewitter aufgezogen, und als er eben das erste Stück Schinken in den Mund stecken will, dröhnt auch schon der erste Donnerschlag.
Der fromme Mann läßt erschrocken den Schinken fallen, hebt aber den Kopf mißbilligend zum Himmel und sagt:
»So ein Lärm um das bißchen Schinken!«
Eine ältere Quelle schreibt die Anekdote dem als Atheist bekannten Gerichtsrat Des Barreaux zu, von dem die oft zitierte Pointe stammt:
»Tant de bruit pour une omelette!«

Voltaires Schloß Ferney wurde beständig von Menschen überschwemmt, die sich seiner Bekanntschaft rühmten und einige Tage blieben. Da sagte er einmal:
»Lieber Gott, schütze mich vor meinen Freunden! Vor meinen Feinden kann ich mich selber schützen.«

Voltaire hatte einen ältern Bruder, dessen Leidenschaft ebensosehr theologische Dispute waren wie Voltaires Leidenschaft die Dichtung. Da sagte der Vater der beiden:
»Ich habe zwei Narren zu Söhnen. Den einen in Prosa, den andern in Versen.«

Voltaire machte sich über den Stil gewisser Schriftsteller lustig, die ihre Sätze mit zahllosen Adjektiven spickten.
»Könnte man ihnen doch begreiflich machen«, sagte er, »daß das Adjektiv der größte Feind des Substantivs ist, wenn es auch in Geschlecht und Zahl mit ihm übereinstimmt!«

Voltaire lobte Albrecht von Haller über alle Maßen; als man ihm sagte, daß Haller über ihn durchaus im entgegengesetzten Sinne schreibe, meinte Voltaire:
»Nun, vielleicht irren wir uns alle beide!«

Voltaires Dramen scheinen schon der Mitwelt keine rechte Freude gemacht zu haben. Bei einer Aufführung des ›Geretteten Rom‹ war der Präsident Montesquieu unter den Eingeladenen und schlief ein. Da warf Voltaire wütend den Hut nach ihm und schrie:
»Er glaubt wohl, er sei bei Gericht!«

Eines Tages erschien Saint-Ange, der Übersetzer der Metamorphosen Ovids, bei Voltaire.
»Heute«, begann er, »bin ich nur gekommen, den Homer Frankreichs zu besuchen. Das nächste Mal komme ich zu dem Euripides Frankreichs, dann zu dem Tacitus, dann zu dem Lukian, dann . . .«

»Lieber Herr«, unterbrach ihn Voltaire, »ich bin sehr alt, und wenn Sie alle diese Besuche auf einmal erledigen könnten, wäre es wahrscheinlich für beide Teile das Beste.«

Voltaire war bei den Proben sehr anspruchsvoll. Dauernd fielen ihm neue Korrekturen ein. So konnte er eines Nachts nicht einschlafen, weil ihm eine Stelle in ›Merope‹ eingefallen war, die auf der Probe nicht geklappt hatte. Er weckte um drei Uhr morgens seinen Diener und wollte ihn mit einer dringenden Anweisung zu dem Schauspieler Paulin schicken, der den Tyrannen spielte. Der Diener wandte ein, daß zu dieser Stunde ja alle schliefen. Doch Voltaire erwiderte:
»Geh! Eile! Die Tyrannen schlafen niemals!«

Man lobte vor Voltaire die Freuden des Landlebens.
»Ja«, sagte er, »von allen albernen Freuden ist das Landleben die größte.«

Der Dichter Lefranc hatte seine Übersetzung des Jeremias erscheinen lassen. Da sagte Voltaire:
»Jetzt weiß ich, warum Jeremias so geklagt hat. Er ahnte, daß Lefranc ihn übersetzen würde.«

Voltaire klagte einem Freund:
»Es ist ein wahres Unglück, daß es mit der Religion bergab geht. Worüber werde ich spotten können?«
»Ach«, tröstete ihn der Freund, »an Gegenständen für Ihren Spott wird es Ihnen niemals fehlen.«
»Sagen Sie das nicht«, erwiderte Voltaire. »Außerhalb der Kirche gibt es kein Heil!«

Voltaire empfing in Ferney seine Gäste mit der größten Zuvorkommenheit. Ein Fremder, von soviel Gastfreundschaft entzückt, sprach den Wunsch aus, einige Wochen zu bleiben. Da sagte Voltaire:
»Sie wollen sich unbedingt von Don Quijote unterscheiden. Er hielt die Gasthäuser für Schlösser, und Sie halten ein Schloß für ein Gasthaus.«

Boisgelin lobte die Klarheit von Voltaires Stil. Da meinte Voltaire:
»Auch die Gebirgsbäche sind klar. Wissen Sie warum? Weil sie seicht sind.«

Voltaire wurde gefragt, wie alt, seiner Ansicht nach, die Erde sei.
»Die Erde«, sagte er, »ist eine alte Kurtisane, die ihr Alter geheimhält.«

Voltaire war ein leidenschaftlicher Schachspieler und spielte fast jeden Tag eine Partie mit seinem Freund, dem Jesuitenpater Adam. Wenn er gewann, ging alles gut; verlor er aber, dann geriet er in Wut, warf das Schachbrett um und schrie:
»Zwei Stunden damit zu vergeuden, daß man Holzstückchen hin und her schiebt! Wie albern! In dieser Zeit hätte ich eine Szene eines Dramas schreiben können!«

Voltaire ließ in Ferney eine Kirche bauen, über deren Portal die Worte standen: Deo erexit Voltaire. Und wenn er Besuchern die Inschrift zeigte, sagte er:
»Zwei große Namen miteinander vereint!«

Es wurde viel von Verbrechern gesprochen, die man festgenommen hatte, weil sie falsche ›Lettres de cachet‹ verfertigten; das waren Briefe, die die Verhaftung oder Verbannung eines Menschen anordneten. Voltaire fragte den Polizeiminister, was man mit den Fälschern anfangen werde.
»Sie werden gehängt«, war die Antwort.
»Sehr gut«, bemerkte Voltaire. »Es ist sehr richtig, daß man Leute hängt, welche falsche ›Lettres de cachet‹ anfertigen. Und eines Tages wird man hoffentlich so weit sein, auch jene zu hängen, die echte ›Lettres de cachet‹ ausgeben.«

Zu einem Gast, der als lästiger Fragesteller berüchtigt war, sagte Voltaire:
»Ich muß Sie im voraus darauf aufmerksam machen, daß ich von dem, was Sie mich fragen werden, nichts weiß und somit auch nichts sagen kann.«

Von Friedrich II. ›Antimachiavell‹ sagte Voltaire:
»Er spuckt in die Suppe, um den andern den Appetit zu verderben!«

Ein berufsmäßiger Verfasser von Schmähbriefen schrieb an Voltaire:
»Ich habe ein Pamphlet gegen Sie verfaßt; es ist in vierhundert Exemplaren gedruckt worden. Wenn Sie mir vierhundert Livres schicken, lasse ich Ihnen die Exemplare zugehn.«
Darauf erwiderte Voltaire:
»Sie sind zu ehrenhaft, Monsieur, und ich möchte Ihre Güte nicht mißbrauchen. Die vierhundert Exemplare werden Ihnen weit mehr einbringen als vierhundert Livres.«

Voltaire geht mit einem Freund über die Straße, ein Priester kommt mit dem Sakrament vorbei, und Voltaire grüßt. Der Freund fragt:
»Haben Sie sich mit dem lieben Gott versöhnt?«

»Wir grüßen einander«, erklärt Voltaire, »aber wir sprechen nicht miteinander.«

Ein wenig begabter Dichter hatte unter anderm auch eine ›Ode an die Nachwelt‹ verfaßt. Davon sagte Voltaire:
»Diese Botschaft wird ihre Adresse nie erreichen!«

Stanislas, Chevalier, später Marquis de Boufflers, Mitglied der Académie und Verfasser von ›Poésies légères‹, trifft einmal nach längerer Zeit seinen Freund Voltaire, der ihn herzlich begrüßt.
»Wie geht es dir denn, mein Lieber?«
»Nicht besonders«, antwortet Boufflers.
»Das ist schlimm. Was hast du denn gemacht, seit ich dich das letzte Mal gesehen habe?«
»Ich habe geheiratet.«
»Das ist gut«, meinte Voltaire.
»Nicht ganz so gut, denn ich habe ein furchtbar zänkisches Weib erwischt.«
»Das ist schlimm.«
»Nicht so schlimm, denn sie brachte mir eine Mitgift von fünftausend Louisdor.«
»Das ist gut.«
»Nicht so gut, denn ich habe damit eine Schafzucht begonnen und die meisten Tiere sind an den Pocken eingegangen.«
»Das ist schlimm.«
»Nicht so schlimm, denn der Verkauf der Felle hat sich trotzdem reichlich gelohnt.«
»Das ist gut.«
»Nicht so gut, denn das Haus, in dem die Schaffelle und das Geld lagen, ist abgebrannt.«
»Das ist schlimm.«
»Gar nicht schlimm«, schließt Boufflers, »in dem Haus war nämlich auch meine Frau ...«

Voltaire kam heimlich nach Paris und wurde am Tor aufgehalten. Ob er keine Schmuggelware bei sich habe.
»Meine Herren«, erwiderte er, »ich bin selber die einzige Schmuggelware, die ich bei mir habe.«

»Der Dichter Rousseau«, meinte Voltaire, »verachtet mich, weil ich manchmal den Reim vernachlässige. Und ich verachte ihn, weil er nichts tut als reimen.«

Lord Chesterfield und Voltaire waren bei einem Ball in London. Eine berühmte englische Schönheit, sehr geschminkt, bemühte sich heftig um den Franzosen. Da meinte Chesterfield scherzend:
»Geben Sie acht, daß Sie nicht gekapert werden!«
Worauf Voltaire erwiderte:
»Mylord, ich verschmähe es, mich von einem englischen Fahrzeug unter französischen Farben kapern zu lassen.«

Voltaire kam 1727 nach England und stellte fest, daß die Stimmung sehr feindlich gegen Frankreich war. Eines Tages, als er spazieren ging, schrie eine Schar erregter Bürger:
»Schlagt ihn tot! Hängt den Franzosen!«
Voltaire blieb stehen und rief:
»Engländer, ihr wollt mich töten, weil ich ein Franzose bin? Ist es nicht schon Strafe genug, kein Engländer zu sein?«
Da lachten die Leute und geleiteten ihn sogar bis zu seinem Quartier.

Als d'Alembert und Condorcet bei Voltaire speisten, kam die Rede auf den Atheismus. Doch Voltaire sagte:
»Warten Sie, meine Herren, bis meine Diener verschwunden sind. Ich möchte nicht, daß sie mir heute nacht die Kehle abschneiden.«

Als Diderot Voltaire wieder einmal besuchte, sprach er so viel, daß Voltaire überhaupt nicht zu Wort kam. Nachher meinte Voltaire:
»Dieser Diderot ist ein sehr geistvoller Mann; aber die Natur hat ihm eine Gabe verweigert – die Gabe des Dialogs.«

Als Voltaire mit dreiundachtzig Jahren nach Paris fuhr, sagte er zu seinen Freunden:
»Seht, ich habe meinen Todeskampf unterbrochen, um euch noch einmal zu umarmen.«

Der Schauspieler Larive sollte die Rolle des Titus in Voltaires Drama ›Brutus‹ spielen und wollte den Text noch einmal mit dem Autor durcharbeiten. Er kam zu Voltaire, der schwer krank darniederlag.
»Ach mein Lieber, jetzt kann ich mich nicht mehr mit den Nichtigkeiten dieser Welt beschäftigen.«
»Das ist aber schlimm«, sagte der Schauspieler. »Morgen soll ich den Titus spielen!«
Voltaire richtete sich auf.
»Was? Sie spielen morgen den Titus? Da muß der Tod sich eben dulden! Kommen Sie, wir arbeiten die Rolle durch!«

Als Voltaires Tod gemeldet wurde, rief Collé, Chansonnier und Verfasser erfolgreicher Komödien: »Heute ist der Tyrann der Intelligenz gestorben; jetzt kann die Literatur wieder eine Republik werden!«

Als im Pantheon wieder Gottesdienste abgehalten wurden, wollte man die Asche Voltaires daraus entfernen.
»Laßt sie nur drin«, sagte Ludwig XVIII. »Es ist Strafe genug, daß er jeden Morgen die Messe anhören muß!«

VULPIUS, CHRISTIANE

(1765-1816) Goethes Frau

— * —

Siebzehn Jahre lebte Goethe mit Christiane Vulpius zusammen, ehe er sie endlich ehelichte. Bis dahin war sie nur immer, wie seine Mutter es nannte, sein »Bettschatz« gewesen.
Wenn man ihn aber fragte, warum er seine Lebensgefährtin eigentlich nicht heirate, meinte er uninteressiert: »Verheiratet bin ich doch längst mit ihr, wenn auch ohne Zeremonie.«

WALDEN, HERWARTH

(1878-um 1941) Schriftsteller, Kunsthändler und Musiker

— * —

Herwarth Walden, der zu seiner Zeit Künstler entdeckte, die so unbekannt waren, daß sie fast verhungerten, und die wenig später Weltberühmtheiten wurden, pflegte selbstbewußt auszurufen:
»Wir leben im Jahre 1 eines neuen Kultur-Milleuiums!«

Unzählige Gespräche über Kunst und Künstler hatte Walden geführt, ein Thema, bei dem er nie ermüdete und zu dem ihm immer wieder Neues einfiel. Als in seiner Gegenwart einer leichtsinnig behauptete, Kunst sei Zufall, ergänzte er:
»Gewiß. Kunst ist Zufall, aber er fällt nicht jedem zu.«

WALLACE, EDGAR

(1875-1932) engl. Schriftsteller

— * —

Edgar Wallace arbeitete ungewöhnlich rasch, zum Beispiel verfaßte er einmal im Lauf von nur drei Wochen zwei Theaterstücke und einen Roman – doch nie kam er voran, wenn er nicht literweise Tee in sich hineinspülte. Als Wallace einmal mit einem Manuskript im Rückstand war, suchte sein Verleger ihn auf:

»Wann sind Sie endlich fertig?«
Wallace: »Noch fünfzig Tassen Tee, dann hab ich's.«
Darauf der Verleger erleichtert: »Nun also, dann kann ich das Manuskript ja heute abend abholen lassen.«

Zeitlebens hatte Wallace, wie man so sagt, eine besondere Schwäche für das schöne Geschlecht. Von einem Interviewer darauf angesprochen, bekannte er Farbe:
»Männer, die behaupten, es gäbe etwas Interessanteres als Frauen, sind Snobs.«

Selbst während des Krieges vermochte Wallace nicht, sich als deutschfeindlich zu erklären. Er hielt es mit dieser Regel:
»Wenn die Deutschen meine Bücher verschlingen, kann ich sie nicht auch verschlingen.«

WALPOLE, HORACE

(1717-1797) engl. Schriftsteller

— * —

Der Marschall von Richelieu galt für einen professionellen Bonmotfabrikanten. Walpole sagte von ihm:
»Man lacht, bevor man noch weiß, was er sagen wird. Und das ist gut; denn nachher würde man nicht mehr lachen.«

Walpole hatte ein Interesse daran, sich die Unterstützung eines bestimmten Adligen zu sichern, und wollte ihn bestechen. Er ging zu ihm und sagte, wie sehr der Hof die Verdienste des Herrn zu schätzen wisse, wie man bedaure, noch keine richtige Belohnung gefunden zu haben.
Der Lord verstand sehr wohl und bat den Minister, sich sein Frühstück auftragen lassen zu dürfen. Der Diener brachte eine Schüssel Haferbrei und etwas Obst. Und dann sagte der Lord zu Walpole:
»Glauben Sie, Exzellenz, daß ein Mann bestochen werden kann, der so ißt wie ich? Sagen Sie dem König, was Sie gesehen haben. Das ist die einzige Antwort, die ich Ihnen geben kann.«

WEDEKIND, FRANK

(1864-1918) Dramatiker und Schauspieler

— * —

Als der Gerichtsvollzieher bei Wedekind erschien, sagte der Autor von ›Frühlingserwachen‹:
»Bitte, nehmen Sie Platz. Das ist aber auch das einzige, was Sie bei mir nehmen können.«

Nach der Premiere seines Stückes ›König Nicolo‹ in den Münchner Kammerspielen ging Wedekind in das Büro des Regisseurs und bedankte sich auf seine Art:
»Ausgezeichnet, lieber Sinsheimer, ganz ausgezeichnet! Eine vorzügliche Aufführung, ich habe nie eine bessere gesehen – nuuur, ich habe gar nicht gewußt, daß ich ein so langweiliges Stück geschrieben habe.«

Eine Unterhaltung mit Wedekind war nicht einfach. Der Dichter konnte sich glänzend verstellen und fanatisch eine Meinung vertreten, die keinesfalls seine eigene war. Gustav Meyrink, der das Paradoxe in Wedekind schätzte, umschrieb dessen Art mit ein paar einfachen Worten:
»Der Wedekind ist ein Hornochse, aber – es kommt ihm alles von oben.«

Eine sehr gute, sehr bekannte deutsche Schriftstellerin lebte in München in großer Not. Als sie mit Frank Wedekind bekannt gemacht wurde und über ihre Lage klagte, meinte er:
»Haben gnädige Frau denn niemals daran gedacht, Ihren Körper zu verwerten?«

Wedekind und Max Halbe saßen im Wirtshaus und vertrugen sich mäßig. Da trat ein Fremder an ihren Tisch und bat um einen Ratschlag, was er mit seiner Freundin an diesem Abend am besten in München anfangen könne.
Wedekind überlegte kurz und gab dann die Auskunft: »Gehn Sie ins Schauspielhaus. Dort wird ein Stück von Max Halbe gegeben. Garantiert sind Sie dort mit Ihrem Mädchen allein und ungestört.«

In jenen Jahren, in denen Wedekind-Stücke Skandale verursachten, kam es vor, daß die Leute Angst hatten, eine der Aufführungen zu besuchen. Einmal war es sogar bei einer Premiere eines neuen Dramas ziemlich leer, weil das Gerücht in München umlief, man müsse während dieses Theaterabends das Schlimmste befürchten. Als sich, noch bevor der Vorhang sich öffnete, ein Lärm im Publikum erhob, trat Wedekind an die Rampe und erklärte:
»Meine Herrschaften, ich warne Sie! Heute sind wir Schauspieler in der Überzahl.«

WEINHEBER, JOSEF

(1892-1945) österr. Dichter

— * —

Weinheber schaute gern ins Glas, und er machte, wenn er etwas getrunken hatte, auf seinen Reisen gern hübschen Mädchen Heiratsanträge. Nicht wenige nahmen ihn ernst. Wenn dann die Mädchen später bei ihm

vorstellig wurden, packte ihn die liebe Not. Besonders energische reisten ihm sogar nach.
»Aber weißt'«, erzählte er einem Freund, »ich seh jede, die von der Bahn her in Kirchstetten anruckt. Kommt so a narrisches Frauenzimmer, glei bin i hint außi und in Wald eini.«
»Aber dann erfährt Ihre Frau die Geschichte.«
»Leider«, seufzte Weinheber, »aber waaßt, i bin halt ka Erotiker, i bin a Säufer.«

Zu vorgerückter, weinvoller Stunde, sagte Weinheber plötzlich zu einem Trinkkumpanen: »Du verstehst nix von der Kunst!«
»Ja, warum net?« fragte der Angetrunkene.
»Du verstehst mi net. Kunst und i, Kunst und i, mir san nämlich ein- und dasselbe!«

Weinhebers Weinkonsum stand erheblich im Widerspruch zur Aufnahmefähigkeit seiner Organe. Nach einer Generaluntersuchung riet ihm der Arzt diplomatisch, den Verbrauch an Flüssigkeiten erheblich einzuschränken, sonst . . . die Folgerung stand wie ein bösmeinendes Ausrufezeichen im Ordinationszimmer. Weinheber war weit davon, sich von solchen Orthografien einschüchtern zu lassen und versetzte selbstbewußt: »Na schön, Manndl, wenn es durchaus nötig ist, kann i ja von jetzt an auf mei Suppn verzichten.«

Freunde, die Josef Weinheber den Li-tai-pe der deutschen Sprache nannten, pflegten in vorgerückter Stunde, die in Weinhebers Gesellschaft immer sehr weinverbunden war, den österreichischen Dichter »ihr Li-tai-pe-perl« zu nennen.

Was Weinheber für Poetik hielt, erklärte er einmal auf seine originelle Weise:
»Ich mach jetzt eine Poetik in Gedichtform, da kommt alles drin vor: Metrum, Reim, Rhythmus, Strophenbau, antike Formen. Das erklär ich alles . . . Woher kommt der Reim? Der muß doch notwendig sein! Dadá, dadá, dadá dadá- bum! Und jetzt der nächste Vers: Dadá, dadá, dadá, dadá- bum. Die Ehe ist geschlossen. Es ist wie eine Ehe. Daß das eine erotische Angelegenheit is, is doch ganz klar.«

Weinheber klagte: »I kann net hochdeutsch red'n, net so, wie i schreib.«
»Sie sind eben ein Pindar und – wenn ich so sagen darf – zugleich ein Bänkelsänger. So habe ich es mir beim Lesen gedacht. Und beides ist bei Ihnen so ungeheuer echt«, antwortete ihm Reinhard Piper.
Strahlte zufrieden der Dichter: »Das laß ich mir g'falln.«

Weinheber war zu einer Dichterlesung eingeladen. Ein literarischer Ortsgewaltiger fabrizierte die einleitenden Worte, dabei unterlief ihm der Lapsus, Weinheber als Johann Weinheber der ehrfürchtig versammelten Schar vorzustellen. Weiter führte er aus: »Wenn man dann so ein Gedichtchen am Sonntag liest . . .«
Weiter kam der Festredner nicht, denn Weinheber unterbrach ihn hastig: »Na, mein Lieber, meine Gedichte san erlitten und erstritten, die san net für den Sonntag nachmittag!«

Als Weinheber mit Freunden auf der Terrasse eines Südtiroler Hotels saß, wollte er aus einem Manuskript vorlesen, doch unterbrach ihn ein paarmal das Poltern der Bedienung, die die Stühle, es war schon spät am Abend, zusammenrückte. Als sie merkte, daß sie störte, setzte sie ihre Tätigkeit nicht mehr fort.
Anerkennend meinte Weinheber: »Sehn S', des is österreichisch!«

WEISENBORN, GÜNTER

(1902-1969) Schriftsteller

— * —

Günter Weisenborn, der Romancier und Dramatiker, hatte einen Literaturpreis bekommen. Am Telefon meldete sich daraufhin bei ihm Bertolt Brecht: »Ich gratuliere. Wie hoch ist denn die Preissumme?«
Weisenborn: »Zehntausend.«
Brecht: »Da gratuliere ich sogar herzlich.«

WELLS, HERBERT GEORGE

(1866-1946) engl. Schriftsteller

— * —

Der berühmte Schriftsteller besuchte mit seiner Gattin die Wiener Premiere der Strauß-Oper ›Arabella‹. Ein eifriger Reporter der Lokalpresse fragte ihn, wie ihm die Sängerin Lotte Lehmann in der Rolle der Arabella gefallen hätte.
Wells Antwort dürfte die kürzeste uns bekannte Musikkritik sein: »Arabellissima«.

H. G. Wells hatte mit seinem Freund Henley eine Wochenzeitung ›The News Review‹ gegründet, die keinen sehr großen Leserkreis fand. Eines Tages saßen sie im Redaktionszimmer und sahen vom Fenster einen Leichenzug vorüberziehen.
Da sagte Henley: »Wenn das nur nicht unser Abonnent ist!«

H. G. Wells hatte einen so großen Kopf, daß er nur mit Mühe einen passenden Hut fand. Einmal sah er im Hause eines Mr. E. S. Peck in Cambridge, Massachusetts, einen Hut, der ihm paßte; er nahm ihn und ging damit fort. Nachher schrieb er dem Eigentümer:
»Ich habe Ihren Hut gestohlen und gedenke, ihn zu behalten. Wenn ich hineinschaue, werde ich immer an Sie, an Ihren guten Sherry und an die schöne Stadt Cambridge denken. Ich ziehe Ihren Hut vor Ihnen!«

WERFEL, FRANZ

(1890-1945) österr. Schriftsteller

— * —

Eine befreundete Familie lud Werfel hin und wieder in ihre Loge ins Opernhaus ein. Nun hatte der Schriftsteller aber die Angewohnheit, zündende Melodien recht vernehmlich mitzusingen. Gerade hatte man an einer pompösen Neuinszenierung der ›Butterfly‹ teilgenommen, als zum Schluß die Rede darauf kam, nächste Woche werde ›La Traviata‹ gegeben.
»Oh, das interessiert mich sehr«, sagte Werfel. »Dürfte ich da wieder mitkommen?«
»Bitte, machen Sie uns die Freude«, meinte die Gastgeberin. »In ›Traviata‹ haben wir Sie noch nicht gehört.«

Der Cembalist Frank Pelleg erzählte im Freundeskreis, er sei in Prag auf dieselbe Schule gegangen, die auch Franz Werfel besucht habe. Eines Tages habe ihm sein Deutschlehrer, der Studienprofessor Rudolf Kampe, einen Aufsatz mit der Bemerkung zurückgegeben:
»Sie hätten ungenügend verdient, aber ich bin da vorsichtig geworden. Ich hab einmal einem Schüler Ungenügend in Deutsch gegeben, und dann wurde der Franz Werfel draus.«

Auf einige linke und einige rechte Politiker angesprochen, erklärte Werfel: »Merkwürdig, die Welt hat sich auf Begriffe wie Rechts und Links versteift und dabei anscheinend völlig vergessen, daß es auch ein Oben und Unten gibt.«

Franz Werfel war auf Vortragstournee durch Deutschland. Er las in einem schwach bevölkerten Saal im sächsischen Gotha eigene Gedichte, als sich mitten in der Lesung ein beleibter Mann lautstark erhob und dröhnend in den Saal rief:
»Pfui Teufel, das ist ja Kubismus«, worauf er sich beleidigt entfernte.

In eine Buchhandlung in New York tritt eine Dame und verlangt: ›The forty ways to amuse a dog‹.

Dahinter verbarg sich, nicht auf den ersten Blick zu erkennen, Werfels Roman ›Die vierzig Tage des Musa Dagh‹, dessen englische Übersetzung heißt: ›The forty days of the Musa Dagh‹.«

Die literarische Betriebsamkeit des Prager Dichters glossierte Alfred Kerr einmal in einem Gedicht:

»Ich bin der Dichter Werfel.
Haben Sie kein Bederfel?«

WHITMAN, WALT
(1819-1892) amerik. Dichter

— * —

Whitman war in seinen letzten Jahren taub geworden. Endlich kaufte er ein Hörrohr.
»Jetzt hören Sie also besser?« fragte ihn ein Freund.
»Ganz und gar nicht«, erwiderte Whitman. »Nur meine Freunde haben den Nutzen davon; sie brauchen nicht mehr zu schreien.«

Als Whitman seinen 72. Geburtstag feierte, hatte er alle seine Freunde, eine stattliche Anzahl, eingeladen und an seinem Tisch versammelt. Gleich zu Beginn entschuldigte er sich:
»Ihr, meine Freunde, die Ihr am untersten Ende des Tisches sitzt, müßt wissen, daß ich halb blind bin und keine drei Meter weit sehen kann – sonst würde ich bestimmt jeden einzelnen von euch begrüßen.«

WICKRAM, JÖRG
(um 1505-1562) Schwankerzähler

— * —

In der Mailänder Schlacht, erzählte Wickram, sei bei den Schweizern auch ein Pfaffe mit Namen Jos Has gewesen, der war mit einem Tornister voller Gottesbilder ausgezogen. Als es in den Kampf ging, setzte er den Tornister auf und sprach:
»Lieber Herrgott, wehr du dich da hinten, vorne will ich's wohl selbst besorgen!«
Tatsächlich kam der Pfaffe unversehrt aus der Schlacht zurück.

WIECHERT, ERNST
(1887-1950) Schriftsteller

— * —

1948 übersiedelte Ernst Wiechert in die Schweiz. Die satirische Zeitschrift glaubte, diesen Ortswechsel des in der Nazizeit übel geplagten

Schriftstellers ganz besonders würdigen zu müssen, indem sie eine Karikatur veröffentlichte, die den Dichter darstellte, wie er sich, über einen reich gedeckten Tisch gebeugt, an dessen kulinarischen Reizen vergnügt. Unterschrift, in Anspielung eines Buchtitels Ernst Wiecherts:
»Das einfache Leben – das einfache Leben – das einfache Leben«.

WIELAND, CHRISTOPH MARTIN
(1733-1813) Schriftsteller

— * —

Goethe hatte sich bei Wieland den bibliophilen Band eines altrömischen Klassikers ausgeliehen, versäumte jedoch, ihn zurückzuschicken. Da schrieb Wieland an den Schuldner:
»In der Erfassung der alten Klassiker sind Sie unerreicht, aber in der Wiedergabe unvollkommen.«

Als Wieland noch Kanzleidirektor in Biberach war, besuchte ihn einmal ein alter Amtmann, der seinen Vater gut gekannt hatte. Diesem Alten waren nun die galanten Verse Wielands zu Ohr gekommen und er versuchte, Wieland diese ›Unanständigkeiten‹ auszureden:
»Erinnern Sie sich doch an Ihren frommen Vater, oder denken Sie an Ihre unmündigen Töchter, die noch im Stande der Unschuld leben.«
Wieland paßte das Geschwätz nicht, aber er schwieg. Der Alte fuhr fort:
»Was geschieht, wenn Ihre schlüpfrigen Verse einmal den armen Kindern in die Hände fallen?«
Endlich unterbrach ihn Wieland: »Da seien Sie unbesorgt, mein Herr, die Moral, zu der meine Frau ihre Töchter erzieht, ist so stark, daß sie durch die Lektüre meiner armseligen Schriften nicht angefochten werden kann.«

Als Wieland, damals Prinzenerzieher in Weimar, befragt wurde, warum ein Erbprinz zwar mit vierzehn Jahren schon den Thron besteigen, mit zwanzig Jahren aber erst heiraten könne, antwortete er:
»Wissen Sie, was Milton dazu einmal bemerkt hat? Es ist leichter, ein Land zu regieren, als eine Frau!«

Eines Tages kam der Diener des Geheimen Rats F. zu Wieland und bestellte die Wünsche seines Herrn, Wieland möchte ihm doch seinen Oberrock schicken. Wieland stutzte ob der ungewöhnlichen Bitte, vermutete dann aber einen Scherz und gab dem Diener das erbetene Kleidungsstück.
Aber sehr schnell kam der Diener zurück und gestand beschämt, daß sein Herr nicht den Oberrock, sondern den ›Oberon‹ gemeint hätte.

WILDE, OSCAR

(1856-1900) anglo-ir. Schriftsteller

— * —

In einer Gesellschaft sagte eine Dame, die schon mehrmals sitzengelassen worden war:
»Ich weiß nicht, welche Strafe hart genug für einen Mann wäre, der ein Eheversprechen bricht.«
»Sehr einfach«, meinte Wilde. »Man müßte ihn dazu verurteilen, es zu halten.«

Eine Zeitung hatte an verschiedene Persönlichkeiten das Ansuchen gerichtet, ihr mitzuteilen, welche hundert Bücher die Betreffenden für die besten hielten. Oscar Wilde antwortete:
»Wie soll ich hundert Bücher aufzählen, da ich doch nur fünf geschrieben habe?«

In einem Pariser Stundenhotel lag der Dichter der ›De profundis . . .‹ mit einer schweren, unheilbaren Darmerkrankung nieder. Alkohol war für ihn Gift, doch er verlangte nach einem Glas Champagner. Als man ihm das Getränk mühsam einflößte, spöttelte er mühsam:
»Ich sterbe über meine Verhältnisse!«

Der englische Dichter, der sein Leben eine Tragödie in 55 Akten nannte, klagte in seinem Pariser Exil, wo er die letzten Lebensjahre verbrachte:
»Ich schreibe nun schon in einem Café, wo es keine Tinte mehr gibt.«

Von einem Bekannten:
»Er hat eines jener typisch englischen Gesichter, die man nur einmal sehen muß, um sie auf immer zu vergessen.«

Zu einer reizenden jungen Frau:
»Verzeihen Sie, ich habe Sie nicht gleich erkannt. Nein, wie ich mich verändert habe!«

Von dem Maler Whistler:
»Er ist bestimmt einer der größten Maler. Das ist meine Meinung und auch die seine.«

Zu einer Dame:
»Kommen Sie in meinen Garten. Ich möchte Sie meinen Rosen zeigen.«

Oscar Wildes Studienkameraden fragten ihn, was er werden wolle.
»Professor der Ästhetik«, erklärte er.

»Und wie wirst du dein Leben verdienen?«
»Ach, gebt mir nur das Überflüssige, und ich lasse euch gern das Notwendige!«

Nach der Premiere eines seiner Stücke kam Wilde in den Club.
»Wie war es?« fragt man ihn.
»Ach, das Stück war ein großer Erfolg, aber das Publikum ist durchgefallen.«

Oscar Wilde sagte von Shaw:
»Bis jetzt ist Shaw noch nicht bedeutend genug, um Feinde zu haben. Aber keiner seiner Freunde kann ihn ausstehn. Und das ist immerhin ein Anfang.«

Ein literaturbeflissener Lord war nicht imstande, mit seinen Geistesprodukten die Aufmerksamkeit des Publikums oder der Presse auf sich zu ziehen. Er kam zu Oscar Wilde und fragte ihn, was er gegen die ›Verschwörung des Schweigens‹ unternehmen könnte.
Worauf Oscar Wilde entgegnete:
»Sie täten am besten, sich ihr anzuschließen.«

Die Baronin Deslandes war eine wunderschöne Frau. Oscar Wilde lernte sie bei einer Gesellschaft kennen, hatte nur noch Augen für sie und sprach nur mit ihr.
Als er sie am nächsten Tag besuchte, sagte sie:
»Sie waren gestern abend nicht sehr höflich zu den andern Gästen.«
»Ach«, meinte er, »hat es denn auch andere Gäste gegeben?«

Als Oscar Wilde von Amerika heimkehrte, wurde er von den Journalisten nach seinen Reiseeindrücken gefragt.
»Das ist rasch gesagt«, erklärte er. »Ich war sehr unzufrieden mit dem Atlantischen Ozean, der bei weitem nicht so majestätisch ist, wie er sein sollte.«
Dann fuhr er fort:
»Eine große Enttäuschung war auch der Niagara. Er wird sehr überschätzt. Man schleppt alle jungen Ehepaare auf der Hochzeitsreise hin, und so beginnt für die Armen die lange Reihe der großen ehelichen Enttäuschungen.«

Als Oscar Wilde in Amerika war, zeigte ein Führer ihm das Standbild Washingtons und sagte:
»Das war ein großartiger Mann! Aus seinem Munde ist nie eine Lüge gekommen!«
Da bemerkte Oscar Wilde:

»Wahrscheinlich, weil er wie alle Amerikaner durch die Nase gesprochen hat.«

Gide sagte einmal zu Wilde, seine Konversation sei vielleicht wertvoller als seine Werke.
»Sehr richtig«, gab Wilde zu. Und dann sagte er: »Wollen Sie das Drama meines Lebens kennen? Ich habe mein ganzes Genie für mein Leben aufgewendet, und in meine Werke habe ich nichts gesteckt als ein wenig Geschicklichkeit.«

Oscar Wilde verdiente sehr viel, gab aber immer noch mehr aus und war tief verschuldet.
»Meine Bücher«, sagte er, »zahlen mir Kaviar und Champagner. Womit soll ich aber mein Zimmer und mein Essen bezahlen?«

WILDENBRUCH, ERNST VON
(1845-1909) Schriftsteller

— * —

Wildenbruchs nationales Pathos war gewiß nicht jedermanns Sache, und schon ganz gewiß nicht die des berühmten Theaterkritikers Alfred Kerr, der es dennoch mit dem ›hohenzollernschen Dramendichter‹ gut meinte.
Kerrs Urteil: »Er ist nur ein Trompeter, und doch bin ich ihm gut.«

WILDER, THORNTON
(1897-1975) amerik. Schriftsteller

— * —

Auf die Frage, ob es ihn nicht störe, daß so viele Autoren seine Legende ›Die Brücke von St. Luis Rey‹ nachgeahmt haben, erwiderte Wilder:
»Nicht im geringsten. Auch ich habe Einfall und Form nicht von mir aus gefunden, ich wurde dazu angeregt. Die Weltliteratur besteht unter anderem daraus, daß ein Schriftsteller vom anderen aufgreift, was er gebrauchen kann. Originale sind selten.«

1945 gab Thornton Wilder mit dem Satz: »I would be glad to be a fisherboy« seine Zusage, dem Kreis der Verlagsautoren des Fischer-Verlages anzugehören.

Wilder spielte gern selber in seinen Stücken. Er sagte lächelnd:
»Wissen Sie, das Theaterspielen macht mir große Freude – wenn es mir nur nicht so schwer fiele, den Text zu lernen.«

WILLIAMS, TENNESSEE

(eigtl. Thomas Lanier W., geb. 26. 3. 1914) amerik. Schriftsteller

— * —

Seine Kritiker werden nicht müde, ihn als ›Autor der Neurose‹ zu klassifizieren, eine Bezeichnung, die Williams sehr mißfällt. Spaßeshalber soll er in einem Gespräch mit Kritikern gedroht haben:
»Wenn irgend jemand im Zusammenhang mit diesem Stück (›Die tätowierte Rose‹) das Wort ›Neurotik‹ erwähnt, greife ich zur Schußwaffe.«

In einem Selbstinterview sagte Williams:
»Ja, ich lese alle Besprechungen meiner Stücke, selbst jene, in denen behauptet wird, ich schriebe nur fürs Geld und versuche in erster Linie an die brutalen und häßlichen Instinkte im Menschen zu appellieren.«

WILLY, HENRY GAUTHIER-VILLARS

(genannt Willy, 1859-1935) frz. Schriftsteller

— * —

Eine reizende junge Löwenbändigerin ging allabendlich, ein Stück Zukker zwischen den Lippen, in den Käfig, und der Löwe nahm ihr den Zucker aus dem Mund. Das Publikum jubelte.
»Ich wette, daß ich das auch fertigbringe«, sagte Willy.
»Zehn Louisdor«, schlug ein Freund vor.
Am nächsten Abend, als die Bändigerin, das Stück Zucker zwischen den Lippen, in den Käfig gehn wollte, trat Willy rasch auf sie zu, küßte sie und nahm ihr dabei den Zucker aus dem Mund.
»Siehst du?« sagte er zu seinem Freund. »Jetzt bezahl deine Wette!«

Willy war bei braven Bürgern eingeladen. Nach Tisch setzte sich die Haustochter ans Klavier und spielte, spielte, spielte. Die stolze Mutter sagte zu Willy:
»Spielt sie nicht prachtvoll? Ich versichere Ihnen, meine Tochter kann mit dem Klavier machen, was sie will!«
Worauf Willy fragte:
»Kann sie es auch schließen?«

Willy reiste leidenschaftlich gern. Er sagte von sich:
»Ich habe mit dem deutschen Kaiser das Geburtsjahr, den Namen und die Reiselust gemeinsam; damit aber sind die Ähnlichkeiten erschöpft.«

Maupassant sagte zu Willy:
»Können Sie denn nie einige Zeit am selben Ort bleiben? Haben Sie gar keine Angst vor Verkehrsunfällen?«

Worauf Willy erwiderte:
»Mein Lieber, eine Statistik errechnet, daß auf zehntausend Menschen, die in ihrem Bett sterben, einer kommt, der bei einem Verkehrsunglück den Tod findet. Es ist also viel weniger gefährlich zu reisen, als zu Bett zu gehn.«

Eine Zeitung hatte eine seltsame Rundfrage veranstaltet; sie wollte wissen, ob das Odéon-Theater nützlich sei oder nicht. Darauf erwiderte Willy:
»Natürlich ist es nützlich! Wenn es das Odéon nicht gäbe, wo sollte die Tram Batignolles-Clichy anhalten?«

Willy erzählt, daß er sich als junger Mensch wahnsinnig in eine schöne Postbeamtin verliebt hatte. Schüchtern und unerfahren, wie er war, wußte er nicht, wie er sich dem Mädchen nähern sollte, und sandte Telegramme an alle möglichen Adressen, um nur an den Schalter der jungen Dame treten zu können. Das kostete jedesmal einen oder zwei Francs. Die Schöne tat, als merkte sie die Annäherungsversuche nicht, und nahm pflichtgemäß die Telegramme an.
Endlich, eines Tages, faßte er Mut, schrieb auf ein Telegrammformular: ›Ich liebe Sie!‹ reichte es dem Fräulein am Schalter und fragte mit zitternder Stimme:
»Was kostet das?«
Worauf das Fräulein erwiderte:
»Zwanzig Francs.«

Willy sagte zu seinem Verleger:
»Ich kann nicht arbeiten, wenn ich nicht rauche. Aber die Havannas sind jetzt so teuer geworden, daß ich mich einschränken mußte.«
»Sie haben also die Zahl Ihrer täglichen Zigarren herabgesetzt?« fragte der Verleger.
»Nein«, erwiderte Willy, »ich habe die Zahl meiner täglichen Arbeitsstunden herabgesetzt.«

Willy war von einem Wagen umgestoßen worden. Man brachte ihn ins Krankenhaus, er wurde geröntgt, untersucht, und nachher berichtete ein Assistent:
»Der Arzt, der seinen Kopf untersucht hat, findet nicht das Geringste darin.«

Willy, der erste Mann Colettes, war außerordentlich dick. An einem sonnigen Tag ging er in Paris spazieren und bemerkte, daß ein junger Mann ihm hartnäckig folgte. Endlich blieb er stehn und fragte:
»Was wollen Sie eigentlich von mir?«

»Nichts, lieber Herr«, war die Antwort. »Ich möchte nur Ihren Schatten genießen.«

WINSOR, KATHLEEN

(geb. 16. 10. 1919) amerik. Schriftstellerin

— * —

Ein Schweizer Verleger hatte die Rechte von Kathleen Winsors Roman ›Forever Amber‹ erworben. Es war die Geschichte einer Kurtisane, und dem Verleger stiegen doch Bedenken auf. Er ließ den Übersetzer kommen und fragte, ob es nicht möglich wäre, das Buch ein wenig zu mildern. Da erwiderte der Übersetzer:
»Warum nicht? Sie schläft auf jeder Seite mit drei Männern. Wenn Sie wollen, kann ich immer einen von den dreien streichen.«
Daraufhin erschien das Buch ungemildert.

WOUK, HERMAN

(geb. 27. 5. 1915) amerik. Schriftsteller

— * —

Herman Wouk, der mit dem Kriegsroman ›Die Caine war ihr Schicksal‹ einen Welterfolg errang, kam gelegentlich nach München, um seinen deutschen Verleger Helmut Kindler zu besuchen. Wouk spricht ein wenig deutsch.
Eines Abends erzählte er in einer Tischrunde mit Vergnügen: »Wissen Sie, neulich hat jemand an mich geschrieben und um ein Widmungsexemplar gebeten, und zwar von meinem Roman ›Die Kleine war mein Schicksal‹.«

YEATS, WILLIAM BUTLER

(1865-1939) anglo-ir. Dichter

— * —

Yeats erzählte im Freundeskreis mit heiterer Gelassenheit, wie es ihm einmal mit Ezra Pound erging:
Auf einer Italienreise hatte Yeats das Manuskript eines seiner späten Gedichtbände vom Hotel in Rapallo aus an Pound geschickt und ein Urteil erbeten, wobei er von vornherein Selbstzweifel eingestand. Kurz darauf erhielt Yeats eine Postkarte, auf der stand ein einziges Wort: »Mist. E. P.«

Der Dramatiker hatte lange Zeit mit dem berühmten irischen Bühnenbildner Craig zusammengearbeitet, bis ihre Auffassungen über das Theater sich trennten und beide auseinandergingen. Trotzdem war die Begründung, warum Craig es ablehnte, Yeats an seiner florentiner Theaterschule zu beschäftigen, ungewöhnlich:

»Ich fürchte, meine Schule ist nichts für Leute wie Sie. Sie könnten dort nichts lernen, was Sie nicht schon wüßten – und Ihr Wissen über das Theater ist geradezu niederschmetternd. Sie würden uns von Feen und roten Hunden erzählen.«

YOURCENAR, MARGUERITE

(geb. 7. 6. 1903) frz. Schriftstellerin

— * —

In einer Buchhandlung soll es tatsächlich vorgekommen sein, daß eine Kundin Margaret Yourcenars berühmten Roman ›Ich zähmte die Wölfin‹ pikiert zurückwies:
»Ich habe doch kein Zirkusbuch verlangt!«

ZAHN, PETER VON

(geb. 29. 1. 1913) Fernseh-Moderator

— * —

Peter von Zahn kam wieder einmal von einer Amerikareise zurück. In Baden-Baden fragte ihn eine miniberockte Cutterin, ob es wirklich zutreffe, daß die Amerikanerinnen so angriffslustig seien.
Seine Antwort lautete: »Mich hat noch keine angegriffen.«

ZAHRNT, HEINZ

(geb. 31. 5. 1915) Theologe, Schriftsteller

— * —

Heinz Zahrnt, theologischer Leiter des in Hamburg erscheinenden ›Sonntagsblatts‹, wurde auf die Unstimmigkeiten evangelischer Glaubenssätze hingewiesen.
Seine Antwort: »Merkmal der wahren Theologie ist, daß sie nicht aufgeht. Der Schlußstein im Gewölbe darf nicht gesetzt werden, wenn der Himmel hereinschauen soll.«

ZECH, PAUL

(1881-1946) Schriftsteller

— * —

Paul Zech lebte sehr zurückgezogen. Oft wußte nicht einmal seine Frau, wo er sich aufhielt und woran er gerade arbeitete. Er schrieb rastlos, Nacht um Nacht, trank dabei ungeheure Mengen Kaffee und rauchte stapelweise Zigarren. Da er häufig erst morgens um 9 Uhr schlafen ging und mittags schon wieder auf den Beinen war, sagten die Nachbarn:
»Auf Zechs Zeche ist immer Schicht.«

ZIMMER, DIETER E.

(geb. 24. 11. 1934) Journalist

— * —

Dieter E. Zimmer, einer der Köpfe in der Kulturredaktion der Hamburger Wochenzeitung ›Die Zeit‹, hielt den Weltverbesserern neuer Lesart einmal entgegen:
»Auch ich möchte einstimmen in den Ruf: Die Menschen sollten anders sein. Aber vorerst haben wir nur uns, und alle Pläne für übermorgen scheinen mir nutzlos, solange ihnen keine Pläne für morgen vorausgehen.«

ZOLA, EMILE

(1840-1902) frz. Schriftsteller

— * —

Zola erhielt eine Unzahl Briefe von seinen Bewunderinnen und beantwortete jeden mit ausgesuchter Höflichkeit. Doch dann wurden einige der Damen dringlicher und sandten Blumen. Zola schickte die Blumen zurück und schrieb dazu:
»Madame, ich bin es, der manchmal einer Dame Blumen schickt, aber ich nehme nie Blumen von Damen an.«
Die Zudringlichsten baten ihn um eine Zusammenkunft, um ein Rendezvous. Um sich ihrer zu entledigen, sandte Zola zu solchen Freunden seinen Freund Alexis, der ihm sehr ähnlich sah. Ob Alexis sich als Stellvertreter Zolas zu erkennen gab oder die Rolle des Romanciers spielte, ist nicht bekannt. Sicher ist nur, daß viele Damen, die sich rühmten, mit Zola gesprochen zu haben, mit seinem Stellvertreter vorlieb genommen hatten.

Ein blasser junger Mann trifft auf der Place du Panthéon bei zehn Grad unter Null das junge Mädchen, das schon seit einer Stunde auf ihn wartet.
»Nun?« fragt sie.
»Nichts«, erwidert er. »Alle meine Freunde sind unauffindbar.«
»Aber ich habe doch noch nicht zu Mittag gegessen, und es ist schon fünf Uhr!«
»Ich auch nicht.«
»Werden wir also heute überhaupt nicht essen?«
Der junge Mann überlegt, zieht seinen Rock aus – noch immer sind zehn Grad unter Null! – und gibt ihn dem Mädchen.
»Da! Versetz das und kauf uns was zum Abendessen!«
Damit geht er in Hemdärmeln in sein Zimmer in einem Hotel garni.
Der Name des Mädchens ist vergessen, der junge Mann hieß Emile Zola.

Victor Hugo charakterisierte Zola einmal derb:
»Er wird sich erst zufrieden geben, wenn er einen vollen Nachttopf beschrieben haben wird.«

Der französische Romancier pflegte jeden Tag ein höchst seltsames Frühstück einzunehmen: er aß eine Kröte. Allerdings ist das literarisch zu verstehen, denn Zola sprach einmal von »Seiner Kröte, die man täglich frühstücken muß, bis einem vor nichts mehr graust, vor keiner Diffamation.«

Als Zola in Rom war, lud ihn der Prinz Odescalchi zu Tisch.
»Welchen Romancier schätzen Sie am höchsten?« fragte der Prinz.
»Balzac«, erwiderte Zola, ohne zu zaudern.
»Sie ziehen ihn sich selber vor?« meinte der Prinz spöttisch.
»Ja, weil ich mich selber nie zum zweitenmal lese.«

Alphonse Daudet sagte zu Zola: »Es gibt einen unbekannten Autor, der alle andern übertrifft.«
»Und wie heißt er?« fragte Zola neugierig.
»Die Jugend.«
»Ja«, meinte Zola, »aber es gibt einen Kritiker, der ihn richtig beurteilen wird.«
»Und wer ist das?«
»Die Jugend.«

Zola war sehr wohltätig, fürchtete aber, die Bettler könnten das Geld, das er ihnen gab, im nächsten Wirtshaus vertrinken. Und so gab er ihnen kein Geld, sondern einen Gutschein auf zwei Kilo Brot, nach dem damaligen Preis ein Wert von fünfzig Centimes.
Später aber erfuhr er, daß die Bettler sich mit einem Bäcker in der Gegend verständigt hatten, der ihnen diese Gutscheine zum halben Preis abkaufte. Und mit diesem Geld gingen sie dann ins Wirtshaus.

Zola war aufrichtig: von einer primitiven, rückhaltlosen Aufrichtigkeit.
Der Kritiker Bergerat war ihm feindlich gesinnt und unterließ es nie, gegen Zolas Bücher zu schreiben. Nun geschah es, als Zola Präsident der Société des Auteurs war, daß Bergerat ein ansehnlicher Preis zuerkannt wurde. Da hatte Bergerat Gewissensbisse und suchte Zola auf, um sich mit ihm zu versöhnen. Jetzt könnte Zola sicher sein: Bergerat würde von seinen Büchern nur Gutes sagen.
Doch kaum hatte Bergerat begonnen, als Zola ihn brüsk unterbrach:
»Sie irren sich, Bergerat. Ich habe nicht für Sie gestimmt.«

Zola schrieb der Société contre l'abus du tabac, daß er auf ärztlichen Rat hin das Rauchen eingestellt habe, setzte aber hinzu: »Die Vollkommenheit ist so langweilig, daß ich oft bedaure, mir den Tabak abgewöhnt zu haben.«

Flaubert nannte Napoléon III. die personifizierte Albernheit.
»Ja«, sagte Zola, »aber gewöhnlich ist die Albernheit geschwätzig, und seine ist stumm. Und das ist seine Stärke, weil man glaubt, daß irgend etwas dahinter steckt.«

Als Zola ›La Bête humaine‹ schrieb, erlaubte ihm der Direktor der Westbahn, die Fahrt Paris–Nantes auf der Lokomotive zu machen, um die Tätigkeit des Zugführers beobachten zu können.
Daraufhin erschien eine Zeichnung Forains, deren Text lautete:
Der Direktor: »Sagen Sie Monsieur Zola, daß ich ihm einen Zusammenstoß erst bewilligen kann, wenn er Mitglied der Académie ist!«

ZUCKMAYER, CARL
(1896-1977) Schriftsteller

— * —

In schwärmerischem Ton bewarb sich eines Tages eine Verehrerin bei Zuckmayer als Sekretärin. Sie betonte, sie sei bereit, alles, aber auch wirklich alles für den Autor zu tun.
Darauf konnte sich Frau Zuckmayer nicht verkneifen, der Schreiberin zu antworten, sie tue selbst alles für ihren Mann. »Und wenn ich alles schreibe, dann meine ich auch tatsächlich alles.«

Als man Zuckmayer fragte, wie lange er an einem Drama gearbeitet hätte, antwortete er: »Ein Esel trägt dreizehn Monate, und so ähnlich war es bei dem Drama auch!«

Die Uraufführung von Zuckmayers erstem Stück ›Kreuzweg‹ erlebte seine Mutter im Parkett. Eine Dame wandte sich an sie und sagte:
»Das muß ein armer Irrer geschrieben haben.«

Nach dem großen Erfolg seines Stückes ›Der fröhliche Weinberg‹ konnte es sich Zuckmayer leisten, wieder einmal ein bekanntes Feinschmecker-Lokal aufzusuchen, in dem er noch in der Kreide stand. Außerdem hatte er gerade den Kleist-Preis bekommen, Grund genug also, ein ordentliches Fest zu feiern. Nachher bat er um die Rechnung und fügte extra hinzu, er möchte alles zahlen, was er dem Wirt noch schulde. Doch dieser trat an den Tisch des Dichters, verbeugte sich vor seiner Frau und sagte:
»Ein Herr, der den Kleist-Preis bekommen hat, hat keine Schulden.«

Das Leben auf einer Farm in Amerika mußte erst erlernt sein. Zuckmayer setzte seinen ganzen Ehrgeiz darein, ein Heizkünstler zu werden. Er baute das Holz im Kamin so auf, daß es mit einem einzigen Streichholz entzündet werden konnte.
Seine Frau erfand für ihn die Bezeichnung »Pyromantiker.«

Im amerikanischen Exil hatte sich der Schriftsteller eine Farm gepachtet und verrichtete nun die für ihn gänzlich ungewohnte Arbeit eines Landwirtes. Besonders bei notwendigen Schlachtungen fiel ihm diese Tätigkeit besonders schwer. Um sich Mut zu machen für sein schwieriges Amt, gab er dem diversen Federvieh die Namen einiger Nazi-Größen. Die Gewißheit, Himmler, Ribbentrop oder Goebbels zu schlachten, erleichterten doch ein wenig das Metzger-Handwerk.

ZWEIG, ARNOLD
(1887-1968) Schriftsteller

—*—

Leo Greiner, einer der Wedekindschen Elf Scharfrichter, bemerkte einmal über Arnold Zweig:
»Es gibt Dichter, die detonieren. Zweig singt immer einen Viertelton zu hoch.«

ZWEIG, STEFAN
(1881-1942) Schriftsteller

—*—

Stefan Zweig war ein leidenschaftlicher Kaffeetrinker und leicht zu erzürnen, wenn ihm sein Lieblingsgetränk allzu dünn serviert wurde. Einmal saß er in einem Café am Berliner Kurfürstendamm. Als er an der Tasse genippt hatte, nahm er sie vorsichtig und stellte sie auf den Stuhl neben sich. Der Kellner schaute ihm verwundert zu, da erklärte Zweig:
»Dieser Kaffee ist so schwach, daß er sich erst etwas ausruhen muß.«

Im Londoner Exil bekam Zweig den Besuch eines Freundes, dem er während der Fahrt mit einem Autobus die Stadt erklärte. Auf einmal zog Zweig den Hut und grüßte mit großer Geste. Der Freund fragte, wem er denn huldige? Zweig antwortete:
»Ich salutiere der ›Bank von England‹, denn ich grüße sie immer, wenn ich an ihr vorbeikomme. Das Gold der halben Welt ruht dort!«

Um jeglichen offiziellen Feierlichkeiten anläßlich seines 50. Geburtstags zu entgehen, lud Stefan Zweig seinen Freund Carl Zuckmayer zu einem ›illegalen Ausflug‹ nach München ein. Sie speisten in einem nur

Kennern bekannten Feinschmeckerlokal. Bei einem Schnaps sagte Stefan Zweig:
»Eigentlich hätte man jetzt genug vom Leben. Was noch kommen kann, ist doch nichts als Abstieg.«

POLITIK UND ÖFFENTLICHES LEBEN

— * —

ABRAHAM A SANTA CLARA

(eigtl. Ulrich Megerle, 1644-1709) volkstümlicher Kanzelredner, Wiener Hofprediger

— * —

Abraham a Santa Clara, berühmt dafür, daß er kein Blatt vor den Mund nahm, schimpfte von der Kanzel herab über die neue Mode tiefausgeschnittener Kleider: »Weiber, die sich so entblößen, sind nicht wert, daß man ihnen ins Gesicht spuckt.«
Die Kaiserin, die eben dieser Mode huldigte, ließ ihm ausrichten, er werde seinen Posten verlieren, wenn er nicht widerriefe.
Darauf predigte er am folgenden Sonntag: »Ich habe gesagt, die Weiber, die so entblößt gehen, seien nicht wert, daß man ihnen ins Gesicht spuckte. Ich widerrufe hiermit: sie sind es wert.«

Abraham a Santa Clara sagte einmal in einer Predigt, er wolle alle Jungfrauen, die es in Wien gebe, bequem auf einem Schubkarren aus der Stadt hinausfahren. Das erregte viel böses Blut und man bedeutete dem Prediger, er müsse widerrufen. Da sagte er:
»Widerrufen kann ich nicht, aber ich habe ja nicht gesagt, wie oft ich fahren würde.«

Einmal eiferte Abraham a Santa Clara gegen das Titularwesen und schloß seine Predigt mit den Worten: »Man hat vor Jahren etliche ungereimte Überschriften der Briefe auf der Wienerischen Hauptpost aufgefunden und aufgezeichnet, daß man sogar einem Besenbinder den Titel ›Wohledelgeboren‹ zugemessen hatte. Die Prädikate wachsen dergestalt, daß, wer nur Hans Hader heißt, sich gleich von Lumpenhofen nennen muß.«

ABS, HERMANN JOSEF

(geb. 15. 10. 1901) Bankier

— * —

Abs stößt auf den Finanzier Münnemann und tauscht mit ihm die üblichen Begrüßungshöflichkeiten aus. Es ergibt sich, daß beide auf dem Weg zum selben Ziel sind.
Münnemann: »Nehmen wir ein Taxi und fahren zusammen?«
Abs: »Wenn ich Sie treffe, Herr Münnemann, fahre ich immer zusammen.«

ABU
(um 1600) muselmanischer Arzt

— * —

Der berühmte Arzt Abu wurde in einer schwierigen Frage zu Rate gezogen.
»Davon weiß ich nichts«, sagte er.
»Was? Bezahlt dich der Kalif denn nicht für dein Wissen?«
»Das wohl – er bezahlt mich für das, was ich weiß. Müßte er mich für das bezahlen, was ich nicht weiß, so hätte er nicht genug Schätze.«

ADELMANN
(1811-1888) Professor der Chirurgie

— * —

Früher mußten die Ärzte perfekte Lateiner sein und der Wiener Kliniker Oppolzer hielt seine Vorlesungen noch in lateinischer Sprache. Dann aber ging es mit der Kenntnis des Lateinischen bergab und Professor Adelmann rief seinem späteren Schwiegersohn Bergmann, der selbst ein großer Chirurg werden sollte, bei dessen Promotion in der Hitze des Gefechts zu: »Tenete kurzius!«
Und das sollte heißen: »Fassen Sie sich kürzer!«

ADENAUER, KONRAD
(1876-1967) Staatsmann und Bundeskanzler

— * —

In der bayerischen Metropole stieß Adenauer bei Verhandlungen mit Parteifreunden auf unerwartete Schwierigkeiten. Als er ungeduldig wurde, meinte einer der Bayern: »Herr Bundeskanzler, mir san net bloß hergekomm'n, um Ja und Amen zu sagn.«
Adenauer reagierte sofort: »Dat is auch jar nich nötich, Herr Kollege. Es genügt vollkommen, wenn Sie Ja sagen.«

Adenauer, der es auf 91 Jahre brachte, verkündete gern eiserne Wahlsprüche.
»Nichts hält so gesund«, sagte er, »wie viele und regelmäßige Arbeit.«
Und er fand: »Die jungen Leute mit all ihren Krankheiten tun mir ja leid.«

Churchill, der bekanntlich für Adenauer eine gewisse Sympathie hegte, empfing den Bundeskanzler einmal in London mit den Worten:
»Wir beide werden allmählich alt.«
Darauf Adenauer ohne Zögern: »Ihrer Frau Gemahlin sieht man das aber wirklich nicht an.«

Als Bundeskanzler bekam Adenauer auch noch in seinem hohen Alter eine Menge Heiratsanträge. Er schmunzelte darüber und sagte einmal: »Tatsächlich, wenn ich wollte, ich könnte einen Harem haben.«

Adenauer: »Völker kann man nicht auf die Couch eines Psychoanalytikers legen. Eine so große Couch gibt es nicht.«

Adenauer: »In der Politik sollte man niemals sagen, mit dem Mann setze ich mich nicht zu Verhandlungen zusammen. Wenn es sein muß, setze ich mich auch mit dem Teufel an einen Tisch.«

Daß Adenauer fromm war, beweist sein Ausspruch: »Eine dicke Haut ist eine Gabe Gottes!«

Konrad Adenauer soll gesagt haben: »Frag deinen Mann nicht beständig, ob er dich liebt. Er liebt dich, das weißt du wohl. Gleich wird er es dir sagen. Laß ihn also ruhig bei Tisch seine Zeitung lesen, wenn er Lust dazu hat. Gib ihm doch die Illusion, daß er ein freier Mensch ist!«

AFFRE, DENIS-AUGUSTE

(1793-1848) Erzbischof von Paris

— * —

Als Affre noch ein einfacher Abbé war, fuhr er einmal in der Diligence. Ein witziger Geschäftsreisender wollte die Passagiere auf Kosten des Geistlichen unterhalten und fragte ihn: »Sagen Sie, Herr Abbé, kennen Sie den Unterschied zwischen einem Bischof und einem Esel?«
»Nein, Monsieur«, sagte Affre gelassen.
»Nun, der Bischof trägt sein Kreuz auf der Brust, und der Esel trägt es auf dem Rücken.«
Die Passagiere lachten laut. Affre wartete, bis die Heiterkeit sich gelegt hatte, und fragte dann:
»Sagen Sie, Monsieur, kennen Sie den Unterschied zwischen einem Geschäftsreisenden und einem Esel?«
»Nein, Herr Abbé.«
»Nun«, meinte Affre, »ich kenne ihn auch nicht.«

AGA KHAN, SULTAN MOHAMMED SCHAH

(1887-1957) Oberhaupt der islamischen Konfession der Hodschas

— * —

Für den Aga Khan – die Linie soll von einer Tochter Mohammeds abstammen – gilt eine höchst bequeme Art, mit der Sünde fertig zu werden.

Es heißt: »Aga Khan sündigt nie. Trinkt er zum Beispiel Wein, so wird dieser in seinem Mund zu Wasser.«

Aga Khan war sicherlich einer der reichsten Männer der Welt, aber er hielt sich nicht für reich. 1954 verkaufte er, angeblich aus Ersparnisgründen, seinen berühmten Rennstall.
Als er in einer Fernsehsendung der Londoner BBC gefragt wurde: »Rechnen Sie sich zu den sechs Reichsten der Welt?« lachte er den Interviewer aus: »Vielleicht zu den 600 Reichsten. Ich würde mich schämen, wenn ich mehr Geld besäße.«

AGESILAOS II.

(444-360 v. Chr.) König von Sparta

— * —

Agesilaos wurde gefragt, welches die höhere Tugend sei, die Gerechtigkeit oder der Mut.
»Wenn alle Menschen gerecht wären«, erwiderte er, »so brauchte keiner mutig zu sein.«

Agesilaos war bereits zum König gewählt worden, doch als er ins Theater kam, wies man ihm versehentlich einen ungünstigen Platz an. Er beschwerte sich nicht, sondern sagte:
»Heute werde ich den Zuschauern zeigen, daß es nicht der Platz ist, der den Menschen ehrt, sondern der Mensch den Platz.«

Einige Krieger suchten Agesilaos auf und zeigten stolz ihre Narben. Hätten sie da nicht Anspruch, in seinen Dienst genommen zu werden?
»Lieber«, meinte der König, »nähme ich jene in meinen Dienst, die euch so zugerichtet haben!«

AGRIPPINA, DIE JÜNGERE

(16-59 n. Chr.) Mutter Neros

— * —

Als die Astrologen Agrippina voraussagten, ihr Sohn Nero werde herrschen, aber sie werde er töten, sagte sie:
»Mag er mich töten, wenn er nur herrscht!«
Doch als der Mörder kam und sie über den Kopf schlug, sagte sie:
»Warum schlägst du mich auf den Kopf? Schlag mich auf den Bauch, denn er trägt die Schuld daran.«

AIGUILLON, MARIE-MADELAINE, HERZOGIN VON

(1604-1675) Nichte des Kardinals Richelieu

— * —

Die Herzogin von Aiguillon beklagte sich bei einer Freundin:
»Frau von Chaumont behauptet, meine sechs Kinder wären vom Kardinal.«
»Sie wissen doch«, tröstet die ihre Freundin, »von dem, was bei Hof geklatscht wird, darf man nur die Hälfte glauben.«

ALARICH I.

(um 370-410) König der Westgoten

— * —

Alarich belagerte Rom und versuchte, die Stadt mittels Aushungern zur Übergabe zu bewegen. Bald erschienen denn auch Gesandte aus der Stadt und boten Frieden an, prahlten aber damit, wieviel Waffen und Menschen in der Stadt seien.
Alarich ließ sich nicht beeindrucken und entgegnete: »Je dichter das Gras, um so besser das Mähen!«

ALBA, HERZOG FERNANDO ALVAREZ

(1507-1582) span. Feldherr und Staatsmann

— * —

Als die spanischen Truppen in Wittenberg einmarschierten, verlangte der spanische Herzog von Karl V., er solle die Gebeine Luthers ausgraben und verbrennen lassen.
Karl V. beschied Herzog Alba: »Ich führe Krieg gegen die Lebendigen, nicht mit den Toten.«

Albas Sohn Don Fabrique wollte nach großen Verlusten die Belagerung Haarlems aufgeben. Da schrieb ihm sein Vater einen energischen Brief:
»Wenn Du das tust, bist Du nicht länger mein Sohn. Solltest Du fallen, so komme ich selbst und kämpfe weiter. Falle auch ich, dann wird meine Frau aus Spanien herbeieilen und die Belagerung fortsetzen.«

Nach der Exekution Egmonts fragten manche einflußreichen Leute, warum Herzog Alba so streng mit den Spitzen der Niederlanden umgegangen war. Unberührt antwortete der Spanier:
»Die Köpfe von einigen wenigen Lachsen sind bei weitem wertvoller als die Köpfe von vielen tausend Gründlingen.«

ALBERT I.

(1875-1934) König von Belgien

— * —

König Albert I. war kein großer Freund des Protokolls. Er hatte einen offiziellen Besuch in Potsdam gemacht, glaubte aber, sobald die Zeremonien beendet wären, könnte er sich ein wenig Freiheit gönnen. So ging er zum Bahnhof, nahm eine Fahrkarte und stieg in den Zug. Zu seinem Erstaunen hatte sich auf dem Bahnsteig eine große Menge angesammelt. Soldaten waren aufmarschiert, und vor dem Zug lag ein roter Teppich.
»Warum fahren wir denn nicht?« fragte er nach einer Stunde.
»Das wissen Sie nicht?« war die Antwort. »Wir warten doch auf den König von Belgien!«

König Albert erheiterte es sehr, wenn er in den Zeitungen las, was über ihn geschrieben wurde.
»Was wollen Sie?« sagte er. »Die armen Journalisten müssen doch leben, und um zu leben, brauchen sie sensationelle Nachrichten. Und wenn wir sie ihnen nicht liefern, erfinden sie sie eben.«

Albert I. von Belgien war häufig incognito in Paris. Im Hause einer befreundeten Dame kam er bei Tisch mit einem berühmten Schriftsteller zusammen, der sich damit großtat, in Anwesenheit des Königs revolutionäre Reden zu schwingen. Das war der Dame natürlich peinlich, aber der König flüsterte ihr zu:
»Regen Sie sich nicht auf, Madame. Sehen Sie nur, mit welchem Vergnügen der brave Mann Fasan und Trüffel ißt und Champagner trinkt! Da merkt man, daß er kein Wort von dem glaubt, was er sagt.«

Ein Tourist hält im Gebirge König Albert an und sagt:
»Es ist ganz außerordentlich, wie Sie dem König von Belgien ähnlich sehen!«
»Ja, das hat man mir schon manchmal gesagt«, erwiderte der König. »Und Sie können sich gar nicht vorstellen, wie unangenehm mir das ist!«

König Albert wollte auf Reisen gern sein Incognito wahren. So fuhr er einmal als Monsieur Durand durch die Schweiz, doch war das nur eine Formalität, denn alle Bergführer kannten ihn sehr gut. Als er mit einem Führer eine Partie unternahm, fragte er nach dem Namen eines Bergs, der sich gewaltig vor ihm erhob und ihm zu Ehren Pic Albert genannt worden war, was der König natürlich wußte.
Und der Führer sagte, ohne eine Miene zu verziehen: »Der Pic Durand!«

ALBUQUERQUE, ALFONSO DE
(1453-1515) portug. Statthalter in Indien

— * —

Einmal sagte der Statthalter, stolz auf die Leistungen der portugiesischen Seefahrer: »Sehr schade, daß die Welt so klein ist. Wir hätten sonst noch mehr erobern können.«

ALEXANDER DER GROSSE
(356-323 v. Chr.) König von Makedonien

— * —

Alexander machte einem Seeräuber heftige Vorwürfe wegen dessen Raubzügen. Da meinte der Seeräuber:
»Ich bin ein Seeräuber, weil ich nur ein einziges Schiff habe; hätte ich mehrere Schiffe, wäre ich ein Eroberer.«

Olympia, die Gattin Philipps und die Mutter Alexanders, war sehr grausam und behandelte auch ihren Sohn schlecht. Da rief er eines Tages:
»Wie teuer läßt sie mich die Monate bezahlen, die ich in ihrem Bauch verbracht habe!«

Alexander der Große sagte auf dem Sterbebett:
»Ich hinterlasse mein Reich dem Würdigsten, aber ich sehe voraus, daß meine Freunde mein Begräbnis mit den Waffen in den Händen feiern werden.«

ALEXANDER I.
(1777-1825) Zar

— * —

Zu der schönen Gräfin Szechenyi-Guilford sagte der Zar während des tanzenden Wiener Kongresses:
»Ihr Gatte ist nicht hier. Wie gern würde ich seinen Platz einnehmen!«
»Majestät halten mich wohl für eine Festung?« gab sie zur Antwort.

Als sich Zar Alexander mit seinen Verbündeten in Paris aufhielt, hatte er an dem Herzog von Rovigo Gefallen gefunden, der sich darüber beschwerte, daß Ludwig XVIII. ihn kaltstellte. Der Zar sprach mit einer hohen Persönlichkeit vom Hof über die Angelegenheit und empfahl, dem Herzog doch irgendein Hofamt zu geben.
»Unmöglich!« erwiderte der Hofherr. »Der Herzog von Rovigo war Vorsitzender des Kriegsgerichts, das den Herzog von Enghien, den Cousin des Königs, zum Tod verurteilt hat.«
»Wenn's weiter nichts ist!« meinte der Zar. »Speise ich nicht alle Tage mit Bennigsen und Uschiakow, die meinen Vater ermordet haben?«

Beim Wiener Kongreß ging Talleyrands gelassene Überlegenheit dem Zaren auf die Nerven.
»Er hält sich für einen Minister Ludwigs des Vierzehnten«, sagte er. »Aber er irrt sich um hundertfünfzig Jahre!«

Als man dem Zaren in den Tuilerien den Salon de la Paix zeigte, sagte er: »Wann hat Napoleon ihn eigentlich benützt?«

In einem Brief an den Minister Fouché wurde die Krönung Alexanders I. folgendermaßen geschildert:
»Der junge Kaiser naht, vor ihm die Mörder seines Großvaters, hinter ihm die Mörder seines Vaters, um ihn seine eigenen Mörder.«

ALEXANDER II.

(1818-1881) Zar

—*—

Ein Hofkutscher beklagte sich eines Tages beim Zaren über einen andern Kutscher.
»Das geht mich nichts an«, sagte der Zar.
»Aber er redet sogar schlecht von Eurer Majestät!«
»Das geht dich nichts an!«

ALEXANDER III.

(1845-1894) Zar

—*—

Bei einem Ball in Wiesbaden tanzte Zar Alexander III. mit einer deutschen Verwandten, die sich nachher für ›das große Vergnügen des Tanzes‹ bedankte.
»Warum können wir nicht ehrlich sein?« war die Antwort. »Es war einfach eine Pflicht, die keinem von uns beiden ein Vergnügen gemacht hat. Ich habe Ihnen Ihre Schuhe zertreten, und mir ist von Ihrem Parfum beinahe übel geworden.«

ALFONS VON KASTILIEN

(1072-1109)

—*—

Alfons von Kastilien wurde von seinen Ministern zur Sparsamkeit ermahnt. Man legte ihm zwei Listen seiner Diener vor. Auf der einen waren die wirklich notwendigen verzeichnet, auf der andern die überflüssigen. Er wollte keinen entlassen.
»Die einen brauche ich«, sagte er, »und die anderen brauchen mich.«

ALFONS X.

(1252-1282) König von Kastilien

— * —

König Alfons beschäftigte sich viel mit Astronomie. Und so sagte er: »Wenn ich Ratgeber des lieben Gottes wäre, könnte ich ihm zu der Bewegung der Sterne manchen nützlichen Vorschlag machen.«

ALFONS XIII.

(1886-1941) König von Spanien

— * —

König Alfons XIII. von Spanien erzählte einem Freund: »Als man mir schrieb, ich sei König von Spanien geworden, war ich gerade mit meinem lieben Grafen Murphy auf der Reise. In der Tasche hatten wir beide zusammen kaum sieben Duros. Und einer davon war falsch.«

Ein französischer Diplomat war beauftragt, den damals noch sehr jungen König von Spanien bei dessen Aufenthalt in Pau zu begleiten. Er zeigte dem König auch das Schloß, wo noch zahlreiche Andenken an Heinrich IV. vorhanden sind. Da beugte sich der König zu dem Diplomaten und sagte: »Hören Sie, mein Lieber, verbergen Sie mir nichts. Ist es wahr, daß dieser gute König ermordet worden ist?«
Der Diplomat begriff, daß man Alfons das schlimme Ende seines Kollegen verschwiegen hatte, und wußte nicht, wie er sich aus der Affäre ziehen sollte. Schließlich sagte er:
»Oh, Sire, das würden Sie bestimmt wissen!«

ALJECHIN, ALEXANDER

(1892-1946) russ. Weltmeister im Schachspiel

— * —

Aljechin saß in einem Pariser Restaurant. Ein Fremder trat an seinen Tisch und bat ihn, eine Partie mit ihm zu spielen. »Gern«, sagte Aljechin, »ich gebe Ihnen einen Turm vor.«
»Aber warum denn? Sie kennen mich doch gar nicht.«
»Eben deswegen«, sagte der Weltmeister, »wenn ich Ihnen nicht einen Turm vorgeben könnte, wären Sie mir bestimmt bekannt.«

ALLEN, ETHAN

(18. Jh.) amerik. General im Befreiungskrieg

— * —

Als Allen auf dem Sterbebett lag, sagte der Geistliche sanft zu ihm: »General Allen, die Engel warten auf Sie!«
»Warten auf mich?« knurrte Allen. »Warten auf mich? Der Teufel soll sie holen! Mögen sie nur noch eine Weile warten!«

ANGOULÈME, CHARLES, HERZOG VON

(1573-1615)

— * —

»Was für ein Gehalt hast du deinen Sekretären ausgesetzt?« fragte der Herzog von Angoulème den Marquis de Chevreuse.
»Hundert Dukaten«, sagte der Marquis.
»Wenig, sehr wenig«, meinte der Herzog. »Meine Sekretäre haben ein Gehalt von dreihundert Dukaten.«
Nach einer Weile setzte er hinzu: »Ich gebe es ihnen allerdings nie.«

ANHALT-DESSAU, FÜRST LEOPOLD VON

(1676-1747) Der ›Alte Dessauer‹, preußischer Marschall

— * —

Einst, als seine Tochter, die er sehr lieb hatte, ernstlich erkrankt war, soll er folgendermaßen gebetet haben:
»Lieber Gott, mein Mädel ist sehr krank; du weißt, ich bin keiner von den Hundsfotten, die dir mit jeder Kleinigkeit zur Last fallen; hilf mir nur diesmal noch, ich will auch sobald nicht wiederkommen.«

ANNA

(genannt Anne d'Autriche, 1601-1666) Gattin Ludwigs XIII.

— * —

Die Königin hörte, eine Kompanie Schweizer habe eine deutsche Stadt erobert und sei in ein Nonnenkloster eingedrungen. Da meinte sie:
»Wenn es sich um Schweizer handelt, bin ich beruhigt. Sie werden eher in den Weinkeller gegangen sein als in die Schlafsäle.«

ANTIGONOS II.

(um 320-239 v. Chr.) König von Makedonien

— * —

König Antigonos hörte, wie vor seinem Zelt einige seiner Soldaten schlecht über ihn redeten; da trat er aus dem Zelt und sagte:
»Geht doch ein Stück weiter weg, sonst wäre ich gezwungen, euch zu bestrafen.«

APEL, HANS

(geb. 25. 2. 1932) SPD-Politiker

— * —

»Haben Sie keine Angst, daß Ihnen mal jemand in die Tasche greift, wenn Sie über die Straße gehen? Nur so zur Vergeltung!« wird der Finanzminister gefragt.
»Da bin ich unbesorgt«, entgegnet der Mann, den man den ›Sparhans‹ nennt. »Erstens bin ich zu geizig, um Geld in der Tasche zu tragen, und zweitens habe ich für solche Fälle meine persönliche Steuererklärung vom Vorjahr dabei. Mit unfreundlichen amtlichen Rotstiftvermerken!«

D'ARGENSON, MARC-RENÉ

(1652-1721) Generalleutnant der französischen Polizei

— * —

»Alle Leute glauben, sterben sei schwer, und ich glaube es auch. Wenn es aber soweit ist, bringt es doch jeder fertig.«

Graf Sebourg war der Liebhaber von d'Argensons Frau. Nichtsdestoweniger ging er zu dem betrogenen Gatten und bat ihn um das Amt des Gouverneurs des Invalidenhauses. Da meinte d'Argenson:
»Das kann ich Ihnen nicht geben. Die Leute würden meinen, daß meine Frau Ihnen gerade diese Stelle verschafft hat . . .«

Eine Stunde nach seiner Demission als Minister schrieb d'Argenson an den Postintendanten Jeanelle:
»Mein lieber Jeanelle,
. . . wenn Sie sich noch an mich erinnern . . .«

Als der nicht sehr gebildete Bignon zum königlichen Bibliothekar ernannt wurde, sagte sein Onkel, Graf d'Argenson, zu ihm:
»Nun, mein lieber Neffe, das ist endlich eine Gelegenheit für dich, lesen zu lernen.«

ARMOUR, P. D.
(um 1900) Großproduzent von Fleischkonserven

— * —

Armour hatte eines Tages den Einfall, jedem seiner Angestellten einen Anzug zu bezahlen. Jeder durfte sich, ohne Rücksicht auf den Preis, einen Anzug kaufen und die Rechnung an ihn schicken.
Ein junger Mann benützte die Gelegenheit und ließ sich einen Frack machen, der die damals sehr erhebliche Summe von achtzig Dollar kostete.
Als die Rechnung kam, ließ Armour den jungen Mann rufen und versicherte ihm, die Rechnung werde bezahlt werden. Als der junge Mann sich aber zurückziehen wollte, sagte Armour immerhin:
»Ich habe im Lauf der Jahre ziemlich viele Schweine geschlachtet und verpackt; aber angezogen hatte ich bis jetzt noch keines.«

ARRAGUES, CHEVALIER D'
(18. Jh.) frz. Adeliger

— * —

Der Herzog von Ormont sagte auf seinem Sterbebett zum Chevalier d'Arragues, der ihn besuchte:
»Verzeihen Sie, lieber Freund, daß ich in Ihrer Gegenwart sterbe.«
Der Chevalier, überwältigt von so viel Zartgefühl, erwiderte:
»Um Himmels willen, legen Sie sich keinen Zwang auf.«

ASQUITH, HERBERT
(1852-1928) engl. Premier

— * —

Zum britischen Premierminister kam ein Bischof, um mit ihm über die Neubesetzung eines geistlichen Amtes zu sprechen. Lord Asquith sprach von allen Dingen, die mit dem eigentlichen Thema nichts zu tun hatten. Der Bischof hatte wenig Geduld und deutete eindringlich an, wie wichtig die Neubesetzung des Postens sei.
»Wichtig?« fragte Asquith und folgerte lässig: »In Großbritannien gibt es nur zwei Posten, deren Besetzung wichtig ist: Premierminister und Außenminister. Alle anderen Posten kann jeder auch nur halbwegs vernünftige Engländer ausfüllen.«

Schon während des Ersten Weltkrieges versprach die englische Regierung den Juden Palästina als nationale Heimstätte. Ein Lord alten englischen Schlages kam zu Asquith und fragte besorgt: »Ja, wissen Sie denn nicht, daß man sagt: sobald die Juden im Besitz von Jerusalem sind, kommt das Jüngste Gericht?«
»So«, bemerkte Asquith trocken: »Wunderbar!«

ATATÜRK, MUSTAFA KEMAL

(1880-1938) türk. Staatsmann

— * —

Dem General Mustafa, der die Deutschen keineswegs liebte, vielmehr Haß gegen sie predigte, war ein Baron von Falkenhausen als militärischer Berater zugeteilt. Mustafa legte aus Protest gegen die Bevormundung sein Amt nieder und teilte seinem Oberbefehlshaber mit, von Falkenhausen werde noch den letzten türkischen Soldaten für deutsche Interessen opfern.

»Wir müssen verteidigen«, erklärte Atatürk, »und zwar die Türkei. Kein einziger türkischer Soldat darf für das deutsche Reich geopfert werden, sie müssen für die Türkei erhalten bleiben.«

AUGEREAU, CHARLES, HERZOG VON CASTIGLIONE

(1757-1816) Marschall von Frankreich

— * —

Augereau war ein tapferer Offizier, aber vollkommen ungebildet.

»Ich habe gehört«, sagte er zu einem befreundeten General, daß Sie nach Ägypten fahren. Könnten Sie mir nicht einen Gefallen erweisen? Seit Jahren habe ich immer so viel von den ägyptischen Mumien gehört, aber noch nie eine gesehen. Wollen Sie mir nicht eine mitbringen?«

Das verspricht der Freund, und wenige Monate später erscheint er bei Augereau.

»Und die Mumie?« fragt Augereau.

Die Mumie war da. Zwei Träger schafften eine schwere Last ins Haus, der General beugt sich gespannt über den Sarkophag, die erste, die zweite Hülle werden gelüftet, und endlich liegt die Mumie, fest in ihre Binden eingeschnürt, vor ihm.

»Oh!« rief Augereau mit empörtem Blick auf seinen Freund. »Sie ist auf der Reise gestorben!«

AUGUST DER STARKE

(1670-1733) König von Sachsen und Polen

— * —

Anläßlich eines Landtages in Dresden hatte August die vornehmen Stände zur Tafel geladen. Es wurde mit Champagner nicht gespart. Einer der Diener schmuggelte eine Flasche Champagner in seine Jackentasche und wartete auf eine ruhige Stunde. Aber er hatte kein Glück. Nachdem er schon eine ganze Weile die Flasche mit sich herumgetragen hatte, explodierte der Korken just in dem Moment, als er den König bediente. August erschrak sehr und war auch sehr ungehalten, da der Champagnerschaum direkt auf seine Perücke spritzte.

Vor Entsetzen halb gelähmt, warf sich der Diener auf die Knie und bat um Gnade. Der König schickte den Champagnerdieb auf der Stelle fort – aber nicht aus dem Dienst, sondern um eine trockene Perücke zu holen. Zudem gab er ihm noch den Rat, beim nächstenmal die Flasche nicht so lange in der Tasche herumzuschleppen, denn:
»Le vin de Champagne n'est pas de la biére de Dresde.«

Der Kurfürst von Sachsen hatte wieder mal Ärger mit einem kirchlichen Würdenträger gehabt und verfluchte die gesamte Religion. Um sich abzureagieren, ging er auf Jagd. Als er einen mächtigen Hirsch erlegt hatte, stieg er vom Pferd ab und sah nachdenklich auf das Tier:
»Wie glücklich ist doch dieses Tier. Es hat noch nie eine Messe anhören müssen.«

Vor den Toren Dresdens stand ein alter Gasthof mit dem seltsamen Namen ›Zum letzten Heller‹. Es wird erzählt, daß August der Starke einmal mit einigen Freunden in der Nähe des Gasthofs gejagt hatte. Dann waren die Herren eingekehrt, hatten sich bewirten lassen und bemerkten, als sie zahlen wollten, daß nur der König noch einen Heller in der Tasche hatte. Darob war der sächsische Wirt natürlich nicht sehr erfreut, und es gab einen lauten Wortwechsel. Nachdem August sich zu erkennen gegeben hatte, soll er dem Wirt noch gesagt haben:
»Wenn mancher Mann wüßte, wer mancher Mann wär', gäb mancher Mann manchem Mann manchmal mehr Ehr.«

AUGUST II.

(1696-1763) Kurfürst von Sachsen

— * —

Als 1718 die Revolutionswirren auch die sächsische Landeshauptstadt erreicht hatten und der König sich aufgeregten Revolutionären gegenüber sah, verließ ihn seine bekannte Ruhe nicht. Er überließ seinen Nachfolgern Amt und Sorgen mit der aufmunternden Bemerkung:
»Macht Euren Dreck alleene!«

Als der abgedankte König Dresden verließ, versammelte sich auf dem Hauptbahnhof eine riesige Menschenmenge, die ihren König verabschieden wollte. August schaute sich das Gewimmel ruhig an und als der Zug leise aus der Halle glitt, rief er den Winkenden zu:
»Ihr seid mir schöne Republikaner!«

Dem König war die Frau mit einem italienischen Komponisten durchgegangen. Das traurige Los ihres Königs war den sächsischen Untertanen nicht gleichgültig, denn August II. war wegen seiner einfachen Lebens-

weise beliebt bei den Leuten. Als der König wieder einmal durch das Land reiste, ließ er sich in einem kleinen Städtchen vom Friseur rasieren. Dieser bemerkte, nachdem er den rauhen Teint des Königs geprüft hatte:
»Ihnen geht es genauso wie mir.«
Worauf der König ganz erstaunt fragte: »Ach, Ihnen ist die Frau auch durchgegangen?«

AURIOL, VINCENT

(1884-1966) Präsident der frz. Republik

— * —

Vincent Auriol soll im Jahre 1910 in einer Rede erklärt haben:
»Das Blut, das eure Vorfahren auf den Schlachtfeldern vergossen haben, wir haben es pietätvoll gesammelt und damit nähren wir unsere Kinder!«

Der frühere Präsident Vincent Auriol:
»Wenn es keine Ministerkrise mehr gibt, so gibt es auch keine Freiheit mehr.«
Von diesem Standpunkt gesehen, konnte man sich in Frankreich nicht über mangelnde Freiheit beklagen.

BACCHELLI, PIETRO

(1849-1915) ital. Parlamentarier

— * —

Zu dem liberalen Abgeordneten Bacchelli sagte ein katholischer Kollege, der Advokat Domenichini:
»Bacchelli, Bacchelli! Denken Sie doch an Ihr Seelenheil! Was werden Sie sagen, wenn Sie vor Gott stehn und er Sie fragt: »Was hast du mit deinem Geist, deiner Bildung, deinem Wissen getan?«
»Ich werde ihm sagen, lieber Gott, du sprichst genau wie der Advokat Domenichini.«

BAHR, EGON

(geb. 18. 3. 1922) Staatssekretär

— * —

Als Egon Bahr von den Gewaltverzichtsverhandlungen aus Moskau nach Bonn zurückkam, bemerkte Minister Ehmcke, daß unter dem Revers von Egon Bahrs Jacket eine kleine Nadel hervorlugte. Spöttelte der Minister:
»Hat dir Gromyko heimlich einen Orden verliehen?«
Darauf antwortete Bahr kühl: »Ich trage immer eine Sicherheitsnadel bei mir – für alle Fälle!«

BAILLIE
(1761-1823) engl. Arzt

— * —

Der englische Arzt Baillie wurde Friedrich II. vorgestellt.
»Nun, Doktor«, sagte der König, »ganz aufrichtig! Sie haben doch ein paar tausend Menschen zu Tode kuriert, bevor Sie so geschickt geworden sind.«
»Gewiß, Sire«, lautete die Antwort. »Aber fragen Sie den ersten Feldherrn unserer Zeit, an wie vielen Millionen er seine Kunst gelernt hat.«

BAILLY, JEAN
(1736-1793) Politiker, Astronom, Führer der Revolution

— * —

Im Mai 1789 beschloß die Nationalversammlung, eine Deputation unter Baillys Führung zum König zu schicken, um ihn der Treue der Bürger zu versichern. Der Minister Barentin machte Bailly darauf aufmerksam, daß das Zeremoniell einer Audienz bei dem König gewisse Formen verlange.
»Es ist Brauch, daß der Wortführer vor dem Monarchen das Knie beugt, und dann, wenn der König will . . .«
Da unterbrach ihn Bailly:
»Und wenn fünfundzwanzig Millionen nicht wollen?«

BALDWIN, STANLEY
(1867-1947) Staatsmann, Chef der Konservativen, Premierminister

— * —

»Die Diktatur ist wie eine große Buche. Ganz hübsch anzusehen; aber darunter wächst nichts.«

Baldwin war jahrelang Premierminister und Chef der Konservativen Partei. Aber auch in seiner Ministerzeit ging er meist zu Fuß spazieren. Da hält ihn ein Herr an:
»Ich glaube, wir haben uns kennengelernt?«
»Ich bin Stanley Baldwin«, erwiderte der Premier und glaubte, das würde genügen.
»Ach, jetzt erinnere ich mich!« rief der andere. »Und was treiben Sie eigentlich die ganze Zeit?«

BALFOUR, ARTHUR JAMES, EARL OF

(1848-1930) engl. Staatsmann

— * —

Eine Zeitung hatte den Minister Balfour heftig angegriffen. Ein Freund fragte ihn entrüstet, was er gegen die Redaktion zu unternehmen gedenke. Darauf erwiderte er:
»In China hatte eine Zeitung einen Politiker angegriffen. Er fragte einen Weisen um Rat: sollte er die Zeitung verklagen oder sich auf andere Art rächen? Der Weise erwiderte: ›Die Hälfte der Menschen, die diese Zeitung gekauft haben, hat den Artikel nicht einmal gelesen, die Hälfte derer, die ihn gelesen haben, hat ihn nicht verstanden, die Hälfte derer, die ihn verstanden haben, hat ihn nicht für wahr gehalten, die Hälfte derer, die ihn für wahr gehalten haben, besteht aus Leuten ohne jede Bedeutung. Also . . .‹«

In seiner Antipathie gegen Amerika hatte Lord Balfour folgende Geschichte erfunden:
»Ein amerikanischer Geschäftsmann wußte nicht, was er mit seinem Sohn anfangen sollte. Er gab ihm eine Bibel, eine Birne und einen Bankscheck und sperrte ihn in ein Zimmer.
›Wenn ich das Zimmer betrete‹, dachte er, ›und der Bursche liest die Bibel, so soll er Geistlicher werden; interessiert ihn die Birne, so wird er Landwirt, und schaut er den Scheck an, so mag er Bankier werden.‹
Als er das Zimmer wieder betrat, saß der Sohn auf der Bibel, hatte den Scheck in die Tasche gesteckt und aß die Birne. Da machte der Vater einen Politiker aus ihm.«

Balfour hatte nicht viel für Amerika übrig. Man führte ihn überall herum, aber er blieb kühl. Vor dem Woolworth Building, dem damals höchsten Wolkenkratzer, sagte ein Freund zu Balfour:
»Das Haus ist neunhundert Fuß hoch und wurde in einem Jahr acht Monaten gebaut.«
Noch immer äußerte Balfour kein Wort der Bewunderung. Und so fügte sein Freund hinzu:
»Es ist ganz aus Stahl und kann nicht verbrennen.«
»Schade!« meinte Balfour.

BARBERINI

(19. Jh.) Kardinal unter Pius IX.

— * —

Dieser Kardinal Barberini war von erstaunlicher Unwissenheit. So mußte er einmal eine japanische Deputation empfangen. Er sprach keine fremde Sprache, und sein Sekretär war um nichts gebildeter als er. Die Japaner

redeten englisch, der Kardinal antwortete italienisch, und keiner verstand den andern. Als die Japaner sich verabschiedet hatten, fragte der Kardinal seinen Sekretär:
»Was für eine Sprache haben die eigentlich gesprochen?«
»Lateinisch«, erwiderte der kenntnisreiche Sekretär.
»Warum haben Sie mir das nicht vorher gesagt?« rief der Kardinal. »Ein paar lateinische Brocken hätte ich ihnen schon sagen können.«

BARNARD, CHRISTIAN

(geb. 8. 11. 1922) südafrik. Chirurg, Herzspezialist

— * —

Auf einer Gesellschaft wurde Barnard von einer Dame gefragt:
»Die Leute sagen, wenn man regelmäßig Möhren ißt, hilft das gegen Sehstörungen. Was halten Sie davon?«
Barnard: »Ich bin zwar kein Augenarzt, aber versuchen Sie's doch mal mit den Möhren. Jedenfalls habe ich noch nie ein Kaninchen mit einer Brille gesehen.«

BARON, JONAS

(19. Jh.) Chefarzt in Budapest

— * —

Dr. Baron behandelte einmal die Frau eines Grafen. Bei seinem ersten Besuch setzte ihm der Graf ein üppiges Frühstück mit allen möglichen Delikatessen vor und bot ihm auch eine Zigarre der besten Sorte an. Das Befinden der Gräfin besserte sich, das Frühstück verschlechterte sich, aus der Havanna wurde ein kümmerlicher Krautstengel.
Der Arzt drehte sie in der Hand, roch daran und sagte schließlich:
»Wissen Sie, lieber Graf – so gut geht es der Frau Gräfin eigentlich noch nicht.«

BARTHOU, LOUIS

(1862-1934) frz. Politiker

— * —

Barthou erschien einmal während der Wahlen bei dem Präfekt seines Wahlkreises und ersuchte um die Bewilligung, eine Rede auf dem Friedhof zu halten.
»Was soll das bedeuten?« fragte der Präfekt.
»Nun«, sagte Barthou, »da Sie die Toten gegen mich stimmen lassen, muß ich ihnen doch mein Programm entwickeln.«

Bei einer spiritistischen Seance in Paris waren auch etliche Politiker anwesend, darunter Louis Barthou. Da wurde Joseph Caillaux gemeldet, der gerade Finanzminister war.

»Laßt ihn nicht herein«, sagte Barthou. »Der ist imstande und läßt auch die Geister Einkommensteuer zahlen!«

BASTIANELLI
(um 1900) Arzt

— * —

In einer römischen Klinik hat Professor Bastianelli seine Schüler um das Bett eines interessanten Falls versammelt. Der Kranke erwacht aus dem Delirium, sieht die vielen Gesichter und fragt:
»Wer sind all diese Trottel?«
Worauf Professor Bastianelli meint: »Sehen Sie, meine Herren, der Zustand des Kranken hat sich gebessert. Er hat Sie erkannt.«

BARZEL, RAINER
(geb. 20. 6. 1924) CDU-Politiker

— * —

Politiker haben es schwer. Man legt ihre Worte auf die Goldwaage, und aus dem Zusammenhang gerissen wird manche Äußerung um so schillernder. So grübelten viele, was das wohl bedeuten solle, als in den Zeitungen während des Wahlkampfs 1969 dieser Ausspruch Barzels zitiert wurde: »Im Jahre 1949 hat die CDU da angefangen, wo Hitler aufgehört hat.«
Über die SPD meinte Barzel: »Die SPD fing nach dem Kriege bei der Bartwickelmaschine von Karl Marx an.«

Als nach zwanzigjährigem Bestehen der Bundesrepublik zum erstenmal eine Koalitionsregierung zwischen Sozialdemokraten und Liberalen zustandekam, sagte Barzel als Sprecher der Opposition:
»Ich fürchte, diese Politik, die sich zu Beginn so billig macht, wird uns am Schluß allen teuer kommen.«

BASSOMPIERRE, FRANÇOIS DE
(1579-1646) frz. Marschall

— * —

»Wie alt sind Sie eigentlich?« fragte jemand den Marschall von Bassompierre.
»Achtunddreißig oder achtundvierzig«, erwiderte er.
»Wie kommt es denn, daß Sie Ihr Alter nicht genau kennen?« meinte der Fragende verblüfft.
»Ich zähle mein Geld, mein Tafelsilber, weil ich etwas davon verlieren oder mir jemand etwas stehlen kann. Von meinen Jahren aber verliere ich

nichts, noch wird mir jemand eines stehlen. Es ist also überflüssig, daß ich sie zähle.«

»Scham ist das wertvollste Kleinod einer Frau«, sagte jemand. Darauf erwiderte der Marschall von Bassompierre: »Nur schade, daß es so schwer zu hüten ist, da ja jeder Mann den Schlüssel dazu besitzt!«

Marschall Bassompierre berichtete dem König über seine Mission am spanischen Hof. Vor allem aber schilderte er ein prachtvolles Maultier, das er als Geschenk erhalten hatte.
»Es muß ein schöner Anblick gewesen sein«, meinte spöttisch der König. »Ein Esel auf einem Maultier!«
»Gewiß, Sire, aber denken Sie daran«, erwiderte Bassompierre, »daß ich ja Ihr Vertreter gewesen bin.«

Marschall Bassompierre saß zehn Jahre in der Bastille, weil er Richelieu beleidigt hatte. Als er wieder frei war und bei Hof erschien, fragte ihn Ludwig XIII., wie alt er sei.
»Fünfzig«, erwiderte der Marschall.
Einer der Anwesenden meinte, Bassompierre sei in Wirklichkeit sechzig.
»Warum haben Sie gelogen?« fragte ihn der König.
»Weil ich die Jahre in der Bastille nicht rechne«, erklärte Bassompierre, »die ich nicht im Dienste meines Königs verbringen konnte.«

BAUTRU, GUILLAUME DE
(1588-1665) frz. Diplomat und Schriftsteller

— * —

Bautru war in Spanien und besichtigte die berühmte Bibliothek des Escorial. Da merkte er, daß der Bibliothekar ein vollkommen unwissender Mensch war. Als nun der König Bautru fragte, wie ihm die Bibliothek gefallen habe, erwiderte der Schriftsteller:
»Sie ist herrlich, aber Eure Majestät sollten den Mann, der mit der Verwaltung betraut ist, doch lieber zum Finanzminister machen.«
»Wie kommen Sie darauf?«
»Weil er nichts von dem anrührt, was ihm anvertraut ist.«

Vor Bautru wurde von Frauen und Liebe gesprochen. Ein Hofherr bemerkte, wenn man Plinius glauben wolle, zögen die Esel alte Eselinnen den jungen vor.
»Daran erkennt man«, sagte Bautru, »daß sie Esel sind.«

Bautru sah auf einem Kaminsims die Statuen der Gerechtigkeit und des Friedens, die einander umarmten.
»Seht ihr«, sagte er zu seinen Freunden, »sie umarmen einander, sie küssen einander, sie nehmen Abschied, um einander nie wiederzusehen.«

BEBEL, AUGUST
(1840-1913) Politiker

— * —

Bebel schrieb unter anderem das Buch ›Die Frau und der Sozialismus‹. 1904 hieß es in der Krefelder Zeitung darüber:
»Endlich hat Herr Bebel sein Steckenpferd, ›die Frau der Zukunft‹, wieder einmal bestiegen.«

BEIREIS, CHRISTOPH GOTTFRIED, HOFRAT
(um 1750) Arzt

— * —

Beireis war Arzt in Helmstädt, ein ausgezeichneter Mediziner, aber er war nicht nur als Chirurg ein großer Aufschneider, sondern auch als Erzähler. So berichtete er dauernd von seinen weiten Reisen. Da machte ein Freund, der Hofrat Schrader, ein witziger Mann, sich den Spaß und verzeichnete jedesmal, wie lange Beireis sich an einem Ort aufgehalten haben wollte. Und endlich sagte er:
»Sie sind doch wahrhaftig ein außerordentlicher Mann, Beireis. Sie sind bereits dreizehn Jahre vor Ihrer Geburt auf Reisen gewesen!«

BELGIOIOSO, PRINZ
(19. Jh.) Gatte der berühmten Prinzessin Belgioioso

— * —

Der Liebhaber der Prinzessin war der Historiker François Mignet. Einmal, im Kreis von Freunden, sagte der Prinz Belgioioso:
»Glauben Sie mir, meine Herren, wenn es sich um jene gewisse, selbstverständliche Sicherheit handelt, dann müssen alle geistigen und gesellschaftlichen Größen sich vor uns Aristokraten beugen. Da, sehen Sie Mignet. Bestimmt ein großer Geist, einer der bedeutendsten Männer unserer Zeit. Und doch besitzt auch er nicht die Überlegenheit des Aristokraten. Wenn er zum Beispiel aus dem Schlafzimmer meiner Frau kommt und mir im Korridor begegnet – was glauben Sie? Er steht vor mir, verlegen wie ein Schuljunge!«

BEMBOW, JOHN

(1650-1702) engl. Admiral

— * —

Bembow hatte von der Pike auf gedient. Als er als einfacher Matrose in der Schlacht einen Kameraden zusammenbrechen sah, fragte er ihn:
»Was ist los?«
»Ich bin ins Bein getroffen worden.«
Da lud ihn Bembow auf den Rücken, um ihn zum Schiffsarzt zu bringen. Unterwegs reißt eine Kugel dem Verwundeten den Kopf ab, ohne daß Bembow es merkt. Als er beim Arzt ankommt, sagt der:
»Was soll ich mit einem Menschen anfangen, der keinen Kopf hat?«
»Was?« ruft Bembow. »So ein Schwindler! Und mir hat er gesagt, er sei ins Bein getroffen worden!«

BENEDIKT XIV.

(1675-1758) Papst

— * —

Ein alter Mönch kommt völlig gebrochen zu Papst Benedikt.
»Es ist mir enthüllt worden«, stößt er schluchzend hervor, »daß der Antichrist geboren wurde.«
»Und wie alt soll er sein?« fragt der Papst.
»Drei oder vier Jahre.«
»So, so«, erwidert der Papst, »nun, dann wird sich unser Nachfolger mit der Sache zu befassen haben.«

Bei Papst Benedikt erschien der Beichtvater eines Nonnenklosters, um von einem Fall zu berichten, der ihn in tiefste Bestürzung versetzt hatte.
»Sprecht nur!« sagte der Papst.
»Im Kloster, Heiliger Vater, ist eine Nonne, die – es wird Euch unglaublich erscheinen – schwanger ist.«
Und Benedikt XIV. erwiderte:
»Viel unglaublicher wäre es, wenn Ihr mir das aus einem Mönchskloster berichten würdet.«

Zufällig sah der Papst einmal aus dem Fenster in den Hof und erblickte den Herzog von Choiseul, den Botschafter Frankreichs, der eben aus seiner Karosse stieg, doch bevor er sich zur Audienz begab, zunächst an eine Mauer trat und dort ein natürliches Bedürfnis verrichtete. Kurz darauf wurde der Herzog in den Audienzsaal des Papstes geführt.
»Mein lieber Herzog«, sagte Benedikt XIV., »ich bitte Sie das, was ich Sie eben tun gesehen habe, nicht mehr in meinem Hof zu tun. Denn wenn der spanische Botschafter, der so eifersüchtig auf die Vorrechte sei-

nes Landes pocht, es auch gesehen hätte, würde er von mir verlangen, daß ich ihm für diesen Zweck die Wand meines Schlafzimmers einräume.«

BENJAMIN, JUDAH P.

(19. Jh.) amerik. Politiker

— * —

Im amerikanischen Kongreß spielt der Antisemitismus keine erhebliche Rolle. Und als vor dem Bürgerkrieg ein Senator deutscher Abstammung den Senator Judah P. Benjamin wegen dessen jüdischer Abstammung beleidigte, mußte er sich die Antwort gefallen lassen:
»Der Gentleman möge sich daran erinnern, daß seine Vorfahren noch in den schlesischen Wäldern das Wildschwein jagten, während meine Vorfahren die Fürsten der Erde waren.«
Disraeli gab übrigens dem Abgeordneten O'Connell eine ähnliche Antwort.

BERGMANN, GUSTAV VON

(1836-1907) Arzt

— * —

Bergmann war in der Schule kein fleißiger Schüler. Eines Tages hatte der Lehrer einen Preis für den besten Aufsatz »Was ist Faulheit?« gestiftet. Bergmann gab den längsten Aufsatz der Klasse ab.
Auf der ersten Seite stand: »Das«
auf der zweiten: »ist«
auf der dritten: »Faulheit«.
Bergmann bekam den Preis.

Gustav von Bergmann erkrankte während einer Schiffsreise durch die Adria und hatte in die Künste des Bordarztes kein Vertrauen. Er nahm aber trotzdem dessen Rezepte samt Medikamente widerspruchlos an. Um den Bordarzt zufriedenzustellen, erschien von Bergmann auf Deck und stellte sich gesund. Sofort rief der Arzt: »Ausgezeichnet, wie freue ich mich, Herr Professor, daß meine Medizin Ihnen so gut geholfen hat!«
Frau von Bergmann hatte die Medizin unbesehen in die Adria befördert.

BERKHAHN, KARL WILHELM

(geb. 8. 4. 1915) SPD-Politiker

— * —

Karl Wilhelm Berkhahn, Parlamentarischer Staatssekretär im Verteidigungsministerium, verlas in der Fragestunde des Bundestags die Erklärung:

»Die Soldaten haben für die Militärurlauberfahrkarte für eine einfache Fahrt die Hälfte, für eine Hin- und Rückfahrt den vollen Betrag des gewöhnlichen Preises einer einfachen Fahrt zweiter Klasse zu entrichten.«
Als er so weit gekommen war, schaute Berkhahn ins Plenum und sagte: »Das haben mir meine Mitarbeiter so aufgeschrieben. Trösten Sie sich, ich hab's auf Anhieb auch nicht begriffen.«

BERNADOTTE, CHARLES
(1763-1844) Marschall von Frankreich, später König von Schweden

— * —

Als Bernadotte unter dem Namen Karl XIV. König von Schweden war, wurde er eines Tages schwer krank und mußte zur Ader gelassen werden. Er weigerte sich zuerst, doch da es ihm immer schlechter ging, sagte er endlich zum Arzt, den die Weigerung des Königs sehr überrascht hatte:
»Schön, lassen Sie mich zur Ader; aber Sie müssen schwören, daß Sie keinem Menschen sagen, was Sie jetzt sehen werden.«
Der Arzt schwor, und als er den Ärmel des Königs hochstreifte, erblickte er auf dem königlichen Arm, sorgfältig eintätowiert, eine prächtige Jakobinermütze und darunter die Inschrift:
»Mort aux rois!«
Es scheint, daß der Arzt seinen Eid nicht gehalten hat.

Die Schweden standen im Ruf, große Esser zu sein. Als Bernadotte bei der Krönung den Namen Karl XIV. annahm, sprach der Bischof die traditionellen Worte:
»Heute ist Karl XIV. König und keiner sonst!«
Der Krönung folgte ein Festmahl, doch schon nach einer halben Stunde machte der König Miene aufzustehen. Da herrschte tiefe Stille der Unzufriedenheit, und eine Stimme ließ sich vernehmen:
»Heute ist Karl XIV. satt und keiner sonst!«

BERNIS, FRANÇOIS
(1715-1794) Abbé, später Kardinal

— * —

Der Abbé Bernis führte keinen sehr frommen Lebenswandel. Ein Prälat machte ihm Vorhaltungen:
»Solange ich lebe, Herr Abbé«, sagte er, »haben Sie keine Beförderung zu erhoffen!«
»Monseigneur«, erwiderte der Abbé, »dann warte ich eben.«

BERRYER, NICOLAS
(1757-1841) frz. Advokat

— * —

Berryer verteidigte häufig mittellose Klienten ohne Honorar:
»Großartig«, sagte ein Freund. »Wenn man bedenkt, daß Sie sich nur zu bücken brauchten, um Geld aufzuheben, soviel Sie wollen!«
»Ja«, erwiderte Berryer, »aber ich müßte mich bücken!«

BIGGAR, ERNEST
(19. Jh.) ir. Abgeordneter

— * —

Biggar nahm an einem Bankett der königlichen Gesellschaft für den Schutz der Vögel teil. Nach verschiedenen Vorspeisen wurden junge Gänse aufgetragen. Kein Gast sagte ein Wort, und schon glaubten die Veranstalter, ihr faux pas sei unbemerkt geblieben. Doch da sagte Biggar: »Ein Glück, daß die Gesellschaft sich nicht mit dem Schutz der Jugend befaßt!«

BIRON, ERNST JOHANN VON
(1690-1772) Reichsgraf

— * —

Biron verweigerte in einer Schlacht seinem Sohn die Truppen, die nötig gewesen wären, um den Feind völlig zu vernichten.
»Ich weiß, daß du es fertiggebracht hättest«, sagte er. »Aber damit wäre der Krieg zu Ende gewesen und du und ich hätten nichts anderes tun können als heimkehren und Kohl pflanzen.«

Der Marschall von Biron engagierte einen neuen Haushofmeister.
»Ich zahle Ihnen ein hohes Gehalt, unter der Bedingung, daß Sie mich nicht betrügen.«
»Monseigneur«, sagte der Brave, »dabei würde ich ein schlechtes Geschäft machen.«

BIRON, HERZOGIN VON
(18. Jh.)

— * —

Im Jahr 1789 waren in Paris Unruhen an der Abendordnung. Im Théâtre-Français rauften sich die Patrioten mit den Adligen, und da in den Logen zumeist Adlige saßen, warf man Äpfel nach ihnen. Einer traf die Herzogin von Biron am Kopf. Am nächsten Tag schickte sie den Apfel an La Fayette und schrieb:

»Gestatten Sie, daß ich Ihnen die erste Frucht der Revolution sende, die bis zu mir gedrungen ist.«

BISMARCK, OTTO VON
(1815-1898) Reichskanzler

— * —

Bismarck glaubte nicht an eine ›sozialistische Gefahr‹.
»Der deutsche Arbeiter«, sagte er, »ist kein Typus, der Barrikaden baut. Nicht aus Angst vor einem Gefecht, aber weil er Angst hat, seine Frau könnte ihn verprügeln, wenn er solche Dummheiten macht.«

Man meldete Bismarck, in Paris gebe es kaum noch Lebensmittel, die Sterblichkeit sei sehr hoch, bis zu 5000 in der Woche, vor allem Kinder.
»Wir können sie doch nicht alle verhungern lassen«, meinte Bismarck.
»Was wäre schon dabei?« bemerkte jemand aus seiner gemütstiefen Umgebung.
»Was dabei wäre?« sagte Bismarck. »Und wer wird mir dann die Kriegsentschädigung zahlen?!«

Bismarck wurde nach seiner Meinung über England gefragt.
»England«, sagte er, »spielt in meinen Berechnungen keine Rolle mehr, seit es freiwillig auf die Ionischen Inseln verzichtet hat. Eine Nation, die aufhört zu rauben und anfängt zurückzugeben, ist eine erschöpfte Nation und zählt nicht mehr mit.«

Bismarck setzte seinen Gästen auseinander, welche Wirkung der Tabak auf ihn habe. Er beruhige seine Nerven, und wenn er weniger rauche, sei er sofort reizbarer. Das bloße Einatmen und Ausatmen des Rauches sei günstig für die Stimmung, und die Beobachtung der Rauchringe eine Zerstreuung.
»Schließlich«, sagte er, »ist das Rauchen bei Unterhandlungen der beste Vorwand, um Zeit zum Überlegen zu gewinnen. Wie sollte man sich auch vom Zorn übermannen lassen, wenn man so ein Instrument in Händen hat?«
Und damit wies er auf seine Pfeife, die ungefähr einen Meter lang war.

»Wie stellen Sie es an«, fragte Disraeli Bismarck, »um sich all der zudringlichen Leute zu erwehren, die Sie mit ihren Angelegenheiten langweilen?«
»Ganz einfach«, sagte Bismarck, »meine Frau kennt sich da sehr gut aus. Wenn Sie den Eindruck hat, daß ich mit einem Besucher zu viel Zeit verliere, so schickt sie mir einen Diener, der mir meldet, daß der Kaiser mich erwartet.«

Kaum hatte Bismarck fertig gesprochen, als die Türe seines Arbeitszimmers sich öffnete und ein Diener erschien:
»Seine Majestät wünscht Eure Durchlaucht zu sprechen.«

Bismarck wollte einen bekannten Psychiater in dessen Anstalt besuchen. Der Portier fragt:
»Wen soll ich melden?«
»Fürst Bismarck«, ist die Antwort.
»Kommen Sie nur«, sagt der Portier, »Napoleon und Alexander der Große sind schon da.«
Eine typische Wanderanekdote!

Im Verlauf einer Unterhaltung kamen die Wörter ›sicher‹ und ›gewiß‹ häufig vor. Da fragte eine Dame den Fürsten Bismarck:
»Können Sie mir eigentlich erklären, was für ein Unterschied zwischen ›sicher‹ und ›gewiß‹ besteht?«
Und der Kanzler erwiderte:
»An einen sichern Ort, gnädige Frau, kann ich Sie bringen lassen. An einen gewissen Ort müssen Sie schon allein gehn.«

Bismarck sollte etwas in ein Gästebuch schreiben. Nun sah er, daß Moltke folgende tiefe Weisheit eingetragen hatte:
»Die Lüge vergeht, die Wahrheit siegt und triumphiert.«
Da schrieb Bismarck darunter: »Es ist sicher wahr, daß in der andern Welt die Wahrheit siegen wird; doch gegen die Lügen dieser Welt, in der wir leben, kann die Wahrheit nicht siegen. Nicht einmal mit Hilfe eines tapfern Feldmarschalls.«

Der erste Kanonenschuß auf Paris hatte den Kopf der Statue Heinrichs IV. im Pantheon zerschlagen.
»Der arme Heinrich«, sagte Bismarck, als er davon erfuhr. »Erst haben die Franzosen ihn erdolcht. Und jetzt köpfen ihn die Deutschen!«

Der mecklenburgische Minister, mit dem Bismarck wegen der deutschen Einigung verhandelte, ein gewisser Jasper, ein ehrenhafter, aber geistig nicht sehr geweckter Mann, hatte zur Seite seinen Sohn, der noch viel dümmer war. Da sagte Bismarck: »Ich sehe den Vater, ich sehe den Sohn – aber den heiligen Geist sehe ich nicht.«

Irgendwer hatte das Gerücht aufgebracht, Bismarck wolle an die Südwestküste von Afrika reisen, um die deutschen kolonialen Erwerbungen zu besichtigen. Als er gefragt wurde, ob er wirklich nach Angra Pequena reisen wolle, erwiderte er:
»Ja, aber nur auf dem Kamel, das diese Nachricht erfunden hat.«

Bismarck war zu Besuch beim Fürsten von Putbus auf Rügen. Auf einem Spaziergang traf er einen Bauern und ging ein Stück mit ihm. Der Bauer nannte ihn beständig: »Herr Kanzelist.« Endlich erklärte ihm Bismarck, er sei nicht Kanzelist, sondern Kanzler.
»Na, was nicht ist«, meinte der Bauer, »kann noch werden!«

Bei all seiner Königstreue hatte Bismarck nicht von allen Regierenden eine besonders hohe Meinung. So erzählte er gern die Anekdote vom Kurfürsten von Hessen, der seinen Leibarzt zu seinem Schwager, dem Herzog von Anhalt, schickte, den der Schlag getroffen hatte.
»Der arme Herzog«, berichtete der Arzt, »sieht nicht mehr, hört nicht mehr, kann nicht mehr sprechen.«
»Da muß er wohl abdanken«, meinte der Kurfürst.
»Nein, nein«, erwiderte der Arzt. »Zum Regieren taugt er noch ganz gut.«

Der österreichische Botschafter Graf Karoly fragte Bismarck, ob er im Sinne habe, den Vertrag von Gastein zu brechen.
»Nein«, erwiderte Bismarck. »Wenn ich es aber im Sinne hätte – glauben Sie, daß ich Ihnen eine andere Antwort geben würde?«

Als Jules Favre Bismarck vorwarf, daß die Preußen Spitäler bombardiert und Kranke und Blinde getötet hätten, sagte Bismarck:
»Worüber beklagen Sie sich? Ihr tut ja Schlimmeres. Ihr schießt auf gesunde, kräftige Menschen!« Nachher sagte er zu seiner Umgebung: »Jetzt geht er hin und erklärt, daß ich ein Barbar bin!«

Bismarck unterschätzte das Parlament durchaus nicht. Einem Politiker, der ihm riet, sich doch des Parlaments zu entledigen, gab er zur Antwort:
»Wenn es kein Parlament gäbe, könnte ja ein Kellner regieren!«
Eine Ansicht, die übrigens auch der italienische Staatsmann Graf Cavour vertrat.

Bismarck sagte:
»Die Faulheit ist die Mutter aller Laster. Hätte Eva die Feigenblätter ihres Mannes flicken müssen, so hätte sie nicht so lang auf die Schlange gehört.«

BLÜCHER, GEBHART LEBERECHT VON
(1742-1819) Feldmarschall

—*—

Marschall Blücher hatte sein Quartier in Saint-Cloud aufgeschlagen, wo es ihm großartig gefiel. Er sagte zu Metternich:

»Dieser Napoleon muß wahnsinnig gewesen sein, daß er nach Moskau gelaufen ist, wenn er doch so viele schöne Sachen daheim hatte.«

Als Blücher waährend seines Aufenthaltes in England von der Stadt London das Bürgerrecht und von der Universität zu Oxford den Doktorhut erhielt, äußerte er scherzend zu seinen Freunden:
»Wenn die mich zum Doktor machen, so muß mein Gneisenau mindestens Apotheker werden.«

Bevor Blücher mit seinen Soldaten zum Sturm auf das von den Franzosen besetzte Dorf Wartenburg ansetzte, feuerte er sie an:
»Jungen, seht Ihr dort die Schornsteine rauchen? Da backen die verfluchten Franzosen eben ihr Weißbrot zum Frühstück! Das wollen wir ihnen wegnehmen, solang es noch warm ist. Vorwärts!«

BLUM, LÉON

(1872-1950) frz. Politiker

—*—

Guillaume Apollinaire und Léon Blum speisten zusammen in einem berühmten Restaurant.
»Sehen Sie«, sagte Apollinaire, »es gibt nichts Besseres als ein gutes Essen; man kann sagen, daß es die schlechten Köche sind, die den Ärzten die Hälfte ihrer Patienten verschaffen.«
»Ja, gewiß«, erwiderte Léon Blum, »und die guten Köche verschaffen ihnen die andere Hälfte.«

BLUM, ROBERT

(1807-1848) Politiker

—*—

1848 trug die berühmte Schauspielerin Wilhelmine Schröder-Devrient während einer Aufführung in Dresden eine rote Schleife, da ihr Freund Robert Blum in Wien erschossen worden war. Ein Kammerherr spöttelte über sie. Da antwortete die Schauspielerin resolut:
»Für Robert Blum trage ich rot, die Farbe meines Herzblutes; aber ich verspreche Ihnen, mein lieber Herr Kammerherr, ich stecke eine schwarze Schleife an, wenn Sie gehängt werden.«

BOLEYN, ANNA

(1507?-1536) Königin, Frau Heinrichs VIII. von England

—*—

Als Heinrich VIII. auf Anna Boleyn aufmerksam wurde, war sie neunzehn Jahre alt. Der König hatte Bedenken, denn Annas Mutter Marie war

seine Geliebte gewesen. Doch ein Kavalier zerstreute die Skrupel des Herrschers:
»Habt Ihr die Henne verzehrt, könnt Ihr auch das Küchlein nehmen.«

Während eines Galaballes, Anna stand schon lange nicht mehr in der Gunst ihres Gatten, wurde ihr ein französischer Diplomat vorgestellt. Plötzlich fing Anna Boleyn heftig zu lachen an, der Franzose fragte indigniert: »Sieht Madame etwas Lächerliches an mir, oder was sonst?«
Aber Anna mußte noch eine Weile lachen, faßte sich erst mühsam, entschuldigte sich dann und erklärte: »Mein Mann ist weggegangen, um den Admiral zu holen, hat aber eine Dame getroffen und dabei ganz vergessen, wozu er fort ist.«

Auf dem Weg zum Schafott sagte Anne Boleyn:
»In all dem Unglück ist doch eines günstig – daß mein Henker große Erfahrung hat und ich einen dünnen Hals habe.«

BOLINGBROKE, LORD HENRY
(1678-1751) engl. Staatsmann und Schriftsteller

— * —

Als Bolingbroke zum Lord gemacht wurde, sagte sein Vater:
»Ach, Harry, ich habe immer geglaubt, man würde dich hängen. Aber jetzt merke ich, daß man dir den Kopf abschlagen wird.«

Chamfort erzählt, daß Lord Bolingbroke sich Ludwig XIV. gegenüber sehr aufmerksam erwiesen habe, als der König einmal gefährlich krank gewesen war.
»Ich bin Ihnen um so dankbarer«, sagte der König, »als ich ja weiß, daß ihr Engländer die Könige nicht liebt.«
»Sire«, erwiderte Bolingbroke, »wir gleichen darin den Ehemännern, die nicht viel für die eigenen Frauen übrig haben, sich aber desto mehr bemühen, den Frauen ihrer Nachbarn zu gefallen.«

BONAPARTE, LÄTITIA
(1750-1836) Napoleons Mutter

— * —

Napoleons Mutter hatte nicht viel Vertrauen zu der Dauer des Regimes –
»Porvou que ça doure!« sagte sie. Und so sparte sie, wo sie nur konnte.
Napoleon gab ihr einmal 30000 Livres für Neujahrsgeschenke.
»Wieviel hast du ausgegeben?« fragte er.
»Zweitausendfünfhundert.«
»Und was hast du mir dem andern Geld gemacht?«

»Ich habe es beiseitegelegt.«
»Wozu hast du das getan? Du, die Mutter des Kaisers der Franzosen! Was willst du denn mit diesem Geld anfangen?«
»All den Königen und Königinnen in meiner Familie ein Stück Brot kaufen.«

BOOKER, JOHN G.
(um 1900) amerik. Bischof

— * —

»Ich gehe nie in die Kirche, Bischof«, sagte ein Millionär zu Bischof Booker. »Vielleicht haben Sie es bemerkt.«
»Ja, ich habe es bemerkt«, erwiderte der Bischof ernst.
»Nun, der Grund, weshalb ich nicht in die Kirche gehe, ist, daß zu viele Heuchler drin sind.«
»Ach, das soll Sie nicht abhalten«, meinte der Bischof. »Für einen mehr findet sich immer noch Platz.«

BORGHESE, PAULINE
(1780-1825) Schwester Napoleons

— * —

Pauline hatte den Fürsten Camillo Borghese geheiratet und wollte, der kaiserliche Bruder solle ihn zum Gouverneur von Piemont machen. Sie schrieb als Empfehlung:
»Camille ist ein Dummkopf. Niemand weiß das besser als ich. Aber was liegt daran, wenn er doch nur ein Land regieren soll?«

BORILLON
(um 1800) frz. Arzt

— * —

Dr. Borillon in Paris heilte Trunkenheit, und zwar nicht mit unangenehmen Mitteln, sondern durch Suggestion. Er schläferte einen Patienten ein, gab ihm ein Glas in die rechte Hand und sagt:
»Hören Sie! Wenn Sie in der Bar sind und ein Glas in dieser Hand haben, werden Sie es nicht zum Mund führen können. Versuchen Sie, den rechten Arm zu heben! Sie können es nicht – Sie sind geheilt!«
Einen Monat später trifft er den Patienten.
»Nein, es geht nicht, Doktor.«
»Was? Sie trinken noch immer? Das ist das erste Mal, daß meine Behandlung nicht wirkt. Sie können wirklich den rechten Arm mit dem Glas heben?«
»Nein, das nicht«, erwidert der Patient. »Aber ich muß das Glas jetzt in der linken Hand halten.«

BORMIDA
(um 1900) ital. General

— * —

Bormida stieß während des äthiopischen Krieges im Jahre 1896 in Eritrea auf einen betrunkenen Soldaten.
Er stellte ihn: »Erkennst du mich?«
»Ja, Herr General.«
»Was tätest du jetzt an meiner Stelle?«
»Herr Ge-general, i-ich wü-würde mich nicht so w-weit erniedrigen, ein Wo-wort an einen Be-betrunkenen zu richten.«

BOUVART, MICHEL
(1711-1787) frz. Arzt

— * —

Dr. Bouvart hatte einem Patienten ein Beim amputiert.
»Besteht noch Hoffnung für ihn?« fragten die Verwandten besorgt.
»Hoffnung?« erwiderte Bouvart. »Es war doch schon vorher ganz klar, daß er verloren ist!«
»Ja, aber warum haben Sie ihm dann noch das Bein abgeschnitten?«
»Meine Lieben«, erklärte der Doktor, »wer wird einem Kranken sagen, daß keine Hoffnung mehr besteht? Hauptsache ist, ihn bei guter Laune zu erhalten!«

Als Dr. Bouvart bei bester Gesundheit seinen siebzigsten Geburtstag feierte, fragte man ihn, wie er es angestellt habe, sich so frisch zu erhalten.
»Ich habe immer von meinen Rezepten gelebt«, erwiderte er, »ohne je eines genommen zu haben.«

BRAGANZA, DON JUAN, HERZOG VON
(1385-1433)

— * —

Don Juan, Herzog von Braganza, zögerte, als ihm die Krone von Portugal angeboten wurde. Da sagte seine Frau:
»Warum zaudern Sie? Ist es nicht besser, eine Viertelstunde König von Portugal zu sein, als hundert Jahre Herzog von Braganza?«

BRANDT, WILLY
(geb. 18. 12. 1913) Politiker

— * —

Mit wenigen Worten hat Eckart Hachfeld viel über den Sozialdemokraten Willy Brandt gesagt:
»Werdet auch so tolerant wie der Vater Willy Brandt.«

Brandt kann auf Pressekonferenzen gelegentlich sehr witzig sein. So sprach er einmal vom Atomsperrvertrag und sagte:
»Im übrigen will ich mich hier nicht klüger machen als ich bin. Ich weiß erst seit vier Wochen, was ›Schnelle Brüter‹ sind, und ich habe sogar einen faux pas begangen, als ich in Washington in unserer Botschaft neulich bei meiner Ankunft von ›Warmen Brütern‹ gesprochen habe – wohlgemerkt mit einem harten t.«

Willy Brandt:
»Vielfalt, nicht Einfalt, ist ein Kennzeichen der Demokratie.«
»Leider haben wir in Deutschland eine beträchtliche Fähigkeit, uns Fäden zu ziehen, über die wir dann stolpern.«

In Nordrhein-Westfalen und Niedersachsen liefen Landtagswahlen. Brandt wurde von Journalisten gefragt, ob er darin einen Test für die Bundestagswahl sehe.
Antwort: »Das kommt ganz darauf an, wie's ausgeht.«

Als der Wahlkampf im Herbst 69 am hitzigsten brandete, blieb kaum ein Politiker vom Aufruhr verschont. Willy Brandt aber bewies Stehvermögen als unerschütterlicher Demokrat. Als einmal bei einer seiner Reden ein Ei ans Pult klatschte, das fernher aus der Menge geworfen worden war, sah der Außenminister einen Augenblick am Mikrophonkabel hinab und sagte dann schlagfertig: »Dieses Ei war nicht einmal ein faules Ei. Aber sicher war es auch nicht das Ei des Kolumbus.«

Eine rumänische Jugendzeitschrift fragte bei Willy Brandt an, ob die Redaktion seinen Sohn Lars interviewen dürfe.
Antwort: »Das muß Lars entscheiden. Aber vielleicht nehmen Sie Peter, der steht weiter links.«

Im Zweiten Deutschen Fernsehen fragte der Publizist Klaus Harpprecht den SPD-Vorsitzenden im Dezember 1969: »Wußten Sie vor zehn Jahren, daß Sie Bundeskanzler werden würden?«
Brandt: »Ich wußte, daß ich, wenn ich es würde, es auch sein könnte. – Manchmal ist es so im Leben, daß man etwas wird, wenn man nichts mehr sein will.«

Nachdem er Bundeskanzler geworden war, wurde Willy Brandt nach seinem Verhältnis zur Macht befragt.
»Was heißt Macht?« antwortete er. »Einfluß, um Dinge tun zu können, nicht, um sich wichtiger nehmen zu sollen.«

Als Willy Brandt Bundeskanzler wurde, änderte er den Regierungsstil, wie Gustav Heinemann als Bundespräsident den Präsidialstil geändert hatte. Für beide galt gleichermaßen, was Brandt in seiner Regierungserklärung sagte:
»Wir haben so wenig Bedarf an blinder Zustimmung, wie unser Volk Bedarf hat an gespreizter Würde und hoheitsvoller Distanz. Wir suchen keine Bewunderer; wir brauchen Menschen, die kritisch mitdenken und mitverantworten . . . Wir sind keine Erwählten; wir sind Gewählte.«

Als Premierminister Wilson zu Ehren seines Gasts Willy Brandt in Downing Street Nr. 10 einen Empfang gab, befand sich unter den Geladenen auch die barfuß auftretende Pop-Schlagersängerin Sandie Shaw. Sie demonstrierte anschließend vor Journalisten, wie sehr sie mit Bundeskanzlern auf Du steht, indem sie erklärte: »Willy Brandt ist umwerfend sexy.«

BRAUKSIEPE, AENNE
(geb. 5. 10. 1924) CDU-POLITIKERIN

— * —

Gefragt über das weibliche Element in der zeitgenössischen Politik, sagte Aenne Brauksiepe in für deutsche Minister ungewöhnlicher Selbstironie:
»Wenn wir Frauen in die Politik eintreten, ist bereits der Lack ab.«

BRIAND, ARISTIDE
(1862-1932) frz. Staatsmann

— * —

Briand wird folgendes Rechenexempel angeblich spezifischer Nationaleigenschaften zugeschrieben:

»Un Russe – un intellectuel
Deux Russes – un ballet
Trois Russes – la révolution

Un Italien – une mandoline
Deux Italiens – la mafia
Trois Italiens – la défaite

Un Allemand – un pédant
Deux Allemands – une brasserie
Trois Allemands – la guerre

Un Francais – un bavard
Deux Francais – un ménage
Trois Francais – une conférence

Un Anglais – un imbécil
Deux Anglais – un match
Trois Anglais – la plus grande nation du monde

Un Américain – un cocktail
Deux Américains – deux cocktails
Trois Américains – trois cocktails.«

Am 16. September traf Briand den deutschen Außenminister Gustav Stresemann in einem Landgasthof des kaum tausend Einwohner zählenden Dorfs Thoiry unweit Genf. Dieser Zusammenkunft – dem ersten solchen Gespräch nach dem Krieg – wurde damals allseits große Bedeutung beigemessen, vielleicht etwas zu sehr. Deshalb versuchte Briand wenig später, das Ereignis herunterzuspielen, indem er öffentlich erklärte:
»Was ist in Thoiry passiert? Herr Stresemann und ich haben uns gesagt, jetzt, da wir dem gleichen Bund (Völkerbund) angehören, würden wir uns bemühen, alle Schwierigkeiten durch eine Verständigung zu beseitigen. Aber eine Unterhaltung zwischen zwei Ministern im Saal einer Gastwirtschaft kann nicht mit einem Schlage die Lage Frankreichs zu Deutschland ändern . . .«

Briand fand die Politik als Beruf langweilig und eintönig.
»Immerhin«, meinte ein Freund, »müssen Sie doch manche Stunden der Genugtuung haben.«
»Gewiß«, erwiderte Briand, »aber wissen Sie, wieviel Tonnen Pechblende man braucht, um ein Gramm Radium zu gewinnen? Jetzt können Sie berechnen, wie viele Tonnen Ärger, Enttäuschungen und Ekel man in der Politik braucht, um ein Gramm Genugtuung zu erzeugen.«

Briand war mit dem Sozialistenführer Jaurès eng befreundet, doch als Briand Minister wurde, konnte Jaurès ihm das nicht vergeben und hielt in der Kammer eine heftige Rede gegen ihn, die großen Beifall fand. Und Briand sagte nachher:
»Dieser Lump von Jaurès ist nie so beredt, als wenn er einen Freund umbringen will!«

Ein Diplomat brachte Briand einen Stoß Akten, die durchzusehen waren. Da meinte Briand:
»Sie glauben doch nicht, daß ich meine Unfähigkeit zu arbeiten verloren habe?«

Briand war in Finanzfragen sehr unwissend und hatte gar kein Vertrauen zu Banken. Als er einmal so krank war, daß er nicht mehr an seine Genesung glaubte, sagte er zu einem Freund:
»Sobald ich tot bin, öffnest du den Nachttisch, und du wirst 100000 Francs in meinem Nachttopf finden.«
Da meinte der Freund:
»Es sollte doch zwischen einer Bank, die Bankrott machen kann, und einem Nachttopf noch einen Mittelweg geben.«

Lloyd George und Briand waren nicht gerade innig befreundet. Lloyd George meinte einmal, daß Briand aus der Bretagne stamme. Er habe die Bretonen im Krieg gesehen, das seien doch wahre Fanatiker!
»Nun, sie sind auch nicht sehr gebildet«, erwiderte Briand, »und man kann ihnen einreden, was man will. So hatte man ihnen gesagt, sie müßten gegen England zu Feld ziehen. Und deswegen haben sie sich so tapfer geschlagen.«

Briand war ein begeisterter Angler, und als er zum erstenmal eine Regierung bilden sollte, hatte er gerade geplant, ein paar Tage am Wasser zu verbringen.
»Jetzt ist's aus mit dem Angeln«, sagte er. Ein Freund meinte, der Fischfang vertrage sich doch ganz gut mit der Politik, und Waldeck-Rousseau fand, die Angel in der Hand sei geradezu eine Ablenkung von den politischen Tagesgeschäften.
»Ja, ja, ich weiß«, sagte Briand, »aber kaum ist man Ministerpräsident, so gehen die Fische zur Opposition über.«

BRINAUD, LOUIS
(19. Jh.) frz. Arzt

— * —

Doktor Brinaud ging mit einem Freund spazieren, da bemerkte er eine Dame, die ihnen entgegenkam.
»Gehen wir rasch auf die andere Seite; ich möchte ihr nicht begegnen, sie ist die Frau eines meiner Patienten.«
»Warum?« fragt der Freund. »Hast du ihn denn umgebracht?«
»Im Gegenteil, ich habe ihn gesund gemacht!«

BROOKE, PHILIP
(um 1900) Bischof

— * —

Als der Bischof Brooke sich von einer schweren Krankheit langsam erholte, wurde kein Besuch vorgelassen. Nur Mr. Robert Ingersoll durfte an sein Krankenlager.
»Ich weiß diese Ehre zu schätzen«, sagte Ingersoll, »aber warum lassen Sie mich vor, während Sie alle Ihre Freunde abweisen?«
»Das will ich Ihnen sagen«, erwiderte der Bischof. »Ich bin überzeugt, daß ich meine Freunde auch in jener Welt wiedersehen werde, bei Ihnen aber kann es heute die letzte Gelegenheit sein.«

BROWN, CHARLES
(um 1900) Bischof

— * —

Bischof Brown fühlt sich nicht ganz wohl. Er geht zu einem berühmten Londoner Arzt, der ihn gründlich untersucht und die Nieren in nicht sehr gutem Zustand befindet.
»Sie müßten einen Winter in Ägypten verbringen«, rät er.
»Das kann ich nicht«, entgegnet der Bischof. »Ich habe zu große Verpflichtungen auf mir lasten, denen ich mich nicht entziehen darf.«
»Ja«, sagt der Arzt, »die Sache ist aber recht ernst. Sie haben die Wahl zwischen Ägypten und dem Himmel.«
»Nun – so werde ich wohl doch nach Ägypten fahren müssen.«

BRUMMELL, GEORGE BRYAN
(1778-1840) König aller Dandys

— * —

»Um elegant zu sein, darf man nicht auffallen«, sagte Brummell. Und so rieb er über seine neuen Anzüge leicht mit rauhem Papier, um ihnen den Glanz der Neuheit zu nehmen.

Eines Tages trafen ihn Freunde in der Bond Street; Brummell zog das eine Bein nach.
»Ja«, sagte er, »ich habe mir ein Bein angeschlagen; und noch dazu mein Lieblingsbein.«

Brummell hatte mit seinem Protektor, dem Prinzen von Wales, um zweitausend Pfund gewettet, er werde ihn zur Mittagsstunde auf den Schultern durch den Hyde Park tragen. Am nächsten Morgen erschien Brummell beim Prinzen.
»Nun, Hoheit, sind Sie bereit?«

»Natürlich!«
»Ich habe nicht den Eindruck«, meinte Brummell. »Eure Hoheit müssen sich doch ausziehen.«
»Wie? Was?« rief der Prinz.
»Ja, gewiß! Ich habe gewettet, Eure Hoheit durch den Hyde Park zu tragen, nicht aber die Kleider Eurer Hoheit.«
Da gab der Prinz sich besiegt.

BRÜNING, HEINRICH
(1885-1970) Politiker

— * —

In Berlin erzählte man sich 1933, Reichspräsident Hindenburg habe seinen Vertrauten, Staatssekretär Meissner, gefragt:
»Da war doch früher so ein junger Mann mit Brille bei uns Reichskanzler . . .«
»Sie meinen Dr. Brüning?«
»Ja, richtig. Der war so angenehm still. Jetzt sehe ich ihn gar nicht mehr. Ist er nicht mehr bei uns?«

Brüning versuchte, durch größte Sparsamkeit die deutsche Finanzmisere zu reduzieren. Er beschnitt die Gehälter der Regierung, auch sein eigenes. Witzelte man in seiner Umgebung:
»Am Monatsende geht Brüning zur Reichskasse und liefert dort ab, was er von seinem Gehalt nicht verbraucht hat.«

CADOUDAL, GEORGES
(1771-1804) frz. Anarchist

— * —

Als Georges Cadoudal, der ein Attentat auf Napoleon I. ausgeführt hatte, vor seinen Richtern stand, wurde ihm vorgeworfen, daß er den Polizisten, der ihn verhaften wollte, einen Familienvater, niedergeschlagen hatte.
»Das nächste Mal«, meinte er, »lassen Sie mich eben von einem Junggesellen verhaften!«

CAESAR, GAJUS JULIUS
(100-44 v. Chr.) röm. Imperator

— * —

Der Streit zwischen Cäsar und Pompejus hatte sich so zugespitzt, daß beide sich auf eine bewaffnete Auseinandersetzung vorbereiteten. Zwei junge Römer konnten sich nicht einigen, wem sie den Vorzug geben sollten.

Der eine sagte: »Ich werde Soldat in Pompejus' Gefolgschaft, denn er wird siegen, weil er der Reichere ist.«
Der andere entschied: »Ich werde mich den Legionen Caesars anschließen, denn der Sieg wird ihm gehören, weil er die meisten Schulden hat.«

Am Vorabend des 14. März, an dem Caesar ermordet werden sollte, schlug Brutus einer Gesellschaft, die in seinem Haus versammelt war, vor, über das Thema zu diskutieren: »Welches ist der beste Tod?«
Cäsar antwortete als erster: »Ein plötzlicher Tod!«

CAILLAUX, JOSEPH

(1863-1944) frz. Politiker

—*—

Caillaux sagte als Finanzminister:
»Wenn es der Medizin weiterhin gelingt, unsere Lebenserwartung zu steigern, so müssen wir mit der Erhöhung der Staatsschuld vorsichtig sein. Es könnte geschehen, daß nicht unsere Kinder sie bezahlen müssen, sondern noch wir selber.«

Joseph Caillaux kommt aus dem Ministerrat. Sein Schäferhund bellt wütend, als die Journalisten den Minister umdrängen.
»Er ist unerträglich«, meint Caillaux, »er beißt alle meine Freunde.«
»Da hat er nicht viel zu beißen«, meint ein Journalist.

Caillaux zugeschrieben wird ein Bonmot, das über die französische Politik mehr aussagt als eine Bibliothek von Doktorarbeiten. Die Pointe aber mag doch unübersetzt bleiben:
»Mit der Innenpolitik ist es wie mit der Liebe. Quand on la fait, on ne pense pas à autre chose.«

CALIGULA, GAJUS CÄSAR

(12-41 n. Chr.) röm. Kaiser

—*—

Als Caligulas Schwester Drusilla, die der Kaiser leidenschaftlich geliebt hatte, gestorben war, bereitete man ihr ein prunkvolles Begräbnis, baute ihr extra einen Tempel. Ein pfiffiger Höfling näherte sich Caligula und versicherte ihm, er hätte mit eigenen Augen gesehen, wie Drusilla zwischen den Sternen zum Himmel aufgestiegen sei. Der Mann bekam ein Millionengeschenk.

Während eines Festmahles begann der Kaiser plötzlich ohne jeglichen ersichtlichen Grund laut zu lachen. Sein Lachen nahm kein Ende. Pflichtgemäß drängten alle zu ihm und fragten, was der Anlaß seiner Heiterkeit sei. Caligulas Antwort fanden sie dann gar nicht so lustig.
»Oh«, schmunzelte der Kaiser, »mir fällt gerade ein, daß ein einziges Zeichen von mir genügt, um euch alle erdrosseln zu lassen.«

Einen Diplomaten fragte Caligula: »Siehst du die Göttin Selene, wie sie in meinen Armen ruht?«
Den Diplomaten verließ nicht seine Geistesgegenwart: »O Herr«, antwortete er nach einer Schrecksekunde, »nur ihr Götter seid imstande, einander zu sehen.«

Caligula befahl, aus allen Winkeln des römischen Reiches bekannte Götterbilder herbeizuschaffen. Denen ließ er allen den Kopf abschlagen. Die Statuen bekamen neue Köpfe, und zwar alle den gleichen, den Kopf Caligulas.

Caligula glaubte in seinem Wahnsinn, selber ein Gott zu sein. Er kündigte Jupiter an, mit seiner Herrschaft auf der Erde sei es aus. Zog aber ein Gewitter mit Blitzen und Donner auf, verkroch er sich in den letzten Winkeln seines Palastes. Er war sich der göttlichen Konkurrenz doch nicht ganz sicher.

CALPURNIA

(1. Jh. v. Chr.) Gattin Cäsars

— * —

Calpurnia ist schuld daran gewesen, daß man den Frauen in Rom verbot, als Anwälte vor Gericht aufzutreten. Als sie einmal einen Streitfall verlor, war sie so aufgebracht, daß sie sich umdrehte, ihr Kleid hob und den Richtern die entblößte Kehrseite zeigte.

CAMBACÉRÈS, JEAN-JACQUES DE

(1753-1824) frz. Zweiter Konsul

— * —

Cambacérès, der zweite Konsul, gab ein Fest, bei dem auch viele Künstler erschienen waren. Gegen Ende forderte er den berühmten Sänger Garat auf, doch etwas zu singen. Garat, gekränkt, weil er so spät aufgefordert wurde, zog seine Uhr.
»Unmöglich, Bürger Konsul. Es ist Mitternacht. Da ist meine Stimme längst schlafen gegangen.«

CAMPINCHI
(20. Jh.) ital. Advokat

—*—

Einer würdigen Matrone, die als Zeugin in einem Prozeß aufgerufen wurde, konnte der berühmte Anwalt Campinchi nachweisen, daß sie vor fünfundzwanzig Jahren mit der Sittenpolizei zu tun gehabt hatte. Sie protestierte – sehr mit Recht! – und wies auf einen makellosen Lebenswandel von fünfundzwanzig Jahren hin. Doch Anwälte sind Anwälte, und wenn ihnen eine Pointe einfällt, so schlucken sie sie nicht.
»Madame«, entgegnete Campinchi, »wenn man einmal, auch nur einen Tag lang, Minister oder Dirne gewesen ist, hat man sein Leben lang Anspruch auf diesen Titel.«

CANOSSA, GRAF LUIGI DI
(17. Jh.) Bischof

—*—

Canossa lebte in Rom. Er besaß eine herrliche Sammlung von silbernen Gefäßen. Ein Freund bat ihn, ihm eine Vase zu leihen, die einen Tiger darstellte. Der Bischof lieh sie ihm, doch dem Freund war es mit dem Zurückgeben nicht eilig und Canossa mußte die Vase nach drei Monaten holen lassen.
Kurz darauf wollte derselbe Freund, der Bischof solle ihm ein Salzfaß leihen, das die Form einer Schildkröte hatte. Doch der Bischof sagte zu dem Diener: »Bestellt Eurem Herrn, wenn der Tiger, der doch das schnellste Tier ist, drei Monate gebraucht hat, um zu mir zurückzukehren, würde die Schildkröte etliche Jahre brauchen. Und darum kann ich sie ihm nicht schicken.«

CANROBERT, FRANÇOIS
(1809-1895) frz. Marschall

—*—

Graf Vimercati, Militärattaché bei der Italienischen Botschaft in Paris, sagte zum Marschall Canrobert:
»Wenn ihr mit Österreich geht, wird es euch das linke Rheinufer anbieten, und wenn ihr mit Preußen geht, bietet Preußen euch Belgien an.«
»Mit einem Wort«, meinte Canrobert, »jeder ist bereit zu geben, was ihm nicht gehört.«

Napoleon III. hatte sich in Chalons angesagt. Marschall Canrobert nahm an, der Kaiser würde eine Truppenrevue abhalten, und so inspizierte er selber seine Garnison. Vor einem Soldaten, dessen Uniform staubig war, blieb er stehn und sagte ironisch:

»Ich werde dir mein Dienstmädchen schicken, damit sie dir den Rock abstaubt und dir zeigt, wie man das macht!«
Der Soldat war sehr verlegen und erwiderte:
»Herr Marschall, Sie brauchen sich nicht zu bemühen und mir Ihr Dienstmädchen schicken; ich bin ohnehin jeden Abend mit ihr beisammen.«

CARLE, ANTONIO

(1854-1927) Arzt

—*—

In Piemont lebte Ende des 19. Jahrhunderts ein Chirurg, ein braver, gebildeter Mann, dessen Diagnosen und Operationen aber nicht immer glücklich waren. Er hatte sich dem Sozialismus verschrieben und vertrat ihn mit großer Heftigkeit. Als er einmal eine besonders erbitterte Versammlungsrede gehalten hatte, wurde er wegen Aufreizung zum Haß gegen andere Volksgruppen angeklagt. Unter den Zeugen war auch Professor Carle. Ihn fragte der Gerichtspräsident:
»Halten Sie den Angeklagten für gefährlich?«
Worauf Carle erwiderte:
»Als Chirurgen schon.«

CARNEGIE, ANDREW

(1835-1919) amerik. Stahlkönig

—*—

Carnegie hatte am Ufer des Eriesees seinen Lieblingshund verloren. Er begab sich sogleich zu dem Lokalblatt, um folgendes Inserat einrücken zu lassen:
»Entlaufen weißer Foxterrier, hört auf den Namen Billy. Belohnung von 1000 Dollar dem, der den Hund im Pacaehotel abgibt.«
Später fiel ihm ein, daß die Beschreibung doch zu beiläufig war und er ging nochmals zu der Zeitung, um hinzuzufügen: »Schwarze Flecke auf den Vorderbeinen.«
Kein Mensch anzutreffen, weder bei der Inseratenannahme noch in der Redaktion. Carnegie fragt den Portier.
»Wo sind denn all die Leute hingeraten?«
»Ja, das weiß ich nicht«, erwidert der Portier. »Ich weiß nur, daß der Boß mit Redakteuren, Kassiererin, Setzern und den andern Angestellten auf die Suche nach einem Hund gegangen ist, der auf den Namen Billy hört.«

Im altrömischen Theater von Orange wird König Oedipus gespielt. Nach der Vorstellung sagt Carnegie zum Regisseur:
»Was würde es kosten, diese ganze Aufführung mit allem Drum und Dran in Amerika zu wiederholen?«
Worauf der Regisseur entgegnet:
»Oh, nur zweitausend Jahre!«

CARPENTER, JOHN
(um 1900) engl. Bischof

— * —

Bei einer Versammlung fragte ein nicht gerade sehr gläubiger Zuhörer Bischof Carpenter, ob er die Geschichte vom Propheten Jonas und dem Walfisch für wahr halte.
»Wenn ich in den Himmel komme«, erwiderte der Bischof, »so will ich ihn fragen.«
»Und wenn er nicht im Himmel ist?« spottete der Neugierige.
»Dann können Sie ihn fragen.«

CARTOUCHE
(18. Jh.) Räuberhauptmann

— * —

Bei Cartouche meldete sich ein junger Mann, der in die Bande aufgenommen werden sollte.
»Was hast du bisher gemacht?« fragte Cartouche.
»Ich?« erwiderte der ehrgeizige Jüngling. »Ich war zwei Jahre bei einem Advokaten und sechs Monate bei einem Polizeikommissar.«
»Schön«, erwiderte Cartouche, »diese Zeit soll dir angerechnet werden, als ob du schon Mitglied meiner Bande gewesen wärst.«

ČÁSLAVSKÁ, VĚRA
(geb. 3. 5. 1942) tschech. Kunstturnerin

— * —

Als die Čáslavská von den Olympischen Spielen in Tokio 1964 als vierfache Goldmedaillengewinnerin nach Hause kam, erzählte man sich bald darauf in Prag:
Staatspräsident Novotny hat die Olympiasiegerin im Hradschin empfangen und ihr einen Wunsch freigestellt. Sie hat ihn gebeten:
»Öffnen Sie für jedermann die Grenze nach Westen.«
Novotny habe geantwortet:
»Sie sind mir ja eine ganz Schlimme, Sie wollen wohl mit mir alleine bleiben!«

CASTRES
(19. Jh.) Bischof von

— * —

Es wurde einmal mit der Reliquie der heiligen Genoveva eine Bittprozession um gutes Wetter, Sonne und Trockenheit veranstaltet. Kaum hatte der Zug sich in Bewegung gesetzt, als es auch schon anfing, kräftig zu regnen.
»Die Heilige muß uns mißverstanden haben«, erklärte der Bischof von Castres. »Sie meint, daß wir um Regen bitten.«

CASTRO, FIDEL
(geb. 13. 8. 1927) kuban. Politiker

— * —

Castro hält eine seiner Marathonreden, bei denen er mit Zahlenangaben nicht kleinlich verfährt; diesmal ist seine Ansprache der ČSSR gewidmet.
»Unsere siebzig Millionen Brüder in der Tschechoslowakei«, sagt er und wird von seinem Adjutanten darauf aufmerksam gemacht, er habe sich versprochen, es seien nur siebzehn Millionen.
Castro spricht weiter: »Unsere siebzig Millionen Genossen in der ČSSR . . .« und wieder flüstert ihm der Adjutant die Berichtigung zu.
»Unsinn«, zischt Castro zurück, »ich weiß doch genau, wieviel Rum wir dorthin liefern.«

CATO, MARCUS P. DER ÄLTERE
(234-149 v. Chr.) röm. Konsul

— * —

Nach der Unterwerfung Griechenlands durch die Römer übersiedelten viele griechische Ärzte nach Rom, um dort ihre Kunst auszuüben. Da sagte Cato:
»Die Griechen sind eifersüchtig auf den Kriegsruhm Roms, und da sie es auf dem Schlachtfeld nicht besiegen konnten, haben sie ihre Ärzte nach Rom geschickt, um die römischen Soldaten in ihren Betten zu töten.«

Das römische Volk forderte Getreidespenden und drohte mit einem Hungerstreik. Cato sprach zur Masse:
»Meine verehrten Mitbürger! Es ist eine schwere Sache, zum Bauch zu reden, er hat keine Ohren . . .!«

Cato zeigte einem Besucher Rom. Links und rechts ihres Weges standen Statuen. Der Besucher fragte jedesmal, wer es sei. Cato antwortete geduldig.
»Und dir, dem berühmten Cato«, so wunderte sich der Besucher, »dir hat man noch keine Bildsäule erstellt?«

»Nein! Es ist mir so auch lieber, sonst ginge etwa noch ein Dummkopf durch Rom und fragte seinen Begleiter: wer ist das?«

Daß die Frauen in der Politik Roms eine große Rolle spielten, meistens wahrscheinlich etwas außerhalb der Legalität, beklagte Cato sehr:
»Alle Völker herrschen über die Weiber, wir über alle Völker, über uns die Weiber.«

CHAUX, BERTRAND DE

(17. Jh.) Erzbischof von Tours

— * —

Der Erzbischof wollte Kardinal werden, und da er beim König in Gunst stand, genoß er auch dessen Unterstützung. Aber Richelieu widersetzte sich, und so wurde nichts daraus.
»Wäre der König nicht in Ungnade«, sagte der Erzbischof, »so wäre ich jetzt Kardinal!«

CHE GUEVARA

(1928-1967) lateinamerik. Revolutionär

— * —

Den Untergang vor Augen, sagte Che Guevara:
»Venceremos« (»Wir werden siegen«).

CHESTERFIELD, LORD PHILIP

(1694-1773) engl. Politiker und Schriftsteller

— * —

Lord Chesterfield erfuhr eines Tages, daß König Georg II. vorhatte, den St. James-Park in einen französischen Garten umzuwandeln und dem Publikum zu verschließen. Die Unzufriedenheit im Volk war groß. Der König fragte Chesterfield:
»Was würde diese Umänderung Ihrer Ansicht nach kosten?«
Worauf Chesterfield erwiderte: »Nur eine Krone!«

Zu Lord Chesterfield sagte einmal jemand, der Mensch sei das einzige Geschöpf, dem die Gabe des Lachens verliehen worden sei.
»Richtig«, erwiderte Chesterfield, »und er ist auch das einzige Geschöpf, das es verdient, ausgelacht zu werden.«

Lord Chesterfield fuhr wenige Tage vor seinem Tode im Wagen aus.
»Sie wollten wohl etwas frische Luft atmen?« fragte ihn nachher ein Freund.
»Nein«, erwiderte der Lord, »ich wollte mein Leichenbegängnis proben.«

CHEVREUSE, HERZOGIN VON
(um 1800)

— * —

Unter den Damen der alten Aristokratie hatte Napoleon keine unversöhnlichere Feindin als die Herzogin von Chevreuse, die ihn dauernd in ihren Kreisen verhöhnte. Um sie gefügig zu machen, ernannte Napoleon sie zur Hofdame; zuerst weigerte sie sich, schließlich aber mußte sie doch nachgeben. Als sie einmal mit ihrem ganzen herrlichen Schmuck bedeckt bei Hof erschien, fragte Napoleon taktvoll wie immer:
»Sind diese Steine auch alle echt?«
»Mein Gott«, erwiderte die Herzogin, »das weiß ich nicht. Aber für diese Umgebung sind sie jedenfalls gut genug.«

Napoleon sagte auf einem Ball zu der Herzogin von Chevreuse:
»Merkwürdig, wie rot und spröde Ihre Haare geworden sind!«
»Das ist möglich«, erwiderte die Herzogin. »Aber es ist sicher das erste Mal, daß ein Mann es mir sagt.«

CHIRAC, PIERRE
(1650-1732) frz. Arzt

— * —

Dr. Chirac erlitt einen Schlaganfall. Die schleunigst herbeigerufenen Kollegen ließen ihn zur Ader. Aber es nützte nichts und Chirac verfiel in Agonie. Im Delirium fühlte er sich selbst den Puls und sagte:
»Ich bin zu spät gerufen worden. Diesen Kranken hat man irrtümlich zur Ader gelassen. Jetzt ist er verloren.«
Und wenige Minuten später war er tot.

CLEMENS VII.
(1478-1534) Papst

— * —

Ein Dichter überreichte Clemens VII. ein Sonett, das er zum Preis des Papstes verfaßt hatte. Clemens sah auf den ersten Blick, daß in der dritten Zeile eine Silbe fehlte. Der Dichter ließ sich nicht entmutigen.
»Eure Heiligkeit möge nur weiter lesen; Sie wird in einer andern Verszeile bestimmt eine Silbe zuviel finden. Und das gleicht sich dann aus.«

CLEMENS XIV.

(1705-1774) Papst

— * —

Papst Clemens war ein starker Schnupfer. Eines Tages bot er einem Kardinal eine Prise an. Dieser Kardinal war seiner lockern Sitten wegen bekannt. Er sagte:
»Ich danke, aber das Laster des Schnupfens ist mir fremd.«
Da meinte der Papst:
»Mein lieber Kardinal, wenn es ein Laster wäre, hätten Sie es sich längst angewöhnt.«

Ein Engländer, der nach Rom fuhr, fragte Voltaire, was er ihm mitbringen solle.
»Bringen Sie mir die Ohren des Großinquisitors», erwiderte Voltaire.
Als der Engländer von Papst Clemens XIV. empfangen wurde, erzählte er ihm, was Voltaire gesagt hatte.
»Bestellen Sie ihm«, erklärte der Papst, »daß seit einiger Zeit die Inquisition weder Ohren noch Augen hat.«

CHLODWIG I.

(466-511) merowingischer König

— * —

Nach dem Sieg über die Westgoten ging Chlodwig zu dem Grab des heiligen Martin, um Gott für seinen Triumph zu danken. Und er brachte das Pferd, das er am Tag der Schlacht geritten hatte, als Geschenk dar. Dann aber tat ihm das leid, und er wollte das Pferd zurückkaufen. Er bot den Mönchen fünfzig Mark Silber dafür, doch die Mönche erklärten, der Heilige erlaube nicht, daß das Pferd den Stall verlasse. Da erhöhte der König sein Angebot auf fünfundsiebzig Mark, und das Pferd wurde ihm wieder zugeführt.
Chlodwig, noch neu im Christentum, konnte sich nicht enthalten zu sagen: »Der heilige Martin dient seinen Freunden gut, aber er läßt sich seine Dienste ein wenig zu teuer bezahlen.«

CHOISEUL, FRANÇOIS, HERZOG VON

(1719-1785) Minister Ludwigs XV.

— * —

Der Herzog von Choiseul hatte eine hohe Meinung von der Tüchtigkeit der Genfer.
»Wenn Sie einen Genfer zum Fenster hinausspringen sehen«, sagte er, »so springen Sie unbedenklich nach. Es sind mindestens fünf Prozent dabei zu verdienen.«

CHRISTIAN VII.

(1749-1808) König von Dänemark

— * —

Als König Christian in Paris war, um Ludwig XV. einen Besuch zu machen, sagte der König von Frankreich:
»Ich könnte ja Ihr Großvater sein!«
Worauf der König von Dänemark höflich erwiderte:
»Und das ist auch das einzige, was mir zu meinem Glück fehlt.«

CHRISTINE, KÖNIGIN VON SCHWEDEN

(1626-1689)

— * —

Als man Christine von Schweden ein Kloster in Frankreich zeigte, wunderte sie sich darüber, daß das Sprechzimmer mit Gittern abgeschlossen war. Die Äbtissin erklärte ihr, das sei eine Bürgschaft für die dauernde Abkehr von der Welt.
»Was für ein Unsinn!« rief die Königin. »Wenn Ihr Gelübde abgelegt habt, wozu dann die Gitter? Und wenn Ihr Gitter habt, wozu dann die Gelübde?«

Königin Christine mied die Gesellschaft von Frauen.
»Ich ziehe die Männer vor«, sagte sie, »nicht weil sie Männer, sondern weil sie keine Frauen sind!«

Königin Christine stand voll Bewunderung vor einer Statue Berninis. Ein Kardinal sagte zu ihr:
»Ich sehe, Majestät, daß sie die Wahrheit bewundern; nicht alle Herrscher tun das!«
»Schon wahr«, meinte Christine. »Aber nicht alle Wahrheiten sind aus Marmor.«

CHRUSCHTSCHOW, NIKITA

(1894-1971) sowjet. Politiker

— * —

Über Chruschtschow erzählte man sich, er sammle die Witze, die über ihn in Umlauf seien. Aber man fügte hinzu: Er sammelt auch die Leute, die diese Witze erzählen.

Chruschtschow, so erzählt man sich, machte eines Tages eine Inspektionsreise durch die Ukraine. In einer Ortschaft fielen ihm besonders ansehnliche Hühner auf. Auf seine Frage, womit man die Tiere füttere, erwiderte der Kolchosevorsitzende: »Mit Weizen.«
»Was?« rief Chruschtschow. »Mit dem teuren Weizen, den wir in Kana-

da kaufen müssen? Ihr seid nicht bei Trost. Ab morgen wird das abgestellt.«
Bevor der Regierungschef das nächste Dorf erreicht, hat man die Bewohner gewarnt. Auf die Frage, womit denn sie ihre Hühner füttern, erhält er die Auskunft: »Wir treiben sie morgens einfach aus dem Stall, den Rest besorgt Mütterchen Erde.«
Chruschtschow, mißtrauisch geworden, läßt sich die Wirtschaftsbücher zeigen und findet darin pro Tag und Henne zwei Kopeken für die Fütterung eingetragen.
»Was soll das heißen?« zürnt er.
Der Dorfälteste erläutert: »Wissen Sie, Genosse Chruschtschow, wir geben jeder Henne täglich zwei Kopeken, und da kann sie sich dann kaufen, was sie gerne möchte.«

Als Chruschtschow und Kennedy in Wien zusammentrafen, hat der Ältere dem Jüngeren durch seine Bauernschläue, der Jüngere dem Älteren durch Rationalität imponiert. Bei Tisch soll Chruschtschow sogar gewitzelt haben: »Wissen Sie, Kollege Präsident, wie man hierzulande die Optimisten von den Pessimisten unterscheidet? Die Optimisten lernen Russisch, die Pessimisten gleich Chinesisch.«

1957 wollte eine Gruppe abgesetzter Funktionäre, unter ihnen Bulganin, Molotow und Malenkow, Chruschtschow von der Position des Ersten Parteisekretärs abwählen. Chruschtschow vereitelte dieses Manöver durch geschicktes Taktieren. Später erzählte er die Geschichte so:
Bulganin habe gesagt: »Also, wir sind sieben und ihr seid vier!«
Darauf Chruschtschow: »In der Mathematik sind zwei und zwei wirklich vier, aber in der Politik ist es anders.«

1960 wurde der sowjetische Staatsmann von einem amerikanischen Reporter gefragt, was er von Eisenhowers Anregung halte, eine Weltabstimmung für oder gegen den Kommunismus zu organisieren. Chruschtschow antwortete:
»Nach der Oktoberrevolution zwangen uns die USA, England, Deutschland und Japan einen Bürgerkrieg auf. Das war eine nationale Volksabstimmung. Wir griffen zum Besen und warfen sie hinaus.«

Chruschtschow soll in seiner Blütezeit folgende Geschichte erzählt haben:
»Vor dem Kreml schrie ein Mann: ›Chruschtschow ist ein Esel! Chruschtschow ist ein Esel!‹
Daraufhin wurde er zu dreiundzwanzig Jahren Zwangsarbeit verurteilt. Drei Jahre wegen Beleidigung des Generalsekretärs und zwanzig Jahre wegen Verrat eines Staatsgeheimnisses.«

CHURCHILL, SIR WINSTON

(1874-1965) brit. Staatsmann und Schriftsteller

— * —

Churchill hatte sich in noch relativ jungen Jahren einen Schnurrbart wachsen lassen. Eine Dame, die er zum Dinner begleiten sollte, erklärte ihm frei heraus:
»Mr. Churchill, ich mag weder Ihren Bart noch Ihre Politik.«
»Nehmen Sie's nicht so tragisch«, erwiderte Churchill, «mit beiden werden Sie kaum je in Berührung kommen.«

1898 machte Churchill den Feldzug im Sudan mit. Der junge Schriftsteller schrieb ein Buch darüber.
Er kommentierte: »Die Ägypter kamen, sahen und liefen davon.«

Ribbentrop, als deutscher Botschafter in London, lud Churchill zu Gast, der damals Privatmann war, und renommierte mit der deutschen Stärke. Es sei ein Wahnsinn, Deutschland herauszufordern! Und die Panzerdivisionen, und die Flugzeuge, und die industrielle Vorbereitung! Schließlich, als Pointe, brachte er vor:
»Vergessen Sie nicht, Mr. Churchill, daß auch die Italiener auf unserer Seite sind!«
»Das ist nur recht und billig«, erwiderte Churchill. »Das letzte Mal waren sie auf unserer Seite!«

Churchill besichtigte mit Freunden die Schlucht von Padirac im Departement Lot. Vor der gigantischen Tiefe meinte jemand:
»Wie hat sich nur so ein Abgrund bilden können?«
»Das will ich Ihnen sagen«, meinte Churchill. »Vor einigen Jahren war das nur ein kleines Loch; da hat ein Schotte einen Schilling hineinfallen lassen und wollte ihn wiederhaben – und das ist das Resultat!«

Zu Beginn des Zweiten Weltkriegs machte Churchill einen Besuch in Paris. Er kam an der Gare du Nord an, bahnte sich brüsk seinen Weg durch das Gewimmel der Honoratioren, die ihn empfingen, stieg in den Wagen und ließ sich ins Hotel fahren. Die Anwesenden standen bestürzt. Drohte eine Katastrophe? Doch beim Abendessen erklärte er:
»Sie haben sicher heute morgen bemerkt, daß ich ganz verändert war. Das kam so. Ich hatte beschlossen, da wir ja im Krieg sind, ohne meinen Kammerdiener zu reisen, was ich seit zwanzig Jahren nicht mehr getan hatte. Zu meiner Überraschung entdeckte ich, daß ich durchaus imstande war, über den roten Teppich zu gehn, in den Zug zu steigen, mir ein Glas Whisky zu bestellen, eine Zigarre anzuzünden und die Abendzeitungen zu lesen. Auch ins Schlafzimmer fand ich ganz allein, zog meinen Pyjama an und legte mich ins Bett. Am Morgen konnte ich mich ohne jede

Schwierigkeit rasieren und mein Haar bürsten – soweit noch etwas dergleichen vorhanden war – die Krawatte binden und meinen Rock anziehen. Erst als ich versuchte, auf Ihre freundliche Begrüßung zu antworten, merkte ich, daß ich meine Zähne im Schlafwagen gelassen hatte.«

Roosevelt, der die russische Gefahr weniger fürchtete als Churchill und zudem schon schwer leidend war, hoffte, die Konferenz von Yalta werde nur etwa fünf Tage dauern. Da schrieb ihm Churchill am 10. Januar 1945:
»Ich sehe keinen Weg, um unsere Hoffnungen auf die Organisation der Welt in fünf oder sechs Tagen zu verwirklichen. Selbst der Allmächtige hat sieben Tage gebraucht.«

Bei einer Parlamentssitzung erschlägt Churchill seine Gegner, indem er aus dem Gedächtnis eine Unmenge genauester Ziffern zitiert. Der Beifall ist groß, die Gegner verstummen. Nachher fragt ihn einer seiner Mitarbeiter:
»Verzeihung, aber wie haben Sie sich diese großartige Dokumentierung verschafft? Wir hätten ja mindestens sechs Monate gebraucht, um das zusammenzustellen.«
»So lang«, erwidert Churchill lächelnd, »wird wohl auch die Opposition brauchen, um zu beweisen, daß meine Ziffern falsch waren.«

Als die Labourparty regierte, fragte ein Diplomat Churchill, ob es zum Krieg kommen werde.
»Nein«, erwiderte er. »Als Mr. Shinwell Kohlenminister war, gab es keine Kohle. Und jetzt ist er Kriegsminister . . .«

Nach einer Sitzung der Konservativen Partei lief ein Abgeordneter Churchill nach und sagte:
»Ich habe irrtümlich Ihren Hut erwischt, Sir Winston. Er paßt mir ausgezeichnet. Wir müssen die gleiche Kopfgröße haben.«
»Nur von außen, mein Lieber«, meinte Churchill.

Als Churchill seine politische Laufbahn begann, sagte er zur Tochter des Premierministers Asquith:
»Wir sind alle Würmer; aber ich glaube, daß ich ein Glühwurm bin.«

»Warum malen Sie eigentlich immer nur Landschaften und nie Porträts?« wird Churchill gefragt.
Worauf er erwidert:
»Weil Steine und Bäume sich nicht beklagen, wenn sie die Ähnlichkeit vermissen.«

Churchill erwartete ungeduldig das Ende des Angriffs eines Labourabgeordneten. Schon legte er sich eine scharfe Entgegnung zurecht.
»Antworten Sie gar nicht«, flüsterte ein Kollege ihm zu. »Bewahren Sie Ihre Würde!«
Doch schon hatte Churchill sich erhoben. Bevor er aber zu sprechen begann, beugte er sich zu dem Kollegen und sagte ihm leise:
»Ich kenne keinen Fall, wo ein Mann seine Würde dadurch bewahrt hat, daß er darauf sitzen geblieben ist.«

Im Jahre 1942 sagte Churchill:
»Als ich zum Premierminister ernannt wurde, gab es nicht viele Bewerber um diesen Posten. Seither hat der Markt sich vielleicht gebessert.«

Als man ihn im Jahr 1941 fragte, wie er es fertig bringe, für die Bolschewiken einzutreten, die er doch immer bekämpft hatte, erwiderte er:
»Wenn Hitler in die Hölle einmarschierte, würde ich hier im Unterhaus zum mindesten ein freundliches Wort für den Teufel finden.«

Als ein erfolgloser Tory-Kandidat zu den Liberalen hinüberwechselte, sagte Churchill: »Das ist das einzige Beispiel in der Geschichte dafür, daß eine Ratte auf das sinkende Schiff zuschwimmt!«

Während des Blitzkriegs hielt Churchill ein Taxi an, um zum Sender zu fahren.
»Tut mir leid, Mister«, sagt der Chauffeur, »aber ich kann Sie nicht fahren. In einer halben Stunde spricht Churchill, und das will ich um keinen Preis versäumen.«
Churchill fühlt sich geschmeichelt und drückt dem Chauffeur eine Pfundnote in die Hand. Der Chauffeur mustert ihn erstaunt, und dann sagt er: »Am Ende haben Sie recht. Steigen Sie nur ein, und der Teufel soll Churchill holen!«

Marschall Montgomery hatte mit der Veröffentlichung seiner Memoiren ein Vermögen verdient.
Da sagte Churchill: »Montgomery benimmt sich wie ein echter englischer Soldat. Er verkauft sein Leben so teuer wie möglich.«

Als Churchill fünfundsiebzig wurde, sagte er:
»Ich bin bereit, meinem Schöpfer entgegenzutreten. Ob mein Schöpfer dazu bereit ist, mir entgegenzutreten, ist eine andere Frage.«
Als er zweiundachtzig wurde, kam ein junger Photograph:
»Ich hoffe, ich werde das Vergnügen haben, Sie an Ihrem hundertsten Geburtstag zu photographieren!«
»Ja, junger Mann, wenn Sie auf Ihre Gesundheit gut aufpassen.«

CICERO, MARCUS TULLIUS

(106-43 v. Chr.) röm. Rechtsanwalt, Politiker und Schriftsteller

— * —

Im grauen Altertum hatte ein Bäcker seinen Vater mit einem vergifteten Kuchen ermordet. Dennoch überhäufte er vor den Richtern seinen Ankläger Cicero mit Schmähungen.
»Nur zu, mein Lieber«, meinte Cicero. »Deine Beleidigungen sind mir immer noch lieber als deine Kuchen!«

Das Konsulat des Caninius Resitius dauerte nur einen einzigen Tag. Da sagte Cicero:
»Jetzt haben wir in unserer Geschichte einen Konsul, der so wachsam war, daß er während seiner ganzen Amtszeit nicht geschlafen hat.«

Cicero war ein Gegner unpräziser Redensarten. Ein Redner erklärte einst vor Gericht schwungvoll:
»Dieser Mann, den seine Mutter neun Monate in ihren Eingeweiden getragen hat . . .«
Da unterbrach ihn Cicero:
»Und wo tragen denn andere Mütter ihre Kinder?«

Fabia Dollabella sagte, sie sei dreißig Jahre alt. Worauf Cicero erwiderte:
»Das muß wahr sein, denn ich habe es schon seit zwanzig Jahren gehört.«

CITROËN, ANDRÉ

(1878-1935) frz. Automobilindustrieller

— * —

Bei Citroën läutet das Telephon.
»Ist dort Monsieur Citroën selbst?«
»Ja, ja, ich bin's. Was wünschen Sie?«
»Ist es wahr, daß Sie ein Auto binnen elf Minuten fertiggestellt haben?«
»Ja«, erklärt Citroën stolz. »Das ist buchstäblich wahr!«
»Dann«, erwidert traurig die Stimme, »ist es der Wagen, den ich gekauft habe.«

CLARK, CHAMP

(19. Jh.) Präsident im amerikanischen Parlament

— * —

Als Champ Clark Speaker war, unterbrach der Kongreßabgeordnete Johnson die Rede eines Vertreters von Ohio und nannte ihn einen Esel. Dieser Ausdruck wurde als unparlamentarisch bezeichnet und durfte

nicht in das Protokoll aufgenommen werden. Johnson entschuldigte sich.
»Ich ziehe das unglückselige Wort zurück, beharre aber darauf, daß mit dem Herrn aus Ohio etwas nicht in Ordnung ist«
»Was soll mit mir nicht in Ordnung sein?« schrie der Vertreter Ohios wütend.
»Das könnte Ihnen wahrscheinlich ein Tierarzt sagen«, entgegnete Johnson.
Und diese Formulierung fand ihren Platz im Protokoll.

CLARK, MARK WAYNE
(geb. 1. 5. 1896) amerik. General

—*—

General Clark fuhr mit einem Taxi durch New York. Der Chauffeur beging an irgendeiner Kreuzung einen Fehler, und der Polizist hielt ihn an und warf auch einen Blick in den Wagen.
»Sie sind doch General Clark«, sagte er ehrfürchtig. »Verzeihung! Fahren Sie nur weiter!«
Nach einer Weile drehte der Chauffeur sich um und sagte:
»Wie gut, daß er Sie für den General Clark gehalten hat!«

CLAUDIUS, TIBERIUS C. NERO GERMANICUS
(10 v. Chr.-54 n. Chr.) röm. Kaiser

—*—

Kaiser Claudius hatte kein gutes Gedächtnis. Wenige Tage, nachdem seine Gattin Messalina ermordet worden war, fragte er:
»Warum kommt denn die Kaiserin nicht zum Mittagessen?«

CLEMENCEAU, GEORGES
(1841-1929) frz. Staatsmann

—*—

Der französische Politiker war einmal gezwungen, auf den amerikanischen Präsidenten Wilson, den er persönlich gar nicht schätzte, eine Rede zu halten, die natürlich voller Lob sein mußte.
Clemenceau sagte: »Woodrow Wilson ist ein Mann, der durch die Einfachheit seiner Rede und die edle Treuherzigkeit seines Geistes unsere Achtung verdient.«
Dabei betonte er Einfachheit und Treuherzigkeit so, daß Briand, der ebenfalls anwesend war, seinem Begleiter zuflüsterte: »Das ist die vollendetste rhetorische Schilderung eines Trottels, die ich je in diesem Hause gehört habe.«

Als 1918 die große Grippe-Epidemie Europa erfaßte, fragte ein Journalist den Politiker, ob er sich entsprechend geschützt hätte. Clemenceau antwortete:
»Wenn Sie den Politiker Clememceau fragen, so muß ich Sie bitten, sich an den Gesundheitsminister zu wenden, fragen Sie aber den Privatmann, so kann ich Ihnen verraten: Ich habe alle Verwandten, Freunde und Bekannte daran erinnert, mich in ihrem Testament nicht zu vergessen.«

Clemenceau sagte als Verteidiger: »Sehen Sie denn nicht, daß Sie einen Justizirrtum begehen?«
»Es gibt keinen Justizirrtum«, erklärte der Präsident.
Und Clemenceau wies auf das Christusbild, das den Gerichtssaal schmückte, und erwiderte:
»Der erste Justizirrtum der Geschichte!«

Als Clemenceau Direktor der ›Justice‹ war, bemerkte er, daß seine Redakteure den Dienst sehr nachlässig versahen. Da ließ er einen Karton an die Wand hängen, auf dem zu lesen war:
»Die Herren werden gebeten, nicht wegzugehn, bevor sie gekommen sind.«

Als Sarrien ein Ministerium bilden sollte, berief er verschiedene Freunde, um sich mit ihnen zu beraten. Es wurden Getränke und Zigarren serviert. Der Hausherr kommt zu Clemenceau und fragt:
»Was nehmen Sie, Clemenceau?«
»Das Innenministerium«, erwidert Clemenceau prompt.

Unter einer Regierung Clemenceau gab es Streiks, und die Streikenden nahmen eine so bedrohliche Haltung ein, daß die ausgerückten Truppen feuerten. Clemenceau dekorierte einen Offizier, der sich bei dieser Gelegenheit ausgezeichnet hatte, mit der Ehrenlegion. Im Parlament gab es Tumult, und die Opposition erinnerte Clemenceau an seine Vergangenheit und an die Reden, die er einst bei Konflikten zwischen Streikenden und der Regierung gehalten hatte. Da erwiderte Clemenceau ohne die geringste Verlegenheit:
»Ja, aber damals war ich auf der andern Seite der Barrikade.«

Clemenceau war sehr empfindlich gegen Erkältungen. Nachdem er verschiedenen religiösen Feiern beigewohnt hatte, sagte er:
»Für mich ist die jüdische Religion die geeignetste. Da darf man wenigstens den Hut aufbehalten.«

In der Kammer wollte ein Deputierter Clemenceau Neigungen zur Diktatur vorwerfen.

»Sie streben nach dem Kapitol!« rief er pathetisch.
»Und Sie«, erwiderte Clemenceau, »wollen es retten.«

Clemenceau wurde gefragt:
»Warum sind Sie beim Volk so unbeliebt?«
Die Antwort lautete: »Weil ich ihm die Wahrheit sage.«
»Und warum sind Sie bei den Politikern so unbeliebt?«
»Weil ich unbestechlich bin.«
»Sind Sie also der einzige ehrliche Politiker in Frankreich?«
»Nein, nein! Sie sind alle ehrlich – bis die Versuchung an sie herantritt.«

Während einer Wahlversammlung, als Clemenceau sprach, wurde in einer Ecke des Saales gegrunzt. Clemenceaus Freunde wollten eingreifen, doch er sagte sehr laut:
»Laßt sie nur! Auch dem Schwein ist es gegeben, seine Meinung irgendwie auszudrücken.«
Und das Grunzen verstummte.

Im Jahre 1906 wurde Clemenceau zum erstenmal Innenminister. Er wollte sich vom Eifer seiner Beamten überzeugen und ging mit seinem Kabinettschef durch die Amtsräume. Im ersten kein Mensch, im zweiten kein Mensch, im dritten schlief ein Beamter an seinem Schreibtisch. Der Kabinettschef wollte ihn wecken, doch Clemenceau sagte:
»Lassen Sie ihn nur schlafen; sonst geht er auch weg.«

In einer Senatssitzung redete ein Senator unendlich lang.
»Ruhen Sie sich aus!« wurde ihm von mehreren Bänken zugerufen.
»O nein«, erwiderte er, »ich bin noch gar nicht müde.«
Da sagte Clemenceau von der Regierungsbank:
»Dann erlauben Sie, daß wir uns ausruhen!«

Clemenceau erzählte Sacha Guitry:
»Als ich erfuhr, daß die Deutschen um einen Waffenstillstand gebeten hatten, war ich in meinem Bureau im Kriegsministerium.«
»Und wie haben Sie es erfahren?«
»Durch eine Depesche.«
»Und was haben Sie gesagt?«
»Nichts.«
»Und was haben Sie getan?«
Da zauderte Clemenceau und gestand schließlich:
»Ich habe den Kopf zwischen die Hände genommen und habe geweint.«

Als man Clemenceau die Nachricht von der Heirat eines Generals brachte, sagte er:
»Jetzt wird er zwei Fronten zu verteidigen haben!«

Clemenceau ging mit einem Freund an dem Haus des Club Interallié in Paris vorüber, darauf die Fahne auf Halbmast wehte.
»Wer ist denn gestorben?« fragte der Freund. »Wir sollten uns doch erkundigen.«
»Geben Sie sich keine Mühe«, erwiderte Clemenceau. »Sie werden enttäuscht sein. Es ist nie der, von dem man's möchte.«

»Den Frauen das Stimmrecht geben?« meinte Clemenceau. »Schlimm genug, daß man es den Männern nicht nehmen kann!«

Oberst Rèpington erzählt in seinen Memoiren, Clemenceau habe einmal gerufen:
»Ach, dieser verfluchte Wilson mit seinen vierzehn Punkten geht mir schrecklich auf die Nerven! Wenn man bedenkt, daß der liebe Gott selber sich mit zehn Punkten begnügt hat!«

Als die Stunden für die Sitzungen der vier Großmächte in Paris festgesetzt wurden, bat der amerikanische Delegierte, abends nicht länger als bis sechs Uhr zu beraten, weil der Arzt ihm verordnet habe, sich vor dem Abendessen auszuruhen. Der italienische Delegierte schlug vor, die Sitzungen nicht vor drei Uhr beginnen zu lassen, weil er nach dem Mittagessen ruhen müsse, der englische Delegierte schwieg. Da entschied Clemenceau, der den Vorsitz führte:
»Die Sitzungen beginnen um drei und enden um sechs Uhr. So kann der amerikanische Vertreter nach der Sitzung schlafen, der italienische Delegierte vor der Sitzung und der englische Delegierte während der Sitzung.«

Eines Tages erschien bei Clemenceau der Doktor Woronoff und bot ihm an, ihn zu verjüngen.
»Ich sage nicht nein«, meinte Clemenceau. »Aber wir wollen davon reden, wenn ich einmal so weit bin.«
An jenem Tag war er dreiundachtzig Jahre alt.

Als Clemenceau Ministerpräsident wurde, kam ein Präfekt, der ihn seit langem kannte, zu ihm.
»Herr Präsident, ich komme nicht, um die aufgehende Sonne zu begrüßen . . .«
»Weil Sie noch nicht wissen, auf welcher Seite sie aufgeht«, unterbrach ihn Clemenceau.

Ein Parteiführer begleitete Clemenceau an die Bahn und setzte ihm noch auf dem Bahnsteig ausführlich auseinander, wie er die politische Lage beurteilte. Clemenceau sah, wie am andern Ende des Bahnsteigs ein Mann gähnte.
Da sagte er zu dem Parteiführer: »Ich fürchte, wir werden belauscht!«

Clemenceau unterbrach einmal Jaurès im Parlament und sagte:
»Schließlich sind Sie nicht der liebe Gott!«
Worauf Jaurès replizierte:
»Und Sie nicht der Teufel!«
»Woher wissen Sie das?« fragte da Clemenceau.

Clemenceau sagte einmal:
»Wenn mein Sohn mit zwanzig Jahren nicht Kommunist ist, so enterbe ich ihn; wenn er mit dreißig Jahren noch immer Kommunist ist, so enterbe ich ihn auch.«

In der Redaktion der ›Aurore‹ wurde ein Revolverattentat auf Clemenceau verübt:
»Ein Anarchist?« fragte man Clemenceau nachher.
»Aber nein«, erwiderte er: »Ein Wahnsinniger. Habt Ihr denn nicht gehört? Er hat gerufen: ›Es lebe die Gerechtigkeit!‹«

Als der Politiker im Sterben lag, verabschiedeten sich viele Persönlichkeiten von ihm durch eine letzte Visite. Da kam auch ein Minister, der nie sein Freund gewesen war und ständig gegen ihn intrigiert hatte. Clemenceau wandte dem Besucher den Rücken zu und stöhnte:
»Ach, jetzt kommen schon die Würmer.«

CLÉRY, LÉON

(um 1900) frz. Anwalt

— * —

Der Verteidiger Léon Cléry wurde von einem Richter aufgefordert, sich kurz zu fassen. Da sagte er, auf seinen Klienten zeigend: »Er unschuldig!« Auf den Gegner zeigend: »Er schlechter Mensch!« Auf den Richter zeigend: »Sie gerechter Richter!« Und auf sich selbst zeigend: »Ich fertig!«

CLEVELAND, GROVER

(1837-1908) amerik. Präsident

— * —

Präsident Cleveland war ein begeisterter Angler. Als er eines Tages im Ölzeug in seinem Boot ans Ufer kam, rief ein anderer Angler ihm zu:

»Hallo, Bootsmann, Sie haben sicher einen guten Fang gehabt. Verkaufen Sie mir Ihre Fische?«
»Nein, ich verkaufe keine Fische«, erwiderte Cleveland.
»Nun«, meinte der hartnäckige Sportsmann, »dann könnten Sie mich morgen zum Angeln mitnehmen. Was verlangen Sie dafür?«
Cleveland fand die Geschichte spaßig und sagte:
»Solche Geschäfte schließe ich nur für die ganze Saison ab. Geben Sie mir soviel, wie ich voriges Jahr verdient habe.«
»Sie sind ein gerissener Bursche«, lachte der Angler, »aber ein tüchtiger Fischer. Einverstanden! Was haben Sie im vorigen Jahr verdient?«
»Ach, ungefähr tausend Dollar die Woche«, sagte Cleveland. »Ich bin nämlich Präsident der Vereinigten Staaten!«

Kurz nachdem eine Steuer ohne die Unterschrift des Präsidenten Cleveland zum Gesetz erhoben worden war, erwachte Mrs. Cleveland und glaubte, es seien Verbrecher im Haus.
»Im Haus nicht, meine Liebe«, beruhigte sie Cleveland. »Im Haus nicht – aber im Senat!«

COHN-BENDIT, DANIEL
(geb. 4. 4. 1945) frz. Studentenführer

— * —

Nach Studentenunruhen in Paris wurde Cohn-Bendit vom Innenminister des Landes verwiesen. De Gaulle, der zu spät davon erfuhr, ließ den Minister kommen und machte ihm den Vorwurf:
»So viel hätten Sie begreifen müssen, daß Cohn-Bendit mein bester Wahlhelfer ist.«

COISLIN, PIERRE DE
(1636-1706) frz. Kardinal

— * —

Der Duc de Lesdiguières heiratete in sehr vorgerücktem Alter. Der Kardinal de Coislin fragte ihn, warum er das eigentlich tue.
»Um Kinder zu haben«, erwiderte der Herzog.
»Ja«, meinte der Kardinal, »aber Ihre Frau ist doch ein Muster an Tugend.«

COLBERT, JEAN BAPTISTE
(1619-1683) frz. Minister

— * —

Colbert, der Minister Ludwig XIV., mußte dauernd Geld herbeischaffen, und so kam man auf die überspanntesten Pläne. Ein französischer Philosoph erschien vor ihm und schlug ihm vor, eine Steuer auf den Geist einzuführen. Jeder würde sie bezahlen, um nicht für dumm zu gelten.

»Ausgezeichnet«, rief Colbert. »Ausgezeichnet! Ihnen erlasse ich die Steuer.«

CONDÉ, LOUIS II., PRINZ VON
(1621-1686) frz. General

— * —

Acht Tage, nachdem ›Tartuffe‹ auf Befehl des Gerichtes verboten worden war, spielte man die sehr respektlose Komödie ›Scaramuccia als Einsiedler‹. Der König war im Theater und sagte nachher zu Condé:
»Warum regen die Leute sich denn gar so sehr über Molières Komödie auf und sagen nichts gegen die Komödie der Italiener?«
»Sire«, erwiderte Condé, »das kommt daher, daß die Italiener nur den lieben Gott beleidigen, Molière aber die Frommen.«

Condé glaubte, von dem Abbé Voisenon beleidigt worden zu sein, und als der Abbé ihm einen Entschuldigungsbesuch machte, drehte der Prinz ihm den Rücken zu.
»Ich freue mich«, sagte Voisenon, »daß Sie mich nicht als Feind behandeln, Hoheit. Denn Ihren Feinden haben Sie nie den Rücken gezeigt.«
Da blieb dem Prinzen nichts übrig, als sich versöhnen zu lassen.

Bei Condé war ein sehr langweiliger Besucher erschienen, der zu dem Prinzen dauernd von dessen Herrn Vater und Frau Mutter sprach. Da rief der Prinz den Diener und befahl: »Herr Lakai, sag dem Herrn Kutscher, er möge die Herren Pferde an meine Frau Kutsche anspannen!«

Hédélin, Abbé d'Aubignac, schrieb ›Zénobie‹, eine Tragödie ganz nach den Regeln des Aristoteles, und, wie ein Augenzeuge berichtet, hatte noch nie ein Stück seine Zuhörer methodischer gelangweilt. Prinz Condé sagte dazu:
»Ich erkenne es an, daß der Abbé d'Aubignac sich streng an die Regeln des Aristoteles gehalten hat, aber ich verzeihe den Regeln des Aristoteles nie, daß sie den Abbé veranlaßt haben, ein so miserables Stück zu schreiben.«

CONTI, PRINZ FRANÇOIS-LOUIS
(1664-1709)

— * —

Der Prinz war sehr häßlich. Man fragte seine Frau, wie sie sich nur habe entschließen können, ihn zu heiraten.
»Liebhaber müssen schöne Männer sein«, sagte sie. »Aber Gatten sind, wie Gott will.«

Als der Prinz einmal verreisen mußte und seine Frau scherzend bat, ihn während seiner Abwesenheit nicht zu betrügen, sagte sie:
»Wo denken Sie hin? Dazu habe ich nur Lust, wenn ich Sie sehe.«

COOLIDGE, CALVIN

(1872-1933) Präsident der Vereinigten Staaten

— * —

Als Coolidge noch Gouverneur war, starb ein Oberst aus seinem Regierungsstab ganz plötzlich. Und schon meldete sich ein Bewerber.
»Könnte ich den Platz des Obersten einnehmen?«
»Dagegen hätte ich gar nichts«, erwiderte Coolidge. »Verständigen Sie sich doch gleich mit dem Leichenbestatter!«

Präsident Coolidge hatte Freunde aus Vermont zu Tisch geladen, die ihrer Tafelmanieren nicht sehr sicher waren. Infolgedessen hielten sie sich an das Vorbild ihres Gastgebers, und alles ging leidlich gut. Zum Schluß wurde Kaffee serviert, und Coolidge goß ihn in die Untertasse. Die Freunde taten desgleichen. Er fügte Sahne und Zucker dazu. Auch das taten die Freunde.
Und dann beugte er sich zur Seite und stellte die Untertasse auf den Boden vor seine Katze hin.

Präsident Coolidge hatte Humor genug, um sich in seinem Amt nicht allzu ernst zu nehmen. Bei einer Kabinettsitzung war er einmal eingeschlafen. Als er nach einigen Minuten wieder erwachte, fragte er seinen Nachbarn:
»Ist das Land noch immer vorhanden?«

Die zwei Senatoren des Staates Massachusetts gerieten in einen hitzigen Streit, und der eine sagte zu dem andern, er solle sich zum Teufel scheren. Der Gekränkte ging zu Gouverneur Coolidge und fragte, was er tun solle.
Nach einigen Tagen erwiderte ihm Coolidge:
»Ich habe die diesbezüglichen Vorschriften studiert, mein lieber Senator. Sie müssen der Aufforderung keine Folge leisten.«

Ein Gast im Weißen Haus sagte zu Coolidge, er wäre sehr dankbar, wenn der Präsident ihm eine Zigarre schenken wolle. Es sei nicht für ihn, aber für einen Freund, der eine Sammlung von Zigarrenbauchbinden berühmter Raucher besitze. Coolidge überdachte das, dann nahm er aus einem Kistchen eine Zigarre, zog sorgsam die Bauchbinde ab und reichte sie dem Gast. Die Zigarre legte er in das Kistchen zurück.

Coolidge war Gouverneur von Massachusetts gewesen. Da besuchte ihn ein hochstehender englischer Politiker, zog ein Goldstück aus der Tasche und sagte:
»Mein Ururgroßvater ist von dem König, dessen Bild Sie hier sehen, zum Lord gemacht worden.«
Da zog auch Coolidge ein Goldstück aus der Tasche.
»Mein Ururgroßvater«, sagte er, »ist von dem Indianer, den Sie da sehen, zum Engel gemacht worden.«

Als Vizepräsident wurde Coolidge zu zahllosen Soupers eingeladen, war aber die Verzweiflung der Hausfrauen, weil er um keinen Preis Konversation machen wollte. Am Ende solch eines Soupers sagte seine Nachbarin, die Tochter Theodor Roosevelts, Mrs. Longworth, zu ihm:
»Sie gehen zu vielen Soupers; ist Ihnen das nicht langweilig?«
»Mein Gott«, erwiderte Coolidge, »der Mensch muß schließlich essen.«

CORBIÈRE, PIERRE, GRAF
(1767-1853) frz. Politiker

— * —

Als der Ministerrat in Paris unter dem Vorsitz von Ludwig XVIII. zusammentrat, zog der Graf Corbière seine Tabakdose aus der Tasche und legte sie auf den Tisch. Der König warf ihm wegen dieser Verletzung der Etikette einen strafenden Blick zu; der Minister merkte aber nichts, sondern zog sein Taschentuch und legte es gleichfalls auf den Tisch. Nun sagte der König streng:
»Ich glaube, Herr Minister, daß Sie mit der Zeit Ihre Taschen geleert haben dürften!«
Darauf erwiderte Corbiére:
»Sire, für einen Minister ist es immer schicklicher, die Taschen zu leeren, als die Taschen zu füllen.«

Als während der Restauration in Frankreich dreihundert neue Deputierte in die Kammer einzogen, sagte ein Abgeordneter der Rechten zum Minister de Corbière:
»Wo haben Sie nur solche Leute aufgetrieben? Nicht ein Redner darunter, nicht ein Kopf!«
Worauf der Minister antwortete:
»Desto besser! Wir brauchen ja keine Köpfe, wir brauchen Stimmen!«

CORNUEL, ANNE-MARIE

(1605-1694) frz. Salondame

— * —

Madame Cornuel tröstete einen betrogenen Ehemann:
»Sehen Sie, mit den Hörnern ist es wie mit den Zähnen. Wenn sie durchbrechen, tut es weh; wenn sie aber einmal da sind, nähren sie einen ganz gut.«

Ein Bildhauer hatte einige Damen zum Besuch seines Ateliers eingeladen. Da viele Figuren unbekleidet waren, hatte der vorsichtige Bildhauer ihnen Feigenblätter gegeben. Als er nachher wissen wollte, wie den Damen seine Skulpturen gefallen hätten, erwiderte Madame Cornuel:
»Ich behalte mir mein Urteil auf den Herbst vor. Wenn die Blätter fallen . . .«

Madame Cornuel erzählte, daß am Sterbebett des Marschalls de la Ferté seine Frau, seine Schwägerin und seine Schwiegertochter sich versammelt hatten, drei ob ihrer galanten Abenteuer sehr bekannte Damen.
»Erkennen Sie uns, Herr Marschall?« fragte seine Schwiegertochter. »Wer sind wir?«
Der Marschall, der in Ruhe gelassen werden wollte, entgegnete:
»Drei Huren.«
Und Madame Cornuel schloß ihre Erzählung:
»Man sieht daraus, daß der Marschall bis zuletzt im Vollbesitz seiner geistigen Kräfte gewesen ist.«

Als der König den Marschall Turenne durch acht Generäle ersetzte, sagte Madame Cornuel: »Der König hat Turenne in Kleingeld umgewechselt.«

In ihrem Salon wurde die Frage erörtert, ob ein vertrauensvoller Gatte weniger leicht betrogen wird, als ein eifersüchtiger. Da sagte Madame Cornuel:
»Wenn eine Frau es sich in den Kopf gesetzt hat, ihren Mann zu betrügen, dann kümmert sie sich nicht um solche Kleinigkeiten.«

Madame Cornuel hörte, im zoologischen Garten gebe es einen Ziegenbock mit zwei Paar Hörnern.
»Das wird ein verwitweter Ziegenbock sein«, meinte sie, »der sich zum zweitenmal verheiratet hat.«

Von einem Mann, der sehr beschränkt war, behauptete man vor der Madame de Cornuel, er habe sehr viel Geist.
»O ja«, meinte sie, »er muß sehr viel Geist haben, denn er gebraucht ihn ja nie . . .«

Madame Cornuel ging einmal einen sehr alten, kranken Freund besuchen; der Diener erklärte, daß sein Herr im jetzigen Zustand keinen Damenbesuch mehr empfangen könne.
»Laß nur, mein Freund«, sagte Madame Cornuel. »In meinem Alter gibt es kein Geschlecht.«
Sie war achtzig Jahre alt.

Eine Dame aus der Provinz schrieb an Madame Cornuel und bat sie, ihr einen Hauslehrer zu verschaffen. Und nun folgte eine lange Liste der Eigenschaften, die von dem Hauslehrer erwartet wurden. Madame Cornuel erwiderte:
»Ich habe einen Lehrer gesucht, wie Sie ihn wünschen, bisher aber nicht gefunden. Ich suche weiter, und sobald ich ihn gefunden habe, heirate ich ihn.«

CORVISART, JEAN-NICOLAS
(1755-1821) Arzt Napoleons

—*—

Napoleon fragte Corvisart, ob ein Mann von sechzig Jahren, der eine junge Frau heiratet, noch Kinder haben könne.
»Manchmal schon, Sire«, erwiderte Corvisart.
»Und ein Mann von siebzig Jahren?«
»Immer.«

Eines Tages war Corvisart in einem Badeort. In der Nebenkabine hört er ein Husten, das ihn den Anfang eines Lungenleidens vermuten läßt. Als er aus seiner Kabine tritt, erscheint gerade auch sein Nachbar, ein Riese, sechs Fuß groß, mit prächtigen Muskeln. Corvisart spricht ihn an:
»Monsieur, ich bin Arzt, und wenn ich mir einen Rat erlauben darf, achten Sie auf Ihren Husten. Jetzt ist er noch unbedeutend, aber er könnte sich verschlimmern.«
»Was reden Sie da!« erwidert der Riese. »Es geht mir doch großartig.«
Und vor sich hin brummt er: »Wahrscheinlich ein Arzt, der sich mit aller Gewalt Patienten verschaffen will!«
Einige Monate später kommt Corvisart in den Badeort und erkundigt sich nach dem Riesen.
»Ach, der ist vorige Woche gestorben.«
»Gestorben? Woran?«
»An einem Lungenleiden.«
Und Corvisart konnte sich nicht enthalten zu sagen:
»Sehen Sie – das sind Dinge, die einem Arzt Freude machen!«

Corvisart war für seinen Scharfblick berühmt. Vor einem Porträt sagte er:
»Wenn dieses Bild naturgetreu gemalt ist, dann muß der Porträtierte an einer Herzkrankheit gestorben sein.«
Und so war es auch.

COSNAC, DANIEL DE
(1627-1708) Erzbischof von Aix

— * —

Cosnac war sehr alt, als er erfuhr, daß Franz von Sales heilig gesprochen worden war.
»Oh, das freut mich«, sagte der Erzbischof. »Er war so ein netter, liebenswürdiger Mann! So ein anständiger Mann, wenn er auch beim Piquet gemogelt hat.«
»Ja, aber Monseigneur«, sagte ein Zuhörer, »wie ist es möglich, daß ein Heiliger beim Spiel mogelt?!«
»Doch, doch«, erklärte der Erzbischof. »Er sagte, alles, was er beim Spiel gewinne, gebe er den Armen.«

CRÉMAT, MARQUIS DE
(18. Jh.) frz. Adeliger

— * —

Am Bett des Marquis de Crémat standen ein Notar, ein Arzt und ein Geistlicher.
»Mein Heiland«, seufzte der Marquis, »du bist zwischen zwei Schächern gestorben, bei mir sind es gleich drei.«

Der Marquis de Crémat, ein vornehmer Herr, aber ein schlechter Reiter, hätte auf den Champs Elysées beinahe einen Fußgänger niedergeritten. Der Fußgänger ist weder zu Boden, noch auf den Mund gefallen und überhäuft den Marquis mit Beschimpfungen. Der Marquis ist beleidigt, zieht eine Visitenkarte und sagt:
»Hier, mein Herr, ist meine Adresse!«
»Geben Sie sie lieber Ihrem Pferd!« erwidert der Fußgänger. »Damit es Sie sicher nach Hause bringt!«

CROMWELL, OLIVER
(1599-1658) engl. Staatsmann

— * —

Als Oliver Cromwell Münzen prägen ließ, stand auf der einen Seite ›Gott mit uns‹ und auf der andern ›Das Commonwealth von England‹.
Da sagte ein alter Edelmann:

»Ja, ja, ich sehe schon; Gott und das Commonwealth sind nicht auf der selben Seite.«

Als Cromwell in London einzog und die Menge an seinem Wege jubelte, sagte er:
»Wenn man mich zum Richtblock führen würde, wäre es auch nicht anders.«

Wenn Cromwell sich zu Tisch setzte, sagte er folgenden Segensspruch:
»Manche Leute haben Speisen, aber keinen Hunger; andere haben Hunger, aber keine Speisen. Ich habe beides. Der Herr sei gelobt!«

Als es vor einer Schlacht nachts zu regnen begann, ritt Cromwell die Stellungen ab und rief den Streitern zu:
»Vertraut auf Gott und haltet das Pulver trocken.«

Als Cromwell schwer erkrankte, wurde er nicht müde zu prophezeien, daß er sich wieder erholen werde. Seine Umgebung war beunruhigt, denn man wußte, daß sein Zustand ernst war, sehr ernst, und so ermahnte man ihn, doch weniger zuversichtlich zu sprechen, damit sein Ruf, immer das Richtige vorausgesagt zu haben, auch nach seinem Tod bestehen bleibe. Aber Cromwell meinte:
»Wenn ich mich wirklich erhole, werden die Narren mich für einen Propheten halten; und wenn ich sterbe, was liegt mir daran, ob sie mich einen Betrüger nennen?«

CRUPPI, LUIGI

(20. Jh.) ital. Staatsanwalt

— * —

Generalstaatsanwalt Cruppi sagte im Eifer des Gefechts zu den Geschworenen: »Sie werden dieses Individuum bestrafen, denn er ist ein Apache. Er hat gehandelt wie ein Wilder, wie . . . wie . . .« hier fiel ihm nicht gleich ein passender Vergleich ein, und er schloß: ». . . wie ein Eingeborener von Haiti!«
Da erhob sich auf der Ehrentribüne ein eleganter, dunkelhäutiger Herr und verließ den Saal. Es war Seine Exzellenz, der Botschafter der Republik Haiti, der den Wunsch geäußert hatte, einmal einer Pariser Gerichtsverhandlung beizuwohnen.

CUSTINE, ADAM-PHILIPPE

(1742-1793) frz. General

— * —

Custine war sehr kaltblütig. Während der Schlacht las sein Adjutant Baraguay d'Hilliers ihm eine Depesche vor. Da piff eine Kugel zwischen den Händen des Adjutanten durch das Blatt hindurch.
»Lesen Sie nur weiter«, sagte Custine. »Die Kugel kann doch höchstens ein Wort weggerissen haben.«

DANTON, GEORGES

(1759-1794) Politiker der Französischen Revolution

— * —

Im Kerker sprachen Danton und einige Freunde vor der Hinrichtung über Sinn und Ergebnis der Revolution.
»Sollte uns im Jenseits einmal die Gelegenheit zu einer Revolution begegnen, ich glaube, ein jeder von uns wird in Zukunft die Finger davon lassen.«

Als die Henker Danton mit zwei Riemen binden wollten, wehrte er sich:
»Ein Riemen genügt. Den anderen hebt auf für Robespierre.«

Seinem Henker sagte Danton:
»Du mußt meinen Kopf hochheben und dem Volke zeigen. Einen solchen sieht man sobald nicht wieder.«

DAYAN, MOSHE

(geb. 4. 5. 1915) israel. Verteidigungsminister

— * —

Von Journalisten zu seiner Person befragt, sagte Moshe Dayan:
»Die Archäologie ist mein Beruf, die Verteidigung mein Hobby.«

DEHLER, THOMAS

(1897-1967) FDP-Politiker

— * —

Der leidenschaftliche Politiker stellte einmal die anscheinend völlig unpolitische These auf: »Seht euch zuerst die Frau an, bevor ihr euch mit dem Mann verbündet!«

Wenn Dehler zu einer seiner temperamentvollen Reden ansetzte, so begann er meist: » Ich bin empört, ich bin erschüttert!« Ein Kollege von der

SPD redete ihm in einer stillen Stunde ein, nicht immer mit dieser Redewendung zu beginnen, Dehler schwor Besserung, ging in den Fraktionssaal und begann: »Ich bin empört, ich bin erschü . . .«
Plötzlich brach er ab: »Das darf ich nicht mehr sagen. Mein Freund von der Opposition hat es mir verboten!«

Thomas Dehler pflegte seinen Dackel mit folgenden Worten vorzustellen: »So braun darf sich nur mehr ein Dackel zeigen!«

Der ehemalige Justizminister in der Regierung Adenauer hielt manche emotionell geladene Rede, die nicht ganz in den bisher gewohnten Regierungsstil paßte. Mahnte ihn sein Parteifreund, der Bundespräsident Heuss:
»Ich verstehe Sie nicht, Dehler, Sie haben eine so große Chance gehabt, als Minister eine würdige Rolle zu spielen. Und nun setzen Sie alles mit Ihren politischen Reden aufs Spiel!«
Antwortete Dehler: »Mancher Verlust ist ein Gewinn!«

DEMOSTHENES

(384-322 v. Chr.) griech. Staatsmann und Redner

— * —

Demosthenes, berühmt durch seine ›Philippika‹ – jene rhetorisch brillanten Aufrufe zum Krieg gegen Philipp II. von Makedonien –, Demosthenes wollte eines Tages die Gunst der unvergleichlich schönen Hetäre Laïs erwerben. Die geschäftstüchtige Dame forderte 6000 Drachmen, was so viel war wie 1 Talent.
»Nein«, sagte Demosthenes, »so teuer kaufe ich die Reue nicht.«

Demosthenes überraschte einen Dieb, der entschuldigte sich:
»Verzeihung, ich habe nicht gewußt, daß dies dein Eigentum ist.«
Demosthenes antwortete: »Aber das hast du sicher gewußt, daß es nicht deines ist!«

Demosthenes meldete sich während einer Versammlung zu Wort, fand aber kein Gehör. Er sagte: »Ich wollte euch nur eine hübsche Geschichte erzählen!« Sofort trat Ruhe ein. Er begann:
»Ein junger Mann mietete im Hochsommer einen Reitesel von Athen nach Megara. Unterwegs rastete er und legte sich im Schatten des Esels nieder. Da entstand ein Streit mit dem Herrn des Tieres, der behauptete: ›Ich habe dir nur meinen Esel vermietet, aber nicht seinen Schatten.‹«
Nach diesen Worten verließ Demosthenes das Rednerpult. Natürlich war man nicht einverstanden und schrie: »Halt! Wie ging der Streit denn aus?«

Da drehte sich Demosthenes um und sagte: »Was ich zum Wohle unserer Stadt sagen wollte, das wollt ihr nicht hören, aber für den Schatten eines Esels interessiert ihr euch.«

DESMOULIN, CAMILLE
(1760-1794) frz. Revolutionär

— * —

Als man Desmoulin zum Blutgerüst führte, drängte in den Straßen und auf den Plätzen von Paris das Volk. Alle wollten sie das Schauspiel sehen. Als Desmoulin das Gerangel um den besten Platz in der Nähe des Hinrichtungsortes sah, höhnte er:
»Bürger, Ihr habt es gar nicht nötig, euch zu drängen. Robespierre wird schon dafür sorgen, daß noch der ganze Konvent drankommt.«

DEWEY, GEORGE
(1837-1917) amerik. Admiral

— * —

»Daß ich in so guter Verfassung bin«, sagte Admiral Dewey, »kommt daher, daß ich körperliche Übungen treibe und nicht zu Banketten gehe. Ein Drittel dessen, was wir essen, erhält uns am Leben.«
»Und was ist mit den zwei andern Dritteln?« fragte ein Freund.
»Die erhalten die Ärzte am Leben.«

DIBELIUS, OTTO
(1880-1967) Bischof

— * —

Als sein Fahrer durch eine Vollbremsung einen Unfall vermeiden konnte, dankte Dibelius:
»Da hat der liebe Gott geholfen.«
Doch der Chauffeur widersprach:
»Nein, Herr Bischof, die Bremsen!«

DIONYS(IOS)
(um 430-367 v. Chr.) Tyrann von Syrakus

— * —

Dionys, der Tyrann aus Schillers ›Bürgschaft‹, hatte Plato nach Syrakus eingeladen und wollte ihn mit Geldgeschenken überhäufen, die der Philosoph aber nicht annahm. Da sagte Aristippos, auch ein Philosoph:
»Dionysios geht fürwahr mit seiner Freigebigkeit sicher. Uns, die wir viel verlangen, gibt er nichts, Plato aber, der nichts annimmt, viel.«

Der Tyrann Dionys wollte einmal die berühmte spartanische Suppe kosten. Aber sie schmeckte ihm gar nicht, und er machte auch kein Hehl daraus.
»Natürlich kann sie dir nicht schmecken«, sagte der Spartaner, der sie zubereitet hatte. »Es fehlt ja alles Zubehör.«
»Welches Zubehör?« wollte der Tyrann wissen, und der Spartaner erwiderte: »Die Arbeit, der Schweiß, die Ermüdung, der Hunger.«

In einem Tempel des Zeus fand Dionys eine alte Frau, die für sein Leben betete. Er war ganz gerührt und sprach die Frau an.
»Herr«, sagte sie, »dein Vorgänger war ein böser Mann, und da betete ich, die Götter möchten uns doch von ihm erlösen. Nun bist du an seiner Stelle, und du bist viel schlimmer als er. Wie wird erst dein Nachfolger sein!«

Dionys schrieb auch Gedichte, die er gern vorlas. Natürlich fand er lebhaften Beifall, nur der Dichter Philoxenos klatschte nicht.
»Mir gefallen diese Gedichte nicht«, erklärte er, als Dionys ihn fragte. Da verbannte der Tyrann ihn zur Zwangsarbeit in die Bergwerke. Nach einigen Monaten wurde er immerhin wieder begnadigt. Und Dionys las abermals Gedichte vor. Nach einer Weile stand Philoxenos auf und wandte sich zum Ausgang.
»Wohin gehst du?« rief der Tyrann.
»In die Bergwerke«, erwiderte der Dichter.

DISRAELI, BENJAMIN, EARL OF BEACONSFIELD
(1804-1881) engl. Staatsmann

— * —

Disraeli korrigiert, todkrank, noch die Fahnen seiner letzten Rede.
»Ich will nicht«, sagte er, »mit schlechter Grammatik auf die Nachwelt kommen.«

Ein mäßig gut beleumundeter englischer Geschäftsmann wollte geadelt werden.
»Ich kann Ihnen die Baronie nicht geben«, sagte Disraeli. »Aber Sie können Ihren Freunden erzählen, ich hätte sie Ihnen angeboten, und Sie hätten sie nicht angenommen. Das macht sich noch viel besser.«

Disraeli und Gladstone waren ihr Leben lang Rivalen. Disraeli stand hoch in der Gunst der Königin Viktoria, und als einmal jemand sich darüber wunderte, wie er dazu gekommen sei, sagte er:
»Das ist ganz einfach. Gladstone behandelt die Königin als öffentliche Einrichtung, und ich behandle sie als Frau.«

Disraeli fand auch als Staatsmann immer noch Zeit, Romane zu schreiben. Zu einem Freund sagte er:
»Was wollen Sie denn? Wenn ich Lust habe, einen Roman zu lesen, der mir gefällt, dann schreibe ich mir eben einen.«

»Man beschuldigt mich, ein Schmeichler zu sein«, sagte Disraeli. »Es ist wahr, ich bin ein Schmeichler. Ich habe das sehr nützlich befunden. Jeder läßt sich gern schmeicheln. Und wenn man mit dem Thron zu tun hat, so muß man die Schmeichelei mit der Kelle auftragen.«

Als über den Unterschied von Pech und Unglück gesprochen wurde, sagte Disraeli:
»Wenn Gladstone in die Themse fällt, so ist das sein Pech. Wenn ihn aber jemand herauszieht, so ist das ein Unglück.«

Diesraelis Frau, die große Liebe seines Lebens, hatte viele gute Eigenschaften, war aber anscheinend sehr ungebildet, wußte nicht, ob die Griechen vor den Römern dagewesen waren, und als man vor ihr von Swift sprach, erbat sie dessen Adresse, um ihn einzuladen.
Einmal wurde von der Schönheit der griechischen Statuen gesprochen, und da sagte sie:
»Ach, da sollten Sie meinen Mann sehen, wenn er aus dem Bad steigt!«

Der Kriegsminister Lord Hardinge war einmal im Hause Disraelis zu Gast und bekam das Zimmer neben dem Schlafzimmer Disraelis zugeteilt. Da gelang der Lady in aller Unschuld am nächsten Morgen das Bonmot:
»Heute nacht hatte ich das Glück, zwischen dem größten Redner und dem größten Kriegsmann unserer Zeit zu schlafen!«

Ein vertrauter Freund fragte Disraeli, ob die Naivität seiner Frau ihn nicht doch manchmal störe.
»Nicht im geringsten«, sagte Disraeli.
»Dann müssen Sie wirklich ein außerordentlicher Mensch sein!«
»O nein«, sagte Disraeli. »Ich habe nur eine einzige gute Eigenschaft, die allerdings selten ist – die Dankbarkeit. Und ich kann nicht vergessen, daß meine Frau mir die Treue gehalten hat, als alle andern mich im Stich ließen.«

DOLLFUSS, ENGELBERT

(1892-1934) österr. Bundeskanzler

— * —

Der frühere Bundeskanzler Österreichs war nicht gerade ein hochgewachsener Mann, man könnte fast meinen, er sei das Gegenteil gewesen.

Spöttelten die Österreicher, als sie es noch konnten: »Die Briefmarken zeigten sein Abbild in ›Lebensgröße‹.«

DUBOIS, GUILLAUME

(1656-1723) frz. Kardinal

— * —

Kardinal Dubois hatte einen Verwalter, der ihn ständig bestahl. Als am ersten des Jahres die Dienstleute beim Kardinal erschienen, um ihm Glück zu wünschen und Geschenke in Empfang zu nehmen, sagte der Kardinal zu seinem Verwalter:
»Ihnen schenke ich am meisten; ich schenke Ihnen alles, was Sie mir im Lauf des Jahres gestohlen haben.«

DUPUYTREN, CAMILLE

(1777-1835) frz. Arzt

— * —

Ein Freund wollte Dupuytren necken und fragte ihn:
»Ist es wahr, daß gestern einer Ihrer Patienten, ein Mann, den Sie wegen eines Herzleidens behandelt haben, an einem Leberleiden gestorben ist?«
»Unsinn!« rief Dupuytren wütend. »Wenn ich einen wegen eines Herzleidens behandle, dann stirbt er an einem Herzleiden!«

Dr. Dupuytren besaß eine kräftige Dosis von politischem Opportunismus.
Als während der Revolution von 1830 die ersten Verwundeten in sein Spital gebracht wurden, fuhr er sie an:
»Ihr habt nichts Besseres verdient! Warum mischt ihr euch auch in die Politik?«
Doch siehe, die Revolution siegte, und sein Ton veränderte sich nach und nach. Als schließlich der König verjagt worden war, rief Dr. Dupuytren in den Saal, darin die Verwundeten lagen, mit heller Begeisterung:
»Ihr seid brave Jungen! Ihr habt das Vaterland gerettet! Ich bin stolz darauf, solche Helden in meinem Spital zu haben!«

Als vom Spiritismus gesprochen wurde, fragte eine Dame Dr. Dupuytren, ob er an die Rückkehr der Geister der Toten glaube.
»Nicht im Traum!« erklärte er ehrlich. »Sonst hätte ich längst meinen Beruf gewechselt.«

DUQUESNE, ABRAHAM, MARQUIS
(1610-1688) frz. Admiral

—*—

Duquesne hatte Frankreich große Dienste geleistet, die Holländer in drei Schlachten geschlagen, Schiffe auf eigene Kosten ausgerüstet, erhielt aber von Ludwig XIV. nie den Lohn, den seine Taten verdienten, und zwar, wie der König selber zugab, weil er Calvinist war.
»Sire«, sagte Duquesne, »als ich für Sie kämpfte, habe ich mich nie gefragt, ob Sie sich zu einem andern Glauben bekennen als ich.«

EBERT, FRIEDRICH
(1871-1925) Staatsmann

—*—

In einem Berliner Kabarett trat eine Zeitlang ein Schauspieler in der Maske Friedrich Eberts auf und sang eine gepfefferte Parodie. Die Verfassungsschützer machten den Reichspräsidenten darauf aufmerksam und fragten, ob man den Unfug nicht verbieten solle.
Ebert: »Solange er nicht so falsch singt wie ich, soll er ruhig weitermachen.«

Am 9. November legte der letzte vom Kaiser ernannte Reichskanzler, Prinz Max von Baden, sein Amt nieder. Seinem Nachfolger Friedrich Ebert reichte er die Hand:
»Herr Ebert, ich lege Ihnen das deutsche Reich ans Herz!«
Ebert erwiderte: »Ich habe zwei Söhne für dieses Vaterland verloren.«

Die Unterschrift unter den Versailler Vertrag fiel Ebert schwer. Letztlich vollzog er sie doch: »Einer muß das Unglück der Unterzeichnung auf sich nehmen, um des Volkes willen!« Er benutzte die Feder, mit der er den Vertrag unterschrieb, nie wieder.

1914 sprach Friedrich Ebert vor dem Reichstag den bekannten Satz aus: »In der Stunde der Gefahr läßt die Sozialdemokratie das Vaterland nicht im Stich!« Überrascht mußte der so sprechende feststellen, daß ein Flugblatt, das die Kreditbewilliger schärfstens angriff, mit der Unterschrift seines Sohnes Fritz gezeichnet war. Er ließ den Hitzkopf zu sich kommen, belehrte ihn und schloß mit dem Satz:
»Die Arbeiterbewegung ist kein Spielzeug. Es steckt viel Schweiß und Herzblut darin!«

EDUARD III.
(1312-1377) engl. König
— * —

König Eduard III. war fünfzehn Monate im Ausland gewesen und kehrte 1347 nach einer stürmischen Überfahrt in sein Land zurück.
»Heilige Jungfrau!« rief er. »Warum lächelt das Wetter mir zu, wenn ich England verlasse, und zürnt mir, wenn ich heimkehre?«

EDUARD VII.
(1841-1910) engl. König
— * —

Der spätere Eduard VII. hörte als kleiner Junge im Religionsunterricht, daß vor Gott alle Menschen gleich seien. Da meinte er:
»Ja, das wird schon stimmen. Aber der Mama wird es gar nicht recht sein!«

Eduard VII. war Gast des Königs von Dänemark. Einmal machte er einen längeren Spaziergang außerhalb der Stadt, verirrte sich und bat schließlich den Bauern auf dem Bock eines Heuwagens, ihn in die Stadt zu bringen.
»Setzen Sie mich vor dem Königlichen Schloß ab«, sagte er.
Der Bauer war verdutzt und fragte: »Wer sind Sie denn?«
»Ich bin der König von England.«
»Ja, natürlich«, spottete der Bauer. »Daß ich Sie nicht gleich erkannt habe! Und ich bin der Papst!«
Nachdem der König ins Schloß gegangen war, fragte der Bauer einen Türsteher: »Wer war denn dieser Mensch?«
»Das war der König von Endland.«
Der Bauer kratzte sich den Kopf. »Da sollten Sie ihm doch sagen, daß ich nur Spaß gemacht habe. Ich bin gar nicht der Papst.«

König Eduard VII. ging täglich, seine Zigarre rauchend, durch seinen Park, wo gerade einige Maurer arbeiteten. Nun hatte er bei den Maurern einige Unruhe bemerkt.
»Was haben die Leute denn?« fragte er den Aufseher.
»Ja, die Leute passen auf, wenn Eure Majestät einen Zigarrenstummel wegwerfen, und den nehmen sie dann als Andenken mit.«
Am nächsten Tag kam der König mit einem Kistchen Zigarren und gab jedem Maurer zwei.
»Die eine zum Rauchen, die andere als Andenken. Aber an eurer Stelle würde ich auch die andere rauchen.«

König Eduard VII. besuchte einmal eine Dorfschule. Und da fragte er einen Schüler nach dem bedeutendsten Monarchen Englands.
Der Lehrer flüstert einem Schüler zu: »Eduard VII.«
»So, so«, sagte der König, »und was hat er denn so Großartiges geleistet?«
Da wurde der Schüler verlegen und stotterte:
»Ich . . . ich weiß nicht.«
»Mach dir nichts draus«, sagte der König, »ich weiß es auch nicht.«

EHMKE, HORST

(geb. 4. 2. 1927) SPD-Politiker

— * —

Im Bundestags-Wahlkampf 1969 fiel manch spitzes Wort. So sagte Ehmke auf einer Versammlung von angestammten CDU-Wählern: »Es gibt keinen Zweifel, daß Kiesinger schön ist. Aber am 28. September findet eine politische Wahl statt und keine Schönheitskonkurrenz.«
Und Ehmke fügte an: »Wer sagt denn, daß es bei den drei K – Kirche, Küche, Kiesinger – bleiben muß!?«

Fast täglich verteilte Horst Ehmke im Wahlkampf Nelken an einkaufende Hausfrauen. Aber auch dabei handelte er sich zuweilen Diskussionen ein. Auf seinen munteren Spruch: »Wenn Sie uns wählen, blüht diese Blume bis Weihnachten«, bekam er prompt zur Antwort: »So sind alle eure Wahlversprechen.«

Der Kanzleramtsminister freute sich über den vorgesehenen Auftrag für den ehemaligen Regierungssprecher und Verfechter der Hallstein-Doktrin, Günter Diehl, als Botschafter nach Neu-Delhi zu gehen: »In Delhi kann selbst Diehl nicht die Anerkennung der DDR verhindern, und das wollen wir sehen.«

Als man zur Jahreswende 1969/70 von der neuen Bonner Regierung aus Kontakte zur DDR aufnahm, suchte Minister Ehmke schnellen Anschluß und – stieß auf Kontaktschwierigkeiten. Im Palais Schaumburg nämlich kannte – nach 20 Jahren CDU-Regiment – niemand die Telex-Nummer der anderen deutschen Regierung.

EISENBART, JOHANN ANDREAS

(1661-1727) Mediziner, galt als Kurpfuscher

— * —

Zu ihm kam ein Patient, der erzählte:
»Mein Freund und ich, wir wurden zur selben Zeit krank. Er nahm kei-

nen Arzt und gesundete alsbald. Ich dagegen nahm einen berühmten Arzt und bin heute noch krank. Wie erklärt Ihr Euch das?«
Eisenbart erwiderte:
»Die Sache ist ganz natürlich. Euer Freund hatte nur die Krankheit gegen sich, Ihr dagegen hattet es mit der Krankheit und mit einem Arzt zu tun, und gegen zwei Feinde, auch wenn sie unter sich nicht einig sind, ist der Kampf immer ungleich, also schwer und lang.«

Zu einem Kranken, der versuchte, sich durch die Lektüre medizinischer Bücher zu heilen, sagte Eisenbart:
»Nimm dich nur in acht, du wirst noch einmal an einem Druckfehler sterben.«

Ein Mann kommt zu Eisenbart und klagt:
»Herr Doktor, wenn ich vom Schlaf aufstehe, bin ich eine halbe Stunde schwindlig, und dann erst wird mir besser.«
Darauf antwortet Dr. Eisenbart:
»Stehe eine halbe Stunde später auf.«

EISENHOWER, DWIGHT D.
(1890-1969) amerik. General und Präsident

— * —

Eisenhower, der alliierte Oberbefehlshaber während der Invasion 1944, gehörte zu jenen Militärs, die mit Gefallenenzahlen nicht generalstabsmäßig zu kalkulieren vermögen. Dem Heldenkult, den man um ihn treiben wollte, begegnete er mit den Worten:
»Es gibt keinen Schlachtenruhm, der das vergossene Blut rechtfertigt.«

Als junger Offizier in Panama sagte Eisenhower eines Tages zu einem Freund:
»Jetzt ist es ruhig, da könnte ich mir eigentlich den Blinddarm operieren lassen.«
»Warum? Stört er Sie?«
»Nun, aber er könnte mich stören, wenn es einmal weniger ruhig ist.«

Ein Journalist fragte Präsident Eisenhower, welches der beste Rat gewesen sei, den man ihm je gegeben habe. Ohne zu zaudern erwiderte Eisenhower: »Meine Frau zu heiraten.«
»Und wer hat Ihnen diesen Rat gegeben?«
»Meine Frau natürlich!«

Eisenhower sollte im Presse-Club sprechen und entschuldigte sich; er sei kein großer Redner.

»Das erinnert mich«, sagte er, »an meine Knabenzeit in Kansas. Ein alter Farmer hatte eine Kuh, die wir kaufen wollten. Wir gingen zu ihm und fragten ihn nach dem Stammbaum der Kuh. Er wußte nicht, was das ist. Dann fragten wir ihn, wieviel Milch sie gab. ›Das weiß ich nicht‹, erwiderte er. ›Aber sie ist eine brave, alte Kuh, und sie gibt so viel Milch, wie sie hat.‹
»Nun«, schloß Eisenhower, »ich bin wie diese Kuh. Ich gebe Ihnen, was ich habe.«

Picasso an der Himmelstür, Petrus fragt: »Was wollen Sie?« – »Ich möchte in den Himmel!« – »Wer sind Sie?« – »Ich bin Picasso!« – »Das kann jeder sagen. Beweisen Sie es!« Picasso malt Petrus und wird eingelassen.
Etwas später: Casals vor der Himmelstür, derselbe Dialog. Casals beweist seine Identität, indem er Petrus auf dem Cello etwas vorspielt. Der Musiker wird eingelassen.
Nun kam Eisenhower. Petrus fordert Beweise, daß er Präsident war, Eisenhower ist ungeduldig: »Hören Sie. Ich war Präsident der USA, jedes Kind auf der Welt kennt mich!« Petrus bleibt hart: »Tut mir leid, wer Eintritt will, muß seine Identität beweisen. Gerade waren Picasso und Casals hier, auch sie mußten sich ausweisen!« – Darauf der General: »Wer ist Picasso? Wer ist Casals?« – »Bitte kommen Sie herein, Sie sind Eisenhower!«

Eisenhowers Golfleidenschaft war Anlaß für unzählige Anekdoten und Witzeleien. Einmal spielten mehrere Herren auf einem Golfplatz in Florida, als der Pressechef des Weißen Hauses atemlos ankam und bat: »Darf ich Sie bitten, meine Herren, den Platz schnellstens freizugeben? Präsident Eisenhower muß seine Partie mit einer gewissen Beschleunigung zu Ende spielen, denn wir haben eben Nachricht erhalten, daß die Russen New York bombardieren wollen!«

ELENA

(1873-1952) Königin von Italien

—*—

Die Königin hatte einmal in einem Kurort ein reizendes kleines Mädchen bemerkt.
»Kannst du nähen?« fragte sie die Kleine.
»Nein, ich kann nur Strümpfe stricken.«
»Und du weißt, wer ich bin?«
»Ja, Signora. Sie sind die Königin.«
»Gut, dann strick mir ein Paar Strümpfe und schick sie mir nach Rom.«

Die Strümpfe kamen pünktlich im Palast an, und die Königin schickte zum Dank ein Paar Seidenstrümpfe, den einen mit Süßigkeiten, den andern mit Geld gefüllt.
Daraufhin erhielt sie einen Brief ihres Schützlings:
»Signora, Ihr Geschenk hat mich viele Tränen gekostet. Mein Vater hat das Geld genommen, mein älterer Bruder die Süßigkeiten und meine Mutter die Strümpfe.«

ELISABETH I.

(1533-1603) Königin von England

— * —

Königin Elisabeth unternahm im Jahre 1588 eine Reise nach dem Fort Tilbury. Unterwegs besuchte sie am 29. September, dem Michaelistag, den Ritter Neville auf seinem unweit von Tilbury gelegenen Schloß. Der Ritter setzte der Königin eine gebratene Gans vor, von der sie mit großem Appetit aß. Hernach verlangte sie von ihrem Wirt ein Glas Burgunder, um, wie sie sagte, auf die Vernichtung der spanischen Armada zu trinken. Man wußte, daß diese sogenannte unüberwindliche Flotte damals im Anzug war. Kaum hatte Elisabeth mit diesem Toast ihr Glas geleert, als ein Kurier die Nachricht von dem durch schreckliche Stürme bewirkten Untergang der Armada brachte. Die Königin verlangte darauf geschwind noch ein Glas, um diese gute Nachricht – so sagte sie – zugleich mit der Gans verdauen zu können.
Seit diesem Tage unterließ sie nie, sich immer am Michaelistag eine gebratene Gans auftafeln zu lassen. Der Hof folgte bald diesem Beispiel, das dann auch in kurzem von allen Volksklassen nachgeahmt und zur Sitte wurde, die sich in England bis auf den heutigen Tag erhalten hat.

Die Königin sah, wie ihr Günstling Raleigh während einer Verhandlung ruhig seine Pfeife rauchte.
»Ihr mit all Eurem Verstand«, sagte sie, »wärt doch nicht fähig, den Rauch zu wiegen, der aus Eurer Pfeife aufsteigt.«
Raleigh meinte, das könne er, und es kam zu einer Wette mit der Königin. Raleigh wog daraufhin den Tabak, den er in seine Pfeife stopfte, nachher die Asche, die übrig blieb, und der Unterschied war eben das Gewicht des Rauches.
Die Königin bezahlte die Wette und meinte:
»Bisher habe ich immer geglaubt, daß die Leute ihr Geld in Rauch verwandeln; jetzt sehe ich zum erstenmal, daß Rauch zu Geld wird.«

ELLEBOROUGH, LORD

(um 1800) engl. Gerichtspräsident

— * —

Vor Lord Elleborough hatte ein junger Anwalt zu sprechen, konnte aber vor Angst und Lampenfieber nur herausbringen:
»Mylord – mein unglücklicher Klient – Mylord – mein unglücklicher Klient.«
»Sprechen Sie nur weiter«, sagte Lord Elleborough. »Bis jetzt ist der Gerichtshof durchaus Ihrer Meinung.«

ENGEL, JEROME D.

(um 1900) Geistlicher

— * —

Engel war in einem Kurort. Eine der Kirchen hatte für den Sonntag einen sehr bekannten Prediger aufgefordert, der aber im letzten Augenblick absagte. Weit und breit kein Ersatz! Da hörte einer der Kirchenältesten zufällig, daß Engel im Ort war und ging zu ihm. Der berühmte Prediger sagte zu, und der Kirchenälteste meinte erleichtert:
»Wissen Sie, Mr. Engel, wir hätten uns auch mit einem schlechteren Prediger begnügt, aber es war keiner zu finden.«

Engel hielt in Philadelphia eine seiner Wiedererweckungswochen ab. Auf der Straße fragt er einen Jungen, wie man denn zum Postamt komme.
»Diese Straße, drei Plätze überqueren und dann nach links«, lautet die präzise Antwort.
»Du bist ja ein kluger Junge«, sagt Engel, ein Mann von sehr ausgeprägtem Selbstbewußtsein. »Und weißt du auch, wer ich bin?«
»Nein.«
»Ich bin der berühmte Prediger, der für die Wiedererweckung der Frömmigkeit tätig ist. Wenn du heute abend zu meiner Versammlung kommst, zeige ich dir den Weg zum Himmel.«
»Ach was«, meint der kluge Knabe. »Sie kennen ja nicht einmal den Weg zum Postamt!«

EPPLER, ERHARD

(geb. 9. 12. 1926) SPD-Politiker

— * —

In seinem Bonner Ministerium wurde Eppler häufiger von Besuchern auf die Originalaquarelle angesprochen, die in seinem Arbeitszimmer hingen. Einige hielten die Bilder zugegebenermaßen für ›frühe Mackes‹ oder ›späte van Goghs‹. Der Minister klärte in solchen Fällen seine Gäste auf:
»Leider muß ich Sie enttäuschen, die sind von meinen Kindern.«

ERASISTRATOS
(um 300 v. Chr.) Leibarzt des Königs Seleukos

— * —

Erasistratos stellte fest, daß die Krankheit des Königssohnes, Antiochos, daher rühre, daß der Prinz sich in seine Stiefmutter verliebt hatte. Er ging zum König und erklärte ihm, es gäbe ein Mittel, Antiochos zu heilen, doch das könne unmöglich angewendet werden.
»Warum unmöglich?« fragte der König.
»Nun, Antiochos ist krank vor Liebe zu meiner Frau.«
»Dann tritt sie ihm doch ab! Was könntest du Geringeres tun, um dich deinem Herrn dankbar zu erweisen?«
»Und du, o König, der du sein Vater bist, du würdest ihm deine Gattin abtreten?«
»Gewiß täte ich das!«
Da sagte Erasistratos die Wahrheit. Der König, in seiner eigenen Schlinge gefangen, trennte sich von seiner Frau, gab sie Antiochos, und der Prinz wurde gesund.

ERLER, FRITZ
(1913-1967) SPD-Politiker

— * —

In den Jahren, in denen die SPD sich mühsam ein Verhältnis zur Bundeswehr zulegte, gab es im Parlament einmal folgenden Wortwechsel.
Strauß: »Über die Bundeswehr kann man mit den Herren von der Opposition ja nicht reden, die zieren sich ja und übernehmen keine Verantwortung.«
Darauf Erler für seine Partei: »Haben Sie denn noch nie gehört, daß man sich notfalls auch um die Aufzucht unerwünschter Kinder kümmert?«

ERTL, JOSEF
(geb. 7. 3. 1925) FDP-Politiker

— * —

Als Ertl, für viele unerwartet, die Bonner Bühne betrat, gab er manch vierschrötige Antwort in manch fallenstellendem Interview. So erklärte er Journalisten:
»Als früherer Stukapilot habe ich die Maschine noch immer rechtzeitig vor dem Boden abfangen können. Ich hoffe, daß mir das auch in meinem Amt gelingt.«

Redesplitter aus dem 6. deutschen Bundestag:
»Mir ist folgende Idee gekommen«, sagte Bundesminister Ertl. »Wäre es nicht möglich, bei den Bundesligaspielen den Besuchern Äpfel zu über-

reichen? Ich könnte mir keine günstigere Möglichkeit vorstellen, für den Apfelabsatz zu werben, zum Beispiel unter dem Motto: ›Wer deutsche Äpfel ißt, hat eine gute Kondition.‹«
Zwischenruf Köppler, CDU: »Herr Bundesminister, sind Sie bereit, den Platzvereinen der Bundesliga möglicherweise entstehende Ordnungsstrafen zu ersetzen, wenn Sie Wurfgeschosse verteilen?«

Kaum war Josef Ertl aus Bayern Bundeslandwirtschaftsminister geworden, ging ein Bild durch die Presse, das ihn auf einer Wiese stehend zeigte – eine Kuh stieß mit der Schnauze an des Ministers Kehrseite. Daraufhin wurde Ertl zum lebenslänglichen Mitglied der ›Götz-von-Berlichingen-Akademie‹ ernannt.
Die Akademie, die sich mit Hingabe der ›Erforschung des schwäbischen Grußes‹ widmet, bezeichnete den Bayern als Hinterlecktuellen, nachdem sie das Foto mit der ›an seiner hinteren Hosenseite‹ leckenden Kuh begutachtet hatte.

ESSEX, ROBERT DEVEREUX, GRAF

(1567-1601) Günstling Elisabeth I.

— * —

Graf Essex sagte zu einem Mönch: »Du verdientest, daß ich dich in die Themse werfen lasse!«
»Tut es nur«, erwiderte der Mönch. »Der Weg in den Himmel ist zu Wasser nicht länger als zu Lande.«

D'ESTAING, GRAF

(1729-1794) frz. Admiral

— * —

Admiral Graf d'Estaing kam vor das Revolutionsgericht.
»Dein Name, Bürger?« wurde er gefragt.
»Mein Name ist leidlich bekannt«, erwiderte d'Estaing. »Wenn ihr mir den Kopf abgeschnitten habt, schickt ihn den Engländern, und sie werden ihn erkennen.«

EUGEN, FRANZ E. VON SAVOYEN-CARIGNAN

(1663-1736) österr. Feldherr und Staatsmann

— * —

Während des Spanischen Erbfolgekriegs war Prinz Eugen von Savoyen sehr unzufrieden, weil er bei seinen Unternehmungen immer zuerst die Zustimmung der holländischen Abgesandten einholen mußte. Er sagte zu einem seiner Generäle:

»Alexander der Große hätte keine einzige Schlacht gewonnen, wenn er genötigt gewesen wäre, auf die Erlaubnis der holländischen Abgesandten zu warten.«

Als Österreich und Frankreich Frieden geschlossen hatten, speisten die beiden gegnerischen Heerführer, Prinz Eugen und Marschall de Villars, als alte Freunde miteinander. Und der Marschall sagte:
»Exzellenz, wir sind keine Feinde. Ihre Feinde sitzen in Wien, und meine Feinde sitzen in Paris.«

EUGENIE MARIE

(1826-1920) Gemahlin Napoleon III.

— * —

Im Gefolge des Sultans Abdul Aziz kam bei einem Staatsbesuch im Frankreich Napoleons III. auch ein Großwesir namens Ali Pascha nach Paris. Der Kaiserin kam zu Ohren, daß dieser Mann sich rühmte, keine Frau könne ihm widerstehen. Sie ließ Ali Pascha zu sich rufen und fragte:
»Wieso halten Sie sich für derart unwiderstehlich?«
»Majestät«, sagte Ali Pascha. »Jede Frau hat eine Schwäche für das eine oder das andere. Mit Geld sind solche Wünsche zu befriedigen.«
»Und was fangen Sie bei einer Frau an, die ohnehin reich ist?«
»Ich biete ihr noch mehr, als sie sich leisten kann, zum Beispiel drei Millionen Franc.«
»Eine hübsche Summe«, sagte die Kaiserin. »Und woher wollen Sie so viel Geld nehmen.«
Da lachte Ali Pascha, verneigte sich und meinte: »Die Frau wäre also gefunden. Jetzt müßte man nur noch das Geld beschaffen.«

FAGON, GUY

(1638-1718) Leibarzt Ludwig XIV.

— * —

Fagon tobte und wetterte gegen die Schäden, die der Tabak anrichte. Was ihn nicht hinderte, selber dauern zu schnupfen. Da meinte ein Hofherr:
»Fagon sollte seine Nase in Einklang mit seinen Argumenten bringen.«

FAITRIEN, MARQUIS DE

(1200-1300) Begründer eines Adelsgeschlechts

— * —

Eine amerikanische Reisegesellschaft wird durch ein altes französisches Adelsschloß geführt. Vor einem Männerporträt sagt der Führer:

»Und das ist der Ahnherr des Geschlechts der Grafen von Faitrien.«
»Was hat er gemacht?« will ein Amerikaner wissen.
»Ich sagte es Ihnen ja schon. Er hat das Geschlecht begründet.«
»Aber tagsüber?« fragt der Amerikaner.

FALCONET, GUY
(1712-1791) Arzt Ludwig XV.

— * —

Falconet wurde von einer eingebildeten Kranken behelligt. Auf seine Fragen mußte sie zugestehn, daß sie mit Appetit aß, mit Vergnügen trank, gut schlief und überhaupt keine Anzeichen irgendeiner Krankheit aufwies.
»Schön«, sagte der Doktor. »Überlassen Sie das nur mir! Das soll bald anders werden!«

FARNESE, ALESSANDRO
(1520-1587) Kardinal

— * —

Kardinal Farnese war außerordentlich wohltätig und großzügig. Eine arme Frau bat ihn um fünf Scudi. Er schrieb eine Anweisung für seinen Schatzmeister, und die arme Frau erhielt fünfzig Scudi.
»Ich hatte doch nur um fünf gebeten«, sagte sie.
Aber der Schatzmeister zeigte ihr, daß die Anweisung auf fünfzig Scudi lautete. Da ging sie mit dem Schein abermals zum Kardinal.
»Eminenz, Sie haben sich bestimmt um eine Null geirrt!«
Der Kardinal besah die Anweisung und lächelte.
»Ja, allerdings«, meinte er und fügte noch eine Null hinzu.

FARUK I.
(1920-1965) König von Ägypten

— * —

Nicht mehr ganz nüchtern, philosophierten in einer Estoriler Bar ein Dutzend abgesetzter europäischer Monarchen. Seufzte einer versonnen:
»Wie viele Könige mag es wohl in einem Vierteljahrhundert noch geben?«
»Fünf«, behauptete der verjagte Araber und begründete seine Meinung: »Pik-König, Herz-König, Karo-König, Treff-König und – das Königtum von England.«

Als die ägyptische Revolution die Abdankung des verhaßten Königs erzwungen hatte, unterschrieb der Monarch die Abdankungsurkunde. Na-

türlich war er sehr aufgeregt, und die Unterschrift mißlang. Am nächsten Tag bat man ihn, kurz bevor er mit viel Pomp in sein Exil nach Capri verabschiedet wurde, die Unterschrift noch einmal zu wiederholen. Faruk entschuldigte sich für seine miserable Schrift und gab sich nunmehr alle Mühe, eine ordentliche Unterschrift zuwege zu bringen.
Ein Revolutionär meinte daraufhin bissig: »Könige sollten das Abdanken üben – dann lernen sie wenigstens schreiben.«

FERDINAND I.

(1793-1875) Kaiser von Österreich

— * —

Ferdinand I. wurde im Jahr 1848 abgesetzt. Sein Neffe Franz Joseph bestieg für längere Zeit den Thron, und Ferdinand mußte zurückgezogen in Prag leben.
Nach den Niederlagen in der Lombardei und bei Königgrätz sagte der alte Kaiser:
»Warum hat man mich eigentlich weggeschickt? Schlachten und Provinzen verlieren hätte ich ebensogut können wie mein Neffe.«

Als 1848 in Wien das Volk revoltierte, fragte der Kaiser seinen Minister ganz erstaunt: »Ja defen's denn dös?«

Ein berühmter Pianist spielte am Hof, der Kaiser war anwesend. Nach dem Konzert stand Ferdinand auf und ging auf den Pianisten zu, der sich tief verbeugte. Ferdinand sah mit aufrichtiger Bewunderung auf das erhitzte Musikergesicht und sagte:
»Das ist ganz erstaunlich! Ich hab den Chopin gehört, den Liszt, alle Berühmtheiten habe ich gehört, aber ich versichere Ihnen, daß ich noch niemand sah, der so wie Sie geschwitzt hat. Das ist ganz großartig!«

Kaiser Ferdinand von Österreich war nicht gerade sehr intelligent, aber er hatte als Kanzler den Fürsten Metternich. Wenn der Kanzler ihm Bericht erstattete, war der Kaiser sehr zerstreut. Einmal aber bemerkte Metternich erstaunt, daß der Kaiser sichtlich mit großem Interesse lauschte. Der Fürst benützte die Gelegenheit, um gegen die Gefahren der liberalen Bestrebungen ins Feld zu ziehen. Plötzlich unterbrach ihn der Kaiser:
»Jetzt ist's der achtzigste!«
Während der Kanzler seinen Bericht erstattete, hatte der Kaiser aufmerksam zum Fenster hinausgeschaut und die Wagen gezählt, die in den Burghof einfuhren.

FERDINAND II.

(1810-1859) König beider Sizilien

— * —

König Ferdinand fuhr einmal im Wagen durch sein Reich, dessen Straßen in kläglichem Zustand waren. Bei der Ankunft an seinem Ziel war der König darum auch in schlechtester Stimmung, ließ den für den Straßenbau verantwortlichen Beamten kommen und kanzelte ihn vor dem ganzen Gefolge gründlich ab.
Der Beamte versuchte, Entschuldigungen zu finden, und sagte, der König habe ja den geschlossenen Wagen unterwegs überhaupt nicht verlassen, könne also kaum ein Urteil über die Straßen abgeben.
Da erwiderte der König:
»Den Zustand von Straßen beurteilt man nicht mit den Augen, sondern mit dem Hintern!«

FESCH, JOSEPH

(1763-1839) Kardinal, Erzbischof von Lyon

— * —

Kardinal Fesch pflegte drei- oder viermal im Jahr große Diners zu geben und lud nach dem Almanach der Würdenträger, ohne lange zu wählen, vierzig Staatsräte, Senatoren und Geistliche. Eines Abends waren nur neununddreißig versammelt, es war halb acht, es wurde acht, aber man ging noch immer nicht zu Tisch. Ein Gast fragte:
»Monseigneur, erwarten Sie noch jemanden?«
»Ja, ich erwarte einen sehr angesehenen Senator.«
Es wurde halb neun. Der Gast meinte:
»Monseigneur, der angesehene Senator ist vielleicht krank geworden.«
»Unmöglich! Das hätte er mir sagen lassen.«
Abermals verging eine halbe Stunde.
»Wer ist denn eigentlich der angesehene Senator, Monseigneur?«
»Der Graf Laville-Leroux.«
»Ja, aber der ist doch schon seit einem Jahr tot!«
»So?« sagte der Kardinal. »Ja, dann können wir zu Tisch gehn.«

FISHER, LORD JOHN

(1841-1920) engl. Admiral

— * —

Der englische Admiral Fisher pflegte folgende Geschichte zu erzählen:
»Sie wissen, daß unsere Seeleute einen Widerwillen dagegen haben, am Freitag auszufahren. Da beschloß vor Jahren eine Reederei, mit diesem Aberglauben aufzuräumen. Sie legte ein Schiff an einem Freitag auf Kiel, ließ es an einem Freitag von Stapel laufen, nannte es ›Freitag‹, und seine erste Fahrt trat es an einem Freitag an . . .«

An dieser Stelle fragten die Zuhörer:
»Und das hat auf die Matrosen gewirkt?«
»Gewiß«, entgegnete Fisher, »gewiß hätte es gewirkt, aber von Schiff und Besatzung hat kein Mensch mehr je etwas gehört.«

FOCKE, KATHARINA
(geb. 8. 10. 1922) SPD-Politikerin

— * —

Auf einem Empfang in Den Haag, bei der EWG-Gipfelkonferenz, wurde Frau Dr. Focke vom Zeremonienmeister vorgestellt: »Staatssekretär Focke und Frau.«
Kommentar der Politikerin: »Nicht nur das Bonner Protokoll verrät ein gebrochenes Verhältnis zu Frauen.«

FORD, HENRY
(1863-1947) amerik. Automobilindustrieller

— * —

Ein Autofahrer hat eine Panne und bastelt an dem Motor herum. Ein Fordwagen hält neben ihm, der Lenker steigt aus und hat den Schaden im Nu behoben. Der Autofahrer will dem Helfer ein Trinkgeld geben; der aber, kein anderer als Ford selbst, lehnt lächelnd ab:
»Ich bin in leidlich guten Verhältnissen.«
»Ja, Mensch«, ruft der Autofahrer, »warum fahren Sie dann einen Ford?!«

FOSS, WILLIAM
(19. Jh.) amerik. General

— * —

Foss setzte sich warm für die Emanzipation der amerikanischen Neger ein; seine Schützlinge veranstalteten einmal ein großes Bankett zu seinen Ehren, und ein Neger schloß seinen Trinkspruch mit den Worten:
»Es lebe der General Foss! Seine Haut ist zwar weiß, aber sein Herz ist schwarz!«

FOUCHÉ, JOSEPH
(1759-1820) frz. Polizeiminister

— * —

Nach der Rückkehr der Bourbonen auf den Thron vergaß Fouché seine republikanischen Grundsätze und bot sich Ludwig XVIII. zum Dienst an.
Schimpfte ein Freund aus früheren Zeiten: »Verräter!«
»Dummkopf«, antwortete Fouché.

Bei dem großen Galadiner, das Napoleon gab, um seine Hochzeit mit Marie Louise zu feiern, wollte der Kaiser seinen Minister Fouché in Verlegenheit bringen und fragte ihn brutal:
»Ist es wahr, Herzog von Otranto, daß Sie für den Tod Ludwig XVI. gestimmt haben, des Onkels der Kaiserin, die hier neben mir sitzt?«
»Es ist wahr, Sire«, erwiderte Fouché, ohne zu zaudern. »Und es war der erste Dienst, den ich Eurer Majestät erweisen durfte.«

Napoleon hatte schon abgedankt, als er Fouché den Gedanken unterbreitete, Frankreich nicht mehr als Kaiser, sondern als erster Soldat zu dienen. Fouché redete ihm diese Idee aus. Zu anderen spöttelte er: »Als Kaiser kann er uns nicht mehr helfen, und zum Korporal ist er zu dick.«

FOX, CHARLES
(1749-1806) engl. Staatsmann

— * —

Dem späteren Staatsmann machte sein Vater Vorhaltungen. Wie er es fertig bringe, zu schlafen und sich des Lebens zu freuen, da er doch so enorme Schulden habe!
»Darüber brauchten Eure Lordschaft sich nicht weiter zu wundern«, erwiderte Fox. »Viel erstaunlicher ist es, daß meine Gläubiger schlafen können.«

König Georg III. fragte Fox, welches sein größtes Vergnügen sei.
»Beim Spiel gewinnen«, war die Antwort.
»Und das zweitgrößte?«
»Beim Spiel verlieren.«

Fox war immer verschuldet und wurde von einem Gläubiger gedrängt, er solle doch endlich den Tag nennen, an dem er zahlen werde.
»Nun«, sagte Fox, »meinetwegen am Tag des Jüngsten Gerichts.«
»Da werden wir alle sehr beschäftigt sein«, meinte der Gläubiger.
»Schön«, erklärte Fox. »Also den Tag nachher.«

FRANCO Y BAHAMONDE, FRANCISCO
(1892-1975) Staatschef Spaniens

— * —

Schon vor dem Zweiten Weltkrieg war dieser Witz im Umlauf:
Die Welt wird erst dann aufatmen, wenn eines Tages Francos Witwe Stalin ans Sterbebett die Mitteilung bringt, daß Adolf Hitler bei der Beerdigung Mussolinis einem Attentat zum Opfer gefallen ist.

Große Ausstellung im Madrider Prado, großes Gedränge um die überlebensgroße Statue des Caudillo. Etwas abseits von der Menge ein Dialog:
»Wie gefällt es Ihnen?«
»Mir imponiert das Denkmal. Es hat nur zwei Fehler.«
»Nur zwei?«
»Der erste Fehler ist, es müßte am Sockel stehen: Ruhe in Frieden!«
»Wieso, der ist doch noch nicht tot?«
»Das ist der zweite Fehler!«

Während des Zweiten Weltkriegs bemühte sich Hitler mehrfach, Spanien auf seine Seite zu ziehen. Als seine Unterhändler keinen Erfolg heimbrachten, machte Hitler sich selbst zu einem Geheimbesuch bei dem Generalissimus auf. Man redete neun Stunden miteinander – ohne Resultat. Hitler später zu Mussolini:
»Lieber lasse ich mir vier Zähne ziehen, als noch einmal neun Stunden mit dem Spanier zu verhandeln.«

Inschrift an einer Wand einer Madrider Gefängniszelle:
»Die Mutter unseres Caudillo Francisco Franco war eine ehrenwerte Dame. Nur er ist ein Hurensohn.«

FRANÇOIS-PONCET, ANDRÉ
(geb. 13. 6. 1887) frz. Diplomat

— * —

Während seiner Amtszeit als französischer Botschafter in der Bundesrepublik besuchte François-Poncet einmal in Heilbronn eine Kunstausstellung. Als er an einer Skulptur vorüberkam, die eine recht rundliche Frauengestalt darstellte, betrachtete er die stattliche Rückenansicht und sagte:
»Voilà, Madame Götz von Berlichingen.«

Mit dem Außenminister Hitlers, Ribbentrop, stand der französische Botschafter auf schlechtem Fuß. Ribbentrops diplomatische Fähigkeiten umschrieb er so:
»Frankreich hat eigentlich immer Glück gehabt: Vor den Engländern rettete uns die Jungfrau von Orleans. Auf dem Wiener Kongreß bewahrte uns Talleyrand vor dem Untergang. Und als eben England sich von uns abwenden wollte, da kam Herr von Ribbentrop als deutscher Botschafter nach London und trieb die Briten in unsere Arme zurück.«

FRANKLIN, BENJAMIN
(1706-1790) amerik. Politiker und Schriftsteller

— * —

Gegen Ende des Befreiungskrieges speiste Franklin mit dem englischen Botschafter und mit dem französischen Minister Vergennes. Jeder brachte einen Toast aus. Der Engländer begann: »Auf George III., der wie die Sonne um Mittag sein Licht verbreitet und die Welt erleuchtet!«
Der Franzose wollte nicht zurückbleiben:
»Auf Seine Majestät, Ludwig XVI., der wie der Mond die Erde mit sanftem, wohltätigem Schimmer erhellt!«
Da sagte Franklin: »Auf George Washington, den General der Armeen der Vereinigten Staaten, der wie Josua Sonne und Mond befahl, still zu stehn. Und beide gehorchten.«

Benjamin Franklin war gegen die Ehelosigkeit.
»Ein Junggeselle«, sagte er, »ist wie ein Arm einer Schere, der unnütz bleibt, bis er den andern Arm gefunden hat.«

Franklin war vor allem auf das Praktische bedacht, und philosophische Spekulationen interessierten ihn nicht. Auch für die Antike hatte er wenig Verständnis. Auf einer Reise durch Italien zeigte man ihm lateinische Inschriften. Da sagte er:
»Das Rezept des echten Parmesan wäre mir lieber!«

Man fragte Franklin, was er von den Problemen der Metaphysik halte, von der Unsterblichkeit der Seele und dergleichen mehr.
»Dazu kann ich mich nicht äußern«, meinte er heiter, »weil ich diese Probleme nicht studiert habe. Und jetzt brauche ich sie nicht mehr zu studieren, denn ich bin alt, und binnen kurzem werde ich alles wissen, ohne es studiert zu haben.«

Benjamin Franklin war zur Sitzung einer literarischen Gesellschaft in Paris eingeladen, wo verschiedene Abschnitte aus Werken der Autoren vorgelesen wurden. Da er nicht sehr gut Französisch verstand, aber höflich sein wollte, beschloß er, Beifall zu klatschen, sobald die andern Anwesenden applaudierten.
Als alles vorbei war, sagte sein kleiner Enkel zu ihm:
»Aber, Großpapa, du hast immer lauter geklatscht als die andern, wenn etwas Lobendes über dich gesagt wurde.«

Gibbon hatte sein Buch über den Niedergang des Römischen Reiches Benjamin Franklin gebracht. Und Franklin sagte:
»Ich werde Ihnen meinen Dank dadurch abstatten, daß ich Ihnen Material über den Niedergang des Britischen Reiches in Amerika liefere.«

Franklin hatte sich mit siebzig Jahren heftig in Mademoiselle de Passy verliebt, die Tochter des Grafen Boulainvilliers. Als die junge Dame den Grafen de Tonnerre heiratete, sagte Franklin:
»Mit all meinen Blitzableitern konnte ich den Tonnerre nicht abhalten, bei Mademoiselle de Passy einzuschlagen.«

FRANZ I.

(1494-1547) König von Frankreich

— * —

Franz hatte dem Volk wieder einmal eine neue drückende Steuer auferlegt. Unwille und Zorn unter seinen Untertanen waren die Folge. Seine Minister verständigten den König über die Stimmung im Land und rieten ihm, um keinen Menschen in Versuchung zu führen, sich eines Majestätsverbrechens schuldig zu machen, die neue Steuer zu liquidieren.
Aber der König winkte ab: »Ach, laßt sie reden und nehmt nicht alles von der schlimmsten Seite, man muß Ihnen doch für ihr Geld einiges Vergnügen gewähren.«

Franz hatte viele große Pläne und verglich sich darin mit Alexander dem Großen. Seine Mätressen raubten ihm aber die Zeit, an eine Verwirklichung der Unternehmen zu gehen. Flüsterten die Höflinge hinter der behandschuhten Hand:
»Alexander gab sich mit Frauen ab, wenn er keine Geschäfte hatte. Franz gibt sich mit Geschäften ab, wenn er gerade keine Frauen um sich hat.«

Als Franz I. sich mit den Türken verbündete, warf Karl V. ihm vor, daß er bei diesen ungläubigen Hunden Hilfe suche, um gegen einen christlichen Fürsten zu kämpfen.
»Das stimmt schon«, entgegnete der König. »Wenn aber die Wölfe in meinen Schafstall einbrechen, so rufe ich eben die Hunde zu Hilfe.«

FRANZ JOSEPH

(1830-1916) Kaiser von Österreich

— * —

Der Herausgeber einer großen Wiener Zeitung war in den Adelsstand erhoben worden und erbat die übliche Audienz beim Kaiser, um sich zu bedanken. Nun war der Wackere ein sehr kleiner Mann, und als er zagend das Arbeitszimmer des Kaisers betritt und vor dem Schreibtisch stehn bleibt, hebt Franz Joseph den Kopf und sagt:
»Stehen Sie auf! Man kniet nur vor Gott!«

Ketterl, der Kammerdiener Franz Josephs, sagte einmal zu seinem Herrn:
»Majestät, die Hosen glänzen aber schrecklich. Majestät sollten sich wirklich eine neue kaufen.«
Da hob Franz Joseph mahnend den Finger und sagte:
»Ketterl! Einen Luxus kann ich mir nicht erlauben.«

Kaiser Franz Joseph scheint Verständnis für Poesie gehabt zu haben, denn als Frau von Kemmeter, eine Hofdame der Kaiserin, Gedichte schrieb, sagte er, wahrscheinlich zutreffend:
»Mein liebe Frau von Kemmeter,
näh Sie lieber Hemmeter!«

Nach dem unglücklichen Krieg von 1866 war Franz Joseph natürlich in schlechtester Stimmung, und seine Umgebung sprach so wenig wie möglich von Preußen und gar von Bismarck. Ein Höfling wagte immerhin zu berichten, er wisse aus sicherster Quelle, daß Bismarck sich jeden Abend mit Schnaps betrinke. Da soll Franz Joseph gesagt haben:
»Wollte Gott, daß meine Minister den gleichen Schnaps trinken würden wie er!«

Franz Joseph ging abends sehr früh zu Bett und stand morgens nicht später als um fünf Uhr auf. Einer seiner Außenminister, Graf Goluchowsky, hatte die entgegengesetzten Gewohnheiten, er blieb möglichst lange in der Nacht auf und erhob sich morgens so spät wie möglich. Als er den Kaiser auf einer Reise begleiten mußte, sagte Franz Joseph:
»Mein lieber Graf, ich weiß, daß Sie morgens gern lang schlafen. Sie müssen mir also nicht um fünf Uhr Bericht erstatten, sondern erst um sechs.«

FREY, KARL

(20. Jh.) Rechtsanwalt

— * —

Der Staatsanwalt berief den bekannten Berliner Verteidiger Dr. Frey zu sich und sagte:
»Lieber Herr Doktor, ich habe Sie zu mir gebeten, um Sie einmal als Zeugen zu vernehmen. Ich bitte Sie daher, für einige Minuten Ihren Beruf zu vergessen und mir die volle Wahrheit zu sagen.«

FRIDERICHS, HANS
(geb. 16. 10. 1931) FDP-Politiker

— * —

Ein Journalist ist erstaunt, als er Friderichs, bekannt durch seine betont feine, zurückhaltende Art, auf einer nächtlichen Straße Bonns begegnet. Der Wirtschaftsminister murmelt leise vor sich hin! Darauf angesprochen, reagiert er aber sehr gelassen:
»Einmal am Tag will ich doch mit einem vernünftigen Menschen reden!«

FRIEDRICH II., DER GROSSE
(1740-1786) König von Preußen

— * —

Bei der Schlacht von Kolin wurde Friedrich II. von den Österreichern geschlagen. Kurz darauf sieht der König einen Soldaten mit einer mächtigen Narbe auf dem Gesicht.
»In welcher Schenke«, fragt der König, »hat man dich so zugerichtet?«
»In einer Schenke«, erwidert der Soldat, »wo Eure Majestät die Zeche bezahlt hat.«

Der Kammerdiener Friedrich II. hatte den Auftrag, seinen Herrn jeden Morgen, im Winter wie im Sommer, um fünf Uhr zu wecken, und wenn der König nicht aufstand, ihm die Decke wegzuziehen. Eines Morgens rief der König dem Kammerdiener zu, er solle ihn in Frieden lassen.
»Ich kenne Eure Majestät zu gut«, erwiderte der Mann. »Wenn ich Ihnen jetzt gehorche, jagen Sie mich aus dem Dienst.«

Zwei Damen am Hofe des Königs streiten, welche von ihnen den Vortritt haben soll. Die Sache kommt vor den König.
»Welcher der beiden Ehemänner hat den höhern Rang?« fragt er.
»Sie haben gleichen Rang.«
»Welcher ist im Rang älter?«
»Sie sind aus dem gleichen Jahrgang.«
»Dann soll die Dümmere vorangehn.«

Friedrich II. sagte zu Arnaud-Baculard, dem französischen Dichter, als von Religion gesprochen wurde:
»Was?! Sie glauben noch an diesen alten Trödel?«
»Ja, Sire«, entgegnete der Franzose, »ich habe das Bedürfnis zu glauben, daß es noch ein Wesen über den Königen gibt.«

Durch die Teilung Polens verlor der Bischof von Ermeland die meisten seiner Besitzungen an den König von Preußen. Bald darauf, im Jahre

1773, kam er an den Hof nach Potsdam, und Friedrich II. fragte ihn, ob er ihm diesen Verlust noch nachtrage.
»Sire«, erwiderte der Prälat, »ich werde als guter Untertan meine Pflicht gegen meinen Landesherrn nicht vergessen.«
Da meinte der König: »Und wenn der heilige Petrus mir den Zugang zum Paradies verweigert, werdet Ihr mich unter Eurem Mantel versteckt halten?«
»Das«, sagte der Bischof, »wird kaum möglich sein. Eure Majestät haben mir den Mantel so kurz geschnitten, daß keine Schmuggelware darunter Platz hat.«

Friedrich II. kommt durch ein Dorf und hört, daß dort ein Mann lebt, der zaubern könne. Er läßt ihn kommen und sagt:
»Er kann also Geister beschwören?«
»Zu Befehl, Majestät . . . aber sie kommen nicht.«

Dem Kutscher Friedrich II. geschah es einmal, daß er die Kutsche samt dem König in den Graben warf. Wütend ging der König mit dem Stock auf ihn los.
»Verzeihung, Majestät«, rief der Kutscher, »ich bin schlecht gefahren, das ist wahr. Aber haben Eure Majestät nie eine Schlacht verloren?«

Am Hofe Friedrich II. kam die Unterhaltung auf die Sprache. Ein Herr rühmte die Schönheit und Kraft der deutschen Sprache, Voltaire dagegen meinte, sie sei rauh und abstoßend.
»Als Gott unsere Ahnen aus dem Paradies verstoßen hat«, setzte er hinzu, »muß er ganz gewiß Deutsch gesprochen haben.«
»Das kann wohl sein«, meinte Friedrich II. »Aber die Schlange, die Eva verführt hat, sprach ebenso gewiß Französisch.«

Der Koch Friedrich I. bereitete ihm eines Tages eine Pastete, die dem König ausgezeichnet schmeckte und die er immer wieder vorgesetzt haben wollte. Einmal sagte er zu dem Koch:
»Noel, wenn du mir so gute Sachen kochst, werden wir noch alle beide wegen Völlerei in der Hölle landen.«
»Das macht nichts, Majestät«, erwiderte der Koch. »Man weiß doch, daß wir zwei das Feuer nicht fürchten.«

Zu d'Argens sagte Friedrich II.: »Es heißt doch, daß wir Könige auf Erden die Ebenbilder Gottes seien. Ich habe mich daraufhin im Spiegel betrachtet und muß gestehn – sehr schmeichelhaft für den lieben Gott ist das nicht.«

Im Siebenjährigen Krieg wurde dem König ein Deserteur vorgeführt.
»Warum hast du mich im Stich lassen wollen?«
»Ja, Majestät, mit Ihren Geschäften steht es schlecht, und da habe ich gemeint ...«
»Schön, schön«, sagte der König. »Gib mir noch bis morgen Kredit. Ich versuche morgen eine Schlacht, und wenn es schiefgeht, desertieren wir beide.«

Friedrich II. hörte, Voltaire habe die Einnahmen aus seinem Drama ›Alzire‹, nicht weniger als 35 000 Livres, den Schauspielern geschenkt. Da Voltaire sonst durchaus nicht verschwenderisch war, fragte ihn der König:
»Wie paßt eins zum andern? Sie können lächerlich geizig sein, und jetzt werfen Sie mit dem Geld!«
»Es ist nicht anders als bei Ihnen, Sire«, erwiderte Voltaire. »Sie gönnen sich keinen neuen Rock und führen sieben Jahre Krieg!«

Am Tag vor der Schlacht bei Roßbach sagte der König zu seinem General Quintus Ilicius:
»Sollte ich diese Schlacht verlieren, dann will ich nichts mehr von Thronen und Kriegen wissen, sondern ziehe mich nach Venedig zurück und studiere Medizin.«
»Immer nur auf Mord bedacht, Majestät«, meinte der General.

Als Friedrich II. gegen Österreich marschierte, erfuhr er, daß auf seinen Fahnen ›Pro Deo et patria‹ stand. Da befahl er, den Namen Gottes zu entfernen.
»Es handelt sich um eine Provinz«, sagte er, »und nicht um eine Religionsfrage.«

Im ersten Schlesischen Krieg hatte Friedrich II. bei Todesstrafe verboten, in den Zelten Licht zu brennen. Eines Abends macht er selber die Runde und sieht im Zelt eines Hauptmannes eine Kerze brennen. Er tritt ein und verlangt eine Aufklärung. Der Hauptmann fällt auf die Knie und zeigt den Brief, den er seiner Frau geschrieben hat.
»Gut«, sagt der König, »schreib er noch eine Nachschrift.«
Der Hauptmann setzt sich, nimmt die Feder zur Hand, und der König diktiert:
»Morgen früh werde ich erschossen.«
Und so geschah es auch.
Darum nennt man ihn ja auch Friedrich den Großen.

Als ein junger Franzose bei Friedrich II. war, wunderte er sich, mehrere Bilder von Josef II. zu finden.
»Sie staunen darüber, daß ich Bilder des Kaisers aufhänge?« sagte der Kö-

nig. »Nun, es handelt sich da um einen jungen Mann, den man nicht aus den Augen verlieren darf.«

FRIEDRICH WILHELM II.

(1744-1797) König von Preußen

— * —

Zu König Friedrich Wilhelm II. kam einmal eine einfache Frau, um die Freigabe ihres Sohnes vom Militärdienst zu erbitten. Vor dem Audienzzimmer zog sie ihre Pantinen aus und sagte zu dem diensttuenden Adjutanten: »Passen Se man jut uff meine Pantoffeln uff, Männeken. Sie haben ja sonst nischt zu tun.«
Dann betrat sie entschlossen den Audienzsaal und schlug bewundernd die Hände über dem Kopf zusammen, als sie den ziemlich korpulenten König sah:
»Main Jott, wat is er fett!«
Der König lachte; als er aber ihren Wunsch gehört hatte, sagte er: »Laßt Euren Sohn ruhig beim Militär, wir sind ja auch alle Soldaten; warum soll Euer Sohn es nicht sein?«
Aber die Frau erwiderte unbefangen: »Ja, Sie, Herr Keenich, ham ja auch sonst nischt jelernt, aber wat mein Sohn is, der is Schuster!«

FRIEDRICH WILHELM IV.

(1795-1861) König von Preußen

— * —

Die Stadt Gumbinnen an der Pissa bat Friedrich Wilhelm IV., den anstößigen Namen ändern zu dürfen. Der Kaiser schrieb an den Rand des Gesuchs:
»Genehmigt. Schlage vor: Urinoko.«

Friedrich Wilhelm IV. kam einmal nach Kohlfurt. Er wurde vom Gesangverein mit einem Kanon auf den Text: »Kohlfurts Bürger grüßen dich« begrüßt. Von dem ersten Wort hatte der Komponist sich kaum trennen können, und so klang es immer in Tenor und Baß:
»Kohlfurts . . . Kohlfurts . . .«
Endlich sagte der König: »Über die organischen Wirkungen des Kohls sind wir jetzt wohl hinreichend unterrichtet.«

Friedrich Wilhelm bereiste Vorder- und Hinterpommern. An der Grenze der beiden Landesteile begrüßte ihn eine Ehrenpforte, die die Inschrift trug:
»Wie Du im Vordern freudig aufgenommen,
tönt aus dem Hintern dir ein donnerndes Willkommen.«

FÜRSTENBERG, KARL

(1850-1933) Berliner Bankier

—*—

An jenem bedeutungsschweren Tag im Herbst 1918 trat Fürstenbergs Diener ins Zimmer und erklärte: »Der Kaiser hat abgedankt, Herr Fürstenberg. Wir leben jetzt in einer Republik. Als Bürger des neuen Volksstaates muß ich Sie bitten, mich nicht mehr zu duzen.«
Fürstenberg überlegte. Dann sagte er: »Det is mir zu umständlich, Willem. Ick mach dir 'n Vorschlag, sag ab heute Carl zu mir.«

Als Fürstenberg in die Börse kam, sagte der Diener, der ihm den Mantel abnahm:
»Wissen Herr Präsident schon, wer gestorben ist?«
»Mir ist jeder recht«, erwiderte Fürstenberg.

Bei einer Abendgesellschaft in seinem Hause tritt um zehn Uhr ein junger Mann auf Fürstenberg zu und bittet um Entschuldigung, daß er das schöne Fest so früh verlassen müsse, aber er habe seine Mutter um elf Uhr am Bahnhof abzuholen.
»Jehn Sie man«, sagt Fürstenberg seufzend. »Aber einer alleene nützt mir ooch nischt!«

Als Fürstenberg siebzig wurde, überreichte ihm seine zahlreiche Verwandtschaft ein Album, das die Photographien sämtlicher Neffen und Nichten jeden Grades enthielt. Am nächsten Morgen gab Fürstenberg das Album seinem Portier und sagte:
»Sie behalten das Ding hier. Und wenn mir einer von den Leuten, die drin sind, auch nur über die Schwelle kommt, sind Sie fristlos entlassen!«

Ein junger Mann, der zum erstenmal auf der Berliner Börse war, fragte bedrängt Fürstenberg:
»Verzeihung, könnten Sie mir nicht sagen, wo die Toiletten sind?«
»Ach, da bleiben Sie ruhig im Saal«, antwortete ihm Fürstenberg, »hier bescheißt einer den andern.«

Fürstenberg wurde um ein Darlehen angegangen.
»Sie wissen doch«, sagte er, »borgen macht Sorgen.«
Da erwiderte der Bittsteller, auch Schnorrer genannt:
»Borgen Sie mir nur das Geld. Ich verspreche Ihnen, daß ich mir keine Sorgen machen werde.«

GAGARIN, JURIJ
(1934-1968) russ. Kosmonaut

— * —

Gagarin rief seiner Frau, er wolle zum Haarschneider gehen. »Wann kommst du wieder?« wollte sie wissen.
Gagarin: »Das wüßte nicht einmal Lenin, wenn er noch lebte. Wann ich aus dem Weltraum zurückkomme, das weiß ich auf die Minute, aber vom Friseur . . .«

Als Gagarin von seiner ersten Weltraumfahrt zurückgekommen war, erwartete ihn im Kreml ein großer Empfang. Kossygin fragt:
»Welchen Eindruck hattest du, Genosse, ist ein Leben auf der Venus möglich?«
»Nein, dort auch nicht!«

GALEN(OS)
(129-199) griech. Arzt

— * —

»Der beste Arzt ist die Natur, denn sie heilt drei Viertel aller Krankheiten und sagt nie etwas Böses über ihre Kollegen.«

GALLICUS, JULIUS
(1. Jh. n. Chr.) röm. Advokat

— * —

Er vertrat die Sache eines Klienten vor dem Kaiser Claudius, der am Ufer des Tiber Gericht hielt. Der Kaiser langweilte sich dermaßen bei den Auslassungen des Advokaten, daß er ihn ins Wasser werfen ließ. Da ging der Klient zu einem andern Anwalt, Domitius Afer. Der aber sagte:
»Glaubst du etwa, daß ich besser schwimmen kann als mein Kollege?«

GAMBETTA, LEON
(1838-1882) frz. Staatsmann

— * —

Der Marquis de Castellane suchte Gambetta auf. Im Vorzimmer drängten sich die Bittsteller in großer Menge und von höchst zweifelhaften Sitten. Und Castellane sagte zu Gambetta:
»Herr Präsident, in Ihrem Vorraum habe ich geglaubt, mich in Ali Babas Höhle zu befinden.«
»Ach, mein lieber Marquis!« Gambetta hob die Arme zum Himmel. »Wenn es wenigstens nur vierzig Räuber wären!«

GANDHI, MOHANDAS KARAMSCHAND
genannt Mahatma (1869-1948) ind. Politiker

— * —

Gandhi predigte nicht nur die politische, sondern auch die wirtschaftliche Unabhängigkeit von England. Deswegen hielt er die Inder an, die Stoffe für ihre Kleidung selbst zu spinnen. Als er wieder einmal darüber vor einer Volksmenge einen Vortrag hielt, meldete sich ein Zwischenrufer: »Unsinn. Häng dich lieber auf!«
Darauf Gandhi: »Das könnte schon angehen, aber erst wenn wir die Stricke selbst herstellen.«

Als der englische König Georg V. Gandhi zu einer Audienz einlud, war man bei Hofe besorgt, in welcher Kleidung der Inder erscheinen werde; denn bislang war er auch in London nur mit einem Lendenschurz und Sandalen gesehen worden.
In diesem Aufzug erschien Gandhi denn auch beim König. Als man ihn hinterher fragte, wie die Majestät denn dies aufgenommen habe, erklärte er: »Oh, es war gut so, der König hatte genug für uns beide an.«

Zu den Merkwürdigkeiten des indischen Staatsmannes gehörte sein falsches Gebiß, das er in den Falten seines Lendentuches verbarg. Er steckte es nur in den Mund, wenn er essen wollte. Nachher nahm er es wieder heraus, wusch es ab und verbarg es wieder in dem Tuch.
Einmal soll er erklärt haben: »Ich bin pro manche Thesen, aber gegen Prothesen.«

GARÇON, MAURICE
(20. Jh.) frz. Anwalt

— * —

Der berühmte Verteidiger Maurice Garçon wurde einmal gefragt, wann er zum erstenmal gespürt habe, daß er nicht mehr jung sei.
»Das war, als ich einer hübschen jungen Dame zuzwinkerte und sie mich fragte, ob mir ein Staubkorn ins Auge gekommen sei.«

GARTH, SAMUEL
(18. Jh.) engl. Arzt

— * —

Dr. Samuel Garth, ein berühmter Arzt im 18. Jahrhundert, war ein großer Liebhaber des Weins. Er blieb einmal in seinem Klub bis spät in die Nacht vor seinem Glas. Da meinte einer seiner Freunde:
»Hören Sie, Garth, jetzt sollten Sie doch aufhören zu trinken und lieber nach Ihren Patienten sehen!«
»Das ist nicht gar so wichtig«, erwiderte Garth, »ob ich sie heute besuche

oder nicht. Neun von ihnen sind in so schlechter Verfassung, daß kein Arzt der Welt sie retten kann, und die andern sechs sind in so guter Verfassung, daß sämtliche Ärzte der Welt sie nicht umbringen können.«

GAULLE, CHARLES DE

(1890-1970) frz. General und Staatsmann

— * —

Als Kind – das sei verbürgt – soll de Gaulle einmal gesagt haben:
»Wenn ich groß bin, will ich Diktator werden und im Palais du Luxembourg wohnen.«

Der General meinte einmal sarkastisch:
»Jeder Franzose möchte eines oder mehrere Privilegien genießen. Auf diese Weise drückt er seine Leidenschaft für die Gleichheit aus.«

Wie mancher Politiker, der eigentlich eine Brille brauchte, nahm de Gaulle lieber die Nachteile seiner schlechten Sehkraft in Kauf. Daher kam es, daß er eines Tages einen afrikanischen Diplomaten, der in farbenprächtiger Stammestracht erschienen war, mit den Worten begrüßte: »Bonjour, Madame!«

In einem Korridor von de Gaulles Haus in Colombey-les-deux-Eglises stößt ein Dienstmädchen unversehens auf den Hausherrn.
»Oh, mon Dieu!« ruft sie verlegen.
»Es genügt, wenn Sie ›mon général‹ sagen«, beruhigt sie der Hausherr.

Truman, Chruschtschow und de Gaulle kommen in den Himmel.
»Ihr wart auf Erden bedeutende Männer«, sagt Petrus. »Ihr dürft euch etwas wünschen.«
»Nun«, meint Chruschtschow, »wenn ich mir etwas wünschen darf, so bitte ich Sie, die Vereinigten Staaten zu vernichten.«
»Und wenn ich mir etwas wünschen darf«, sagt Truman, »so wäre es mir lieb, wenn Sie die Sowjetunion vernichten würden.«
»Und du?« wendet Petrus sich an de Gaulle.
»Nun«, erklärt der große Mann, »wenn Sie die Wünsche der beiden Herren erfüllt haben, bleibt mir nichts mehr zu wünschen übrig.«

Die Körpergroße des früheren französischen Staatspräsidenten gab oft Anlaß für Karikaturen. Ungerührt betrachtete der General die Verspottung seiner Dimensionen und konterte auf seine Art:
»Es hat mich nie gestört, daß man mich manchmal mit Spargel verglichen hat. Schließlich ist am Spargel der Kopf das Wichtigste.«

De Gaulle empfängt einen Bankier.
»Sie haben einen sehr ehrenhaften Beruf«, sagt er. »Leute wie Sie braucht Frankreich. Und ich kann Ihnen sagen – wenn ich nicht Präsident wäre, würde ich auch an der Börse kaufen.«
»Da darf ich Ihnen ein Geständnis machen, Herr Präsident«, erwiderte der Bankier. »Wenn Sie nicht Präsident wären, würde ich auch an der Börse kaufen.«

Man bietet de Gaulle einen Cognac Bonaparte an.
»Warum gibt es eigentlich keinen Cognac, der nach mir heißt?« fragt er ungehalten.
»Doch, doch, den gibt's. V.S.O.P.«
»V.S.O.P. – wieso?«
»Nun – vieux soldat opéré des prostate.«

GENSCHER, HANS-DIETRICH

(geb. 21. 3. 1927) FDP-Politiker

— * —

Als Genscher im Herbst 1969 Bundesinnenminister geworden war, stieg er im Ansehen der Journalisten. Einer fragte ihn nach seinem Erfolgsrezept. Darauf Genscher:
»Da wäre vieles aufzuzählen. Zum Beispiel war ich immer schon der Meinung, Dabeisein ist in der Politik alles. Ich gehe nie weiter in Urlaub als nach Holland oder in den Bayerischen Wald, damit ich jederzeit rasch zurück in Bonn sein kann, wenn hier etwas passiert.«

1970 überreichte Genscher als Innenminister der Bundesregierung dem Sportidol Max Schmeling, dem ehemaligen Boxweltmeister im Schwergewicht, das Bundesverdienstkreuz. Nach der Ehrung sagte Genscher im kleinen Kreis:
»Wenn mir jemand in der Schule prophezeit hätte, daß ich einmal Minister werde, hätte das mich ziemlich kalt gelassen. Wenn ich aber gewußt hätte, daß ich einmal Max Schmeling einen Orden umhängen werde, hätte mich das glatt von der Schulbank gehauen.«

Nachdem er Bundesminister für Inneres geworden war, im Herbst 1969, äußerte Genscher vor Journalisten:
»Es gehört zu den liebenswerten Seiten unserer Gesellschaft, daß niemand verpflichtet ist, Minister zu werden.«

GEORG V.

(1865-1936) König von England

— * —

König Georg V. und seine Schwester Viktoria unterhielten sich jeden Morgen ein paar Minuten am Telephon miteinander, und zwar immer zur gleichen Stunde. Das waren sehr wenig höfische, sondern höchst scherzhafte Gespräche. Eines Morgens läutet es zur gewohnten Stunde, die Prinzessin nimmt den Hörer und sagt: »Hallo, du alter Esel!«
Worauf die Antwort kommt: »Verzeihung, Königliche Hoheit! Seine Majestät sind noch nicht am Apparat.«

Georg V. sagte zu Lord Bertrand Russell:
»Sie haben ein abenteuerliches Leben gelebt, aber, nicht wahr, es wäre nicht gut, wenn alle Welt so ein Leben führen würde.«
Dazu meinte Russell: »Es ist gut, daß der Briefträger an allen Türen läutet. Aber es ist nicht notwendig, daß alle Welt an allen Türen läutet.«

Als Prinz mußte der nachmalige Georg V. Dienst auf einem Schulschiff leisten wie jeder andere Aspirant. Der Kommandant ließ ihn eines Tages die genaue Lage des Schiffes berechnen. Der Prinz tat das nach bestem Können und brachte dem Offizier seine Berechnung. Der Kommandant prüfte sie genau und sagte dann:
»Hoheit, ich fordere Sie auf, die Mütze abzunehmen!«
»Warum?« fragte der Prinz erstaunt.
»Wenn Ihre Berechnung stimmt, dann fährt das Schiff eben jetzt in die Kathedrale von Westminster ein.«

König Georg V. verbrachte einmal einige Tage in der Gegend, wo eine der historischen Schlachten Cromwells stattgefunden hatte. Auf einem Spaziergang hielt er den Schmied des Dorfes an und fragte ihn:
»Hören Sie, mein Lieber, man sagt mir, daß hier ein großer Kampf ausgetragen worden ist.«
»Das ist schon wahr«, stotterte der Schmied. »Der Tischler war hinter meiner Frau her, und da habe ich ihn verprügelt. Aber ich hätte nicht gedacht, daß man das Eurer Majestät gleich klatschen würde.«

GERSTENMAIER, EUGEN

(geb. 25. 8. 1906) CDU-Politiker

— * —

Nach dem Skandal um Gerstenmaiers ungewöhnlich hohe Entschädigung für die berufliche Zurücksetzung im Dritten Reich erzählte man sich in Württemberg:

»Nun haben Gerstenmaier und Lübke auch noch das Stuttgarter Gaswerk übernommen. Lübke liest ab und Gerstenmaier kassiert.«

Als Gerstenmaier den Glanz des Bundestagspräsidenten eingebüßt hatte, verschoben böse Zungen nur einen einzigen Buchstaben in seinem Namen und nannten ihn: Gesternmaier.

GLADSTONE, WILLIAM

(1809-1899) engl. Staatsmann

— * —

Gladstone unterhielt sich mit seinem Arzt über den Weingenuß, und der Arzt sprach sich gegen den Alkohol aus. Immerhin gab er zu:
»Ja, gelegentlich hilft der Wein einem bei der Arbeit. Ich habe manchmal zwanzig Briefe zu beantworten, und da trinke ich eine halbe Flasche Champagner.«
»Und nachher können Sie die zwanzig Briefe beantworten?« fragte Gladstone.
»Nein«, sagte der Arzt. »Aber nach einer halben Flasche Champagner ist es mir gleichgültig, ob zwanzig Briefe unbeantwortet bleiben oder nicht.«

Von Gladstone sagte sein Freund Labouchère:
»Ich habe nichts dagegen, daß Gladstone immer das Trumpfaß im Ärmel hat, sondern nur dagegen, daß er glaubt, der Allmächtige selber habe es ihm in den Ärmel gesteckt.«

Mrs. Gladstone hegte eine unbeschränkte Verehrung für ihren Gatten. Als einmal bei ihr Teegesellschaft war, sprach man von den Schwierigkeiten, mit denen England zu kämpfen hatte. Eine der Damen sagte mit frommem Augenaufschlag:
»Zum Glück gibt es noch Den dort oben, der uns aus allen Schwierigkeiten helfen wird!«
»Ja, gewiß«, erwiderte Mrs. Gladstone. »Er hat mir übrigens versprochen, daß er zum Tee herunterkommen wird.«
Oberhalb des Salons war nämlich Gladstones Arbeitszimmer.

GOEBBELS, JOSEPH

(1897-1945) nationalsozialist. Propagandaminister

— * —

Gegen Ende des Zweiten Weltkriegs erzählte man sich: Goebbels hat einen neuen Titel bekommen. Er wurde der Schuttpatron von Berlin.

Daß Goebbels hinkte, wußte jeder Zeitgenosse, und der Volksmund sagte: »Ein Lügner hat ein kurzes Bein.«

Berlin 1943. Ein Arbeiter zum anderen:
»Den Goebbels ham se verhaftet, haste det schon jehört?«
»Nee. Warum denn?«
»Wejen Unterschlagung. Er hat ’n Sieg in der Tasche, jibt ’n aber nich raus.«

GOMULKA, WLADYSLAW

(geb. 6. 2. 1905) poln. Staatsmann

—*—

Während der UNO-Vollversammlung langweilt sich Gomulka schrecklich, auch Chruschtschow gähnt. Zur Auflockerung sticht Chruschtschow mit einer Stecknadel Gomulka in den Hintern. Gomulka macht böse Gesten. Dann sticht Chruschtschow Kadar, der zischelt: »Was fällt dir ein? Müssen alle sehen, daß ich dein Lakai bin?!« Unruhig rutscht der tschechische Parteichef auf seinem Sessel herum. Endlich fragt er: »Warum stichst du mich nicht, Genosse Chruschtschow. Bist du böse auf mich?«

Der Chef will Bilanz ziehen, läßt den Ernährungsminister kommen, fragt: »Wieviel Mehl haben wir noch?«
»Für etwa 14 Monate!«
»Und Fleisch?«
»Für etwa acht Monate!«
»Butter?«
»Für zehn Monate.«
»Kartoffeln?«
»Dreizehn Monate!«
»Gut! Haben Sie auch an die südpolnischen Gebiete gedacht?«
»Wieso südpolnische Gebiete? Sie, Genosse Präsident, haben ›wir‹ gesagt. Unter ›wir‹ verstehe ich uns beide!«

GÖRING, HERMANN

(1893-1946) nationalsozialist. Politiker, Reichsmarschall

—*—

Über Görings Vernarrtheit in Orden waren im Dritten Reich unzählige Spötteleien im Umlauf. So erzählte man sich, der Reichsmarschall habe Flugverbot erhalten. Warum? Weil jedesmal, wenn er gestartet war, hinterher ein Stern am Himmel gefehlt hat.

Im Jahr der Olympischen Spiele in Berlin erzählten sich die Bewohner der Reichshauptstadt diesen Witz: Göring hat eine Nervenheilanstalt besichtigt. Den Kranken hatte man beigebracht, mit ›Heil Hitler‹ zu grüßen. Das taten sie auch alle, nur einer stand beiseite und rührte sich nicht. Göring ging auf ihn zu und fragte:
»Warum grüßen Sie nicht?«
Antwort: »Ich bin der Wärter, ich bin doch nicht verrückt.«

Auf einer Reise durch den Teutoburger Wald erblickt Göring ein großes Bauwerk und fragt:
»Was ist das?«
»Das Hermannsdenkmal«, wird ihm geantwortet.
Göring: »Oh, das wäre für die paar Tage nicht nötig gewesen.«

Am 27. Februar 1933 abends stürzt der Adjutant Görings ins Zimmer seines Chefs, ohne anzuklopfen, und schreit: »Herr Ministerpräsident, der Reichstag brennt!«
Göring schaut auf seine goldene Armbanduhr und wundert sich: »Schon?«

In Deutschland wurde unter Kennern eine neue Gewichtseinheit eingeführt, genannt: ›Göring‹.
Ein Student fragt: »Was ist ein Göring?«
Professor: »Ein Göring ist die Summe Blech, die ein Mann an der Brust tragen kann.«

GRANT, ULYSSES SIMPSON

(1822-1885) General, Präsident der Vereinigten Staaten

— * —

General Grant war ein starker Raucher. Sein Adjutant war das Gegenteil: er konnte keinen Rauch vertragen. Als beide einmal wieder mit einer Kutsche unterwegs waren, sagte Grant:
»Ich hoffe, Sie haben nichts dagegen, daß ich rauche.«
Der Adjutant nahm Haltung an: »Zu Befehl, ich hoffe, Sie haben nichts dagegen, wenn mir übel wird.«

Von den Infanteriemusketen, die nur eine geringe Reichweite hatten und im Krieg gegen Mexiko verwendet worden waren, sagte Grant:
»Es kann einer den ganzen Tag damit auf einen schießen, ohne daß man es merkt.«

GRÉCOURT, JEAN-BAPTISTE-JOSEPH WILLART DE
(1683-1743) Salon-Abbé

— * —

Der Abbé Grécourt, dessen erotische Gedichte beliebt waren, übte sein geistliches Amt nur in Grenzen aus. Einmal gab er einer jungen Dame, die eine Messe für eine ersehnte Schwangerschaft gelesen haben wollte, das ihm ausgehändigte Geld zurück mit den Worten:
»Nein, von Gott kann ich nicht verlangen, was ich selbst nicht tun darf.«

GREGOR XIII.
(1502-1585) Papst

— * —

Gregor XIII. verdankte seine Wahl zum Papst vor allem Kardinal Carlo Borromeo. Später erfuhr der Kardinal von verschiedenen Jugendsünden des Papstes und sagte streng:
»Wenn ich davon Kenntnis gehabt hätte, so wäre meine Stimme Ihnen nicht zugefallen.«
»Beruhigen Sie sich«, erwiderte der Papst, »der Heilige Geist hat davon gewußt, und dennoch hat er Ihnen eingegeben, für mich zu stimmen.«

GROLLE, GRÄFIN DE
(18. Jh.) frz. Adelige

— * —

Die Gräfin de Grolle starb mit siebenundachtzig Jahren. Dem Beichtvater sagte sie:
»Ehrwürdiger Vater, ich bin jung und schön gewesen . . . das andere können Sie sich denken.«

GROMYKO, ANDREJ ANDREJEWITSCH
(geb. 6. 7. 1909) sowjet. Politiker

— * —

Als Bonns Unterhändler Egon Bahr in Moskau mit Außenminister Gromyko Gespräche führte, fragte ihn Gromyko in einer Verhandlungspause, was ›Meinungsaustausch‹ sei. Der Sowjetpolitiker lieferte auch gleich die Antwort mit:
»Wenn ein Beamter mit seiner Meinung zu seinem Vorgesetzten geht und mit dessen Meinung wiederkehrt.«

GROTEWOHL, OTTO

(1894-1964) Politiker, langjähriger Ministerpräsident der DDR

— * —

Kennst du, so fragt man in der DDR, die Abkürzung für Grotewohl, Pieck und Ulbricht?
Nein.
Sehr einfach – GPU.

Grotewohl war schwer gestürzt und hatte sich mehrfach das Rückgrat gebrochen. Man telefoniert mit seinem Arzt.
»Das Rückgrat gebrochen?« fragt ungläubig der Doktor.
»Unmöglich. Der Ministerpräsident ist seit zwanzig Jahren mein Patient. Er hat nie eins gehabt!«

Als es mit der wirtschaftlichen Entwicklung im anderen Deutschland nicht so recht aufwärts ging, erklärten DDR-Bürger westdeutschen Besuchern auf der Leipziger Messe: Ihr habt bei euch halt euren Wohlstand, wir haben es hier nur zum Grotewohlstand gebracht.

In Ostberlin mußte sich Brecht mancher politischen Diskussion seiner Arbeiten unterziehen. Nach außen hin machte er gute Miene zum bösen Spiel und sagte zum Beispiel nach einer langen Debatte mit Grotewohl:
»Erstaunlich, der Mann besitzt Kunstverstand. Schade, daß er Politiker geworden ist. In meinem Theater würde ich ihn ohne Bedenken als Chefdramaturgen engagieren.«

GUSTAV ADOLF

(1594-1632) König von Schweden

— * —

Gustav Adolf sah in einer Kirche die silbernen Standbilder der Zwölf Apostel.
»Was, ihr Herren«, sagte er, »seid ihr dazu bestimmt, euch ruhig zu verhalten?! Ihr habt doch durch die Welt zu ziehen, und diese Sendung werdet ihr erfüllen, dafür verbürge ich mich.«
Und unverzüglich schickte er die Standbilder in die Münze und ließ Silbermünzen prägen, welche die Aufschrift trugen:
»Zu Ehren Christi.«

Kaiser Ferdinand II. war ein Gemütsmensch. Kuriere brachten ihm nach Wien die Schreckensnachricht, der schwedische König sei auf Usedom gelandet. Der Kaiser ließ sich kaum in seinem Kartenspiel stören und sagte beruhigend zu seiner Partnerin: »So haben wir halt a Feindl mehr.«

Wo Gustav Adolf hinkam, wurde er überschwenglich als Befreier gefeiert. Das gefiel ihm nicht. Wenige Tage, bevor er fiel, gestand er seinem Feldprediger:
»Magister, es steht ein Unglück bevor. Die Leute machen zu viel aus mir.«

GUSTAV V.

(1858-1950) König von Schweden

—*—

König Gustav ging auf dem Land spazieren; zwei kleine Mädchen sehen ihn, und eins sagt leise zum anderen:
»Er ist doch schon sehr alt und runzlig!«
Da dreht der König sich um und sagt freundlich:
»Aber er hört noch immer gut!«

König Gustav spielte bis ins höchste Alter begeistert Tennis. Als er einmal bei einem Turnier mit dem französischen Meisterspieler Borotra spielte, rief Borotra ihm zu:
»Mehr nach links, Sire, mehr nach links!«
Da lächelte der König und sagte:
»Mein lieber Borotra, Sie sprechen schon wie mein Ministerpräsident!«

HAMM-BRÜCHER, HILDEGARD

(geb. 11. 5. 1921) FDP-Politikerin

—*—

Als Professor Dahrendorf sich seine ersten Sporen in der Politik verdient hatte, machte Frau Hamm-Brücher ihm einem Ondit zufolge auf einem Parteikongress dies Kompliment:
»Es ist kaum zu glauben, mein lieber Herr Dahrendorf, daß einem ernsthaften deutschen Professor bei uns das Lachen noch nicht vergangen ist.«

HANUSSEN

(20. Jh.) Hypnotiseur und ›Hellseher‹ aus Österreich

—*—

Der Gaukler Hanussen war 1932 die große Mode in Berlin. Damals kam es vor, daß ein Betrunkener beim Verlassen der Kneipe zum anderen sagte: »Jeh man Hanussen anrufen und laß dir saren, wat deene Olle for 'ne Laune hat.«

HARLEY, ACHILLE
(1639-1712) Gerichtspräsident in Paris

— * —

Eine Pariser Dame führte einen so lockern Lebenswandel, daß Harlay ihr einen Zwangsaufenthalt in einem Provinznest anweisen ließ. Sie kam, ihn um Milderung der Strafe zu bitten.
»Sie haben gut reden, Herr Präsident; aber was würden Sie sagen, wenn man Sie in ein Dorf in den Pyrenäen oder in Savoyen schicken wollte?«
»Das ist nicht dasselbe«, erwiderte der Präsident unerbittlich. »Ich kann meinen Beruf nur in Paris ausüben, Sie aber können Ihrem Gewerbe überall nachgehn.«

Harlay wußte, daß ein Intendant Korn aufspeicherte, um es mit Nutzen weiterzuverkaufen, denn es gab eine schlechte Ernte. Er ließ den Intendanten zu sich rufen, der üppig gekleidet, in prächtiger Karosse vorfuhr. Harlay ließ ihn sehr lang im Vorraum warten. Dann sagte er:
»Ich habe Sie so lange warten lassen, weil Ihr Wagen einiges zur Verschönerung meines Hofes beiträgt und Ihre prächtige Kleidung meinem Wartesaal zum Aufputz dient. Ich höre, daß Sie Getreide aufgespeichert haben, um das Volk auszuhungern. Wenn dieses Getreide nicht binnen einem Monat verkauft ist, lasse ich Sie hängen!«
Der Intendant beklagte sich beim König, der ihm zur Antwort gab:
»An Ihrer Stelle würde ich gehorchen. Wenn Harlay Ihnen versprochen hat, Sie hängen zu lassen, dann wird er es tun. Er hat noch nie sein Wort gebrochen.«

An einem Gerichtstag sagte Harlay:
»Wenn jene Herren, die sich unterhalten, nicht mehr Lärm machen wollten als jene Herren, die schlafen, so wäre das ein Vorteil für jene Herren, die zuhören.«

HEIM, KARL
(19. Jh.) Arzt in Berlin

— * —

Dr. Heim genoß einen großen Ruf wegen seiner unfehlbaren Diagnosen. Daneben aber hatte er eine Schwäche für geistige Getränke. Einmal wurde er, leicht angeheitert, aus dem Wirtshaus zu einem Patienten gerufen und nahm den Puls an seiner eigenen Hand statt an der Hand des Kranken.
»Dem Mann fehlt gar nichts«, sagte er. »Der ist einfach besoffen.«

HEINEMANN, GUSTAV

(1899-1975) Politiker, Bundespräsident

— * —

Während Heinemann, noch als Justizminister, für das Amt des Bundespräsidenten kandidierte, sprach er einmal in der Erlanger Universität im Auditorium maximum über ›Zeitgemäße Rechtspolitik‹. Als der Minister eben beginnen wollte, eilte eine Studentin ans Podium, versuchte, Heinemann abzudrängen, reichte ihm jedoch gleichzeitig eine Tulpe. Der Sozialdemokrat wehrte die Demonstrantin ab, musterte kurz die Blume und erklärte:

»Für so'n dünnes Blümchen können Sie nicht das ganze Mikrophon verlangen.«

Nach seiner Wahl zum Bundespräsidenten besuchte Heinemann die Bundeswehr im Manöver. Bevor er bei einer Panzereinheit eintraf, unterhielten sich dort zwei junge Offiziere.

»Der Bundespräsident kommt morgen«, sagte der eine, »da wird uns was bevorstehen.«

Der andere: »Ja, eine Rede.«

Darauf der erste: »Heuss hat damals gesagt: Nun siegt mal schön.«

Der zweite: »Dann wird Heinemann wohl sagen: Stellt euch mal schön in Frage.«

Als Bundespräsident schaffte Heinemann viele Konventionen ab, zum Beispiel den Zwang für ›Frack mit Orden, Smoking oder Uniform‹ bei offiziellen Empfängen.

»Mir tun alle Leute leid«, erklärte er, »die sich ohne Orden an der Brust halbnackt fühlen.«

Bundespräsident Heinemann legt immer gern ein Wort für die Jugend ein. So sagte er einmal vor Gymnasiasten:

»Wenn Sie völlig unverantwortliche Seiten in Ihren Lehrbüchern finden, dann reißen Sie diese Seiten doch einfach heraus.«

Als Gustav Heinemann für das Amt des Bundespräsidenten kandidierte, stellte ihm Willy Brandt einmal ernsthaft die Frage, ob er den Staat liebe. Heinemann, der unfeierlichste Präsident, den je ein deutsches Land bekam, antwortete: »Ich liebe nicht den Staat, ich liebe meine Frau.«

Ein Pressefotograf hatte Mühe, Heinemann gut ins Bild zu bekommen.

»Sie sind schwer zu fotografieren, Herr Bundespräsident«, sagte er.

»Kunststück«, antwortete Heinemann. »schließlich hab ich ja auch keinen Schauspielunterricht genommen.«

Als Heinemann Bundespräsident wurde, erhob sich manche Klage in der CDU/CSU, doch der Neugewählte meinte kühl:
»Ihr müßt euch schließlich mal daran gewöhnen, daß es nicht nur Konservative, sondern auch noch andere Menschen in der Bundesrepublik gibt.«

Heinemann hat es ein bißchen sehr mit dem Baden. Immer wieder taucht in der Presse der schwimmende Bundespräsident sozusagen als badendes Steckenpferd auf. »Wer schwimmt, bleibt jung«, lautet eine seiner Lebensregeln. Heinemann brachte sogar seinem Fahrer, der jahrelang nicht mehr im Schwimmbad gewesen war, wieder das Plantschen bei.
Sein Kommentar: »Ein Jugendtraum ging in Erfüllung – als Kind wollte ich immer Bademeister werden.«

Mit Recht fragte der ›Spiegel‹: »Wir haben jetzt einen Bürgerpräsidenten, aber haben wir – in seinem Sinn – auch Bürger?«

Gustav Heinemann zog vor Journalisten die Grenze zwischen sich und den Kabinettsmitgliedern der Regierung Brandt/Scheel:
»Die Allgemeinheit muß sich damit abfinden, daß ich auf fünf Jahre unkündbar bin. Die Regierungsmitglieder hingegen haben nur einen Kellnervertrag.«

HEINRICH IV.

(1553-1610) König von Frankreich

— * —

Nach Beendigung eines seiner Kriegszüge kam Heinrich IV. in eine kleine Stadt in der Normandie und wurde am Tor vom Magistrat begrüßt. Der Bürgermeister setzte zu einer langen Rede an, wurde aber bald von dem Geschrei eines Esels unterbrochen.
»Silence, Messieurs«, sagte dann der König. »Immer einer nach dem andern!«

Heinrich IV. kroch, seinen Sohn auf dem Rücken, auf allen Vieren durch das Zimmer, als der spanische Botschafter eintrat.
»Haben Sie Kinder, Herr Botschafter?«
»Ja, Sire.«
»Nun, dann darf mein Sohn wohl seinen Ritt beenden.«

Einen Bauern, der sich in der Schlacht großartig geschlagen hatte, erhob Heinrich IV. noch auf dem Schlachtfeld in den Adelsstand. Der gute Bauer war darüber so gerührt, daß ihm ein nicht ganz der neuen Würde entsprechender Laut entfuhr.

Auf den Gesichtern der umstehenden Kavaliere malte sich die Entrüstung, aber der König lachte:
»Was wollt ihr? Irgendwo muß ja das Bäurische aus ihm heraus!«

Ein Edelmann, der König Heinrich IV. bei Tisch bediente, glaubte sich unbeachtet und leerte ein Glas Wein, das vor dem König stand. Aber der König hatte es bemerkt und sagte lachend:
»Ihr hättet wenigstens auf mein Wohl trinken können!«

Philipp II. von Spanien gab sich in einem Brief an Heinrich IV. so viele Titel, daß sie eine ganze Seite füllten. In seiner Antwort unterschrieb der König von Frankreich:
Heinrich, Bürger von Paris.

Als eine Schweizer Abordnung nach Paris kam, um das Bündnis mit Frankreich zu erneuern, wollte die Stadt ein Fest veranstalten, hatte aber kein Geld. Man wandte sich an Heinrich IV. um die Erlaubnis, die Brunnen besteuern zu dürfen, doch er erklärte:
»Nein, meine Freunde, ich kann euch nicht erlauben, das Wasser zu besteuern, um Festmähler zu geben. Zudem wäre es lästerlich, denn nur dem Herrn steht es zu, Wasser in Wein zu verwandeln.«

Als Heinrich IV. in Poissy war, erblickte er dort die junge Meaupou, die wunderschön war, und verliebte sich in sie. Er trat auf sie zu und fragte:
»Wer ist denn dein Vater, mein Kind?«
Das Mädchen hob die Augen zum Himmel und sagte:
»Der liebe Gott, Sire.«
»Meiner Treu«, erwiderte der König, »ich hätte nichts dagegen, sein Schwiegersohn zu werden, und wenn's auch nur für ein paar Stunden wäre!«

Als Heinrich IV. nach einer langen Reise durch Amiens kam, begrüßte ihn dort der Bürgermeister mit einer Rede:
»Größter, bester, hervorragendster, mildester, großherzigster König . . .«
Da unterbrach ihn Heinrich: »Fügt noch hinzu ›müdester‹ und richtet Eure Rede danach ein!«

Heinrich IV. behandelte nach seinem Einzug in Paris die Spanier, welche die Stadt gegen ihn verteidigt hatten, sehr milde und erlaubte ihnen, in ihre Heimat zurückzukehren. Bei ihrem Abmarsch war er selber dabei, und zu dem letzten Offizier sagte er: »Reisen Sie glücklich, meine Herren, und vor allem kommen Sie nicht wieder!«

Pater Coton machte dem Herrscher Vorwürfe wegen dessen Beziehung zu einer Dame. Der König entschuldigte sich, die Dame sei so schön, die Versuchung so groß. Endlich sagte er:
»Was täten Sie, mein Vater, wenn ich Sie zu ihr ins Bett legen würde?«
»Ich weiß nicht, was ich täte«, erwiderte würdig der Geistliche, »aber ich weiß, was ich tun müßte.«

Die Abgeordneten von Marseille empfingen Heinrich IV. in ihren Mauern. Ihr Sprecher wollte zeigen, daß er ein gebildeter Mann war, und begann:
»Als Hannibal von Karthago aufbrach . . .«
Doch der König unterbrach ihn:
»Als Hannibal von Karthago aufbrach, hatte er bestimmt vorher zu Mittag gegessen, und das möchte ich jetzt auch tun.«

Heinrich IV. jagte einmal im Wald von Vendôme. Er verlor sein Gefolge und stieß auf einen Bauern, der unter einem Baum saß.
»Was machst du denn da?« fragte der König.
»Parbleu. Monsieur, ich sitze da und warte, bis der König vorbeikommt.«
»Wenn du dich hinter mich aufs Pferd setzt«, sagte nun Heinrich IV., »führe ich dich dorthin, wo du den König nach Herzenslust betrachten kannst.«
Der Bauer saß auf, und unterwegs fragte er den König:
»Woran werde ich aber den König erkennen?«
»Du brauchst nur darauf zu achten, wer seinen Hut aufbehalten wird, denn alle andern werden den Kopf entblößen.«
Sie stießen wieder auf das Gefolge, und alle Herren grüßten tief.
»Nun«, sagte der König zum Bauern, »welcher ist also der König?«
»Entweder seid Ihr's«, meinte der Bauer, »oder ich bin's, denn außer uns zweien hat keiner den Hut auf dem Kopf.«

»Drei Worte«, sagte ein Offizier zu Heinrich IV. »Geld oder Abschied!«
»Drei Worte«, entgegnete der König. »Keines von beidem!«

Der Schneider Heinrich IV. hatte eine kleine Schrift verfaßt, die alle Vorschriften enthielt, deren es, seiner Ansicht nach, zum Wohl des Staates bedurfte.
Er überreichte dem König das Büchlein. Da sagte der König zu einem Lakaien:
»Holt doch meinen Kanzler, damit er mir Maß nehme. Um die Gesetze wird sich fortan mein Schneider kümmern!«

Heinrich IV. war in die Herzogin von Beaufort verliebt und wollte sie unbedingt heiraten. Er schickte Sancy als Botschafter nach Rom, um beim Papst die Trennung der Ehe mit der Königin Margarethe zu erreichen. Als Grund sollte Margarethens lockerer Lebenswandel angegeben werden. Sancy aber weigerte sich und sagte freimütig:
»Sire, eine Kurtisane ist soviel wert wie die andere, und da ist es schon besser, Ihr behaltet, was Ihr habt.«

HEINRICH V.

(1387-1422) König von England

— * —

Heinrich V. ließ nach der Schlacht bei Azincourt alle französischen Gefangenen niedermachen. Und als die Bürger von Paris sich bei ihm beklagten, daß seine Truppen alles Land versengten, erwiderte er:
»Das ist nun einmal Kriegsbrauch. Krieg ohne Sengen ist nicht mehr wert als Wurst ohne Senf.«

HEINRICH VIII.

(1491-1547) König von England

— * —

Der Hauskaplan machte Heinrich VIII. darauf aufmerksam, er solle doch weniger für seine persönlichen Bedürfnisse ausgeben und auch an seine Nachfolger denken.
»Meine Nachfolger?« sagte der König, »die haben nichts für mich getan, ich sehe nicht ein, warum ich etwas für sie tun sollte.«

Heinrich VIII. mußte einen seiner Adligen mit einer sehr heiklen Mission zu Franz I. schicken. Er entschuldigte sich bei ihm und sagte:
»Fürchtet nichts! Sollte der König sich so weit hinreißen lassen, Euch das Leben zu nehmen, so werde ich vielen Franzosen, die in meiner Gewalt sind, den Kopf abschlagen lassen.«
»Das ist sicher tröstlich«, meinte der Adlige, »aber von all den Köpfen wird kaum einer auf meinen Leib passen.«

HENNECKE, ADOLF

(geb. 25. 3. 1905)
Bergarbeiter, Begründer der Aktivisten-Bewegung in der DDR

— * —

Hennecke wurde sprichwörtlich als der allgemein wenig geschätzte Initiator des nach ihm benannten Arbeitstempos. Der Volksmund rächte sich, indem er herumerzählte:
Hennecke ist mit seinem Rad gestürzt.

Warum?
Weil er so schnell strampelte, daß er mit dem Hinterrad in sein Vorderrad hineinfuhr.

Im Hennecke-Tempo hat eine Maurerbrigade ein Gebäude für ein Ministerium errichtet. Der Termin der Fertigstellung wurde noch um einige Tage unterboten, deswegen sollen die Arbeiter eine Geldprämie erhalten. Am Einweihungstag ruft man den Politiker zur Tribüne. Bevor er nach vorn geht, zischt er seinen Kameraden zu: »Ick hole jetzt die Moneten, haltet ihr man solange die Mauer fest.«

HERTZ, KARL

(um 1900) berühmter Illusionist

— * —

Karl Hertz erzählt, daß er eines Tages in Louisville eines seiner Lieblingskunststücke ausführte, das darin bestand, ein vorher gemerktes Geldstück in eine ungeöffnete Orange zu zaubern. Er fügte noch eine Komplikation hinzu, indem er das Geldstück nachher in die Tasche eines kleinen Jungen verschwinden ließ, der auf die Bühne kam.
Hertz gibt zu, daß der kleine Junge sein Komplize war, der das Geld – einen Silberdollar – schon vor Beginn der Vorstellung in der Tasche hatte. Alles ging gut, bis der kleine Junge auf das Podium stieg und der Illusionist ihn aufforderte, in seine rechte Hosentasche zu greifen, wo er einen Silberdollar finden werde. Der kleine Junge zögerte, dann zog er zum Entsetzen des Zauberers eine Handvoll Kleingeld hervor.
»Es bleiben nur dreiviertel Dollar«, erklärte der Kleine weinend. »Ich habe Durst gehabt, und da habe ich mir eine Limonade gekauft.«

HEUSS, THEODOR

(1884-1963) erster Präsident der Bundesrepublik Deutschland

— * —

Bei Kriegsende wohnte Heuss in Heidelberg. Dort besuchten ihn ab Mai 45 häufig Vertreter der Besatzungsmächte. An einem Vormittag erschien ein amerikanischer Offizier, der Heuss ohne Umschweife das württembergische Kultusministerium anbot. Das geschah noch hinter dem Haus, wo der FDP-Politiker gerade einen Teppich klopfte. Er überlegte nicht lange, deutete auf den Klopfer und sagte:
»Wenn Sie mir jemanden besorgen, der das hier übernimmt.«

Als Heuss einmal den Dom in Xanten besichtigen wollte, drückte er einem Buben, der vor dem Portal stand, seine Zigarre in die Hand. Erst

nach längerer Zeit kam der Bundespräsident wieder heraus, ließ sich die Zigarre aushändigen, stellte fest, daß sie gut brannte und sagte:
»Brav, daß du dran gezogen hast und sie nicht hast ausgehen lassen!«

Der Bundespräsident und seine Mitarbeiter hatten sich in ihrem provisorischen Amtssitz auf der Godesberger Victorshöhe so gut eingelebt, daß es ihnen wenig zusagte, als sie 1950 das neuerbaute Bundespräsidialamt in Bonn beziehen mußten. Aber Heuss meinte dazu:
»Schließlich ist es besser, Adenauer näher zu sein als dem lieben Gott.«

Der Bundespräsident nahm an einer offiziellen Diplomatenjagd im Niedersächsischen teil, aber derlei bereitete ihm kein Vergnügen. Als es beim Kesseltreiben ringsum ballerte, kam plötzlich ein Hase in Todesangst auf ihn zugerannt, wie um Schutz zu suchen. Da meinte Papa-Heuss: »Helfen kann ich dir auch nicht, aber wenigstens hab ich kein Gewehr.«

Der Bundespräsident ging im Park seiner Residenz spazieren, als er in seiner Tasche einen frankierten Brief entdeckte, den er eigenhändig geschrieben, jedoch seiner Sekretärin zu geben vergessen hatte. Heuss näherte sich der Wache, wo sofort der Posten vor ihm salutierte.
»Bitte«, sagte er, »werfen Sie mir mal den Brief da drüben an der Ecke in den Kasten, ich bleib so lange hier und passe auf mich selber auf.«

Als man das Grundgesetz der Bundesrepublik beriet, hielt ein CDU-Mann eine weitschweifige Rede, mit der er einen Artikel über das Recht auf Arbeit forderte.
Zwischenruf des Abgeordneten Heuss: »Dann beantrage ich die Aufnahme des Rechts auf Faulheit.«

Heuss wurde 1959 von einigen Parteifreunden nahegelegt, eine Grundgesetzänderung zu betreiben, um ein drittes Mal zum Bundespräsidenten gewählt werden zu können. Heuss lehnte ab. Mit deutlicher Anspielung auf den nimmermüden Adenauer erklärte Heuss damals:
»Es ist nicht das Ruhe-, das Ausruhebedürfnis eines alten Mannes . . . Sehen Sie bitte den Wechsel des Bundespräsidenten als einen auch für den einzelnen Bundesbürger erzieherischen Vorgang – Vor vielen Jahren habe ich einmal gesagt: Demokratie ist Herrschaft auf Frist.«

HINDENBURG, PAUL VON
(1847-1934) Generalfeldmarschall und Reichspräsident

— * —

Auf einer Generalsversammlung beschimpft Hindenburg die Jugend.
Souffleur: »Nächtelang treiben sie sich in Kneipen herum –«

Hindenburg erbost: »Nächtelang treiben sie sich in Kneipen herum.«
Souffleur: »– und auf Bällen –«
Hindenburg: (leise): »Wie?«
Souffleur: »– und auf Bällen – Bällen –«
Hindenburg: »Wau-wau!«

HINSLEY, RALPH

(um 1900) engl. Kardinal

— * —

Kardinal Hinsley und der anglikanische Erzbischof von Canterbury begegneten einander bei einer Gesellschaft; nachher nahm der Kardinal den Erzbischof in seinem Wagen mit in die Stadt.
»Es ist durchaus passend«, sagte der Erzbischof lächelnd, »daß wir den Wagen teilen. Schließlich dienen wir ja beide auch demselben Gott.«
»Ja, ja«, erwiderte der Kardinal. »nur Sie auf Ihre Weise und ich auf Seine.«

HIROHITO

(geb. 29. 4. 1901) 123. Kaiser (Tenno) Japans

— * —

Hirohito empfing Außenminister Willy Brandt und dessen Frau. Auf die höfliche Frage, wie es ihnen denn im Inselreich gefiele, waren die Brandts voller Lob, nur Frau Rut hatte einiges am Wetter auszusetzen.
Hirohito: »Dafür bin ich nicht mehr zuständig.«
Auf das Erstaunen der Brandts ergänzte der Tenno: »Bis zum Zweiten Weltkrieg besaßen japanische Kaiser in den Augen des Volkes göttliche Machtvollkommenheit. Damals unterstand ihnen angeblich auch das Wetter. Nun, ich hatte immer schon meine Zweifel . . .«

HITLER, ADOLF

(1889-1945) Diktator

— * —

Im Zweiten Weltkrieg machte sich das Volk auf Hitler diesen Reim:
»Lieber ein Kaiser von Gottesgnaden
als ein Mörder aus Berchtesgaden.«

Über Hitler gibt es kaum Anekdoten. Jedenfalls nicht solche, die anzuführen sinnvoll erscheint. Viel über ihn besagen jedoch die Flüsterwitze, die im Dritten Reich umliefen, unter anderem dieser:
»Das deutsche Reich hat nun die größte Flotte der Welt, es besitzt nämlich den größten Zerstörer.«

1932, Wahlkampfrede in Berlin. Hitler kündigt den rücksichtslosen Kampf gegen die Juden an. Während seiner Rede wird er aber immer wieder durch einen alten Juden irritiert, der auf der ersten Reihe sitzt und wie durch ein Wunder seinen Ordnungsleuten entgangen ist. Der Jude streicht sich den Bart und lächelt still vor sich hin. Endlich verliert Hitler die Nerven, steigt von der Tribüne herunter, packt den Alten bei der Brust und schreit:
»Was grinsen Sie so unverschämt? Was denken Sie sich überhaupt?«
»Ich habe gerade gedacht, Herr Hitler, es war einmal ein König, ein Pharao, der war ein grausamer Antisemit und wollte alle Juden ausrotten. Und was ist geschehen? Er ist gestorben, und wir Juden essen heute zur Erinnerung an diese Episode Mazzes. Haman war auch ein grausamer Antisemit, auch er wollte alle Juden ausrotten. Was ist geschehen? Er ist gehängt worden, und zur Erinnerung daran essen wir Juden zum Purimfest Hamantaschen. Und jetzt denk ich immer dran: was für eine Mehlspeis werden wir Juden essen – zur Erinnerung an Sie, Herr Hitler?«

Als Hitler im November 1939 den Münchner Bürgerbräukeller kurz vor dem Sprengsatz-Attentat verlassen hatte, hing anderen Tags für kurze Zeit an der Explosionsstelle eine Tafel mit der Inschrift:
Dem leider zu früh Heimgegangenen!

Mit dem katastrophalen Verlauf des Krieges wurden die politischen Witze in Deutschland immer mehr zu einer Geheimwaffe. Selbst in der Umgebung Hitlers gab es Leute, die derlei geflügelte Wahrheiten, die immer inkognito auftraten, weiter verbreiteten.
Stellvertretend für viele bitterböse und verzweifelte Formulierungen, stehe hier dieser Flüsterwitz: Kennst du den Unterschied zwischen Christentum und Nationalsozialismus?
Sehr einfach!
Beim Christentum starb einer für alle – beim Nationalsozialismus sollen alle für einen sterben.

Als die Zeit der Blitzsiege vorüber war, kursierte in Berlin das geflügelte Wort:
»Weeß det der Führer?«
Unter anderem erzählte man sich diese Version:
Im Luftschutzkeller steht ein schöner alter Globus, vor dem sitzt ein Mütterchen, ihr gegenüber der Luftschutzwart. Fragt die Oma: »Ist det unser schönet Vaterland?«
»Nee«, sagt der Luftschutzwart, »det ist de janze Welt.«
»Ach, denn zeijen Se mir doch mal Amerika.«
Der Amtswalter tut es.
»Und nu Rußland.« Er zeigt auch das.

»Und nu unsa herrliches Jroß-Deutschland.« Der Luftschutzwart deutet auf einen kleinen grauen Fleck. Fassungslos guckt die Alte darauf und fragt dann bange: »Wees det der Führa?«

HÖCHERL, HERMANN

(geb. 31. 3. 1912) CSU-Politiker

— * —

Nach seinem Ausscheiden als Bundesernährungsminister infolge des Regierungswechsels im Herbst 1969 beantragte Höcherl seine Zulassung als Rechtsanwalt. Begründung: »Ich möchte mal einen ›Spiegel‹-Redakteur verteidigen, der wegen Beleidigung der SPD angeklagt ist.«

Im Interesse der Bauern ist Höcherl überall bemüht, den Milchkonsum zu heben. Einmal riet er einer Lufthansa-Stewardeß: »Trinken Sie täglich einen halben Liter Milch, das bekommt Ihnen!« Als die Airhostess sich wenig begeistert zeigte, spendierte ihr Höcherl für sechs Monate täglich einen halben Liter Vorzugsmilch. Inzwischen erhielt er ein Dankschreiben: »Ich habe mich so an die Milch gewöhnt«, schrieb die Stewardeß, »ich trinke sie jetzt auf eigene Kosten weiter.«
Höcherls Kommentar: »Ich weiß halt, was für junge Damen gut ist, die schlank bleiben wollen.«

HOFER, ANDREAS

(1767-1810) Tiroler Freiheitsheld

— * —

Als Hofer in der Innsbrucker Hofburg wohnte, nahte sich ein Haushofmeister an der Spitze goldbetreßter Lakaien und erkundigte sich: »Wann und in welchem Raum wollen Exzellenz speisen?« Der einfache ehrliche Landmann, der plötzlich vom Bauern zum Landsherrn erhoben worden war, wollte gerade mit einem Stoß Akten in sein Büro gehen und war ärgerlich über diese Anrede:
»Mit dr Exlenz laßts gut sein! Ich heiß Ande Hofer. Jetzt hab i net Zeit, ans Fressn zu denken, i muß erst nunter in d'Schreiberei.«

Als man Hofer in Mantua auf den Richtplatz brachte, wollte man ihm die Augen verschließen, doch er wehrte sich: »Das brauch ich nicht. Es ist nicht das erste Mal, daß ich dem Tod in die Augen schau!« Er sollte niederknien, wehrte sich aber: »Ich will dem, der mich erschaffen hat, meinen Geist stehend zurückgeben!« Hofer trat einen Schritt vor und kommandierte: »Feuer!« Die Franzosen schossen schlecht. Hofer brach zusammen und winkte mit der Hand: »Franzosen, schießt besser!« Erst der dreizehnte Schuß tötete ihn.

HOLMES, OLIVER WENDELL
(1809-1894) amerik. Bundesrichter

— * —

Als Wendell Holmes neunzig Jahre alt wurde, kürzte man ihm aus irgendeinem Grund die Pension.
»Da ich immer ein sparsamer Mann gewesen bin«, schrieb er einem Freund, »kann ich trotz dieser Kürzung ganz gut leben. Aber leider ist es mir unmöglich gemacht worden, etwas für meine alten Tage zurückzulegen.«

HOUGH, RICHARD
(um 1900) Bischof

— * —

Dr. Hough, der es bis zum Bischof von Worcester gebracht hatte, war die Sanftmut selber. Er besaß ein sehr merkwürdiges Barometer, für das er 200 Guineas bezahlt hatte.
Ein junger Mann aus einer befreundeten Familie besuchte ihn eines Tages; der Diener wollte einen Stuhl zurechtschieben, stieß dabei an das Barometer, das auf den Boden fiel und in hundert Stücke zersplitterte. Der junge Mann, als unschuldige Veranlassung des Zwischenfalls, ist tief unglücklich und erschöpft sich in Entschuldigungen, um den Diener zu entlasten.
Aber Dr. Hough lächelt nur und sagt:
»Ich fürchte, daß das Wetter wechseln wird. Ich habe mein Barometer noch nie so tief gesehen.«

HOUQUET, FRANÇOIS
(18. Jh.) frz. Arzt

— * —

Der Arzt Houquet ging häufig in die Küche seiner reichen Patienten und umarmte die Köche.
»Meine Lieben«, sagte er, »ich bin euch Dank schuldig für die vielen Dienste, die ihr uns Ärzte leistet. Ohne euch, ohne eure Giftmischerkunst wäre die ganze Fakultät bald im Armenhaus.«

HULL, CORDELL
(1871-1955) amerik. Staatssekretär

— * —

Cordell Hull war ein äußerst vorsichtiger Mann, der nie ein Urteil abgab, bevor er sämtliche Beweise beisammen hatte. Auf einer Reise schauten er und ein Freund aus dem Fenster und sahen eine große Schafherde.

»Die Schafe sind frisch geschoren«, meint der Freund.
»Ja«, erwiderte Hull behutsam. »Auf der einen Seite wenigstens.«

HUMBERT I.

(1844-1900) König von Italien

— * —

Dem König Humbert I. wurde das Gnadengesuch eines Sträflings vorgelegt. An den Rand hatte der Minister geschrieben: »Begnadigen unmöglich, im Zuchthaus zu lassen.« Der König versetzte das Komma, und so lautete die Bemerkung des Ministers:
»Begnadigen, unmöglich im Zuchthaus zu lassen.«
Und dann schrieb er darunter: »Bewilligt!«

HUNDHAMMER, ALOIS

(1900-1974) CSU-Politiker

— * —

Hundhammer betrachtete einmal die Ehe unter gewissermaßen agrarwirtschaftlichen Aspekten:
»Zwischen Don Juan und dem getreuen Ehemann besteht der Unterschied, daß der eine sich für extensive, der andere für intensive Bewirtschaftung entschieden hat.«

Als Kultusminister von Bayern verbot Hundhammer das Ballett ›Abraxas‹ von Werner Egk, ein Verbot, das überall auf volles Unverständnis traf. Verteidigte der eigenwillige Minister später vage seine Entscheidung:
»Bei Wagner ist die Frau immer Erlösung, bei Egk ist sie die andere Hälfte des Tieres mit den zwei Rücken. Wenn ich z. B. bei Bruckner nicht mitkomme, so liegt der Mangel ganz bei mir. Wenn ich bei Egk nicht mitkomme, dann liegen 50 Prozent bei ihm selber.«

INGERSOLL, ROBERT

(19. Jh.) amerik. Politiker

— * —

Ingersoll besaß eine berühmte Bibliothek atheistischer Schriften. Ein Reporter fragte ihn einmal, was die Bibliothek ihn gekostet habe. Ingersoll überlegte und sagte dann:
»Ganz bestimmt den Posten als Gouverneur von Illinois und sehr wahrscheinlich die Präsidentschaft der Vereinigten Staaten.«

INNOZENZ XI.

(1611-1689) Papst

— * —

Kardinal Carpegna war ein sehr starker Esser; er beklagte sich beim Papst, daß man sich über ihn lustig mache.
Da meinte der Papst: »Wer ißt, muß auch schlucken können!«

ISWOLSKI, ALEXANDER

(1856-1919) russ. Außenminister

— * —

Als Iswolski russischer Gesandter in Dänemark war, erfuhr er, daß in Petersburg im diplomatischen Dienst große Veränderungen bevorstünden. Er hoffte, als Botschafter nach Rom oder Berlin geschickt zu werden, und entsandte einen treuen Mitarbeiter nach Petersburg, der sondieren und ihm das Ergebnis mitteilen sollte. Er brauchte Iswolski nur ein Wort zu telegraphieren; war es Rom, dann ›Maccaroni‹, war es Berlin, dann ›Kraut‹. Nach einigen Tagen kam das ersehnte Telegramm; es enthielt nur ein Wort: ›Caviar‹.
Iswolski war zum Außenminister von Rußland ernannt worden.

JAURÈS, JEAN

(1859-1914) frz. Politiker

— * —

Der Sozialistenführer Jaurès setzte sich leidenschaftlich dafür ein, daß der Weltkrieg nicht ausbrach. Er attackierte vor allem den russischen Botschafter Iswolski, der Frankreich in den Krieg hineinziehen wollte. Als sich Jaurès zum Staatssekretär Abel Ferry begab, um ihn zu warnen, sich nicht mit den Russen einzulassen, trat dieser aus seinem Zimmer zusammen mit dem russischen Botschafter.
In höchster Erregung rief Jaurès: »Da ist der Kriegshetzer!«

Jaurès bekämpfte heftig Clemenceau, dessen radikale Politik ihm wenig gefiel. Als Jaurès Clemenceau einen Ratschlag erteilen wollte, brüllte dieser:
»Sie sind nicht der liebe Gott!«
»Und Sie nicht der Teufel«, antwortete Jaurès.
Plötzlich wurde Clemenceau nachdenklich: »Woher wollen Sie das so bestimmt wissen?«

JEANNE D'ARC

(1412-1431) frz. Nationalheldin

— * —

Auf der Suche nach einer Anekdote über Jeanne d'Arc stieß der Sammler auf General de Gaulle. Er nämlich wurde einmal von einem Journalisten gefragt: »Glauben Sie, mon Général, daß Jeanne d'Arc sich verheiratet hätte, wenn sie am Leben geblieben wäre?«
De Gaulle: »Warum nicht. Sehen Sie mich an, bin ich nicht auch verheiratet?«

Mit Entsetzen sahen die Mitstreiter, wie ein Pfeil Johanna in die Schulter traf. Die mutige Jungfrau zog den Pfeil aus der Wunde, die zu bluten begann. Als sie sah, wie man sich um sie sorgte, beruhigte sie die Leute:
»Es ist nicht Blut, was da fließt, es ist Ruhm!«

Der General Glasdale habe sie einmal eine Dirne genannt, worauf ihm Johanna wahrsagte, er werde bald sterben, ohne dabei Blut zu vergießen. Tatsächlich ist der General in der Loire ertrunken.

Johanna, die in Männerkleidung unter Männern lebte, setzte sich dabei auch manchen Verdächtigungen aus. Einmal soll ein Kriegsmann zu ihr gesagt haben: »Na, falls du eine Jungfrau bist, – wenn ich eine Nacht mit dir zusammensein könnte, du bliebest nicht Jungfrau.«
Worauf ihm Johanna prophezeit habe: »Du lästerst Gott und bist dem Tode nahe.« Eine Stunde später sei er im Kampf getötet worden.

Nach der Verbrennung Jeanne d'Arcs in Rouen eilte der Henker erschüttert in den Beichtstuhl und klagte:
»Ach, ich habe heute eine Heilige verbrannt, ich kann nicht selig werden.«

JEFFERSON, THOMAS

(1743-1826) Präsident der Vereinigten Staaten

— * —

Als Thomas Jefferson noch Vizepräsident der Vereinigten Staaten war, ritt er einmal ohne Begleitung über Land. Vor einem Hotel stieg er ab, trat, die Peitsche in der Hand, ein und verlangte ein Zimmer. Der Wirt hielt ihn für einen einfachen Farmer und erklärte:
»Wir haben kein Zimmer für Sie.«
Da machte Jefferson kehrt, setzte sich auf sein Pferd und ritt weiter. Kurz darauf kam ein anderer Gast und sagte zu dem Wirt, der Reiter, der eben davongeritten war, sei Jefferson gewesen, der Vizepräsident der Vereinigten Staaten.

»Was?! Der Vizepräsident?« rief der Wirt entsetzt. »Los, Tom, Jim, Jerry, Jack – wo steckt die Bande? Reitet ihm nach und sagt ihm, er könne vierzig Zimmer haben!«
Jefferson war unterdessen zu einem andern Hotel geritten, wo die Knechte des ersten Wirts ihn erreichten und ihm die Botschaft bestellten.
»Sagt eurem Herrn«, erwiderte Jefferson, »daß ich hier schon ein Zimmer gefunden habe. Ich weiß seine guten Absichten sehr zu schätzen; wenn er aber für einen Farmer kein Zimmer hat, so braucht er auch keines für den Vizepräsidenten der Vereinigten Staaten zu haben.«

Jefferson hielt die Presse in zivilisierten Ländern für eine unerläßliche Notwendigkeit.
»Wenn ich zwischen einer Regierung ohne Zeitungen oder Zeitungen ohne Regierung zu wählen hätte«, sagte er, »würde ich das zweite wählen.«

JEFFRIES, EDWARD
(20. Jh.) engl. Brigadegeneral

— * —

Man fragte Jeffries, was er nach seiner Pensionierung tue. Und er erwiderte darauf:
»Ich lasse mir das Frühstück ans Bett bringen, dann lese ich die Todesnachrichten im ›Daily Telegraph‹, und wenn ich nicht darunter bin, stehe ich auf.«

JEFFRIES, GEORGES
(1648-1689) engl. Oberrichter, Kanzler

— * —

Der nonkonformistische Geistliche Baxter wurde vor den sehr grausamen Oberrichter Jeffries geführt.
»Richard«, sagte Jeffries, »in deinem Gesicht sehe ich einen Lumpen!«
»Ich wußte gar nicht«, erwiderte Baxter, »daß mein Gesicht ein Spiegel ist.«

George Jeffries war sehr grausam. Einmal berührte er mit dem Ende seines Stocks einen Angeklagten und sagte:
»Am Ende meines Stocks ist eine große Kanaille.«
»Sehr wahr«, erwiderte der Angeklagte. »Es fragt sich nur an welchem Ende.«

JOHANNES XXIII.

(1881-1963) Papst

— * —

In dem Bemühen, seine Reformfreudigkeit volkstümlich auszudrücken, sagte Johannes XXIII. einmal von sich: »Ich bin der Papst, der aufs Gaspedal drückt.«

Johannes XXIII. betrachtet die ersten Photographien, die ihn als Papst zeigen, und sagt:
»Der liebe Gott wußte ja seit siebenundsiebzig Jahren, daß ich Papst sein würde. Da hätte er mich doch ein wenig schöner machen können!«

Der Papst erzählt von der Zeit, da er als Nuntius in Paris gewesen war.
»Wenn ich zu einem Bankett gehn mußte und eine schöne, tiefdekollettierte Frau erschien, hat man nicht sie angeschaut, sondern mich.«

JOHNSON, LYNDON B.

(1908-1973) US-Präsident

— * —

Als er noch amerikanischer Vizepräsident war, besuchte Johnson einmal Willy Brandt in dessen Berliner Wohnung. Er fand besonderen Gefallen an den Hausschuhen des Gastgebers und erwähnte das auch. Wenig später sandte Brandt ihm eine Kollektion ähnlicher Modelle. Darauf Johnson-Gattin ›Ladybird‹: »Willy Brandt hat es geschafft, aus meinem Mann einen Pantoffelhelden zu machen.«

Daß er übertriebene Nationalgefühle ablehnte, unterstrich Lyndon B. Johnson öffentlich mit der Erklärung:
»Ich habe mich niemals in die Nationalflagge eingewickelt, um meine Kritiker zum Schweigen zu bringen.«

Als Johnson Vizepräsident der Vereinigten Staaten war, schickte Kennedy ihn viel auf Reisen. Lyndon stieg in sein Flugzeug und sagte zum Piloten: »Fliegen Sie, wohin Sie wollen. Schwierigkeiten haben wir überall.«

Als Johnson von einer längeren Reise im Fernen Osten zurückkehrte, wunderten seine engsten Mitarbeiter sich darüber, daß er versprochen hatte, den Vietnamesen nicht nur im Süden, sondern auch im Norden zu helfen.
»Warum wollen Sie so großzügig gegen Leute sein, die mit solcher Wut gegen uns kämpfen?«
»Weil man in der Politik«, erwiderte Johnson, »die Vergangenheit manchmal vergessen kann. Nie aber darf man die Zukunft vergessen.«

JONNART, CÉLESTIN
(1857-1927) Gouverneur von Algerien

— * —

Jonnart war auch Botschafter beim Vatikan. Als er von diesem Posten schied, machte er dem Staatssekretär Kardinal Gasparri einen Abschiedsbesuch.
»Wir werden uns nie wiedersehen«, sagte Jonnart.
»Aber mein lieber Jonnart! Doch jedenfalls im Himmel!«
»Auch dort nicht.«
»Wie?« fragte der Kardinal. »Werden Sie denn nicht im Himmel sein?«
»Ich schon«, erwiderte Jonnart. »Aber Sie nicht, Eminenz. Sie haben mich gar zu oft hineingelegt.«

JOSEF I.
(1714-1777) König von Portugal

— * —

Der Marchese von Ponteleina diskutierte einmal mit dem König Josef über die Grenzen der königlichen Macht. Der Marchese meinte, es gebe Grenzen, der König verneinte das.
»Seht«, sagte der König, »wenn ich Euch befehlen wollte, Euch ins Meer zu stürzen, so müßtet Ihr es ohne Zaudern tun.«
Der Marchese wandte sich zur Türe.
»Wohin?« fragte der König.
»Sire, ich will möglichst schnell schwimmen lernen.«

JOSEF II.
(1741-1790) Kaiser von Österreich

— * —

Josef II. ist der Held zahlloser Anekdoten. Als er durch die Straße einer Stadt ging, drängten die Soldaten das Volk rücksichtslos zurück. Da sagte er:
»Man braucht doch nicht gar so viel Platz, damit ein einzelner Mann durch die Straßen gehn kann. Laßt doch die armen Leute, wo sie sind!«

Als Kaiser Josef II. einen Park in Wien, der bisher nur dem Adel vorbehalten war, allen Bürgern öffnete, klagte ein Adliger:
»Jetzt wird man nicht mehr unter seinesgleichen spazieren gehn können.«
Da meinte der Kaiser:
»Wenn ich unter meinesgleichen leben wollte, müßte ich in die Kapuzinergruft übersiedeln.«

Josef II. ging gern inkognito, um die Verhältnisse in seinem Reich unbefangen zu studieren. Auf die Vorhaltungen seiner Höflinge sagte er: »Der natürliche Zustand ist nicht, Kaiser zu sein, sondern Mensch zu sein.«

Vier Deserteure waren zum Tode verurteilt worden, aber Josef II., der gerade dazu kam, sagte, sie dürften würfeln, und nur einer sollte hingerichtet werden. Drei warfen die Würfel, der vierte weigerte sich:
»Warum willst du nicht würfeln?« fragte der Kaiser.
»Weil das Würfelspiel gesetzlich verboten ist«, erklärte der Deserteur.
Da blieb dem Kaiser nichts übrig, als alle vier zu begnadigen.

Josef II. war als Graf Falkenstein inkognito nach Frankreich gekommen. Die Freunde der amerikanischen Revolution hielten ihn für einen Demokraten, und eine Hofdame fragte, wie er sich zum Kampf zwischen dem König von England und den Provinzen stelle.
»Madame«, sagte er, »es ist mein Beruf, auf Seite der Könige zu sein.«

Für den Tiergarten Schönbrunn sollte ein Zebra angeschafft werden, das 800 Dukaten kostete. Da schrieb Josef II.:
»Ich weiß nicht recht, was ein Zebra ist, finde aber 800 Dukaten dafür zuviel.«

Duval, Direktor des Antiquitätenkabinetts des Kaisers, war sehr zerstreut. Einmal unterhielt der Kaiser sich in einem Saal des Schlosses mit ihm. Zwei Damen gingen vorüber, die Duval wahrscheinlich gar nicht bemerkte.
»Kennen Sie denn diese Damen nicht, Duval?« fragte der Kaiser.
Und Duval entschuldigte sich; nein, die Damen seien ihm unbekannt.
»Es sind meine Schwestern«, sagte der Kaiser, und setzte lachend hinzu:
»Allerdings – Antiquitäten sind sie noch nicht.«

Auf seiner Reise in Frankreich im Jahre 1781 kam Josef II. früher als sein Gefolge in Rethel an. Er stieg in einem Gasthof ab. Die Wirtin, die den Kaiser erwartete, fragte, ob er zum Gefolge gehöre.
»Nein«, entgegnete Josef. »ich fahre ihm voran.«
Dann zog er sich in sein Zimmer zurück und begann, sich zu rasieren. Die Wirtin war ihm in ihrer Neugier gefolgt und fragte, ob er ein Amt am kaiserlichen Hof habe.
»Ja«, erklärte Josef. »Ich rasiere manchmal den Kaiser.«

JOSÉPHINE

(1763-1814) Napoleons erste Frau

— * —

Napoleon fiel es schwer, seiner Gattin, die ihm keinen Nachfolger zeugte, klarzumachen, daß sie sich trennen müßten. Als Joséphine die volle Wahrheit erfuhr, versuchte sie mit Flehen und Bitten, den Kaiser von diesem Vorhaben abzubringen. Napoleon erklärte ihr: »Suche mich nicht zu rühren. Ich liebe dich immer, aber die Politik hat kein Herz, sondern nur Kopf.«

JULIAN, APOSTATA

(332-363) röm. Kaiser

— * —

Der Redner Delfidius klagte jemanden vor Julian an, aber der Angeschuldigte leugnete, die Beweise waren unzureichend, und so endete der Prozeß mit einem Freispruch.
»Wenn es genügt zu leugnen, um freigesprochen zu werden«, rief Delfidius gekränkt, »wer wird dann noch verurteilt werden?«
Worauf der Kaiser entgegnete:
»Und wenn es genügt, anzuklagen, damit jemand verurteilt wird – wer wird dann noch freigesprochen werden?«

Einige Höflinge fanden, Julian gebe zu viel Geld für Wohltätigkeit aus. Da meinte er:
»Zeigt mir einen Menschen, der sich je durch Wohltätigkeit zugrundegerichtet hat!«

Kaiser Julian ergriff energische Maßnahmen gegen den übergroßen Luxus an seinem Hof. Als er einen Barbier kommen ließ und der Barbier sich zu diesem Anlaß in prächtigste Gala warf, schickte der Kaiser ihn fort.
»Ich brauche einen Barbier«, sagte er, »und keinen Senator.«

JULIUS II.

(1443-1513) Papst

— * —

Papst Julius II. war ein kriegerischer Papst; als er hörte, die Kürfürsten hätten Maximilian von Österreich, einen schwachen, frommen Mann, zum Kaiser gewählt, sagte er:
»Die Kardinäle im Konklave und die Kurfürsten haben sich geirrt. Sie hätten Maximilian zum Papst und mich zum Kaiser machen sollen.«

JUNOT, CHARLES
Herzog von Abrantes (1771-1813) frz. Marschall

— * —

Marschall Junot, Herzog von Abrantes, sagte zu dem Herzog Laval de Montmorency: »Sehen Sie, Herr Herzog, zwischen euch und uns besteht ein Unterschied. Ihr seid die Nachkommen glorreicher Vorfahren, und wir sind die glorreichen Vorfahren unserer Nachkommen.«

Nachdem Napoleon den Marschall Junot zum Herzog von Abrantes gemacht hatte, ließ Junots Vater auf seine Visitenkarten drucken:
»Vater des Herzogs von Abrantes.«

KARL II.
(1630-1685) König von England

— * —

König Karl II. hatte den Ruf, im Schiffbau sehr erfahren zu sein. Als er einmal ein Schiff besichtigte, das gerade von Stapel laufen sollte, fragte er seinen Freund Killigrew:
»Wäre ich nicht ein ausgezeichneter Schiffbauer gewesen?«
»Ich war immer überzeugt davon«, erwiderte Killigrew, »daß Eure Majestät jeden Beruf besser ausgefüllt hätten als den eigenen.«

Karl II. ging immer ohne Wache aus. Einmal machte sein Bruder, der Herzog von York, ihm deswegen Vorhaltungen. Doch Karl erwiderte:
»Für mich besteht keine Gefahr. Da alle Welt weiß, daß du mein Nachfolger wirst, hat kein Mensch den Wunsch, mich verschwinden zu sehen.«

Karl II. fragte den Bischof Stillingfleet, warum er im allgemeinen ohne Text predigte, seine Predigten vor dem Hof aber immer aus einem Text ablas. Der Bischof erwiderte, die Anwesenheit eines so großen, weisen Fürsten schüchtere ihn ein, und er verliere all sein Selbstvertrauen.
»Darf ich mir aber die Frage erlauben«, fuhr er fort, »warum Eure Majestät die Reden vor dem Parlament ablesen?«
»Das will ich Euch sagen«, erwiderte der König. »Ich habe die Abgeordneten schon so oft um Geld gebeten, daß ich mich nicht mehr traue, ihnen ins Gesicht zu schauen.«

KARL V.
(1519-1554) Kaiser

— * —

Karl V. hatte eine große Begabung für Sprachen; er sagte:
»Spanisch spreche ich mit Gott, italienisch mit den Engeln, französisch mit den Damen, englisch mit den Vögeln, deutsch mit den Pferden.«

Als Karl V. sich in das Kloster von St. Just zurückgezogen hatte, lebte er nach der strengsten Ordensregel. Eines Tages sollte er die Brüder morgens wecken, und da schüttelte er einen jungen Novizen ein wenig allzu kräftig.
»Genügt es Euch nicht«, sagte der Novize, »die ganze Welt gestört zu haben? Müßt Ihr jetzt auch jene stören, die sich von der Welt zurückgezogen haben?«

KARL X.

(1757-1836) König von Frankreich

— * —

Am Sonntag, nach Verlassen der Messe, pflegte Karl X. an die Höflinge, die an seinem Weg standen, ein paar Worte zu richten. Unter ihnen war auch stets der alte Marquis de Baizecourt, der sehr schwerhörig war. Da er außerdem eine zähe Bronchitis besaß, fragte ihn der König jeden Sonntag: »Nun, Marquis, wie geht es Ihrer Bronchitis?«
Einmal aber fragte der König: »Nun, Marquis, wie geht es der Frau Marquise?«
Baizecourt, der nur auf die Frage nach der Bronchitis vorbereitet war, antwortete: »Ach, Sire, bei Tag ist sie erträglich; aber bei Nacht nimmt sie mich furchtbar her.«

KARL XII.

(1682-1718) König von Schweden

— * —

Karl XII. hatte es einmal im Rausch seiner Mutter gegenüber an dem schuldigen Respekt fehlen lassen. Sie zog sich in ihre Gemächer zurück und war tief gekränkt. Als er das hörte, füllte er ein Glas mit Wein und ging zu ihr.
»Gnädige Frau«, sagte er, »ich habe erfahren, daß ich mich gestern im Rausch gehn ließ. Ich bitte Sie um Verzeihung; und damit ich mich nie wieder berausche, trinke ich dieses Glas auf Ihr Wohl. Es soll das letzte meines Lebens sein.«
Und er trank von diesem Tage an keinen Tropfen mehr.

Karl XII. diktiert in seinem Zelt seinem Sekretär einen Brief. Eine Granate fällt auf das Zelt und platzt in der Nähe des Sekretärs, der im Schreiben innehält.
»Was haben Sie?« fragte der König.
»Ja, aber, Sire . . . die Granate . . .«
»Was hat die Granate mit meinem Brief zu tun?« sagte Karl XII.

KATHARINA II.

(1729-1796) Zarin von Rußland

— * —

Die Zarin Katharina sagte zu Diderot: »Ihre Grundsätze sind wunderschön, aber sie können zu nichts anderem verwendet werden als zum Bücherschreiben. Es ist etwas anderes, auf das Papier zu schreiben, das sich alles gefallen läßt, oder mit einem lebendigen, reizbaren, ungeduldigen Material zu arbeiten, wie es das Volk ist.«

Katharina war noch Großfürstin und hatte ihrem Gatten, dem Enkel Peters des Großen, noch keinen Erben geschenkt. Kein Erbe des Zarenreichs! Das war eine gefährliche Situation. Der Kanzler Bestuschew suchte eines Tages die Großfürstin auf und erklärte:
»Kaiserliche Hoheit, wir müssen einen Erben haben – so oder so!«
Katharina war zuerst empört; doch der Kanzler setzte ihr auseinander, daß ein Erbe das einzige Mittel wäre, um ihre Stellung zu festigen, und so beruhigte sich die Großfürstin schließlich und sagte mit großer Würde:
»Gut denn, wenn das Reich einen Erben braucht, so schickt mir heute abend Soltikoff!«
Soltikoff war damals Gardeoffizier, er tat seine Pflicht, und die Thronfolge war gerettet.

Ein englischer Adliger sagte: »Katharina II. ehrt ihren Thron mit ihren Lastern, während Georg II. von England ihn mit seinen Tugenden entehrt.«

KEATING, KENNETH

(20. Jh.) amerik. Politiker

— * —

Der Senator Kenneth Keating sagte:
»Roosevelt hat uns bewiesen, daß ein Mann sein Leben lang Präsident sein kann, Truman hat uns bewiesen, daß jedermann Präsident sein kann, und Eisenhower hat uns bewiesen, daß man überhaupt keinen Präsidenten braucht.«

KEFAUVER, ESTES

(20. Jh.) amerik. Politiker

— * —

Ein Wähler aus den Wäldern Tennessees schrieb an den Senator Estes Kefauver:
»Sie haben uns solchen Wohlstand beschert, daß wir einen Fernsehapparat, einen Eisschrank, einen Staubsauger und prächtige Beleuchtungskörper kaufen konnten. Helfen Sie uns jetzt noch dazu, daß wir elektrischen Strom in unser Dorf kriegen, damit wir das alles verwenden können.«

KEMPINSKI, BERTHOLD
(20. Jh.) Hotelier und Gastronom

— * —

Um den Ruf seines Restaurants zu prüfen, setzte sich Kempinski eines Tages am Alexanderplatz in ein Taxi und sagte: »Fahren Sie mich zu einem wirklich guten Restaurant, ich bin hier fremd.«
»Am besten ißt man bei Kempinski«, sagte der Fahrer und schlug die Richtung ein.
Als sie vor seinem Restaurant hielten, gab Kempinski vor Freude ein kräftiges Trinkgeld. Da sagte der Fahrer: »Vielen Dank auch, Herr Kempinski.«

KENNEDY, JOHN F.
(1917-1963) Präsident der USA

— * —

Während des Präsidentschafts-Wahlkampfs mußte sein Rivale Nixon sich einer Krankenhausbehandlung unterziehen. Kennedy stoppte solange jede Attacke gegen Nixon.
Ein Journalist fragte ihn: »Senator, Sie sagten, Sie würden über den Vizepräsidenten (Nixon) so lange nicht mehr reden, bis er das Krankenhaus wieder verlassen hat?«
Kennedy: »Ja, stimmt. Es könnte ja leicht sein, daß ich auch einmal ins Krankenhaus muß.«

Als US-Präsident Kennedy bei seinem Besuch in Berlin jubelnd gefeiert wurde, gab er folgenden Kommentar:
»Bundeskanzler Adenauer war freundlich genug, mir zu bestätigen, daß die Begeisterungsausbrüche spontan waren. Das glaube ich ihm gerne. Ich kann aber nicht glauben, daß die Leute alle diese Fähnchen, die sie in den Händen hielten, von zu Hause mitgebracht haben. Als alter Politiker wage ich zu behaupten, irgend jemand muß da doch seine Hand im Spiel gehabt haben, Herr Bundeskanzler.«

Amerikanische Journalisten lieben harte Fragen und amerikanische Präsidenten schlagfertige Antworten. Auf einer Pressekonferenz rief ein Pressemann Kennedy zu: »Das Republikanische Nationalkomitee hat vor kurzem eine Resolution gefaßt, in der es heißt, daß Sie ein ziemlicher Versager sind. Was sagen Sie dazu?«
Kennedy: »Ich nehme an, die Resolution wurde einstimmig gebilligt.«

Im Jahre 1962 sagte Kennedy an der Universität von Kalifornien:
»Ich erinnere mich an die Geschichte vom französischen Marschall Lyautey, der einmal seinem Gärtner auftrug, einen Baum zu pflanzen. Der

Gärtner wandte ein, der Baum wachse langsam und würde erst in hundert Jahren reif sein. Da erwiderte der Marschall: ›Dann ist keine Zeit zu verlieren! Pflanz ihn noch heute nachmittag!‹ Heute mag eine Welt der Erkenntnis, eine Welt der Zusammenarbeit, eine Welt des gerechten, dauernden Friedens noch in weiter Ferne sein. Aber wir haben keine Zeit zu verlieren. Pflanzen wir unsere Bäume noch heute nachmittag!«

Als Malraux die Mona Lisa in Washington zeigte, war de Gaulle gerade mit der Aufstellung einer unabhängigen ›force de frappe‹ beschäftigt. Da sagte Kennedy zu Malraux:
»Wir sind für diese Leihgabe Frankreichs, der führenden künstlerischen Macht, sehr dankbar, Herr Minister. Und wir wollen uns bestreben, eine eigene unabhängige künstlerische Macht zu entwickeln.«

Als Kennedy in Wien mit Chruschtschow zusammentraf, fragte er den Russen, was die Medaille auf dessen Brust bedeute.
»Das ist der Lenin-Friedenspreis«, war die Antwort.
»Hoffentlich bewahren Sie ihn«, meinte Kennedy.

KENNEDY, TED
(geb. 2. 2. 1932) US-Senator

— * —

Präsident John F. Kennedy half seinen Brüdern, wo immer er konnte. Auf einer Parteiversammlung in Harrisburg, Pennsylvania (1962), begann er eine Ansprache mit diesen Worten:
»Darf ich mich Ihnen vorstellen? Ich bin Teddy Kennedys Bruder und freue mich, heute abend hier zu sein.«

KIESINGER, KURT GEORG
(geb. 6. 4. 1904) Politiker

— * —

Wodurch unterscheidet sich Kiesinger von Kennedy? Das wissen die Berliner genau. Als Kennedy nach Berlin kam, sagte er: »Ich bin ein Berliner.«
Als Kiesinger zum erstenmal als Bundeskanzler die ehemalige Hauptstadt besuchte, griff er das auf, sagte aber nur: »Ich bin ein halber Berliner.«

Im Wahlsommer 1969 hatte Kiesinger eine Menge Sorgen. Böse Zungen behaupteten, er sei im heißen Monat Juli sogar der Sonne ausgewichen. Wenn er am Wochenende im Garten frühstückte und die Sonne schon hochstand, sagte er zu seiner Frau: »Bring mal den Sonnenschirm, Marie-Louise. Noch mehr Bräune kann ich mir im Wahlkampf nicht leisten.«

KISSINGER, HENRY ALFRED
(geb. 27. 5. 1923) amerik. Politiker

— * —

Fußballweltmeisterschaft 1974 in München. Helmut Schmidt begrüßt den prominenten Ehrengast: »You are the most popular person here.« Kissinger antwortet auf deutsch: »Hier regiert Mister Fußball – und ich bin sein gehorsamer Diener.«

Kennedy-Airport, Kissinger stellt sich den Reportern nach einem Besuch in Saudi-Arabien. »Ging es um Öl?« erkundigt sich ein Reporter.
»Richtig, um viel Öl«, erklärt der Außenminister.
»Wie viel genau, Mr. Kissinger?«
»Um genau so viel, daß meine Frau den Heizungstank – und ich mein Feuerzeug füllen kann«, verkündet Kissinger, zündet sich eine Zigarette an und verschwindet.

Nach seinem diplomatischen Erfolgsrezept befragt, meint Kissinger: »Mein Partner und ich, wir sitzen uns gegenüber. Ich lächle – er lächelt. Er schaut mich ernst an – ich schaue ernst zurück. Ich lächle – wir beide lächeln. Ein gutes Ergebnis!«

Als talentierter Charmeur feierte der ›schöne‹ Henry neben seinen Erfolgen auf diplomatischem Gebiet genügend andere bei Frauen.
»Man übt«, erklärt er bescheiden, »bei schönen Frauen den Sieg über häßliche Diplomaten.«

In seiner Jugend spielte Kissinger Halbrechts bei der Fürther Schulmannschaft; der deutsche Fußball interessiert ihn immer noch.
»Stimmt es, daß der deutsche Botschafter in Washington Ihnen die Spielergebnisse der deutschen Bundesliga jeweils zustellt?« fragt ihn ein Interviewer.
»That's right«, antwortet Kissinger. ». . . aber nur, wenn ich brav war und der deutsche Botschafter mit mir zufrieden ist.«

KITCHENER, HORATIO HERBERT
Lord (1850-1916) brit. Feldmarschall

— * —

Als Lord Kitchener am 6. August 1914 Kriegsminister wurde, rief er nach Durchsicht der Akten ganz entsetzt aus:
»Aber es ist ja gar keine Armee da.«

General Kitchener war eine Entweder-oder-Natur; andere Möglichkeiten gab es für ihn nicht. Als er während des Burenkrieges englische Offi-

ziere in einem Lokal Karten spielen sah, bekam er einen stillen Wutanfall, blieb dann aber seinem Prinzip treu. Er empfahl den Gentlemen:
»Gentlemen, in einer Stunde geht ein Eisenbahnzug an die Front, in einer Stunde zwanzig Minuten geht ein Schiff nach England, Sie werden sich entweder für das eine oder das andere entscheiden müssen!«

Kitchener war ein eingefleischter Junggeselle. Als er Befehlshaber der englischen Truppen in Ägypten war, ersuchte ein junger Offizier ihn um die Erlaubnis, nach England zurückkehren zu dürfen; er wolle heiraten. Kitchener hörte ihn an und sagte:
»Der Dienst erfordert, daß Sie noch ein Jahr bleiben. Wenn Sie nachher noch immer heiraten wollen, schicke ich Sie zurück.«
Nach einem Jahr wiederholte der Offizier seine Bitte.
»Was?« sagte Kitchener. »Ein Jahr haben Sie ausgehalten und wollen noch immer heiraten?«
»Ja, Sir.«
»Nun gut, ich werde Ihren Wunsch erfüllen, denn Sie sind wahrhaftig ein prächtiges Beispiel männlicher Standhaftigkeit.«
Der junge Offizier geht zur Türe. Dann dreht er sich um. »Vielen Dank, Sir; aber es ist diesmal eine andere Frau, die ich heiraten will.«

KLAUS, JOSEF

(geb. 15. 8. 1910) österr. Bundeskanzler

— * —

Als wieder einmal eine Wiener Opernkrise ihren Höhepunkt erreichte und Karajan die künstlerische Leitung des Hauses aufzugeben drohte, traf Bundeskanzler Dr. Klaus den Dirigentenstar auf einer Gesellschaft. Er ging auf den Maestro zu, bot ihm eine Zigarre an und bemerkte verbindlich:
»Die zieht fast so gut wie Ihr Name.«

KLEOPATRA

(51-30 v. Chr.) letzte ägyptische Königin aus dem Hause der Ptolemäer

— * —

In Berlin wurde eine Ausstellung alter ägyptischer Skulpturen, Tongefäße und Mumien gezeigt. An einer Urne war die Aufschrift zu lesen: »Asche der Kleopatra.«
»Donnawetta«, meinte ein starker Raucher zu seinem Freund angesichts dieses Ausstellungsstücks, »det habe ick ooch noch nich jewußt, daß die damals ooch schon jeroocht haben.«

Cäsar hatte mit Mißbehagen vernommen, daß man Kleopatra verbannt hatte. Er hatte Pläne mit ihr. Heimlich ließ er sie rufen, heimlich kam sie zu ihm, so heimlich, daß ihn beinahe der Schlag getroffen hätte, als Sklaven Bettwäsche in die kaiserlichen Gemächer schleppten und aus dem Laken sich der schöne Leib der Ägypterin herausschälte.

KOEHN, ERNST

(20. Jh.) Berliner Kinderarzt

— * —

Wenn nach 1933 in seiner Praxis jemand anrief und sich dann entschuldigte, er habe falsch gewählt, sagte Dr. Koehn im scheinbar gemütlichsten Tonfall: »Das haben wir alle.«

KOHL, HELMUT

(geb. 3. 4. 1930) CDU-Politiker

— * —

Als der CDU-Hüne Helmut Kohl (Größe: 1,93 Meter) im Zwergbundesland Rheinland-Pfalz Ministerpräsident wurde, scherzte der SPD-Oppositionsführer Oskar Munzinger:
»Der Mann ist viel zu groß für Rheinland-Pfalz.«

Als sein persönlicher Referent ihm eine besonders bissige Karikatur vorlegte, die ihn als Kohlkopf darstellte, meinte der rheinland-pfälzische Ministerpräsident:
»Tragen wir's mit Fassung, mein Lieber. Karikaturen sind so etwas wie der Infratest der Politiker.«

KOLUMBUS, CHRISTOPH

(um 1451-1506) Entdecker Amerikas

— * —

Kolumbus' Dienste waren bei der Krone Spaniens nicht erwünscht. Enttäuscht wollte sich Kolumbus auf den Weg nach Frankreich machen. In der kleinen Hafenstadt Palos wollte er sich einschiffen. Es war ein heißer Sommertag. Kolumbus war dürftig gekleidet, aber stolz und vornehm in der Haltung. Mit einem kleinen Knaben an der Hand klopfte er an die Pforte des Klosters Rabida bei Palos und bat für sich und seinen Sohn um einen Trunk Wasser und etwas Brot. Der Prior des Klosters, Pater Juan Perez, fragte den stolzen Fremden:
»Senor, woher des Landes? Was führt Euch hierher?«
Kolumbus antwortete:
»Ich nenne mich Christoval Colon, bin Seefahrer aus Genua und muß

betteln, weil die Könige die Reiche, die ich ihnen anbiete, nicht annehmen wollen.«

Schon kurz nach der Abfahrt brach ein Ruder. Die Matrosen jammerten:
»Der Himmel selbst gibt uns eine Warnung, daß wir von unserem Abenteuer ablassen sollen.«
Kühl entgegnete Kolumbus:
»Nein, ein zerbrochenes Steuer bedeutet nur, daß man es wieder ausbessern muß.«

KOSSYGIN, ALEXEJ NIKOLAJEWITSCH
(geb. 21. 2. 1904) sowjet. Politiker

— * —

Im Ostblock erzählt man sich: Kossygin und der amerikanische Präsident Nixon haben vereinbart, alle Kontroversen durch einen fairen Wettkampf auszutragen. Sie treffen sich zu einem 100-m-Lauf. Nixon gewinnt um zwei Nasenlängen. Darauf berichtet die amerikanische Presse groß aufgemacht von dem Sieg. Die sowjetrussischen Blätter schreiben: »In dem Rennen belegte Kossygin den ehrenvollen zweiten Platz, während Nixon als Vorletzter durchs Ziel ging.«

KRENKEL, FRANZ XAVER
(1780-1860) Münchner Original

— * —

Krenkel saß im Theater und ärgerte sich über einen Nebenmann, der ununterbrochen mit seiner Begleiterin redete. Schließlich wurde es ihm zu dumm: »I muaß den Herrn scho bittn, daß staad san. I hob mein Eintritt so guat zahlt wia a jeder andere aa und mecht dafür des Stück mit Ruhe hörn!«
Der Angesprochene drehte sich um: »Unverschämtheit! Wissen Sie überhaupt, mit wem Sie reden? Ich bin der Magistratsrat Fuchs.«
Krenkel: »So? Daß Sie a Viech san, hob i glei g'merkt, aba für an Fuchs hätt i Eahna net g'haltn.«

Über Krenkel sind zahlreiche Anekdoten im Umlauf, am bekanntesten ist darunter wohl diese: In München war es streng verpönt, die königliche Kutsche zu überholen. Eines Tages fuhr Ludwig I. im Englischen Garten spazieren, und Krenkel genierte sich nicht, ihn in seiner Kutsche zu überholen.
Der Monarch rief zu ihm hinüber: »Aber, Krenkel, weiß Er denn nicht, daß man das nicht tut?«
Krenkel rief gutmütig zurück: »Majestät, wer ko, der ko!«

KÜHN, HEINZ

(geb. 18. 2. 1912) SPD-Politiker

— * —

Als im Sommer 1970 vor den Landtagswahlen die Polemik der Politiker scharf aufeinanderprallte, erinnerte Ministerpräsident Kühn in einer Rede an die altbekannte Tatsache, daß nicht alles Politik ist, was sich auf den extremen Flügeln gar so radikal gibt. Utopisten und Romantiker warnte er: »Leute, die politisch von Eisscholle zu Eisscholle springen, ohne eine Ahnung vom anderen Ufer zu haben, imponieren der Jugend nicht mehr.«

Angesichts der Bemühungen der CDU/CSU, nach dem Wahlausgang 1969 doch noch mit der FDP eine Regierung zu bilden, sagte Kühn: »Stünde die Position des Papstes zur Disposition der Christdemokraten, sie würden sie jetzt der FDP anbieten.«

LA FAYETTE, JEAN, MARQUISE DE

(1757-1834) General, Politiker

— * —

Marie Antoinette ließ La Fayette rufen, um ihn zu fragen, ob ein bestimmtes Geschenk für Washington passend wäre. La Fayette fand das Geschenk nicht besonders angemessen.
»Aber wir haben doch dem König von Schweden und andern Königen das gleiche geschickt!«
»Das waren eben nur Könige, Madame«, erwiderte La Fayette. »Und Washington ist weit mehr. Er ist das Haupt eines freien Volkes.«

Lafayette wurde vom Kongreß der Vereinigten Staaten zum Generalmajor der amerikanischen Armee ernannt. Er wurde dem General Washington vorgestellt, der dem Franzosen seine Armee zeigte, ungefähr 11000 Mann, schlecht bewaffnet, schlecht ausgebildet. Washington ahnte die Gedanken im Kopf des jungen Franzosen: »Wir müssen uns wohl vor einem Offizier, der eben die französische Armee verlassen hat, in Grund und Boden schämen.«
Lafayettes Antwort besiegelte die lebenslange Freundschaft beider Männer: »Sir, ich bin gekommen, um zu lernen, nicht, um zu lehren.«

Lafayette war 24 Jahre alt, als er aus Amerika zurückkam, gefeiert als Held in Frankreich. In seinem Studierzimmer hing eine Abschrift der Unabhängigkeitsurkunde der Vereinigten Staaten. An der gegenüberliegenden Wand blieb ein Platz frei, ebenso groß wie der für die amerikanische Urkunde. Natürlich bemerkten Besucher dieses Arrangement und fragten.

»Für die Erklärung der französischen Rechte . . .« pflegte der berühmte Gastgeber dann zu erläutern.

LA FERTÉ, MARSCHALL DE

(1600-1680) frz. Marschall

— * —

Als der Marschall in Metz einzog, begrüßte ihn unter anderen auch eine Deputation der ortsansässigen Juden.
»Ich will sie nicht sehen!« rief der Marschall. »Diese Schurken, die unseren Heiland gekreuzigt haben!«
»Herr Marschall«, sagte der Adjutant, »sie bringen Ihnen ein Geschenk von viertausend Goldstücken.«
»Ja, dann laßt die armen Teufel herein«, entschied der Marschall rasch besänftigt. »Sie haben ja am Ende damals nicht gewußt, wer es war, den sie kreuzigen ließen.«

LA GUARDIA, FIORELLO

(1882-1947) Bürgermeister von New York

— * —

La Guardia empfing eines Tages eine russische Handelsmission. Die Russen waren, den Vorschriften ihrer Regierung entsprechend, sehr elegant gekleidet. La Guardia war nicht darauf gefaßt gewesen; er selber legte gar keinen Wert auf Kleidung, und das sah man ihm auch jetzt an.
»Meine Herren«, sagte er zu den Russen, »Sie müssen entschuldigen; aber ich vertrete eben das Proletariat.«

La Guardia war erkrankt und mußte ins Spital gebracht werden. Nach einigen Tagen erhielt er eine Zuschrift:
Der Stadtrat wünscht Ihnen mit 19 zu 11 Stimmen gute Besserung!

LA HIRE, ETIENNE

(1390-1444) Günstling Karl VII.

— * —

La Hire betete vor der Schlacht immer dasselbe Gebet:
»Gott, ich bitte Dich, Du mögest heute für La Hire tun, was Du wünschest, daß La Hire für Dich täte, wenn er Gott wäre und Du La Hire.«

LAIS

(um 400 v. Chr.) Kurtisane

— * —

Lais, die berühmte Kurtisane, sagte:
»Ich weiß nicht, welche Bücher die Philosophen lesen, noch welche Weisheiten sie predigen; ich weiß nur, daß sie ebenso oft an meine Tür klopfen wie die andern Leute.«

Lais hatte gewettet, daß es ihr gelingen werde, den Philosophen Xenokrates zu verführen. Vergebens ließ sie alle ihre Künste spielen, der Philosoph blieb unempfindlich. Da hätte sie ihre Wette bezahlen müssen. Doch sie erklärte:
»Ich habe gewettet, einen Mann zu verführen, nicht aber eine Statue.«

LANGENBECK, BERNHARD VON

(1810-1887) Chirurg

— * —

Langenbeck war ein so auf seine Arbeit versessener Arzt, daß er an sein Privatleben meist erst im letzten Moment dachte. Selbst an seinem Hochzeitsmorgen verpaßte er den Frühzug, der ihn zur Trauung in die Nachbarstadt bringen sollte. Die vor der Kirche Versammelten erhielten dies Telegramm zugestellt: »Eintreffe mit dem nächsten Zug. Wartet mit Trauung, bis ich da bin.«

LANGUE DE GERGY

(18. Jh.) frz. Pfarrer

— * —

Der Pfarrer Langue de Gergy von St. Sulpice ging wie gewöhnlich für seine Armen sammeln. Ein Neureicher, von Bittstellern überlaufen, wird zornig und versetzt dem Geistlichen eine Ohrfeige.
»Das war für mich«, sagt der Priester gelassen, »und wenn Sie jetzt so freundlich sein wollen, etwas für meine Armen.«

LA PAIVA

(19. Jh.) Kurtisane in Paris

— * —

La Paiva war von Geburt Russin, sprach aber ausgezeichnet französisch. Arsène Houssaye fragte sie einmal:
»Ist es die Liebe, die Sie französisch gelehrt hat?«
»Nein«, entgegnete sie. »Es ist das Französische, das mich die Liebe gelehrt hat.«

LASOURCE, PHILIPE

(18. Jh.) Mitglied der Gironde

— * —

Zum Tode verurteilt, sagte der Girondiner Lasource:
»Ich sterbe an dem Tage, da das Volk den Verstand verloren hat; an dem Tage, da es ihn wiederfindet«, damit wandte er sich zu seinen Richtern, »werdet ihr sterben!«

LATOUR-MAUBOURG, JACQUES DE

(um 1800) frz. General

— * —

Latour-Maubourg wurde in der Schlacht von Quatrebras im Jahre 1815 so schwer verwundet, daß man ihm ein Bein amputieren mußte. Sein Diener war sehr traurig, aber der General sagte:
»Wein doch nicht, jetzt hast du nur noch einen Stiefel zu putzen!«

LAURAGUAIS, LOUIS GRAF

(1733-1824) frz. Adeliger

— * —

Bei der Marquise d'Alligre wurde sehr schlecht gegessen, aber sehr viel geklatscht.
»Wenn man nicht über seine Nebenmenschen herfallen dürfte«, sagte Lauraguais, »würde man verhungern.«

In einer engen Straße gerieten die Karossen des Herrn von Lauraguais und des Präsidenten von Barentin aneinander, und die Kutscher wollten nicht nachgeben. Endlich streckte Frau von Barentin ihr häßliches Gesicht aus dem Fenster und überhäufte Herrn von Lauraguais mit Vorwürfen.
»Aber, Madame«, versetzte der, »hätten Sie sich doch früher gezeigt! Mein Kutscher und meine Pferde wären augenblicklich zurückgewichen.«

LAUZUN, ANTONIN

Herzog von (1633-1723)

— * —

Der Herzog von Lauzun führte ein ausschweifendes Leben. Die Herzogin, die ihn sehr liebte, sah ihn in einem Buch blättern.
»Wie gern wäre ich ein Buch«, sagte sie, »um in Ihren Händen zu liegen.«
»Mir wäre lieber, Sie wären ein Kalender«, sagte der höfliche Gatte, »da könnte ich Sie jedes Jahr gegen einen neuen umtauschen.«

LEMMER, ERNST

(geb. 28. 4. 1898) CDU-Politiker

— * —

Seine politische Skepsis drückte Lemmer einmal so aus:
»Bis die Deutschen Politik lernen, ist der Mond längst besiedelt, und bis sie Demokratie lernen, ist die Venus bewohnt.«

Die Behauptung Molotows, die Deutschen hätten zwischen Europäischer Verteidigungs-Gemeinschaft und einem Friedensvertrag zu wählen, nahm Lemmer zum Anlaß für seine Stellungnahme vor dem Bundestag: »Diese Entscheidung mutet mich an wie die Aufforderung, zu wählen zwischen Hose und Jacke, wobei die Sicherheit die Hose, der Friedensvertrag jedoch die Jacke wäre. Nun kann ich zur Not ohne Jacke, nicht aber ohne Hose herumlaufen.«

LENIN

(eigtl. Wladimir Iljitsch Uljanow, 1870-1924) sowjet. Revolutionär und Staatsmann

— * —

Flüsterwitz aus der UdSSR:
Wann prägte Lenin das legendäre Wort: »Lernen, lernen, lernen!«?
Antwort: Als er Stalins letztes Schulzeugnis sah.

Lenin mußte einen Arzt aufsuchen. Hinterher wurde er gefragt, warum er ausgerechnet zu einem als konservativ bekannten Spezialisten und nicht zu einem kommunistischen Arzt gegangen sei.
Lenin sagte: »Man soll nicht zu den Ärzten gehen, die unserer Partei angehören; die kümmern sich nämlich zu viel um die Politik und zu wenig um ihren Beruf.«

Als Lenin siebzehn Jahre alt war, wurde sein Bruder Alexander, der Angehöriger einer revolutionären Gruppe war, gehenkt. Als die Nachricht von der Hinrichtung Lenin in seiner Heimatstadt Simbirsk trifft, schreit er: »Dafür werde ich sie zahlen lassen. Ich schwöre es!«
»Wen wirst du zahlen lassen?« fragt die Mutter.
Lenin antwortet in höchster Erregung: »Egal – ich weiß es.«

Lenin war ein fleißiger Arbeiter, der immer nebenher studierte. Er hatte es nicht gern, wenn er bei der Arbeit gestört wurde. Zu dem Störenfried pflegte er dann zu sagen:
»Würdest Du mir freundlichst die Gunst Deiner Abwesenheit erweisen?«

Einen Tag nach der Erstürmung des Winterpalais in Petrograd bestieg Lenin die Rednertribüne, und nachdem sich der Jubel um ihn gelegt hatte, sagte er nur einen einzigen Satz, und man kann sagen, daß noch nie in dieser Kürze so viele und so radikale Reformen angekündigt worden sind:
»Wir wollen nun dazu übergehen, die sozialistische Ordnung herzustellen!«

Im 1. Weltkrieg war der deutschen Führung jedes Mittel recht, Rußland zu vernichten, einschließlich der Unterstützung der sozialistischen Revolution. Man ließ Lenin und seine Kampfgenossen im versiegelten Eisenbahnwagen durch Deutschland reisen. Churchill, der englische Kriegsminister, kritisierte leidenschaftlich diese Taktik, sagte, die Deutschen hätten Lenin, diesen ›Pestbazillus‹, auf Rußland losgelassen.

Als Lenin nach der merkwürdigen Reise durch Deutschland in Petrograd eintraf, kritisierte er die Genossen, die mit der liberalen bürgerlichen Regierung zusammengearbeitet hatten. Damals fiel zum erstenmal das Wort von der ›Kommunistischen Partei‹, und Lenin trat für eine klare Scheidung der Geister ein:
»Wir müssen unser schmutziges Hemd ablegen und ein sauberes anziehen!«

Maxim Gorki, der russische Dichter, sagte einmal über Lenin:
»Seine Worte erinnerten mich immer an glitzernde Stahlspäne.«

LEO XIII.
(1810-1903) Papst

— * —

Eines Tages empfing der Papst den Chefredakteur der ›Times‹. Das Gespräch kam auf die religiösen und politischen Verhältnisse in Frankreich, und der Papst war mit dem Journalisten darin einig, daß die französischen Katholiken gut daran getan hatten, Republikaner zu werden.
»Ich kenne Frankreich«, sagte der Journalist, »und weiß, daß es bis ins Mark demokratisch ist. Die Monarchie in Frankreich ist nicht nur zu Ende, sie ist tot.«
»Dieser Ansicht bin ich auch«, erwiderte der Papst, »und darum habe ich den Katholiken empfohlen, aufrichtige Republikaner zu sein. Im Lauf der Jahrhunderte hat die Kirche sich niemals an eine Leiche gebunden; bis auf die eine, die Sie hier am Kreuz sehen.«
So berichtet der französische Diplomat Paléologue.

Der Gesandte einer kleinen mittelamerikanischen Republik beim Vatikan hatte sich bereits alle päpstlichen Orden erbettelt, die es gab, und wollte immer noch mehr haben. Papst Leo XIII. schenkte ihm schließlich eine goldene Tabatière, darin sein Bild auf Email gemalt war. Beim nächsten Empfang zeigte sich, daß der Gesandte das Bild aus der Tabatière genommen hatte und ebenfalls als Orden an der Brust trug.

Der Erzbischof von Santiago hatte sich längere Zeit in Rom aufgehalten, und als er zur Abschiedsaudienz bei Leo XIII. kam, konnte er seine Rührung nicht verbergen.
»Was haben Sie denn?« fragte der Papst.
»Heiliger Vater«, erwiderte der Erzbischof, »ich bin tief bedrückt, weil ich eine Ahnung habe, daß ich Sie nicht wiedersehen werde.«
Der Papst, der achtzig Jahre alt war, tröstete ihn:
»Warum denn nicht? Sie sind doch noch jung, und ich hoffe, daß Sie bald wieder einmal nach Rom kommen.«

LEOPOLD II.

(1797-1870) Großherzog von Toscana

— * —

Der Großherzog ging oft, den Regenschirm unter dem Arm, durch sein Land. Eines Tages, auf dem Rückweg nach Florenz, ging er ein Stück Wegs mit einem Bauern zusammen, der ihm erzählte, er gehe zum Großherzog, um eine Gunst zu erbitten.
»Und wenn der Großherzog sie nicht gewährt?« fragte Leopold.
»Dann soll er mich gern haben«, lautete die Antwort.
Eine Stunde später empfing Leopold den Bauern im Palast. Der Bauer war zunächst verblüfft, faßte sich aber und trug seine Bitte vor.
»Und was, wenn ich ›nein‹ sage?« fragte Leopold.
Der Bauer grinste.
»Eure Hoheit, dann bleibt es bei dem, worauf wir uns unterwegs geeinigt haben.«

LESCINSKA, MARIA

(1703-1768) Gattin Ludwig XV.

— * —

Ein Adliger rühmte vor der Königin eine ausgezeichnete Medizin, und die habe er einem Freund gegeben, der auf dem Sterbebett lag.
»Und hat sie ihn geheilt?« fragte die Königin.
»Als ich am nächsten Tag zu ihm kam, Madame, war er ausgegangen.«
»Was, ausgegangen?«
»Ja, Madame, nach Saint-Sulpice, um sich begraben zu lassen.«

Im Salon der Königin Maria Lescinska wurde davon gesprochen, daß die Husaren nachts Versailles durchstreiften und viele Frauen ihnen zum Opfer fielen.
»Und wenn ich nachts durch Versailles ginge«, meinte die Königin, »und auf solche Husaren stieße und mein Gefolge mich schlecht verteidigte?«
»Dann«, sagte Monsieur de Tressan, »würde auch Eure Majestät Husarin werden.«
»Und Sie, Monsieur de Tressan, würden das geschehen lassen?«
»Ich würde Sie selbstverständlich beschützen, Madame, doch wenn ich sähe, daß meine Kräfte nicht zureichen, dann täte sich es wie der Hund in der Fabel, der das Essen seines Herrn verteidigt; als er sich aber machtlos sieht, nimmt er auch seinen Anteil an der Beute.«

LESCZINSKI, STANISLAUS
(1677-1766) König von Polen

— * —

König Stanislaus hatte eine zärtliche Beziehung zu der Marquise de Boufflers. Doch bald merkte er, daß auch sein Kanzler ziemlich hoch in Gunst bei der Dame stand. Als der König sie eines Abends verließ, sagte er:
»Und nun, gute Nacht, meine Liebe, alles Übrige wird mein Kanzler Ihnen erzählen.«

LESDIGUIÈRES, FRANÇOIS, HERZOG VON
(1543-1626) Heerführer Ludwig XII.

— * —

Der Connetable Lesdiguières hatte den Mönchen viertausend Taler gespendet. Sie versprachen ihm das Paradies, wenn er ihnen das Doppelte gäbe.
»Meine lieben Väter«, sagte er, »wenn ich für viertausend Taler nicht selig werde, so werde ich es auch für achttausend nicht.«

Der Connetable Lesdiguières fiel einmal die ganze Treppe hinunter, ohne erheblich Schaden zu nehmen.
»Da können Sie Gott danken«, sagte ein Freund.
»Ich werde mich wohl hüten«, meinte Lesdiguière. »Nicht eine einzige Stufe hat er mir erspart.«

LEVRET, ANDRÉ
(1703-1780) frz. Arzt

— * —

Levret wurde berufen, um die Frau des Dauphins zu entbinden. Der Dauphin sagte zu ihm:
»Sie sind sicher froh, daß Sie berufen worden sind. Das wird Sie berühmt machen.«
Worauf Levret kühl erwiderte:
»Wenn ich nicht schon berühmt wäre, hätten Sie mich nicht berufen.«

LEYGUES, GEORGES
(1857-1933) frz. Politiker

— * —

Ein Dichter stirbt im größten Elend. Man geht zu dem Minister für die schönen Künste, Georges Leygues, der fünfhundert Francs für die Kosten der Beerdigung anweist.
»Worunter soll ich das buchen, Herr Minister?« fragt der Sekretär.
»Schreiben Sie: ›Zur Ermutigung der Literatur‹«, entscheidet der Minister.

LIBOWITZ, SAMUEL
(20. Jh.) New Yorker Anwalt

— * —

Der Advokat Libowitz hat in seiner langen Laufbahn viele aus den Fängen der Justiz gerettet. Aber er hat von seinen Klienten keine hohe Meinung.
»Achtundsiebzig Mann habe ich den elektrischen Stuhl erspart«, sagt er, »und auch nicht ein einziger hat mir je eine Neujahrskarte geschickt!«

LIENTAUD, JOSEPH
(1703-1780) Leibarzt Ludwigs XVI.

— * —

Ein Adliger rühmte das Wissen Lientauds.
Doch Lientaud erwiderte bescheiden:
»Ich bin wie ein Nachtwächter, der alle Straßen einer Stadt kennt, aber nicht weiß, was in den Häusern vorgeht.«

LIGNE, CHARLES, FÜRST VON

(1735-1814) österr. Feldherr und Schriftsteller

— * —

Der Prinz von Ligne, dem kaum weniger Bonmots zugeschrieben werden als Talleyrand, sagte zu einer Dame, die wissen wollte, wovon eigentlich der gute Ruf abhänge:
»Madame, fast immer von Leuten, die keinen haben.«

Der Prinz de Ligne war längere Zeit der Liebhaber zweier reizender Schwestern, die im dritten Stock eines Hauses wohnten. Mit zunehmenden Jahren wollte er diese Beziehung lösen und schrieb den beiden Damen:
»Meine Geliebten, Ihr wißt, daß ich Euch angebetet habe. Vor allem habe ich an Euch geschätzt, daß Ihr weder Kinder noch Hunde habt. Jetzt aber weigern meine Beine sich, die vielen Stufen bis zum dritten Stock hinaufzusteigen. Lebt dann wohl! Ich schwöre Euch, daß Ihr die letzten Frauen seid, die ich im dritten Stock geliebt haben werde.«

Auf seinem Sterbebett sagte der Prinz de Ligne:
»Dem Wiener Kongreß hat unter seinen Lustbarkeiten noch das Begräbnis eines Feldmarschalls gefehlt; ich werde es ihm verschaffen.«

LINCOLN, ABRAHAM

(1809-1865) Präsident der USA

— * —

Abraham Lincoln, der Vater der amerikanischen Anekdote, sagt, was auch in Frankreich gesagt wurde:
»Von vierzig Jahren aufwärts ist jeder Mensch für sein Gesicht verantwortlich.«

Als Lincoln noch Anwalt war, kam ein Klient zu ihm; es handelte sich Bum einen Anspruch von sechshundert Dollar. Lincoln untersuchte den Fall und stellte fest, daß der Klient den Prozeß wohl gewinnen konnte, daß aber dadurch eine Witwe mit sechs Kindern ruiniert würde. Da schrieb er dem Mann:
»Wir können Ihren Fall nicht übernehmen, obgleich wir ihn zweifellos gewinnen würden. Aber manches ist wohl gesetzlich richtig, doch nicht moralisch. Wir wollen Ihnen nur einen einzigen Rat geben, für den wir kein Honorar verlangen. Sie sind ein so tüchtiger, energischer Mann, daß Sie versuchen sollten, sechshundert Dollar auf andere Art zu verdienen.«

Als Lincoln für das Parlament kandidierte, war es Sitte in Illinois, daß die beiden Rivalen miteinander den ganzen Bezirk bereisten. So fuhr er einmal mit seinem politischen Gegner von Springfield ab. Der Wagen gehörte seinem Gegner, und wenn Lincoln zu den Bauern sprach, sagte er:
»Ich bin zu arm, um mir einen Wagen zu halten; aber mein Freund und Gegner hat mich großzügig eingeladen, mit ihm zu fahren. Ich bitte euch um eure Stimmen für mich; wollt ihr mich aber nicht wählen, so wählt meinen Gegner, denn er ist ein prächtiger Mensch.«

Eine Abordnung, die dem Präsidenten verschiedene Ratschläge geben wollte, wurde von einem Geistlichen angeführt, der jeden Satz mit einem Bibelwort belegen konnte. Schließlich sagte Lincoln:
»Nun, meine Herren, es geschieht einem nicht oft, daß eine Abordnung geradewegs aus dem Himmel kommt!«

Lincoln träumte einmal, er sei in einer großen Versammlung, und die Leute seien zur Seite getreten, um ihm Platz zu machen. Da habe er gehört, wie einer sagte:
»Er sieht ja aus wie ein Durchschnittsmensch!«
Und Lincoln antwortete ihm in seinem Traum:
»Freund, der Herr bevorzugt Durchschnittsmenschen; deshalb hat er ihrer auch so viele geschaffen.«

Lincoln erzählt:
Ein Mann kam zu unserm Staatssekretär und bat ihn um die Bewilligung, in einem der Säle des Regierungsgebäudes eine Reihe von Vorträgen zu halten.
»Darf ich fragen, worüber Sie sprechen wollen?« fragte der Staatssekretär.
»Aber gewiß! Über die Wiederkunft des Herrn.«
Da meinte der Staatssekretär:
»Das hat keinen Zweck. Wenn der Herr schon einmal in Springfield gewesen ist, kommt er ganz bestimmt nicht wieder.«

Lincoln erzählt:
Einmal traf ich auf einem Waldweg eine Frau zu Pferd. Ich blieb stehn, um sie vorüberzulassen, doch sie hielt ihr Pferd an, betrachtete mich eingehend und sagte:
»Ich glaube wirklich, daß Sie der häßlichste Mann sind, den ich je gesehen habe.«
»Da dürften Sie wohl recht haben«, erwiderte ich. »Aber dagegen kann ich nichts machen.«
»Nein«, meinte sie, »Sie können nichts dagegen machen. Aber zu Hause bleiben könnten Sie wenigstens!«

Lincoln erzählt:
Als ich zum erstenmal im Parlament auftrat, wollte ich eine kurze Rede halten. Dreimal bin ich aufgestanden und begann:
»Herr Präsident, ich empfange gerade . . .« und wurde jedesmal unterbrochen. Nach dem drittenmal rief ein Abgeordneter:
»Herr Präsident, der ehrenwerte Gentleman hat dreimal empfangen und doch nichts zur Welt gebracht.«

Abraham Lincoln machte sich immer über seine Häßlichkeit lustig. So erzählt er:
Eines Tages kam ein alter Demokrat zu mir und sagte:
»Abe Lincoln, es heißt, daß Sie ein Selfmademan sind.«
»Ja«, erwiderte ich, »da kann ich nur sagen, daß alles an mir selbstgemacht ist.«
Er musterte mich von Kopf zu Fuß, und dann bemerkte er:
»Na ja, das war ein verdammt schlechtes Stück Arbeit!«

Eines Tages kam Senator Wade zu Lincoln und erklärte:
»Herr Präsident, ich wollte Ihnen nur sagen, daß Ihre Regierung auf dem gradesten Weg zur Hölle führt. Noch eine Meile, und ihr seid alle drin.«
»Das stimmt«, sagte Lincoln. »Genau eine Meile ist es von hier bis zum Senat!«

Ein fanatischer Abstinenzler sprach darüber, daß General Grant so schrecklich viel Whisky trank.
Da meinte Lincoln:
»Stellen Sie fest, welche Marke er trinkt, und ich werde meinen andern Generälen ein paar Flaschen davon schicken.«

Eine energische Frau kam zu Lincoln in Audienz.
»Herr Präsident«, begann sie, »Sie müssen meinen Sohn zum Obersten machen; ich verlange das nicht als Gnade, sondern als Recht. Mein Großvater hat sich bei Lexington geschlagen, mein Onkel war der einzige Mann, der bei Bladensburg nicht davongelaufen ist, mein Vater hat bei New Orleans gekämpft, und mein Mann ist bei Monterey gefallen.«
»Ich meine, Madam«, entgegnete Lincoln, »daß Ihre Familie genug für das Vaterland getan hat. Man muß den andern auch eine Chance lassen.«

Eine Abordnung kam zu Lincoln und wollte für einen kranken Mann das Amt des Gouverneurs der Sandwich-Inseln.
»Meine Herren«, sagte Lincoln, »es gibt noch acht andere Anwärter auf dieses Amt, und die sind alle kränker als Ihr Mann.«

Bei Lincoln meldete sich einmal ein preußischer Leutnant, der schuldenhalber den Dienst quittiert hatte und das Vaterland verlassen mußte. Er erhielt ein Patent als Leutnant bei der Kavallerie.
»Ich gehöre dem preußischen Hochadel an«, sagte der junge Mann, um bei Lincoln Eindruck zu schinden.
Doch der Präsident erwiderte:
»Machen Sie sich nichts draus. Das soll Ihrer Karriere bei uns keineswegs im Wege stehn.«

Lincoln verlangte von McClellan häufige Berichte, und der General machte sich darüber lustig. So sandte er eines Tages ein Telegramm:
»Präsident Abraham Lincoln, Washington,
habe eben sechs Kühe erbeutet. Was sollen wir mit ihnen tun?
George B. McClellan«
Prompt kam die Antwort:
»General George McClellan, Potomacarmee,
Melken A. Lincoln«

Täglich liefen bei Lincoln zahllose Bittschriften von Soldaten ein, die irgendwie gegen die Disziplin gesündigt hatten; und jede Bittschrift war von Briefen einflußreicher Leute begleitet.
Eines Tages kam eine Bittschrift ohne Empfehlung.
»Was?!« rief Lincoln. »hat denn dieser Mann gar keine einflußreichen Freunde?«
»Nein, Herr Präsident«, sagte der Adjutant.
»Nun«, erklärte der Präsident, »dann will ich sein Freund sein!«

Der Präsident wurde einmal von einer leichten Form der Masern befallen. Natürlich wagte kein Mensch, ihm in die Nähe zu kommen.
»Schade«, sagte er. »Jetzt, da ich jedem etwas geben könnte, kommt keiner!«

Während des Bürgerkriegs kam Barnum mit seinem Zirkus nach Washington und lud Lincoln zur Besichtigung seiner Schau ein. Der Präsident machte zu allen Darbietungen seine Glossen, und als die beiden Zwerge auftraten, die General Tom Thumb und Admiral Nutt genannt wurden, sagte Lincoln:
»Sie haben da sehr kleine Generäle; aber gerade auf diesem Gebiet glaube ich Sie schlagen zu können!«

Ein Besucher des Weißen Hauses traf Lincoln an, als er sich seine Schuhe putzte.
»Was, Herr Präsident!« rief er. »Sie putzen sich Ihre Schuhe?!«
»Wem soll ich sie denn putzen?« fragte Lincoln.

Man rühmte vor Abraham Lincoln einen Historiker.
»Es ist sehr fraglich, ob ein Mann aus unserer Generation tiefer in die heilige Quelle des Wissens hinabgetaucht ist!«
»Ja«, bemerkte Lincoln, »oder trockener wieder daraus aufgetaucht ist.«

Als Lincoln seinen Wahlbezirk bereiste, gab die Partei ihm zweihundert Dollar zur Deckung seiner Spesen, denn er war sehr arm. Nach der Wahl gab er der Partei 199 Dollar und 25 Cent zurück.
»Ich hatte keine Spesen, denn ich habe immer nur mein Pferd benützt. Ausgegeben habe ich nur 75 Cent für ein paar Glas Most.«

Als Lincoln hörte, daß der Neger Fred Douglas in Washington war, lud er ihn zum Tee ins Weiße Haus. Nachher sagte Douglas:
»Lincoln ist der erste weiße Mann, mit dem ich gesprochen habe, und der mich nicht binnen einer Stunde daran erinnert hat, daß ich ein Neger bin.«

Lincoln wollte sich mit seinen Freunden treffen. Seine Frau warnte ihn. Sie werde um zehn zu Bett gehn, und wenn er später käme, würde sie ihm die Türe nicht mehr öffnen. Nun, es wurde elf, als Lincoln an die Türe klopfte. Einmal, zweimal, dreimal. Ein Fenster im ersten Stock öffnete sich, und Mrs. Lincoln steckte den Kopf hinaus.
»Wer ist da?«
»Ich bin's.«
»Du weißt, Abraham, was ich dir gesagt habe.«
»Ja, liebe Frau, aber ich habe dir etwas Großartiges zu berichten. Laß mich ein!«
»Ich will nichts hören. Wahrscheinlich wieder irgendwelchen politischen Unsinn.«
»Nein, nein, es ist wichtig. Ich habe die telegraphische Nachricht erhalten, daß ich zum Präsidenten gewählt wurde.«
»Ach, Abraham, das ist ja schrecklich! Ich hätte nie geglaubt, daß du dich so betrinken könntest! Aber jetzt merke ich es. Geh nur dorthin, woher du gekommen bist, und schlaf deinen Rausch aus!«
Und damit schloß sie das Fenster.

Lincoln erzählte gern Anekdoten und ließ auch gern Anekdoten erzählen, zumal solche, die über ihn im Umlauf waren. Wie zum Beispiel die folgende, über die er sich immer wieder erheitern konnte:
Zwei Quäkerinnen fuhren in der Eisenbahn, und da belauschte jemand ihr Zwiegespräch.
»Ich glaube«, sagte die eine, »daß Davis – der Präsident des Südens – siegen wird.«

»Warum glaubst du das?«
»Weil er ein frommer Mann ist und betet.«
»Ja, aber Abraham Lincoln«, meinte die zweite, »betet doch auch.«
»Das schon«, erklärte die erste. Aber wenn Lincoln betet, so wird der Herr glauben, daß er nur Spaß macht.«

LISTER, LORD JOSEPH

(1827-1912) engl. Arzt

— * —

Ein reicher Mann ruft mitten in der Nacht Lord Lister zu sich. Lister untersucht ihn und sagt dann ernst:
»Haben Sie schon Ihr Testament gemacht?«
Der Patient erbleicht. »Glauben Sie, Mylord, daß es so weit ist . . .«
»Lassen Sie einen Notar und zwei Zeugen kommen«, sagt Lister unerschütterlich.
»So dringend ist es?«
»Ja«, erwidert Lister. »Ich will doch nicht der einzige Esel sein, den Sie heute grundlos geweckt haben!«

LLOYD GEORGE, DAVID

(1863-1945) engl. Staatsmann

— * —

In einer Versammlung rief eine militante Frauenrechtlerin Lloyd George zu:
»Wenn Sie mein Mann wären, würde ich Ihnen Gift geben!«
Worauf er entgegnete:
»Wenn ich Ihr Mann wäre, würde ich es auch nehmen.«

Lloyd George wurde in einem Klub, dessen Präsident er war, zum Schiedsrichter aufgerufen, denn ein Spieler hatte dem andern die Karten an den Kopf geworfen.
»Mein Lieber«, sagte Lloyd George zu dem Beleidigten, »verzeihen Sie Ihrem Gegner und seien Sie froh!«
»Ich soll noch froh sein?!«
»Ja, natürlich! Ihr hättet ja auch Billard spielen können!«

Bei den Friedensverhandlungen in Versailles gab es zwischen Lloyd George und Clemenceau dauernd Zwist. Dennoch schätzte der Engländer den Franzosen sehr. Er sagte:
»Jedesmal wenn ich Clemenceau wiedersehe, hat er ein Jahr weniger und eine Kralle mehr!«

LODOVICO IL MORO

(1451-1510) Herzog von Mailand

— * —

Lodovico il Moro zeigte dem Botschafter von Florenz seinen Palast und die gewaltigen Schätze, die er darin aufgehäuft hatte.
»Was kann ein Mensch, der all das besitzt, sich noch wünschen?« fragte er.
»Einen Nagel«, meinte der Botschafter, »um das Rad des Schicksals zum Stehn zu bringen.«

Lodovico il Moro sagte:
»Drei Dinge sind schwer: Eine gute Melone kaufen, ein gutes Pferd aussuchen und eine gute Frau nehmen. Wenn man eines von diesen dreien tun will, muß man sich Gott empfehlen, die Mütze über die Augen ziehen und blindlings wählen.«

LOUIS-PHILIPPE

(1773-1850) frz. König

— * —

Als Louis-Philippe Flüchtling war und in recht bedrängter Lage lebte, lernte er eine Amerikanerin kennen und wollte sie heiraten. Aber der Vater des Mädchens verweigerte seine Zustimmung.
»Als mittelloser Emigrant«, sagte er, »sind Sie keine passende Partie für meine Tochter. Und wenn Sie zu Ihrem früheren Rang aufsteigen, dann ist meine Tochter keine passende Partie für Sie.«

Eines Tages war der König mit dem Herzog von Polignac auf der Terrasse des Schlosses Amboise. Die Bauern, die vorübergingen, grüßten den König sehr respektvoll, und er erwiderte jeden Gruß.
»Ich verstehe nicht, Sire«, sagte der Herzog, »daß Sie vor jedem beliebigen Bauern den Hut ziehen.«
»Ja, wissen Sie«, entgegnete der König, »ich möchte doch nicht, daß die Bauern glauben, sie seien besser erzogen als ich.«

Der König machte seinem Sohn, dem Herzog von Nemours, Vorwürfe, weil der Prinz so wenig Eifer bei seinen Studien zeigte. Pyèrc, der alte Lehrer des Königs, war anwesend, und bei ihm suchte der Prinz Unterstützung. Doch Pyère zuckte die Achseln und meinte:
»Mir ist es gleich, ob Sie etwas lernen oder nicht; Sie werden eben ein gekrönter Esel sein, und nicht der erste!«

Beim Empfang Louis Philippes stellte der Bürgermeister eines Dorfes dem Herrscher zwei Frauen vor.

»Dies, Sire, sind meine Frau und meine Tochter. Die ältere ist meine Frau.«

Nach der Revolution hatte sich Louis-Philippe in eine kleine Villa in Claremond zurückgezogen. Eines Abends sah er einen Mann vor dem Hotel ›Zur Krone‹ stehn, und da er glaubte, der Mann wolle mit ihm reden, fragte er ihn:
»Was machen Sie denn da, mein guter Mann?«
Der Mann war Nachtwächter und sagte:
»Sehen Sie denn nicht? Ich hüte die Krone.«
»Meinen Glückwunsch«, erwiderte Louis-Philippe. »Das ist etwas, das ich nicht zu tun gewußt habe.«

LÖWENHERZ, RICHARD I.
(1157-1199) engl. König

— * —

Zum Schutz der Normandie errichtete Löwenherz das Schloß Gaillard und bestückte es mit starken Wällen. König Philipp, sehr erbost über diese Maßnahme, drohte: »Ich werde die Burg erobern, selbst wenn die Wälle aus Eisen wären!« Löwenherz lächelte verächtlich: »Ich werde die Burg halten, selbst wenn die Wälle aus Butter wären!«

LUDENDORFF, ERICH
(1865-1937) Feldmarschall

— * —

Nach dem Ersten Weltkrieg sagte Ludendorff zu einem Gesprächspartner:
»Die Juden haben uns den Krieg verloren!«
Antwortete der andere überrascht:
»Ich wußte gar nicht, daß Sie Jude sind!«

LUDWIG II.
(1845-1886) König von Bayern

— * —

Als König Ludwig II. schon Zeichen des beginnenden Wahnsinns merken ließ, hatte er ein grandioses Projekt entworfen. Er wollte irgendwo auf der Erde ein Reich gründen, das ganz nach seinem Geschmack eingerichtet sein sollte.
»Und wie sollen wir das bezahlen?« fragte ihn sein Sekretär.
Da beugte sich der König vor und flüsterte dem Sekretär ins Ohr:
»Indem wir Bayern verkaufen!«

LUDWIG XII.
(1462-1515) frz. König

— * —

Die Höflinge spotteten über den Geiz Ludwigs XII. Als ihm das zu Ohren kam, sagte er:
»Mir ist lieber, daß meine Höflinge über meinen Geiz lachen, als daß meine Untertanen über meine Verschwendung weinen.«

LUDWIG XIV.
(1638-1715) frz. König

— * —

Ein Offizier des Regiments Orleans war beauftragt worden, eine sehr günstige Nachricht nach Paris zu bringen. Er erbat sich zum Dank das Kreuz des Heiligen Ludwig.
»Sie sind noch ein wenig jung«, meinte der König.
»Sire«, erwiderte der Offizier, »in Ihrem Regiment Orleans wird man nicht alt.«

Ein Adliger nahm Abschied vom König, der ihn zum Botschafter an einem andern Hof ernannt hatte.
»Die wichtigste Instruktion«, sagte der König, »ist, daß Sie in allem und jedem das Entgegengesetzte von dem tun sollen, was Ihr Vorgänger getan hat.«
»Sire«, erwiderte der neue Botschafter, »ich werde mich so verhalten, daß Eure Majestät meinem Nachfolger nicht die gleiche Instruktion geben müssen.«

Als Ludwig XIV. in Calais gefährlich erkrankte, gab man ihm ein Brechmittel; er wurde gesund. Mazarin, dem man das gleiche Mittel gab, starb daran.
Da hieß es, dieses Medikament habe Frankreich zweimal gerettet.

Ludwig XIV. verdrängte den Gedanken an den eigenen Tod, andern gegenüber aber war er weniger zartfühlend. So sagte er zu dem Schriftsteller Pierre Bayle einmal:
»Wie alt und jämmerlich Sie aussehen, mein Lieber! Mit Ihnen geht es bergab. Haben Sie sich schon um Ihre Grabstätte gekümmert?«
Da erwiderte Bayle mit einer tiefen Verbeugung:
»Gewiß, Sire; ich habe in meinem Testament bestimmt, daß ich zu Ihren Füßen begraben sein möchte.«

Als Ludwig XIV. einen Höfling fragte: »Wann wird Ihre Frau entbunden?« erwiderte der ergeben: »Wann es Eurer Majestät beliebt!«

Auf die Bitte Turennes, der Madame d'Aumières den Hof machte, wurde d'Aumières zum Marschall ernannt. Am selben Tage fragte Ludwig XIV. den Grafen Gramont:
»Wissen Sie, wen ich eben zum Marschall ernannt habe?«
»Ja, Sire«, erwiderte der Graf. »Madame d'Aumière.«

Wem die außerordentliche Ehre einer Privataudienz bei Ludwig XIV. zuteil wurde, mußte einige Minuten vor der bestimmten Zeit erscheinen. Zu einem Minister, der genau zur festgesetzten Stunde kam, sagte der König vorwurfsvoll:
»Ich habe beinahe warten müssen!«

Ludwig XIV. trug bei der Jagd auch im härtesten Winter nicht den damals üblichen Muff. Zwei Bauern begegneten ihm, und der eine staunte darüber, daß der König seine Hände nicht besser gegen den Frost schützte.
»Dem erfrieren die Hände nicht«, sagte der andere Bauer. »Er hat sie ja in unseren Taschen!«

LUDWIG XV.
(1710-1774) frz. König

— * —

Der Graf von Charolais erschoß einen Dachdecker, nur weil es ihm Spaß machte, den Mann vom Dach fallen zu sehen. Ludwig XV. begnadigte den Grafen, sagte aber:
»Ich werde auch jeden begnadigen, der Sie erschießt.«

Ludwig XV. verbrachte eine Nacht bei Madame Desparbès.
»Allen meinen Untertanen hast du deine Gunst geschenkt«, sagte er am nächsten Morgen.
»Ach, Sire . . .«
»Du hast mit dem Herzog von Choiseul geschlafen.«
»Er ist so mächtig!«
»Mit dem Marschall von Richelieu.«
»Er ist so geistvoll.«
»Mit Manville.«
»Er hat so schöne Beine!«
»Meinetwegen; aber du hast auch mit dem Herzog von Aumont geschlafen, und von dem kannst du das alles nicht behaupten!«
»Ach, Sire, er ist Ihnen so treu ergeben!«

LUDWIG XVIII.

(1755-1824) frz. König

— * —

Der König hatte den Ehrgeiz. Chemie zu lernen und wandte sich an einen der bedeutendsten Gelehrten von Frankreich. Dieser Gelehrte traf sorgfältige Vorbereitungen und begann dann seine Unterrichtsstunde mit den Worten:

»Sire, diese beiden Flüssigkeiten werden jetzt die Ehre haben, sich vor Eurer Majestät zu vereinigen.«

LUGEAC, MARQUIS DE

(17. Jh.) frz. Hauptmann

— * —

Lugeac wurde in der Schlacht von Rocroi (1643) schwer verwundet. Eine Kugel hatte ihm den Kiefer zerschmettert und die Zungenspitze weggerissen. Nun war der Marquis ein Mann, der viel Erfolg bei Frauen hatte.

Monsieur d'Ayen, der das Mißgeschick Lugeacs in Versailles erzählte, meinte darum auch:

»Peinlich für Sie, meine Damen! Der Marquis wird Ihnen nicht mehr sagen können, wie er Sie liebt und vergöttert.«

»Was liegt daran?« meinte eine Dame. »Man kann sich auch ohne Vorrede verständigen.«

MACARTHUR, DOUGLAS

(1880-1964) amerik. General

— * —

Als Kommandeur der Offiziersschule empfing MacArthur einmal den Besuch einiger Senatoren. Zunächst absolvierte man die umfangreiche Besichtigung der Akademie. Dabei zeigte MacArthur den Politikern auch ein spartanisches Zimmer mit einem eisernen Feldbett. »Ja, meine Herren, so hausen Soldaten. Auf diesem Lager schlafe ich jede Nacht.«

Anschließend gab es ein Festessen. Man speiste von dickvergoldetem Geschirr. Kaum waren die Senatoren abgereist, stellte sich heraus, daß ein Teller fehlte. Da er nirgends zu finden war und die Sache sich äußerst heikel anließ, entschloß sich MacArthur, selbst an die Gäste bei jener Tafel zu schreiben.

Einer der Senatoren antwortete ihm: »So mißtrauisch sind Politiker. Sehen Sie, General, wenn Sie tatsächlich in dem eisernen Feldbett schliefen, hätten Sie den Teller längst entdeckt, denn ich habe ihn eigenhändig dort unter der Bettdecke deponiert.«

MAC MAHON, PATRICE DE
(1808-1893) frz. Marschall

— * —

Mac Mahon besucht ein Spital. Man zeigt ihm einen Soldaten, der ein typhöses Tropenfieber gehabt hat. Der Marschall wiegt den Kopf.
»Eine böse Geschichte«, meint er. »Man stirbt daran, oder man wird schwachsinnig. Ich habe es auch gehabt.«

Marschall Mac Mahon war als Präsident von Frankreich ein Lieblingsziel für den Witz der Journale. Sein Weltbild scheint, wenn man den Chroniqueuren glauben darf, etwa mit dem Exerzierplatz zusammengefallen zu sein; und als er zum erstenmal als Präsident das Elysée betrat, soll er sofort nach dem Reglement gefragt haben.
Eine Zeitung brachte sein Bild zu Pferd, und darunter stand: »Das ist der Marschall Mac Mahon auf seinem Hengst. Er sieht intelligent aus – der Hengst.«

MACMILLAN, HAROLD
(geb. 10. 2. 1894) engl. Premierminister

— * —

Als am 29. September 1960 Macmillan bei seiner Rede vor den Vereinten Nationen dadurch unterbrochen wurde, daß Chruschtschow den Stiefel auszog und damit auf den Tisch schlug, sagte der englische Premierminister gelassen:
»Darf ich bitten, mir das ins Englische zu übersetzen?«

MAECENAS, GAJUS CILNIUS
(70 v.-8 n. Chr.) röm. Ritter

— * —

Maecenas speiste mit Gabba, dem Hofnarren des Kaiser Augustus. Nach dem Essen flirtete Maecenas mit der Frau des Hofnarren, der so tat, als ob er schliefe. Er schnarchte sogar. Die Diener wollten diese Gelegenheit ausnutzen und etwas von der Tafel klauen. Gabba fuhr aber dazwischen und schrie:
»Ihr Halunken! Ich schlafe für Maecenas und nicht für Euch.«

MAIER, SEPP
(geb. 28. 2. 1944) Nationaltorwart

— * —

Eine Boeing 737 der Lufthansa mit der deutschen Nationalmannschaft an Bord im Anflug auf München. Der Maier Sepp greift zum Bordmikrophon:

»Paßt's auf, Manndln – alle Preißn werden jetzt zur Paßkontrolle gebeten. Mir Bayern ham rechts an separaten Ausgang!«

MALENKOW, GEORGIJ MAXIMILIANOWITSCH
(20. Jh.) sowjet. Politiker

— * —

Lang, lang ist's her! Malenkow erklärte Stalin, er habe den Beweis dafür, daß Adam und Eva Russen gewesen waren.
»Was ist das für ein Beweis?« fragte Stalin, bereit, einen seiner Getreuen liquidieren zu lassen.
»Nun, sie hatten nichts anzuziehen, sie hatten kein Haus, sie haben sich von Honig ernährt, und sie haben geglaubt, im Paradies zu sein.«

MALOUIN, CHARLES
(1701-1777) frz. Arzt

— * —

Malouin hielt die Medizin für eine unfehlbare Wissenschaft. Einem skeptischen Freund zählte er eine lange Liste von Persönlichkeiten auf, die der gleichen Ansicht waren.
»Schade«, meinte der Freund, »daß Molière nicht darunter ist.«
»Das ist wohl wahr«, gab Malouin zu. »Aber Sie sehen – er ist ja auch gestorben!«

Der Arzt Malouin bewunderte einen Kranken, der sanftmütig die bittersten Arzneien schluckte.
»Ihr seid einmal ein Patient, der würdig ist, krank zu sein.«

MANCINI, PASQUALE
(1817-1888) ital. Anwalt und Politiker

— * —

Mancini war seinerzeit der meistbeschäftigte Anwalt von Turin. Es genügte ihm, einen Blick in die Akten zu werfen, und dann überließ er den Rest seiner Improvisationsgabe. So geschah es, daß er sich bei einem Prozeß irrte und die Sache seines Gegners vertrat; ein Nachbar machte ihn leise darauf aufmerksam, woraufhin Mancini unbeirrt fortfuhr:
»So wird zweifellos unser Gegner sprechen. Doch darauf können wir ihm erwidern . . .«
Und dann widerlegte er alles, was er bis dahin gesagt hatte.

MANSFIELD, LORD

(19. Jh.) engl. Richter

— * —

Lord Mansfield wollte nichts von Ferien wissen. Er hielt zum Entsetzen des Gerichtshofs am Gründonnerstag eine Sitzung ab und setzte die nächste für Karfreitag an. Da bemerkte einer der Beisitzer:
»Ich möchte Eure Ehren nur darauf aufmerksam machen, daß Sie seit Pontius Pilatus der erste Richter sein werden, der am Karfreitag Gericht hält.«
Die Sitzung wurde verschoben.

MARIA-THERESIA

(1717-1780) österr. Kaiserin

— * —

Ein französischer Offizier kommt an den Hof Maria Theresias. Die Kaiserin weiß, daß er am Tag zuvor bei der Prinzessin von C. gewesen war, und fragt ihn, ob die Prinzessin wirklich, wie man behauptet, die schönste Frau der Welt sei.
»Madame«, erwiderte der Franzose, »gestern habe ich es auch geglaubt.«

MARIE DE MÉDICIS

(1573-1642) Gattin Heinrichs IV.

— * —

Die Königin-Mutter sagte:
»Ich liebe Paris, ich liebe Saint-Germain. Am liebsten wäre ich mit dem einen Fuß da und mit dem andern dort.«
»Dann«, meinte der Marschall von Bassompierre, »wäre ich gern in Nanterre.«
Das war ungefähr in der Mitte des Weges.

MARK, ANTON

(83-30 v. Chr.) röm. Staatsmann

— * —

Mark Anton begab sich nach Athen und war sofort von einer Schar von Schmeichlern umgeben, die ihn als den Gott Bacchus begrüßten. Ein Redner erklärte auch, um ihn zu ehren, wollte Athen ihn mit Athene, der Schutzgöttin der Stadt, vermählen.
»Das nehme ich an«, erwiderte Mark Anton. »Aber Athene ist eine große Göttin, und so muß sie auch eine entsprechende Mitgift erhalten.«

MARLBOROUGH, JOHN CHURCHILL
Herzog von (1650-1722) engl. Feldherr

—*—

Marlborough besichtigte nach der Schlacht bei Höchstädt die französischen Gefangenen. Seine Aufmerksamkeit lenkte sich auf einen Grenadier des Regiments Navarra, einen prächtigen Kerl, der auch in der Gefangenschaft seine gute Haltung zu wahren wußte.
»Wenn der König von Frankreich hunderttausend Burschen wie diesen hätte«, sagte der Herzog, »so würde er nicht so viele Schlachten verlieren.«
»Es sind nicht die hunderttausend Burschen wie ich, die dem König von Frankreich fehlen«, erwiderte der Grenadier, »sondern ein Mann wie Sie!«

MARSHALL, JOHN
(um 1750) Oberster Richter der Vereinigten Staaten

—*—

Marshall stand vor der Markthalle eines Ortes. Da trat ein junger Mann auf ihn zu und sagte:
»He, Alter! Wenn Ihr mir den Truthahn heimtragt, gebe ich Euch neun Pence!«
Marschall, immer zu Späßen aufgelegt, nahm den Truthahn und trug ihn. Als sie angekommen waren, warf der junge Mann ihm neun Pence zu, die Marshall einsteckte. Doch bevor der junge Mann in sein Haus trat, sah er, wie ein geachteter Bürger den Truthahnträger ehrerbietig grüßte.
»Wer ist denn dieser schäbige alte Kerl?« fragte der junge Mann.
»Das ist Mr. Marshall«, war die Antwort. »Der oberste Richter der Vereinigten Staaten.«

MAUREPAS, JEAN-FRÉDÉRIC, GRAF VON
(1701-1781) Minister unter Ludwig XV. und Ludwig XVI.

—*—

Als Maurepas König Ludwig XVI. Turgot als Finanzminister empfahl, ein Posten, auf dem der Abbé Terray sich verhaßt gemacht hatte, bemerkte der König:
»Aber Turgot geht, wie es heißt, nie in die Messe!«
»Sire«, erwiderte Maurepas, »der Abbé Terray ist jeden Tag in die Messe gegangen.«

Maurepas war nicht mehr in der ersten Jugend, als er noch einer Dame nachstellte. Als die Dame seiner Wahl aus der Oper kam, sprang er in ihren Wagen und flüsterte:

»Ich bin ganz Ihr Sklave!«
Da öffnete die Dame den Schlag und sagte:
»Ich schenke Ihnen die Freiheit!«
Und Maurepas mußte sich unverrichteter Dinge zurückziehen.

Malesherbes sagte zu Maurepas, man müsse alles tun, um den König zum Besuch der Bastille zu bewegen.
»Um Gottes willen«, erwiderte Maurepas. »Wenn er die Bastille sieht, steckt er ja niemanden mehr hinein.«

MAURY, JEAN
(1746-1817) Erzbischof von Paris

— * —

Ein Deputierter kritisierte die neue Einteilung Frankreichs, die seiner Ansicht nach unnatürlich sei.
»Man muß der Nationalversammlung immer zeigen, was natürlich ist!« rief er pathetisch.
»Dummes Zeug«, entgegnete ihm Abbé Maury. »Mein Hintern ist auch natürlich, und ich habe durchaus nicht das Bedürfnis, ihn der Nationalversammlung zu zeigen!«

Régnault de Saint-d'Angély fragte den Abbé Maury, der wohl nicht eitel, aber selbstbewußt war:
»Sie haben eine sehr hohe Meinung von sich, nicht wahr?«
»Eine sehr geringe«, erwiderte Maury, »wenn ich mich selber betrachte; eine sehr hohe, wenn ich mich mit andern vergleiche.«

Abbé Maury hielt eine Rede. Unter den Anwesenden war auch eine Madame de Coigny, die sich ungeniert mit einer Freundin unterhielt. Da unterbrach sich Maury und sagte:
»Herr Präsident, bringen Sie doch diese beiden Sansculotten zum Schweigen!«
Und so entstand das Wort Sansculotten – Hosenlose.

MAXIMILIAN I.
(1459-1519) dt. Kaiser

— * —

Bei Kaiser Maximilian klagten zwei Nürnberger Kaufleute, Götz von Berlichingen und Selbitz hätten sie ausgeraubt. Verzweifelt schlug der Kaiser die Hände über den Kopf zusammen: »Heiliger Gott, was ist das? Hat der eine nur eine Hand, so hat der andere nur ein Bein. Wenn sie zwei Hände und zwei Beine hätten, was wolltet ihr dann tun?«

MAXWELL, ELSA

(geb. 4. 5. 1922) amerik. Journalistin

— * —

Zu ihrem 70. Geburtstag gab die amerikanische Klatschtante im feudalen Pariser ›Maxim‹ für achtzehn Personen ein Festessen. Als sie die Rechnung bezahlen wollte, bedauerte der Geschäftsführer:
»Mademoiselle, wir bedauern unendlich, die Rechnung ist in Verlust geraten.«

Elsa Maxwell, deren Stellung unter den ›Großen der Welt‹ den meisten ein Rätsel ist, denn sie brachte nichts mit, daß sie ohne weiteres für diese Gesellschaft prädestinierte, verschickte einmal eine originelle Einladung:
»Kommen Sie so, wie Sie waren, als dieser Brief Sie antraf.«

MAZARIN, JULES

(1602-1661) frz. Kardinal, Staatsminister

— * —

Ludwig XIV. fragte den Kardinal Mazarin:
»Ist der Marquis de Créqui ein ehrlicher Mann?«
»Ich glaube es nicht«, erwiderte der Kardinal. »Dazu fehlen ihm achttausend Livres jährlich.«

Ludwig XIV. hätte eines Morgens mit dem Kardinal Mazarin arbeiten sollen. Als der Kardinal erschien, ließ der König ihm sagen, er könne ihn nicht empfangen, er habe eine heftige Migräne. Der Kardinal verlor kein weiteres Wort und kam abends wieder.
»Und Ihre Migräne, Sire?« fragte er.
»Sie ist fort«, erwiderte der König.
Da lächelte der Kardinal und sagte:
»Ja, ich habe sie selber fortgehn gesehen – sie hatte ein blaues Kleid an.«

Es wurde ein Pamphlet gegen Mazarin verfaßt. Der Kardinal ließ es beschlagnahmen. Doch als er es las, fand er, daß es weniger schlimm war, als er geglaubt hatte. Und so verkaufte er selber die beschlagnahmten Exemplare und steckte das Geld ein.

Wenn der Kardinal Mazarin eine neue Steuer einführte, fragte er seine Agenten, was das Volk dazu sagte.
»Eminenz, es werden überall Spottlieder über Sie gesungen.«
»Gut, gut«, meinte Mazarin. »Wenn sie singen, zahlen sie.«

Als Mazarin starb, wurde das Ludwig XIV. mit den Worten gemeldet:
»Sire, der Kardinal hat seine Seele Gott zurückgegeben.«
Worauf ein Höfling bemerkte:
»Es ist nur sehr fraglich, ob Gott sie angenommen hat.«

MEDICI, LORENZO DE

(1448-1492) Herrscher von Florenz

— * —

Ein Höfling wollte Lorenzo für einen Freund, der ein wenig trank, günstig stimmen:
»Ihr könnt Euch seiner mit geschlossenen Augen bedienen. Für einen Becher Wein könnt Ihr mit ihm machen, was Ihr wollt.«
»Was aber«, fragte Lorenzo, »wenn mein Gegner ihm eine Flasche anbietet?«

MENZIES, ROBERT GORDON

(geb. 20. 12. 1894) austral. Staatsmann

— * —

Als Menzies Premierminister wurde, fragte ihn ein Journalist:
»Sie werden doch gewiß bei der Wahl Ihres Kabinetts auch jene Kräfte zurate ziehen, die Ihnen zu Ihrer Karriere geholfen haben.«
»Junger Mann«, fuhr ihn Menzies an, »lassen Sie meine Frau aus dem Spiel!«

MERCIER, JOSEPH

(1851-1926) belg. Kardinal

— * —

Der Kardinal reiste durch die Schweiz, interessierte sich für die Lage der Bevölkerung und teilte Almosen aus. In Graubünden stieß er auf einen Knaben, der in recht kläglichem Zustand Schafe hütete. Er rief ihn zu sich.
»Bist du der Hirt dieser Tiere?«
»Ja«, sagte der Knabe.
»Was bekommst du als Lohn?«
Der Knabe nannte einen sehr geringen Betrag.
»Nicht mehr?« meinte der Kardinal. »Das ist nicht viel. Ich bin auch nur ein Hirt, aber ich habe einen viel höheren Lohn als du.«
»Wahrscheinlich haben Sie auch mehr Stück Vieh zu weiden als ich«, erwiderte der Knabe.

METAXAS, JOANNIS
(1871-1941) Diktator von Griechenland

— * —

General Metaxas inspizierte die Luftwaffe und wollte selber ein Flugboot ausprobieren. Er steuert tadellos, nur als er zum Landen kommt, will er auf einem Flugplatz niedergehn.
»Verzeihung, Herr General«, sagt der Pilot, »aber es wäre besser, auf dem Wasser niederzugehn; dies ist ein Flugboot.«
»Ja, ja, natürlich! Wie zerstreut ich bin!« Und der General setzt das Boot tadellos auf dem Wasser ab. Dann sagt er: »Ich weiß sehr zu schätzen, mein Lieber, daß Sie mich davon abgehalten haben, einen so unglaublichen Fehler zu begehn.«
Sprach's und trat aus dem Flugzeug ins Wasser.

METELLUS, QUINTUS CECILIUS
(1. Jh. v. Chr.) röm. Feldherr

— * —

Ein Offizier empfahl Quintus Cecilius Metellus, eine Festung anzugreifen, und um zu beweisen, daß es ein ganz gefahrloses Unternehmen wäre, sagte er: »Das wird uns höchstens zehn Mann kosten.«
Worauf Metellus fragte: »Bist du bereit, unter diesen zehn Mann zu sein?«

METTERNICH, FÜRSTIN PAULINE
(1838-1921)

— * —

Fürstin Pauline Metternich, die Beherrscherin der Wiener Gesellschaft, hatte wieder einmal einen Wohltätigkeitsbasar veranstaltet, bei dem auch der sehr reiche, aber ebenso geizige Lord Ashburn erschien. Die Fürstin wollte ihm ein Zigarettenetui verkaufen.
»Danke, ich rauche nicht«, erwiderte er.
»Einen Federhalter also?«
»Nein, meine Briefe schreibt mein Sekretär.«
»Und vielleicht diese Bonbonnière?«
»Es tut mir sehr leid, aber ich esse keine Süßigkeiten.«
Da bot ihm die Fürstin eine Schachtel mit drei Stück Seife an.
»Wollen Sie nicht diese Seife kaufen, Lord Ashburn? Oder waschen Sie sich nicht?«

Man zeigte der Fürstin Metternich das Enkelkind einer Jugendfreundin, das gerade gebadet wurde. Da beugte die Fürstin sich über das Kind und sagte melancholisch: »Wenn ich mich recht erinnere, ist das ein Knabe!«

Zu jenen Tanzbewegungen, die, Tango genannt, den Walzer verdrängten, sagte die Fürstin Metternich:
»Zu meiner Zeit hat man das im Schlafzimmer gemacht.«

Anläßlich ihres fünfundsiebzigsten Geburtstags sagte ein Freund tröstend zur Fürstin Pauline Metternich: »Was sind denn 75 Jahre?«
»Nicht viel für eine Kathedrale«, meint sie, »aber bei einer Frau beginnt es zu zählen!«

MIRABEAU, HONORÉ GABRIEL DE RIQUETI, COMTE DE
(1749-1791) frz. Staatsmann

—*—

In der Nacht des 4. August kehrte Mirabeau müde, aber zufrieden nach Hause zurück. Seinem Freund Duveyrier, der ihn erwartete, berichtete er begeistert von der Sitzung der Assemblée, die alle Vorrechte der Adligen abgeschafft hatte.
»Bedenken Sie doch«, rief er, »keine Mißbräuche mehr! Keine Privilegien! Die edelsten Namen der Aristokratie haben ihre Titel auf dem Altar des Vaterlandes geopfert – die Montmorency, die La Rochefoucauld . . .!
Da tritt der Diener ein und meldet: »Monsieur, das Bad ist bereit!«
Mirabeau zieht ihn am Ohr.
»Wo hast du deine Manieren gelernt, du Dummkopf? Für dich bleibe ich jedenfalls der Graf von Mirabeau!«

Mirabeau kam eines Tages zu seinem Bruder und traf ihn, wie gewöhnlich, betrunken an.
»Wie ist es nur möglich«, sagte er, »daß ein Mensch wie du sich von einem so widerwärtigen Laster nicht befreien kann?«
»Mein lieber Bruder«, erwiderte der Betrunkene, »es ist das einzige Laster, das du mir übrig gelassen hast.«

MITTERMEIER, ROSI
(geb. 5. 8. 1950) Sportlerin

—*—

Der absoluten Vermarktung ihrer sportlichen Erfolge leistet die Rosi Widerstand. So erhob sie lauthals Protest, weil ein Skifabrikant auf seinem Werbeplakat, das ihr überlebensgroßes Porträt zeigte, sie gleich zur ›Rosi Fitzmeier‹ umgetauft hatte.
»Zwischen dem ›Rosi‹ und dem ›Fitzmeier‹ an Doppelpunkt, bittschön, und an gehörigen Abstand. Damit d' Leut merken, daß i mit derana Markn net verheirat bin!« Und so wurde es gemacht.

Nach der Silbermedaille im Riesenslalom fragt sie ein Reporter: »Immer sieht man Sie lachen, Rosi – gibt's denn gar keine Momente, wo Sie auch mal ernst werden?«
Erklärt die Rosi, und zeigt dabei wie immer lachend die weißen Zähne: »Schon, schon, wann i abfahr, muaß i d' Lippen zsammhalten – sonst pfeift mir der Wind eini!«

MOLOTOW, W. M.

(geb. 9. 3. 1890) russ. Politiker

—*—

Molotow war bekannt dafür, daß er bei internationalen Konferenzen die Vorschläge seiner Verhandlungspartner mit einem kategorischen ›Njet‹ zurückwies.
Es war nach einer Außenministerkonferenz in New York. Der amerikanische Gastgeber hatte den russischen Kollegen zu einem Ausflug zu den Niagarafällen eingeladen. Staunend stand Molotow vor dem gewaltigen Wasserfall und gab auf die Frage des Amerikaners: »Nun, was sagen Sie dazu?« zur Antwort:
»Ich bin sprachlos.«
»Könnten wir dann nicht das nächste Mal unsere Konferenz hier abhalten?« schlug daraufhin der Amerikaner vorsichtig vor.

MONTAGUE, LADY MAY

(1689-1762) engl. Salondame

—*—

Lady May Montague schrieb: »Darüber, daß ich eine Frau bin, tröste ich mich mit dem Gedanken, daß ich auf diese Art wenigstens nie eine Frau heiraten werde.«

MONTESPAN, FRANÇOISE, MARQUISE DE

(1640-1707)

—*—

Madame de Montespan, eben zur Favoritin Ludwigs XIV. geworden, ging eines Tages einkaufen. Da sie die Waren nicht tragen konnte, ersuchte sie die Verkäuferin, sie ihr schicken zu lassen.
»Gewiß, gewiß, Madame.«
»Aber wissen Sie denn, wo ich wohne und wer ich bin?«
»Natürlich! Ich kenne Sie sehr gut«, erklärte die Verkäuferin. »Sie sind doch die Dame, die das Amt der Mademoiselle de La Vallière übernommen hat.«

MONTGOMERY, BERNARD LAW
(geb. 17. 11. 1887) engl. Feldmarschall

— * —

Marschall Montgomery: »Ich trinke nicht, ich rauche nicht, und ich fühle mich hundertprozentig in Form.«
Worauf Winston Churchill entgegnet:
»Ich trinke, ich rauche, und ich fühle mich zweihundertprozentig in Form.«

Marschall Montgomery prüfte stets die Liste der Filme, die den Soldaten vorgeführt werden sollten. Einmal stieß er auf einen Film: ›Die rote Armee‹. Da berief er alle seine Offiziere, und bevor der Film zu laufen begann, hielt der Marschall ihnen einen ausführlichen Vortrag über die Bedeutung der russischen Kriegsmaschine. Dann wurde es dunkel, und auf der Leinwand erschienen die Worte:
»Die Rote Armee, vom Leben der Termiten.«

MONTMORENCY, HENRI, HERZOG VON
(1595-1632)

— * —

Der Connetable Montmorency wollte im Gewand eines Kapuziners begraben werden. Da sagte Mondragon zu ihm:
»Das machen Sie schlau: denn wenn Sie sich nicht verkleiden, werden Sie nie ins Paradies kommen.«

MONTROND, CASIMIR DE
(1768-1843) frz. Diplomat

— * —

Montrond wird gefragt:
»Wie speist man eigentlich bei der Marquise de D.«
»Na ja«, meint Montrond, »wenn die Suppe so warm wäre wie der Weißwein, der Wein so alt wie die Gans, die Gans so fett wie die Marquise, dann wäre es nicht schlecht.«

MORGAN, PIERPONT
(1837-1913) amerik. Bankier

— * —

Morgan wurde häufig von Reportern belästigt und tat alles, um sich ihrer zu erwehren. Einmal, in London, bat ein Reporter ihn um ein Interview von zwei Minuten. Morgan wollte dem Lästigen eine Lehre erteilen und ließ ihm sagen:

»Jede Minute meines Lebens ist zehn Pfund wert.«
Worauf der Reporter erwiderte: »Angenommen!«
So wurde er denn am nächsten Morgen von dem Millionär empfangen.
»Was wollen Sie eigentlich?« fragte Morgan unwirsch.
»Nur die zwanzig Pfund bezahlen«, erklärte der Reporter.
Das war Morgan noch nie vorgekommen, und er fragte erstaunt:
»Wozu haben Sie denn eigentlich so sehr auf dem Interview bestanden?«
»Das will ich Ihnen sagen, Mr. Morgan. Mein Verleger hat mit mir um hundert Pfund gewettet, daß ich nicht bis zu Ihnen vordringen werde. Ich zahle Ihnen zwanzig Pfund, gewinne hundert, habe also achtzig verdient, das sind vierzig in der Minute, also viel mehr, als Sie verdienen, Mr. Morgan.«

MORO-GIAFFERI

(20. Jh.) Pariser Anwalt

— * —

Ein Deputierter redet, redet, redet. Langsam leert sich der Saal im Palais Bourbon. Endlich merkt es der Redner und sagt:
»Ich fürchte, daß ich zu lange gesprochen habe, aber ich muß um Entschuldigung bitten – meine Uhr ist nämlich stehn geblieben . . .«
Da ruft ihm Moro-Giafferi, der große Anwalt, der auch Deputierter war, zu:
»Drehen Sie sich um! Hinter Ihnen hängt ein Kalender.«

»Wenn ich die Stunden zusammenrechne«, sagte Moro-Giafferi, »die ich bei meinen Klienten in der Zelle verbracht habe, so dürfte ich zwanzig Jahre im Gefängnis gesessen sein.«

Der Präsident fragte Moro-Giafferi:
»Wie lange werden Sie brauchen, Maître?«
Worauf Moro-Giafferi erwiderte:
»Bis der Gerichtshof den Fall begriffen hat. Das kann längere Zeit dauern.«

Der berühmte Verteidiger Moro-Giafferi fragte einen Klienten:
»Wie soll ich mildernde Umstände für Sie geltend machen? Sie haben doch vier Menschen umgebracht!«
Worauf der Klient meinte: »Ich hätte ja auch fünf umbringen können.«

Moro-Giafferi sollte einmal von den Anfängen seiner Karriere erzählen.
»Nun«, begann er, »Sie wissen, daß es die heiligste Pflicht des Anwalts

ist, Witwen und Waisen beizustehn. Mein erster Prozeß war nichts anderes als die Verteidigung einer Witwe und ihres vaterlosen Sohnes.«
»Bravo! Bravo!« riefen die Zuhörer.
»Ja«, fuhr Moro-Giafferi fort, »es handelte sich nämlich um eine Frau, die mit Hilfe ihres Sohnes ihren Mann umgebracht hatte.«

MORROW, DWIGHT

(um 1900) amerik. Bankier

— * —

Morrow war sehr zerstreut. Er fuhr im Zug, und der Kondukteur kam und wollte die Karten sehen. Morrow suchte in allen Taschen und fand seine Karte nicht.
»Das macht nichts, Mr. Morrow«, sagte der Kondukteur. »Ich kenne Sie ja. Wenn Sie die Karte finden, schicken Sie sie eben an die Verwaltung. Sie haben sie ja bestimmt irgendwo.«
»Natürlich habe ich sie«, rief Morrow wütend. »Aber was ich gern wüßte, ist, wohin ich eigentlich fahre!«

MORUS, SIR THOMAS

(1478-1535) engl. Humanist und Staatsmann

— * —

Thomas Morus reiste durch die Niederlande und begegnete unterwegs einem Mann, mit dem er ins Gespräch kam, und was der Fremde sagte, war so interessant, so geistreich und belebt, daß Morus schließlich ausrief:
»Ihr seid entweder der Teufel oder Erasmus von Rotterdam!«
Und es war Erasmus.

MÜLLER, GERD

(geb. 3. 11. 1945) Fußballspieler

— * —

Gerd Müller, der Münchner Bomber, hatte nach seinem 63. Auftritt im Nationaltrikot genug von dem Rummel, der um ihn und seine Begabung veranstaltet wurde. Öffentliche Aufrufe rührten ihn nicht:
»I hob's statt, ›Bomber für die Nation‹ zu spielen. Mei Familie is mir wichtiger«, verabschiedete er sich geradlinig von der internationalen Schaubühne.

MUMM

(um 1900) Fabrikant einer Champagnermarke

— * —

Mumm speist mit Freunden in einem Restaurant der Park Avenue. Der Wirt zeigt den größten Eifer. Ob Mr. Mumm Champagner trinken wolle? Im Keller gebe es noch ein paar Flaschen echten Mumm aus dem Jahre 1915. Mumm kostet sorgfältig.
»Ein ausgezeichneter Champagner«, bemerkt er schließlich. »Nur – 1915 war das Jahr, in dem ich überhaupt keinen Champagner gemacht habe.«

MÜNNEMANN, RUDOLF

(geb. 8. 1. 1908) Finanzier

— * —

Der Journalist Bernt Engelmann traf den Finanzier in einem Hallenbad und konnte sich nicht verkneifen zu sagen:
»Nun erfüllt sich ein Herzenswunsch von Hermann Josef Abs und seinen Kollegen in den Vorständen der deutschen Großbanken: Münnemann geht baden!«
Münnemann rief ihm zu: »Richten Sie den Herren aus, ich hätte mich längst freigeschwommen.«

MUSSOLINI, BENITO

(1883-1945) ital. Diktator, Duce

— * —

Flüsterwitz im Dritten Reich:
Mussolini und Hitler treffen einander am Brenner. Hitler reißt die Hakken zusammen, den Arm in die Höhe und ruft: »Heil Imperator!«
Mussolini dankt lässig: »Heil, Imitator.«

NAPIER, SIR CHARLES

(1786-1860) engl. Admiral

— * —

Napier widersetzte sich heftig der Einführung des Dampfes als Treibkraft von Kriegsschiffen. Im Parlament rief er eines Tages aus:
»Wenn wir in den Dienst von Ihrer Majestäts Flotte eintreten und an den Krieg denken, so sind wir bereit, uns von Entermessern zerhacken, von Flintenkugeln durchlöchern, von Granaten zerschmettern zu lassen; aber, Mr. Speaker, wir sind nicht bereit, uns bei lebendigem Leib kochen zu lassen.«

NAPOLEON I., BONAPARTE
(1769-1821) frz. Kaiser

— * —

Napoleon hörte, daß einer seiner Offiziere ein großer Trinker sei, er ließ ihn kommen und sagte:
»Oberst, Sie trinken zu viel!«
Worauf der Oberst entgegnete:
»Aber jedes Glas auf das Wohl Eurer Majestät, Sire.«

1812 empfing Napoleon Goethe in Erfurt. Napoleon begrüßte Goethe mit den Worten:
»Monsieur Goethe, ich freue mich, Sie zu sehen.«
Goethe bedankte sich: »Sire, ich bin erstaunt, daß Ew. Majestät, wenn Sie auf Reisen sind, auch den unbedeutendsten Dingen Ihre Aufmerksamkeit schenken.«

Einmal unterhielt Napoleon sich mit Belloy, dem Erzbischof von Paris, der sechsundneunzig Jahre alt war. Beim Abschied sagte der Kaiser gedankenlos:
»Seien Sie nur immer heiter, Monseigneur, machen Sie sich keine Sorgen, und dann werden Sie hundert Jahre alt werden.«
»Hundert Jahre?« rief der Erzbischof entsetzt. »Warum wollen Sie mir nur noch vier Jahre gönnen, Sire?«

Von einem sehr servilen Höfling sagte Napoleon:
»Ich weiß nicht, wie er das anstellt; er ist sechs Fuß groß und ich kaum fünf. Und trotzdem! Wenn er zu mir spricht, muß ich mich bücken, um ihn zu hören.«

Der Dramatiker Lemercier war mit Napoleon bis zu dem Tage befreundet, da der Erste Konsul sich zum Kaiser krönen ließ. Einige Zeit später mußte Lemercier als Mitglied der Académie Française an einem Empfang in den Tuilerien teilnehmen. Napoleon wollte ihn versöhnen und sagte:
»Nun, Lemercier, wann schreiben Sie uns wieder eine Ihrer Tragödien?«
»Sire«, antwortete Lemercier, »ich warte, bis Sie mir den Stoff dazu geben.«

Napoleon spielte in Berlin mit seinen Generälen Karten. Er warf eine Handvoll Goldstücke auf den Tisch und sagte:
»Den Preußen gefallen diese kleinen Napoleons recht gut.«
»O ja, Sire«, meinte General Rapp. »Besser als der große.«

NAPOLEON III., LOUIS
(1808-1873) frz. Kaiser

— * —

Nach dem Putschversuch von Boulogne wurde Prinz Louis-Napoleon der Prozeß gemacht; sein Anwalt, Berryer, kam leichenblaß und verstört zu ihm:
»Prinz, Sie sind zu lebenslänglichem Gefängnis verurteilt!«
»Wie lang dauert in Frankreich die Lebenslänglichkeit?«

Als der Krieg des Jahres 1870 begann und die ersten Niederlagen schon den Ausgang vorhersehen ließen, führten die Statuen des Pasquino und des Marforio in Rom folgenden Dialog:
Marforio fragt: »Was wird dieser Krieg Frankreich kosten?«
Und Pasquino erwidert: »Höchstens einen Napoleon.«

Lady Blessington war, während seines Exils in London, die beste Freundin Louis Napoleons gewesen. Als sie dann in Paris war, legte der Präsident und nachherige Kaiser keinen Wert mehr auf diese Bekanntschaft. Bei einem Empfang mußte er sie dennoch begrüßen und sagte:
»Ah, Lady Blessington! Bleiben Sie noch lange in Paris?«
Worauf die Lady erwiderte:
»Und Sie?«

Napoleon III. war nicht gerade sehr sachverständig für Musik; so wenigstens erzählt die Fürstin Pauline Metternich. Er hatte gehört, daß Liszt auf der Österreichischen Botschaft Triumphe gefeiert hatte, und so ließ er ihn auch in die Tuilerien einladen. Liszt spielte unter anderm das Gebet aus ›Moses‹ von Rossini, das mit mächtigen Akkorden schließt.
Da sagte Napoleon III. zu ihm:
»Wie gut Sie den Donner nachmachen können!«

Viele Minister Napoleons III. waren gleichzeitig Bewunderer von Thiers und konnten nicht begreifen, warum Thiers gegen den Kaiser war, dessen Gedankengänge von denen Thiers' nicht gar so weit entfernt waren. Als de Morny Thiers einmal darüber befragte, erwiderte Thiers:
»Die Küche gefällt mir; aber der Koch gefällt mir nicht.«
De Morny erzählte das seinem Halbbruder, dem Kaiser, der dazu meinte:
»Thiers hält mich für einen schlechten Koch, weil ich ihn nicht als Küchenjungen haben möchte.«

Am Tag vor der Schlacht bei Magenta fragte Napoleon III. den Marschall Baraguay d'Hilliers um Rat.

»Sire«, sagte der Marschall, »wenn ich kommandiere, verlange ich keinen Rat, und wenn ich gehorche, gebe ich keinen.«

»Der Krieg«, soll Napoleon III. gesagt haben, »das ist gar nicht so schlimm. Der Tod eines einzelnen Menschen ist gewiß furchtbar. Hunderttausend Tote aber – das ist die Statistik.«

Prinz Jérome Bonaparte, der Onkel Louis-Napoleons, unternahm eine Inspektionsreise durch die Häfen. Nachher berichtete er von festlichen Empfängen und wollte, der Kaiser solle ihm seine Spesen ersetzen. Doch der Kaiser sagte:
»Ich habe Ihnen mehr als zwei Millionen Francs gegeben. Sie haben eine Apanage von dreihunderttausend Francs. Mehr kann ich nicht tun.«
»Sie haben aber auch nichts vom großen Kaiser«, meinte sein Onkel.
Und erhielt die Antwort:
»Da täuschen Sie sich. Ich habe seine Familie auf dem Hals.«

NARBONNE, LOUIS, GRAF VON

(1755-1813) frz. Minister unter Napoleon

— * —

La Chaise, Präfekt von Arras, sagte in einer offiziellen Ansprache:
»Gott schuf Napoleon Bonaparte und dann ruhte er!«
Graf Louis de Narbonne seufzte:
»Hätte Gott nicht ein wenig früher ruhen können?«

NARVAEZ, RAMON, HERZOG VON VALENCIA

(1800-1868) span. Minister

— * —

Der gefürchtete Minister lag auf dem Totenbett. Sein Beichtvater saß neben ihm und mahnte ihn, sich auch mit seinen Feinden zu versöhnen. Da sagte Narvaez:
»Feinde! Ich habe keine Feinde.«
Der Beichtvater war einigermaßen erstaunt und meinte schonend:
»Aber, Exzellenz, auch der beste Mensch hat Feinde.«
»Ich nicht«, wiederholte Narvaez. »Ich habe alle erschießen lassen.«

NASR ED-DIN

(Ende 19. Jh.) Schah von Persien

— * —

Als Nasr ed-Din in Paris war, fragte ihn eine Dame, ob er verheiratet sei.

»Und wie!« erwiderte der Herr über einen Harem von dreitausend Frauen.

NASSAU, MORITZ, HERZOG VON
(1567-1625) Feldherr

— * —

Eine Dame fragte ihn, wen er für den größten Kriegsmann der Zeit halte.
»Madame«, erwiderte der Feldherr, »der zweitgrößte ist der Marchese Spinola.«

NERO
(37-68) röm. Kaiser

— * —

Nero war so verliebt in einen schönen Sklaven, daß er ihn in aller Öffentlichkeit heiratete. Seneca kommentierte das Ereignis: »Das hätte schon sein Vater machen sollen!«

NETZER, GÜNTER
(geb. 14. 9. 1944) Fußballspieler

— * —

Der Playboy des deutschen Fußballs wurde von einer Reporterin beim morgendlichen Liegestütz-Training beobachtet. Süffisant erkundigt sich die Dame, ob die Übung fürs Fußballspielen denn notwendig sei und nicht besser fürs Sexualleben geeignet wäre. Entgegnete Netzer, seinem Image getreu: »Speziell für letzteres nur, wenn ein Mädchen drunter liegt.«

NIEMÖLLER, MARTIN
(geb. 14. 1. 1892) Theologe

— * —

Nach der Gründung der Bundesrepublik war Niemöller mit dem Kurs der Adenauer-Regierung nicht einverstanden. Man schrieb ihm das Bonmot zu:
»Die Bundesrepublik, gezeugt in Rom, in Washington geboren.«

NIKOLAUS I.

(1796-1855) Zar

— * —

Zar Nikolaus I. kehrte eines Tages von einem Besuch bei seinen Töchtern zurück und sah vor dem Tor des Palastes einen jungen Mann, der rauchte. Der Zar trat auf ihn zu und sagte:
»Man merkt, daß Sie ein Fremder sind; Sie wissen bestimmt nicht, daß es in Petersburg verboten ist, auf der Straße zu rauchen.«
Der junge Mann war tatsächlich ein Franzose; er bedankte sich bei dem Zaren, den er für einen General hielt, und warf seine Zigarre weg. Kaum war der Zar verschwunden, da stürzten sich Polizisten auf den jungen Mann und schleppten ihn ins Gefängnis, weil es verboten war, mit dem Zaren zu reden.
Nach ein paar Tagen im Gefängnis fragte man ihn:
»Haben Sie denn nicht gewußt, daß es der Zar war?«
Nein, er hatte keine Ahnung gehabt! Daraufhin läßt man ihn frei und meldet dem Zaren die Sache. Der Zar befiehlt den jungen Franzosen zur Audienz und fragt ihn, ob er etwas für ihn tun könne.
»O ja, Sire«, erwidert der junge Mann. »Sie können mir eine große Gunst erweisen. Wenn Eure Majestät mich wieder auf der Straße sehen, sprechen Sie mich, bitte, nicht an.«

NIXON, RICHARD

(geb. 9. 1. 1913) amerik. Präsident

— * —

Beim letzten Wahlkampf zur amerikanischen Präsidentschaft wurde Nixon von einer Frau unterbrochen: »Wenn Sie mein Mann wären, so würde ich Ihnen Gift geben!«
Nixon verlor die Ruhe nicht: »Madame, wenn Sie meine Frau wären, so würde ich es mit größtem Vergnügen nehmen.«

NOAILLES, LOUIS-ANTOINE DE

(1651-1729) Kardinal, Erzbischof von Paris

— * —

Der Kardinal besuchte ein Irrenhaus. Ein Kranker sprach ihn an und erzählte, er werde von grausamen Verwandten hier festgehalten, die sich seiner Güter bemächtigt hätten; er bat den Kardinal, er möge ihm doch auf jedem beliebigen Gebiet Fragen stellen, um sich selber davon zu überzeugen, daß von Geisteskrankheit keine Rede sein könne. Tatsächlich gab er so klare Antworten, daß der Kardinal überzeugt war und versprach, der Sache auf den Grund zu gehn. Er selbst werde ihm seine Befreiung mitteilen.

»Ich danke Ihnen, Eminenz«, sagte der Mann, »aber ich bitte noch um eine Gunst. Kommen Sie nicht an einem Freitag, weil ich da Empfangstag habe.«
»Empfangstag?« fragte der Kardinal erstaunt. »Wen, um Himmels willen, empfangen Sie?«
Da flüsterte der Mann dem Kardinal ins Ohr:
»Die Seelen aus dem Fegefeuer!«

Der Kardinal hielt dem Bischof von Gappes eine Strafpredigt, weil der Bischof sich mit Frauen abgab.
»Ach, Eminenz«, rief der Bischof, »auch ich habe vierzig Jahre lang nicht an Frauen gedacht. Aber einmal muß man anfangen! Versuchen Sie es nur, Monseigneur, und Sie werden sehen, daß es dann nicht mehr anders geht!«

NORFOLK, THOMAS HOWARD, HERZOG VON

(1443-1524) engl. Feldherr

— * —

Der Herzog von Norfolk, der 1513 als Heerführer Heinrichs VIII. die Schotten besiegte, liebte frühe Ausritte. Als er einmal fast noch bei Morgengrauen seine Wälder durchstrich, traf er einen Bauern, der offensichtlich beim Wildern war. Der Schlingel versuchte abzulenken, indem er höflich grüßte und rief:
»Was tun Euer Gnaden so früh schon hier?«
»Ich reite herum, um ein wenig Appetit für mein Frühstück zu bekommen«, meinte der Herzog.
Darauf der Wilderer:
»Sehen Euer Gnaden, bei mir ist es umgekehrt, ich gehe herum, um etwas Frühstück für meinen Appetit zu finden.«
Der Herzog lachte und sagte:
»Für diese schlagfertige Antwort laß ich dich laufen.«

NORTH, GERALD LORD

(1732-1792) engl. Minister

— * —

Lord North, einst Premierminister von England, war erblindet. Einmal besucht ihn ein Freund, der eben bei Colonell Barrey gewesen war. Barrey war einer der heftigsten Gegner von Lord North gewesen und gleichfalls erblindet.
»Ich bin überzeugt«, sagt Lord North, »daß wir einander jetzt mit größtem Vergnügen wiedersehen würden.«

NORTHUMBERLAND, HERZOGIN VON

(19. Jh.) engl. Adlige

— * —

Die Herzogin reiste auf dem europäischen Kontinent und kehrte in Flandern in einem Wirtshaus ein, das ›Zur goldenen Gans‹ hieß. Dort übernachtete sie mit ihrem Gefolge.
Am nächsten Morgen wurde ihrem Sekretär eine Rechnung von vierzehn Louisdor präsentiert, was damals doch ein wenig zu viel war. Kein Einspruch nützte, die Rechnung mußte bezahlt werden. Beim Abschied sagte der Wirt zur Herzogin, er hoffe, bald wieder die Ehre ihres Besuchs zu haben, und da erwiderte sie:
»Ja, aber nur, wenn Ihr mich nicht mit Eurem Wirtshausschild verwechselt.«

NOVOTNÝ, ANTONIN

(1904-1975) tschech. Staatspräsident

— * —

An einem sonnigen Tag geht Novotný durch Prag, und zwar mit aufgespanntem Regenschirm. Wundert sich ein Bürger:
»Aber Genosse Präsident, wozu der Schirm bei so schönem Wetter?«
Novotný, ernsthaft: »In Moskau regnet es.«

Herr Kohn aus Prag besucht in London seinen Bruder, der vor zehn Jahren aus der Tschechoslowakei ausgewandert ist. Staunend besichtigt er die Erwerbungen des anderen: Fabrik, Haus und Kunstgegenstände. Dann entdeckt er auf dem Schreibtisch des Bruders ein Foto des Staatspräsidenten Novotný.
»Warum das?« fragt er.
Der Emigrant: »Gegen das Heimweh.«

Als dem südafrikanischen Chirurgen Barnard die erste Herzverpflanzung geglückt war, machten ihm spitze Zungen in Prag die Priorität streitig: Als erstem ist es unserem Staatspräsidenten Novotný schon vor vielen Jahren gelungen, das Herz Europas in den Körper Rußlands zu verpflanzen – und die UdSSR lebt noch immer.

NURMI, PAAVO JOHANNES

(1897-1973) finn. Langstreckenläufer

— * —

»Stellen Sie sich vor, gestern traf ich den berühmten Weltrekordläufer Nurmi auf der Straße«, begann ein Mann das Gespräch, »er war total außer Atem. Er keuchte und erzählte mir: ›Bei mir ist eingebrochen worden!‹«

»Na«, sagte der andere Mann, »dann hat Nurmi sicherlich die Diebe eingeholt und geschnappt?«
»Aber nein. Nurmi war ganz traurig. Er hatte sie schon längst überholt!«

ORLEANS, LOUIS, CONTE DE

(1703-1752) frz. Adliger

— * —

Der Herzog zeigte beim Morgenempfang einer Schar von Höflingen seine neue goldene Uhr, an der er sehr hing. Die Uhr ging von Hand zu Hand, bis sie verschwunden war. Ein Herr machte den Vorschlag:
»Man muß die Türen schließen und jeden von uns untersuchen!«
»Im Gegenteil«, sagte der Herzog. »Gehen Sie alle fort, meine Herren, bevor die Uhr zu schlagen beginnt und jenen verrät, dem sie so gut gefallen hat.«

ORLEANS, PHILIPP, CONTE DE

(1674-1723) frz. Regent

— * —

Kardinal Dubois, Minister während der Regentschaft des Herzogs von Orleans, wurde jeden Morgen von einer Dame belästigt, die eine Gunst erbat. Endlich verlor der Kardinal die Geduld und rief:
»Gehen Sie zum Teufel!«
Die Dame beschwerte sich beim Regenten, der sie höflich anhörte und dann sehr verbindlich sagte:
»Sie haben recht, Madame; der Kardinal ist ein roher Mensch. Aber Sie können mir glauben – er hat Ihnen einen guten Rat gegeben.«

PASSIONEI

(1682-1761) Kardinal

— * —

Kardinal Passionei besaß eine herrliche Bibliothek. Einmal kamen Fremde und wollten sie besichtigen; der Kardinal ließ seinen Bibliothekar kommen und trug ihm auf, die Fremden zu führen.
Nach dem Besuch erschienen die Gäste wieder und wollten sich bei dem Kardinal bedanken. »Ihre Bibliothek ist großartig, Eminenz«, sagte einer der Herren, »aber Ihr Bibliothekar ist von einer erstaunlichen Ahnungslosigkeit.« Da lächelte der Kardinal. »Sehen Sie, meine Herren, ich mache es wie der Sultan. Meine Bibliothek ist mein Harem, und ich lasse sie von einem Eunuchen bewachen.«

PAUL I.

(1754-1801) Zar

— * —

Zar Paul machte unangemeldet einen Besuch in einer Militärschule und stellte fest, daß dort die größte Unordnung herrschte.
»Dreißig Tage Arrest für den Kommandanten!« befahl er.
Der Adjutant meldete verlegen:
»Eure Majestät, ich habe vergessen zu sagen, daß der Kommandant heute nacht gestorben ist.«
»Dann ernenne man einen Nachfolger«, entschied der Zar, »und stecke ihn für dreißig Tage in Arrest!«

Der Zar glaubte Grund zur Unzufriedenheit mit seinem Garderegiment zu haben. Er ließ es im Schloßhof antreten und befahl:
»Achtung! Links um! Nach Sibirien, vorwärts marsch!«
Und das ganze Regiment mußte in Eilmärschen nach Sibirien ziehen. Zum Glück konnte Graf Rostopschin erwirken, daß der Befehl wieder zurückgenommen wurde.

PAUL VI.

(26. 9. 1897–1978) Papst

— * —

Als aus dem Vatikan die Nachricht kam, der Papst werde den Sitz der Vereinten Nationen in New York besuchen, meinten in Rom die Zyniker: »Paul besucht die UNO, um ihr die Sterbesakramente zu spenden.«

PÉLISSIER, AYMÉ DE

(1794-1864) frz. General

— * —

Es war in Afrika. Ein Kavallerieleutnant hat ein falsches Manöver ausgeführt. General Pélissier ist so wütend, daß er seine Reitpeitsche hebt. Doch der Offizier greift nach der Pistole und richtet sie auf den General. Zum Glück versagt die Waffe. Und Pélissier sagt:
»Leutnant, vierundzwanzig Stunden Arrest, weil Sie Ihre Waffe nicht in gutem Zustand erhalten.«

PELLETAN, CAMILLE

(1846-1915) frz. Politiker

— * —

Der französische Politiker Camille Pelletan war nicht sehr reinlichkeitsliebend. Ein Freund sah auf Pelletans Bart einen gelben Fleck und sagte:

»Ich wette, daß Sie heute zum Frühstück Eier gegessen haben.«
»Verloren«, rief Pelletan triumphierend: »Vorige Woche!«

PEMBROKE, LORD HENRY
(19. Jh.)

— * —

In einem Londoner Klub sprechen verschiedene Lords von siebzig aufwärts darüber, welches die schönste Todesart sei.
»Ich«, sagte Lord Pembroke, ein Herr von achtundachtzig Jahren, »würde am liebsten von einem eifersüchtigen Ehemann im Duell getötet werden!«

PENN, WILLIAM
(1644-1718) engl. Quäkerführer

— * —

Als William Penn, der große Quäker, bei Hof erschien, um Karl II. seine Aufwartung zu machen, bemerkte der König, daß sein Gast den hohen Biberhut nicht vom Kopf nahm. Daraufhin zog der König seinen Hut und stand enblößten Hauptes vor Penn.
»Ich bitte dich, Freund Charles«, sagte der Quäker, »setz doch deinen Hut auf.«
»Nein, Freund Penn«, erwiderte der König, »in diesem Haus ist es Sitte, daß nur ein einziger Mann den Hut aufbehalten darf.«

PERSHING, JOHN
(1860-1948) amerik. General

— * —

General Pershing mußte sich einige Zähne ziehen lassen. Er war sehr empört, als er hörte, diese Zähne würden als Andenken unter der Bezeichnung ›Zahn eines berühmten Feldherrn‹ verkauft. Sofort gab er den Auftrag, diese Zähne zu kaufen und ihm zu bringen. Nicht gerade begeistert war er, als sein Diener mit hundertfünfundsiebzig Zähnen zurückkehrte.

PETER I.
(1672-1725) Zar

— * —

Eines Tages wollte der Botschafter einer fremden Macht den Zaren besuchen. Er wurde auf ein Schiff geführt, wo Peter gerade auf der Spitze des Mastes hockte.
»Ach, Sie sind es«, rief der Zar. »Kommen Sie nur näher!«

Zar Peter reiste gern inkognito durch die europäischen Länder. Immerhin wurde er häufig genug erkannt. Und einmal sprach ihn ein Mann an, zeigte ihm einen Stammbaum und bewies, daß er mit dem Zaren verwandt war.
»Lieber Vetter«, sagte Peter. »Machen Sie's wie ich – bleiben Sie unerkannt!«

PFERDMENGES, ROBERT
(1880-1962) Bankier, Politiker

— * —

Eines Tages wurde Pferdmenges einc Umfrage zugeschickt, die sich an zahlreiche Personen richtete und durch die eine Redaktion erfahren wollte, was der Betreffende täte, wenn er plötzlich das Vermögen von einer Million Mark besäße.
Pferdmenges schrieb: »Ich müßte mich eben einschränken.«

Eine seiner Lieblingsideen war der Schuman-Plan. In Ausschüssen wirkte er aktiv mit, diesen Plan zu verwirklichen. Als man ihm sagte, er sei der ›Großvater der Montan-Union‹ verbesserte er: »Ich bin die Großmutter.«

PHILIPP II.
(382-336) König von Makedonien

— * —

Die Ratgeber König Philipps empfahlen ihm, einen Mann zu verbannen, der sehr geistvoll war, aber sehr scharfe Reden gegen den König führte.
»Ich werde mich wohl hüten«, meinte Philipp. »Er würde in allen Ländern herumgehn und das sagen, was er jetzt nur hier sagt.«

Philipps Sohn, Alexander der Große, machte schon als Kind Pläne und Entwürfe für künftige große Taten. Etwas besorgt sah er den Unternehmungen seines Vaters zu und klagte schon als Knabe: »Mein Vater wird noch die ganze Welt erobern und mir nichts zu tun übrig lassen.«

Zur vollständigen Eroberung Griechenlands fehlte Philipp nur noch der Herrschaftsbereich der Spartaner, der Peloponnes. Philipp stellte den Spartanern ein Ultimatum:
»Wenn ich nach Sparta komme, werde ich euch alle aus dem Lande jagen!«
Antwort der Bedrohten: »Ja, wenn . . .«

PHILLIPS, WENDELL

(1811-1884) Vorkämpfer der Sklavenbefreiung

— * —

In der Zeit vor dem Bürgerkrieg in Amerika unternahm Philipps eine Vortragsreise. Da sprach ihn ein Geistlicher aus Kentucky an, wo man über die Sklavenbefreiung ganz anders dachte als im Norden.
»Sie wollen also, daß die Sklaven befreit werden?« fragte er Philipps.
»Ja, das will ich.«
»Warum predigen Sie Ihre Lehre nur hier im Norden? Warum kommen Sie nicht nach Kentucky?«
Da erwiderte Phillips mit einer Gegenfrage: »Sie sind Priester.«
»Ja.«
»Und Sie versuchen, die Seelen vor der Hölle zu retten?«
»Ja, das tu ich.«
»Warum gehen Sie dann nicht hin?« meinte Phillips.

PIECK, WILHELM

(1876-1960) Politiker, Präsident der DDR

— * —

Gegen unerwünschte Repräsentanten der Staatsmacht hat sich seit je der Witz des Volkes gewehrt. So sagte man über Pieck im anderen Deutschland: Nun ist er auch noch schuld daran, daß man in der DDR nicht mehr Skat spielen kann.
Wieso?
Weil es nur noch eine Farbe gibt: Pique!

Dem 1. Präsidenten der DDR ging es so wie seinen meisten Kollegen in aller Welt: Er mußte dauernd repräsentieren, war ständig von Menschen umgeben, die ihn beifällig beklatschten. Klagte er in einer ruhigen Minute einem alten Freund: »Du hast's gut, du kannst rausgehen, wenn du mußt; bei mir fangen sofort alle an zu klatschen.«

PISISTRATUS

(612-527 v. Chr.) Tyrann von Athen

— * —

Einer seiner Höflinge empfahl Pisistratus, einen jungen Mann zu bestrafen, der die Tochter des Tyrannen auf der Straße geküßt hatte.
»Wenn wir jene bestrafen, die einander lieben«, entgegnete Pisistratus, »was sollen wir mit denen machen, die einander hassen?«

PITT, WILLIAM
(1759-1806) engl. Staatsmann

— * —

»Lieber Mr. Pitt«, sagte eine neugierige Dame, »da Sie alles wissen, was in der politischen Welt vorgeht, verraten Sie mir doch einige der neuesten Nachrichten!«
»Ich bedaure sehr, Madam«, sagte der Premierminister, »aber ich habe die heutigen Zeitungen noch nicht gelesen.«

PIUS IX.
(1792-1878) Papst

— * —

Ein schwer kranker Kardinal ließ den Papst um dessen besonderen Segen bitten. Pius IX. erwiderte:
»Meinen Segen sende ich Ihnen von ganzem Herzen; aber ich empfehle Ihnen, doch auch Chinin zu nehmen.«

Papst Pius IX., ›Der Gefangene im Vatikan‹, wurde von einem Diplomaten gefragt, wann er ihn aufsuchen dürfe.
»Wann Sie wollen«, erwiderte der Papst.
»Zu welcher Stunde?«
»Mir ist jede Stunde recht. »Und dann fügte der Papst lächelnd hinzu: »Ich bin ja bekanntlich immer zu Hause.«

Im Jahre 1846 herrschte in Rom große Begeisterung für die Tänzerin Fanny Elssler, und man wollte ihr für ihren Ehrenabend eine silberne Krone schenken. Man fragte Pius IX. um die Erlaubnis, und er sagte:
»Meinetwegen; da aber eine Krone für den Kopf bestimmt ist, und hier ja der Kopf eine kleinere Rolle spielt als die Füße, so schenkt ihr lieber silberne Pantoffel!«

PIUS X.
(1835-1914) Papst

— * —

Pius X. war sehr bedürfnislos und aß wie ein armer Dorfpfarrer. Und so konnte er nicht einsehen, daß man im Vatikan für notwendig hielt, all diese Köche und Gehilfen zu halten, die seit jeher von der Etikette vorgeschrieben waren. Als er einmal die Liste der Angestellten durchsah, sagte er:
»Ich weiß wirklich nicht, warum man sieben Köche braucht, um mir einen Teller Suppe zu kochen!«

PIUS XI.
(1857-1920) Papst

— * —

Der Weltkrieg hatte kaum begonnen, als Oberst Repond, Kommandant der Schweizer Garde, dem Papst einen Plan zur Verteidigung des Vatikans vorlegte, für den Fall, daß das Volk den Palast angreifen sollte. Höflich hörte der Papst ihm zu. Doch als der Oberst erklärte: »Hier würde ich ein Geschütz aufstellen«, fragte der Papst: »Und dieses Geschütz sollte schießen?«
»Ja, natürlich«, erwiderte der Oberst verdutzt.
»Nein, nein«, sagte da der Papst, »wenn das Geschütz schießen soll, dann will ich kein Geschütz!«

Pius XI. stand im Ruf der Heiligkeit. Er selber scherzte darüber:
»Jetzt druckt man, daß ich Wunder tun kann! Als ob ich nichts anderes zu tun hätte!«

PIUS XII.
(1876-1958) Papst

— * —

Eine Amerikanerin, die erst unlängst zum katholischen Glauben übergetreten war, erhielt ihres hohen weltlichen Amtes wegen eine Audienz beim Papst. Schwärmerisch pries sie, Auge in Auge mit dem Statthalter Christi, den alleinseligmachenden Glauben solange, bis der Heilige Vater begütigend abwehrte: »Nun, nun, Sie vergessen, daß ich schon katholisch bin.«

POINCARÉ, RAYMOND
(1860-1934) frz. Präsident

— * —

Poincaré war ein Frühaufsteher, und er hätte gewünscht, seine Kollegen würden seinem Beispiel folgen.
»Es wäre unnütz«, sagte der Minister Colrat. »Abends fällt mir mehr ein als am Morgen.«
Worauf Poincaré entgegnete: »Um in einem Ministerium zu arbeiten, muß einem doch nichts einfallen!«

POLIGNAC, PRINZESSIN
(Anfang 20. Jh.)

— * —

Madame Legrand, geborene Fournès, war sehr stolz auf ihre Herkunft. Zur Prinzessin Polignac, die eine geborene Singer – Nähmaschinen! – war, sagte sie:

»Der Name Fournès ist wohl so viel wert wie der Name Singer!«
»Nicht auf einem Scheck«, erwiderte die Prinzessin.

POMPADOUR, JEANNE ANTOINETTE, MARQUISE DE
(1721-1764) Geliebte Ludwigs XV.

— * —

Als im Jahre 1760 der Pont d'orléans eingeweiht wurde, den Hugot konstruiert hatte, fuhr auch die Pompadour darüber. Da sagte ein witziger Mann, der sich daran erinnert, daß man die Festigkeit der Brücke in Frage gestellt hatte: »Hugot ist gerechtfertigt. Heute hat seine Brücke das schwerste Gewicht tragen müssen, das Frankreich belastet, und ist dennoch nicht zusammengebrochen.«

Der Marschall von Sachsen trifft Madame de Pompadour und reicht ihr den Arm. Da meint ein Zuschauer:
»Des Königs Schwert und seine Scheide!«

Prinz Conti erschien eines Tages bei Madame de Pompadour. Als sie ihm keinen Stuhl anbot, setzte er sich auf ihr Bett und sagte:
»Was für ein schönes Bett Sie haben, Madame! Und wie wohl man sich darin fühlt!«

Als Madame de Pompadour auf dem Sterbebett lag, besuchte sie der Curé ihres Kirchsprengels und sprach ihr Trost zu. Dann wollte er sich verabschieden, aber sie hielt ihn zurück:
»Einen Augenblick, Herr Curé! Wir können gleich zusammen gehn.«

POTEMKIN, GRIGORIJ ALEXANDROWITSCH
(1739-1791) russ. Fürst

— * —

Der allgewaltige Fürst bekam oft melancholische Anwandlungen. Dann saß er apathisch in seinem Kabinett, starrte vor sich hin und durfte keinesfalls gestört werden, ansonsten war seine Rache furchtbar.
Es lagen wieder einmal wichtige Schriftstücke zur Unterzeichnung vor, aber Potemkin machte keine Anstalt, sie zu unterschreiben. Keiner wagte vorzusprechen. Endlich entschloß sich ein junger Beamter, Petuschkow, beim Fürsten vorzusprechen. Man drückte ihm die Daumen. Petuschkow trug in schneidiger Haltung dem Fürsten die Anliegen vor, reichte ihm die Feder. Ohne auf die Papiere zu sehen, unterschrieb Potemkin. Man gratulierte dem jungen Beamten für seinen Schneid. Ein älterer Beamter aber sah sich die Unterschriften näher an. Auf jedem Dokument stand: »Petuschkow!» »Petuschkow!« »Petuschkow!«

Der General Suworoff hielt streng die Fasten ein.
Potemkin neckte ihn: »Man sieht, lieber Graf, Sie wollen auf dem Rükken eines Karpfens ins Paradies einziehen!«

PRIE, JEANNE ANGNÈS, MARQUISE DE
(1698-1727) frz. Adlige

— * —

Die Marquise de Prie beklagte sich bei Madame Du Deffand über Dalaincourt.
»Ich rate Ihnen«, sagte Madame Du Deffand, »sich nicht vor andern über ihn zu beklagen, denn die Leute amüsieren sich nur über Streitigkeiten unter Verliebten.«
»Was? Sie glauben doch nicht, daß ich und Dalaincourt . . .«
»Natürlich glaube ich das.«
Da begann die Marquise de Prie zu weinen. Man verleumde sie, und sie könne tausend Beweise gegen diesen abscheulichen Klatsch vorbringen. Madame Du Deffand verzog keine Miene.
»Kann denn das alles Sie nicht überzeugen?«
»Nein.«
»Ja, aber warum nicht?«
»Weil Sie mir selber vor längerer Zeit anvertraut haben, daß Dalaincourt Ihr Geliebter ist.«
»Ach«, sagte die Marquise de Prie, »das hatte ich ganz vergessen!«

PRIEN
(1908-1941) U-Boot-Kapitänleutnant

— * —

Als im Zweiten Weltkrieg die deutschen U-Boot-Angriffe auf Geleitzüge den Höhepunkt erreicht hatten, fingen englische Funkstationen an der Kanalküste einen Funkspruch ab, mit dem sie nichts anzufangen wußten. Er lautete: »Kleines U-Boot mit Schnorchel aufgetaucht.« Erst sehr viel später erfuhr man auf der anderen Seite, daß die drahtlose Meldung dem U-Boot-Kommandanten Kapitänleutnant Prien auf Kriegsfahrt mitteilte, er habe einen Sohn bekommen.

PRIMAVERI, GRAF GIUSEPPE
(um 1900) ital. Adeliger

— * —

Der Graf Giuseppe Primaveri hatte die peinliche Gewohnheit, alle Türen offen zu lassen, auch die seines Badezimmers. Eines Morgens liegt er gerade in der Wanne. Es klopft, und er sagt laut:

»Herein!«
Die Türe öffnet sich, und im Rahmen erscheint die Marchesa von Santa Felicia, die eine Unterstützung für ein frommes Werk erbitten kommt. Die Marchese hebt sachlich ihr Lorgnon und sagt:
»Ach, mein lieber Graf, in welchem Kostüm müssen Sie eigentlich sein, damit Sie nicht ›Herein‹ sagen?«

PYRRHOS
(319-272 v. Chr.) König von Epirus

— * —

Pyrrhos erklärte seinem Heerführer die Pläne zur Eroberung Italiens. Der Heerführer fragte:
»Was werden wir tun, wenn wir Rom erobert haben?«
»Sobald wir Rom erobert haben, liegt uns ganz Italien zu Füßen.«
»Gut! Und dann?«
»Dann erobern wir uns Sizilien!«
»Sehr gut! Ich vermute, das eigentliche Ziel des Feldzuges ist Sizilien.«
»Natürlich nicht. Sizilien ist das Sprungbrett nach Karthago, dann kommt Lybien.«
»Wunderbar, und was kommt dann?«
»Dann brauchen wir in dieser Welt keinen Feind mehr zu fürchten.«
»Prächtig. Aber was machen wir dann?«
»Dann, dann«, und Pyrrhos überlegte lange, »dann werden wir feiern!«
Lobte der Feldherr: »Ich bin begeistert von deinen Plänen, du bist der größte König aller Zeiten!«
Frug der Feldherr: »Nur eines verstehe ich nicht: warum feiern wir nicht gleich?«

RAAB, JULIUS
(1891-1964) österr. Bundeskanzler

— * —

Als die österreichische Regierungsdelegation, die in Moskau die Staatsvertragsverhandlungen erfolgreich geführt hatte, nach Wien zurückkam, drängten sich die Journalisten um Julius Raab:
»Eine indiskrete Frage, Herr Bundeskanzler: wieso haben eigentlich die Russen nachgegeben?«
Raab: »Weil wir eine so furchterregende Nation sind!«

Raab war bei Eisenhower, der darüber klagte, daß er de Gaulles Politik nicht verstehe. Da meinte Raab tröstend:
»Was wollen Sie? Ein alter General . . .!«

RADETZKY, JOSEPH, GRAF VON

(1766-1858) österr. Feldmarschall

— * —

Der österreichische Feldmarschall Radetzky saß am Tage der Schlacht von Custozza zwölf Stunden im Sattel. Abends beschworen ihn seine Offiziere, doch wenigstens für eine Stunde abzusteigen und sich Ruhe zu gönnen. Da flüsterte der dreiundachtzigjährige Marschall seinem Adjutanten ins Ohr:
»Die haben gut reden, aber wenn ich einmal unten bin, komm' ich nicht wieder hinauf.«

RAIBERTI, GIOVANNI

(1805-1861) ital. Arzt

— * —

Dr. Raiberti verschrieb einem Kranken eine Medizin.
»Wieviel Löffel täglich?« fragt der Patient.
»So wenig wie möglich«, erwidert Raiberti.

Unter Ärzten sprach man von einem Kollegen, der als Scharlatan galt. Einer der Herren behauptete sogar, der betreffende Arzt habe nicht einmal ein Diplom.
»Was?!« rief Raiberti. »Kein Diplom? Und er erlaubt sich dennoch, die Leute umzubringen?!«

Während eines Abendessens in einem befreundeten Haus erhob sich Raiberti und bat um Entschuldigung.
»Ich habe Patienten, die ich nicht so lange allein lassen kann. Die Berufspflicht vor allem!«
»Man möchte meinen«, sagte ein Kollege, »deine Patienten würden ohne dich sterben!«
»Darum handelt es sich nicht«, entgegnete Raiberti. »Ich fürchte weit mehr, daß sie ohne mich gesund werden.«

RALEIGH, SIR WALTER

(1552-1618) engl. Dichter, Diplomat, Staatsmann, Seefahrer

— * —

Als Sir Walter Raleigh das Schafott bestieg, ließ er sich vom Henker das Beil reichen und fuhr mit dem Daumen über die Schneide. Dann sagte er:
»Das ist eine scharfe Medizin! Aber sie heilt alle Übel.«

RALEIGH, SIR WALTER

(20. Jh.) Nachkomme des Sir Walter Raleigh

— * —

Das Empfangskomitee der Universität Harvard suchte vergeblich Sir Walter Raleigh, einen echten Nachkommen des berühmten Ahnen; der heutige Träger des großen Namens sollte in Harvard eine Reihe Vorträge halten. Beim Zug fanden die Herren ihn nicht, und so suchten sie in den Wartesälen. Da stießen sie auf einen recht eindrucksvoll aussehenden Fremden, und der Präsident des Komitees fragte:
»Entschuldigen Sie, aber sind Sie etwa Sir Walter Raleigh?«
»Ach nein«, war die Antwort. »Ich bin Christoph Kolumbus. Aber Sir Walter Raleigh sitzt im Bahnrestaurant und spielt mit der Königin Elisabeth Karten.«

RASUMOWSKY, FÜRST

(19. Jh.) russ. Adliger

— * —

Dem Fürsten Rasumowsky meldete sein Haushofmeister, ein Gast habe sechs silberne Messer und Gabeln mitgenommen.
»Nun«, sagte er Fürst, »da Sie wissen, wer es war, bringen Sie ihm noch sechs Messer und Gabeln, damit er das Dutzend voll hat.«

RATHENAU, WALTER

(1867-1922) Industrieller, Schriftsteller, Politiker

— * —

Rathenau betrachtete das Porträt, das Edvard Munch von ihm gemalt hatte. Zu seinem persönlichen Referenten bemerkte er:
»Keine Freude, das anzusehen. Munch macht einen ähnlicher, als man ist.«

REICHSTADT, HERZOG VON

(1811-1832) Napoleons Sohn

— * —

Eine österreichische Hofdame sprach mit dem Herzog von Reichstadt über Frankreich.
»Es muß ein schönes Land sein«, sagte der Knabe.
Die Dame wollte eine boshafte Anspielung auf Napoleons Regierungszeit machen und sagte:
»Vor zwölf Jahren muß es noch schöner gewesen sein.«
Der Herzog merkte die Absicht und erwiderte trocken:
»Sie auch!«

RENGER, ANNEMARIE

(geb. 7. 10. 1919) SPD-Politikerin

— * —

»Treten Sie doch energischer dafür ein, daß mehr Frauen in den Bundestag gewählt werden«, wurde Frau Renger von einer Feministin aufgefordert. »Tue ich ja«, entgegnete 1975 die Bundestagspräsidentin. »Auf der anderen Seite bin ich mit der Situation gar nicht so unzufrieden, was mich persönlich betrifft. Mit einem Plenum voller Männer werde ich nun mal leichter fertig, als mit einem voller Frauen . . .«

»Wir hoffen sehr, daß Ihre Entscheidungen absolut objektiv ausfallen, wenn Sie den Vorsitz haben«, mahnte ein CDU-Abgeordneter Frau Renger nach ihrer Wahl zur Bundestagspräsidentin.
»Keine Sorge«, entgegnete sie strahlend, »wenn ich präsidiere, rutscht mein Herz genau in die Mitte und bleibt dort so lange, wie ich es wünsche. Aber nicht länger!«

REUTER, ERNST

(1889-1953) SPD-Politiker, Oberbürgermeister von Berlin

— * —

Die Berliner liebten ihren Oberbürgermeister, der sich meist mit einer Baskenmütze zeigte. Als er eines Tages zur Grünen Woche am Funkturm zum erstenmal mit einem Hut in der Öffentlichkeit erschien, rief ihm ein Taxifahrer zu: »Na, Ernste? Jehaltszulage jekricht? Hut jekooft, wat?«

RHODES, CECIL JOHN

(1853-1902) engl. Kolonialpolitiker

— * —

Cecil Rhodes konnte ebenso großzügig wie hart sein. Ein Maler, der sich dadurch Berühmtheit zu erringen hoffte, bat ihn, ihm ein Porträt zu sitzen. Rhodes willigte ein. Doch als das Bild fertig war, präsentierte der Maler eine sehr hohe Rechnung. Rhodes bezahlte und sagte:
»Und jetzt gehört das Bild mir, nicht wahr?«
»Selbstverständlich«, erwiderte der Maler.
Daraufhin nahm Rhodes das Bild und riß es in Stücke.

RICHARD, LOUIS

(1832-1888) frz. Advokat

— * —

Der Anwalt Richard erzählte, ein Klient sei des Diebstahls angeklagt gewesen. Als der Bestohlene vortrat, fragte ihn der Präsident:

»Glauben Sie also, daß dieser Mann Sie bestohlen hat?«
»Gewiß, unter dem Diebsgut war auch ein Taschentuch; Sehen Sie das hier! Genau solche hat man im Hause des Angeklagten gefunden.«
»Das beweist nichts«, meinte der Präsident. »Solche Taschentücher habe ich auch.«
»Möglich«, sagt der Bestohlene. »Es sind mir auch ziemlich viele gestohlen worden.«

Richard verteidigte einen Vatermörder. Es gelang ihm, die Geschworenen zu rühren, und der Mörder wurde freigesprochen. Der Präsident war mit diesem Ausgang sehr unzufrieden und fragte den Freigesprochenen:
»Haben Sie noch eine Mutter?«
»Ja, Herr Präsident.«
»Nun«, meinte der Präsident erleichtert, »dann sehen wir uns ja wieder!«

RICHELIEU, ARMAND JEAN DU PLESSIS, HERZOG VON
(1585-1642) frz. Staatsmann und Kardinal

— * —

Die allzu große Umgänglichkeit Ludwig XVI. hatte seinem Ansehen nicht wenig geschadet. Die Adligen wurden schließlich übertrieben zutraulich.
»Sire«, sagte eines Tages der Herzog von Richelieu, überlebender Zeuge mehrerer Regierungszeiten, zu ihm, »unter Ludwig XIV. traute sich keiner, den Mund aufzumachen, unter Ludwig XV. flüsterte man, aber unter Eurer Majestät schreit man aus vollem Halse.«

Der Dichter Colletet las Richelieu sechs Verse vor, die dem Kardinal so gefielen, daß er dem Autor ein Geschenk von sechshundert Livres sandte. Da schrieb Colletet in seinem Dankbrief:
»Wie gern, Herr Kardinal, würde ich Ihnen zu solchen Tarifen meine gesammelten Werke verkaufen!«

Als der Herzog von Richelieu in die Akademie aufgenommen wurde, hielt er eine Rede, die sehr gelobt wurde. Bei einer Sitzung wurde, mit Hinblick auf diese Rede, behauptet, die Berufsliteraten schrieben nicht so gut.
»Sie schmeicheln mir sehr, meine Herren«, meinte der Marschall. »Und ich werde nicht verfehlen, Ihr Lob Ihrem Kollegen, dem Schriftsteller Pierre Charles Roy weiterzugeben. Denn er ist es, der meine Rede verfaßt hat.«

Der Historiker Balzac litt dauernd an schweren Erkältungen. Da sagte Richelieu, auf die unermeßliche Eitelkeit Balzacs anspielend:
»Balzac ist schon wieder krank! Das kommt davon, daß er immer den Hut zieht, wenn von ihm die Rede ist. Da muß man sich ja erkälten!«

Richelieu hatte einige Damen in seinem Salon zu Gast und sagte scherzend, aber auch nicht ganz ohne ernstere Absicht, die Frauen sollten sich nicht um Politik kümmern. Und gerade jetzt täten sie gut daran, sich nicht dem neuen Finanzsystem zu widersetzen. Sie verstünden nichts von Politik, und in Finanzfragen seien sie richtige Gänse. Da meinte eine der Damen:
»Sie vergessen, Herr Kardinal, daß die Gänse schon einmal das Kapitol gerettet haben!«

Ein Witzbold verfaßte eine Grabschrift für Richelieu:
»Hier ruht ein berühmter Kardinal, der mehr Schlechtes als Gutes getan hat. Das Gute hat er schlecht getan und das Schlechte gut.«

In einer Gesellschaft wurde von dem Herzog von Richelieu gesagt, er habe mit vielen Frauen Beziehungen unterhalten, aber keine geliebt.
»Keine geliebt?« rief da die Marquise de Saint-Pierre lebhaft. »Ich kenne eine Frau, derentwegen der Herzog dreihundert Meilen weit geritten ist; er stürzte in ihr Gemach, schloß sie in die Arme, trug sie auf das Bett . . . und drei Tage lang sind wir nicht aufgestanden.«

Der Herzog speiste, achtzigjährig, mit vier vornehmen Damen. Plötzlich verstummt er und lächelt wehmütig. Die Damen wollen wissen, warum er lächelt, er will nicht mit der Sprache heraus. Endlich weicht er ihrem Drängen.
»Ich dachte daran«, sagt er, »daß ich einst die Ehre hatte, von jeder von Ihnen im Bett empfangen zu werden. Und daß ich jetzt nur noch davon reden kann.«

Richelieu war in einem Pariser Salon, und im Verlauf des Abends gähnte er manchmal.
»Eure Eminenz langweilen sich?« fragte eine Dame.
»Ich langweile mich nie«, erwiderte Richelieu, »man langweilt mich.«

Richelieu tritt in ein Zimmer, wo eine Marquise vor dem Kamin sitzt, die Röcke hoch gehoben, und sich wärmt.
»Wenn es für mich ist«, sagt er, »so ist es jetzt genug durchgebraten.«

Den achtundsiebzigjährigen Herzog von Richelieu fragte Marie-Antoinette: »Ist die Herzogin wieder in andern Umständen?«

»Nicht daß ich wüßte«, erwiderte er. »Vielleicht von gestern abend ... oder von heute morgen ...«

Der Kardinal hörte einmal die Predigt eines armen Franziskaners und war sehr erstaunt darüber, daß der Mönch völlig unbefangen zu seinen Zuhörern sprach. Nachher beglückwünschte er ihn und fragte, wie er es denn fertiggebracht habe, so ohne Scheu zu reden.
»Eminenz«, sagte der Mönch, »ich habe meine Predigt in den letzten Tagen in meinem Gemüsegarten studiert, und unter den weißen Kohlköpfen war auch ein roter. Daher kommt es, daß die Anwesenheit Eurer Eminenz mich nicht aus der Fassung gebracht hat.«

Ein Edelmann, der weder unter Heinrich IV. noch unter Ludwig XIII. gedient hatte, erbat von Richelieu den Orden vom Heiligen Geist.
»Ich muß mich wundern«, meinte der Kardinal, »daß Sie, der Sie weder dem Vater noch dem Sohn gedient haben, jetzt an den Heiligen Geist denken.«

RICHELIEU, LOUIS-FRANÇOIS, HERZOG VON
(1696-1788) Großneffe des Kardinals, Marschall

— * —

Zu dem achtzigjährigen Marschall von Richelieu sagte eine Dame:
»Was für schöne Hände Sie haben, Herr Herzog!«
Worauf er wehmütig erwiderte:
»Ich habe sie nur schon sehr lange!«

RICORD, PHILIPPE
(1810-1889) frz. Arzt

— * —

Ein Patient fragte Ricord:
»Sagen Sie mir die Wahrheit, Doktor, rückhaltlos.«
»Sie werden gesund, mein Lieber, denn die Statistik sagt: daß bei Ihrem Leiden einer auf hundert gesund wird.«
»Nun und?«
»Sie sind just mein hundertster Fall; die andern neunundneunzig habe ich nicht gesund machen können.«

ROBERT II., DER FROMME
(971-1031) König von Frankreich

— * —

Robert II. der Fromme, König von Frankreich, kniete betend in der Kirche. Da trennte ein Dieb den goldenen Saum seines Mantels ab. Schon

hatte er die Hälfte, aber er wollte auch die andere Hälfte. Da sagte der König:
»Begnüge dich mit dem, was du hast, mein Freund, und laß die andere Hälfte einem deiner Kameraden!«

RÖCHLING, CARL
(1827-1910) Industrieller

— * —

Röchling ließ sich nicht leicht verblüffen. Als ihm einmal auf dem Weg von der Fabrik nach Hause zwei Dunkelmänner auflauerten und ihm die Pistole auf die Brust setzten mit dem Ruf: »Geld her oder das Leben!«, zog der Konzernherr seine Barschaft von einigen hundert Mark aus der Tasche und erklärte: »Ich gebe Ihnen den guten Rat, meine Herren, kaufen Sie Stahlaktien!«

ROCKEFELLER, JOHN D.
(1839-1937) amerik. Industrieller

— * —

John D. Rockefeller verlangte im Waldorf-Astoria-Hotel in New York ein bescheidenes Zimmer. Darauf erlaubte sich der Geschäftsführer die Bemerkung:
»Ihr Sohn, Mr. Rockefeller, mietet bei uns immer die luxuriöseste Zimmerflucht.«
»Mein Sohn hat ja auch einen reichen Vater«, sagte Rockefeller, »ich dagegen nicht.«

Es gingen Gerüchte um, daß es mit der Gesundheit des alten Rockefeller nicht mehr gut bestellt sei. Da berief er die Vertreter der Presse und sagte:
»Meine Herren, ich bin neunzig Jahre alt. Es geht mir recht gut, nur manchmal kommt es vor, daß ich ein wenig müde werde.«

Der alte Rockefeller erfährt, daß seine Familie ihm zum Geburtstag ein Elektromobil für sechstausend Dollar schenken will, mit dem er auf seinem Besitz spazieren fahren könnte.
»Mir wäre doch lieber«, sagte er, »wenn ihr mir das Geld in bar geben würdet!«

John D. Rockefellers Knausrigkeit lieferte zahllose Geschichten. Auch für seine Kleidung gab er möglichst wenig aus. Ein Anzug war gestopft, und die Hose glänzte.
»Was ist daran nicht in Ordnung?« fragte er, als ein Freund ihm empfahl, einen andern Anzug anzuziehen.

»Was? Alles! Dein Vater hätte sich geschämt, so mit dir herumzugehn. Du weißt, wie er auf seine Kleidung gehalten hat!«
»Ja, aber«, protestierte Rockefeller triumphierend, »das ist ja ein Anzug meines Vaters!«

Mr. Rockefeller verbrachte seinen letzten Winter in Florida. Einmal ging er zu einem Zahnarzt, um sich einen Zahn ziehen zu lassen.
»Was wird das kosten?« fragte er.
»Drei Dollar«, sagte der Zahnarzt, der keine Ahnung hatte, wer auf seinem Marterstuhl saß.
»Drei Dollar, um einen Zahn zu reißen?!« knurrte Rockefeller. »Wissen Sie was? Da haben Sie einen Dollar! Lockern Sie ihn erst mal ein bißchen!«

ROMMEL, ERWIN
(1891-1944) Feldmarschall

—*—

Ein Offizier bat Rommel, die Erlaubnis zu geben, eine feindliche Patrouille auszuheben. Nebenbei bemerkte er: »Es wird uns bloß wenige Mann kosten!« Fragte Rommel: »Wollen Sie einer davon sein?«

Während der ersten Panzerangriffe auf Frankreich schlich sich Rommel mit seinem Ordonnanzoffizier Hanke, der später als Gauleiter von Niederschlesien an der unsinnigen Verteidigung von Breslau sich einen unrühmlichen Namen machte, nah an die gegnerische Stellung heran, um die Bedingungen für einen Angriff zu erkunden. Plötzlich knackte unter Hankes Fuß ein Zweig. Wütend fuhr Rommel herum: »Lesen Sie gefälligst Karl May, wenn Sie mit mir gehen wollen!«

ROOSEVELT, ELINOR
(20. Jh.) Gattin des Präsidenten

—*—

Mrs. Roosevelt machte in einem Geschäft ihre Besorgungen. Da fiel es ihr auf, daß die Verkäuferinnen sie anstarrten.
»Was habt ihr denn?« fragte sie.
Worauf eine antwortete: »Hat man Ihnen nie gesagt, daß Sie der Mrs. Roosevelt ähnlich sehen?«
»Doch, doch«, erklärte Mrs. Roosevelt. »Sogar der Präsident verwechselt mich manchmal mit ihr.«

ROOSEVELT, THEODOR

(1858-1919) Präsident der Vereinigten Staaten

— * —

Im Jahre 1900 etwa fragte ein Gast im Wirtshaus den andern:
»Wen werdet ihr denn als Präsidentschaftskandidaten aufstellen?«
»Hoffentlich Teddy Roosevelt«, war die Antwort.
Der erste Gast war ein Anhänger Tafts.
»Warum wollt ihr ihn denn haben?«
»Weil er der größte Mann im Land ist. Ja, der größte Mann auf der Welt von heute!«
»Da glaubt ihr etwa, daß er überhaupt der größte Mann ist, der je gelebt hat? Größer als Moses?«
»Nun, das möchte ich nicht behaupten. Wenn aber Teddy die Kinder Israels geführt hätte, wären sie nicht vierzig Jahre lang durch die Wüste gezogen.«

Zu dem Begräbnis Eduards VII. waren auch Wilhelm II. und Präsident Theodor Roosevelt nach London gekommen. Der Kaiser sagte zu Roosevelt:
»Kommen Sie nach der Zeremonie zu mir. Ich erwarte Sie um zwei Uhr. Ich kann Ihnen genau fünfundvierzig Minuten widmen.«
»Ich werde pünktlich um zwei kommen«, erwiderte der Präsident der Vereinigten Staaten. »Aber leider kann ich Eurer Majestät nur zwanzig Minuten widmen.«

Ein Sohn Theodor Roosevelts sagte von seinem Vater:
»Daddy muß immer der Mittelpunkt aller Aufmerksamkeit sein. Ist er bei einer Hochzeit, möchte er gern der Bräutigam sein, und geht er zu einem Begräbnis, so möchte er die Leiche sein.«

Roosevelt war häufig Gast auf der Luxusjacht ›Nourmahal‹, die Vincent Astor gehörte. Einmal lud ihn der Millionär zu einer Kreuzfahrt im Winter ein.
»Ach, machen Sie doch nicht meinetwegen das Ding im Winter fahrbereit«, meinte Roosevelt.
Und Astor erwiderte:
»Mr. Präsident, die ›Nourmahal‹ ist das ganze Jahr fahrbereit.«
»So?« sagte Roosevelt. »Da werden wir die Reichen doch etwas energischer besteuern müssen!«

ROQUEFORT, MARQUIS DE
(1777-1834) frz. Adeliger

— * —

Der Marquis de Roquefort sagte zu einem Neureichen:
»Ich war heute zu Mittag bei einem Schriftsteller, der uns zum Dessert ein köstliches Epigramm aufgetischt hat.«
Der Neureiche geht zornig zu seinem Koch und schilt ihn:
»Wie kommt's, daß du mir noch nie ein Epigramm zum Dessert aufgetischt hast?«

ROQUELAURE, ANTOINE DE
(1656-1738) frz. Marschall

— * —

Roquelaure ließ, kurz vor seiner Erhebung zum Herzog, seinen Wagen durch das Tor des Louvre einfahren, das nur für Fürsten, Botschafter und Herzöge bestimmt war.
»Wer da?« fragte die Schildwache.
»Ein Herzog«, erwiderte Roquelaure.
»Welcher Herzog?«
»Der Herzog von Epernon«, sagte Roquelaure, dem kein anderer Name einfiel.
»Welcher Herzog von Epernon?« wollte die Schildwache wissen.
»Der vorige Woche gestorben ist«, erklärte Roquelaure.
Und die Schildwache ließ ihn passieren.

Marschall de Roquelaure forderte eine Stadt zur Übergabe auf; die Antwort war, man wolle sich nicht ergeben.
»Schön«, sagte der Marschall, »dann sollen sie's bleiben lassen.«
Und er marschierte weiter.

ROSADI, GIOVANNI
(19. Jh.) ital. Politiker

— * —

Giovanni Rosadi ging mit einem Freund auf den Friedhof und sah einen Grabstein, auf dem stand: Hier ruht Giacomo Rossi, ein Advokat und ein redlicher Mann.
»Sieh nur«, bemerkte Rosadi, »da hat man zwei Leute in ein und dasselbe Grab gelegt.«

ROTHSCHILD, BARON JAMES
(1792-1868) Financier

— * —

Als um die Mitte des 19. Jahrhunderts in Paris der Finanzmann Aguado starb und vierzig Millionen Goldfrancs hinterließ, sagte der Baron Rothschild: »Ich hätte den Mann für wohlhabender gehalten!«

Rothschild suchte den Grafen Cavour auf, um sich von ihm darüber unterrichten zu lassen, ob es zum Krieg kommen werde. Cavour sagte: »Mein Lieber Baron, es spricht vieles für den Krieg und vieles für den Frieden.«
»Immer gut gelaunt, der Herr Graf«, sagte Rothschild mit säuerlicher Miene, denn mit dieser Antwort war nicht viel anzufangen.
»Schön«, fuhr Cavour fort, »ich mache Ihnen einen Vorschlag. Wir kaufen miteinander Rente, dann demissioniere ich, und die Rente steigt bestimmt um drei Francs.«
»Der Herr Graf sind zu bescheiden«, erwiderte Rothschild. »Ihre Demission ist mindestens sechs Francs wert.«

Ein Geschäftsfreund beklagte sich bei dem Baron Rothschild, einer seiner Schuldner wolle ihm ein Darlehen von zehntausend Francs nicht zurückzahlen.
»Klagen Sie doch!« riet Rothschild.
»Ja, wenn ich nur ein Dokument hätte! Aber ich habe nicht einmal eine Quittung verlangt!«
»Die können Sie sich verschaffen. Schreiben Sie ihm einfach, er solle Ihnen die zwanzigtausend Francs zurückzahlen, die Sie ihm geliehen haben.«
»Es sind ja aber nur zehntausend!«
»Eben. Das wird er Ihnen auch antworten. Und damit haben Sie eine Quittung.«

Ein Getreidehändler wollte von Rothschild eine größere Partie Getreide kaufen, fand aber den Preis zu hoch.
»Wenn man so reich ist wie Sie, sollte man das Getreide nicht so teuer verkaufen!«
»Was hat mein Reichtum mit dem Preis des Getreides zu tun?« fragte Rothschild. »Ist mein Getreide vielleicht schlechter, weil ich reich bin?«

In einer Gesellschaft erzählte ein Gast sehr ausführlich von den Schönheiten der Insel Tahiti, vor allem von den Reizen der Frauen. Baron Rothschild fand die ausführliche Schilderung langweilig und fragte, ob die Insel sonst noch Vorzüge habe.

»Ja«, erwiderte der Gast gereizt. »Es gibt dort weder Juden noch Schweine.«
»Da sollten wir miteinander hinfahren«, meinte Rothschild. »Wir hätten Seltenheitswert.«

ROUHER, EUGÈNE
(1814-1884) Staatsmann, Minister Napoleons III.

— * —

Die Gräfin de la Bedoyère war schön und gutmütig, aber nicht übertrieben geistreich. Eines Abends erschien in einem Salon Madame Rouher, die Gattin des Staatsministers. Madame de la Bedoyère, die sie nicht kannte, fragte Rouher, der neben ihr stand:
»Wer ist diese Frau, die aussieht wie eine Zwetschge?«
Rouher verneigte sich lächelnd und sagte:
»Madame, das ist meine Frau.«
Die Gräfin war ganz bestürzt und verzog sich rasch in einen Kreis von Freundinnen, denen sie ihr Abenteuer erzählte. Als sie schließlich berichtete:
». . . und dann habe ich Roher gefragt, wer denn diese Frau sei, die aussieht wie eine Zwetschge . . .« hörte sie hinter sich eine Männerstimme:
». . . da hatte ich die Ehre zu antworten: ›Madame, das ist meine Frau‹.«
Es war abermals Rouher, der gerade zurecht kam, um die Frage noch ein zweites Mal beantworten zu können.

RUSSELL, JOHN, GRAF
(1792-1778) engl. Staatsmann

— * —

Ein Kriminalist fragte Lord Russell, welche Strafe er für Bigamie als angemessen ansehe. Darauf erwiderte Russell:
»Zwei Schwiegermütter.«

Bei den Wahlen im Jahre 1860 kandidierte in England ein Politiker für die Liberale Partei, der nicht gerade unter Bescheidenheit litt. Seine Gegner behaupteten von ihm, er sei Atheist.
»Nein«, meinte Lord Russell, »das ist er nicht. Er glaubt an das Dasein eines höheren Wesens. Und das ist er selber.«

RUSSELL, LORD

(um 1800) Oberkommandierender der englischen Flotte

— * —

Admiral Russell wollte, als er sich in Lissabon aufhielt, die Offiziere und Mannschaften seiner Schiffe gut bewirten, und so ließ er einen Punsch brauen. Das Fest fand in einem prächtigen Garten statt, in den Alleen standen Tische, beladen mit allen möglichen Genüssen, und wo die Alleen sich trafen, erhob sich ein riesiges Marmorbecken, darin der Punsch gebraut wurde. Und aus folgenden Ingredienzen bestand der Punsch:

Cognac erster Qualität	600 Flaschen
Malaga	1200 Flaschen
Rum	600 Flaschen
Zitronen in Scheiben	15000 Stück
kochendes Wasser	3 Tonnen
Saft von	2600 Zitronen
Zucker	600 Pfund
geriebene Muskatnüsse	200 Stück

Ein großer Schirm schützte das Becken gegen mögliche Regenfälle. Ein Nachen aus Rosenholz schwamm auf dem Becken, und ein Schiffsjunge saß in dem Fahrzeug und schenkte den sechstausend Gästen den Punsch ein.

Dieses Fest fand am 25. Oktober 1794 statt.

RUST, JOHANN NEPOMUK

(1775-1840) Leibarzt des preußischen Königs

— * —

Als 1831 die Cholera in Europa umging, setzte Geheimrat Rust beim König durch, daß die preußischen Landesgrenzen drastisch gesperrt wurden. Da dies vielen beschwerlich wurde, machte sich der öffentliche Unwille in einer Karikatur Luft, die einen Sperling mit dem Kopf Dr. Rusts darstellte, darunter stand zu lesen:

»Passer rusticus, der Landsperrling.«

SACHSEN, MORITZ VON

(1696-1715) Marschall

— * —

Der Marschall von Sachsen fuhr während des Kampfes durch ein Gelände, das der feindlichen Beschießung ausgesetzt war. Sein Arzt Senac fuhr mit ihm und meinte, ein Wagen mit offenen Fenstern biete keinen zulänglichen Schutz gegen Geschützfeuer.

»Schön«, sagte der Marschall lachend, »dann machen Sie eben das Fenster zu.«

Ein Grenadier des Marschalls von Sachsen wurde beim Plündern erwischt und zum Tode verurteilt. Es stellte sich heraus, daß der Wert seiner Beute kaum ein Livre betrug. Der Marschall sah, wie der Mann zum Galgen geführt wurde, und rief:
»Unglücksmensch! Für ein Livre hast du dein Leben geopfert!«
Da erwiderte der Grenadier:
»Habe ich es nicht jeden Tag für einen Sou aufs Spiel gesetzt?«
Diese Antwort trug ihm – wie es heißt – die Begnadigung ein.

SAINT-GERMAIN, GRAF
(18. Jh.) Abenteurer

— * —

Der Graf von Saint-Germain wollte glauben machen, daß er mindestens dreitausend Jahre alt war und alle berühmten Persönlichkeiten gekannt hatte. Einmal betrat er einen Salon, setzte sich ans Cembalo und spielte einen Marsch, der allgemein gefiel. Als man ihn nach dem Komponisten fragte, erwiderte er:
»Daran erinnere ich mich nicht. Ich kann nur sagen, daß ich den Marsch bei Alexander dem Großen in Babylon gehört habe.«

SALISBURY, ROBERT, LORD
(1830-1903) engl. Staatsmann

— * —

Salisbury war ein unerbittlicher Gegner des Frauenwahlrechts. Einmal war er mit einer berühmten Suffragette – so nannte man die Vorkämpferinnen – zusammen.
»Madam«, sagte er, »wenn die Frauen gewählt werden, müßten sie doch vorher diese riesigen Hüte ablegen, die ihr Gesicht verhüllen.«
»O Mylord«, entgegnete die Dame, »um das Stimmrecht zu erlangen, sind wir bereit, abzulegen, was Sie wollen!«
»Auf diese Art«, meinte Salisbury, »werden Sie mich am Ende doch bekehren!«

SALOMO
(965-926 v. Chr.) israel. König

— * —

Zwei Brüder erscheinen vor Salomos Richterstuhl und bitten um einen gerechten Spruch, er soll die väterliche Erbschaft gerecht unter ihnen verteilen. Salomo denkt lange nach, dann spricht er:
»Der Ältere hat Vollmacht, die Erbschaft nach seinem Gutdünken zu teilen!«
Der Ältere lächelt, der Jüngere protestiert, doch Salomo spricht weiter:

»Dem Jüngeren gebe ich die Vollmacht, als erster seinen Teil auszuwählen.«
Der Jüngere lächelt, der Ältere denkt nach.

SANDOR, GRAF

(19. Jh.) Herrenreiter

— * —

Der Vater der Fürstin Metternich war der als Herrenreiter bekannte Graf Sandor. Einmal wettete er, er würde verhaftet werden, ohne die geringste Strafhandlung zu begehn. Er verkleidete sich als Bettler, ging zu Sacher, winkte geheimnisvoll dem Kellner und zog mit einem scheuen Blick aus seinem zerrissenen Stiefel eine Tausendguldennote.
Fünf Minuten später war er verhaftet.

SANDWICH, JOHN MONTAGU, LORD

(1718-1792) engl. Staatsmann

— * —

Lord Sandwich hatte in seiner Jugend bei einem Tanzmeister Stunden genommen, die anscheinend nicht sehr erfolgreich gewesen waren. Denn als Lord Sandwich ihn später fragte, ob er ihm irgendwie nützlich sein könne, erwiderte der Tanzmeister:
»Gewiß, Mylord. Indem Sie keinem Menschen verraten, daß Sie mein Schüler gewesen sind.«

SANTEUIL, EDMONDE

(1630-1697) frz. Schriftsteller und Geistlicher

— * —

Santeuil war einer vornehmen Dame eine größere Summe schuldig. Als sie ihn eines Tages mahnte, erwiderte er:
»Ach, Madame, derzeit kann ich Ihnen das Geld nicht zurückgeben. Daß ich es Ihnen noch nicht zurückgegeben habe, ist aber Ihre Schuld«
»Meine Schuld? Wieso?«
»Weil Sie so schön sind! Und wenn ich Sie sehe, vergesse ich alles; auch meine Schuld.«

Der berühmte Prediger Santeuil ging durch die Pariser Straßen und sah auf der Schwelle eines Hauses einen sechsjährigen Jungen, der entsetzlich brüllte.
»Warum weinst du denn?« fragte ihn Santeuil.
»Weil man von mir will, daß ich a sagen soll!«
»Und warum willst du nicht a sagen?«

»Das kenn ich schon! Wenn ich a gesagt habe, wird man verlangen, daß ich b sage und dann c und schließlich das ganze Alphabet!«

Ein Geistlicher predigte in Saint-Séverin – nicht gerade zur Freude der Frommen. Santeuil sagte:
»Voriges Jahr hat er es besser gemacht.«
»Voriges Jahr hat er doch gar nicht gepredigt!«
»Eben darum«, meinte Santeuil.

SCARSDALE, LORD JAMES
(20. Jh.)

—*—

Lady Scarsdale sagte zu ihren Gästen:
»Wenn Lord Scarsdale und ich von dem Silberservice essen, das seit 1760 in der Familie Scarsdale ist, so kommt es daher, daß seit dieser Zeit kein Scarsdale die Mittel besaß, um ein Porzellanservice zu kaufen.«

SCHACHT, HORACE GREELEY HJALMAR
(1877-1970) Bankier, Wirtschaftspolitiker

—*—

Schacht führte einige Freunde zum Essen aus, doch das Restaurant, das er gewählt hatte, präsentierte ihm abschließend eine unverschämte Rechnung. Da ließ Schacht den Inhaber kommen und schüttelte ihm stürmisch die Hände. Etwas verwirrt fragte der Eigentümer: »Woher kennen wir einander eigentlich?«
Darauf Schacht: »Meines Wissens hatte ich noch nie das Vergnügen . . . ich will mich auch jetzt nur von Ihnen verabschieden, denn Sie sehen mich gewiß nicht wieder.«

Als eines Morgens der Vizepräsident der Reichsbank Schachts Zimmer mit ›Heil Hitler‹ betrat, vergrub der Präsident den Kopf in beide Hände und stöhnte:
»Nun lassen auch Sie mich noch im Stich.«

Ein Vertrauter des Reichsbankpräsidenten gab zu bedenken, was wohl einmal werde, wenn nicht mehr Schacht, sondern ein anderer den Vorsitz führte. An Beispielen Friedrichs des Großen, Napoleons und Bismarcks bewies er, daß die großen Fürsten wenig Fingerspitzengefühl bei der Heranziehung der Nachfolger bewiesen hätten. Schacht hörte sich den Vortrag an, ging erhobenen Hauptes im Zimmer auf und ab und stellte fest: »Den Vergleich mit Friedrich dem Großen lehne ich ab, aber sonst haben Sie recht.«

SCHÄFFER, FRITZ

(1888-1967) Bundesfinanzminister in der Ära Adenauer

— * —

Schäffer, der Hüter des Juliusturms, verstand sich schon in seiner Kindheit auf Finanzen. Als er noch sehr klein war, hilft sein Vater ihm einmal ein Fünfmarkstück und einen Zwanzigmarkschein hin und ließ ihn zwischen beiden auswählen. Fritz nahm das Geldstück, legte es auf den Schein und erklärte: »Bitte einwickeln.«

1945 war Schäffer beinahe wider Willen von den Amerikanern zum ersten Ministerpräsidenten Bayerns ernannt worden. Schäffer lehnte ein Angebot der Amerikaner, Bayern die Selbständigkeit zu geben, entrüstet ab: »Ich werde das Unglück Deutschlands nicht noch vergrößern helfen.«

Fritz Schäffer wurde, als er in Frankfurt eine Rede zu halten hatte, vom Auditorium lebhaft begrüßt. Er begann seinen Vortrag mit den Worten:
»Meine Damen und Herren, es ist ungewöhnlich, daß Sie als Steuerzahler dem Finanzminister applaudieren. Ich danke Ihnen dafür.«

Als Bundesfinanzminister sagte man Schäffer nach, er verwalte die Finanzen, als ob er jeden Abend seiner Frau darüber Rechenschaft ablegen müsse. Aber Fritz Schäffer war nun mal eine sparsame Natur.
Als Lotte Adenauer, die Tochter des verstorbenen Alt-Bundeskanzlers, 1954 heiratete, erschien Schäffer zur Gratulationscour mit dem dürftigsten aller Blumensträuße: fünf Tulpen. Als Schäffer die überall herumstehenden reichen Blumengaben sah, wurde es ihm in seiner Haut doch recht ungemütlich, und er versuchte unauffällig seine paar Tulpen unter die anderen Blumen zu mogeln.
Aber Adenauer hatte das Manöver beobachtet und fragte Schäffer: »Na, Herr Schäffer, selber bezahlt?«

SCHEEL, WALTER

(geb. 8. 7. 1919) FDP-Politiker, Bundespräsident

— * —

Als Walter Scheel, neuernannter Bundesaußenminister, Anfang Dezember 1969 an der NATO-Ministerkonferenz in Brüssel teilnahm, führte er sich mit diesen Worten ein:
»Vorerst bin ich als einziger in diesem Kreis nicht traditionell. Da wir aber vorhaben, 20 Jahre an der Regierung zu bleiben, werde ich hier bald ein traditioneller Teil sein.«

SCHEIDEMANN, PHILIPP

(1865-1939) Politiker

— * —

Scheidemann, der am 9. November 1918 die Republik ausgerufen hatte, blieb immer ein umstrittener Politiker. Doch als er am Pfingstmontag 1922 ein Blausäureattentat mit knapper Not überlebte, versicherte ihm selbst Tucholsky, der durchaus nicht sein politischer Freund war: »Wenn einer Gift spritzt aus dem Schießklystier, dann, Philipp, stehn wir alle hinter dir!«

Der Kampf um die Reichsverfassung zwischen Sozialisten und Kommunisten war hart. Als Scheidemann die Redetribüne bestieg, pöbelten ihn die kommunistischen Vertreter an:
»Lump, Schuft, Kriegshetzer!«
Scheidemann begann zu sprechen. Da ertönte eine schrille Stimme:
»Weg mit Scheidemann! Scheidemann soll gehen!«
Scheidemann stimmte zu: »Jawohl, in einer halben Stunde gehe ich – zum Essen!«

SCHILLER, KARL

(geb. 24. 4. 1911) Politiker, Volkswirtschaftler

— * —

Schiller gilt nicht gerade als ein Mann, der Schmeicheleien abhold ist. Auf seine Popularität glaubt er sich verlassen zu können. Als er im März 1969 Papst Paul in Rom besuchte, kam es zu einem ausgedehnten Dialog. Später witzelte man darüber im SPD-Vorstand: »Ach, das war neulich, als Karl und Paul durch Rom gefahren sind und alle Leute fragten: ›Wer ist denn der, der da neben Professor Schiller sitzt?‹«

Als der CSU-Vorsitzende Franz Josef Strauß im Januar 1970 angesichts der steigenden Preise erklärte:
»Schiller ist am Ende mit seinem Latein«, ließ der Bundeswirtschaftsminister durch seinen Pressereferenten antworten:
»Was soll's? Latein verstehen hierzulande sowieso nur wenige. Aber auf gut Deutsch steht Professor Schiller noch eine Menge zur Verfügung.«

SCHIRACH, BALDUR VON

(1907-1974) NS-Reichsjugendführer

— * —

Über den Reichsjugendführer witzelte der Komponist Hans Pfitzner, als man von ihm eine Kantate verlangte:
»Wenn die Herren mich brauchen, bitte, ich bin bereit, eine ›P i m p f o n i e‹ in Bal-Dur zu schreiben.«

SCHMELING, MAX

(geb. 28. 9. 1905) Boxer

— * —

Auf einer Gesellschaft, die ihn langweilte, konnte Schmeling nicht umhin, mit einer Dame zu tanzen, die ebenso dumm wie eingebildet auf ihn einredete:
»Dieser Tanz – hier vereinigen sich Geist und Sport miteinander.«
»So?« sagte Schmeling. »Welchen Sport treiben Sie denn, gnädige Frau?«

SCHMID, CARLO

(geb. 3. 12. 1896) Politiker, Professor für politische Wissenschaften

— * —

Carlo Schmid wartete im Flur der Schule, wo er seine Tochter abholen wollte. Eine Lehrerin, die vorbeikam, fragte:
»Erwarten Sie ein Kind?«
Der Sozialdemokrat sah nachdenklich an seiner Leibesfülle hinunter und meinte:
»Nein, ich bin immer so dick.«

Als Carlo Schmid als Mitglied der Bonner Delegation 1955 in Moskau weilt, entfährt ihm während einer Party der Ausspruch: »Gott sei Dank.« Ironisch korrigiert ihn ein russischer Beamter:
»Bei uns sagt man nicht: Gott sei Dank, sondern Stalin sei Dank.«
»Aber«, wundert sich Carlo Schmid, »Stalin ist doch tot!«
»Gott sei Dank«, antwortete der Russe.

SCHOLL, HANS

(1918-1943) Student, Widerstandskämpfer

— * —

In den Sommersemesterferien mußte Hans Scholl an die Ostfront. In Polen hielt der Zug in einer kleinen Station. Hans sah, wie Frauen und Mädchen, in Fetzen gekleidet, darauf der Davidsstern, schwerste Arbeiten verrichten mußten. Irgendwie wollte er mit einer Geste andeuten, daß nicht alle Deutschen so denken, und steckte einer Jüdin seine Eiserne Ration Schokolade zu. Doch diese warf ihm die Gabe verächtlich vor die Füße. Da pflückte Hans eine Feldblume, die zwischen den Gleisen wuchs, steckte sie zur Schokolade und legte die Gabe hin. Als der Zug anfuhr, sah Hans Scholl, daß die Jüdin die Blume im Haar trug.

SCHRÖDER, GERHARD

(geb. 11. 9. 1910) CDU-Politiker

— * —

Schröder empfängt Bundeskanzler Kiesinger bei einem Manöver der Bundeswehr. Hoch über dem Generalshügel übt ein Starfighter Sturzflüge. Schröder erklärt: »Sehen Sie da oben, Herr Bundeskanzler, das ist ein Starfighter . . .«
Kiesinger blinzelt aufwärts, bemerkt aber in diesem Augenblick, daß mit dem Flugzeug etwas nicht stimmt.
Da fährt Schröder fort: »Schade, der Pilot ist ausgestiegen, aber wenigstens öffnet sich der Fallschirm.«

SCHÜTZ, KLAUS

(geb. 17. 9. 1926) SPD-Politiker, ehemals Regierender Bürgermeister von Berlin

— * —

Als er im Frühjahr 1970 in Berlin die Modewoche ›Interchic‹ eröffnete, forderte Klaus Schütz die Aussteller und Einkäufer auf, ›in Sachen Maxi, Midi oder Mini endlich eine Entscheidung herbeizuführen‹. Schütz: »Das wäre besonders uns Männern sympathisch, denn wir sehen nun mal gern klar.« Später äußerte der Regierende Bürgermeister gegenüber Journalisten: »Was mich betrifft, ich habe mich bereits entschieden. Ich plädiere für Mixi: drunter Mini und drüber Maxi.«

SCHUMANN, MAURICE

(geb. 10. 4. 1911) frz. Politiker

— * —

Während einer Konferenz in Washington tritt der Minister Schumann eines Abends todmüde in ein Restaurant. Ein schwarzer Kellner reicht ihm die Karte. Der Minister schiebt sie weg und sagt:
»Bringen Sie mir irgend etwas Gutes!«
Er bekommt ein ausgezeichnetes Mahl vorgesetzt. Und das wiederholt sich Abend für Abend. Als die Konferenz ihrem Ende zugeht, legt Schumann ein ungewöhnlich großes Trinkgeld auf den Tisch. Da beugt der schwarze Kellner sich zu ihm und flüstert:
»Wenn der Herr noch Freunde hat, die nicht lesen können, bitten wir ihn, ihnen unser Lokal zu empfehlen.«

»Warum haben Sie nicht geheiratet?« fragte man den Minister Schumann.
»Das ist eine alte Geschichte. Ich bin einmal als junger Mensch in einer überfüllten Metro einer Frau auf den Fuß getreten. ›Kannst du nicht achtgeben, du Trottel?‹ hat sie geschrien. Ich wollte ihr antworten, doch

da drehte sie sich um und sagte: ›O verzeihen Sie, ich glaubte, es wäre mein Mann.‹ Und darum bin ich ledig geblieben.«

SCHUWALOW, IWAN GRAF

(1727-1798) Günstling der Zarin Elisabeth

— * —

Graf Schuwalow, der ehemalige Günstling der Zarin Elisabeth, wurde in einer Gesellschaft in Paris über den russischen Hof ausgefragt.
»Sie müssen es ja wissen, Graf Schuwalow! Sie waren doch der Pompadour Ihres Landes.«

SCHWARZENBERG, FELIX, FÜRST ZU

(1800-1852)

— * —

Unter dem Ministerpräsidenten Fürst Felix Schwarzenberg war ein gewisser Weiss von Starkenfels Polizeipräsident in Wien, streng und unerbittlich gegen jede freiheitliche Regung wie auch ein starrer Hüter der Sittlichkeit. So wurde auf seine Veranlassung einmal eine Dame verhaftet, in deren Wohnung vornehme Herren sich zwanglos mit entgegenkommenden Mädchen unterhalten konnten.
Da aber ließ ihn der Ministerpräsident kommen und sagte ihm:
»Entweder Sie wußten, daß ich bei dieser Dame verkehre, dann war Ihr Vorgehen taktlos, oder aber Sie wußten es nicht, dann sind Sie ein schlechter Polizeipräsident.«

SCIPIO AFRICANUS

(234-183 v. Chr.) röm. Feldherr

— * —

Die Numantiner, das kriegerischste Volk Spaniens, waren von Scipio geschlagen worden. Da fragte einer den andern:
»Sind das dieselben römischen Schafe, die wir so oft besiegt haben?«
»Ja«, erwiderte der, »es sind dieselben Schafe, aber sie haben den Hirten gewechselt.«

Man machte Scipio einmal den Vorwurf, er habe in einer Schlacht nicht selber zum Schwerte gegriffen. Scipio verteidigte sich:
»Das ist nicht meine Schuld. Meine Mutter hat mich nicht als Kriegsknecht, sondern als Feldherrn geboren.«

SEBASTIANI, HORACE, GRAF

(1772-1851) frz. Marschall

— * —

Sebastiani hatte den Angriff der Engländer auf Konstantinopel zurückgeschlagen. Daraufhin erklärte Sultan Selim, er würde ihm gern jeden Wunsch erfüllen.
»Ich möchte den Harem sehen«, sagte Sebastiani.
Der Sultan begleitete ihn durch den Harem und fragte ihn nachher, ob eine bestimmte Frau ihm besonders gefallen habe. Sebastiani beschrieb eine Frau, die ihm einigen Eindruck gemacht hatte. Am selben Abend betrat ein Sklave sein Zimmer, der auf einer Schüssel den Kopf dieser Frau trug. Dazu hatte der Sultan geschrieben:
»Als Moslem konnte ich dir, einem Christen, keine Frau meiner Religion anbieten. So aber kannst du wenigstens sicher sein, daß die Frau, auf die du dein Auge geworfen hast, keinem andern gehören wird.«

SÉGUIER, ANTOINE

(1726-1792) frz. Gerichtspräsident

— * —

Séguier sagte zu dem Gerichtsdiener:
»Sorgen Sie dafür, daß es endlich still im Saale wird. Der Lärm ist ja unerträglich! Jetzt haben wir drei oder vier Fälle erledigt, ohne auch nur ein Wort verstanden zu haben!«

SÉGUR, LOUIS, GRAF

(1753-1830) frz. General

— * —

Graf Ségur, der Zeremonienmeister Napoleons, kam einmal zu spät, und der Kaiser machte ihm Vorwürfe.
»Sie lassen mich kostbare Zeit verlieren!«
»Gewiß, Sire«, erwiderte Ségur. »Aber es ist Ihre Schuld. Sie haben bewirkt, daß wir dauernd in außergewöhnlichen Zeiten leben. Ich bin zu spät gekommen, weil alle Straßen von Königen überfüllt waren.«
Tatsächlich waren die Könige von Bayern, Sachsen und Württemberg nach Paris gekommen, um dem Kaiser ihre Aufwartung zu machen.

Herr von Mautauban sagte zum Grafen de Ségur:
»Ich höre, daß Sie in einem Hause, wo man Gutes von mir gesagt hat, sich abfällig über mich geäußert haben.«
Der Graf von Ségur erwiderte:
»Da hat man Sie belogen! Ich war nie in einem Hause, wo man Gutes von Ihnen gesagt hätte.«

Herr von Ségur hatte eine gefährliche Stellung zu halten. Ein Freund, Adjudant des Generals, bringt ihm einen Befehl und sagt:
»Du tust mir leid! Sehr amüsant ist es hier nicht!«
»Was willst du?« erwidert der General. »Es ist wie auf dem Opernball. Man langweilt sich, aber man bleibt doch.«

SENGHOR, LEOPOLD
(geb. 9. 10. 1906) Präsident von Senegal

— * —

Leopold Senghor, Dichter und Präsident von Senegal:
»Die Studenten, die Senegal nach Paris schickt, kommen als Kommunisten zurück. Und die Studenten, die in Moskau waren, kommen als Antikommunisten zurück.«

SHAFTESBURY, ANTHONY, GRAF
(1621-1683) engl. Staatsmann

— * —

Karl II. hatte seine Krone den treuen Diensten einiger seiner Freunde zu verdanken, vor allem des Lord Shaftesbury. Aber der König war vergeßlich und zeigte sich dem Lord in keiner Weise erkenntlich. Eines Tages war eine Abordnung aus Schottland gemeldet, und der König sagte zu Shaftesbury:
»Spielen Sie meine Rolle, und ich werde die Ihre übernehmen!«
Da sagte Graf Shaftesbury zu den Schotten:
»Seien Sie nicht erstaunt, meine Herren, daß ich noch nichts für Sie getan habe. Sehen Sie hier Graf Shaftesbury« – und er wies auf den König –, »ihm verdanke ich meine Krone, und ich habe auch für ihn noch nicht das Geringste getan.«

SHAFTESBURY, JOHN, LORD
(1671-1713)

— * —

Einmal ging Shaftesbury mit einer Dame an einem Fluß spazieren. Sie tat sehr schamhaft und entrüstete sich darüber, daß es Leute gab, die völlig nackt im Fluß badeten.
»Ja«, sagte der Lord, »man sollte wirklich nicht erlauben, daß die Mädchen hier nackt im Fluß baden.«
»Mädchen?!« rief die Dame. »Aber das sind lauter Burschen!«
»Ach, da habe ich mich geirrt«, meinte Shaftesbury. »Sie haben offenbar schärfer hingeschaut als ich!«

»Lieber Freund«, sagte ein Mitglied der Gegenpartei spöttisch zu Shaftesbury, der in den Parlamentssitzungen meist stumm dasaß und zuhörte, »Sie tun ja in keiner Sitzung den Mund auf.«
»Sie irren, lieber Freund«, entgegnete Shaftesbury. »Sobald Sie sprechen, muß ich gähnen.«

SIÉYÈS, EMANUEL JOSEPH

(1748-1836) frz. Politiker und Geistlicher

— * —

Abbé Poulle erschien im Hause des Abbé Siéyès und feuerte, ohne ein Wort zu sagen, zwei Pistolen auf ihn ab. Siéyès wurde aber nur leicht verwundet. Nachdem Abbé Poulle gegangen war, rief Siéyès seinen Diener und sagte mit der größten Ruhe:
»Wenn Poulle wiederkommt, so sag ihm, daß ich nicht zu Hause bin.«

SILLERY

(1544-1624) frz. Kanzler

— * —

Wenn in Frankreich ein König starb, trat ein Herold auf den Balkon und verkündete dreimal:
»Le roi est mort, vive le roi!«
Der König mag sterben, das Königtum dauert fort.
Als die Minister zur Königin eilten und ihr die Nachricht von der Ermordung Heinrichs IV. meldeten, rief sie:
»Der König ist tot!«
Doch da erwiderte der Kanzler Sillery:
»Sie irren, Madame – in Frankreich stirbt der König niemals!«

Sillery klagte, er sei schon häufig auf den Pariser Straßen überfallen und ausgeraubt worden.
»Warum tragen Sie keine Pistolen bei sich?« fragte ihn ein Freund.
Worauf Sillery entgegnete:
»Damit auch die mir gestohlen werden?!«

SIMON, JULES

(1814-1896) frz. Politiker, Schriftsteller

— * —

Im Jahre 1866 gründete Clemenceau mit einigen Freunden eine demokratische Zeitschrift und wollte sich die kostenlose Unterstützung der beiden Parteiveteranen Jules Simon und Eugène Pelletan sichern. Simon hörte die jungen Leute wohlwollend an und sagte:

»Ich werde euch jeden Monat umsonst vier Seiten schreiben. Aber Pelletan ist arm, und es wäre doch richtig, ihm hundert Francs für seine Artikel zu geben.«
So geschah es denn, und als die erste Nummer erscheinen sollte, kam Simon selber mit seinem Artikel in die Redaktion und wurde sehr gefeiert. Er tue nur seine Pflicht, sagte er, wenn er dem Ruf dieser feurigen Jugend folge, die den Kampf gegen die kaiserliche Tyrannei aufnahm. Dann, als er schon bei der Türe war, fügte er sanfter hinzu:
»Ich habe es mir überlegt, Bürger; wenn Pelletan erfährt, daß seine Artikel bezahlt werden und meine nicht, könnte er sich gedemütigt fühlen. Es wäre also doch wohl besser, wenn ihr mir auch hundert Francs für den Artikel zahlen würdet.«

Am 6. Januar 1871 wurde das Bombardement von Paris sehr heftig. Jules Simon, Minister der Schönen Künste, fürchtete, die Deutschen würden, einmal in Paris eingedrungen, die Kunstwerke aus dem Louvre rauben. Er ließ den Polizeipräfekten rufen und sagte: »Ich möchte eine Statue retten, und Sie müssen mir helfen. Ich werde Ihnen die verpackte Statue übergeben, ohne Ihnen zu sagen, um welche es sich handelt. Und Sie sagen mir nicht, wo Sie sie verstecken. Wenn uns der Feind ausfragt, so können wir wahrheitsgemäß schwören. Ich, daß ich nicht weiß, wo sie ist, und Sie, daß Sie die Statue nicht gesehen haben. Sie werden im Hof des Louvre eine schwere Kiste finden, die ich Ihnen übergebe.«
Diese Kiste, in der sich die Venus von Milo befand, wurde in einer Kavalleriekaserne unter dem Dünger versteckt.

SIXTUS V.
(1521-1590) Papst

— * —

Im Jahre 1586 hatte Philipp II. den jungen Connetable von Kastilien nach Rom geschickt, um Sixtus V. zu seiner Thronbesteigung zu gratulieren. Der Papst war verstimmt, weil man ihm einen so jungen Botschafter sandte, und machte aus seinem Mißfallen kein Hehl.
»Wie«, rief er, »hat Euer Herr in seinem ganzen Königreich mir nichts Besseres zu schicken als einen bartlosen Knaben?«
»Heiliger Vater«, erwiderte der Botschafter, »wenn mein König gewußt hätte, daß das Verdienst einzig im Barte liegt, so hätte er Euch gewiß einen Ziegenbock an meiner Stelle geschickt.«

Kardinal Peretti erschien 1585 zum Conclave nach dem Tod Gregors XIII. gebeugt, hinfällig, auf einen Stock gestützt. Da die Kardinäle sich nicht sehr rasch einigen konnten, wählten sie Peretti, weil sie meinten, das wäre doch nur für kurze Zeit. Doch kaum gewählt, richtete der neue

Papst, er nannte sich Sixtus V., auf, ließ den Stock fallen und stimmte kräftig das Te Deum an.

Vor seiner Wahl zum Papst ging Sixtus V. tief gebeugt durch die Straßen Roms. Kaum war er Papst geworden, so hielt er sich vollkommen aufrecht. Als man ihn nach dem Grund fragte, erwiderte er:
»Als Kardinal suchte ich die Schlüssel zum Paradies und mußte mich bücken, um sie aufzuheben. Jetzt habe ich sie und brauche nur nach dem Himmel zu schauen.«

Sixtus V. ließ einmal den Prior des Jakobinerklosters in Mailand nach Rom kommen und warf ihm vor, er verwalte sein Kloster sehr schlecht.
»Vor fünfzehn Jahren«, sagte der Papst, »habt Ihr einen nichtsnutzigen Franziskaner beherbergt und ihm sogar Geld geliehen.«
»Das ist wahr«, gab der Prior ängstlich zu. »Verzeiht mir, Heiliger Vater; ich handelte aus Barmherzigkeit, aber ich bin von einem Lumpen betrogen worden und habe das Geld nie wiedergesehen.«
»Schon gut«, sagte der Papst, »der Franziskaner war ich; da habt Ihr Euer Geld. Aber ein nächstes Mal dürft Ihr solchen Leuten nichts leihen.«

SMITH, AL

(20. Jh.) amerik. Politiker

— * —

Al Smith, der Gouverneur des Staates New York, war ungemein populär. Kurze Zeit nach seiner Wahl besuchte er das Gefängnis Sing-Sing. Nachdem er die Gebäude besichtigt hatte, sollte er auch ein paar Worte zu den Insassen sprechen. Das war ihm noch nie widerfahren, und er war in Verlegenheit. Endlich begann er:
»Meine lieben Mitbürger . . .«
Da besann er sich, daß ein Insasse des Staatsgefängnisses aufhört, ein Bürger zu sein. Er wurde noch verlegener und hob an:
»Meine lieben Sträflinge . . .«
Auch das klang nicht gerade gut, er beeilte sich darum, zu der Rede selbst zu kommen, und sagte:
»Ich freue mich, euch in so großer Zahl hier versammelt zu sehen.«

Smith wurde dauernd von einem Zwischenrufer unterbrochen. Schließlich machte er eine Pause.
»Nur weiter, Al!« schrie der Zwischenrufer. »Lassen Sie sich nicht stören! Erzählen Sie den Leuten nur alles, was Sie wissen! Das wird nicht lange dauern!«
Worauf Smith erwiderte: »Und wenn ich alles erzählen wollte, was wir beide zusammen wissen, so würde es auch nicht länger dauern.«

SOLON

(um 640-560 v. Chr.) athen. Staatsmann und Dichter

— * —

Man trug Solon auf, gegen die Junggesellen Gesetze zu erlassen. Das aber lehnte Solon mit der Begründung ab: »Eine Frau ist eben doch eine schwere Bürde.«

Solon besuchte den König Krösus von Lydien. Dieser empfing ihn prachtvoll gekleidet auf einem diamantenbesetzten Thron. Der König fragte Solon:
»Hast du schon einmal etwas Schöneres gesehen als mich?«
Solon antwortete: »Jawohl, einen Pfau!«

Als Solon in einen Prozeß verwickelt war, nahm er einen Rechtsanwalt. Man fragte ihn, warum er, der Gesetzgeber, das noch notwendig hätte.
»Warum nicht«, sagte Solon, »wenn ich ein Gastmahl gebe, nehme ich doch auch einen Koch.«

SONNINO, SIDNEY

(1847-1922) ital. Außenminister

— * —

Sonnino sollte eine wichtige Rede in der Kammer halten. Ein Freund traf ihn am Tag zuvor. Sidney war in Gedanken versunken.
»Ich wette«, sagte der Freund, »daß du darüber nachdenkst, was du morgen sagen sollst.«
»Im Gegenteil«, erwiderte Sonnino. »Ich denke darüber nach, was ich nicht sagen soll.«

SOUTH, EDWARD

(17. Jh.) Hofkaplan Karls II. von England, Arzt

— * —

Doktor South predigte eines Tages vor versammeltem Hof und bemerkte, daß die meisten seiner Zuhörer sanft eingeschlummert waren. Da rief er dreimal den Namen des Grafen Lauderdale. Der Graf fuhr aus dem Schlummer auf, und South sagte zu ihm:
»Verzeihen Sie, Mylord, daß ich Ihre Ruhe gestört habe, ich wollte Sie nur bitten, ein wenig leiser zu schnarchen. Andernfalls besteht die Gefahr, daß Sie Seine Majestät, den König, wecken.«

SPANTIGATI, SILVA

(um 1900) ital. Advokat

— * —

Der berühmte italienische Advokat Spantigati hielt vor Gericht eine Rede. Da machte ihn sein Klient darauf aufmerksam, daß einer der Beisitzer eingeschlafen war.

»Macht nichts«, sagte der Advokat und fuhr fort.

Im Verlauf der Dinge schliefen auch die andern Richter ein, und der Klient war sehr besorgt.

»Nur keine Angst«, beruhigte ihn Spantigati. »Ich kenne die Unparteilichkeit dieses Gerichtshofs. Die Richter werden auch schlafen, wenn unser Gegner zu Wort kommt.«

SPAVENTA, SILVIO

(1822-1895) ital. Deputierter

— * —

Silvio Spaventa hielt in der italienischen Kammer eine Rede über die Eisenbahnen, als ein anderer Deputierter ihn beständig unterbrach, mit dem er persönlich befreundet war, wenn sie auch politisch in verschiedenen Lagern standen. Der Zwischenrufer war seines struppigen Bartes und seines dicken Bauchs wegen eine komische Figur. Spaventa rief ihm endlich verärgert zu:

»Schweig, Stachelschwein!«

Der Gekränkte erhob sich:

»Nimm dieses Wort zurück!«

Worauf Spaventa sagte:

»Nur die Stacheln.«

SPEER, ALBERT

(geb. 19. 3. 1905) Architekt, NS-Minister

— * —

»Nein«, sagten die Leute, »dieser neue Renaissancestil des Dritten Reichs ist doch gar zu speerlich.«

»Es gibt Widersprüche«, bemerkte Speer im vertrauten Kreis, nachdem er an Hitler zu zweifeln begonnen hatte: »Wer im Dritten Reich etwas werden will, der soll blond wie Hitler sein, groß wie Goebbels, schlank wie Göring, männlich wie Röhm.«

SPELLMAN, FRANCIS JOSEPH

(1889-1967) Kardinal, Erzbischof von New York

— * —

Als Spellman einmal bei einem Baseballspiel zuschaute, traf ihn unversehens ein wuchtig geschlagener Ball am Knie. Der Spieler kam herbeigelaufen und entschuldigte sich, es sei ihm sehr peinlich, ob der Kardinal sich verletzt habe.
»Keine Sorge, mein Sohn«, entgegnete Spellman. »Bei einem Priester sind die Knie abgehärtet.«

STALIN, JOSEF WISSARIONOWITSCH

(eigentlich Sosso Dschugaschwilli, 1879-1953) russ. Diktator

— * —

Als man in Yalta vor Ende des Zweiten Weltkriegs die künftige Friedensregelung besprach, wurde Stalin von Roosevelt und Churchill auf den Anteil der katholischen Kirche am greifbar nahen Sieg der Alliierten hingewiesen. Darauf soll Stalin unzugänglich gefragt haben: »Wie viele Divisionen hat der Papst?«

STEIN, KARL REICHSFREIHERR VOM UND ZUM

(1757-1831) Staatsmann, Napoleon-Gegner, Reformer Preußens

— * —

Im allgemeinen durfte niemand darauf rechnen, ohne vorherige Anmeldung den Freiherrn vom Stein sprechen zu können. Ein sehr selbstüberzeugter Adeliger drängte sich unangemeldet dennoch am Diener vorbei und platzte ins Arbeitszimmer. »Nehmen Sie Platz und haben Sie wenigstens hier ein wenig Geduld«, sagte vom Stein und fuhr fort, Dokumente zu unterschreiben.
Der Besucher empörte sich darüber: »Hören Sie, ich bin Graf Waldbott-Bassenheim, Oberburggraf der Reichsfreiheit Friedberg, Reichsgraf, bayerischer Reichsrat, preußischer, würtembergischer und nassauischer Standesherr.«
»Nehmen Sie dennoch Platz. Für die übrigen Herren, die Sie da alle erwähnt haben, besitze ich leider nicht Stühle genug.«

STEVENS, ALEXANDER H.

(19. Jh.) Senator, später Vizepräsident der Vereinigten Staaten

— * —

Stevens war der kleinste Mann im Senat gewesen und wog weniger als vierzig Kilo. Ein umfangreicher Kongreßabgeordneter sagte zu ihm:

»Sie könnte ich schlucken und würde gar nicht merken, daß ich Sie im Bauch habe!«
Worauf Stevens erwiderte:
»Aber Sie hätten mehr Verstand im Bauch, als Sie je im Kopf hatten.«

STEVENSON, ADLAI

(1900-1965) amerik. Staatsmann, Präsidentschaftskandidat

— * —

Kurz vor den Präsidentschaftswahlen sagt ein Freund zum damaligen Gouverneur Stevenson: »Ich bin überzeugt, daß alle intelligenten Menschen für Sie stimmen werden.«
»Die Mehrheit wäre mir lieber«, meint Stevenson.

»Ein Redakteur«, sagte er, »ist ein Mann, der die Spreu vom Weizen sondert und die Spreu druckt.«

STRAUSS, FRANZ JOSEF

(geb. 6. 9. 1915) CSU-Vorsitzender

— * —

Zur Salvatorprobe auf dem Nockherberg brachte Strauß einen Gast mit, den er dem Münchner Journalisten Sigi Sommer so vorstellte: »An atlantischen Preißn hab i mitbracht.« Es war der Chefredakteur der englischen Zeitung ›Daily Mirror‹.

Auch seine Feinde müssen zugeben, daß Strauß schlagfertig ist. Eines Tages brachten Parteifreunde ihm einen Zierkorken, den man in Souvenirläden anbot. Er trug die Straußschen Gesichtszüge, und zwar arg verkitscht. Die CSU-Kollegen meinten, dagegen müsse man vorgehen. Der Minister aber erklärte: »Ach was, besser Korken als Flasche.«

Als Strauß die Brauerstochter Marianne Zwicknagel aus Rott am Inn geheiratet hatte, wollte ein Journalist wissen, wie er's mit der Gleichberechtigung zu halten gedenke. Strauß: »Im Haus ist meine Frau Regierungschef, ich übernehme das Verteidigungsressort.«

STRESEMANN, GUSTAV

(1878-1929) Staatsmann

— * —

Stresemanns Mitarbeiter und Freunde rieten immer wieder, er möge sich doch nicht überarbeiten und sich mehr Ruhe gönnen. Stresemann wehrte ab: »Deutschland ist noch kränker als ich!«

STÜCKLEN, RICHARD
(geb. 20. 8. 1916) CDU-Politiker

— * —

»Was im Leben eines Mannes zählt, sind Taten«, sagte ein Parteifreund zu Minister Stücklen. »Worte zählen nicht.«
»Oho«, hieß die Antwort. »Dann geben Sie mal ein Telegramm auf.«

Als Stücklen Bundespräsident Heuß eine neue Serie von Wohlfahrtsmarken vor Wochenschau und Fernsehen überreichte, mußte er sich sogleich von Weinkenner Heuß belehren lassen: »Die Winzerin hier auf der Marke pflückt die Trauben. In Wirklichkeit werden die Trauben aber vom Rebstock geschnitten, weder gepflückt noch gerissen, weil sonst der Weinstock beschädigt wird.«

STUPA, PETER
(um 1700) Oberst der Schweizer Garde

— * —

Der Minister Louvois sagte zu Ludwig XIV. in Gegenwart von Peter Stupa, dem Obersten der Schweizer Garde, mit dem Gold und Silber, das die Schweizer von den Königen von Frankreich erhalten hätten, könnte man die Straße von Paris nach Basel pflastern.
»Das mag sein«, bemerkte Stupa, »aber mit dem Blut, das meine Landsleute im Dienst Eurer Majestät und Eurer Vorfahren vergossen haben, könnte man einen Kanal von Basel nach Paris füllen.«

SULLA, LUCIUS CORNELIUS
(138-78 v. Chr.) röm. Feldherr und Staatsmann

— * —

Im hohen Alter wurde Sulla einmal gefragt, welches die schönste Erinnerung seines Lebens sei. Alle erwarteten, Sulla würde von großen Siegen sprechen, doch der antwortete zu aller Überraschung: »Daß ich Athen nicht zerstört habe.«

Von Sulla sagte man, er sei halb Löwe, halb Fuchs gewesen, aber: »Der eine halbe Fuchs in ihm war gefährlicher als ein ganzer Löwe.«

SUNDAY, BILLY
(um 1900) Geistlicher

— * —

In einer Gebetsversammlung fragte ein Skeptiker den Evangelisten Billy Sunday:
»Wer war Kains Frau?«

Worauf Sunday erwiderte:
»Mir ist jeder willkommen, der nach der Wahrheit forscht. Man möge aber sein Seelenheil nicht dadurch aufs Spiel setzen, daß man sich gar zu viel nach den Frauen anderer Männer erkundigt.«

SUTTON, EDWARD

(19. Jh.) engl. General

— * —

General Sutton war ungemein jähzornig, Sir Robert Wallace ebenso ungemein gelassen. Sutton war bei Wallace, der sich gerade rasieren ließ:
»John, du hast mich geschnitten«, sagte Sir Robert und setzte dann seine Unterhaltung mit dem General fort.
»John, du hast mich wieder geschnitten«, sagte er nach einer Weile ganz ruhig und wandte sich zu dem General. Doch da sprang Sutton mit einem Fluch auf:
»Wenn Sir Robert das aushält – ich halte es nicht aus! Und wenn du ihn noch einmal schneidest, schlag ich dich nieder.«

SUWOROW, ALEXANDER

(1729-1800) russ. General

— * —

Man fragte Suworow, ob es denn wahr sei, daß er so wenig schlafe.
»Ja«, erwiderte er. »Ich bin ein Feind der Trägheit, und aus Angst zu verschlafen habe ich immer einen Hahn in meinem Zelt, der mich bei Morgengrauen weckt. Hin und wieder aber will ich mir einen Ruhetag gönnen, und dann drehe ich dem Hahn den Hals um und lasse ihn braten.«

TAFT, WILLIAM

(1857-1930) Präsident der Vereinigten Staaten

— * —

Taft betrachtete alle menschlichen Beziehungen mit kühler Objektivität und ohne irgend etwas zu beschönigen. So sagte er denn auch in einer Gedenkrede auf den Präsidenten Grant, daß Grant ein großer Freund alkoholischer Getränke gewesen war. Nachher hielten seine Freunde ihm vor, daß das vielleicht nicht der richtige Augenblick gewesen sei, um dergleichen zu erwähnen.
»Warum soll ich verschweigen, daß Grant gesoffen hat?« fragt Taft. »Es steht doch in allen Geschichtsbüchern!«

Präsident Taft war in Wahrheit ein gewichtiger Mann – er wog weit mehr als hundert Kilo. Eines Tages stand er, nach Ablauf seiner Regierungs-

zeit, in Washington auf dem Bahnhof, als eine Dame auf ihn zulief und ihn anflehte:
»O Sir, Sie sind gewiß imstande, mir zu helfen! Kommen Sie! Kommen Sie!«
Taft war ein gutherziger Mann, fragte nicht lange und ging hinter der verzweifelten Dame her. Sie führte ihn zu ihrem Koffer, der offen stand.
»Mein Zug wird gleich da sein, setzen Sie sich doch auf den Koffer! Anders kann ich ihn nicht zubringen!«

Taft war einer der umfangreichsten Männer seiner Zeit. Er stieg in Beverly Bay ins Wasser. Kurz darauf sagte ein Badegast zum andern:
»Wollen wir auch ins Wasser?«
Worauf er die Antwort erhielt:
»Wie sollen wir das anstellen? Der Präsident benützt ja gerade den Ozean!«

TALLEYRAND, CHARLES-MAURICE DE

(1754-1838) frz. Staatsmann

— * —

Talleyrand hatte einige Zeit eine Beziehung zu einer nicht sehr schönen Frau. Einige Zeit später stellte sie ihn vor Zeugen:
»Es scheint, daß Sie sich rühmen, meine Gunst genossen zu haben.«
»Mich rühmen?« meinte Talleyrand. »Ich klage mich dessen an.«

Talleyrand bemühte sich um eine Dame, die ihre Gunst aber einem sehr großen, schlanken jungen Mann zugewendet hatte.
»Ich warne Sie vor allzu hohen Häusern«, sagte Talleyrand. »Das oberste Stockwerk ist zumeist schlecht möbliert.«

Talleyrand ließ seiner Frau, die nichts weniger als gebildet war, sagen, er habe den berühmten Weltreisenden Denon zu Tisch geladen. Um auf der Höhe zu sein, beschloß sie, sich in der Bibliothek ein wenig über ihren Gast zu unterrichten. Sie hatte aber den Namen vergessen und sagte zum Bibliothekar: »Geben Sie mir doch die Abenteuer dieses berühmten Reisenden, dessen Namen auf ›-on‹ ausgeht.« Da reichte ihr der Bibliothekar eine Prachtausgabe des Robinson.
Abends, bei Tisch, machte Madame de Talleyrand ihrem Gatten ein Zeichen; er könne sich auf sie verlassen, sie werde schon keine ›gaffe‹ begehen. Und als eine Gesprächspause eintrat, wandte sie sich zu Denon und sagte: »Wie froh müssen Sie doch gewesen sein, als Sie auf Ihrer wüsten Insel den braven Freitag kennen gelernt haben!«

»Es gibt Fehler, die ich entschuldige, und Leidenschaften, die ich verzeihe – es sind die meinen.«

Eine hohe Dame war für ihren großen Geiz bekannt, aber auch für ihre Neigung, mit einem jungen Gesandtschaftssekretär zu tanzen. Jemand äußerte sich zu Talleyrand mißfällig darüber, denn der Sekretär sei doch selber verheiratet.
»Suchen Sie nicht so weit«, sagte Talleyrand. »Sie ist nur so geizig, daß sie, um nicht die Beine ihres Mannes abzunützen, die Beine anderer Ehemänner verwendet.«

Im Jahre 1797 hatte einer der fünf Direktoren von Frankreich, La Réveillière-Lépaux, eine neue Religion erfunden, die für die guten Republikaner bestimmt war und sich Theophilanthropie nannte.
»Ich habe nur einen Einwand dagegen«, sagte Talleyrand. »Christus hat sich seiner neuen Religion wegen kreuzigen lassen und ist dann auferstanden. Das sollten Sie ihm zunächst einmal nachmachen.«

Man sprach von Talleyrands enormem Reichtum. Da meinte jemand:
»Das ist weiter kein Wunder – er hat ja alle verkauft, die ihn gekauft haben.«

Als man Talleyrand vorwarf, er habe ständig seine Gesinnung gewechselt, sagte er:
»Nicht ich habe mich verändert, sondern die Zeiten und die Umstände.«

Ein junger Staatsrat rühmte sich Talleyrand gegenüber der Aufrichtigkeit und Offenheit, mit der er alle Dinge behandelte. Und er glaubte, ein Lob des großen Staatsmanns verdient zu haben. Doch Talleyrand sagte:
»Sie tun mir leid, junger Mann. Wissen Sie denn nicht, daß den Menschen die Sprache gegeben wurde, um die Gedanken zu verbergen?«

Frau von Stael war mit ihrer Tochter, der nachmaligen Herzogin von Broglie, bei Talleyrand geladen. Frau von Stael war nicht mehr ganz jung, ihre Tochter dagegen ungemein reizend, und so bemühte sich der frühere Bischof mehr um die Tochter als um die Mutter. Endlich sagte Frau von Stael:
»Wenn wir jetzt zu dritt auf einem sinkenden Schiff wären, wen von uns beiden würden Sie zuerst retten?«
»Da ich bei einer Frau von so unendlich vielen Vorzügen, wie Sie es sind«, erwiderte Talleyrand, »annehmen darf, daß Sie auch ausgezeichnet schwimmen können, so würde ich wohl Ihre Tochter retten müssen.«

Minister Roederer sagte zu Talleyrand, er habe mit Chateaubriand gesprochen, der sich nach Talleyrands Befinden erkundigt habe.
»Was?« sagte Talleyrand. »Er erkundigt sich nach meinem Befinden?

Da muß er gehört haben, daß es mir gutgeht, und jetzt ist er besorgt.« Dann setzte er hinzu: »Und wie geht es ihm denn?«
»Er glaubt, daß er taub wird«, erwiderte Roederer.
»Weil er nicht mehr von sich sprechen hört«, meinte Talleyrand.

Talleyrand hatte einmal Gäste und wollte ihnen einen Stör vorsetzen. Um ganz sicher zu sein, ließ er ihn bei zwei Lieferanten bestellen. Und so wurden ihm zwei riesige Störe geliefert. Was tun? Man konnte doch den Gästen nicht beide vorsetzen! So wurde denn der eine Stör auf einer prächtigen silbernen Schüssel aufgetragen und erregte die Bewunderung der Gäste. Plötzlich stolperte der Diener, und der Stör fiel auf den Boden.
»So eine Ungeschicklichkeit!« rief Talleyrand. Und dann befahl er mit großartiger Kaltblütigkeit: »Dann bringen Sie eben einen andern!«
Und einen Augenblick später wurde der zweite Stör aufgetragen.

Ein sehr verschlagener Diplomat sah plötzlich gealtert aus.
»Welche Absicht verfolgt er damit?« fragte Talleyrand.

In einer der ersten Sitzungen der Nationalversammlung sollte der Präsident gewählt werden. Mirabeau erhob sich und hielt eine lange Rede, um seinen Kollegen klarzumachen, welche Eigenschaften der Präsident besitzen müsse. Doch seine Darstellung war derart, daß niemand bezweifeln konnte, Mirabeau habe nur an sich selbst gedacht. Da stand denn auch Talleyrand auf und sagte:
»In Mirabeaus Rede fehlte nur eine einzige Forderung – der Präsident muß pockennarbig sein.«
Denn auch das war Mirabeau.

Als Talleyrand Botschafter in London war, erschien eines Tages ein sehr entfernter Verwandter ganz verstört bei ihm:
»Sie als Vertreter Frankreichs müssen mich schützen. Das Ansehen der Nation ist gefährdet. Man hat mich aus einem Spielklub ausgeschlossen, man beschuldigt mich, gemogelt zu haben, und droht, wenn ich es wagen sollte, wiederzukommen, würde man mich zum Fenster hinauswerfen.«
Talleyrand konnte nicht recht erkennen, wie durch diesen Vorfall das Ansehen der Nation gefährdet sein sollte, und fragte:
»Ist das Fenster sehr hoch?«
»Das glaube ich! Im dritten Stock!«
»Nun«, sagte Talleyrand, »dann rate ich Ihnen, von jetzt an nur in Klubs zu gehn, deren Räumlichkeiten im Parterre liegen.«

In ihrem Roman ›Corinne‹ schildert Madame de Stael in der Madame Vernon geradezu ein Musterbeispiel an Doppelzüngigkeit und Falschheit. Böse Zungen behaupteten, sie habe unter weiblicher Verkleidung Talleyrand zum Vorbild genommen. Talleyrand sagte, um sich an ihr, die nicht sehr weiblich wirkte, zu rächen:
»Man behauptet, daß Frau von Stael in ihrem Roman sich und mich geschildert hat, beide als Frauen verkleidet.«

Nachdem Napoleon Josephine Beauharnais geheiratet hatte, deren Ruf nicht der beste gewesen war, mußte auch Talleyrand seine Geliebte heiraten, Madame Grand. Als Talleyrand sie bei Hof vorstellte, sagte Napoleon auf seine brutale Art:
»Jetzt, da Sie Madame de Talleyrand sind, wünsche ich, daß Sie sich Ihrem neuen Stand entsprechend benehmen.«
Die arme Frau war nicht gerade schlagfertig, aber Talleyrand erwiderte für sie:
»Seien Sie unbesorgt, Sire; meine Frau wird sich an der Kaiserin ein Beispiel nehmen.«

Beim Wiener Kongreß tobte Zar Alexander gegen den König von Sachsen: »Der König ist ein Verräter!«
Worauf Talleyrand mit Anspielung auf Tilsit, wo auch Alexander sich mit Napoleon recht gut vertragen hatte, die Antwort gab:
»Sire, Verrat ist eine Frage des Datums.«

Ludwig XVIII. zeigte sich wenig dankbar dafür, daß Talleyrand ihn zum König gemacht hatte, und sobald er nur konnte, enthob er ihn des Ministeramts. Immerhin blieben Talleyrand einige Funktionen bei Hof erhalten, darunter die des Groß-Kämmerers. In dieser Eigenschaft hatte er oft genug Gelegenheit, mit dem König zu sprechen.
»Ich bewundere Ihren Einfluß auf all das, was sich in Frankreich ereignet hat«, sagte einmal der König. »Sie haben das Direktorium gestürzt und dann die ungeheure Macht Napoleons zu Fall gebracht.«
»Sire«, erwiderte Talleyrand, »ich habe bei all diesen Gelegenheiten gar nichts getan; aber in mir ist etwas Unerklärliches, das den Regierenden Unheil bringt, die mich nicht entsprechend zu verwenden wissen.«
Der König verstand, war aber anscheinend nicht abergläubisch, denn er berief Talleyrand nicht mehr an die Macht.

Ludwig XVIII. las Talleyrand den Verfassungsentwurf vor.
»Es fehlt etwas«, bemerkte Talleyrand. »Die Bezüge der Deputierten müssen festgesetzt werden.«
»Aber ich will ja gerade, daß der Deputierte sein Amt ohne Entschädigung ausüben soll. Das ist viel ehrenhafter.«

»Ja, Majestät – aber es käme Sie viel teurer zu stehn als mit Entschädigungen.«

Wenn Talleyrand empfing, stufte er seine Höflichkeit je nach dem Rang und der Bedeutung der Gäste ab. Er tranchierte den Braten und fügte für jeden Gast ein Wort bei:
»Herr Herzog, werden Eure Gnaden mir die Ehre erweisen, ein Stück von diesem Rindsbraten anzunehmen? Herr Marschall, darf ich die Ehre haben, Ihnen ein Stück Rindsbraten anzubieten? Graf, habe ich das Vergnügen, Ihnen ein Stück Rindsbraten zu reichen? Mein lieber Baron, wollen Sie ein Stück Rindsbraten? Mein Freund, nehmen Sie doch ein Stück Rindsbraten.« Und dem Gast am Ende des Tisches warf er nur ein Wort hin: »Rindsbraten?«

Talleyrand ging mit seinem Freund Narbonne spazieren, der ihm allerlei Neuigkeiten erzählte. Da begegneten sie einem Passanten, der gähnte. Und Talleyrand meinte: »Siehst du, Narbonne? Du redest zu laut!«

TALLIEN, JEANNE

(1773-1835) Gattin des Politikers Tallien

—*—

Madame Tallien, zur Zeit des Directoire dafür bekannt, daß sie durchscheinende Kleider trug, erhielt eines Tages, während sie gerade viele Gäste bei sich hatte, eine große Schachtel, darauf zu lesen war: »Kostüm für Madame Tallien«. Sie öffnete die Schachtel, um ihren Gästen zu zeigen, was sie für ein neues Kleid hielt, aber in der Schachtel war nur ein Feigenblatt.
Der Absender soll Talleyrand gewesen sein.

TAMERLAN

(1336-1405) Mongolenherrscher

—*—

Tamerlan hatte großen Respekt vor einem persischen Weisen, namens Ismael Kemal. Als er die Stadt eroberte, darin Kemal wohnte, gab er Auftrag, bei dem üblichen Blutbad den Weisen zu verschonen. Das hatte sich aber herumgesprochen, und manche Leute gaben sich den Kriegern gegenüber als Ismael Kemal aus. So hatte ein Hauptmann schon zwei Leute laufen lassen, die sich für den Philosophen ausgaben. Als nun ein dritter erklärte, er sei Ismael Kemal, schrie der Hauptmann:
»Nein, das ist mir zu dumm! Diesmal lasse ich mich nicht foppen!«
Und er erschlug den Mann. Diesmal aber war es der richtige Ismael Kemal gewesen.

TARDIEU, PHILIPE

(17. Jh.) Polizeileutnant

— * —

Zwei Bratköche hatten einen Prozeß vor Tardieu.
»Bring mir ein paar fette Hühnchen«, sagte Tardieu zu dem einen. »Das wird deiner Sache nicht schaden.«
Der Koch vergaß es. Dem andern riet Tardieu dasselbe, und dieser Koch schickte die Hühnchen und noch einen Kapaun dazu. Im letzten Augenblick erinnerte auch der erste sich des richterlichen Rats, schickte ein paar Hühner, verlor aber den Prozeß.
»Die Sache deines Gegners«, sagte Tardieu, »stand um einen Kapaun besser.«

TEMPLE, WILLIAM

(1788-1856) engl. Politiker

— * —

Temple gab seine Stellung in Indien auf und fuhr nach England, um für das Unterhaus zu kandidieren. In einer Wahlversammlung sagte er:
»Meine Herren, ich bin achttausend Meilen gereist und habe eine Stellung mit einem Jahreseinkommen von fünftausend Pfund aufgegeben, um Sie im Parlament zu vertreten!«
Seine Worte machten sichtlich Eindruck auf die Versammlung. Da rief jemand dazwischen:
»So ein Dummkopf!«
Und das war natürlich das Stichwort zu allgemeiner Heiterkeit.

TENNALIRAMA

(16. Jh.) Hofnarr des ind. Königs Krishadeva Raya

— * —

Einmal war Tennalirama mit seinen Späßen doch zu weit gegangen. Der Raya war sehr erzürnt, rief zwei seiner Soldaten, übergab ihnen den Hofnarren und befahl:
»Hier! Schleppt ihn fort und schlagt ihm mit euren Schwertern den Kopf ab!«
Die Soldaten führten Tennalirama weg. Als er sich auf seinen Tod vorbereitete, sagte er freundlich zu ihnen:
»Ihr werdet mir in jedem Fall den Kopf abschneiden. Beim Heil meiner Seele in der andern Welt bitte ich euch, daß ihr mir erlauben mögt, mich bis zum Hals in ein Wasserfaß zu stellen und mich eine Mahurta – eine halbe Stunde – in Gott zu versenken, während ihr beiden, jeder auf einer Seite, mich mit gezückten Schwertern bewacht. Wenn meine Versenkung vorbei ist, möge jeder, zur gleichen Zeit wie der andere, gut zielen und mit aller Kraft zuschlagen.«

Damit waren die beiden einverstanden. Tennalirama stellte sich bis zum Hals in das Wasserfaß, und als die Soldaten mit aller Kraft zuschlugen, tauchte er blitzschnell unter, und die Folge davon war, daß jeder der beiden Soldaten dem andern den Kopf abschlug.

Tennalirama zauderte nicht lange und erschien wieder vor dem Raya. Der hatte schon einige Gewissensbisse empfunden und fragte freudig erstaunt, wie es denn komme, daß Tennalirama seiner Strafe entronnen sei.

»Ach, diese dummen Kerle«, erwiderte Tennalirama verächtlich. »Sie haben einander die Köpfe abgeschlagen, und mich haben sie laufen lassen.«

TERRAY, JOSEPH-MARIE
(1670-1750) frz. Abbé, Finanzminister

— * —

Ein Adeliger fragte den Abbé Terray: »Wie finden Sie die Feste in Versailles?«

»Unbezahlbar!« erwiderte der Abbé.

THÉRY, FRANÇOIS
(1764-1818) frz. Arzt

— * —

Dr. Théry war wohl sehr bekannt, aber vor allem wegen seiner Ahnungslosigkeit und Anmaßung. Eines Tages tritt er an ein Krankenbett und nimmt dem Patienten den Puls.

»Ich habe den Eindruck, daß es dem Mann heute viel besser geht als gestern«, sagt er.

»Ja, Bürger«, erwidert der Wärter. »Nur ist es nicht mehr derselbe. Der von gestern ist gestorben, jetzt liegt ein anderer in seinem Bett.«

»Richtig, richtig!« meint Théry. »Nun, dann geben Sie ihm eben Kamillentee!«

THIERS, ADOLPHE
(1797-1877) frz. Staatsmann und Historiker

— * —

Als Napoleons Leiche von St. Helena nach Paris gebracht wurde, fragte man Thiers, der damals Ministerpräsident war, ob Journalisten an der Expedition teilgenommen hätten.

»Nein, nein«, entgegnete Thiers, »ich will dem Unternehmen seine ganze Würde bewahren.«

Als Thiers sich in seiner Jugend in eine Madame Dosne verliebte, schrieb er ihr einen recht kompromittierenden Brief, der in die Hände des Gatten

fiel. Die Dame erfand eine Ausrede: der Brief sei nicht an sie gerichtet, sondern an ihre Tochter.
Und so wurde Thiers gezwungen, aus seiner Geliebten seine Schwiegermutter zu machen.

THILLIER

(18. Jh.) frz. Bischof

— * —

Bischof Thillier war mehr als Lebenskünstler denn als frommer Mann bekannt. Er mußte einmal von Marseille nach Ajaccio fahren. Ein großer Sturm erhob sich, und dem Bischof wurde immer banger zumute. Er schleppte sich zum Kapitän und fragte:
»Verhehlen Sie mir nichts! Sind wir in Gefahr? Ich bin mutig genug, um auch das Schlimmste zu erfahren.«
Der Kapitän hatte nicht ganz diesen Eindruck.
»Monseigneur«, sagte er, »wenn kein Wunder geschieht, dann ruhen Sie heute Abend bereits im Paradiese.«
Da hob der Bischof die Hände zum Himmel und schrie entsetzt:
»Davor wolle Gott mich bewahren!«

TITO

(eigentlich Josip Broz, geb. 25. 5. 1892) jugosl. Staatsmann

— * —

Tito organisierte durch die Kommunistische Partei Jugoslawiens den Widerstand. Dabei wurde er mehrmals verhaftet. Einmal wurde er mehr als acht Tage und Nächte pausenlos von der Polizei vernommen. Man ließ ihn nicht schlafen, setzte ihn in grelles Licht und verprügelte ihn häufig. Dazu erklärte Tito später:
»Man hätte es nicht gerade als Folter bezeichnen können, aber mein Kopf, die Brust und die Arme waren ganz schwarz und blau. Doch das änderte nichts an der politischen Farbe meiner Überzeugung.«

TOGO, HEIHACHIRO, FÜRST

(1847-1934) japan. Admiral

— * —

Als im Russisch-japanischen Krieg das russische Geschwader Kurs auf japanische Gewässer nahm, ließ Admiral Togo die Feindesflotte über drahtlose Telegraphie überwachen. Zum erstenmal in der Geschichte der Seekriege wurde diese Technik von den Japanern angewandt. »Wir sind auf Draht«, meldete Fürst Togo seinem obersten Kriegsherrn.

TOOKE, HORNE

(1736-1822) engl. Theologe, Schriftsteller, Mitglied des Parlaments

— * —

Tooke mußte vor dem Unterhaus öffentlich Rechnung über gewisse Fonds ablegen. Und das tat er denn zur allgemeinen Zufriedenheit; nur ein Deputierter meinte, er kenne sich in Tookes Darlegungen nicht aus. Da erwiderte Tooke:
»Wenn man nur halb so viel Verstand hat wie andere, so muß man sich eben doppelt so viel Zeit zum Nachdenken nehmen wie andere.«

TRIBOULET

(16. Jh.) Hofnarr Franz' I. von Frankreich

— * —

Als die Franzosen beabsichtigten, nach Italien zu ziehen, um gegen Karl V. zu kämpfen, war Triboulet, der Hofnarr des Königs, anwesend. Die Generäle berieten lange darüber, wie man am besten nach Italien eindringen könnte. Endlich wurde ein Beschluß gefaßt, der auch die Zustimmung des Königs fand.
Triboulet, der bis dahin geschwiegen hatte, sagte jetzt:
»Ihr habt ausführlich darüber gesprochen, wie man am besten nach Italien eindringen könnte, habt aber eine wichtige Sache vergessen, meine Herren, wie man am besten wieder herauskommt.«

Ein Adliger drohte, er werde Triboulet verprügeln. Triboulet ging zum König und beklagte sich.
»Sei ruhig, Triboulet«, sagte der König. »Eine Viertelstunde, nachdem er dich verprügelt hat, lasse ich ihn hängen.«
»Ach, Sire«, erwiderte Triboulet, »könntet Ihr ihn nicht eine Viertelstunde vorher hängen lassen?«

Als man erfuhr, daß Karl V. durch Frankreich nach Flandern reisen wollte, sagte Triboulet, der Hofnarr Franz' I.:
»Wenn Karl es wagt, durch Frankreich zu reisen, gebe ich ihm sofort meine Narrenkappe.«
»Und wenn ich ihn ungehindert reisen lasse?« fragte der König.
»Dann«, meinte Triboulet, »seid Ihr es, dem ich meine Kappe abtrete.«

TROTZKI, LEW DAVIDOWITSCH

(1879-1940) russ. Politiker

— * —

In einer Debatte, wie weit man Menschen für eine Idee opfern könne, sagte Trotzki:

»Ich kann einen historischen Prozeß nicht mit dem Metermaß eines persönlichen Schicksals messen . . .«

1917, nach den ersten Erfolgen der russischen Revolution, besprach Lenin mit seinen Mitarbeitern die Zusammensetzung der neuen, kommunistischen Regierung. Man war sich u. a. über die Titel nicht einig. ›Minister‹ schien ihnen zu bürgerlich. Man ratschlagte hin und her, bis Trotzki den Vorschlag machte: »Kommissar!«
Lenin war sofort einverstanden: »Ausgezeichnet! Das riecht furchtbar nach Revolution!«

Nach Lenins Tod begannen im Kreml die Diadochenkämpfe, aus denen Stalin als Sieger, Trotzki als Verlierer hervorging. Vielleicht unterschätzte Trotzki Stalin, von dem er sagte:
»Er ist die hervorragendste Mittelmäßigkeit der Partei!«

Der russische Revolutionär war vor der Oktoberrevolution 1917 häufig im Exil. In Wien war er Stammgast im Café Central. Ein alter Kanzleirat wird im Dämmerschoppen von Freunden aufgestört:
»Haben Sie schon gehört, in Rußland ist Revolution!«
»Aber ich bitt' Sie, meine Herren! Wer soll die schon gemacht haben? Vielleicht der Herr Trotzki, der Schachspieler vom Café Central?«
»Herr Ober, bittschön no an Glas Wasser!«

In seinem Wiener Exil war Trotzki regelmäßiger Gast des berühmten Cafés Central und spielte unentwegt Schach. Einmal saß er Rücken an Rükken, ohne davon zu wissen, zu Siegmund Freud. Kenner, und von denen lebte das Café, flüsterten:
»Der eine möchte der Erotik Schach geben, der andere dem Kapital!«

TRUJILLO, EMILIO
(1891-1961) Präsident von Cuba

— * —

Präsident Trujillo sagte von Porfirio Rubirosa, dem überall bekannten Play-Boy:
»Porfirio ist ein Lügner und gefällt den Frauen. Deshalb habe ich ihn zum Botschafter gemacht.«

TRUMAN, HARRY S.
(1884-1972) amerik. Präsident

— * —

Nach Roosevelts Tod wurde Vizepräsident Truman automatisch Präsident der USA. Das Fernsehen übertrug die Feierlichkeiten. Noch atemlos rief Truman seine Mutter an:
»Wie hat das dir gefallen?«
Die alte Dame war begeistert und sachlich zugleich, wie es sich für eine richtige Mutter gehört:
»Es war großartig, mein Junge, herrlich. Ich habe geweint, so viele vornehme Leute. Aber Harry, jetzt wird es wirklich Zeit, daß du lernst, dich anständig zu benehmen.«

Truman besichtigte auf einer Reise durch Mexiko den Vulkan Paricuthi. Präsident Aleman fragte ihn:
»Was sagen Sie dazu?«
»Ja«, erwiderte Truman, »das ist schon ein gewaltiger Vulkan. Aber mit dem verglichen, auf dem ich in Washington sitze, ist er ein Spielzeug.«

TURENNE, HENRI DE
(1611-1675) frz. Marschall

— * —

Turenne inspizierte incognito die Umgebung des Lagers und stieß auf zwei Soldaten, deren Benehmen ihm verdächtig war.
»Was tut ihr denn da?« fragte er.
»Wir verstecken eine Kuh, die wir gestohlen haben«, erwiderten sie. »Aber Turenne darf nichts davon erfahren.«
»Ein Glück, daß er nicht zufällig vorbeigekommen ist«, meinte Turenne lächelnd. »Aber ein andres Mal stellt euch geschickter an, sonst läßt er euch aufknüpfen.«

Eines schönen Sommertages stand Marschall Turenne in Unterkleidern über die Brüstung eines Balkons gebeugt und atmete die frische Morgenluft ein. Ein Bedienter hielt den Marschall für einen andern Bedienten, schlich näher und verabreichte ihm mit aller Kraft einen Schlag auf den Hintern. Der Marschall wendet sich um, der Lakai fällt ganz entsetzt in die Knie und stottert:
»Ach, Monseigneur, ich glaubte es sei Georges!«
»Und wenn es auch Georges gewesen wäre«, erwidert der Marschall, »hättest du doch nicht gar so fest zuschlagen müssen!«

TWIGGY
(20. Jh.) engl. Fotomodell

— * —

Wer so sehr auf die schlanke Linie hält wie Twiggy, braucht auf den Spott nicht lange zu warten:
Etwas liegt auf der Wäscheleine und sonnt sich, erzählen sich die Teenager – wer ist das? Natürlich Twiggy.

ULBRICHT, WALTER
(1893-1973) Vorsitzender des Staatsrats der DDR

— * —

Nichts kennzeichnet Diktatoren gründlicher als die Flüsterwitze, die man über sie in Umlauf setzt:
Ein verdienter Genosse betritt Ulbrichts Arbeitszimmer und bemerkt auf dem Schreibtisch ein Telefon, das nur einen Hörer, jedoch keine Sprechmuschel besitzt. Auf die Erkundigung, was das für ein merkwürdiger Apparat sei, antwortet Ulbricht: »Ach, weißt du, Genosse, das ist unsere direkte Verbindung nach Moskau.«

Auf einem Parteitag in Moskau – es ist schon lange her – fragt Chruschtschow Mao Tse-Tung:
»Wieviel politische Gegner habt ihr in China?«
»So ungefähr 17 Millionen!«
»Das geht noch!«
Chruschtschow wendet sich an Ulbricht: »Und ihr?«
Ulbricht antwortet gemütlich: »Mehr werden es bei uns in der DDR auch nicht sein!«

URBAN VIII.
(1568-1644) Papst

— * —

Mit einem Breve vom 30. Januar 1642 verbot Papst Urban unter Strafe der Exkommunikation den Genuß des Tabaks in den Kirchen.
An der Statue des Pasquino las man daraufhin einen Anschlag:
»Willst du deine Macht an einem Blatt im Winde auslassen und einen dürren Halm verfolgen?«
Der Papst wollte wissen, wer der Verfasser dieser Botschaft war, und verhieß ihm eine Belohnung von fünfzig Scudi, wenn er seinen Namen bekanntgab.
Da fand man am Pasquino die Antwort angeschlagen:
»Gebt die fünfzig Scudi dem Hiob, denn es sind seine Worte, dreizehntes Kapitel, Vers 25.«

UZÈS, GRAF VON
(16. Jh.) Ehrenkavalier der Königin

— * —

Eines Tages fragte die Königin ihn, wie spät es sei.
»Das hängt vom Willen Eurer Majestät ab«, erwiderte der vollkommene Hofmann.

VALERA, EAMON DE
(geb. 1882) Präsident von Irland

— * —

De Valera hielt, als Irland noch nicht frei war, in Enis eine Rede und wurde mittendrin verhaftet. Ein Jahr später ließ man ihn frei, er fuhr nach Enis, hielt eine Versammlung ab und begann:
»Wie ich sagte, bevor ich unterbrochen wurde ...«

VALLIÈRE, LOUISE, MADAME DE LA
(1644-1710) Geliebte Ludwigs XIV.

— * —

Madame de la Vallière besuchte eines Tages den alten Brabançon, der einst ein schöner Mann gewesen war, und er gestand ihr, daß er sie bis zum Wahnsinn geliebt hatte.
»Du lieber Gott!« rief sie. »Warum haben Sie kein Wort gesagt? Sie hätten mich ebensogut haben können wie die andern!«

VANDERBILT, CORNELIUS
(1794-1877) amerik. Unternehmer

— * —

Man beerdigte Vanderbilt. Unter den Trauergästen befand sich auch ein ärmlich gekleideter Mann, der am Grab untröstlich schluchzte. Da niemand ihn kannte, ging einer der engsten Angehörigen hinterher auf ihn zu und fragte:
»Täusche ich mich oder gehören Sie nicht doch irgendwie zu unserer Familie, da Sie so lebhaft Anteil nehmen?«
»Sie irren sich«, sagte der arme Mann. »Ich habe gerade darüber geweint, daß ich nicht zur Familie gehöre.«

VESPASIAN(US), TITUS FLAVIUS
(9-79 n. Chr.) röm. Kaiser

— * —

Ein Höfling erbat bei Vespasian eine Stellung für seinen Bruder. Der Kaiser hatte bald heraus, daß sich dahinter irgendein dunkler Handel verbarg, ließ

den Bruder kommen, der keineswegs ein Bruder war, sondern einfach dem Höfling einige tausend Sesterzen versprochen hatte, wenn der ihm ein Amt verschaffen könnte. Vespasian, der den Wert des Geldes selber sehr zu schätzen wußte, nahm das Geld und gab dem Mann das Amt. Einige Zeit später kam der Höfling auf die Sache zurück.
»Wenn du eine Stelle für deinen Bruder haben willst«, erwiderte der Kaiser, »dann fang damit an, dir einen Bruder zu finden. Denn es hat sich herausgestellt, daß der Mann, den du für deinen Bruder gehalten hast, in Wirklichkeit mein Bruder ist.«

Nach ihrem Tode wurden alle römischen Kaiser zu Göttern erklärt. Als Vespasian das übliche Schicksal eines römischen Kaisers beschieden wurde und er das Gift in sich fühlte, sagte er noch: »Ich fühle, daß ich ein Gott werde.«

VICTORIA

(1819-1901) Königin von England

— * —

Der Sänger Lablache wurde mit Ehrungen und Geschenken überhäuft. Als er einmal im Windsor-Palast sang, gab die Königin ihm eine prächtige goldene Tabakdose.
»Majestät«, sagte Lablache, »ich besitze bereits 365 Tabakdosen, eine für jeden Tag des Jahres.«
»Nun«, meinte die Königin, »dann benützen Sie diese hier in Schaltjahren.«

VIKTOR EMANUEL I.

(1759-1825) ital. König

— * —

König Viktor Emanuel war in Lucca und ließ sich einige Bürger vorstellen, darunter auch einen Hotelier. Der König fragte die Herren nach ihren Berufen, und der Hotelier erklärte: »Ich bin der Wirt des ›Universo‹.«
»Kolossal«, meinte der König. »Und ich bin nur der König von Italien!«

Bei einem Jagdausflug kam der König in ein abgelegenes Dorf in Piemont. Die Freude der Bevölkerung war groß, als sich herumsprach, wer der Gast war. Beim Abschied sagte der Bürgermeister:
»Schade, Majestät, daß Sie Ihre Gattin nicht mitgebracht haben!«
»Ja«, meinte der König, »mir tut's auch leid. Aber was wollen Sie. Ich konnte doch das Haus nicht allein lassen!«

VIKTOR-EMMANUEL II.

(1820-1878) ital. König

— * —

Ein sehr eingebildeter Adliger erzählte König Viktor Emmanuel II., wie er bei einem Besuch in Spanien mit Geschenken verwöhnt worden war.

»Stellen Sie sich vor, Sire, der Gouverneur von Madrid hat mir ein so kostbares Zaumzeug für mein Pferd gegeben, daß ich gar nicht weiß, was ich damit anfangen soll.«

»Legen Sie es sich selber um«, riet der König.

Die berühmte Tänzerin Claudine Cucchi war in Audienz bei Viktor Emmanuel II., um für den Choreographen Casati ein Ritterkreuz zu erbitten. Um die Adresse zu schreiben, setzte sie sich an den Schreibtisch des Königs und sagte:

»Jetzt werde ich mich auch einmal im Beruf eines Königs versuchen.«

Worauf der König erwiderte: »Ich kann Ihnen versichern, daß es nicht leichter ist, als Pirouetten zu tanzen.«

Viktor Emmanuel II. kam von der Jagd in Courmayeur zurück und traf eine Bäuerin, die der Königin frische Eier bringen wollte. Der König erriet es und sagte:

»Verkauf mir die Eier, ich gebe dir zwanzig Lire dafür.«

»Nicht für hundert!« rief die Bäuerin.

»Und wenn ich dir zweihundert biete?«

»Nein, die Eier sind für die Königin, und nur sie soll sie haben!«

»Dann kannst du sie mir geben, ich bin der König.«

»Der König, daß ich nicht lache! Ein Lügner sind Sie! Aber auf so einen Schwindel fall ich nicht herein. Die Königin ist eine wunderschöne Frau; die hätte nie einen so häßlichen Mann geheiratet.«

Als man König Viktor Emmanuel fragte, was er von dem Krieg in Äthiopien erwarte, soll er geantwortet haben:

»Wenn wir siegen, werde ich Kaiser von Äthiopien; wenn die Äthiopier siegen, werde ich wieder König von Italien.«

VILLARS, CLAUDE, HERZOG VON

(1653-1734) frz. Marschall

— * —

Nach dem Tode des Herzogs von Vendôme ernannte Ludwig XIV. den Marschall von Villars zum Gouverneur der Provence. Als der Marschall seinen Einzug hielt, stellten sich die Abgeordneten bei ihm ein und brachten ihm eine Börse voll Goldstücke.

»Hier, Monseigneur, bringen wir Ihnen diese Börse. Wir brachten sie auch seinerzeit dem Herzog von Vendôme, aber er hat sie nicht angenommen.«
»Der Herzog von Vendôme war ein Mann, wie man seinesgleichen nie wieder findet«, erwiderte der Marschall von Villars und steckte die Börse ein.

Der Marschall von Villars ging eines Abends durch das Lager und hörte, wie zwei Offiziere in einem Zelt über ihn sprachen und der eine ihn ständig als ›Villars‹ bezeichnete. Der Marschall trat in das Zelt und sagte:
»Nicht meiner Verdienste wegen, aber um meines Ranges willen möchte ich Sie doch bitten, von mir als ›Monsieur de Villars‹ zu sprechen.«
»O nein, Exzellenz«, erwiderte einer der Offiziere. »Man sagt nicht Monsieur Cäsar und nicht Monsieur Alexander, sondern Cäsar und Alexander, und darum will ich auch immer Villars sagen.«

VILLÈLE, JOSEPH, GRAF

(1773-1854) Staatsmann, unter Ludwig XVIII. Ministerpräsident

— * —

Die schwarzen Abgeordneten von San Domingo beklagten sich bei Villèle darüber, daß mehrere Zeitungen sie von oben herab behandelten.
»Die Zeitungen! Die Zeitungen!« rief er. »Seht ihr denn nicht, daß sie mich selber behandeln, als ob ich ein Neger wäre?!«

VILLEMAIN, ABEL-FRANÇOIS

(1790-1870) frz. Minister

— * —

Tissot, dem man nachsagte, er habe den Kopf der Prinzessin Lamballe auf der Stange getragen, geriet einmal mit dem Akademiker Villemain in Streit und schrie:
»Sie tragen Ihren Kopf sehr hoch!«
»Mag sein«, erwiderte Villemain, »aber es ist wenigstens mein eigener.«

VIVONNE, LOUIS VICTOR DE

(1636-1688) frz. Admiral

— * —

Ludwig XIV. warf dem Herzog von Vivonne vor, er sei so dick, weil er gar keine Bewegung mache. Nun war gerade der Herzog von Aumale anwesend, der noch dicker war.
»Das ist eine Verleumdung, Sire«, sagte Vivonne. »Es vergeht kein Tag,

ohne daß ich nicht zwei- oder dreimal die Runde um meinen Cousin Aumale machen würde.«

VOGEL, HANS-JOCHEN

(geb. 3. 2. 1926) SPD-Politiker, Minister

— * —

Hans-Jochen Vogel, ehemals Münchens OB, half Preußens Genossen im Wahlkampf. Der Bürgermeister reiste zu einem Kongreß nach Oberhausen, mit dem die nordrhein-westfälische SPD den Kommunal-Wahlkampf eröffnete, und erklärte seinen Parteifreunden, ein Bayer reise nur aus besonderem Anlaß über die Mainlinie. Wahlhilfe sei ein solcher Anlaß, und so sei ja auch vor der Bundestagswahl ein anderer Vogel aus Bayern nach Nordrhein-Westfalen gekommen, um für die CDU Stimmen zu fangen, allerdings mit sehr negativem Erfolg. Doch Vogel ermutigte seine Gastgeber: »Zwar ist jeder Strauß ein Vogel, doch längst nicht jeder Vogel ein Strauß.«

Während einer Stadtratssitzung beglückwünschte ein Abgeordneter den Münchner OB zum 39. Geburtstag und meinte tröstend: »Mit vierzig fängt das Leben erst an.«
Vogel konterte: »Na, und was ist das, was ich bisher gemacht habe?«

Vogel begann ein Grußwort bei einer Versammlung mit diesen Worten: »Ein Grußwort soll einen starken Anfang und einen starken Schluß haben. Und beide sollen möglichst unmittelbar ineinander übergehen.«

VOISENON, LOUIS DE

(1708-1775) fzr. Abbé und Schriftsteller

— * —

Abbé de Voisenon machte einer Dame den Hof. Um ihn abzuschrecken, sagte sie: »Von allen Männern sind Sie der letzte, den ich erwählen würde.« Worauf der Abbé erwiderte: »Dann warte ich eben, bis die Reihe an mir ist.«

Abbé de Voisenon hatte große Angst vor der Hölle. Bei einer schweren Krankheit ließ er darum den Pater de la Neuville rufen:
»Ich möchte nicht in die Hölle kommen«, empfängt er den Pater.
»Wenn Sie weiterhin Ihre komischen Opern schreiben, könnte es Ihnen dennoch zustoßen«, erwidert der Pater. »Und in der Hölle zu brennen, wäre noch nicht das Schlimmste; es erwartet Sie Ärgeres.«
»Was denn?« fragt Voisenon entsetzt.
»Man wird Sie auspfeifen!«

Eine sehr galante Dame beklagte sich beim Abbé Voisenon, daß sie nach langjähriger Ehe noch keine Kinder hatte.
»Kein Wunder, Madame«, entgegnete der Abbé. »Auf vielbegangenen Wegen wächst kein Gras.«

WALLENSTEIN, ALBRECHT EUSEBIUS WENZEL VON
(1583-1634) Herzog von Friedland

— * —

Als Wallenstein im Feindesland durch eine kleine Provinzstadt kam, beschloß der Magistrat aus Furcht, ihn am Tore feierlich zu empfangen. In dem Moment, als der Bürgermeister zu einer langen und feierlichen Rede ansetzte, begann in allernächster Nähe ein Esel furchtbar zu schreien. Da sagte der gefürchtete Feldherr in Richtung zu dem Esel: »Aber, aber, meine Herren, bitte, einer nach dem andern.«

WALPOLE, SIR ROBERT
(1676-1745) engl. Staatsmann

— * —

Walpole wollte in der Kammer einen Antrag einbringen, der, wie er wußte, auf lebhafte Opposition stoßen würde. Da ging er zu einem maßgebenden oppositionellen Abgeordneten und sagte:
»Heute wird über unsere Vorlage abgestimmt. Geben Sie mir Ihre Stimme, und ich gebe Ihnen zweihundert Pfund.«
»Sir Robert«, erwiderte der Abgeordnete. »Sie sind immer so gütig gegen mich gewesen, daß es ein schnöder Undank wäre, wenn ich Ihren Vorschlag nicht annähme.«
Und er steckte die zweihundert Pfund ein.

Ein Beamter schlug Walpole eine Hundesteuer vor.
»Sehr schön«, sagte der Minister. »Aber ich kann Ihr Projekt nicht annehmen. Aus Angst, alle Hunde von England würden anfangen, gegen mich zu bellen.«

Walpole wollte einmal ein wichtiges Gesetz durchbringen, gegen das sich eine mächtige Opposition geltend machte. Da bat er den Erzbischof von Canterbury, sich schwerkrank zu stellen. Der Erzbischof fand sich dazu bereit. Nun zeigten am Tage der Abstimmung die andern Bischöfe sich außerordentlich gefügig, denn sie sahen bereits den hohen Posten vakant. Und Walpole siegte. Am nächsten Tag war der Erzbischof wieder gesund.

Zu Robert Walpole sagte jemand, alle englischen Abgeordneten seien käuflich.
»Mir sagen Sie das?« erwiderte Walpole. »Mir, der ich die Preisliste in der Tasche habe?!«

WARD-BEECHER, HENRY

(um 1900) engl. Pastor

— * —

Pastor Beecher betrat die Kanzel der Kirche in Plymouth und fand etliche Briefe vor. Einen öffnete er, und darin stand das einzige Wort ›Esel‹. In aller Ruhe wandte er sich zu seiner Gemeinde:
»Ich habe schon häufig gehört, daß ein Mann einen Brief schreibt und vergißt, seinen Namen darunter zu setzen; daß aber einer seinen Namen hinsetzt und vergißt, den Brief zu schreiben, das erlebe ich jetzt zum erstenmal.«

WASHINGTON, GEORGE

(1732-1799) amerik. Präsident

— * —

»Nach der Anzahl der Betten, in denen George Washington geschlafen haben soll«, sagte ein französischer Tourist in Amerika, »ist es kein Wunder, daß man ihn den Vater seines Landes nennt.«

Washington war Gast in einer Gesellschaft und beklagte sich, daß ihm das Kaminfeuer hinter dem Rücken zu heiß werde. Ein Gast neckte ihn: »Sir, für einen General ist es doch höchst ehrenvoll, dem Feuer standzuhalten.«
Washington antwortete sofort:
»Aber nicht, wenn es von hinten trifft.«

Washington hielt nichts von großartigen Phrasen oder pathetischen Gebärden. Als die Schlacht bei Monmouth geschlagen wurde, sah er, wie Oberst Hamilton vom Pferde sprang, den Degen zog und mit lauter Stimme rief: »Jetzt ist es Zeit, für Amerika zu sterben.« Washington ging zu ihm, legte eine Hand auf seine Schulter und sagte ruhig: »Oberst, kümmern Sie sich um ihr Pferd.«

WEBSTER, DANIEL

(1782-1852) amerik. Politiker

— * —

Als Daniel Webster ein kleiner Junge war, stand er im Ruf, besonders unordentlich und schmutzig zu sein. Die Lehrerin erklärte verzweifelt, wenn er wieder mit so schmutzigen Händen in die Schule käme, würde

sie ihn windelweich prügeln. Am nächsten Tag war keine Veränderung festzustellen.
»Daniel«, sagte sie, »heb deine Hand!«
Der kleine Daniel spuckte sich rasch auf die Hand, rieb sie an seiner Hose und hob sie.
»Daniel«, sagte die Lehrerin, »wenn du in dieser Klasse eine Hand findest, die schmutziger ist als diese, laß ich dich laufen.«
Da hob Daniel die andere Hand . . .

Webster war seinem Metzger längere Zeit eine Rechnung schuldig geblieben, und der Metzger reichte schließlich eine Klage ein. Bevor der Prozeß entschieden war, traf Webster den Metzger auf der Straße und fragte ihn, warum er bei Webster keine Bestellung mehr einhole.
Der Metzger war verlegen.
»Ich glaubte, Sie würden nichts mehr mit mir zu tun haben wollen, Mr. Webster; weil ich Sie doch verklagt habe.«
»Ach was«, rief Webster. »Verklagen Sie mich, soviel Sie wollen. Aber lassen Sie mich nicht verhungern!«

Einmal war Webster zu einer Gesellschaft eingeladen, wo die Hausfrau die Gäste dauernd aufforderte, doch noch zuzugreifen. Ob ihnen etwas nicht schmecke? Oder warum sie nicht noch mehr nähmen?
»Sie essen ja kaum, Mr. Webster«, sagte sie zum hundertsten Male.
»Madam«, erklärte Webster, »gestatten Sie mir, Ihnen zu versichern, daß ich manchmal mehr esse als zu andern Zeiten, aber niemals weniger.«

WEHNER, HERBERT
(geb. 11. 7. 1906) SPD-Politiker

— * —

Wehner zu Willy Brandt: »Du kannst immer mit mir rechnen, wenn es darum geht, denen entgegenzutreten, die meinen, es reiche aus, Rouge aufzulegen.«

Zwischen Kiesinger und Wehner gab es manches Wortgeplänkel im Bundestag, zum Beispiel einmal dies:
Kiesinger: »Da lese ich in einer süddeutschen sozialdemokratischen Zeitung . . .«
Wehner: »Was Sie nicht alles lesen!«
Kiesinger: »Ja, solche Lektüre muß man betreiben; man muß das Ohr am Volke halten.«
Wehner: »Lesen Sie mit dem Ohr?«

Eines Tages wurde es Herbert Wehner ein bißchen zuviel, immer wieder als der große Taktiker der Sozialdemokraten apostrophiert zu werden. Im Anschluß an eine Pressekonferenz erklärte er daher beim Cocktail einigen Journalisten: »Wenn ich einmal steif daliegen werde, werden Sie sagen: Auch das ist nur Taktik.«

In der Wandelhalle des Bonner Bundeshauses erklärte ein junger SPD-Abgeordneter einer SPD-Delegation aus Niedersachsen das Bundeshaus. An ihnen ging ein Mann mit düsterem, verbissenem Gesichtsausdruck vorüber, pfeiferauchend. »Das ist Herbert Wehner«, flüsterte der Abgeordnete. Alle starrten den Politiker an, der aber knirschte:
»Ich bin kein Zirkuspferd.«

WEIZMANN, CHAIM
(1874-1952) israel. Staatsmann

— * —

Weizmann fuhr mit Einstein in einer zionistischen Mission nach New York. Man fragte Weizmann, wie sie die Schiffsreise verbracht hatten.
»Während der ganzen Zeit«, erwiderte Weizmann, »hat Einstein von der Relativitätstheorie gesprochen.«
»Und was halten Sie davon?«
»Ich habe den Eindruck, daß Einstein sie sehr gut versteht.«

WELLINGTON, ARTHUR, HERZOG VON
(1769-1852) engl. Feldmarschall

— * —

Nach der Schlacht bei Waterloo wollte Wellington die Militärakademie wiedersehen, wo er studiert hatte und in der er zu einem Leben von Zucht und Selbstentsagung erzogen worden war. Es freute ihn sehr, als er merkte, daß noch immer derselbe Geist in dieser Schule herrschte, und er sagte:
»In diesen Mauern ist Waterloo geboren worden.«

Wellington hielt sehr auf Disziplin und war darum bei den Soldaten nicht sehr beliebt. Eines Tages, als er noch Oberst war, fiel er in einen Kanal. Ein Soldat rettete ihn. Wellington dankte und fragte, wie er sich erkenntlich zeigen könne.
»Am besten dadurch«, sagte der Soldat, »daß Sie keinem Menschen von der Geschichte erzählen.«
»Warum denn?« fragte Wellington.
»Wenn meine Kameraden wüßten, daß ich Sie gerettet habe, würden sie mich selber in den Kanal werfen!«

Sir John Sinclair wollte Näheres von Wellington über die Schlacht bei Waterloo wissen. Wellingtons Antwort entsprach wohl nicht ganz seinen Erwartungen:
»Ich war allzu beschäftigt, die Schlacht zu leiten, daß die Einzelheiten mir entgingen. Alles was ich sagen kann, ist, daß der Feind da war und wir gewonnen haben.«

WENDEL, JOSEPH

(1901-1960) Kardinal, Erzbischof von München und Freising

— * —

Bei einem Festessen kam Kardinal Wendel einem Oberrabiner gegenüber zu sitzen. Er beobachtete, wie jener von manchen Speisen nichts nahm, weil seine Religion das nicht zuließ. Da beugte er sich herüber und sagte:
»Wann werdet Ihr Juden einmal mit uns Christen aus einer Schüssel essen?«
Der Oberrabiner sagte wie aus der Pistole geschossen: »Auf Eurer Hochzeit, Eminenz.«

WHEELER, JAMES

(19. Jh.) Richter in Tateville, Ohio

— * —

Richter Wheeler hatte auf dem Gerichtstisch eine uralte abgegriffene Bibel liegen, auf die Tausende von Zeugen geschworen hatten, nichts als die Wahrheit zu sagen. Eines Tages schlägt zufällig ein Anwalt das Buch auf, und, siehe, was war es:
Ein Exemplar von Tausendundeine Nacht!

WILBERFORCE, WILLIAM

(1759-1833) engl. Politiker

— * —

Als Mr. Wilberforce für den Wahlbezirk Hull kandidierte, erklärte seine Schwester, eine reizende, kluge junge Dame, sie werde den Frauen aller Wähler, die für ihren Bruder stimmten, ein neues Kleid schenken. Da erscholl aus allen Kehlen der Ruf: »Miss Wilberforce for ever.«
»Ich danke Ihnen für Ihre Freundlichkeit«, erwiderte sie, »aber ich bin nicht Ihrer Meinung; ich möchte durchaus nicht für immer Miss Wilberforce bleiben.«

WILHELM I.

(1797-1888) Deutscher Kaiser

— * —

Wilhelm I. weilte zur Jagd im Harz. An einem ergiebigen Tag wurde ihm berichtet, er habe höchst eigenhändig 28 Stück Wild erlegt.
»Merkwürdig«, meinte der Kaiser. »Ich muß sehr getreue Gehilfen haben, wo ich doch nur 22 Patronen verschossen habe.«

Auf einer anderen Jagd – diesmal war es ein Hasentreiben – verfehlte Majestät bei einem nicht allzu schwierigen Schuß in unmittelbarer Nähe eines Jägers das Ziel.
»Habe ich den wirklich nicht getroffen?« fragte der Kaiser, über sich erstaunt.
Der Jäger erwiderte: »Majestät haben geruht, den Hasen zu begnadigen.«

WILHELM II.

(1859-1941) dt. Kaiser

— * —

Die Berliner sind witzige Leute, und wenn der Kaiser ihnen auch imponierte, so ließen sie doch nicht ungern Ihre Laune an ihm aus. So hieß ein solcher Scherz:
Ein Mann sagt auf der Straße:
»Der Kaiser hat schon wieder mal geplauscht!«
Ein Schutzmann hört das und führt den Mann auf die Wache. Dort entschuldigt sich der Mann:
»Ich habe doch den Kaiser von Rußland gemeint!«
»Was?« ruft der Kommissar. »Plauscht der jetzt auch schon?!«

Im Jahre 1898 sollte Louis Tuaillons Bronzestatue ›Die Amazone‹ für die Berliner Nationalgalerie angekauft werden. Der Preis war recht beträchtlich, und Kaiser Wilhelm II. nahm daran Anstoß. Doch man erklärte ihm, wie schwierig das Problem des Pferdes gewesen sei. Der Bildhauer habe sich jahrelang ein Reitpferd halten müssen, um eine befriedigende Lösung zu finden. Da bewilligte der Kaiser denn den Ankauf, bemerkte aber:
»Ein Glück, daß er sich nicht auch eine Amazone halten mußte!«

WILHELM III.

(1650-1702) König von England

— * —

Ein junger Engländer, aus Frankreich zurück, wurde von König Wilhelm empfangen und nach seinen Eindrücken befragt.

»Ich habe am Hofe von Ludwig XIV. etwas sehr Seltsames gesehen«, berichtete er. »Der König hat eine alte Geliebte und einen jungen Minister.«
Da meinte Wilhelm III.:
»Das beweist nur, daß er sich weder der einen noch des anderen bedient.«

WILSON, WOODROW
(1856-1924) amerik. Präsident

— * —

Als Woodrow Wilson Gouverneur von New Jersey war, starb sein guter Freund, ein Senator von New Jersey. Wilson betrauerte ihn sehr, doch kaum waren fünf Minuten vergangen, seit er die Nachricht erhalten hatte, als ihn schon ein Politiker anrief: »Gouverneur, ich möchte den Platz des Senators einnehmen!«
»Nun«, erwiderte Wilson nach kurzer Pause, »mir ist es sehr recht. Sie müssen sich nur erkundigen, ob auch der Leichenbestatter einverstanden ist.«

Präsident Wilson fuhr, nur von einem Agenten des Geheimdienstes begleitet, über Land. Sie fuhren an einem kleinen Jungen vorüber.
»Haben Sie gesehen, was der kleine Lump getan hat?« fragte der Präsident.
»Nein . . .«
»Er hat mir die Zunge herausgestreckt.«
Der Agent ist empört, möchte am liebsten halten lassen, um den Burschen zu bestrafen.
»Sie haben also auch nicht gesehen, was ich getan habe?« fragt der Präsident.
»Nein«, erwidert der Agent verlegen.
»Ich habe ihm auch die Zunge herausgestreckt.«

WIMMER, THOMAS
(1887-1964) Münchner Oberbürgermeister

— * —

Eines Tages erhielt Wimmer in seinem Amtszimmer Besuch von der italienischen Sexbombe Gina Lollobrigida. Der Referent, der den Star samt Gefolge hereingebracht hatte, fand es bald peinlich, daß der ›Dammerl‹ offensichtlich nicht wußte, wie er mit der Lollo reden sollte. Endlich fiel Wimmer etwas ein: Er kramte in der Schublade, holte Röntgenaufnahmen hervor und erläuterte dem überraschten Gast die Phasen seiner unlängst absolvierten Krankheit.

Der Oberbürgermeister hatte am Münchner Stachus ein Parkhaus zu eröffnen. Seine kurze Ansprache beschloß er mit den Worten:
»Ich gebe die Bahn frei zu Nutz und Frommen sämtlicher Münchner Autofahrer, die in der Nähe des Stachus ihre Geschäfte zu verrichten haben.«

WINDISCHGRÄTZ, FÜRST OTTO

(um 1900) Gatte von Franz Josephs Enkelin Elisabeth

— * —

Bei einem Wohltätigkeitsfest der Vorvorkriegszeit sagte der Schneider Ebenstein, dessen Kunst die Wiener Aristokratie nicht wenig von ihrem berühmten Charme verdankte, zum Fürsten Windischgrätz:
»Ein wenig gemischt, die Gesellschaft heut; finden Sie nicht auch, Durchlaucht?«
Worauf der Fürst erwiderte:
»Es können schließlich nicht lauter Schneider da sein!«

WINGATE, FRANCIS

(1861-1928) engl. General

— * —

Wingate stand im Ruf äußerster Strenge. Als er eine Inspektionsreise durch das südliche Ägypten machte, erhielt er eine verzweifelte Botschaft von einem seiner Offiziere, der einen Posten mitten in der Wüste befehligte. In dieser Meldung hieß es:
»Unmöglich zu bleiben, ständige Lebensgefahr, umgeben von Löwen, Elefanten und Wölfen.«
Sir Francis diktierte kühl die Antwort:
»Im Sudan gibt es keine Wölfe.«
Einige Tage später sandte der Offizier aus der Wüste eine neue Botschaft:
»Mit Beziehung auf meine Meldung vom 16. dieses Monats bitte ich das Wort Wölfe zu streichen.«

WRANGEL, FRIEDRICH HEINRICH, GRAF

(1784-1877) preuß. Generalfeldmarschall

— * —

Bis an sein Lebensende verehrte Wrangel das schöne Geschlecht über die Maßen. Er war schon hoch in den Achtzigern, als er sich auf dem Kurfürstendamm nach hübschen Mädchen noch den Hals verrenkte. Als wieder einmal eine auffallende Schönheit von kaum zwanzig Jahren seinen Weg kreuzte, blieb Wrangel lange andächtig stehen und sah ihr nach.

Dann sagte er zu seinem Adjutanten: »Dat ist auch so'n Fall, mein Sohn, bei dem man froh wäre, wenn man erst siebzig Jährchen auf dem Buckel hätte.«

Der ›olle Wrangel‹ war zu einer Hofgesellschaft eingeladen. Seine Tischdame, eine Prinzessin, die besonders zarte Hände hatte, pries die schonende Wirkung ihrer Wildlederhandschuhe, sie seien das Beste für eine milde Haut. Darauf Wrangel: »Das überrascht mich, Prinzessin. Ich trage nun fuffzig Jahr Wildlederhosen – und dabei hab ich 'n Hintern wie 'ne Reibe.«

Im Berlin des Jahres 1848 geht ein Schusterjunge pfeifend durch die Straßen. Da stößt er auf den Feldmarschall Wrangel und hört zu pfeifen auf.
»Meiner Uniform wegen?« fragt der Feldmarschall geschmeichelt.
»Nee«, erwidert der Schusterjunge. »Aber wenn ick Sie sehe, muß ick lachen, und wenn ick lache, kann ick nich pfeifen.«

WU, K. C.

(20. Jh.) Gouverneur von Formosa

—*—

Der Chinese stellte sich im Jahre 1923, als er erst zwanzig Jahre alt war, bei der Universität in Princeton vor.
»Junger Mann«, sagte der Präsident, nachdem er das ungemein jugendliche Aussehen des Kandidaten zur Kenntnis genommen hatte, »es fehlt ihnen noch die nötige Reife.«
»Die Reife eines Menschen nur nach Alter und Aussehen zu beurteilen«, erwiderte Wu, »beweist, daß es einem an Reife fehlt.«
Daraufhin wurde er nicht hinausgeworfen, sondern aufgenommen.

XERXES I.

(519-465 v. Chr.) persischer König

—*—

Als es zum Kampf mit den Spartanern kam, ließ Xerxes ausrichten, er habe so viele Schützen, daß sich der Himmel verdunkle, wenn sie ihre Pfeile abschössen. Der gegnerische Führer Leonidas antwortete unbeeindruckt: »Um so besser, dann werden wir im Schatten fechten.«

YORCK VON WARTENBURG, JOHANN DAVID LUDWIG, GRAF VON

(1759-1830) preuß. Feldmarschall

— * —

1813 wurde Blücher Befehlshaber aller preußischen Truppen. Yorck hatte vorher alles versucht, ebenfalls diesen Posten zu bekommen. Nach Blüchers Ernennung versuchte er nun, seine Selbständigkeit zu bewahren und fragte Blücher, wie sich ihr beiderseitiges Verhältnis gestalten würde. Blücher antwortete mit größter Selbstverständlichkeit: »I, alter Yorck, was machst du für Umstände? Wenn wir beide zusammen zu tun haben, bleibt es beim alten: Ich befehle und Du gehorchst!«

ZATOPEK, EMIL

(geb. 19. 9. 1922) tschech. Langstreckenläufer

— * —

Anläßlich der Olympischen Spiele 1948 in London verlobte sich Emil Zatopek mit der Speerwerferin Dana. Seinen Heiratsantrag formulierte er kurz und bündig:

»Liebe Dana! Wir sind beide am 19. September 1922 geboren, wollen wir nicht auch an e i n e m Tag heiraten?« Dana war einverstanden!

Der Meisterläufer aus Prag war schon 36 Jahre alt, als man allerseits forderte, er solle doch noch einmal zu den Europameisterschaften antreten. Doch Zatopek lehnte ab, und allzu heftig Drängenden entgegnete er: »Ich kann doch nicht bis zu meinem Tode laufen!«

ZEDLITZ-TRÜTSCHLER, GRAF

(um 1900) Hofmarschall am Hof Wilhelms II.

— * —

In seinen Memoiren erzählt der Graf unter vielem andern, daß er einmal ›Unter den Linden‹ in Berlin einen Hofherrn traf, der eine knallgrüne Krawatte trug.

»Warum tragen Sie eine grüne Krawatte?« fragte ihn der Graf.

Worauf der Hofherr bedeutungsvoll erwiderte:

»Majestät sind auf der Jagd!«

ZIETEN, HANS JOACHIM VON

(1699-1786) preuß. General

— * —

Die preußischen Truppen waren im Sommer 1761 bei Bunzelwitz von russischen und österreichischen Truppen umzingelt. Ihre Lage war aussichtslos. Friedrich II. sprach zu Zieten:

»Nun wird es bald vorüber sein. Wir kommen aus dieser Falle nicht heraus!«

Zieten antwortete:

»Ich sage, wir werden aus dieser Lage bald herauskommen!«

»Oho, weiß Er das so sicher? Hat Er sich etwa einen neuen Verbündeten geschaffen?«

»Einen neuen nicht«, antwortete Zieten, »aber – der alte da oben – der wird uns treu bleiben.«

BILDUNG UND WISSENSCHAFT

— * —

ABÄLARD, PETER

(1072-1142) frz. Philosoph und Theologe

— * —

Abälards Lehrer in Paris war Wilhelm de Champeaux, der freilich erleben mußte, wie bald ihn sein Schüler in Sophistik und Dialektik überflügelte. Es kam so weit, daß Abälard, ohne es zu wollen, seinem ehemaligen Lehrer viele Schüler abspenstig machte. Da bedrohten Champeaux' Anhänger den angehenden Theologen mit Gefahr für Leib und Leben, wenn er so weitermache.
Abälard, so jung er auch war, faßte einen weisen Entschluß. Er wich aus nach Melun und begründete dort seine Schule. Denen, die ihm folgten, erklärte er: »Muß denn Paris von allem das Beste haben?«

Als Heloise ein Kind von Abälard erwartete, schlug dieser ihr vor, heimlich zu heiraten – heimlich, damit sein Ruf als Professor nicht darunter litte.
Heloise lehnte ein solches Angebot stolz ab und bekannte: ». . . mir ist das Wort Geliebte immer süßer erschienen. Und, laß es mich sagen, selbst das Wort Buhle, das Wort Dirne war meinem Herzen Musik.«

Zeitgenossen wußten zu erzählen, Abälards Liebesbeziehung zu Heloise habe nicht nur damit geendet, daß seine schöne Schülerin den Schleier nahm und er Mönch in St. Denis wurde. Vielmehr habe ein Onkel des Mädchens Abälard aus Rache gewalttätig entmannen lassen.
»Der Mönch allein«, soll er die Tat begründet haben, »macht noch keinen Heiligen.«

ABERNETHY, JOHN

(1763-1831) ir. Arzt

— * —

Dr. Abernethy hielt den Magen für die Ursache aller Krankheiten:
»Wenn wir jung sind, behandeln wir ihn schlecht, und wenn wir alt sind, rächt er sich und behandelt uns noch schlechter.«

Eine Patientin erklärte Dr. Abernethy: »Wenn ich den linken Arm hebe, so schmerzt es mich schrecklich.«
»Ja«, meinte Dr. Abernethy, »dann ist es ungemein töricht von Ihnen, den Arm zu heben.«

Eine ziemlich hysterische Dame läßt Dr. Abernethy kommen. Seine rauhe Art hat bei ihr einen hysterischen Anfall zur Folge. Nachdem sie sich

halbwegs erholt hat, drückt sie ihm sein Honorar in die Hand, eine Guinea und einen Shilling. Dr. Abernethy steckt das Goldstück ein, den Shilling aber reicht er der Dame und sagt:
»Gehen Sie in das nächste Spielwarengeschäft, kaufen Sie sich dafür ein Springseil und benützen Sie es jeden Morgen. Das wird Ihnen besser bekommen als alle meine Rezepte.«

Dr. Abernethy war mit einer Dame sehr eng und nicht als Arzt befreundet. Er besuchte sie täglich. Eines Tages aber, als er erschien, sagte das Kammermädchen:
»Mylady kann Sie heute nicht empfangen. Sie ist krank.«

»Ich leide an Gicht«, sagte ein reicher Kranker zu Dr. Abernethy. »Was soll ich tun?«
»Leben Sie von einem halben Shilling täglich«, riet der Doktor, »und verdienen Sie ihn selbst.«

Eine geschwätzige Dame kam zu dem bekannten englischen Arzt und redete unermüdlich und endlos über ihre verschiedenen Leiden.
»Zeigen Sie die Zunge, Madam«, befahl Dr. Abernethy.
Die Dame gehorchte.
»So«, fuhr er fort. »Und jetzt lassen Sie die Zunge draußen, bis ich gesagt habe, was zu sagen ist.«

ADLER, ALFRED

(1870-1937) Psychiater, Begründer der Individualpsychologie

— * —

Adler erläuterte vor Studenten seine Theorie der Organ-Kompensation:
»Jeder kennt Beispiele dafür, daß Leute mit schlechten Augen Maler werden wollen, Kurzatmige Leichtathletik treiben, Sprachbehinderte sich als Redner ausbilden. Auf diese Weise wird die Organminderwertigkeit überkompensiert.«
Ein Zwischenrufer: »Heißt das auch, daß Schwachsinnige dazu neigen, Psychiater zu werden?«

Ein großer Schwätzer sagte zu Adler, nachdem er lange auf ihn eingeredet hatte und keine Antwort erhielt: »Ich bin Ihnen vielleicht lästig und halte Sie von anderen Dingen ab?«
»Sprechen Sie nur weiter«, erwiederte Adler ungerührt, »ich höre gar nicht zu.«

AGASSIZ, LOUIS JEAN RODOLPHE
(1807-1873) Naturforscher

— * —

Als Agassiz aufgefordert wurde, einen Vortrag zu halten, lehnte er ab. Man drängte ihn und sagte, die Gesellschaft sei bereit, ein sehr hohes Honorar zu bezahlen.
»Das ist keine Lockung für mich«, sagte Agassiz. »Ich kann mir nicht leisten, meine Zeit damit zu vergeuden, Geld zu verdienen.«

AGRIPPA VON NETTESHEIM
(1486–1535) Wunderarzt und Philosoph

— * —

Agrippa von Nettesheim, der mit dem richtigen Namen Heinrich Cornelius hieß, war finanziell stets, nie aber um eine Idee verlegen. Als er wieder einmal bankrott war, gründete er 1507 in Paris einen okkultistischen Geheimbund. Ort der Seancen sollte eine geheimnisvolle Pyrenäenfestung sein, die allerdings noch gekauft werden mußte. Man sparte und sammelte Geld, Agrippa verwaltete die Summen, bis sie ihm reichten. Dann verschwand er, für die Mitglieder des Geheimbundes zu geheimnisvoll, denn er wurde nie wieder von ihnen gesehen.

ALBERTAZZI, ADOLFO
(1865-1926) Gelehrter und Schriftsteller

— * —

Professor Albertazzi prüfte einmal in Bologna einen Studenten, der außerordentlich wenig wußte. Der Professor tat sein Möglichstes, um den Studenten zu retten, und ließ ihn eine Stelle aus den ›Promessi sposi‹ lesen. Beim ersten Satz unterbrach er ihn und fragte:
»Können Sie mir sagen, was für Arten von Verben es gibt?«
»Es gibt zwei Arten von Verben«, erwiderte der Kandidat. »Männliche und weibliche.«
Allgemeine Verblüffung. Dann meinte Albertazzi:
»Das wußte ich nicht; aber wenn Sie es sagen, wird es schon stimmen. Nennen Sie mir ein Beispiel eines weiblichen Verbums!«
»Gebären!« sagte triumphierend der Kandidat.
Albertazzi gab sich geschlagen.

ALEMBERT, JEAN D'

(1717-1783) frz. Philosoph, Mathematiker und Schriftsteller

— * —

In einer Gesellschaft wurde darüber dabattiert, daß große Sängerinnen es nie zu einem Vermögen brächten, während die Tänzerinnen immer über Reichtum verfügten. D'Alembert, der den Gesprächen zugehört hatte, löste das schwierige Problem:
»Das ist die notwendige Folge des Gesetzes von der Beweglichkeit der Körper.«

D'Alembert erzählte von einem Jesuiten, der zwanzig Jahre bei Missionen in Kanada tätig war und, obgleich selber ungläubig, zwanzigmal bereit gewesen war, den Tod für die Religion zu erleiden, die er den Wilden erfolgreich predigte. Als ein Freund des Jesuiten diesem Vorhaltungen wegen seiner Inkonsequenz machte, sagte der Jesuit:
»Sie haben keine Ahnung, welches Vergnügen man dabei empfindet, wenn man sich zwanzigtausend Menschen zu Gehör bringt und sie von etwas überzeugt, woran man selber nicht glaubt.«

D'Alembert sandte durch einen Bedienten einen Brief an Voltaires Freundin Louise Denis. Als der Bediente wiederkam, fragte ihn d'Alembert:
»Waren Madame und ihr Gatte noch zu Bett?«
»Sie war mit einem Mann im Bett«, erwiderte der Bediente. »Ob es ihr Gatte war, weiß ich nicht.«

Voltaire schrieb seine Tragödie ›Olympia‹ in sechs Tagen. Er schickte sie an d'Alembert und schrieb dazu:
»Diese Tragödie ist in sechs Tagen geschaffen worden.«
D'Alembert las sie und fand viel daran auszusetzen und umzuarbeiten. Er erwiderte Voltaire:
»Der Schöpfer hätte am siebenten Tag nicht ruhen sollen!«

D'Alembert war eng befreundet mit Mademoiselle de Lespinasse und mit Madame Geoffrin. Als die beiden Damen etwa zur gleichen Zeit starben, sagte der untröstliche d'Alembert:
»Ich habe den Morgen regelmäßig bei Madame Geoffrin verbracht und den Abend bei Mademoiselle de Lespinasse. Jetzt hat mein Leben weder Morgen noch Abend mehr!«

AL SUFI

(um 900 n. Chr.) arab. Astronom

— * —

Al Sufi, dessen Verzeichnis der Gestirne 900 Jahre lang das ausführlichste war, lebte in Bagdad. Als geachteter Wissenschaftler bezog er seinen Unterhalt aus der Staatskasse. Eines Tages fragte ihn der Kalif: »Wie alt, glaubst du, werden die Sterne?«
Al Sufi: »Eine Ewigkeit«.
»Und wie lange währt die Ewigkeit?«
Darauf erklärte der Astronom, nie werde ein Mensch das sagen können.
Dem Kalifen aber paßte die Antwort nicht. »Jemand, der bezahlt wird wie du, sollte eine bessere Auskunft geben können«, sagte er.
Al Sufi entgegnete: »Ich werde bezahlt für das Wenige, das ich weiß. Würde ich bezahlt für das Viele, das ich nicht weiß, so würde die Staatskasse nicht ausreichen.«

AMPÈRE, ANDRÉ-MARIE

(1775-1836) frz. Physiker und Mathematiker

— * —

Ampère war sehr zerstreut. Einmal mußte er rasch ausgehn. Da schrieb er auf eine Karte: »Ich bin nicht zu Hause« und heftete sie an die Tür. Als er wiederkam und die Karte las, drehte er sich um und ging wieder.

Eines Morgens war Ampères Uhr nicht in Ordnung und schlug siebenundzwanzigmal.
»Mein Gott!« rief er und sprang aus dem Bett. »So habe ich mich noch nie verspätet!«

Der Physiker Ampère war sehr zerstreut. Einmal stand er am Seine-Quai und sah Schiffern zu, die gerade eine ins Wasser gefallene Kiste herauszogen. Da packte Ampère behaglich sein bescheidenes Mittagessen aus dem Papier, knüllte das Papier zusammen, warf das Essen in die Seine und biß in das Papier.

ANAXAGORAS

(um 500-428 v. Chr.) griech. Philosoph

— * —

Als ein griechischer Feldherr seine Truppen inspizierte, fand er den Philosophen Anaxagoras Fische essend.
»Ei«, rief er diesem im Scherz zu, »glaubst du, daß Homer damals Fische gesotten hat, als er seine Ilias schrieb?«

Anaxagoras antwortete schnell und ohne Verlegenheit:
»Glaubst du, o Herr, daß Agamemnon, als er jene Taten verrichtete, welche Homer beschrieb, auch im Lager herumgegangen ist, um zu sehen, was man kocht?«

Anaxagoras lebte am Hellespont, da die Athener ihm wegen Gottlosigkeit den Prozeß machten. Als er hörte, man habe ihn zum Tode verurteilt, sagte er:
»Die Natur hat beide, sie und mich, schon längst verurteilt.«

Anaxagoras ragte durch Abkunft und Reichtum hervor, aber noch größer war seine Unabhängigkeit. Er machte sich nicht viel aus dem Reichtum und trat das ererbte Vermögen an seine Verwandten ab. Als sie ihm Vorwürfe ob seiner Sorglosigkeit machten, schlug er ihnen vor:
»Nun, warum übernehmt nicht ihr die Sorge an meiner Statt?«

Als Anaxagoras schon alt war, lebte er in bitterer Armut, sein einziger Freund und Förderer, Perikles, vernachläßigte ihn über seinen Staatsgeschäften. Als Perikles jedoch hörte, Anaxagoras litte Hunger, eilte er zu dem Philosophen, um zu helfen.
Er mußte sich Anaxagoras Tadel anhören: »Wer der Leuchte bedarf, der schüttet Öl hinein!«

Befragt, wozu er auf die Welt gekommen sei, antwortete Anaxagoras: »Zur Beobachtung von Sonne, Mond und Himmel.«
Und als ihm einer sagte: »Du mußt auf Athen verzichten«, gab er zur Antwort: »Nein, umgekehrt, Athen auf mich.«

ANAXIMANDER

(um 611-546 v. Chr.) griech. Naturphilosoph

— * —

Anaximander, der Erfinder der Sonnenuhr, war ein begeisterter, wenn auch kein guter Sänger, so daß er oft das Gelächter der Kinder hervorrief. Er aber sagte zu den Kindern:
»Dank euch, ihr Kinder, denn ihr gebt mir die Lehre, daß ich künftig besser singen muß.«

ANTISTHENES

(444-366 v. Chr.) griech. Philosoph

— * —

Antisthenes riet seinen Mitbürgern:
»Athener, erlaßt ein Dekret, das festlegt, alle Esel seien Pferde.«

»Warum?« fragte man erstaunt.
»Um die Schande zu verbergen, daß wir von Eseln regiert werden.«

Zu Antisthenes sagte man einmal, der Krieg habe doch den Vorteil, die Schurken aus der Welt zu schaffen.
»Er schafft mehr in die Welt als aus der Welt«, erwiderte er.

APPOLONIUS

(gest. um 184 n. Chr.) Philosoph

— * —

Der König von Babylon fragte den Philosophen Appolonius, wie man am sichersten herrschen könne.
»Indem man viele Freunde und wenige Vertraute hat«, erwiderte er.

ARAGO, FRANÇOIS

(1786-1853) frz. Astronom

— * —

In einem Gespräch mit dem Prinzen von Joinville, einem Sohn Louis-Philippes, sagte Arago:
»Eine schöne Einrichtung, die Académie française! Nur schade, daß man in ihrer Uniform aussieht wie ein Papagei in Trauer!«

Der Astronom Arago las ein Gedicht und rief: »Wie schön! Beinahe wie eine Gleichung!«

ARCHIMEDES

(287-212 v. Chr.) griech. Philosoph

— * —

Hieron II. von Syrakus stellte Archimedes das Problem, einen goldenen Weihekranz auf seine Echtheit zu prüfen, ohne aber den Kranz unmittelbar zu untersuchen.
Beim Baden entdeckte Archimedes, daß es möglich sei, durch Eintauchen des Kranzes in Wasser sein Volumen zu bestimmen. Über seine Entdekkung war er so aufgeregt, daß er nackt nach Hause rannte und zur Verwunderung der Leute ständig ausrief: »Ich hab's gefunden, ich hab's gefunden.«

ARISTIPPOS

(geb. um 435 v. Chr.) griech. Philosoph

— * —

Der Tyrann Dionys hatte Aristippos zu Tisch geladen und wies ihm den Platz am Ende der Tafel an. Da sagte Aristippos:

»Man sieht, daß du diesem Platz endlich höheren Wert verleihen willst!«

Aristippos sagte: »Keiner von uns ist ganz nutzlos. Selbst der Schlechteste kann noch einem guten Zweck dienen – nämlich ein abschreckendes Beispiel zu geben.«

Die berühmte Kurtisane Lais war eine Zeitlang die Geliebte des Sophisten Aristippos. Ein Freund sagte zu ihm: »Sie liebt dich doch gar nicht.«
Worauf der Philosoph erwiderte: »Wein und Fische lieben mich auch nicht, und ich genieße sie doch.«
Ein Mann fragte Aristippos, was für eine Frau er heiraten solle:
»Ich weiß es nicht«, antwortete Aristippos, »eine Schöne wird dich betrügen, eine Häßliche wird dir nicht gefallen, eine Arme wird dich zugrunde richten, eine Reiche wird dich tyrannisieren.«

Ich habe unendlich viele Bücher verschlungen«, rühmte sich ein junger Grieche.
Worauf der Philosoph Aristippos ihm entgegnete:
»Die Gesündesten sind nicht jene, die viel essen, sondern jene, die gut verdauen.«

Aristippos verlangte von einem reichen Bürger fünfzig Drachmen für den Unterricht seines Sohnes.
»Fünfzig Drachmen!« rief der Reiche empört. »Dafür kann ich mir ja einen Sklaven kaufen!«
»Kauf ihn nur«, erwiderte Aristippos, »und du wirst ihrer zwei haben.«

ARISTOTELES

(384-322 v. Chr.) griech. Philosoph

— * —

Um der Gesellschaft entsagen zu können, lehrte Aristoteles, muß man ein Gott oder ein Vieh sein.

Die Schüler fragen Aristoteles, wie man entscheiden könne, ob ein Buch gut oder schlecht sei. Und er erwidert:
»Man muß sich drei Dinge vor Augen halten: Ob der Verfasser alles gesagt hat, was er sagen mußte; ob er nur das gesagt hat, was er sagen mußte und schließlich, ob er es so gesagt hat, wie er es sagen mußte.«

ARKESILAOS

(316-241 v. Chr.) griech. Philosoph

— * —

Arkesilaos war ein berühmter Philosoph, dennoch wurden seine Schüler ihm abtrünnig und gingen zu der epikuräischen Schule über.
»Wie kommt es denn«, wurde er gefragt, »daß kein Epikuräer zu deiner Schule übertritt?«
Da erwiderte er:
»Das ist natürlich; aus Hähnen kann man Kapaune machen. Aber Kapaune, die zu Hähnen werden, habe ich noch nie gesehen.«

AUGUSTINUS, AURELIUS

(354-430) Kirchenvater

— * —

Simplicius fragte Augustinus:
»Was tat Gott, bevor er die Welt erschuf?«
Und Augustinus gab lächelnd zur Antwort:
»Er war im Wald und fällte Holz, um ein großes Feuer anzuzünden und darin alle jene zu verbrennen, die seine hohen Geheimnisse erforschen wollen.«

In einer Predigt sagte Augustinus:
»Rom hat gesprochen, die Sache ist erledigt.«
Nicht ungehört blieb aber auch der Seufzer des Predigers:
»Wenn doch einmal auch der Irrtum aufhörte.«

BAADER, FRANZ XAVER VON

(1765-1841) Arzt und Philosoph

— * —

Baaders mystische Schriften und Bekenntnisse wurden nicht von allen gewürdigt. Der Philosoph Schelling schrieb:
»Das letzte, was ich von unserem Freunde Baader hörte, ist, daß der Teufel nun wirklich Zeichen gebe, ihn in seinem Haus aufsuche; Baader scheint sich nicht wenig darauf zugute zu tun, daß der Teufel nun endlich Notiz von ihm genommen hat.«

BACON, FRANCIS

(1561-1626) engl. Philosoph und Staatsmann

— * —

Francis Bacon wurde gefragt, in welchem Alter man heiraten solle.
»Man kann in jedem Alter heiraten«, meinte er. »Heiratet man jung, so

hat man eine Geliebte, heiratet man in reifen Jahren, so hat man eine Gefährtin. Und heiratet man im Alter, so hat man eine Haushälterin.«

Königin Elisabeth wunderte sich, wie klein Bacons Haus war. Da sagte Bacon:
»Mein Haus ist groß genug für mich, Majestät. Aber Ihr habt mich zu groß für mein Haus gemacht.«

Man fragte Bacon, was er vom Wert des Geldes halte.
»Das Geld«, sagte er, »ist der beste Diener und der schlechteste Herr.«

BAER, KARL ERNST VON
(1792-1876) Anthropologe, Zoologe

— * —

Als man Baers 80. Geburtstag feierte, war der Jubilar der Meinung, er sei nicht der Ansicht, nun bald sterben zu müssen. Er begründete seine Ansicht so:
»Es sind zwar bisher, wie bekannt, alle Menschen gestorben. Allein der Satz: ›Alle Menschen müssen sterben‹ besagt doch zuviel und dürfte eigentlich nur lauten: ›Alle Menschen sind bisher gestorben‹. Denn es ist doch bloß ein Erfahrungssatz, der durch einen andern umgestoßen werden kann, kein Axiom, für das eine innere Notwendigkeit vorliegt.«

BAEYER, ADOLF VON
(1835-1917) Chemiker

— * —

Baeyer war gerade erst zu glänzenden Bedingungen an die jüngste Universität des Bismarckreiches in Straßburg berufen worden, als Liebig starb und man ihm seinen Lehrstuhl anbot. Baeyer hatte Bedenken, so bald die Universität zu wechseln. Er empfand das als Fahnenflucht. Mit allen seinen Skrupeln fuhr er nach Berlin und wurde bei der Reichsbehörde vorstellig. Zu seiner Überraschung bekam er die ernüchternde Antwort:
»Kein Mensch ist ja schließlich unersetzlich. Wenn Sie Ihr Amt niederlegen, so nehmen wir eben einen anderen.«
Befreit dankte Baeyer: »Herr Geheimrat, noch niemals in meinem Leben hat mir jemand etwas so Angenehmes gesagt!«

Zum alten Baeyer sagte einmal ein jüngerer Kollege:
»Sie haben aber auch ganz besonderes Glück!«
Baeyer erwiderte schlicht: »Ich glaube, Herr Kollege, es liegt daran, daß ich mehr Versuche mache als Sie.«

BANTING, SIR FREDERIC GRANT
(1891-1941) kanad. Arzt

— * —

1916 wurde Banting im Weltkrieg so schwer verwundet, daß ihm die Ärzte den Unterarm amputieren wollten. Da kam aber in Banting der kanadische Dickschädel zum Durchbruch:
»Ich laß mir den Arm nicht abnehmen, und wenn ich draufgehen sollte!«

Da die eigene Praxis kein Geld brachte, bewarb sich Banting um die Stelle eines Repetitors für Physiologie. Der zuständige Professor fragte:
»Handelt es sich um einen Ihrer Freunde, der sich dafür interessiert, Mr. Banting?«
»Nein, um mich selber!«
»Mir war gar nicht bekannt, Herr Kollege, daß Sie als Chirurg sich auch noch speziell mit Physiologie befaßt haben.«
»Habe ich auch nicht. Seit meiner Studienzeit vor dem Kriege nicht mehr!«
»Aber Sie haben dann nach dem Examen noch besondere Studien betrieben?«
»Leider nein. Meine Bewerbung hat ganz andere Gründe: ich muß einfach Geld verdienen. Und ich bin ohne weiteres in der Lage, den Studenten jeweils einige Kapitel voraus zu sein, denn ich habe viel Zeit zum Arbeiten, und das hat seinen Grund darin, daß ich keine Patienten habe.«
Banting bekam die Stelle.

Als Banting auf der Spur seiner großen Entdeckung war, die er mehr oder weniger zufällig als unfreiwilliger Repetitor der Physiologie machte, konsultierte er erfahrene Leute auf diesem Gebiet und ließ nicht locker. Endlich verlor Professor Macleod ein wenig die Geduld und sagte:
»Ihre Hartnäckigkeit in Ehren, Herr Kollege, aber haben Sie sich schon einmal über folgendes Gedanken gemacht: die größten Gelehrten auf dem Gebiete der Physiologie haben sich über diese komplizierten Fragen den Kopf zerbrochen, ohne zu einem Ergebnis zu kommen, und Sie, ausgerechnet Sie - als Außenseiter - wollen mit Erfolgen rechnen?«

BEAUZÉE, NICOLAS
(1717-1789) frz. Sprachgelehrter

— * —

Der Grammatiker Beauzée erwischte seine Frau mit einem Liebhaber, der erschrocken rief:
»Habe ich nicht gesagt, daß es Zeit sei zu gehn?!«
»Sagen Sie wenigstens ›Zeit gewesen wäre‹«, korrigierte ihn Beauzée.

BEHRING, EMIL ADOLPH VON

(1854-1917) Bakteriologe

— * —

1902 empfing Behring seinen neuen Assistenten Hans Much mit den Worten:
»Wenn Sie etwas leisten wollen, dann vergessen Sie alles, was Sie bisher gelernt haben; es ist so gut wie alles Unsinn. Behalten Sie auch nicht zu viel Fachliteratur, auch die ist zum allergrößten Teil Unsinn. Wenn Sie jedoch schnell vorwärtskommen wollen, dann machen Sie den Unsinn mit – aber dann nicht bei mir.«

Emil von Behring lebte in Marburg. Er erkrankte schwer und ließ nach dem bekannten Arzt Gustav von Bergmann rufen, den er am Bett mit den Worten empfing:
»Ich muß mich in Ihre Behandlung begeben, wenn ich auch Ihren Vater nie ausstehen konnte. Aber das beruhte wohl auf Gegenseitigkeit, denn auch Ihr Vater hat nie Sympathien für mich gehabt.«

Behring liebte das Pokerspiel, Gewinn oder Verlust beeinflußten dabei in keiner Weise seine ständig gleichbleibende, heitere Gemütsverfassung. Scherzhaft sagte er einmal:
»Wenn ich nur stets genügend Leute finde, die mir mehr pumpen als ich brauche, bin ich ein reicher Mann.«

BEMBO, PIETRO

(1470-1547) Kardinal und Schriftsteller

— * —

Der Humanist Bembo wollte Ariost dazu bewegen, sein Epos vom ›Rasenden Roland‹ in lateinischer Sprache zu schreiben, die doch von allen Gelehrten aller Länder verstanden würde. Aber der, obwohl des Lateinischen mächtig, gab zur Antwort:
»Ich will lieber der erste italienische Schriftsteller sein als der zweite lateinische.«

BENTLEY, RICHARD

(1662-1742) engl. Altphilologe

— * —

Bentley war in Gesellschaft sehr unbeholfen. Auf einer Reise durch Frankreich war er bei der Comtesse de Ferrers geladen, benahm sich aber sehr ungeschickt und verschwand bald.
»Wer ist denn dieser Mensch?« fragte man die Comtesse.
»Das ist ein Mann von großer Gelehrtheit«, erwiderte sie. »Er weiß, wie der Stuhl in allen Sprachen heißt, kann sich aber nicht darauf setzen.«

BERGIUS, FRIEDRICH

(1884-1949) Chemiker

— * —

Nachdem ihm für das Verfahren, Kohle zu verflüssigen, der Nobelpreis verliehen worden war, wurde Bergius von Reportern überlaufen, doch er konnte vor allem das Photographiertwerden nicht ausstehen.
Einmal wurde ihm während der Arbeit im Labor ein Mann gemeldet, der eine glänzende Empfehlung des Pasteur-Instituts in Paris vorwies. Bergius führte den Besucher ausgiebig durch seine Arbeitsstätte, erklärte die Einrichtungen und war nicht wenig überrascht, als der Fremde an allem Möglichen etwas auszusetzen hatte. Der Chemiker merkte nicht, daß sein Gast nur nach dem rechten Hintergrund suchte. Gerade wollte er zu einem wissenschaftlichen Disput ausholen, da rief der andere: »Bitte, bleiben Sie so!« zog einen Apparat aus der Tasche und photographierte den Nobelpreisträger mit den Worten: »Anders dringt man ja nicht zu Ihnen vor, Herr Professor.«

BERGSON, HENRI

(1859-1941) frz. Philosoph

— * —

Bergson verehrte den Philosophen Boutroux, und Boutroux verehrte Bergson. Dennoch bestand eine leise Rivalität zwischen ihnen. Bei einer Gesellschaft fragte jemand Bergson:
»Sagen Sie, Meister, die Bücher, die Sie so lange Studien, so viel Arbeit kosten – bringen Sie Ihnen auch entsprechendes ein?«
»Ach«, erwiderte Bergson, »ich bin wohl eine Ausnahme. Ich habe Auflagen von hundertfünfundzwanzig bis hundertfünfzigtausend.«
»Und Boutroux?«
»Oh, Boutroux ist ein großer Mann! Ein Mann von Weltruf! Seine Bücher erzielen Auflagen von mindestens zehntausend Exemplaren!«

Von seinen zahlreichen mondänen Verehrerinnen sagte Bergson:
»Sie glauben zu verstehn, und das ist schon viel!«

Bergson läßt sich rasieren. Der Friseur schneidet ihn und entschuldigt sich:
»Kaum ein Millimeter!«
»Auf einer Straße, wo ein Auto hundert Kilometer in der Stunde macht«, entgegnet Bergson, »ist ein Millimeter nicht viel. Aber auf der Wange eines Menschen, selbst wenn er nur ein Philosoph ist . . .«

BERKELEY, GEORGE

(1684-1753) engl. Philosoph und Bischof

— * —

Lord Berkeley war mit einem Freund in einem Gasthaus. Als er seine Börse zog, um seine Zeche zu bezahlen, fiel eine Guinea auf den Boden und rollte in eine Ritze.
»Diese Guinea werden Sie wohl verloren geben müssen«, sagte sein Freund.
»Ganz bestimmt nicht«, erklärte der Lord und rief die Kellernerin. »Mir sind zwei Guineas auf den Boden gefallen. Sie werden sie bestimmt finden. Jetzt aber haben wir keine Zeit zu warten; wenn Sie mir wenigstens eine Guinea finden, können Sie die andere behalten.«
Die Kellnerin kroch auf dem Boden herum, fand eine Guinea und gab sie dem Lord, der mit seinem Freund das Lokal verließ.

Er werde nie so töricht sein, sagte Lord Berkeley, gegen eine Mehrheit zu kämpfen; aber einem einzelnen Straßenräuber werde er sich nicht ergeben. Eines Nachts, auf dem Weg nach London, wird sein Wagen von einem Straßenräuber angehalten.
»Sie haben sich gerühmt, Sie würden sich einem einzelnen Straßenräuber nicht ergeben. Nun, ich bin ein einzelner Straßenräuber. Geld oder Leben!«
»Du feiger Hund«, schrie der Lord, »glaubst du, ich könnte deinen Kumpan hinter dir nicht sehen?«
Erstaunt drehte der Bandit sich um, und dieser Augenblick genügte dem Lord, um dem Räuber eine Kugel durch den Kopf zu jagen.

BERTHELOT, MARCELIN

(1827-1907) frz. Chemiker

— * —

Berthelot war sehr zerstreut. Bei einem Freund zu Tisch geladen, steckte er jede Kirsche, bevor er sie aß, in ein Glas Wasser.
»Ihr lacht«, sagte er zu den Gästen, »aber ihr ahnt nicht, wieviel Krankheitskeime an jeder Kirsche haften.«
Und dann griff er nach dem Glas, in dem er seine Kirschen gewaschen hatte, und trank es aus.

BIER, AUGUST

(1861-1949) Chirurg, Erfinder der Rückenmarks- und Nervenanästhesie

— * —

»Welches sind nun eigentlich die besten Jahre der Frau?« wurde Professor Bier von einer vermögenden Patientin gefragt.
Seine Antwort lautete: »Die zehn Jahre zwischen 28 und 30.«

BILLROTH, THEODOR

(1829-1894) Arzt, Begründer der modernen Operationstechnik

— * —

Ein Mäzen gab zu Ehren von Professor Billroth eine Gesellschaft, auf der eine schon etwas bejahrte Sängerin eine Arie nach der anderen schmetterte. Zu spät bemerkte der Gastgeber, daß die Stimme der einst berühmten Heroine brüchig geworden war – sie selbst aber schien das nicht zu stören. Als der Vortrag gar kein Ende nehmen wollte, sagte der Hausherr zu dem Chirurgen: »Können Sie gar nichts dagegen tun?«
Billroth erwiderte: »O doch, ich werde mich gleich zu der Künstlerin begeben und ihr vier Wochen Bettruhe verordnen.«

Eine französisch-schweizerische Zeitung druckte aus einer anderen französisch-schweizerischen Zeitung die Wiener Anekdote vom Professor Billroth ab, der einen Erzherzog operiert hatte. Nach der Operation kam ein Adjutant des Kaisers und fragte den Professor, was er vorziehe, den Roten Adlerorden oder tausend Kronen.
Worauf Billroth erwiderte, er wolle weder den Orden noch die tausend Kronen, sondern schlicht und einfach sein übliches Honorar von zweitausend Kronen.

Theodor Billroth, eine der Leuchten der Wiener medizinischen Schule, prüfte einmal einen ungarischen Studenten, zeigte ihm ein Präparat und fragte:
»Was ist das?«
Worauf der Student erwiderte:
»Das ist das Lebber.«
Da sagte Billroth:
»Erstens sagt man nicht Lebber, sondern Leber, zweitens heißt es nicht das Leber, sondern die Leber, und drittens ist es nicht die Leber, sondern die Milz.«

BLOCH, ERNST

(1885-1977) Philosoph

— * —

Ernst Bloch und Bert Brecht hatten eine Anzahl Leute zu gemeinsamen Bekannten. Darunter gab es solche, die sich wunderten, wie Brecht es eigentlich anstellte, daß er immer zwei Tage alte Bartstoppeln hatte. Einem Mann, der grundsätzlich daran Anstoß nahm, daß Brecht sein Äußeres vernachlässigte, sagte Ernst Bloch:
»Sie irren sich, Brecht hat sich einen kostspieligen kosmetischen Apparat konstruieren lassen, der ihm den Schmutz unter die Fingernägel schiebt.«

An einer Münchner Schule wurde, wie allmählich überall, sexueller Aufklärungsunterricht eingeführt. Der Lehrer zeichnete das Schema der menschlichen Geschlechtsorgane an die Tafel und erklärte die Einzelheiten.
In der Pause darauf schrieb jemand, der nicht bemerkt wurde, unter die Zeichnungen dieses Wort von Ernst Bloch:
»Desto mehr wird geträumt, je weniger bereits erlebt ist. Vor allem Liebe malt das Ihre stets früher, als sie es hat.«

Nach den Chancen für die breite Basis der sozialistischen Revolution in Entwicklungsländern wie auch Industrieländern befragt, erklärte Bloch:
»Die sozial Schwachen, Unterdrückten sind am wenigsten Leoparden mit eingeborenem Sprung an die Kehle.«

Über eine ganz besondere Seite des umfangreichen Wissens Ernst Blochs berichtet Carl Zuckmayer: »Mir imponierte er vor allem durch seine geradezu enzyklopädische Kenntnis sämtlicher Karl May-Bücher und -Figuren; ich glaube, außer Schlichter und mir war er der gründlichste Karl May-Forscher dieser Zeit.
Bloch und ich prüften und examinierten einander bei einem Spaziergang auf dem Philosophen-Weg mit detaillierten Fangfragen über die Verwandtschaftsverhältnisse der weniger bekannten Gestalten aus dem wilden Kurdistan oder der Umgebung des Llano Estaccado und konnten uns nicht überrumpeln. Schließlich legte mich Bloch mit einer Frage herein, die ich nicht beantworten konnte: wie die Cousine des ›Schut‹ geheißen habe. Es stellte sich dann heraus, daß er gar keine hatte.«

BODE, WILHELM VON
(1845-1929) Kunsthistoriker

—*—

Wilhelm von Bode, Direktor der staatlichen Kunstsammlungen in Berlin, erhielt zahlreiche Titel und Ehrungen, aber er nannte sich nur »Dr. Bode«.
Nach den Gründen seiner Zurückhaltung gefragt, erwiderte er: »Es ist der einzige Titel, den ich mir erworben habe, die anderen wurden mir verliehen.«

BODELSCHWINGH, FRIEDRICH VON
(1831-1910) Theologe, Gründer der Kranken-Pflegeanstalten in Bethel

—*—

Auf einer großen Wohltätigkeitsveranstaltung zugunsten der Anstalten in Bethel wurde sehr reichlich gegessen und getrunken, jedoch weniger als

erwartet gespendet. Pastor Bodelschwingh kommentierte das enttäuschende Ergebnis so:
»Die Menschen würden mehr Herz haben, wenn sie weniger Magen hätten.«

Im Pariser Proletarierviertel La Villette leitete Bodelschwingh sechs Jahre lang eine kleine Gemeinde, versorgte die Kinder mit Rat und Tat und gab ihnen einen bescheidenen Mittelpunkt für ihr von Haus aus armseliges Dasein. Aus jener Zeit stammt der Spitzname, den er zeitlebens nicht mehr losbekam: »Gassenkehrerpastor.«

Ein wandernder Geselle war für eine Weile in der Krankenpflegeanstalt Bethel, Bodelschwingh wollte ihn nun als geheilt weiterschicken. Der Geselle bat, bleiben zu dürfen. Bodelschwingh lehnte mit der Begründung ab, die Anstalt sei nur für Fallsüchtige, doch der Geselle antwortete:
»Auch wir sind fallsüchtig«, eine Antwort, die Bodelschwingh bewog, sein bisheriges Lebenswerk zu überdenken. Bodelschwingh wurde mehr und mehr zum Sozialreformer.

BOISSIER, GASTON
(1823-1908) frz. Historiker

— * —

Der Archäologe und Historiker Gaston Boissier war bei Napoleon III. in Compiègne zu Gast. Nun war gerade in der Revue des Deux Mondes ein Artikel Boissiers erschienen, darin er scharf über die römischen Kaiser schrieb. Und Napoleon bemerkte:
»Sie gehen ja sehr streng mit den Kaisern um.«
Und sein Privatsekretär wollte das noch stärker betonen und sagte:
»Sie begehen den Fehler, Tacitus zu glauben, der ein Verfasser von Schmähbriefen war, und Sueton, der verklatscht war wie eine Concierge.«
Boissier lächelte.
»Sie irren sich. Sueton war ganz einfach der Privatsekretär des Kaisers.«

BOISTE, CLAUDE
(1765-1824) frz. Lexikograph

— * —

Als Boiste sein großes Lexikon erscheinen ließ, sagte eine Dame zu ihm:
»Es ist sehr verdienstvoll, daß Sie alle obszönen Worte ausgelassen haben.«
»Woher wissen Sie das?« fragte Boiste, »haben Sie sie denn gesucht?«

BONAVENTURA

(1221-1274) Florentiner Theologe

— * —

Ein Geschichtslehrer fragte seine Schüler:
»Wer war die größte Leiche des 13. Jahrhunderts?«
Natürlich wußte niemand eine Antwort. Der Lehrer hatte die Frage auch nur gestellt, um mitteilen zu können:
»Bonaventura. Als er 53jährig in Lyon während des päpstlichen Konzils starb, folgten seinem Sarg unter andern: der Papst, der König von Aragonien, zwei Patriarche, alle Kardinäle, 400 Erzbischöfe und Bischöfe, 60 Prälaten, über 1000 Priester und eine unzählige Menge von Gesandten, Diplomaten und Vertretern adliger Häuser.«

BONHOEFFER, DIETRICH

(1906-1945) Theologe

— * —

Aus einer Zelle des Berliner Gestapogefängnisses schrieb Bonhoeffer an seinen Freund Eberhard Bethge:
»Daß ich jetzt sitze, rechne ich auch zu dem Teilnehmen an dem Schicksal Deutschlands, zu dem ich entschlossen war.«

BORDA, CHEVALIER DE

(1733-1799) frz. Mathematiker

— * —

Dem Chevalier de Borda berichtete man, Struensee habe im Verhör seine Beziehung zu der Königin von Dänemark gestanden.
»Ein Franzose«, sagte der Chevalier, »hätte es aller Welt erzählt, aber keinem Menschen gestanden.«

BOSSUET, JACQUES

(1627-1714) frz. Theologe

— * —

Bald nachdem Ludwig XIV. Bossuet zum Bischof von Meaux gemacht hatte, erkundigte er sich, wie man in der Gemeinde mit ihm zufrieden sei.
»Nun, Sire, wir haben ihn recht gern«, war die Antwort.
»Nur recht gern? Was habt Ihr denn an ihm auszusetzen?«
»Um ganz ehrlich zu sein, Sire, hätten wir lieber einen Bischof gehabt, der seine Ausbildung bereits beendet hat. Wann immer jemand ihn besucht, heißt es, der Bischof ist beim Studieren!«

BOUILLÉ, CHARLES

(1475-1553) frz. Mathematiker

— * —

Die Tochter Bouillés führte ein recht lockeres Leben und wollte nicht auf die Ermahnungen ihres Vaters hören. Einmal sagte er zu ihr:
»Wie glücklich bin ich, daß ich dein Vater bin!«
»Wie Sie mir auf einmal schmeicheln!« rief die Tochter erstaunt.
»Nein, nein, du mußt mich recht verstehn«, erklärte der Vater. »Auf diese Art kann ich wenigstens nie dein Gatte sein.«

BOURDALOUE, LOUIS

(1632-1704) frz. Theologe

— * —

Ein Arzt fragte den Pater Bourdaloue, wie er sein Leben einrichte.
»Ach, ich nehme kaum eine bescheidene Mahlzeit am Tag zu mir«, erwiderte der Pater.
»Um Himmels willen!« rief der Arzt. »Verraten Sie keinem Menschen Ihr Geheimnis; sonst richten Sie ja unsern Beruf zugrunde!«

Eine Dame, die einst schön gewesen war, beichtete Bourdaloue:
»Ehrwürdiger Vater, ich gestehe, daß ich mich nackt vor den Spiegel stelle und schön finde. Ist das eine schwere Sünde?«
»Nein, nein, meine Tochter«, erwiderte Bourdaloue lächelnd. »Eher ein schwerer Irrtum.«

BRAHE, TYCHO

(1546-1601) dän. Astronom

— * —

Der Astronom soll einen merkwürdigen Tod gehabt haben. Er war bei Kaiser Rudolf II., dessen Hofastronom er war, zu einer Audienz geladen. Der Kaiser unterhielt sich ausführlich mit dem Wissenschaftler, zu ausführlich, denn dieser saß wie auf Kohlen, getraute sich aber nicht, dem Kaiser sein leibliches Bedürfnis zu gestehen. Tycho Brahe soll an einer geplatzten Blase gestorben sein.
Ein Höfling meinte: »Das nenne ich Manieren bis zum Äußersten.«

BRAUN, WERNHER VON

(1912-1977) Raketenforscher, Leiter der amerik. Raumfahrtunternehmen

— * —

Als er in amerikanische Gefangenschaft geriet, fragten ihn Offiziere, ob er die V 2 als eine Angriffs- oder Verteidigungswaffe betrachte.

Lakonische Antwort von Braun: »Kommt ganz darauf an, ob man davor oder dahinter steht.«

1945 geriet Wernher von Braun im Allgäu in amerikanische Gefangenschaft. Ein amerikanischer Offizier beschrieb den prominenten Gefangenen: »Wernher benahm sich nicht wie ein Gefangener, sondern wie ein Kongreßmann auf Frontinspektion. Er beugte sich über die Ordensspangen unserer Männer, erkundigte sich interessiert: »Wofür haben Sie diesen Streifen bekommen? – Und wofür den da?« Dabei strahlte er immerzu von guter Laune. Das ›keep smiling‹ hat er nicht erst von uns gelernt.«

Ein Journalist kam im Juli 1947 zufällig in die Gegend von Landshut und wollte die niederbayrische Provinzstadt durchqueren. Eingangs der Stadt strenge Kontrollen durch amerikanische Soldaten, in der Stadt amerikanische Kontrollen, überall Streifen, um die evangelische Kirche war gar eine Bannmeile errichtet. Interessiert fragte der Journalist, wozu dieses Aufgebot gut sei. Endlich bekommt er eine knappe Auskunft: »Ne Hochzeit.«
Verwundert verläßt er das Städtchen und erfährt erst viel später, daß Wernher von Braun, der deutsche Raketenspezialist, nunmehr für die Amerikaner tätig, in Landshut – von seinen Schutzherren gut behütet – geheiratet hatte.

Wernher von Braun, Chefplaner der amerikanischen Raumfahrtbehörde, erschien vor dem Haushaltsausschuß des Repräsentantenhauses ohne seinen im letzten Urlaub zugelegten Bart. Der glattrasierte Raumfahrtmanager stellte klar, daß er angesichts des zusammengestrichenen NASA-Budgets nicht den Anschein erwecken wolle, er trage einen Bart »als Zeichen des Protests«.

Es war zu der Zeit, als die russischen Weltraumerfolge den amerikanischen Wissenschaftlern viel zu schaffen machten. Auch von Braun wurde immer wieder gedrängt, sein Programm zu beschleunigen. Was man von ihm erwartete, umschrieb der Gelehrte so: »Begreift doch bitte, daß ihr Unmögliches verlangt. Man erwartet von mir, daß ich mittels neun schwangerer Frauen in einem Monat ein Kind in die Welt setze!«

Wernher von Braun wurde von einem Redaktionsmitglied der ›Washington Post‹ gefragt, was er für die Feiern des 200jährigen Bestehens der Vereinigten Staaten vorzuschlagen habe.
Antwort: »Man könnte dann den amerikanischen Präsidenten in ein die Erde umkreisendes Weltraumlaboratorium bringen und sehen, wie's sich von da oben regiert.«

BRUNI, LEONARDO

(1369-1444) ital. Humanist

— * —

Bruni stand einmal vor dem prächtigen Grabdenkmal eines ganz unbedeutenden Menschen.

»Welche Schande«, sagte er, »daß ein Denkmal spricht, wo das Leben geschwiegen hat!«

BUBER, MARTIN

(1878-1965) jüd. Religionsphilosoph

— * —

Die Nazis bezeichneten den jüdischen Philosophen als einen »Erzjuden«, eine Bezeichnung, die in ihrem Sinne besonders abwertend gemeint war.

Buber sagte einmal, diese Benennung trage er wie einen Orden.

BUDDHA, SIDDHARTA GAUTAMA

(563-480 v. Chr.) ind. Religionsstifter

— * —

Ein Schüler fragte Buddha:

»Wie sollen wir uns zum weiblichen Geschlecht verhalten, Erhabener?«

»Als ob ihr es nicht sehen würdet!«

»Wenn wir es aber doch sehen, was sollen wir dann tun?«

»Nicht sprechen!«

»Aber wenn es zu uns spricht, Erhabener, was sollen wir dann tun?«

»Hell wach bleiben!«

Lust habe nur Sinn, wenn sie dauert, lehrte Buddha. Ein Schüler fragte:

»Ist das, was nicht dauert, Leid oder Lust?«

»Leid«, antwortete Buddha.

Wenn Buddha predigte, geschah es oft, daß dumme Menschen ihn beschimpften. Geduldig wartete Buddha ihre Flüche ab, dann antwortete er:

»Sohn, wenn ein Mensch die Annahme eines ihm gebotenen Geschenkes verweigert, wem gehört es dann?«

Einer der Brüller antwortete:

»Jenem, der es anbot!«

Buddha: »Ich verweigere die Annahme deiner Beschimpfung und verlange von dir, daß du sie für dich behältst.«

BUFFON, GEORGES, COMTE DE

(1707-1788) frz. Naturforscher

— * —

Buffon ging mit einer jungen Dame auf dem Land spazieren. Da fragte ihn die junge Naive, was denn eigentlich der Unterschied zwischen einem Stier und einem Ochsen sei.
»Sehen Sie«, sagte Buffon, »dort die Kälber umherhüpfen? Nun, der Stier ist ihr Vater, und die Ochsen sind ihre Onkel.«

Der Obergärtner des Jardin des Plantes sandte Buffon durch dessen Diener die beiden ersten Feigen. Unterwegs ließ der Diener sich verleiten, eine der Feigen zu essen. Buffon, der wußte, daß ihm zwei Feigen zugedacht waren, stellte ihn zur Rede:
»Wie hast du das nur machen können?«
»So«, erwiderte der Diener, und steckte auch die zweite Feige in den Mund.

BULTMANN, RUDOLF

(1884-1976) Theologe

— * —

Als Bultmann 1941 auf einer theologischen Tagung seine These von der Entmythologisierung des Neuen Testaments vortrug, wunderte er sich ein wenig, daß man seine Gedanken teilweise so heftig angriff. Verwundert sagte er:
»Aber das ist doch nur ein längst gestelltes, nur noch nicht erledigtes Problem.«

BUNSEN, ROBERT WILHELM

(1811-1899) Chemiker

— * —

Bei seinen Vorlesungen wurde Bunsen häufig durch einen Studenten gestört, der geräuschvoll sein Frühstücksbrot auswickelte und eine Stulle nach der anderen verzehrte.
Als das wieder einmal geschah, läutete Bunsen nach dem Pedell und sagte: »Bringen Sie dem Herrn einen Krug Bier. Ich kann es nicht mit ansehen, wie er seine Schnitten so trocken hinunterwürgt.«
Es kam nicht mehr dazu, den im allgemeinen Gelächter verdrückte sich der Student und ward nicht mehr gesehen.

BUONAMICI

(19. Jh.) ital. Romanist

— * —

Buonamici war in der ganzen Toskana dafür bekannt, daß er auf seine Kleidung keinen Wert legte. Eines Tages ging Victor Emmanuel II. am

Ufer des Arno spazieren und sah dort einen ärmlich gekleideten Mann, der angelte. Der König hielt ihn für einen Fischer und sprach ihn an:
»Habt Ihr etwas gefangen, guter Herr?«
Buonamici stand auf und zog den Hut.
»Nein, Majestät, noch gar nichts.«
»Ja, aber lebt Ihr denn vom Fischfang?«
»Nein, Majestät.«
»Und was habt Ihr sonst für ein Handwerk?« fragte der König.
Worauf Buonamici gelassen erwiderte: »Ich bin gerade heute zum Rektor der Universität Pisa ernannt worden.«

BURCKHARDT, JACOB

(1818-1897) Kulturhistoriker

— * —

Wilhelm von Bode war nach Basel gefahren und wollte den verehrten Professor Burckhardt bitten, seine Vorlesungen besuchen zu dürfen. Er suchte also die Gasse, in der Burckhardt wohnen sollte, dann die Hausnummer und fand ein kleines Haus mit einem Bäckerladen vor.
Vor dem Laden stand, so schien es, der alte Bäckermeister, kragenlos, hemdsärmelig. Den fragte Bode, wo der Professor wohne. Der Gefragte begleitete den Frager mit einem halb verlegenen, halb mißtrauischen Seitenblick eine Stiege hinauf, öffnete ein Zimmer und sagte:
»Wenn Sie Jacob Burckhardt sprechen wollen, so müssen Sie schon mit mir vorlieb nehmen.«

Zeitlebens ließ es Jacob Burckhardt nicht zu, daß Biographien oder Lebensbeschreibungen über ihn verfertigt oder gar gedruckt wurden.
Seine Begründung war lapidar: »Man soll nicht Literaten in meinem Nachlaß wühlen lassen.«

BURIDAN, JEAN

(1300-1358) Philosoph

— * —

Die Ermordung Jeannes von Burgund, der Gattin Philipps des Schönen, ist auf einen Interpunktionsfehler zurückzuführen. Bevor die Verschwörer zur Tat schritten, holten sie noch bei Buridan ein Gutachten ein. Er schrieb:
›Reginam interficere nolite, timere bonum est.‹
Und das heißt: »Tötet die Königin nicht, seid auf der Hut!«
Doch der Mann, der den Brief kopierte, schrieb:
›Reginam interficere nolite timere, bonum est.‹
Das aber heißt: »Fürchtet euch nicht, die Königin zu töten, es ist gut.«

BUTENANDT, ADOLF FRIEDRICH

(geb. 1903) Biochemiker

— * —

Bei Professor Schmidt, Dekan der Technischen Hochschule Danzig, ließ sich ein junger Mann anmelden. »Butenandt«, stellte er sich der Sekretärin vor, die den Jüngling sorgfältig musterte.
Dann wies sie ihn ab: »Der Herr Professor hat heute keine Besuchszeit für Studenten!«
Höflich fragte Butenandt und lächelte dabei: »Vielleicht aber für Professoren?«

BYRD, RICHARD EVELYN

(1888-1957) amerik. Flieger und Polarforscher

— * —

Der Südpolforscher Admiral Byrd zeigte einem Gast seine Trophäen.
»Eigentlich«, meinte der Admiral, »gehört all dieses Silberzeug meinen Hunden. Sie waren es, die mir zu meinen Entdeckungen verholfen haben.«

CARDANO, GERONIMO

(1501-1576) Arzt und Philosoph

— * —

Cardano hatte in den Sternen gelesen, er werde mit fünfundvierzig Jahren sterben. Er wurde fünfundvierzig, starb aber nicht. Da überprüfte er seine Berechnungen und entdeckte einen Irrtum. Er würde erst mit fünfundsiebzig sterben. Doch als er fünfundsiebzig war und sich dem Tod keineswegs nahe fühlte, da wurde es ihm zu dumm. Die Wissenschaft über alles! Er verweigerte jegliche Nahrung, und so hatte die Astrologie dennoch recht behalten, und er starb mit fünfundsiebzig.

CHEVREUL, EUGÈNE

(1786-1889) frz. Chemiker

— * —

Der französische Chemiker Chevreul wurde, als er hundert Jahre alt war, auf der Straße von zwei Leichenbittern umgeworfen, die dann das Weite suchten. Ein Passant half dem Greis aufstehn und schimpfte auf die Leichenbitter.
»Man muß ihnen zugute halten«, meinte Chevreul, »daß ich sie wirklich sehr lange warten lasse.«

COMPTON, ARTHUR HOLLY
(1892-1962) amerik. Physiker

— * —

Compton wollte seinen italienischen Kollegen in einem amerikanischen Institut besuchen. Er irrte durch dunkle Gänge, fand endlich einen jungen Mann und fragte nach Professor Fermi.
»Warten Sie bitte einen Moment, er wird sofort kommen!«
Der groß aufgeschossene Bursche verschwand hinter einer Tür. Compton brummte vor sich hin: »In meinem Institut würde kein Assistent einen so verschmierten Kittel tragen dürfen, wie ihn dieser Junge am Leibe hat.«
Nun ging die Türe wieder auf, der selbe junge Mann trat zu Compton, diesmal in einem blütenweißen Kittel, und stellte sich vor: »Fermi.«

COPELAND
(20. Jh.) Professor in Cambridge

— * —

Man fragte Copeland, warum er in seinen kleinen, staubigen alten Zimmern auf dem obersten Stock wohnen bleibe.
»Ich werde immer im obersten Stock bleiben«, erwiderte er. »Es ist der einzige Ort in Cambridge, wo nur Gott über mir ist.« Und dann fügte er hinzu: »Er hat zwar viel zu tun – aber er macht keinen Lärm.«

CROCE, BENEDETTO
(1866-1952) ital. Philosoph

— * —

Mussolini erklärte in einer Versammlung, er habe nie eine Zeile von Benedetto Croce gelesen. Aber insgeheim ließ er den Philosophen wissen, daß das natürlich nicht wahr sei. Er kenne sämtliche Bücher Croces.
Da meinte Croce: »Und trotzdem hat Mussolini in seinem Leben nur ein einziges wahres Wort gesprochen. Und das war, als er sagte, daß er keine Zeile von mir gelesen hat.«

CURIE, MARIE
(1867-1934) poln. Chemikerin

— * —

Als Marie, Studentin in Paris, den bekannten Wissenschaftler Pierre Curie heiratete, bestand ihr ganzes Vermögen aus zwei Fahrrädern, mit denen sie auf die Hochzeitsreise gingen.
Als sie vor dem Start die Reifen gehörig aufpumpten, meinte ein Freund, der sie verabschiedete: »Na, dann lebt mal schön von Luft und Liebe.«

Pierre und Marie Curie erhielten 1903 gemeinsam den Nobelpreis für Physik, doch als Frau Curie ihn 1911 außerdem allein noch für Chemie zugesprochen bekam, herrschte Neid unter den Berufskollegen.
Auf einer Gesellschaft wurde im Beisein der doppelten Preisträgerin recht direkt dagegen Stellung genommen. Da reckte Marie Curie ihre durch Radiumeinwirkungen verbrannte Hand und erklärte: »Sehen Sie, meine Herren, dieses Opfer hätte ich der Wissenschaft nicht gebracht, wenn mir die Nobelpreise nicht die Mittel dazu gegeben hätten.«

CURIE, PIERRE

(1859-1906) frz. Physiker

— * —

Pierre Curie war sehr zerstreut. Er tritt in einen Friseursalon.
»Haare schneiden, bitte«, sagt er.
»Gern«, erwidert der Friseur. »Aber darf ich Sie wohl bitten, den Hut abzunehmen?«
»O Verzeihung!« ruft Curie und zieht den Hut. »Ich wußte nicht, daß auch Damen da sind!«

CUVIER, GEORGES

(1769-1832) frz. Naturforscher

— * —

Als man die Bilder Raffaels auspackte, die dem König von Spanien gehörten, lud man verschiedene Gäste dazu ein, darunter auch Cuvier. Das erste Bild war ›Die Jungfrau mit dem Fisch‹. Alle waren in heller Begeisterung.
»Und Sie?« fragte man Cuvier. »Was sagen Sie dazu?«
»Er gehört zur Familie der Karpfen«, erwiderte Cuvier.

DACIER, ANDRÉ

(1651-1722) frz. Philosoph

— * —

Man fragte Dacier: »Welchen Dichter ziehen Sie vor – Homer oder Vergil?«
»Homer.«
»Und warum?«
»Weil er um mindestens tausend Jahre schöner ist.«

DARWIN, CHARLES ROBERT
(1809-1882) engl. Naturforscher

— * —

Nach Abschluß seines Studiums bot sich Darwin die Möglichkeit, an einer fünfjährigen Forschungsreise auf dem Schiff »Beagle« teilzunehmen. Nur ein Hindernis, ein unerwartetes, stellte sich ihm entgegen, als er bei dem Kapitän des Schiffes vorsprach: seine gewaltige Nase. Kapitän Fitzroy war der Meinung, ein Mensch mit solcher Nase könnte einfach nicht hinreichend genug Energie und Entschlossenheit für eine solche Reise mitbringen. Der Kapitän ließ sich jedoch überreden.
Später konstatierte Darwin: »Die Reise mit der ›Beagle‹ ist das bei weitem bedeutungsvollste Ereignis in meinem Leben gewesen und hat meine ganze Karriere bestimmt, und doch hing sie von einer so geringfügigen Kleinigkeit wie der Form meiner Nase ab.«

Als sich einmal ein Tierzüchter vor Darwin für die eigenen Züchtungen rühmte, erklärte der Naturforscher: »Nicht ein Mensch unter Tausend hat ein hinreichend scharfes Auge und Urteil, um ein ausgezeichneter Züchter zu werden. Sie scheinen mir einer unter 500 zu sein.«

Darwin stotterte. Als ihn jemand fragte, ob ihn das nicht sehr störe, entgegnete er:
»Im Gegenteil! Es ist mir lieb, denn dadurch habe ich Zeit, nachzudenken, bevor ich spreche.«

DAVY, SIR HUMPHRY
(1778-1829) engl. Chemiker und Physiker

— * —

Als man Davy fragte, welche seiner Entdeckungen er für die bedeutendste hielte, antwortete er:
»Die Entdeckung von Michael Faraday!«

DELESSERT, BENJAMIN
(1773-1847) frz. Philanthrop

— * —

Delessert, ein geistreicher und sehr beliebter Mann, ließ immer auf sich warten. Wenn man ihm daraus einen Vorwurf machte, sagte er:
»Was wollen Sie, meine Mutter hat mich um zwei Stunden zu spät in die Welt gesetzt, und diese zwei Stunden habe ich nie einholen können!«

DEMOKRIT

(um 460-340 v. Chr.) griech. Philosoph

— * —

Demokrit war recht groß. Darum war man erstaunt, daß er eine sehr kleine Frau heiratete. Demokrit erklärte sein Tun: »Von den Übeln wählt der Weise immer das kleinste!«

Als Hippokrates einmal Demokrit mit einem jungen Mädchen besuchte, begrüßte der Philosoph das Mädchen:
»Gruß dir, mein Mädchen.«
Als Hippokrates am nächsten Tag den Besuch mit dem Mädchen wiederholte, grüßte Demokrit diesmal:
»Gruß dir, Weib.«
Und es war das Mädchen tatsächlich in der vergangenen Nacht der Jungfernschaft verlustig gegangen.

Für den Scharfsinn des Demokrit steht folgende Anekdote:
Als ihm Milch gebracht wurde, schaute er sie genau an und sagte, sie sei von einer schwarzen Ziege, die das erste Mal Junge gehabt hätte.
Und es war in der Tat so.

DESCARTES, RENÉ

(1596-1650) frz. Philosoph

— * —

Ein Hofherr betrachtet im Louvre die Statue des Descartes.
»Wer war er denn eigentlich, dieser Descartes?« fragte er.
»Ein Philosoph«, lautete die Antwort.
»Ein Philosoph?« meinte der Hofherr. »Schade um den schönen Marmor!«

Der Herzog von Duras machte sich darüber lustig, daß Descartes große Vorliebe für gutes Essen hatte.
»Ja, meint Ihr denn«, sagte da Descartes, »daß die Natur die guten Dinge nur für die Unwissenden geschaffen hat?!«

DIAGORAS

(5. Jh. v. Chr.) griech. Philosoph

— * —

Dem atheistischen Philosophen Diagoras aus Melos zeigte ein Priester die Danktafeln geretteter Schiffbrüchiger und sagte:
»Nun wirst du doch nicht mehr daran zweifeln, daß es Götter gibt!«
Da erwiderte Diagoras: »Und wo ist die Liste der Ertrunkenen?«

Diagoras von Melos hatte in einer Schenke, wo es an Holz fehlte, ein hölzernes Standbild des Herkules in den Herd geworfen.
»Koch die Suppe«, sagte er. »Das soll deine letzte Arbeit sein!«
Daraufhin wurde gegen ihn die Anklage wegen Atheismus erhoben.

DICHTER, ERNEST
(geb. 14. 8. 1907) amerik. Wirtschaftspsychologe

— * —

Auf die Frage eines Journalisten, warum die Menschen so sehr der Macht der Mode erlägen, antwortete der Dichter:
»Die allgemein akzeptierte Diktatur der Mode beruht auf der geheimen Angst des Menschen, anders auszusehen als die anderen.«

DIDEROT, DENIS
(1713-1784) frz. Philosoph und Schriftsteller

— * —

Als Diderot in Rußland reiste, war er erstaunt darüber, wie schmutzig die Leibeigenen waren. Er sagte ein Wort zur Zarin, die ihm erwiderte:
»Warum sollten sie einen Körper pflegen, der ihnen ja nicht gehört?!«

Diderots Vater fabrizierte ausgezeichnete Lanzetten. Als man eines Tages von dem Ruhm seines Sohnes sprach, meinte er:
»Ich freue mich von Herzen darüber; wenn Sie aber wüßten, wie viele Lanzetten er mich gekostet hat!«

Man sprach von Rousseaus Bescheidenheit und alle waren sich in ihrem Lob einig; nur Diderot behauptete, Rousseau sei sehr hochmütig.
»Wie?« meinte einer der Anwesenden. »Da er sich doch ganz einfach als Bürger Rousseau ansprechen läßt?!«
»Wie naiv Sie sind«, spottete Diderot. »Rousseau läßt sich als ›Bürger‹ ansprechen, weil er sich nicht als Exzellenz ansprechen lassen kann.«

Man erkundigte sich bei Diderot nach Monsieur d'Epinay.
»Das«, erwiderte Diderot, »ist ein Mann, der zwei Millionen verfressen und vergeudet hat, ohne je eine gute Tat zu begehn oder ein gutes Wort zu sagen.«

Diderot hatte es auf sich genommen, einen Verwandten des kurz vorher gestorbenen La Condamine an höherer Stelle zu empfehlen. Als man ihn fragte, welchen Erfolg er gehabt habe, sagte er:
»Ich habe festgestellt, daß die Empfehlung eines Toten bei den Lebenden nur sehr geringen Wert hat.«

Man sprach über die Inschrift, die auf die neue Oper in Paris gesetzt werden sollte. Da schlug Diderot vor:
»Hic Marsyas Apollinem vexat – Hier schindet Marsyas den Apoll.«

»Ein Schriftsteller«, sagte Diderot, »kann eine Freundin haben, die Bücher schreibt. Aber seine Frau muß Hemden nähen können.«

In den letzten Jahren gelangen Fontenelle nur noch selten die geistreichen Worte, um derentwillen er berühmt war.
Diderot sagte von ihm:
»Er ist wie ein altes Schloß, in dem hin und wieder ein Geist umgeht.«

Voltaire: »Wenn es keinen Gott gäbe, müßte man ihn erfinden.«
Diderot: »Was man denn auch getan hat.«

Diderot kam einmal zu dem Buchhändler und Drucker Panckoucke, um die Fahnen seiner Enzyklopädie zu korrigieren.
Panckoucke war gerade dabei, sich anzuziehen, und Diderot half ihm. Panckoucke wollte das nicht zulassen, doch Diderot meinte:
»Ich bin nicht der erste Autor, der einem Drucker zu Kleidern verhilft.«

Als man in einer Gesellschaft ausgelassen ein pikantes Thema debattierte, entzog sich Diderot, nach seiner Meinung befragt, elegant dem ihm nicht genehmen Disput: »Meine Gedanken sind meine Dirnen.«

Im Salon der Madame d'Epinay übertreffen sich ein paar geistreiche Herren in Sentenzen über die Unsittlichkeit, deren gelungenste dann dem Philosophen den Beifall aller Anwesenden einbringt. Sich galant vor seiner Gastgeberin verbeugend, sagte er:
»Madame, ich muß gestehen: über die Unschuld sagt man nur dann etwas Gutes, wenn man ein bißchen verdorben ist.«

Von der Zarin Katharina sagte Diderot:
»Seine Hauptstadt am Ende des Reiches zu haben, heißt, sein Herz in den Fingerspitzen zu haben.«

Der Graf von Broglie wollte Diderot wegen dessen schwarzen Anzugs lächerlich machen und fragte:
»Tragen Sie vielleicht Trauer um die Russen?«
Worauf Diderot erwiderte:
»Wenn ich um eine Nation Trauer tragen will, so brauche ich nicht in der Ferne zu suchen.«

DIEFFENBACH, JOHANN FRIEDRICH

(1792-1847) Chirurg, Professor in Berlin

— * —

Dieffenbach, verdient um die plastische Chirurgie und die Bluttransfusion, sagte einmal:
»Ich bedaure lebhaft, kein Zeitgenosse des großen Byron gewesen zu sein. Ich würde ihn sicher von seinem Klumpfuß, der ihn sein Leben lang verbittert hat, geheilt haben.«

Dieffenbach wurde gerufen, die Frau von König Friedrich Wilhelm IV. zu operieren. Der Leibarzt der Königin empfing Dieffenbach:
»Verehrter Herr Kollega, wenn Sie nun im Begriffe stehen, an den Operationstisch zu gehen, dann bedenken Sie wohl, Sie haben das teure Leben der Landesmutter unter Ihrem Messer.«
Dieffenbach erwiderte kühl:
»Herr Geheimrat, wie meinen Sie Ihre Worte? Wenn ich das Messer in die Hand nehme, sehe ich nur einen leidenden Menschen vor mir, dem geholfen werden soll; welche Stellung er sonst im Leben einnimmt, ist mir vollständig gleichgültig.«

DIESEL, RUDOLF

(1858-1913) Ingenieur und Erfinder

— * —

Wie sehr der Name Diesel ein technischer Begriff geworden war, das mußte Diesels Sohn Eugen erleben, als er auf einer Reise in Kopenhagen Gast einer illustren Gesellschaft war. Als man ihn vorstellte:
»Dr. Eugen Diesel«, rief jemand in der Runde:
»Was – gibt es den auch als Mensch?«

DIOGENES

(412-323) griech. Philosoph

— * —

Diogenes soll in einer Tonne gelebt haben. Trotz der seltsamen Lebensweise, die sehr anstrengend gewesen sein muß, bewahrte sich der Philosoph seinen Humor.
Von ihm stammt folgende Anekdote:
Ein Mann rempelt mit einem Brett einen Passanten an und ruft dann: »Cave!« (Obacht).
Der Betroffene fragt: »Wieso Obacht? Kommst du noch einmal mit einem neuen Brett zurück?«

Zu jemandem, der schlecht von ihm sprach, sagte Diogenes:
»Niemand wird dir glauben, wenn du schlecht von mir redest, so wie niemand mir glauben würde, wenn ich gut von dir reden wollte.«

Diogenes wurde aus einer besonders langweiligen Stadt ausgewiesen. Der Abgesandte sprach zu ihm:
»Wir verurteilen dich, sofort abzureisen!« Darauf erwiderte Diogenes:
»Und ich verurteile euch, dazubleiben.«

Diogenes kam in eine kleine Stadt, die sehr stolz auf ihre übertrieben großen Tore war. Da sagte er:
»Man muß die Tore gut verschlossen halten, sonst entwischt die ganze Stadt.«

Diogenes, seinen täglichen Kohl putzend, rief dem Arstippus zu:
»Wenn du Kohl essen könntest, dann brauchtest du nicht den Großen zu schmeicheln.«
Worauf Arstippus in die Tonne zurückrief:
»Wenn du den Großen schmeicheln könntest, dann brauchtest du nicht Kohl zu essen.«

»Der glückliche Kallisthenes«, sagte jemand. »Er lebt am Hof Alexanders und kann an den üppigen Festmählern des Königs teilnehmen.«
»Man sollte ihn eher bedauern«, meinte Diogenes. »Denn er kann ja nur essen, wenn Alexander Hunger hat.«

Man fragte Diogenes, wie man die Mächtigen behandeln solle.
»Wie das Feuer«, sagte er. »Man soll sich von ihnen nicht zu nah und nicht zu fern halten.«

Diogenes wurde einmal beobachtet, wie er eine Statue um ein Almosen bat. Gefragt, erwiderte er:
»Ich übe mich bei einer Statue, um mich an die Haltung der Menschen zu gewöhnen.«

Welche Stunde die beste zum Einnehmen der Mahlzeiten sei, wurde Diogenes gefragt.
»Wenn man reich ist«, gab er zur Antwort, »ißt man, wann man will. Und wenn man arm ist, wann man kann.«

Man fragte Diogenes, was der Unterschied zwischen einem Philosophen und einem Dichter sei. Die Antwort ließ nicht lange auf sich warten:
»Ich liege in dem leeren Fasse, die Dichter liegen davor und saufen daraus.«

Diogenes wurde zum Sklaven gemacht, und seine Familie gab sich die größte Mühe, ihn freizukaufen.
»Die Narren!« rief er. »Ich, ein Sklave? Ein Sklave ist mein Herr, der mich nähren und kleiden muß.«

Diogenes war in Athen Schüler des eigenwilligen, aber hochgelehrten Antisthenes. Diogenes, der es unbedingt zu etwas bringen wollte, war nicht leicht abzuschrecken. Als einmal sein Lehrer den Stock gegen ihn erhob, sagte er furchtlos:
»Schlage nur zu, denn du wirst kein Holz finden, das hart genug wäre, mich fortzutreiben, solange ich dich noch reden höre.«

Diogenes lebte sehr sparsam. Als er einmal in Athen Feigen essend durch die Gassen spazierte, begegnete er Platon und sagte zu ihm:
»Du kannst auch teilnehmen.«
Und als Platon zulangte und aß, sagte Diogenes:
»Teilnehmen, sagte ich, nicht auffressen.«

Als man Diogenes kurz vor seinem Tode fragte, wie er begraben sein wolle, antwortete er:
»Auf dem Gesicht liegend.«
Befragt nach dem Grund, sagte er:
»Weil in kurzer Zeit das Untere zu Oberst gekehrt sein wird.«

Als Diogenes ein Kind Wasser aus den Händen trinken sah, warf er den Becher, den er in seinem Ranzen mit sich führte, weg und rief:
»Ein Kind ist mein Meister geworden in der Genügsamkeit.«

Ein Gelehrter las eine unendliche lange und langweilige Abhandlung vor. Endlich konnte man an einem nur noch halbbeschriebenen Blatte erkennen, daß der Schluß unmittelbar bevorstehe. Da sagte Diogenes zu den Versammelten:
»Mut, Ihr Männer, ich sehe Land.«

DIRICHLET, GUSTAV PETER

(1805-1859) Mathematiker

—*—

Die Schreibunlust des berühmten Mathematikers war sprichwörtlich. So wunderte es niemanden, daß er nach dem Eintreffen von Familiennachwuchs nur Telegramme mit dem Inhalt verschickte: $2 + 1 = 3$.

DOMAGK, GERHARD

(1895-1964) Bakteriologe

— * —

Gerhard Domagk erklärte seine Entdeckungen:
»Lieber einen einzigen Baustein zu neuer Erkenntnis liefern, als ein Leben lang tun, was andere vor einem getan haben!«

Als Domagk die These aufstellte:
»Gut ist, was dazu dient, das menschliche Leben zu erhalten, schlecht, was dazu dient, es zu zerstören«,
meinte er vorwiegend die Bakterien. Später ergänzte er, daß der größte Feind der Menschen der Mensch sei.

Der Arzt war ein begeisterter Farbfotograf. Einmal sagte er zu seinem Freund, dem Maler Emil Nolde, die Farbfototechnik werde bald so fortgeschritten sein, daß seine Bilder farbgetreu wiedergegeben werden könnten. Der Maler antwortete abwehrend: »Ich hoffe nicht!«

DONNE, JOHN

(1573-1631) Prediger und Schriftsteller

— * —

Zu Donne sagte man: »Schreiben Sie eine Predigt gegen das Laster, schonen Sie aber die Lasterhaften!«
»Und ich soll wohl auch die Karten verdammen«, erwiderte er, »die Falschspieler aber schonen?«

DRAKE, SIR FRANCIS

(um 1540-1596) engl. Seefahrer

— * —

Als Francis Drake von seiner Weltumseglung zurückkam, war sein Schiff mit Schätzen vollbeladen, Gold, Silber Perlen und Diamanten. Beute, die er in Südamerika den Spaniern genommen hatte. Elisabeth schlug ihn zum Dank zum Ritter.
Nicht viel später war der spanische Gesandte Mendoza bei Elisabeth und klagte Drake an:
»Wenn das so fortgeht, werden die Kanonen sprechen!«
Gelassen antwortete die Königin:
»Wer mich mit solchen Drohungen belästigt, wandert ins Gefängnis.«

DUCHESNE, LOUIS

(1843-1922) Prälat

—*—

Von einer Bulle des Papstes Pius X., die er nicht für angebracht hielt, sagte er:
»Diese Bulle könnte heißen: ›Digitus in oculo‹ – der Finger ins Auge!«

Seine boshaften Bemerkungen hätten Monseigneur Duchesne beinahe die Exkommunikation eingetragen. Im Ersten Weltkrieg sagte er zum Beispiel:
»Jetzt gibt es nur noch zwei Neutrale: Gott und den Papst. Aber Gott schreibt wenigstens nicht.«

DUDEN, KONRAD

(1829-1911) Lexikograph und Gymnasialdirektor

—*—

Eine junge Dame stellte auf einer Gesellschaft dem Hofrat Duden eine Menge recht törichter Fragen. Als sie schließlich auch wissen wollte, ob die englische Sprache schwierig zu erlernen sei, antwortete der Germanist: »Nicht im geringsten, Sie brauchen nur an Stelle der deutschen Wörter die englischen zu verwenden.«

DUDLEY, HARRY G.

(um 1900) amerik. Universitätsprofessor

—*—

Die Professoren einer Universität in einer landwirtschaftlichen Gegend Amerikas verlangten eine Gehaltserhöhung. Die Farmer im Parlament meinten, sie sähen nicht ein, warum man 10000 Dollar jährlich dafür bezahlen sollte, daß so ein Professor zwölf bis fünfzehn Stunden in der Woche redete. Alle Einwände waren fruchtlos, bis endlich Professor Dudley aufstand und erklärte:
»Meine Herren, ein Unversitätsprofessor ist ein wenig wie ein Stier; es kommt nicht darauf an, wieviel Zeit er braucht, sondern darauf, was er in dieser Zeit leistet.«

DULOT

(um 1650) frz. Abbé

—*—

Scarron fragte den Abbé Dulot, wie es dem Kardinal von Retz gehe.
Wissen Sie denn nicht«, sagte der Abbé, »daß ich seit langem nicht mehr in dem Haus verkehre, wo man so unhöflich war, mich in meiner Gegenwart zu verprügeln?«

DUNLOP, FRED

(um 1900) kanad. Arzt

— * —

Dr. Dunlop hinterließ in seinem Testament einem seiner Brüder seine Bücher, damit dieser Bruder endlich lesen lerne, einem anderen Bruder seine Weckeruhr, damit dieser andere Bruder wisse, wann man aufstehn solle. Seinem Schwager aber hinterließ er seine beste Pfeife, »aus Dankbarkeit dafür, daß er meine Schwester geheiratet hat, die kein Mensch von einigem Geschmack je genommen hätte«.

EDISON, THOMAS ALVA

(1847-1931) amerik. Ingenieur und Erfinder

— * —

Als junger Zeitungstelegraphist fragte Edison alle Leute, wie eigentlich Elektrizität wirke. Die beste Erklärung bekam er von einem schottischen Arbeiter der Montreal Telegraph Co.: »Wenn du einen Hund hast, sagen wir: einen Dackel, der so lang ist wie von Edinburgh nach London – zieh ihn in Edinburgh am Schwanz, und er wird in London bellen.«

Als Edison fünfundfünfzig war, fragte ihn ein Journalist:
»Darf man wissen, was Ihre Zukunftspläne sind?«
»Bis zu meinem fünfundsiebzigsten Jahr werde ich mich meiner Arbeit widmen«, erwiderte Edison. »Dann habe ich vor, Bridge zu lernen. Von achtzig bis fünfundachtzig will ich meine Zeit zwischen Golf und der Gesellschaft hübscher Frauen teilen.
»Und mit neunzig?«
Edison zuckte die Achseln.
»Was soll ich Ihnen da sagen? Über dreißig Jahre hinaus mache ich grundsätzlich keine Pläne.«

Edison war ein großer Raucher und merkte mißvergnügt, daß seine Freunde sich allzu reichlich mit seinen kostspieligen Havannazigarren bedienten. Da ließ er Zigarren aus Kohlbätter machen, die in braunes Papier gewickelt wurden.
Als er eine kleine Reise unternahm, legte er diese Zigarren auf seinen Schreibtisch. Als er heimkehrte, bemerkte er, daß dennoch die echten Havannazigarren weniger geworden waren.
»Was haben Sie denn mit diesen . . . diesen neuen Zigarren gemacht?« fragte er den Sekretär. »Die ich . . . hm . . . bestellt hatte?«
»Ach die! Ich habe angenommen, daß das eine Spezialmarke ist und habe sie Ihnen in Ihre Reisetasche gepackt.«
»Und ich habe Tag für Tag diese verdammten Dinger geraucht!« rief Edison entsetzt.

Ein Freund besuchte Edison in dessen Haus.
»Mein lieber Tom«, sagte er zu dem Erfinder, »deine Gartentüre geht aber verflucht schwer auf. Gerade du als Techniker solltest doch darauf halten, daß in deinem Haus alles gut funktioniert.«
Daraufhin führte Edison seinen Freund nochmals zu der Tür und zeigte ihm den Draht, der daran befestigt war.
»Siehst du«, sagte er, »dieser Draht gehört zu einem Mechanismus, mit dessen Hilfe jeder, der meinen Garten betritt, hundert bis hundertzwanzig Liter Wasser aus dem Brunnen in das Haus strömen läßt. Jetzt begreifst du, warum die Türe so schwer aufgeht.«

Eines Sommerabends sagte Mrs. Edison zu ihrem Mann: »Jetzt hast du genug gearbeitet, ohne dich auszuruhen. Nimm doch endlich Ferien!«
»Aber wohin soll ich gehn?« fragte Edison.
»Denk dir den Ort auf der Erde aus, an dem du am liebsten wärst, und geh dorthin!«
»Schön! Das tu ich schon morgen.«
Und am nächsten Tag war er wieder in seinem Laboratorium.

Edison war sehr zerstreut. Einmal kam er von einer Reise heim und klagte, er sei mit dem Rücken gegen die Fahrtrichtung gesessen und habe sich deswegen während der ganzen Reise elend gefühlt.
»Warum hast du denn nicht einen Gegenübersitzenden gebeten, den Platz mit dir zu wechseln?« fragte seine Frau.
»Wie hätte ich das tun sollen?« meinte er. »Ich war doch allein im Abteil«

In der Nachbarschaft von Edisons Heim in Jersey hatten elektrische Stürme allerlei angerichtet. Ein Freund fragte ihn, wie man ein Gebäude gegen solche Schäden sichern könnte.
»Wie wär's mit einem Blitzableiter?« fragte der Freund.
»Was für ein Gebäude ist es denn?«
»Eine Kirche.«
»Ja«, meinte Edison, »dann setzen Sie nur Blitzableiter darauf. Die Vorsehung kann manchmal sehr zerstreut sein.«

Im Jahre 1912 war Edison erkrankt, und auf dringendes Zureden seiner Familie ließ er endlich einen Arzt kommen. Der Arzt erschien, untersuchte ihn und verschrieb ihm eine Medizin. Edison ließ die Medizin kommen und schüttete sie zum Entsetzen der Familie zum Fenster hinaus.
»Was tust du da?« fragte ein Freund.
»Meine Lieben«, erwiderte Edison, »die Ärzte wollen leben, und so habe ich einen Arzt kommen lassen. Die Apotheker wollen leben, und so habe

ich die Medizin bestellt. Und ich will auch leben, und darum habe ich die Medizin aus dem Fenster geschüttet.«

»Ist es wahr«, fragte Edisons Enkel den Großpapa, »daß du die erste Sprechmaschine erfunden hast?«
»Nein, mein Junge: die erste Sprechmaschine hat der liebe Gott erfunden, und er hat sie ›Frau‹ genannt.«
»Und welche Sprechmaschine ist besser? Deine oder die vom lieben Gott?«
»Nun, die vom lieben Gott ist unvergleichlich hübscher, aber meine hat den Vorteil, daß man sie jederzeit abstellen kann.«

EHRLICH, PAUL

(1854-1915) Chemiker

—*—

Die klinischen Semester verbrachte Ehrlich in Breslau. Die Verankerung bestimmter chemischer Stoffe in bestimmten Geweben suchte er zunächst durch Farbstoffe zu bestätigen. In Professor Heidenhains Laboratorium experimentierte er mit dem Erfolg, daß der Arbeitsraum mit den verschiedensten Farben verschmiert war. Dann zog er zu Professor Funke um. Das Resultat war das gleiche.
Entsetzt schreibt Professor Funke an seinen Kollegen Heidenhain: »Die Spuren von Ehrlichs Fleiß sind unverwüstlich.«

EIBL-EIBESFELD, IRENÄUS

(geb. 1928) Verhaltensforscher

—*—

Einem Pärchen, das in einer Faschingsnacht einander an den Lippen hing, flüsterte der zur Unkenntlichkeit kostümierte Wissenschaftler zu: »Der Kuß ist nichts als eine Weiterentwicklung der Nahrungsübertragung von Schnabel zu Schnabel, wie sie bei Vögeln üblich ist.«

EINSTEIN, ALBERT

(1879-1955) Physiker

—*—

»Mein Herr, da fehlt noch'n Sechser«, sagte ein Berliner Straßenbahnschaffner zu dem in tiefes Nachdenken versunkenen Professor, der ahnungslos über seine Zahlgrenze hinausgefahren war. »Da fehlt noch'n Sechser«, wiederholte der Schaffner nun ungeduldiger.
Ein wenig verlegen suchte Einstein nach der fehlenden Münze und entschuldigte sich: »Ja, ja, Kopfrechnen schwach.«

Der fast menschenscheue Wissenschaftler lebte still zurückgezogen. Erholung von seiner Arbeit bedeutete ihm das Geigenspiel ohne Zuhörer. Als der Lustspieldichter Molnar ihn einmal dabei überraschte und lachte, wies ihn Einstein zurecht: »Warum lachen Sie, Molnar? Ich lache auch nicht in Ihren Lustspielen.«

Als Einstein nach Amerika übersiedeln wollte, beredete ihn ein betrügerischer Agent, sein ganzes Vermögen von 20000 Dollar in lauter schlechten Papieren anzulegen. Ein Freund erfuhr das noch rechtzeitig, rettete, was zu retten war und legte das Geld für Einstein an. Zwanzig Jahre lang kümmerte Einstein sich um nichts. Dann erklärte ihm der Freund, aus den damals angelegten 20000 seien 200000 Dollar geworden.
»Hör einmal«, sagte Einstein, »ich plage dich nicht mit der Relativitätstheorie: laß du mich mit Aktien und Dividenden in Ruhe!«

Einstein besichtigt mit seiner Frau das Observatorium auf dem Berg Palomar, das größte der Welt. Die Astronomen zeigen ihm stolz ihre ungeheuren Instrumente.
»Was machen Sie eigentlich mit diesen komplizierten Apparaten?« fragt Frau Einstein.
»Wir versuchen, die Probleme des unendlichen Weltalls zu ergründen«, erwidert einer der Gelehrten.
»Mein Gott«, sagt Frau Einstein. »Das macht mein Mann auf der Rückseite alter Briefumschläge!«

Albert Einstein war Ehrengast bei einem Bankett des Swarthmore Colleges. Als er eine Rede halten sollte, stand er auf und sagte:
»Meine Damen und Herren, es tut mir aufrichtig leid, aber ich habe nichts zu sagen.«
Damit setzte er sich; er hörte ein erstauntes Gemurmel, stand abermals auf und erklärte:
»Sobald ich etwas zu sagen habe, komme ich wieder.«
Sechs Wochen später telegraphierte er dem Präsidenten.
»Jetzt habe ich etwas zu sagen.«
Und der Präsident veranstaltete abermals ein Bankett.

Albert Einstein spielt dem bekannten Cellisten Piatigorsky auf seiner Geige vor.
»Wie gefällt Ihnen mein Spiel?« fragte der große Physiker schüchtern.
Piatigorsky ist ein wenig verlegen. Endlich sagt er: »Relativ gut.«

Ein Nachbar Albert Einsteins in Princeton hatte eine Tochter von acht Jahren, die jeden Nachmittag zu dem Gelehrten hinüberging. Endlich meinte die Mutter, sie müsse sich doch bei Einstein entschuldigen.

»Ganz überflüssig«, sagte Einstein. »Ihre Besuche machen mir viel Vergnügen; wir verständigen uns ausgezeichnet miteinander.«
»Was können Sie mit einem achtjährigen Mädchen denn reden?«
»Oh, das ist sehr interessant! Ich weiß es zu schätzen, daß sie mir jedesmal saure Bonbons mitbringt, und sie weiß es zu schätzen, daß ich ihr die Rechenaufgaben mache.«

Einstein selber hat behauptet, seiner Meinung nach gäbe es nur zwölf Zeitgenossen, die wirklich seine Relativitätstheorie verstehen könnten. Er selber erklärte sie einem Neugierigen recht simpel:
»Sitzt du eine Stunde neben einem süßen Mädel, wird es dir nur wie eine Minute vorkommen. Sitzt du hingegen eine Minute auf einem heißen Ofen, wird es dir bestimmt wie eine Stunde vorkommen.«

Einstein erklärte einem Freund, was alles aus seiner Relativitätstheorie entstehen könne:
»Eins weiß ich genau: Wenn alles gut geht, werden die Deutschen sagen, ich bin ein Deutscher, und die Franzosen werden sagen, ich gehöre der ganzen Welt. Wenn es aber schiefgeht, dann werden die Franzosen sagen, ich bin ein Deutscher, und die Deutschen werden sagen, ich bin ein Jud.«

ELIOT, CHARLES W.

(um 1900) Präsident der Harvard University

— * —

Kurz vor seinem Rücktritt sagt Eliot:
»Als ich mit fünfunddreißig Jahren schon zum Präsidenten gewählt wurde, gab ich mich vielleicht ein wenig zu würdig und zu streng. Und wenn die Studenten mich sahen, sagten sie: ›Dort geht der alte Eliot.‹ Jetzt bin ich fünfundsiebzig, und wenn die Studenten mich sehen, sagen sie: ›Dort geht Charlie‹.«

EMERSON, RALPH WALDO

(1803-1882) amerik. Philosoph

— * —

»Am Ende«, sagte Emerson, »wird jeder Held langweilig.

»Man muß«, sagte Emerson, »die Menschen in sehr kleinen Dosen genießen.«

Als Carlyle an Emerson schrieb, um einige biographische Daten von ihm zu erhalten, blieb er drei Jahre ohne Antwort. Schließlich schrieb ihm Emerson: »Betrachten Sie mich als einen Tropfen Wasser im Ozean auf der Suche nach einem andern Tropfen.«

Ein Nachbar Emersons borgte sich einen Band Plato von ihm aus.
»Hat es Ihnen gefallen?« fragte Emerson, als der Nachbar nach einiger Zeit das Buch zurückbrachte.
»Und wie!« sagte der brave Mann. »Dieser Plato hat doch ganz dieselben Ideen wie ich!«

»Wir müssen gegen einen Menschen ebenso höflich sein wie gegen ein Bild, dem wir doch die beste Beleuchtung gönnen.«

EPIKTET

(1. Jh. n. Chr.) griech. Philosoph

— * —

Epiktet war zuerst Sklave. Sein Herr preßte ihm ein Bein mit einem Folterwerkzeug.
»Wenn du nicht achtgibst, wirst du es brechen«, sagte Epiktet.
Der rohe Römer ließ nicht ab und brach tatsächlich Epiktet das Bein.
»Siehst du?« sagte Epiktet gelassen. »Ich habe es dir vorausgesagt.«

ERASMUS VON ROTTERDAM

(1466-1536) Humanist

— * —

In seinen »sinnreichen Anekdoten« erzählte Erasmus auch folgende Begebenheit:
Ein Meßpfaffe hatte gerade den Opferstock geleert und trug das Geld nun bei sich in einer prallen Tasche. Ein Dieb, der ihn beobachtet hatte, trat auf den Geistlichen zu und fragte:
»Ob Ihr mir helfen könnt? Ich soll für unseren Pfarrer einen neuen Chorrock kaufen – er hat justament dieselbe Figur wie Ihr. Wärt Ihr wohl so freundlich, an seiner Stelle den Rock in einem Laden anzuprobieren?«
Der Meßpfaffe wollte dem Spitzbuben gern den Gefallen tun und betrat mit ihm das Geschäft. Bei der Anprobe freilich mußte er die Tasche ablegen – die ergriff der Dieb und rannte davon. Nun konnte man sehen, wie der Pfaffe dem Gauner nachrannte, der Verkäufer aber dem Pfaffen, denn der neue Chorrock war nicht bezahlt.
»Haltet den Dieb!« rief der eine.
»Haltet den Pfaffen!« der andere.
Die Leute aber hielten den Geistlichen auf, weil doch ein frommer Herr nicht so in seinem Meßgewand wild auf der Straße herumrennt. So entkam der Dieb mit der Beute.

Der Landesvater Luthers, Kurfürst Friedrich der Weise, traf in Köln den Philosophen und nützte die Gelegenheit, von ihm zu erfahren, was er

von Luther hielte. Erasmus gab den Bescheid:
»Luther hat zwei große Sünden begangen, indem er dem Papst an die Krone und den Mönchen an die Bäuche gegriffen hat. Aber dennoch ist seine Lehre ernst und schriftgemäß.«
Beruhigt fuhr der Kurfürst in sein Land zurück.

Als Erasmus erfuhr, daß an verschiedenen Orten Frankreichs Luthers Schriften verbrannt worden sind, prophezeite er:
»Man beginnt mit der Verbrennung von Büchern und wird mit der Verbrennung von Menschen enden.«

Der Papst machte Erasmus Vorwürfe, weil der Gelehrte während der Fastenzeit Fleisch gegessen hatte.
»Heiliger Vater«, erwiderte Erasmus, »meine Seele ist gut katholisch, aber mein Magen ist Lutheraner.«

Ob nicht das Fegefeuer eine gar zu harte Strafe für die Menschen sei, fragte man Erasmus von Rotterdam. Er ließ Zweifel daran aufkommen, ob man die Lehre vom Fegefeuer gar so wörtlich nehmen müsse und ergänzte:
»Es wärmt die Pfaffenküche, darum müssen sie es in Gang halten.«

ESRA, ABRAHAM IBN
(um 500 v. Chr.) jüdischer Gelehrter

— * —

Esra war weit und breit als Pechvogel bekannt. Alles, was er anrührte, schlug fehl. Und so sagte er einmal scherzend:
»Wenn ich Leichentücher herstellen werde, wird die Menschheit aufhören zu sterben.«

EUKLID VON ALEXANDRIA
(um 300 v. Chr.) griech. Mathematiker

— * —

Euklid gab Unterricht. Nachdem ein junger Mann den ersten Lehrsatz der Geometrie verstanden hatte, fragte er seinen Lehrer:
»Was nützt mir nun diese Wissenschaft?«
Euklid rief einen Sklaven und forderte ihn auf:
»Gib dem jungen Mann eine Münze, denn er möchte von seinen Wissenschaften einen Nutzen haben.«

FARADAY, MICHAEL

(1791-1867) engl. Physiker und Chemiker

— * —

Anläßlich einer Europareise übernachtete der englische Gelehrte am 17. September 1841 in Heilbronn. Lange stand er in dieser Nacht am Fenster seines Gasthofzimmers und beobachtete eine Erscheinung am Himmel, ein geheimnisvolles Licht, daß sich ständig sacht bewegte. Faraday konnte keine Erklärung dafür finden.
Am nächsten Morgen entpuppte sich der geheimnisvolle Himmelskörper als die Laterne des Nachtwächters, der auf der Galerie des Turmes nach Feuerschäden Ausschau hielt.

Mitte des vergangenen Jahrhunderts gab es auch in England verschiedene Zirkel, die sich mit Okkultismus abgaben, besonders das Tischerücken war ein beliebter ›Sport‹. Man bat Faraday, diese Angelegenheit näher zu untersuchen. In einem Zeitungsartikel stellte er dann fest, daß die geheimnisvollen Kräfte rein menschlicher Natur seien. Neben Anerkennung bekam Faraday nun auch Angriffe gläubiger Fanatiker zu spüren. In einem Brief klagte der Wissenschaftler einem Freund:
»Was ist unsere Welt für ein schwaches, abergläubiges, ungläubiges, glaubensloses, verwegenes, ängstliches, was für ein lächerliches Ding, was den Geist der Menschen anbelangt. Ich erkläre, daß, wenn ich den Mittelwert vieler Leute nehme, die mir in letzter Zeit vorgekommen sind, und diesen Mittelwert als Norm ansehe, daß ich, was Gehorsam, Zuneigung und Instinkt anbelangt, ihnen einen Hund vorziehe. Verraten Sie das aber niemandem sonst.«

FAVORINUS

(geb. 135) Philosoph

— * —

Favorinus führte häufig lange Gespräche mit dem Kaiser Hadrian und gab dem Kaiser am Ende immer recht. Einmal machte Hadrian ihm daraus einen Vorwurf. Da meinte Favorinus:
»Es ist gefährlich, recht zu haben, wenn man mit einem Mann disputiert, der seine Argumente mit dreißig Legionen bekräftigen kann.«

FÉNÉLON, FRANÇOIS

(1651-1715) frz. Theologe und Schriftsteller

— * —

Als Bischof Fénélon Almosenier des Königs war, sah Ludwig XIV. eines Sonntags zu seinem größten Erstaunen, daß anstelle des üblichen Gedränges nur er und der Bischof beim Gottesdienst anwesend waren.

»Was soll das bedeuten?« fragte der König.
»Nun«, erwiderte Fénélon, »ich habe die Nachricht aussprengen lassen, daß Eure Majestät heute dem Gottesdienst nicht beiwohnen werden, damit Sie sehen können, Sire, wer hierher kommt, um zu Gott zu beten, und wer, um dem König zu schmeicheln!«

Bischof Fénélon hatte den Kardinal Richelieu längere Zeit um eine Zuwendung für ein wohltätiges Werk gebeten, aber alle seine Bemühungen waren fehlgeschlagen. Als er Richelieu eines Tages im Louvre traf, bemerkte Fénélon:
»Eben habe ich dort in dem Saal ein Porträt von Ihnen gesehen.«
»Und haben Sie es um ein Almosen gebeten?« fragte spöttisch der Kardinal.
»Nein. Ich wußte, daß es zwecklos wäre«, erwiderte Fénélon. »Das Bild hat Ihnen zu ähnlich gesehen.«

FERMI, ENRICO
(1901-1954) ital. Physiker

— * —

Fermi wollte seinen Freunden die Relativitätstheorie erklären.
»Es ist doch ganz einfach«, sagte er. »Denkt an eure Hochzeitsreise. An vierzehn Tage Flitterwochen.«
»Ja, und was dann?«
»Und dann stellt euch vierzehn Tage mit eurer Frau vor, wie sie jetzt ist. Da habt ihr die ganze Relativitätstheorie!«

Nach der Verleihung des Nobelpreises 1938 entschloß sich der italienische Wissenschaftler, nicht mehr in Mussolinis Italien zurückzukehren. Er fuhr nach Amerika. Der Einwanderungsbeamte auf Long Island testete ihn: »Wieviel ist 15 und 27?«
Fermi antwortete: »100 plus 50 weniger 108!«
Der Beamte wurde böse: »Sie haben hier exakte Antworten zu geben! Also, wieviel ist 27 plus 15?«
Kleinlaut antwortete der Nobelpreisträger: »Wenn ich mich nicht irre, wahrscheinlich 42!«

Mit 22 Jahren war Fermi bereits Dr. phil. in Rom und fiel einer bildhübschen und blutjungen Dame wegen seines albernen Lachens während der Vorlesung auf. Die Dame fiel Dr. Fermi ebenfalls auf und nach wenigen Stunden Bekanntschaft riet er ihr, sich mit ihm zu verheiraten.
Das junge Fräulein antwortete ziemlich schnippisch: »Danke, ich habe keine Lust, Liebe mit trockenem Brot zu genießen.«
Ein paar Wochen später waren sie verheiratet.

FEUERBACH, LUDWIG
(1804-1872) Philosoph

—*—

Feuerbach, wiewohl Religionsgegner, hatte doch eine Vorliebe für den Klang der Kirchenglocken. Eine ungleich tiefergehende Widersprüchlichkeit seines Wesens beschrieb der Denker einmal mit den Worten: »Ich wollte, ich wäre Holzhacker geworden.«

Heidelberg verließ er als Student in einem »höchst zerrissenen, unglücklichen, unentschiedenen Zustand«, um in Berlin bei Hegel zu studieren. Nach zwei Jahren wandte er sich von Hegel ab und bekannte dem berühmten Lehrer offen:
»Ich habe zwei Jahre ungeteilt Ihrer Philosophie gewidmet. Nun habe ich aber das Bedürfnis, mich in das direkte Gegenteil zu stürzen, ich studiere nun Anatomie.«

FLAMMARION, CAMILLE
(1842-1925) frz. Astronom

—*—

In einem Pariser Salon fragt eine Dame Flammarion:
»Was ist hinter dem Mond?«
»Das weiß ich nicht.«
»Warum ist es dieses Jahr so trocken gewesen?«
»Das weiß ich nicht.«
»Waren auf dem Kostümball der Marsmenschen die Kostüme wissenschaftlich richtig?«
»Das weiß ich nicht.«
Da meinte die Dame: »Sie scherzen, Meister! Welchen Sinn hat es eigentlich, ein Gelehrter zu sein?«
»Daß man manchmal antworten kann: ›Das weiß ich nicht.‹«

FLEMING, SIR ALEXANDER
(1881-1955) engl. Bakteriologe

—*—

Vier Sätze Sir Flemings umreißen ein ganzes Wissenschaftlerleben:
»Überall, wo ich hinkomme, danken mir die Leute dafür, daß ich ihnen das Leben gerettet habe. Ich weiß nicht, warum sie das tun. Ich habe nichts getan. Die Natur macht das Penicillin, ich habe es nur gefunden.«

Flemings erste akademischen Grade waren die in England üblichen M. B. und B. S. Ein paar Tage vor der Prüfung zum M. B. nahm Fleming an

einem Zwölf-Meilen-Marsch teil, den er, mit Schottenrock angetan, gewonnen hatte.
Am Prüfungstag war ein großes Bild von ihm im »Daily Telegraph«. Von der Prüfung berichtete Fleming:
»Ich saß in der Schlußprüfung des M. B., und es wurde die Frage nach der relativen Luftfeuchtigkeit und nach ihrer Wirkung auf die menschliche Leistungsfähigkeit gestellt. Da ich wenig oder gar nichts darüber wußte, erzählte ich dem Prüfenden von dem Gewaltmarsch des Samstag, und verglich dabei die Vorteile des Kilts gegenüber den Hosen der anderen Teilnehmer, mit dem Ergebnis, daß ich aus der Prüfung mit Ehren hervorging.«
Verschmitzt setzte Fleming hinzu: »Der Prüfer war ein Schotte.«

FOERSTER, KARL
(1874-1970) Botaniker und Staudenzüchter

— * —

Zu den schönsten Blüten, die Foerster züchtete, gehörten seine Stilblüten. So findet sich in seinen Erinnerungen der Satz: »Das Leben ohne Phlox ist ein Irrtum.«
»Aber auch die Bemerkung: »Das Enzianblau der Iris erinnert mich an den ebenholzfarbenen Schreibtisch einer mißverstandenen Frau.«

FOURNIER, GERARD
(um 1900) österr. Historiker

— * —

Professor Fournier hatte eine Biographie Napoleons geschrieben. Da die Biographie anscheinend nicht sehr amüsant war, und da Fournier rote Haare hatte, sagte ein Kollege von ihm:
»Das ist der rote Fadian, der sich durch Napoleons Leben zieht.«

FRANCKE, AUGUST HERMANN
(1663-1727) Theologe und Pädagoge

— * —

Als Francke die Pfarre Glauchau – ein Vorort von Halle – übernahm, empfing man ihn mit größtem Mißtrauen, denn sein Vorgänger im Pastorat saß wegen »Unzucht im Beichtstuhl« im Gefängnis, und die soziale Struktur seiner Gemeinde verhieß nichts Gutes, denn die vorhandenen 200 Häuser beherbergten nicht weniger als 37 Schankstätten.
Francke: »Lauter Brunnen in der Wüste, aber sie stillen den Durst nicht, weil hier das Geld wie Sand zerrinnt.«

FRANZ VON ASSISI
(1182-1226) Franziskanermönch

— * —

Nach der Bekehrung gab Franziskus all sein Geld für eine kleine Pfarrei her. Sein Vater aber hatte von der Sinneswandlung des Sohnes gehört und suchte ihn überall mit grimmiger Rache. Über einen Monat hielt Franziskus sich vor ihm in einer Grube verborgen.
In dieser Zeit der Läuterung erwarb er die Kraft, sich den Flüchen seiner Verfolger offen zu stellen. Über seinen Vater soll er gesagt haben:
»Oft stehen die Söhne gegen ihre Väter auf. Mir ergeht es umgekehrt.«

FREUD, SIGMUND
(1856-1939) Begründer der Psychoanalyse

— * —

In seinen Forschungen über den Witz charakterisierte Freud die sich wandelnden Klagerufe einer vornehmen Gebärenden: Der Arzt, der gebeten worden ist, der Frau Baronin bei der Entbindung beizustehen, befindet, der Moment sei noch nicht gekommen. Er spielt mit dem Baron im Nebenzimmer eine Kartenpartie und wartet ab. Da hören beiden den Ruf: »Ah mon Dieu, que je souffre!«
Der Baron springt auf, doch der Arzt läßt sich nicht rühren.
Nach einer Weile hört man: »Mein Gott, mein Gott, was für Schmerzen!«
Auch da beruhigt der Arzt den Ehemann, noch sei es nicht so weit. Als jedoch der Schmerzruf: »Ai, waih, waih« ertönte, wirft der Arzt die Karten weg und sagt: »Nun.«

Der Wiener Begründer der Psychoanalyse sprach nach dem Zusammenbruch der Donaumonarchie mit einem Reporter. Beinahe resigniert meinte der weltberühmte Forscher:
»Österreich-Ungarn ist nicht mehr. Anderswo möchte ich nicht hin. Emigration kommt für mich nicht in Frage. Ich werde mit dem Torso weiterleben und mir einbilden, daß es das Ganze ist.«

»Daß die Ehe nicht die Veranstaltung ist, die Sexualität des Mannes zu befriedigen, getraut man sich nicht laut und öffentlich zu sagen . . . die Stärke des Witzes liegt nun darin, daß er es doch – auf allerlei Umwegen – sagt.«

Irgend jemand hatte einmal den Entdecker der Psychoanalyse einen »Columbus« genannt, der einen »neuen Kontinent« entdeckt hat: das Unterbewußtsein.

Binswanger fragte Freud einmal, wie er zu seinen Patienten stehe. Freuds Antwort:
»Den Hals umdrehen könnte ich ihnen allen.«

Maria Bonaparte, Prinzessin von Griechenland, Schülerin Freuds und Psychoanalytikerin Edgar Allan Poes, soll im Gespräch einmal Freud ein Genie genannt haben. Worauf Freud entgegnete:
»Genies sind unerträgliche Menschen. Sie brauchen nur meine Familie zu fragen, und Sie werden erfahren, wie leicht man mit mir zusammenleben kann. Also bin ich bestimmt kein Genie.«

Als es im September 1939 im britischen Rundfunk hieß, dies werde sicher der letzte Krieg sein, wurde Freud von Dr. Schur gefragt:
»Können Sie glauben, daß dies nun der letzte Krieg ist?«
Freud, kurz und trocken:
»Mein letzter Krieg.«

In künstlerischen Dingen war Freud kein Avantgardist. Als Ernest Jones ihn einmal fragte, ob er wohl meine, daß der Dadaismus eine psychotische Grundlage habe, antwortete Freud:
»Er ist zu idiotisch für irgendeine anständige Verrücktheit.«

FÜRBRINGER, MAX

(19. Jh.) Anatom

— * —

Fürbringer war in Kleidungsangelegenheiten sehr sorglos. Eines Abends, bei einem großen Souper, fällt ihm der genähte, aber nicht sehr festsitzende Schlips in den vollen Suppenteller.
»O Herr Professor!« ruft die Nachbarin. »Ihr Schlips!«
»Das ist nicht weiter schlimm«, sagte Fürbringer, zieht den Schlips aus der Suppe und trocknet ihn an seinem Ärmel. »Heute morgen ist er mir schon bei einer Obduktion in die Bauchhöhle eines Selbstmörders gefallen.«

GALIANI, FERDINANDO

(1728-1787) ital. Geistlicher, Schriftsteller und Philosoph

— * —

Abbarte Galiani, einer der geistreichsten Männer seiner Zeit, sandte Papst Benedikt eine Sammlung Lavasteine vom Vesuv und schrieb dazu das Wort des Evangeliums: »Mach, daß diese Steine zu Brot werden!« Der Papst verstand, wie es gemeint war, und setzte Galiani eine Rente aus.

Abbate Galiani ist eines Tages mit König Ferdinand in Portici. Ein Wolkenbruch überrascht die Gesellschaft. Der König und einige Herren seines Gefolges flüchten in ein Bauernhaus und schließen die Türe hinter sich. Galiani muß draußen bleiben. Als der Regen vorbei ist, fragt ihn der König:
»Nun, Ihr seid ja schön naß geworden, nicht?«
»Natürlich«, erwidert Galiani, »in die Arche Noahs sind ja auch nur die Tiere hineingekommen.«

Anläßlich einer Vorstellung bei Hof sagte der Abbate Galiani von der Stimme der Arnould:
»Das ist das bezauberndste Asthma, das ich je gehört habe!«

Abbate Galiani sah in einer ziemlich dunklen Galerie des königlichen Palastes in Neapel eine Frau von hinten, deren runde Formen höchst weltliche Gefühle in ihm erregten. Er konnte sich nicht enthalten, ihr auf das, was er mit so viel Gefallen sah, einen Klaps zu geben. Die Frau drehte sich um – es war die Königin: Galiani faßte sich schnell und sagte:
»Madame, wenn das Herz Eurer Majestät so hart ist, wie jener Körperteil, den zu berühren ich die Ehre hatte, so bin ich verloren.«

Galiani ist bei einer Dame zu Gast, deren Nase recht verunglückt war. Im Gespräch erklärt Galiani, es gebe überhaupt keine häßlichen Frauen. Worauf die Hausfrau lächelnd sagt:
»Sie werden doch kaum behaupten wollen, daß ich nicht häßlich bin?«
»Sie, Madame?« erwidert Galiani. »Ein Engel, der vom Himmel gefallen ist! Nur leider auf die Nase.«

Der Abbé Galiani war bei Helvetius mit anderen Philosophen zu Tisch; der liebe Gott hatte, wie gewöhnlich in diesem Kreise, keine gute Presse. Da meinte Galiani:
»Wäre ich der Papst, wo würde ich euch der Inquisition übergeben; wäre ich der König von Frankreich, so müßtet ihr in die Bastille. Doch da ich weder das eine noch das andere bin, komme ich nächsten Donnerstag wieder zum Mittagessen.«

Der König von Neapel hatte unter seinen vielen Titeln auch den eines Königs von Jerusalem; natürlich ohne irgendwelche Herrscherbefugnisse. Eines Tages fragte der König Galiani, der vom Geistlichen auch nur den Titel hatte:
»Wo ist denn eigentlich Ihr Sprengel?«
»Das wissen Sie nicht, Sire?« erwiderte Galiani. »In Ihrem Königreich Jerusalem.«

Galiani war zum Mittagessen geladen, und durch seine spöttischen Reden reizte er einen der Anwesenden, der schließlich rief:
»Herr Abbate, Sie sind sehr unverschämt. Säße ich neben Ihnen, so hätten Sie jetzt schon eine Ohrfeige. Betrachten Sie sich also als geohrfeigt!«
Darauf erwiderte Galiani: »Ich trage keinen Degen; säße ich aber neben Ihnen, so würde ich mir einen Degen leihen und ihn Ihnen durch den Leib rennen. Betrachten Sie sich also als tot!«

Bei seiner letzten Krankheit sagte Galiani zu seinen Freunden:
»Ich habe eine Einladung der Toten erhalten; sie langweilen sich und bitten mich, zu kommen und ihre Unterhaltung zu beleben.«

GALILEI, GALILEO (1564-1642) ital. Naturforscher

— * —

Als man Galilei vorwarf, seine Forschungsergebnisse stimmten nicht mit der Auffassung der Bibel überein, und er wolle doch die Bibel nicht des Irrtums zeihen, antwortete der Mathematiker:
»Die Bibel kann nicht irren, wohl aber ihre Ausleger.«

GALL, FRANZ JOSEPH
(1758-1828) Arzt, Entdecker der Schädellehre

— * —

Gall untersuchte die Insassen eines Irrenhauses, um Beweise für seine Theorien zu finden. Zu einem Mann sagte er nach eingehender Untersuchung:
»Ihrem Schädel nach sind Sie vollkommen gesund!«
Da erwiderte der Untersuchte:
»Ja, aber das kommt daher, daß man mir während der Revolution den Kopf abgeschlagen und einen andern aufgesetzt hat.«

GAMA, VASCO DA
(1469-1524) portug. Seefahrer

— * —

Auf seiner zweiten Reise nach Indien geriet Vasco da Gama mit seinem Schiff in einen furchtbaren Sturm. Die Matrosen hatten die größte Angst, aber Vasco erklärte:
»Was wollt ihr denn? Es ist das Meer, das vor unserm Anblick erbebt!«

GAUSS, CARL FRIEDRICH
(1777-1855) Mathematiker

— * —

Gauß war schon im Volksschulalter besonders schlagfertig. Einmal traf er am Braunschweiger Dom den stadtbekannten Onkel Heinke, der es liebte, verblüffende Fragen zu stellen.
»Na, mein Junge«, sagte Heinke. »Siehst du da oben auf dem Turm die Wespe?«
»Nee«, sagte Gauß, »aber ich höre sie summen.«

GÉNIN, FRANÇOIS
(1803-1856) frz. Sprachforscher

— * —

Génin, der sehr geschätzte Philologe, hatte die ersten Bände eines seltenen Werkes verliehen und vergeblich zurückgefordert. Endlich schickte er dem Ausleiher auch noch die übrigen Bände und schrieb:
»So hat doch wenigstens einer von uns das Werk komplett. Und zwar Sie, da Sie nicht wollen, daß ich es sei, was mir freilich natürlicher erschienen wäre.«

GRUBER, WENZEL (1814-1890) österr. Anatom

— * —

Professor Gruber war nicht ins Theater zu bringen. Einmal gelang es seinen Freunden, ihn in die Oper zu schleppen. Er schaute kaum auf die Bühne, sondern brummte nur mißmutig:
»Lauter Dummheiten! Lauter Dummheiten!«
Dann aber trat die Tänzerin Adele Grantzow auf, und der Professor ließ das Opernglas nicht von den Augen. Seine Freunde triumphierten schon; da, als der Tanz beendet war, senkte Gruber das Glas und sagte begeistert:
»Was für Muskeln! Was für Muskeln! Schade, daß ich sie nicht noch heute im Laboratorium präparieren kann!«

GRZIMEK, BERNHARD
(geb. 24. 4. 1909) Tierarzt, Zoodirektor, Schriftsteller

— * —

Im Herbst 1969 verhandelte Bundesminister Ehmke mit Professor Grzimek – von Haus aus Tierarzt – über dessen Beraterrolle bei der Bonner Regierung in Naturschutzfragen. Im Nu ging das Bon(n)mot um: »Zoodirektor Grzimek soll Bonns hohe Tiere verarzten.«

Als Grzimek einmal in Berlin ist, fragt ihn ein Schuljunge: »Wissen Se ooch, warum det so is, dat der Löwe Löwe heeßt?«
Grzimek denkt einen Augenblick nach, da verrät ihm der Steppke: »Na klar doch, weil er durch de Wüste löwt.«
Grzimek merkt, was los ist und fragt den Jungen: »Und der Tiger, warum heißt der so?«
Nun grübelt der Schüler und meint schließlich: »Weil er durch die Wüste tigert.«
»Nein«, sagt Grzimek. »Auch, weil er durch die Wüste ›löwt‹, aber viel gewaltiger.«

HABER, FRITZ
(1868-1934) Chemiker

—*—

In Jena studierte Fritz Haber drei Semester bei Ludwig Knorr. Für die langwierige Kleinarbeit des organischen Chemikers konnte er sich aber nicht erwärmen und verließ Jena. Seine Ansicht: »Dieses ideenlose Gekoche interessiert mich nicht!«

Der schwedische Forscher Svante Arrhenius hatte errechnet, daß der Goldvorrat des Meeres auf acht Milliarden Tonnen anzusetzen sei. Auch Fritz Haber versuchte, diesen Goldvorrat für Deutschland zu gewinnen. Doch bald resignierte er vor den Schwierigkeiten: »Ich habe es aufgegeben, nach dieser zweifelhaften Stecknadel im Heuhaufen zu suchen.«

In Karlsruhe lebte Haber in einem geselligen Kreis. Über dem Stammtisch seiner Lieblingswirtschaft hing der Spruch: »An diesem Tische darf etwas gelogen werden.«

Als es Haber gelungen war, das erste flüssige Ammoniak herzustellen, begab er sich voller Begeisterung zu seinem Lehrer Engler und sagte: »Herr Geheimrat, es tropft!«

HAECKEL, ERNST
(1834-1919) Zoologe

—*—

Haeckel im Brief an einen Freund: »Es ist eigentümlich, daß sich gerade diejenigen Menschen am meisten gegen die Abstammung vom Affen sträuben, die sich in ihrer geistigen Entwicklung am wenigsten von ihm entfernt haben.«

Haeckel, der Medizin studiert hatte, erhielt 1858 in Berlin seine Approbation als praktischer Arzt. Der Beruf jedoch war ihm verhaßt, und er legte seine Sprechstunden auf morgens 5–6 Uhr, damit er ja von Patienten verschont bliebe.

Als 1868 seine ›Natürliche Schöpfungsgeschichte‹ erschien, erhob sich ein Sturm der Entrüstung, hauptsächlich von der Kirche entfacht. Haekkel bot dem Rektor seiner Universität in Jena seinen Rücktritt an, doch der Kurator nahm ihn nicht an: »Mein lieber Haeckel, Sie sind noch jung, und Sie werden sich schon noch zu reiferen Lebensanschauungen durcharbeiten.«

Nach Erscheinen seiner ›Natürlichen Schöpfungsgeschichte‹ rief ihn sein höchster Vorgesetzter, der Landesfürst Karl Alexander, Großherzog von Weimar, zu sich. Er legte den Arm um Haeckels Schulter und meinte jovial: »So etwas denkt man wohl, mein lieber Professor, aber man läßt es nicht drucken.«

HAHN, OTTO
(1879-1968) Chemiker

— * —

Theodor Heuß hat berichtet, Hahn habe ihn spüren lassen, er fühle sich des Amtes des Präsidenten der Max-Planck-Gesellschaft eigentlich nicht würdig. Auf die Frage, wieso er denn Bedenken habe, sagte Hahn mit zögernder Verschmitztheit: »Ich bin ja nur Oberrealschüler!«

Hahns Deutung des Elements Radium war nicht nach dem Geschmack des Geheimrats Tamman. Während einer Tagung der Bunsengesellschaft trug Hahn seine Theorie des Atomzerfalls vor. Tamman war anderer Meinung:
»Was Herr Dr. Hahn mitteilt, bleibt unbewiesen, und die Stellung des Radiums als Element fragwürdig.«
Hahn konterte sofort: »Der Geheimrat irrt.«
Die gelehrte Gesellschaft erstarrte ob dieser Kühnheit. Später sagte ein Freund zu Hahn:
»Mein Lieber, wenn Sie es in Deutschland zu etwas bringen wollen, dann widersprechen Sie niemals einem Geheimrat!«
Verlegen antwortete Hahn: »Gott behüte mich davor, daß man mir jemals diesen Titel aufbürdet. Mich plagen übrigens andere Sorgen . . .«

Im Ersten Weltkrieg war Otto Hahn Offizier. Sein Oberst stellte ihn einem anderen Offizier vor: »Leutnant Hahn ist in Zivil Professor und hat das Mesothorium entdeckt!«
Der Offizier fragte: »Ich denke, Leutnant Hahn ist Chemiker, was hat er denn mit vorsintflutlichen Tieren zu tun?«

Als Assistent des weltberühmten Rutherford führte sich Otto Hahn als der Entdecker eines neuen Elements, Radiothor geheißen, ein. Natürlich waren alle gegen den ›Neuen‹, und ein berühmter Chemiker, Boltwood, später ein Freund Hahns, warnte Rutherford:
»Die Substanz, die dieser Mister Hahn gefunden hat, scheint ein neues Amalgan zu sein. Zu seinen Komponenten gehören eine erhebliche Qualität Borniertheit und Thorium X.«

Otto Hahn war immer ein Gegner des Nationalsozialismus gewesen. So konnte er es sich leisten, spezielle Wünsche der Partei zu ignorieren.
»Die Partei ließ uns in Ruhe«, erzählte er 1946, »weil sie in gewisser Weise Angst vor uns hatte, und weil sie glaubte, wir würden Entdeckungen machen, die ihr helfen könnten, die Welt zu beherrschen.«

HANNEMANN

(um 1900) Professor in Berlin

— * —

Zu der Zeit, da noch der Kampf um die Feuerbestattung tobte, hielt Professor Hannemann in einem Berliner Handwerkerverein einen Vortrag über die Hygiene der Leichenverbrennung. Plötzlich erhob sich ein Tischler und schlug die schwielige Faust krachend auf den Tisch.
»Und ick sage«, schrie er, »Kiefernsärje sind doch det jesündeste.«

HARICH, WOLFGANG

(geb. 19. 12. 1923) Philosoph

— * —

Harich, Dozent für Marxismus an der Ostberliner Humboldt-Universität, wollte Brecht zur Lektüre eines sehr dickleibigen philosophischen Werks überreden. Brecht aber bat um ein Konzentrat von zwei Seiten: »Im Austausch gebe ich Ihnen einen Kriminalroman und verrate Ihnen den Täter.«

HEGEL, GEORG WILHELM FRIEDRICH

(1770-1831) Philosoph

— * —

Hegel soll auf dem Sterbebett gesagt haben: »Von allen meinen Schülern hat mich nur einer verstanden – und der hat mich falsch verstanden.«

Auf einer Versammlung des Verbands deutscher Schriftsteller in Baden-Württemberg gab der Stuttgarter Kulturreferent Dr. Schumann folgende Hegel-Anekdote zum besten:

Ein Seminarist machte den Philosophen begründet darauf aufmerksam, daß er in seiner jüngsten Vorlesung Folgerungen aus einigen angeblichen Tatsachen gezogen habe, die so nicht zuträfen. Darauf Hegel: »Um so schlimmer für die Tatsachen.«

Als man 1931 an der Berliner Universität mehrere Veranstaltungen zum Gedenken an Hegels 100. Todestag vorbereitete, stellte die philosophische Fakultät den Antrag, man möge die Hegelsche Kolossalbüste aus dem Uni-Areal für die Feiern ins Audimax transportieren. Man wollte das auch tun, doch vorher stellten Statistiker Berechnungen an. Ergebnis: Die Büste blieb, wo sie war, weil sich herausstellte, daß die Fundamente des Audimax für den Kopf Hegels nicht stabil genug waren.

Auf die Frage, ob denn niemand die gesellschaftlichen Regeln auf Dauer zu ändern vermöchte, sagte Hegel skeptisch:
»Mag einer auch noch so viel mit der Welt herumgezankt haben, umhergeschoben worden sein, zuletzt bekommt er meistens doch sein Mädchen und irgendeine Stellung, heiratet und wird ein Philister so gut wie die anderen auch.«

Gegen die komplizierte Fachsprache des Philosophen Hegel polemisierte der Theologe Schleiermacher:
»Was ist das relative Nichtsein in dem unmittelbaren Umsich-, Ansich- und Fürsichsein der passiven Kausalität des Absoluten? Antwort: Ein Loch im Hemde der Muttergottes.«

HEIDEGGER, MARTIN

(1889-1976) Philosoph

— * —

Einer der besten »Heidegger-Kenner«, Karl Löwith, umriß einmal in einem Satz das Wirken des Philosophen:
»Heidegger gibt nicht Beweise, sondern verrätselte Hinweise.«

HEINKEL, ERNST

(1888-1958) Flugzeugkonstrukteur

— * —

1911 unternahm Heinkel auf dem Canstatter Rasen einige kurze, erfolgreiche Flüge. Dann plötzlich stürzte er, als er eine enge Kurve fliegen wollte, ab. Schwerverletzt wurde er aus den Trümmern geborgen. Trotz der Schmerzen spöttelte er: »Anscheinend habe ich mich verflogen.«

Der Gründer der Heinkel-Werke in Warnemünde war bei seinen Arbeitern wegen seiner ausgeprägten Gerechtigkeit beliebt. Als ihm einmal ein Werkmeister sagte:
»Sie haben halt das rechte Herz für die Leute, Herr Professor«, antwortete Heinkel:
»Nun, nun, das Herz ist zwar des Menschen edelster Teil, soll es aber in der Welt etwas taugen, muß es auch gut gesotten sein – nicht zu weich und nicht zu hart!«

HEISENBERG, WERNER
(1901-1976) Physiker

— * —

Heisenberg bestand darauf, daß jedes Wort, das von ihm wiedergegeben wurde, hundertprozentig stimmte. Einem Journalisten erklärte er auch, warum:
»Natürlich bilde ich mir nicht ein, immer nur druckfertige Sätze zu formulieren, im Gegenteil, ich bin überzeugt, daß ich oft Unsinn rede, aber der Unsinn hat dann wenigstens meinen eigenen Stil!«

HELMHOLTZ, HERMANN LUDWIG FERDINAND
(1821-1894) Physiker und Physiologe

— * —

Als Helmholtz eines Tages dem Großherzog von Weimar vorgestellt wurde, ließ sich jener wie gewohnt von seinem Adjutanten ein Stichwort zuflüstern, um eine angemessene Unterhaltung beginnen zu können. Der Adjutant hatte Helmholtz' wichtigste Erfindung, nämlich ›Augenspiegel‹ hingeraunt. Der Großherzog aber hatte nicht richtig verstanden, er stutzte, zögerte einen Augenblick und begrüßte dann den Professor: »Ah, sieh da, Eulenspiegel!«

In Königsberg war Helmholtz außerordentlicher Professor. Mit seinen Forschungsarbeiten kam er gut zurecht, nur die Einnahmen aus seiner Lehrtätigkeit waren sehr gering: »Ich habe sieben angemeldete Zuhörer, von denen abwechselnd drei bis fünf erscheinen, je nach Wetter.«

Der Professor für Physik prüfte einen gut beschlagenen Kandidaten. Die Prüfung war mehr eine geistreiche Plauderei. Helmholtz bemerkte: »Herr Kandidat, Sie kennen mein Gesetz von der Erhaltung der Energie; können Sie ein recht plausibles Beispiel dafür anführen?«
Der junge Mann wagte den Scherz: »Nach dem Examen, Herr Geheimrat, werde ich mich um genau soviel erleichtert fühlen, wie ich während des Examens Schweiß vergossen habe!« Helmholtz reichte ihm die Hand:

»Dann ist es aber höchste Zeit, Schluß zu machen, damit Sie mir nicht noch in die Luft gehen.«

Eine junge Dame fragte Helmholtz:
»Ach, Herr Professor, können Sie mir den Unterschied zwischen konvex und konkret erklären?«
»Doch, natürlich«, erwiderte Helmholtz. »Das ist der gleiche Unterschied wie zwischen Gustav und Gasthof.«

HELVÉTIUS, CLAUDE ADRIAN
(1715-1771) frz. Philosoph

—*—

Der Philosoph Helvétius war ein großer Jäger, aber in seinem Revier richteten die Wildschützen viel Schaden an. Da er ein sehr milder Mann war, drückte er beide Augen zu. Nicht so seine Gattin, die den Hegern Auftrag gab, jeden Wildschütz festzunehmen. Und so wurde einer zu einer Geldstrafe verurteilt und ihm überdies das Gewehr konfisziert. Das bereitete Helvétius schlaflose Nächte. Und schließlich suchte er den Wildschütz auf, gab ihm die Strafsumme und auch das Geld für ein neues Gewehr. Doch auch Madame Helvétius bereute, was sie getan hatte. Und so ging auch sie zu dem Wildschütz, gab ihm ebenfalls die Strafsumme zurück und dazu das Geld für ein neues Gewehr.

HERAKLIT
(um 540-480 v. Chr.) griech. Philosoph

—*—

Heraklit war ein entschiedener Gegner der Demokratie: »Viele sind schlecht, wenige nur gut, einer gilt mir zehntausend, falls er der Beste ist.«

Als Heraklit im Artemistempel mit Kindern würfelte, drängelten sich die Epheser erstaunt, dieses Schauspiel zu betrachten. Doch der Philosoph rief ihnen zornig zu: »Was wundert ihr euch, heiloses Gesindel? Ist dies nicht eine anständigere Beschäftigung als mit euch Staatsgeschäfte zu führen?«

Heraklit bejahte den Krieg: »Krieg ist aller Dinge Vater, aller Dinge König. Die einen erweist er als Götter, die anderen als Menschen, die einen macht er zu Sklaven, die anderen zu Freien.«

HERDER, JOHANN GOTTFRIED

(1744-1803) Kulturphilosoph, Theologe

— * —

Hinter seinem Rücken hörte Herder jemanden in einer Unterhaltung sagen:
»Hätte ich einen unbegabten Sohn, den ließe ich Pfarrer werden.«
Herder drehte sich rasch um, musterte den Redner und warf ein:
»Ihr Vater war offensichtlich anderer Meinung.«

Als man in Weimar Goethes Drama ›Die natürliche Tochter‹ aufführte, konnte Herder es sich nicht verbeißen, den berühmten Autor mit dem geschmacklosen Kompliment, seine ›Natürliche Tochter‹ sei ihm lieber als sein natürlicher Sohn, zu verdrießen.

Als Herder nach Italien gereist war, äußerte ein dortiger Abbate seine Verwunderung darüber, daß ein angesehener deutscher Geistlicher seine ihm anvertraute Herde so lange ohne Aufsicht und Weide lasse.
»In Deutschland«, sagte Herder, »haben wir zum Glück die Stallfütterung eingeführt.«

HERTZ, HEINRICH

(1857-1894) Physiker

— * —

Im April 1877 immatrikulierte sich Hertz an der Technischen Hochschule München, kümmerte sich aber wenig um den Vorlesungsbetrieb, sondern besuchte mehr die Museen und das Theater. Für daheim hatte er eine höchst einfache Ausrede: »Hier ist leider beständig Feiertag, so daß von einem ordentlichen Kolleg eigentlich keine Rede sein kann.«

Die Lehrtätigkeit in Kiel machte Hertz herzlich wenig Freude. Und so begann er einmal eine Vorlesung: »Meine Herren, Sie verstehen mich nicht. Es muß ja sehr langweilig für Sie sein. Ich möchte lieber aus 1001 Nacht vorlesen.«

HIPPOKRATES

(um 460-377 v. Chr.) einer der ersten wissenschaftlichen Ärzte

— * —

Freunde des Philosophen Demokrit glaubten, als sie dessen Lehre nicht mehr begreifen konnten, er sei dem Wahnsinn verfallen. Man bat Hippokrates, den angeblich Geisteskranken zu besuchen. Als der Arzt zurückkam, lautete seine Diagnose:
»Demokrit ist der klügste Mann, dem ich je begegnet bin. Sein Geistes-

zustand ist so hervorragend, daß mir nicht in den Sinn kam, für den Besuch ein Honorar zu nehmen. Denn nicht Demokrit hat von dem Gespräch profitiert, wohl aber ich.«

Hippokrates schätzte die Personalunion Arzt–Philosoph hoch ein: »Ein Arzt, der zugleich Philosoph ist, ist einem Gotte gleich.«

Neider beschuldigten Hippokrates, er habe Auszüge aus der Bibliothek seines Lehrmeisters Cnidus gemacht und danach habe er sie in Brand gesetzt, damit kein anderer Sterblicher mehr an die Wissensquellen herankonnte.

HOFMANN, AUGUST WILHELM
(1818-1892) Chemiker

— * —

Der Berliner Chemiker Hofmann pflegte seine Vorlesungen mit Witzen zu würzen, die sich jedoch häufig wiederholten. So wußten seine Studenten schon im voraus, daß in einem bestimmten Zusammenhang immer der Scherz auftauchte: »Eine bekannte Dame meinte, Benzol rieche nach gewaschenen Handschuhen.«
Eines Tages, als der Professor wieder diesen Satz einflocht, kam er nur bis »Eine bekannte Dame meinte . . .«, den Rest des Satzes rief ein Student in den Saal. Hofmann zögerte einen Augenblick, dann sagte er konziliant: »Ach, Sie haben die Dame auch gekannt?«

HORKHEIMER, MAX
(1895-1973) Philosoph und Soziologe

— * —

Horkheimer erwiderte auf die Frage, warum er bis zu einem gewissen Grad für die Enzyklika Papst Pauls zur Pille eingetreten sei:
»Ich glaubte, ein Beispiel für kritische Theorie liefern zu sollen. Daher sagte ich mir: Nein, jetzt gilt es zu zeigen, was für diesen Fortschritt geopfert werden muß, die wahre Liebe. Natürlich habe ich damals nicht sagen können und kann es auch heute nicht, was wir gegen solchen Verlust tun können. Aber ist es nicht schon etwas, wenn wir es ins Bewußtsein heben? Die Pille ermöglicht die Geburtenregelung. Gut. Aber daß sie in der Gesellschaft tiefe und bedenkliche Veränderungen bewirkt, muß ausgesprochen werden. – Die ganze Liebesliteratur, mit ihrem zentralen Motiv der unerfüllten oder gar unerfüllbaren Sehnsucht nach dem anderen Menschen, ist heute museal, ›Romeo und Julia‹ ein Museumsstück, das Fortgeschrittene eigentlich schon nichts mehr angeht!«

HUFELAND, CHRISTOPH WILHELM
(1762–1836) Berliner Arzt

— * —

Hufeland, der bekannte Verfasser der ›Makrobiotik‹, eiferte bei jeder Gelegenheit gegen das Branntweintrinken, das in Berlin sehr verbreitet war. Ein geschäftstüchtiger Fabrikant nannte daraufhin eine neue Branntweinsorte, die er herausbrachte, ›Doppel-Hufeländchen‹. Der Mann machte ein glänzendes Geschäft.

Ein ebenso reicher wie geiziger Mann wollte bei Hufeland Rat einholen. Als er ihn im Hause eines gemeinsamen Freundes traf, nahm er ihn beiseite und schilderte ihm alle Symptome seiner verschiedenen Leiden.
»Sagen Sie mir, Herr Doktor, was ich tun soll?«
»Einen Arzt kommen lassen«, erwiderte Hufeland.

HUMBOLDT, ALEXANDER, FREIHERR VON
(1769-1859) Naturforscher und Geograph

— * —

Humboldt lernte in einer amerikanischen Wüste einen frischgetauften Indianer kennen. Er fragte ihn, ob er den Bischof von Quebec gekannt habe. »Ob ich ihn gekannt habe?« erwiderte der Indianer. »Ich war unter denen, die ihn gegessen haben!«

Seine ›Kosmosvorlesungen‹ im großen Saal der preußischen Singakademie hatten enormen Zulauf. Alles, was Rang und Namen hatte, war anwesend. Humboldt versuchte auch, das schwierige Thema mit möglichst volkstümlichen Worten zu bewältigen, was ihm aber selten gelang. Sein Auditorium kam mehr in den Genuß, bedeutende Stunden mitzuerleben, denn etwas davon zu verstehen.
Ein Kritiker faßte diesen Zustand zusammen: »Der große Raum faßte die Zuschauer nicht, und die Zuschauer faßten Humboldts Gedanken nicht!«

Die ›New York Tribune‹ druckte am 25. 11. 1856 eine Erklärung des Wissenschaftlers über das Chamäleon ab: »Eine Eigentümlichkeit dieses Tieres ist sein erstaunliches Vermögen, zur gleichen Zeit in verschiedene Richtungen zu sehen. Es kann mit einem Auge in den Himmel, mit seinem anderen aber auf die Erde sehen. Es gibt viele Kirchendiener, die dasselbe können.«

Alexander von Humboldt hatte eine recht böse Zunge, und wenn er in Gesellschaft war, machte er über jeden Gast, der sich gerade verabschiedet hatte, seine Glossen.

In einem Haus, wo er oft verkehrte, war auch ein Monsieur de Gerando häufig Gast, blieb aber meist nur eine Stunde; einmal aber konnte Gerando sich nicht entschließen zu gehn, sondern stand erst auf, als Humboldt bereits gegangen war.
»Wollten Sie mir vielleicht noch etwas sagen?« fragte die Hausfrau. »Sonst sind Sie ja nie so lange geblieben.«
»Nein, nein, Madame«, erwiderte Gerando, »aber ich habe begriffen, daß auch ich zu den Opfern gehören würde, wenn ich vor Herrn von Humboldt wegginge, und so wollte ich einmal bleiben, um die Verwundeten auf dem Schlachtfeld zu zählen.«

HUME, DAVID

(1711-1776) schott. Philosoph und Historiker

— * —

David Hume und Lady Wallace überquerten miteinander den Firth of Forth. Ein Sturm brach los und die Reisenden waren in großer Unruhe. Da sagte die Lady zu Hume:
»Wenn wir jetzt zur Speise für die Fische werden sollten – wen von uns beiden würden sie zuerst fressen?«
»Die Fresser würden sich auf mich stürzen«, meinte Hume, »aber die Feinschmecker unter ihnen werden sich gewiß an Eure Ladyschaft halten.«

Hume hatte sich mit seinen Arbeiten eine Jahresrente von tausend Pfund gesichert. Freunde und Bewunderer drängten ihn, seine Geschichte Englands bis in die jüngste Zeit fortzusetzen.
»Meine Lieben«, sagte er, »ich habe vier Gründe, nicht mehr zu schreiben: Ich bin zu alt, zu dick, zu faul und schließlich zu reich.«

David Hume ging trotz seiner Skepsis dann und wann zu dem Gottesdienst des orthodoxen schottischen Geistlichen John Brown. Als seine Freunde ihn fragten, wie er das mit seiner Weltanschauung vereinbaren könne, sagte er:
»Ich glaube nicht alles, was er sagt; aber er glaubt es. Und einmal in der Woche höre ich gern einem Mann zu, der glaubt, was er sagt.«

HUTTEN, ULRICH VON

(1488–1523) Humanist, Ritter

— * —

Hutten fand an einem erneuerten Stadttor in Rom die Jahreszahl MCCCCLX. Er nahm einen Kohlestift und ergänzte die Buchstaben wie folgt:

Multi caeci cardinales craeverunt caecum Leonem X. (Viele blinde Kardinäle haben den blinden Leo X. gewählt)

Eines Tages begegnet Hutten auf der Reise einem Abt, der klagt:
»Ich habe alle Eßlust verloren, ich werde zu dick, ich muß in einem Bad eine Kur machen.«
»Oh, dagegen weiß ich ein Wundermittel, kommt mit auf meine Burg«, schlug Hutton dem Abte vor, der das Angebot annahm, auf der Burg aber sogleich in einem Zimmer eingeschlossen ward und dort ein paar Tage ohne Speise und Trank verbringen mußte. Danach fragte ihn Hutten, ob er Eßlust verspüre.
»Oh, ja, recht sehr«, versetzte der Abt. Hutten ließ ihm ein gutes Mahl servieren.
»Seht Ihr wohl, daß mein Mittel bewährt ist«, neckte der Ritter. »Nun ist es auch billig, den Arztlohn zu zahlen.«
Der geprellte Abt sah, daß er ohne zu zahlen von seinem Arzte nie mehr loskäme und zahlte widerwillig die geforderten 200 Golddukaten.

Der streitbare Ritter war lange Zeit ein Mitkämpfer Luthers. Später aber trennten sich ihre Wege. In einem Brief an Luther begründete Ulrich von Hutten seine Abkehr:
»Unser beider Gesinnung unterscheidet sich insofern, als meine menschlich ist; du, der schon Vollkommenere, ganz am Göttlichen hängst.«

HYRTL, JOSEPH

(1810-1894) Wiener Anatom

— * —

In Wien lehrten zwei Anatomen, Hyrtl und Langer. Langer war ein Pedant, Hyrtl sehr großzügig.
Einmal hatten sie einen Prüfling vor sich. Zuerst kam Langer, er hatte einen Oberschenkelknochen in seinen Rockärmel gesteckt, so daß nur die obere Epiphyse zu sehen war, und forderte den Prüfling auf, nach dem sichtbaren Teil anzugeben, ob es ein rechter oder linker Knochen und ob er von einem Mann oder einer Frau sei. Dann kam die Reihe an Hyrtl. Er nahm den Knochen zwischen die Finger und hielt ihn dem Prüfling hin:
»Herr Kandidat, Sie haben schon, ohne den Knochen zu sehen, viel darüber auszusagen gewußt. Jetzt werden Sie mir leicht beantworten können, an welcher Krankheit der Mensch gestorben ist, wie er hieß, und wo er gewohnt hat.«

IHERING, RUDOLF VON
(1818-1892) Rechtslehrer

— * —

Als Ihering in Göttingen römisches Recht lehrte, übernahm er juristische Gutachten nur noch selten.
Eines Tages erschien bei ihm der Unterhändler einer französischen Gesellschaft und bat um ein solches Gutachten für einen Prozeß, in dem es sich um einen Fall internationaler Rechtsprechung und um eine riesige Geldsumme handelte. Ihering wollte ablehnen, doch der Abgesandte drang so beredt auf ihn ein, daß der Professor schließlich erklärte:
»Nun gut, aber viel Zeit habe ich nicht. Stellen Sie mir eine Schreibkraft zur Verfügung, dann diktiere ich das Gutachten sofort.«
So geschah es. Die französische Gesellschaft gewann den Prozeß und überwies Ihering das höchste Honorar, das er je erhalten hatte.

ISOKRATES
(436-338 v. Chr.) griech. Redner

— * —

Ein sehr geschwätziger junger Mann kam zu dem großen Redner Isokrates, um bei ihm die Kunst der Rede zu lernen. Isokrates verlangte von ihm das doppelte seines gewöhnlichen Preises.
»Ich muß dich nämlich zwei Künste lehren; die Kunst zu reden und die Kunst zu schweigen.«

JASPERS, KARL
(1883-1969) Philosoph

— * —

Ein Publizist wollte über ihn einen Artikel verfassen und bat, Jaspers möchte vor der Veröffentlichung die Zeilen durchsehen. Der Philosoph lehnte ab:
»Schreiben Sie. Schreiben Sie ungeniert. Aber ich werde Ihr Manuskript nicht einsehen. Ich will daran keine Mitverantwortung übernehmen, auch nicht indirekt!«

1945, nach Kriegsende, tat Jaspers vor Heidelberger Studenten den umstrittenen Spruch:
»Daß wir leben, ist unsere Schuld!«
Später ergänzte er ein wenig ironisch den Ausspruch:
»Von meinen vielen, meist teuer erschienenen Werken, läßt sich nur das billigste nicht verkaufen: die ›Schuldfrage‹ zu einer Mark fünfzig!«

JEREMIAS

(um 650 v. Chr.) jüd. Philosoph

— * —

Den Sittenverfall in Juda geißelte Jeremias: »Die Männer sind wie gefüllte Pferde am Morgen; jedermann wiehert nach dem Weibe seines Nachbarn.«

Jeremias' Zorn machte vor den Priestern nicht halt. Ihnen mißtraute er am meisten. Als er mit einem Priester diskutierte und feststellte, daß der wie ein Händler sprach, fuhr er ihn an:
»Beschneidet euch dem Herrn und tut weg die Vorhaut eures Herzens.«

JOLIOT-CURIE, FRÉDÉRIC

(1900-1958) frz. Physiker

— * —

Professor Joliot-Curie trifft einen Bekannten auf der Straße und sagt:
»Kommen Sie doch morgen abend zu uns. Der große Radiologe Bergusson kommt auch.«
»Ja, aber«, erwidert der Herr lächelnd, »dieser Bergusson bin ich doch selber!«
Joliot-Curie ist verdutzt.
»Wirklich? Das ist aber merkwürdig! Na, das macht nichts. Kommen Sie trotzdem!«

JOWETT, BENJAMIN

(um 1900) Präsident des Trinity Hall-College in Oxford

— * —

Ein Student führt eine Gruppe Touristen durch Oxford. Vor einem Gebäude der Universität bleibt er stehn und sagt:
»Das ist Trinity Hall, wo der Präsident dieses Colleges, der berühmte Benjamin Jowett, wohnt.«
Er sieht, wie die Touristen ehrfurchtsvoll aufschauen, nimmt eine Handvoll Kies vom Boden und wirft ihn gegen ein Fenster im zweiten Stock. Alsbald wird das Fenster geöffnet, und ein zorngerötetes Gesicht zeigt sich.
»Und das ist Präsident Jowett selber«, sagt der Student.

KANT, IMMANUEL

(1724-1804) Philosoph

— * —

Als Kant auf einer Gesellschaft eine Dame beobachtete, die mächtig herausgeputzt war, während sie ihre Töchter in ihrem Gefolge betont schlicht gekleidet gehen ließ, meinte er: »Sieh an, Madame hält es mit Aristoteles. Erst der Staat, dann die Familie.«

Als in einer Gesellschaft vom Jenseits gesprochen wurde, sagte ein Gast zu Kant:
»Ihrer wird man drüben ja kaum habhaft werden. Sie werden mit allen Weisen und Gelehrten aller Zeiten einen Klub gründen.«
»Ach, bleiben Sie mir vom Leib mit all den Gelehrten«, erwiderte Kant. »Wenn ich drüben meinem Lampe – seinem früheren Diener – begegne, dann werde ich froh sein und ausrufen: Gottlob, ich bin in guter Gesellschaft!«

Ein sehr bejahrter General heiratete ein kaum achtzehnjähriges Mädchen. Das teilte er seinem Freund Kant mit und sagte dazu: »Erben habe ich gewiß nicht mehr zu erhoffen.«
»Eher zu befürchten«, meinte der Philosoph.

In einer Gesellschaft wurden zahlreiche Anekdoten von einem berühmten Mann erzählt. Da meinte Kant:
»Ich erinnere mich, ähnliche Anekdoten auch von andern berühmten Männern gehört zu haben. Aber das wundert mich nicht weiter, denn große Männer sind wie Kirchtürme. Um beide weht gewöhnlich viel Wind!«

Kant teilte seinen Hörern mit, daß er noch eine Reihe weiterer Vorträge über die Elemente seiner Urnebellehre halten werde. Der Dekant fragte ihn, wieviel Zeit er dazu benötigen werde, und Kant gab zur Antwort:
»Ich werde in einem Monat mit der Weltschöpfung beginnen und hoffe, gegen Ende der Woche damit fertig zu sein.«

Ein Gelehrter zitierte in einem Gespräch mit Hegel den bekannten Satz:
»Die Philosophie ist die Magd der Theologie.«
»Ist die Philosophie eine Magd«, erwiderte Kant, »so ist die Frage, ob sie der Theologie die Fackel vor- oder die Schleppe nachträgt.«

KAPIZA, PJOTR L.

(geb. 8. 7. 1894) sowjet. Physiker

— * —

Kapiza, der in England lebte und mit Rutherford zusammenarbeitete, wurde 1935 nach Moskau eingeladen, um an den Feierlichkeiten seiner Aufnahme in die Akademie der Wissenschaften teilzunehmen. Die Ausreise aus der Sowjetunion wurde ihm danach verweigert. Nachdem Rutherford alles versucht hatte, seinen Kollegen zu befreien, schrieb er Kapiza einen Brief: »Nachdem Chadwick das Neutron entdeckt hat, stehen uns große Ereignisse bevor. Ich war überzeugt, daß wir sie gemeinsam erleben würden. Das kann nun nicht mehr sein . . .«

Als man den Physiker gegen seinen Willen in der Sowjetunion festhielt, protestierte alle Welt gegen diese Maßnahme. Die Botschafter der Sowjetunion in aller Herren Länder gaben stereotyp die Antwort:
»Es war Kapizas eigene Überzeugung, daß seine Arbeitskraft in der Sowjetunion dringend benötigt wird . . .!«

KARNEADES
(219-129 v. Chr.) griech. Philosoph

— * —

»Das einzige«, sagte Karneades, »was die Fürsten wirklich erlernen, ist die Reitkunst. Auf allen Gebieten schmeicheln ihnen ihre Lehrer; aber das Pferd macht keinen Unterschied und wirft jeden ab, der nicht reiten kann, ob er nun ein Fürst sein mag oder ein Untertan.«

KÄSTNER, ABRAHAM GOTTHELF
(1719-1800) Mathematiker und Dichter

— * —

Der Mathematiker zählt zu den großen Professoren in der Geschichte der Göttinger Universität. Gauß hat von ihm freilich ironisch gesagt, Kästner sei »der beste Mathematiker unter den Dichtern und der beste Dichter unter den Mathematikern« gewesen.

Der Epigrammatiker Kästner war gebeten worden, über das neue Buch eines schreibenden Kollegen zu urteilen. Er tat es, indem er erklärte:
»Dieses Buch ist auf das schlechteste Papier gedruckt, das ich kenne. Schade um das gute Papier.«

Kästner verfaßte eine Grabinschrift, die für alle Fälle gelten kann:
»Lieber Leser, hier ruhen meine Gebeine. Mir wäre lieber, es wären deine!«

KEKULÉ VON STRADONITZ, AUGUST
(1829-1896) Chemiker

— * —

Kekulés berühmt-einfache Benzolformel veranlaßte den Geheimrat Zenneck zu einem humoristischen Vergleich:
»Um berühmt zu werden, brauchen die meisten Menschen die Arbeit ei-

nes Lebens. Nur wenigen ist es vergönnt, durch einen Ausspruch berühmt zu werden. Zu ihnen gehört Götz von Berlichingen.«

Während des berühmten ›Benzolfestes‹, man feierte die Entdeckung der Benzolformel, sagte Kekulé u. a.: »Gewisse Ideen liegen zu gewissen Zeiten in der Luft; wenn der eine sie nicht ausspricht, so tut es kurz darauf ein anderer . . .«

KEPLER, JOHANNES
(1571-1630) Astronom

— * —

»Die Würfel sind gefallen«, sagte der Astronom Kepler. »Mein Buch ist geschrieben. Man wird es lesen, jetzt oder später – was liegt daran? Es kann sehr wohl ein Jahrhundert auf seine Leser warten, da der liebe Gott sechstausend Jahre auf einen Denker gewartet hat, wie ich es bin!«

KETTELER, WILHELM EMANUEL, FREIHERR VON
(1811-1877) Theologe

— * —

Ketteler war in seiner Jugend sehr temperamentvoll, sein cholerischer Charakter war kaum bezähmbar. Er studierte Rechts- und Staatswissenschaft in Göttingen, schloß sich dort dem Corps Guestfalia an und nahm tatkräftig am studentischen Leben teil. Bei einem Säbelduell wurde ihm ein Stück seiner Nase abgeschlagen.
Ketteler äußerte darüber später: »Nicht jeder trägt sein Mahnmal zeitlebens im Gesicht.«

KEYSERLING, GRAF HERMANN
(1880-1946) Philosoph

— * —

Während einer Tagung der »Schule der Weisheit« in Darmstadt bemerkte Karl Rauch, daß Graf Keyserling, von dem bekannt war, daß er auch die kleinste Begebenheit nützte, daraus ein philosophisches Traktat abzuleiten, die Namen einiger Herren, mit denen er sprach, verwechselte. Rauch machte den Philosophen auf den Lapsus aufmerksam. Der strich über seinen Bart und antwortete achselzuckend:
»Oh, ich kann mich peinlich genau auf mein Gedächtnis verlassen. Nur auf drei Dinge kann ich mich mitunter einmal schlecht besinnen. Das eine haben Sie soeben selbst bemerkt – es betrifft die Namen einzelner Personen. Zum zweiten erscheinen mir des öfteren Gesichter fremd, die ich im Grunde doch dem Erinnern nach kennen sollte. Und drittens – ja, sehen

Sie, was dieses dritte Ding eigentlich war, das habe ich nun eben jetzt wieder vergessen.«

Auf den Gründer der »Schule der Weisheit«, den man gern als Pseudo-Philosophen apostrophierte, machte man einen Spottvers:

»Als Gottes Atem leiser ging,
schuf er den Grafen Keyserling.«

KIERKEGAARD, SÖREN
(1813-1855) dän. Philosoph

— * —

Kierkegaards Vater war ziemlich streng. Wenn der Kleine mit seinen Altersgenossen spazierengehn wollte, verbot es der Vater ihm regelmäßig. Und als Sören zu weinen begann, fragte der Vater:
»Wohin willst du gehn? Nach Frederiksborg oder auf die Lange Linie?«
Nachdem der Knabe gewählt hatte, begann der Vater, ihm den Spaziergang zu beschreiben, schilderte die Häuser, die Passanten, die Straßenhändler, die Frauen, die Zuckerwerk verkaufen, den Mann mit den Orangen. Am Ende fand Sören Gefallen an dieser Art spazierenzugehn und ersann selber auch verschiedene Einzelheiten. Und dann sagte der Vater:
»So, und jetzt sind wir müde und ruhen uns aus. Was war das für ein schöner Spaziergang!«

KINSEY, ALFRED CHARLES
(1894-1956) amerik. Biologe

— * —

Der Wissenschaftler war ein unermüdlicher Arbeiter, der sich keine Pause gönnte. Nach dem Erfolg des zweiten Bandes seines ›Sex‹-Reports nahm er sich zum erstenmal nach 14 Jahren die Zeit, mit seiner Frau in den Urlaub zu fahren.
Natürlich war Mrs. Kinsey glücklich, denn ihr Vorwurf hatte in Amerika größte Heiterkeit ausgelöst: »Seitdem sich mein Mann mit Sexualität abgibt, sehe ich ihn nur noch ganz selten.«

Als in Amerika sein Buch über das Sexualleben der Frau erschienen war, schlugen die Wogen der Entrüstung hoch. Kinsey floh nach Europa, hoffte, dort besser verstanden zu werden, verstand aber die Welt nicht mehr, als ihn Frankreichs größte Zeitung wenig aufmunternd mit dem Argument empfing: »Balzacs ›Tolldreiste Geschichten‹ haben uns über Erotik mehr verraten als sämtliche ›Kinsey-Berichte‹«.

Nach der enttäuschenden Europa-Reise nach Amerika zurückgekehrt, beschäftigt sich Kinsey nunmehr mit einer Studie über die Sexualverbrechen und bekommt auch Unterstützung von maßgebenden Stellen. Aber der ehemalige Zoologe hat nicht mehr die rechte Freude an der Arbeit und stöhnt: »Wäre ich nur bei meinen Gallwespen geblieben!«

KLAPROTH, MARTIN HEINRICH

(1743-1817) Chemiker

— * —

Zu Klaproths siebzigstem Geburtstag schickte der König den 21 Jahre alten Graf Brandenburg zur Gratulation. Der Graf war ein Sohn aus einer außerehelichen Beziehung des Königs und trotz seiner Jugend schon Major. Klaproths Aufstieg war nicht so schnell gegangen. Auch aus anderen Gründen konnten sich die beiden nicht riechen. Der junge Major machte während der Unterhaltung eine abfällige Bemerkung über das »demagogische Berlin«, so daß der Chemiker den Hohenzollersprößling anfuhr:
»Was wissen Sie schon von Berlin.«
»Ich bin hier geboren und erzogen worden«, antwortete stolz der Gefragte.
»Geboren schon, erzogen ganz gewiß nicht, ich kenne die Berliner!«

Klaproth war Mitglied der Akademie der Wissenschaften und Professor an der Universität. Eines Tages erhielt er zwei Briefe, die ihn für den gleichen Tag an das Königliche Präsidium in Potsdam und zu dem Kommandanten in Küstrin vorluden. Beide Briefe enthielten den Inhalt: »Wir, Friedrich Wilhelm von Gottes Gnaden, König in Preußen, laden Euch . . .«
Klaproth schrieb an den König, indem er den Kanzleistil glossierte:
»Eure Majestät haben mir allergnädigst befohlen, daß ich vor allerhöchst Derselben zu Potsdam erscheinen soll, aber Eure Königliche Majestät haben auch geruhet, mich zur selben Zeit nach Küstrin zu bescheiden. Da aber für die Wissenschaft der Satz feststehet, daß ein Objekt, welches von einer gleichstarken Kraft in demselben Zeitpunkt nach zwei entgegengesetzten Richtungen angezogen wird, im Ruhestande verbleibt, so bin ich im Stande der Ruhe in meiner hiesigen Wohnung verblieben.«

KNAUS, HERMANN

(1892-1970) österr. Gynäkologe

— * —

Hermann Knaus, der mit dem Japaner Ogino die nach beiden benannte Methode der Empfängnisverhütung unter Ausnutzung der unfruchtbaren Tage entwickelte, gab verständlicherweise Anlaß zu vielerlei geflügelten Worten. Manche Ehepaare fragten einander verständnisinnig: »Knausen Sie auch?«

KOCH, ROBERT HERMANN

(1843-1910) Arzt, Bakteriologe

— * —

Koch liebte es, seinen Studenten Scherzfragen mit tieferer Bedeutung zu stellen. Eine von ihnen lautete:
»Können Sie mir einen Fall nennen, wo die Ursache hinter der Wirkung kommt?«
Den Hörern fiel darauf nichts ein.
»Ich will Ihnen ein Beispiel nennen«, sagte Koch: »Ein Arzt geht hinter dem Sarg seines Patienten.«

KONFUZIUS

(551-479 v. Chr.) chin. Philosoph

— * —

Den Konfuzius fragte ein Schüler:
»Meister, was ist der Tod?«
»Wie soll ich dir das sagen?« erwiderte Konfuzius. »Ich weiß ja nicht einmal, was das Leben ist.«

Ein Schüler war von Konfuzius verabschiedet worden und in sein Heimatdorf zurückgekehrt. Dort beschrieb er seinen Meister den aufmerksam Horchenden:
»Er hat den verzweifelten Gesichtsausdruck eines verirrten Hundes.«
Als man Konfuzius diese Weisheit hinterbrachte, lachte er zu aller Erstaunen: »Das stimmt! Das stimmt!«

Konfuzius war ein großer Liebhaber der Musik. Er sagte zu einem Schüler:
»Willst du wissen, ob ein Land gut regiert wird? Hör dir seine Musik an!«

Auf einer seiner Wanderungen traf der chinesische Philosoph eine schluchzende Frau. Er fragte nach den Gründen ihres Schmerzes:
»Ein Tiger hat kürzlich meinen Mann gerissen und wenig später auch meinen Sohn.«
»Warum gehst du nicht fort, wenn es hier so gefährlich ist?« wollte Konfuzius wissen.
»Hier ist keine drückende Regierung«, erklärte ihm die Frau.

Zu seinem Schüler gewandt, sagte der Philosoph: »Merk dir das. Eine drückende Regierung ist schlimmer als ein grausamer Tiger!«

KOPERNIKUS, NIKOLAUS

(1473-1543) Astronom

— * —

Zeitlebens hatte sich Kopernikus geweigert, sein Hauptwerk ›De Revolutionibus‹ drucken zu lassen. Endlich, nachdem er sich »viermal neun Jahre hindurch« geweigert hatte, gab er seine Einwilligung. An seinem Sterbetag empfing er auf dem Totenbett das erste Druckexemplar, das er Papst Paul III. widmete: »Um Gelehrten und Ungelehrten zu beweisen, daß ich keines Menschen Urteil scheue.«

KRAEPELIN, EMIL

(1856-1926) Nervenarzt

— * —

Kraepelin, der 1903 in München die Deutsche Forschungsanstalt für Psychiatrie gründete, war ein strikter Alkoholgegner.
Einmal fand er als scheinbaren Beweis für seine These des lebenserhaltenden Alkoholverzichts einen Fünfundachtzigjährigen von erstaunlicher gesundheitlicher Frische. Der Mann hatte nie im Leben einen Tropfen Alkohol getrunken, und Kraepelin gedachte, ihn seinen Studenten als Beispiel vorzuführen. Als er näher in ihn drang, stellte sich heraus, daß der Abstinenzler noch einen neunzigjährigen Bruder besaß.
»Mann, ist ja großartig«, sagte der Nervenarzt, »den müssen Sie mir auch noch herbringen.«
Doch der Fünfundachtzigjährige gestand:
»Wissen'S, Herr Professer, dös wird schwer haltn, alldieweil der Max alle Tage bsuffa is.«

Kraepelin fragte einmal den Literaturhistoriker Muncker, ob der alte Goethe noch normal gewesen sei. Muncker meinte, Goethe sei, streng genommen, nie normal gewesen, der Ausdruck passe nicht auf ein Genie.
Kraepelin wollte im zweiten Teil ›Faust‹ Spuren einer beginnenden Gehirnerweichung erkennen, Muncker widersprach entrüstet, aber Kraepelin klopfte ihm auf die Schulter:
»Mein lieber Kollege, das kann ich besser beurteilen. Solche Leute kommen täglich zu mir in die Ordination.«

KREIBICH, KARL
(um 1900) Professor der Dermatologie

— * —

An der Türe Professor Kreibichs war zu lesen:
Vorstand der Dermatologischen Station.
Ein Patient, der besonders höflich sein wollte, sprach den Professor darum ständig als »Herr Stationsvorstand« an. Endlich sagte Kreibich:
»Warten Sie, ich werde Sie dem Herrn Geschlechtsverkehrsassistenten übergeben.«

KUSSMAUL, ADOLF
(1822-1902) Mediziner

— * —

Bei einem medizinischen Staatsexamen hatte der Internist Kußmaul einen Studenten vor sich, der vor lauter Aufregung keine Antwort herausbrachte. Schließlich fragte Kußmaul:
»Gibt es bei Ihnen denn gar keine Oase?«
Da raffte sich der Prüfling zusammen und sagte herausfordernd:
»Doch, aber es kommt immer darauf an, daß die Kamele sie finden.«
Kußmaul war von der plötzlichen Schlagfertigkeit so entzückt, daß er den Aspiranten trotz schwacher Noten bestehen ließ.

Professor Kußmaul hielt nichts davon, wenn Hochschullehrer an ihren Sitzen festklebten. Seine Devise war:
»Der akademische Lehrer soll nicht abwarten, bis die Leute sagen: ›Warum geht er noch nicht‹. Er soll abgehen, wenn sie sagen: ›Warum geht er schon?‹«

LA CONDAMINE, CHARLES MARIE DE
(1701-1774) frz. Mathematiker

— * —

La Condamine heiratete in vorgerückten Jahren eine seiner Nichten. Dazu bedurfte es eines Dispenses des Papstes. La Condamine schrieb an Papst Benedikt XIV. Da der Heilige Vater wußte, daß La Condamine sehr schwerhörig war, antwortete er ihm:
»Ich erteile Ihnen den Dispens, den Sie verlangen, um so leichteren Herzens, als die Taubheit, die Sie plagt, eine sichere Bürgschaft für den Frieden der Ehe ist.«

La Condamine war außerordentlich neugierig. Einmal war er bei der Herzogin von Choiseul, die gerade an ihrem Schreibtisch saß und einen Brief schrieb. Er trat, wie er meinte, unbemerkt hinter sie und las über ihre Schulter, was sie schrieb. Die Herzogin schrieb ruhig weiter und zwar:

»Ich würde Ihnen noch mehr darüber erzählen, aber Monsieur de la Condamine steht hinter mir und liest, was ich schreibe.«
»O Madame!« rief da La Condamine empört. »Wie können Sie so etwas behaupten? Ich versichere Ihnen, daß ich kein Wort gelesen habe!«

LAGARDE, PAUL ANTON DE

(eigtl. Bötticher, P. A., 1827-1891) Theologe und Orientalist

— * —

Lagarde hörte sich eine Vorlesung des Theologen Neander an. Der Saal war vollbesetzt, nur zu Füßen des Kirchenmanns unmittelbar vor dem Katheder fand der Orientalist überraschenderweise noch Platz.
Wieso, das erklärte sich rasch, als er in den Radius der Aussprache des Redners geriet. Mitten während des Vortrags stand Lagarde auf, trat ans Fenster, lehnte sich dort an die Wand und sagte zu seinem Nebenmann: »Jetzt verstehe ich, im Neandertal geht es auch mir zu feucht zu.«

LAOTSE

(um 604 v. Chr.) chin. Philosoph

— * —

Konfutse pilgerte zu Laotse, um Rat zu holen, den er auch bekam. Zurückgekehrt erzählte er seinen Schülern:
»Die Vögel, das weiß ich, können fliegen, die Fische, das weiß ich, können schwimmen, die Tiere, das weiß ich, können laufen . . . aber was den Drachen anbelangt, so weiß ich nicht, wie er es macht, daß er auf Wind und Wolke zum Himmel emporsteigt. Nun habe ich Laotse gesehen. Ist er nicht wie ein Drache?«

Laotse war der Meinung, alle Menschen hätten früher einmal in paradiesischen Zuständen gelebt.
»Dann aber wanderten sie vom Land in die Städte und begannen Bücher zu schreiben.«
Des Philosophen Schlußfolgerung:
»Damit begann das Elend der Menschen und die Tränen der Philosophen.«

Laotse lehnte eine Regierung, bestehend aus Philosophen, ab. Er bezeichnete eine solche Regierung als die schlechteste, die möglich ist, denn: »Die Tüchtigen redekünsteln nicht, die Redekünstler sind nicht tüchtig.«

LAPLACE, PIERRE SIMON, MARQUIS DE

(1749-1827) frz. Mathematiker und Astronom

— * —

Als Laplace sein berühmtes Buch ›La Mécanique céleste‹ veröffentlichte, sprach Napoleon ihm seine Glückwünsche aus.
»Ein schönes Werk, Herr Marquis«, sagte er. »Aber mir ist aufgefallen, daß das Wort Gott überhaupt nicht darin vorkommt.«
»Das ist richtig, Sire«, erwiderte Laplace. »Für diese Hypothese hatte ich keine Verwendung.«

LAVATER, JOHANN KASPAR

(1751-1801) Philosoph, Dichter und Theologe

— * —

Lavater hielt Vorlesungen über die Physiognomielehre. Einmal trat ein Fremder in den Saal, hörte eine Weile zu und dann entfernte er sich wieder. Lavater sagte zu seinen Schülern:
»Die Wissenschaft, die ich euch lehre, ist natürlich nichts als Konjektur, und ich will euch nicht mit Absicht täuschen. Der Herr, zum Beispiel, der eben fortging, hat das charakteristische Gesicht eines Mörders; wahrscheinlich aber ist er ein ganz braver Mann, der nicht einmal eine Fliege töten kann.«
Einige Studenten gingen der Sache nach und stellten fest, daß der Fremde einer der Mörder König Gustavs gewesen war.

LAVOISIER, ANTOINE LAURENT

(1743-1794) frz. Chemiker

— * —

1794 wurde Lavoisier in Paris hingerichtet. Vor dem Blutgerüst verlas ein Henker die Anklage:
»Der Bürger Antoine Laurent Lavoisier wird zum Tode der Enthauptung durch das Beil verurteilt. Als Gelehrter ist er Feind der Revolution. Die Freiheit hat Gelehrte nicht mehr nötig.«
Lavoisiers letzte Worte waren: »Gelehrte aber brauchen Freiheit.«

LEIBNIZ, GOTTFRIED WILHELM

(1646-1716) Philosoph

— * —

»Nie haben die Menschen mehr Geist bewiesen«, sagte Leibniz, »als bei den Spielen, die sie erfunden haben. Ganz allgemein gesprochen sind es immer die Geistreichsten, welche die Spiele erfinden, und die Dümmsten, welche diese Spiele am besten spielen.«

LEVERRIER, URBAN JEAN JOSEPH

(1811-1877) frz. Astronom

— * —

Leverrier ging einmal ins Theater und gab seinen Mantel in der Garderobe ab. Er erhielt dafür eine Marke, die ungefähr die Größe eines Francstücks hatte.
»Was?« sagte er entrüstet. »Einen Franc geben Sie mir nur? Ich habe ihn bisher nie unter acht Francs versetzt!«

LIEBIG, JUSTUS, FREIHERR VON

(1803-1873) Chemiker

— * —

Liebig war mit Platen befreundet. Platen versuchte, Liebig von dem ›Materialismus‹ seiner chemischen Arbeiten abzulenken und empfahl ihm allgemeinere Bildung, das Studium der Sprachen und der Geschichte.
Doch Liebig lehnte ab: »An den Materialismus bin ich nun einmal gebunden, auf die alten Sprachen muß ich leider verzichten.«
Ein anderer Freund, der von Platens Beeinflussung erfuhr, empörte sich: »Wie kommt der dazu, dem Löwen zu raten, Zucker zu fressen.«

LIEPELT, KLAUS

(20. Jh.) Chef des Instituts für angewandte Sozialwissenschaften in Bad Godesberg

— * —

Im Wahlherbst 1969 befragten die Politiker aller Parteien einmal mehr die Meinungsforscher. Zu den Auguren, die offiziell Auskunft gaben, zählte Klaus Liepelt mit der Neuformulierung einer Binsenweisheit:
»Wo in Deutschland CDU gewählt wird, das entscheidet sich an der Zahl der Kirchtürme, wo SPD gewählt wird, an der Zahl der Fabrikschornsteine.«

LINNÉ, CARL VON

(1707-1778) schwed. Arzt und Naturforscher

— * —

Der kleine Linné wuchs in einem Pfarrhaus auf und quälte seinen Papa schon als Vierjähriger mit den Namen der Pflanzen. Jeden, aber auch jeden Namen wollte er genau erklärt wissen und scheute sich nicht, den erschöpften Ernährer mit einem anschließenden »Warum« weiter zu foltern. Stöhnte der Papa nach einem der anstrengenden Spaziergänge: »Wie soll das mal weitergehen, wenn der Bub groß wird . . .?«

Als Arzt ließ sich Linné anfänglich in einem Stockholmer Vorort nieder und wartete, meist vergeblich, auf Klienten. Endlich hatte er die Warterei satt und ging selber auf Jagd nach Patienten. Er suchte sie vor allem in ganz gewöhnlichen Kneipen. Sein Motto: »Wenn der Patient nicht zum Arzte kommt, dann muß eben der Arzt zu ihnen gehen . . .«

Als Arzt verdiente dann Linné recht gut, wenn ihm auch der Beruf wenig Begeisterung entlocken konnte, denn seine heimliche Liebe gehörte der Botanik. Über seine Zeit als Arzt sagte er später: »Die goldene Praxis des Arztes ist eine schöne Sache. Wenn man aber zwei Freundinnen hat, die Praxis und die Flora, dann leiden beide darunter!«

LISZT, FRANZ VON
(1851-1919) Strafrechtler und Hochschullehrer

— * —

Als man Liszt zu seinem sechzigsten Geburtstag mit einem Empfang ehrte, erschien unter den Gratulanten auch ein Japaner, der in schwerverständlicher Aussprache sagte: »Ich – Ihr Sohn.«
Liszt ahnte nicht, daß man in Japan auch den Lehrer Vater nennt; deswegen lächelte er ungläubig und antwortete: »Ich bin mir keiner Schuld bewußt.«

LOCKE, JOHN
(1632-1704) engl. Philosoph

— * —

Locke verkehrte mit den geistreichsten Personen seiner Zeit. Einmal war er in Gesellschaft, doch die Herren zogen sich bald an den Kartentisch zurück und spielten. Eine Weile sah der Philosoph zu, dann notierte er fortwährend in einem Buche lange Sätze. Neugierig geworden, fragte einer der Spieler, was er denn da schreibe. Höflich antwortete Locke:
»Es war längst schon mein Wunsch, Mylords, der Unterhaltung der geist- und kenntnisreichsten Männer unserer Zeit öfters beizuwohnen. Ich suche mir Ihre Unterhaltungen so gut wie möglich zu Nutzen zu machen. Ich finde es der Mühe wert, das Wesentlichste aufzuschreiben.«
Die Lords spürten die Ironie und hörten auf, Karten zu spielen.

LORENZ, KONRAD
(geb. 1903) Verhaltensforscher

— * —

Mit seinem geschulten Blick betrachtete Konrad Lorenz das Verhalten der Menge in der Arena während eines Fußballänderspiels. Dann sagte er: »Ich habe, glaube ich, die Zwischenstufe zwischen Tier und homo sapiens gefunden. Wir sind's.«

LUDWIG, KARL

(1816-1895) Physiologe

— * —

Professor Ludwig hatte einmal in Leipzig bei der Vorlesung einem Frosch das Großhirn größtenteils entfernt, um die reflektorischen Leistungen des vom Gehirn abgetrennten Rückenmarks zu zeigen. Plötzlich machte der Frosch einen Sprung in das Gesicht eines der zunächst sitzenden Studenten, der darüber erschrak. Die Hörer erhoben ein schallendes Gelächter. Da sagte Ludwig: »Sie sehen, meine Herren, wie wenig Gehirn dazu gehört, einen ganzen Hörsaal zum Lachen zu bringen!«

LUKÁCS, GEORG

(1885-1971) Kultusminister im ungarischen Aufstand 1956, Literaturwissenschaftler

— * —

Bert Brecht und Walter Benjamin sprachen über die Theorien des Literaturwissenschaftlers Georg Lukács, denen beide kritisch gegenüber standen.
Meinte Benjamin: »Mit solchen Leuten ist eben kein Staat zu machen.«
»Doch«, widersprach Brecht. »Eben nur ein Staat, aber kein Gemeinwesen.«

Mit den marxistischen Kunsttheorien des Literaturwissenschaftlers Georg Lukács war Brecht im allgemeinen wenig einverstanden. Von ihm soll auch die Äußerung stammen: »Was Lukács lehrt, das ist kein Marxismus, sondern Murxismus.«

Zu Lukács' 85. Geburtstag schrieb Francois Bondy einen Artikel, der begann: »Als ich im Herbst (1969) den ungarischen Literaturhistoriker und Philosophen Georg Lukács für das französische Fernsehen interviewte – sein Französisch ist vorzüglich, obgleich, wie er sagt, ›mit deutscher Syntax und ungarischem Akzent‹ –, wollte ihn die Regie in Bewegung bringen, von einem Zimmer zum anderen gehend und dergleichen. Da sagte Lukács plötzlich:
›Messieurs, wenn Brigitte Bardot steht, sich setzt oder liegt, so ist es immer interessant. Aber ich bin ein alter Mann von 85 Jahren und bei mir ist es höchstens interessant, wenn ich spreche.‹«

Der 85jährige Lukács wurde gefragt, welche seiner Bücher er für die wesentlichsten halte. Seine Antwort lautete:
»Ich halte jene Bücher für die wesentlichsten, die ich noch nicht geschrieben habe.«

LUTHER, MARTIN
(1483-1546) Reformator

— * —

Ein Pfarrerkollege fragte Luther, wie er es nur fertigbekomme, daß seine Predigten immer so wirkungsvoll seien.
»Lieber Bruder in Christo«, sagte Luther, »schlag die Bibel auf, geh frisch auf die Kanzel, machs Maul auf, wie dir der Schnabel gewachsen ist, und hör bald wieder auf!«

Zu Luther kam ein Mann, der sich durch eine anfangs kleine Lüge in immer größere Schwierigkeiten gebracht hatte und nun um Beistand bat.
»Das ist nun einmal so«, sagte Luther. »Lügen sind wie Schneebälle. Je länger man sie vor sich herwälzt, um so erdrückender werden sie.«

Man saß bei Tisch in Luthers Haus. Die Gäste ließen es sich schmecken. Neben dem Hausherrn aber wartete sein Hund gespannt, ob er einen Bissen abbekäme. Da sagte Luther:
»Sehet euch diesen Hund an. Wenn ich nur so zu beten vermöchte, wie er aufs Fleisch schaut! Alle seine Sinne sind auf dieses Ziel gerichtet, sonst denkt, wünscht und hofft er nichts.«

Eine von Luthers deftigen Lebensregeln lautete:

Halt fein den Kragen warm,
fülle nicht zu sehr den Darm,
mach dich der Grete nicht zu nah,
so wirst du langsam werden graw!

Zu Martin Luther kam ein Mann mit seinem Sohn, um über die Berufswahl des Knaben zu sprechen. Sollte er Theologe werden? Während die beiden Männer sich zur Beratung zurückgezogen hatten, wurde das Essen aufgetragen – eine wohlgebratene Gans. Der sechzehnjährige Junge machte sich darüber her, hatte ihr im Nu das Beste abgezogen, die knusprige Haut, und verspeist.
Als Luther das sah, lautete sein Rat:
»Laßt ihn einen Juristen werden.«

Luther hörte einen Neuling predigen, der schon beim Textwort ›Ich bin ein guter Hirte‹ zu stottern begann. Luther ließ ihn von der Kanzel steigen und sagte:
»Ihr mögt wohl ein gutes Schaf sein, aber ein guter Hirte seid Ihr nicht.«

MAGLIABECHI, ANTONIO

(1633-1714) ital. Gelehrter

— * —

Antonio Magliabechi, ein großer Gelehrter und der Bibliothekar der Palatina in Florenz, wurde nach einem bestimmten Werk gefragt.
»Nein, wir haben es nicht«, sagte er. »Aber es handelt sich um ein ungemein seltenes Werk, von dem nur ein einziges Exemplar bekannt ist, und das befindet sich in der Bibliothek in Konstantinopel, im vierten Schrank, dritte Reihe, zweiter Band von links.«

MAIZERAIS, FRANÇOIS

(17. Jh.) frz. Historiker

— * —

»Warum«, fragte Ludwig XIV. den Historiker Maizerais, »haben Sie Ludwig XI. als Tyrannen hingestellt?«
»Warum ist er es gewesen?« erwiderte Maizerais.

MALEBRANCHE, NICOLAS DE

(1638-1715) frz. Geistlicher, Schriftsteller

— * —

Man drängte Pater Malebranche, den Journalisten von Trévoux zu antworten, die ihn angegriffen hatten. Da sagte er:
»Ich diskutiere nicht mit Leuten, die jeden Monat ein Buch schreiben können.«

Pater Malebranche vertrat die Theorie, daß die Tiere gegen Lust und Schmerzen unempfindlich seien. Als jemand das bezweifelte, sagte er ironisch:
»Dann hätten ihre Ahnen wohl auch von der verbotenen Frucht gegessen.«

MARCEL, GABRIEL

(1889-1973) frz. Philosoph u. Dramatiker

— * —

Eine Dame fragte Marcel:
»Was ist denn eigentlich Philosophie?«
Der Philosoph sah sich die Dame, die ausnehmend hübsch war, aufmerksam an und erwiderte mit einer kleinen Verbeugung:
»Philosophie ist, neben Ihnen zu sitzen und nicht aus der Fassung zu geraten.«

Nach der Uraufführung von Claudels ›Der seidene Schuh‹ saß der Autor zusammen mit Marcel bei einem Glas Wein. Marcel sprach:
»Es gibt doch nur drei große Dichter auf der Welt: Gide, Claudel und mich. Gide nannte ich, weil er tot ist, Claudel, weil er an meinem Tisch sitzt!«

MARCONI, GUGLIELMO

(1874-1937) ital. Ingenieur

— * —

Schon in seinen jungen Jahren beschäftigte sich Marconi mit der drahtlosen Telegraphie. Als er zum Militärdienst eingezogen werden sollte, besorgten ihm Freunde, damit er kontinuierlich weiterarbeiten konnte, die Stelle als Marineattaché an der Botschaft in London.
Der Empfang in England war nicht besonders höflich. Man verhaftete ihn sofort. Der Grund: man hatte in seinem Gepäck die vielen rätselhaften Drähte und sonstige Geräte entdeckt, vermutete darin eine Sprengstoffanlage und in dem Besitzer einen raffinierten Spion oder Attentäter.

Für eine Viertelmillion Dollar verkaufte der noch jugendliche Erfinder der drahtlosen Telegraphie sein Patent der britischen Regierung. Später fragte man ihn, was er denn mit so viel Geld angefangen hätte. Er erzählte:
»Ich bin ausgegangen und habe mir ein Fahrrad gekauft, dann habe ich mich wieder an meine Arbeit gesetzt.«

MARK AUREL

(121-180) röm. Kaiser und Philosoph

— * —

Kurz vor seinem Regierungsantritt war Mark Aurel sehr bekümmert.
»Was hast du denn?« fragte ihn seine Mutter.
»Ich soll die Herrschaft übernehmen, und du fragst mich, was ich habe?« erwiderte Mark Aurel.

Mark Aurel war Kaiser geworden, weil er Faustina geheiratet hatte, die Tochter des Kaisers Antonius. Sie führte ein lockeres Leben, doch der Kaiser schloß die Augen. Ein Höfling meinte, Mark Aurel solle sie verstoßen.
»Wenn ich sie verstoße«, meinte Mark Aurel lächelnd, »werde ich da nicht die Mitgift zurückgeben müssen?«
Die Mitgift war der Thron gewesen.

MARX, KARL HEINRICH

(1818-1883) Philosoph, Soziologe, Nationalökonom

— * —

Flüsterwitz aus der UdSSR:
Der kleine Iwan fragt seinen Vater:
»Ich verstehe das nicht, Marx und Engels waren doch beide Doktoren?«
»Gewiß. Was ist daran so schwer begreiflich?«
Iwan: »Warum haben sie den Sozialismus nicht zuerst bei den Tieren ausprobiert?«

Karl Marx, der mit seinem dreibändigen ›Kapital‹ der Menschheit eines der schwierigsten Bücher aller Zeiten gegeben hat, muß zu der Erkenntnis: »Jeder Mensch und jedes Buch läßt sich auf drei Seiten zusammenfassen, und diese drei Seiten lassen sich auf drei Zeilen reduzieren . . .« erst nach Abschluß seines Monumentalwerkes gekommen sein.

In der britischen Nationalbibliothek gab es lange Zeit nach Marx' Tod einen uralten Bibliothekar, der sich an den seltsamen Deutschen erinnern konnte. Als ein Journalist ihn einmal ausfragte, meinte der alte Mann:
»Marx? Ach ja, Karl Marx, das war einer mit einem riesigen schwarzen Bart – war er nicht aus Deutschland? Er hat immer im großen Lesesaal gesessen. Dann eines Tages kam er nicht mehr. Ich habe mich oft gefragt, ob aus dem wohl noch was Rechtes geworden sei –«

»In meiner Schulzeit«, erzählte ein Anekdotensammler, »rief man nicht: ›So'n Bart!‹, wenn man einen Witz schon kannte oder einem etwas zu langweilig war. Man rief: ›Marx, Marx!‹«

Die Frau von Karl Marx soll am Ende eines langen, schweren Lebens gesagt haben: »Wie gut wäre es doch gewesen, wenn Karl etwas Kapital zusammengebracht hätte, statt so viel darüber zu schreiben!«

MATHIEU, FRANÇOIS

(1839-1908) Kurienkardinal, Historiker

— * —

Kardinal Mathieu war bei einer Herzogin zu Tisch geladen. Die Damen hatten sich nicht viel um die Empfehlungen der Hausfrau gekümmert, sondern erschienen tief dekolletiert. Der Kirchenfürst bewahrte seine lächelnde Ironie, und als sich die Herzogin zu ihm beugte, um sich wegen der Toilette der andern Damen zu entschuldigen, sagte er:
»Wissen Sie, Madame – ich habe fünf Jahre unter Wilden gelebt.«

MAUPERTIUS, PIERRE LOUIS MOREAU DE

(1698-1759) frz. Mathematiker und Physiker

— * —

Der Mathematiker Bossut lag auf dem Sterbebett.
»Er spricht nicht mehr«, sagte einer seiner Freunde.
»Einen Augenblick«, erwiderte Maupertius, »ich werde ihn schon zum Sprechen bringen.«
Er nähert sich dem Bett, beugt sich über den Mathematiker.
»Bossut«, sagt er, »wieviel ist zwölf im Quadrat?«
Bossut öffnet die Augen: »Hundertvierundvierzig«, röchelt er und stirbt.

MEITNER, LISE

(1878-1968) Physikerin

— * —

Lise Meitner, die Wienerin, war nach Berlin gekommen, um bei Max Planck zu hören. Sie wollte bei Professor Fischer im Institut arbeiten, dort aber galt als Regel: »Frauen haben nichts in der Wissenschaft zu suchen«, außer der Putzfrau durfte keiner in das Institut.
Der Labordiener fragte die Verzweifelte: »Wo schmerzt es denn, Frolleinken?« Dann gab er den Rat: »Wir haben einen Dr. Hahn, der die Meinung des Chefs nicht immer teilt.«
Hahn nahm sie auf, und Professor Fischer polterte seinen Assistenten an: »Auf keinen Fall fange ich eine Weiberwirtschaft an!«
Fischer gab sich großzügig: »Wenn sie im Keller bleibt und niemals das Institut betritt, soll es mir recht sein!«

Hahn arbeitete mit der Meitner am Kaiser-Wilhelm-Institut in Berlin-Dahlem. Kaiser Wilhelm geruhte persönlich vorzusprechen, um die »aufgestapelte Menge des deutschen Radiums« zu inspizieren. Willig ließ er sich alles von dem »Weibsbild« erklären. Dann hatte der Kaiser das Wort: »Das mag alles schön und gut sein, besser wäre es, wenn man mit diesem Zeug schießen könnte.«

MELANCHTHON, PHILIPP

(1497-1560) Theologe

— * —

Melanchthon war der Richtigkeit seiner Meinungen keineswegs ganz sicher und schwankte noch immer zwischen Katholizismus und Luthers Lehre.
»Darf man erfahren«, fragte ihn seine Mutter, »welche der beiden Religionen du für die bessere hältst?«

»Liebe Mutter«, erwiderte er, »die neue Religion, die Luther lehrt, ist vielleicht die vernünftigere; aber die alte ist die sicherere.«

Melanchthon besuchte einmal seine alte Mutter, die ihm klagte, sie wisse vor lauter Religionsstreit nicht mehr, wie sie beten solle, und betete ihr Vaterunser vor.
Melanchthon tröstete sie zart: »Bete so weiter, liebe Mutter, und überlasse das Disputieren den Doktores!«

Luther bewunderte die umfassende Bildung Melanchthons: »Dieses Griechlein«, gestand er einmal, »übertrifft mich auch in der Theologie.«

Luther arbeitete mit Melanchthon zusammen an der Übersetzung des Neuen Testaments, schon weil er dessen Griechischkenntnisse schätzte. Einmal kamen sie über eine Stelle in Streit.
»Lieber Martin«, besänftigte Melanchthon den impulsiven Luther, »mir geht es ums Griechische!«
»Und mir geht es ums Deutsche«, antwortete Luther temperamentvoll.

MENDELSSOHN, MOSES

(1729-1786) Philosoph, Urbild von Lessings ›Nathan der Weise‹

— * —

Mendelssohn begegnete drei Offizieren, die als Schöngeister galten und sich über ihn lustig machen wollten.
»Guten Tag, Vater Abraham«, sagte der erste.
»Guten Tag, Vater Isaak«, sagte der zweite.
»Guten Tag, Vater Jakob«, sagte der dritte.
»Sie irren sich, meine Herren«, erwiderte Mendelssohn lächelnd. »Ich bin weder Abraham noch Isaak noch Jakob. Eher bin ich Saul, der Sohn des Kis, der auszog, seines Vaters Esel zu suchen. Und ich glaube, ich habe sie gefunden.«

In jungen Jahren hatte Friedrich II. Gedichte in einem Journal veröffentlicht, an dem der junge Moses Mendelssohn Redakteur war. Die Gedichte waren schwach, und Mendelssohn schrieb ungeachtet der hochgestellten Person des Autors eine geharnischte Kritik, die den jungen Monarchen verdroß. Er ließ den Kritiker aufs Schloß kommen und stellte ihn zur Rede. Aber Moses Mendelssohn verteidigte sich mutig mit den Worten:
»Wer Verse macht, schiebet Kegel; wer Kegel schiebt, König oder Bauer, muß sich gefallen lassen, daß der Kegeljunge sagt, wie er schiebet.«

Friedrich II. blieb dem Philosophen ein Leben lang freundschaftlich verbunden.

In Berlin herrschte den Philosophen ein Soldat an:
»Jud, womit handelst du?«
»Mit meiner Ware«, entgegnete Moses Mendelssohn, »können Sie nichts anfangen, Herr Soldat! Ich handle mit dem Verstand!«

Einmal wurde Mendelssohn auf der Straße von einem Soldaten schikaniert. Sein Begleiter, ein junger Gelehrter, war sehr empört über den Zwischenfall, aber der Philosoph beruhigte ihn:
»Mein Gott, was bleibt einem solchen Menschen noch übrig, wenn er nicht einmal einen Juden kujonieren darf?«

Wiederholt wurde der Philosoph aufgefordert, eine Schachpartie zu spielen. Moses Mendelssohn begründete seine Abneigung gegenüber diesem Zeitvertreib wie folgt:
»Schach ist für den Verstand zu viel Spiel, und als Spiel verlangt es zu viel Verstand.«

MENEDEMOS

(350-275 v. Chr.) griech. Philosoph

— * —

Ein Freund sagte zu ihm: »Es ist doch ein großes Glück zu haben, was man sich wünscht.«
Worauf Menedemos erwiderte:
»Ein viel größeres Glück ist es, sich nichts zu wünschen, was man nicht hat.«

MERGENTHALER, OTTMAR

(1854-1899) Erfinder der Linotype-Setzmaschine

— * —

Im Juli 1884 konnte Mergenthaler in Washington seine Erfindung der Öffentlichkeit vorführen. Es war eine Party ganz im Sinne amerikanischer Umgangsformen. Es gab ein Festessen, viel zu trinken, selbst der US-Präsident war anwesend. Im ›Journal für Buchdruckerkunst‹, einer deutschen Fachzeitschrift, war folgende Version dieser Party nachzulesen:
»Ein großartiger Setzmaschinenschwindel wird jetzt in den Vereinigten Staaten getrieben. Die National Typographic Company hat ausfindig gemacht, daß die Maschine von Ottmar Mergenthaler zu Baltimore das längst gesuchte Nonplusultra ist: die extravagantesten Berechnungen gehen ihrer Leistung zur Seite. Man veranstaltete in Washington ein groß-

artiges Diner, bei welchem eine der Maschinen arbeitend vorgeführt wurde: aber wahrscheinlich erst, als die Festgäste ohnehin disponiert waren, alles doppelt zu sehen . . . Die Vorurteile, gegen die diese Maschine noch immer zu kämpfen hat, sind ohnehin so zahlreich, daß eine Vermehrung durch Schwindler wahrlich nicht notwendig war.«

METSCHNIKOW, ELIAS

(1845-1916) russ. Bakteriologe

— * —

Metschnikow, der in Paris arbeitete, machte 1909 eine letzte Reise in seine russische Heimat. Bei dieser Gelegenheit besuchte er Leo Tolstoi und überreichte ihm sein Werk: ›Studien über die Natur der Menschen.‹ Tolstoi urteilte über seinen Landsmann:
»Er glaubt an seine Wissenschaft wie an die Heilige Schrift, aber die religiös-sittlichen Fragen, die dem einfachsten ethischen Gefühl entspringen, sind ihm vollständig fremd.«

MEYER, HANS

(19. Jh.) Professor der Chemie an der Prager deutschen Universität

— * —

Professor Meyer war sehr wohlbeleibt und wurde darum von den Studenten ›die Tonne‹ genannt. Einmal, als er den Hörsaal betrat, war auf die Tafel eine Tonne gezeichnet. Da sagte Meyer:
»Sie irren, meine Herren. Eine Tonne ist von Reifen umgeben, und ich von Unreifen.«

MILLER, OSCAR VON

(1855-1934) Gründer des Deutschen Museums in München

— * —

Es waren vielerlei Geschichten im Umlauf, die darauf anspielten, wie schonungslos Oscar von Miller diejenigen auszunehmen wußte, die für das Deutsche Museum als Spender in Betracht kamen. So behauptete man, Miller habe auf Grund dieser Fähigkeit sogar Weltruf in Banditenkreisen besessen.
Als er einmal in einer Postkutsche durch Mexiko reiste, wurde der Wagen überfallen und alle Insassen beraubt. Als die Banditen jedoch Oscar von Millers Paß entdeckten, fragten sie: »Sind Sie der Direktor des Deutschen Museums in München?« Als Miller bejahte, gaben sie ihm alle seine Habe wieder mit der Bemerkung: »Kollegen bestehlen wir nicht.«

MILSON
(18. Jh.) Geistlicher

— * —

In seiner Sammlung von Predigten schrieb Milson:
»Ein Beweis für das Wohlwollen und die Einsicht der Vorsehung ist es, daß die Welt nicht im Winter geschaffen wurde, wenn Adam und Eva gefroren und nichts zu essen gefunden hätten, sondern zu der Zeit, da es warm war und jeder Baum, jeder Strauch Früchte trug.«

MOMMSEN, THEODOR
(1817-1903) Historiker und Jurist

— * —

Mommsen, der berühmte Autor der ›Römischen Geschichte‹, ging auf ein Berliner Amtsgericht, um eine Eintragung vornehmen zu lassen. Der junge Beamte bat pflichtgemäß um eine Legitimation. Mommsen war darüber aufgebracht und sagte: »Schließlich werden Sie mich wohl kennen.«
»Das spielt keine Rolle«, antwortete der Richter. »Aber bitte, wie unterscheiden Sie res mancipi und nec mancipi?«
Mommsen gab seine Begriffsbestimmung nach römischem Recht. »Das ist die bekannte falsche Ansicht Mommsens«, erklärte der Richter. »Damit sind Sie hinreichend legitimiert.«

Professor Mommsen kommt zum Flickschuster im Nebenhaus, um eine Kleinigkeit an einem Schuh reparieren zu lassen. Der Schuster sagt:
»Ja, Herr Professor, und ich mache es Ihnen auch umsonst, aber Sie müssen mir eine Frage beantworten, die ich schon lange auf dem Herzen habe.«
»Na, was wäre das denn?« fragt Mommsen.
Und der Schuster fragt: »Wie heißt es denn, Herr Professor – mir oder mich?«
»Das kann ich Ihnen nicht so erklären«, meint Mommsen. »Da müssen Sie mir schon einen zusammenhängenden Satz sagen.«
»Ach, Herr Professor«, erwidert der Schuster, »ich sehe schon – Sie wissen es auch nicht! Na, da zahlen Sie man Ihre fünfzig Pfennige!«

War Mommsen einem Problem auf der Spur, konnte er seine Umgebung vollkommen vergessen. Als seine Frau im Wochenbett lag, speiste er mittags reihum bei Freunden. Nach einer solchen Mahlzeit faltete er nach langem Schweigen seine Serviette zusammen und sagte liebenswürdig:
»Liebe Freunde, entschuldigt bitte das miserable Essen, aber wenn eine Frau im Wochenbett liegt, kann sie sich nun mal nicht so um die Küche kümmern.«

Als Napoleon III. seine Biographie Julius Cäsars schrieb, holte er sich bei vielen Gelehrten Rat. So schrieb er denn auch Theodor Mommsen. Nachher fragte ein Freund den Historiker, ob er das Buch seinem Sohn schenken solle.
»Wie alt ist der Junge?« fragte Mommsen.
»Vierzehn Jahre.«
»Dann können Sie es ihm getrost schenken«, meinte Mommsen. »Aber ein Jahr später wäre er schon zu erwachsen dafür.«

Mommsen saß im Omnibus und hatte seine Brille zu seiner Rechten gelegt, statt wie sonst zu seiner Linken. Er suchte überall vergeblich, bis endlich ein kleines Mädchen sie ihm reichte.
»Vielen Dank, meine liebe Kleine«, sagte Mommsen. »Wie heißt du denn?«
»Aber ich bin doch deine Tochter Anna!« rief das Kind erstaunt.
Mommsen hatte in seiner Zerstreutheit vergessen, daß er mit seiner Tochter ausgegangen war.

Zu seinem siebzigsten Geburtstag wurde Mommsen ein dicker Band mit historischen Abhandlungen seiner Freunde und Schüler beschert. Mommsen wog das Buch in der Hand und sagte:
»Kinder, das wird ja Monate dauern, bis ich das alles widerlegt habe!«

MONTAIGNE, MICHEL EYQUEM DE
(1533-1592) frz. Philosoph und Schriftsteller

— * —

Montaigne war ein Spötter. Autoritäten galten ihm wenig. Selbst für Majestäten fand er nur das trockene Wort: »Auch auf dem erhabensten Thron der Welt sitzt man nur auf dem eigenen Hintern.«

»Die Ärzte«, sagte Montaigne, »sind glückliche Leute. Ihre Erfolge bestrahlt die Sonne und ihre Mißerfolge bedeckt die Erde.«

»Wer zuviel voraussieht, hat einen Stein in der Seele, bevor er ihn in den Nieren hat. Sich vor lauter Voraussicht mit künftigen Übeln abzuquälen, heißt, am Johannistag den Pelzmantel anziehen, weil man ihn Weihnachten brauchen wird.«

Montaigne erzählt folgende Anekdote:
»Ein Piccarde stand schon auf der obersten Sprosse der Galgenleiter. Da zeigte man ihm, gemäß der Landessitte, eine sehr böse, häßliche Frau. Wenn er sie heiratete, war sein Leben gerettet. Er musterte sie eine Weile schweigend. Dann wandte er sich zum Henker und sagte: »Häng mich!«

Montaigne: »Je höher der Affe steigt, desto mehr zeigt er seinen Hintern.«

MONTESQUIEU, CHARLES LOUIS DE
(1689-1755) frz. Philosoph und Politiker

— * —

Montesquieu kam häufig zur Marquise Du Deffand zu Tisch.
»Das Essen«, sagte er, »ist einer der vier Zwecke des Daseins. Welches die andern sind, darauf bin ich noch nicht gekommen.«

Zu einer vornehmen Dame sagte er:
»Sie verkürzen sich den Schlaf, Madame, um Philosophie zu studieren? Sie sollten Philosophie studieren, um besser schlafen zu können.«

Papst Benedikt XV. war so entzückt von Montesquieus Besuch, daß er ihm das Recht zugestand, auch in der Fastenzeit Fleisch zu essen. Nach der Audienz wollte man Montesquieu das dazu gehörige Dokument überreichen und von ihm die entsprechende Taxe einziehen. Da meinte er:
»Oh, der Papst ist ein so ehrenwerter Mann; sein Wort genügt mir!«

Montesquieu hatte einmal einen Disput mit einem Richter aus Bordeaux, der schließlich im Eifer ausrief:
»Ich verwette meinen Kopf darauf, daß ich recht habe!«
»Ich nehme Ihren Einsatz an«, erwiderte Montesquieu. »Kleine Geschenke erhalten die Freundschaft.«

»Wenn man in Paris Frau gewesen ist, kann man nirgends anderswo Frau sein.«

Nachdem Montesquieu sich mit dem gelehrten Jesuiten Tournemine zerstritten hatte, sagte er überall:
»Hört weder mich noch den Pater Tournemine an, wenn wir voneinander sprechen, denn wir haben aufgehört, Freunde zu sein.«

Montesquieu war in Luxemburg in dem Saal, wo der Kaiser speiste. Fürst Kinsky sagte zu ihm:
»Sie kommen aus Frankreich? Da müssen Sie ja erstaunt sein zu sehen, wie bescheiden der Kaiser untergebracht ist.«
»Ich bin gar nicht böse darüber«, erwiderte Montesquieu, »in einem Land zu sein, wo der Herrscher schlechter untergebracht ist als seine Untertanen.«

Unter der Regierung des Heiligen Ludwig durften Neuvermählte die ersten drei Nächte nach der Hochzeit nicht beisammen schlafen, ohne sich bei ihrem Bischof die Erlaubnis erkauft zu haben. Dazu meinte Montesquieu:
»Natürlich mußten es die ersten drei Nächte sein, die man sich bezahlen ließ; denn für die weiteren hätte man ja nicht mehr viel gegeben.«

Eine sehr geschwätzige Dame redete ununterbrochen auf Montesquieu ein. Endlich fragte sie ihn aufs Geratewohl:
»Können Sie mir sagen, worin das Glück besteht?«
»Für den, der die Ehre hat, Ihr Nachbar zu sein«, erwiderte er, »besteht es darin, taub zu sein.«

Bei seiner letzten Krankheit empfing Montesquieu den Geistlichen, der zu ihm sagte:
»Sehen Sie, wie groß Gott ist!«
»Und wie klein der Mensch!« meinte Montesquieu.

MONTESSORI, MARIA

(1870-1952) ital. Ärztin und Pädagogin

— * —

Maria Montessori war der erste weibliche Medizinstudent in der italienischen Geschichte. Ihre Zulassung zum Studium erreichte sie nur durch ihre beispiellose Hartnäckigkeit. So wurde es ihr aus Schicklichkeitsgründen verboten, gemeinsam mit männlichen Studenten den Seziersaal zu besuchen. Ihre Antwort darauf:
»Dann laßt mich nachts mit den Leichen allein. Wir genieren uns nicht voreinander.«

MONTMAUR, PIERRE DE

(1576-1648) frz. Gelehrter

— * —

Bei einem Bankett wurde viel und laut diskutiert. Da sagte Montmaur:
»Liebe Freunde, seid ein wenig still! Man versteht ja nicht, was man ißt!«

Montmaur, der sich gern einladen ließ, war einmal Gast eines Herrn, der am Ende des Mahls eine kleine Flasche von einem Wein auftragen ließ, dessen Güte und Alter gerühmt wurden.
»Ja, er ist gewiß sehr gut«, meinte Montmaur, »aber für sein Alter ist er ziemlich klein geblieben.«

MOREL, FRÉDÉRIC

(1523-1583) frz. Gelehrter

— * —

Der große Gelehrte und Dichter lateinischer und griechischer Gedichte, Frédéric Morel, ging so in seiner Arbeit auf, daß nichts ihn davon ablenken konnte. Er war gerade dabei, ein altes Werk zu übersetzen, da meldete man ihm, seine Frau, die seit langem krank war, liege im Sterben.
»Ich habe noch zwei Perioden zu übersetzen, dann komme ich«, sagte Morel.
Nach einer Weile berichtete man ihm, es gehe mit seiner Frau zu Ende.
»Nur noch drei Wörter«, erwiderte er.
Wenige Minuten später erfuhr er, seine Frau sei gestorben.
»Schade!« sagte er. »Das tut mir aufrichtig leid. Sie war wirklich eine brave Frau.«
Und damit setzte er seine Arbeit fort.

MORSE, SAMUEL

(1791-1872) Maler, Physiker, Erfinder des Alphabets

— * —

Samuel Morse war, bevor er den Telegraphen erfand, ein bedeutender Maler. Einmal malte er einen Sterbenden und zeigte das Bild einem Freund, der Arzt war.
»Was halten Sie davon?« fragte er stolz.
Der Arzt musterte das Bild eingehend, dann sagte er:
»Malaria!«

MUTHER, RICHARD

(um 1900) Kunsthistoriker

— * —

Richard Muther war Professor an der Universität Breslau. In einem großen Werk über die Geschichte der Malerei glaubte man, ihm Plagiate nachweisen zu können. Seine Kollegen gingen zum Regierungspräsidenten und erklärten:
»Professor Muther hat andere Werke abgeschrieben.« Darauf meinte der Regierungspräsident sehr erstaunt:
»Ich dachte, das täten die Herren doch alle!«

NACHTIGAL, GUSTAV

(1834-1885) Arzt, Afrikaforscher

— * —

Nachtigal hatte in Hamburg einen Vortrag über eine seiner Wüstenexpeditionen gehalten und geglaubt, sein Thema nicht zu romantisieren.

Trotzdem sprach ihn hinterher ein junger Mann an: »So ein Ritt mit einer Kamelkarawane muß etwas ungeheuer Poetisches sein!«
»Junger Freund«, entgegnete Nachtigal, »nehmen Sie einen Drehschemel, drehen Sie ihn so hoch es geht und montieren Sie ihn auf dem Kutschbock eines ungefederten Leiterwagens. Dann trinken und essen Sie zwei Tage lang nichts und fahren am dritten bei glühender Augusthitze mittags stundenlang über ein ungepflügtes Kartoffelfeld – dann bekommen Sie einen kleinen Begriff, wie poetisch das ist.«

Bei seiner Expedition zum Tschadsee galt Gustav Nachtigal für lange Zeit als verschollen, ja man hatte schon so fest an seinen Tod geglaubt, daß Publikationen in Deutschland einen Nachruf brachten. Als Nachtigal später einen dieser »Epiloge« las, meinte er nur:
»Eigentlich ist es schade, einen *solchen* Nachruf zu überleben.«

NANSEN, FRIDTJOF
(1861-1930) norw. Polarforscher

— * —

Als Nansen von einer erfolglosen Nordpolexpedition zurückkam, wurde er dennoch jubelnd gefeiert. Aber keine Ehrung hat Nansen so beeindruckt wie die eines alten Fischers.
»Können Sie mir sagen, wo Nansen ist?« hatte jener ihn gefragt, und als er sich zu erkennen gab, ließ der alte Mann die Ruder fallen, stand im Boot auf und nahm die Mütze ab.

Als Nansen in den Vereinigten Staaten war, bemühte eine Dame der vornehmen Gesellschaft sich sehr darum, ihn kennenzulernen. Man erklärte ihr vorher, Nansen sei Norweger, und die skandinavischen Völker seien nicht immer besonders gut aufeinander zu sprechen.
Sie wurde ihm vorgestellt, und es fiel ihr mit dem besten Willen nichts Passendes ein. Da platzte sie endlich heraus:
»Ich bin entzückt, Sie kennenzulernen, Mr. Nansen. Mein Koch ist nämlich auch Schwede.«

NEANDER, JOHANN AUGUST WILHELM
(1789-1850) Kirchenhistoriker

— * —

Der Berliner Kirchenhistoriker Neander war sehr zerstreut. Als er sich einmal die Haare schneiden ließ, warf er nachher einen Blick in den Spiegel und meinte:
»Es ist zu kurz; schneiden Sie sie, bitte, etwas länger!«

NERNST, WALTHER
(1864-1941) Physiker

— * —

Mit seiner Meinung über Max Planck machte sich Nernst viele Feinde: »Planck, ja, Planck; ein Mann, der mit vierzig Jahren seinen ersten selbständigen Gedanken gehabt hat.«

Nernsts subjektive Urteile waren bekannt und wurden oft freudig-erregt erwartet. Nernst scherte sich nicht darum, ob er mit seiner Meinung »auf der Linie« liege. Als man ihn über Kant ausfragen wollte, antwortete er gelassen:
»Oh, ja, ja, Kant! Kant ist ein großer Irrtum.«

NEUMANN, ERNST
(1834-1918) Arzt

— * —

Ernst Neumann, der Begründer der modernen Blutlehre, empfing einmal in seiner Praxis eine junge Dame, die einen schmerzhaften Abszeß an dem Körperteil hatte, den man zum Sitzen benötigt. Neumann untersuchte sie und konstatierte: »Das muß geschnitten werden.«
»Um Gottes willen!« rief die Patientin. »Da bleibt gewiß eine Narbe zurück. Wird man sie sehen?«
Neumann erwiderte: »Das wird ganz von Ihnen abhängen, meine Gnädigste.«

NEWTON, SIR ISAAC
(1643-1727) engl. Physiker

— * —

Newton, sicherlich einer der bedeutendsten Naturforscher des Abendlands, beschäftigte sich auch mit Versuchen der Wettervorhersage, aber er mußte immer wieder feststellen, daß er auf diesem Gebiet als Wissenschaftler nicht weit gedieh.
Einmal machte er eine Wanderung und traf unterwegs einen Schäfer. »So ein schöner Tag«, sagte Newton mit dem Blick auf den blauen Himmel. »Es wird bald regnen«, meinte der Schäfer. Aber Newtons Prognose war optimistisch, er ging ohne Regenkleidung weiter.
Als der Naturforscher drei Stunden später auf dem Rückweg wieder an dem Schäfer vorüberkam, goß es in Strömen, und er hatte keinen trockenen Faden mehr am Leib. »Woher haben Sie gewußt, daß es regnen würde?« fragte er den Schafhirten. Die Antwort lautete: »Von meinen Schafen. Wenn sie gegen den Wind rupfen – jedenfalls jenes kleine schwarze dort und noch ein paar andere obergescheite –, dann gibt es mit Sicherheit Regen.«

Newton war ins Oberhaus berufen worden, und seine Kollegen erwarteten ungeduldig seine erste Rede. Aber er schwieg. Endlich verlangte er eines Tages das Wort. Sogleich herrschte tiefste Stille. Newton erhob sich und sagte: »Ich möchte bitten, daß das Fenster hier neben mir geschlossen wird; es zieht.«
Und dann setzte er sich wieder.

Sir Isaac Newton saß an einem Winterabend am Kamin, und da es sehr kalt war, zog er instinktiv seinen Stuhl näher ans Feuer. Doch nun wurde das Feuer immer stärker, und Newton zog heftig die Klingelschnur und fuhr den Bediensteten an:
»Deck doch das Feuer zu, du fauler Strick; soll ich hier verbrennen?«
»Wäre es nicht besser, Euer Ehren, wenn Ihr Euren Stuhl ein wenig vom Feuer wegschieben würdet?« meinte der Bediente.
»Ja, allerdings«, Newton mußte lächeln, »daran hatte ich nicht gedacht.«

Als Dr. Stukely den großen Isaac Newton besuchte, erklärte ihm der Diener, sein Herr sei im Studierzimmer und dürfe nicht gestört werden. Es wurde Mittagszeit, und so setzte Dr. Stukely sich und wartete. Nach kurzer Zeit wurde eine Schüssel mit einem Huhn gebracht. Eine Stunde verging, Sir Isaac blieb unsichtbar. Da aß der Doktor das Huhn, deckte die leere Platte wieder zu und hieß den Diener, seinem Herrn etwas anderes zu bringen. Doch bevor das zweite Mittagessen bereit war, erschien Sir Isaac, entschuldigte sich und sagte:
»Ich stehe gleich zu Ihrer Verfügung; ich möchte nur etwas zu Mittag essen.«
Damit hob er den Deckel von der Schüssel, die leer war. Gelassen wandte er sich mit einem Lächeln zu Stukely:
»Da sehen Sie, wie zerstreut wir Gelehrten sind! Jetzt habe ich ganz vergessen, daß ich schon zu Mittag gegessen hatte!«

Der große Denker ging in seiner Zerstreutheit einmal so weit, daß er den Zeigefinger einer neben ihm sitzenden Dame begierig ergriff . . . und sich desselben als Pfeifenstopfer bediente.

NOBEL, ALFRED

(1833-1896) schwed. Ingenieur

— * —

Alfred Nobel hatte erkannt, daß das Dynamit nicht genügt, um die Menschen zu Pazifisten umzuwandeln, und so sagte er:
»Ich möchte ein Produkt oder eine Maschine fabrizieren, deren Vernichtungskraft so entsetzlich ist, daß die Kriege unmöglich würden.«
Produkt und Maschine hätten wir. Man darf also das Beste hoffen.

NORDENSKJÖLD, ERIK
(1832-1901) schwed. Nordpolforscher

— * —

Nordenskjöld zeigt auf ein Eisbärenfell vor seinem Kamin.
»Das war mein schwerster Kampf«, sagt er. »Es ging ums Leben – er oder ich!«
Eine Dame erschauernd: »Wenn man sich vorstellt, daß sonst Sie hier lägen . . .«

NOTHNAGEL, HERMANN
(1841-1905) Arzt

— * —

Dem berühmten Professor Nothnagel in Wien wird ein Aufsatz über Hypnose zugeschrieben, der 1890 erschienen ist. Darin aber heißt es:
»Ich glaube an die hypnotische Suggestion nicht eher, als bis ich einen Fall gesehen habe, und ich werde niemals einen solchen Fall zu Gesicht bekommen, weil ich mir dergleichen Experimente nicht ansehe.«

OPPENHEIMER, J. ROBERT
(1904-1967) amerik. Physiker

— * —

Als Achtjähriger, Schüler einer New Yorker Schule, wurde er Zeuge, wie ein Knabe seiner Klasse einen Ball auf die Straße schleuderte. Der Lehrer hatte das gesehen, ermahnte den Ballspieler und wies darauf hin, daß er mit dem Ball leicht einen Passanten hätte verletzen können.
Oppenheimer stutzte, berechnete in wenigen Minuten Geschwindigkeit und Gewicht des geworfenen Balles und meldete dem überraschten Lehrer, daß dessen Befürchtungen völlig unnütz waren. Der Ball hätte keinen Passanten treffen können!

Professor Oppenheimer verbrachte die Ferien in Kalifornien. Eines Tages wollte er die Daten eines wissenschaftlichen Problems überprüfen und fragte den Concierge seines Hotels:
»Gibt es hier im Haus eine Enzyklopädie?«
»Nein, Herr Professor«, erwiderte dienstbeflissen der Concierge. »Aber was wollen Sie wissen?«

Als man den Physiker fragte, warum Amerika die Atombombe baue, soll er geantwortet haben: »Wir wollen die Bombe bauen, um die Weltvernichtung durch Hitler abzuwenden, zugleich wird die unerhörte Gewalt unserer Waffe jede zukünftige Gewaltanwendung verhindern und den ewigen Frieden sichern.«

Nach dem ersten Explodieren einer Atombombe sagte Oppenheimer: »Ohne Humor, ohne Vulgarität und Übertreibung kann man sagen, daß die Physiker die Sünde kennengelernt haben und daß sie dieses Wissen niemals verlieren werden . . .«

OSTWALD, WILHELM

(1853-1932) Chemiker

— * —

1881 wurde Ostwald an die Universität Riga als Professor berufen. Er stellte zwar hohe Anforderungen an seine Studenten, war aber dennoch äußerst beliebt. Unbemerkt erlauschte Ostwald den Dialog zweier polnischer Studenten:
Der eine: »Hast du schon gehört neuen Professor?«
»Nein, was ist?«
»Du mußt hören ihn, da geht Chemie in Kopf wie Schaufel!«

Man bietet Ostwald, der sich in Riga einen Ruf gemacht hatte, den Lehrstuhl in Leipzig an. Der Kultusminister fragt formell an, ob Ostwald den Ruf annehmen wolle. Ostwald erwidert ganz glücklich:
»Ja, natürlich, es ist, als ob Sie einen Unteroffizier fragen, ob er General werden will.«

PANZACCHI, ENRICO

(1841-1904) ital. Gelehrter

— * —

Panzacchi war sehr zerstreut. Eines Tages las er an einer Straßenecke in Bologna die Anzeige eines Vortrags.
»Ein interessantes Thema«, sagte er. »Da möchte ich eigentlich hingehn!«
Daß er selber es war, der den Vortrag halten sollte, hatte er vergessen.

Panzacchi war bei Bekannten zu einem großen Fest geladen; er langweilte sich schrecklich, ging verloren durch die Räume, bis er schließlich in ein Schlafzimmer kam. Auf dem Nachttisch lag ein Buch, er schlug es auf und las. Um vier Uhr morgens, als die Gäste verschwunden waren, ging die Hausfrau in ihr Zimmer und stieß einen Schrei des Entsetzens aus. In ihrem Bett lag ein Mann.
Es war Panzacchi, der geglaubt hatte, er sei bereits bei sich daheim und der deshalb zu Bett gegangen war.

PAPINIAN, EMILIO

(142-212) röm. Rechtsgelehrter

— * —

Kaiser Caracalla ließ seinen Bruder Geta in den Armen der Mutter ermorden. Nachher berief er Rechtsgelehrte, die seine Tat gutheißen sollten. Doch Papinian erklärte:
»Es ist leichter, einen Brudermord zu begehn, als ihn zu entschuldigen!«
Woraufhin der Kaiser ihn zum Tode verurteilte.

PARACELSUS, AUREOLUS THEOPHRASTUS

(eigentlich Bombastus von Hohenheim, 1493-1541) Naturforscher und Arzt

— * —

Der Kaiser ließ Paracelsus zu sich rufen, weil er unter Podagra litt. »Die Arznei, die ich Euch bereiten muß, wird Euch nicht munden«, sagte der Arzt. Bald darauf empfahl er sich, noch bevor der Kaiser getrunken hatte. Erst nach zwei Tagen fragte er nach.
»Wärt Ihr mir gestern vor Augen gekommen, Ihr lebtet nicht mehr«, sagte der Kaiser. »Der Trunk brannte so fürchterlich, daß ich glaubte, Ihr hättet mich vergiftet. Aber heute ist mein Leiden kuriert.«
»Das war vorauszusehen«, sagte Paracelsus. »Deswegen bin ich so eilig auf und davon und habe mich in der Zwischenzeit verborgen.«

Paracelsus war ein Gegner ausländischer Heilmittel. Er meinte, die würden zwar dem Apotheker, niemals aber dem Kranken helfen. Er schrieb:
»Wie kann man Krankheiten, die in Deutschland auftreten, mit Arzeneien heilen, die Gott am Nile wachsen läßt?«

PASCAL, BLAISE

(1623-1662) frz. Philosoph und Mathematiker

— * —

Ein Augenzeuge, Tallement des Reaux, berichtet von dem Genie des zwölfjährigen Blaise Pascal:
»Dieses Kind las Euklid im Geheimen und stellte schon Thesen auf. Der Vater fand einige davon. Er ließ ihn kommen und sagte: ›Was ist das?‹
Der Knabe antwortete zitternd:
›Ich habe mich damit nur in Stunden der Rekreation amüsiert.‹
›Und wo hast du all das gelernt?‹
›Im Euklid, von dem ich die ersten sechs Bücher gelesen habe.‹
›Und wann hast du sie gelesen?‹
›Das erste einmal nach dem Essen und die anderen in vergleichsweise noch kürzerer Zeit.‹«

Der Augenzeuge fügte hinzu: »Man bemerke, daß man sechs Monate braucht, um sie genau zu verstehen.«

Pascals Genialität äußerte sich früh. Schon mit zwölf Jahren verfaßte er eine wissenschaftliche Arbeit über die Akustik. Daß er aber, achtzehnjährig, eine weitreichende Erfindung machte, hatte zunächst einen privaten Anlaß. Sein Vater war Generalsteuereinnehmer von Rouen. Er stöhnte oft über die Lasten des Staatssäckels und konnte, je älter er wurde, die Zahlen schlecht beieinander halten.
Eines Tages sagte Blaise: »Ich werde dir helfen« – er ging hin und erfand eine Rechenmaschine, den Vorläufer des Computers.

Auf die Frage, was man zur Verhinderung des Kampfes tun könne, den unter menschlichen Artgenossen nur zu leicht jeder gegen jeden führt, meinte Pascal, die Leute sollten mehr in ihren vier Wänden bleiben, denn: »Alles Unglück in der Welt kommt daher, daß der Mensch nicht in seinem Zimmer bleibt.«

Der französische Philosoph, den man einen Asketen nannte, gestand einmal einem Freund, daß er »trotz allem« nicht »ohne den Beifall von mindestens drei oder vier Personen« auskommen könne.

Pascal wurde Zeuge, wie sich auf einer Hofgesellschaft ein Priester mit unerträglicher Selbstgerechtigkeit seiner frommen Taten rühmte. Da bemerkte er, für die Umstehenden deutlich vernehmbar: »Nie tut man so vollständig und gut das Böse, wie wenn man es mit gutem Gewissen tut.«

PASTEUR, LOUIS

(1822-1895) frz. Chemiker und Biologe

— * —

Pasteur hatte einen Streit mit Cassagnac, der ihn zum Duell forderte. Pasteur war gerade in seinem Laboratorium und machte Experimente mit Trichinen.
»Cassagnac fordert mich«, sagte er. »Schön; ich als Geforderter habe die Wahl der Waffen und wähle zwei Würste, die eine mit Trichinen, die andere ohne. Monsieur Cassagnac möge entscheiden, welche er essen will. Ich esse dann die andere.«

PAULI, WOLFGANG

(1900-1958) Physiker

— * —

Zu einem Vortrag nach Hamburg eingeladen, begann Professor Pauli mit den Worten:
»Ich freue mich, hier in dieser Stadt zu sprechen, wo man einen ganzen Stadtteil nach mir benannt hat . . .« (St. Pauli)

PAULING, LINUS CARL

(geb. 28. 2. 1901) amerik. Chemiker

— * —

Der unermüdliche Kämpfer gegen die Atombombe machte einmal vor einem Kongreß eine ganz simple Rechnung: »Vergleicht man den Preis der Bomben mit der Zahl der Menschen, die man damit töten kann, so kostet bei einer ›schmutzigen Bombe‹ ein Toter ungefähr 10 Pfennig, bei einer ›sauberen‹ dagegen eine ganze Mark.«

PAWLOW, IWAN PETROWITSCH

(1849-1936) russ. Physiologe und Neurologe

— * —

1921 erließ Lenin das berühmte Pawlow-Dekret. Pawlow durfte Wohnung und Privateigentum behalten, er und seine Gattin bekamen doppelte Lebensmittelrationen. Handschriftlich hatte Lenin dem Dekret hinzugefügt:
»Die wissenschaftlichen Verdienste des Akademikers I. P. Pawlow sind ganz außerordentlich und von großer Bedeutung für die Werktätigen in aller Welt.«

Pawlow war von heftigem Temperament, zuweilen auch ein rechter Choleriker. Nachdem er seinen Mitarbeitern wieder einmal eine heftige Szene gemacht hatte, verließ er wütend das Labor. Etwas später wurde eine Nachricht im Labor abgegeben.
»Unter Meinungsverschiedenheiten darf die Arbeit nicht leiden: wir müssen weiter experimentieren. Pawlow.«

Von seiner Frau sagte Pawlow einmal: »Sie ist offenbar Dualist. Sie ist religiös!«

PEARL, ERNEST

(20. Jh.) Professor in Texas

— * —

Pearl hatte einmal berechnet, was ein menschlicher Körper von etwa fünfundsiebzig Kilo wert ist: Wasser genug, um zwei Leintücher zu waschen, Eisen, um einen großen Nagel zu fabrizieren, Kalk genug, um einen Hühnerstall zu weißen, Schwefel genug, um die Flöhe eines Hundes zu töten. Will man all diese Ingredienzien in einer Apotheke kaufen, so kosten sie nach Professor Pearl achtundneunzig Cents, also rund einen Dollar.

»Da seit dieser Analyse«, sagte Pearl, »die Kaufkraft des Geldes abgenommen hat, dürfen wir hoffen, daß wir jetzt etwa anderthalb Dollar wert sind.«

PEMBROKE, THOMAS H.

(20. Jh.) Physiklehrer an der Militärschule West Point

— * —

Der Professor schreibt eine Gleichung an die Tafel und erklärt, darin sei eine bestimmte Anzahl Elektronen enthalten. Daraus entwickelt er eine Fülle von Gleichungen, bis die Tafel voll ist, und sagt:

»So, jetzt haben wir, wie Sie sehen, fünf Elektronen weniger als zu Beginn. Was ist aus ihnen geworden?«

Keine Antwort. Der Professor fragt energischer:

»Nun? Wo sind diese fünf Elektronen?«

Da tönt eine Stimme aus dem Hintergrund:

»Keiner darf den Saal verlassen!«

PENNEY, W. G.

(20. Jh.) engl. Atomwissenschaftler

— * —

Als Penney von Australien zurückkam, wo er auf der Insel Montebello die erste englische Atombombe explodieren gesehen hatte, empfing ihn seine Tochter mit dem Ausruf:

»Schade, Daddy, daß du nicht hier warst! Da hättest du was erlebt! Unser Gasofen ist in die Luft geflogen!«

PESTALOZZI, JOHANN HEINRICH

(1746-1827) schweiz. Pädagoge

— * —

Pestalozzi examinierte einen Schüler:

»Was ist ein Amphibium?«

Als der Schüler ihn hilflos anstarrte, flüsterte er ihm mitleidig nachhelfend zu:
»Ein Tier, das teils auf dem Lande . . .« – ». . . und teils in der Stadt lebt«, ergänzte schnell der Befragte.

PETTENKOFER, MAX VON

(1818-1901) Hygieniker, Begründer der Seuchenbekämpfung

— * —

Einen jungen Arzt, der eben die Doktorwürde erlangt hatte, soll Pettenkofer mit diesen Worten verabschiedet haben:
»Meinen Glückwunsch zur Promotion! Aber ich rate Ihnen, machen Sie Ihre Praxis in einer anderen Stadt auf. Hier bei uns ist die Sterblichkeit ohnehin schon erschreckend hoch.«

Pettenkofer behauptete, bei Epidemien sei der Bazillus nicht allein die Ursache. Andere bedeutende Gelehrte widersprachen ihm. Da bot er an, im Interesse der Wissenschaft ein Experiment an sich selber vorzunehmen.
»Ich bin vierundsiebzig, ich bin zuckerkrank, ich habe keinen Zahn im Munde. Ich habe das Recht, mich als wertlos zu betrachten. Der Mensch, der sich über das Tier erheben will, muß immer bereit sein, Gesundheit und Leben höheren Zielen zu opfern.«
Und dann trank er, in Gegenwart mehrerer Mitarbeiter, die um ihn zitterten, ohne zu zögern eine ganze Kultur von Cholerabazillen in einem Wasserglas.
»Schmeckt wie gewöhnliches Wasser«, sagte er gelassen.
Und die gefährliche Probe ging ohne irgendwelches Ergebnis vorüber.

Ein Onkel Pettenkofers nahm ihn in München als Lehrling in seine Hofapotheke auf. Aber diese Beschäftigung behagte dem Lehrbuben überhaupt nicht, und so brannte er eines Tages durch und wurde Schauspieler.
Als er durch die zarte Hilfe seiner Cousine Helene, die seine Braut war, wieder zu den Quellen der Wissenschaft geleitet wurde, lehnte der Onkel jedoch jede Beschäftigung in der Apotheke ab:
»Ein Mensch, der einmal Komödiant gewesen ist, kann kein Apotheker werden, höchstens noch Mediziner.«

Chemische Probleme waren das eigentliche Steckenpferd Pettenkofers. Fast jedes Problem, das man an ihn herantrug, löste er vollständig.
Als man ihn fragte, wie er das denn mache, antwortete er verschmitzt:
»Ach, das löse ich ganz einfach aus dem chemischen Handgelenk.«

Pettenkofer, der mit 25 Jahren das medizinische Examen abgelegt hatte, hatte Schwierigkeiten, in seinem Beruf zu arbeiten.
Als die Not groß war, nahm er eine Stelle bei der ›Königlichen Münze‹ zu geringem Salär an. Die Münzarbeiter verspotteten ihn:
»Der neue Assistent will wohl als Doktor der Medizin, der Chirurgie und der Geburtshilfe bei uns die Münzen kurieren.«

Auf Gesellschaften war Pettenkofer häufig von neugierigen Damen umschwärmt. Einmal fragte ihn eine Verehrerin, die sich offenbar auf diese Frage vorbereitet hatte:
»Was ist der Unterschied zwischen Atropin und Atropie?«
Pettenkofer blinzelte die Dame an, lächelte und erklärte:
»Das ist mindestens ein so großer Unterschied wie zwischen Pettenkofer und Patentkoffer.«

PICO DELLA MIRANDOLA, GIOVANNI

(1463-1494) ital. Philosoph

— * —

Pico della Mirandola, einer der größten Gelehrten seiner Zeit, verblüffte schon als Knabe durch seine Kenntnisse und sein Wissen. Ein Kardinal meinte, aus den Wunderkindern würden nachher komplette Idioten.
»Dann müssen Eure Eminenz ein großes Wunderkind gewesen sein«, erwiderte der kleine Pico.

Pico della Mirandola hatte ein so erstaunliches Gedächtnis, daß er ein Gedicht, das er nur ein einziges Mal gelesen hatte, von hinten nach vorn aufsagen konnte.

PICOT, AUGUSTE

(1844-1918) frz. Gelehrter

— * —

Professor Picot, der zu Ende des 19. Jahrhunderts an der Sorbonne lehrte, war bei Prüfungen außerordentlich mild. Und so stand er einmal am Ende des Examens auf und sagte lächelnd:
»Ich freue mich, Ihnen mitteilen zu können, daß alle achtzehn Kandidaten die Prüfung bestanden haben.«
»Maître«, flüsterte ihm ein Mitglied der Kommission zu, »es waren ja nur siebzehn. Jetzt haben Sie auch einen Zuhörer durchgelassen!«

PITTAKOS

(650-569 v. Chr.) griech. Weiser

— * —

Ein junger Mann hatte einer kleinen Summe wegen einen Prozeß gegen seinen Vater angestrengt.
»Wenn du den Prozeß verlierst«, sagte Pittakos, »wirst du verurteilt werden. Und wenn du ihn gewinnst, verdientest du, verurteilt zu werden!«

PLANCK, MAX

(1858-1947) Physiker

— * —

Max Planck fuhr zu einem Kongreß nach Genf. Der Zug raste unheimlich. Als der Schaffner einmal vorbeikam, fragte der Wissenschaftler vorsichtig:
»Sagen Sie bitte: wann hält die nächste Station hier am Zug?«

Während des 2. Weltkrieges sah ein früherer Assistent von Planck seinen Professor mitten im Winter mit einem leichten Sommermantel bekleidet, erbärmlich frierend, auf einem Wirtschaftsamt stundenlang warten. Planck stellte Antrag für einen Wintermantel, der abgelehnt wurde. Der Assistent sagte zu dem Beamten:
»Wissen Sie, daß das einer der größten Naturforscher der Welt war?«
Der Beamte antwortet: »Das ist mir gleichgültig, der ist auch nichts Besseres als wir!«

1937 führte das ›Schwarze Korps‹, ein Organ der Himmler-SS, bei seinem obersten Dienstherrn Klage:
»Die Juden Einstein, Haber und ihre Gesinnungsgenossen Sommerfeld und Planck regeln fast unbeschränkt die Nachwuchsfrage der deutschen Lehrstühle.«

PLATO

(429-347 v. Chr.) griech. Philosoph

— * —

Plato traf einen seiner Schüler beim Würfelspiel und machte ihm Vorwürfe.
»Ich spiele ja nur um sehr wenig Geld«, entschuldigte sich der Schüler.
»Ich mache dir ja keine Vorwürfe wegen des Geldes«, erwiderte Plato, »sondern wegen der Zeit, die du vergeudest.«

Plato kam einmal nach Syrakus; der Tyrann Dionysios lud ihn zu sich und fragte im Lauf des Gesprächs:
»Was spricht man denn in der Akademie von Athen über mich?«
Worauf Plato erwiderte:

»Wir haben Wichtigeres zu tun, als von dir zu sprechen!«

Xenokrates war so streng, daß Plato zu ihm sagte:
»Xenokrates, manchmal muß man auch den Grazien ein Opfer bringen!«

PLOETZ, KARL JULIUS

(1819-1881) Gymnasiallehrer, Verfasser zahlreicher Sprachlehrbücher

— * —

Ploetz, der Herausgeber einer vielgebrauchten französischen Grammatik, hatte als Schulrat den Französischunterricht in einer Oberprima zu inspizieren. Der Fachlehrer hatte Konversation angesetzt, er unterhielt sich gerade mit einem recht erwachsen wirkenden Schüler. Nach einer Weile unterbrach ihn Ploetz:
»Was spricht dieser junge Mann nur für ein schreckliches Französisch, ich verstehe kein Wort!«
Der Klassenlehrer konnte ein Lächeln nicht unterdrücken, als er die Auskunft gab:
»Das ist ein Gastschüler, der hier das Deutsche erlernen soll. Er ist in Paris geboren und dort aufgewachsen.«

Ploetz, so erzählen sich Schüler, soll noch auf dem Totenbett französische Grammatik getrieben haben. In der Todesminute richtete er sich auf und hauchte: »Je meurs«. Dann tat er noch einen Atemzug und flüsterte: »Oder je me meurs – wie Sie wollen.« Sprach's und verschied.

PLOTIN

(205-270) griech. Philosoph

— * —

Plotin wollte sich nie malen lassen. Sein Schüler Amelius beschwor ihn, aber vergebens.
»Es genügt«, sagte Plotin, »daß wir verurteilt sind, das Bild, darein die Natur uns eingesperrt hat, unser Leben lang zu tragen; wir brauchen nicht auch noch ein Bild des Bildes den kommenden Jahrhunderten zu vererben, als wäre es ein lohnendes Schauspiel.«

PLUTARCH

(etwa 50-125) griech. Philosoph

— * —

Plutarch hing sehr an seinem kleinen Heimatort Chaeronea. Obgleich man ihm lockende Angebote machte, nach Rom oder Athen zurückzukehren, blieb er, um in dem Dorf seinen Lebensabend zu verbringen.
»Ich weiß, daß Chaeronea klein ist«, sagte er. »Aber ich bleibe, damit es durch meine Abreise nicht noch kleiner werde.«

Ein Ausspruch des griechischen Philosophen: »Ich brauche keinen Freund, der sich mit mir verändert und mein Kopfnicken erwidert; denn das macht mein Schatten weit besser.«

Als Plutarch der Enthüllung einer Kaiserstatue beiwohnte, wurde er gefragt, welchen Rang er dem Schöpfer des Bildwerkes beimesse. Neugierigen Spekulanten entzog sich der Historiker durch die vieldeutige Antwort: »Ich genieße das Werk und verachte seinen Urheber.«

Man fragte Plutarch, was er vom Ehebruch halte.
»Der Ehebruch«, sagte er, »ist die Neugier auf die Vergnügungen der andern.«

POGGIO, GAN FRANCESCO

(1380-1459) ital. Humanist und Philosoph

— * —

Poggio hatte keine hohe Meinung vom Adel.
»Zu behaupten, daß man die Tugend der Vorfahren dadurch wahrt, daß man eine Menge Hunde, Vögel und Pferde hält und mit ihnen durch die Wälder jagt, heißt so viel, als wollte man den Adel bei den Bestien suchen.«

PORSCHE, FERDINAND

(1875-1951) Konstrukteur

— * —

Die erste große Ehrung, die Porsche für seine neue Kraftwagenkonstruktion entgegennehmen durfte, war, daß der Techniker der k. u. k. Hofkutschenfabrik Lohner & Co. in Floridsdorf bei Wien höchstpersönlich den Thronfolger Erzherzog Franz Ferdinand in die Kaisermanöver fahren durfte.
Porsche später über diese Episode: »Mit Pferden ging's rein in die Kaiserzeit, mit dem Auto heraus.«

PROTAGORAS

(um 485-415 v. Chr.) griech. Philosoph

— * —

Protagoras war, wie von allen Sophisten bekannt, sehr darauf bedacht, seine Lehren in klingende Münzen umzusetzen. Er war auch bei seinen Honorarforderungen keineswegs kleinlich. In diesem Sinne hatte er einen gewissen Ruf, den er in jeder Situation ausnützte. Merkte er zum Bei-

spiel, daß seine Schüler einzunicken drohten, lockte er die Schläfrigen mit der Bemerkung:
»Nun paßt aber mal auf. Ich lege jetzt ein Stück aus meinem Extrakurs ein, für den ich mir sonst 50 Drachmen bezahlen lasse.«
Von Protagoras etwas umsonst zu bekommen, weckte auch den Müdesten.

Als Protagoras' einzige Tochter einen Feind des Philosophen heiratete, fragte man ihn, warum er diese Heirat gestattet hätte. Lächelnd antwortete er: »Warum? Weil ich ihm Schlimmeres nicht zufügen konnte.«

Protagoras, der Sophist, forderte einmal von seinem Schüler Euathlos Bezahlung für den Unterricht in Rechtsangelegenheiten.
»Aber ich habe bis jetzt noch keinen Prozeß gewonnen«, klagte der Schüler.
Darauf versetzte der Sophist:
»Aber ich muß das Geld auf jeden Fall erhalten; denn siege ich, so gehört es mir, eben weil ich gesiegt habe; siegst aber du, dann deshalb, weil du gesiegt hast.«

PULUJ, JERZY

(um 1900) tschech. Gelehrter

— * —

An der Technischen Hochschule in Prag lehrte Professor Puluj, ein Slawe und hervorragender Fachmann, der aber mit der Aussprache des Deutschen einige Schwierigkeiten hatte. So beschrieb er einmal ausführlich einen Apparat und sagte stolz:
»Diesär Apparat ist von mirr!«
Ein Hörer machte sich den Scherz, das Wort ›mirr‹ so in sein Heft zu schreiben, wie der Professor es gesprochen hatte. Nun wollte das Pech, daß ein anderer Hörer gefehlt hatte und sich ausgerechnet dieses Kollegheft auslieh. Bei der Prüfung nun mußte er diesen Apparat erklären, was ihm recht gut gelang. Puluj, ein strenger Prüfer, nickte wohlwollend und fragte:
»Und von wäm ist diesär Apparat?«
Worauf der Student unschuldig erklärte:
»Dieser Apparat ist von mirr.«
Puluj glaubte nicht recht gehört zu haben.
»Von wäm ist diesär Apparat?« schreit er den unglücklichen Studenten an, der, mit sinkendem Mut, aber seiner Sache sicher, wiederholte:
»Dieser Apparat ist von mirr.«
Und damit war die Prüfung beendet und der Student wegen Verhöhnung eines Lehrers durchgefallen.

PYTHAGORAS
(582-500 v. Chr.) griech. Philosoph

— * —

Pythagoras lehrte die Mäßigkeit als höchste Tugend. Über Liebesgenüsse äußerte er sich so:
»Den Liebesgenüssen mag man sich im Winter hingeben, nicht im Sommer; im Herbst und Frühling sind sie weniger schädlich, schädlich aber zu jeder Jahreszeit und der Gesundheit nicht zuträglich.«
Ein andermal aber erwiderte er auf die Frage, wann man dem Liebesdrang folgen solle:
»Dann, wenn du dich an deiner Kraft schwächen willst.«

Pythagoras wurde gefragt, welcher Unterschied zwischen dem Mann, der Frau und dem Gold bestehe.
»Das Gold wird durch das Feuer erprobt«, erwiderte Pythagoras. »Die Frau durch das Gold und der Mann durch die Frau.«

RANKE, LEOPOLD VON
(1795-1886) Historiker

— * —

Wenn während eines Vortrags ein einzelner Zuhörer eingeschlafen ist und vernehmlich schnarcht, bemächtigt sich im allgemeinen eine gewisse Irritation des Publikums. So war es auch, als in einer Vorlesung Rankes ein Student ganz erheblich zu schnarchen begann. Der Historiker indessen war ein zu vornehmer Mann, um davon allzu viel Notiz zu nehmen. Erst nach längerer Zeit trat er an den Schläfer heran, legte ihm die Hand auf die Schulter und weckte ihn mit den Worten:
»Bitte, mein Herr, aber nicht so laut.«

So groß er als Wissenschaftler war, so bescheiden war seine Vortragskunst. Unter seiner monotonen Stimme kämpfte das Auditorium regelmäßig mit dem Schlaf. Einmal schilderte Ranke die Völkerschlacht bei Leipzig und kam auf den tragischen Schlaf Napoleons unter eintönig ratternden Windmühlenflügeln zu sprechen. Da bemerkte er, daß das Kopfnicken eines Hörers kurz vor seinem Pult nicht Kopfnicken bedeutete, sondern einen guten, tiefen Schlaf.
Erbost polterte er auf seine Pultplatte und rief:
»Kleiner Napoleon! Jetzt kommt das Wichtigste . . . und Sie verschnarchen es wiederum.«

RASPUTIN, GREGOR
(1871-1917) russ. Mönch

— * —

Eine von Rasputins religiösen Theorien war:
»Wir können unser Heil nur durch die Reue erlangen. Wie aber soll man bereuen, wenn man nicht vorher gesündigt hat? Wenn uns Gott also die Versuchung schickt, ist es unsere Pflicht, ihr zu erliegen.«

REICHWEIN, ADOLF
(1898-1944) Pädagoge

— * —

Reichwein war ein begeisterter Flieger. 1933 erließen die Nazis eine Verordnung, daß jedes Flugzeug mit einem Hakenkreuz zu versehen sei. Reichwein lehnte das ab und verkaufte sein geliebtes Flugzeug mit der Begründung: »Mit einem Hakenkreuz an Bord kann man in der Luft kein freier Mensch mehr sein!«

Kurz vor seiner Hinrichtung schloß Reichwein einen Brief an seine Frau, in dem er einen Rückblick auf sein Leben gab, mit den Worten: »Wieviel Anlaß, dankbar zu sein.«

RIBOT, THÉODULE
(1839-1916) Experimentalpsychologe

— * —

Professor Ribot ist eingeladen, in einem distinguierten Klub einer Provinzstadt einen Vortrag zu halten.
»Wie kann man erkennen«, fragte der Präsident nach dem Vortrag, »ob ein Mensch verrückt ist?«
»Zunächst«, erklärt Ribot, »stellt man ihm eine ganz einfache Frage, die jeder normale Mensch ohne Zögern beantworten kann.«
»Zum Beispiel?«
»Zum Beispiel: Kapitän Cook fuhr dreimal um die Welt und starb auf einer dieser Reisen. Welche mag das gewesen sein?«
Der Präsident des distinguierten Klubs überlegt eine Weile und dann sagt er:
»Haben Sie kein anderes Beispiel? Sie müssen wissen, verehrter Herr Professor, für Forschungsreisen habe ich mich niemals interessiert.«

RÖNTGEN, WILHELM KONRAD

(1845-1923) Physiker

— * —

Seine Adoptivtochter, Frau Donges-Röntgen, hat erzählt, wie es im Hause Röntgen kurz vor der Entdeckung der X-Strahlen zuging – sie war damals 14 Jahre alt:
»Mein Vater war für niemanden zu sprechen. Er ließ sich sein Essen ins Laboratorium bringen und schlief auch dort. Er wollte mit seinen Gedanken allein sein. Ich erinnere mich, wie er meiner Mutter eines Tages bei Tisch sagte: ›Wenn sich das Neue beim Experimentieren mit den Strahlen bestätigen sollte, werden die Leute mich bald für verrückt erklären.‹«

Seine Entdeckung wurde rasch publik in der ganzen Welt und löste eine Reaktion von Spekulationen, Vermutungen und Verdächtigungen aus. Man vermutete, daß nun jeder in seiner Westentasche einen Apparat verstecken könnte, um seinen Nachbarn in den Geldbeutel zu schauen. Die Damen befürchteten, daß künstliche Busen und ähnliche Hilfsmittel ihrer Kosmetik nunmehr gnadenlos diesen sagenhaften Strahlen ausgeliefert seien.
Während die Deutschen noch klagten, erwiesen sich die Engländer als geschäftstüchtiger. Alsbald annoncierte eine Firma in London strahlensichere Unterwäsche.

ROUSSEAU, JEAN JACQUES

(1712-1778) frz. Philosoph und Schriftsteller

— * —

Auf einem Festessen wurde Rousseau von seiner Tischdame gefragt, wie er sich sein Urteil über Frauen bilde.
»Oh«, sagte Rousseau, »ich bewerte die Herzensgüte mit 1 und alle übrigen Eigenschaften mit 0.«
»Ist das nicht ein bißchen ungerecht?«
»Das glaube ich nicht, meine Beste. Denn wenn die Herzensgüte 1 ausmacht und für Schönheit, Charme und Geist je eine Null hinzukommt, ist man rasch bei 1000. Wo aber die Herzensgüte fehlt, taugt alles Übrige auch nur zur 0.«

Man hatte Rousseau wegen seines Briefes über die Musik den Eintritt in die Oper verboten. Als er in Montmorency war, hätte man dieses Verbot gern rückgängig gemacht. Doch er meinte:
»Warum, zum Teufel, soll ich mir die Mühe nehmen, den langen Weg in die Oper zu fahren, wenn ich doch hier vor meiner Türe die Käuzchen des Waldes von Montmorency habe?!«

Rousseau war seine Uhr gestohlen worden.
»Gott sei Dank«, sagte er gelassen. »Jetzt brauche ich mich nicht mehr nach ihr zu richten.«

Einmal holte sich Rousseau in einer bestimmten Angelegenheit bei Diderot Rat.
»Sie werden ja doch das Entgegengesetzte von dem tun, was die andern machen«, meinte Diderot.
»Sie haben recht«, entgegnete Rousseau. »Und das ist auch der beste Rat, den Sie mir geben können.«

Diderot besuchte Rousseau in Montmorency, und sie gingen an einem Teich vorbei.
»Sehen Sie diesen Teich«, sagte Rousseau. »Zwanzigmal habe ich daran gedacht, mich hineinzustürzen und meinem unglücklichen Leben ein Ende zu machen.«
»Und warum haben Sie es nicht getan?« fragte Diderot gelassen.
»Ich habe die Hand hineingesteckt«, erklärte Rousseau, »und das Wasser war zu kalt.«

Rousseau war im Hause des Dichters Gresset geladen. Die Gesellschaft erwartete etliche Weisheiten von ihm zu hören, aber er machte nicht den Mund auf.
»Wie schwer es ist«, rief endlich Gresset, »einen Bären zum Sprechen zu bringen!«
»Ja, allerdings«, meinte Rousseau. »Einen Papagei bringt man leichter zum Sprechen als einen Bären.«

Rousseau wurde 1776 auf dem Weg von Ménilmontant von einer riesigen dänischen Dogge umgerannt, die vor einem Wagen daherlief. Der Herr von Wagen und Hund, Präsident de Saint-Fargeau, beachtete den Vorfall nicht und fuhr weiter, während Bauern Rousseau aufhoben und heimbrachten. Unterdessen hatte der Präsident erfahren, wen sein Hund umgerannt hatte, und er schickte am nächsten Tag zu Rousseau, der noch starke Schmerzen hatte, einen Diener und ließ fragen, was er für Rousseau tun könne.
»Von jetzt an den Hund an der Leine halten«, erwiderte Rousseau und schickte den Lakaien fort.

ROYCE, FREDERIK HENRY

(20. Jh.) engl. Automobilkonstrukteur

— * —

Royce, der gemeinsam mit dem Autohändler Charles Stewart Rolls 1906 in Derby die berühmtgewordene Fabrik für Qualitätsautos und Flugmotoren gründete, erzählte gegen Ende seines Lebens gern folgende Anekdote:
»Einmal stand in der ›Times‹, ein glänzend erhaltener Rolls-Royce sei für nur 3,5 Pfund zu verkaufen. Beinahe jedermann hielt die Anzeige für einen Witz. Doch der erste ernsthafte Anrufer bekam den Wagen tatsächlich um diesen Preis. Der Grund: Der gestorbene Besitzer, ein Lord, hatte seine Witwe testamentarisch verpflichtet, den Prunkwagen zugunsten seiner Freundin zu veräußern.«

ROYER-COLLARD, PHILIPE

(1763-1848) frz. Politiker und Philosoph

— * —

Royer-Collard hatte Ludwig XVIII. während der Verbannung eine Gefälligkeit erwiesen. Als Ludwig dann den Thron bestieg, wollte er Royer-Collard in den Adelsstand erheben.
Da sagte Royer-Collard: »Man muß dem König schon sehr ergeben sein, um ihm diese Unverschämtheit nicht nachzutragen!«

Im Alter war Royer-Collard taub geworden. Als ein Freund ihn bemitleidete, sagte er: »Es ist nicht so schlimm. Wenn Sie wüßten, wie viele Dummheiten ich nicht hören muß!«

Royer-Collard zeigte einem ausländischen Diplomaten die Sehenswürdigkeiten von Paris.
»Was ist das für ein herrliches Gebäude?« fragte der Fremde vor dem Pantheon.
»Hier«, erwiderte Royer-Collard, »wird das dankbare Vaterland seine großen Männer begraben. Unterdessen legt man Senatoren hinein.«

RÜDIGER, ERNST

(um 1900) Spitzbergenforscher

— * —

Rüdiger kam von seiner Reise im hohen Norden zurück. Er wurde in der Universitätsstadt Rostock bei einem Freund zu Tisch geladen. Es war Spätherbst, es dunkelte früh, und die Hausfrau zündete die Lampe an.
Da sagte Dr. Rüdiger: »Vor wenigen Monaten, in Spitzbergen, habe ich um zwölf Uhr nachts noch ohne Licht gelesen.«

Worauf die Hausfrau erwiderte: »Ja, ja, Herr Doktor, jedes Volk hat seine Sitten und Gebräuche.«

RUSSELL, BERTRAND
(1872-1970) engl. Philosoph, Mathematiker und Schriftsteller

— * —

Russell, Sohn eines freidenkerischen Lords und einer Frauenrechtlerin, entdeckte im Alter von elf Jahren seine Begabung für die Mathematik. In seiner Selbstbiographie schrieb er darüber:
»Dies war eines der großen Ereignisse meines Lebens, ebenso berauschend wie die erste Liebe.«

Als man ihn nach den Vorzügen seines Adelstitels fragte, erwiderte Lord Russell einmal:
»Er hat zumindest den Vorzug, daß man in den englischen Gefängnissen anständig behandelt wird.«

Als man den britischen Philosophen fragte, ob er der Menschheit für die Zukunft eine Chance gäbe, antwortete dieser:
»Selbstverständlich hat sie eine Chance, aber man weiß nicht so recht. Manchmal kommt mir die Menschheit wie eine Schar Lausbuben vor, die mitten in einem Benzinlager mit Streichhölzern spielen. Sie verstehen«, fügte er lächelnd hinzu, »Explosionsgefahr.«

Als Lord Russell von einer Dame gefragt wurde, welches eigentlich der Unterschied zwischen einem Advokaten und einem Staatsanwalt sei, sagte er:
»Ungefähr derselbe wie zwischen einem Krokodil und einem Alligator.«

RUTHERFORD, ERNEST
(1871-1937) engl. Physikochemiker

— * —

Rutherford war Schüler von Joseph John Thompson. Lehrer und Schüler betrachteten gemeinsam eine schematische Zeichnung eines Atommodells. »Können Strahlen elementare Umwandlungen erzielen? Was meinen Sie dazu, Rutherford?«
»Damit kämen wir dem Ziel der Alchimisten näher!«
Thompson sah Rutherford lange zweifelnd an: »Es ist nicht sehr lange her, mein lieber Rutherford, daß Alchimisten verbrannt oder am Galgen aufgeknüpft wurden. Der letzte dürfte wohl der Florentiner Giordano Goldoni gewesen sein, mit seinem Versuch, Quecksilber in Gold zu ver-

wandeln. Er mußte an einem Galgen hängen, den sein Fürst vorher noch vergolden ließ.«
Rutherford antwortete ungerührt: »Er kannte eben unsere Strahlen noch nicht. Vielleicht hätte er Uran nehmen sollen.«

SAILER, JOHANN MICHAEL
(1751-1832) Theologieprofessor

—*—

Bischof Sailer besuchte einmal das Kloster Muri. Als einige Mönche wissen wollten, ob er auch Gelegenheit habe, Protestanten auf den rechten Weg zu bringen, antwortete er:
»Ich habe eben jetzt die Bekehrung eines sehr bekannten Mannes in Arbeit, der leider auch ein großer Sünder ist.«
Neugierig fragten sie, wie der Mann heiße.
»Johann Michael Sailer«, erwiderte er.

SAUERBRUCH, ERNST FERDINAND
(1875-1951) Chirurg

—*—

Sauerbruch konnte recht grob werden. Als er einmal einem reichen Patienten erklärte, einen runden Tausender werde ihn die notwendige Operation schon kosten, wandte der ein, das sei aber teuer und fügte hinzu: »Ist es denn lebensgefährlich?«
Sauerbruch: »Für die paar Piepen wollen Sie schon um Ihr Leben zittern?«

Während der Nazizeit begann Sauerbruch eine Vorlesung mit den Worten: »Befassen wir uns heute einmal mit dem Klumpfuß«, als ein ohrenbetäubendes Trampeln der Studenten den Vortrag unterbrach, doch Sauerbruch wehrte ab: »Meine Herren, ich glaube, es liegt hier ein Mißverständnis vor. Ich wollte nicht politisch werden.«

Ein Patient, betroffen von der Grobheit des Chirurgen, beschwerte sich bei ihm: »Wenn Sie zu allen anderen auch so grob sind wie zu mir, wird sich wohl kaum jemand für Sie erwärmen.« Sauerbruch erwiderte: »Erkältete Patienten sind mir auch viel lieber.«

Sauerbruch war ein gefürchteter Prüfer und seine Zeit sehr bemessen. Gerade als er einen Kandidaten prüfen sollte, wurde er zu einem schweren Fall aufs Land gerufen.
»Steigen Sie ein«, sagte er zu dem Prüfling. »Ich werde Sie unterwegs prüfen.«

Das Auto rast und der Kandidat weiß nicht viel. Auf offener Landstraße läßt Sauerbruch den Wagen halten.
»Steigen Sie aus«, sagt er. »Sie sind durchgefallen.«

Aus unerfindlichen Gründen wurde Sauerbruch 1945 vor eine Entnazifizierungskommission zitiert, obwohl ziemlich bekannt war, daß er mit drastischen Äußerungen über die Nazigrößen nie gespart hatte. Die Prozedur dauerte ewig. Der Chirurg blieb geduldig. Endlich las man ihm die Liste aller seiner angeblichen Sünden und Vergehen vor. Sauerbruch unterbrach die Litanei, stand auf, nahm seinen Hut und sagte, er ginge lieber nach Hause, er habe Wichtigeres und Vernünftigeres zu tun.

Sauerbruch hatte einen Studenten zweimal durchfallen lassen. Da erklärte der Student allen, die es hören wollten, nach einem dritten Durchfall werde er Sauerbruch das Bistouri ins Herz stechen. Sauerbruch wurde gewarnt, doch er meinte nur:
»Keine Gefahr; er weiß ja nicht einmal, wo das Herz ist!«

SCHAEFFER, EMIL

(um 1900) Kunsthistoriker

— * —

Schaeffer vergaß nie, einer bekannten Dame Blumen zum Geburtstag zu bringen. Einmal meinte sie:
»Wie können Sie sich nur das Datum merken?!«
Worauf er erwiderte:
»Aber ich bitte Sie! Zwei Tage, bevor die Medici aus Florenz vertrieben wurden!«

SCHIFF, UGO

(1834-1915) ital. Chemiker

— * —

Professor Schiff ging immer ohne Regenschirm. Und wenn es noch so stark regnete, kümmerte ihn das nicht. Als man ihn einmal deswegen befragte, erwiderte er:
»Der Mensch ist doch im Wasser nicht löslich!«

SCHLEICH, KARL LUDWIG

(1859-1922) Arzt und Schriftsteller

— * —

Eine besonders kriegerische Dame fragte den Doktor, was sie nur dagegen tun könne, ihr Mann knirsche im Schlaf so furchtbar mit den Zähnen.

»Nur im Schlaf?« antwortete Schleich. »Das sollten Sie ihm nicht übelnehmen!«

Auf allzu pauschale Fragen konnte Schleich absurde Antworten geben. Als ihn einmal ein Journalist um Auskunft bat, ob es wirklich zuträfe, daß die Menschen heutzutage älter würden, antwortete er: »Weiß ich nicht. Ich bin nur Frauenarzt.«

Augenzeugen haben berichtet, daß Schleich sich auf dem Berliner Chirurgenkongreß 1892 vor 800 Fachkollegen eine Abfuhr einhandelte. Er hatte etwas emphatisch über seine Entdeckung der örtlichen Schmerzbetäubung gesprochen. Statt des erwarteten Beifalls erntete er allgemeine Ablehnung. Nur sein Vater glaubte an ihn und meinte tröstend:
»Die Kerls sind ja alle verrückt. Komm, Karl, gehn wir zu Hiller und trinken eine Flasche Champagner. Recht bekommst du am Ende doch noch.«

Während eines Essens wurde Schleich von seinen beiden Tischdamen nach der Flieschen Rhythmenlehre befragt. Es war für den Chirurgen nicht leicht, das komplizierte Thema verständlich zu erläutern. Schleich sprach lange.
Nachdem er geendet hatte, rief die eine Dame aus: »O Gott, o Gott, ist das schrecklich!« Die andere: »Nanu, wenn schon, denn schon!«
Eine dritte Dame, am Tische gegenüber, hatte ebenfalls zugehört und rief: »Aha, Herr Doktor, Sie sprechen von der Relativitätsverjüngung!«
Schleich vermied von da ab, Damen etwas zu erklären!

Während einer Visite kommen sie auch am Bett einer sehr reichen und sehr dicken Dame vorbei, die aber, da sich ihr Gesundheitszustand verbessert hatte, in bester Laune war und ausgelassen mit Schleich flirtete. Nachdem die Herren weitergegangen waren, brummte Schleich:
»So viel ausgelassenes Fett habe ich noch nie gesehen.«

SCHLEIERMACHER, FRIEDRICH

(1768-1834) Theologe und Philosoph

— * —

Einem ewig eifersüchtigen Ehemann schrieb Schleiermacher ins Stammbuch:
»Eifersucht ist eine Leidenschaft, die mit Eifer sucht, was Leiden schafft.«

Als Theologe wie als Philosoph war Schleiermacher gleich bedeutend, aber auf dem Katheder hielt er es, wie es ihm gerade paßte. Als er einmal seine Vorlesungen gegen Ende eines Semesters vierzehn Tage zu früh einstellte, erkundigte sich das Ministerium schriftlich, wie er dazu käme. Schleiermacher schickte der Behörde kurzerhand das Manuskript seiner Vorlesung und erklärte im Begleitschreiben: »Für dieses Semester war ich der Meinung, dem Gesagten sei nichts hinzuzufügen. Wenn Sie anderer Ansicht sind, bitte ich um Ihre wissenschaftliche Korrektur.« Das Amt schwieg sich aus.

Schleiermacher liebte den morgendlichen Ausritt in den Berliner Tiergarten. Zwei Beamte begegneten ihm und frotzelten:
»Siehe da, der Gottesmann im stolzen Sattel, wo Jesus selber sich mit einem Esel begnügen mußte.«
Da erwiderte Schleiermacher liebenswürdig:
»Das ist heute kaum noch möglich, da fast alle dieser Tierchen im Staatsdienst sind.«

Schleiermacher versuchte einmal auseinanderzusetzen, aus was für Leuten seine Hörerschaft bestand.
»In der Hauptsache sind meine Hörer Studenten, junge Frauen und Soldaten. Die Studenten kommen, weil ich der Prüfungskommission angehöre, die jungen Frauen kommen der Studenten wegen, und die Soldaten kommen der jungen Frauen wegen.«

SCHLIEMANN, HEINRICH
(1822-1890) Archäologe

— * —

Schliemann war schwer zu überzeugen, daß seine Funde auf Kreta nicht Agamemnons Grab war, sondern Gegenstände aus noch früherer Zeit. Nachher aber nahm er die neue Sachlage mit Humor:
»Was? Das ist nicht Agamemnons Leiche und Schmuck? Gut! Nennen wir ihn Schulze!«

Mit 47 Jahren heiratete Schliemann eine 19jährige Griechin. Nur widerstrebend ließ er zu, daß seine Kinder getauft wurden. Dieser christlichen Feierlichkeit fügte er eine private Zeremonie bei: er legte den Kindern ein Exemplar der Ilias auf den Kopf und las ihnen laut daraus 1000 Hexameter vor.

SCHOPENHAUER, ARTHUR

(1788-1860) Philosoph

— * —

Schopenhauer, berühmt für seine geringe Meinung vom zarten Geschlecht, behauptete einmal in einem Kreis von Damen, eigentlich wollten doch alle Frauen auf drei Füßen leben. Wie er das meine, wollten die empörten Zuhörerinnen wissen. »Nun«, sagte er. »Zwei zierliche Füße, um sich darauf zu bewegen. Einen großen dazu, um darauf zu leben.«

Schopenhauer war sich, bei aller Bescheidenheit, seines Wertes voll bewußt. Als Dr. Gwinner ihn fragte, wo er begraben sein wolle, erwiderte er: »Es kommt nicht auf den Ort an. Die Nachwelt wird mich schon finden.«

Ein Herr stellt sich Schopenhauer als Doktor vor. Schopenhauer will wissen, ob der Mann Arzt oder Rechtsanwalt ist und fragt ihn:
»Machen Sie kurzen oder langen Prozeß?«

Schopenhauer über Hegel: »Frecher Unsinnschmierer. Geistloser und unwissender Scharlatan. Geistiger Kaliban. Absurd und unsinnig.«

SCHRÖDINGER, ERWIN

(1887-1961) Physiker

— * —

In Berlin hatte Schrödinger Kontakt mit allen bekannten und berühmten Wissenschaftlern. Man traf sich regelmäßig auf Kolloquien. Bezeichnend für Schrödingers Wesen ist die Art, wie er uns diese Zusammenkünfte schildert: ». . . man fühlt nur einen Bruchteil der Verantwortung auf sich, konnte untertauchen in der Zahl derer, die einen an Alter und Ansehen überragten. Und so waren diese Jahre wissenschaftlich sehr schön und sehr frei.«

Im 1. Weltkrieg war Schrödinger Artillerieoffizier. Über seine Kriegszeit bemerkte er: »Ich überstand sie ohne Verwundung oder Krankheit und mit wenig Auszeichnung.«

SCHWEITZER, ALBERT

(1875-1965) Arzt, Theologe, Kulturphilosoph

— * —

Das Leben in Lambarene war einfach und anspruchslos. Trotzdem wurde jede Gelegenheit benützt, Feste zu feiern. Als man einmal dem zahmen Schimpansen Julot eine neue Hütte gebaut hatte, wurde das junge

Tier in einem zeremoniellen Zug in sein neues, mit frischen Bananen ausgeschmücktes Heim begleitet.
Schweitzer kannte die Bedeutung solcher Feiern für den Fortgang der Arbeit: »Gerade die einfachen Sätze des Lebens muß man mit einem Punkt versehen. Um so besser, wenn es ein Höhepunkt ist.«

SCOTT, ROBERT

(1868-Ende März 1912) engl. Südpolforscher

— * —

Robert Scott, der 1912 den Südpol erreichte, doch bei der versuchten Rückkehr ums Leben kam, hatte einmal von einem Londoner Bankier auf Empfehlung des Premierministers Lloyd George einen Kredit erhalten. Als Lloyd George bald darauf Mr. Scott wiedertraf, erkundigte er sich, ob die Empfehlung genützt habe.
»Gewiß«, sagte Mr. Scott, »ich bekam, was ich wollte und sogar noch einiges mehr. Aber der Bankier versprach mir, eine Million Pfund zu stiften, wenn ich Sie mit zum Südpol nähme und dort ließe.«

SEMMELWEIS, IGNAZ

(1818-1865) Arzt

— * —

Ignaz Semmelweis, der »Retter der Mütter«, der durch Antisepsis das Kindbettfieber bekämpfte, galt als gestrenger Prüfer.
Eines Tages erwähnte seine Frau, wie sehr die Studenten die Examina bei ihm fürchteten, ob er nicht ein wenig milder urteilen könne.
»Das verstehst du nicht«, sagte Semmelweis. »Wenn ein Richter einen Fehler macht, kostet es höchstens Geld oder Freiheit, aber beim Mediziner geht es ums Leben.«

Semmelweis hatte in seiner Dissertation überraschend ein botanisches Thema bearbeitet. Der Titel der Arbeit lautete ›Vom Leben der Pflanzen‹; sie endete schon nach zwölf Seiten mit dem Satz: »Alles, was existiert, verkündet die göttliche Allmacht.«
»Dieser Mensch ist ein wahrer Poet«, urteilte die Kommission und unterzog Semmelweis einer intensiven mündlichen Prüfung, der er sich glänzend gewachsen zeigte.

Als Semmelweis' Bewerbung um die Assistentenstelle bei Professor Skoda von der Fakultät abgelehnt wird, sagt der Professor zu ihm:
»Ihre Schläfen verraten alles, lieber Freund. Diese geschlängelten Arterien schwellen bei Ihnen leicht an, beherrschen Sie sich, seien Sie nicht so aufbrausend, die Zornader ist ein gutes Zeichen.«

Später bot Professor Skoda Semmelweis an, bei ihm über die Bedeutung der Gefühle in der Medizin zu forschen. Doch diesmal lehnte Semmelweis ab: »Ich möchte heilender Arzt werden, Herr Professor!«

SENECA

(2-65) röm. Philosoph

— * —

Nero hatte bereits begonnen, seine Umgebung zu verdächtigen und jeden, gegen den er einen Argwohn gefaßt hatte, grausam ermorden zu lassen.
»Er kann unzählige Menschen töten«, sagte Seneca. »Nur einen nicht – seinen Nachfolger.«

SIEMENS, WERNER VON

(1816-1892) Ingenieur, Unternehmer

— * —

1880 erklärte Werner von Siemens in Anwesenheit der Königsfamilie das Funktionieren des Telefons. Als er mit dem Vortrag fertig war, bat ihn Wilhelm I. bescheiden und ungeniert: »Ach bitte, würden Sie es noch einmal wiederholen? Ich habe es nicht verstanden!«

Werner von Siemens' Vater hatte ein reichsunmittelbares Gut gepachtet. Eines Tages wollte der preußische König Friedrich II. mit seiner berittenen Eskorte das Gebiet überqueren. Siemens Vater ritt dem König entgegen und begrüßte den »König auf seinem Territorio«. Friedrich II., der sicherlich von der Existenz dieses kleinen Reiches gar nichts gewußt hatte, hielt überrascht inne, wandte sich dann an seine Eskorte und sagte: »Meine Herren, hier treffen sich zwei Souveräne!«

Siemens gehörte einem Kommando der Berliner Ingenieur- und Artillerieschule an. Dort bekam er eine gründliche wissenschaftliche Ausbildung. In einer Provinzgarnison machte er seine ersten Versuche mit galvanischem Strom. Sein Labor war etwas ungewöhnlich: es war eine Haftzelle der Magdeburger Zitadelle. Als Sekundant eines Duells hatte man ihn zu anderthalb Jahren Gefängnis verurteilt, aber schon nach einem Monat begnadigt, was Siemens gar nicht recht war, da er mitten im Experimentieren steckte.
Siemens: »Ich bat die Gefängnisleitung, noch ein paar Tage bleiben zu dürfen, flog aber im hohen Bogen aus der Haft.«

SÖDERBLOM, NATHAN
(1886-1931) schwed. Theologe

— * —

Der Erzbischof von Upsala, der ein großer Verehrer der Musik Bachs war, nannte Bach einmal den »fünften Evangelisten«.

Einer seiner Freunde schrieb in einem Nachruf auf Söderblom: »Die Fontäne hat aufgehört zu spielen!«

Einer, der Söderblom gut kannte, sagte: »Söderblom war beides: Genie und Charakter!«

SOKRATES
(469-399 v. Chr.) griech. Philosoph

— * —

Auf die Frage, ob er ihm eine Ehe anraten würde, erwiderte Sokrates einem Schüler:
»Aber gewiß. Wenn du eine gute Frau bekommst, wirst du ein schönes Leben haben. Wenn du eine schlechte bekommst, bleibt dir nichts anderes übrig, als Philosoph zu werden.«

Sokrates fragte einen Marionettenspieler, wie er es vermöge, bei seinem niedrigen Stand so fröhlich zu sein.
»Indem ich über die Torheit der Menschen lache«, war die Antwort, »denen ich mit kleinen Stückchen Holz, die ich zappeln lasse, das Geld aus dem Beutel ziehe.«

Nach dem Todesurteil für den Philosophen sagte ein Schüler zu Sokrates:
»Du stirbst unverdient!«
»Willst du, daß ich verdient sterbe?« fragte der Philosoph.

SPEMANN, HANS
(1869-1941) Zoologe

— * —

Als bekannt wurde, daß Spemann den Nobelpreis bekommen sollte, fragte ihn ein Reporter, was er mit dem vielen Gelde anfangen wollte. Spemann antwortete:
»Das kann ich nach so kurzer Überlegungsfrist nicht beantworten.«
Diese Antwort wurde in einer amerikanischen Zeitschrift groß veröffentlicht. Die Folge: eine Flut von Bittgesuchen erreichte den Gekürten.
So erbat sich eine Dame Geld für ein neues Gebiß, ein Brautpaar Zuschuß für die Heirat. Dafür versprach man, den ersten Sohn auf Hans

taufen zu lassen. Es folgten auch Heiratsanträge . . . Spemann nahm das alles mit gutem Humor hin.

Nach der Nobelpreisverleihung war es üblich, daß die Ausgezeichneten beim König von Schweden Gast auf einem Bankett waren und dort in Reden über ihre Arbeit glänzten. Zu aller Überraschung sprach Spemann nun nicht von seiner Arbeit, sondern schilderte ausführlich die heiteren Begebenheiten, die er erlebt hatte, nachdem er als Preisträger der Öffentlichkeit bekannt geworden war. Nachher sagte der König von Schweden:
»Ich bin sicher, daß bei noch keiner Verleihung soviel gelacht wurde.«

SPENCER, HERBERT
(1820-1903) engl. Philosoph

— * —

Der Philosoph Herbert Spencer wurde, als er schon alt war, gefragt, ob es ihn nicht reue, nie geheiratet zu haben.
»Ich tröste mich damit«, sagte er, »daß irgendwo auf der Welt eine mir unbekannte Frau lebt, die ich – ohne es zu wissen – dadurch glücklich gemacht habe, daß sie nicht meine Frau geworden ist.«

Ein Amerikaner wollte Spencer besuchen.
»Ich bin eigens aus New York gekommen, um den großen Philosophen kennenzulernen«, sagte er.
»Es tut Mr. Spencer sehr leid«, meldete das Dienstmädchen. »Aber sein Gesundheitszustand erlaubt ihm nicht, Sie zu empfangen.«
»Wenn ich ihm nur die Hand drücken dürfte . . .«
Da tönte aus dem Nebenzimmer Spencers Stimme:
»Werfen Sie ihn hinaus! Er soll zum Teufel gehn, der zudringliche Kerl!«
Eine peinliche Pause; dann sagte der Amerikaner wohlgemut:
»Ich habe Spencers Stimme gehört! Jetzt kann ich zufrieden nach New York zurückkehren!«

»Die Trauung«, sagte Spencer, »eine Zeremonie, bei der der Braut ein Ring an den Finger gesteckt wird und dem Bräutigam ein Ring in die Nase.«

Spencer war sehr stolz auf sein Billardspiel. Als ein junger Gegner ihn besiegte, erklärte er mißbilligend:
»Allzu große Beherrschung des Billardspiels beweist eine vergeudete Jugend!«

SPENGLER, OSWALD
(1880-1936) Kulturphilosoph

— * —

Befragt, inwieweit Nietzsches Philosophie Einfluß auf sein Denken habe, bekundete Spengler nach einigem Nachdenken:
»Nietzsche gab uns einen Ausblick, ich gebe einen Überblick.«

Als er an seinem berühmten Buch arbeitete, wußte er noch nicht, welchen Titel es tragen sollte. Eines Tages sah er im Schaufenster einer Münchner Buchhandlung ein Werk stehen: ›Der Untergang der antiken Welt‹, von Otto Seeck. Im selben Moment wußte er auch den Titel seines Werkes: ›Der Untergang des Abendlandes.‹

SPINOZA, BARUCH
(1632-1677) Philosoph

— * —

Als der Prinz Condé Holland eroberte, wollte er Spinoza kennenlernen und redete ihm zu, nach Frankreich zu übersiedeln, wo er eine reichliche Pension erhalten würde. Die einzige Bedingung sei, daß er seine Werke dem König von Frankreich widmen müsse.
Darauf erwiderte Spinoza gelassen:
»Da ich aber nicht die leiseste Absicht habe, meine Werke dem König von Frankreich zu widmen, bleibe ich hier.«

Als Spinoza vor seinen Büchern saß, kam ein kleines Mädchen aus der Nachbarschaft und bat ihn um ein wenig Glut. Spinoza hätte der Kleinen den Wunsch gern erfüllt, sah aber weit und breit kein Gefäß.
»Wenn's sonst nichts ist«, meinte das Mädchen, bedeckte eine Handfläche mit Asche, schaufelte einige glühende Kohlen darauf und ging.
Spinoza war ganz erstaunt und rief: »Mit all meiner Gelehrsamkeit wäre ich auf solch ein Hilfsmittel nicht gekommen!«

SPRANGER, EDUARD
(1882-1963) Kulturphilosoph

— * —

Eine ältere Dame fragte ihn:
»Wie kommt es wohl, daß jetzt so viel Schlechtes in der Literatur erscheint?«
Eduard Spranger antwortete ihr:
»Das will ich Ihnen sagen, gnädige Frau. Es werden jetzt so viele für Geld und gute Worte zu Doktoren gemacht, daß, seit der Doktortitel auch ein Handelsartikel geworden ist, die Verstandesbankerotte unter den Schriftstellern gar nicht mehr fehlen können.«

Eduard Spranger war nach dem Zweiten Weltkrieg der erste Rektor der Berliner Universität, der ›Friderica Guilelma‹. Sein Haus in Lichtenrade hatten die Amerikaner beschlagnahmt, sich aber nicht getraut, den Professor ganz hinauszusetzen. So kam es, daß für lange Zeit der Rektor der Berliner Unversität seine zahlreichen Gäste im Keller seines eigenen Hauses empfangen mußte, den er bewohnen durfte.
Spranger nannte daher diese Gesellschaften, die meist abends stattfanden: »Die Versammlung der Maulwürfe.«

SPURGEON, LEWIS

(um 1900) Professor der Theologie

— * —

Wenn Spurgeon den angehenden Pfarrern die Kunst des Predigens beibringen wollte, sagte er:
»Sprecht ihr vom Himmel, so laßt euer Gesicht leuchten, laßt es vom himmlischen Glanz durchstrahlt sein, laßt eure Augen im Widerschein der Herrlichkeit schimmern. Doch wenn ihr von der Hölle sprecht«, er musterte seine Hörer, – »dann genügt euer gewöhnlicher Ausdruck.«

STANLEY, SIR HENRY MORTON

(1815-1904) engl. Afrikaforscher

— * —

Auf dem Grabstein Stanleys steht sein amerikanischer Name (nicht der wirkliche, sondern der angenommene) und dann der, den ihm seine Begleiter im schwarzen Erdteil gaben: Bula Matari. Darunter ein einziges Wort: Afrika.

STAUB, KARL

(20. Jh.) Justizrat, Rechtspfleger

— * —

Staub, von dem das Wort »Kommentar überflüssig« stammt, hatte vor einer Zivilkammer plädiert und mit seinen berühmten Worten »Kommentar überflüssig« geschlossen. Doch die Kammer wies Staub ab. Der Richter begann die Urteilsvorlesung mit den Worten:
»Herr Justizrat, wir haben soeben Ihren Kommentar getötet!«
Staub hörte sich das an und erwiderte:
»Ich lege in der Sache Berufung ein. Was den behaupteten Mord an meinem Kommentar betrifft, so sehen Sie wohl zu schwarz. Mord setzt Überlegung voraus. Ich plädiere auf Totschlag.«

Als der berühmte Rechtsgelehrte gestorben war, erzählten sich die Berliner, auf seinem Grabstein stünden die Worte:
»Hier liegt Staub! Kommentar überflüssig!«

Im Gerichtsgebäude Berlin-Moabit wollte Staub das WC aufsuchen. Ein Landgerichtsdirektor eilte an ihm vorbei, öffnete die Tür und offerierte mit höflicher Verbeugung den Vortritt:
»Bitte, Herr Justizrat, Sie haben den Vortritt.«
Staub jedoch schüttelte den Kopf, verbeugte sich ebenfalls und antwortete:
»Nein, nach Ihnen, Herr Direktor, Sie haben den Vorsitz!«

STAUDINGER, HERMANN
(1881-1965) Chemiker

— * —

Als Staudinger 1953 den Nobelpreis erhielt, erinnerte ihn seine Fakultät scherzhaft, er möchte nun doch bald, nach mehr als 100 Semestern, sein eigentlich beabsichtigtes Studium, die Botanik, abschließen. »Es wird nun langsam Zeit . . .!«

STEINBUCH, KARL
(20. Jh.) Zukunftsforscher

— * —

Bestseller-Autor Karl Steinbuch wurde in einer Debatte über die Schulreform in der Bundesrepublik um ein Urteil gebeten. Bevor er auf sachliche Vorschläge zu sprechen kam, sagte er:
»Zunächst einmal steht fest: Hätten die Amerikaner die Raumfahrt so ungeschickt angefaßt wie wir das Bildungsproblem, dann hätten sie noch nicht einmal einen Kieselstein im Orbit.«

STEINHEIL, KARL AUGUST VON
(1801-1870) Astronom und Archäologe

— * —

Von Steinheil sagt man, er habe den römischen Ursprung des bekannten ›Keferlohers‹, des Steinmaßkruges, entdeckt. Bösgesinnte verbreiten über diese Entdeckung eine ganz besondere Version: als Steinheil wieder einmal im Oberbayrischen nach Überresten aus vorschristlichen Zeiten schürfte, fand er plötzlich einen Steinkrug mit der Inschrift: »Caesar seinem geliebten Steinheil.«
Es geht nichts über wohlmeinende Freunde.

TACITUS, CORNELIUS

(um 55-116 n. Chr.) röm. Geschichtsschreiber

— * —

Über die Reformpläne des Senats befragt, gab sich Tacitus kurz: »Nur im Anfang sind sie streng, zuletzt überflüssig.«

TALBERT, FRANÇOIS

(1728-1803) frz. Geistlicher und Schriftsteller

— * —

Abbé Talbert nahm an einem Wettbewerb der Akademie von Dijon zum Lob Bayards teil; doch da sein Manuskript zu spät einlief, wurde er nicht zugelassen. Da sagte er: »Meine gelehrten Herren, ich bin überascht, daß Sie mich ausschließen. Ich glaubte, es handle sich um einen Wettbewerb der Beredsamkeit, nicht aber um ein Wettrennen.«

TALBOT, EDWARD

(20. Jh.) amerik. Bischof

— * —

Bischof Talbot, ungewöhnlich groß, der »Cowboy-Bischof« genannt, war bei einer Versammlung kirchlicher Würdenträger, als ein Landstreicher ins Hotel trat und um Hilfe bat.

»Nein«, sagte einer der Anwesenden, »wir können Ihnen leider nicht helfen. Aber sehen Sie den großen Herrn dort?« Er wies auf Talbot. »Nun, er ist der jüngste Bischof unter uns und ein sehr wohltätiger Mann, versuchen Sie's bei ihm.«

Vertrauensvoll geht der Landstreicher auf Bischof Talbot zu. Die andern Herren beobachten gespannt. Sie sehen, daß der Landstreicher erstaunt dreinblickt. Der Bischof spricht eindringlich auf ihn ein und schließlich wechselt etwas von einer Hand zur andern. Und dann versucht der Landstreicher, sich stumm zu drücken. Doch einer der Herren hält ihn an.

»Nun? Haben Sie etwas bekommen?«

Der Landstreicher grinst verlegen.

»Nein – ich habe ihm einen Dollar für seine neue Kirche in Laramie gegeben.«

TELLER, EDWARD

(geb. 15. 1. 1908) ungar.-amerik. Atomforscher

— * —

Teller, maßgeblich beteiligt an der Erfindung der Wasserstoffbombe, sagte einmal mit Blick auf seinen Geburtsort Budapest: »Magyaren schalten schneller als andere Menschen. Ein Ungar kratzt sich, bevor es ihn juckt.«

THAER, ALBRECHT DANIEL

(1752-1828) Arzt, Begründer der Landbauwissenschaft

—*—

Thaer schätzte den Schnupftabak außerordentlich. Das machte ihn nahezu unfähig, feinere Gerüche wahrzunehmen.
Eines Tages hielt ihm ein Gärtner eine herrliche Rose mit den Worten vor die Nase:
»Meine neueste Zucht – ist das nicht ein herrlicher Duft!?«
Thaer schnupperte, konnte jedoch nur entscheiden:
»Die riecht überhaupt nicht.«
Da wurde der Gärtner grob und schimpfte ihm nach: »Das nächste Mal bringe ich einen großen Eimer Kuhmist mit. Vielleicht dringt der Gestank durch.«

Als Thaer in jungen Jahren seine Praxis eröffnete, galt er bald als besonders geschickter Arzt.
Ein Kaufmann bestellte ihn zu sich und sagte:
»Sie sollen ja äußerst tüchtig sein, aber noch viel zu jung; deswegen wollte ich Sie erst einmal in Augenschein nehmen.«
Thaer stellte sich vor den Mann hin und fragte:
»Haben Sie mich nun von vorn gründlich angesehen?«
Der Kaufmann nickte. Thaer, im Hinausgehen:
»Dann sehen Sie mich auch gründlich von hinten an.«

THALES VON MILET

(um 624-544 v. Chr.) griech. Philosoph

—*—

Eine Zeitlang lebte Thales mit einer Hetäre zusammen. Von einem Freund wurde er gefragt:
»Macht es dir eigentlich nichts aus, mit ihr zusammen zu sein – sie liebt dich doch nicht?«
Thales erwiderte:
»Das tun auch die Fische und der Wein nicht, und trotzdem genieße ich sie mit großem Vergnügen.«

Den weisen Thales fragte man, was seiner Ansicht nach das Seltenste auf der Welt sei. Da erwiderte er:
»Ein alter Tyrann.«

Man hatte dem Philosophen unterstellt, er könne kein Geld verdienen, dazu reiche seine Weisheit nicht aus. Thales belehrte aber seine unsachlichen Kritiker: Aufgrund astronomischer Beobachtungen hatte Thales errechnet, daß eine überreiche Olivenernte bevorstand. Noch im Winter

kaufte er für wenig Geld sämtliche Ölpressen in der weiteren Umgebung auf. Die Olivenernte war tatsächlich reich. Nun vermietete Thales für viel Geld die erworbenen Pressen. Wenn einer klagte, höhnte er:
»Ei, seid Ihr nicht auch der Meinung gewesen, Philosophen könnten kein Geld verdienen?« Dann fügte er jedoch hinzu: »Es ist für uns ein Leichtes, reich zu werden, aber das ist nicht das Ziel unserer Bestrebungen.«

Den griechischen Weisen Thales fragte ein Sophist:
»Was ist deiner Meinung nach das Dauerhafteste?«
»Die Hoffnung«, erwiderte Thales, »denn sie ist das Letzte, was uns verläßt.«
»Und was ist das Leichteste?«
»Einem andern einen Rat zu geben.«

THIELICKE, HELMUT

(geb. 4. 12. 1908) Theologe, Hochschullehrer

— * —

Thielicke sprach vor jungen Theologen über die Schwierigkeit, Kindern das Evangelium zu erklären. Dazu verwendete er unter anderem folgende Anekdote:
»Der siebenjährige Jürgen kommt aus der Schule nach Hause und sagt seiner Mutter vorwurfsvoll: ›Du hast erzählt, der liebe Gott wohne im Himmel, aber der Religionslehrer hat heute erklärt, daß Gott in der Kirche lebt.‹ ›Weißt du‹, meint die Mutter, ›das ist so: Im Himmel wohnt er, aber in der Kirche hat er Sprechstunde.‹«

Als der Abiturient Thielicke gefragt wurde, was er werden wollte, antwortete er: »Theologe!«
Der Ordinarius schaute sich den jungen Mann genau an und stellte fest:
»Sie wollen also Pfarrer werden?«
»Das will ich nach Möglichkeit vermeiden«, antwortete Helmut Thielicke.

Bis 1940 vertrat Thielicke in Heidelberg ein Ordinariat. Dann wurde er von den Nazis »hinausgebeten«. Thielicke stand mit seiner Frau vor einem materiellen Nichts.
Recht energisch machte sich Thielicke auf den Weg nach Wünsch und drang im ›Braunen Haus‹ zum Reichsdozentenführer durch, der ihm nach einem stürmischen Gespräch seine Absetzung folgendermaßen begründete:
»Solange es noch Theologische Fakultäten gibt – nicht mehr lange, mein Herr! – werde ich dafür sorgen, daß nur noch Spanferkel und keine Wild-

schweine auf die Lehrstühle kommen. Sie aber gehören zur jungen Theologengeneration, die sich kämpferisch für ihre Sache einsetzt. Diese Leute können wir nicht gebrauchen. Die alten verschleißen wir noch.«

Thielicke wurde von der Gestapo oft verhört. Er versuchte immer wieder – es fiel ihm schwer genug – in den anderen nicht nur Teufel in Menschengestalt zu sehen, sondern Menschen, die einen falschen Weg gegangen waren. Dementsprechend bemühte er sich auch, mit ihnen zu sprechen.
Einmal erlebte er dabei einen kleinen Erfolg. Die Gestapoleute verabschiedeten ihn mit »Grüß Gott« und Thielicke, daran erinnert er sich gerne, brauchte nicht »Heil Hitler« zu sagen.

Einmal sagte Thielicke zu einem verhörenden Gestapomann:
»Sie wissen ja gar nicht, vor welchen Wagen Sie gespannt sind und wem Sie dienen.«
Der Ärmste stöhnte:
»I wenn wieder bei meinen Spitzbuben wär', wie früher!«

THOMAS VON AQUIN

(1225-1278) ital. Scholastiker

— * —

Thomas von Aquin trat einmal in die Gemächer des Papstes und sah, daß dort Geld gezählt wurde und ein großer Haufen von Goldstücken auf dem Tisch lag.
»Ihr seht«, sagte seine Heiligkeit, »die Zeit ist vorüber, da die Kirche die Worte gebrauchte: ›Gold und Silber habe ich nicht!‹«
»Das ist wohl wahr«, meinte Thomas, »und sie kann auch nicht mehr zu den Gelähmten sagen: ›Steht auf und wandelt.‹«

THUKYDIDES

(um 460-400 v. Chr.) griech. Geschichtsschreiber

— * —

Frauen schloß der Geschichtsschreiber völlig aus seinen Betrachtungen aus. Er empfahl dem schwachen Geschlecht:
»Lebt so, daß Euer in Gesellschaft von Mannespersonen weder im Guten noch im Bösen gar häufig gedacht wird.«

TIEDEMANN, FRIEDRICH

(1781-1861) Prof. der Anatomie in Heidelberg

— * —

Der berühmte Anatom Tiedemann schärfte seinen Studenten ein:
»Jeden freien Augenblick sollten Sie im Präpariersaal zubringen, denn Ärzte ohne ausreichende anatomische Kenntnisse sind wie Maulwürfe – sie arbeiten im Dunkel, und das Ergebnis sind Erdhügel.«

UNGER, JOSEF

(19. Jh.) österr. Rechtslehrer

— * —

Ein junger Herr aus dem Hochadel legte bei Unger seine Prüfung im Staatsrecht ab. Der junge Herr hatte nicht die leiseste Ahnung und Unger hatte es bald satt.
»Herr Kandidat«, sagte er, »ich kann es nicht verhindern, daß Sie eines Tages Statthalter von Böhmen werden. Aber um ein Jahr verzögern kann ich es.«

Bei einer Soirée war auch Franz Liszt erschienen und zwar in seinem geistlichen Gewand als Abbé. Er wurde, wie immer, von den Damen umringt, besonders eine ungewöhnlich tief dekolletierte Dame wollte sich des Künstlers ganz und gar bemächtigen. Da sagte Unger:
»Nun, wenn sein Kleid Sie nicht schützte – Ihres schützt Sie ganz bestimmt nicht!«

Von einem neuen Ministerium sagte Unger:
»Die eine Hälfte ist zu nichts fähig, die andere zu allem!«

Von der tief, aber vergeblich dekolletierten Gattin eines Finanzministers sagte Unger:
»Sie ist wie ihr Mann: Sie hat immer ein unbedecktes Defizit aufzuweisen.«

Von einem Minister sagte Unger:
»Was ist der Unterschied zwischen ihm und Cincinnatus?«
Und antwortete gleich:
»Als Cincinnatus sich von den Staatsgeschäften zurückzog, ging er hinter dem Pflug. Wenn der Minister B. sich zurückzieht, muß er vor dem Pflug gehn.«

Vor dem großen Juristen Unger sprach man von der Eitelkeit eines nicht sehr intelligenten Abgeordneten.
»Ja«, sagte Unger, »das ist eine seiner vier Archillesfersen.«

Von einem Staatsmann sagte Unger:
»Dieser Mann ist unsterblich!«
»Was? So ein Esel?«
»Ja, er hat keinen Geist aufzugeben.«

VALETTE, CLAUDE
(um 1850) frz. Rechtsgelehrter

— * —

Am 2. Dezember 1851 traten einige Freunde in Valettes Schlafzimmer und berichteten ihm, daß Louis-Napoléon einen Staatsstreich vollführt hatte. Valette war empört.
»Das ist ein Akt, der jeder rechtlichen Grundlage entbehrt!« rief er.
Dann schrieb er an Louis-Napoléon und bat, verhaftet zu werden.
»Ich habe zwei begründete Ansprüche darauf. Erstens bin ich Republikaner, und zweitens bin ich Rechtsgelehrter.«

VARILLAS, ANTOINE
(1626-1696) frz. Historiker

— * —

Dem nicht sehr wahrheitsliebenden Historiker Varillas wurde vorgeworfen, er habe eine Tatsache völlig entstellt wiedergegeben:
»Kann sein«, erwiderte er. »Aber was liegt daran? Ist es in meiner Darstellung nicht viel schöner?«
Diese Auffassung wird in der Anekdotenliteratur noch manchem Historiker zugeschrieben.

VAUCANSON, JACQUES DE
(1709-1782) frz. Mechaniker

— * —

In Marmontels ›Kleopatra‹ wurde ein Kunstwerk Vaucansons verwendet, der schon im 18. Jahrhundert ungemein sinnreiche Musikautomaten, aber auch die Kette ohne Ende erfunden hatte. Diesmal war es eine Schlange, die mit wirklichem Zischen auf die Königin losfuhr. Als man nach der Vorstellung über das Stück sprach, sagte der Marquis de Bièvre:
»Ich bin ganz der Meinung der Schlange.«

Über den Herzog von Ferté wurde bei Hof kolportiert, er sei nicht mehr sehr kräftig. Ihm war das zu Ohren gekommen, und er sagte eines Tages zu Vaucanson:
»Um die Leute, die an mir zweifeln, zu belehren, kann ich Ihnen mitteilen, daß die Herzogin ein Kind erwartet.«

Worauf Vaucanson entgegnete:
»An der Frau Herzogin hat ja niemand gezweifelt.«

VAUGELAS, CLAUDE DE
(1585-1650) frz. Grammatiker

— * —

Richelieu hatte Vaugelas die Pension erhöht und sagte scherzend:
»Jetzt werden Sie in Ihrem Wörterbuch das Wort Pension gewiß nicht vergessen!«
Worauf Vaugelas erwiderte: »Nein, Monseigneur! Und das Wort Dankbarkeit auch nicht.«

VELDE, THEODOR HENDRIK VAN DE
(1873-1937) Sexualforscher

— * —

An einem Sonnabend, kurz vor Ladenschluß, betrat ein Mann eine Buchhandlung und verlangte van de Veldes ›Vollkommene Ehe‹. Das Buch war nicht vorrätig.
»Na ja«, seufzte der Kunde und sagte zur Buchhändlerin: »Dann muß ich eben selber sehen, wie ich zurecht komme.«

Der berühmte Verfasser des Buches ›Die vollkommene Ehe‹ soll es in seinem Privatleben manchmal schwer gehabt haben.
Näherte er sich seiner Frau zärtlich, so kam es vor, daß sie ihn abwehrte: »Aber warum denn schon wieder fachsimpeln?«

VIRCHOW, RUDOLF
(1821-1902) Mediziner, Pathologe

— * —

Geheimrat Virchow, der darauf hielt, von zahlungsfähigen Patienten angemessen honoriert zu werden, wurde einmal zu einem Kranken gerufen. Als er erschien, konnte er aber nur noch den Tod des Kranken konstatieren.
»Ich bedauere, daß ich Sie umsonst bemüht habe, Herr Geheimrat«, sagte die Witwe.
Virchow erwiderte:
»Umsonst ja nun gerade nicht, gnädige Frau, aber vergeblich.«

Auf dem Ball anläßlich des Berliner Ärztekongresses im Jahre 1890 meinte der bekannte Breslauer Augenarzt Cohn, solch ein Medizinerball sei doch eigentlich bei einem Zusammentreffen von Gelehrten eine ganz überflüssige Sache.

»O nein«, erwiderte Virchow. »Man muß die Leistungsfähigkeit jedes Arztes ausnützen. Wer nicht mitreden kann, soll wenigstens mittanzen.«

Ein Kollege hatte ein hochwissenschaftliches Werk verfaßt, die Sprache war entsprechend. Man fragte Virchow, was er von dem Buch halte.
Virchow antwortete: »Ein ausgezeichnetes Buch! Es verdient, ins Deutsche übersetzt zu werden.«

Rudolf Virchow war ein strenger, unbestechlicher Wissenschaftler, der sich durch diese Eigenschaften manchen Gegner schuf.
Besonders empört war man, als er einmal sagte: »Ich habe viele tausend Leichen seziert, aber keine einzige Seele darin gefunden.«

Virchow war erst 26 Jahre alt, als er schon in der Charite einen Kursus über ›Pathologische Anatomie‹ hielt, der großen Zulauf hatte; selbst Medizinalräte und Geheimräte waren regelmäßige Besucher.
Auf einem Medizinerball stellte sich Virchow einer jungen Dame vor und tanzte mit ihr. Während des Tanzes fragte sie:
»Herr Dr. Virchow? Habe ich recht gehört?«
»Warum denn nicht«, antwortete Virchow, »mit Ihren hübschen Ohren!«
»Herr Dr. Virchow, das ist sicher Ihr Herr Vater, der den Kursus hält und den mein Papa so rühmt!«
»Meiner nicht«, lächelte Virchow, »aber es könnte vielleicht der künftige Ihrer und meiner Kinder sein.«

Bei Prüfungen war Virchow außerordentlich streng. Er begründete das mit den Worten:
»Einmal in seinem Leben wenigstens muß doch ein Arzt auf der Höhe der Wissenschaft sein!«

VISCHER, FRIEDRICH THEODOR

(1807-1887) Philosoph, Schriftsteller

— * —

Als Freigeist wurde Vischer von der Tübinger Universität suspendiert: zwei Jahre durfte er nicht lehren. Am Tage, an dem ihm die Maßregelung mitgeteilt wurde, schenkte seine Frau ihm einen Sohn. Darauf sagte Vischer an seinem Stammtisch:
»Meine Herren, ich habe heute einen kleinen Vischer und einen großen Wischer bekommen. Lassen Sie uns darauf trinken!«

Vischer stießen in seinem Leben viele Widrigkeiten zu, jedoch wußte er sich mit spitzen Worten zu wehren. So sagte er einmal über das zarte Geschlecht diesen vernichtenden Satz:
»Den Kuß und dann die Kralle – so sind sie alle.«

Vischer wurde berichtet, man habe in einer benachbarten Kapelle bei einem nächtlichen Einbruch eine Menge kirchlichen Schmuck gestohlen. Der Philosoph wiegte den Kopf und meinte:
»Wenn ich's recht betrachte, vielleicht hat da einer für sich erledigt, was wir alle gern möchten: die Trennung des ›Staats‹ von der Kirche.«

VOLTA, ALESSANDRO, GRAF
(1745-1827) ital. Physiker

— * —

Alessandro Volta war ein leidenschaftlicher Kaffeetrinker. Er trank Kaffee ohne Zucker. Warum, wollte ein Freund wissen. Und Volta erwiderte:
»So geht mehr Kaffee in die Tasse!«

WALLACH, OTTO
(1847-1931) Chemiker

— * —

Wallachs Vater war Jurist. Als Sohn Otto nach bestandenem Abitur äußert, er möchte Chemie studieren, fragt ihn erstaunt der Herr Papa:
»Ist das überhaupt ein akademisches Studium?«

Noch als älterer Herr sang Wallach ein Loblied auf seine Gymnasiumzeit:
»Ich habe es als einen großen Gewinn schätzen gelernt, die geistige Durchbildung wesentlich auf der Grundlage der alten Sprachen erhalten zu haben, obgleich ich im Laufe meines langen Lebens von dem auf der Schule positiv Gelernten direkt nichts habe ›gebrauchen‹ können.«

WANKEL, FELIX
(geb. 1902) Erfinder

— * —

Felix Wankel, der mit dem nach ihm benannten Motor eine revolutionäre Erfindung gemacht hat, hält seine Kreiskolben-Konstruktion für »eine Maschine wie andere auch.« Als sein Name um die Welt ging und er alle Chancen der Publizität hatte, blieb er fernab in seinem Lindauer Institut und erklärte: »Dies ganze Getöse außen interessiert mich nicht.«

WARBURG, OTTO HEINRICH

(1883-1970) Biochemiker

— * —

Warburg war ein völlig unbürokratischer Mensch. Er las nie ein Kolleg. In seinem Institut gab es kein Dienstzimmer, keinen Konferenzraum, kein Büro. Die notwendigen Arbeiten verrichtete er in seiner Bibliothek. Als man ihn einmal auf den vollständigen Mangel verwaltungsnotwendiger Maßnahmen ansprach, blickte er nur kurz auf und fragte: »Das auch noch?«

WEBER, ALFRED

(1868-1958) Kultursoziologe

— * —

Vor dem Ersten Weltkrieg war das Geistesleben an der Prager deutschen Universität nicht besonders aufregend, die Hörsäle am Anfang eines Semesters nur schwach besetzt, im Laufe des Studienganges häufig leer.
Da kam ein junger Professor aus Deutschland, aus dem ›Reich‹ nach Prag. Es war Alfred Weber, der, ausgestattet mit glühendem Temperament, Vorlesungen hielt, wie sie bisher den Kommilitonen in Prag noch nicht geboten worden waren. Max Brod war einer der ersten Hospitanten. Begeistert von den Vorlesungen erzählte er überall von dem neuen Stern. Bald füllte sich der Hörsaal, und es gab bei den Vorlesungen Alfred Webers keinen freien Platz mehr.
Dem Dichter hat der Wissenschaftler diese Flüsterpropaganda einmal herzlich gedankt, indem er bei einem Bankett, das zu seinen Ehren abgehalten wurde, gestand:
»Für Prag hat mich Max Brod entdeckt.«

WEBER, KARL JULIUS

(1767-1832) Privatgelehrter, Feuilletonist

— * —

Über die Liebe wußte Karl Julius Weber folgende Anekdote zu erzählen:
»Dorsay war ein alter Hagestolz, 40 Jahre alt, sah auf der Jagd ein schönes Landmädchen, verliebte sich, und das Mädchen gestand, daß er ihr auch gefiele, aber sie habe einen Fehler, der sie bald um seine Liebe bringen würde – ein hölzernes Bein, daher müsse sie nein sagen.
Dorsay ging nach London, ließ sich auch ein Bein abnehmen, kam mit einem hölzernen, und so heiratete gleich und gleich.

WEBER, MAX

(1864-1920) Soziologe und Nationalökonom

— * —

Bundespräsident Heinemann betont gern, daß er von Max Weber viel gelernt hat. Er habe 1920 als Student in München seine letzten Vorlesungen gehört, und von Weber stamme der Satz:
»Politik ist das zähe Bohren in harten Brettern, mit Leidenschaft und Augenmaß zugleich.«

1918 las Max Weber ein Semester lang an der Wiener Universität. Es war die Phase einer Auseinandersetzung mit dem historischen Materialismus. Er fing in einem kleinem Hörsaal an, mußte aber bald das Auditorium maximum nehmen, da der Andrang zu seinen Lesungen immer größer wurde. Ihm war das gar nicht recht, klagte er doch:
»Man kann doch nicht in einem vollen Saal neugierigen Menschen ›Askese‹ brüllen!«

WEIZSÄCKER, VIKTOR FREIHERR VON

(1886-1957) Internist und Psychologe

— * —

Weizsäcker wandte sich immer gegen eine Überbewertung der Psychoanalyse, wollte sie eher in größeren Zusammenhängen relativiert sehen.
Populär drückte er diese Ansicht einmal so aus: »Die Neurose ist nur ein Wetterwinkel.«

WHILTON, CHARLES

(19. Jh.) engl. Arzt

— * —

Whiltons Kollegen und Schüler schätzten seine wissenschaftlichen Leistungen nicht sehr hoch, dagegen besaß er ausgezeichnete Beziehungen zu den höchsten Kreisen der Gesellschaft.
Eines Tages prangte in seinem Spital ein Anschlag:
»Dr. Whilton teilt seinen Assistenten, den Schülern, den Kranken und den Angestellten des Spitals mit, daß ihm die hohe Ehre widerfahren ist, zum Leibarzt Ihrer Majestät der Königin ernannt zu werden.«
Am gleichen Abend hatte eine unbekannte Hand darunter geschrieben:
»God save the Queen!«

WICHERN, JOHANN HINRICH
(1808-1881) Theologe

— * —

Wichern war Romantiker und Gegner der »dürren Rationalisten«, die zum großen Teil Kanzel und Schulen beherrschten. Sein Lieblingswort war der neutestamentarische Spruch: »Unser Glaube ist der Sieg, der die Welt überwunden hat.«
Einmal fragte ihn ein spitzfindiger Gesprächspartner:
»Und auf Erden wollen Sie gar nicht gewinnen?«
Wichern antwortete: »Irrtum. Das setze ich nämlich für die Sache Gottes voraus.«

WILKINS, HUBERT
(1888-1958) austr. Südpolarforscher

— * —

Sir Hubert erzählte, daß die männnlichen Pinguine bei ihrer Werbung einen Kiesel zu Füßen der Dame ihres Herzens legen. Wenn sie geneigt ist, den Antrag anzunehmen, trägt sie den Kiesel an eine wohl schon vorher ausgesuchte Stelle; dort wird rasch ein Nest gebaut und die ehelichen Beziehungen können ohne Formalitäten aufgenommen werden.
Sir Huberts Expedition begleitete auch ein Maler, der mit seinem Skizzenbuch in den Klippen saß, als ein Pinguinweibchen angewatschelt kam und ihm einen Kiesel zu Füßen legte.
»Und hat er sie geheiratet?« fragte lachend ein Zuhörer.
»Nein«, erwiderte Sir Hubert nachdenklich. »Aber vergessen Sie nicht, daß wir damals erst zwei Monate unterwegs waren.«

WILLSTÄTTER, RICHARD
(1872-1942) Chemiker

— * —

Als Willstätter von Zürich nach München übersiedelte, sagte König Ludwig III. zu seinem Minister, als er die Ernennungsurkunde für Willstätter unterzeichnete:
»Das ist aber das letzte Mal, daß ich Ihnen einen Juden unterschreibe!«

WINDAUS, ALDOLF
(1876-1959) Chemiker

— * —

Unermüdlich und zäh arbeitete Windaus in Göttingen an der Erforschung der Sterinen und des Cholesterin. Anerkennung findet er kaum. Im Gegenteil: als ein Wissenschaftler im Kollegenkreis sagte, er würde nach Göttingen zu Windaus gehen, bekam er zur Antwort:

»Was wollen Sie bei Windaus? Dort bekommen Sie ja doch nur ein Gallenpräparat in die Hand gedrückt.«

WÖHLER, FRIEDRICH
(1800-1882) Chemiker

—*—

Wöhler war mit Liebig eng befreundet. Als der um ein paar Jahre ältere Wöhler Liebig vorschlägt, sich mit ›Du‹ anzusprechen, schreibt ihm Liebig begeistert:
»Ich brauche Dir nicht zu sagen, daß ich Deinen Vorschlag mit ganzem Herzen annehme. Unser Verhältnis ist mir jeher, als wäre es von Jugend auf geknüpft worden . . . Du darfst überzeugt sein, daß ich Dir mit ganzer Seele angehöre und daß mir unsere Verbindung eine wahre Erheiterung meines Lebens ist. Ich fürchte nur, daß ich mit der Zeit bei Dir verlieren könne, wenn Dir meine Armut an erworbenen Kenntnissen bekannt sein wird.«

XENOKRATES
(396-314) griech. Philosoph

—*—

Xenokrates haßte die Schmeichler. Als er mit einem Mann zusammen war, der ihm dauernd und in allem recht gab, verlor er endlich die Geduld und sagte:
»Widersprich mir doch einmal, damit ich merke, daß wir zu zweit sind!«

YOUNG, HUGH HAMPTON
(um 1900) amerik. Arzt

—*—

Dr. Young wurde dadurch geehrt, daß man schon zu seinen Lebzeiten eine Büste von ihm in der Universität von Virginia aufstellte. Eine elegante Dame war bei der Feier und flötete:
»Ach, Professor, ich hoffe, Sie werden es zu schätzen wissen, daß ich fünfzig Meilen weit gefahren bin, um der Enthüllung Ihrer Büste beizuwohnen.«
»Madam«, erwiderte der galante Arzt, »ich täte das gern auch für Sie!«

ZENO
(340-254) griech. Weiser

—*—

Eines der Prinzipien von Zenos Philosophie war, daß wir einem unausweichlichen Geschick unterworfen sind. Einer seiner Diener machte sich

diese Lehre zunutze und bestahl den Philosophen. Als Zeno ihn erwischte und befahl, ihn zu züchtigen, entschuldigte sich der Sklave:
»Ich bin nicht verantwortlich! Es ist ja das Schicksal, das will, daß ich stehle!«
»Richtig«, erwiderte Zeno. »Das Schicksal will, daß du stiehlst und nachher gezüchtigt wirst.«

ZEPPELIN, FERDINAND GRAF VON
(1838-1917) Erfinder

— * —

In Ostpreußen erzählte man sich gern: Graf Zeppelin sei eines Tages mit der Besatzung seines Luftschiffs nach Königsberg gekommen. Auf dem Landeplatz in Devau wurde ihm ein Glücksferkel übergeben. Der Knecht, der das Ferkel von einem nahen Bauernhof herbeibrachte, wurde von den Nachbarn gefragt, ob er den Zeppelin denn gesehen habe. »Gesehne?« gab der Mann zur Antwort. »Wi verloade all Schwien mit em!«

NAMENREGISTER

Lieder

Texte und Noten mit Begleit-Akkorden

Kritische Lieder der 70er Jahre
Herausgegeben von Walter Heimann / Ernst Klusen
Mit Illustrationen. Originalausgabe.
Band 2950

Volkslieder aus 500 Jahren
Herausgegeben von Ernst Klusen
Mit Illustrationen. Originalausgabe.
Band 2951

Erotische Lieder aus 500 Jahren
Herausgegeben von Rolf W. Bredrich
Originalausgabe.
Band 2953

Irische Lieder und Balladen
Herausgegeben von Frederik Hetmann
Englisch-deutsch. Originalausgabe.
Band 2954